- 누구나 쉽게 하는 국민 보급형 -

실 전

사 궁 이 상 택 풍 수 지 리
주 합 름 호 일

교과서
(教科書)

감마등이(甘磨登羡) 황극현 저

도서
출판 뱅크북

누구나 쉽게 하는 국민 보급형
사주·풍수 교과서

1판1쇄 인쇄	2021년 1월 25일
1판1쇄 발행	2021년 1월 28일
지은이	황국현
펴낸곳	도서출판 뱅크북
등록번호	제2017-000055호

서울특별시 금천구 가산동
시흥대로123다길
전화 (02)866-9410
팩스 (02)855-9411
이메일 san2315@naver.com

ISBN : 979-11-90046-19-0   03180

※ 판권 본사 소유
책값은 뒤표지에 있습니다.

- 누구나 쉽게 하는 국민 보급형 -

사주(四柱) 풍수(風水) 교과서(教科書)

감마등이(甘磨登羨) 황극현 저

도서출판 뱅크북

[저자 소개]

감마등이(甘磨登羨) 황국현(黃局炫)은 대한역술인협회(大韓易術人協會) 정회원(正會員)으로서 명리상담사(命理相談士) 및 풍수지리상담사(風水地理相談士) 자격증(資格證)을 취득하였고, 전(前) 감마등이(인성)사주·풍수·작명연구소장(甘磨登羨四柱·風水·作名研究所長) 및 전(前) 감마등이(인성)태원오행(甘磨登羨胎元五行)건강동호회장 등 비영리 활동을 하였으며, 현재 인천대중예술고등학교(구, 인천하이텍고) 교사로 재직 중이다.

저서 활동으로 사주(四柱) 풍수(風水) 부분에서는 사주·풍수 교과서(2021년, 뱅크북), 사주-풍수 자습서(2018년, 뱅크북) 및 셀프사주(2016년, 오후의 책)가 있으며, 그 외 아이의 성적경영 초등3년부터 시작하라(밀리언하우스) 및 상위1% 공부전략(평민사) 등이 있다.

왜! 현직 교사가 사주(四柱)와 풍수(風水) 책을 집필하기로 마음 먹었을까?

　혼자서 사주(四柱)와 풍수(風水) 모두를 쉽게 마스터하고 정론(正論)이 제시된 국민 보급형 실전 역학(易學) 교과서(教科書)는 없는가?

　왜, 나는 직업이 없고, 출세(出世)하지 못하는가?

　왜, 나는 사업에 성공하지 못하고 돈과 거리가 먼가?

　왜, 나는 노력(努力)은 열심히 하는데 되는 일은 없는가?

　왜, 나는 자녀(子女)는 물론 부부(夫婦)간 행복이 찾아오지 않는가?

　왜, 나는 건강(健康)하지 못한가?

　교사(教師)로서 학생들을 쉽게 가르치는 방법이 있듯이, 이 책 한 권이면 사주(四柱)와 풍수지리(風水地理)는 물론 궁합·이름·상호(商號)·택일(좋은날 잡기) 모두를 혼자서도 쉽게 터득하고 활용할 수 있도록 실전(實戰)위주 체계적(體系的)으로 완성하였다.

　이제 독자들은 국민 보급형 사주(四柱) 및 풍수(風水) 실전 교과서(教科書)를 통하여 운명(運命)을 확인하고 개운(開運)을 바탕으로 얼마든지 행복한 인생길로 바꿀 수 있게 되었기에 성공인(成功人)으로서 돌파구를 활짝 열어갈 수 있는 자신의 모습을 발견(發見)하길 바란다.

[머리말]

　추명학(推命學)인 사주(四柱)와 풍수(風水)는 자연과학(自然科學) 학문(學問)으로서 같이 공부해야만 인간(人間)과 사물을 판단할 수 있는 능력(能力)을 갖추게 된다.

　이러한 이유 때문에 사주(四柱) 하나만으로 혹은 풍수(風水) 하나만으로 인간(人間)이 걸어가는 세월(歲月)을 판단할 수는 없다.

　그러나 사주와 풍수는 세상(世上)에 존재하는 학문 중에서 가장 난해(難解)한 것이기 때문에 누구나 쉽게 접근할 수 없는 단점이 있다.

　설사 이것들을 습득(習得)하고 이해(理解)했다고 하더라도 이들에 대한 활용(活用)과 치유(治癒) 능력(能力)이 없다면 그것 역시 죽은 학문일 뿐이다.

　이러한 궁금증과 의문점을 속 시원히 해결하고, 누구의 도움 없이 혼자 배우고 응용할 수 있는 국민 보급형 사주·풍수 지침서(指針書)는 없는가?

　이것을 해결하기 위해서 집필된 것이 사주·풍수 실전(實戰) 교과서(教科書)이다.

　본 책의 특징은 다음과 같다.

1. 기초(基礎)부터 응용(應用)까지 사주(四柱)와 풍수(風水)는 물론 궁합, 이름, 상호, 택일 등을 상호 연결하여 혼자서도 쉽게 활용(活用)할 수 있게 만든 실전 역학(易學) 교과서(教科書)이다.

2. 사주(四柱)에서 마냥 헤맬 수 있는 용신(用神) 찾기는 물론 통변술(通辯術)을 쉽게 응용할 수 있게 체계적(體系的)으로 완성하였다.

3. 사주(四柱)와 풍수(風水)의 배우는 목적에 부응하여 불운(不運)을 피하고 행운(幸運)을 찾는 방법을 제시하였으며, 오행(五行) 건강(健康) 활용법을 정립하여 무병장수(無病長壽)의 길을 열어 놓았다.

4. 노벨화학상을 받은 미국의 윌라드 리비(Willard Frank Libby) 박사와 동의대 이상명 교수가 증명한 동기감응(同氣感應)의 동조현상에 대한 치유 능력을 활용할 수 있는 방법을 제시하였다.

5. 변화되는 장례문화에 즈음하여 납골당, 자연 가족묘(家族墓), 이장(移葬), 합장(合葬) 등의 구축에 필요한 방안을 구체적으로 제시하였다.

6. 개운법(開運法)을 통한 성공인(成功人)이 될 수 있는 조건을 체계적(體系的)으로 완성하였다.

독자들은 자연과학(自然科學) 학문의 완성(完成)으로서 사주(四柱)와 풍수(風水)는 물론 궁합, 이름, 상호, 택일 등을 익히고 활용함으로써 아름다운 인생(人生) 길을 걸어가길 바란다.

2021년 1월 2일

도화골 교정에서　갈마등이/甘磨登羙/　황국현/黃局炫/

목 차

[사주, 궁합, 이름, 상호, 택일, 부적]

건강(健康)을 확인하자 ▪육부(六腑) 건강(健康)을 확인하자 ▪선천적 질병(疾病)을 알고, 건강(健康)을 찾자 ▪질병(疾病)이 들어오는 시기와 병명(病名)에 따른 치유법(治癒法)

[풍수지리(風水地理)]

[개운 실천은 성공인을 만든다]

[부록]

[사주, 궁합, 이름, 상호, 택일, 부적]

[사주, 궁합, 이름, 상호, 택일, 부적]

사주(四柱)를 배우는 목적은 불운(不運)을 피하고, 행운(幸運)을 잡는데 있다.

태어나서 현재는 물론 미래역시 경쟁(競爭)은 더욱 치열해지고, 정신적 스트레스와 강압(强壓)은 더해진다. 그렇지만 이러한 조건에서 반드시 승리자(勝利子)는 존재하게 된다.

사주 명리학자(命理學者)는 이러한 조건들을 미리 예측하고, 해결함이 임무(任務)이기도 하다.

이제 독자들은 자신의 사주를 바탕으로 삶의 흐름은 물론 건강(健康)을 찾고 아울러 궁합, 이름, 상호, 택일을 통하여 성공인(成功人)으로서 당당하고 행복한 인생길을 걸어가길 바란다.

제1장, 왜! 사주를 알아야 하는가

지구의 역사는 약 45억년이다.

하지만, 이미 우주에서 137억년 전부터 지구가 태동하기 시작했다는 것은 2013년 힉스이론으로 증명되었다.

지구를 포함한 모든 생물들은 우주에 존재하는 오행(五行)들의 기능하고 일치한다.

이것을 좀 더 구체적으로 확인해 보면 오행에 따른 음(陰)과 양(陽)의 작용이라는 사실을 쉽게 알 수 있다. 이것이 사주의 근본이기도 하다.

사주 역(易)사상의 태동은 약 2,400여년전 중국 고대 전설상의 제황인 복희 시대다. 복희는 천하(天河)에 나타난 황하강(黃河江)의 용마(龍馬)에 새겨진 하도(河圖, 1 ~ 10, 55개, 상생작용)와 하나라 때 우임금은 거북이 등에서 발견된 낙서(洛書, 1 ~ 9, 45개, 상극작용)를 통하여 만들어진 것이 주역(周易)의 기초인 8괘(八卦)와 사주 명리학(命理學)의 기초인 오행(五行)이다.

특히, 은(殷)나라 때는 왕이 국가의 대사를 결정할 때 갑골(甲骨)에 점을 치는 신정정치(神政政治)가 이루어졌고, 이러한 것들이 바탕이 되어 10간(干)과 12지(支)를 짝맞춘 60간지(干支)로 날짜를 세워서 사용된 것이 발달하여 오늘의 사주 명리학(命理學)이 되었다.

또한, 12개의 동물을 인간과 짝지어 운명을 판단한 것이 당사주(唐四柱)이다. 물론 서양에는 점성술(占星術)이 발전되어 왔다.

이렇게 미래를 예측할 수 있는 학문은 여러 가지 형태가 존재하고 발전되어 왔다.

오늘날 많이 사용되는 몇 가지만 소개하면 다음과 같다.

사람의 신체나 땅의 지형으로 미래를 예측하는 관상, 수상, 풍수지리가 있고, 괘(卦)로서 미래를 예측하는 기문둔갑(奇門遁甲)과 주역(周易), 그리고 오행(五行)들이나 북두칠성 등의 별자리로 미래를 예측하는 사주 명리학(命理學)과 자미두수(紫微斗數) 등이 활용되고 있다.

세상에서 가장 빠른 것은 빛이며 그 속도는 초속 30만km이다.

하지만, 우리들이 살아가고 있는 지구는 우리 은하계의 우두머리격인 태양(太陽)을 중심으로 초속 29.79km의 공전과, 초속 463m의 자전 운동을 통하여 한 치의 오차 없이 우주의 대순환 운동은 영구히 진행되고 있다.

이러한 신비로운 과정속에 지구가 태양궤도를 이탈하지 않는 이유는 무엇인가?

이것은 태양의 중력이 지구 원심력의 균형을 유지시켜 주기 때문이다.

이렇게 본다면 지구에 살고 있는 인간은 태양계(太陽系)에 나타나 태양 주위를 맴돌다 사라지는 아주 작은 소행성(小行星)에 불과한 것이다.

이러한 우주의 대 순환에서 작용하는 기운(氣運)에는 하늘에서 작용되는 목기(木氣), 화기(火氣), 토기(土氣), 금기(金氣)와 땅에서 작용되는 목(木), 화(火), 토(土), 금(金), 수(水)의 오행(五行) 그리고 오대양(五大洋) 육대주(六大洲)가 있다. 인간은 이러한 기상학(氣象學)에 의하여 삶이 결정된다고 하면 누가 믿겠는가?

이를 좀 더 쉽게 말하면 인간은 세상에 태어나면서 첫 호흡을 할 때와 살아가는 과정에서 이러한 기상학의 기운(氣運)들에 의하여 삶이 결정된다고 하면 또 누가 믿겠는가? 인간은 태양계에서 소행성처럼 양(陽)과 음(陰)의 조화에 의하여 잠시 머물다 사라지는 것이기도 하다.

오늘을 살아가는 우리들은 이처럼 우주에서 작용하는 에너지에 따라 길흉화복(吉凶禍福)과 흥망성쇠(興亡盛衰)가 이루어지는 것이며, 개인의 사주에 대한 추론이 가능하게 되는 것은 물론 풍수지리(風水地理)까지 연결되어 있다.

우리가 사주 명리학(命理學)을 배우는 목적은 크게 2가지라고 본다. 첫째, 이미 지나버린 과거가 아니라 다가올 미래에 발생될 나쁜 운명(運命)을 좋은 운명(運命)으로 변환시키기 위함이다. 자신의 나쁜 운명(運命)은 얼마든지 노력과 의지력으로 바꿀 수 있기 때문이다. 둘째, 우주(宇宙)와 인체(人體)의 순환구조(循環構造)를 바탕으로 인간(人間)은 누구나 생로병사(生老病死; 사람은 <u>태어나서</u> 성장하고 <u>병들어서</u> 죽는다)의 이치(理致)를 알기 위함에 있다.

따라서, 자신이 타고난 운명(運命)과 자연과 인간의 순환 해석은 오로지 사주학(四柱學)으로 해법을 찾을 수 있고, 사주 명리학(命理學)을 공부하지 않는 사람은 이러한 이치(理致)를 알 수 없다.

필자 역시 지금까지 수천명의 사주를 확인해 보았지만, 사람은 타고난 팔자가 있고, 주어진 환경을 바탕으로 팔자대로 살아가고 있음을 알 수 있었다.

사람들은 누구나 편안하고, 건강하고, 장수하면서 좋은 인연을 만나 안락된 생활을 추구한다. 그러나 이러한 생활은 노력만으로는 한계가 있다.

노력을 적게 했는데도 불구하고 이루어지는 경우도 있고, 더욱 열심히 노력했는데도 불구하고 오히려 죄앙을 받는 경우도 있다.

하지만 자신의 사주만 믿고 미래를 대비하지 않고 게으름과 편안함에 도취되어 삶을 망치는 맹신자가 되어서는 안 되겠다.

사주가 똑같은 사람은 운명도 동일할까?

절대 그렇지 않다. 그 이유는 사주는 우주의 순환을 해석하는 학문이라 본인의 타고난 사주와 살아가는 과정에서의 환경이 각각 다르기 때문에 서로 다른 기(氣)의 영향을 받기 때문이다. 그리고 사주의 주체와 사주를 판단하는 사람의 삼위일체(三位一體)가 작용되는 학문이기 때문이다.

예를 들어보자, 지구에서 사람과 동일하게 태어난 소, 염소, 호랑이 등도 지구의 소행성으로서 잠시 머물다 사라지는 것이지만, 사람과 같은 환경에서 삶을 살아가는 것은 아니기 때문이다. 즉 사주는 동일한 시간에 태어났지만 사주의 주체가 다르고 서로 다른 환경(성명, 방향, 거주지 위치, 자신과 동일한 동기감응, 상대하는 사람 등)에 지배를 받기 때문에 기상학(氣象學) 즉 기(氣)의 순환이 다르게 작용하기 때문이다. 이것은 사람으로 본다면 똑같은 시간에 태어난 사주지만 한 사람은 대통령으로 또 한 사람은 평범한 장사꾼으로 살아가는 것과 동일하다.

사주를 통계학(統計學)이란 말 역시 사주와 사주의 주체가 살아가는 과정과 첫 호흡에서 오행(五行)의 기(氣)와 환경 작용이 같을 수는 없다.

사주학의 판단 역시 자신의 의식 속에서 떠오르는 관념을 통하여 감각적이고 구체적인 성격을 지닌 학문을 판단하는 것이므로 사람의 심상(心相) 속에 존재한다.

즉, 사주학은 2+3=5가 되는 수리학(水理學)이 아니라, 하늘과 땅을 판명하는 추명학(推命學)이다.

여기에 관계된 일화를 소개하면 조선 국가를 창건한 이성계가 고려말 글로서 운(運)을 알아보는 파자점(破字占)을 당시 걸승(乞僧)에게 본 적이 있었는데 이성계가 선택한 문(問)자를 보고 '오른쪽도 임금 군, 왼쪽도 임금 군이니 필시 군왕의 상(右君左君 必是 君王之相也)'이라는 해석을 했다. 미심쩍은 이성계는 다른 걸인에게 좋은 옷을 입혀서 똑같이 문(問)자를 골라 해석을 듣고 오라고 했다. 그러니 그 걸승(乞僧)은 걸인에게 '당신은 나와 똑 같은 거지요'라고 말했다. 이러한 이유는 '문(門)에 입(口)이 걸렸으니 필시 걸인의 상(門前縣口 必是 乞人之相也)'이라는 것이다.

따라서, 사주학은 사주를 판명하는 판명자의 심상한 진리(眞理)가 동반되어야 한다.

이러한 논제를 기초로 본다면, 원래 사주에 권력(權力)이 없는 사람이 이를 깨닫지 못하고 권력을 잡으려고만 한다면 죽음이 되고, 권력을 버리고 자신의 재능에 해당되는 상업(商業)에 집착한다면 재벌 총수가 되는 것이기 때문에 사주학은 일종의 수신학(修身學)이라고도 한다.

따라서, 우리는 사주를 통하여 자신의 운명(運命)을 사전에 알고, 운이 좋을 시기에는 적극적인 활동으로 자신에게 주어진 임무를 더욱 발전시켜서 나쁜 운일 때를 대비해야 되고, 반대로 운이 나쁠 시기에는 발전보다는 자기 개발활동에 임하여 자신의 삶을 설계하는 것이 바람직하겠다.

이것을 좀 더 쉽게 말하면, 사주학의 학문적인 내용을 바탕으로 천지인(天地人)으로서 조화와 순리로서 보다 나은 내일을 위하여 자신의 운명을 창조(創造)함이 목적이 있는 것이다.

하지만, 아직까지도 사주 명리학(命理學)을 공부해 보지도 않고 미신(샤머니즘)으로 치부하는 안타까운 사람들이 많이 있어 심히 개탄스러운 일이다.

분명한 것은 사주 명리학(命理學)은 우주(宇宙)와 자연(自然)에 바탕을 둔 학문으로 태어나서부터 죽을 때까지 살아있는 동안 삶의 운로(運路)를 판단하는 순수한 자연과학(自然科學) 학문이지 특정 종교나 혹은 미신(샤머니즘)처럼 사후세계(死後世界)를 논하는 것이 아니다.

또한 사주를 공부하는 사람들은 사주쟁이가 아닌 사주 명리학자(命理學者)란 사실을 잊어서는 안 된다.

이제 사주학(四柱學)도 시대(時代)에 따라서 변화되어야 한다.

대표적인 예로 여성(女性)의 사회 참여활동이다. 여성 대통령(大統領)은 물론 사법고시(司法考試), 군(軍), 검찰(檢察), 정치활동(政治活動)에서 성(姓)차별은 사라졌다. 예전에 흉살(凶殺)로 분류된 양인살(陽刃殺), 괴강살(魁罡殺), 백호대살(白狐大殺), 장성살(將星殺), 반안살(攀鞍殺) 그리고 육친(六親)의 상관(傷官), 겁재(劫財)의 해석도 달라져야 함은 당연한 것이다.

사람들은 으레 사주학을 비유하여 '감나무 밑에 누워 감 떨어지기만을 기다란다'란 인식으로 치부하지만, 사람에겐 누구나 세포가 살아 있는한 오욕칠정(五慾七情)이 존재하므로 감나무 밑에서 마냥 누워 있을 수 없을 뿐 아니라 돈, 명예, 사랑, 권력에 구속되어 고달프게 살아갈 수밖에 없는 실정이다.

이렇게 본다면, 우리는 태양계(太陽系)에 잠시 왔다가 사라지는 작은 소행성(小行星)으로 볼 수 있기 때문에 이 세상에 태어난 이상, 인생은 고달프며, 이 모든 현상은 자업자득(自業自得)이요, 인과응보(因果應報)임을 잊어서는 안 되겠다.

제2장, 왜! 사주풀이는 어렵게만 하는가

저자가 처음 사주는 배우는 과정에서 가장 어려운 부분이 있었다면 사주 내용 하나 하나를 서로 연결할 수 없었다는 것이다.

사주를 배우는 목적은 앞날을 예지하기 위함에 있는데, 이것을 해결하려면 사주(四柱)를 세우고 사주 구성을 토대로 이치에 맞게 서로 서로 연결하여 해석(解析)해야만 가능한 일이다.

사주 통변(通辯) 즉 사주 해석(解析)에 따른 애로 사항을 독자들에게 해결해 주기 위함으로 이 책을 편집하였다.

문제는 여기서 끝나지 않는다는데 있다. 그 이유는, 같은 사주를 판독하는데 있어서, 어떤 사람에게 사주를 보니 용신(用神)이 화(火)이기 때문에 추운 기운의 수(水)를 만나야 발복(發福)한다고 하고, 또 어떤 사람에게 사주를 보니 무더운 화(火)기운을 만나야 발복(發福)한다고 한다. 왜? 사주를 보는 사람마다 운명이 각각 다른가?

이러한 잘못된 사실을 개선해 보고자 대형 서점은 물론 지금까지 출간된 사주책을 통하여 알려고 했지만 알기 쉽게 풀이 과정을 상호 연결하여 설명된 사주책을 찾아볼 수 없었다.

이러한 이유는 사주 내용을 서로 연결하지 못했고, 자기중심적으로 편집했거나, 그냥 말로서 간단하게 치부만 했기 때문이다.

저자는 이러한 애로사항을 해결하고자, 혼자 사주학을 터득함은 물론 가장 쉽고, 정확한 사주 자습서(自習書)를 제시하자! 이것이 필자의 집필 신조이기도 하다.

따라서, 독자들은 사주학은 물론 이와 동일선상에 놓여있는 건강(健康)과 불운(不運)을 피하고 행운(幸運)을 찾는법, 찰떡 궁합, 이름 및 상호 짓기, 결혼(結婚)과 좋은날 잡기는 물론 풍수지리(風水地理)까지 서로 연결하여 체계적(體系的)으로 완성하였기 때문에 독자들에게 추명학(推命學)의 완성으로서 혼자서도 쉽게 응용할 수 있는 방법을 제시하였다.

제3장, 사주 공부에 앞서 알아야 될 내용은

본 책에서는 저자가 직접 사용한 '사주 간명지'를 토대로 설명되고 응용되었으므로 사주를 공부함에 있어서 사주 공부에 앞서 꼭 알아야 될 사항만 소개하고자 한다.

그 외 사주에 적용되는 내용이나 규범 등은 본 책의 진행 과정에서 모두 소개되었고 해설(解說)을 하였다.

1. 오행(五行)과 육친(六親)관계

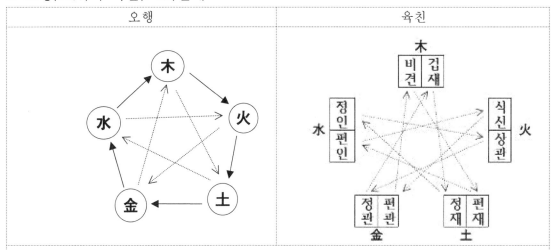

오행	육친

1. 비겁(**木** 비견<比肩>, 겁재<劫財>), 2. 식상(**火** 식신<食神>, 상관<傷官>),
3. 재성(**土** 편재<偏財>, 정재<正財>), 4. 관성=관살(**金** 편관<偏官>, 정관<正官>),
5. 인성(**水** 편인<偏印>, 인수<印綬>=정인<正印>)

- 비견(比肩)은 편재(偏財)를 극(剋)한다 : 흉(凶) 또는 길(吉)하다(기신은 돈을 얻고, 희신은 돈을 잃는다. 여자 문제 제거).
- 겁재(劫財)는 정재(正財)를 극(剋)한다 : 흉(凶) 또는 길(吉)하다(처를 극하고, 재물을 잃는다. 여자 문제 제거).
- 식신(食神)은 편관(偏官)을 극(剋)한다 : 길(吉)하다(편관은 재물과 권세를 얻는다. 자녀 문제).
- 상관(傷官)은 정관(正官)을 극(剋)한다 : 흉(凶)하다(실직, 명예실추, 관재구설, 남편을 극한다).
- 편재(偏財)는 편인(偏印)을 극(剋)한다 : 길(吉)하다(편인은 명예를 얻는다).
- 정재(正財)는 정인(正印)을 극(剋)한다 : 흉(凶)하다(기신은 가정 불화하고, 희신은 명예를 얻는다. 학업 중단).
- 편관(偏官)은 비견(比肩)을 극(剋)한다 : 흉(凶)하다(질병, 형제 동료간 문제, 파산).
- 정관(正官)을 겁재(劫財)를 극(剋)한다 : 길(吉)하다(겁재는 재물을 얻는다).
- 편인(偏印)은 식신(食神)을 극(剋)한다 : 흉(凶)하다(건강 악화, 실직).
- 정인(正印)은 상관(傷官)을 극(剋)한다 : 길(吉)하다(상관은 재물과 명예를 얻는다).

2. 천간(天干)과 지지(地支)

천간 (10개)	甲(갑)	乙(을)	丙(병)	丁(정)	戊(무)	己(기)	庚(경)	辛(신)	壬(임)	癸(계)
	+	−	+	−	+	−	+	−	+	−
	木		火		土		金		水	

지지 (12개)	子(자) 쥐	丑(축) 소	寅(인) 범	卯(묘) 토끼	辰(진) 용	巳(사) 뱀	午(오) 말	未(미) 양	申(신) 원숭이	酉(유) 닭	戌(술) 개	亥(해) 돼지
	−	−	+	−	+	+	−	−	+	−	+	+
	水	土	木		土	火		土	金		土	水

3. 절기(節氣)

월	1	2	3	4	5	6	7	8	9	10	11	12
절기	입춘 (立春)	경칩 (驚蟄)	청명 (淸明)	입하 (立夏)	망종 (芒種)	소서 (小暑)	입추 (立秋)	백로 (白露)	한로 (寒露)	입동 (立冬)	대설 (大雪)	소한 (小寒)

4. 시주(時柱)

시주	시간	비고
조자시	24시 30분 ~ 01시 29분까지	다음날 적용
축시(丑時)	01시 30분 ~ 03시 29분까지	
인시(寅時)	03시 30분 ~ 05시 29분까지	
묘시(卯時)	05시 30분 ~ 07시 29분까지	
진시(辰時)	07시 30분 ~ 09시 29분까지	
사시(巳時)	09시 30분 ~ 11시 29분까지	
오시(午時)	11시 30분 ~ 13시 29분까지	
미시(未時)	13시 30분 ~ 15시 29분까지	
신시(申時)	15시 30분 ~ 17시 29분까지	
유시(酉時)	17시 30분 ~ 19시 29분까지	
술시(戌時)	19시 30분 ~ 21시 29분까지	
해시(亥時)	21시 30분 ~ 23시 29분까지	
야자시	23시 30분 ~ 24시 29분까지	당일 적용

5. 육십갑자(六十甲子) 와 납음오행(納音五行)

甲子 乙丑	▪해중금 (海中金) -바다 속에 감추어진 금으로 이름만 있고 형체가 없기 때문에 시작을 의미함	丙寅 丁卯	▪노중화 (爐中火) -큰 화로 불	戊辰 己巳	▪대림목 (大林木) -울창한 숲을 이룬 큰 나무 (※金을 만나면 길)	庚午 辛未	▪노방토 (路傍土) -길가에 넓게 퍼진 흙(※木을 만나면 길)	壬申 癸酉	▪검봉금 (劍鋒金) -칼과 창의 금 (※火를 만나면 길)
甲戌 乙亥	▪산두화 (山頭火) -산꼭대기에 타오르는 불(※水를 만나면 길)	丙子 丁丑	▪간하수 (澗下水) -산골짝이 좁은 틈사이로 흐르는 물	戊寅 己卯	▪성두토 (城頭土) -성(城) 꼭대기 흙(※평지목을 만나면 길)	庚辰 辛巳	▪백납금 (白蠟金) -땜납하는 금(※火를 만나면 길)	壬午 癸未	▪양류목 (楊柳木) -강가의 작은 버드나무(※사중토를 만나면 길)
甲	▪천중수	丙	▪옥상토	戊	▪벽력화	庚	▪송백목	壬	▪장류수

申乙酉	(泉中水) -샘 가운데 솟아 나는 물	戌丁亥	(屋上土) -지붕의 흙(※평지목과 대림목을 만나면 길)	子己丑	(霹靂火) -벼락의 큰 불(※水를 만나면 길)	寅辛卯	(松柏木) -산에 홀로 서 있는 소나무와 잣나무	辰癸巳	(長流水) -넓은 대지를 가로지르며 흐르는 큰 강물
甲午乙未	▪사중금(砂中金) -모래속에 작은 금(※火를 만나면 길)	丙申丁酉	▪산하화(山下火) -산 아래서 타오르는 작은 불	戊戌己亥	▪평지목(平地木) -들판에 서있는 큰 나무(※金을 만나면 길)	庚子辛丑	▪벽상토(壁上土) -벽에 붙어 있는 흙(※평지목을 만나면 길)	壬午癸卯	▪금박금(金箔金) -표면에 붙은 작은 금(※금기운이 미약하여 木이 있어야하며, 火를 만나면 길하지만, 노중화는 크게 꺼린다)
甲辰乙巳	▪복등화(覆燈火) -호롱불, 촛불(※대해수, 천하수를 만나면 흉)	丙午丁未	▪천하수(天河水) -하늘위에 존재하는 모든 이슬과 비(※土를 만나면 길)	戊申己酉	▪대역토(大驛土) -큰길에 존재하는 단단한 흙(※木을 만나면 길)	庚戌辛亥	▪채천금(釵釧金) -비녀속에 존재하는 작은 금(※火를 만나면 길)	壬子癸丑	▪상자목(桑柘木) -산뽕나무처럼 작은 잡목(※사중토, 노방토, 대역토를 만나면 길)
甲寅乙卯	▪대계수(大溪水) -큰 계곡에 흐르는 물	丙辰丁巳	▪사중토(沙中土) -모래속의 작은 흙(※木을 만나면 길)	戊午己未	▪천상화(天上火) -태양 같은 큰 불(※水를 만나면 길)	庚申辛酉	▪석류목(石榴木) -작고 질기고 매운 나무(※성두토와 옥상토를 만나면 길)	壬戌癸亥	▪대해수(大海水) -바다의 큰 물(※土를 만나면 길)

6. 오행(五行)의 기능

오행	천간		지지		신체	수(數)				자연수	계절	방향	색	맛	체질	음(音)
						천간		지지								
						선	후	선	후							
목(木)	양	甲(갑)	양	寅(인)	담(쓸개)	9	3	7	3	1	봄(1~3월)	동	청색	신맛	태양인(간소폐대)	ㄱ, ㅋ, ㄲ
	음	乙(을)	음	卯(묘)	간	8	8	6	8	2						
화(火)	양	丙(병)	양	巳(사)	소장, 삼초	7	7	4	2	3	여름(4~6월)	남	적색	쓴맛	.	ㄴ, ㄷ, ㄹ, ㅌ
	음	丁(정)	음	午(오)	심장	6	2	9	7	4						
토(土)	양	戊(무)	양	辰(진), 戌(술)	위	5	5	5	5	5	사계절(3, 6, 9, 12월)	사방	노랑색	단맛	소음인(비소신대)	ㅇ, ㅎ
	음	己(기)	음	丑(축), 未(미)	비장(지라)	9	10	8	10	6						
금(金)	양	庚(경)	양	申(신)	대장	8	9	7	9	7	가을(7~9월)	서	백색	매운맛	태음인(간대폐소)	ㅅ, ㅈ, ㅊ
	음	辛	음	酉(유)	폐	7	4	6	4	8						

		(신)														
수 (水)	양	壬 (임)	양	亥(해)	방광	6	1	4	6	9	겨울 (10~12 월)	북	흑 색	짠 맛	소양인 (비대 신소)	ㅁ, ㅂ, ㅍ
	음	癸 (계)	음	子(자)	신장	5	6	9	1	10						

*<선천수> ; 주역의 괘효, 납음오행, 육효
*<후천수 및 자연수> ; 사주명리, 작명, 택일, 행운수, 후천적 개운

제4장, 독자를 위하여 이렇게 전개했습니다.

본 책에서는 독자들이 혼자서 사주학을 쉽게 터득하고, 응용할 수 있도록 저자가 직접 만들어 사용된 '사주 간명지'의 순서에 의해 사주를 해설하고 집필하였다.

<사주 간명지>

名	이길동(李吉童)			생년월일시			양력		남자	1986년 6월 11일 22:50 출생(亥時)							
	사주			지장간		육친				합	충	파	형	해	묘	백호양인괴강	공망
구분	干	支	오행	주권신 및 지장간		사주		지장간									
年	丙	寅	화 목	戊(土)	戊, 丙, 甲 (土, 火, 木)	비견 (형제)	편인 (조부)	식신(장모), 비견(형제), 편인(조부)		寅		寅/亥					
月	甲	午	목 화	丙(火)	丙, 己, 丁 (火, 土, 火)	편인 (조부)	겁재 (형제)	비견(형제), 상관(조모), 겁재(형제)		午/甲					午/양인		午/戌
日	丙	戌	화 토	辛(金)	辛, 丁, 戊 (金, 火, 土)	.	식신 (장모)	정재(부인), 겁재(형제), 식신(장모)		戌					戌	戌/백호	
時	己	亥	토 수	戊(土)	戊, 甲, 壬 (土, 木, 水)	상관 (조모)	편관 (아들)	식신(장모), 편인(조부), 편관(아들)		己/亥							

오행	木	火	土	金	水	양, 음	양(5), 음(1) 및 무더운 조열사주(燥熱四柱)	정신력 : 신강(身强)	군겁쟁재 및 상식혼잡 사주
	2	3	2	.	1				

	<초년기>	<청년기>	<장년기>	<노년기>
관록 (官祿)	천덕합(天德合) 문곡귀인(文曲貴人) 학당귀인(學堂貴人)	천사(天赦) 진신(進神)	복성귀인(福星貴人)	천덕귀인(天德貴人) 천을귀인(天乙貴人)
살(殺)	지살(地殺), 삼재(三災), 혈지(血支), 홍염(紅艶), 효신살(梟神殺)	장성살(將星殺), 자암살(紫暗殺), 양인살(陽刃殺), 백호대살(白狐大殺), 살인상생(殺印相生)=>x	화개살(華蓋殺) 단교관살(斷橋關殺) 편인도식(偏印倒食)=>x 살인상정(殺刃相停)=>x	겁살(劫殺) 고신살(孤神殺) 상관제살(傷官制殺)

▪용신(用神) ; 수(水), 희신 금(金), 기신 토(土), 구신 화(火) ▪격국(格局) ; 비견격(比肩格)

대운(大運)

69세	59세	49세	39세	29세	19세	9세
辛	庚	己	戊	丁	丙	乙
金	金	土	土	火	火	木
정재	편재	상관	식신	겁재	비견	인수
합	충	합		묘		충
丑	子	亥	戌	酉	申	未
土	水	水	土	金	金	土
상관	정관	편관	식신	정재	편재	상관
癸辛己	壬癸	戊甲壬	辛丁戊	庚辛	戊壬庚	丁乙己
형/해	합/충	합/파	백호대살	합/해/파/원진	충/형/해/파	합/형/파
74세	64세	54세	44세	34세	24세	14세
水, 북쪽		金, 가을			火, 여름	

년운(年運)

2024년	2023년	2022년	2021년	2020년
甲	癸	壬	辛	庚
木	水	水	金	金
편인	정관	편관	정재	편재
합		충	합	충
辰	卯	寅	丑	子
土	木	木	土	水
식신	인수	편인	상관	정관
乙癸戊	甲乙	戊丙甲	癸辛己	壬癸
충	합/파		형/해	합/충
木, 동쪽			水, 북쪽	

▪상황	
▪운세	
▪해결 방안	1.
	2.
	3.

2021年 1月 2日   감마등이(甘磨登羹) 先生   황국현(黃局炫)

이렇게 집필한 이유는, 전 과정을 체계적으로 연결하여 하나하나 설명(說明)함으로써 혼자서도 쉽고, 빠르게 사주를 해석하고 응용할 수 있는 힘을 길러주기 위함이다.

따라서, 독자들은 저자가 사용한 '사주 간명지'에 적용된 내용대로 집필 순서가 설명되었음으로 이와 같이 학습하고 연습하면 틀림없이 빠른 시간에 사주를 쉽게 터득하고 응용할 수 있음을 확신하는 바이다.

물론, 자녀 이름 짓기에서도 저자가 사용했던 '이름 간명지'를 바탕으로 전개되었고 설명하였다.

'사주 간명지'에 적용된 사람은 양력으로 1986년 6월 11일 밤 22:50분에 태어난 건명(乾命) 즉 남자 이길동(李吉童)과 동갑내기 애인 곤명(坤命) 즉 여자 김미녀(金美女)인데 그녀는 음력 1986년 8월 12일 새벽 01:40분에 태어난 여자로 이들을 토대로 사주학은 물론 찰떡 궁합 그리고 이름 및 상호 짓기, 좋은 날 잡는 방법에서 서로 비교하여 집필하였다.

하지만, 단, 몇 초, 몇 분 사이에 태어난 쌍둥이의 경우 같은 사주를 타고 났다고 해도 성장 과정은 같은 인생을 살지 않는다.

이것은, 이들에게 적용되는 사주의 주체 즉 우주에서 작용되는 기(氣)의 순환과 환경이 서로 다르기 때문이다.

사주(四柱學)을 익히고 있는 독자들 역시 이러한 문제점을 해결할 수 있는 새로운 과제가 필요로 하겠다.

따라서, 저자가 본 책을 집필하면서 적용한 남자 이길동과 동갑내기 애인 김미녀 의 경우 이러한 조건에서 사주를 풀이한 것이므로 독자들은 사주 내용에 대하여 한 치의 오해 없길 바란다.

제5장, 사주를 세우자

사주에서 가장 먼저해야 하는 기초 작업은 사주를 세우는 것이다.

이렇게 처음 사주를 세우는 과정을 사주에서는 명식(命式)이라고 한다.

숙달자의 경우 곧바로 세울 수 있지만, 비 숙달자인 독자들은 스마트 시대를 맞이하여 옛날 방식을 적용하여 사주를 세운다는 것은 올바른 방법이 아니라고 본다. 그 이유는 요즘 시중에 보급된 사주 프로그램을 적용하여 생년월일만 입력하면 즉시 사주 구성을 확인할 수 있다.

> ♨ 사주 프로그램을 이용한 사주 구성을 확인하는 방법은 컴퓨터(핸드폰 포함) 구글(www.google.co.kr)에서 '만세력'을 입력 후 생년월일시로 확인할 수 있으니, 독자들은 참고해 주길 바란다.

하지만, 사주 프로그램이 편리하다고는 하지만, 사주를 세워서 스스로 판독할 수 있는 능력이 없다면 사주 프로그램에서 제공하는 내용을 알 수가 없고, 추명학자로서 의미가 없는 것이기도 하다. 그래서 우리는 첫 관문인 사주 세우기를 배우는 것이기도 하다.

따라서 독자들은 스마트시대를 맞이해서 우선 스스로 사주를 세우는 것을 알고 난 후 이어서 컴퓨터 사주 프로그램을 활용하는 방법이 좋겠다.

본 책의 집필 의도 역시 우선 독자들에게 사주 세우기를 알리기 위함에 있다.

여기서는 사주를 어렵게 세울 필요 없이 만세력(萬歲曆)을 이용하여 사주 세우기를 하도록 한다.

따라서, 독자들은 시중 서점에 가면 구입할 수 있는 만세력을 준비하여 사주 세우기에 임하면 된다. 물론 본 책에서는 독자들을 위하여 만세력을 직접 표기하여 전개했으므로 우선에는 만세력이 필요하지 않다.

독자들은 처음 사주를 세운다는 것을 어렵다고 생각하지 말자.

저자의 의도대로만 행한다면 사주를 세운다는 것이 얼마나 재미있고, 훌륭한 학문임을 금방 알 수 있기 때문에 자신감(自信感)을 갖고 임하길 바란다.

이미 독자들은 만세력을 가지고, 사주를 배우겠다는 마음 자체가 사주 대가(大家)를 만들어 간다는 사실을 잊지 말자.

1. 사주 세우는 방법

사주를 세우는 방법은 60갑자(甲子)를 바탕으로 년, 월, 일, 시를 구성하는 것이다. 따라서, 사주를 보려는 사람의 성별(남, 여)과 태어난 년도, 태어난 월, 태어난 날과 태어난 시간을 알아야 한다.

이러한 태어난 조건이 양력(陽曆)이든, 음력(陰曆)이든 혹은 윤월(閏月)이든 전혀 상관이 없다. 그 이유는 만세력(萬歲曆)을 보면 음력과 양력 그리고 윤월을 구분해 놓았기 때문에 독자들이 원하는 사주를 편리하게 세울 수 있다.

본 책에서는 독자들에게 이해하기 쉽도록 필자가 오랫동안 사용한 '사주 간명지'를 바탕으로 사주를 세우고, 사주를 판독할 수 있도록 하였다.

그래야 독자들은 쉽게 사주를 익히게 되고 응용하는데 도움이 되기 때문이다.

본 책에서는 다음과 같이 양력으로 1986년 6월 11일 밤 22:50분에 태어난 건명(乾命) 즉 남자 이길동(李吉童)을 기준으로 사주 세우기를 하도록 하겠다.

> ## (양력) 1986년 6월 11일 밤 22:50분에
> ## 태어난 남자, 이길동(李吉童)

이길동의 사주를 세우려면 사주의 기둥 즉, 년주(年柱), 월주(月柱), 일주(日柱), 시주(時柱)를 천간(天干)과 지지(地支)에 맞게 찾아야 한다. 이것이 사주 세우기이다.

구분\사주	기둥	천간(天干)	지지(地支)	시기	계절	하루
년(年)	년주(年柱)	①年干(할아버지)	①年支(할머니)	유년기	봄	아침
월(月)	월주(月柱)	②月干(부, 형제)	②月支(모, 형제)	청년기	여름	점심
일(日)	일주(日柱)	③日干(본인)	③日支(배우자)	장년기	가을	저녁
시(時)	시주(時柱)	④時干(아들)	④時支(딸)	노년기	겨울	밤

위의 표에서 적용된 천간(天干)과 지지(地支)는 고정된 육친(六親)의 자리 즉 궁(宮)을 기준으로 작성되었다.

즉, 궁(宮)은 년주(年柱)의 초년(조부모), 월주(月柱)의 청년(부모), 일주(日柱)의 중년(배우자), 시주(時柱)의 노년(자녀)의 과정 즉 근묘화실(根苗花實)을 표현할 때 적용되는 것으로 해당 위치에 해당 육친(六親)이 자리 잡고 있으면서 길신(吉神)에 해당되는 식신, 정인, 정관, 재성이라면 복(福)을 받는 사주라고 판단한다.

예를 들면, 남자의 경우 부인에 해당되는 정재가 배우자 자리에 해당되는 ③日支(배우자)에 존재한다면, 일단 배우자 복(福)은 있다고 판단한다.

이러한 궁(宮)과 육친(六親)에 따른 사주 해석은 뒷장으로 미루기로 하자.

이길동의 사주 세우기는 스마트 시대에 맞추어 만세력(萬歲曆)을 이용하기로 한다. 앞으로 전개될 사주 세우기를 완성한 다음 이어서 사주를 판독하게 될 것이기 때문에 독자들은 저자가 의도하는 대로만 따라 한다면 사주 공부는 전혀 어려움이 없을 것이다. 지금부터 만세력을 통하여 사주 세우기에 임하도록 하자.

첫째, 년주(年柱)를 찾는다.

□ 이길동(李吉童)은 태어난 년도가 1986년이므로 만세력에서 1986년을 찾는다.
□ 그러면 1986은 병인년(丙寅年)이라는 사실을 알 수 있다. 따라서 병인(丙寅)이 사주의 년주(年柱)가 된다. 이때 년간은 병(丙) 이고 년지는 인(寅)이 된다.
□ 년주 => 병인(丙寅)

<만세력>

檀紀 4319년 동경135도 표준시 적용	1986年 (丙寅)年	

둘째, 이번에는 월주(月柱)를 찾는다.

□ 양력으로 1986년 6월 11일 생이므로, 만세력에서 양력(陽曆)으로 1986년도 6월 11일을 찾는다.
□ 그러면 6월 11일은 음력(陰曆)으로는 5월 5일이 된다. 이 때의 절기는 망종(芒種)에 해당되므로 만세력에서 음력이든 양력이든 해당 날짜 위에 60갑자의 월(月)에 표기된 월의 이름을 그대로 적용하면 된다. 즉, 우리가 찾고자 하는 월주는 만세력에 표기된 갑오월(甲午月)이 월(月)의 이름이므로 월주(月柱)는 갑오(甲午)가 된다.
□ 월주 => 갑오(甲午)

<만세력>

檀紀 4319년 동경135도 표준시 적용	1986年 丙寅年	

■ 망종 6일 08시 44분 　　6월 (甲午)月　　 ■ 하지 22일 01시 30

양력	1	2	3	4	5	6	7	8	9	10	11	12	13	14	15	16	17	18	19	20	21	22	23	24	25	26	27	28	29	30
요일		일	월	화	수	목	금	토	일	월	화	수	목	금	토	일	월	화	수	목	금	토	일	월	화	수	목	금	토	일	월
음력	24	25	26	27	28	29	5/1	2	3	4	5	6	7	8	9	10	11	12	13	14	15	16	17	18	19	20	21	22	23	24
일진	丙子	丁丑	戊寅	己卯	庚辰	辛巳	壬午	癸未	甲申	乙酉	丙戌	丁亥	戊子	己丑	庚寅	辛卯	壬辰	癸巳	甲午	乙未	丙申	丁酉	戊戌	己亥	庚子	辛丑	壬寅	癸卯	甲辰	乙巳

대	남	2	1	1	1	1	망	10	10	9	9	9	8	8	8	7	7	7	6	6	6	5	5	5	4	4	4	3	3	3	2
운	여	9	9	9	10	10	종	1	1	1	1	2	2	2	2	3	3	3	4	4	4	5	5	5	6	6	6	7	7	7	8	8

이때 독자들에게 중요한 사항이 있다.

바로 절기(節氣)인 것이다. 절기는 달력에서 태양력(太陽曆)을 사용한다.

태양력은 지구가 공전으로 인하여 태양을 한 바퀴 회전하는데 걸리는 시간 즉, 365.24
일을 말하는데 사주(四柱)에서는 태양력을 기준으로 사용함을 독자들은 꼭 인지하길 바
란다. 예전 우리나라의 경우 달이 지구를 공전하는 시간 즉 태음력(太陰曆)을 많이 사용
하였으나, 이 경우 태양의 1년 주기와 비교하면 열흘 가까이 차이나기 때문에 이를 맞추
기 위하여 2~3년에 한 번 정도 윤월(閏月)을 넣었던 것이다.

참고로 윤월에 태어난 경우의 사주 세우기는 만세력에 나와 있는 윤월 것을 그대로 적
용하면 된다.

사주에서 절기(節氣)의 중요성은 절기가 지나가야만 해당 년이나 월의 60갑자를 사용할
수 있게 된다. 아래 절기를 참조하여 사주를 세우는데 사용하기 바란다.

<절기(節氣)>

월	1	2	3	4	5	6	7	8	9	10	11	12
절기	입춘 (立春)	경칩 (驚蟄)	청명 (淸明)	입하 (立夏)	망종 (芒種)	소서 (小暑)	입추 (立秋)	백로 (白露)	한로 (寒露)	입동 (立冬)	대설 (大雪)	소한 (小寒)

이길동의 사주처럼 양력 1986년 6월 11일 22:50분에 태어난 경우 망종(芒種) 절기를
지난 시기가 되므로 만세력에 나와 있는 6월의 갑오(甲午) 월의 甲午를 월주로 사용하
면 된다.

만약, 이길동이가 양력 6월 3일 태어났다면 이때는 망종(芒種) 절기가 아직 지나지 않았
기 때문에 6월의 갑오(甲午) 월을 사용하는 것이 아니라, 5월 계사(癸巳) 월을 사용해야
한다. 이러한 원리로 보면 첫 번째 절기에 해당되는 입춘(立春) 절기가 지나야만 다음
년도를 사용할 수 있는 것이다.

문제는 태어난 일과 시간이 절기(節氣) 날인 경우는 반드시 이에 대한 합당한 조건으로
사주를 세우고 적용해야만 한다.

이러한 경우 사주를 처음 접하는 초보자는 매우 당황하고, 사주관련 책에서 해법을 찾으
려고 해도 자세하게 설명된 책을 찾기란 쉽지 않다.

또한 자칫 잘못하여 작은 실수라도 한다면 사주를 세워서 사주를 보는 것이 아니라, 망
신을 당하는 꼴이 되고 만다. 따라서 본 책에서는 독자들을 위하여 년도가 바뀌는 입춘
(立春) 절기(節氣)와 기타 절기(節氣)에 따른 사주 세우는 방법은 다음 장의 '절기(節氣)·
윤월(閏月) 때 사주 세우기'에서 상세하게 설명하였기 때문에 사주 세우는 작업에서 자

신감을 갖고 임하길 바란다.

셋째, 이젠 일주(日柱)를 찾아 보자.

□ 일주를 찾기 위해서 만세력에서 양력 1986년 6월 11일(음력, 5월 5일)을 보면 병술
　(丙戌)로 되어있다.

□ 따라서, 병술(丙戌)이 찾고자 하는 일주(日柱)가 된다.

□ 일주 => 병술(丙戌)

<만세력>

檀紀 4319년 동경135도 표준시 적용	1986年 丙寅年	

■ 망종 6일 08시 44분　　　**6월** 甲午月　　　■ 하지 22일 01시 30분

양력	1	2	3	4	5	6	7	8	9	10	11	12	13	14	15	16	17	18	19	20	21	22	23	24	25	26	27	28	29	30
요일	일	월	화	수	목	금	토	일	월	화	수	목	금	토	일	월	화	수	목	금	토	일	월	화	수	목	금	토	일	월
음력일	24	25	26	27	28	29	5/1	2	3	4	5	6	7	8	9	10	11	12	13	14	15	16	17	18	19	20	21	22	23	24
일진	丙子	丁丑	戊寅	己卯	庚辰	辛巳	壬午	癸未	甲申	乙亥	丙戌	丁亥	戊子	己丑	庚寅	辛卯	壬辰	癸巳	甲午	乙未	丙申	丁亥	戊戌	己亥	庚子	辛丑	壬寅	癸卯	甲辰	乙巳
대운 남	2	1	1	1	1	망종	10	10	9	9	9	8	8	8	7	7	7	6	6	6	5	5	5	4	4	4	3	3	3	2
대운 여	9	9	9	10	10	망종	1	1	1	1	2	2	2	3	3	3	4	4	4	5	5	5	6	6	6	7	7	7	8	8

넷째, 마지막 시주(時柱)를 찾아 보자.

이제 사주에서 하나 남은 마지막 시주(時柱) 찾기만 하면 된다.

하지만 시주는 만세력에서 찾는 것이 아니라, <시간(時干) 조견표>를 보고 찾아야 한다.

지금까지 찾고 있는 이길동 사주를 정리 후 시주(時柱)를 최종 찾아보기로 한다. 이길동
의 년주, 월주, 일주를 정리하면 아래와 같다.

구분	천간(天干)	지지(地支)
년주(年柱)	丙	寅
월주(月柱)	甲	午
일주(日柱)	丙	戌
시주(時柱)		

이제 마지막 남은 시주를 찾기 위해서는 우선 태어난 시간을 알아야 한다.

이길동의 태어난 시간은 1986년 6월 11일 밤 22시 50분에 태어났으므로 이 경우는 아
래 <시지표>를 참조해 보면 밤 21시 30분~23시 29분 사이에 태어났기 때문에 해시(亥
時)가 된다.

<시지표>

시간	시간	비고
조자시	24시 30분 ~ 01시 29분까지	다음날 적용
축시(丑時)	01시 30분 ~ 03시 29분까지	
인시(寅時)	03시 30분 ~ 05시 29분까지	
묘시(卯時)	05시 30분 ~ 07시 29분까지	
진시(辰時)	07시 30분 ~ 09시 29분까지	
사시(巳時)	09시 30분 ~ 11시 29분까지	
오시(午時)	11시 30분 ~ 13시 29분까지	
미시(未時)	13시 30분 ~ 15시 29분까지	
신시(申時)	15시 30분 ~ 17시 29분까지	
유시(酉時)	17시 30분 ~ 19시 29분까지	
술시(戌時)	19시 30분 ~ 21시 29분까지	
해시(亥時)	21시 30분 ~ 23시 29분까지	
야자시	23시 30분 ~ 24시 29분까지	당일날 적용

우리나라의 경우 과거에는 영국 그리니치 첨문대로부터 적용된 동경 135도의 시간을 사주 시지표로 사용하였다.

이 경우 시지표가 맞지 않았다. 우리나라는 동경 127.5도이므로 약 7.5도 차이가 나기 때문이다.

경도 1도는 4분이므로 7.5도(7.5도×4=30분)는 30분 차이가 난다. 따라서, 예전의 시지표에서 30분 빠르게 적용해야 된다.

여기서 좀 더 정확한 시간으로 접근하려면 인천 쪽의 서북 지역은 약 2분 빠르게 적용해야 하고, 춘천 쪽의 동쪽 방향은 약 2분 정도 늦게 적용해야 맞는 출생 시간이 된다. 이렇게 본다면 시지표가 변화되는 시간에 출생한 경우 지역에 따라 다소 시간 변화가 있다. 독자들은 이러한 상황을 알고, 자신의 사주를 볼 때 사주에서 태어난 시간 전, 후의 시지표를 한 번쯤 활용해 보는 것도 좋은 방법이라고 본다.

또 하나 알아야 될 사항이 있다. 바로 우리나라에서 적용된 서머타임이다.

서머타임이란? 여름철은 해가 일찍 뜨기 때문에 1시간 일찍 업무를 시작하기 위하여 1시간 빨리 적용한 시간이다.

만약 사주에서 생년월일이 이러한 서머타임을 적용한 시기에 태어난 사람이라면, 1시간 앞 당긴 시간을 태어난 시간으로 적용시켜야 한다.

예를 들면, 1956년 8월 30일 오전 11시 35분 출생자라면, 서머타임 적용시간에 해당되므로 오시(午時, 11시 30분~13시 29분까지)가 아니라, 1시간 앞으로 당긴 시간이어야 하므로 오전 10시 35분이 출생 시간이 된다. 즉, 사시(巳時, 09시 30분~11시 29분까지)가 된다. 따라서, 독자들은 <서머타임>표를 보고 활용하길 바란다.

<서머타임>

순	서머타임 적용 시간(양력)
1	1948.06.01. 00:00~1948.09.13. 00:00
2	1949.04.03. 00:00~1949.09.11. 00:00
3	1950.04.01. 00:00~1950.09.10. 00:00
4	1951.05.06. 00:00~1951.09.09. 00:00
5	1955.05.05. 00:00~1955.09.09. 00:00
6	1956.05.20. 00:00~1956.09.90. 00:00
7	1957.05.05. 00:00~1957.09.22. 00:00
8	1958.05.04. 00:00~1958.09.21. 00:00
9	1959.05.03. 00:00~1959.09.20. 00:00
10	1960.05.01. 00:00~1960.09.18. 00:00
11	1987.05.10. 02:00~1987.10.11. 03:00
12	1988.05.08. 02:00~1988.10.09. 03:00

지금 사주 세우기에 적용시키고 있는 양력으로 1986년 6월 11일 밤 22:50분에 태어난 남자 이길동의 경우는 서머타임 적용 시간과는 상관이 없다.

또 참고할 사항이 있다.

본 책에서는 독자들을 위하여, 자(子)시(23시 30분~01시 29분)의 경우 야자시(夜子時)와 조자시(朝子時)로 구분해 놓았다.

야자시(23시 30분~24시 29분까지)인 경우 그날의 사주를 적용시키고,

조자시(24시 30분~01시 29분까지)는 그 다음날 사주를 적용시키는 것이다.

사실 야자시와 조자시의 경우도 한 번쯤 고려 대상이기도 하다.

이 경우 일부 국가에서 구분하여 사용하기도 하지만, 사실 명리학(命理學)으로 본다면 자시(子時)를 구분하는 경우는 없다. 그렇지만 우리나라의 경우 서울(127.5도)을 기준으로하기 때문에 출생 지역별 이를 감안하여 출생시간을 판단하고 적용하는 것이 현명한 방법이기도 하다.

따라서 독자들은 이러한 사실을 알고 자신의 사주를 볼 때 야자시 혹은 조자시 그리고 일반적으로 적용되는 자시(23시 30분 ~ 01시 29분)를 구분하여 사주를 확인해 보는 것도 좋은 방법이다.

이제 이길동 사주 세우기에서 마지막 남은 시주(時柱)를 알아보고 사주 세우기를 마무리 해보자.

시주를 결정하려면 <시간(時干) 조견표>를 보고 태어난 일간(日刊)과 비교하여 판단한다. 즉, 이길동의 일간(日干)은 병술(丙戌)에서 丙이고 해시(亥時)에 태어났으므로 <시간(時干) 조견표>에서 확인해 보자.

\<시간(時干) 조견표\>

日刊 \ 時支	甲, 己일	乙, 庚일	丙, 辛일	丁, 壬일	戊, 癸일
조子시	甲子	丙子	戊子	庚子	壬子
丑	乙丑	丁丑	己丑	辛丑	癸丑
寅	丙寅	戊寅	庚寅	壬寅	甲寅
卯	丁卯	己卯	辛卯	癸卯	乙卯
辰	戊辰	庚辰	壬辰	甲辰	丙辰
巳	己巳	辛巳	癸巳	乙巳	丁巳
午	庚午	壬午	甲午	丙午	戊午
未	辛未	癸未	乙未	丁未	己未
申	壬申	甲申	丙申	戊申	庚申
酉	癸酉	乙酉	丁酉	己酉	辛酉
戌	甲戌	丙戌	戊戌	庚戌	壬戌
亥	乙亥	丁亥	己亥	辛亥	癸亥
야子시	丙子	戊子	庚子	壬子	甲子

이길동의 경우 시주(時柱)를 확인해 보면, 기해(己亥)임을 알 수 있다.

□시주 => 기해(己亥)

이렇게하여 양력 1986년 6월 11일 밤 22:50분에 태어난 남자 이길동의 사주 세우기를 완성하면 아래와 같다.

구분	천간(天干)	지지(地支)
년주(年柱)	丙	寅
월주(月柱)	甲	午
일주(日柱)	丙	戌
시주(時柱)	己	亥

'사주 간명지'의 '간(干)과 지(支)' 사항이다.

참고로 예전의 경우 태어난 시간을 알 수 없는 관계로 닭 울 때, 해 뜰 때 등으로 태어난 시간을 표현하기도 하였다. 이 경우 다음 사항을 참조하여 2개 이상인 경우 출생 시간을 추측할 수 있다.

□子, 寅, 辰, 午, 申, 戌의 양시(陽時) 출생자는 활동성이 좋고, 丑, 卯, 巳, 未, 酉, 亥의 음시(陰時)에 출생자는 소극적이다.

□子, 午, 卯, 酉시 생은 반듯하게 잠자고, 寅, 申, 巳, 亥시 생은 옆으로 잠을 자고, 辰, 戌, 丑, 未시 생은 엎지락뒷치락하면서 잠을 자는 습관이 있다.

□양시(陽時)에 출생한 경우 아버지가 먼저 죽는다. 반대로 음시(陰時)에 출생한 경우 어머니가 먼저 죽는다.

이러한 내용으로도 태어난 시간을 추측할 수 있다.

문제는 태어난 시점이 절기(節氣) 날 태어난 경우 년, 월, 일, 시를 적용 해보면, 다음 년도로 혹은 다음 월로 넘어가는 경우가 있고, 또한 절기 날 전 후로 적용되는 경우가 있다.

이 경우 지금까지 확인된 사주 세우기와는 다르게 적용되므로, 독자들은 다음장에 소개된 '절기(節氣)·윤월(閏月)때 사주 세우기'를 참조하길 바란다.

2. 절기(節氣)·윤월(閏月) 때 사주 세우기

(1) 입춘(立春)절기 때 사주 세우기

사주를 세우기에서 태어난 시점이 일반적인 사항이라면 문제될 것은 없다.

하지만, 어디 사람의 출생이란? 출생 시간을 조절한다는 것은 사실상 불가능하다.

여기서 독자들은 꼭 알아야 될 사항이 있다.

자연 분만은 상관없지만, 제왕 수술로 인하여 출생 시간을 조절했을 경우 사주는 어떻게 될까?

사람은, 자연 분만이든지 혹은 제왕 수술이든지 인간이 태어나면서 첫 호흡을 하는 순간 오행(五行)의 기운으로 사람의 운명이 결정된다.

동일한 시간에 출생한 경우라도 사주의 주체 즉 성장에 따른 환경이 서로 다르므로 사주는 다르다.

사주학이든 혹은 성명학 그리고 풍수지지학 모두 이러한 오행들이 작용하는 기상학(氣象學)에 속한다. 독자들은 이점을 알길 바란다.

지금부터 입춘(立春)절기 때 사주를 세우는 방법을 알아보자.

사주에서 입춘 절기는 중요한 의미가 있다. 그것은 입춘 절기가 지나야만 다음 년으로 넘어가는 기준이 되기 때문이다.

즉, 사주에서 입춘 절기를 넘어서지 않았다면 다음 연도의 사주가 아니라, 전년도의 사주를 사용해야 하는데, 이때 년, 월, 일, 시 모두가 해당되는 것이 아니라, 년 만 전년도의 년주(年柱)를 사용하고 나머지 월, 일, 시는 실질적으로 태어난 년의 월, 일, 시를 사용하는 것을 독자들은 알길 바란다.

예를 들어 양력 1961년 1월 22일 08시 30분 출생자를 보자.

<만세력>

檀紀 4293년 동경127도30분 표준시 적용	1960年 庚子年	

檀紀 4394년
동경135도 표준시 적용

1961年 辛丑年

■대설 7일 11시 30분 12월 (戊子)月 ■동지 22일 05시 26분

양력	1	2	3	4	5	6	7	8	9	10	11	12	13	14	15	16	17	18	19	20	21	22	23	24	25	26	27	28	29	30	31
요일	목	금	토	일	월	화	수	목	금	토	일	월	화	수	목	금	토	일	월	화	수	목	금	토	일	월	화	수	목	금	토
음력	13	14	15	16	17	18	19	20	21	22	23	24	25	26	27	28	29	11	2	3	4	5	6	7	8	9	10	11	12	13	14
일진	癸亥	甲子	乙丑	丙寅	丁卯	戊辰	己巳	庚午	辛未	壬申	癸酉	甲戌	乙亥	丙子	丁丑	戊寅	己卯	庚辰	辛巳	壬午	癸未	甲申	乙酉	丙戌	丁亥	戊子	己丑	庚寅	辛卯	壬辰	癸巳
대운 남	2	2	1	1	1	1	대설	9	9	9	8	8	8	7	7	7	6	6	6	5	5	5	4	4	4	3	3	3	2	2	2
대운 여	8	8	9	9	9	10	대설	1	1	1	2	2	2	3	3	3	4	4	4	5	5	5	6	6	6	7	7	7	8	8	8

■소한 5일 22시 43분 1월 (己丑)月 ■대한 20일 16시 01분

양력	1	2	3	4	5	6	7	8	9	10	11	12	13	14	15	16	17	18	19	20	21	22	23	24	25	26	27	28	29	30	31
요일	일	월	화	수	목	금	토	일	월	화	수	목	금	토	일	월	화	수	목	금	토	일	월	화	수	목	금	토	일	월	화
음력	15	16	17	18	19	20	21	22	23	24	25	26	27	28	29	30	12/1	2	3	4	5	6	7	8	9	10	11	12	13	14	15
일진	甲午	乙未	丙申	丁酉	戊戌	己亥	庚子	辛丑	壬寅	癸卯	甲辰	乙巳	丙午	丁未	戊申	己酉	庚戌	辛亥	壬子	癸丑	甲寅	乙卯	丙辰	丁巳	戊午	己未	庚申	辛酉	壬戌	癸亥	甲子
대운 남	1	1	1	1	소한	10	9	9	9	8	8	8	7	7	7	6	6	6	5	5	5	4	4	4	3	3	3	2	2	2	1
대운 여	8	9	9	9	소한	1	1	1	1	2	2	2	3	3	3	4	4	4	5	5	5	6	6	6	7	7	7	8	8	8	9

■입춘 4일 10시 22분 2월 庚寅月 ■우수 19일 06시 16분

양력	1	2	3	4	5	6	7	8	9	10	11	12	13	14	15	16	17	18	19	20	21	22	23	24	25	26	27	28
요일	수	목	금	토	일	월	화	수	목	금	토	일	월	화	수	목	금	토	일	월	화	수	목	금	토	일	월	화
음력	16	17	18	19	20	21	22	23	24	25	26	27	28	29	1/1	2	3	4	5	6	7	8	9	10	11	12	13	14
일진	乙丑	丙寅	丁卯	戊辰	己巳	庚午	辛未	壬申	癸酉	甲戌	乙亥	丙子	丁丑	戊寅	己卯	庚辰	辛巳	壬午	癸未	甲申	乙酉	丙戌	丁亥	戊子	己丑	庚寅	辛卯	壬辰
대운 남	1	1	1	입춘	1	1	1	2	2	2	3	3	3	4	4	4	5	5	5	6	6	6	7	7	7	8	8	8
대운 여	9	9	10	입춘	10	9	9	8	8	8	7	7	7	6	6	6	5	5	5	4	4	4	3	3	3	2	2	2

만세력에서 양력으로 1961년 1월 22일은 아직 입춘(立春, 1961년 2월 4일) 절기가 지나지 않았기 때문에 1961년이 아니라 1960년(庚子年)에 해당된다.

그 이유는 여러 절기(節氣) 중 입춘 절기를 자나야만 다음 년도가 되기 때문이다.

따라서, 사주 세우기에서 년주만 1960년생(경자년(庚子年) => 庚子로 하고, 나머지 월주와 일주는 만세력에 표기된 1961년(辛丑年)의 1월 22일(양력)의 것으로 적용해야 한다. 따라서, 양력으로 1961년 1월 22일 08시 30분에 출생한 사람의 사주를 세워보면 아래와 같다.

1.년주 : 1960년의 경자년(庚子年) => 庚子
2.월주 : 1961년의 1월 기축월(己丑月) => 己丑
3.일주 : 1961년의 1월 22일(양력)의 을묘일(乙卯日) => 乙卯
4.시주 : 시주는 08시 30분에 태어났으므로 진시(辰時, 07시 30분~09시 29분까지)에 해당되고, 일주의 일간(日干)이 乙이므로 <시간(時干) 조견표>에서 乙과 진시(辰時)와의 만나는 것은 庚辰이므로 시주는 庚辰이 된다 => 庚辰

(2) 기타 절기(節氣) 때 사주 세우기

태어난 시점이 절기(節氣) 날 태어난 경우가 있다.

이 경우는 만세력에 표시된 절기날의 시작 시간(時間)을 보고 판단 한다.

예를 들어 음력 1959년 5월 1일 오전 12시 30분에 출생한 사람을 보자

이 경우 만세력을 보면 음력으로 5월 1일은 망종(芒種) 절기에 해당되고, 만종 절기의 시작 시간은 밤 20:00이다(※만세력에 표기된 시간 참조).

즉, 망종 절기는 음력으로 5월 1일 밤 20:00가 넘어야만 실질적인 망종 절기가 되는 것이다.

<만세력>

檀紀 4292년 동경127도 30분 표준시 적용	1959年 (己亥)年	■ 서머타임 적용 연도

■ 입하 6일 15시 39분　5월 (己巳)月　■ 소망 22일 04시 42분

양력	1	2	3	4	5	6	7	8	9	10	11	12	13	14	15	16	17	18	19	20	21	22	23	24	25	26	27	28	29	30	31
요일	금	토	일	월	화	수	목	금	토	일	월	화	수	목	금	토	일	월	화	수	목	금	토	일	월	화	수	목	금	토	일
음력	24	25	26	27	28	29	30	4/1	2	3	4	5	6	7	8	9	10	11	12	13	14	15	16	17	18	19	20	21	22	23	24
일진	癸未	甲申	乙酉	丙戌	丁亥	戊子	乙丑	庚寅	辛卯	壬辰	癸巳	甲午	乙未	丙申	丁酉	戊戌	己亥	庚子	辛丑	壬寅	癸卯	甲辰	乙巳	丙午	丁未	戊申	己酉	庚戌	辛亥	壬子	癸丑
대운 남	9	9	9	10	10	입하	1	1	1	1	2	2	2	3	3	3	4	4	4	5	5	5	6	6	6	7	7	7	8	8	8
대운 여	2	1	1	1	1	입하	10	10	9	9	9	8	8	8	7	7	7	6	6	6	5	5	5	4	4	4	3	3	3	2	2

■ 망종 6일 20시 00분　6월 庚午月　■ 하지 22일 12시 50분

양력	1	2	3	4	5	6	7	8	9	10	11	12	13	14	15	16	17	18	19	20	21	22	23	24	25	26	27	28	29	30
요일	월	화	수	목	금	토	일	월	화	수	목	금	토	일	월	화	수	목	금	토	일	월	화	수	목	금	토	일	월	화
음력	25	26	27	28	29	5/1	2	3	4	5	6	7	8	9	10	11	12	13	14	15	16	17	18	19	20	21	22	23	24	25
일진	甲寅	乙卯	丙辰	丁巳	戊午	己未	庚申	辛酉	壬戌	癸亥	甲子	乙丑	丙寅	丁卯	戊辰	乙巳	庚午	辛未	壬申	癸酉	甲戌	乙亥	丙子	丁丑	戊寅	己卯	庚辰	辛巳	壬午	癸未
대운 남	9	9	9	10	10	망종	1	1	1	1	2	2	2	3	3	3	4	4	4	5	5	5	6	6	6	7	7	7	8	8
대운 여	2	1	1	1	1	망종	10	10	10	9	9	9	8	8	8	7	7	7	6	6	6	5	5	5	4	4	4	3	3	3

사주를 보고자 하는 사람은 1959년도에 서머타임 적용했던 년도가 되므로 출생 시간을 1시간 앞당긴 시간이어야 한다.

따라서, 실제 출생 시간은 오전 11시 30분이다.

이 경우는 아직 망종 절기날 출생이 아니라, 망종 절기 하루 전날인 음력으로 4월 29일 날 출생이 된다.

이러한 조건 때문에 월주(月柱)는 음력 5월의 庚午이 아니라, 음력 4월의 己巳를 사용해

야 하고, 일주(日柱)는 실질적으로 태어난 음력 1959년 5월 1일의 己未를 사용해야 한다. 사주를 세워보면 아래와 같다.

> 1.년주 : 1959년은 기해년(己亥年) 이므로 => 己亥
> 2.월주 : 음력으로 1959년의 5월 1일은 망종 절기의 시간과 출생 시간을 비교해 보면 망종 전에 태어났으므로 월주는 음력 5월이 아니라, 음력 4월의 기사월(己巳月) => 己巳
> 3.일주 : 1959년의 5월 1일(음력)의 기미일(己未日) => 己未
> 4.시주 : 태어난 시간이 12：30분이고, 이때 서머타임을 적용한 시점이므로 실제 태어난 시간은 11：30분이 된다. 따라서 오시(午時, 11시 30분 ～ 13시 29분까지)이며, <시간(時干) 조견표>에서 일주의 일간 己와 오시가 만나는 것은 庚午이므로 => 庚午

이렇게 하여 절기 때 사주 세우는 방법을 확인해 보았다. 이제 독자들은 가장 실수를 많이 하는 입춘(立春) 절기와 절기(節氣) 때 사주 세우기 모두 이해했다고 본다.

문제는 절기 때 대운수(大運數)를 세우는 것인데 만세력(萬歲曆)에 보면 절기(節氣) 날은 대운수는 없다. 그럼 대운수는 어떻게 판단하고 세워야 하는가?

이 문제는 뒷장 '대운수(大運數) 적용'에서 자세히 집필해 놓았다. 이제부터는 윤월(閏月) 때 사주 세우기를 알아보자.

(3) 윤월(閏月) 때 사주 세우기

윤월은 윤달이라 하며, 태음력과 태양력의 역일(曆日)이 어긋나는 것을 막기 위해 끼워넣은 달을 말한다.

태음력에서 1달은 29일～30일이지만, 태양력의 1달은 28일～31일로서 1년 365일을 기준으로 계산해 보면 약 10일～12일 정도 차이가 난다. 이러한 태음력과 태양력의 불일치를 해소하기 위해서 보통 2～3년 주기에 치윤법(置閏法)으로 만든 것을 윤월(閏月) 혹은 윤달인 것이다. 윤달을 정리하면 아래와 같다.

년도	윤월	년도	윤월	년도	윤월	년도	윤월
1930년	6월	1963년	4월	1995년	8월	2028년	5월
1933년	5월	1966년	3월	1998년	5월	2031년	3월
1936년	3월	1968년	7월	2001년	4월	2033년	11월
1938년	7월	1971년	5월	2004년	2월	2036년	6월
1941년	6월	1974년	4월	2006년	7월	2039년	5월
1944년	4월	1976년	8월	2009년	5월	2042년	2월
1947년	2월	1979년	6월	2012년	3월	2044년	7월
1949년	7월	1982년	4월	2014년	9월	2047년	5월
1952년	5월	1984년	10월	2017년	5월	2050년	3월
1955년	3월	1987년	6월	2020년	4월	2052년	8월
1957년	8월	1990년	5월	2023년	2월	2055년	6월
1960년	6월	1993년	3월	2025년	6월	2058년	4월

일반적인 달(월)은 12지신이 관장하지만, 윤월은 추가된 공달 또는 덤 달로서 12지신이 없는 달이기 때문에 손 없는 달이라고 하여 집수리, 이사(移徙), 조상(祖上)의 묘지(墓地) 단장 혹은 이장(移葬)하거나 혹은 수의(壽衣)를 만들어 사용하기도 한다. 그러나 결혼식(結婚式)에서의 윤달(월)은 12지신의 보살핌을 받지 못한다는 의미에서 꺼리는 경향이 있다.

윤월에 있는 생일날, 제삿날의 경우 매년 윤월이 돌아오지 않기 때문에 이때는 윤월을 평 달로 취급하여 사용하면 된다. 윤월의 사주는 어떻게 세울까? 윤월은 만세력(萬歲曆)에 표시되어 있는 윤월의 오행 그대로 적용하여 사주를 세우면 된다.

참고로 윤년(閏年)이란? 지구가 태양을 한 바퀴 도는데 정확히 1년은 365.2422일 걸리는데 이것을 365일로 계산 한다면 오차가 발생하게 된다. 이것의 균형을 맞추기 위해서 28일로 되어있는 2월을 1일 추가하여 29일로 만들었다. 이렇게 2월이 29일인 년을 윤년이라고 한다. 윤년의 주기는 4년에 1번씩 되풀이 된다. 윤일(閏日)은 윤년이 존재하는 2월 29일을 말한다.

3. 오행(五行) 적용

사주(四柱)에서 오행(五行)들의 작용을 적용하는 목적은 오행들의 작용을 통하여 통변(通辯) 즉 사주를 해석(解析)함에 있다. 그 이유는 우주의 모든 만물은 수(水), 목(木), 화(火), 토(土), 금(金)의 기운(氣運)으로 이루어졌고, 이들에게 작용되는 상생(相生)과 상극(相剋) 그리고 상비(相比) 작용은 끊임없이 순환되며 끝이 없다. 이러한 작용을 생극제화(生剋制化)라고 하고 이것은 우주(宇宙)와 인체(人體) 그리고 자연 순환(自然循環) 관계는 모두 동일하게 이루어져 있다.

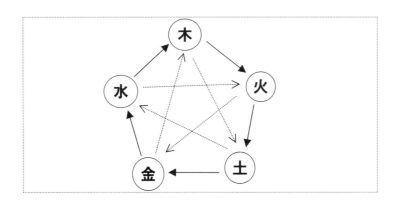

■상생(相生) 작용 : 水生木, 木生火, 火生土, 土生金, 金生水, 水生木

-상생작용에서 오행(五行) 작용은 서로 주고 받는 관계가 성립되므로 둘은 좋은 관계로 판단하고 해석(解析)한다. 그러나 이때 작용되는 오행의 힘은 주는 것은 힘이 약(弱)해지나, 받는 오행의 힘은 강(強)해 진다. 예를 들면, 수생목(水生木)은 물(水)은 나무를 키운다의 뜻이며 이때 주는 수(水)의 힘은 약(弱)해지나, 수(水) 기운을 받는 목(木)의 힘은 강(強)해 진다. 나머지에 해당되는 작용도 동일하다. 즉 나무(木)는 불(火)을 만든다의 목생화(木生火), 불(火)은 타서 흙(土)을 만든다의 화생목(火生土), 흙(土)은 금(金)을 만든다의 토생금(土生金), 금(金)은 물(水)을 만든다의 금생수(金生水)의 오행 변화 역시 주는 오행은 약(弱)해지고 받는 오행의 기운은 강(強)해 진다.

■상극(相剋) 작용 : 水剋火, 火剋金, 金剋木, 木剋土, 土剋水, 水剋火

-상극작용에서 오행 작용은 다른 하나를 극(剋)하여 이기는 작용을 하므로 둘의 관계는 나쁜 관계로 판단하고 해석(解析)한다. 그러나 상극(相剋) 관계에서 오행 작용은 극(剋)하는 오행은 힘은 절대적으로 강(強)해지고, 극(剋)을 당하는 오행은 힘이 없어진다. 예를 들면, 수극화(水剋火)는 물(水)은 불(火)을 이긴다의 뜻이며 이때 수(水)의 힘은 절대적으로 강(強)해지나, 수(水) 기운에게 극(剋)을 당하는 화(火) 기운은 없어진다. 나머지 극(剋)작용 즉 불(火)은 금(金)을 녹여 금(金)기운의 가치를 못쓰게 한다의 화극금(火剋金), 금(金)은 나무(木)를 죽인다의 금극목(金剋木), 나무(木)는 흙(土)을 파헤쳐 이긴다의 목극토(木剋土), 흙(土)은 흙 탕물을 만들어 물(水)을 썩게한다의 토극수(土剋水)의 오행 변화도 극(剋)하는 오행의 힘은 강(強)해지나, 극(剋)을 당하는 오행의 힘은 없어진다.

-상생, 상극작용 외 양(陽)과 음(陰)으로 분류해 보면, 화(火), 목(木)은 양(陽)기운으로, 금(金)과 수(水)는 음(陰)기운으로, 토(土)는 중간형으로 본다.

■상비(相比) 작용 : 土土, 水水, 金金, 木木, 火火

-상비작용에서 오행 작용은 힘을 강(強)하게 만들어 준다. 예를 들면, 토토(土土)는 흙(土)이 다시 다른 흙(土)를 만나는 것을 말하며, 이때 토(土)의 힘은 강(強)해진다. 나머지 물(水)이 다시 물(水)을 만날 때의 수수(水水), 금(金)이 다시 금(金)을 만날 때의 금금(金金), 나무(木)가 다시 나무(木)를 만날 때의 목목(木木), 불(火)이 다시 불(火)를 만날 때의 화화(火火)의 오행 변화도 모두 강(強)하게 된다.

-특히 이들의 작용 중 남녀 궁합(宮合)이나 혹은 납음오행(納音五行)에서의 관계는 土와土, 水와水는 서로 만나면 조화를 이루니 좋은 관계로 보며, 金과金, 木과木은 서로 만나면 부딪히는 소리가 발생 된다(※金과金, 木과木은 학자마다 다른 주장도 있겠으나 여기서는 무난한 관계로 본다). 그리고 火와火는 서로 만나면 둘 다 모두 타 없어지

므로 상비관계 중 유일하게 나쁜 관계로 본다.

이러한 오행들은 자연과 인간이 서로 반응하여 어떤 작용을 하는가? 이것을 확인하는 것이 사주 해석(解析)이고, 통변술(通辯述)이다.

우선 이들의 작용을 통하여 간단한 사주 해석을 적용해보면 수생목(水生木)의 상생(相生) 작용에서 수(水)기운은 아버지에 해당되는 편재 육친(六親)이고, 목(木) 기운은 아들에 해당되는 편관 육친(六親)이라면 아버지와 아들의 관계는 상생(相生) 관계가 성립되어 아버지는 아들에게 도움을 주는 좋은 관계 성립된다. 물론 이들의 구체적인 관계는 전체 사주 구성에서 오행들의 강약(强弱) 변화를 적용하여 판단하는 것이 사주 해석(解析) 즉 통변(通辯)인데 이것을 판단하고 배우기 위하여 사주 공부를 하는 것이다.

일단 여기서는 이러한 오행들의 작용만 설명하고, 오행들을 판단하고 해석(解析)하는 것은 곧 사주(四柱)를 해석하는 것이기 때문에 앞으로 자세히 다루도록 한다.

사주의 천간(天干)과 지지(地支)에서의 오행과 이에 따른 양(陽)과 음(陰)의 관계는 아래와 같다.

<천간(天干)과 지지(地支)>

천간 (10개)	甲(갑)	乙(을)	丙(병)	丁(정)	戊(무)	己(기)	庚(경)	辛(신)	壬(임)	癸(계)	·	·
	+	-	+	-	+	-	+	-	+	-		
	木		火		土		金		水			
지지 (12개)	子(자) 쥐	丑(축) 소	寅(인) 범	卯(묘) 토끼	辰(진) 용	巳(사) 뱀	午(오) 말	未(미) 양	申(신) 원숭이	酉(유) 닭	戌(술) 개	亥(해) 돼지
	-	-	+	-	+	-	+	-	+	-	+	-
	水	土	木		土	火		土	金		土	水

여기서 갑(甲)과 을(乙)의 경우, 둘은 같은 목(木)인데 갑(甲)은 목(+)의 큰나무이고, 을(乙)은 목(-)의 화초를 말한다.

이때 (+)는 양간(陽干)이고, (-)는 음간(陰干)이 된다. 따라서, 이것들을 엄밀히 구분하면 갑(甲)은 양간 목(木)이고 을(乙)은 음간 목(木)이 된다.

이렇게 구분하는 이유는 같은 오행(五行)이지만, 그 중에서 양(陽)과 음(陰)을 구분하고, 아울러 이에 파생되어 구체적인 작용을 확인해 볼 경우 즉 통기(通氣) 작용이나 투출(透出)과 투간(透干)을 구체적으로 알아볼 때 사용된다.

특히, 12지지 동물 중 쥐(子)가 첫 시작 동물이 되는 이유는 지구상에 존재하는 모든 동물들의 앞, 뒤 발가락 개수가 동일하나, 쥐의 경우 유일하게 앞 발가락은 4개(음)이고 뒤 발가락은 5개(양)가 되어 음(陰)과 양(陽)이 바뀌므로 첫 시작 동물이 되는 것이다.

앞 절에서 사주를 세웠던 양력 1986년 6월 11일 밤 22:50분에 태어난 남자 이길동의 사주에서 오행(五行)에 따른 양간(陽干, +)과 음간(陰干, -)을 삽입시켜 완성하면 아래와 같다.

구분	천간	지지	오행	
년주(年柱)	丙	寅	화+	목+
월주(月柱)	甲	午	목+	화-
일주(日柱)	(丙)	戌	(화+)	토+
시주(時柱)	己	亥	토-	수+

이길동 사주에서 오행으로 보면, 양(陽)에 해당되는 화(火)가 3개와 목(木)이 2개이며, 음(陰)에 해당되는 것은 수(水) 1개로 구성되었고, 오행에 따른 양간(+)과 음간(-)의 구성은 양간(+)은 6개 그리고 음간(-)은 2개로 구성된 사주이다.

이러한 오행 적용은 사주를 해석하고 판독하는데 모든 기초가 된다. 또한 사주에서 중요한 용신(用神)은 물론 건강, 결혼, 직업, 이름, 상호(商號), 택일 등을 결정짓는 역할을 한다. 지금까지 학습한 오행 사항은 사주 간명지의 '오행(五行)' 부분이다.

4. 지장간(支藏干) 적용

지장간(支藏干)은 地支(땅속 가지), 藏(감출장), 干(천간간)이다.

즉, '땅(地支)속에 감추어져 있는 하늘의 기운'이란 뜻이며, 쉽게 말하면 숨어 있는 12개의 지지를 찾아서 사주에 반영해 주는 것을 말한다.

사주의 구성 요소를 보면, 하늘과 관련된 것 10개(甲乙丙丁戊己庚辛壬癸)와 땅과 관련된 것 12개(子丑寅卯辰巳午未申酉戌亥)의 조합이다.

하늘은 날씨가 흐리다, 맑다, 혹은 비가 온다, 눈이 온다, 춥다. 등을 알 수 있지만, 땅속은 묻어 있는 것은 알 수가 없다. 이와 같이 사주에서 땅속에 숨어 있는 것이 지장간인데 이것을 찾아서 사주에 반영해 주어야만 통변 즉 사주 해석(解析)이 완성되는 것이며, 지장간(支藏干)을 알지 못하면 사주 해석을 할 수 없다.

지장간의 원리는 연해자평(淵海子平)과 명리정종(命理正宗)에서 도입된 것이지만 지금까지 중요성은 인식되고 있다. 사주를 판독하고 해석함에 있어서 기본 사주(사주 원국)에 있는 8개의 오행들의 상호 작용으로는 부족하다. 그 이유는 천간은 나무의 열매, 지지는 나무줄기 그리고 지장간은 나무의 뿌리에 해당되기 때문이다.

독자들이 지장간(支藏干)을 배우는 목적은 사주 구성에서 유정(有情)한가? 무정(無情)한가? 이것을 바탕으로 사주 해석(解析) 즉 통변술(通辯術)은 물론 용신(用神)을 판단하는 잣대가 되는 것이다.

사실 사주 통변 즉 사주 해석(解析)은 지장간으로 판단한다고 해도 틀린 말은 아니다. 즉, 열매와 나무줄기는 뿌리가 있어야만 존재할 수 있기 때문이다.

이러한 중요한 내용은 8장 '사주를 해석하자'에서 보기를 들어 구체적으로 설명하였다. 지장간을 지지(地支)에 적용하는 방법은 아래와 같이 <지장간(支藏干)표>를 활용하면 된다.

<지장간(支藏干)표>

지지	지장간	지지	지장간
자(子)	壬, 癸(水, 水)	오(午)	丙, 己, 丁(火, 土, 火)
축(丑)	癸, 辛, 己(水, 金, 土)	미(未)	丁, 乙, 己(火, 木, 土)
인(寅)	戊, 丙, 甲(土, 火, 木)	신(申)	戊, 壬, 庚(土, 水, 金)
묘(卯)	甲, 乙(木, 木)	유(酉)	庚, 辛(金, 金)
진(辰)	乙, 癸, 戊(木, 水, 土)	술(戌)	辛, 丁, 戊(金, 火, 土)
사(巳)	戊, 庚, 丙(土, 金, 火)	해(亥)	戊, 甲, 壬(土, 木, 水)

지지에 적용 방법은 <지장간(支藏干)표>에서 제시된 것처럼 자(子)에서는 壬, 癸(水, 水), 오(午)에서는 丙, 己, 丁(火, 土, 火)을 적용해 주면 된다.

또한, 천간(天干)에 맞는 지장간(支藏干)을 판단할 경우는 천간(天干)을 지지(地支)로 변환시켜 주어야하는데 이때는 아래와 같이 갑(甲)은 인(寅)으로 지장간 무병갑(戊丙甲)이 되고, 乙-卯(甲乙), 丙-巳(戊庚丙), 丁-午(丙己丁), 戊-辰(乙癸戊), 戊-戌(辛丁戊), 己-丑(癸辛己), 己-未(丁乙己), 庚-申(戊壬庚), 辛-酉(庚辛) 壬-亥(戊甲壬), 癸-子(壬癸)로 변환하여 천간 지장간을 판단해 주면 된다.

천간	甲(갑)	乙(을)	丙(병)	丁(정)	戊(무)		己(기)		庚(경)	辛(신)	壬(임)	癸(계)
지지	寅(인)	卯(묘)	巳(사)	午(오)	辰(진)	戌(술)	丑(축)	未(미)	申(신)	酉(유)	亥(해)	子(자)
지장간	戊丙甲	甲乙	戊庚丙	丙己丁	乙癸戊	辛丁戊	癸辛己	丁乙己	戊壬庚	庚辛	戊甲壬	壬癸

그러나 지장간(支藏干)을 사주 해석에 반영해 줄 때는 이어서 설명되는 가장 힘이 쎈 주권신(主權神)과 변화(化)되는 지장간 그리고 지장간의 뿌리(통근)를 판단해 주어야 된다.

□ 지장간 활동과 주권신(主權神)을 찾아라.

지지(地支)에 포함된 2~3개의 지장간(支藏干)의 영향을 사주에 반영함이 원칙이다. 이것은 1달 30일을 기준으로 작용되는 월별 지장간 활동 기간을 보고 판단하는데, 판단 기준은 입절을 기준으로 초기(여기), 중기, 정기(본기)에 해당되는 오행(五行)을 선택하여 적용해 준다.

예를 들면, 축(丑)의 지장간은 癸, 辛, 己에서 판단 기준일이 11일이라면 이때는 癸, 辛, 己 중에서 중기에 해당되는 辛(10일~12일 1분)이 되고, 이것은 지장간 중에서 영향력이 가장 크게 작용된다. 이러한 지장간의 기운(氣運)을 반영해주는 것이 사주 해석(解析)의 기초이기도 하다.

이렇게 지장간에서 30일 즉 1개월간의 기후 변화에 따라 초기(여기), 중기, 정기(본기)를

30일 동안 일정별로 배분해서 표시한 것을 월령용사(月令用事) 혹은 월률분야도(月律分野圖)라고 한다. 이들의 크기는 정기>>여기>>중기 순이다.

<월별 지장간 활동 기간표>

지지	초기(여기)		중기		정기(본기)	
자(子)	壬(水)	1일 ~ 10일 3분 5	·	·	癸(水)	11일 ~ 30일 6분 5
축(丑)	癸(水)	1일 ~ 9일 3분	辛(金)	10일 ~ 12일 1분	己(土)	13일 ~ 30일 6분
인(寅)	戊(土)	1일 ~ 7일 2분 3	丙(火)	8일 ~ 14일 2분 3	甲(木)	15일 ~ 30일 5분 4
묘(卯)	甲(木)	1일 ~ 10일 3분 5	·	·	乙(木)	11일 ~ 30일 6분 5
진(辰)	乙(木)	1일 ~ 9일 3분	癸(水)	10일 ~ 12일 1분	戊(土)	13일 ~ 30일 6분
사(巳)	戊(土)	1일 ~ 7일 1분 7	庚(金)	8일 ~ 14일 3분	丙(火)	15일 ~ 30일 5분 3
오(午)	丙(火)	1일 ~ 10일 5분 5	己(土)	11일 ~ 19일 3분	丁(火)	20일 ~ 30일 3분 15
미(未)	丁(火)	1일 ~ 9일 3분	乙(木)	10일 ~ 12일 1분	己(土)	13일 ~ 30일 6분
신(申)	己(土)	1일 ~ 7일 2분	壬(水)	11일 ~ 13일 1분	庚(金)	14일 ~ 30일 6분
	戊(土)	8일 ~ 10일 1분				
유(酉)	庚(金)	1일 ~ 10일 3분 5	·	·	辛(金)	11일 ~ 30일 6분 5
술(戌)	辛(金)	1일 ~ 9일 3분	丁(火)	10일 ~ 12일 1분	戊(土)	13일 ~ 30일 6분
해(亥)	戊(土)	1일 ~ 7일 2분 3	甲(木)	8일 ~ 14일 1분 7	壬(水)	15일 ~ 30일 6분

지장간 활동시간을 30일을 기준으로 볼 때 초기, 중기, 정기(본기) 중 중기의 지장간 흐름을 구체적으로 확인해 보자. 계절의 기운(氣運)은 각각 생지, 왕지, 고지를 모두 포함되므로, 생지에 해당되는 인사신해(寅巳申亥)는 양간(陽干)이므로 병경임갑(丙庚壬甲)을 사용하고, 고지에 해당되는 진술축미(辰戌丑未)는 음간(陰干)이므로 계정신을(癸丁辛乙)을 사용하며 왕지에 해당되는 자묘오유(子卯午酉)는 중기와 정기가 하나가 되는 것이므로 따로 중기를 두지 않는다(※단, 午는 중간에 己(토)가 추가되어 丙己丁으로 여기, 중기, 정기로 구성되며 각각 10일간 사용한다).

이들의 기운(氣運) 흐름은 초기(여기)는 앞전 월(月)의 정기(본기)의 기운을 가져다 쓰는 것이다.

예를 들면, 축(丑)의 초기(여기) 지장간에 해당되는 癸는 앞전 지장간 자(子)의 정기(본기)에 해당되는 癸의 기운이 추가로 전달된 것이다.

따라서, 초기(여기)는 지난달의 힘이 남아있는 상태가 되고, 중기의 힘은 삼합(三合)과 깊은 관계가 있고, 정기(본기)는 이 중에서 가장 힘이 왕성한 것이 된다.

월별 지장간 활동 기간표는 1달 30일을 기준으로 작용되는 것이지만, 년(年), 일(日), 시(時)에 따른 세부적이고 구체적인 기운(氣運)의 흐름 적용은 다소 의문을 제기할 수 밖에 없다. 이러한 의문을 대신하여 지장간에서 가장 큰 힘을 발휘하는 주권신(主權神)을 선택하여 적용하기도 한다.

그러나 이러한 세부적(細部的)인 기운 흐름을 통변(通辯) 즉 사주 해석에 적용하고 판단해 주어야만 된다.

주권신(主權神)을 찾는 방법은 위에서 제시된 월별 지장간 활동 기간 찾는 것과 동일한데 태어난 월지(月支)를 기준으로 절기(節氣)와 비교하여 초기(여기), 중기, 정기(본기)를 적용해서 찾는다.

예를 들어보자. 사주에서 (월지)가 축(丑)이고, 생일은 음력으로 7월 15일인 경우 주권신(主權神)을 찾아보자.

7월에 해당되는 입절은 입추(立秋)인데 입추가 7월 5일이라고 하면, 태어난 7월 15일과의 날짜 차이를 계산하면 된다.

즉, 15일~5일은 10일 차이가 되므로 <월별 지장간 활동 기간표>에서 축(丑)에 해당되는 지장간(癸, 辛, 己) 10일은 중기의 辛에 해당되므로, 주권신은 辛(金)이 된다.

이제는 양력 1986년 6월 11일 밤 22:50분에 태어난 남자 이길동의 사주에서 지장간에 작용되는 주권신을 찾아보자.

이길동 사주의 월지는 오(午)이다. 6월의 절기는 망종(芒種)이고 6월 6일이다. 생일 11일과 망종 6일 과의 날자 차이는 5일(11~6일)이다. 5일은 초기에 해당된다.

따라서, 이길동은 지지(地支)에 해당되는 모든 주권신은 <월별 지장간 활동 기간표>를 참조하여 초기를 선택해서 년지(年支), 월지(月支), 일지(日支), 시지(時支)의 주권신(主權神)을 확인해 보면 아래와 같이 戊, 丙, 辛, 戊 가 된다.

구분	천간	지지	지장간(支藏干)	주권신(主權神)/육친(六親)
년주(年柱)	丙	寅	(戊) 丙 甲	戊/식신
월주(月柱)	甲	午	(丙) 己 丁	丙/비견
일주(日柱)	丙	戌	(辛) 丁 戊	辛/정재
시주(時柱)	己	亥	(戊) 甲 壬	戊/식신

따라서 이길동의 사주는 지장간에서 존재하는 것들 중 힘이 강(强)한 식신, 비견, 정재, 식신을 반영해 주어야 한다.

사주에서 가장 큰 영향을 미치는 것이 월지(月支)이다.

월지의 영향은 전체 사주에서 약 30%의 영향을 주는 힘을 가지고 있다.

이러한 것을 기초로 이길동의 경우 지장간 주권신 중에서 영향력이 강한 것은 월지 주권신에 해당되는 비견의 병(丙)이 된다. 이와 같이 다른 사주의 주권신을 찾는 방법도 위와 같다.

독자들은 지장간에서 월별 지장간 활동 기간표에서 초기, 중기, 정기 혹은 주권신을 찾고 적용하려면 귀찮고 시간이 걸리지만 이러한 것들을 찾고 적용시킴으로써 더욱 정확한 사주 해석이 된다는 사실을 알길 바란다. 저자의 사주 간명지 '지장간'사항이다.

이제 지장간에서 작용되는 오행(五行)들의 기운(氣運)이 변화되는 내용을 알아보자.

이것은 지지(地支)에 작용되는 지장간을 반영해 줄 때 실질적으로 작용되는 오행(五行)들의 기운을 판단하기 위함에 있다.

이때는 초기나 중기에 지장간이 작용하고 있는가? 아니면 방합이나 삼합(三合)은 물론이로 인하여 변화(化)되는 지장간은 없는가?

이러한 구체적인 사항을 확인해서 변화되는 지장간이 존재하면 변화된 오행(五行)으로 반영해 주어야만 정확한 사주 해석 즉 통변(通辯)이 되는 것이다.

예를 들면 사주 원국에 화(火)기운이 없는 사주라고 하여 마치 전체 사주에서 화(火)기운이 없는 것으로 해석해선 안된다.

이때는 지장간까지 화(火)기운을 확인하고, 변화(化)되는 화(火)기운이 없는 경우일 때 실질적인 화(火)기운이 없는 사주로 판단해야 한다. 또한 지장간 끼리 충(沖)이 이루어지면 천간(天干)과 지지(地支)역시 유명무실하게 되는 원리이다.

독자들은 이러한 오행(五行)들의 변화되는 관계는 이어서 학습될 길흉성(吉凶星)의 천간합, 지지합(육합), 지지 삼합(三合), 방합에서도 설명하였다.

일단 여기서는 지지(地支)에 존재하는 지장간의 힘의 운로(運路)가 어떻게 변화(化)되는지 알아보자. 예를 들면 지지가 인(寅)인 경우 이것은 목(木)기운이고 지장간은 무병갑(戊丙甲)이지만, 이것이 작용되는 기운은 삼합(三合)의 인오술(寅午戌)에 따른 중기를 적용하여 화(火)기운으로 변화(化)되기 때문에 지지 인(寅)에 존재하는 지장간의 힘은 화(火)기운이 되고 화(火)기운에 따른 운로(運路)를 적용하고 판단해 주어야만 사주 해석(解析) 즉 통변(通辯)이 된다. 이러한 12개 지지(地支)에 존재하는 지장간(支藏干) 힘의 변화(化)는 아래와 같다.

□ 자(子), 오(午), 묘(卯), 유(酉)는 변화(化)되지 않으므로 <지장간표> 대로 적용해 준다.

지장간		변화된 오행
자(子)	壬, 癸	水, 水으로 변화(化) 된다.
오(午)	丙, 己, 丁	火(土)로 변화(化) 된다.
묘(卯)	甲, 乙	木, 木으로 변화(化) 된다.
유(酉)	庚, 辛	金, 金으로 변화(化) 된다.

□ 인(寅), 신(申), 사(巳), 해(亥)는 삼합(三合)으로 변화(化)한다.

이것들은 <월별 지장간 활동 기간표>에서 중기의 기운을 연결시켜 주는 역할을 하는 것이므로 중기의 영향과 삼합에 작용되고 있는 중간 오행의 영향을 받게 된다. 따라서 인(寅), 신(申), 사(巳), 해(亥)의 지장간(支藏干)은 아래와 같이 火, 水, 金, 木의 오행

(五行)으로 변화(化)된다.

지장간	중기 영향	삼합 작용	변화된 오행
인(寅)	丙(火)	寅(午)戌	火으로 변화(化)된다.
신(申)	壬(水)	申(子)辰	水으로 변화(化)된다.
사(巳)	庚(金)	巳(酉)丑	金으로 변화(化)된다.
해(亥)	甲(木)	亥(卯)未	木으로 변화(化)된다.

□ 진(辰), 술(戌), 축(丑), 미(未)는 삼합(三合)과 방합(方合)으로 변화(化)한다.

이것들은 <월별 지장간 활동 기간표>에서 초기의 영향은 물론 방합과 삼합은 각각 중간 오행의 영향을 받게 된다. 따라서 진(辰), 술(戌), 축(丑), 미(未)의 지장간(支藏干)은 아래와 같은 오행(五行)으로 변화(化)된다.

지장간	영향		작용		변화된 오행
진(辰)	초기	乙(木)	방합	寅(卯)辰	木으로 변화(化) 된다.
	중기	癸(水)	삼합	申(子)辰	水로 변화(化) 된다.
술(戌)	초기	辛(金)	방합	申(酉)戌	金으로 변화(化) 된다.
	중기	丁(火)	삼합	寅(午)戌	火로 변화(化) 된다.
축(丑)	초기	癸(水)	방합	亥(子)丑	水로 변화(化) 된다.
	중기	辛(金)	삼합	巳(酉)丑	金으로 변화(化) 된다.
미(未)	초기	丁(火)	방합	巳(午)未	火로 변화(化) 된다.
	중기	乙(木)	삼합	亥(卯)未	木으로 변화(化) 된다.

※<적용법> 예를 들면 사주 통변(通辯) 즉 사주 해석(解析)에서 지지(地支)가 진(辰)인 경우 초기, 중기 이거나 혹은 사주 원국, 대운(大運), 세운(歲運)의 지지 중 인(寅)이나 묘(卯)가 존재하여 방합(方合) 인묘진(寅卯辰)이 성립되거나 혹은 신(申)이나 자(子)가 존재하여 삼합(三合) 신자진(申子辰)이 성립되면 지지 진(辰)은 목(木)이나 수(水) 기운으로 변화(化) 된다. 만약 방합(方合)과 삼합(三合)이 동시에 성립되면 힘이 쎈 방합을 적용 시킨다. 이때 진(辰)의 경우 목(木)과 수(水)의 기운으로 변화(化)된 육친(六親)이 관성(편관, 정관)인 경우 그 시기에 승진이나 합격이 이루어지며, 재성(편재, 정재)인 경우에는 결혼(結婚)을 하든지 아니면 재물(財物)을 얻게 된다.

□ 지장간의 뿌리를 찾는다.

지장간(支藏干)이 사주에 미치는 영향은 천간(天干)과 지지(地支)와의 연결고리의 강도를 알기 위함에 있다. 즉, 동일한 오행(五行)이거나 상호 교감(交感)을 이루면 뿌리 즉 통근(通根)이라고 하고, 이들과의 연결고리 판단은 투출(透出)과 투간(透干)은 물론 지장간의 세력과 상호 충(沖) 등을 고려해서 판단하고 적용해주어야만 사주 해석(解析) 즉 통변술(通辯術)을 알 수 있고, 사주를 대표하는 용신(用神)을 선택할 수 있다. 이러한 작용을 판단하는 것이 사주 해석 즉 통변술이다.

여기서는 독자들에게 지장간에 존재하는 사주 뿌리 즉 통근(通根)만을 적용하여 사주 해석(解析)이 어떻게 이루어지는지 아래 이길동 사주에서 시간(時干)에 해당되는 ④己를 보기를 들어 판단해보자.

시간에 해당되는 ④己는 토(土)로서 지장간에 존재하는 ⑨戊(토), ⑬己(토), ⑰戊(토), ⑱戊(토)와 같은 토(土)의 오행이므로 ④己는 이들 4개에 통근(通根) 즉 뿌리는 내린 것이 된다.

이런 경우 사주 해석은 ④己는 육친(六親)으로 보면 상관(傷官)에 해당되는 것이므로 손녀 혹은 조모와는 깊은 관련이 있고, 성격으로는 예술 활동에 소질은 물론 조사활동과 연구심이 좋고 강단이 있으나 자식과 배우자 복(福)은 약한 사람이다.

그렇지만, 통근이 성립되는 지장간을 품고 있는 지지(地支) ⑤寅, ⑥午, ⑦戌, ⑧亥 중 ⑤, ⑥, ⑦은 인오술(寅午戌)의 합(合)이 성립되지만, ⑤과 ⑧은 해인파(亥寅破)가 성립되고, ⑥午와 ⑦戌는 공망(空亡)과 3대 악살(惡殺)에 해당되는 양인살(陽刃殺) 그리고 백호대살(白狐大殺)이 성립되어 손녀와 할머니와는 인연이 없거나 일찍 사망했다는 것을 알 수 있다.

또한 이길동 본인에 해당되는 일간 ③丙(화)과 손녀와 할머니의 ④己(토)는 화(火)와 토(土)의 관계이므로 득지(得地), 득세(得勢)가 성립되지 못하고, 화생토(火生土)의 작용이 되어 이길동은 손녀와 할머니에게 도움을 받지 못하고 오히려 도움을 주어야될 사람이 된다. 이러한 사주 판단에는 길흉(吉凶)을 적용하는 형충회합(刑沖會合)인데 이것들은 이어서 배우게 된다.

이렇게 전개시켜서 판단해본 것이 시간(時干) ④己에 대한 사주 해석 이다. 나머지도 동일하게 적용시켜서 판단해보면 이길동의 사주 해석(解析)을 알 수 있다.

그러나 이길동에게 작용되는 전체적인 사주 해석 즉 통변(通辯)은 일간(日干)과 오행(五行)의 강약(强弱) 그리고 조열(燥熱)과 추운 한습(寒濕)에 따른 오행 변화는 물론 천간합, 육합 등의 합(合)작용에 따른 변화(化)되는 기운(氣運)을 사주 원국은 물론 대운(大運)과 세운(歲運)에 적용하고 판단해 주어야만 전체 사주 해석(解析) 즉 통변(通辯)이 되는 것이다. 이러한 것들은 이어서 배우게 된다. 사실 사주(四柱)를 배우는 목적(目的)은 사주 해석(解析) 즉 통변술(通辯術)을 알기 위함에 있는 것이다. 사주 해석은 천간(天干)과 지지(地支) 그리고 지장간(支藏干)과의 관계에서 유정(有情)과 무정(無情)을 따져보고 판단하는 것인데, 독자들은 여기서 지장간(支臟干)을 배웠으니 아래 이길동의 사주처럼 ①~④은 천간(天干), ⑤~⑧은 지지(地支), ⑨~⑳은 지장간(支藏干)의 상호 관계를 더욱 심도 있게 적용하고 판단해 주면 된다.

구분	천간	지지	지장간(支藏干)
년주(年柱)	①丙	⑤寅	⑨戊, ⑩丙, ⑪甲
월주(月柱)	②甲	⑥午	⑫丙, ⑬己, ⑭丁
일주(日柱)	③丙	⑦戌	⑮辛, ⑯丁, ⑰戊
시주(時柱)	④己	⑧亥	⑱戊, ⑲甲, ⑳壬

이러한 구체적인 사주 해석 중 이어서 학습될 길흉성(吉凶星) 적용에 따른 천간합(天干合), 지지합(地支合), 삼합(三合) 그리고 계절을 나타내슨 방합(方合) 적용에 따른 오행들의 변화(化)되는 기운(氣運)을 통한 사주 해석은 물론 다른 것들은 8장 '사주를 해석(解析)하자'에서 비교를 들어 쉽게 설명하고 해석해 놓았으니, 독자들은 조금도 걱정할 필요 없이 다음장의 육친(六親) 적용을 이어서 공부해주길 바란다.

5. 육친(六親) 적용

사주에서 육친(六親)이란? 사주 운명을 감정하는데 있어서 자연에서 발생되는 오행(五行)들의 상생(相生)과 상극(相剋) 작용만으로 사주를 판독하기란 한계가 있다. 특히 사람과의 관계에서 발생되는 길흉(吉凶)이나 사건 내용을 구체적으로 확인해 보는 것이 육친(六親)이다. 이러한 육친의 특수성 때문에 육친을 배우는 것이며 육친을 알아야만 사주 해석이 가능하다.

사주에서 오행(五行)과 육친(六親)은 동일하다. 더 쉽게 말하면 사주에서 용신(用神)오행과 육친에서 용신(用神)은 위치나 작용에서 모두 동일하다.

그 이유는 사주에서 육친을 찾을 때 천간(天干)과 지지(地支)를 이용하여 적용되었기 때문이다. 여기서는 육친을 구성시키는 방법과 육친 관계와 성격을 설명하고, 육친을 적용하고 해석하는 방법은 '사주를 해석(解析)하자'에서 예를 들어 설명 하겠다.

(1) 천간 육친(六親)

사주에서 천간(天干) 육친을 찾는 방법은, 본인에 해당되는 일간(日干)을 기준으로 년간, 월간, 시간지에 어떤 육친이 존재 하는가? 이것은 <천간 육친 조건표>를 통하여 확인하면 된다. 본인은 일간(日干)을 기준으로 적용하기 때문에 일간 자리는 육친이 없다.

이길동의 천간 육친을 찾는 방법은 일간 병(丙)을 기준으로 천간 순서대로 찾아보면, 편인, 비견, 상관이 된다. 물론 일간(日干)과의 상호 작용이나 혹은 사주 프로그램을 적용하면 육친(六親)을 금방 찾을 수 있지만 여기서는 천간 육친(六親) 조건표를 이용하여 찾도록 한다.

<천간 육친(六親) 조건표>

천간＼일간	甲	乙	丙	丁	戊	己	庚	辛	壬	癸
甲	비견	겁재	편인	인수	편관	정관	편재	정재	식신	상관
乙	겁재	비견	인수	편인	정관	편관	정재	편재	상관	식신
丙	식신	상관	비견	겁재	편인	인수	편관	정관	편재	정재
丁	상관	식신	겁재	비견	인수	편인	정관	편관	정재	편재
戊	편재	정재	식신	상관	비견	겁재	편인	인수	편관	정관
己	정재	편재	상관	식신	겁재	비견	인수	편인	정관	편관
庚	편관	정관	편재	정재	식신	상관	비견	겁재	편인	인수
辛	정관	편관	정재	편재	상관	식신	겁재	비견	인수	편인
壬	편인	인수	편관	정관	편재	정재	식신	상관	비견	겁재
癸	인수	편인	정관	편관	정재	편재	상관	식신	겁재	비견

(2) 지지 육친(六親)

이번에는 이길동 사주에서 지지(地支) 육친을 찾는 방법은, 본인의 일간 병(丙)을 기준으로 <지지 육친(六親) 조건표>에서 년지, 월지, 일지, 시지의 순서대로 찾아보면 편인, 겁재, 식신, 편관임을 알 수 있다. 다른 사주도 동일하다.

<지지 육친(六親) 조건표>

지지＼일간	甲	乙	丙	丁	戊	己	庚	辛	壬	癸
子	인수	편인	정관	편관	정재	편재	상관	식신	겁재	비견
丑	정재	편재	상관	식신	겁재	비견	인수	편인	정관	편관
寅	비견	겁재	편인	인수	편관	정관	편재	정재	식신	상관
卯	겁재	비견	인수	편인	정재	편재	정재	편재	상관	식신
辰	편재	정재	식신	상관	비견	겁재	편인	인수	편관	정관
巳	식신	상관	비견	겁재	편인	인수	편관	정관	편재	정재
午	상관	식신	겁재	비견	인수	편인	정관	편관	정재	편재
未	정재	편재	상관	식신	겁재	비견	인수	편인	정관	편관
申	편관	정관	편재	정재	식신	상관	비견	겁재	편인	인수
酉	정관	편관	정재	편재	상관	식신	겁재	비견	인수	편인
戌	편재	정재	식신	상관	비견	겁재	편인	인수	편관	정관
亥	편인	인수	편관	정관	편재	정재	식신	상관	비견	겁재

따라서 양력으로 1986년 6월 11일 밤 22:50분에 태어난 남자 이길동의 <천간 육친(六親) 조건표>와 <지지 육친(六親) 조건표>를 적용하여 육친(六親)을 작성해 보면 아래와 같다.

구분	천간	지지	육친	
년주(年柱)	丙	寅	비견	편인
월주(月柱)	甲	午	편인	겁재
일주(日柱)	기준 (丙)	戌	·	식신
시주(時柱)	己	亥	상관	편관

특히 독자들은 사주 구성에서 육친(六親) 조건표를 보고 육친을 판단할 수도 있겠으나, 이것 보다는 본인에 해당되는 일간(日干)을 기준으로 아래와 같이 육친을 판단해 주면 시간 절약에 도움이 된다.

- 일간(日干)을 극(剋)하는 오행이면 => 관성(편관, 정관)이 된다.
  <편관> 일간과 음양이 같다. <정관> 일간과 음양이 다르다.
- 일간(日干)이 극(剋)하는 오행이면 => 재성(편재, 정재)이 된다.
  <편재> 일간과 음양이 같다. <정재> 일간과 음양이 다르다.
- 일간(日干)이 생(生)해주는 오행이면 => 식상(식신, 상관)이 된다.
  <식신> 일간과 음양이 같다. <상관> 일간과 음양이 다르다.
- 일간(日干)을 생(生)해주는 오행이면 => 인성(편인, 인수)이 된다.
  <편인> 일간과 음양이 같다. <인수> 일간과 음양이 다르다.
- 일간(日干)과 동일한 오행이면 => 비겁(비견, 겁재)이 된다.
  <비견> 일간과 음양이 같다. <겁재> 일간과 음양이 다르다.

위의 이길동 사주에서 예를 들면 본인에 해당되는 일간의 丙(화)과 월지의 午(화)는 동일한 오행의 화(火)이기 때문에 월지 午(화)는 비겁(비견, 겁재)가 되는데 이때 음양(陰陽)을 판단해 보면 인간의 丙(화)는 음(-)이고, 午(화)는 양(+)이므로 음양이 각각 다르므로 丙(화)에 대한 午(화)는 겁재가 된다. 나머지 관성(편관, 정관) 등의 육친(六親) 판단 역시 일간(日干)을 기준으로 동일하게 적용시켜 판단해 주면 된다.
이렇게 하여 육친(六親)을 완성하였다. 사주 간명지 '육친' 사항이다.

(3) 육친(六親) 관계

사주에서 남자와 여자에 따른 육친 관계는 아래와 같다.

가족 성별	아버지	어머니	형제	배우자	자식	기타
남자	•편재 첩(妾), 애인	•정인 (인수)	•비견(형제, 친구) •겁재(이복형제, 친구, 며느리)	•정재	•편관(아들) •정관(딸)	•식신(장모, 사위, 손자) •편인(조부, 장인, 양모) •상관(손녀, 조모)
여자	•편재 시어머니	•정인 (인수)	•비견(형제, 친구) •겁재(이복형제, 남편첩, 시아버지)	•정관	•상관(아들) •식신(딸)	•정재(고모) •편인(계모, 양모) •편관(애인, 정부)

육친 관계를 바탕으로 양력으로 1986년 6월 11일 밤 22:50분에 태어난 남자 이길

동의 사주 구성에서 지장간(支藏干)까지 포함된 육친(六親) 관계를 전개해 보자.

구분	干	支	오행		주권신 및 지장간		사주		지장간
									육친
年	丙	寅	화	목	戊 (土)	戊, 丙, 甲 (土, 火, 木)	비견 (형제)	편인 (조부)	식신(장모), 비견(형제), 편인(조부)
月	甲	午	목	화	丙 (火)	丙, 己, 丁 (火, 土, 火)	편인 (조부)	겁재 (형제)	비견(형제), 상관(조모), 겁재(형제)
日	丙	戌	화	토	辛 (金)	辛, 丁, 戊 (金, 火, 土)	.	식신 (장모)	정재(부인), 겁재(형제), 식신(장모)
時	己	亥	토	수	戊 (土)	戊, 甲, 壬 (土, 木, 水)	상관 (조모)	편관 (아들)	식신(장모), 편인(조부), 편관(아들)

그러나 지장간(支藏干)까지 포함해서 해당 육친(六親)이 존재하지 않는 경우는 아래 기준에 준하여 해당 육친으로 대신 사용한다.

구분	육친(六親)	대신 사용하는 육친(六親)
조부	편인	편인이 사주 구성에 없으면 정인을 사용한다.
조모	상관	상관이 사주 구성에 없으면 식신을 사용한다.
아버지	편재	편재가 사주 구성에 없으면 정재를 사용한다.
어머니	정인(인수)	정인(인수)이 사주 구성에 없으면 편인을 사용한다.
시아버지	겁재	겁재가 사주 구성에 없으면 비견을 사용한다.
시어머니	편재	편재가 사주 구성에 없으면 정재를 사용한다.
남편	정관	정관이 사주 구성에 없으면 편관을 사용한다.
부인	정재	정재가 사주 구성에 없으면 편재를 사용한다.

이렇게 해당 육친을 대신해서 사용하는 조건은 <육친(六親) 조건표>에서 제시된 것이다. 예를 들면 목(木)에 해당되는 갑(甲)과 을(乙)의 경우 임(壬)이나 계(癸)에서는 각각 식신과 상관으로 혹은 상관과 식신으로 사용할 수 있기 때문이다.

이러한 조건으로 인하여 사주 뿌리 즉 통근(通根)의 성립 조건은 큰 강물에 해당되는 임(壬)의 수(水)나 이슬이나 습기에 해당되는 계(癸)의 수(水) 모두는 나무(木)가 자라는데 지장이 없는 수(水)로 보기 때문이다. 사주를 해석(解析)한다는 것은 사주 원국은 물론 지장간(支藏干)까지 포함된 육친(六親)의 상호 관계를 해석하는 것이다. 이것 역시 '사주를 해석하자'에서 자세히 다룬다.

(4) 육친(六親)의 성격

육친의 성격이란? 사주에서 발생되는 육친에서의 길흉(吉凶)을 말한다.

육친(六親)의 성격은 범위가 넓게 보이나, 핵심적 내용은 기본 육친 성격에 준한다. 독자들은 사주 구성에서 지장간(支藏干)까지 포함된 통근(通根) 즉 사주 뿌리는 물론 일간(日干)에 작용되는 강약(強弱)작용으로 실질적으로 작용되는 오행(五行)을 선별해서 육친의 성격을 판단해 주면 된다. 그러나 독자들이 기본적으로 알아야 될 육친(六親)의 성격은 다음과 같다.

□ 육친 성격(1)

육친(六親)		직업/성격
비견(比肩)	뜻	어깨를 나란히 한다는 뜻으로 형제를 나타낸다.
	직업	나눔과 의리가 강하기 때문에 동업은 불리하고, 비견이 사주 구성에서 강한 사람은 뚜렷한 직업이 없다(※상대방과 지지 합(合)이 많거나 용신이 상생관계이면 동업해도 무방하다).
		<공통> • 남 밑에 있기를 꺼리고 자유업, 독립업 전문 직종이 좋다. • 형제간 재산으로 다툼과 불화가 많고, 분가 및 고향을 지킬 수 없다. 또한 자존심이 강하여 동업을 못하고, 대인관계가 나쁘다. • 비견이 많으면 자존심이 강하고 비사교적이며, 양보심이 적고, 비사교적이며 시비를 좋아하고 아버지와 인연이 없다. • 비견이 많은데 재성(財星, 편재와 정재)이 하나만 있으면 형제간 분쟁이 일어난다. • 비견이 많은데 식신이 하나면 식복이 약하다. • 남녀 모두 일지(日支)에 비겁(비견, 겁재)이나 상관이 존재하면 배우자 복(福)은 없다. • 비견이 삼형살에 해당되면 신체에 이상이 있다. • 사주에 비견이 없으면, 독립심과 실천력이 없고 리더 되기가 어렵다. • 사주에 비견과 겁재가 동주하면 결혼이 늦고, 부친과 사별하며, 부부간 정이 없고, 형제간 불화가 발생된다. • 사주에 비겁(비견, 겁재)이 많으면 형제 복이 없지만, 비견이 많은 경우라도 관성(편관, 정관)이 비견을 극(剋)하면 형제복은 있다. 그러나 사주에 비겁이 없어도 형제의 도움을 받지 못한다. • 용신에 의해 비겁이 극(剋)이나 충(沖)을 당하면, 자신은 흥하지만 형제는 망한다. 이와 반대로 비겁이 용신을 극(剋)하거나 충(沖)하면, 형제는 흥하고 자신은 망한다. • 사주에 비겁(비견, 겁재)이 양인살인 경우 죽은 형제자매가 있다. • 사주에 비겁(비견, 겁재)이 년주에 있으면 형이 있고 부모 유산을 받을 수 없다. 또한 월주에 있으면 본인이 장남이거나 장남이 아닌 경우 장남 역할을 한다. <남자> • 남자는 배우자 및 자식과 인연이 없고, 비견에 공망되면 부친, 자식, 형제 덕과 인연이 없다. • 시주(時柱)에 비견이 많으면 양자가 상속한다. <여자> • 비견이 많으면, 여자는 남편 복이 없고, 이혼하거나 독신으로 지내는 경우가 있고, 색정이 강하다.
겁재(劫財)	뜻	나와 남의 재물을 겁탈한다는 뜻이다.
	직업	독수리가 물고기를 길목에서 낚아채듯, 남의 재물을 겁탈하고 현금을 챙기는 사람으로 동업은 불리하고(※상대방과 지지 합(合)이 많거나 용신이 상생관계이면 동업해도 무방하다), 비생산적인 활동에 능통하기 때문에 남의 돈을 챙기는 알바, 운명상담자 혹은 점원 업무 혹은 카운셀러 직업이 맞다.
		<공통> • 솔직하고 투쟁심이 강하다. • 재물을 잃는 경우가 많고, 동업을 못하고, 불화, 이별, 파산이 많다. • 형제간 화합보다는 투쟁과 싸움, 교만불손(驕慢不遜)이 많다. • 식상, 재성, 관성이 많은 신약 사주에서는 겁재가 있으면 길하다.

		• 남녀 공히 배우자, 자녀를 극하며 형제, 자매, 친구간 불화가 많다. • 겁재와 상관과 인성이 동주하면 단명하는 경우가 많다. • 겁재와 양인(陽刃)이 동주하면 자녀를 극하거나 재난이 있다. • 겁재와 양인(陽刃)이 있는 사주에 관성이 없으면 빈천(貧賤)하다. • 모험적, 적극적, 자주적, 독립적인 성격을 갖는다. • 사주에 겁재가 많으면 형제간 정이 없고, 투쟁심이 강하고 교만하다. 다만 군인 검(경)찰 직업은 오히려 더 좋다. 〈남자〉 • 겁재가 많으면 배우자와 사별한다. • 년, 월주(月柱)에 겁재가 있으면 장자(長子)는 못된다. • 남자 사주에서 일지(日支)에 겁재가 있으면, 상처(喪妻)할 팔자이나, 겁재를 극하는 정관이 있으면 괜찮다. • 겁재와 양인이 많은데 관성이 없으면 상처(喪妻)한다. • 남자의 경우 비견과 겁재가 많으면 화류계의 여성을 처로 삼는다. 〈여자〉 • 신강 사주에서 겁재가 많으면 남편과 사이가 나쁘다. • 여가의 경우 겁재가 없으면 성격이 부드럽고 남들과 잘 동화된다.
식 신 (食 神)	뜻	밥그릇을 의미하며 평생 의식주가 풍부하고 직위가 있고 장수한다는 뜻이다.
	직업	육영사업, 식당, 체육인, 예술, 종교, 서비스업, 교사, 교수, 직위가 있는 사람, 금융업, 학원 업종이 맞다.
		〈공통〉 • 직위와 부하직원이 있다. • 결혼, 활동, 진출을 뜻한다. • 의식주, 소득, 자산이 풍부하다. • 남에게 베품이 많고, 성격이 온화하고, 복이 있다. • 큰 사업 경영은 어렵지만 식신이 편관을 극(剋)하면 식신제살이 되어 길(吉)하다. • 식신이 너무 많으면 자식복과 부모덕이 없고, 주색에 빠지며, 신체가 허약하다. • 월주(月柱)에 식신이 있고, 시주(時柱)에 정관이 있으면 크게 출세한다. • 식신이 많은 경우 신약 사주에서는 나쁘지만 신강 사주에서는 좋다. • 식신이 사주에 없는 경우는 재치가 없고 고독하다. 여자의 경우 상관이 없는 경우 자식 두기가 어렵다. 〈남자〉 • 식신이 있고, 희신이면 처복이 있다. • 식신은 있는대 관성이 없거나 약하면 자식이 없는 경우가 생긴다. 〈여자〉 • 식신과 재성이 있으면 남편과 자식이 출세한다. • 사주에 식신이 너무 많으면 과부나 호색가이다. • 식신이 많고, 편인이 없으면 색정이 강하고 남편을 극한다.
상 관 (傷 官)	뜻	자신의 관록(官祿)을 해친다는 뜻이다.
	직업	예술에 소질이 있고 연구심이 좋으며, 투쟁과 반항 그리고 말하는 것을 좋아하는 사람으로 직장생활은 맞지 않으며 연예인, 연구가, 예술가, 군인, 종교가, 재야단체인, 조폭, 변호사, 수리업종, 작가, 골동품 관리가 맞다.
		〈공통〉 • 예술적 소질이 있고 영리하며 조사 관찰 등의 연구심이 좋다. • 총명하고, 구속을 싫어하고, 투쟁성이 있으며, 언변력이 좋아 말소리와 관련된 직업을 갖는다. • 솔직하나 사치성이 있고, 사람을 얕보는 경향이 있으며 남들과 투쟁하기를 좋아한다. • 상관이 많으면 반항심으로 인하여 출세가 어렵고, 자식을 극하고, 주색이 있다.

		• 상관과 겁재가 같이 있으면 재산 목적으로 결혼을 한다. • 신약 사주에서는 좋지 않다. • 년간(年干)이 상관이면 부모덕이 없고, 시주(時柱)에 있으면 자손이 해롭다. • 년주(年柱)와 시주(時柱)에 모두 상관이면 형제, 자식에게 버림받고, 부부 이별한다. • 상관과 편인이 동주하면 자식과 남편복이 없다. • 사주에 상관이 많은 경우 두뇌는 명석하나 투쟁심이 강하고, 윗자리에 서는 기풍이 강하다. 하지만 신약 사주에서는 나쁘다. 여자의 경우 자식운이 나쁘다. 반대로 상관이 없는 경우 윗자리에 서는 경우가 드물고, 겁재가 없다면 남들에게 이용당하는 경우가 많다. 〈남자〉 • 상관은 있는데 정관이 없거나 약하면 노후에 자식복이 없다. 그러나 재성이나 정인이 있으면 괜찮다. • 연간에 상관이 있으면 재가한 어머니의 양육을 받게 된다. • 일주(日柱)나 시주(時柱)에 상관이 있으면 배우자를 극한다. • 정인이나 재성이 없는 사주에 상관이 시주(時柱)에 있으면 자식이 없거나 자식을 잃는다. 〈여자〉 • 상관이 많고, 정관이 약하면 남편과 사별한다. • 여자 사주에서 일지(日支)에 상관이 있으면, 상부(喪夫)할 팔자나, 상관을 극하는 정인이 있으면 괜찮다. • 상관이 많고, 관성(편관, 정관)이 없으면, 정조관념이 강하여 수절하는 경향이 있다.
편 재 (偏 財)	뜻	노력 없이 얻어진 재물을 뜻하는 것으로 중인(衆人) 즉 자기 돈은 아니지만 여러 사람들의 돈을 많이 만지는 사람을 뜻한다.
	직업	이동(移動)이 잦고 투기와 투자에 활발하고 시원시원한 성격으로 부동산, 증권, 은행원, 상공업, 투기, 금융, 약품업종, 유통업종, 무역업, 수금업종이 맞다.
		〈공통〉 • 물려 받은 재산이 있고, 씀씀이가 헤프고, 욕심이 많다. • 재성이 많으면 아버지와 일찍 이별한다. • 활동적이고, 한곳에 오래 근무하지 못하며, 편법적 투기를 좋아하고, 돈을 쓸 줄도 안다. • 년주(年柱)에 편재가 있으면 재산이 들어오며 가업을 계승하고, 조상덕이 많다. • 상업적 소질이 맞고, 역마살이 있으면 타향에 나가서 상업적으로 크게 출세한다. • 신강이면서 편재가 있으면 큰돈을 만진다. • 신왕에서 편재가 있으면 사업가로서 성공한다. • 편재가 희신이면 돈을 벌지만, 기신이면 파산한다. • 사주에 편재가 2개 이상 존재하면 바람기가 있고, 아버지와 인연이 없으며, 아버지가 일찍 돌아갔거나, 알콜 중독, 두 집 살림을 한다. 〈남자〉 • 일지(日支)에 재성이 있고, 희신이면 처덕이 있다. • 솔직하고 호색이 있으며, 풍류와 외첩을 둔다. • 편재와 정재가 가로든 세로든 나란하게 있으면 여자 관계가 복잡하다. • 남자의 경우 정재는 처(妻), 편재는 첩(妾)으로 보기 때문에 편재가 강(强)하면 처(妻)보다 첩(妾)을 좋아하고, 소실이 본처를 누른다. 또한 편재가 천간에 있고 정재가 지지에 있는 경우도 소실이 본처를 누른다. 그렇지만 정재가 강(强)하면 본처는 소실을 용납하지 않는다. • 편재와 편관이 동주하거나 편재와 비견이 동주하면, 아버지 덕이 없고 여자 때문에 재산을 잃는다. • 편재와 정재가 동주한 재성혼잡(財星混雜)도 여자와의 악연은 물론 순탄치 못한 결혼생활을 한다. 〈여자〉 • 편재가 많으면 재복이 없고, 남편과 사별한다.

		• 편재와 편관이 동주하면 부친덕이 없고, 여자에게 해를 입는다.
정재 (正財)	뜻	노력하여 얻은 나의 재물을 뜻한다.
	직업	정착된 곳에서 검소하고 인색하며 자린고비로서 소심하고 자산을 추구하는 사람으로 봉급생활, 기업경영, 공무원, 사업, 공업, 세무, 경리직업이 맞다.
		〈공통〉 • 낭비를 싫어하고, 한 푼씩 모아서 성공하는 재물형이다. • 근면, 성실 및 부지런하고 금전에 집착이 많고, 고지식하고 소심하고 구두쇠 소리를 듣는다. • 정재가 너무 많으면 게으르고 결단력이 부족하며, 정으로 인하여 손해를 본다. • 정재와 겁재가 동주하면 부친의 덕이 없고 빈곤하다. • 정재가 너무 많으면 어머니와 사별한다. • 사주에서 정재 혹은 편재가 서로 서로 좌, 우 혹은 상, 하로 동주하면 정부 혹은 애첩을 둔다. • 사주에서 정재가 많으면 신강 사주에서는 돈과 여자를 누리지만, 신약 사주에서는 여자 때문에 오히려 가난하게 산다. • 사주에 정재가 없으면, 신강사주에서는 금전 운이 없으나, 신약 사주에서는 오히려 좋은 운세가 된다. • 사주에 정재가 홍염살이면 부인이 미인이다. • 사주에 재성(정재, 편재)이 년, 월주에 있으면 조상의 상속을 받고 결혼을 일찍 하며 시주(時柱)에 있으면 늦게 풀리고 결혼을 늦게 한다. • 남자 사주에 정재와 비견이 합(合)이 되면 처가 간통하고, 여자 사주에서 정관과 비견이 합(合)이 되면 남편이 소실을 두거나 외도를 한다. 〈남자〉 • 일지(日支)에 정재가 있거나 식신이 있으면 처의 내조가 좋다. • 월지에 정재가 있고, 사주에 정인이 있으면 부모덕이 있다. • 정재와 편재가 혼잡하게 있고, 정인이 있으면 고부(姑婦)간에 갈등이 있다. • 간(干)이 겁재이고, 지(支)가 정재이면 처가 불행한 일이 생긴다. • 정재가 강하면 신강 사주에서는 재물과 여자 관리는 잘하지만, 신약에서는 빈천을 면치 못한다. • 정재가 월지에 있으면 명문가 아내를 맞는다. 〈여자〉 • 여자 사주에 정재가 많으면 빈천(貧賤)하고, 음란하다.
편관 (偏官) 칠살 (七殺)	뜻	관록(官祿)과 재앙(災殃)의 양면성이 작용한다는 뜻이다. (권력 기관)
	직업	자신에게 주어진 특출한 재능이 있고, 관록(官祿)을 얻으며, 배짱이 있고 획일성을 좋아하는 사람으로 군인, 경찰, 검찰, 변호사, 조폭, 중개인, 관리책임자, 새로운 사업, 용역사업이 맞다.
		〈공통〉 • 형제간에 인연이 없고, 남을 이기려고 하고, 획일성을 좋아하고 의협심이 강하다. • 성급하고 저돌적이며 포악하며, 획일성을 좋아한다. • 신약 사주는 가난, 질병, 고통, 허세가 있고, 신왕 사주에서는 권세와 명예가 있다. • 년주(年柱)와 월주(月柱)에 편관이 있으면, 부모와 이별하거나 불리하다. • 시주에 편관이 있으면 강직하고 불굴의 정신이 있다. • 편관과 양인(陽刃) 그리고 괴강(魁罡)이 동주하면 군인이나 법조계에서 성공한다. • 편관과 정관이 동주하면 관살혼잡으로 나쁘며, 편관이 없으면 조직성이 없다. • 사주에 편관과 인수가 있으면 큰일을 할 팔자다. • 사주에 편관이 있고 인수가 강하면 문관(文官)으로 출세하고, 편관이 강하고 인수가 있으면 무관(武官)으로 출세한다. • 사주에 편관이 많으면 투쟁심이 강하기 때문에 군인, 검(경)찰 직업으로는 길성으로 작용하지만, 집안이 조용할 날이 없고 빈천하다. 반대로 사주에 편관이 없는 경우 공직이나 출세는 어렵지만 일반 직장이나 상업적으로는 길하다.

		\<남자\> • 신약 사주에서 재성과 관성이 섞여 있고, 재성이 관성을 도와 주면 재난을 당하고, 처로 인하여 문제가 생긴다. **\<여자\>** • 여자의 경우 사주에 편관이 많고, 재성(편재와 정재)이 있으면 밀부를 두고, 재가할 팔자이며, 부모덕이 희박하다. • 편관과 정관이 섞여 있으면 다른 남자에게도 정을 준다. • 사주에 편관이 1개이면 좋은 남편을 얻는다.
정관(正官)	뜻	국가 관록(官祿)을 얻는다는 뜻이다. (행정 기관)
	직업	국가에 관록을 먹고 승진(昇進), 출세(出世)하는 사람(공무원)으로 모든 공직자(공무원), 교수, 교사, 정치가, 그룹회장이 맞다.
		\<공통\> • 정직하고, 총명하며, 권세, 신용과 명예심이 강한 국가 공무원 • 승진, 취업, 합격, 통솔력, 지배력, 재물을 의미 한다. • 월지(月支)에 정관이나 인수가 있으면 부귀하고, 시주(時柱)에 있으면 좋은 아들을 둔다. • 사주에 정재와 편재가 있으면 길조가 생기나, 상관과 편관이 있으면 명예가 손상되고 자식에게 해롭다. • 정관이 약하고, 상관이 강하면 자식이 일찍 죽거나 무능하여 손자가 가업을 잇는다. • 정관이 사주에 너무 많으면 재산이 없고, 화를 당한다. • 사주에 정관이 많으면 남자의 경우 배다른 자식이 있고, 여자의 경우 다른 남자를 곁에 두고 생활한다. 이와 반대로 사주에 정관이 없으면, 남자는 훌륭한 자식 두기가 어렵고, 여자는 좋은 남편을 만나가 어렵다. • 년주와 월주에 관성(편관, 정관)이 있으면 직위가 높다. 그러나 이것이 일주와 시주에 있으면 직위가 낮고 늦게 풀린다. **\<남자\>** • 남자는 정관이 많으면 배다른 자식이 있다. • 일지(日支)에 정관이 있으면 자수성가하며 현처와 인연이 있다. • 년주(年柱)에 정관이 있으면, 장남 차남 모두 후계자가 된다. **\<여자\>** • 여자가 정관이 많으면 남편을 바꾼다. • 일지(日支)에 재성이 있으면 남편복이 있다. • 관성(편관, 정관)이 2개인 여자 사주에서 1개가 공망 되면 이혼이나 재혼 한다.
편인(偏印)	뜻	계모를 뜻하며, 나의 밥그릇을 빼앗긴다는 뜻으로, 불효의 효신살(梟神殺) 즉 올빼미(梟)가 어미를 잡아먹는 살(殺)과 놀고먹는 도식(徒食)한다는 의미이다(식신을 극한다).
	직업	소속감을 싫어하고, 주어진 재능을 순간순간 사용하는 사람으로 의사, 간호사, 약사, 한의사 등의 다른 사람을 치료(治療)하거나 언론인, 종교가, 기자, 승려, 여관, 언론, 기자, 역술인, 운명상담가 등의 비생산자 및 자신의 특기를 순간순간 활용하는 임시, 계약직 직원 및 자유업종이 맞다.
		\<공통\> • 편인이 많으면, 재난, 불효, 고독, 학업중단, 고독, 이별을 뜻한다. • 사주에 편인이 많으면 변덕이 심하고, 어학과 예술은 뛰어나지만 주위에 쓸데없는 사람들이 많고, 고독하고 이별, 불행이 많다. 반대로 사주에 편인이 없으면 재치가 없고, 언변력이 약하다. • 사주에 정인(인수)과 편인이 동주하면 2가지 직업을 갖는다. • 눈치가 빠르고, 직장 이동이 많고, 처음 시작은 강하나 마지막은 용두사미(龍頭蛇尾)격이다. • 사주에 편인이 있거나, 월지에 편인이 있으면 의사, 배우, 역술, 이발사가 적합하다. • 편인이 식신을 극(剋)하면 편인도식이 되어 가난을 면치 못한다.

		• 사주에 식신이 있으면 윗사람의 방해 및 신체가 허약하다.

<table>
<tr><td colspan="3">
• 사주에 식신이 있으면 윗사람의 방해 및 신체가 허약하다.
• 일지(日支)에 인성이 있으면 고부(姑婦) 갈등과 결혼운이 나쁘고, 겁재와 동주하면 실패가 많다.
• 편인과 건록이 동주하면 부친과 이별하고, 가족과 헤어진다.
<여자>
• 여자는 편인이 많거나, 편인이 있고 식신이 약(弱)하면 불효자식을 둔다.
• 관성이 약하면 남편복이 약하다.
• 시주(時柱)에 편인이 있으면 자식복이 없다.
</td></tr>
</table>

인수(印綬) = 정인(正印)	뜻	친어머니를 뜻하며, 문서에 도장을 찍는 직업을 갖고, 자신을 아름답게 꾸민다는 뜻이다. 인수가 많으면 인성과다가 되어 오히려 나쁘다.
	직업	교육자, 학자, 학원, 법조인, 도서관, 세무, 회계 공무원, 종교, 문화인, 미용업종이 맞다.

<table>
<tr><td>
<공통>
• 학식, 문서, 승진, 표창을 의미하고 이기적이며 금전관계는 인색하다.
• 재물에 큰 관심이 없고, 지혜롭고 총명하며 온화하고 자비롭다.
• 윗사람을 공경하며, 여성의 경우 현모양처 상이다.
• 인수와 식신이 동주하면 타인에게 존경을 받는다.
• 인수와 건록이 동주하면 가운이 좋다.
• 정인이 너무 많으면 게으르고 부부 이별과 불효자식을 둔다.
• 월주(月柱)에 인수가 있으면 문학자로서 명성이 있고, 총명하다.
• 정인이 너무 많으면 아들을 극하고 단명한다. 즉 모자멸자(母慈滅子)한다.
• 정인이 년주(年柱)에 있으면 가업을 계승하지 못하고, 일주(日柱)와 시주(時柱)에 있으면 자수성가한다.
• 사주에 정인(인수)가 많으면 사람이 지나치게 좋아서 바보 취급을 당하게 되거나 인색해서 구두쇠가 되기 쉽다. 반대로 정인(인수)가 없으면 자수성가하기 어렵고 말년에 고독하다. 그러나 인성이 일주와 시주에 있으면 남편과 자식복이 없고 자수성가한 사람이다. 또한 인성(편인, 정인)이 너무 많은 사람을 인성과대(印星過大)라고 하여 아들은 버리장머리가 없고, 자립(自立)하지 못하고 약(弱)하다. 특히 인성이 강(强)하면 토다매금(토다埋金), 화염토조(火炎土燥), 수다목부(水多木浮) 등이 되어 뜻을 이루지 못하고, 무자식(無子息) 팔자가 된다.
<남자>
• 월지에 정인이 있고, 일지에 재성이 있으면 처로 인하여 하는 일이 안된다.
• 사주에 정인이 너무 많으면 처와 이별하고 자식이 불효한다.
<여자>
• 아름답게 꾸미는 습관이 있다.
• 여자 사주에 인수와 상관 그리고 양인이 동주하면 돈과 인연이 없고 여승이 된다.
</td></tr>
</table>

□ 육친 성격(2)

육친 관계에서 상호 극(剋)하는 작용에서 본 육친(六親)의 성격은 아래와 같다.

<table>
<tr><td>
• 비견은 편재를 극(剋)한다 : 흉(凶) 또는 길(吉)하다.
               (기신은 돈을 얻고, 희신은 돈을 잃는다. 여자 문제 제거)
• 겁재는 정재를 극(剋)한다 : 흉(凶) 또는 길(吉)하다.(처를 극하고, 재물을 잃는다. 여자 문제 제거)
• 식신은 편관을 극(剋)한다 : 길(吉)하다.(편관은 재물과 권세를 얻는다. 자녀 문제)
• 상관은 정관을 극(剋)한다 : 흉(凶)하다.(실직, 명예실추, 관재구설, 남편을 극한다)
• 편재는 편인을 극(剋)한다 : 길(吉)하다.(편인은 명예를 얻는다)
• 정재는 정인을 극(剋)한다 : 흉(凶)하다.(기신은 가정 불화하고, 희신은 명예를 얻는다. 학업
</td></tr>
</table>

중단)
- 편관은 비견을 극(剋)한다 : 흉(凶)하다.(질병, 형제 동료간 문제, 파산)
- 정관을 겁재를 극(剋)한다 : 길(吉)하다.(겁재는 재물을 얻는다)
- 편인은 식신을 극(剋)한다 : 흉(凶)하다.(건강 악화, 실직)
- 정인은 상관을 극(剋)한다 : 길(吉)하다.(상관은 재물과 명예를 얻는다)

6. 길흉성(吉凶星) 적용

사주에서 길흉성은 합(合), 묘(墓), 충(沖), 파(破), 형(刑), 해(害), 공망(空亡), 살(殺), 관록(官祿) 등이 있다.

이들은 천간(天干)과 지지(地支)의 상호 작용에 의하여 좋은 관계와 나쁜 관계로 구분 된다. 하지만, 이들 작용이 모두 길성(吉星)과 흉성(凶星)으로 되는 것은 아니다. 사주 구성이 강(强)하고 약(弱)한 오행의 조건과 무더운 조열(燥熱)과 추운 한습(寒濕) 작용에 따른 운로(運路) 판단은 물론 합(合) 등으로 작용되어 변화(化)되는 기운을 적용하여 오행들의 균형과 중화를 맞추어 주는 것이다.

이때 나쁜 충(沖) 등의 기운으로 없어지는 경우에는 흉성이 길성으로, 길성이 흉성으로 변환(化)됨을 판단해 주는 것이 사주 해석(解析) 즉 통변술(通辯術)이다.

이들이 작용되어 합(合), 충(沖), 형(刑), 파(破), 해(害)의 변화(化)되는 힘이 성립되려면 형(刑)을 제외하고 나머지 모두는 오행간 상호 같이 붙어 있어야만 성립 된다. 이것은 명리학(命理學) 적천수(適天髓)에는 설명된 것이지만, 본 책에서는 길흉성(吉凶星) 적용 부분에서만 적천수대로 설명하였고, 길흉성을 제외한 나머지 부분은 모두 오행간 떨어져 있어도 합(合), 충(沖), 파(破), 해(害)의 작용을 적용해서 해석(解析)하고 설명(說明)하였다는 것을 밝히는 바이다.

아울러 이러한 길흉성(吉凶星) 적용과, 뒷장에서 학습될 용신(用神)과 격국(格局)적용 그리고 물상(物象)과 일간의 강약(强弱)에 따른 육친(六親)의 상호 작용, 4흉신(凶神)과 4길신(吉神) 적용은 사주 해석 즉 통변술(通辯術)을 만들어가는 관문이기도 하다. 독자들은 이러한 관계를 알고 사주 해석의 첫 관문인 길흉성(吉凶星)을 공부해 주길 바란다.

(1) 합(合)

사주에서 합(合)은 서로의 기운이 합하여 다른 기운으로 변화(化)되거나 혹은 힘이 강(强)해지는 뜻이다. 따라서 합(合)이 이루어지면 성사 되거나 혹은 전혀 다른 기운으로 변화(化)되어 좋은 길성(吉星)과 나쁜 흉성(凶星)으로 작용 된다. 합(合)은 이러한 특징을 가지고 있기 때문에 합이 이루어지는 오행(五行)과 육친(六親)은 본래의 기능이 아닌 변화(化)된 기운(氣運)을 적용하고 판단해 주어야만 사주 해석(解析) 즉 통변(通辯)이 된다. 이러한 조건 때문에 어쩌면 사주 통변이 어렵다고 하는 것이기도 하다. 종류로는 천간합(天干合), 방합(方合), 삼합(三合), 반합, 육합(六合)이 있다. 그러나 변화(化)된 합(合)의 기운(氣運)을 판단할 때는 전체 사주 작용을 보고 판단해야 한다.

▣ 천간합이란?

천간합은 아래와 같이 천간끼리 양(陽)과 음(陰)으로 만나 합(合)을 이루는 것을 말하며 천간합이 성립되려면 상호 붙어 있어야 성립되며 이때 본래 오행의 성격이 변화(化)되어 다른 기능으로 된다.

- 甲과 己가 만나면 = 土가 된다.
- 乙과 庚이 만나면 = 金이 된다.
- 丙과 辛이 만나면 = 水가 된다.
- 丁과 壬이 만나면 = 木이 된다.
- 戊과 癸가 만나면 = 火가 된다.

예를 들어보자, 양력으로 1986년 6월 11일 밤 22:50분에 태어난 남자 이길동의 사주에 천간합에 따른 변화(化)되는 내용을 알아보자.

구분	천간(天干)	지지(地支)	육친(六親)	
년주(年柱)	丙	③寅	비견	편인
월주(月柱)	①甲	④午	편인	겁재
일주(日柱)	㉠丙	⑤戌	·	식신
시주(時柱)	②己	⑥亥	상관	편관

이길동은 월지가 오(午)이므로 무더운 5월에 출생되었지만, 출생 시간은 해시(亥時)이므로 서늘한 한밤중에 해당되는 저녁 10시경에 태어났다. 만약 이길동이가 무더운 오시(11시~13시)에 태어났다면 매우 심한 무더운 조열(燥熱) 사주에 해당되므로 살아가는데 큰 장애물이 많게 된다. 일단 이길동은 일간의 힘이 강(强)한 신강 사주이므로 일간의 힘을 빼주는 오행이나 육친일 때 좋은 운로(運路)가 된다.

이제 이길동에게 작용되는 천간합은 월간(月干)의 ①갑(甲)과 시간(時干)의 ②기(己)가 존재하므로 이것들은 甲己의 천간합이 작용되고 이것은 토(土)기운으로 변화(化)되지만, 문제는 ①갑(甲)과 시간(時干)의 ②기(己)는 붙어 있지 못하고 중간에 일간 ㉠丙이 있기에 천간합으로는 성립되지 못한다.

만약 ①갑(甲)과 시간(時干)의 ②기(己)는 붙어 있어 천간 갑기(甲己) 합(合)으로 성립이 된다면 이것은 토(土)기운으로 변화(化)되기 때문에 이길동으로 보면 토(土)기운은 식상(식신과 상관) 기운에 해당되고 이것은 본인에 해당되는 일간 丙(화)와는 화생토(火生土)의 기능이 성립되므로 신강 사주에서 강(强)한 일간 화(火) 기운의 힘을 약(弱)하게 빼주는 역할을 하니 식신과 상관의 기운은 이길동에게 유익한 운로(運路)가 된다.

그렇지만 이길동의 전체적인 사주는 수(水)가 약(弱)한 상태에서 식상에 해당되는 토(土)기운은 토극수(土剋水)가 되어 편관의 수(水) 기운을 극(剋)하기 때문에 수(水)기운에 해당되는 편관을 약(弱)하게 만드는 꼴이 되어 이길동에게 주어진 관운(官運)을 없애는 역할을 하게 되므로 크게 도움을 주지 못하는 것임을 알 수 있다.

따라서 편관 수(水)기운은 이길동의 아들을 판단하는 척도가 되는 것이므로 이길동은 자식복을 크게 기대할 수 없다는 것을 알 수 있다.

원래 이길동 사주는 비견과 겁재가 사주 구성에 공존하는 비겁혼잡(比劫混雜) 혹은 군겁쟁재(群劫爭財) 또는 군비쟁재(群比爭財) 사주가 되어 형제, 동료 복(福)이 없고, 식신과 상관 역시 사주 구성에서 존재하기 때문에 식상혼잡(食傷混雜) 사주가 되어 관록(官祿)을 손상시키고 자식복이 약(弱)하다는 것을 알 수 있다.

이번에는 지지(地支)의 작용을 통하여 알아보자.

이길동의 사주 구성을 확인해 보면 화(火)기운으로 편중되어 비겁이 강(强)한 군겁쟁재(群比爭財)사주이기 때문에 형제난이 발생되고 서로 싸우는 사주이다.

화(火)기운으로 편중된 경우 대운(大運)과 세운(歲運)에서 다시 화(火)기운의 비겁운이 들어오는 경우 이러한 나쁜 운에 가중 된다.

또한 지지(地支)의 ③寅, ④午, ⑤戌은 인오술(寅午戌)의 삼합(三合)이 성립되어 화(火)기운으로 변화(化)되기 때문에 이길동으로 본다면 화(火)기운은 비겁에 해당되고 이것은 신강(身强) 사주에서 일간(日干) 병(丙)의 화(火)기운을 더욱 강(强)하게 만들어 주는 것이 되므로 형제들과 투쟁이 심하고 가득이나 무더운 조열사주에서 전혀 도움이 되지 않는 실패하는 운로(運路)가 된다.

또한 앞 절 지장간에서 배운 지지(地支)에 존재하는 지장간(支藏干) 힘의 변화(化)로 판단해 보아도 ③寅은 인오술(寅午術)의 화(火) 기운으로, ④午는 화, 토(火, 土)의 기운으로, ⑤戌 역시 인오술(寅午術)의 화(火) 기운으로 변화(化)되니 이것들 역시 화(火)의 비겁운이 강(强)하게 작용된다. 또한 ⑥亥는 해묘미(亥卯未)의 목(木)기운으로 변화(化)되기 때문에 이길동으로 본다면 인성운이 작용되고, 이것 역시 일간(日干) 병(丙)과의 관계는 목생화(木生火)가 성립되므로 일간의 힘을 더욱 강(强)하게 만들어 주는 것이 되므로 이길동에게는 도움이 되지 않는다.

물론 ③寅과 ⑥亥은 나쁜 해인파(亥寅破)가 성립되나 거리가 멀리 떨어진 관계로 성립이 어려우나, ④午과 ⑤戌은 공망과 양인, 백호대살이 작용되므로 지지(地支)에 존재하는 편인, 겁재, 식신, 편관들은 이길동에게는 크게 도움을 주지 못하고 나쁘게 작용되는 것임을 알 수 있다.

지금까지 이길동에게 작용되는 천간 합기(甲己)의 합(合) 작용과 지지(地支) 작용에 대한 운로(運路)에 따른 사주 흐름을 판단해 보았다.

이어서 독자들에게 이길동 사주를 보고 사주 해석(解析) 즉 통변술(通辯術) 대하여 구체적으로 판단하는 방법을 제시 하겠는데 독자들은 이러한 과정을 꼭 확인하고 활용해서 통변술에 자신감(自信感)을 갖기 바란다.

우선 이길동에게 길성(吉星)과 흉성(凶星)으로 작용되는 오행과 육친을 판단해야하는데 이길동은 신강(身强) 사주이므로 일간(日干) 丙(화)의 힘을 빼주는 오행과 육친이 길성이 된다. 즉 일간의 화(火)기운을 약(弱)하게 하는 것들은 길성이 되는 것이다. 따라서 토(土)와 수(水)는 화생토(火生土) 및 수극화(水剋火)가 되어 일간 丙(화)의 힘을 빼주는 역할을 하니 길성(吉星)으로 작용되는 것이다.

그러나 이와는 반대로 화(火), 목(木), 금(金)의 경우는 화생화(火生火), 목생화(木生火), 화극금(火剋金)이 되어 일간 화(火)의 힘이 더욱 강(强)하게 만들기 때문에 신강 사주인 이길동에게는 이들 오행들은 나쁜 흉성(凶星)이 된다.

만약 반대로 이길동이 처럼 일간의 힘이 강(强)한 신강 사주가 아니라, 일간의 힘이 약(弱)한 신약(身弱) 사주라면 일간의 힘을 더해주는 오행이 길성(吉星)이 된다.

물론 이들 오행들도 전체적인 사주의 구성과 흐름을 보고 판단해야하고, 또한 이들에게 나쁜 살(殺) 등이 작용되지 말아야 한다.

우선 독자들에게 신강 사주와 신약 사주를 판단하는 방법을 핵심적으로 간단하게 소개하면 다음과 같으니 참고해 주길 바란다.

신강(身强)과 신약(身弱)사주의 판단법은 일간(日干)을 기준으로 비겁(비견, 겁재)과 인성(편인, 인수)이 강(强)하게 작용되면 신강 사주로 판단하는데 더 쉽게 설명하면 즉 일간을 기준으로 비겁이나 인성이 많은 오행들이 존재하면 신강 사주 판단하고 그 외는 신약 사주로 판단하면 된다. 이것과 같은 논리지만 또 다른 신강과 신약 사주 판단법은 일간(日干)을 기준으로 약 3배의 힘을 가지고 있는 가장 강한 월지(月支)와의 관계로 판단한다. 예를 들면 이길동처럼 일간이 丙(화)이고 월지가 午(화)인 경우 화(火)와 화(火)의 만남은 강(强)한 화(火)기운이 성립되어 일간의 힘이 강(强)해지므로 신강 사주가 된다.

또한 월지가 목(木)의 경우 일간과의 관계는 목생화(木生火)가 성립되므로 일간 화

(火)기운이 강(强)해지므로 이것 역시 신강 사주가 된다. 반대로 이길동의 경우 월지가 수(水)이거나 토(土)인 경우는 수극화(水剋火) 및 화생토(火生土)가 성립되어 이때는 일간의 힘이 약(弱)해지므로 신약 사주가 되는 것이다.

이렇게 신약(身弱)과 신강(身强) 사주가 결정되었다면, 이들에게 작용되는 길성(吉星)과 흉성(凶星)이 되는 오행은 물론 이에 따른 육친(六親)을 결정하여 판독하는 것이 사주 해석(解析)이 되는 것이다.

다른 사주에서 신강과 신약 사주 판단법은 동일하며 이것은 용신(用神)을 선택하는 방법이기도 하다. 여기에 대한 자세한 설명은 '제6장 용신(用神) 판단'에서 자세히 설명되어 있으니 독자들은 참조해 주길 바란다.

여기서 독자들이 알아야 될 사항은 육친(六親)을 사주에서 해석(解析)하고 통변(通辯)할 때는 반드시 개인 사주에서 길성(吉星)과 흉성(凶星)을 선별하고 이에 따른 육친을 적용해 주어야 된다. 예를 들면 사주 원국은 물론 대운(大運)과 세운(歲運) 판단에서 투쟁, 싸움, 질투 등으로 주로 나쁜 뜻으로 해석되는 비겁(비견, 겁재)이 길성(吉星)으로 작용되는 사주에서 운로(運路) 판단 방법은 '주위 반대로 인하여 투쟁이 발생되나 어렵게 합격 한다'라고 해석(解析)해 주어야 하고, 이와는 반대로 재물과 성공 운(運)으로 분류되는 식신과 정재가 흉성(凶星)으로 작용되는 사주에서 사주 해석은 '큰 상황 변동은 없지만 합격은 어렵다'라고 해석해야 한다.

물론 좋은 육친(六親)에 해당되는 정관이나 정재 그리고 식식 등이 사주 작용에서 길성(吉星)으로 작용되는 경우에 사주 해석은 큰 행운이 찾아오는 것이 된다.

또한 사주 구성에서 해당 육친(六親)이 충(沖)이나 형(刑) 공망 등의 흉살(凶殺)이 작용되면 그 사람에 대한 복(福)은 없는 것이다. 예를 들면 어머니에 해당되는 인수가 충(沖) 등의 흉살이 성립되면 어머니는 단명했거나 혹은 어머니 복(福)은 없고 어머니와 사이는 나쁜 것으로 판단해 주면 되고, 귀문관살(鬼門關殺), 천도살(天屠殺) 오귀살(五鬼殺) 및 평두살(平頭殺) 등이 작용되면 우울증은 물론 정신질환에 취약하다고 판단해 주면 되는 것이다. 다른 흉살이나 길성 적용도 동일하다.

그리고 사주 구성에서 이러한 작용들이 발생되는 시기 판단은 사주 원국에서는 년주에 작용되면 초년기, 월주에 작용되면 청년기, 일주에 작용되면 장년기, 시주에 작용되면 노년기에 발생되며 아울러 대운(大運, 10년운)이나 세운(歲運, 1년운)에서 구체적으로 발생 시기를 판단할 수 있다.

따라서 이런 과정을 확인하고 판단하는 것이 사주 해석(解析) 즉 통변술(通辯術)이 되는 것임을 잊지 말길 바란다.

사주 구성에서 작용되는 합(合), 충(沖), 파(破), 공망(空亡), 형(刑), 묘(墓) 등의 형충회합(刑沖會合) 등은 운(運)을 단절시키거나 나쁜 살(殺)을 해소 시키는 역할을 한다. 대표적으로 사주에서 작용되는 합(合) 작용에 따른 영향은 아래와 같다.

> ·합(合)이 성립되면 변화(化)된 오행 작용으로 사주를 해석해야 한다.
> • 사주 구성에서 변화(化)된 오행 작용은 사주 구성에 따라 길성(吉星)으로 작용되는 기운이라면 발복(發福)하고, 반대로 흉(凶)으로 작용되는 기운(氣運)이라면 나쁜 흉성(凶星)으로 작용 된다.
> • 변화된 합(合)의 작용은 사주 원국은 물론 대운(大運)과 년운(年運) 등의 세운(歲運)에도 동일하게 작용한다.
> • 합(合)의 작용에도 형충회합(刑沖會合)의 기능 작용이 성립되기 때문에 오행과 거리가 멀리 떨어진 것이나 혹은 나쁜 충(沖)이나 공망(空亡) 등이 작용되면 기능이 소멸되거나 약(弱)해진다.

합(合) 작용으로 인하여 변화(化)되는 여자 사주를 확인해 보자.

구분	천간	지지	육친	
년주(年柱)	乙	·	식신	·
월주(月柱)	②戊	·	정관	·
일주(日柱)	①癸	·	·	·
시주(時柱)	乙	·	식신	·

위의 사주는 천간 ①癸와 ②戊는 같이 붙어 있어 천간합(合)으로 화(火)기운으로 변화(化)된다. 즉, 본인(癸)과 정관(戊, 배우자)이 합(合)이 되어 재성의 화(火) 기운으로 변화되는 사주이므로 이 경우 재물(財物)은 들어오지만 정관(배우자)이 변화되는 사주가 된다. 따라서 배우자에 해당되는 정관이 변화가 되는 경우이므로 이런 사람은 부부 사이가 원만하지 못하고 불화나 이혼(離婚)할 사주가 된다.

남자의 경우는 정재(배우자)가 합(合)의 작용이 성립되면 이것 역시 부인과 사이가 좋지 못하고 부인은 부정하게 된다.

합(合)이 되어 변화되는 내용은 배우자뿐 아니라, 편재, 식신, 상관, 인수 등의 아버지, 아들, 딸, 형제 등에게도 작용된다.

배우자와 이혼 등의 변화(化)되는 사건들은 비록 본인에 해당되는 일간(日干)에서 작용되는 합(合)의 작용뿐 아니라, 일간이 포함되지 않는 천간(天干)이나 혹은 지지(地支)에서 작용되는 합(合) 작용에서도 배우자 육친이 합(合)을 이루면 동일하게 작용된다. 이것은 아래 사주에서 판단해 보자.

구분	천간	지지	육친	
년주(年柱)	戊	①申	정재	정관
월주(月柱)	丁	②巳	식신	상관

일주(日柱)	乙	酉	·	편관
시주(時柱)	丙	子	상관	편인

위 사주는 여자 사주로 배우자(남편)에 해당되는 년지 ①申은 정관으로 월지 ②巳와는 사신합(巳申合)이 성립되고 이것은 인성의 수(水)기운으로 변화(化)되기 때문에 이경우도 이혼(離婚)사주로 본다.

또한 남자와 여자의 일간(日干)에 서로 합(合)이 성립되어 변화(化)된 오행(五行)이 기신(忌神)이거나 구신(仇神)일 경우에도 이혼하게 된다.

이어서 길흉성(吉凶星)에서 형(刑)을 제외한 합(合), 충(沖)의 상호 작용은 어떻게 성립되는가? 구체적으로 확인해보자. 아래 사주를 보자.

천간 A(투합)	천간 B(쟁합)
③己	③甲
②己	②己
①甲	①甲
○	○

천간 A는 갑기합(甲己合)이 ①甲 1개가 ②와 ③의 己 2개에 성립되어 있고, 천간 B는 ①과 ③의 甲 2개가 ③의 己 1개에 갑기합(甲己合)이 성립된 경우이다.

즉, 음간(-)과 양간(+)이 합을 이루는 것으로 이는 남자 1명이 여자 2명을 혹은 남자 2명이 여자 1명을 두고 쟁탈전을 벌이는 것이 된다.

A를 투합(妬合, B를 쟁합(爭合)이라고 하며, 투합과 쟁합은 천간합(天干合)은 물론, 반합(半合), 육합(六合) 등의 합(合)은 물론 충(沖) 등의 나쁜 작용에도 성립되지 않는다. 또한 보이지 않는 지장간(支藏干)과 천간(天干) 그리고 지장간끼리 합(合)을 이루는 것을 암합(暗合)이라고 한다. 사주가 어렵다는 것은 깜빡 놓치기 쉬운 합(合) 등의 작용으로 변화(化)된 기운들을 반영해서 판단하는데 있다.

▣ 방합(方合)이란?

방합은 방향(方向)과 계절(季節)을 동시에 나타내는 것으로 방합의 원리를 지장간(支藏干)과 표시해 보면 아래와 같다,

	남(南) 여름	
戊庚丙	丙己丁	丁乙己
巳	午	未
	화(火)	

동(東)봄	乙癸戊	辰					申	戊壬庚	
	甲乙	卯	목(木)	토(土)		금(金)	酉	庚辛	서(西)가을
	戊丙甲	寅					戌	辛丁戊	

		수(水)		
	丑	子	亥	
	癸辛己	壬癸	戊甲壬	
		북(北)겨울		

방합은 방향(方向)과 계절(季節)을 동시에 나타내는 것으로 이들 역시 상호간 붙어있어야 방합이 성립된다. 이들은 3개는 물론 2개만 상호간 만나면 변화(化) 된다. 방합은 삼합(三合), 지지합(육합), 반합(半合) 중에서 힘이 가장 강(強)하다. 방합의 성립 조건은 3자중 1자는 월지에 포함되어야하고 2자의 경우 중간 부분은 포함되어야 한다.

> • (亥 + 子 + 丑)은 亥 + 子 혹은 子 + 丑은 水이고 북쪽과 겨울이 된다.
> • (巳 + 午 + 未)은 巳 + 午 혹은 午 + 未는 火이고 남쪽과 여름이다.
> • (寅 + 卯 + 辰)은 寅 + 卯 혹은 卯 + 辰은 木이고 동쪽과 봄이다.
> • (申 + 酉 + 戌)은 申 + 酉 혹은 酉 + 戌은 金이고 서쪽과 가을이다.

특히 방합은 대운(大運)이나 세운(歲運)의 지지(地支)는 주기적으로 변화(化)기 때문에 방합(方合)을 적용하여 사주에 작용되는 오행(五行)들의 힘의 변화에 따라서 상생(相生), 상극(相剋) 그리고 힘이 빠지는 설기(泄氣) 관계를 살펴서 이들의 운세(運勢)를 판단하고, 사업을 하는 경우 방합의 계절(季節)에 맞는 업종(業種)과 성공 방향(方向)을 판단하고 선택하는 기준이 된다.

또한 이것은 용신(用神)과 비교하여 삶의 운로(運路)에 따른 길흉(吉凶)을 판단할 수 있는 것이기 때문에 독자들은 뒷장에서 설명될 대운(大運)과 세운(歲運)에 따른 계절별 길흉(吉凶) 판단을 참조해 주길 바란다.

아울러 지장간(支藏干)에서 작용되는 것을 암합(暗合)은 물론 충(沖) 등으로 힘이 없어지는 작용을 살펴서 변화(化)된 기운을 적용해 주어야 한다. 예를 들면 지장간이 강(強)하지 못하면 이에 관련된 천간과 지지 역시 유명무실(有名無實)하기 때문이다. 특히 사주 통변(通辯)에서 합(合)의 중요성을 강조하는 의미에서 한 가지만 예를 들면 진(辰) 토(土)의 경우 토(土)기능은 1개 이지만, 진(辰)이 합(合)이 되는 경우는 진유(辰酉)=>금(金), 인묘진(寅卯辰)=>목(木), 신자진(申子辰)=>수(水)로 변화되기 때문에 통변(通辯)에서는 사주 구성을 보고 본래의 기능이 아닌 변화(化)된 기운에 따른 길흉(吉凶)을 적용해 주어야 된다.

■ 삼합(三合)이란?

지지에 작용되는 삼합(三合)을 나타내보면 아래와 같다.

오행(五行)	목(木)	화(火)	금(金)	수(水)
삼합(三合)	亥卯未	寅午戌	巳酉丑	申子辰
반합(半合)	亥卯, 卯未, 亥未	寅午, 午戌, 寅戌	巳酉, 酉丑, 巳丑	申子, 子辰, 申辰

삼합은 12개 지지(地支)중 4번째, 8번째 지지가 서로 만나 합(合)을 이루는 것으로 3개의 합(合)이 이루어지면 지지 삼합으로 본다. 하지만 3개 중 2개의 합(合)으로 구성된 것을 반합이라고 하고 이것 역시 합(合) 기능의 힘이 발휘 된다. 삼합 역시 작용되는 오행(五行)들이 상호 붙어 있어야 변화(化)되는 원리가 성립되며, 외부로부터 충(沖), 파(破), 공망(空亡), 형(刑), 묘(墓) 등에서 살(殺)을 해소 시키는 역할을 한다.

- 申 + 子 + 辰이 만나면 => 水가 된다.
- 巳 + 酉 + 丑이 만나면 => 金이 된다.
- 寅 + 午 + 戌이 만나면 => 火가 된다.
- 亥 + 卯 + 未이 만나면 => 木이 된다.

이에 관련된 지지 삼합을 아래 여자 사주를 보자.

구분	천간	지지
년주(年柱)	○	○
월주(月柱)	○	①申(편재)
일주(日柱)	丙	②子(정관, 남편)
시주(時柱)	○	③辰(식신)

위 사주는 ①申, ②子, ③辰이 존재하기 때문에 申子辰의 지지 삼합이 성립되어 이것의 기능은 수(水) 기운으로 변화(化) 된다.

이것은 남편에 해당되는 정관(②子)이 존재하므로 남편과의 문제가 발생하게 된다.

따라서 이런 여성은 중년이후에 발생되는 남편과의 관계 변화를 몇 가지 내용으로 확인 확인할 수 있다. 즉 이 여성은 남편과 이혼 할 수도 있다. 남편과 사별할 수도 있다. 또 다른 남성과 재혼할 수도 있다. 남편이 무능하든지 아니면 어떤 사고로 인하여 부인이 생업을 책임진다. 남편의 직위에 많은 변화가 발생된다. 혹은 부부간 불화가 발생된다. 중년 이후 이런 사건들이 발생된다고 판단 할 수 있다.

또한 독자들은 지지(地支) 삼합(三合)에서 추가로 알아야 될 내용이 있다.

그것은 지지(地支)에서 2개의 오행이 존재하고, 1개는 천간(天干) 오행에 존재하는 경우에도 지지 삼합이 성립됨을 알아야 한다.

아래 남자 사주를 보자.

구분	천간	지지	육친(六親)	
년주(年柱)	③甲	午	정재	편관
월주(月柱)	丁	①亥	편관	상관
일주(日柱)	辛	②未	·	편인
시주(時柱)	己	丑	편인	편인

위 사주의 경우 월지와 일지에 ①亥와 ②未만 존재하므로 해묘미(亥卯未)의 삼합작용이 되려면 묘(卯)의 목(木)기운이 없다. 그렇지만 천간에 ③甲의 목(木)이 존재하므로 지지와 천간이 합(合)하여 완전한 해묘미(亥卯未)가 삼합이 성립되고 이것은 목(木) 기운의 재성(편재, 정재)으로 변화된다.

위 사주는 신약(身弱) 사주이기 때문에 목(木) 기운의 재성은 일간 신(辛)과의 관계는 금극목(金剋木)이 되어 강(强)하게 만들어 주는 기능을 하므로 길성(吉星)으로 작용된다.

이러한 작용은 대운(大運)은 물론 년운(年運)과 세운(歲運)에서도 동일하게 적용된다. 만약 이때 용신이 토(土)라면 목(木)기운과는 목극토(木剋土)가 되어 이혼(離婚)이나 투자실패 사망(死亡) 등의 불운(不運)이 찾아온다.

또한 삼합은 사주 4개 지지 중 삼합에 구성된 오행이 4개 이상이 존재하면 편중된 사주가 아니며, 2개가 존재하면 오행이 편중된 사주라고 볼 수 있다.

위 사주의 경우 午, 亥, 未, 丑의 4개 지지중 寅(午)戌, (亥)卯(未), 巳酉(丑)의 삼합의 조건이 성립되고 이는 4개의 지지가 해당되므로 편중된 사주 구성이 아니다.

▣ 육합(六合)이란?

육합은 지지합(地支合)을 말하는 것으로 12개의 지지 중 음양(陰陽)에서 파생된 것이다.

양(陽)	子	寅	卯	辰	巳	午
음(陰)	丑	亥	戌	酉	申	未
육합(지지합)	子丑	寅亥	卯戌	辰酉	巳申	午未

이것은 상호 붙어 있어야 성립되고, 변화(化)되는 원리이며 외부로부터 나쁜 영향을 주는 충(沖), 파(破), 공망(空亡), 형(刑), 묘(墓) 등에서 살(殺)을 해소시키는 역할을 한다.

- 子과 丑이 만나면 = 土가 된다.
- 寅과 亥가 만나면 = 木이 된다.
- 卯과 戌이 만나면 = 火가 된다.
- 辰과 酉가 만나면 = 金이 된다.

- 巳와 申이 만나면 = 水가 된다.
- 午와 未가 만나면 = 火가 된다.

▣ 반합(半合)이란?

반합(半合)은 삼합(三合)에서 파생된 것으로 삼합 작용의 50%의 힘을 발휘한다. 이것의 작용력은 약(弱)하므로 충(沖), 파(破), 공망(空亡), 형(刑), 묘(墓) 등에서 살(殺)을 해소시키는 작용력은 어렵다.

▣ 지지에 작용되는 합(合)의 작용력은?

지금까지 지지에 작용되는 합(合) 작용을 알아보았는데 이들에게 작용되는 힘의 순서를 확인해 보면 다음과 같다.

> 방합>>삼합>>육합=충>>반합

이것의 의미는 방합(方合)이 가장 힘이 강(强)하고, 다음은 삼합(三合), 그 다음은 육합(六合)이 되며 가장 힘이 약(弱)한 것은 반합(半合)이다.

특히, 나쁜 충(沖)을 해소 시키려면 최소 육합(六合)이상 삼함, 방합이 작용되어야만 충(沖)을 해소시킬 수 있으며, 힘이 제일 약한 반합은 충을 해소시킬 수 없다는 뜻이다. 이에 대한 보기를 들어보자.

구분	천간	지지				대운, 세운
년주(年柱)	○	①	戌			○
월주(月柱)	○	②	午			
일주(日柱)	○	③	寅	Ⓐ		
시주(時柱)	○		卯	Ⓑ		Ⓒ辰

위 사주는 ①, ②, ③은 인오술(寅午戌)의 삼합(三合)이 작용되고 있다. 이때 대운(大運)이나 세운(歲運)에서 지지 Ⓒ진(辰)이 들어오는 경우 Ⓐ, Ⓑ, Ⓒ는 인묘진(寅卯辰)의 방합(方合)이 성립된다. 이 경우 처음 성립된 삼합은 방합보다 힘이 약(弱)한 관계로 성립되지 않고, 힘이 강(强)한 방합의 인묘진(寅卯辰)만 성립된다.

▣ 묘(墓)란?

묘(墓)란? 12운성(十二運星) 즉 포태법에서 적용되는 것이다. 12운성은 용신(用神)과 더불어 삶의 운로(運路)를 알 수 있는 것이다. 이것은 '6장 용신(用神)'에서 자세히 설명하였다.

여기서는 12운성 중 사주 명리학(命理學)에서 가장 의미 있게 다루어지는 묘(墓)에 대해서 알아보도록 한다.

묘(墓)는 땅속에 묻혀있는 흉성(凶星)이라, 부부(夫婦)는 물론 육친(六親)에 편재되어 있는 사람 모두에게 적용된다. 부부(夫婦)의 경우 사별(死別) 즉 상부(喪夫)와 상처(喪妻), 이혼, 불화, 파멸 혹은 배우자가 있어도 유명무실(有名無實)한 경우가 발생되기도 한다.

하지만, 또 한편으로는 곡식을 보관하는 창고(倉庫)기능 즉 고(庫)로 작용되므로 중년 이후 부유해지는 길성(吉星) 작용도 한다. 또한 무덤과 창고의 중간 기능 즉 묘고(墓庫)의 의미를 가지고 있는 경우도 있고, 해당되지 않는 경우도 있다.

묘(墓)는 이러한 2가지의 양면성이 존재함으로 사주에서 중요한 의미가 있다.

이러한 묘(墓)의 판단 방법은 사주 지지(地支) 오행 중 토(土)에 해당되는 진, 술, 축, 미(辰, 戌, 丑, 未)가 있을 때 흉(凶)으로 작용되는 것이지만, 이들이 지지합(合), 삼합(三合), 방합(方合), 육합(六合) 등으로 합(合)이 되어 변화(化)되는 육친(六親)기운이 길성(吉星)이 되거나 통근(通根), 득령(得令), 득지(得地), 득세(得勢)가 성립되면 흉(凶)이 아닌 곡식을 보관하는 창고(倉庫)기능을 하므로 오히려 중년 이후 재물이 모이는 길성(吉星)으로 작용되기도 한다. 또한 충(沖)이나 공망(空亡) 등이 작용되면 묘(墓)의 기능은 상실하게 된다.

묘(墓)는 사주 원국뿐 아니라 대운(大運)이나 세운(歲運)에서 해당 조건이면 무덤과 창고로서의 작용을 하게 된다. 특히 부모(父母) 혹은 자식(子息)이나 처(妻)의 사망 판단은 묘(墓)의 성립 조건으로도 확인할 수 있다.

묘(墓)는 천간(天干)과 지지(地支) 모두에 적용되며, 사주에서 적용되는 묘(墓)의 조건은 아래와 같다.

- 지지의 辰(土)은 => 수(水)에서 묘(墓)가 된다.
- 지지의 戌(土)은 => 화(火)에서 묘(墓)가 된다.
- 지지의 丑(土)은 => 금(金)에서 묘(墓)가 된다.
- 지지의 未(土)은 => 목(木)에서 묘(墓)가 된다.

※<참고> 묘(墓)는 수(水), 화(火), 금(金), 목(木)은 존재하지만 토(土)의 묘는 없는가? 이는 명리학자(命理學者)에 따라 토(土)는 묘가 없다는 주장과 진(辰)과 술(戌) 혹은 진술 모두가 묘가 된다는 주장이 있다. 그러나 우주에 존재하는 행성들은 모두 수(水), 화(火), 금(金), 목(木)은 물론 중심이 되는 토(土)가 존재하는 것 또한 사실이며, 이러한 우주 행성들은 시간의 흐름에 따라 변화되는 것 또한 사실이기 때문에 이에 대한 결론은 독자들에게 맡긴다.

사주에서 묘(墓)의 적용과 방법은 이어서 학습될 길흉성(吉凶星)에서 예를 들어 설명하였으니 독자들은 참고하길 바란다.

(2) 충(沖)

충(沖)은 주로 양(陽)과 양(陽)이나 음(陰)과 음(陰)으로 이루어지며 합(合)과 반대를 의미하는 것으로, 서로 다투고 싸우거나 하던 것을 중단시키고, 직장과 건강을 잃게 하고, 가지고 있던 것을 잃게 한다. 사주에 작용되는 길흉성(吉凶星) 중에서 가장 나쁜 것이 충(沖)이다. 충은 상호간 서로 붙어 있을 때만 작용되며, 사주 구성에 따라서 나쁜 충이지만 길성(吉星)으로 작용되는 경우도 있다. 종류로는 간충(干沖), 지충(支沖)이 있으며, 간충과 지충 중 지충이 더 나쁘게 작용한다.

사주에서 충(沖)은 용신(用神)과 더불어 사주 해석에서 매우 중요한 역할을 한다. 그 이유는 용신(用神)으로 대운(大運)과 세운(歲運)을 판독할 때 용신, 간지, 지지가 상호 충(沖) 하거나 혹은 상호 극(剋)하는 경우에는 사망, 병, 실직, 사고, 수술, 이혼, 소송, 투쟁, 파혼, 불구, 탈락, 사업 실패 등이 발생되기 때문이다.

사주에서 적용되는 간충(干沖)과 지충(支沖)의 나쁜 영향력은 아래와 같다.

<간충(干沖)과 지충(支沖)표>

간충 : 천간(天干)에 적용	지충 : 지지(地支)에 적용
乙 · 辛 = 가정불화, 문서 분실	子 · 午 = 관재 구설, 손재 혹은 일찍 고향을 떠나 타향에서 고생하며, 잘되는 일도 중도에 깨진다.
丙 · 壬 = 비밀 폭로, 금전 손해	丑 · 未 = (음토끼리 충돌)매사 불성, 손재 혹은 부모 형제간 인연이 나쁘고, 문서 분쟁과 재물로 인하여 다툼이 발생 된다.
丁 · 癸 = 관재 구설, 손재 재판	寅 · 申 = 애정 풍파, 사고 혹은 이성간 구설수가 생기고, 명예 실추가 있다.
甲 · 庚 = 관재 구설, 다툼 재판	卯 · 酉 = 문서 분실, 인재 혹은 가족 및 부부간 인연이 나쁘다.
己 · 乙 = 매사 불성, 관재	辰 · 戌 = (양토끼리 충돌)독수공방, 관재 혹은 외롭고 고독하며, 파란이 많고 이루어지는 것이 없다. 일지에 진(辰)-술(戌) 충(沖)이 성립되면 남편은 소실을 두고, 공망이 되면 소실은 두지 않으나 각방을 쓴다.
※이 밖에도 간충에는 甲戌, 丙庚, 丁辛, 戊壬, 己癸가 있다. 이것의 영향력은 다소 약(弱)하다.	巳 · 亥 = 심신 곤액, 인해 혹은 남의 일로 헛고생만 하고, 거처를 자주 옮기게 된다.

여기서 지충(支沖)의 구성은 자, 축, 인, 묘, 진, 사, 오, 미, 신, 유, 술, 해(子, 丑, 寅, 卯, 辰, 巳, 午, 未, 申, 酉, 戌. 亥)의 12개 지지(地支)가 상호 맞대응 할 때 지지충이 된다. 지충은 년지, 월지, 일지, 시지에 따라 다른 결과가 나타난다.

- 년지와 월지가 충하면 조상덕이 없고 양친의 불화가 생긴다.
- 월지와 일지가 충하면 부부가 이별하거나 고향을 떠나 생활한다.
- 일지와 시지가 충하면 부부의 인연이 약하고 상속 받기 어렵다.
- 년지와 시지가 충하면 긴병을 앓게 된다.
- 년지와 일지가 충하면 조상과 인연이 약하다.

※<참고1> 지충(支沖)과 간충(干沖) 구성은 지충의 경우 12개 지지(地支)들의 상호 배열 혹은 대각선 작용에서 상극(相剋) 관계이며, 간충은 갑(甲)->무(戊)->임(壬)->병(丙)->경(庚)->갑(甲)의 양간(+)과 을(乙)->기(己)->계(癸)->정(丁)->신(辛)->을(乙)의 음간(-)의 상극(相剋) 작용으로 구성되어 있다.

※<참고2> 지충(支沖)은 나쁜 흉성(凶星)이지만 자오충(子午沖)과 묘유충(卯酉沖)은 사주 구성에서 목(木)과 수(水)가 존재하여 상생(相生) 관계가 이루어지면 길성(吉星)으로 작용한다. 아래 설명을 보자.

- 자오충(子午沖) 길성(吉星) 작용 : 자오충(子午沖)은 수(水)와 화(火)가 서로 싸우는 흉성(凶星)으로 수화구통(水火溝通)이라고 한다. 이때 사주 구성에서 목(木)이 있어 水生木과 木生火의 상생(相生) 관계가 이루어지면 일명 수화기제(水火旣濟)가 되어 길성(吉星)이 된다. 또한 子와 午가 2:2, 2:1, 1:2로 구성되어 있고, 월지(月支)에 子가 있으면 길성(吉星)으로 본다.
  이와는 반대로 자오충(子午沖)은 사주 구성에 목(木)이 없고, 목(木)이 있어도 상생(相生)관계가 이루어지지 않으면 수화불통(水火不通)이며 흉성(凶星)이 된다.
- 묘유충(卯酉沖) 길성(吉星)으로 작용 : 묘유충(卯酉沖)은 금(金)과 목(木)이 서로 싸우는 흉성(凶星)으로 금목상전(金木相戰)이라고 하는데, 이때 사주 구성에서 수(水)가 있어 金生水와 水生木의 상생(相生)관계가 이루어지면 금목상성(金木相成)이라고 하고 길성(吉星)으로 본다. 물론 사주에 수(水)가 없거나 있어도 상생(相生)작용이 이루어지지 않으면 흉성(凶星)이다.

충(沖)은 흉신(凶神)을 충(沖)하면 길신(吉神)이 되고, 길신을 충하여 흉신으로 된다. 따라서, 충(沖)이 적용되면 나쁜 것은 사실이지만 그렇다고 무턱대고 나쁜 것으로만 판단할 것이 아니라, 이러한 기능으로 인하여 명충(明沖)과 흉충(凶沖) 관계를 살펴서 사주 해석 즉 통변에서 판단해야 한다.

충(沖)은 합(合)의 작용을 받으면 없어지고, 합(合)은 충(沖)의 작용을 받으면 합의 기능이 없어진다. 또한 충(沖)과 충(沖)의 상호 작용은 없어지기도 하고, 성립되는 것일 수도 있다. 이러한 것 외에도 예를 들자면 갑경충(甲庚沖)의 경우 庚(금)이 甲(목)을 金剋木으로 극(剋)하여 甲(목)의 기운은 없어지고 甲(목)대신 庚(금)기운으로 전환된다는 뜻이지, 甲(목)이 庚(금)을 극(剋)하는 것은 아니다. 만약 여기서 庚(금)이 정재(배우자)이고 甲(목)이 인수(어머니)일 경우 배우자(庚)가 어머니(甲)를 이긴다는 뜻이지, 어머니(甲)가 배우자(庚)를 이긴다는 뜻은 아니다.

이런 것은 간충(干沖)과 지충(支沖) 모두 동일하게 적용되는데 이를 보기를 들어 설명하면 아래와 같다.

A사주				
사주(四柱)		육친(六親)		지장간
辛	丑	식신	비견	癸, 辛, ㉠己
庚	子	상관	편재	壬, 癸
②己	亥	·	정재	㉡戊, ⒜甲, 壬
①乙	亥	편관	정재	㉢戊, ⒝甲, 壬

B사주				
사주(四柱)		육친(六親)		지장간
丁	卯	정재	상관	甲, 乙
丁	寅	정재	식신	⒜戊, 丙, 甲
②壬	辰	·	편관	乙, ㉠癸, ⒝戊
①戊	申	편관	편인	⒞戊, ㉡壬, 庚

A사주의 경우 ①과 ②는 을기충(乙己沖)으로 이것의 작용은 목극토(木剋土)가 되어 목(木)이 토(土)를 극(剋)하는 것으로 ①乙의 목(木) 기운은 ②에 해당되는 토(土)기운을 몰아내고 목(木) 기운으로 전환되었다는 뜻이 된다. 따라서 이 경우 본인에 해당되는 일간의 경우 편관 기운으로 전환되어 작용한다는 뜻이다. 물론 그만큼 충(沖)이 작용되어 본인에게는 나쁘게 작용되는 것은 사실이나, 원래 ②己(토)나 혹은 ①乙(목)은 지장간에 강한 뿌리를 내리고 있으므로 시간(時干)의 ①乙의 편관에는 아무런 영향이 없이 편관으로 작용된다. 따라서 위의 A사주는 시간이 편관이 되어 시중편관격 사주가 성립되므로 국가에 관록은 먹는 사람으로 판단한다. B사주 역시 ①戊(토)가 ②壬(수)를 토극수(土剋水)로 극(剋)하여 편관 기능을 유지하므로 시중편관격 사주(사주 구성에서 시간(時干)에 편관이 존재하는 사주)가 되어 이것 역시 국가에 관(官)을 먹는 사람으로 판단한다.

또한 충(沖)이 작용되는 곳에서 확인되어야될 사항은 사주 구성에서 작용되는 유인력이다. 이것은 전체 사주 구성을 보고 충(沖)의 작용을 판단하는 것으로 아래 보기를 보자.

구분	천간	지지
년주(年柱)	○	○
월주(月柱)	⒜丁(화)	①酉(금)
일주(日柱)	⒝乙(목)	②卯(목)
시주(時柱)	○	○

위 사주는 지지 ①, ②에서 묘유충(卯酉沖)으로 이는 ①酉(금)은 ②卯(목)으로 금(金)은 목(木)을 극(剋)하여 충(沖)을 형성하고 있다. 그러나 지지 ②卯(목)은 천간에 같은 목(木)인 ⒝乙(목)이 작용되어 강(强)한 힘을 발휘하고 있는데, ①酉(금)은 ⒜丁(화)의 작용으로 화극금(火剋金)이 형성되어 ①酉(금)은 약(弱)하기 짝이 없다. 따라서 이런 경우 묘유충(卯酉沖)의 성립도 어렵고, 승자는 ②卯(목)이 되는 것이다.

이와 같이 독자들은 사주 구성에서 작용되는 여러 가지 힘을 바탕으로 충(沖)은 물론 합(合), 공망(空亡), 묘(墓), 형(刑), 파(破), 해(害)를 통변(通辯)해 주어야 되며 아울러 대운(大運)이나 세운(歲運)에서도 이들의 작용을 적용시켜 판단해 주어야 된다. 물론 이에 관한 내용은 뒷장 '사주를 해석하자'에서 자세히 설명하였다.

(3) 형(刑)

형(刑)은 서로 극과 극으로 싸우는 것을 의미하여, 통치(統治), 정신적인 고통, 소송, 관재를 나타낸다. 사주에 형은 사주 구성이 좋고 길(吉)할 때는 사람의 목숨을 죽이고 살릴 수 있는 권리 즉 생사여탈권(生死與奪權)을 행하지만, 반대로 흉(凶)하면 수옥(囚獄)살이를 할 수 있는 양면성을 가지고 있다. 형(刑)은 오행(五行) 상호간 붙어 있거나 혹은 떨어져 있어도 성립된다.

형(刑)의 종류로는 삼형(三刑), 자형(自刑), 자묘형(子卯刑)이 있다. 이 중 삼형을 가장 나쁜 형살로 분류되며 고통스러운 삶이되기 때문에 조심해야 한다.

• 삼형(三刑)은 강하게 작용하는 것으로 寅巳申과 丑戌未가 있다.

寅巳申는 욕심이 많아 화를 입게 되고, 여자의 경우 고독하며, 丑戌未는 은혜가 원수로 변하고, 특히 여자의 경우 사주 구성에서 괴강살(魁罡殺)이나 백호대살(白狐大殺)이 존재한다면 무녀, 화류계의 운명으로 부부간 원만하지 못하고, 고독하기 때문에 수도나 종교로서 승화시켜야 한다. 그리고 임신 유산을 많이 한다.

이 중 삼형에서 2개만 해당되는 것을 육형(六刑)이라 하는데 이것은 3형보다는 약(弱)하다. 寅巳(관재수, 수술), 巳申(시비불화), 寅申(수입이 적고 지출이 많다), 丑戌(친구, 부부간 다툼), 戌未(세력과신 낭패), 丑未(배신)의 나쁜 뜻을 갖는다.

• 자형(自刑)은 독립정신이 약하고, 쓸데없이 자기주장을 내세워 적을 만들며, 서로 찌르고 자해하는 것으로 辰辰(부모 형제간 인연이 없다. 자해, 억압, 납치 발생), 午午(자식과 부부간 인연이 없고, 고질병으로 고생한다. 충동, 자해, 화상 발생), 酉酉(고독한 생활을 한다. 상해, 교통사고, 질병 발생), 亥亥(남에게 인덕이 없고, 평생노고가 있다. 당뇨, 중풍, 신장 질환 발생)가 있다.

• 자묘형(子卯刑)은 지지(地支)에 자묘(子卯)가 있는 경우를 말하는데 이 경우는 남녀의 이성난이 발생된다.

※참고로 사주 천간(天干)에 을, 기, 계(乙, 己, 癸)가 있는 경우도 나쁜 형살(刑殺)인데 이 경우는 눈이 상하고 중년이후 형(刑)을 당하는 나쁜 사주로 본다.

형(刑)에 대하여 예를 들어 보자, 아래는 전직 김영삼 대통령 사주다.

구분	천간	지지
년주(年柱)	戊	辰
월주(月柱)	乙	①丑
일주(日柱)	己	②未
시주(時柱)	甲	③戌

우선 형(刑)을 논하기 전에 본인에 해당되는 일간(日干) 기(己)를 중심으로 월지 축

(丑)은 득령(得令)이 성립되고, 丑, 戌, 未는 각각 득지(得地)가 성립되며, 득지와 더불어 진(辰)은 득세(得勢)가 성립된다.

또한 천간과 지지 그리고 지장관은 사주 뿌리 즉 통근(通根)이 강(强)하게 성립된 사주로 눈으로 봐도 귀격사주(貴格四柱)란 것을 알 수 있기 때문에 큰 그릇임을 금방 판단할 수 있다(※독자들은 8장 사주 해석 참조).

이제 형(刑)을 판단해 보자. 지지(地支)의 ①丑, ②未, ③戌는 丑戌未가 되어 삼형(三刑)에 해당된다.

취임초 잘못된 역사 바로 잡기의 일환으로 12·12사태와 광주민주항쟁과 관련된 전임대통령 모두를 법의 심판을 받게 했다. 寅巳申경우도 丑戌未와 더불어 사주 구성이 좋은 경우 군인이나 검, 경찰의 경우 때에 따라서 대성할 수 있는 사주이기도 하다. 하지만, 사주 구성이 흉(凶)하거나 탁한 경우(나쁜 경우) 수옥(囚獄)살이를 할 수 있는 양면성을 가지고 있는 것을 독자들은 알길 바란다.

(4) 파(破)

파(破)는 삼합(三合) 작용에서 음양(陰陽) 관계를 파괴하여 발생된 것으로 상호 깨트리고 파헤치는 것이다. 이것 역시 상호 붙어 있어야 된다.

삼합(三合)	寅午戌			申子辰		
	亥卯未			巳酉丑		
파(破)	寅亥	午卯	戌未	申巳	子酉	辰丑

파(破)는 당사자인 본인에 의하여 파열음(破裂音)이 발생되는 것이 아니라, 제3자에 의하여 발생된다.

종류로는 寅亥(용두사미), 午卯(매사 불성), 戌未(시비), 申巳(손재), 子酉(불화), 辰丑(관재구설)가 있다. 또한 파는 위치에 따라 나쁘게 작용을 한다.

• 년지와 월지에 파가 있는 경우는 부모와 일찍 이별하는 경우가 있다.
• 월지와 일지에 파가 있는 경우는 부모 형제 배우자와 사이가 나쁘고, 고향을 일찍 떠난다.
• 일지와 시지에 파가 있는 경우는 자식과 사이가 좋지 않고 말년에 고독하다.

(5) 해(害)

해(害)는 육합(지지합) 작용을 충(沖)하여 발생된 것으로 공격당하고 쪼개지고 분리되는 것이다. 이것 역시 상호 붙어 있어야 된다.

육합(지지합)	寅亥		午未		卯戌	
	巳申		丑子		辰酉	
해(害)	寅巳	巳申	午丑	未子	卯辰	戌酉

종류로는 인사(寅巳), 巳申(사신), 축오(丑午), 미자(未子), 묘진(卯辰), 술유(戌酉)가 있다. 이러한 것을 판단하여 적용하는 것을 통변술(通辯術) 즉 사주 해석(解析)이라고 하는데 이것은 뒷장에서 자세히 다룬다.

합(合), 충(沖), 형(刑), 파(破), 해(害)종합

지금까지 사주에 적용되는 합(合), 충(沖), 형(刑), 파(破), 해(害)에 대하여 확인해 보았는데, 이것들을 한꺼번에 확인할 수 있는 방법은 아래 <표>와 같다.

이때 지지(地支)를 기준으로 년지, 월지, 일지, 시지를 서로 서로 비교 판단하면 된다.

<합(合), 충(沖), 형(刑), 파(破), 해(害)표>

지지＼지지	子	丑	寅	卯	辰	巳	午	未	申	酉	戌	亥
子		합		형	삼합		충	해/원진	삼합	파		
丑	합				파	삼합	해/원진	충/형		삼합	형	
寅						형/해	삼합		충/형	원진	삼합	합/파
卯	형					해	파	삼합	원진	충	합	삼합
辰	삼합	파		해	형				삼합	합	충	원진
巳		삼합	형/해						합/형/파	삼합	원진	충
午	충	해원진	삼합	파			형	합			삼합	
未	해원진	충/형		삼합			합			파/형		삼합
申	삼합		충/형	원진	삼합	합/형/파						해
酉	파	삼합	원진	충	합	삼합					형	해
戌		형	삼합	합	충	원진	삼합	파/형		해		
亥			합/파	삼합	원진	충		삼합	해			형

예를 들면, 본인의 일주 지지가 子라고 하면, 子를 기준으로 丑이 있으면 합(合)이고, 卯가 있으면 형(刑)이 되고, 午이 있으면 충(沖), 未이 있으면 해(害)와 원진(怨嗔), 申이 있으면 삼합(三合), 酉이 있으면 파(破)가 성립 된다.

이러한 방법을 통하여 양력 1986년 6월 11일 밤 22:50분에 태어난 남자 이길동의 합(合), 충(沖), 파(破), 형(刑), 해(害)를 위의 표를 보고 확인해 보자.

이길동이의 사주에서 일주 지지는 술(戌)이다.

戌을 기준으로 <합(合), 충(沖), 형(刑), 파(破), 해(害)표>에서 寅, 午, 戌, 亥에 해당되는 것을 확인해 보면 삼합이 된다. 다른 지지 즉 寅, 午, 亥을 같은 기준으로 각각 확인해보면 전체 사주에 작용되는 것들을 알 수 있다.

이것을 이용하면 남녀간의 궁합을 판단할 경우도 다양하게 판단할 수 있다. 예를 들면 자(子) 쥐띠는 양(未) 띠와는 원진살(怨嗔殺)과 해(害)과 성립되므로 나쁜 궁합이 된다.

지금까지 소개된 것처럼 사주 원국은 물론 대운(大運)과 년운(年運), 월운(月運), 일운(日運)에서 길흉성(吉凶星)을 적용하고 판단하는 방법은 이들에게 적용되는 천간(天干)과 지지(地支)와의 관계 모두를 엮어서 판단하면 된다.

예를 들면, 자오충(子午沖)을 보자. 아래와 같이 사주 원국의 일지(日支) ①子가 존재하고, 2026년 병오년(丙午年)의 지지(地支) ②午가 존재하는 경우 2026년에는 ①과 ②의 자오충(子午沖)이 성립된다. 따라서 2026년에는 나쁜 운(運)이 들어오게 되니 조심해야 하겠다.

구분	<사주>	
	天干	地支
年柱	○	○
月柱	○	○
日柱	○	①子
時柱	○	○

<2026년>		
2027年	2026年	2025年
○	丙	○
○	②午	○

이른 것들은 '합(合), 충(沖), 형(刑), 파(破), 해(害), 묘(墓)' 등도 동일하다.

형충회합(刑沖會合) 적용법을 알자

사주에서 합(合), 충(沖), 형(刑) 등의 상호 작용에 의하여 변화되는 것을 말하는데 특히 회합(會合)은 방합(方合)과 삼합(三合) 관계를 말한다. 독자들은 이러한 합(合), 충(沖), 형(刑) 등의 상호 적용되는 관계를 알고 결과를 적용해 주어야 한다.

사주				형충회합(刑沖會合) 적용법
A 사 주	천간	지지		卯酉沖은 卯戌合으로 인하여 卯酉沖이 상실된다. 즉, 충(沖)-합(合)적용으로 충(沖)이 없어진다(※형(刑) 등은 다소 약(弱)하게 적용된다). 충(沖)이면 2개가 망가지거나 혹은 극(剋)하여 이기는 오행(五行)으로 전환된다.
	○	午		
	○	酉		
	○	卯		
	○	戌		

사주				형충회합(刑沖會合) 적용법
B 사 주	천간	지지1	지지2	지지 1개(子)는 지지 2개(午, 午)를 충(沖)하지 못한다. 따라서 <지지1>에서는 子午沖은 오(午)가 2개인 관계로 충(沖)이 성립되지 않는다(투합, 쟁합). 하지만 <지지2>처럼 년지에 미(未)가 존재하면 년지와 월지의 未午合이 되는 경우는 월지와 시지의 子午沖이 성립된다.
	○	酉	未	
	○	午	午	
	○	午	午	
	○	子	子	

사주						형충회합(刑沖會合) 적용법
C 사 주	천 간	지 지	① 충	② 합	③ 합	卯酉沖(①)이 酉戌合(②)으로 沖이 상실 되었지만, 다시 寅戌合(③)을 받아 卯酉沖(①)이 살아난다. 이와 비슷한 충(沖)-합(合)-충(沖)으로 이루어진 경우도 처음 충(沖)이 살아난다.
	○	酉	酉			
	○	卯	卯	卯		
	○	戌		戌	戌	
	○	寅			寅	

사주				형충회합(刑沖會合) 적용법
D 사 주	천간	지지		적용되는 충(沖)이 너무 멀어도 성립되지 않는다. 丑未沖은 년지와 시지에 존재하므로 거리가 너무 떨어져 있어 丑未沖은 성립되지 않는다(※합, 충은 상호 모두 붙어 있어야 성립되며, 형은 떨어져도 성립된다).
	○	未		
	○	辰		
	○	寅		
	○	丑		

사주				형충회합(刑沖會合) 적용법
E 사 주	천간	지지		巳酉合은 그 사이에 寅(목)이 가로막아 합이 성립되지 않고, 寅申沖은 그사이에 巳(화)가 가로 막아 沖이 성립되지 않으며, 巳申刑이 되면서 巳申合이 되므로 金(금)은 甲(목)을 극(剋)하지 못한다.
	○	酉		
	○	寅		
	○	巳		
	○	申		

※<참고>

• 형충회합(刑沖會合)의 적용 순서는 ①年②月③日④時로 한다. 예를 들어보자. 年月이 충(沖)이고 月日이 합(合)이면 年月의 沖을 먼저 적용하고 나중에 月日의 슴을 적용한다. 이 경우 먼저 적용된 沖은 소멸되고 합(合)만 적용된다. 月日이 합(合)이고 日時가 충(沖)이라면 月日의 슴을 먼저 적용하고 나중에 日時의 沖을 적용한다. 이 경우 먼저 적용된 슴은 소멸되고 충(沖)만 적용된다.

• 형충회합(刑沖會合)에서 충(沖)이 합(合)과 공망(空亡)을 만나는 경우 혹은 지지 1개는 지지 2개를 충(沖)하는 경우 그리고 지지의 거리가 너무 떨어진 경우 충(沖)이 소멸되거나 작용이 상실되는 것이 아니라, 약 30~50%는 충(沖)의 기능이 작용된다는 것임을 알길 바란다. 또한 공망(空亡)의 경우에도 충(沖)을 받게 되면 이 역시 공망이 완전 소멸되거나 없어지는 것이 아닌 사실을 알고 사주 해석에 적용해 주길 바란다.

형충회합파해(刑沖會合破害), 묘(墓) 등 정리

지금까지 설명된 형충회합파해(刑沖會合破害)를 정리하면 아래와 같다.

회합 (會合)	방합(方合)	亥子丑=>水(북), 寅卯辰=>木(동), 巳午未=>火(남), 申酉戌=>金(서)
	삼합(三合)	申子辰=>水, 巳酉丑=>金, 寅午戌=>火, 亥卯未=>木
	반합(半合)	亥卯, 卯未, 亥未, 寅午, 午戌, 寅戌, 巳酉, 酉丑, 巳丑, 申子, 子辰, 申辰
지지합(地支合)=육합 (六合)		子丑=>土, 寅亥=>木, 卯戌=>火, 辰酉=>金, 巳申=>水, 午未=>火
충(沖)	간충(干沖)	乙辛, 丙壬, 丁癸, 甲庚, 己乙, 甲戊, 丙庚, 丁辛, 戊壬, 己癸
	지충(支沖)	子午, 丑未, 寅申, 卯酉, 辰戌, 巳亥
형(刑)	삼형	寅巳申, 丑戌未
		寅巳, 巳申, 寅申, 丑戌, 戌未, 丑未
	자형	辰辰, 亥亥, 酉酉, 午午
파(破)		寅亥, 午卯, 戌未, 申巳, 子酉, 辰丑
해(害)		寅巳, 巳申, 午丑, 未子, 卯辰, 戌酉
묘(墓)		辰(土)=>수(水), 戌(土)=>화(火), 丑(土)=>금(金), 未(土)=>목(木)
합(合)크기		방합>>삼합>>육합=충>>반합
원진살과 귀문관살		원진과 귀문이 같은 것 : 丑午, 卯申, 辰亥, 巳戌
		원진 : 寅酉, 子未
		귀문 : 寅未, 子酉

♨형충회합파해(刑沖會合破害) 적용에 따른 활용법

명리학(命理學) 적천수(適天髓)에는 합(合), 충(沖), 형(刑), 파(破), 해(害)를 사주에 적용함에 있어 형(刑)을 제외한 나머지 모두는 작용되는 오행(五行)이 상호 붙어 있어야 효력이 발생된다고 하여, 본 책에서는 길흉성(吉凶星) 적용에서만 적천수대로 설명하였다. 그러나 길흉성을 제외한 나머지 모든 부분은 합(合), 충(沖), 파(破), 해(害)의 오행들이 떨어져 있어도 이들의 작용을 적용해서 해석(解析)하고 설명(說明)하였음을 밝혀 둔다.

(6) 공망(空亡)

사주에서 공망(空亡)이란?

천간(天干)이 10개이고 지지(地支)는 12개이다. 이들을 하나씩 짝을 지어 보면 이 중에서 짝을 짓지 못하는 것이 2개가 남는다. 즉 짝이 없는 외톨이 신세를 공망이라고 하고 일명 천중살(天中殺)이라고도 한다.

공망은 양일(甲丙戊庚壬)에 작용되는 것을 진공(眞空) 공망이라고 하고, 음일(乙丁己辛

癸)에 작용되는 것을 반공(半空) 공망이라 하는데, 진공(眞空) 공망이 더 크게 작용된다. 공망의 뜻은 '비어서 망한다' 혹은 '빈 쭉정이'이다. 이것은 노력은 열심히 하지만 빈곳을 채우지 못하는 것으로 결혼, 이사, 시험, 투자, 개업, 경쟁 등에서는 피한다.

사주에서 길성(吉星)이 공망(空亡)되면 흉(凶)하게 되고, 반대로 흉성(凶星)이 공망(空亡)되면 길성(吉星)으로 변화 된다. 이것은 사주 해석에서도 동일하게 작용한다.

공망은 이러한 작용으로 사주 해석에 중요한 역할을 한다. 공망을 찾는 방법과 적용 방법을 확인해 보자.

■공망(空亡) 찾는 방법

공망(空亡)은 <공망(空亡) 조건표>를 보고 찾는데, 일주(日柱)를 기준으로 년지(年支), 월지(月支), 시지(時支) 공망(空亡)을 찾고, 년주(年柱)를 기준으로 일지(日支)의 공망(空亡)을 찾는다.

<공망(空亡) 조건표>

60 甲子	甲子	甲戌	甲申	甲午	甲辰	甲寅
	乙丑	乙亥	乙酉	乙未	乙巳	乙卯
	丙寅	丙子	丙戌	丙申	丙午	丙辰
	丁卯	丁丑	丁亥	丁酉	丁未	丁巳
	戊辰	戊寅	戊子	戊戌	戊申	戊午
	己巳	己卯	己丑	己亥	己酉	己未
	庚午	庚辰	庚寅	庚子	庚戌	庚申
	辛未	辛巳	辛卯	辛丑	辛亥	辛酉
	壬申	壬午	壬辰	壬寅	壬子	壬戌
	癸酉	癸未	癸巳	癸卯	癸丑	癸亥
공망	戌亥	申酉	午未	辰巳	寅卯	子丑

공망은 지지(地支)에만 적용된다. 지금까지 기본적인 사주를 세워 왔던 양력 1986년 6월 11일 밤 22:50분에 태어난 남자 이길동의 공망(空亡)을 찾아보자.

일주(日柱)가 丙戌이므로 丙戌에 해당되는 것은 午未이다. 즉 년지(年支), 월지(月支), 시지(時支)의 공망은 午과 未이다. 이제 년주(年柱)를 기준으로 일지(日支)의 공망을 찾아보자. 년주가 丙寅이므로 일지 공망은 戌과 亥이다.

따라서 이길동의 사주는 월지(月支)의 오(午)와 일지(日支)의 술(戌)이 각각 공망이 된다. 다른 사주에서도 공망 찾는 방법은 위와 동일하며, 이어서 설명될 공망 적용과 미치는 영향을 참고해 주길 바란다.

■공망(空亡) 종류별 사주에 미치는 영향

공망(空亡) 종류별 사주에 미치는 영향은 다음과 같다.

구분	내용
사주 원국 공망	• 년주(年柱)가 공망이면 조상덕이 없고, 고향을 등진다.
	• 월주(月柱)에 공망이면 부모, 형제에 덕이 없다.
	• 일주(日柱)에 공망이면 배우자 복이 없고, 인연도 없다.
	• 시주(時柱)에 공망이면 자식, 처덕이 없고 말년에 임종지킬 자식이 없다.
	• 년(年), 월(月), 일(日), 시(時)에 공망되면 귀격 사주이다.
	• 년지와 월지가 공망되면 처자와 이별한다.
육친 (六親) 공망	• 비겁(비견, 겁재)이 공망이면 형제의 인연이 없고, 경쟁심이 약하다. 고향보다 외국이나 객지에서 생활한다.
	• 식상(식신, 상관) 공망이면 제조, 축산업, 생산 업종은 불가하고, 자녀가 귀하고 덕이 없다. 직업을 자주 바꾸며, 가무, 예술, 종교와 인연이 있고, 단명(短命)한다.
	• 관성(편관, 정관) 공망이면 관운이 없고, 명예보다는 낭패를 본다. 여자는 남편복이 없다.
	• 재성(편재, 정재) 공망이면 경제적으로 궁핍하고, 배우자의 복이 없다.
	• 인성(편인, 인수=정인) 공망이면 학문은 높으나 써먹지 못하고, 모친덕이 없고, 도덕심이 부족하다.
	• 여자 사주에서 일지(日支)에 진(辰)과 술(戌)이 공망 되면 부부간 방을 따로 쓰지만, 일지(日支)에 진(辰)과 술(戌)이 충(沖)이되면 남자는 소실을 둔다.
절로 (截路) 공망	• 장애물로 인하여 진퇴양난(進退兩難)된 상태를 말하는 것으로, 출세하기가 어려울 뿐 아니라, 은둔(隱遁)하는 경우가 많다.

일간(日干)	甲	乙	丙	丁	戊	己	庚	辛	壬	癸
시지(時支)	申	未	辰	卯	子	酉	午	巳	寅	丑

구분	내용
3위 공망	• 지지(地支)에 공망이 3개인 경우인데 1~2개 일 때보다 좋으나 발전도 없고, 변화를 싫어한다.
일좌 (日座) 공망	• 일주(日柱)가 갑술(甲戌)과 乙亥인 경우를 말하는데, 이 경우는 가정풍파와 부부 금술이 나쁘고, 우여곡절이 많은 일종의 살(殺)이다.
십이신 살(十二 神殺) 공망	• 화개가 공망이면 재주는 있으나 써먹지 못하고, 승려, 수녀, 목사가 된다.
	• 역마가 공망이면 일이 어긋나거나 주거가 불안정하다.
	• 장성이 공망이면 사회 활동에서 제한된다.
	• 제왕이 공망이면 사회 활동이 부진하다.
	• 과숙이 공망되면 유년에 고생한다.
	• 귀인이 공망이면 대접 받지 못한다.

■공망(空亡) 적용 방법

공망은 육합(六合)과 삼합(三合)이거나 충(沖), 파(破), 형(刑)을 만나면 해공되는데 예를 들어, 수옥살(囚獄殺), 원진살(怨嗔殺), 양인살(陽刃殺), 백호대살(白狐大殺), 괴강살(魁罡殺), 묘(墓) 등의 경우 공망이 되면 살(殺)의 영향력이 없어지거나 혹은 미미하게 작용된다. 반대로 길성(吉星)은 흉성(凶星)이 된다.

독자들은 공망을 사주에 적용함에 있어서 참고해야 될 사항은 아래와 같다.

- 지지(地支)에 공망 되면 해당 천간(天干) 역시 지지 공망의 영향을 받기 때문에 천간 본래 기능에서 그만큼 상실된다.
- 공망은 대운(大運)에는 적용하지 않는다. 그 이유는 공망이나 대운은 모두 월주(月柱)에서 분파되었기 때문이다. 그러나 사주 원국과 대운(大運)이 서로 합(合)이나 충(沖)이 되면 사주 원국의 공망은 해공(解空)된다.
  예를 들면, 사주 월지(月支)의 묘(卯)가 공망이고, 해당 대운(大運) 지지(地支)가 유(酉)라면, 묘유충(卯酉沖)되어 사주 원국의 공망이 해공 된다.
- 공망은 사주 원국과 세운(歲運)에만 적용되며, 세운에 공망이 있는 경우 경쟁, 시험 및 사업 실패, 사기, 사망 등이 발생 된다.
- 공망이 없어지는 해공(解空) 또는 해소(解消) 조건은 합(合), 충(沖), 파(破), 형(刑)일 때 적용되나 완전 해소되지는 않는다.
- 충(沖)은 공망을 약 80% 해소시킨다.
- 육합(六合)과 삼합(三合)은 공망을 약 40% 해소시킨다.
  예를 들면, 사주 원국 지지(地支)에서 술(戌)과 오(午) 중 술(戌)이 공망인 경우 년운(年運)에서 인(寅)을 만나면 인오술(寅午戌)의 삼합이 되어 공망은 해공된다.
- 방합은 공망에 영향력이 없다.

이제 이러한 공망을 바탕으로 1986년 6월에 태어난 남자 이길동의 사주에서 공망(空亡)을 적용시켜 해석해 보자.

이길동은 월지(月支) ①午와 일지(日支) ②戌이 공망이다.

구분	천간	지지	육친	
년주(年柱)	丙	寅	비견	편인
월주(月柱)	甲	①午	편인	③겁재
일주(日柱)	丙	②戌	·	④식신
시주(時柱)	己	亥	상관	편관

공망은 빈 쭉정이란 뜻이므로 공망에 해당되는 ①午와 ②戌는 사주에서 기능을 발휘할 수 없는 오행(五行)이 되기 때문에 죽어 있는 오행이라는 뜻이다.

이러한 공망 판단은 사주 원국은 물론 년운(年運)이나 월운(月運)에서도 午와 未 그리고 戌과 亥가 들어오면 공망(空亡)이 성립된다.

따라서, 이길동의 사주를 해석함에 있어서 공망(空亡)에 해당되는 ①午와 ②戌 는 제외 되어야 하며, 아울러 이것에 해당되는 육친은 ③겁재와 ④식신에 해당되므로 이길동은 형제(이복형제)들과의 사이는 좋지 않을 뿐 아니라, 형제 복이 없고, 일찍 죽은 형제가 존재 하며, 식신에 해당되는 장모나 사위 그리고 손자 복이 없고 어딜가나 식복(食福)이 없다는 뜻이기도 하다.

하지만, ①午와 ②戌는 천간 인(寅)과 더불어 인오술(寅午戌)의 삼합(三合)이 성립되므로 합(合)이 작용된다. 공망을 풀 수 있는 것은 합(合)이므로 해공 즉 공망(空亡)이 없어진다는 뜻이다.

그러나, 이미 공망(空亡)이 적용된 것은 합(合) 작용이 성립된다고 해서 100% 공망이 없어진다는 것은 불가능한 것이므로 이런 경우 사주 해석은 ①午과 ②戌는 공망(空亡) 작용을 다소 받고 있다. 이렇게 판단하고 해석해 주면 된다.

따라서, 이길동은 형제(이복형제)들과의 사이는 물론 장모, 사위, 손자 그리고 식복(食福)은 다소 좋지 않다 라고 해석해 주면 된다.

이러한 형충회합(刑沖會合) 적용은 비롯 공망(空亡)뿐 아니라 충(沖), 형(刑), 파(破) 등에서도 동일하게 적용되는 것이므로 사주 해석에서 확인하고 적용해 주어야만 정확한 사주 해석이 된다는 것을 알길 바란다.

저자의 사주 간명지 '공망(空亡)' 사항이다.

(7) 살(殺)과 관록(官祿)

사주에 적용되는 살(殺)과 관록(官祿)은 천간(天干)과 지지(地支)의 상호 작용에 의하여 판단하는 것으로 독자들을 위하여 체계적으로 제시하였으니 사주 해석에 적용하기 바란다. 특히, 사주를 해석함에 있어서 사주 전체 운로(運路)의 흐름을 먼저 판단 후 살(殺)과 관록(官祿)을 적용해야 된다. 그 이유는 사주 흐름이 좋고 통근(通根) 즉 뿌리가 강(强)한 사람은 살(殺)의 나쁜 영향력이 미미하게 작용되기 때문이다. 그렇지 않고 살과 관록을 먼저 사주에 적용하여 해석한다면 엉터리 사주가 된다. 독자들은 이러한 사실을 적용해 주길 바란다.

■ 십이신살(十二神殺)

신살(神殺)은 약250개 정도가 존재하는데, 이 중에서 대표적으로 많이 사용되는 것은 겁살(劫殺), 재살(災殺), 천살(天殺), 지살(地殺), 연살(年殺), 월살(月殺), 망신살(亡神殺), 장성살(將星殺), 반안살(攀鞍殺), 역마살(驛馬殺), 육해살(六害殺), 화개살(華蓋殺) 등의 12개가 있다.

특히 십이신살(十二神殺)이 사주 명리학(命理學)에서 의미는 길흉(吉凶)은 물론 이사, 출입문, 우등생 책상, 금고 위치, 조상묘 등 방향(方向)과 밀접한 관계가 있다.

이러한 내용은 이어서 설명했으니 독자들은 사업이나 전원주택, 결혼(結婚), 부동산(不動産) 투자, 금고(金庫), 출입문, 득남(得男)과 득녀(得女)를 얻기 위한 행운(幸運) 방향(方向)을 적용하여 행복(幸福)을 얻기 바란다.

신살 년·일지	겁살 (劫殺)	재살 (災殺)	천살 (天殺)	지살 (地殺)	연살 (年殺)	월살 (月殺)	망신살 (亡身殺)	장성살 (將星殺)	반안살 (攀鞍殺)	역마살 (驛馬殺)	육해살 (六害殺)	화개살 (華蓋殺)

신자진 (申子辰)	사 (巳)	오 (午)	미 (未)	신 (申)	유 (酉)	술 (戌)	해 (亥)	자 (子)	축 (丑)	인 (寅)	묘 (卯)	진 (辰)
인오술 (寅午戌)	해 (亥)	자 (子)	축 (丑)	인 (寅)	묘 (卯)	진 (辰)	사 (巳)	오 (午)	미 (未)	신 (申)	유 (酉)	술 (戌)
사유축 (巳酉丑)	인 (寅)	묘 (卯)	진 (辰)	사 (巳)	오 (午)	미 (未)	신 (申)	유 (酉)	술 (戌)	해 (亥)	자 (子)	축 (丑)
해묘미 (亥卯未)	신 (申)	유 (酉)	술 (戌)	해 (亥)	자 (子)	축 (丑)	인 (寅)	묘 (卯)	진 (辰)	사 (巳)	오 (午)	미 (未)

※〈참고〉

·십이신살(十二神殺)은 년지(年支)와 일지(日支) 모두 해당된다.

〈적용법〉

적용 방법은 년지(年支)와 일지(日支)를 기준으로 나머지 지지(地支)와 비교하여 십이신살을 찾는다.

1986년 6월 11일 밤 22:50분에 태어난 남자 이길동의 십이신살(十二神殺)을 찾아보자. 먼저 년지(年支)에서 확인해 보면, 년지가 인(寅)이므로 인오술(寅午戌)에 해당 된다. 따라서 나머지 지지 즉 午, 戌, 亥을 각각 확인해 보면 노년기의 겁살(劫殺), 청년기의 장성살(將星殺), 장년기의 화개살(華蓋殺), 초년기의 지살(地殺)이 해당된다.

또한 같은 방법으로 일지(日支)는 술(戌)이므로 이를 통하여 확인해 보면, 겁살(劫殺), 지살(地殺), 장성살(將星殺)이다. 이길동은 겁살과 장성살에 다소 많은 영향을 받는다고 볼 수 있다. 따라서, 이길동의 경우 이들 살(殺)은 물론 특히 장성살이 존재하므로 승진(昇進)에서 빠른 출세는 하지만 화(禍)를 좌초하는 경우가 많고, 집을 짓거나 혹은 사업을 할 경우 창문과 출입문은 장성살 방향에 해당되는 오(午)방향 즉 정남(正南) 방향(6시 방향)쪽은 나쁜 대흉(大凶)으로 작용됨을 알길 바란다.

특히, 전원주택(田園住宅)이나 개인 사업은 물론 상업(商業)에서 출입문(出入門)이나 금고(金庫)위치 등은 중요한 요소가 되므로 실천하여 행운(幸運)을 얻기 바란다.

독자들은 12신 살의 '뜻'과 불운(不運)을 피하고, 행운을 얻을 수 있는 것들은 아래 〈뜻 및 행운(幸運)과 불운(不運) 방향(方向) 표〉를 참조하면 된다.

〈뜻 및 행운(幸運)과 불운(不運) 방향(方向) 표〉

십이신살	12운성	뜻	행운(幸運)과 불운(不運) 방향(方向)
재살 (災殺)	태	재살은 실권과 명예를 주도하기 위하여 상호 싸움이 치열해지는 살로 일명 수옥살(囚獄煞)이라고 하며, 감옥이나 사고, 관재, 손재 등이 따른다.	•증권 투자 지점과 영업점의 출입문 방향이 장성살(將星殺) 방향이면 필패하고, 재살(災殺), 지살(地殺), 천살(天殺) 방향이면 흑자 거래 및 성공 투자 방향이다.

		재살이 년주에 존재하면 관재구설과 질병이 따르고, 월주에 존재하면 관액과 부모형제 비명횡사하며, 일주의 재살은 부부지간 비명횡사 하고, 시주의 재살은 자식덕이 없다.	• 신생아 출산시 병원 정문이 재살 방향이면 천재가 출산되고, 육해살 방향이면 행운아가 출산되며, 장성살 방향이면 저능아가 출산된다.
천살 (天殺)	양	천살은 천재지변과 관련된 살로 돌발사고, 관재구설, 태풍, 화재, 신경성, 고혈압, 중풍 등과 관련이 있다. 천살과 반안살은 서로 상극이며, 집안에 천살이 있는 사람이나 혹은 천살이 존재하는 사람과 같이 동업 투자를 하면 반드시 실패하고 파산하게 된다. 천살이 년주에 존재하면 타향객지에서 고생하고, 월주의 천살은 부모형제 덕이 없고, 일주의 천살은 부부금슬이 없고 비명횡사하며, 시주의 천살은 자식이 효도한다고 해도 죽음이나 감옥에 가게 된다. 또한 천살이 존재하면 선천적인 질병(疾病)이 있다.	• 천살방향으로 이사하고, 천살 방위로 잠자면 반드시 실패 한다. • 남자가 천살 방향으로 잠자면 결혼하지 못한다. • 금고(金庫), 계산대, 경리책상이 천살 방향이면 대흉(大凶)한다. • 공부 잘하는 우등생이 되려면 책상은 천살방향에 두고 공부한다(※잠은 반안살 방향으로 자야만 우등생이 된다). • 남편이 외도하는 경우 천살 방향으로 잠을 자면 남편의 사업이 실패하므로 집으로 돌아온다. • 천살방향에서 출산하면 천재아이가 태어난다. • 천살방향에 종교물이 있으면 대흉(大凶)한다(※종교물은 반안살과 화개살 방향에 둔다).
지살 (地殺)	장생	지살은 역마살로 보며 한곳에 머물지 못하고 변동, 타향살이, 이사, 가정, 직장, 해외 등과 관련이 있다. 지살이 년주에 존재하면 고향과 이별하고 타향에서 살고, 월주의 지살은 부모형제 덕이 없고, 자수상가 하며, 일주의 지살은 부부이별하게 되고, 시주의 지살은 자식과 이별수가 생긴다.	• 부동산투자 성공 방향이다. • 최상 흑자 거래처 성공 방향이다. • 간판, 창문, 출입문, 보조문, 환기창이 지살 방향이면 대길(大吉)한다.
연살 (年殺)	목욕	연살은 도화살(桃花殺)로 남녀간 성욕과 색정으로 인하여 망신을 당하는 살이다.	• 창문, 출입문, 보조문, 환기창이 연살 방향이면 대길(大吉)한다.
월살 (月殺)	관대	월살은 부지런이 일을 해도 자금고갈, 사업부진 등이 발생되는 살로 패배, 파괴, 분쟁 등으로 소송이 있다.	• 재수생은 월살 방향의 학교를 선택하면 합격한다.
망신살 (亡身殺)	건록	망신살은 명예가 땅에 떨어지는 것으로 사업실패, 구설, 사기, 재물손상을 가져 오며, 특히 술과 이성 관계에서 구설수가 있다. 년주에 망신살이 존재하면 일찍 타향에서 고생하고, 선대 유업이 몰락하며, 월주의 망신살은 부모형제가 온전하지 못하고, 변동수가 많고, 일주의 망신살은 부부간 이별수가 발생하고, 시주의 망신살은 말년에 외롭다.	• 전등 스위치는 월살 방향이어야 대길(大吉)하다.
장성	제왕	출세를 의미하며, 진취적인 힘이 너무 강하여 출세와 벼슬은 하지만 화(禍)를 자초하는 살(殺)	• 부동산 거래 실패 방향이다. • 창문, 출입문, 보조문, 환기창이 장성살

살 (將星殺)		이다. 하지만 좋은 사주에서는 대권(大權)이나 권력(權力)을 잡을 수 있다. 여자는 남자에게 순종하지 못하고 고독하기 때문에 흉살로 보지만 현대 사회에서는 오히려 자신을 발전시킬 수 있는 좋은 기회로 작용하기도 한다. 장성살이 대운이나 세운에 들어오면 승진하게 된다. 장성이 년주(年柱)와 월주(月柱)에 있으면 병권(兵權)을 잡고, 일주(日柱)의 장성은 명예는 있으나 근심이 많고, 부부 별거 혹은 이별하고, 시주(時柱)의 장성은 길(吉)하고 자식이 나라에 충성한다.	방향이면 대흉(大凶)한다(※기존 건물에 창문 등이 이미 장성살 방향으로 설치된 경우에는 육해살이나 연살 방향으로 보조문을 내면 흉액을 막고, 적자는 면한다). • 병원과 약국의 정문이 장성살 방향이면 악화되고, 재살 방향이면 치유 된다. • 거래처와는 손해 방향이다.
반안살 (攀鞍殺)	쇠	상인은 수입이 생기고, 월급자는 승진하고, 학생은 진학하며 출세, 권위, 명예, 승진을 의미한다. 승진과 출세욕이 강하기 때문에 출세와 승진은 하지만 인간 교제가 많고, 남들 위에 굴립하여 욕을 먹는 일이 발생하기도 하지만, 반안살은 길신(吉神)으로 분류한다. 여자의 경우 고독하고 자식 두기가 쉽지 않지만 현대 사회에서 오히려 사회활동에 좋은 기회로 작용하는 경우가 많다. 하지만 반안살과 정관이 동주하면 남자는 아들이 출세하고 여자는 남편이 출세한다. 또한 대운이나 세운에서 반안살이 들어오면 승진하거나 부귀가 들어오게 된다. 반안살이 존재하는 사람과 돈을 거래하면 후유증과 사기 혹은 오명을 쓰는 일은 없다. 반안살이 년주(年柱)에 있으면 조상과 부모덕이 많아 부귀를 누리고, 월주(月柱)에 있으면 관운이 많아 도처에 이름을 날리며, 부모형제 안락하고, 일주(日柱)에 반안이 있으면 부부간 백년안락을 맺는다. 시주(時柱)의 반안살은 첩과 자식이 많고 말년에 길(吉)하다. ※<참고> 오늘날 장성살(將星殺)과 반안살(攀鞍殺)은 사주 구성이 좋은 경우 군(軍), 검찰(檢察) 및 출세(出世)에서 오히려 성공할 수 있는 살(殺)이기도 하다.	• 이사, 점포, 상가, 사무실이 반안살 방향이면 대길(大吉)하고 흑자가 되지만, 천살 방향이면 흉(凶)하다. • 금고, 계산대가 반안살 방향이면 대길(大吉)한다. • 출세 성공 방향이다. • 이웃집과 불화의 방향이다. • 가족묘, 조상묘가 반안살 방향이면 패망한다(※조상묘는 천살에 둔다). • 남자나 여자 모두 결혼을 빨리하고자 하면 남자는 반안살, 여자는 천살 방향으로 잠을 잔다. 결혼 후는 둘 다 반안살 방향으로 잠을 자면 남편이 성공한다. • 남자의 경우 이상형 신부는 반안살 방향이고, 여자의 경우 이상형 남편의 만남은 천살 방향이다. • 남자 아이 출생법은 01시~05시 사이 반안살 방향에서 합방하면 되고, 여자 아이 출생법은 초저녁에 천살 방향으로 합방하면 여자 아이가 출생된다. 이때 남자 아이의 경우 합방 20분전 소다수(음료수)로 뒷물을 하고, 여자 아이는 식초 1방울로 뒷물을 한다. ※<참고> 방향(方向) 판단에서 천살과 반안살은 상극(相剋)으로 천살(天殺)은 닫는 방향(close)을 말하고, 반안살(攀鞍殺)은 열린 방향(open)을 말한다.
역마살 (驛馬殺)	병	역마살은 이동살로 해외는 물론 여기 저기 떠돌아다니지만 별 소득은 없고 고달프다. 이직, 이사, 유학과 관련이 있지만, 직업이 운전수, 스튜어디스, 항공사, 무역 업종에 종사하는 사람은 역마살이 있는 경우 오히려 길성(吉星)으로 작용한다. 특히, 역마살은 반안살(攀鞍殺)과 장성살(將星殺)의 3개가 사주에 존재하는 경우 출세의	• 역마살이 년지에 존재하면 초년에, 월지에 존재하면 중년이후에 외국에 나간다.

		지름길이며 무관(武官)으로 이름을 날린다. 여기서 양인살(陽刃殺)이 있으면 더욱 큰 무관(군인, 경찰, 검찰)이 된다.	
육해살(六害殺)	사	질병으로 평생 신음하거나 혹은 화재, 질병, 천재지변이 생긴다.	• 부동산 투자 성공 방향이다. • 창문, 출입문, 보조문, 환기창이 육해살 방향이면 대길(大吉)한다. • 하수구의 방향은 육해살 방향이어야 한다.
화개살(華蓋殺)	묘	고독을 상징하며 연예, 예술인, 승려, 성직자, 역학자, 토속신앙, 무속인 등에게 화개살은 제왕으로 본다. 이것은 자녀 부양이 어려우며, 총명하지만 잔꾀를 부려서 큰일을 성사시키지 못한다. 화개가 공망(空亡)되면 승녀, 수녀, 신부가 되는 경우가 많으며, 일류대 출신도 많다. 특히 여자 사주에 화개, 도화 그리고 장성살이 있으면 연예계로 진출한다. 화개살이 년주(年柱)에 존재하면 조상의 유업을 얻지 못하고 일찍 타향살이를 하며 곤고(困苦)하게 살고, 월주(月柱)에 존재하면 형제복이 없고, 차남일 경우 장남 역할을 해야 한다. 일주(日柱)에 존재하면 본처와 이별하고 승려나 종교인이 되며, 시주(時柱)에 존재하면 경영에 성공하고 도처에 이름을 알린다.	• 화개살이 있고, 월(月), 일(日), 시(時)에 해(亥)가 존재하면 역술인(易術人) 사주다.
겁살(劫殺)	절	남에게 빼앗기고 강탈당하며, 이별, 재난 등이 발생되는 살로 강제압류, 비명횡사, 교통사고, 관재구설 등이 발생한다. 겁살이 년주에 존재하면 선대 조업(祖業)을 계승하지 못하고, 월주의 겁살은 조실부모 및 형제 정이 없고 불구 단명하며, 일주에 겁살은 부부지간 생사이별 혹은 남자는 첩을 둔다. 그리고 일주에 겁살은 자식이 귀하고 방탕, 불구자식을 두게 된다.	• 투자 실패의 방향이다.

<방향 판단법>

구분	방향	구분	방향	구분	방향	구분	방향
자(子)	정북 12방향	묘(卯)	정동 3시방향	오(午)	정남 6시 방향	유(酉)	정서 9시 방향
축(丑)	1시 방향	진(辰)	4시 방향	미(未)	7시 방향	술(戌)	10시 방향
인(寅)	2시 방향	사(巳)	5시 방향	신(申)	8시 방향	해(亥)	11시 방향

※<참고1> 방향(方向) 판단법(1)

1986년 6월 11일 밤 22:50분에 태어난 남자 이길동의 장성살(將星殺) 방향을 판단해보자.

사주에서 년지(年支)가 인(寅)이므로 범띠가 된다. 즉, 인오술(寅午戌)에 해당되므로 장성살(將星殺)이 작용 되는 것은 오(午)이다.

이길동은 오(午) 방향에서 장성살이 작용되므로, 방향(方向)은 정남 6시 방향 즉 남쪽 방향이 된다.

따라서, 이길동은 남쪽 방향에서 부동산 거래를 하게 되면 실패하고, 상업을 하거나 주택을 지을 때 창문, 출입문, 보조문, 환기창의 방향이 남쪽 방향인 경우 대흉(大凶) 방향이 되며 거래처와는 손해

방향이 된다. 또한 이길동은 개인 사업을 할 경우 금고(金庫), 계산대, 경리 책상은 반드시 반안살(攀鞍殺) 방향 즉 미(未)방향에 해당되는 7시 방향에 놓아야 성공하지만, 이것들을 천살(天殺) 방향에 해당되는 축(丑)방향인 1시 방향에 놓으면 대패하게 된다.

다른 방향을 판단하는 경우도 위와 같이 적용해 주면 된다. 특히, 독자들은 방향(方向) 판단은 통상적으로 년지(年支) 즉 띠로 판단함을 알길 바란다.

※<참고2> 방향(方向) 판단법(2)

나경(패철)을 가지고 있는 독자들은 측정하고자 하는 중앙위치에서 수평을 유지하고 나침판을 남(南)과 북(北)으로 맞추어 지반정침(地盤正針)을 유지한 후 4층 방향을 그대로 읽어주면 이것이 판단하고자 하는 방향(方向)이 된다(※풍수 4장 나경사용법 참조).

※<참고3> 천살(天殺)과 반안살(攀鞍殺)은 충(沖)관계가 성립되므로 서로 반대로 작용한다.

※<참고4> 양택(陽宅)에서 집 방향, 침대 방향, 사무실, 사업장 그리고 음택(陰宅)의 묘(墓) 방향에서 자신의 머리 방향을 둘 수 없는 회두극좌(回頭剋坐) 방향이 아니어야 한다(※풍수 5장 회두극좌 참조).

▣ 년지(年支)에서 흉성(凶星)

년지 / 흉성	자(子)	축(丑)	인(寅)	묘(卯)	진(辰)	사(巳)	오(午)	미(未)	신(申)	유(酉)	술(戌)	해(亥)	적용
고신살(孤神殺)	寅	寅	巳	巳	巳	申	申	申	亥	亥	亥	寅	※참고
과숙살(寡宿殺)	戌	戌	丑	丑	丑	辰	辰	辰	未	未	未	戌	※참고
도화살(挑花殺)	酉	午	卯	子	酉	午	卯	子	酉	午	卯	子	※참고
수옥살(囚獄殺)	午	卯	子	酉	午	卯	子	酉	午	卯	子	酉	
원진살(怨嗔殺)	未	午	酉	申	亥	戌	丑	子	卯	寅	巳	辰	
귀문관살(鬼門關殺)	酉	午	未	申	亥	戌	丑	寅	卯	子	巳	辰	
병부살(病符殺)	亥	子	丑	寅	卯	辰	巳	午	未	申	酉	戌	
단명살(短命殺)	巳	寅	辰	未	巳	寅	辰	未	巳	寅	辰	未	
태백살(太白殺)	巳	丑	酉	巳	丑	酉	巳	丑	酉	巳	丑	酉	※참고
고진살(孤辰殺)	寅	寅	巳	巳	巳	申	申	申	亥	亥	亥	寅	※참고
삼재(三災)	※삼재(三災) 해석 참조												

※<참고>
·도화살(挑花殺), 병부살(病符殺) : 년지(年支)와 일지(日支) 모두 적용된다.
·고신살(孤神殺)과 과숙살(寡宿殺) : 년지(年支)와 일지(日支) 모두 적용되지만 년지(年支)의 영향이 더 크다.

<적용법>

적용 방법은 년지(年支)와 일지(日支)를 지준으로 나머지 지지(地支)와 비교하여 흉성을 찾는다.

예를 들어, 이길동을 보자, 이길동의 사주에서 년지는 인(寅)이고, 일지는 술(戌)이다. 이들을 기준으로 흉성을 찾아보면 노년기에 고신살(孤神殺)이 해당 된다.

<해석>

□ 고신살(孤神殺) 남자에게 해당되며 아내와 사이가 좋지 않고 홀아비가 된다.

□ 과숙살(寡宿殺) 여자에게 해당되며 남편과 사이가 좋지 않고 과부가 된다. 과숙살과 정관과 인수가 함께 존재하면 승려, 수녀, 독신생활을 많이 한다.

※<참고> 남자 사주에 고신살(孤神殺), 여자에게는 과숙살(寡宿殺)이 2개 이상이 존재하면 부모가 5세 이전에 일찍 사망하고, 사주 구성에 고신살과 과숙살이 있으면 자식이 불효한다.

□ 도화살(挑花殺) 바람기와 음란함을 말하는데, 시지와 일지에서 강한 힘을 발휘한다. 도화살(挑花殺)과 홍염살(紅艷殺)살이 존재하면 미인(美人)이다. 또한 해당 육친과 궁(宮)에 존재하는 사람 역시 미인(美人)이다. 여자 사주에 천간에 칠살이 있고, 지지에 도화살이 있으면 음란하고 가정을 버린다.

□ 수옥살(囚獄殺) 감옥이나 옥살이에 해당된다. 군인이나 검, 경찰에게는 기운(氣運)에 따라 오히려 길성으로 작용되는 경우도 있다.

□ 원진살(怨嗔殺) 원진살은 미워하고, 원망스럽지만, 알면서도 승복하고 받아드릴 수밖에 없는 것이기 때문에 부부간에 나쁜 흉살(凶殺)이다. 예를 들면 남편이 바람을 피우거나 폭력을 행사해도, 부인은 생계수단이 없기 때문에 남편을 버리지 못하고 같이 살아야 하는 경우를 말한다. 일(日)과 시(時)에 원진이 있으면 배우자와 자식의 인연이 없고, 일(日)과 월(月)에는 부모, 형제, 고부간의 불화이며, 년(年)과 월(月)에 있으면 부모, 조상과 불화가 발생된다. 그외에도 실패, 단명, 질병, 수술, 형제간 불화 및 이별 등이 있고, 특히 무당, 정신질환자 등에게 많다.

□ 귀문관살(鬼門關殺) 두뇌가 빠르고, 영리하고 명석하다. 그러나 귀문관살은 정신쇠약에 아주 취약하기 때문에 무병, 빙의, 무속인 등의 신병 및 우울증, 노이로제, 의부증, 의처증, 히스테리, 불면증, 공항장애 등의 정신 쇠약증을 유발하고 아울러 변태증, 근친 연애 등의 성적도착증을 발생시키기도 한다. 특히 부부에게 귀문관살이 존재하면 원진살(怨嗔殺)과 더불어 원만한 부부생활이 어렵다.

□ 병부살(病符殺) 몸이 약하고 잔병과 질병이 많다. 본인은 물론 부부, 부모, 자식 중 병부살이 있으면 서로 떨어져 지내거나, 한 방에서 생활을 금해야 액운이 사라지고 건강(健康)해 진다. 이것은 재물(財物)이 쌓이거나 직위가 올라가면 건강이 더 나빠지며, 병부살에 해당되는 오행(五行)으로 건강을 판단할 수 있다. 사주에 병부살이 존재하면 죽은 형제가 있으며, 결혼운이 나쁘기 때문에 결혼을 늦게 해야 한다.

□ 단명살(短命殺) 잦은 병치레를 하며 몸이 약하기 때문에 수명이 짧다. 특히 10살을 넘기기 어려우나 10살 이후부터는 좋아진다. 그러나 50살까지도 영향을 미

치기도 한다. 단명살이 존재하면 일이 잘 풀리지 않고 부모와 부부 사이에 나쁜 운이 작용되기 때문에 멀리 떨어져 살면 좋아진다.

▫ 태백살(太白殺) 고독하고, 빈천(貧賤)하다. 또한 잔병으로 고생하고 단명(短命)한다.

▫ 고진살(孤辰殺) 고독하고, 타향에서 외롭게 살아간다. 화개살과 고진살이 함께 존재하면 승려나 수녀가 많고, 점술인도 많다.

▫ 삼재(三災)란? 지구가 공전과 자전을 하기 때문에 계절의 방위합과 삼합과의 결과 차이를 삼재팔난(三災八難)이라고 하는데, 삼재는 화재(火災), 수재(水災), 풍재(風災) 즉 세 가지의 재앙(물, 불, 바람)에 의하여 발생되는 여덟 가지의 인재(人災) 즉 손재, 주색, 질병, 부모, 형제, 부부, 관재, 학업에 나타나는 나쁜 흉액을 말한다. 삼재는 12년에 한 번씩 들어오며, 3년 동안 머물고 나가는 것으로, 삼재가 들어오는 해를 들삼재, 그 다음해는 눌삼재, 나가는 해를 날삼재라고 한다. 삼재는 대운이나 세운에서 운이 좋을 때는 복(福)삼재가 되어 무방하나, 운이 좋지 않을 때는 나쁜 악(惡)삼재가 된다. 삼재(三災) 판단은 아래 표에 준한다.

<년지>	<삼재 년도>
亥(돼지띠), 卯(토끼띠), 未(양띠)	巳(들삼재), 午(눌삼재), 未(날삼재)
寅(범띠), 午(말띠), 戌(개띠)	申(들삼재), 酉(눌삼재), 戌(날삼재)
巳(뱀띠), 酉(닭띠), 丑(소띠)	亥(들삼재), 子(눌삼재), 丑(날삼재)
申(원숭이띠), 子(쥐띠), 辰(용띠)	寅(들삼재), 卯(눌삼재), 辰(날삼재)

예를 들면, 이길동의 경우를 보자, 1986년생은 병인년(丙寅年)이므로 寅(범띠)에 해당되기 때문에 午(말띠), 戌(개띠)와 더불어 매년 찾아오는 ○申년(들삼재), ○酉년(눌산재), ○戌년(날삼재)이 된다.

즉, 2016년의 경우 병신년(丙申年)이므로 이길동에게는 삼재가 들어오고(들삼재), 2017년은 정유년(丁酉年)이므로 삼재가 진행되고(눌삼재), 2018년 무술년(戊戌年)에 삼재가 나간다(날삼재). 다른 사람들도 이렇게 적용하면 된다.

삼재(三災)에 해당되는 년에는 모두 나쁘게만 작용되는 것이 아니라, 대운(大運)과 세운(歲運) 등의 운세(運世)에 따라 액운(厄運)이 길운(吉運)으로 바뀌는 복삼재(福三災), 아무런 해가 없는 무해무득(無害無得)한 평삼재(平三災) 그리고 하는 일마다 풍파(風波)가 발생되는 악삼재(惡三災)로 구분할 수 있기 때문에 새로운 변화를 추구하기 보다 현 위치에서 분수에 맞게 생활하는 것이 바람직하며, 필요하면 삼재풀이를 통하여 안정을 찾는 방법도 있다(※9장 삼재 풀이법 참조).

삼재(三災)에서 파생된 것이 화개살과 고장살인데 이것들은 날삼재의 지지(地支)에서 판단하는 살(殺)로 이것은 묘(墓)기능과 비슷한 상부(喪夫) 혹은 상처(喪妻) 그리고 부부

(夫婦) 이별(離別)이나 이혼(離婚) 등이 발생된다.

고장살과 화개살	년지 혹은 일지	寅午戌	巳酉丑	申子辰	亥卯未
	나머지 지지	戌	丑	辰	未

■ 월지(月支)에서 길흉성(吉凶星)

	월지 / 길흉성	인(寅)	묘(卯)	진(辰)	사(巳)	오(午)	미(未)	신(申)	유(酉)	술(戌)	해(亥)	자(子)	축(丑)	적용
길성	천덕귀인(天德貴人)	丁	辛	壬	辛	亥	甲	癸	寅	丙	乙	巳	庚	
	월덕귀인(月德貴人)	丙	甲	壬	庚	丙	甲	壬	庚	丙	甲	壬	庚	
	천덕합(天德合)	壬	巳	丁	丙	寅	己	戊	亥	辛	庚	辛	庚	
	월덕합(月德合)	辛	己	丁	乙	辛	己	丁	乙	辛	己	丁	乙	
	천사(天赦)	戊寅	戊寅	戊寅	甲午	甲午	甲午	戊申	戊申	戊申	甲子	甲子	甲子	
	진신(進神)	甲子	甲子	甲子	甲午	甲午	甲午	戊申	戊申	戊申	甲子	甲子	甲子	
	천의성(天醫星)	丑	寅	卯	辰	巳	午	未	申	酉	戌	亥	子	
	천희신(天喜神)	未	午	巳	辰	卯	寅	丑	子	亥	戌	酉	申	
	홍란성(紅鸞星)	丑	子	亥	戌	酉	申	未	午	巳	辰	卯	寅	
	장수성(長壽星)	亥	戌	酉	申	未	午	巳	辰	卯	寅	丑	子	
	황은대사(皇恩大赦)	戌	丑	寅	巳	酉	卯	子	午	亥	辰	申	未	※참고
흉성	혈지(血支)	戌	亥	子	丑	寅	卯	辰	巳	午	未	申	酉	
	급각살(急脚殺)	亥/子	亥/子	亥/子	卯/未	卯/未	卯/未	寅/戌	寅/戌	寅/戌	丑/辰	丑/辰	丑/辰	
	단교관살(斷橋關殺)	寅	卯	申	丑	戌	酉	辰	巳	午	未	亥	子	
	부벽살(斧劈殺)	酉	巳	丑	酉	巳	丑	酉	巳	丑	酉	巳	丑	
	욕분관살(浴盆關殺)	辰	辰	辰	未	未	未	戌	戌	戌	丑	丑	丑	
	사주관살(四柱關殺)	巳/亥	辰/戌	卯/酉	寅/申	丑/未	子/午	巳/亥	辰/戌	卯/酉	寅/申	丑/未	子/午	
	금쇄(金鎖)	申	酉	戌	亥	子	丑	申	酉	戌	亥	子	丑	※참고
	천전살(天轉殺)	乙卯	乙卯	乙卯	丙午	丙午	丙午	辛酉	辛酉	辛酉	壬子	壬子	壬子	※참고
	지전살(地轉殺)	辛卯	辛卯	辛卯	戊午	戊午	戊午	癸酉	癸酉	癸酉	丙子	丙子	丙子	※참고

※<참고>
·황은대사(皇恩大赦) : 戌, 丑, 寅…등은 일지(日支)와 시지(時支)에만 적용된다.
·금쇄(金鎖) : 申, 酉, 戌…등은 년지(年支)와 월지(月支)에만 적용된다.
·천전살(天轉殺) : 乙卯, 丙午, 辛酉…등은 일주(日柱)에만 적용된다.
·지전살(地轉殺) : 辛卯, 戊午, 癸酉…등은 일주(日柱)에만 적용된다.

<적용법>

적용 방법은 월지(月支)를 기준으로 나머지 천간(天干)과 지지(地支)에 해당되는 길성(吉星)과 흉성(凶星)을 찾는다. 예를 들어, 이길동을 보자, 이길동의 사주에서 월지는 오

(午)이다. 따라서, 이길동은 천덕귀인(天德貴人), 천덕합(天德合), 천사(天赦), 진신(進神), 혈지(血支), 단교관살(斷橋關殺)이 해당된다.

<길성 해석>

▫ 천덕귀인(天德貴人) 하늘에서 주는 관직이나 높은 지위를 말하며, 사주에 월덕귀인과 함께 있으면 관운(官運)이 좋고 근심이 없으며, 귀한 자식을 둔다. 12신살의 장성(將星)이 함께 있으면 국무총리 등의 높은 관직에 오른다. 형, 풍, 파, 해가 있으면 반감된다.

▫ 월덕귀인(月德貴人) 땅에서 주는 길성이며, 많은 부동산으로 소유하고 물질적 풍요로움을 누린다.

▫ 천덕합(天德合) 높은 관직에 오르고, 귀한 자식을 둔다.

▫ 월덕합(月德合) 높은 관직을 얻고 뜻하지 않는 명예를 얻는다.

▫ 천사(天赦) 질병과 죄 그리고 형살(刑殺)을 감면해주는 길성이다.

▫ 진신(進神) 일이 순조롭게 풀리고 부부간 인연도 좋다.

▫ 천의성(天醫星) 하늘에서 의술을 베풀어주는 것으로 의사, 약사, 한의사, 수의사, 침술가 등에 종사하면 좋다.

▫ 천희신(天喜神) 하늘에서 기쁨을 내려주는 것으로 전화위복을 안겨준다.

▫ 홍란성(紅鸞星) 흉상은 살아지고 기쁜 일만 생긴다.

▫ 장수성(長壽星) 오래 살 수 있는 길성이다.

▫ 황은대사(皇恩大赦) 무거운 죄를 없애주는 길성이다.

<흉성 해석>

▫ 혈지(血支) 피를 흘린다는 것으로 수술, 교통사고, 천재지변에 조심해야 한다.

▫ 급각살(急脚殺) 다리를 잃는다는 것으로, 중풍, 하체, 신경통에 조심해야 한다.

▫ 단교관살(斷橋關殺) 추락한다는 것으로, 중풍, 하체 건강(소아마비)에 조심해야 한다.

※<참고> 사주에 급각살(急脚殺)이나 혹은 단교관살(斷橋關殺)이 있거나, 子卯, 寅巳申, 丑戌未, 辰辰, 午午, 酉酉, 亥亥이 대운(大運)이나 세운(勢運)에 형살(刑殺)이 들어오는 해에 중풍, 수족마비, 불구자 사주가 된다. 이때, 10세 이하에서는 수족마비(소아마비)로 보며, 20~30대 때는 산후풍 그리고 4대 이상은 중풍(中風)과 골절상으로 본다. 수족마비(소아마비) 등의 선천적인 질환은 10장 태원사주(胎元四柱)에서 구체적으로 확인할 수 있다.

▫ 부벽살(斧劈殺) 재물과 가정이 깨진다.

▫ 욕분관살(浴盆關殺) 지나친 의협심으로 시비와 분쟁을 일으킨다.

□ 사주관살(四柱關殺) 수명이 짧고, 병치레가 많다.

□ 금쇄(金鑠) 쇠사슬을 묶는다는 흉살로 각종 질환과 교통사고, 화상 등의 돌발 사고에 조심해야 한다.

□ 천전살(天轉殺) 혹은 지전살(地轉殺) 이리 저리 떠돌아다니며, 노력을 해도 소득이 생기지 않는다.

■ 일간(日干)에서 길흉성(吉凶星)

일간 / 길흉성	갑(甲)	을(乙)	병(丙)	정(丁)	무(戊)	기(己)	경(庚)	신(辛)	임(壬)	계(癸)	적용
길성 천을귀인(天乙貴人)	丑/未	子/申	亥/酉	亥/酉	丑/未	子/申	丑/未	寅/午	巳/卯	巳/卯	
태극귀인(太極貴人)	子/午	子	卯	卯	辰/戌	丑/未	寅/亥	寅/亥	巳/申	巳/申	
복성귀인(福星貴人)	寅	丑/亥	子/戌	酉	申	未	午	巳	辰	卯	
천주귀인(天廚貴人)	巳	午	巳	午	申	酉	亥	子	寅	卯	
천관귀인(天官貴人)	酉	申	子	亥	卯	寅	午	巳	午	巳	
천복귀인(天福貴人)	未	辰	巳	酉	戌	卯	亥	申	寅	午	
문창귀인(文昌貴人)	巳	午	申	酉	申	酉	亥	子	寅	卯	
암록(暗祿)	亥	戌	申	未	申	未	巳	辰	寅	丑	
건록(建祿)	寅	卯	巳	午	巳	午	申	酉	亥	子	
금여록(金與祿)	辰	巳	未	申	未	申	戌	亥	丑	寅	
관귀학관(官貴學館)	巳	巳	申	申	亥	亥	寅	寅	申	申	
문곡귀인(文曲貴人)	亥	子	寅	卯	寅	卯	巳	午	申	酉	
학당귀인(學堂貴人)	亥	午	寅	酉	寅	酉	巳	子	申	卯	
재고귀인(財庫貴人)	辰	辰	丑	丑	丑	丑	未	未	戌	戌	
협록(夾祿)	丑卯	寅辰	辰午	巳未	辰午	巳未	未酉	申戌	戌子	亥丑	※참고
흉성 홍염(紅艷)	午	午	寅	未	辰	辰	戌	酉	子	申	
유하(流霞)	酉	戌	未	申	巳	午	辰	卯	亥	寅	
효신살(梟神殺)	子	亥	寅	卯	午	巳	辰/戌	丑/未	申	酉	
고란살(孤鸞殺)	寅	巳	午	巳	申/午	酉		亥	子		
비인살(飛刃殺)	酉	戌	子	丑	子	丑	卯	辰	午	未	
자암살(紫暗殺)	卯	辰	午	未	午	未	酉	戌	子	丑	
양인살(羊刃殺)	卯	辰	午	未	午	未	酉	戌	子	丑	※참고
백호대살(白狐大殺)	辰	未	戌	丑	辰				戌	丑	
칠살(七殺)	庚	辛	壬	癸	甲	乙	丙	丁	戊	己	
낙정관살(落井關殺)	子	巳	申	戌	卯	巳	子	申	戌	卯	※참고
음착살(陰錯殺)				丑未				卯酉		巳亥	※참고
양착살(陽錯殺)			子午		寅申				辰戌		※참고
괴강살(魁罡殺)					辰/戌		辰/戌		辰/戌		※참고

※<참고>

- 협록(夾錄) : 丑卯, 寅辰, 辰午…등은 지지에 년월(年月), 월일(月日), 일시(日時)에 나란히 있을 때만 적용된다.
- 양인살(羊刃殺) : 10개의 양인살(羊刃殺) 중 양간(陽干)에 적용되는 甲, 丙, 戊, 庚, 壬 5개를 양인살(陽刃殺)이라고 한다. 음간(陰干)의 음인(陰刃)은 작용력이 미미하지만 양간의 양인살(陽刃殺)은 작용력이 강하다.
- 낙정관살(落井關殺) : 子, 巳, 申…등은 시지(時支)에만 적용된다.
- 음착살(陰錯殺) : 출생일 즉 일주(日柱)가 丁未, 丁丑, 辛卯, 辛酉, 癸巳, 癸亥 일 때를 말한다.
- 양착살(陽錯殺) : 출생일 즉 일주(日柱)가 丙子, 丙午, 戊寅, 戊申, 壬辰, 壬戌 일 때를 말한다.
- 괴강살(魁罡殺) : 일간(日干)을 기준으로 적용하나 년주(年柱), 월주(月柱), 일주(日柱), 시주(時柱)에 戊辰, 戊戌, 庚辰, 庚戌, 壬辰, 壬戌가 나란히 있을 때 해당되며 일주(日柱)에 존재할 때 가장 강하다.

<적용법>

적용 방법은 사주의 일간(日干)을 기준으로 천간(天干)과 지지(地支)를 비교하여 길성과 흉성을 찾는다.

예를 들어, 이길동을 보자, 이길동의 사주에서 일간은 병(丙)이다.

따라서, 이길동은 태극귀인(太極貴人), 복성귀인(福星貴人), 문곡귀인(文曲貴人), 학당귀인(學堂貴人), 협록(夾錄), 홍염(紅艶), 효신살(梟神殺), 자암살(紫暗殺), 양인살(陽刃殺), 백호대살(白狐大殺)이 해당된다.

<길성 해석>

□ 천을귀인(天乙貴人) 백가지 흉살(凶殺)이 제거되는 최고의 길신(吉神)이다. 사주에 이것이 있으면 총명하고, 출세하고, 배우자 운(運)이 좋으며, 평생 형벌(刑罰)을 받지 않는다. 대운과 세운에 이것이 있으면 발복(發福)한다. 사주에 괴강살(魁罡殺)과 함께 있으면 존경을 받는다. 합, 충, 파, 해, 공망되면 반감되고, 고생을 한다.

□ 태극귀인(太極貴人) 조상덕이 있고 부귀와 명예를 얻는다. 합, 충, 파, 해 형살이 있으면 반감된다.

□ 복성귀인(福星貴人) 부모 유산을 계승하고 자산가가 된다.

□ 천주귀인(天廚貴人) 식복(食福)이 있고, 명예를 얻으며 재물을 모은다.

□ 천관귀인(天官貴人) 공직자로서 높은 관직에 오르며, 평생 소송 관계가 없다.

□ 천복귀인(天福貴人) 복과 덕을 얻는 길성이다.

□ 문창귀인(文昌貴人) 학문에 종사하고 글재주가 뛰어난 길성이다.

□ 암록(暗祿) 평생 의식주에 걱정이 없고, 어려운 일에 귀인이 나타난다.

□ 건록(建祿) 높은 관직에 오르며 일이 잘 풀린다. 그러나 건록은 충, 파, 해 형살이나

공망(空亡)이 적용되면 반감되고, 가난하게 산다. 이를 구체적으로 확인해 보면 년지(년지), 월지(월지), 일지(일지), 시지(시지)에 건록이 있고 형충파해(刑沖破害)나 혹은 공망이 작용되면 년지의 경우는 조상의 몰락으로 조상복이 없어 어릴 때 고생하고, 월지의 경우 부모 형제 덕이 없고, 이별, 독신하며, 일지의 경우 부부 이별하고, 시지의 경우는 후손이 없고, 말년에 불행하게 된다.

□ 금여록(金與祿) 금으로 만든 수레를 말하는 것으로, 부귀영화를 누리는 운(運)이다. 몸가짐이 온순하고 좋은 배우자와 만나고, 부부간 정이 좋다. 남자의 경우 시지(時支)에 금여가 있으면 자손의 도움을 받는다. 합, 충, 파, 해 형살이 있으면 반감된다.

□ 관귀학관(官貴學館) 공직이나 관직에서 빠른 속도로 출세한다.

□ 문곡귀인(文曲貴人), 학당귀인(學堂貴人) 머리가 총명하고 글재주로 이름을 날린다.

□ 재고귀인(財庫貴人) 곳간에 재물이 가득하다는 뜻으로 부자가 된다.

□ 협록(夾錄) 인덕이 많고, 재산이 넉넉하다.

＜흉성 해석＞

□ 홍염(紅艶) 도화살로 보며 주색, 사치, 색정으로 패가망신한다. 남자는 첩(妾)을 두고, 여자는 기생(妓生) 기질이 있다. 특히 남자 사주에 부인에 해당되는 정재나 혹은 여자 사주에 남편에 해당되는 정관에 홍염이 작용되면 부인과 남편은 미녀(美女)와 미남(美男)이다.

□ 유하(流霞) 중풍 등의 반신불수를 말하며, 여성의 경우는 유산을 뜻한다.

□ 효신살(梟神殺) 올빼미(梟)가 어미를 잡아먹는 살(殺)로 자식과 부모운이 좋지 않고, 모친이 일찍 죽거나, 살아 있어도 이별하고, 계모가 존재하는 흉살(凶殺)로, 부부관계, 고부간의 갈등으로 타향살이를 하고, 외롭고, 계모를 섬기는 나쁜 살이다. 여자의 경우 무자(無子)도 많다.

□ 고란살(孤鸞殺) 고독하며 부부간에 인연이 없고, 남편이 무능하여 부득이 여자가 직업을 갖게 된다.

□ 비인살(飛刃殺) 시비 투쟁이 많고, 간사하며, 마음에 칼을 품고 있는 사람이다.

□ 자암살(紫暗殺) 칼이나 무기에 상처를 입을 수 있는 흉살이다.

□ 양인살(羊刃殺) 양인은 칼로 선량한 양(羊)을 죽인다는 뜻으로 형벌(刑罰)의 살(殺)이다. 형사(刑死), 타살(打殺), 부모, 부부, 자녀와 인연과 운이 나쁘고, 가난하게 산다. 백호대살(白狐大殺), 괴강살(魁罡殺)과 더불어 3대 나쁜 살(殺)중

에 하나에 해당 되며, 이들 살(殺)이 존재하면 삶에 있어서 한 두 번은 풍파(이혼, 재혼, 사업, 진로 등)를 맞게 되고, 대운(大運)이나 세운(歲運)에서 이들이 다시 들어오면 암(癌) 등의 중병(重病)이 찾아온다. 특히 양간(陽干)에 적용되는 양인살(陽刃殺)이 더욱 나쁘며, 양인살이 2개 이상이면 부부간 사별이나 질병에 시달리고 다른 사람을 함부로 대한다. 군인과 경(검)찰관은 물론 수술등을 담당하여 남의 피와 관련된 직업에 속하는 의사, 정육점, 이발사, 침술가의 직업인 경우 이름을 떨칠수 있지만 때로는 어려운 곤액(困厄)이 따른다.

양인이 년지(年支)에 존재하면 재물이 파산되고, 조업을 계승하지 못하며 은혜를 원수로 갚는다. 월지(月支)에 존재하면 부모형제 덕이 없고 평생 가난하게 살며 결혼에 문제가 발생하며, 일지(日支)에 존재하면 남녀모두 배우자를 극(剋)한다. 시지(時支)의 양인은 자녀를 극(剋)하고 말년에 외롭다. 그렇지만, 양인살(陽刃殺)은 마냥 나쁘다고 볼 수 없다.

양인이 있고 시지(時支)에 건록(建錄)이 있으면 재물이 풍족해지고 성공하게 된다. 요즘 사회 참여 활동에서 남녀간 성(姓)차별이 없어진 상황에서 여성에 대한 양인살은 사주 구성이 좋은 경우 오히려 길성(吉星)으로 작용될 수 있다.

또한 양인살과 관련된 살인상정(殺刃相停) 사주는 사람과 호랑이는 서로 공존할 수 없지만, 서로 균형(均衡)을 이루면 안락함을 느끼게 되는 길성(吉星) 사주가 된다. 즉 사주 구성에서 양인살(陽刃殺)이 성립되지만, 양인에 작용되는 비겁을 편관(칠살)이 극(剋)하여 양인을 무력화시킴으로써 성립되는 사주로 형권(刑權)이나 병권(兵權)을 잡을 수 있는 귀격사주가 된다. 살인상정 사주의 경우 카리스마가 있고 생살지권(生殺之權)을 쥐는 권력계통으로 출세하며 군인, 경찰, 법관으로 성공할 수 있는 사주이다.

특히, 생사여탈권을 가진 법관(판사, 검사) 사주의 경우 양인살(羊刃殺), 수옥살(囚獄殺), 천라지망살(天羅地網殺) 그리고 비천록마격(飛天祿馬格)사주가 많다. 그러나 운세(運勢)에서 이를 부합시키지 못하면 법관 사주는 오히려 범죄자 즉 범법자 사주가 된다(※8장 사주를 해석하자 참조).

※<참고> 양인과 육친(六親)과의 관계
-양인과 비견이 동주하면 : 처와 부친을 극하고 재물을 탕진한다.
-양인과 정재가 동주하면 : 재물로 파산하며 극처한다.
-양인과 식신이 동주하면 : 인덕이 있고, 사업에 성공한다.
-양인과 상관이 동주하면 : 고집이 세고 실직할 우려가 있으며 단명한다.
-양인과 편재가 동주하면 : 형제나 직원을 부양한다.

-양인과 편관이 동주하면 : 가업을 일으키고 부귀한다.

-양인과 정관이 동주하면 : 관재구설, 명예손상으로 좌천한다.

-양인과 편인이 동주하면 : 이복형제와 계모가 부친의 재산을 탕진한다.

-양인과 인수가 동주하면 : 귀하게 되는 경우도 있겠으나 병약(病弱)하다.

□ 백호대살(白狐大殺) 호랑이에게 물려간다는 것으로, 요즘은 교통사고가 여기에 해당된다. 또한 암, 횡사, 자살 등이 찾아오기도 한다. 이 경우도 3대 나쁜 살에 해당되며 부부와 자식간 인연이 없다. 요즘은 호랑이가 없는 관계로 일명 백호살(白狐殺)이라고 한다. 백호대살도 양인살(陽刃殺) 처럼 풍파를 맞으며, 특히 본인은 물론 의사(醫師)처럼 다른 사람의 직, 간접적인 피(혈액, 수술)와 관련이 있다.

백호대살이 년주(年柱)에 존재하면 조부모가 월주(月柱)에 존재하면 부모가 흉사하거나 혹은 이별, 불구, 단명 그리고 신병을 앓게 되며, 일주(日柱)에 존재하면 부부이별 아니면 불구, 단명하고, 시주(時柱)에 존재하면 유산이 많아 무자식하게 되고 만약 유자식이면 불구, 횡사하게 된다.

※<참고> 일진(日辰)에 존재하는 백호대살(白狐大殺)

-갑진(甲辰) 백호대살 : 부부 생사이별, 신병, 당뇨병, 교통사고, 객사, 부친 흉사

-을미(乙未) 백호대살 : 부부 생사이별, 신병, 교통사고, 객사, 부친 흉사

-병술(丙戌) 백호대살 : 부부이별, 여자의 경우 유산이 많아 무자하고, 자궁수술

-정축(丁丑) 백호대살 : 부부이별, 여자의 경우 유산이 많아 무자하고, 자궁수술

-무진(戊辰) 백호대살 : 부부이별, 암발생, 유산 발생, 형제자매 사망

-임술(壬戌) 백호대살 : 부부이별, 자녀불구, 여성은 무자하고 자궁수술

-계축(癸丑) 백호대살 : 부부이별, 아들 교통사고 및 불구, 여자는 자궁병 발생

□ 칠살(七殺) 간충(干沖)이라고 하며, 비명, 불구, 횡사 등이 있다.

□ 낙정관살(落井關殺) 우물에 떨어진다는 흉살로 특히 물을 조심해야 한다.

□ 음착살(陰錯殺), 양착살(陽錯殺) 외가가 몰락하며(처남 문제), 돈벌이를 게을리하고 부부가 서로 의심하며 인연이 없고, 부부 이별하며 흉사 한다.

□ 괴강살(魁罡殺) 사람을 제압하는 백수건달, 협객을 말한다. 괴강이 있으면 남, 여 모두 문장력이 뛰어나고 정직하며 결단력이 강하다. 여자의 경우 고집이 세고 남편을 우습게 여기고 이혼할 팔자가 된다. 3대 나쁜 살(殺) 중에 하나에 해당되며, 군인과 경(검)찰관의 직업인 경우 오히려 도움을 주는 살(殺)이기도 하다. 특히 천을귀인(天乙貴人)이 함께 존재하면 성격이 활발하고 존경을 받는다. 또한 사주 구성이 좋은 경우 대권을 잡고 도전할 수 있으며 괴강이 사주에 2개 이상이면 오히려 길성(吉星)으로 작용한다. 경진(庚辰), 경술(庚戌) 괴강은 편관과 정관이 사주 구성에 존재하면 극심한 빈궁을 면치 못

하고, 임진(壬辰) 괴강은 편재와 재성이 사주 구성에 존재하면 가난하게 살게 된다. 신약(身弱)한 여성의 경우 괴강이 있으면 남편과 이별하고 가난을 면치 못한다. 요즘 사회 참여 활동에서 남녀간 성(姓)차별이 없어진 상황에서 여성에 대한 괴강살(魁罡殺)은 시대적으로 마냥 나쁘다고 볼 수 없고, 가정과 직업을 지키고 리더십을 발휘할 수 있는 것이기도 하다.

괴강살에 대하여 예를 들어 보자, 아래는 전직 노태우 대통령 사주다.

일주(日柱)에 庚戌의 괴강살이 있음을 알 수 있다.

구분	천간	지지
년주(年柱)	壬	申
월주(月柱)	戊	申
일주(日柱)	①庚	②戌
시주(時柱)	乙	亥

■ 사주(四柱)에서 길성(吉星)

▫교록(交錄)

일주 일간, 일지	甲, 申	乙, 酉	丙, 子	丁, 亥	戊, 子	己, 亥	庚, 寅	辛, 卯	壬, 午	癸, 巳
나머지 천간, 지지	庚, 寅	辛, 卯	癸, 巳	壬, 午	癸, 巳	壬, 午	甲, 申	乙, 酉	丁, 亥 己, 亥	丙, 子 戊, 子

교록(交錄)은 상업과 무역업으로 대성하며, 주위에 큰돈을 만지는 사람들에게 많다.

<적용법>

적용 방법은 사주의 일주(日柱)의 일간(日干)과 일지(日支)를 기준으로 천간(天干)과 지지(地支)를 비교하여 결정한다.

예를 들어, 이길동을 보자, 이길동의 사주에서 일주의 일간과 일지는 병(丙)과 술(戌)이다. 이를 기준으로 천간과 지지를 확인해 보면 해당되는 것은 癸와 巳인데 이길동의 사주에는 교록이 없다.

▫삼기격(三奇格)의 길성(吉星)

삼기격 사주는 아주 귀한 사주로 분류되며, 주로 성공한 정치가나, 고급 관료들에게 많이 있는 사주이기도 하다.

예를 들면, 천간(天干) 4개중 갑무경(甲戊庚), 을병정(乙丙丁), 임계신(壬癸辛)의 3개가 존재 하는 경우, 혹은 육친에서 지지(地支) 4개중 정재(正財), 정관(正官), 인수(印綬)=정인(正印)의 3개가 존재한 경우가 삼기격 사주에 해당된다.

삼기격은 충, 도화살, 원진살이 있으면 삼기가 아니며, 연월일시에 틀리지 않고 순서대로 존재해야 한다.

또한, 공망(空亡)되면, 벼슬하지 않고 숨어사는 은사(隱士)가 되어 입산수도(入山修道)하게 된다.

▫삼붕격(三朋格)의 길성(吉星)

삼붕격(三朋格) 사주란? 사주 구성에서 본인에 해당되는 일간(日干) 오행(비견)이 아래 A, B사주처럼 천간(天干)과 동일하게 3개 이상으로 나란히 병립(竝立)된 사주를 말한다.

A사주		
년주(年柱)	丁	○
월주(月柱)	丁	○
일주(日柱)	(丁)	○
시주(時柱)	○	○

B사주		
년주(年柱)	○	○
월주(月柱)	庚	○
일주(日柱)	(庚)	○
시주(時柱)	庚	○

삼붕격(三朋格) 사주는 재물과 의식주가 풍부하게 살아간다.

대부분 삼붕격 사주는 귀격사주로 분류되어 좋은 사주이나, 나쁜 흉성(凶星)의 경우 반감된다. 삼붕사주라고 해서 전체 사주가 모두 좋은 사주가 아니라, 사주 구성이 나쁘거나 혹은 형제나 친구에 해당되는 비겁(비견, 겁재)가 너무 많은 경우를 삼붕상화(三朋相化)라고 하는데 이 경우는 오히려 흉(凶)한 사주로 본다.

독자들은 이것과 비슷한 사주 구성으로 7장 격국(格局)에서 잡격(雜格)에 해당되는 지지일기격(地支一氣格), 천원일기격(天元一氣格), 간지동체격(干支同體格) 등을 참고하여 사주 해석을 해 주길 바란다.

참고로 삼기격(三奇格)과 삼붕격(三朋格) 사주인 경우일지라도 사주 구성 자체가 탁한 경우(사주 구성이 나쁜 사주이거나 혹은 충(沖), 형(刑), 해(害), 공망(空亡) 등이 많이 존재하거나 혹은 3대 악살에 해당되는 백호대살(白狐大殺), 양인살(陽刃殺), 괴강살(魁罡殺) 등이 존재하는 경우)에는 삼기격과 삼붕격의 효과를 감소시킬 수는 있으니, 이들의 판단은 사주 전체 구성을 보고 판단해야 한다.

■ 사주에서 흉성(凶星)

▫평두살(平頭殺)

사주에서 갑(甲), 병(丙), 정(丁), 임(壬), 자(子), 진(辰)의 6개 중 3~4개가 존재하거나,

3개가 사주에 존재하면서 대운(大運)과 세운(歲運)에 1개를 만나면 평두살(平頭殺)에 해당된다.

또한 평두살은 일주(日柱)가 甲子, 甲辰, 甲寅, 丙寅, 丙戌, 丙辰이거나, 甲戌, 甲申, 甲午, 丙子, 丙申, 丁卯, 丁丑, 丁亥, 丁酉, 丁未, 丁巳, 戊辰, 庚辰, 壬申, 壬午, 壬辰, 壬寅, 壬子, 壬戌 일 때도 성립된다.

평두살을 중심으로 화개살(華蓋殺), 귀문관살(鬼門關殺), 천도살(天屠殺) 등이 존재하거나 혹은 지지(地支)에 未戌亥가 존재하는 경우 신기(神氣)가 강한 사람으로 무속인(巫俗人) 팔자가 많고, 종교가, 성직자, 수녀, 독신자 등에게도 쉽게 찾아볼 수 있다. 특히 평두살은 혼담(婚談)이나 결혼(結婚)에서 파혼, 이혼 등으로 화목한 가정을 유지하기 어렵고 혼자 사는 경우가 많다. 또한 양인살(陽刃殺)과 동주하면 스스로 자해(自害)하는 경우가 발생한다.

▫상충살(相沖殺)

지지	子午沖	丑未沖	寅申沖	卯酉沖	辰戌沖	巳亥沖

상충살(相沖殺)은 흉살중에서 가장 흉한 살(殺)이다. 예를 들면, 자(子)가 용신(用神)인데 오(午)를 만나거나 혹은 대운(大運)과 세운(歲運)에서 극(剋)하면 질병에 걸리거나 사고로 죽는다. 월지가 상충이면 부모와 함께 살지 못하고, 일지가 상충이면 부부간에 불화가 심하고, 시지가 상충이면 자녀가 불행하다. 참고로 이길동의 사주에서 상충살은 없다.

▫탕화살(湯火殺)

일지	寅	午	丑	戊寅	戊子	甲戌	壬戌
나머지 지지	寅巳申	辰午丑	午戌未	인(寅)이 많을 때	寅巳申	辰	辰

탕화살(湯火殺)은 소방(消防)과 관련된 것이지만, 요즘은 살인, 음독자살, 인생비관, 염세(厭世), 참수, 총살, 화상(火傷) 등을 말하는 것으로 극단적인 선택으로 화를 입는 것을 말한다.

<적용법>

적용 방법은 사주의 일지(日支)를 기준으로 나머지 지지(地支)와 비교하여 결정한다. 예를 들면 일지에 인(寅)이 있는 경우 다른 지지에 사(巳)가 있으면 탕화살이 된다. 탕화살은 신강사주보다 신약사주에서 충격이 더 크고, 충(沖)과 삼형(三刑)이 함께 존재하면

더욱 강하게 작용된다. 특히 축(丑)과 오(午)일 때의 탕화살은 원진살(怨嗔殺)과 귀문관살(鬼門關殺)이 중복되므로 가장 나쁘게 작용한다. 하지만 신체에 수기(水氣)에 해당되는 검은 반점이나 곰보 자국이 있으면 탕화살은 면(免)하는 것으로 본다. 이길동을 보자, 이길동의 사주에서 일지(日支)는 술(戌)이므로 탕화살은 없다.

▫ 오귀살(五鬼殺)

아래와 같이 2가지 모두 성립된다.

년지	亥·卯·未	寅·午·戌	巳·酉·丑	申·子·辰
지지	子/丑	卯/辰	午/未	酉/戌

또는,

년지	子	丑	寅	卯	辰	巳	午	未	申	酉	戌	亥
지지	辰	巳	午	未	申	酉	戌	亥	子	丑	寅	卯

남녀 공히 독수공방(獨守空房)하며 결혼운이 없다. 고신살, 과숙살, 화개살, 평두살, 천도살 등과 같이 있으면 승려(僧侶)나 무속인의 경우도 존재한다.

<적용법>

예를 들어 설명하면 년지가 해(亥)라면 나머지 지지에서 자(子)나 축(丑)이 있거나, 혹은 년지가 자(子)일 때 나머지 지지에 진(辰)이 존재하면 성립된다.

▫ 농아살(聾啞殺)

아래와 같이 2가지 모두 성립된다.

년·일지	亥·卯·未	寅·午·戌	巳·酉·丑	申·子·辰
시지	子時	卯時	午時	酉時

또는,

일주(日柱)가 乙酉, 丙寅, 丙子, 丙戌, 丙申, 丙辰, 丁酉, 戊寅, 己亥, 庚寅, 壬申, 壬午, 壬辰, 壬寅, 壬子, 壬戌, 癸酉 일 때 성립된다.

농아살은, 귀머거리나 벙어리(말더듬)가 되는 살(殺)로 부부중 농아살이 있으면 선천적인 질병의 자식을 낳는 경우가 많다.

<적용법>

년지나 혹은 일지가 해(亥)의 경우 자시(子時)에 출생하면 농아살에 해당 된다. 혹은 일주가 乙酉, 丙寅 등에 해당되는 경우도 성립된다.

▫상문조객살(喪門弔客殺)

죽음에 관한 살(殺)을 상문살(喪門殺)이라고 하고, 집안에 안 좋은 일이 이미 발생되어 조객을 맞이하는 것을 조객살(弔客殺)이라고 한다.

상문조객살(喪門弔客殺)은 세운(歲運) 즉 년이나 월에만 적용되는 살(殺)로 집안에 상을 당하여 상복(喪服)을 입게 되고, 사별(死別)을 뜻하기 때문에 새로운 건축, 이사, 택일은 삼가해야 된다. 이것은 잡신(雜神) 등으로 인하여 상가집 출입과 음식을 자제해야 하고, 특히 원진살(怨嗔殺), 귀문관살(鬼門關殺), 천도살(天屠殺) 등과 더불어 우울증(憂鬱症), 공항장애, 조울증, 불면증 등의 정신질환(精神疾患)자들에게 많은 나타나는 살(殺)이다. 사주에 이러한 살(殺)과 함께 수(水)기운이 많거나 혹은 목(木)기운과 화(火)기운의 불균형 현상이 발생되면 정신질환에 취약한 사주이다.

지지(地支)	子	丑	寅	卯	辰	巳	午	未	申	酉	戌	亥
상문살(喪門殺)	寅	卯	辰	巳	午	未	申	酉	戌	亥	子	丑
조객살(弔客殺)	戌	亥	子	丑	寅	卯	辰	巳	午	未	申	酉

▫격각살(隔角殺)

격각살은 뿔로 몸이 상하고 뼈가 부러진다는 의미로 사고를 당하거나, 부모 형제와 갈등은 물론 헤어져 먼 타향에서 방황하게 되는 흉살(凶殺)을 의미한다. 이것이 존재하는 사람은 육친(六親) 사망과 관련이 있고, 평소 사고로 크게 다칠 수 있으므로 조심해야하고 안전수칙과 응급상황에 대비하면 좋다. 또한 격각살은 자신의 집 매매와 비유되기도 한다. 즉, 집을 파는 사람은 집이 없어지므로 상문에 해당되고, 집을 사는 사람은 격각(隔角)으로 비교하기도 한다.

격각살은 12지지에서 한 칸씩 건너 뛴 것에 작용되는 삼합(三合)에서 나온 것이며, 이것은 상문조객살(喪門弔客殺)과 일치되는 살(殺)이다. 이것이 성립되는 구체적인 판단은 아래와 같다.

일지(日支)	子	丑	寅	卯	辰	巳	午	未	申	酉	戌	亥
시지(時支)	寅	卯	辰	巳	午	未	申	酉	戌	亥	子	丑

▫천도살(天屠殺)

천도살은 아래와 같이 사주 일지(日支)와 시지(時支)가 아래와 같이 나란히 존재할 때 성립된다.

성립1	일지(日支)	丑	寅	卯	申	巳
	시지(時支)	亥	戌	酉	辰	未
성립2	일지(日支)	亥	戌	酉	辰	未
	시지(時支)	丑	寅	卯	申	巳

예를 들어보자. 아래 사주와 같이 일지(日支)가 인일(寅日)이고, 시지(時支)가 술시(戌時)일 때 천도살(성립1)이 성립되며 또한 일지(日支)가 술일(戌日)이고 시지(時支)가 인시(寅時)일 경우에도 천도살(성립2)이 성립된다.

구분	성립1		성립2	
년주(年柱)	○	○	○	○
월주(月柱)	○	○	○	○
일주(日柱)	○	寅	○	戌
시주(時柱)	○	戌	○	寅

천도살은 신기(神氣)가 강한 살(殺)로 병원에서 아픈 병명을 알 수 없는 특이한 질병이 있고, 의학적으로 치유할 수 없는 살로 무기력, 우울증, 조울증, 가위눌림, 불면증 등의 정신질환 등이 나타나고, 원만한 결혼생활이 어렵고, 예지몽, 영매, 빙의현상, 무병증 등이 발생되기도 한다.

독자들이 알아야 될 사항은 지지(地支)에서 작용되는 귀문관살(鬼門關殺), 상문살(喪門殺), 조객살(弔客殺), 평두살(平頭殺), 오귀살(五鬼殺), 천도살(天屠殺) 등은 영혼(靈魂)과 민감하게 반응하는 기운(氣運)을 말하는 것으로 이것은 신기(神氣)이다.

신기(神氣)는 무속인(巫俗人)의 전조증에 해당되는 빙의(憑依), 신병(神病), 무병(巫病)과는 다른 것이다. 특히 무속인(巫俗人), 도사(道士), 퇴마사(退魔師), 주술사(呪術師)의 명확한 구분은 어렵다. 그 이유는 도사와 무속인의 중간 역할자도 존재하고, 퇴마사, 주술사 역시 도사와 무속인과 중간 역할도 존재하기 때문이다. 그러나 이들의 구분은 사주(四柱) 구성으로 확인해 보면 차이를 판단할 수 있다. 보통 무속인의 경우 천간(天干)의 조상신(祖上神)을 바탕으로 대운(大運)이나 혹은 세운(歲運)에 신기(神氣)가 강(强)하게 접목 되는 시기에는 신내림, 무속인(무당)으로 살아가게 된다(※제 8장, 육친으로 본 직업 판단 및 제9장, 무속인(巫俗人) 치유법 참조).

▫ 현침살(懸針殺)

현침살은 뾰족한 바늘이 찌른다는 뜻으로, 갑(甲), 신(申), 묘(卯), 오(午), 신(辛) 에 해당하는 글자가 사주에 존재하는 경우이고, 이것은 사주 전체 구성을 보고 판단하는데 이 중 일주(日柱)에 존재할 때 가장 큰 힘을 발휘한다. 즉, 甲申, 甲午, 辛未, 辛卯, 甲子, 甲戌, 甲辰, 甲寅, 乙卯, 丁卯, 己卯, 丙申, 庚申, 壬申, 戊午, 辛巳, 辛丑, 辛亥, 辛酉,

癸卯가 해당된다.

현침살은 냉정하고, 날카롭고 예리한 성격이며, 정교한 재능을 가지고 있고, 잔인하며, 비판적인 말은 많이 하기 때문에 친구들이 좋아하지 않으나, 타고난 언변력이 좋아 상대의 마음을 꿰뚫어보고 시대의 흐름을 읽어내는 능력이 있어 토론과 시사 평론 등에는 재능을 가지고 있다. 그렇지만, 가족관계 혹은 관재구설이 많이 생기고, 잔꾀가 능하기 때문에 스스로 패하고, 재난, 교통사고 등의 큰 사고가 자주 발생한다. 직업으로는 정교한 기술직이나 혹은 바늘과 관련된 의사, 간호사, 한의사, 침술가, 디자이너, 수선업, 미용사, 화가, 봉제업, 군인, 양복점, 시사평론가, 도살업, 정육점, 무관(군, 검찰) 등이 천직(天職)이다.

사주에 양인살(陽刃殺)과 현침살이 존재하면 잔인한 사람으로 분류되며, 얼굴 관상(觀相)으로 본 현침살(懸針殺)은 미간과 미간 사이에 바늘이 달린 것처럼 1자 모양의 상, 하 주름이 존재하는 사람도 현침살(懸針殺)로 본다.

□ **천라지망살(天羅地網殺)**

천라지망살이란? 하늘천(天), 그물라(羅), 땅지(地), 그물망(網)으로 하늘에 날아다니는 새와 땅에서 헤엄치는 물고기 모두는 그물에 다 걸린다는 뜻으로 매사가 힘들고 세상에 구속되어 되는 일이 하나도 없다는 뜻이다.

이것의 성립은 지지(地支) 중 일지(日支)에 戌, 亥(천라)와 辰, 巳(지망)의 4글자 중 1개가 존재하고, 다른 것들은 시지(時支)나 월지(月支)에 존재하거나 혹은 대운(大運)이나 세운(歲運)에서 이들이 들어올 때 성립된다(※일지, 시지, 월지는 붙어 있어야 한다). 남자 사주는 戌과 亥는 더 나쁘고, 여자 사주는 辰과 巳이 성립되면 더 나쁘다. 아래 사주를 보자.

사주(四柱)			대운(大運)			년운(年運)
	천간	지지	25	15	5	2025年
年	○	○	○	○	○	乙
月	○	①亥	○	③亥	○	④巳
日	○	②戌				
時	○	○				

위 사주는 일지(日支)에 ②戌이 존재하고, 월지(月支)에 ①亥가 존재하므로 천라지망살(天羅地網殺)이 성립된다. 아울러 대운(大運)에서 지지 ③亥가 존재하므로 15~24세에 해당되는 시기 역시 천라지망살이 되며, 2025년 년운(年運)의 경우 지지 ④巳가 존재하므로 사주 원국의 ②戌와 천라지망살이 성립된다.

특히 사주 원국에 천라지망살이 존재하고, 대운이나 세운에서 다시 들어올 때는 관재소송, 질병, 불구자, 사망, 시비, 폭력, 납치 등이 발생된다.

이것은 부부가 결혼할 때도 한 사람이 辰 띠고, 배우자가 巳 띠이면 성립된다.

이런 천라지망살을 피해 갈 수 있는 방법은 개인적이고 세속적 발전을 추구하는 일은 삼가고 남을 위해 봉사하고 힘써야 한다. 직업으로는 형사, 헌병, 경, 검찰, 의료진, 사회복지법, 교사, 소방관, 종교인, 간호사 등이 맞고 덕을 베풀어야 한다.

▣ 일주(日柱)에서 길흉성(吉凶星)

일주에서의 길흉성은 일간(日干)에서 적용되는 길흉성(吉凶星)의 연장선이며, 이것은 7장 '잡격(雜格)'과 같이 공부하면 쉽게 정립시킬 수 있다.

독자들은 실전에서 이러한 일주(日柱)에서의 길흉성을 잘 살피고 적용해 주어야만 더욱 정확한 통변(通辯)이 된다. 특히, 이것은 육십갑자(六十甲子)에서 7장 '잡격(雜格)'과 일주(日柱)의 길흉성을 같이 정리(整理)하여 상대방 사주(四柱)를 판단해 준다면 빠르고 정확(正確)한 사주를 정립할 수 있다.

▫복신(福神)

일주(日柱)	甲寅, 戊辰, 戊寅, 戊子, 癸酉

인품이 높고, 복록이 많다.

▫복성(福星)

일주(日柱)	甲子, 乙丑, 丙寅, 丙子, 丁亥, 戊申, 己未, 庚午, 辛巳, 癸丑

타고난 복이 있고, 곤란 할 때 남들의 도움을 받는다.

▫관귀(官貴)

일주(日柱)	丙子, 丁亥, 庚午, 辛巳, 壬午, 癸巳

문무(文武)를 겸하고 관운이 좋다.

▫천덕(天德)

일주(日柱)	己亥, 丙戌, 辛巳, 壬辰

인덕이 많아 남의 도움을 받는다.

▫진신(進神), 교신(交神), 퇴신(退神), 복신(伏神)

구분	일주(日柱)	뜻
진신(進神)	甲子, 己卯, 甲午, 己酉	삶에 즐거움을 누린다.
교신(交神)	丙子, 辛卯, 丙午, 辛酉	다른 사람과 함께 못한다.
퇴신(退神)	丁丑, 壬辰, 丁未, 壬戌	공직(公職)에서 물러난다.
복신(伏神)	戊寅, 癸巳, 戊申, 癸未	모든 일이 정체 된다.

▫녹고(錄庫)

일주(日柱)	丙辰, 丁巳, 戊辰, 己巳

녹고는 형충해파(刑沖害破)가 성립되어야만 길복하다.

▫마고(馬庫)

일주(日柱)	戊辰, 壬辰

마고는 충(沖)이 성립되어야만 매듭이 풀린다.

▫덕합(德合)

일주(日柱)	甲午, 丁亥, 庚子

인덕이 있으며, 재난시(災難時) 구재를 받는다.

▫복성(福星)

일주(日柱)	甲子, 乙丑, 丙寅, 丙子, 丁亥, 戊申, 己未, 庚午, 辛巳, 癸丑

타고난 인덕이 있으며, 남의 도움을 받는다.

▫정인(正印)

일주(日柱)	甲戌, 乙丑, 丙辰, 壬辰, 癸未

자신보다 상식이 높은 배우자를 만나며, 예술과 학문에 능하다.

▫희신(喜神)

일주(日柱)	乙卯, 丙午

활력이 넘치고, 장래가 보장된 사람이다.

▫파록(破綠)

일주(日柱)	甲申, 乙酉, 庚寅, 辛卯

타고난 인덕이 없고, 빈천(貧賤)하게 산다.

▫구추(九醜)

일주(日柱)	戊子, 戊午, 壬子, 壬午, 丁巳, 丁卯, 己酉, 己卯, 辛酉, 辛卯

주색(酒色)에 빠져 가사를 탕진하고, 형벌(刑罰)을 받게 된다.

▫대패(大敗)

일주(日柱)	甲辰, 己巳, 丙申, 丁亥, 戊戌, 己丑, 庚辰, 辛巳, 壬申, 癸亥

부귀(富貴)가 파멸되고 오래가지 못한다.

▫복마(伏馬)

일주(日柱)	戊申, 癸巳, 癸亥

가난하고, 부인이 없다. 특히 여자의 경우 남자가 없고 이곳 저곳을 돌며 고독하다.

▫관자(關子)

일주(日柱)	己巳, 丁巳, 己卯, 己丑, 己亥, 己酉, 己未, 辛丑, 癸丑

인생 행로가 막힘이 많고, 지출과 질병이 많다.

▫파자(破字)

일주(日柱)	甲子, 甲戌, 甲申, 甲午, 甲辰, 甲寅, 乙未, 丙申, 丁酉, 丁未, 戊申, 乙亥, 乙未, 庚申, 辛未, 壬申, 癸酉, 癸未, 癸巳, 癸卯, 癸丑, 癸亥

파산(破産)하고, 빈천(貧賤)하다.

▫곡각(曲脚)

일주(日柱)	乙亥, 乙酉, 乙未, 乙巳, 乙卯, 丁巳, 己巳, 己卯, 己亥, 己酉, 己未, 辛巳, 癸巳

수족(手足)이 절단(切斷)되거나, 신경통으로 고생한다.

□장형(杖刑)

일주(日柱)	戊子, 戊戌, 戊申, 庚寅, 庚子, 庚戌

가족들에게 나쁜 형살(刑殺)이나, 액운(厄運)이 많다.

□단요(短夭)

일주(日柱)	乙酉, 戊子, 己卯, 癸未

병고(病苦)에 시달리고 조난, 비명, 횡사하며 수명(壽命)이 길지 못하다.

■ 묘(墓)의 길흉성(吉凶星)

묘(墓)는 천간(天干)과 지지(地支) 모두에서 작용되며 부부(夫婦)는 물론 아버지, 아들, 딸, 형제 등 육친(六親) 모두에게 적용되며, 부부(夫婦)에 적용되는 것을 상부(喪夫)와 상처(喪妻) 혹은 부성입묘(夫星入墓) 혹은 처성입묘(妻星入墓)라고 한다. 그 외 사람들에게 적용되는 것을 관성, 인성, 식신 비겁입묘라고 한다.

이것이 적용되면 사별, 중병, 파멸, 재혼, 이혼 혹은 유명 무실한 존재 등의 흉(凶)으로 되는 경우이거나 혹은 곡식을 보관하는 창고(倉庫) 기능으로 중년 이후 재물(財物)을 모으는 기능 혹은 그 중간 기능 등을 가지고 있다.

묘(墓)의 적용 범위는 토(土)에 해당되는 진, 술, 축, 미(辰, 戌, 丑, 未)가 지지(地支)에 있을 때다. 하지만, 지지가 합(合)이 되어 오행의 기능이 변화(化)되거나 통근(通根) 및 득령(得令), 득지(得地), 득세(得勢)가 적용되면 흉(凶)이 아닌 곡식을 보관하는 창고(倉庫)기능이 되어 오히려 중년이후 재물이 들어오는 길성(吉星)으로 작용하기도 하고, 공망(空亡)이나 충(沖)을 받으면 (墓)가 상실된다.

묘의 조건은 辰(土)은 수(水), 戌(土)은 화(火), 丑(土)은 금(金), 未(土)은 목(木)을 만날 때 묘(墓)가 성립 되며, 대운(大運)과 세운(歲運)에서도 적용법은 동일하다.

특히 대운(大運)과 세운(歲運)에서 묘(墓)의 성립은 부모(父母) 혹은 자식(子息)이나 처(妻)의 사망 판단을 확인할 수 있다.

양력 1986년 6월 11일 밤 22:50분에 태어난 남자 이길동의 사주에서 묘(墓)를 확인해 보자.

구분	천간	지지	육친	
년주(年柱)	②丙	⑤寅	비견	편인
월주(月柱)	甲	④午	편인	겁재
일주(日柱)	③丙	①戌	·	식신
시주(時柱)	己	亥	상관	편관

이길동은 일지 ①술(戌)은 화(火)에서 묘가 성립되는데, 이길동의 사주를 보면 화(火)에 해당되는 ②丙(화), ③丙(화), ④午(화)는 각각 비견과 겁재이고, 이것은 형제에게 묘(墓)가 성립되는 것으로 이길동은 형제를 잃게 된다는 뜻이다. 그러나 지지(地支)에 ⑤寅④午①戌 즉 인오술 삼합이 성립되어 이것은 비겁의 화(火)기운으로 변화되는(化) 것이므로 묘(墓)로 작용된 화(火)기운에서 다시 화(火)기운을 하나 더 얻은 것이므로 火+火가 성립되어 火가 높게 솟아오르게 되니 형제에게 적용된 묘(墓)는 상실되고, 창고(倉庫)기능으로 전환됨으로써 이길동의 묘(墓) 기능은 상실된다.

하지만 이길동의 경우 대운(大運)이나 년운(年運) 등 세운(歲運)에서 화(火) 기운을 만나면 비겁 즉 형제와 관련된 묘(墓)가 성립된다.

그러나 이길동은 대운이나 세운에서 묘(墓)는 인오술(寅午戌)의 삼합(三合)이 성립되어 비겁의 화(火) 기운으로 변화(化)되기 때문에 묘는 성립되지 않고, 창고(倉庫) 기능으로 작용되어 형제 난은 발생될 수도 있겠으나 중년 이후 재물(財物)을 모을 수 도 있겠다. 그렇지만 이길동 사주는 월지(月支)와 일지(日支)가 공망(空亡)이 되므로 ①戌은 묘(墓)가 성립되지 않는다.

이제 독자들을 위하여 사주에서 묘(墓)가 성립되는 것들을 다음 보기에서 몇 가지 예를 들어보겠다.

예1) 무덤의 흉성(凶星)으로 작용하는 묘(墓)

아래 사주는 여성의 사주이다.

구분	천간	지지	육친	
년주(年柱)	丙	午	상관	식신
월주(月柱)	②庚	寅	정관	겁재
일주(日柱)	乙	①丑	·	편재
시주(時柱)	己	卯	편재	비견

위 사주를 보면, 지지에 ①축(丑)이 존재 하므로 丑(土)은 금(金)에서 묘(墓)가 된다. 금(金)을 찾아보니, 월간 ②庚(금)이 존재하고 이것은 남편에 해당되는 정관이므로 이 틀림없이 묘(墓)가 성립되고, 묘로서 발생되는 시기는 중년의 시기가 된다.

따라서 이 여성은 중년에 남편과 사별(死別)하든지 아니면 이혼(離婚) 혹은 재혼과 불화, 남편의 중병 등으로 남편이 유명무실한 상태가 된다는 것을 알 수 있다.

만약, 사주 원국에서 묘가 성립되지 않고, 대운(大運)이나 세운(歲運)에서 묘(墓)가 성립되는 것을 다음 보기에서 알아보자.

예2) 대운(大運)에서 흉성(凶星)으로 작용하는 묘(墓)

아래 여성 사주는 사주 원국에는 묘(墓)가 없지만 대운(大運)에서 묘(墓)가 작용되는 경우이다.

구분	천간	지지	육친	
년주(年柱)	乙	亥	정재	식신
월주(月柱)	己	亥	인수	식신
일주(日柱)	庚	①戌	·	편인
시주(時柱)	戊	寅	편인	편재

위 사주에서 일지 ①戌가 묘(墓)가 성립되려면 사주 구성에서 화(火)의 오행이 존재해야 하나, 사주 원국에는 화(火)의 오행이 존재하지 않는다. 따라서 사주 원국에는 묘가 작용되지 않는 사주이다. 이런 경우의 묘 작용은 대운(大運)이나 세운(歲運)에서 작용된다. 아래 대운을 보자

53	43	33	23	13	3
丙	丁	戊	己	庚	辛
辰	巳	午	未	申	酉
58	48	38	28	18	8

대운에서 확인해 보니, 43세에 해당되는 정사(丁巳) 대운을 보면 천간 丁은 남편에 해당되는 정관이고, 火(화)이므로 묘(墓)가 성립된다.

또한 지지의 巳(화)역시 같은 火(화)이고, 이것 역시 편관이라 편관은 정관과 드불어 여자에게는 남편으로 보는 것이므로 역시 묘가 성립된다.

따라서, 이 여성은 43~48세 그리고 48~53세에 틀림없이 남편과 사별, 이혼, 중병 혹은 재혼 등이 찾아오게 된다는 것을 알 수 있고, 특히 사주 원국과 충(沖)이 성립되는 경우에는 더욱 위험하다. 그렇지 않는 경우에는 그냥 지나가는 경우도 있겠다. 또한 53세 대운에서 지지 진(辰)은 수(水)에서 묘(墓)가 성립되는 관계로 위 사주는 년지와 월지에 존재하는 수(水)에 묘가 성립되고 이것은 식신이므로 딸에 해당되기 때문에 이 시기에는 딸에게 나쁜 영향을 미치게 된다. 이러한 작용은 년운(年運)에서도 동일하게 적용된다. 이러한 묘의 판단으로 부모(父母) 등의 사망 년도를 예측할 수 있는 이점이 있다.

예3) 창고(倉庫)로서 길성(吉星)으로 작용하는 묘(墓)

아래 사주는 남성 사주이다.

구분	천간	지지	육친	
년주(年柱)	②甲	申	정재	겁재
월주(月柱)	辛	①未	비견	편인
일주(日柱)	辛	③卯	·	편재
시주(時柱)	壬	子	상관	겁재

위 사주는 일지에 존재하는 ①未는 묘의 성립조건으로 목(木)이 사주에 존재하면 묘(墓)가 성립된다. 따라서 이것을 확인해 보니 천간 ②甲(목)이 해당된다. 이것은 본인에 해당되는 일간 신(辛)과의 육친(六親) 관계는 정재로서 부인에 해당되므로 묘의 성립 조건에 해당된다.

그런데 일지의 ③卯는 ①未는 亥卯未의 반합이므로 이것은 재성의 목(木) 기운으로 변화된다. 따라서 위 사주는 목(木) 기운이 사주에 하나 더 추가되므로 기존의 묘(墓)의 영향을 받았던 ②甲(목)과의 관계는 목(木)이 하나 더 존재하므로 목+목의 기운으로 변화되어 더욱 높게 솟아오르는 형국이 되므로 묘가 성립되지 않는다. 또한 이 경우 卯未의 반합(半合)이 성립되어 흉성(凶星)이 아니라 창고(倉庫)기능이 작용되므로 중년 이후 오히려 재물이 쌓이고, 부유해지는 사주란 것을 알 수 있다.

이러한 원리를 이용하여 사주상 묘(墓)가 존재하는 사람의 경우, 이로 인하여 불운(不運)을 피하는 방법은 여러 가지가 있겠지만 특히 자신의 성명 즉 이름 짓기(개명)를 통하여 묘(墓)가 성립되는 오행(五行) 하나를 더 추가해서 강(强)하게 한다든지, 아니면 합(合) 작용으로 묘 기운을 없애 주면 된다.

예4) 지장간(支藏干)에서 작용되는 일지재고의 묘(墓)

지금까지 독자들은 사주 원국에서만 작용되는 묘(墓)를 알아보았는데 묘는 지장간(支藏干)에서도 성립된다. 아래 남성 사주를 보자.

구분	천간	지지	육친		지장간(支藏干)
년주(年柱)	甲	辰	정인	상관	乙(편인), 癸(편관), 戊(상관)
월주(月柱)	甲	戌	정인	상관	辛(편재), 丁(비견), 戊(상관)
일주(日柱)	丁	①丑	·	식신	癸(편관), ②辛(편재), 己(식신)
시주(時柱)	丙	寅	겁재	인수	戊(상관), 丙(겁재), 甲(편인)

위의 사주에서 ①丑은 금(金)에서 묘(墓)가 성립되는데 사주 원국에는 금(金)이 없기 때문에 묘가 존재하지 않는다.

그렇지만 ①丑의 지장간에는 금(金)에 해당되는 ②辛(편재)가 존재하므로 묘(墓)가 성립된다. 성립 조건은 동일 지지에서 성립 된다.

따라서, 위의 경우는 편재에 묘(墓) 성립되므로 위 남성은 편재에 해당되는 아버지나 혹은 부인 그리고 첩에게 묘가 성립되고 발생되는 내용은 모두 동일하다.

독자들은 사주에서 묘(墓)가 여러 가지 조건에서 성립되는 것을 확인하였다.

묘(墓)의 작용은 작용되는 辰, 戌, 丑, 未는 물론 지장간(支藏干)까지 모두 찾아서 판단해 보고, 이때 지지 합(合), 삼합, 방합, 반합 혹은 통근(通根), 득령(得令), 득지(得地), 득세(得勢)가 성립되면 묘(墓)는 흉성(凶星)으로 작용되는 것이 아니라, 길성(吉星)의 창고(倉庫)기능 등 다양하게 나타난다는 것을 알길 바란다.

예5) 식상입묘(食傷入墓)

식상(식신, 상관)이 입묘되면 사망한다.

예6) 제망묘고(提網墓庫)

월지가 신술축미(辰戌丑未)로 입묘되면 초년운은 불발된다.

7. 대운(大運)·세운(歲運) 세우기

(1) 대운(大運) 세우기

대운수(大運數)를 먼저 확인하고, 대운(大運) 세우기를 알아보자.

사주에서 대운수(大運數)란?

사람이 살아가는 10년 간격으로 행운(幸運)과 불행(不幸)을 판단하는 잣대가 대운수로서 사주에서 미치는 영향력은 절대적이다. 사주가 아무리 좋아도 절대적 운(運)을 판가름하는 대운(大運)이 좋아야만 좋은 팔자이지, 반대로 대운이 나쁘면 나쁜 사주가 된다. 대운수(大運數)를 찾는 방법은 사람이 수작업으로 직접 계산(計算)하는 방법이 있고, 다른 하나는 만세력(萬歲曆)에 표시되어 있는 대운수를 활용하는 방법이 있다. 물론 사주 프로그램을 이용하면 금방 확인할 수 있다. 독자들은 스마트시대를 맞이해서 처음은 대운과 세운 세우는 방법을 숙달 후 사주 프로그램을 활용해 주는 것이 좋겠다. 일단 여기서는 적어도 사주 명리학(命理學)을 배우는 독자들을 위하여 대운수(大運數)를 계산하여 직접 찾는 방법과 만세력에서 찾는 방법 모두를 소개 하고자 한다.

첫째 방법은 대운수를 계산으로 찾는 방법인데 이것은 아래의 순서에 의거 적용시켜서 도출하면 된다.

1. 출생년의 년간(年干)을 보고 양(陽)과 음(陰)을 판단한다.

2. 년간이 甲, 丙, 戊, 庚, 壬이면 양(陽)이고, 년간이 乙, 丁, 己, 辛, 癸이면 음(陰)이다.

3. 년간에서 양(陽)과 음(陰)을 알았으면 아래와 같이 남자와 여자를 구분하여 적용한다.

남 자	양 (陽)	절기까지 환산 날짜 결정	출생일 기준 다음 절기까지로 한다.
		대운년 결정	월주(月柱)기준 순행으로 이동하여 결정한다.
	음 (陰)	절기까지 환산 날짜 결정	출생일 기준 지나간 절기까지로 한다.
		대운년 결정	월주(月柱)기준 역행으로 이동하여 결정한다.
여 자	양 (陽)	절기까지 환산 날짜 결정	출생일 기준 다음 절기까지로 한다.
		대운년 결정	월주(月柱)기준 순행으로 이동하여 결정한다.
	음 (陰)	절기까지 환산 날짜 결정	출생일 기준 지나간 절기까지로 한다.
		대운년 결정	월주(月柱)기준 역행으로 이동하여 결정한다.

4. 절기까지 환산 날짜를 알았으면, 이것에 3으로 나눈 몫이 대운수가 되며, 나머지가 0이나
   1이면 버리지만 2이면 몫에 +1을 더한 값이 대운수가 된다.

※<주의점> 절기까지의 환산 날짜를 정할 때 절기 시작 시간과 출생일간 시간에 따라서 3을
   나누는 값이 약간의 변동이 있을 수 있음을 알고 독자들은 정확한 절기 시간을 고려하여
   적용 날짜를 계산해 주길 바란다.

예를 들어 남자이고 양력으로 1986년 6월 11일 22 : 50분에 출생된 이길동의 대운수(大運數)
를 확인해 보자.

1986년은 병인년(丙寅年)이므로 년간(年干)은 丙이므로 양(陽)이다.

출생일인 6월 11일 22 : 50분 기준으로 다음 절기인 소서(小暑)까지는 26일이다.

3으로 26을 나누면 몫은 8이고 나머지는 2가 된다.

나머지가 2이므로 몫에 +1을 더하면 8+1=9 즉 9가 이길동의 대운수 이다.

(※ 만약 3으로 나눈 나머지가 0이나 1이면 몫 값이 대운수이다)

대운년(大運年) 결정은 이길동 사주에서 월주(月柱)가 갑오(甲午)이므로 60갑자에서 갑오(甲午)를 기준으로 순행하며 적용하면 된다. 따라서 대운년은 을미(乙未), 병신(丙申), 정유(丁酉), 무술(戊戌)…이 된다.

요즘 스마트시대에 대운수(大運數)를 직접 계산하여 찾는 방법은 시간 낭비 이므로 독자들은 만세력(萬歲曆)에 표시된 대운수를 적용해 주길 바란다.

하지만 사주 추명학을 공부하는 사람이라면 대운수를 찾을 수 있는 능력을 갖추어야만 명리학자(命理學者)로서 사주를 이해 할 것이다.

둘째 방법은 만세력(萬歲曆)에서 제공된 대운수를 찾는 방법을 알아보자.

여기서는 양력 1986년 6월 11일 밤 22:50분에 태어난 남자 이길동의 대운수 찾는 방법은 아래와 같이 만세력(萬歲曆)을 이용하여 곧바로 찾아보도록 한다.

<만세력>

檀紀 4319년 동경135도 표준시 적용	1986年 丙寅年

양력	1	2	3	4	5	6	7	8	9	10	11	12	13	14	15	16	17	18	19	20	21	22	23	24	25	26	27	28	29	30
요일	일	월	화	수	목	금	토	일	월	화	수	목	금	토	일	월	화	수	목	금	토	일	월	화	수	목	금	토	일	월
음력	24	25	26	27	28	29	5/1	2	3	4	5	6	7	8	9	10	11	12	13	14	15	16	17	18	19	20	21	22	23	24
일진	丙子	丁丑	戊寅	己卯	庚辰	辛巳	壬午	癸未	甲申	乙酉	丙戌	丁亥	戊子	己丑	庚寅	辛卯	壬辰	癸巳	甲午	乙未	丙申	丁酉	戊戌	己亥	庚子	辛丑	壬寅	癸卯	甲辰	乙巳
대운 남	2	1	1	1	망	10	10	9	9	9	8	8	8	7	7	7	6	6	6	5	5	5	4	4	4	3	3	3	2	
대운 여	9	9	9	10	10	종	1	1	1	1	2	2	2	3	3	3	4	4	4	5	5	5	6	6	6	7	7	7	8	8

■ 망종 6일 08시 44분 　　　6월 甲午月　　　■ 하지 22일 01시 30분

만세력에서 대운수를 찾는 방법은 생년월일을 찾은 후 이에 해당되는 대운수(大運數)를 그대로 반영해 주면 된다.

남자 이길동의 대운수를 만세력에서 찾는다면 만세력에 표시된 대운수가 9이므로 9라는 것을 금방 찾을 수 있다. 그 이유는 만세력에 대운수가 표기되어 있기 때문이다. 만약, 이길동이가 여자라면 대운수는 2가 된다.

이제 대운수를 찾았으니, 이길동은 최초 9부터(9세) 10년 단위(19세, 29세, 39세, 49세, 59세, 69세, 79세, 89세, 99세)로 10년 단위로 대운수를 적용해 주면 된다.

만약, 대운수가 5라면, 5세, 15세, 25세, 35세… 등의 10년 단위로 대운수를 적용시켜주면 된다. 이제는 대운수에 적용되는 천간(天干)과 지지(地支)를 찾아서 대운(大運)을 완료해보자. 독자들에게 보다 쉽게 설명하기 위하여, 이길동의 사주를 보자.

구분	천간	지지
년주(年柱)	丙	寅
월주(月柱)	(甲)	(午)
일주(日柱)	丙	戌
시주(時柱)	乙	未

사주에서 월주(月柱)의 간지가 60갑자(甲子)에서 기준이 되고, 년간(年干)에서 순행과 역행을 찾아서 천간(天干)과 지지(地支)를 결정한다.

<대운수 조견표>

60갑자 기준 태어난 년간	<남자>	<여자>
갑(甲), 병(丙), 무(戊), 경(庚), 임(壬)	순행	역행
을(乙), 정(丁), 기(己), 신(辛), 계(癸)	역행	순행

이길동은 병인년(丙寅年)에 태어났으므로 년간이 병(丙)이고, 남자이므로 순행으로 이

동한다. 이때, 60갑자의 출발점은 이길동의 월주(月柱)의 갑오(甲午)가 된다.
즉, 60갑자에서 월주의 갑오(甲午)에서 순행으로 이동하면서 대운수의 천간(天干)과 지지(地支)를 결정한다. 만약 여자라면 역행으로 이동한다.

<60 갑자(甲子)표>

甲子 1924 1984 2044	乙丑 1925 1985 2045	丙寅 1926 1986 2046	丁卯 1927 1987 2047	戊辰 1928 1988 2048	己巳 1929 1989 2049	庚午 1930 1990 2050	辛未 1931 1991 2051	壬申 1932 1992 2052	癸酉 1933 1993 2053
甲戌 1934 1994 2054	乙亥 1935 1995 2055	丙子 1936 1996 2056	丁丑 1937 1997 2057	戊寅 1938 1998 2058	己卯 1939 1999 2059	庚辰 1940 2000 2060	辛巳 1941 2001 2061	壬午 1942 2002 2062	癸未 1943 2003 2063
甲申 1944 2004 2064	乙酉 1945 2005 2065	丙戌 1946 2006 2066	丁亥 1947 2007 2067	戊子 1948 2008 2068	己丑 1949 2009 2069	庚寅 1950 2010 2070	辛卯 1951 2011 2071	壬辰 1952 2012 2072	癸巳 1953 2013 2073
甲午 1954 2014 2074	乙未 1955 2015 2075	丙申 1956 2016 2076	丁酉 1957 2017 2077	戊戌 1958 2018 2078	己亥 1959 2019 2079	庚子 1960 2020 2080	辛丑 1961 2021 2081	壬寅 1962 2022 2082	癸卯 1963 2023 2083
甲辰 1964 2024 2084	乙巳 1965 2025 2085	丙午 1966 2026 2086	丁未 1967 2027 2087	戊申 1968 2028 2088	己酉 1969 2029 2089	庚戌 1970 2030 2090	辛亥 1971 2031 2091	壬子 1972 2032 2092	癸丑 1973 2033 2093
甲寅 1974 2034 2094	乙卯 1975 2035 2095	丙辰 1976 2036 2096	丁巳 1977 2037 2097	戊午 1978 2038 2098	己未 1979 2039 2099	庚申 1980 2040 2100	辛酉 1981 2041 2101	壬戌 1982 2042 2102	癸亥 1983 2043 2103

지금까지 설명된 이길동의 대운수 찾기를 정리해 보자.

□ 이길동은 1986년(丙寅年) 출생이므로, 년간이 병(丙)이고, 남자이므로 60갑자(甲子)에서 순행을 한다.

□ 사주의 월주(月柱)가 갑오(甲午)이므로 60갑자(甲子)에서 최초 출발점은 갑오년(甲午年)이 된다.

□ 최초 출발점의 갑오년(甲午年)은 제외하고, 순행으로 60갑자의 乙未, 丙申, 丁酉, 戊戌, 己亥, 庚子, 辛丑, 壬寅, 癸卯를 연속해서 적용한다.

  만약 여자라면 역행으로 60갑자의 癸巳, 壬辰, 辛卯, 庚寅, 己丑, 戊子, 丁亥, 丙戌를 연속해서 적용하면 된다.

□ 따라서, 이길동의 대운수에 적용된 천간(天干)과 지지(地支)를 이용하여 대운(大運) 세우기를 완성해 보면 아래와 같다(※사주 간명지 '대운' 참조).

89	79	69	59	49	39	29	19	9
癸	壬	辛	庚	己	戊	丁	丙	乙
卯	寅	丑	子	亥	戌	酉	申	未

저자는 이것을 10년에서 5년으로 세분하여 확인할 수 있게 아래와 같이 작성한다.

89	79	69	59	49	39	29	19	9
癸	壬	辛	庚	己	戊	丁	丙	乙
卯	寅	丑	子	亥	戌	酉	申	未
94	84	74	64	54	44	34	24	14

이 경우 대운수는 9~13세, 14~18세, 19~23세…등으로 5년 단위로 세분화되어 사주 해석을 정교하게 할 수 있다. 독자들은 편리한대로 적용 해주면 된다.

참고로 우리 주위에서 말하는 아홉수란?

자신의 나이가 9세, 19세, 29세, 39세…등의 9에 해당되는 나이를 말하는 것이 아니라, 사주의 10년간 적용하는 대운수(大運數)에서 9년째 해당되는 나이를 말한다.

따라서 아홉수는 대운수를 보고 판단하는 것이다.

이길동이의 아홉수는 대운수가 9세, 19세, 29세…이므로 8세, 18세, 28세, 38세…가 되는 년도가 아홉수가 된다. 만약, 대운수가 6세, 16세, 26세, 36세, 46세…라고 하면, 이 사람의 아홉수는 5세, 15세, 25세, 36세, 45세…가 된다.

사주에서 아홉수는 다소 넘기기 어려운 년(年)으로 보기 때문에 이때는 나쁜 흉성(凶星)이 없는데도 불구하고 되는 일이 없고, 파멸(破滅)되는 경우가 많이 발생되기 때문에 결혼, 사업, 투자, 이사 등에 하지 않는 경우가 많다. 이에 관련된 내용은 10장 '좋은날 잡기'를 참조하기 바란다.

이제 대운에서 육친(六親)을 적용시켜 보자.

대운(大運)에서 六親(육친)을 적용시키는 방법은 본인의 사주에서 일간(日干)을 기준으로 <천간 육친(六親) 조건표>와 <지지 육친(六親) 조건표>를 적용시키면 된다.

이길동 대운(大運)에서 육친(六親)을 적용해 보자. 이길동은 일간(日干)이 병(丙)이다. 丙을 기준으로 乙에서는 인수, 丙에서는 비견…등으로 되며, 지지 육친(六親)도 동일하게 적용하면 된다.

89	79	69	59	49	39	29	19	9
癸	壬	辛	庚	己	戊	丁	丙	乙
水	**水**	**金**	**金**	**土**	**土**	**火**	**火**	**木**
정관	**편관**	**정재**	**편재**	**상관**	**식신**	**겁재**	**비견**	**인수**
卯	寅	丑	子	亥	戌	酉	申	未
木	**木**	**土**	**水**	**水**	**土**	**金**	**金**	**土**
인수	**편인**	**상관**	**정관**	**편관**	**식신**	**정재**	**편재**	**상관**
94	84	74	64	54	44	34	24	14

이렇게 하여 이길동 사주에서 대운(大運) 세우기와 대운에 따른 육친(六親) 적용을 완료하였다.

(2) 세운(歲運) 세우기

사주에서 세운(歲運) 이란? 대운(大運)과 달리 매년 바뀌는 운(運)을 세운이라고 한다. 즉, 세운은 년운(年運), 월운(月運) 등을 말한다.

이 경우 특별하게 사주를 세울 필요 없이, 만세력(萬歲曆)에 표시된 해당 년(年)과 해당 월(月)에 표기된 오행을 그대로 사용하면 된다.

저자의 사주 간명지 '년운'과 '월운'사항 이다.

여기서, 六親(육친) 적용은 이길동의 사주의 경우 본인에 해당되는 일간(日干) 병(丙)을 기준으로 적용하는데 이것은 대운(大運)과 동일하다.

2025年	2024年	2023年	2022年	2021年	2020年	2019年	2018年
乙	甲	癸	壬	辛	庚	己	戊
木	木	水	水	金	金	土	土
인수	편인	정관	편관	정재	편재	상관	식신
巳	辰	卯	寅	丑	子	亥	戌
火	土	木	木	土	水	水	土
비견	식신	인수	편인	상관	정관	편관	식신

2021年			2020年											
3월	2월	1월	12월	11월	10월	9월	8월	7월	6월	5월	4월	3月	2月	1月
辛	庚	己	戊	丁	丙	乙	甲	癸	壬	辛	庚	己	戊	丁
金	金	土	土	火	火	木	木	水	水	金	金	土	土	火
정재	편재	상관	식신	겁재	비견	인수	편인	정관	편관	정재	편재	상관	식신	겁재
卯	寅	丑	子	亥	戌	酉	申	未	午	巳	辰	卯	寅	丑
木	木	土	水	水	土	金	金	土	火	火	土	木	木	土
인수	편인	상관	정관	편관	식신	정재	편재	상관	겁재	비견	식신	인수	편인	상관

문제는 절기(節氣) 때 대운(大運)은 어떻게 세울 것인가?

만세력을 보면 절기 때 대운수(大運數)는 없다. 처음 사주를 접하는 독자들은 절기 때 대운수가 없기 때문에 당황하게 된다. 독자들은 다음장에 소개된 절기 때 대운수 찾기를 참조하길 바란다.

(3) 절기(節氣)때 대운수(大運數) 찾기

생일이 절기(節氣) 때 태어난 사람의 대운수(大運數)를 찾기 위하여 만세력(萬歲曆)을 보니 대운수가 없다. 독자들에게는 빠른 이해가 필요로 하므로 절기때 대운수 찾는 방법은 예를 들어 설명해 보자.

망종(芒種) 절기에 태어난 음력 1959년 5월 1일 오시(11:30~13:29)에 태어난 여자의 대운수를 찾아보자.

＜만세력＞

檀紀 4292년 동경127도 30분 표준시 적용					1959年(己亥)年					■서머타임 적용 연도																			
■망종 6일 20시 00분					**6월 庚午月**								**■하지 22일 12시 50분**																
양력	1	2	3	4	5	6	7	8	9	10	11	12	13	14	15	16	17	18	19	20	21	22	23	24	25	26	27	28	29	30
요일	월	화	수	목	금	토	일	월	화	수	목	금	토	일	월	화	수	목	금	토	일	월	화	수	목	금	토	일	월	화
음력	25	26	27	28	29	5/1	2	3	4	5	6	7	8	9	10	11	12	13	14	15	16	17	18	19	20	21	22	23	24	25
일진	甲寅	乙卯	丙辰	丁巳	戊午	己未	庚申	辛酉	壬戌	癸亥	甲子	乙丑	丙寅	丁卯	戊辰	己巳	庚午	辛未	壬申	癸酉	甲戌	乙亥	丙子	丁丑	戊寅	己卯	庚辰	辛巳	壬午	癸未
대운 남	9	9	9	10	10	망	1	1	1	1	2	2	2	3	3	3	4	4	4	5	5	5	6	6	6	7	7	7	8	8
대운 여	2	1	1	1	1	종	10	10	10	9	9	9	8	8	8	7	7	7	6	6	6	5	5	5	4	4	4	3	3	3

만세력을 보니 5월 1일(음력)은 망종(芒種) 절기인 관계로 대운수가 없다.

이 경우는 만세력에 표시된 절기의 시간을 보면, 망종은 6일 20시 00분이다.

즉, 망종은 음력으로 5월 1일(양력 6월 6일) 저녁 20:00시간이 넘어가야만 실질적인 망종날이 되는 것이다.

만약 음력으로 5월 1일 20시 이전에 태어났다면, 망종날 태어난 것이 아니라, 망종 하루 전날 태어난 것이 된다(※서머타임 경우는 1시간 일찍 적용함).

따라서, 음력 1959년 5월 1일 오시(11:30~13:29)에 태어난 여자의 대운수는 망종전날에 해당되므로, 음력 4월 29일의 대운수를 사용 한다. 즉, 대운수를 1이다.

만약, 태어난 시간이 21:50분이라면 망종일 이후에 태어났으므로 5월 2일의 대운수 10를 사용한다.

다른 절기날 대운수 찾는 방법은 위와 동일하게 적용해 주면 된다. 이렇게 하여 절기날 대운수 찾는 방법을 알아보았다.

제6장, 용신(用神)으로 삶의 흐름을 알자

우리는 지금까지 사주 세우는 방법에 대하여 학습하였다.

이제부터 사주(四柱) 해석(解析)에 대하여 입문(入門)하게 된다.

사주(四柱)에서 년월일시(年月日時)를 통하여 초년, 청년, 장년. 노년기의 사주의 흐름 즉 사주의 형성 과정을 근묘화실(根苗花實)이라고 한다. 즉, 뿌리(根, 초년기)가 있어야 싹(苗, 청년기)이 트고, 싹이 있어야만 꽃(花, 장년기)이 피며, 꽃이 피어야만 열매(實, 노년기)를 맺는 것이다.

사주를 배우는 최종 목적은 앞날을 예지하는데 있는데 이것은 용신(用神)으로 판단한다고 해도 틀린 예기는 아닐 것이다. 용신은 사주 구성에서 가장 필요로 하는 오행을 말하는데 이것의 역할은 사주에 작용하는 힘의 균형 즉 중화를 만들어 운로(運路)를 판단해 보기 위함에 있다.

따라서, 용신 판단은 신강(身强)과 신약(身弱) 그리고 무더운 조열(燥熱)과 추운 한습(寒濕) 사주 편중된 오행의 강약(强弱) 등에서 이들에게 작용되는 일간(日干) 변화 및 사주 구성에서 작용되는 길흉성(吉凶星)으로 작용되는 오행(五行)은 물론 이를 통하여 운로(運路)를 판단하고 결정하는데 의미가 있다. 용신(用神)을 알아야만, 사주 해석은 물론, 이름 짓기, 방향(方向), 택일 등을 판단하고 알 수 있기 때문에 용신을 결정할 수 있는 능력(能力)을 갖추어야만 사주 해석(解析) 즉 통변(通辯)을 쉽게 할 수 있는 것이다.

용신(用神)이란? 자신에게 가장 필요로 하는 오행(五行)을 찾는 것을 말한다. 용신을 찾았다면, 삶의 운로(運路)를 판단할 수 있는 만능키가 용신(用神)이 된다. 사주 구성하는 8개 및 지장간의 오행 중에서 1개의 용신을 찾는 것은 무한대(無限大) 학문이기 때문에 10년 이상 사주 공부를 집중적으로 배운 명리학자들도 용신 찾기에서 고전하는 이유가 여기에 있다.

특히, 우리 주위에 보면 이름 짓기는 물론 개명(改名)에서 가장 중요한 용신(用神)을 오히려 극(剋)하는 오행(五行)들로 구성시켜 놓고 형격(亨格), 정격(貞格), 개척운(開拓運) 등으로 그럴듯하게 겉치레만 미사여구(美辭麗句)로 표현된 경우를 흔히 발견할 수 있는데, 이러한 행위는 상대방의 운로(運路)를 오히려 망가트리는 행위이므로 명리학자(命理學者)로서 도리(道理)가 아니다.

저자는 독자들의 이러한 애로사항을 잘 알고 있기 때문에 용신(用神)을 찾는 방법 모두를 보기를 들고, 체계적(體系的)으로 설명했기 때문에 독자들은 그저 한 두번 읽음으로써 용신(用神)을 찾을 수 있도록 구체화시켰다.

1. 용신(用神)과 12운성(포태법)을 알자

사주(四柱)에서 삶의 운로(運路) 즉 삶의 흐름을 쉽게 판단하는 방법은 용신(用神)이지만 12운성법 즉 포태법도 있다.

12운성법은 당나라때 사주 명리학(命理學)을 보다 쉽게 접근시키기 위하여 만들어진 것으로 사주 명리학과 다른점은 태어나기전 단계와 사후세계(死後世界)까지 포함시킨 것이 다르다.

일단 이러한 문제는 잠시 뒤로 미루고 여기서는 12운성법의 적용법과 활용법을 먼저 알아보고, 이어서 용신을 알아보도록 하겠다.

12운성 즉 포태법은 인간이 잉태하여 출생하고 성장하고 병들어 죽는 삶의 과정을 사주의 12간지를 적용한 것으로, 태(胎, 새로운 인연으로 태기가 생김), 양(養, 모체에서 태기가 성장), 장생(長生, 신생아가 태어남), 목욕(沐浴, 신생아 목욕시켜 모체와 분리, 삶의 쓴맛을 최초로 느낌), 관대(冠帶, 성장하고 결혼하는 단계), 건록(建祿, 벼슬을 하고 재물을 모음), 제왕(帝旺, 최고 절정기 단계), 쇠(衰, 내리막길 단계), 병(病, 병이 들고 쇠약 단계), 사(死, 죽음 단계), 묘(墓, 무덤에 묻힘 단계), 절(絶, 세상과 인연이 끊고 무덤형태가 없어진 상태)의 흐르는 과정을 말한다.

12운성은 크게 태동기, 성장기, 쇠퇴기의 3가지로 구분되는데 태동기(胎, 養)와 성장기(長生, 沐浴, 冠帶, 建祿, 帝旺)때는 시작과 성장 단계가 해당 되므로 출세문이 열린 상태가 된다. 따라서 이때는 새로운 사업을 해도 좋은 시기가 된다. 그렇지만 쇠퇴기(衰, 病, 死, 墓, 絶)때는 하는 일이 안 풀리고 실패하는 시기이기 때문에 이때는 삶의 운로뿐 아니라, 새로운 사업 역시 성공하기는 어려운 시기가 된다. 이러한 과정은 삶의 운로(運路) 역시 동일하다.

특히 사업이나 승진 등 운로(運路)를 확인할 때는 태동기와 성장기 때 결정하고 쇠퇴기 때는 불운(不運)이 겹치기 때문에 유의해 주길 바란다.

이러한 과정의 판단은 일간(日干)을 기준으로 12운성표(十二運星表)로 확인한다.

<12운성표(十二運星表)>

12운성	일간	甲	乙	丙, 戊	丁, 己	庚	辛	壬	癸	뜻
태동기	태(胎)	酉	申	子	亥	卯	寅	午	巳	태기가 생김
	양(養)	戌	未	丑	戌	辰	丑	未	辰	모체에서 태기가 성장
성장기	장생(長生)	亥	午	寅	酉	巳	子	申	卯	신생아가 태어남
	목욕(沐浴)	子	巳	卯	申	午	亥	酉	寅	신생아 목욕시켜 모체와 분리
	관대(冠帶)	丑	辰	辰	未	未	戌	戌	丑	성장(결혼)하고 활동 단계

	건록(建祿)	寅	卯	巳	午	申	酉	亥	子	벼슬을 하고 재물을 모음
	제왕(帝旺)	卯	寅	午	巳	酉	申	子	亥	최고 절정기 단계
쇠	쇠(衰)	辰	丑	未	辰	戌	未	丑	戌	내리막길 단계
퇴	병(病)	巳	子	申	卯	亥	午	寅	酉	병이 들고 쇠약 단계
기	사(死)	午	亥	酉	寅	子	巳	卯	申	죽음 단계
	묘(墓)	未	戌	戌	丑	丑	辰	辰	未	무덤에 묻힘 단계
	절(絶)	申	酉	亥	子	寅	卯	巳	午	무덤형태가 없어진 상태

12운성표(十二運星表)를 통하여 1986년 6월 11일 밤 22:50분에 태어난 이길동(李吉童)의 사주를 구성해 보자. 12운성법으로 구성시키는 방법은 본인에 해당되는 일간(日干)을 기준으로 지지(地支) 오행으로 확인한다.

이러한 판단 기준으로 이길동의 일간 병(丙)을 기준으로 년, 월, 일, 시에 해당되는 지지를 12운성을 확인해 보면 지지(地支) 寅, 午, 戌, 亥는 12운성표(十二運星表)에 의거 장생(長生), 제왕(帝旺), 묘(墓), 절(絶)이 해당 된다.

따라서 이길동의 사주를 12운성법으로 구성시키면 아래와 같다.

구분	천간	지지	12운성
年	丙	寅	장생(長生)
月	甲	午	제왕(帝旺)
日	(丙)	戌	묘(墓)
時	己	亥	절(絶)

이렇게 12운성법을 구성시킨 이길동의 사주를 구체적으로 해석해 보자.

크게는 초년, 성장기, 장년, 노년시기에 따른 이길동의 삶의 흐름은 장생(長生), 제왕(帝旺), 묘(墓), 절(絶)이라는 것을 알 수 있다.

이러한 과정은 대운(大運)은 물론 세운(歲運)에서도 동일하게 적용된다.

사주 구성에서 나타난 12운성을 해석(解析)하기 위한 세부 내용은 아래와 같다.

12운성			<12운성 해석>		
태 (胎)	년주 태(胎)	조상복 없음	비겁 태(胎)	형제 번창
	월주 태(胎)	직장 이동	식신 태(胎)	의식주 해결됨
	일주 태(胎)	부부 불화	재성 태(胎)	재복이 생김
	시주 태(胎)	자식복 없음	관성 태(胎)	직장운 번창
			인성 태(胎)	학문적 발전
양 (養)	년주 양(養)	양자될 운명	비겁 양(養)	형제 우애 좋음
	월주 양(養)	부모 갈등	식신 양(養)	의식주 풍부함
	일주 양(養)	주색과 재혼 발생	재성 양(養)	재복 번창함
	시주 양(養)	노후 자식복 있음	관성 양(養)	직장 문제 발생
			인성 양(養)	형제 문제 발생
장생 (長生)	년주 장생(長生)	훌륭한 가정에서 성장	비겁 장생(長生)	형제 번창
	월주 장생(長生)	부모, 형제덕 있음	식신 장생(長生)	재복이 생김
	일주 장생(長生)	부부정 좋음	재성 장생(長生)	재복이 생김

	시주 장생(長生)	자식복 있음	관성 장생(長生)	자식과 남편이 출세함
			인성 장생(長生)	문학가로 성장
목욕 (沐浴)	년주 목욕(沐浴)	조상, 부부 인연이 없음	비겁 목욕(沐浴)	형제운 나쁨
	월주 목욕(沐浴)	극빈하고 이별함	식신 목욕(沐浴)	화류계 진출
	일주 목욕(沐浴)	부부 인연이 없음	재성 목욕(沐浴)	재물 탕진
	시주 목욕(沐浴)	자식복 없음	관성 목욕(沐浴)	구설수 발생
			인성 목욕(沐浴)	부모덕 없음
관대 (冠帶)	년주 관대(冠帶)	출세함	비겁 관대(冠帶)	원만한 생활
	월주 관대(冠帶)	성공함	식신 관대(冠帶)	소원 성취함
	일주 관대(冠帶)	이름을 날림	재성 관대(冠帶)	재복이 생김
	시주 관대(冠帶)	자식이 성공함	관성 관대(冠帶)	승진운 있음
			인성 관대(冠帶)	재물에 손해 발생
건록 (建祿)	년주 건록(建祿)	조상 복 좋음	비겁 건록(建祿)	형제 출세함
	월주 건록(建祿)	재복이 생김	식신 건록(建祿)	재복이 생김
	일주 건록(建祿)	가정이 행복함	재성 건록(建祿)	재물 풍족함
	시주 건록(建祿)	자식 복 좋음	관성 건록(建祿)	관직에 오름
			인성 건록(建祿)	관직에 오름
제왕 (帝旺)	년주 제왕(帝旺)	조상복 좋음	비겁 제왕(帝旺)	형제운 나쁨
	월주 제왕(帝旺)	승진하나 형제운 나쁨	식신 제왕(帝旺)	식복 좋음
	일주 제왕(帝旺)	타향 생활	재성 제왕(帝旺)	재복이 생김
	시주 제왕(帝旺)	자식 출세	관성 제왕(帝旺)	승진운 있음
			인성 제왕(帝旺)	소원 성취함
쇠 (衰)	년주 쇠(衰)	조상복 없음	비겁 쇠(衰)	형제복 나쁨
	월주 쇠(衰)	부모, 형제복 없음	식신 쇠(衰)	궁핍한 생활
	일주 쇠(衰)	가정에 충실함	재성 쇠(衰)	재물이 나감
	시주 쇠(衰)	자녀 문제 발생	관성 쇠(衰)	직업운 없음
			인성 쇠(衰)	문서에 문제 발생
병 (病)	년주 병(病)	조상복 없음	비겁 병(病)	형제 문제 발생
	월주 병(病)	부모복 없음	식신 병(病)	질병 발생
	일주 병(病)	병이 들어옴	재성 병(病)	가족들 질병 발생
	시주 병(病)	자식이 약함	관성 병(病)	직위에 타격 발생
			인성 병(病)	부모덕 없음
사 (死)	년주 사(死)	조상 빈천	비겁 사(死)	형제운 나쁨
	월주 사(死)	부모복 없음	식신 사(死)	가정운 나쁨
	일주 사(死)	조실부모	재성 사(死)	재물운 나쁨
	시주 사(死)	자식복 없음	관성 사(死)	직장 문제 발생
			인성 사(死)	부모덕 없음
묘 (墓)	년주 묘(墓)	조상을 섬김	비겁 묘(墓)	형제 불운 발생
	월주 묘(墓)	부모복 없음	식신 묘(墓)	재물 나감
	일주 묘(墓)	타향살이	재성 묘(墓)	재물운이 다소 발생
	시주 묘(墓)	자식이 약함	관성 묘(墓)	직장 문제 발생
			인성 묘(墓)	부모덕 없음
절 (絕)	년주 절(絕)	타향살이	비겁 절(絕)	형제 우애 없음
	월주 절(絕)	부모복 없음	식신 절(絕)	의식주 궁핍
	일주 절(絕)	배우자와 인연 나쁨	재성 절(絕)	재물 나감
	시주 절(絕)	자식복 없음	관성 절(絕)	직장 문제 발생
			인성 절(絕)	부모덕 없음

이제 이길동(李吉童)의 사주를 12운성법으로 해석(解析)해 보자.

이길동이의 일간 병(丙)을 기준으로 사주(四柱), 대운(大運), 년운(年運)에 해당되는 12운성을 <12운성표(十二運星表)>를 통하여 세우고, 이를 통하여 해석(解析)해 보면 다음과 같다.

사주(四柱)

구분	천간	지지	12운성
年	丙(비견)	寅(편인)	장생(長生)
月	甲(편인)	①午(겁재)	②제왕(帝旺)
日	(丙)	③戌(식신)	④묘(墓)
時	己(상관)	亥(편관)	절(絶)

<사주 해석>

초년과 중년에는 장생(長生)과 제왕(帝旺)의 삶으로 절정기에 해당된다. 하지만 ①午와 ③戌는 공망과 양인살 그리고 백호대살이 성립된다. 그렇지만, ①午와 ③戌는 합(合)이 성립되지만 이것 역시 공망이 작용되어 기능을 상실함에 따라 중년의 시간은 다소 쓸모없이 방탕하게 흘러가게 된다. 또한 형제간 우애도 없어진다. 중년 이후는 묘(墓)와 절(絶)로 구성되어 있기 때문에 고향을 떠나 살게 되고, 하던 일 역시 실패를 거듭하고 경제적으로 어렵게 보내게 되며. 노후에는 자식과의 인연을 끊고 외롭게 살아가게 된다.

대운(大運)

89	79	69	59	49	39	29	19	9
癸	壬	辛	庚	己	戊	丁	丙	乙
⑤卯	寅	③丑	①子	亥	戌	酉	申	未
⑥목욕(沐浴)	장생(長生)	④양(養)	②태(胎)	절(絶)	묘(墓)	사(死)	병(病)	쇠(衰)

<대운 해석>

9세에서 58세 까지 삶의 흐름은 쇠(衰), 병(病), 사(死), 묘(墓), 절(絶)로 구성되어 있어 무엇이든지 뜻대로 이루어지는 것이 없다. 이후 59세부터 ②태(胎)의 태동기가 시작되어 하든일이 이루어지고 점차적으로 삶의 활력이 싹트기 시작하나 문제는 ②태(胎)에 해당되는 ①子는 사주 원국과 충(沖)이 성립되는 관계로 물거품처럼 사라지게 된다. 이후 69세부터는 ④양(養)이 성립되나 ③丑은 형(刑)과 해(害)가 성립되어 구설수와 더불어 어려움이 찾아오게 되고, 79세 이후는 장생(長生)으로 다시 행운이 찾아오나 오래 가지 못하고, 이어서 89세부터 ⑥목욕(沐浴)이 되나 이것 역시 파(破)가 성립되어 외롭고 어려운 시간을 보내게 된다. 이길동은 1986년 생이므로 현재 상태를 확인해 보면 대운(大運)에서 사(死)에 해당되는 시기가 해당 되므로 부모덕이 없고, 부인과 가정생활이 어렵고, 돈을 벌수가 없을 뿐 아니라 부부간에도 서로 싸우고 이혼(離婚)할 경우도 발생된다.

년운(年運)

2027年	2026年	2025年	2024年	2023年	2022年	2021年	2020年
丁	丙	乙	甲	癸	壬	辛	庚
未	午	巳	辰	卯	寅	丑	①子

쇠 (衰)	제왕 (帝旺)	건록 (建祿)	관대 (冠帶)	목욕 (沐浴)	장생 (長生)	양 (養)	②태 (胎)

<년운 해석>

2020년은 ②태(胎)로서 이미 고생은 끝이 났고, 새로운 봄을 만났으니, 사업을 해도 성공하고 아울러 직장 생활과 가정생활 역시 활력과 재물(財物)이 들어오는 시기가 된다. 하지만 천간 ①子는 사주 원국 ①午과 子午沖이 성립되어 모두 허사로 돌아간다.

지금까지 12운성법을 통하여 양력으로 1986년 6월 11일 밤 22:50분에 태어난 이길동(李吉童)의 삶의 흐름 즉 운로(運路)를 사주(四柱)는 물론 대운(大運) 그리고 세운(歲運)을 판단하고 해석해 보았다.

물론 12운성 판단 역시 이들에게 적용되는 합(合), 충(沖), 공망(空亡), 파(破), 해(害), 형(刑) 및 통근(通根) 등의 연결고리의 강도를 적용하여 강약(强弱)으로 판단함은 당연한 것이다.

독자들은 이제 다른 사람들의 12운성 판단법도 이길동의 판단법과 동일하게 적용하면 되기 때문에 12운성법을 통한 또 하나의 삶의 운로(運路)를 판단 할 수 있는 새로운 방법을 터득하게 된 것이다.

사실 12운성 즉 포태법은 당나라때 사주 풀이를 보다 쉽게 접근시키기 위하여 만들어진 것이지만 몇 가지 의문점이 존재하는 것은 사실이다.

사주 명리학의 경우 농경사회(農耕社會)를 바탕으로 태어난 이후 시간부터 죽는 시간까지의 시간 즉 사람이 살아있는 시간 동안 삶의 운로(運路)를 판단하는 순수한 자연과학(自然科學) 학문이지만, 12운성 즉 포태법은 태어나기전 단계에 해당되는 태(胎)와 양(養) 그리고 사후세계(死後世界)에 해당되는 묘(墓)와 절(絶)까지 포함되고 있다. 문제는 이러한 시기에도 삶의 절정기가 발생된다는 것으로 보아 이것은 불교의 윤회사상(輪廻思想)과 상통되는 부분이며, 풍수지리(風水地理)에서 생로병사(生老病死)의 순환과정 즉 나경 3층에서 12포태법(一二胞胎法)을 통한 삼합(三合)을 적용시켜 길흉(吉凶)을 판단하는 것과 비유된다.

즉 사주 오행(五行)에서 인(寅)에 해당되는 장생(長生)부터 유(酉)에 해당되는 사(死)까지는 사주 명리학(命理學) 이론처럼 탄생부터 시작되어 죽음까지 살아있는 동안의 학문적 이론으로 볼 수 있겠으나, 이후에 적용되는 묘(墓)에서 양(養)까지는 사후세계(死後世界)에 해당되므로 사주 이론과는 차이가 있다.

또한 사주 오행에서는 상극(相剋)으로 이루어지는 목극토(木剋土)의 경우 12운성법은 寅(목)과 戊(토)의 관계는 극(剋)의 관계가 아니라 장생(長生) 작용이 이루어진다. 이것들은 사주 명리학과 모순(矛盾)되는 또 다른 부분이기도 하다.

그렇지만, 12운성법도 태어나기전과 사후세계(死後世界)의 과정(묘, 절, 태, 양)을 제외한 나머지 부분 즉 장생(長生), 목욕(沐浴), 관대(冠帶), 건록(建祿), 제왕(帝旺), 쇠(衰), 병(病), 사(死)는 사주 명리학과 상통한 부분이라고 보는 견해가 우세하다.

따라서, 독자들은 적어도 사주 명리학(命理學)을 공부하는 사람이라면 마땅히 12운성법을 알고 이것은 또 다른 사주 해석에 따른 접근 방법이라는 것을 알길 바란다.

12운성법은 동남아 및 일본 등의 국가에서 이용되고, 우리나라의 경우도 사주 전체 흐름을 판단할 때 손쉽게 활용할 수 있는 방법이기 때문에 활용되고 있다.

독자들은 이러한 사실을 알고 이어서 학습되는 용신(用神) 공부에 매진하여 삶의 흐름은 물론 사주 명리학의 최종 목적인 길흉화복(吉凶禍福)을 판단해 주면 되겠다.

2. 용신(用神)을 찾자

전체 사주의 흐름을 예지하고, 판독하는 것은 용신(用神)을 찾고 적용하는 것이다.

즉, 용신을 알고 적용시켜 주어야만 전체 사주의 운로(運路)는 물론 궁합, 이름 짓기, 상호(商號), 택일 등을 정확하게 판단할 수 있다.

통상적으로 풍수지리학(風水地理學)에서 용(龍)을 찾는데 3년 걸리고, 혈(穴)을 찾는 데는 10년 이상 걸린다는 말이 있다.

사주에서는 용신(用神)이나 길성(吉星)과 흉성(凶星) 오행을 찾는 것은 바로 혈을 찾는 것처럼 난해(難解)한 것이기도 하다. 하지만, 사주에서 용신을 판단할 때 사람마다 혹은 시간마다 각각 틀린다면, 사주를 판독하고 해석하는 것이 아니라, 엉터리 사주를 간명하는 것이다.

용신을 정확하게 찾고 적용하지 못하는 사주는 그 만큼 정확도가 떨어지는 것이니 앞날을 예지하기가 어렵다. 이러한 결과가 왜 발생하는가? 그 이유는 간단하다.

그 만큼 정확한 용신(用神)을 찾는다는 것이 어렵다는 것이다. 보는 책마다 자신만의 방식으로 풀이해 놓은 경우도 있기 때문이다.

따라서 저자는 독자들을 위하여 용신 찾기를 체계적(體系的)으로 보기를 들어 설명했으므로 읽어봄으로써 용신이나 길흉성(吉凶星) 오행 찾기에 자신감(自信感)이 생길 것이다.

용신을 찾는 방법으로, 억부법(抑扶法), 조후법(調侯法), 병약법(病藥法), 부법(扶法), 통관법(通關法), 원류법(源流法), 전왕법(專旺法), 격국(格局) 용신 찾기 등이 있다.

이 중 현실적인 조건에서 가장 많이 활용되고 판단하는 억부법과 기후 조건에서 판단하는 조후법 그리고 격국(格局) 용신 찾는법을 많이 사용 된다.

이제 독자들은 용신을 찾고, 이를 통하여 삶의 운로(運路)를 판단해 보기 바란다.

(1) 용신 찾기의 선행 조건

용신(用神)찾기의 선행조건으로 오행(五行)의 상생(相生)과 상극(相剋)작용에 따른 힘과 사주 구성에서 상호 작용하는 힘 그리고 용신(用神)의 구성 조건을 알아보자.

◼ 오행의 작용하는 힘

오행들의 상생(相生)과 상극(相剋) 작용에서의 힘을 알아보면 다음과 같다(※火 기준).

- 동일한 오행(五行)이 만나면 힘이 강(强)해 진다(예, 水와 水, 木과 木, 火와 火, 土와 土, 金과 金).
- 화(火)는 금(金)을 극(剋)하므로(이기므로) 화(火)의 힘이 강(强)해지고, 금(金)의 기운은 절대적으로 약(弱)해진다.
- 수(水)는 화(火)를 극(剋)하므로(이기므로) 수(水)의 힘은 강(强)해지고, 화(火)의 기운은 절대적으로 약(弱)해진다.
- 화(火)는 토(土)를 상생(相生)해 주므로, 화(火)기운은 약(弱)해지고, 토(土)기운은 강(强)해진다(※상생(相生) 작용으로 힘이 빠지는 것을 설기(泄氣)라고 한다).
- 목(木)은 화(火)를 상생(相生)해 주므로, 목(木)기운은 약(弱)해지고, 화(火)기운은 강(强)해진다.

◼ 사주 구성에서 작용하는 힘

사주 구성에서 본인에게 가장 많은 영양을 미치는 것은 월지(月支)로서 약 30%의 영향을 미친다. 그 다음이 일지(日支) 20%, 시지(時支) 20% 순이고, 나머지는 아래와 같다.

구분	천간	지지	지장간(支藏干)
년주(年柱)	5%	5%	○(약8%)
월주(月柱)	10%	(30%)	○(약8%)
일주(日柱)	본인(10%)	20%	○(10%)
시주(時柱)	10%	20%	○(약8%)

◼ 용신을 선택하는 순서는 천간(天干), 지지(地支), 지장간(支藏干)순이다.

사주에서 용신(用神) 오행을 선택하는 순서는 천간(天干)에 존재하는 오행이 최우선이다. 이때 천간(天干)은 지장간(支藏干)과 같은 오행(五行) 즉 통근(通根)관계가 성립되어 뿌리가 강한 것을 용신으로 선택해야 한다.

천간에 용신이 없을 경우 지지(地支)에서 용신을 선택하고, 천간과 지지에도 용신 오행이 없는 경우에 한하여 지장간(支藏干)에서 용신을 선택한다. 지장간에도 용신 오행이 없다면, 사주 구성에 없는 오행을 선택해서 보조 용신으로 사용하기도 한다. 특히 독자들이 실수하는 것은 사주 원국 8개의 오행 즉 천간과 지지에 용신 오행이 없는 경우 지장간에서 용신을 선택한다는 것이지, 지장간이 천간과 지지를 우선해서 용신을 선택할 수 없다.

사람에 따라서 용신은 1개만 존재하는 것이 아니라, 2개 혹은 3개가 존재하는 경우도 있는데, 이런 사람의 경우는 한 가지 일에 매진하지 못하지만 팔자는 좋은 사람이 된다. 용신 찾기가 어려운 사람일수록 혹은 본인에 해당되는 일간(日干)과 거리가 멀리 용신이 위치한 경우 즉 용신의 위치가 년주(年柱)에 존재하는 경우 또는 지장간과 통근 즉 뿌리가 약(弱)한 사람일수록 대부분 병고(病苦)에 시달리며, 승진(昇進), 돈, 건강(健康), 사업(事業), 경쟁(競爭)에서 승기를 잡지 못하고 풍파(風波)가 심히고 실패하는 경우가 된다.

또한, 사주 구성에서 일간(日干)이 용신(用神)이나 희신(喜神)으로 쌓여져 있는 사주라면 틀림없이 좋은 사주이고, 이와 반대로 나쁜 기신(忌神)이나 구신(仇神)으로 구성된 경우라면 나쁜 사주가 된다.

용신을 선택할 때는 지장간(支藏干)과 통근 즉 뿌리가 강한 것을 선택해 주어야 되는 것이지, 지장간과 통근(通根)되지 않는 용신은 그 만큼 작용력이 약(弱)하기 때문에 용신(用神)으로서 작용을 기대할 수 없다.

또한 합(合)으로 오행 기운으로 변화(化)된 오행이거나, 충(沖)이나 공망(空亡)이 작용되는 오행은 용신의 기능을 상실된 것이므로 이 경우의 오행은 용신으로 사용할 수 없다. 따라서, 독자들은 이러한 용신 선택 조건을 바탕으로 지장간과 통근되어 뿌리가 강한 용신(用神)을 선택하고 적용해 주길 바란다.

◼ 일간(日干)은 용신(用神)으로 사용할 수 없는가?

사주에서 자신에게 해당되는 일간(日干)은 용신(用神)으로 사용할 수 없다. 사주를 구성하는 8개의 오행 구성 중 일간과 동일한 오행이 다른 곳에 존재한다면 용신으로 사용할 수 있다.

용신을 바탕으로 이와 함께 작용되는 희신, 기신, 구신, 한신을 정리하면 아래와 같다.

길신 (吉神)	•용신(用神) : 나에게 가장 필요한 오행이다[※최고 길신(吉神)이다]. •희신(喜神) : 용신(用神)을 생(生)해주는 오행이며, 한신을 극(剋)하는 오행이다 [※길신(吉神)이다].

흉신 (凶神)	• 기신(忌神) : 용신을 극(剋)하는 오행이다[※용신을 극(剋)하기 때문에 제일 나쁜 흉신이다]. • 구신(仇神) : 기신을 생(生)해 주는 오행이다[※흉신(凶神)이다]. • 한신(閑神) : 희신이 극(相剋)하는 오행이다[※운로에 따라 흉신과 길신의 성격을 갖고 있다].

사주에서 용신이 선택되었다면 희신, 기신, 구신, 한신을 결정해야 한다.

예를 들면, 용신이 화(火)라면, 희신은 용신 화(火)를 생(生)해 주는 오행이므로 목(木)이고, 기신은 용신 화(火)를 극(剋)하는 수(水)가 되고, 구신은 기신 수(水)를 생(生)해주는 오행이므로 금(金)이며, 한신은 희신 즉 목(木)이 극(剋)하는 오행 이므로 토(土)가 된다. 하나 더 해보자, 용신이 토(土)라면, 희신은 용신 토(土)를 생(生)해 주는 화(火)이고, 기신은 용신 토(土)를 극(剋)하는 목(木)이 되고, 구신은 기신 목(木)을 생(生)해주는 수(水)이며, 한신은 희신 즉 화(火)가 극(剋)하는 금(金)이 된다.

사주에서 작용하는 오행 중 용신이 제일 좋고 그 다음은 희신이 되며, 기신은 절대적으로 나쁘고 구신 역시 나쁜 것이 되며, 한신은 운로(運路)를 보고 판단하면 된다.

이때, 용신(用神)과 희신(喜神)은 희신이 용신을 생(生)하는 상생(相生)관계가 이루어져야 하고, 기신(忌神)과 구신(仇神) 관계 역시 구신이 기신을 생(生)하는 상생(相生)관계가 이루어져야 한다.

그러나, 희신(喜神)의 선택은 마냥 용신을 생(生)해주는 오행으로 결정하지는 않는다. 이것을 명리학에서는 순용(順用)과 역용(逆用)의 원칙이라고 하는데, 일간(日干)이 뿌리가 지장간(支藏干)에 강(强)하게 연결된 신강(身强) 사주에서의 희신(喜神) 판단은 일간(日干)이 용신(用神)을 생(生)해주거나 혹은 일간이 용신을 극(剋)하는 경우 혹은 용신이 일간을 생(生)해주는 경우 혹은 일간(日干)과 용신(用神)이 같은 오행일 경우에는 일간(日干)의 힘이 너무 크게 작용하기 때문에 이때의 희신 판단은 용신이 생(生)해주는 오행이 희신이 된다. 그러나 용신이 일간을 극(剋)하여 일간의 힘을 다소 약(弱)하게 되었을 경우에는 용신이 생(生)해주는 오행이 희신이 된다.

이러한 신강(身强) 사주에서 희신(喜神) 찾기를 정리하면 다음과 같다.

(신강(身强) 사주에서 희신(喜神) 판단법)	
<신강 사주에서 용신과 일간과의 관계>	<희신 판단법>
• 용신(用神) 오행이 일간(日干) 오행을 극(剋)하는 경우	=>용신(用神)을 생(生)하는 오행이 희신(喜神)이 된다. 이때 기신(忌神) 판단은 용신을 극(剋)하는 오행이며, 구신(仇神)은 기신(忌神)을 생(生)해주는 오행이 된다.

	※예) 용신이 화(火)이면, 희신은 목(木)이며, 기신은 수(水)이고 구신은 금(金)이 된다.
• 용신(用神) 오행이 일간(日干) 오행을 생(生)하는 경우 • 용신(用神) 오행과 일간(日干) 오행이 같은 경우 • 일간(日干) 오행이 용신(用神) 오행을 생(生)하는 경우 • 일간(日干) 오행이 용신(用神) 오행을 극(剋)하는 경우	=>용신(用神)이 생(生)해 주는 오행이 희신(喜神)이 된다. 이때 기신(忌神) 판단은 용신을 극(剋)하는 오행이며, 구신(仇神)은 기신(忌神)이 생(生)해 주는 오행이 된다. ※예) 용신이 화(火)이면, 희신은 토(土)이며, 기신은 수(水)이고 구신은 목(木)이 된다.

이렇게 일간(日干)의 뿌리가 강(强)한 신강 사주에서 희신 판단 방법을 다르게 적용하는 이유는 아무리 좋은 일간(日干)일 경우 용신으로 인하여 힘이 너무 강(强)하게 작용하게 되면 사주의 중화됨을 방해하기 때문에 이를 방지함에 있다. 희신 판단에 대한 구체적인 방법은 이어서 설명될 억부법 용신 찾기<2>를 참조해주기 바란다.

특히 독자들은 뒷장에 설명된 <(3) 조후법(調候法) 용신 찾기>에서 조후용신표(調候用神表)를 이용한 '태어난 월(月)을 이용한 용신 찾기'를 이용한다면 더욱 폭넓은 용신을 확인할 수 있다. 사주를 배우는 목적은 용신(用神)을 찾아서 운로(運路)를 확인하기 위함에 있다. 만약 용신이 편관(偏官)이라면 편관처럼 인생(人生)을 살아가게 되고, 정관이라면 높은 관직에 오르는 사람으로 판단한다. 이제부터 용신을 찾아보자. 독자들을 위하여 용신 찾는 방법 중 우선 가장 광범위하게 적용되고 있는 억부법(抑扶法) 용신 찾기를 바탕으로 체계적(體系的)으로 쉽게 전개시켰다.

(2) 억부법(抑扶法) 용신 찾기

용신(用神) 찾기 중 억부법(抑扶法) 용신 찾기가 가장 많이 사용되고 있다. 억부법 용신을 판단하려면 우선 사주가 강(强)한 것인가? 아니면 약(弱)한 것인가? 이것을 먼저 알아야 한다.

이러한 종류는 일간(日干)을 기준으로 작용하는 힘의 구성이 신왕(6:2)과 신강(5:3) 그리고 신약(3:5)과 신쇠(2:6) 그리고 중화(4:4) 사주가 있다. 여기서는 이들의 분류를 신강(身强)과 신약(身弱) 사주로 구분하고 용신(用神)을 판단해 보고자 한다.

이들의 판단 방법은 본인에 해당되는 일간(日干)을 기준으로 천간과 지지에 포함된 7개 오행(五行)과의 관계를 따져 주어, 일간과 같은 편(일간과 같은 오행 이거나 혹은 일간을 생(生)해 주어 일간에 힘을 주는 오행)과 일간과 다른 편(일간을 극(剋)하는 오행 이거나 혹은 일간이 생(生)해 주어 일간의 힘을 빼는 오행)으로 작용되는 관계를 확인하여 판단하는데 이들의 작용이 일간과 같은 편이 강(强)하면 신강(身强) 사주로 판단하고,

일간과 다른 편이 강(强)하면 신약(身弱) 사주로 판단 한다.

이것을 다른 말로 표현하면 일간(日干)과 동일한 오행이거나 혹은 일간을 생(生)해 주는 오행 즉 비겁(비견, 겁재)이거나 혹은 인성(편인, 정인=인수)이 사주 구성에 많은 경우는 신강(身强) 사주이고, 이 외의 경우는 신약(身弱) 사주로 판단한다.

신약 사주의 경우 일간(日干)의 힘을 빼주는 즉 설기(泄氣)시키는 오행, 일간을 극(剋)하는 오행, 일간이 생(生)해 주는 오행에 해당된다. 즉 식상(식신, 상관)과 재성(편재, 정재) 그리고 관성(편관, 정관)이 사주 구성에 많은 경우 신약(身弱) 사주가 된다.

사주 구성에서 오행들의 힘은 다음과 같다.

제일 큰 힘을 발휘하는 것은 월지(月支)인데 이것은 약 30%의 힘을 가지고 있다. 이런 이유 때문에 사람의 성향을 판단하는 격국(格局)은 월지로 판단하는 경우가 많다(※7장 격국 참조). 따라서 일간과 월지와의 비교 하나만으로 신약과 신강 사주를 판단해도 무방하다고 본다.

그 다음은 일지(20%)와 시지(20%)이고, 나머지는 5~10%의 힘을 발휘한다. 지장간(支藏干)은 해당 사주 지지의 1/3정도의 힘을 발휘하게 되고, 그 중에서 힘이 가장 큰 주권신(主權神)을 찾아서 반영해 주면 된다.

사주 구성의 8개의 오행과 지장간 모두를 일간(日干)과 비교해서 신약과 신강 사주를 판단할 필요 없이, 우선 힘이 가장 센 월지(月支), 일지(日支), 시지(時支) 3개와 일간(日干)과 비교해서 내 편인 오행(같은 오행, 일간을 생(生)해주는 오행)이 많으면 신강 사주로 판단하고, 내 편이 아닌 오행 즉 일간을 극(剋)하거나 일간이 생(生)해주는 오행이 많으면 신약 사주로 판단하면 된다.

그러나 월지, 일지, 시지로 판단하기 어려운 경우는 사주를 구성하고 있는 전체 오행은 물론 지장간(支藏干)까지 작용되는 힘의 작용을 확인해서 판단해야 한다.

이렇게 신강과 신약 사주를 판단했다면, 이것을 바탕으로 용신(用神)을 판단해야 한다. 신강 사주에서의 용신 판단은 강(强)해진 일간에 힘을 설기(泄氣) 즉 빼주는 오행(五行)이 용신(用神)이고 길성(吉星)이 된다. 따라서 신강 사주에서는 일간(日干)에 가장 강한 힘의 영향을 주는 월지(月支) 오행을 약(弱)하게 만들어주는 오행이 용신이 되는데, 이때 일간(日干)과도 비교해서 일간과 월지 모두 약(弱)하게 만들어주는 오행이 최종 용신이 된다.

신약 사주는 약(弱)해진 일간에 힘을 강(强)하게 만들어주는 오행이 용신이고 길성(吉星)이 된다. 즉 신약 사주에서는 일간(日干)에게 힘을 강(强)하게 만들어 주는 오행이 용신이 되는데 이것 역시 월지(月支) 오행과 비교해서 일간을 강(强)하게 만들어주는 오행이 최종 용신이 된다.

용신 선택은 비겁(비견, 겁재)이나 혹은 인성(편인, 정인=인수)의 힘이 강(强)하게 적용되어 일간(日干)의 힘이 강(强)한 신강 사주에서의 용신 선택은 식상(식신, 상관)과 재성(편재, 정재) 그리고 관성(편관, 정관)에서 선택하고, 식상(식신, 상관)과 재성(편재, 정재) 그리고 관성(편관, 정관)의 힘이 강(强)하게 적용되어 일간(日干)의 힘이 약(弱)한 신약 사주에서의 용신 선택은 비겁(비견, 겁재)이나 혹은 인성(편인, 정인=인수)에서 용신을 선택한다는 뜻이기도 하다.

또한 무더운 기운에 해당되는 丙, 丁, 戊, 巳, 午, 未와 추운 한습 기운에 해당되는 己, 壬, 癸, 亥, 子, 丑는 중화가 될 수 있도록 상호 변환하여 용신을 판단하기도 한다. 이렇게 판단하는 이유는 오행들의 상호 균형(均衡) 즉 중화를 맞추기 위함에 있다.

여기서는 독자들에게 용신 판단에서 가장 많이 활용되는 억부법 용신(用神) 판단 방법을 보다 쉽게 확인할 수 있도록 억부법(抑扶法) 용신 판단법(1)과 용신 판단법(2)를 구분해서 소개하고자 한다. 둘은 모두 동일하다. 따라서, 독자들은 쉬운 것을 선택하고 활용해 주길 바란다.

억부법(抑扶法) 용신 판단법(1)

억부법 용신을 판단하기 위한 선행 조건은 신강(身强) 과 신약(身弱) 사주를 구분하는 것인데 이들의 판단은 일간(日干)을 기준으로 비겁(비견, 겁재)과 인성(편인, 인수)이 강(强)하게 작용되면 신강 사주로 판단하고, 그 외 나머지 모두는 신약 사주로 판단하면 된다.

그러나 굳이 이렇게 육친(六親)을 적용하여 신약과 신강을 판단하지 않아도, 일간(日干)을 기준으로 힘이 가장 강하게 작용되는 월지(月支)와의 관계 하나만으로 신약과 신강 사주를 판단해도 무방하다. 즉 월지가 비겁이나 인성인 경우 신강 사주로 판단하고, 월지가 그 외 나머지 육친(식상, 재성, 간성)이면 신약 사주로 판단한다.

또한 이것과 동일한 방법이지만 일간과 월지가 같은 오행이거나 혹은 월지가 일간을 생(生)해주어 일간의 힘이 강(强)해지는 경우에는 신강 사주로 판단하면 되고, 이와 반대로 일간과 월지(月支)를 비교해서 월지가 일간을 극(剋)하거나 혹은 일간이 월지를 생(生)해 주어 일간의 힘이 약(弱)해지는 경우는 신약 사주로 판단하면 된다.

이렇게 신약과 신강 사주가 판단되었다면 용신(用神) 판단은 다음과 같다.

신약 사주에서 용신 판단법은 힘이 약(弱)한 일간을 강(强)하게 만들어 주는 것이 용신이기 때문에 사주를 구성하고 있는 오행(五行) 중 일간(日干)을 생(生)해 주거나 혹은 일간과 동일한 오행이 용신인데 최종 판단은 월지(月支)와 비교해서 일간(日干)의 힘을 강(强)하게 만들어 주는 오행이 용신이 된다.

이와는 반대로 신강 사주에서 용신 판단법은 일간(日干)의 힘을 가장 강(强)하게 만들어 주는 것이 월지(月支)이므로 월지의 힘을 빼주는 오행이 용신이 되는데 최종 판단은 일 간(日干)과 비교해서 일간의 힘역시 약(弱)하게 하는 오행이 최종 용신이되는 것이다. 이제 이러한 용신 판단 기준을 바탕으로 아래 사주에서 용신을 선택해보자.

구분	천간	지지	오행		육친		지장간
년주(年柱)	己	巳	토	화	편관	정재	戊, 庚, 丙
월주(月柱)	③辛	②未	금	토	편인	편관	丁, 乙, 丙
일주(日柱)	①(癸)	巳	(수)	화	·	정재	戊, 庚, 丙
시주(時柱)	己	未	토	토	편관	편관	丁, 乙, 丙

본인에 해당되는 일간 ①(癸)를 기준으로 힘이 가장 강한 월지(月支) ②未는 편관이며 나머지 일지 및 시지의 경우도 각각 정재와 편관이기 때문에 신약(身弱) 사주이다. 또 다른 판단법은 일간 ①(癸)는 수(水)이고 월지 ②未는 토(土)이므로 월지과 일간과의 이 들 관계는 토극수(土剋水)가 되어 일간의 힘을 약(弱)하게 작용되니 신약 사주가 된다. 따라서 신약 사주에서 용신(用神) 판단은 약(弱)한 일간 ①癸(수)의 힘을 강(强)하게 만 들어주는 오행이 용신이 되는 것이다. 따라서 일간 ①癸(水)을 강(强)하게 만들어주는 오행이 용신이 되는 것이므로, 용신 오행은 금(金)과 수(水) 둘중에 있다.

이제 이들 중 어느 것이 위 사주에서 용신이 되는 것 인지 판단해 보자.

먼저 월간의 ③辛(금)은 일간 수(水)와 관계를 판단해 보면 금생수(金生水)가 성립되어 일간의 힘을 강(强)하게 만들어주기 때문에 용신은 월간의 금(金)이 된다. 아울러 이것 은 월지 ②未(토)와는 토생금(土生金)이 되어 처음 ②未(토)의 기운보다 작아지므로 일 간 ①(癸)의 수(水) 기운을 보다 적게 토극수(土剋水)가 작용하게 되어 신약 사주에서 필요충분 조건이 되므로 용신(用神)으로서 합당한 조건을 갖춘 오행이 되는 길성(吉星) 이 된다.

또한 위 사주는 신약 사주이므로 용신은 비겁(비견, 겁재)이나 혹은 인성(편인, 정인=인 수)에서 용신을 선택하므로 금(金)은 편인에 해당되므로 이렇게 판단해도 용신의 조건에 맞다.

이제 또 하나의 용신 후보군에 있는 수(水) 오행이 위 사주에서 용신이 될 수 있는 오행 인지 판단해 보자.

수(水)의 경우도 위 사주는 신약 사주에서 일간 癸(수)를 수생수(水生水)의 조건이 성립 되어 일간의 힘을 강(强)하게 만들어주는 오행이고, 위 사주는 무더운 화(火)기운이 강 (强)할뿐더러 특히 6월(未월)에 출생된 사람이라 수(水)기운을 절대적으로 필요한 사람 이다. 그러나, 위 사주는 사주 원국은 물론 지장간까지 찾아보아도 수(水)기운은 없다. 따라서 수(水)는 용신으로 사용할 수 없다.

또한 위 사주는 수(水)의 경우 월지 ②未(토)와의 관계를 판단해 보면 토극수(土剋水)가 성립되어 더욱 강력한 토(土)기운이 성립되는 관계로 이것은 일간 癸(수)를 극(剋)하는 역할을 하므로 일간의 힘을 약(弱)하게 만드니 신약 사주에서의 조건에 맞지 않기 때문에도 수(水)는 용신이 될 수 없다.

따라서, 위 사주에서 용신은 금(金) 즉 ③辛(금)이 용신이 되며, 희신은 용신 금을 생(生)해주는 토(土)이고, 나쁜 기신은 용신 금을 극(剋)하는 화(火)이며 구신은 기신 화를 생(生)해주는 목(木)이다. 한신은 수(水)가 된다.

독자들은 이러한 논리를 적용하면 용신(用神) 찾는 것 역시 어렵지만은 않은 것이다. 사주 구성에서 용신(用神)을 찾는 것이나 길성(吉星)을 찾는 것은 동일하다.

따라서, 위 사주는 신약 사주이므로 일간 癸(수)의 힘을 강(强)하게 만들어주는 것이 용신이며 이것이 길성 오행이 되는 것이다.

일간 ①癸(수)의 작용을 확인해 보면 금생수(金生水)와 수생수(水生水)는 일간의 힘을 강(强)하게 만들어 주는 오행(五行)이기 때문에 길성(吉星)이자 용신 되며, 이를 육친(六親)으로 판단해 보면 금(金) 기운은 인성이 되고, 수(水) 기운은 비겁이다. 따라서 사주 해석(解析)에서 인성과 비겁은 길성(吉星)으로 작용되며 이러한 것은 대운(大運)이나 세운(歲運) 판단에서도 동일하게 적용 된다. 이러한 논리 전개로 판단하는 것이 곧 사주 해석(解析)이며 통변술(通辯術)이다.

여기서 독자들이 알아야 될 사항이 있다.

나쁜 구신으로 판단된 목(木)은 일간 癸(수)를 극(剋)하여 완전 소멸시키는 것을 아니지만 일간과의 관계는 수생목(水生木)의 상생 작용이 되어 일간의 힘을 빼주는 역할을 하는 것이므로 도움이 되지 않는 흉성(凶星)이지만 이 경우 사주에서 해석(解析)은 목(木) 기운은 위 사주에서 식상(식신, 상관)이 되므로 투자에서 돈을 잃는 논리로 판단해 주거나 혹은 여자의 경우 자식(아들, 딸)에게 재물을 잃거나 손해를 본다고 해석하면 된다.

아울러 신강 사주에서 용신 판단법은 힘이 강(强)하게 작용되는 월지(月支)의 힘을 빼주고 또한 강(强)한 일간을 약(弱)하게 만들어 주는 오행이 용신(用神)이자 길성(吉星)이 되므로 사주를 구성하고 있는 오행(五行) 중 일간(日干)을 극(剋)하거나 혹은 일간의 힘을 설기(泄氣)시키는 즉 빼주는 오행이 용신이 된다.

따라서, 신약과 신강 사주에서 이러한 작용들을 적용시켜 주는 것이 사주 해석(解析) 즉 통변(通辯)이 되는 것이다. 이러한 것들은 8장 '사주 해석'에서 자세히 설명하였다. 이렇게하여 용신(用神)은 물론 용신과 동일한 길성(吉星) 오행을 판단해 보았다. 물론 이들은 사주 구성에서 뿌리 즉 통근이 강(强)해야 한다.

억부법(抑扶法) 용신 판단법(2)

독자들은 위에서 소개된 억부법 용신 판단법(1)을 학습하였음으로 용신(用神) 판단법은 물론 사주 구성에서 길성(吉星)을 선택하고 찾는 방법과 적용 방법을 알았다. 그러나 여기서 소개하는 용신 판단법(2)는 용신 판단법(1)과 동일 선상으로 이들은 모두 같은 것이다. 그러나 여기서 독자들을 위하여 용신 판단법(2)를 소개하는 목적은 사주 구성에서 용신 판단의 선택 폭을 넓힐 수 있도록 하기 위함에 있다. 따라서 억부법 용신 판단법(2)에서 제시된 억부법 용신 찾기<1>, <2>, <3>, <4>, <5>를 통하여 용신 판단에 자신감(自信感)을 갖기 바란다.

■ 억부법 용신 찾기<1>

신약(身弱) 사주에서 용신 판단법
신약(身弱) 사주에서 용신 판단은 일간(日干)의 힘을 강(強)하게 만들어 주는 오행을 선택 후, 선택된 오행과 월지(月支)의 힘을 비교해서 일간의 힘을 강(強)하게 만들어 주는 오행이 용신이 된다.

이러한 신약(身弱) 사주에서 용신 선택법을 바탕으로 아래 사주에서 용신을 판단해보자.

구분	천간	지지	육친		지장간
년주(年柱)	辛	酉	비견	비견	庚, 辛
월주(月柱)	甲	①午(화)	정재	편관	丙, ⓐ己(토), 丁
일주(日柱)	㉔辛(금)	②巳(화)	·	정관	ⓑ戊(토), 庚, 丙
시주(時柱)	㉠戊(토)	③子(수)	정인	식신	壬, 癸

우선 위 사주가 신강(身強) 사주인지? 아니면 신약(身弱) 사주인가? 확인 후 용신(用神)을 판단해 보자

첫째, 사주 구성에서 약 3배의 힘을 가지고 있는 월지(月支) 그리고 그 다음의 일지(日支) 그리고 시지(時支) 이들 3개와 일간(日干)과의 관계로 판단한다. 즉 일간 ㉔辛(금)과 월지, 일지, 시지 3개와의 작용 관계를 아래 표를 이용하여 내편과 내편이 아닌 경우로 판단해보자.

구분	내 편인 경우	내 편이 아닌 경우
일간(日干)과 다른 오행과의 비교	• 일간과 같은 오행 • 일간을 생(生)해주는 오행 • 비겁(비견, 겁재), 인성(편인, 정인=인수)인 경우	• 일간과 서로 극(剋)하는 오행 • 일간이 생(生)해주는 오행 • 식상(식신, 상관), 재성(편재, 정재), 관성(편관, 정관)인 경우
	※<참고> 1. 신강 사주 판단 ; 내 편이 많은 경우	

-일간 ㉮辛(금)을 기준으로 월지 ①午(화)와는 화극금(火剋金)이 되므로 일간을 극(剋)하니 내편이 아니다.

-일간 ㉮辛(금)을 기준으로 일지 ②巳(화)와는 화극금(火剋金)이 되므로 일간을 극(剋)하니 내편이 아니다.

-일간 ㉮辛(금)을 기준으로 시지 ③子(수)와는 금생수(金生水)가 되어 일간이 오히려 시지를 생(生)해 주어 힘이 빠지는 설기(泄氣)작용이 이루어지므로 내편이 아니다.

따라서, 일간 ㉮辛(금)과 사주 구성에서 힘이 가장 강(强)한 월지, 일지, 시지의 3개와의 관계만 확인해 보면 3개 모두 내편이 아니므로 일간 ㉮辛(금)은 힘을 잃어 약(弱)하게 되었으므로 위 사주는 신약(身弱) 사주가 된다.

여기서 이들 일간과의 관계 판단에서 지지 3개 중 2개~3개가 내편이고 힘이 가장 강한 월지(月支)가 포함되어 있다면 신강 사주로 판단하고, 1개가 내편인 경우는 사주 전제를 구성하는 7개 전체 오행의 힘 모두를 일간(日干)과 판단해서 신강(身强)과 신약(身弱) 사주를 판단해 주면 된다.

둘째, 위의 첫째 방법에서 적용된 월지, 일지, 시지 중 가장 강(强)한 힘을 발휘하는 월지(月支)하나만으로 일간과 비교해서 판단해도 무방하다. 즉, 위 사주의 일간 ㉮辛(금)과 사주 구성에서 가장 강(强)한 힘을 발휘하는 월지(月支) ①午(화)와 비교해 보니 월지의 화(火)는 일간 금(金)을 화극금(火剋金)으로 극(剋)하는 관계가 성립되므로 일간의 힘을 약(弱)하게 만들기 때문에 위 사주는 신약(身弱) 사주가 된다. 또는 위 사주는 월지 ①午(화)가 편관이므로 신약(身弱) 사주가 된다. 만약 월지 ①午(화)가 비겁이나 인성이면 신강(身强) 사주가 된다.

셋째, 본인에 해당되는 일간 ㉮辛(금)을 기준으로 천간과 지지 오행 7개 모두를 조사하여 일간과 같은 편(일간과 같은 오행 이거나 혹은 일간을 생(生)해 주어 일간에게 힘을 실어주는 오행)과 일간과 다른 편(일간을 극(剋)하는 오행 이거나 혹은 일간이 생(生)해 주어 일간의 힘을 빼주는 오행)을 전부 확인해서 신강과 신약 사주를 판단한다. 그래도 판단하기 어려운 경우 지장간의 힘을 반영해서 신강과 신약을 판단해야 한다. 위 사주의 경우 일간 ㉮辛(금)과 천간과 지지 오행 7개 그리고 지장간 오행 모두를 일간과 비교 판단해 보면 일간 ㉮辛(금) 기운이 약(弱)하게 되므로 위 사주는 신약(身弱) 사주이다. 또는 위 사주는 일간 ㉮辛(금) 주위에 비겁이나 인성보다는 식상, 재성, 관성이 많으므로 신약(身强) 사주이다.

넷째, 위 사주는 신약(身弱) 사주로 판단되었으므로, 이제 이를 토대로 용신(用神)을 판단해보자. 판단 방법은 신약 사주에서 신약 사주가 된 이유를 찾아서 아래와 같이 일간과 나머지 오행들의 조건을 만족시킬 수 있도록 균형(均衡)을 유지시켜 주면 된다.

구분	일간(日干)	일간(日干) 외 오행
신강 사주 용신 선택	• 일간(日干)의 힘을 빼주는 오행을 선택한다.	• 월지, 일지, 시지 등에서 신강으로 판단된 것들의 힘을 빼주는(설기) 오행을 선택한다.
신약 사주 용신 선택	• 일간(日干)의 힘을 더해주는 오행을 선택한다.	• 월지, 일지, 시지 등에서 신약으로 판단된 것들의 힘을 더해주거나 혹은 힘을 빼주는(설기) 오행을 선택한다.

즉, 신강 사주에서는 일간의 힘을 약(弱)하게 하고, 아울러 핵심 오행들의 힘을 빼주는 오행이 용신이 되고, 신약(身弱) 사주에서는 일간의 힘을 더해주어 강(强)하게 하고, 아울러 핵심 오행들의 힘을 더해주거나 혹은 빼주는 오행이 용신이 된다.

위 사주는 신약 사주이므로 신약 사주가 된 이유는 ①午(화)와 ②巳(화) 즉 관성(편관, 정관)의 화(火)기운이 강(强)하기 때문에 일간 ㉯辛(금)을 화극금(火剋金)이 되어 극(剋)하여 무력화 시켜서 일간이 힘이 약(弱)해졌기 때문에 신약 사주가 되었다. 따라서 ①午(화)와 ②巳(화) 즉 관성(편관, 정관)의 힘을 빼주고 일간(日干)의 힘을 더해주는 오행(五行)이 용신이 되는 것이다.

따라서, 관성(편관, 정관)의 힘을 빼주는 방법은, 식상(식신, 상관)으로 관성을 극(剋)하든지 아니면, 관성이 생(生)해주는 인성(편인, 인수)을 적용시켜서 힘을 빼주면 된다. 즉 설기(泄氣)시켜주면 된다.

이제 위 사주를 다시보자. 용신이 될 조건은 관성(편관, 정관)과 인성(편인, 인수)으로 압축되었으므로 이들을 위 사주에서 찾아보면 시간(時干)의 정인 ㉠戊(토) 아니면, 시지(時支)의 식신 ③子(수)의 둘 중에 하나가 용신이 된다.

이들 중 시지의 식신에 해당되는 ③子(수)는 본인에 해당되는 일간 ㉯辛(금)과의 관계를 확인해 보면 금생수(金生水)가 되어 일간의 힘을 빼주게 되어 신약사주 조건에 맞지 않는다. 신약 사주의 용신 조건은 일간(日干)의 힘을 강하게 만들어 주는 것이어야 하기 때문이다. 따라서 위 사주에서는 ③子(수)는 용신이 될 수 없다.

이번에는 시간(時干)의 정인 ㉠戊(토)를 확인해 보자. 일간 ㉯辛(금)과의 관계를 확인해 보면 토생금(土生金)이 되어 일간의 힘을 강(强)하게 만들어 주고 또한 월지와 일지의 화(火)와는 화생토(火生土)가 되어 힘을 빼주니 신약 사주의 중화 조건이 맞다. 따라서 용신은 정인 ㉠戊(토)가 된다.

또한 다른 방법으로 용신을 찾는 방법은 위 사주는 식상(식신, 상관)과 재성(편재, 정재) 그리고 관성(편관, 정관)의 힘이 강(强)하게 적용되는 신약 사주가 된다. 따라서 신약 사주에서 용신은 인성이 된다. 이렇게 간단하게 판단 해봐도 용신은 정인 ㉠戊(토)가 맞다.

지금까지 신약 사주인 위의 조건에서 용신 찾기를 종합해 보면 일간 ㉮辛(금)의 힘을 강(强)하게 만들어 주는 오행이 용신이 되므로 금생금(金生金)의 금(金) 아니면 토생금(土生金)의 토(土)가 된다. 그러나 최종 용신 선택은 월지(月支) ①午(화)와 비교해서 일간 ㉮辛(금)을 강(强)하게 만들어 주는 오행이 용신이 되는 것이다.

따라서, 토(土)의 경우 일간 금(金)을 토생금(土生金)으로 강하게 만들어 주고, 또한 월지 ①午(화)와 관계는 화생토(화생토)로서 화(火)의 기운을 약(弱)하게 만들어 주기 때문에 이것은 일간 ㉮辛(금)을 작게 극(剋)히므로 용신으로 합당한 것이다.

이제 용신을 찾았으니 길(吉)하게 작용되는 희신(喜神)과 흉(凶)으로 작용되는 기신(忌神), 구신(仇神) 그리고 한신(閑神)을 판단해 보자.

용신이 토(土)이니, 희신은 용신 토(土)를 생(生)해 주는 화(火)이고, 기신은 용신 토(土)를 극(剋)하는 목(木)이 되고, 구신은 기신 목(木)을 생(生)해주는 수(水)이며, 한신은 희신 화(火)가 극(剋)하는 금(金)이 된다.

이렇게 용신을 판단했다면 최종 확인해야 될 사항이 있다. 용신으로 선택된 오행은 탄탄한 뿌리 즉 통근(通根)이 형성되어야하고, 공망(空亡)과 충(沖)이 작용되지 말아야하고, 합(合)으로 변화(化)되는 기능이 없어야만 용신으로 선택 할 수 있다. 그 이유는 용신으로 판단된 오행은 힘이 있어야만 용신으로 기능을 할 수 있기 때문이다. 만약 이러한 조건을 갖추지 못한 용신이라면 성공(成功)이나 출세(出世)할 수가 없다. 아울러 용신이 천간(天干)에 존재하는 것이 가장 좋고, 그 다음은 지지(地支) 그리고 지장간(支藏干)에 존재해도 무방하며, 사주 구성에 없는 용신은 밖에서 선택할 수도 있다.

위 사주는 용신으로 판단된 시지(時支)의 정인 ㉠戊(토)은 같은 토(土)로써 지장간 ⓐ己(토)와 ⓑ戊(토)에 뿌리를 내리고 있다. ⓐ己(토)의 경우 자오충(子午沖)이 성립되어 기능을 상실하지만 ⓑ戊(토)에 튼튼한 뿌리를 내리고 있기 때문에 용신으로 적합하다. 또한 용신으로 선택된 ㉠戊(토)은 정인이므로 길성 용신(정관, 재성, 정인, 식신)에 해당되고 어머니 복은 물론 지능이 뛰어난 사람으로 판단 할 수 있다. 또한 용신 토(土) 주의에 용신을 생(生)해주는 오행 즉 화(火) 등이 존재하면 좋은 팔자로 보기 때문에 위 사주의 경우 화(火)가 존재하므로 살아가는데 무난한 사주로 판단할 수 있다.

■ 억부법 용신 찾기<2>

신강(身强) 사주에서 용신 판단은 월지(月支)의 힘을 약(弱)하게 만들어 주는 오행을 선택 후, 선택된 오행과 일간(日干)의 힘을 비교해서 일간의 힘을 약(弱)하게 만들어 주는 오행이 용신이 된다.

이러한 신강(身强) 사주에서 용신 선택법을 바탕으로 아래 사주에서 용신을 판단해보자.

구분	천간	지지	육친		지장간
년주(年柱)	㉠辛(금)	卯	상관	정관	甲, 乙
월주(月柱)	甲	①午(화)	편관	정인	丙, ⓑ己(겁재), 丁
일주(日柱)	㉮戊(토)	②寅(목)	·	편관	ⓒ戊(비견), 丙, 甲
시주(時柱)	ⓐ戊	③午(화)	비견	정인	丙, ⓓ己(겁재), 丁

우선 용신 판단에 앞서 신약(身弱)과 신강(身强) 사주를 판단하기 위하여 일간(日干)과의 작용되는 힘을 판단해 보자.

우선 일간 ㉮戊(토)를 기준으로 작용 힘이 가장 강한 월지(月支)의 ①午(화), 일지(日支)의 ②寅(목) 그리고 시지(時支)의 ③午(화)와의 작용 관계를 확인해보자.

우선 일간 ㉮戊(토)를 기준으로 월지 ①午(화)는 화생토(火生土)가 되어 일간에게 힘을 실어 주는 것이므로 내편이 된다. 일지 ②寅(목)은 목극토(木剋土)가 되어 일간을 극(剋)하므로 내편이 아니며, 시지 ③午(화)는 화생토(火生土)가 되어 일간에게 힘을 실어 주는 것이므로 내편이 된다.

따라서, 힘이 가장 강(强)하게 작용되는 월지와 시지가 내편이 되어 일간(日干)에 힘을 실어주는 것이므로 위 사주는 신강(身强) 사주이다.

또는, 힘이 가장 강한 월지(月支)의 ①午(화)가 일간 ㉮戊(토)를 화생토(火生土)로 생(生)하여 일간의 힘을 강(强)하게 만들어 주니 신강 사주가 된다. 그리고 힘이 가장 강한 월지(月支) ①午(화)가 정인이므로 신강 사주이며, 또한 일간 ㉮戊를 기준으로 식상, 재성, 관성보다는 내편에 해당되는 비겁과 인성이 많은 사주로 구성되어 있으므로 이렇게 판단해도 위 사주는 신강(身强) 사주이다.

이제 신강 사주를 알았으니 이를 토대로 용신(用神)을 판단해보자.

신강 사주에서 용신 판단은 신강 사주가 된 이유에 해당되는 일간에 힘을 강하게 만들어준 오행(五行)이 있었으므로 이들을 찾아서, 이들과 일간의 힘을 빼주는 즉 설기(泄氣)시키는 오행이 용신이 된다.

즉, 월지 ①午(화)와 시지 ③午(화)는 일간 ㉮戊(토)에게 화생토(火生土)로써 힘을 실어 주었기 때문에 신강 사주가 되었기 때문에 이들의 균형(均衡)을 맞추려면 이들의 힘을 설기 즉 빼주는 것이 용신이 된다. 이들은 둘다 모두 정인이므로 정인의 힘을 설기(泄氣) 즉 빼주려면 비겁(비견, 겁재)를 생(生)해주든지, 아니면 재성(편재, 정재)으로 정인을 극(剋)하여 정인의 힘을 **빼주면** 된다.

따라서, 위 사주에서 용신을 선택하기 위하여 우선 비겁을 찾아보니 비겁은 시간(時干) ⓐ戊(토)는 물론 지장간(支藏干)에 ⓑ己(겁재), ⓒ戊(비견), ⓓ己(겁재)가 존재하여 뿌리를 내리기 때문에 ⓐ戊는 물론 지장간의 오행들도 용신으로 사용할 수 있다. 그러나 이들은 모두 토(土)이기 때문에 일간 ㉮戊(토)에게 오히려 힘을 강(强)하게 만들어주기 때문에 신강 사주에서의 용신(用神) 선택에 위배된다. 따라서, 비겁 토(土)는 위 사주에서 용신이 될 수 없다.

비겁(비견, 겁재)이 용신으로 사용할 수 없으므로 이때는 비겁 다음 오행(五行)을 찾아서 용신을 결정해 주면 된다. 즉, 비겁-식상-재성-관성-인성 순(順)에서 비겁 다음의 식상(식신, 상관)이 용신이 된다.

따라서 이 사주에서 식상은 연간의 상관 ㉠辛(금)이 해당되므로 용신은 ㉠辛(금)이며 이것은 육친으로 보면 상관이며 이것이 길성(吉星)으로 작용되는 것이다.

용신으로 선택된 ㉠辛(금)의 경우 위의 신강 사주에서 일간 ㉮戊(토)와는 토생금(토생금)가 되어 일간의 힘은 **빼주니** 용신으로 합당하다.

특히 독자들은 첫 번째 용신 선택이 성립되지 않는 경우는 반드시 다음 육친 오행을 선택하여 용신으로 결정해 주면 된다.

이번에는 위 사주에서 두 번째 다른 방법으로 용신을 판단해 보자. 재성(편재, 정재)으로 일간과 월지 정인 즉 ①午(화)를 극(剋)하게 하여 신강 사주에서 용신을 찾아보자. 재성에 해당되는 수(水)는 사주 원국은 물론 지장간에도 없다. 이런 경우 즉 재성 다음 오행을 찾아서 용신을 선택해 주면 된다. 이때는 역순(逆順)이 되므로 인성-관성-재성-식상-비겁 순(順)으로 적용한다. 재성 다음 오행은 식상이다. 따라서 위 사주에서 용신은 상관 ㉠辛(금)이 된다.

물론 위 사주는 비겁과 인성이 강(强)한 신강 사주이므로 용신은 식상(식신, 상관), 재성(편재, 정재), 관성(편관, 정관) 중에서 용신이 결정되므로 상관 ㉠辛(금)은 용신으로 합당한 것이다.

따라서, 독자들은 위의 용신 찾기에서 첫 번째 방법이나 두 번째 방법 모두 동일한 용신 찾는 방법이다. 이번에는 같은 방법이지만 오행(五行)의 순환으로 용신을 찾아보자. 위의 사주는 신강 사주이므로 신강에서의 용신 선택법은 가장 힘이 강(强)하게 미치는 월지(月支) 즉 ①午(화)의 힘을 약(弱)하게 해주는 오행 즉 수극화(水剋火)의 수(水) 혹은 화생토(火生土)의 토(土)가 용신이 되는데 최종 결정은 일간 ㉮戊(토)와 비교해서 일간을 약(弱)하게 하는 오행이 최종 용신이 되는 것이다.

토(土)의 경우 월지(月支) ①午(화)의 관계는 화생토(火生土)가 되어 힘을 약(弱)하게 해

주니 용신으로 합당하나, 문제는 일간 ㉮戊(토)와는 토생토(土生土)가 되어 힘을 오히려 강(强)하게 만들어 주니 용신 오행이 되지 못한다. 이경우는 오행의 순행 작용으로 토(土) 다음 오행인 금(金)이 용신이 된다.

이번에는 수(水) 오행을 판단해 보자. 수(水)는 월지(月支) ①午(화)의 관계는 수극화(水剋火)가 되어 힘을 약(弱)하게 해주니 용신으로 합당하나, 문제는 일간 ㉮戊(토)와는 토극수(土剋水)가 되어 힘을 오히려 강(强)하게 만들어 주니 용신 오행이 되지 못한다. 이 경우는 월지를 극(剋)했으므로 오행의 역행으로 다음 오행이 최종 용신으로 판단한다. 즉 수=>금=>토=>화=>목이 되어 수(水) 다음 역오행의 금(金)이 최종 용신이 된다.

따라서, 용신 선택은 월지나 일간 모두 필요 충분 조건이 성립되지 않는 경우 순기능 다음 오행을 선택하거나 혹은 역기능 다음 오행을 선택하거나 용신은 모두 동일하다. 이렇게 하여 위 사주에서 용신으로 선택된 연간 ㉠辛(금)은 상관(傷官)으로 위 사람은 상관 운으로 살아가게 된다. 또한 용신 ㉠辛(금) 주위에 금(金)을 생(生)해주는 토(土)가 존재하여 좋은 사주이기도 하나, 용신 금(金)을 극(剋)하는 화(火) 등도 존재하고 있다. 특히 위 사람의 용신으로 선택된 ㉠辛(금)은 지지(地支)나 지장간에도 같은 금(金)이 없기 때문에 통근(通根) 즉 뿌리를 내리지 못했으므로 용신(用神)으로서의 기능은 물론 상관에 해당되는 아들, 조모, 손녀들로 부터 아무런 역할이나 영향력이 없이 들러리 삶으로 살아가고 있는 사람이다.

이제 신강 사주에서 용신이 금(金)이란 것을 알았으니, 희신, 기신, 구신, 한신을 판단해 보자.

일반적인 사주에서 희신(喜神) 판단은 용신을 생(生)해주는 것을 희신으로 선택한다. 그러나 일간(日干)이 지장간(支藏干)에 강(强)하게 통근(通根) 즉 뿌리가 내리고 있는 신강 사주에서의 희신 판단은 용신(用神)과 일간(日干)과의 관계를 판단해서 결정하는데 이때는 용신이 생(生)해주는 오행을 희신으로 선택하기도 하고, 용신을 생(生)해주는 오행을 희신으로 선택하기도 한다.

이에 대한 내용을 확인하기 위해서 위 사주를 보자. 위 사주의 용신은 금(金)이다. 그러나 일간 ㉮戊(토)는 용신 금(金)을 토생금(土生金)으로 생(生)해 주므로 이때의 희신은 토(土)가 아니라, 용신 금(金)이 생(生)해주는 수(水)가 희신이 된다. 기신은 화(火), 구신은 토(土), 한신은 목(木)이다.

이렇게 신강 사주에서 희신(喜神) 판단은 순용(順用)과 역용(逆用)의 원칙에 준하여 판단하는데 그 이유는 사주 구성에서 용신 오행의 힘이 너무 강(强)한 것을 중화시키기 위함에 있다. 이것을 위의 사주에서 구체적으로 확인해 보자.

월지(月支)가 인성이어서 강(强)한 신강 사주이며 일간(日干)이 강(强)하게 지장간(支藏

干)에 통근(通根) 즉 뿌리가 내린 사주이다. 즉 일간 토(土)와 용신 금(金)과의 관계는 일간이 용신을 생(生)해 주므로 이때의 희신 판단은 용신을 생(生) 해주는 오행에 해당되는 토(土)가 아니라, 용신이 생(生) 해주는 오행 즉 수(水)가 희신이 된다. 이것을 다시 쉽게 설명하면, 일간(日干)의 힘이 강(强)한 신강 사주에서 희신 판단 방법은 용신이 일간을 극(剋)하는 경우에는 용신을 생(生)해주는 오행이 희신이 되지만, 일간(日干)이 용신을 생(生)해주거나 혹은 일간이 용신을 극(剋)하는 경우 혹은 용신이 일간을 생(生)해주거나 혹은 일간과 용신이 같은 오행인 경우에서의 희신 판단은 용신이 생(生)해주는 오행이 희신이 된다. 아래 사주를 보자.

A사주					B사주				
丙	寅	비견	편인	戊,㉭丙,甲	庚	子	정재	편관	壬癸
甲	②午(화)	편인	겁재	㉯丙,己,㉱丁	己	Ⓑ卯(목)	식신	편인	戊,㉠丙,甲
①丙(화)	申	·	편재	戊壬庚	Ⓐ丁(화)	卯	·	편인	戊,㉡丙,甲
壬	辰	정관	식신	乙癸戊	丁	未	비견	식신	㉢丁,乙,己

A사주의 경우 월지 ②午(화)가 겁재이고 화(火)가 되어 일간 ①丙(화)와의 관계는 서로 같은 화(火)가 되고, 또한 일간은 화(火)로서 지장간의 ㉭丙, ㉯丙, ㉱丁와 같은 화(火)로서 통근 즉 뿌리가 강(强)하게 구성된 신강 사주이다.

따라서, 용신은 월지 ②午(화)의 힘과 일간 ①丙(화)의 힘을 빼주는 수(水)를 사용하면 필요중분 조건이 성립되므로 용신은 수(水)이다.

이제 희신을 판단해 보자. 신강 사주에서 용신 수(水)는 일간 ①丙(화)를 수극화(水剋火)하여 일간을 극(剋)하므로 이때 희신 판단은 용신 수(水)를 생(生)해주는 금(金)이 희신이 된다.

그러나 B사주를 보자. B사주는 월지 Ⓑ卯(목)이 편인이자 목(木)이 되어 일간 Ⓐ丁(화)의 관계는 목생화(木生火)가 성립되고, 또한 일간 Ⓐ丁(화)는 지장간의 ㉠丙, ㉡丙, ㉢丁과는 같은 화(火)로서 통근 즉 뿌리가 강(强)하게 구성된 신강 사주이다.

이 때 용신 선택은 월지 Ⓑ卯(목)의 힘을 빼주는 것이 용신이 되는데 이 경우 월지를 극(剋)하는 금(金)아니면, 월지를 설기 시키는 화(火)가 용신이 된다.

화(火)를 용신으로 판단해 보면, 월지 목(木)의 힘은 빼주나, 일간 화(火)의 힘을 오히려 강(强)하게 만들어 주기 때문에 필요충분조건이 성립되지 못하므로 화(火)다음 오행에 해당되는 토(土)가 용신이 된다.

이제 희신을 판단해 보자. 신강 사주에서 용신 토(土)는 일간 Ⓐ丁(화)와 관계를 확인해 보면 화생토(火生土)가 성립되어 일간 화(火)가 용신 토(土)를 극(剋)하지 않고 생(生)해주므로 이때의 희신 판단은 용신 토(土)를 생(生)해주는 화(火)가 아니라, 용신 토(土)가 생(生)해주는 토생금(土生金)의 금(金)이 희신이 된다. 이때 기신은 용신을 극(剋)하는 목(木)이며 구신은 기신 목(木)이 생(生)하는 화(火)이고 한신은 수(水)이다.

이렇게 일간(日干)의 뿌리가 강(强)한 신강 사주에서 용신이 일간을 극(剋)하는 경우와 그 외의 경우 희신 판단 방법을 다르게 적용하는 이유는 용신으로 인하여 너무 강(强)한 일간(日干)의 작용은 전체 사주가 중화됨을 방해하기 때문이란 사실을 잊지 말자.

그러나 신강 사주일 경우도 일간(日干)이 지장간(支藏干)에 강(强)하게 통근(通根) 즉 뿌리가 내리고 못하는 경우에는, 일간이 용신을 생(生)해 주든지 아니면 일간이 용신을 극(剋)해 주든지 아니면 일간과 용신이 같은 경우 혹은 용신이 일간을 생(生)해주거나 혹은 용신이 일간을 극(剋)하는 경우에 상관없이 이때의 희신(喜神) 판단은 용신을 생(生)해주는 오행이 희신이 된다.

이러한 용신과 희신 판단은 7장 격국(格局)에서 해당 국(局)마다 설명된 용신을 적용하고 판단해도 된다.

■ 억부법 용신 찾기<3> : 지장간(支藏干)에서 용신 찾기

구분	천간	지지	육친		지장간
년주(年柱)	丁	未	겁재	상관	丁, 乙, 己
월주(月柱)	ⓐ庚	①戌(토)	편재	식신	辛, 丁, 戊
일주(日柱)	㉮丙(화)	②辰(토)	·	식신	乙, ㉠癸(水, 정관), 戊
시주(時柱)	丙	③申(금)	비견	편재	己, ㉡壬(水, 편관), 庚

위 사주는 일간 ㉮丙(화)를 기준으로 월지(月支) ①戌(토), 일지(日支) ②辰(토)그리고 시지(時支) ③申(금)의 작용 관계를 판단해 보면, 화생토(火生土) 및 화극금(火剋金)이 성립되어 일간과 다른 편이 더 많으므로 신약(身弱) 사주이다.

아울러, 일간 ㉮丙(화)는 힘이 가장 강한 월지(月支) ①戌(토)와의 관계는 화생토(火生土)가 되어 일간의 힘이 약(弱)해지기 때문에 신약 사주이며, 그리고 사주 구성에서 힘이 가장 강한 월지(月支) ①戌(토)가 식신이므로 신약 사주이다. 또한 일간 ㉮丙(화)를 기준으로 비겁과 인성보다는 재성, 관상, 식상이 많은 사주로 구성되어 있으므로 이렇게 판단해도 위 사주는 신약(身弱) 사주이다.

이제 신약 사주를 알았으니 용신을 판단해 보자.

위 사주는 ①戌(토)와 ②辰(토)의 기운이 강(强)하기 때문에 일간 ㉮丙(화)의 힘이 약해져서 신약 사주가 되었으므로 용신 오행은 일간 ㉮丙(화)에게는 힘을 강(强)하게 만들어 주는 오행이 되어야 하고, 월지와 일지의 ①戌(토)와 ②辰(토)에게는 힘을 약(弱)하게 만들어 주는 오행이 용신이 된다. 즉 월지와 일지의 식신의 힘을 설기(泄氣) 즉 **빼주어야** 한다.

우선 인성(인수, 편인)으로 극(剋)하여 식신의 기운을 **빼보자**. 위 사주는 인성이 없으므로 이것은 해당이 없다.

이제 재성(편재, 정재)을 적용시켜 식신을 생(生)하여 힘을 빼보자. 재성 즉 ⓐ庚(편재)는 금(金)이므로 이것으로 월지와 일지와의 관계는 토생금(土生金)이 되어 월지와 일지에 힘을 빼주니 용신의 조건으로 합당하다. 다음은 일간에 금(金)을 적용시켜 보자. 화극금(火剋金)이 되어 일간의 힘을 강(强)하게 만들기 주니 신약 사주에서 용신으로 재성의 금(金)은 합당하다.

그러나 위 사주를 다시 한 번 보자.

위 사주는 화(火)기운이 년간, 일간, 시간에 3개가 존재하는 매우 강한 불덩어리 사주이다. 따라서, 용신으로 선택된 금(金)은 화극금(火剋金)이 되어 녹아 없어지므로 용신으로 사용할 수 없다.

따라서, 위 사주에서 용신은 재성(편재, 정재)의 금(金)은 합당하지 못하다.

이 경우 재성 다음의 순환 오행에 해당되는 관성을 적용시켜 월지와 일지에 있는 식신의 힘을 설기(泄氣) 즉 빼주고 이것을 용신을 선택한다.

즉, 비겁-식상-재성-관성-인성의 순환 구조에서 재성 다음의 수(水)의 관성(편관, 정관)을 용신으로 적용해 주어야 한다.

위 사주에서 관성은 사주 원국에는 없고, 지장간(支藏干) ㉠癸(수)와 ㉡壬(수)에 존재한다. 이제 이들 둘 중에 하나를 선택해 한다.

이렇게 사주 원국의 8개의 오행 중에 수(水) 오행이 없는 경우에 한해서 지장간에서 용신을 찾는다.

월지 ①戌과 일지 ②辰는 진술충(辰戌沖)이 성립되어 ㉠癸(수)의 정관은 용신으로 사용할 수 없고, ㉡壬(수)의 편관이 용신이 된다. 아울러 위 사주는 강한 불덩어리 사주이므로 수(水) 중에서도 작은 이슬 등에 해당되는 ㉠癸(수)는 합당하지 못하고, 큰 강물에 해당되는 ㉡壬(수)가 용신이 되는 이치(理致)이기도 하다.

위 사주에서 다른 방법으로도 쉽게 용신을 판단 할 수 있다.

우선 월지(月支) ①戌(토)가 식신이므로 신약 사주이다. 일간 ㉮丙(화)과 월지 ①戌(토)와의 관계를 판단해 보면 화생토(火生土)로 일간의 힘이 빠지는 설기 현상이 발생되므로 이를 중화시켜주는 것이 용신이 된다.

즉, 용신은 일간 화(火)를 강(强)하게 하고, 월지 토(土)를 약(弱)하게 해주는 것이 용신이 된다. 따라서 용신은 월지 토(土)를 극(剋)하는 목(木)을 사용하면 월지는 목극토(木剋土)로 약(弱)해지고 일간은 목생화(木生火)로 강(强)한 힘이 발생되므로 신약 사주에서 필요충분 조건이 성립되어 용신은 목(木)이다. 그러나 사주 원국에는 목(木)이 없으므로 목(木) 다음 오행이 용신이 되는데 월지를 목(木)으로 극(剋) 했으므로 용신은 목

(木) 이전의 오행에 해당되는 수(水) 즉 지장간의 ⓛ壬(수)가 용신이 된다.

또한 용신을 선택함에 있어서 하나 더 알아야 될 사항은 위 사주처럼 사주 구성에서 화(火)기운이 3~4개의 강한 사주(水, 木, 土, 金도 동일함)인 경우 용신 선택은 강(强)한 화(火)를 극(剋)하여 중화시켜주는 수(水) 오행이 용신(用神)이 된다. 이렇게 용신을 선택하는 방법을 병약법(病藥法) 용신 찾기라고 하는데 이것은 이어서 배운다.

서울 가는 방법은 여러 가지가 있듯이 용신 찾는 방법 역시 여러 형태가 있다. 독자들은 쉽고 정확하게 찾을 수 있는 방법을 선택하여 용신을 판단해 주면 되겠다.

위 사주는 용신이 수(水)이니, 희신은 용신 수(水)를 생(生)해 주는 금(金)이고, 기신은 용신 수(水)를 극(剋)하는 토(土)가 되고, 구신은 기신 토(土)를 생(生)해주는 화(火)이며, 한신은 희신 금(金)이 극(剋)하는 목(木)이다.

■ 억부법 용신 찾기<4> : 합(合)으로 변화(化)되는 용신 찾기

구분	천간	지지	육친		지장간
년주(年柱)	ⓐ甲	ⓑ辰	식신	편관	乙, 癸, ㉠戊(토)
월주(月柱)	丙	①子(수)	편재	겁재	壬, 癸
일주(日柱)	㉮壬(수)	②子(수)	·	겁재	壬, 癸
시주(時柱)	乙	③巳(화)	상관	편재	㉡戊(토), 庚, 丙

위 사주는 일간 ㉮壬(수)를 기준으로 월지(月支) ①子(수), 일지(日支) ②子(수)그리고 시지(時支) ③巳(화)의 작용 관계를 판단해 보면, 수(水)와 수(水) 그리고 수극화(水剋火)가 되어 월지와 일지는 같은 수(水)이므로 내편이지만 시지는 극(剋)이 작용되므로 내편이 아니다. 따라서 내편으로 작용되는 힘이 강(强)하므로 신강(身强) 사주이다.

또는, 힘이 가장 강한 월지(月支)의 ①子(수)가 일간 ㉮壬(수)를 수생수(水生水)로 생(生)하여 일간의 힘을 강(强)하게 만들어 주니 신강 사주가 된다. 그리고 힘이 가장 강한 월지(月支) ①子(수)가 겁재이므로 신강 사주이며, 또한 일간 ㉮壬(수)를 기준으로 식상, 재성, 관성보다는 내편에 해당되는 인성과 비겁이 강(强)한 사주로 구성되어 있으므로 이렇게 판단해도 위 사주는 신강(身强) 사주이다.

이제 신강 사주를 알았으니 이를 토대로 용신(用神)을 판단해보자.

신강 사주가 된 동기는 월지 ①子(수)와 일지 ②子(수)가 일간과 같은 수(水)로써 일간에게 큰 힘을 실어주었기 때문이다.

따라서 ①子(수)와 일지 ②子(수)의 겁재의 힘을 빼주고, 아울러 강(强)해진 일간 ㉮壬(수)의 힘을 빼주는 것이 용신이 된다.

겁재 힘을 빼주려면, 식상(식식, 상관)을 적용시키거나 혹은 관성(편관, 정관)으로 겁재

를 극(剋)해주면 된다. 위 사주에서는 ⓐ甲(식신)과 ⓑ辰(편관)이 존재하므로 이들 둘은 용신 조건에 해당되므로 각각 확인해야 한다.

우선 년간에 존재하는 ⓐ甲(식신)을 확인해 보자. 이것은 목(木)이므로 월지 및 일지의 수(水)기운과 일간의 수(水)기운을 수생목(水生木)이 작용되어 이들의 힘을 빼주니 용신(用神)으로 합당하다.

다음은 년지에 존재하는 ⓑ辰(편관)을 확인해 보자. 이것은 토(土)로써 월지, 일지 그리고 일간과의 관계는 토극수(土剋水)가 되어 수(水)를 제압하여 힘을 빼주는 것이므로 이것 역시 용신(用神)으로 합당하다.

따라서 ⓐ甲(목)과 ⓑ辰(토) 중 용신을 선택해야 한다.

위 사주는 월지가 자월(子月)이니 추운 11월이고 수(水)기운이 강한 사주이므로 목(木)을 용신으로 잡는다는 것은 추위를 이길 수 없다. 따라서 ⓐ甲(목)은 용신으로 합당하지 못한다.

ⓑ辰(토)는 수(水)를 강하게 극(剋)하여 제압하니 추위를 이길 수 있는 조건이므로 위 사주에서 용신은 당연 토(土)가 용신(用神)이 된다.

그러나 용신으로 선택된 년지(年支)의 진(辰) 토(土)는 월지(月支) 자(子)와 자진합(子辰合)이 성립되어 수(水)로 변환(化)되므로 이것 역시 용신으로 선택하기란 다분이 문제가 있다.

따라서, 위 사주는 토(土)를 찾아서 용신으로 선택해야 한다. 사주 원국에 토(土)가 없으므로 지장간에 다른 토(土)를 찾아서 용신으로 선택해야 한다.

년지 지장간에 존재하는 ㉠戊(토)는 지지 ⓑ辰가 자진합(子辰合)이 되므로 불순물이 가득 찼기 때문에 용신으로 사용하기는 곤란하다. 따라서 용신은 지지 지장간에 존재하는 ㉡戊(토)가 위 사주에서는 진정한 용신이 된다.

위 사주는 신강 사주이고 용신은 토(土)이다. 그러나 용신 토(土)는 일간(日干) ㉮壬(수)를 극(剋)하므로 이때의 희신은 용신을 생(生) 해주는 오행이 희신이 되므로 위 사주에서 희신은 화(火)가 된다. 기신은 용신 토(土)를 극(剋)하는 목(木)이 되고, 구신은 기신 목(木)을 생(生) 해주는 수(水)이며, 한신은 금(金)이다.

독자들은 용신을 선택할 경우 위와 같이 합(合)으로 변화(化)되어 다른 오행(五行)으로 전환되는 것들은 용신으로 선택할 경우 참고하여 판단해 주길 바란다.

■ 억부법 용신 찾기<5>

이제 1986년 6월 11일 22:50 출생(亥時)에 출생한 이길동의 사주에서 용신을 찾아보자.

구분	천간	지지	육친	
년주(年柱)	丙	①寅(목)	비견	편인
월주(月柱)	ⓑ甲	②午(화)	편인	겁재
일주(日柱)	㉮丙(화)	③戌(토)	·	식신
시주(時柱)	ⓐ己	④亥(수)	상관	편관

이길동은 일간 ㉮丙(화)를 기준으로 힘이 가장 강한 월지(月支) ②午(화)가 겁재이므로 신강 사주가 된다. 이제 신강 사주에서 용신(用神)을 판단해 보자.

신강 사주가 된 결정적인 동기는 가장 강한 월지(月支) 겁재가 일간에게 미치는 힘이 결정적인 역할을 하였으므로 월지의 힘을 빼주고, 아울러 강한 일간(日干)의 힘 역시 빼주는 오행이 용신이 된다.

따라서, 겁재의 힘을 빼는 방법은 식상(식신, 상관)을 생(生)하여 주든지, 아니면 관성(편관, 정관)으로 겁재를 극(剋)하여 제압하는 방법이 있다.

이것을 오행으로 나타내 보면 토(土) 기운의 식상을 적용하거나 혹은 수(水) 기운의 관성을 적용해서 용신을 찾으면 된다.

먼저, 시간(時干)에 존재하는 상관 ⓐ己(토)를 월지 ①午(화)에 적용시켜 보자(※일지 ③戌은 ①②③의 인오술(寅午戌) 삼합이 성립되어 화(火) 기운으로 변화(化)되므로 용신이 될 수 없다). 己(토)는 월지 ②午(화)와의 관계는 화생토(火生土)가 되어 월지의 힘을 빼주기 때문에 설기(泄氣)시키고, 아울러 일간 ㉮丙(화) 기운 역시 화생토(火生土)가 성립되어 힘을 빼주니 신강 사주에서 일간과 월지 모두 힘을 빼주는 토(土)는 용신으로 합당하다.

다음은 관성 즉 시지에 존재하는 편관 수(水)를 적용시켜 용신을 판단해 보자. 신강 사주에서 편관 ④亥(수)는 월지 ①午(화)와 일간 ㉮丙(화)의 화(火) 기운을 수극화(水剋火)로 제압하기 때문에 일간과 월지 모두 힘을 약(弱)하게 하니 수(水)역시 용신으로 합당하다.

따라서, 이길동의 용신 판단은 토(土) 아니면, 수(水)가 된다. 이제 이들 오행 중 하나를 선택해야 한다.

이길동은 5월(午)에 출생한 무더운 사주이므로, 더위를 확실하게 식혀줄 수 있는 오행은 토(土)보다는 수(水)가 되므로 이길동의 용신은 시지에 존재하는 편관 ④亥(수)가 최종 용신이 된다.

용신이 수(水)이니 희신 판단은 용신을 생(生) 해주는 오행이 희신이 되므로 금(金)이다. 기신은 용신 수(水)를 극(剋)하는 토(土)가 되고, 구신은 기신 토(土)를 생(生)해주는 화(火)이며, 한신은 희신 금(金)이 극(剋)하는 목(木)이다.

지금까지 삶의 운로(運路)를 판단할 수 있는 만능키에 해당되는 용신(用神) 찾기 중 1~5개 억부법(抑扶法) 용신 찾기를 판단해 보았다.

그럼 '8장 사주 해석'에 앞서 지금까지 확인된 1986년 6월 11일 22:50 출생(亥時)에 출생한 이길동의 사주를 용신이자 길성(吉星)으로 판단된 수(水)를 통하여 사주 해석(解析) 즉 통변(通辯)을 확인해 보자.

구분	천간		지지		육친	
년주 (年柱)	丙(화)	용신 수(水)와 비교	寅(목)	용신 수(水)와 비교	비견	편인
	※<판단> 수극화(水剋火)가 되므로 이길동은 비견(형제) 즉 형제 복(福)은 없다.		※<판단> 수생목(水生木)이 되므로 이길동은 편인(조부) 즉 할아버지 복(福)은 있지만, 시지와 해인파(亥寅破)가 성립되고, 화(火)가 강한 사주가 되어 목생화(木生火)로 설기(泄氣)되어 이길동 조부는 일찍 사망했다.			
월주 (月柱)	甲(목)	용신 수(水)와 비교	午(화)	용신 수(水)와 비교	편인	겁재
	※<판단> 수생목(水生木)이 되므로 이길동은 편인(조부) 즉 할아버지 복(福)은 있지만, 시지와 해인파(亥寅破)가 성립되고, 화(火)가 강한 사주가 되어 목생화(木生火)로 설기(泄氣)되어 이길동 조부는 일찍 사망했다.		※<판단> 수극화(水剋火)이 되므로 이길동은 겁재(친구) 즉 친구 복(福)은 없다.			
일주 (日柱)		.	戌(토)	용신 수(水)와 비교	.	식신
			※<판단> 토극수(土剋水)이 되므로 이길동은 식신(장모) 즉 장모 복(福)은 없다. 또한 공망(空亡)과 백호대살(白狐大殺)이 성립되어 장모 역시 일찍 사망했다.			
시주 (時柱)	己(토)	용신 수(水)와 비교	亥(수)	용신 수(水)와 비교	상관	편관
	※<판단> 토극수(土剋水)이 되므로 이길동은 상관(조모) 즉 할머니 복(福)은 없다.		※<판단> 수(水)와 수(水)이 되므로 이길동은 편관(아들) 즉 아들 복(福)은 있다. 그렇지만 해인파(亥寅破)가 성립되고, 본인 즉 일간(日干)과 득지(得地) 등이 성립되지 않는 관계로 아들 복(福)을 기대하기란 어렵다.			

이렇게 용신은 물론 길성(吉星)으로 작용된 수(水)기운 즉 편관을 통하여 이길동 사주를 확인해 보았으나, 여기서 빠진 것은 대운(大運)과 세운(歲運) 그리고 이들과 작용되는 육친(六親)의 상호 관계이다. 이들 역시 위와 같은 방법으로 용신을 적용시켜서 판단하는 것이 사주 통변(通辯) 즉 사주 해석(解析)이다.

이제 독자들은 용신과 길성(吉星) 판단법 그리고 이들의 활용법을 알았다. 이어서 학습될 다른 조후법(調侯法) 용신 찾기를 통하여 정진해 주길 바란다.

(3) 조후법(調侯法) 용신 찾기

조후법은 기후(氣候)를 적용하여 용신(用神)을 찾는 것으로 적용 범위가 넓다. 앞 절에서 설명한 억부법(抑扶法)으로 용신 찾기가 어려운 것들은 조후법(調侯法)으로 찾는 것이 현명한 방법이 된다. 그 이유는 우주(宇宙)와 인체(人體) 작용은 동일하며 사주(四柱) 태동 과정은 농경(農耕)과정으로 보기 때문이다.

따라서, 조후(調侯)는 수(水)와 화(火)를 기본으로 목(木), 금(金), 토(土)의 조화를 이용하여 용신(用神)을 찾는 방법이다.

이것은 춘하추동(春夏秋冬)의 한난조온(寒暖潮溫)과 풍한서습(風寒暑濕)의 기후 변동에 따라 용신(用神)을 판단하는데, 겨울에 태어나면 기본적으로 따뜻한 기운을 필요로 하고, 봄에는 시원한 기운, 여름에는 찬 기운을 필요로 한다고 보는 것이다. 가을과 겨울도 마찬가지로 부족한 온기를 보완해야 한다.

즉, 조열(燥熱)과 한습사주(寒濕四柱)를 말한다.

이러한 이유로 조후 용신법은 용신(用神)을 찾는 것은 물론 조후용신표(調侯用神表) 이것 하나만으로 사주 해석(解析) 즉 통변(通辯術)을 활용하는 경우도 있기 때문에 폭넓게 적용되고 있다.

조후(調侯) 용신(用神)을 찾기 위해서는 조후용신표가 필요하고 여기서 파생된 것이 수(水)와 화(火)의 조화를 이용한 용신 찾기와 조후(調侯) 순환(循環)을 이용한 용신 찾기 등으로 표시할 수 있다.

조후 용신이 사주 명리학에서 큰 의미는 조후용신표에 제시된 오행(五行)을 기준으로 용신(用神)을 찾는데 있다.

즉, 조후용신(調喉用神)과 보좌용신(補佐用神)이 사주 원국 내에 존재하는 사람의 사주라면 좋은 사주이고, 이와는 반대로 조후용신과 보좌용신이 사주 구성에 없거나 혹은 멀리 떨어져 약(弱)한 사주라면 나쁜 사주로 본다. 이제 조후(調侯) 용신 찾기를 알아보자.

이것은 본인에 해당되는 일간(日干)을 기준으로 가장 영향을 많이 미치는 월지(月支)와의 관계 및 조후(調侯)의 순환(循環)을 이용하여 용신(用神)을 찾는 것이다. 이것이 기초가 되어 왕상휴수사(旺相休囚死) 원리가 완성되었고, 이는 용신(用神) 찾는 잣대이자, 사주 해석(解析) 즉 통변술의 핵심이기도 하다.

이것은 水, 木, 火, 土, 金의 강약과 허실을 구별하여 판단하는데 조후에 따른 균형을 잡아주는 용신이 사주 원국 내에 있으면 조후용신(調喉用神)을 사용하고, 조후 용신이 충(沖), 공망(空亡) 등으로 소멸되었거나 혹은 사주 구성에서 사용할 수 없는 경우에는 보좌용신(補佐用神)을 사용한다.

예를 들면, 일간(日干)이 기(토)이고, 子月(11월)에 태어난 경우 동절기 이므로 당연 화(丙)를 용신(用神)으로 사용하고, 사주에 화(丙)가 없거나 화(火)를 사용할 수 없는 경우, 추위를 막아주는 무(戊) 토(土)와 곧 태동하는 갑(甲) 목(木) 즉 보좌용신을 용신(用神)으로 사용하면 된다.

만약 사주 구성에서 조후용신과 보좌용신 중에서도 알맞는 용신이 없다면 그 때는 '억부법(抑扶法) 용신 찾기'에서 제시된 신약과 신강 사주를 판단하여 용신을 찾거나 혹은 격국(格局)에서 제시된 용신을 판단해 주면 된다.

그렇지만 사주 구성에서 특정 오행이 3개~4개 이상으로 구성된 사주는 조후용신표대신 병약법(病藥法) 용신을 적용시키는 것이 현명한 판단법이다.

조후용신표(調侯用神表)는 아래와 같다.

<조후용신표(調侯用神表)>

일간	구분	寅	卯	辰	巳	② 午	未	申	酉	戌	亥	子	丑
甲	조후용신	丙	庚	庚	癸	癸	癸	庚	庚	庚	庚	丁	丁
甲	보좌용신	癸	戊丙己丁	壬丁	庚丁	庚丁	庚丁	壬丁	丙丁	壬甲癸丁	戊丁丙	丙庚	丙庚
乙	조후용신	丙	丙	癸	癸	癸	癸	丙	癸	癸	丙	丙	丙
乙	보좌용신	癸	癸	戊丙	·	丙	丙	己癸	丁丙	辛	戊	·	·
① 丙	조후용신	壬	壬	壬	壬	③ 壬	壬	壬	壬	甲	甲	壬	壬
丙	보좌용신	庚	己	甲	癸庚	庚	庚	戊	癸	壬	庚戊壬	己戊	甲
丁	조후용신	甲	庚	甲	甲	壬	甲	甲	甲	甲	甲	甲	甲
丁	보좌용신	庚	甲	庚	庚	癸庚	壬庚	丙戊庚	丙戊庚	戊庚	庚	庚	庚
戊	조후용신	丙	丙	甲	甲	壬	庚	丙	丙	丙	甲	丙	丙
戊	보좌용신	癸甲	癸甲	癸丙	癸丙	丙甲	丙甲	癸甲	癸	癸丙	丙	丙	丙
己	조후용신	丙	甲	丙	癸	癸	癸	丙	丙	丙	丙	丙	丙
己	보좌용신	甲庚	癸丙	癸甲	丙	丙	丙	癸	癸	癸丙	戊甲	戊甲	戊甲
庚	조후용신	戊	丁	甲	壬	壬	丁	丁	丁	甲	丁	丁	丙
庚	보좌용신	甲丁丙壬	甲丙庚	丁壬癸	戊丙丁	癸	甲	甲	丙甲	壬	丙	丙甲	丁甲
辛	조후	己	壬	壬	壬	壬	壬	壬	壬	壬	壬	丙	丙

	용신												
	보좌용신	壬庚	甲	甲	庚甲	癸己	庚甲	戊甲	甲	甲	丙	戊甲壬	壬戊己
壬	조후용신	庚	戊	庚	壬	癸	辛	戊	甲	甲	戊	戊	丙
	보좌용신	戊丙	辛庚	庚	庚辛癸	辛庚	甲	丁		庚	丙	庚丙	丙	丁甲
癸	조후용신	辛	庚	丙	辛	庚	庚	丁	辛	辛	庚	丙	丙
	보좌용신	丙	辛	辛甲		壬辛癸	壬癸辛		丙	壬癸甲	辛戊丁	辛	丁

이제 조후용신표(調侯用神表)를 이용하여 1986년 6월 11일 밤 22:50분에 태어난 건명(乾命) 즉 남자 이길동(李吉童)의 용신(用神)을 찾아보자.

이길동은 일간(日干)이 병(①丙)이고, 월지(月支)는 오(②午)가 되므로, 임(③壬, 수)이 용신이 된다. 즉, 이길동의 용신(用神)은 수(水)라는 것을 조후용신표를 통하여 확인할 수 있다.

여기에 적용된 조후 용신은 사주 오행이 전체적인 균형을 이루고 있다는 가정에서 작성된 것이기 때문에 이것이 실질적인 용신이 될 수도 있지만, 그렇지 않은 경우도 있다는 사실을 염두에 두길 바란다. 예를 들면, 신약 사주에서는 조후와 관계 없이 인성을 용신으로 판단하고, 신강이나 중화된 사주의 경우 더운 사주이면 물(水)을 사용하고, 추운 사주라면 불(火)을 용신으로 사용한다. 예를 들어보자.

구분	천간	지지	육친	
년주(年柱)	戊(토)	子(수)	편재	인수
월주(月柱)	癸(수)	亥(수)	인수	편인
일주(日柱)	甲(목)	辰(토)	·	편재
시주(時柱)	庚(금)	午(화)	편관	상관

위 사주는 일간이 甲(목)이고 다소 추운 해(亥)월 즉 10월이므로 용신은 午(화)가 된다. 그렇지만 독자들은 조후용신표(調侯用神表) 이것 하나만으로 사주 전체를 해석(解析)하고, 용신(用神)을 찾는데 유용하게 활용된다는 사실을 알아야 한다. 이러한 조건을 바탕으로 현실 적용에 따른 용신 판단은 억부법(抑扶法)용신 찾기를 적용함이 좋겠다. 그 이유는 남극(南極) 펭귄에게 추운 곳에서 산다고하여 무조건 화(火)기운이 맞다고 할 것이 아니라, 남극에 적응하여 살아가고 있는 팽권에게 맞는 오행을 적용함이 현명한 방법이기 때문이다.

이러한 사실을 잘 활용하여 독자들은 용신 찾기에 정진(精進)해 주길 바란다.

사주명리학(四柱命理學)을 공부하는 독자라면 조후용신표를 바탕으로 인체(人體) 순환(循環) 구조를 알아야 한다.

인체의 순환 기능은 동지(冬至)에서 하지(夏至)까지는 양(陽)기운이 태동하고, 하지(夏

至)부터 동지(冬至)까지는 서늘하거나 추운 음(陰)의 기운이 태동하게 된다.

따라서, 동지에서 하지까지는 목(木)과 화(火)기운이 왕성하고, 하지에서 동지까지는 서늘하거나 추운 금(金)과 수(水)기운이 왕성하게 된다.

이것들과 신체(身體) 장기(臟器)를 보자. 목(木)은 간장(肝臟)으로 1, 2, 3월에 왕성하고, 화(火)는 심장(心臟)으로 4, 5, 6월에 왕성하며, 금(金)은 폐(肺)로 7, 8, 9월에 그리고 수(水)는 신장(腎臟)으로 10, 11, 12월에 왕성하게 된다.

이들을 좀더 쉽게 설명하면, 1월의 날씨는 매서운 영하 날씨이지만, 목(木)기운의 왕생으로 인하여 고로쇠 수액은 절정에 이르고, 태양의 화(火)기운은 6월 하지(夏至)이면 성장이 끝난 것이며, 6월 하순부터는 금극목(金剋木)이 되어, 금(金)기운은 목(木)기운을 더 이상 키우지 않고, 열매를 맺게 한다. 이후 가을부터는 수(水)기운이 화(火)기운을 수극화(水剋火)로 극(剋)하여 다음 연도에 목(木)기운을 태동시킬 때 필요한 수(水)를 확보해 놓는다.

우리가 사주명리학(四柱命理學)을 배우는 목적은 단순히 앞날의 길흉(吉凶)을 예측하기 위함도 있겠으나, 우주(宇宙)와 인체(人體)의 순환구조(循環構造)를 바탕으로 인간(人間)은 누구나 생로병사(生老病死; 사람은 태어나서 성장하고 병들어서 죽는다)의 이치(理致)를 알기 위함에 있다.

독자들은 이러한 우주(宇宙)와 신체(身體)작용은 '제10장, 건강(健康)은 사주(四柱)에서 찾는다'에서 자세히 설명하였으니 참조하여 건강(健康)하고 복된 나날 당부 드린다. 이제 이러한 의미를 알고 조후용신표에서 일간(日干)과 월지(月支)에서 선택된 용신(用神)오행(五行) 작용을 구체적으로 알아보자.

(가) 일간이 甲(木, 큰 나무, 陽)일 때 용신(用神) 선택법

<공통 내용> 목(木)은 수(水)를 이용하여 열매를 맺고 화(火)를 바탕으로 쇠를 다듬고, 여름에는 물(水)을 만나야 하고, 겨울에는 토(土)로 바람을 막고, 화(丁)로 온기를 받아야 길(吉)하다.

일간(日干) 월지(月支)	구분	용신(用神) 선택	설명
▪<寅, 1월>, <卯, 2월>, <辰, 3월>			【나무가 땅속에서 소생하려는 시기】
甲(木) 寅(1月)	조후용신	丙	▫화(丙)를 토대로 수(癸)가 있어야 한다.
	보좌용신	癸	
甲(木) 卯(2月)	조후용신	庚	▫金(庚)을 토대로 화(丙, 丁, 戊, 己)가 필요하다.
	보좌용신	丙,丁,戊,己	
甲(木) 辰(3月)	조후용신	庚	▫金(庚)을 토대로 화(丁), 수(壬)이 적용되어야 한다.
	보좌용신	丁,壬	
▪<巳, 4월>, <午, 5월>, <未, 6월>			【나무가 발육하는 시기】

일간(日干) / 월지(月支)	구분	용신(用神) 선택	설명
			▫수(癸)와 壬, 辛과 癸, 酉가 함께 있으면 결실을 맺지 못하고 병으로 고생한다.
			▫간지에 금(庚, 辛)이 있으면 여름에 우박을 맞는 격으로 되는 일이 없다.
甲(木) / 巳(4月)	조후용신	癸	▫수(癸)를 토대로 화(丁), 庚(금)이 있어야 한다.
	보좌용신	丁,庚	
甲(木) / 午(5月)	조후용신	癸	▫수(癸)를 토대로 화(丁), 庚(금)이 필요하다.
	보좌용신	丁,庚	
甲(木) / 未(6月)	조후용신	癸	▫수(癸)를 토대로 화(丁), 庚(금)이 적용되어야 한다.
	보좌용신	丁,庚	
▪<申, 7월>, <酉, 8월>, <戌, 9월>			【나무가 결실을 맺는 시기】 ▫금(庚)과 화(丁)로 결실을 거두어야 한다.
甲(木) / 申(7月)	조후용신	庚	▫금(庚)을 토대로 화(丁), 수(壬)가 있어야 한다. 토(戊, 己)가 있으면 가난하다. -丁(火)기운이 없을 때는 壬(水)를 사용한다.
	보좌용신	丁,壬	
甲(木) / 酉(8月)	조후용신	庚	▫금(庚)을 토대로 화(丁, 丙)가 필요하다.
	보좌용신	丙,丁	
甲(木) / 戌(9月)	조후용신	庚	▫금(庚)을 토대로 목(甲), 화(丁), 수(壬), 수(癸)가 적용되어야 한다. -甲(木)기운이 강하면 庚(金)을 사용하고, 土기운이 강하면 甲(木)을 사용한다.
	보좌용신	甲,丁,壬,癸	
▪<亥, 10월>, <子, 11월>, <丑, 12월>			【겨울을 이겨 봄의 소생을 준비하는 시기】 ▫토(戊)로 바람을 막고, 화(丁)로 추위를 이기고, 금(庚)으로 보호해야 한다. ▫화(丁)가 힘을 발휘하지 화(丙)은 힘을 발휘하지 못한다.
甲(木) / 亥(10月)	조후용신	庚	▫금(庚)을 토대로 화(丙, 丁, 戊)가 있어야 한다. -수(水)기운이 강하면 戊(土)를 사용 한다.
	보좌용신	丙,丁,戊	
甲(木) / 子(11月)	조후용신	丁	▫화(丁)을 토대로 금(庚), 화(丙)가 필요하다.
	보좌용신	庚,丙	
甲(木) / 丑(12月)	조후용신	丁	▫화(丁)을 토대로 금(庚), 화(丙)가 적용되어야 한다.
	보좌용신	庚,丙	

(나) 일간이 乙(木, 작은 화초, 陰)일 때 용신(用神) 선택법

<공통 내용> 乙(木)은 집에서 키우는 작은 화초라 금(庚, 辛)이 작용되면 금극목(金剋木)이 되어 여름에 우박을 맞는 격이라 상처를 입고, 되는 일이 없다.

일간(日干) / 월지(月支)	구분	용신(用神) 선택	설명
▪<寅, 1월>, <卯, 2월>, <辰, 3월>			【온실에서 제철을 만나 생기발랄한 시기】 ▫화(丙)가 없으면 꽃이 피지 못하고, 화(丁)가 있으면 명(命)이 짧다.
乙(木) / 寅(1月)	조후용신	丙	▫화(丙)기운이 넘치면 수(癸)가 있어야 한다.
	보좌용신	癸	
乙(木) / 卯(2月)	조후용신	丙	▫화(丙)을 토대로 수(癸)가 있어야만 土가 비옥하다.
	보좌용신	癸	
乙(木) / 辰(3月)	조후용신	癸	▫수(癸)을 토대로 화(丙), 토(戊)가 적용되어야 한다.
	보좌용신	丙,戊	
▪<巳, 4월>, <午, 5월>, <未, 6월>			【꽃이 활짝핀 시기】 ▫화(丙)없이 화(丁)만 있으면 흉(凶)하다. ▫금(庚, 辛)을 만나면 여름에 우박을 맞는 격이라 상처를 입고, 되는 일이 없다.

乙(木)	조후용신	癸	
巳(4月)	보좌용신		▫수(癸)가 필요로 한다.
乙(木)	조후용신	癸	
午(5月)	보좌용신	丙	▫수(癸)을 토대로 후반기에는 화(丙)이 필요하다.
乙(木)	조후용신	癸	
未(6月)	보좌용신	丙	▫수(癸)을 토대로 화(丙)가 적용되어야 한다.
▪<申, 7월>, <酉, 8월>, <戌, 9월>			【하초가 단풍으로 아름다운 시기】 ▫화(丙)가 있어야 하나 큰 힘을 발휘하지 못한다. 이 때는 토(土)가 있어서 뿌리를 내리는 시기이다. ▫수(壬, 癸)가 있으면 병치레가 많고 불길하다. 이때는 토(土)가 있어 수(水)를 극(剋)하면 길하다.
乙(木)	조후용신	丙	
申(7月)	보좌용신	癸,己	▫화(丙)때를 토대로 수(癸), 토(己)가 필요하다.
乙(木)	조후용신	癸	
酉(8月)	보좌용신	丙,丁	▫수(癸)을 토대로 화(丙), 화(丁)가 있어야 한다.
乙(木)	조후용신	癸	
戌(9月)	보좌용신	辛	▫수(癸)을 토대로 금(辛)이 필요하다.
▪<亥, 10월>, <子, 11월>, <丑, 12월>			【온실에서 겨울을 이겨 봄을 준비하는 시기】 ▫화초지만 목(木)과 토(土)가 있고 화(火)가 필요로 한다. 토(辰)로 바람을 막고 화(丁)로 따스해야만 부귀(富貴)하지만, 화(火)가 없이 수(壬, 癸)가 있으면 부모덕도 없고, 평생 가난하게 살며, 이성 복도 없다.
乙(木)	조후용신	丙	
亥(10月)	보좌용신	戊	▫화(丙, 丁)을 토대로 토(戊)가 필요로 한다.
乙(木)	조후용신	丙	
子(11月)	보좌용신		▫화(丙, 丁)가 있어야 한다. 丙(火)는 필수이고, 수(水)는 불리(不利)하다.
乙(木)	조후용신	丙	
丑(12月)	보좌용신		▫화(丙, 丁)가 적용되어야 한다. 丙(火)는 필수이고, 수(水)는 불리(不利)하다.

(다) 일간이 丙(火, 태양, 陽)일 때 용신(用神) 선택법

<공통 내용> 화(丙)는 태양의 불로서 목(甲)과 화초 즉 목(乙)을 기르기 위해서는 수(水)가 있어야 부귀(富貴)하다. 寅, 卯, 辰, 巳, 午, 未(1~6월)때는 태양의 화(丙)기운이 강(强)하여 수(壬)와 함께 임무를 다하나, 申, 酉, 戌, 亥, 子, 丑(7~12월)에는 쇠약하여 힘을 발휘하지 못한다. 이때는 실제 불(fire)에 해당되는 화(丁)가 힘을 발휘한다. 천간에 금(庚)이 있으면 냉해를 맞는 격이니 되는 일이 없고, 가난하고, 이성복이 없다.

일간(日干) 월지(月支)	구분	용신(用神) 선택	설명
▪<寅, 1월>, <卯, 2월>, <辰, 3월>			【만물이 소생하는 시기】 ▫목(甲, 乙)을 기르기 위해서는 토(土)가 있어야 발복(發福)한다.
丙(火)	조후용신	壬	
寅(1月)	보좌용신	庚	▫수(壬)을 토대로 금(庚)이 필요하다.
丙(火)	조후용신	壬	▫수(壬)을 토대로 수(癸)가 필요하다.
卯(2月)	보좌용신	癸	-이때 水가 넘치면 戊(土)로서 이를 제압(制壓)해야 한다.
丙(火)	조후용신	壬	▫수(壬)을 토대로 목(甲)이 필요하다.
辰(3月)	보좌용신	甲	-土기운이 강하면 甲(木)을 사용한다.

▪<巳, 4월>, <午, 5월>, <未, 6월>			【만물이 성장하는 시기】 ▫화(丙)가 가장 활발한 시기이며, 천간에 수(壬)와 지지에 금(金)과 수(水)가 있으면 발복한다.
丙(火) 　　巳(4월)	조후용신	壬	▫수(壬)가 없을 경우 수(癸)를 사용하고, 금(庚)이 적용되어야 한다.
	보좌용신	癸,庚	
①丙(火) ②午(5월)	조후용신	③壬	▫수(壬)을 토대로 금(庚)이 필요하다.
	보좌용신	④庚	
丙(火) 　　未(6월)	조후용신	壬	▫수(壬)을 사용하고, 금(庚)은 보좌로 사용한다.
	보좌용신	庚	
▪<申, 7월>, <酉, 8월>, <戌, 9월>			【성장을 멈추고 결실을 거두는 시기】 ▫화(丙)가 약해지는 시기 이므로 수(壬)로 보좌하여 결실을 얻는다.
丙(火) 　　申(7월)	조후용신	壬	▫수(壬)을 토대로 토(戊)가 있어야 한다.
	보좌용신	戊	
丙(火) 　　酉(8월)	조후용신	壬	▫수(壬, 癸)가 있어야 길(吉)하다.
	보좌용신	癸	
丙(火) 　　戌(9월)	조후용신	甲	▫목(甲)을 토대로 수(壬, 癸)가 필요로 한다.
	보좌용신	壬	
▪<亥, 10월>, <子, 11월>, <丑, 12월>			【다음 소생을 기다리는 시기】 ▫화(丙)는 태양이지만 따뜻한 기운도 없고 힘도 없으니, 반겨주는 곳도 없다. ▫겨울에 찬바람을 막아주는 토(戊)나 따뜻한 기운을 주는 화(丁)가 있으면 길하다.
丙(火) 　　亥(10월)	조후용신	甲	▫목(甲)을 토대로 토(戊), 금(庚), 수(壬)가 필요로 한다. -수(水)기운이 강하면 목(甲)으로 균형을 맞추고, 귀살(鬼殺)이 강하면 토(戊)로 융화시키고, 화(火)기운이 강하면 수(壬)로서, 목(木)이 강하면 금(庚)을 사용한다.
	보좌용신	戊,庚,壬	
丙(火) 　　子(11월)	조후용신	壬	▫임(壬)을 토대로 토(戊, 己)가 있어야 한다.
	보좌용신	戊,己	
丙(火) 　　丑(12월)	조후용신	壬	▫수(壬)을 토대로 목(甲)이 적용되어야 한다.
	보좌용신	甲	

(라) 일간이 丁(火, 쇠를 녹이는 불, 陰)일 때 용신(用神) 선택법

<공통 내용> 화(丁)의 임무는 목(甲)으로 불(fire)을 만들어 금(庚)을 주옥(珠玉)으로 만드는 것이다. 이때, 목(乙)은 화초 나무로서 연기만 발생하지 뜻을 이루지 못한다. 또한 화(丁)는 금(辛)과 만나면 흉신이 된다. 그 이유는 불덩어리로 이미 만든 금(辛)은 화극금(火剋金)이 되어 금(金)을 녹이는 격이 되기 때문에 금(辛)이 년간에 있으면 조상때 망했고, 월간이면 부모때 시간이면 자식 때 망했다.

일간(日干) 　　월지(月支)	구분	용신(用神) 선택	설명
▪<寅, 1월>, <卯, 2월>, <辰, 3월>			【목(木)을 태워 쓸모 있는 도구로 만들기 위하여 준비하는 시기】
丁(火) 　　寅(1월)	조후용신	甲	▫목(甲)을 토대로 금(庚)이 필요하다.
	보좌용신	庚	
丁(火) 　　卯(2월)	조후용신	庚	▫금(庚)을 토대로 목(甲)이 필요하다.
	보좌용신	甲	

丁(火)	조후용신	甲	□목(甲)을 토대로 금(庚)이 필요하다.
辰(3月)	보좌용신	庚	
▪<巳, 4월>, <午, 5월>, <未, 6월>			【날씨가 더운 관계로 불덩어리는 환영 받지 못하는 시기】
			□무더운 여름에 불덩어리를 좋아하는 사람은 없다.
丁(火)	조후용신	甲	□목(甲)을 토대로 금(庚)이 필요하다.
巳(4月)	보좌용신	庚	
丁(火)	조후용신	壬	□수(壬)가 없을 때는 수(癸)를 사용하고 금(庚)이 적용되어야 한다.
午(5月)	보좌용신	庚,癸	
丁(火)	조후용신	甲	□목(甲)을 토대로 수(壬)와 금(庚)이 필요하다.
未(6月)	보좌용신	壬,庚	
▪<申, 7월>, <酉, 8월>, <戌, 9월>			【날씨가 추어지니 불덩어리는 제철을 만난 시기】
			□화(丁)가 제철을 만남시기로 목(甲)과 금(庚) 중 1나만 있어도 발복(發福)하며, 지지에 화(午)가 있으면 더 좋다.
丁(火)	조후용신	甲	□목(甲)을 토대로 금(庚), 화(丙), 토(戊)가 필요하다.
申(7月)	보좌용신	庚,丙,戊	-목(甲)이 없을 경우 목(乙)을 사용하고 庚(金)으로 다스린다.
			-水기운이 강하면 戊(土)를 사용 한다.
丁(火)	조후용신	甲	□목(甲)을 토대로 금(庚), 화(丙), 토(戊)가 필요하다.
酉(8月)	보좌용신	庚,丙,戊	-목(甲)이 없을 경우 목(乙)을 사용하고 庚(金)으로 다스린다.
			-水기운이 강하면 戊(土)를 사용 한다.
丁(火)	조후용신	甲	□목(甲)을 토대로 금(庚), 토(戊)가 필요하다.
戌(9月)	보좌용신	庚,戊	-甲(木)기운이 약하면 丁(火)를 사용한다.
▪<亥, 10월>, <子, 11월>, <丑, 12월>			【쓰임이 많은 시기】
丁(火)	조후용신	甲	□목(甲)을 토대로 금(庚)이 적용되어야 한다.
亥(10月)	보좌용신	庚	
丁(火)	조후용신	甲	□목(甲)을 토대로 금(庚)이 필요하다. 이때 토(戊)가 있으면 바람막이 역할을 하고, 화(丙)와 화(丁)이 있으면 약해지므로 흉한 작용을 한다.
子(11月)	보좌용신	庚	
丁(火)	조후용신	甲	□목(甲)을 토대로 금(庚)이 필요하다. 이때 토(戊)가 있으면 바람막이 역할을 하고, 화(丙)와 화(丁)이 있으면 약해지므로 흉한 작용을 한다.
丑(12月)	보좌용신	庚	

(마) 일간이 戊(土, 큰 산의 땅, 陽)일 때 용신(用神) 선택법

<공통 내용> 토(戊)는 목(木)을 심어서 화(丙)와 수(癸)를 받아 목(木)을 잘 자라게 하고 결실을 맺게 하며, 특히 겨울 사주에 丁(화)이나 丙(화)이 부족한 경우 추위와 찬 바람을 막아주는 것이 戊(土)의 임무가 된다. 따라서, 목(木), 화(丙), 토(辰)가 있으면 젊어서 학문에 매진하고 늙어서 풍요로운 삶을 누리는 사주다.

일간(日干) 월지(月支)	구분	용신(用神) 선택	설명
▪<寅, 1월>, <卯, 2월>, <辰, 3월>			【소생을 준비하는 시기】
戊(土)	조후용신	丙	□화(丙)을 토대로 목(甲), 수(癸)가 필요하다.
寅(1月)	보좌용신	甲,癸	
戊(土)	조후용신	丙	□화(丙)을 토대로 목(甲), 수(癸)가 필요하다.
卯(2月)	보좌용신	甲,癸	
戊(土)	조후용신	甲	□목(甲)을 토대로 화(丙), 수(癸)가 적용되어야 한다.
辰(3月)	보좌용신	丙,癸	
▪<巳, 4월>, <午, 5월>, <未, 6월>			【만물이 성장하는 시기】
			□화(火) 기운이 강하므로 열기를 식혀줄 수(水)기운이 필요로 한다.
戊(土)	조후용신	甲	□목(甲, 乙)을 토대로 화(丙), 수(癸)가 적용되어야 한다.
巳(4月)	보좌용신	丙,癸	
戊(土)	조후용신	壬	□수(壬)를 토대로 목(甲, 乙)과 화(丙)가 필요하다.

午(5月)	보좌용신	甲,丙	
戊(土)	조후용신	癸	▫수(癸)을 토대로 목(甲, 乙), 화(丙)가 필요하다.
未(6月)	보좌용신	甲,丙	

▪<申, 7월>, <酉, 8월>, <戌, 9월>			【결실을 준비하는 시기】 ▫결실을 준비하는 계절에서 토(戊)는 힘이 약해지고 쉬고자하는 성질 때문에 목(甲)과 화(丙)로 생기를 주어야만 길하다. ▫금(庚, 辛)은 목(木)기운을 상하게 하므로 흉하다. 이때는 화(丁)로 금(金)을 제압해 주어야 한다.
戊(土)	조후용신	丙	▫화(丙)을 토대로 목(甲), 수(癸)가 필요하다.
申(7月)	보좌용신	甲,癸	
戊(土)	조후용신	丙	▫화(丙)을 토대로 수(癸)가 필요하다.
酉(8月)	보좌용신	癸	
戊(土)	조후용신	甲	▫목(甲)을 토대로 화(丙), 수(癸)가 필요하다.
戌(9月)	보좌용신	丙,癸	

▪<亥, 10월>, <子, 11월>, <丑, 12월>			【겨울잠으로 봄을 기다리는 시기】 ▫목(甲, 乙)과 화(丙, 丁)가 있어야 길하다. 이때 지지에 토(土)가 있으면 더욱 길하다. ▫수(壬, 癸)가 있으면 흉하다. 토(戊)는 추운 겨울 사주에 바람과 추위를 막아주는 것이기 때문에 길(吉)하다.
戊(土)	조후용신	甲	▫목(甲)을 토대로 화(丙)가 필요하다.
亥(10月)	보좌용신	丙	
戊(土)	조후용신	丙	▫화(丙)을 토대로 목(甲)가 적용되어야 한다.
子(11月)	보좌용신	甲	
戊(土)	조후용신	丙	▫화(丙)을 토대로 목(甲)가 필요하다.
丑(12月)	보좌용신	甲	

(바) 일간이 己(土, <u>화분의 작은 흙</u>, 陰)일 때 용신(用神) 선택법

<공통 내용> 토(戊)와 토(己)의 공통점은 목(甲, 乙)을 심어서 기르는 것이고, 차이점은 토(戊)는 건조하고 뜨거운 성질이고, 토(己)는 촉촉하고 차갑기 때문에 수(壬, 癸) 기운이 필요하지 않는다. 또한 춘하(春夏)에는 쓰임이 많지만, 추동(秋冬)때는 쓰임이 없다. 토(戊)는 큰 산의 땅이라 수(水)를 극(剋)하여 다스리고 목(木)에게는 큰 산의 흙이기 때문에 극(剋)을 당하지는 않지만, 토(己)는 화초의 작은 흙이므로 큰 강물에 해당되는 수(壬)에 오히려 극(剋)을 당하고 흙탕물로 만들며 목(木)에게 역시 극(剋)을 당한다. 천간에 금(庚, 辛)이 있으면 토(土)에 묻히기 때문에 우박을 맞는 격이라 부귀(富貴)가 어렵다. 이때는 화(丁)로 금(金)을 제압을 해야 한다. 수(壬, 癸)가 있으면 토(土)와 상극관계가 성립되어 재산이 쌓이지 않고 가정불화가 심하고 질병이 있다. 이때는 수(壬)는 토(戊)로 막아주어야 한다.

일간(日干) 월지(月支)	구분	용신(用神) 선택	설명
▪<寅, 1월>, <卯, 2월>, <辰, 3월>			【소생을 준비하는 시기】 ▫화(丙)을 토대로 목(甲), 수(癸)가 있으면 발복(發福)한다.
己(土)	조후용신	丙	▫화(丙)을 토대로 금(庚), 목(甲)이 적용되어야 한다.
寅(1月)	보좌용신	庚,甲	
己(土)	조후용신	甲	▫목(甲)을 토대로 화(丙), 수(癸)이 필요하다.

일간(日干) / 월지(月支)	구분	용신(用神) 선택	설명
		丙,癸	
己(土) / 辰(3月)	조후용신	丙	▫화(丙)을 토대로 목(甲), 수(癸)가 필요하다.
	보좌용신	甲,癸	
▪<巳, 4월>, <午, 5월>, <未, 6월>			【성장하는 시기】
			▫화(丙)와 목(甲)이 있고, 지지에 토(辰)나 수(水)기운이 있으면 발복(發福)한다.
己(土) / 巳(4月)	조후용신	癸	▫수(癸)을 토대로 화(丙)이 필요하다.
	보좌용신	丙	
己(土) / 午(5月)	조후용신	癸	▫수(癸)을 토대로 화(丙)이 필요하다.
	보좌용신	丙	
己(土) / 未(6月)	조후용신	癸	▫수(癸)을 토대로 화(丙)이 필요하다.
	보좌용신	丙	
▪<申, 7월>, <酉, 8월>, <戌, 9월>			【결실을 준비하는 시기】
			▫결실을 준비하는 계절이라, 화(丙)가 필요한 계절이다.
己(土) / 申(7月)	조후용신	丙	▫화(丙)을 토대로 수(癸)가 필요하다.
	보좌용신	癸	
己(土) / 酉(8月)	조후용신	丙	▫화(丙)을 토대로 수(癸)가 필요하다.
	보좌용신	癸	
己(土) / 戌(9月)	조후용신	甲	▫목(甲)을 토대로 화(丙), 수(癸)가 필요하다.
	보좌용신	丙,癸	
▪<亥, 10월>, <子, 11월>, <丑, 12월>			【겨울잠으로 봄을 기다리는 시기】
			▫동절기라 목(甲)과 화(丙)이 있으면 발복(發福)한다.
己(土) / 亥(10月)	조후용신	丙	▫화(丙)을 토대로 목(甲), 토(戊)가 적용되어야 한다.
	보좌용신	甲,戊	−동절기(冬節氣)에는 丙(火)가 우선이며, 壬(水)이 강하면 戊(土)로서 제압(制壓)하고, 戊(土)가 강하면 甲(木)을 사용 한다.
己(土) / 子(11月)	조후용신	丙	▫화(丙)을 토대로 목(甲), 토(戊)가 적용되어야 한다.
	보좌용신	甲,戊	−동절기(冬節氣)에는 丙(火)가 우선이며, 壬(水)이 강하면 戊(土)로서 제압(制壓)하고, 戊(土)가 강하면 甲(木)을 사용 한다.
己(土) / 丑(12月)	조후용신	丙	▫화(丙)을 토대로 목(甲), 토(戊)가 적용되어야 한다.
	보좌용신	甲,戊	−동절기(冬節氣)에는 丙(火)가 우선이며, 壬(水)이 강하면 戊(土)로서 제압(制壓)하고, 戊(土)가 강하면 甲(木)을 사용 한다.

(사) 일간이 庚(金, 다듬지 않는 큰 무쇳덩어리, 陽)일 때 용신(用神) 선택법

<공통 내용> 금(庚)은 목(甲)과 화(丁)을 활용하여 보석을 만든다. 따라서, 목(甲), 화(丙), 화(丁)는 분리하면 좋지 않다. 또한 금(庚)은 토(土)에서 나오고 수(水)를 만들지만 토(土)와 수(水)가 많으면 묻혀 버리니 쓸모가 없다.

일간(日干) / 월지(月支)	구분	용신(用神) 선택	설명
▪<寅, 1월>, <卯, 2월>, <辰, 3월>			【주옥을 준비하는 시기】
庚(金) / 寅(1月)	조후용신	戊	▫토(戊)을 토대로 목(甲), 수(壬), 화(丙, 丁)이 필요하다.
	보좌용신	甲,壬,丙,丁	
庚(金) / 卯(2月)	조후용신	丁	▫화(丁)을 토대로 목(甲), 화(丙), 금(庚)이 필요하다.
	보좌용신	甲,丙,庚	
庚(金) / 辰(3月)	조후용신	甲	▫목(甲)을 토대로 화(丁), 수(壬, 癸)이 필요하다.
	보좌용신	丁,壬,癸	
▪<巳, 4월>, <午, 5월>, <未, 6월>			【주옥을 담금질 하는 시기】

			▫수(壬)은 당금질을 하는 격이므로 부귀(富貴)하고 세상을 다스리는 격이다.
庚(金) 巳(4月)	조후용신	壬	▫수(壬)을 토대로 토(戊), 화(丙, 丁)이 적용되어야 한다.
	보좌용신	戊,丙,丁	
庚(金) 午(5月)	조후용신	壬	▫수(壬, 癸)이 필요하다.
	보좌용신	癸	
庚(金) 未(6月)	조후용신	丁	▫화(丁)을 토대로 목(甲)이 필요하다.
	보좌용신	甲	
▪<申, 7월>, <酉, 8월>, <戌, 9월>			【주옥을 만드는 시기】 ▫금(庚)은 차고 단단하여 목(甲)과 화(丁)로 녹이면 대길(大吉)한다.
庚(金) 申(7月)	조후용신	丁	▫화(丁)을 토대로 목(甲)이 필요하다.
	보좌용신	甲	
庚(金) 酉(8月)	조후용신	丁	▫화(丁)을 토대로 목(甲), 화(丙)이 필요하다.
	보좌용신	甲,丙	
庚(金) 戌(9月)	조후용신	甲	▫목(甲)을 토대로 수(壬)이 필요하다.
	보좌용신	壬	
▪<亥, 10월>, <子, 11월>, <丑, 12월>			【다음 주옥을 만들기 위하여 동면하는 시기】
庚(金) 亥(10月)	조후용신	丁	▫화(丁)을 토대로 화(丙)이 필요하다.
	보좌용신	丙	
庚(金) 子(11月)	조후용신	丁	▫화(丁)을 토대로 목(甲), 화(丙)이 필요하다.
	보좌용신	甲,丙	
庚(金) 丑(12月)	조후용신	丙	▫화(丙)을 토대로 화(丁), 목(甲)이 필요하다.
	보좌용신	丁,甲	

(아) 일간이 辛(金, 다듬은 주옥(珠玉), 陰)일 때 용신(用神) 선택법

<공통 내용> 금(辛)을 주옥으로 만들기 위해서는 화(丙, 丁)가 필요하지만, 금(辛)은 화(丙, 丁)를 만나면 광채와 형체가 사라지므로 절대적으로 꺼린다. 또한 수(壬)는 금(辛)은 깨끗이 닦아 광채를 나게 하지만, 수(癸)는 습기이므로 금(辛)을 녹슬게 하므로 아주 꺼린다.

일간(日干) 월지(月支)	구분	용신(用神) 선택	설명
▪<寅, 1월>, <卯, 2월>, <辰, 3월>			【주옥을 준비하는 시기】 ▫금(庚)을 만나면 상처를 입고, 화(丁)를 만나면 자신은 물론 남까지 망치고, 수(癸)를 만나면 더러운 사람 취급을 당한다.
辛(金) 寅(1月)	조후용신	己	▫토(土)을 토대로 수(壬), 금(庚)이 필요하다.
	보좌용신	壬,庚	
辛(金) 卯(2月)	조후용신	壬	▫수(壬)을 토대로 목(甲)이 필요하다.
	보좌용신	甲	
辛(金) 辰(3月)	조후용신	壬	▫수(壬)을 토대로 목(甲)이 적용되어야 한다.
	보좌용신	甲	
▪<巳, 4월>, <午, 5월>, <未, 6월>			【주옥을 담금질 하는 시기】
辛(金) 巳(4月)	조후용신	壬	▫수(壬)을 토대로 목(甲), 수(癸)가 필요하다.
	보좌용신	甲,癸	
辛(金) 午(5月)	조후용신	壬	▫수(壬)을 토대로 토(己), 수(癸)가 필요하다.
	보좌용신	己,癸	
辛(金)	조후용신	壬	▫수(壬)을 토대로 금(庚), 목(甲)이 필요하다.

未(6月)	보좌용신	庚,甲	

▪<申, 7월>, <酉, 8월>, <戌, 9월>			【주옥을 만드는 시기】
辛(金) / 申(7月)	조후용신	壬	▫수(壬)을 토대로 목(甲), 토(戊)가 필요하다.
	보좌용신	甲,戊	
辛(金) / 酉(8月)	조후용신	壬	▫수(壬)을 토대로 목(甲)이 필요하다.
	보좌용신	甲	
辛(金) / 戌(9月)	조후용신	壬	▫수(壬)을 토대로 화(丙)이 적용되어야 한다.
	보좌용신	甲	
▪<亥, 10월>, <子, 11월>, <丑, 12월>			【주옥을 만들기 위하여 동면하는 시기】 ▫동면하는 시기 이므로 토(戊)로 바람을 막고 화(丙)로 따뜻하게 하면 길하다.
辛(金) / 亥(10月)	조후용신	壬	▫수(壬)을 토대로 화(丙)이 필요하다.
	보좌용신	丙	
辛(金) / 子(11月)	조후용신	丙	▫화(丙)을 토대로 토(戊), 수(壬), 목(甲)이 필요하다.
	보좌용신	戊,壬,甲	
辛(金) / 丑(12月)	조후용신	丙	▫화(丙)을 토대로 수(壬), 토(戊, 己)이 필요하다.
	보좌용신	壬,戊,己	

(자) 일간이 壬(水, 강이나 바다의 큰 물, 陽)일 때 용신(用神) 선택법

<공통 내용> 수(壬)는 금(辛)을 빛나게 하고 화(丙)로 목(甲)을 기르는 것이 임무다. 또한 토(戊)로 막아서 물을 제공하는데 있다. 계절별 역할은 봄에는 환영을 받고, 여름에는 반드시 있어야될 존재이며, 가을이면 역할이 끝났고, 겨울이면 필요 없는 존재이다.

일간(日干) / 월지(月支)	구분	용신(用神) 선택	설명
▪<寅, 1월>, <卯, 2월>, <辰, 3월>			【만물이 소생을 준비 하는 시기】
壬(水) / 寅(1月)	조후용신	庚	▫금(庚)을 토대로 화(丙), 토(戊)가 필요하다.
	보좌용신	丙,戊	
壬(水) / 卯(2月)	조후용신	戊	▫토(戊)을 토대로 금(辛), 금(庚)이 필요하다.
	보좌용신	辛,庚	
壬(水) / 辰(3月)	조후용신	甲	▫목(甲)을 토대로 금(庚)이 필요하다.
	보좌용신	庚	
▪<巳, 4월>, <午, 5월>, <未, 6월>			【만물이 성장하는 시기】 ▫수(壬)가 가장 필요한 시기로 토(戊, 己)와 화(丁)은 절대적으로 꺼린다. ▫지지에 寅午戌의 화(火)기운이 있으면 비록 간지에 목(甲)과 화(丙)이 있어도 재산을 탕진하고 요절한다.
壬(水) / 巳(4月)	조후용신	壬	▫수(壬)을 토대로 금(庚), 금(辛), 수(癸)가 필요하다.
	보좌용신	辛,庚,癸	
壬(水) / 午(5月)	조후용신	癸	▫수(癸)을 토대로 금(庚), 금(辛)가 필요하다.
	보좌용신	庚,辛	
壬(水) / 未(6月)	조후용신	辛	▫금(辛)을 토대로 목(甲)이 필요하다.
	보좌용신	甲	
▪<申, 7월>, <酉, 8월>, <戌, 9월>			【성장을 멈추고 결실을 거두는 시기】 ▫木, 火의 기운이 점차적으로 약해지는 시기이기 때문에 수(壬)의 기운이 약해진다. 이때는 토(戊)로 제방을 쌓아주어야 길하다.

壬(水) 申(7月)	조후용신	戊	▫토(戊)을 토대로 화(丁)이 적용되어야 한다.
	보좌용신	丁	
壬(水) 酉(8月)	조후용신	甲	▫목(甲)을 토대로 금(庚)이 필요하다.
	보좌용신	庚	
壬(水) 戌(9月)	조후용신	甲	▫목(甲)을 토대로 화(丙)가 필요하다.
	보좌용신	丙	
▪<亥, 10월>, <子, 11월>, <丑, 12월>			【다음 소생을 기다리는 시기】 ▫만물이 추위에 얼어 있어 토(戊)로 제방을 쌓고 목(甲)과 화(丙)로 봄을 기다리는 시기다.
壬(水) 亥(10月)	조후용신	戊	▫토(戊)을 토대로 화(丙), 금(庚)이 필요하다.
	보좌용신	庚,丙	
壬(水) 子(11月)	조후용신	戊	▫토(戊)을 토대로 화(丙)이 필요하다.
	보좌용신	丙	
壬(水) 丑(12月)	조후용신	丙	▫화(丙)은 상순 때 사용하고, 화(丁)은 하순 때 사용한다. 목(甲)은 보좌 로서 사용한다.
	보좌용신	丁甲	

(차) 일간이 癸(水, <u>습기</u>, 陰)일 때 용신(用神) 선택법

<공통 내용> 수(癸)는 습기로서 먹지 못하고, 보석을 녹슬게 한다. 하지만, 목(甲)을 길러서 결실을 얻는데 목적이 있다. 토(土)는 수(癸)를 극(剋)한다. 수(癸)는 화(丁) 와 수(癸)를 극(剋)하는 토(戊, 己)를 가장 꺼린다. 이 경우 결실을 맺지 못한다.

일간(日干) 월지(月支)	구분	용신(用神) 선택	설명
▪<寅, 1월>, <卯, 2월>, <辰, 3월>			【만물의 소생을 준비 하는 시기】
癸(水) 寅(1月)	조후용신	辛	▫금(辛)을 토대로 화(丙)이 필요하다.
	보좌용신	丙	
癸(水) 卯(2月)	조후용신	庚	▫금(庚)을 토대로 금(辛)이 필요하다.
	보좌용신	辛	
癸(水) 辰(3月)	조후용신	丙	▫화(丙)을 토대로 금(辛), 목(甲)이 필요하다.
	보좌용신	辛,甲	
▪<巳, 4월>, <午, 5월>, <未, 6월>			【성장하는 시기】
癸(水) 巳(4月)	조후용신	辛	▫금(辛)을 토대로 금(庚)이 적용되어야 한다.
	보좌용신	庚	
癸(水) 午(5月)	조후용신	庚	▫금(辛)을 토대로 금(庚), 수(壬, 癸)가 필요하다.
	보좌용신	辛,壬,癸	
癸(水) 未(6月)	조후용신	庚	▫금(辛)을 토대로 금(庚), 수(壬, 癸)가 필요하다.
	보좌용신	辛,壬,癸	
▪<申, 7월>, <酉, 8월>, <戌, 9월>			【성장을 멈추고 결실을 거두는 시기】 ▫천간에 금(庚)이 있으면 서리를 맞는 격이다. 이때는 화(丁)로 금(庚)을 제압 한다.
癸(水) 申(7月)	조후용신	丁	▫화(丁)을 토대로 목(甲)이 적용되어야 한다.
	보좌용신	丙	
癸(水) 酉(8月)	조후용신	辛	▫금(辛)을 토대로 화(丙)이 필요하다.
	보좌용신	丙	
癸(水) 戌(9月)	조후용신	辛	▫금(辛)을 토대로 목(甲), 수(壬, 癸)가 필요하다.
	보좌용신	甲,壬,癸	
▪<亥, 10월>, <子, 11월>, <丑, 12월>			【다음 소생을 기다리는 시기】
癸(水) 亥(10月)	조후용신	庚	▫금(庚)을 토대로 금(辛), 토(戊), 화(丁)가 필요하다.
	보좌용신	辛,戊,丁	

癸(水)	조후용신	丙	
子(11月)	보좌용신	辛	▫화(丙)을 토대로 금(辛)이 적용되어야 한다.
癸(水)	조후용신	丙	
丑(12月)	보좌용신	丁	▫화(丙)을 토대로 화(丁)가 필요하다.

지금까지 조후(調侯) 용신(用神) 찾기(3)에서는 조후용신표(調侯用神表)를 이용하여 용신 찾는 방법과 사주 해석(解析) 즉 통변술의 작용을 알았다.

즉, 일간(日干)을 기준으로 월지(月支)가 어떻게 변화하고, 어떤 영향을 주는가? 이러한 오행(五行)들의 관계를 통하여 전체적인 사주 틀을 알아보았다.

예를 들면, 이길동의 사주에서 자신에 해당되는 일간(日干)이 丙(화)이고, 태어난 월지가 오(午)이므로 5월에 해당되기 때문에, 丙(화)과 午(5月)에 작용되는 용신은 壬(수)이며, 이것이 없는 경우는 보좌용신에 해당되는 庚(금)을 용신으로 사용 할 수 있다.

또한 이길동의 사주 해석은 사주 구성에서 壬(수)과 보좌용신에 해당되는 庚(금)이 사주 구성에 존재하면서 지장간(支藏干)과 사주 뿌리 통근(通根) 작용이 성립되면 한다면 좋은 사주가 되고, 이들이 없다면 나쁜 사주라고 판단하면 된다.

이러한 원리는 다른 사람의 경우도 조후용신표를 적용하면 용신(用神)을 쉽게 찾을 수 있고 해석할 수 있다. 독자들은 용신 찾기에서 조후용신표를 활용하면 쉬운 용신 찾는 방법이 됨을 알길 바란다(※참고, 병약법(病藥法) 용신 찾기는 제외).

만약 사주 구성에서 조후용신은 물론 보좌용신도 없는 경우는 신약과 신강 사주를 판단하여 용신을 찾거나, 혹은 격국(格局)에서 제시된 용신을 선택해 주면 된다.

이제 이러한 상황을 좀더 구체적으로 확인해 보자.

이길동 사주에서 조후순환 내용을 확인해 보면 '수(壬)를 토대로 금(庚)이 필요하다.'로 되어 있다. 이것은 이길동의 사주에서 필요한 조건이라는 뜻인데 천간에 더위를 식혀주는 수(壬)와 금(庚)이 있으면 좋은 사주라는 뜻이다. 하지만, 이길동의 경우 수(壬)와 금(庚)이 없다. 이것으로 보면 이길동의 사주는 좋은 사주가 아니라는 뜻이다.

하지만, 이길동은 시지(時支) 수(水)에 해당되는 亥가 존재하지만, 이것은 천간(天干)과 통근(통근)이 성립되지 않고, 아울러 이것은 본인의 일간(日干)과도 상통하지 않기 때문에 시원스럽게 풀려 나가는 사주는 아니다.

만약, 이길동 사주에서 수(壬)와 금(庚)이 존재하고, 이들은 지장간과의 통근(通根) 즉 사주 뿌리가 존재한다면 좋은 사주에 해당되므로 이길동은 나쁜 기운이 들어와도 보호막 역할을 하기 때문에 삶을 순조롭게 풀려 나가는 사주(四柱)가 된다.

특히, 독자들은 사주 해석(解析)에서 아래에서 설명된 <조후(調侯) 순환(循環)에 따른 오행(五行)들의 작용>을 알고 최종 사주를 해석해야만 더욱 정확한 판단이 된다.

<조후(調侯) 순환(循環)에 따른 오행(五行)들의 작용>

1. 己(토)와 壬(수)는 土剋水의 기능이 성립되지 않는다.	己(토)와 壬(수)의 관계는 土剋水의 기능이 성립되지 않는다. 그 이유는 화분의 작은 己(토)는 큰 강물 즉 壬(수)를 이길 수 없고, 오히려 壬(수)에게 극(剋)을 당한다.
2. 壬(水, 큰물)는 戊(土, 큰산)로 막아주어야 한다.	큰 강물에 해당되는 壬(수)은 큰 땅에 해당되는 戊(토)로 막아주어야 좋다. 그렇지 않으면 결과가 다 살아지고 없다.
3. 辛(金, 주옥)과 癸(水, 습기)는 金과 水로서 서로 상생(相生)되어 金生水관계이지만 辛의 최대적은 癸이다.	辛(金, 주옥)과 癸(水, 습기)는 金生水로 서로 상생(相生) 관계 이지만 辛의 최대적은 癸이다. 그 이유는 辛(金, 주옥)은 구슬이나 주옥처럼 잘 다듬어진 보석이라 습기 즉 癸(水, 습기)를 만나면 쉽게 녹 쓸기 때문에 상생 관계가 아니라 적(敵)의 관계이다. 이런 경우는 본인에 해당되는 일간(日干)이 辛인 경우 사주에 癸가 존재하든지, 아니면 癸이 대운(大運)이나 세운(歲運)에 들어오는 경우 아주 나쁜 흉(凶)으로 작용한다.
4. 辛(金, 주옥)은 壬(水, 강물)을 만나면 깨끗이 닦아 광채를 나게 한다.	辛(金, 주옥)은 壬(水, 강물)에 깨끗이 닦아지기 때문에 광채가 발생된다. 따라서 이들 관계는 매우 좋은 관계이다. 이 경우는 본인에 해당되는 일간(日干)이 辛인 경우 사주에 壬이 존재하든지, 아니면 壬이 대운(大運)이나 세운(歲運)에 들어오는 경우 길운(吉運)으로 작용한다. 또한 본인에 해당되는 일간(日干)이 辛이면 미인(美人)이다.
5. 辛(金, 주옥)과 丁(火, 쇠를 녹이는 불)은 최대의 적(適)이다.	辛(金, 주옥)과 丁(火, 쇠를 녹이는 불)은 이미 다듬어 놓은 구슬이나 주옥을 불(fire)로서 다시 녹이는 꼴이 되니 주옥의 광채는 잃어버려 최대의 적(敵)의 관계이다. 이 경우는 본인에 해당되는 일간(日干)이 辛인 경우 사주에 丁이 존재하든지, 아니면 丁이 대운(大運)이나 세운(歲運)에 들어오는 경우 아주 나쁜 흉(凶)으로 작용한다. ※<참고> 辛(金, 주옥)은 丙(火, 태양열)을 만나는 경우도 광채를 잃어버리기 때문에 나쁜 관계로 본다.
6. 乙(木, 화초 나무)은 木生火의 기능을 이루지 못한다.	乙(木, 화초 나무)은 木生火이지만 큰 나무가 아니라 작은 화초 나무이기 때문에 불(fire)을 생성시키는 기능보다는 연기만 발생시키기 때문에 뜻을 이루지 못한다.
7. 금(庚, 무쇳덩어리)과 금(辛, 주옥)은 토(土)와 수(水)가 많으면 흙과 물에 묻혀 버리니 빛을 볼 수가 없어 쓸모가 없다.	금(庚, 辛)은 토(土)에서 나오고 수(水)를 만들지만 토(土)와 수(水)가 많으면 묻혀 버리니 광채를 잃어버려 쓸모가 없다. 이 경우는 본인에 해당되는 일간(日干)이 庚이나 辛일 경우, 사주에 토(土)나 수(水)가 많은 경우는 나쁘게 작용되고, 이들이 대운(大運)이나 년운(年運) 등 세운(歲運)에 들어오는 경우도 나쁜 흉(凶)으로 작용한다.
8. 천간(天干)에 갑(甲)이 2개 존재하는 경우는 삶에서 한 번은	갑(甲)은 처음 시작인데 이것이 사주 천간(天干) 구성에서 갑(甲)이 2개 이상 존재하면 새로운 판세가 다시 시작

큰 변화를 겪는다.	되는 것이므로 이 경우 삶에서 이혼, 재혼, 사업, 진로 등에서 한 번은 큰 변혁이 찾아온다.

'조후(調侯) 순환(循環)에 따른 오행(五行)들의 작용'에서 제시된 내용들을 다시 한번 설명하면, 금(金)과 수(水)는 金生水로서 서로 상생관계(相生關係)가 성립되지만, 보석에 해당되는 금(辛)과 습기 혹은 이슬에 해당되는 수(癸)와의 관계는 습기(癸)의 경우 보석(辛)을 쉽게 녹슬게 하므로 실질적인 둘의 관계는 상생관계가 아니라 절대적으로 꺼리는 관계가 된다.

또한, 이러한 것들은 사주 구성에서 본인에 해당되는 일간(日干) 중심으로 적용되는데, 일간이 보석에 해당되는 금(辛)일 경우 천간(天干)이 토(土)에 해당되는 무(戊)와 기(己)가 존재하거나 혹은 수(水)에 해당되는 임(壬)과 계(癸)가 존재하는 경우 또는 지지(地支)의 경우에도 토(土)나 수(水)가 존재하는 사주라면, 보석에 해당되는 금(辛)은 토(土)와 수(水)에 파묻혀 빛을 발휘할 수 없는 경우가 되는 것이므로 이런 사주의 사람들은 권력, 승진, 직장운, 관운, 재물, 결혼운, 시험 등에서 절대 승기(勝氣)를 잡을 수 없는 사주가 된다.

그 외 본인에 해당되는 일간(日干)이 사주 구성에서 乙(木, 화초 나무) 혹은 辛(金, 주옥)인 경우 대부분 미인(美人)들이 많다.

이러한 조후(調侯) 순환(循環)에 따른 오행(五行)들의 작용을 조열(燥熱)과 한습(寒濕) 작용이라고 한다.

즉, 조열사주(燥熱四柱)는 화(火)기운이 많아 뜨겁고 건조한 사주로 무엇이든지 되는 일이 없는 사주가 되는데, 이 경우는 월지(月支)가 더운 여름에 해당되는 巳, 午, 未월 이거나 巳, 午, 未시에 태어난 경우이며, 사주 구성에 중화시킬 수 있는 수(水)기운이 있어야 길(吉)하며, 용신은 뿌리가 존재하는 수(水) 혹은 금(金)으로 많이 사용한다.

그러나, 대운(大運)이나 세운(歲運)에서 금(金)기운이 들어오면 사주 구성에 존재하는 화(火)기운에 의하여 극(剋)을 당하기 때문에 나쁘고, 화(火)기운이 들어오면 사주 원국에서 필요한 금(金)기운을 극(剋)하므로 불운이다. (土)기운이 들어오면 사주 구성에서 필요한 수(水)기운을 극(剋)하기 때문에 불운(不運)을 면치 못한다.

그렇지만 수(水)기운이 들어오면 사주 구성에 존재하는 강한 화(火)기운을 극(剋)하여 중화시켜 주니 길(吉)하다.

한습사주(寒濕四柱)는 조열과 반대로 출생 월지(月支)가 추운 겨울에 해당되는 子, 丑, 寅, 卯월 이거나 밤에 태어난 경우의 사주인데 사주 구성에 화(火)기운이 있어야 길(吉)하며, 용신은 뿌리가 있는 화(火) 혹은 목(木)으로 많이 사용 한다. 그러나, 대운(大運)이나 세운(歲運)에서 화(火)기운이 들어오면 사주 구성에 존재하는 수(水)기운에 의하여 극(剋)을 당하니 나쁘고, 수(水)기운이 들어오면 사주 원국에서 필요한 화(火)기운을 극(剋)하므로 불운이다. 금(金)기운이 들어오면 사주 구성에 필요한 목(木)기운을 극(剋)하기 때문에 불운(不運)을 면치 못한다.

그렇지만 토(土)기운이 들어오면 사주 구성에 존재하는 강한 수(水)기운을 극(剋)하여 중화시켜주니 길(吉)하다.

독자들을 위하여 '조후(調侯) 순환(循環)에 따른 오행(五行)들의 상호 작용'에 따른 내용을 아래 보기와 같이 3월 운(運)을 판단해 보자

<table>
<tr><td colspan="3" align="center"><사주></td></tr>
<tr><td>구분</td><td>천간</td><td>지지</td></tr>
<tr><td>年柱</td><td></td><td></td></tr>
<tr><td>月柱</td><td></td><td></td></tr>
<tr><td>日柱</td><td>①丁</td><td>○</td></tr>
<tr><td>時柱</td><td></td><td></td></tr>
</table>

<table>
<tr><td colspan="5" align="center"><월운></td></tr>
<tr><td>5월</td><td>4월</td><td>3월</td><td>2월</td><td>1월</td></tr>
<tr><td></td><td></td><td>②辛</td><td></td><td></td></tr>
<tr><td></td><td></td><td>○</td><td></td><td></td></tr>
</table>

3월 월운은 천간이 ②辛(금, 주옥)이고, 사주 원국의 일간이 ①丁(火, 불)이므로 화극금(火剋金)이 되어 주옥은 불에 쉽게 녹아 광채가 없어지게 되므로 3월의 운세는 뜻을 이룰 수가 없고 나쁜 운(運)이 발생하게 된다는 뜻이다.

독자들은 사주 해석에 있어서 전체 조후(調侯) 순환(循環)에 따른 오행(五行)들의 상호 작용은 물론 위에서 소개된 내용을 바탕으로 사주를 판단하고 해석하는 습관이 필요하다.

(4) 병약법(病藥法) 용신 찾기

병약법 용신은 특정 오행(五行)이 사주에 차지하는 비중에 절대적으로 강(强)하거나 많을 때 적용하는 것이다.

8개의 오행으로 구성된 사주에서 최소한 3개 혹은 4개 이상 동일한 오행(五行)이 구성되어 있다면, 힘이 너무 센 오행이 되므로 이때는 강(强)한 오행에 대하여 힘을 극(剋)하거나 빼주어 오행간의 균형을 맞추어 주는 것이다. 즉, 관련 오행에 대하여 약(藥)을 주고 병(病)을 주어 사주의 균형(均衡) 즉 중화를 맞추는 것이다.

구분	천간	지지	육친		오행		지장간(支藏干)
년주(年柱)	己	未	정재	정재	토	토	丁, ②乙, 己(火, 木, 土)
월주(月柱)	戊	辰	편재	편재	토	토	③乙, 癸, 戊(木, 水, 土)
일주(日柱)	(甲)	辰	·	편재	(목)	토	④乙, 癸, 戊(木, 水, 土)
시주(時柱)	①甲	子	비견	인수	목	수	壬, 癸(水, 水)

위 사주는 전체 구성에서 재성의 토(土)가 5개로 토(土)기운이 매우 강(强)하다.

토(土)기운을 극(剋)하는(이기는) 오행은 비견의 목(木)이 된다. 따라서 비견 ①목(木)이 용신(用神)이 된다. 따라서 사주 구성에서 비견 ①甲(목)은 지장간(支藏干)에서 같은 목

(乙)에 해당되는 ②乙(목), ③乙(목), ④乙(목)이 각각 3개가 통근(通根) 즉 강(强)한 뿌리가 존재하므로 용신(用神) 기능으로 합당하다.

참고로 용신 선택의 우선 순위는 천간, 지지 그리고 지장간이며 이때 이들은 지장간과 통근 즉 사주 뿌리가 형성되어야 이상적인 용신이 된다.

대부분 사주는 특정 오행이 강(强)한 경우 병약법 용신 찾기를 적용하면 된다. 그러나 그렇지 않는 경우도 있다는 것을 독자들은 알아야 한다.

예를 들면, 수(水)기운이 강(强)한 수다목부(水多木浮) 사주의 경우 토(土)가 용신이지만, 토기운이 약(弱)한 경우에는 둑이 터지는 경우가 있기 때문이다.

구분	천간	지지	육친		오행		지장간(支藏干)
년주(年柱)	癸	丑	비견	편관	수	토	癸, 辛, 己
월주(月柱)	癸	亥	비견	겁재	수	수	戊, ①甲(목), 壬
일주(日柱)	癸	亥	·	겁재	수	수	戊, 甲, 壬
시주(時柱)	癸	丑	비견	편관	수	토	癸, 辛, 己

위 사주는 수(水)기운이 강한 수다목부이기 때문에 토(土)를 용신으로 사용하나, 이 경우 토(土)기운은 강(强)한 수(水)기운을 감당할 수 없기 때문에 이 때는 지장간에 존재하는 ①甲(목)을 용신으로 사용한다.

독자들은 병약법(病藥法) 용신에서 추가로 알아야 될 사항은 사주 구성에서 병(病)을 치료해 줄 수 있는 오행 즉 용신이 없거나, 지장간과 뿌리가 약한 사람의 경우 평생 병고(病苦)로 시달리거나 혹은 단명(短命)하는 사람들이 많다.

예를 들면 위의 사주 모두는 용신에 해당되는 목(木)기운이 존재하지 않는 사주라면 치료약도 없을 뿐만 아니라, 단명(短命)하게 된다.

용신 찾기 중 이러한 병약법(病藥法) 용신 찾기와 비슷비슷하게 적용되는 것들이 많이 존재하는데 독자들은 이러한 것들을 응용해서 용신 찾기에 이용해 주어야 한다. 예를 들면 신약 사주에서 재성(편재, 정재)이 강(强)한 재다신약(財多身弱) 사주의 경우 재성을 극(剋)하는 비겁(비견, 겁재)을 용신(用神)으로 사용하고, 비겁이 없으면 인성을 용신으로 사용하는데 이 경우 비겁운이 세운(歲運)에 들어오면 재물(財物)을 얻게 된다. 식상(식신, 상관)이 강(强)한 경우 인성(편인, 인수)을 용신으로 사용하는데, 차선책으로 재성을 용신으로 사용하는 경우도 있다. 또한 관성(편관, 정관)이 강(强)한 경우 인성이나 식상 혹은 비겁으로 중화시켜 용신으로 선택한다.

또한 신강 사주에서 비겁이 강(强)한 경우 관성이나 식상을 용신으로 사용하고, 인성이 강(强)한 경우 극(剋)하는 재성이나 식상을 용신으로 사용한다.

이러한 것들 중 신약 사주에서 식상(식신, 상관)이 강(强)한 아래 사주에서 용신을 선택해 보자.

구분	천간	지지
년주(年柱)	○	○
월주(月柱)	○	①申(금, 상관)
일주(日柱)	㉮己(토)	○
시주(時柱)	○	○

용신은 일간 ㉮己(토)의 힘을 강(强)하게 만들어 주는 것을 용신으로 사용하므로 화생토(火生土)의 작용에서 인성에 해당되는 화(火) 또는 토생토(土生土)의 작용에서 비겁의 토(土)가 용신이 된다.

그러나 이 중 토(土)는 월지 ①申(금)을 토생금(土生金)으로 강(强)하게 만들어 주기 때문에 신약 사주에서 용신으로 합당하지 못하다. 따라서 용신은 인성의 화(火)가 된다. 그러나, 일간(日干) ㉮己(토)가 극(剋)하는 재성의 수(水) 오행의 경우 일간 ㉮己(토)의 힘을 강(强)하게 할뿐 아니라, 월지 ①申(금)을 금생수(金生水)의 작용으로 약(弱)하게 만들기 때문에 이것 역시 용신으로 합당하다.

따라서 식상이 강(强)한 위 사주는 인성의 화(火)가 용신이 되는 것이지만, 그러나 신월(申月) 즉 가장 무더운 7월에 태어났으므로 이것을 고려한다면 재성의 수(水)도 용신으로 사용할 수도 있다. 이러한 경우 사주 전체 구성과 작용을 보고 용신을 판단해야 하는데 인성의 화(火)가 사주 조건에서 용신으로 합당하다면 화(火)를 용신으로 사용하고, 사주 원국이나 지장간(支藏干)에서 인성의 화(火)가 없거나 조후(調侯)의 조건에서 재성의 수(水)가 용신으로 합당하다면 재성 수(水)를 용신으로 사용하면 된다. 독자들은 용신을 선택할 때는 사주 전체 구성을 보고 판단하는 습관이 필요로 한다.

(5) 격국(格局) 용신 찾기

격국(格局)에서 제시된 용신 찾기는 제7장, 격국(格局)에서 '용신 선택법'을 참고하기 바란다. 이것을 이용하면 사주 해석(解析)은 물론 쉽게 용신(用神)을 찾을 수 있는 장점이 있다.

(6) 부법(扶法), 통관(通關), 전왕(專旺) 용신 찾기

부법(扶法) 용신이란? 사주 구성에서 식신, 상관, 편재, 정재, 편관, 정관이 많은 신약(身弱)할 때는 힘을 더하여 신강(身强)하게 만들어 줌으로써 균형(均衡)을 유지시켜 주는 것이다.

예를 들면, 상관(傷官)이 많을 때는 인수(印綬)가 용신이 되고, 식신(食神)이 많을 때는 편인(偏印)이 용신이 되며, 식신(食神)과 상관(傷官)이 많을 때는 인성이 용신이 된다. 통관(通關) 용신이란? 사주 구성에서 두 오행(五行)이 서로 싸우는데, 가운데서 말려주는 오행을 통관 용신이라고 한다.

예를 들면, 사주 구성에서 金, 木이 싸우면 水가 용신이며, 木, 土가 싸우면 火가 용신이 된다. 이 때 통관 용신은 형충회합(刑沖會合)의 영향을 받는다.

전왕(專旺) 용신이란? 사주 전체가 한 가지 오행(五行)으로 구성된 경우를 말하는데, 이 때는 많은 오행을 용신으로 삼는다. 이것은 일종의 격국에서 종격(從格) 작용으로 보는 것으로, 강한 세력으로 부터 받을 때는 발복(發福)하지만, 반대로 설기(泄氣)하거나 혹은 극(剋)할 때는 흉(凶)하다.

예를 들어 보면 아래와 같다.

사주 구성	용신	사주 구성	용신
비견과 겁재로 구성된 사주	비견 또는 겁재	木으로 구성된 사주	水木火
식신과 상관으로 구성된 사주	식신 또는 상관	火로 구성된 사주	木火土
편재와 정재로 구성된 사주	편재 또는 정재	土로 구성된 사주	火土金
편관과 정관으로 구성된 사주	편관 또는 정관	金으로 구성된 사주	土金水
편인과 인수로 구성된 사주	편인 또는 인수	水로 구성된 사주	金水木

이렇게 용신(用神)을 찾는 방법은 여러 가지가 존재하고 적용된다는 사실을 알고, 적용할 수 있는 능력이 있어야 하겠다.

이제 독자들은 사주 명리학에서 허공에 맴돌 수 있는 용신(用神) 찾는 방법은 물론 이와 동일한 길성(吉星)과 흉성(凶星) 오행(五行)을 찾고 적용할 수 있는 능력을 터득했다고 본다. 따라서 사주 해석(解析) 즉 통변(通辯)에서 이러한 것들을 활용함으로써 행운(幸運)을 찾고 행복(幸福)한 삶을 선택해 주길 바란다.

이어서 학습될 대운(大運)과 세운(歲運)의 흐름 판단은 용신(用神)을 적용시킴으로써 판단할 수 있는 것이다. 이러한 사실을 알고 10년 단위로 적용되는 대운(大運)과 년(年)과 월(月)에 적용하는 세운(歲運)을 통하여 삶의 운로(運路)를 더욱 정교하게 판단해 보자.

3. 대운(大運)과 세운(歲運)으로 삶의 흐름을 판단하자

지금까지 양력으로 1986년 6월 11일 밤 22:50분에 태어난 남자 이길동의 사주를 세우고, 삶의 흐름을 알기 위하여 용신(用神) 찾기를 완료하였다.

이제부터 독자들은 용신(用神)을 대운(大運)과 세운(歲運)에 적용시켜 삶의 흐름을 판단해 보자.

(1) 대운(大運) 구성법

사주에서 앞날을 예지하는 방법은 대운(大運)으로 판단한다.

대운(大運)은 10년간의 길흉(吉凶)을 판단하여 인생 전체 길흉(吉凶)의 흐름을 판단하는 것으로 좋은 시절과 나쁜 시절은 물론 사업, 승진, 질병, 사망, 실직, 소송, 수술, 죽음, 가난 등의 판단하는 삶의 절대적인 운로 잣대가 바로 대운(大運)이다. 즉, 상대방의 대운(大運)에 용신(用神)을 비교하여 판단해 보면 금방 인생 운로(運路)를 확인할 수 있다. 사주 판단시 흉성(凶星)이 없다고 해서 좋은 사주라고 판단 할 수 없고, 또한 길성(吉星)이 많다고 해서 나쁜 사주라고 판단 할 수 없다. 그 이유는 오행 구성이나 용신(用神)으로 대운(大運)을 판단해서 삶의 전체 흐름을 확인해 봐야 좋은 사주인지 아니면 나쁜 사주(탁한 사주)인지 판단할 수 있다.

이 때 사주 원국과 대운(大運)까지의 판단은 정확하게 할 수 있지만 이어서 적용되는 년운, 월운, 일운 등의 세운(歲運)판단은 사실 무한대(無限大)가 된다.

이러한 관점을 바탕으로 대운(大運)을 정리하면 아래와 같다.

□ 대운(大運)은 10년간 작용하는 가장 큰 천재지변으로 본다면,

□ 년운(年運)은 1년간 작용하는 보통 천재지변이고,

□ 월운(月運)은 1달간 작용하는 작은 천재지변이고,

□ 일운(日運)은 1일간 작용하는 아주 작은 천재지변에 해당된다.

□ 여기서 작용되는 각종 살(殺)은 그때 그때 마다 달려드는 강도(强盜)로 보며, 살을 제거해주는 천을귀인(天乙貴人) 등은 강도를 구조해주는 경찰로 보면 된다.

□ 삶의 운로에 가장 큰 영향을 미치는 10년 동안 대운을 해석할 때는 앞의 5년간에 해당되는 천간과 지지의 반영 비중을 70%와 30%로 하고, 뒤의 5년간은 천간과 지지의 반영 비중을 30%와 70% 정도로 한다.

□ 천간과 지지에 용신과 희신이 작용하더라도, 지지에 나쁜 기신이나 구신이 작용하거나 반대일 경우도 반영 비율을 70%와 30% 및 30%와 70% 정도로 한다.

이길동의 대운(大運) 작성법은 이미 앞 절에서 완료하였다.

이러한 사실을 바탕으로 이길동의 사주에서 적용되는 대운(大運)의 구성법을 보자.

사주(四柱)

	천간	지지	오행		육친	
年	① 丙	⑤ 寅	화	목	비견	편인
月	② 甲	⑥ 午	목	화	편인	겁재
日	③ (丙)	⑦ 戌	(화)	토	·	식신
時	④ 己	⑧ 亥	토	수	상관	편관

대운(大運)

89	79	69	59	49	39	29	19	9
ⓘ 癸	ⓗ 壬	ⓖ 辛	ⓕ 庚	ⓔ 己	ⓓ 戊	ⓒ 丁	ⓑ 丙	ⓐ 乙

㉢ 水	㉥ 水	㉼ 金	㉰ 金	㉢ 土	㉣ 土	㉠ 火	㉡ 火	㉠ 木
㉨ 정관	㉱ 편관	㉦ 정재	㉮ 편재	㉳ 상관	㉠ 식신	㉢ 겁재	㉡ 비견	㉮ 인수
i 卯	h 寅	g 丑	f 子	e 亥	d 戌	c 酉	b 申	a 未
ㅈ 木	ㅇ 木	ㅅ 土	ㅂ 水	ㅁ 水	ㄹ 土	ㄷ 金	ㄴ 金	ㄱ 土
자 인수	아 편인	사 상관	바 정관	마 편관	라 식신	다 정재	나 편재	가 상관
94	84	74	64	54	44	34	24	14

대운에 적용되는 육친(六親) 작성법은, 대운에 적용된 60갑자(甲子)를 기준으로 천간(天干)과 지지(地支)를 구분하여 구성시키면 된다.

이길동의 사주에서 ⓐ 乙, ⓑ 丙, ⓒ 丁…은 최초 대운 작성에 따른 60갑자(甲子)의 천간(天干)이고, ㉠ 木, ㉡ 火, ㉢ 火…등은 乙, 丙, 丁…의 오행(五行)이고, ㉮인수, ㉡비견, ㉢겁재…등은 앞 절에서 소개된 육친(六親)에서 본인에 해당되는 일주의 일간 즉 (丙)을 기준으로 <천간 육친 조건표>와 <지지 육친 조건표>를 적용하면 된다.

이길동은 양력으로 1996년 6월 11일 낮 13:50분에 태어났으므로 대운에서는 29세에서 38세에 해당되는 것을 대운으로 구성하면 된다.

이렇게 대운 작성을 완료했으면 이제부터는 이들과 작용되는 간충(干沖)과 지충(支沖)을 확인해 보자.

▫ 대운(大運)에서 간충(干沖)은?

대운에서 간충(干沖) 판단은 이길동의 사주 원국의 천간(天干)과 대운의 천간(天干)을 서로 비교하여 간충되는 부분이 있는가? 이것을 알아보면 된다.

이길동의 사주 원국에서 ②의 甲과 대운(大運)에서 ⓕ의 庚은 甲庚沖으로 서로 간충(干沖)이 된다.

또한 ①의 丙과 ⓗ의 壬은 丙壬沖으로 간충(干沖)이 된다.

이것을 해석해 보면, 이길동의 경우 59~68세 중 59~63세까지와, 79~88세 중 79~83세까지에서 나쁜 시기이기 때문에 사망, 병, 실직, 사고 등이 발생됨을 알 수 있다.

다음 용신 작용에서 다시 설명하겠지만 이러한 충(沖)들이 들어오는 시기에 다시 용신을 극(剋)하는 시기가 발생되면 더욱 나빠지는 운세가 됨을 독자들은 알길 바란다.

사주 해석은 사주에 적용되는 길흉성(吉凶星) 즉, 합(合), 충(沖), 파(破), 형(刑), 해(害), 공망(空亡), 살(殺), 관록(官祿) 등도 위와 같은 방법으로 적용하여 판단하면 된다.

▫ 대운(大運)에서 지충(支沖)은?

대운에서 지충(支沖) 판단은 위의 간충(干沖) 적용과 동일하다. 즉 이길동 사주 원국에 있는 지지(地支)와 대운의 지지(地支)를 상호 비교하여 지충(支沖)되는 관계를 알아보면 된다.

⑤의 寅과 b의 申이 寅申沖으로 지충(支沖)이 되고, f의 子와 ⑥의 午 역시 子午沖으로 지충(支沖)이 된다.

이것을 해석해 보면, 이길동의 경우 19~28세 중 24~28세까지는 寅申沖이 되어 이성 간 구설수가 생기고, 명예 실추가 있으며, 59~68세 중 64~68세까지는 子午沖되어 일찍 고향을 떠나 타향에서 고생하게 되며, 이 시기 때는 사망, 병, 실직, 사고 등에 주의해야 한다.

또한 이때 용신(用神)을 극(剋)하는 오행이 함께 들어오는 시기라면 나쁜 운세가 발생된다. 특히, 사주에서 지충 작용은 간충 작용보다 더욱 나쁘게 작용됨을 알길 바란다. 사주에 적용되는 길흉성(吉凶星)은 물론 합(合)으로 인한 변화(化)된 기운(氣運)들도 위와 같이 적용하여 판단하면 된다.

(2) 세운(歲運) 구성법

세운(歲運)이란? 매년 변경되는 운(運)을 말한다. 예를 들면 년운(年運)이나 월운(月運) 등을 말한다.

사주(四柱)

	干		천간		오행		육친	
年	① 丙		⑤ 寅		화	목	비견	편인
月	② 甲		⑥ 午		목	화	편인	겁재
日	③ (丙)		⑦ 戌		(화)	토	·	식신
時	④ 己		⑧ 亥		토	수	상관	편관

대운(大運)

89	79	69	59	49	39	29	19	9
ⓘ 癸	ⓗ 壬	ⓖ 辛	ⓕ 庚	ⓔ 己	ⓓ 戊	ⓒ 丁	ⓑ 丙	ⓐ 乙
㉣ 水	㉥ 水	㉦ 金	㉧ 金	㉢ 土	㉡ 土	㉠ 火	㉤ 火	㉥ 木
㉻ 정관	㉾ 편관	㉽ 정재	㉼ 편재	㉻ 상관	㉺ 식신	㉹ 겁재	㉸ 비견	㉮ 인수
i 卯	h 寅	g 丑	f 子	e 亥	d 戌	c 酉	b 申	a 未
ㅈ 木	ㅇ 木	ㅅ 土	ㅂ 水	ㅁ 水	ㄹ 土	ㄷ 金	ㄴ 金	ㄱ 土
자 인수	아 편인	사 상관	바 정관	마 편관	라 식신	다 정재	나 편재	가 상관
94	84	74	64	54	44	34	24	14

년운(年運)

2025年	2024年	2023年	2022年	2021年	2020年	2019年	2018年
乙	甲	癸	壬	辛	庚	己	戊
木	木	水	水	金	金	土	土
인수	편인	정관	편관	정재	편재	상관	식신
巳	辰	卯	寅	丑	子	亥	戌

火	土	木	木	土	水	水	土
비견	식신	인수	편인	상관	정관	편관	식신

사주에서 년운을 구성하는 방법은 대운에서와 동일하다.

단지 차이나는 것은 나쁜 충(沖) 등을 확인할 때 년운은 사주 원국은 물론 대운(大運)과 년운(年運)과의 천간(天干)과 지지(地支)를 상호 비교하여 충(沖)이나 상극(相剋) 그리고 합(合) 작용에 따른 변화(化)된 기운(氣運)을 알아보면 된다. 여기에 적용되는 길흉성(吉凶星)도 동일하다.

참고로 소운(小運)이란?

대운(大運) 시작전 나이를 말한다. 예를 들면 대운수가 9라면 1~8세를 소운(小運)이라고 한다. 이때의 운(運)은 월지(月支)를 비교하여 판단하나, 어린 시절 때는 부모가 아이에게 미치는 영향력이 절대적인 관계이므로 통상적으로 소운은 따지지 않는다.

□ 년운(年運)에서 간충(干沖)은?

이길동 사주의 대운(大運)과 년운(年運) 사이에 간충(干沖)이 있는가?

이길동은 1986년 생이므로 2019년은 34세, 2020년은 35세가 된다.

따라서 대운(大運)은 29~38세에 해당되는 丁(간지), 酉(지지)에 해당된다.

2020년의 庚과 사주 원국의 甲은 庚甲沖이 , 2022년의 壬과 사주 원국의 丙은 壬丙沖이 각각 성립된다. 또한 2023년은 癸와 대운의 천간 丁이 丁癸沖의 간충(干沖)이 된다.

따라서 이길동의 경우 이렇게 상충된 기간은 좋지 않는 기운이 발생하게 된다. 다른 길흉성(吉凶星) 적용도 마찬가지다.

□ 년운(年運)에서 지충(支沖)은?

이길동 사주에서 대운(大運)과 년운(年運) 사이에 지충(支沖)은 있는가?

대운과 연운에서 지충은 2023년 卯와 대운에서 酉가 卯酉沖으로 지충(支沖)이 된다.

따라서 이러한 기간 역시 나쁜 운(運)이 들어오는 시기이기도 하다.

이러한 판단은 년운(年運)은 물론 월운(月運) 혹은 일운(日運) 등도 확인해 보길 바란다.

이러한 과정은 사주에 작용되는 다른 길흉성(吉凶星)도 동일하게 적용되므로 독자들을 이러한 관점을 알고 더욱 사주 해석에 정진(精進)해 주길 바란다.

(3) 대운(大運)과 세운(歲運) 및 계절별 길흉(吉凶) 판단

사주에서 앞날을 예지 할 수 있고, 길흉화복(吉凶禍福)을 알 수 있는 것은 대운(大運)과 세운(歲運)이다. 이를 통하여 미래의 삶을 예측할 수 있는 유일한 방법은 오행 구성과 용신(用神)으로 확인한다. 따라서, 사주에서 용신의 영향력은 절대적이다.

이러한 이치를 토대로, 양력으로 1986년 6월 11일 밤 22:50분에 태어난 남자 이길동의 용신(用神)은 앞 절에서 수(水)라는 사실을 알았다.

기신은 토(土)이며, 희신은 금(金)이 된다. 여기서 용신을 대운(大運)과 세운(歲運)에 적용해 주는 방법은, 앞에서 소개된 충(沖)의 적용과 비슷한데, 단지 다른 것이 있다면 용신을 곧바로 대운과 세운에 적용하여 운세를 판단하는 것이 다르다. 이러한 적용 방법을 토대로 용신을 통하여 대운과 세운을 판단해 보고, 아울러 방합(方合)을 통하여 대운(大運)과 세운(歲運)의 계절별 길흉(吉凶)을 확인해보자.

▫ 대운(大運) 판단

전체 인생 운로(運路)는 대운(大運)으로 판단한다. 사주가 아무리 좋아도 대운이 좋아야만 좋은 팔자이지, 반대로 대운이 나쁘면 나쁜 사주가 된다.

이제 이길동의 사주에서 대운에 용신(用神), 희신(喜神), 기신(忌神), 구신(仇神), 한신(閑神)을 적용하여 인생 흐름을 알아보자.

이길동은 수(水)가 용신이므로, 희신은 용신(用神)을 생(生)해주는 오행이므로 금(金)이며, 기신은 용신을 극(剋)하는 오행이므로 토(土)이고, 구신은 기신 즉 토(土)를 생(生)해주는 것이므로 화(火)이며, 한신은 희신 금(金)이 극(剋)하는 오행 이므로 목(木)이 된다.

따라서, 용신이 수(水)이므로 이길동은 수(水)기운이 들어오는 10년 혹은 5년간은 가장 좋은 시절이 된다.

용신 다음으로 좋은 희신은 금(金)이기 때문에 이때도 행운이 들어오는 좋은 시절이다. 이와는 반대로 토(土)가 기신으로 이때가 가장 나쁘고, 그 다음이 화(火)의 구신일 때 나쁜 시기가 된다. 한신은 희신이 극(相剋)하는 오행이므로 목(木)인데 이 시기도 용신 수(水)를 설기시킴으로 나쁜 시기가 된다.

이러한 운세를 이길동의 대운(大運)에 적용하여 구체적으로 판단해 보자.

10년 단위의 대운(大運)을 세분화시키기 위하여 5년 단위로 끊어서 용신, 희신, 기신, 구신, 한신을 적용하여 인생 흐름을 판단해보자.

대운(大運) 나이	해당 오행		오행 운세	대운(大運) 나이	해당 오행		오행 운세
9~13세	乙	木	×(한신)	54~58세	亥	水	○○○(용신)
14~18세	未	土	×××(기신)	59~63세	庚	金	○○(희신)
19~23세	丙	火	××(구신)	64~68세	子	水	○○○(용신)
24~28세	申	金	○○(희신)	69~73세	辛	金	○○(희신)

29~33세	丁	火	××(구신)	74~78세	丑	土	×××(기신)
34~38세	酉	金	○○(희신)	79~83세	壬	水	○○○(용신)
39~43세	戊	土	×××(기신)	84~88세	寅	木	×(한신)
44~48세	戊	土	×××(기신)	89~93세	癸	水	○○○(용신)
49~53세	己	土	×××(기신)	94~98세	卯	木	×(한신)

용신에 해당되는 54~58세, 64~68세, 79~83세, 89~93세 때는 발복(發福)하는 시기이며, 돈, 명예, 결혼, 건강, 승진, 합격, 사업 번창, 당선 등으로 일도 잘 풀리고 건강도 회복되는 시기로 행운(幸運)이 들어오는 좋은 시절이 된다.

용신 다음의 좋은 시기로 볼 수 있는 희신의 금(金)기운이 작용하는 24~28세, 34~38세, 59~63세, 69~73세의 경우에도 행운(幸運)이 들어오는 시기가 된다.

이와는 반대로, 용신 수(水)를 극(剋)하는 기신에 해당되는 토(土)와 구신에 해당되는 화(火)기운이 적용되는 시기는 나쁘게 작용하는 시기로 분류 된다.

즉, 14~18세, 39~43세, 44~48세, 49~53세, 74~78세에는 가난, 병고, 사고, 이별, 실직, 고난, 이혼, 수술 등으로 시달리게 되고, 화(火)기운의 구신의 시기에 해당되는 19~23세, 29~33세의 경우도 나쁜 운(運)이 들어오는 시기가 된다.

또한 한신에 해당되는 9~13세, 94~98세의 경우도 나쁜 시기가 된다.

특히, 대운에서 용신 수(水)를 극(剋)하는 토(土)가 있는 시기의 경우이거나 혹은 충(沖)이 존재 한다거나 혹은 세운(월운 및 일운)에서 다시 한 번 용신을 극(剋)하거나, 충(沖)이 작용하는 경우는 나쁜 운이 2개 이상이 존재 한다면(일운이나 시운도 동일) 사주에서 아주 나쁜 시기로 분류되어 사망, 병, 실직, 수술, 사고, 이혼 등이 발생될 확률이 매우 높다.

특히, 이러한 나쁜 시기에 흉성(凶星)이 들어오는 시기이기도 하다. 대운(大運)으로 전체적인 삶의 흐름을 판단했다면, 이에 대한 합(合), 충(沖), 형(刑), 파(破), 해(害), 공망(空亡) 등의 길흉성(吉凶星)을 추가로 가감시켜 주면 된다.

이렇게 대운(大運)을 용신(用神)으로 이길동의 삶의 운로(運路)를 확인했다면, 이제부터는 49~58세에서 어떤 사건이 발생되고, 어떻게 진행되는지 구체적인 대운의 흐름을 확인해 보자.

독자들은 이러한 방법은 실질적으로 사주(四柱)를 판단하고 해석(解析)한다는 사실을 알고 학습에 임해 주길 바란다.

사주(四柱)							
	천간	지지	오행		육친		지장간
年	①丙	⑤寅	화	목	비견	편인	⑨戊, ⑩丙, ⑪甲
月	②甲	⑥午	목	화	편인	겁재	⑫丙, ⑬己, ⑭丁

日	③丙	⑦戊	화	토	·	식신	⑮辛, ⑯丁, ⑰戊
時	④己	⑧亥	토	수	상관	편관	⑱戊, ⑲甲, ⑳壬

대운(大運)

69	59	49	39
辛	庚	㉑己	戊
金	**金**	**土**	**土**
정재	**편재**	**상관**	**식신**
丑	子	㉒亥	戌
土	**水**	**水**	**土**
상관	**정관**	**편관**	**식신**
74	64	54	44

지 장 간	㉓戊(식신)
	㉔甲(편인)
	㉕壬(편관)

※<참고>
1. 통근(通根) 혹은 뿌리 ; 음양(陰陽)에 상관없이 동일한 오행(五行)
2. 투출(透出) ; 지장간(支藏干)과 천간(天干)에서 음양(陰陽)이 동일한 오행(五行)
3. 투간(透干) ; 월지(月支)의 지장간(支藏干)과 천간(天干)에서 음양(陰陽)이 동일한 오행(五行)

49~58세에서 어떤 사건이 발생되는지 구체적으로 알기 위해서는 위와 같이, 사주 원국의 지장간(支藏干)은 물론 판단하고자 하는 해당 지장간을 확인해야 한다.

독자들은 이것을 알기 위해서는 통근(通根) 혹은 뿌리, 투출(透出)과 투간(透干)을 알아야 하는데 이것들은 '제7장, 격국(格局)'과 '제8장, 사주 해석(解析)'에서 구체적으로 설명해 놓았으니 참조해 주길 바란다.

이제 49~58세에 발생되는 사건을 확인해 보자.

49~58세의 대운 ㉑己는 사주 원국의 지장간 ⑬己와는 음양(陰陽)이 동일한 토(土)로서 이것은 투출(透出)관계가 성립되기 때문이 대운 49~58세 기간에는 이길동에게는 밀접한 운(運)이 존재한다는 뜻이다.

그리고, 49~58세의 대운은 ㉑己와 ㉒亥의 상관과 편관운이다.

지금부터 이러한 운(運)이 어떻게 작용되는지 확인해 보자.

먼저 사주 원국의 천간과 지장간과의 통근 즉 사주 뿌리를 확인해 보자.

지장간 즉 ㉓戊(식신), ㉔甲(편인), ㉕壬(편관)은 각각 토(土), 목(木), 수(水)이므로 이것은 사주 원국의 ②甲과 ④己와 같은 목(木)과 토(土)로서 통근 즉 사주 뿌리가 성립된다. 그렇지만, ㉕壬(편관)은 수(水)로서 사주 원국의 천간에 같은 수(水) 오행이 없는 관계로 통근(通根) 즉 사주 뿌리가 성립되지 않는다.

이들을 정리해보면, ㉓戊(식신)과 ㉔甲(편인)은 이길동에게 밀접한 관계가 되므로 큰 영향을 주지만, ㉕壬(편관)은 영향력을 주지 못한다.

이제 이러한 결과를 바탕으로 사주를 해석(解析)해 보자.

㉓戊(식신) 즉 식신이라는 것은 직위와 부하직원이 있고, 어딜가나 식복이 있으며 사업운이 있다는 뜻이고, ㉔甲(편인)이라는 것은 소속감을 싫어하지만 주어진 재능을 순간순

간 활용하여 생계를 유지하는 운(運)을 말한다.

이제 마지막으로 이들에게 작용되는 형(刑), 충(沖), 합(合), 파(破) 및 공망(空亡) 그리고 나쁜 흉살(凶殺)를 적용해서 최종 판단해 보자.

49~58세 대운의 지지 ㉒亥는 사주 원국의 ⑧亥과는 해해형(亥亥刑)이 작용되나, ⑤寅과는 해인합(亥寅合) 그리고 해인파(亥寅破)가 적용되어 다소 시끄럽기는 하나 큰 영향은 발생되지 않는다.

따라서, 49~58세 때에 이길동에게 발생되는 구체적인 사건을 확인해 보면 새로운 사업운이 창출되어 호주머니에 재물(財物)을 얻을 수는 있겠지만, 직장에서 승진(昇進) 혹은 출세(出世)운은 없다는 뜻이다.

여기서 하나 더 부여한다면, 이길동의 용신(用神)은 수(水)가 되므로 49~58세 때는 기해(己亥) 대운이므로 용신과 이들을 비교해 보면, 기(己)와 수(水)는 극(剋)하지만, 해(亥)와 수(水)는 같은 용신이 되므로 49~58세의 운세(運勢)는 54~58세 까지가 길운(吉運)이 된다는 사실을 알길 바란다.

특히, 독자들은 합(合) 작용으로 인하여 변화(화)되는 기운(氣運)과 용신과 희신 그리고 나쁜 기신과 구신과의 관계를 통하여 길흉(吉凶)을 판단해 주어야 된다는 사실을 잊지 말자.

참고로 기해(己亥) 대운의 운세를 십간 희기론(喜忌論)을 적용시켜서 판단하는 경우도 있다. 이때는 이길동의 일간(日干)에 해당되는 병(丙)을 기준으로 대운의 천간 기(己)와는 관계 즉 丙-己로 판단하는데 이것은 대지보조(大地普照) 사주가 되어 학술과 서비스 등에서 능력을 발휘하는 시기로 판단 할 수 있다. 이러한 십간 희기론(喜忌論) 판단은 8장 사주 해석에서 구체적으로 제시하였다.

지금까지 대운(大運)에서 발생되는 구체적인 사건만을 확인했지만, 세운(歲運) 즉 년운(年運)과 월운(月運) 역시 똑 같은 방법으로 적용하고 판단해 주는 것이 통변(通辯) 즉 사주 해석(解析)이다.

또한, 위에서는 관운(官運) 즉 정관과 편관에 대해서만 해석해 보았는데, 나머지 육친(六親)들도 육친의 본래 뜻으로 해석해 주면 된다.

예를 들어보자, 사주 구성에서 4길신(吉神)과 4흉신(凶神)이 있다.

4실신은 식신, 재성(정재, 편재), 정관, 인수를 말하는 것이고, 4흉신은 비겁(비견, 겁재), 상관, 편관, 편인과 양인(陽刃)을 말한다.

따라서, 4길신은 좋은 것들이니 사주 해석에서 좋게 해석함은 당연하고, 4융신은 나쁜 것이니 나쁘게 해석해 주면 된다.

그리고, 관운(官運)은 정관과 편관인데 사주 구성에서 합(合)을 이루면, 비록 정관과 편관이 아니더라도 식신, 재성(정재, 편재), 인수들도 출세(出世), 승진(昇進), 결혼(結婚)이 성립됨을 알길 바란다.

독자들은 이제 핵심 사주 해석 방법을 모두 알았지만, 앞으로 이어서 설명될 것들은 이러한 내용을 좀더 보완(補完) 하는 것이므로 더욱 정진(精進)해 주길 바란다.

독자들은 대운(大運) 판단에서 추가로 한 가지 더 알아야 될 사항이 있다.

개두(蓋頭)와 절각(截脚)이다.

개두(蓋頭)란? 대운에서 간지(干支)가 지지(地支)를 극(剋)하거나 생조(生助)하는 것을 말하고, 절각(截脚)이란? 대운에서 지지(地支)가 간지(干支)를 극(剋)하거나 생조(生助)하는 것을 말한다.

이 경우 용신이나 희신 그리고 구신과 기신이 세운 등과의 작용에서 극(剋)을 당하는 쪽과 반대로 생조(生助)하는 쪽의 힘은 더욱 약하게 되고 반대인 경우 자극하는 힘이 더욱 가중되어 운(運)이 아주 나빠지거나 혹은 크게 발복(發福)하게 된다. 독자들은 이러한 개두(蓋頭)와 절각(截脚)은 대운(大運)이나 세운(歲運) 판단뿐 아니라 사주 해석에서 적용하길 바란다.

1986년생인 이길동을 보자.

이길동의 대운(大運)은 29~38세에 해당되는 정유(丁酉)이다. 정유(丁酉)는 간지(干支) 정(丁)은 火이고, 지지(地支) 유(酉)는 金이니 火剋金이 되어 이들 관계는 개두(蓋頭)이다. 이길동의 사주는 화(火)기운이 너무 강하고 용신(用神)은 수(水)이므로 水는 정유(丁酉) 대운의 간지(干支) 정(丁)의 화(火)기운을 극(剋)하여 약(弱)하게 하니 29~38의 대운에서는 그나마 나쁜 기운을 소멸시킬 수 있다.

이러한 작용을 바탕으로 반대로 생조(生助)할 경우에는 운(運)이 크게 발복(發福)하게 된다. 또한 간지와 지지 모두에게 힘을 다 같이 받아 더욱 힘 있게 작용되는 것을 합세(合勢)라 하고, 간지와 지지 중 어느 한 곳에서만 힘을 받는 것을 가세(加勢)라고 한다.

▫ 세운(歲運) 판단

세운 즉, 연운(年運)과 2020年~2021年 3月運까지의 운(運) 및 일운(日運) 판단은 위에서 소개한 대운(大運)에서 용신, 희신, 기신, 구신, 한신 적용과 동일하다.

따라서, 세운(歲運)에서의 운세 판단은 독자들에게 맡긴다.

▫ 대운(大運)과 세운(歲運)의 길흉(吉凶) 판단

대운(大運)이나 세운(歲運)의 지지(地支)는 주기적(週期的)이기 때문에 방합(方合)을 적용하면 길흉(吉凶)의 운세(運勢)를 알 수 있다.

독자들은 이것을 판단할 때는 앞 절에서 소개된 방합(方合)의 원리를 참조하면 된다. 이러한 변화(化)되는 원리는 천간합은 물론 삼합, 육합도 동일하다.

예를 들어보자, 양력으로 1986년 6월 11일 밤 22:50분에 태어난 남자 이길동의 대운 지지(地支)에서 방합(方合)을 적용하여 운(運)을 판단해 보자.

대운	69세	59세	49세	39세	29세	19세
	辛	庚	己	戊	丁	丙
	丑	子	亥	戌	酉	申
방합 적용	亥子丑=>水			申酉戌=>金		
	대운 지지 亥子丑은 방합으로 관성 水이고 水는 북쪽과 겨울이 된다.			대운 지지 申酉戌는 방합으로 재성 金이고 金은 서쪽과 가을이다.		
방합으로 본 대운시기 의 운(運) 해석	이길동의 49~78세 대운의 방합은 亥子丑이므로 관성 수(水)에 해당되는 운(運)이다. 즉, 이때의 방향은 북쪽이 좋다. 이 시기에 이길동이 상업(商業)을 하는 경우 수(水)에 해당되는 겨울용 상품을 선택하거나 혹은 수(水)에 해당되는 유흥업, 마케팅, 관광업, 요식업 업종을 선택한다면 발복(發福)하며, 사업상 직위를 얻게 된다. 아울러 이 시기는 용신(用神) 수(水)와는 같은 수(水)이기 때문에 같은 상비 관계가 성립되므로 좋은 시기라고 볼 수 있다. 그렇지만 수(水)를 극(剋)하는 토(土)기운과 관련된 계절과 방향(方向)은 나쁘다.			이길동의 19~48세 대운의 방합은 申酉戌이므로 재성 금(金)에 해당되는 운(運)이다. 이때의 방향은 서쪽이 좋다. 이 시기에 이길동이 상업(商業)을 하는 경우 금(金)에 해당되는 가을용 상품을 선택하거나 혹은 금(金)에 해당되는 보석, 전자, 컴퓨터, 액세서리, 철물, 기계, 의약 업종을 선택한다면 발복(發福)하며, 재물을 얻게 된다. 아울러 이 시기 동안은 용신(用神) 수(水)와는 상생관계가 성립되므로 다소 안정적인 시기라고 볼 수 있다. 그렇지만 금(金)을 극(剋)하는 화(火)기운과 관련된 계절과 방향(方向)은 흉(凶)하다.		

적용 방법은 이길동의 경우 19세, 29세, 39세 및 48세까지의 대운 지지는 신유술(申酉戌)이므로 이는 신유술(申酉戌) 방합(方合)의 금(金)에 해당되고 방향은 서쪽이며 계절은 가을이기 때문에 사업에서 업종과 방향을 선택한다면 금(金)과 가을과 관계된 업종을 선택해야 하고, 방향(方向)은 서쪽 방향이어야 성공할 수 있는 조건이 된다.

이길동의 인생 운로(運路)로 본다면 이 기간에는 용신은 수(水)이고 희신은 금(金)이므로 금생수(金生水)의 상생관계가 성립되어 다소 안정적인 시기이라고 볼 수 있다.

그렇지만 이 시기에 이길동 용신(用神)을 극(剋)하는 식상의 토(土) 기운을 들어오거나 혹은 방합 즉 금(金)을 극(剋)하는 비겁의 화(火)기운에 해당되는 중앙쪽이나 혹은 여름과 남쪽 방향을 선택한다면 필패(必敗)한다는 뜻이기도 하다.

독자들은 대운(大運)이나 세운(歲運)에서 자신의 운세(運勢)를 판단할 때 방합은 물론 변화(化)되는 합(合) 작용에 따른 오행(五行)의 적용을 통하여 운세(運勢)를 비교 판단하고, 아울러 상업(商業)으로 진출할 경우 이러한 조건들을 판단해 주어야만 성공할 수 있다. 이러한 오행(五行)에 따른 작용들을 확인하는 것은 물상론(物象論)에 해당된다.

▫ 시지(時支)로 대운(大運)과 세운(歲運) 판단

통상적으로 대운(大運)과 세운(歲運)의 운로 판단은 용신(用神)이나 지지(地支)에서 방합(方合) 등을 통하여 판단하지만, 사주 구성은 모두 관련된 조합으로 이루어졌기 때문에 태어난 시간 즉 시지(時支)를 기준으로 전개시켜 운세(運勢)를 판단하여 활용하기도 한다.

이제 이것을 소개하고자 하니 독자들은 사주 해석 즉 통변(通辯)에서 이를 적용하여 활용해 보기 바란다. 음력 1961년 11월 25일 해시(亥時)에 출생한 아래 사주를 보자.

구분	천간	지지	육친		오행	
年	①辛	⑤丑	식신	비견	금	토
月	②庚	⑥子	상관	편재	금	수
日	③己	⑦亥	·	정재	토	수
時	④乙	⑧亥	편관	정재	목	수

위 사주는 월지가 ⑥子이라 추운 11월인데 여기서 또다시 추운 저녁때 즉 ⑧亥(저녁 10시경)에 태어난 사주이다.

전체 사주 구성에서 보면 차가운 수(水)와 금(金) 기운은 많지만 더운 화(火)기운 즉 화(丙)나 혹은 정(丁)은 없다. 따라서 위 사주는 더운 화(火)기운이 작용되는 시기부터 발복(發福)하게 된다.

이제 이러한 발복 시간을 확인하기 위해서 태어난 시간 즉 해시 ⑧亥時(10시경)를 출발점(기준)으로 子丑寅卯辰巳午未申酉戌亥 등으로 이어지는 10년 주기의 대운(大運)을 작성해 보면 아래와 같다.

구분	대운								
	10대	20대	30대	40대	50대	60대	70대	80대	90대
해시 (亥時)	子時	丑時	寅時	卯時	辰時	巳時	午時	未時	申時
10시경	12시경	2시경	4시경	6시경	8시경	10시경	12시경	14시경	16시경
상태	추운 기운		더운 기운						
	불운한 시기		발복하는 시기						

10년주기 대운에서 子, 丑時까지는 매우 추운 시간이므로 이때는 불운(不運)한 시기가 되고, 아침 3시에서 5시에 해당되는 인시(寅時)부터는 햇살이 돋을 준비를 하고 이때부터 기온이 서서히 올라가게 되므로 위 사람은 子時(10대), 丑時(20대), 寅時(30)에서 30대부터 발복(發福)하기 시작해서 기온이 춥기 전의 시간 즉 신시(申時)에 해당되는 90대까지는 좋은 운로를 갖춘 사람임을 알 수 있다.

특히 30대의 세운(歲運) 판단은 1990년이 30세이니 이때 경오년(庚午年)의 오(午)시의 무더운 시간이 되고 이어서 31세(辛未), 32세(壬申)까지도 무더운 열기가 존재하기 때문에 좋은 운로(運路)로 판단할 수 있다.

대운 판단에서 유시(酉時)는 저녁 18시부터는 추운 기운에 해당되기 때문에 위 사람은 100세 이후부터 다시 불운(不運)이 찾아오는 시기로 판단한다.

참고로 위 사주에서 통변(通辯) 즉 사주 해석을 작성해 보면, ①辛은 가공 보석이므로 별빛으로 판단하고, ②庚은 가공되지 않는 보석이므로 달빛으로 판단할 수 있기 때문에 위 사람이 태어날 때의 집안 형편은 11월의 추운 겨울밤에 태어났지만 그래도 달빛과 별빛이 존재하므로 가난하지만 삶의 희망이 보이는 집안이라고 판단할 수 있다. 만약 위 사주에서 별빛과 달빛에 해당되는 ①辛과 ②庚이 없는 사주라면 집안이 몰락한 시기에 태어났음을 알 수 있다. 그러나 추운 사주 구성에서 더운 기운에 해당되는 사(巳)와 오(午)가 존재한다면 비록 추운 밤에 출생되었지만 부유한 집안에서 출생된 것으로 판단한다.

또한 위 사람은 추운 11월에 출생되었기 때문에 겨울의 수(水)는 혼탁하지 않고 맑고 깨끗하기 때문에 양심적인 성품을 갖춘 사람임을 알 수 있다.

그러나 더운 시기 즉 사(巳)와 오(午) 그리고 미(未)월에 출생된 사람이면서 여름에는 무덥고 물이 혼탁한 시기이므로 깨끗하지 못한 사람으로 판단한다.

이러한 더운 기운의 사람의 경우 삶의 운로는 시지(時支)의 시간을 기준으로 시원한 기운에 접어드는 신시(申時)에 해당되는 시기부터 서서히 풀려나가는 사주로 판단한다. 독자들은 사주 통변 즉 해석에서 이러한 내용들을 적용시켜서 대운에 따른 운세(運勢)의 흐름을 판단할 수도 있다.

지금까지 태어난 시간 즉 시지(時支)를 기준으로 운세를 전개시켜 운로를 판단해 보았다. 이때 천간(天干)을 구성시켜 시지와 시간(時干) 모두를 판단해서 확인해 보면 더욱 정확한 운로를 알 수 있겠다. 이 경우는 시간(時干)에 해당되는 것의 설정 방법은 대운수 조견표를 바탕으로 남자와 여자를 구분해서 작성해주면 된다.

독자들은 이러한 시주(時柱) 즉 시간(時干)과 시지(時支)를 통하여 연결된 통변법(通辯法)을 알고 사주해석에 적용하고 판단해보는 것도 사주 통변의 방법이기도 하다.

(4) 육친(六親)에서 대운(大運)과 세운(歲運) 판단

사주에서 오행(五行)과 육친(六親)은 동일하기 때문에 용신을 오행에 적용하는 것이나 용신을 육친에 적용하는 것이나 동일하다.

여기서는 육친을 통하여 대운(大運)과 세운(歲運)에서 삶의 흐름을 확인해 보도록 하자.

우선 이길동의 사주를 보자.

	천간	지지	오행		육친	
년주(年柱)	丙	寅	화	목	비견	편인
월주(月柱)	甲	午	목	화	편인	겁재
일주(日柱)	(丙)	戌	(화)	토	·	식신
시주(時柱)	己	亥	토	수	상관	편관

이길동의 사주에서 나타난 육친은 비견, 편인, 겁재, 식신, 상관, 편관이므로 이들에 해당되는 사람은 형제자매, 며느리, 장인, 장모, 손녀, 조모 그리고 아들에 해당되므로 이길동은 이러한 사람과 인연을 맺고 있다.

비겁(비견과 겁재) 세력이 강하게 작용함으로 형제가 많고, 자존심이 강하며, 남에게 지기를 싫어한다. 또한 형제가 많기 때문에 고향을 일찍 떠나서 생활하며, 부모 재물이 없고, 설사 부모 재물이 있어도 형제간 재산 싸움이 발생된다고 볼 수 있다. 아울러, 혼자 하는 사업은 몰라도 둘 이상 동업은 할 수 없는 팔자다.

재성(편재, 정재)가 없는 사주 이므로 만혼(晚婚)하는 사람에 속하고(※여자의 경우 관성 즉 편관과 정관이 사주에 없는 사람은 만혼한다), 아울러 큰돈을 만질 수 있는 사람은 아니다.

또 편인이 2개이므로 세력이 강하게 작용한다. 편인은 식신을 극(剋)하기 때문에 추진하고자 하는 일이 단절되고 건강 또한 좋지 못하다는 것을 알 수 있다.

지금까지의 내용들은 사주 외형상 나타난 육친(六親)들의 작용들을 통하여 알아보았다. 그러나 사주 해석(解析) 즉 통변(通辯)은 이것만으로는 부족하다.

이번에는 용신(用神)과 이에 따른 육친(六親)들의 작용을 좀더 구체적으로 확인해보자. 이길동의 용신(用神)은 편관(偏官)이므로 이길동의 삶은 편관(偏官) 인생으로 살아가게 되는 것이다.

편관은 칠살로 분류된 것으로 편관이 용신인 이길동의 삶은 나쁜 재앙과 양면성이 있으나 관운(官運)이 있고, 성질이 겁하며, 의협심이 있으며, 군인, 검찰과 관련이 있고 형제, 부인과 인연이 없으며, 인덕이 약(弱)하고 독신으로 살아가는 경우가 많고, 남을 이기려는 성격이 강한 것을 알 수 있다.

그렇지만, 편관은 정관과 더불어 관살혼잡(官殺混雜)된 종류가 아니라면 국가 관록(官祿)을 먹고, 승진(昇進)과 출세(出世)운에서는 없어서는 안될 절대적인 관운(官運)이다. 또한 편관(亥)은 이길동의 아들 인데, 이것은 본인에 해당되는 일간 병(丙)을 중신으로 해(亥)의 관계를 확인해 보면, 득지(得地)와 득세(得勢) 작용도 성립되지 않기 때문에 아들과의 사이는 좋지 않고, 지장간과의 통근(通根) 즉 사주 뿌리가 성립되지 않는 관계로 아들 복(福)은 없다.

이번에는 이길동의 장모에 해당되는 식신 즉 술(戌)에 대하여 알아보자. 이것은 지장간과 통근이 되고 있기 때문에 장모 복(福)은 다소 있겠으나, 장모에 해당되는 술(戌)은 공망(空亡)과 丙-戌의 백호대살(白狐大殺)이 성립되기 때문에 장모는 일찍 죽었거나 서로 사이가 나빠 관재구설이 발생된 경우라고 볼 수 있다.

이번에는 대운(大運)과 세운(歲運)에서 육친(六親) 작용을 알기 위하여 육친을 작성해보자. 육친을 작성하는 방법은 이미 앞 절 대운에서 확인하였다.

즉, 이길동의 경우 본인에 해당되는 일간 즉 (丙)을 기준으로 <천간 육친 조건표>와 <지지 육친 조건표>를 대운(大運)에 적용하면 된다.

사주(四柱)

	천간		지지		오행		육친	
年	① 丙		⑤ 寅		화	목	비견	편인
月	② 甲		⑥ 午		목	화	편인	겁재
日	③ (丙)		⑦ 戌		(화)	토	·	식신
時	④ 己		⑧ 亥		토	수	상관	편관

대운(大運)

89	79	69	59	49	39	29	19	9
ⓘ 癸	ⓗ 壬	ⓖ 辛	ⓕ 庚	ⓔ 己	ⓓ 戊	ⓒ 丁	ⓑ 丙	ⓐ 乙
㊅ 水	◎ 水	㊁ 金	㊂ 金	㊀ 土	㊃ 土	㊄ 火	㉡ 火	㉠ 木
㊷ 정관	㉾ 편관	㊴ 정재	㊵ 편재	㊳ 상관	㊶ 식신	㊳ 겁재	㉯ 비견	㉮ 인수
i 卯	h 寅	g 丑	f 子	e 亥	d 戌	c 酉	b 申	a 未
ㅈ 木	ㅇ 木	ㅅ 土	ㅂ 水	ㅁ 水	ㄹ 土	ㄷ 金	ㄴ 金	ㄱ 土
자 인수	아 편인	사 상관	바 정관	마 편관	라 식신	다 정재	나 편재	가 상관
94	84	74	64	54	44	34	24	14

대운(大運)에서 육친(六親)이 작성되었다면 육친 용신을 대운에 비교하여 판단하면 된다. 용신은 편관(偏官)이고 수(水)이므로 이에 적용되는 시기 54~58세, 64~68세, 79~83세, 89~93세 때는 편관으로 편관운의 장점에 해당되는 운(運)으로 살아가는 시기이고, 기신은 식신(食神)이고 토(土)에 해당되는 시기 14~18세, 39~43세, 44~48세, 49~53세, 74~78세 때는 식신의 기운이므로 식신의 좋은 운이 다소 소멸된다. 물론 희신 금(金)은 좋고, 구신의 화(火)와 한신의 목(木)은 나쁜 시기이다.

이는 대운(大運)뿐 아니라, 세운(歲運)과 월운(月運), 일운(日運) 모두 해당 된다. 예를 들면, 남자의 경우 사주에서 결혼하는 시기를 알고자 한다면, 결혼은 금전과 관련된 경우에 가능한 것이므로 대운(大運), 세운(歲運), 월운(月運)에서 재성(편재, 정재)혹은 식신(食神)이 있는 경우이거나 혹은 지지가 합(合)이 되어 길성(吉星)으로 전환되고 사주 구성과 조화를 이루는 년(年)이나 월(月)에 결혼시기가 된다. 여자의 경우도 동일하며 여기서 인수를 추가하여 결혼 시기라고 본다.

만약 이때 연예인으로서 예술적으로 성공하는 사람의 경우 예술과 관련된 것은 상관(傷官)이 들어오는 대운(大運)이나 세운(歲運)에 해당되며 이때 충(沖)이나 공망(空亡) 혹은 상극(相剋) 작용이 발생하지 않는다면 발복(發福)하는 시기가 된다.

특히 당 해 년도 혹은 당해 년의 월운에 발생되는 결혼, 혼담, 재물, 이사, 매매, 출산, 취업, 이혼, 승진, 시험, 신규 사업, 투자, 입학, 합격, 소송 등에 대하여 즉석에서 궁금하게 생각하는 경우가 많기 때문에 당해 년도 신수(身數) 즉 래정법(來情法)과 더불어 활용하면 된다. 이때는 이들에게 발생되는 육친의 결과만으로 판단하지 말고, 반드시 용신(用神)은 물론 신강과 신약 사주를 포함하여 오행들의 구체적인 작용 그리고 천간합, 육합, 삼합 그리고 방합을 통하여 합(合)으로 변화(化)되는 오행(五行)과 길흉성(吉凶星)을 함께 적용시켜 발생되는 운세와 비교하여 구체적으로 판단해야 한다.

예를 들어보자. 앞 절에서 이길동의 용신은 수(水), 희신은 금(金) 그리고 나쁘게 작용하는 기신은 토(土)라는 사실을 확인하였다.

이렇게 용신을 찾을 수도 있고, 다른 방법으로는 용신을 찾는 방법은 이길동은 비겁과 인성이 강(强)하고 또한 월지가 午(화)이기 때문에 이것은 본인에 해당되는 일간 丙(화)와 같은 오행(五行)이 되어 일간에 큰 힘을 심어주므로 신강(身强) 사주가 된다. 이렇게 일간의 힘이 강(强)한 신강 사주에서는 일간의 힘을 설기 즉 빼주는 오행(五行)이 용신이며 이러한 오행은 길성(吉星)으로 작용하는 것이다.

따라서 이길동에게 길성으로 작용되는 필요한 오행은 일간 丙(화)의 화(火)기운을 극(剋)하여 약(弱)하게 해주는 수(水)기운 아니면 화생토(火生土)의 작용처럼 화(火)의 기운을 빼주는 토(土)기운이 된다. 또한 이에 따른 육친이 길성(吉星)이 된다.

그러나 이길동의 사주 구성을 다시 한번 살펴 보면 더운 조열사주이고 특히 수(水)기운이 약(弱)한 사주이기 때문에 토(土)기운은 토극수(土剋水)가 되어 가장 필요로 하는 편관의 수(水)기운을 더욱 약(弱)하게 만드는 꼴이 된다. 따라서 이길동 사주에서 길성(吉星)으로 판단된 토(土)기운은 물론 여기에 해당되는 식상(식신, 상관)은 이길동에게는 크게 도움을 주지 못하는 오행(五行)과 육친이 된다.

이와 같이 일간(日干)을 기준으로 태어난 월(月)과 태어난 시간(時間)을 비교 판단해서 무더운 조열(燥熱) 사주인가? 혹은 반대로 추운 한습(寒濕) 사주인가? 혹은 신강(身强) 사주인가? 혹은 신약(身弱) 사주인가?를 확인하고, 이에 맞는 조건으로 전체적인 오행과 육친(六親)의 운로(運路)를 판단하고 통변(通辯)을 적용시켜야 한다. 이것들은 8장 사주해석에서 자세히 설명하였다.

그러나 독자들은 육친(六親)을 사주 운로(運路)에 적용할 때는 사주 전체 구성에 맞는 육친을 반영해 주어야 되는 것이지 액면 그대로 반영해선 안된다. 그렇다고 무시할 수도 없는 것이다.

예를 들어보자. 사주 구성이나 혹은 대운(大運)과 세운(歲運)에서 투쟁, 싸움, 질투 등으로 나쁜 뜻으로 해석되는 비겁이 용신(用神)이거나 길성(吉星)으로 판단된 사주에서 대운(大運)이나 세운(歲運)에서 비겁운이 들어왔을 때 판단해 보자.

이 경우의 비겁은 나쁜 뜻으로 투자나 혹은 투기를 하지 말거나 혹은 실패한다는 의미가 아니다. 이때는 '주위 반대로 인하여 투쟁이 발생되나 어렵게 재미를 볼 수 있겠다' 혹은 '투자를 하면 재미는 볼 수 있겠으나, 투쟁 등의 사건이 발생된다.' 라고 해석(解析)해 주어야 한다. 그러나 이와는 반대로 재물과 성공 운으로 분류되는 식신과 정재가 기신(忌神)이거나 구신(仇神)의 흉성(凶星)으로 판단된 사주의 경우 대운(大運)과 세운(歲運)에서 이들이 다시 들어오는 경우의 사주 해석은 '재미는 볼 수 있겠지만, 나쁜 재앙이 따른다'라고 해석해야 한다.

따라서, 전체 사주 구성에서 정확한 길성(吉星)과 흉성(凶星)을 판단할 수 있어야하고, 이에 따른 육친(六親)을 적용시켜서 사주 해석(解析) 즉 통변(通辯)에 적용시켜 주어야 한다. 물론 사주 구성에서 좋은 육친으로 분류되는 정관, 정재, 식신, 인수가 길성(吉星)으로 분류된 경우는 이에 맞는 좋은 운(運)을 잡을 수 있다.

그러나 사주 구성에서 작용되는 여러 가지 기운(氣運)을 보고 이에 맞는 육친 판단을 적용시켜 주어야 한다. 예를 들면 재성(정재, 편재)이 많고 일간이 약(弱)한 신약(身弱) 사주에 해당되는 군겁쟁재(群劫爭財) 사주의 경우는 식상운이 들어올 때는 재물을 잃지만, 비겁운이 들어올 때는 재물을 얻게 된다.

따라서 독자들은 육친(六親) 운로를 판단할 때 나쁜 육친(六親)에 해당되는 편관(칠살), 상관(傷官), 비겁(比肩), 겁재(劫財)이 들어오는 때는 무조건 나쁜 운세(運勢)로 판단하고, 좋은 길신(吉神)에 해당되는 정관(正官), 편재(偏財), 정재(正財), 정인(正印), 식신(食神)이 들어오는 운세에서는 무조건 좋은 운(運)으로 판단하면 안된다. 이때는 반드시 구체적이고 전체적인 사주 구성을 확인 후 길성(吉星)과 흉성(凶星)을 판단하고 이에 맞는 육친(六親) 내용을 적용해 주어야 한다.

일반적으로 적용되는 육친(六親)의 내용은 아래와 같다.

육친\내용	비견	겁재	식신	상관	편재	정재	편관	정관	편인	인수
전체운	금전 거래 및 투기 주의	투기, 신규사업 주의	사치 및 태만 주의	법정문제, 관재 주의	투기, 과욕, 여색 주의	좋음	관재, 투기, 폭력, 사기 주의	투기 주의	실직, 문서, 입원 주의	부부파탄, 태만주의
금전운	주의	나쁨	나쁨	나쁨	보통	좋음	나쁨	보통	나쁨	나쁨
재수운	나쁨	나쁨	나쁨	보통	나쁨	좋음	보통	좋음	나쁨	좋음
사업운	불길	불길	좋음	나쁨	보통	좋음	보통	좋음	보통	좋음

건강운	불길	불길	좋음	나쁨	나쁨	좋음	나쁨	회복	나쁨	좋음
가정운 (이사운)	이사 변동	이사 변동	가택 매입	가정 파탄	가택 변동	좋음	부부 불화	좋음	보통	새집 장만
혼담운	나쁨	나쁨	좋음	나쁨	나쁨	좋음	나쁨	좋음	나쁨	좋음
매매운	나쁨	나쁨	좋음	나쁨	나쁨	좋음	나쁨	좋음	나쁨	좋음
취업운	나쁨	보통	좋음	보통	보통	좋음	보통	좋음	보통	좋음
입학운	나쁨	나쁨	나쁨	나쁨	나쁨	좋음	보통	좋음	보통	좋음
관운	나쁨	나쁨	좋음	나쁨	나쁨	좋음	나쁨	좋음	나쁨	좋음
출산운	나쁨	난산	좋음	나쁨	나쁨	좋음	나쁨	좋음	유산	좋음
소송	나쁨	나쁨	좋음	나쁨	나쁨	좋음	나쁨	좋음	나쁨	좋음
증권	나쁨	나쁨	좋음	나쁨	나쁨	좋음	나쁨	좋음	나쁨	좋음
남성운	나쁨	구설 수	애인 생김	보통	애인 생김	좋음	관재 수	대길	색란	좋음
여성운	나쁨	나쁨	임신, 결혼	상해	나쁨	좋음	망신	남편 출세	나쁨	좋음
여행운	좋음	불길	좋음	불길	보통	좋음	불길	좋음	불길	좋음

또한 일반적으로 작용되는 육친(六親)의 운로(運路) 내용은 아래와 같다.

육친	작용	세운(년운과 월운)에 발생되는 운세(運勢) 판단
비견 (比肩)	편재를 극(剋)한다	이사, 직장 변동, 분리, 독립, 여행, 동업 문제, 재물 정체, 보증 문제, 금전 지출, 금전과 여자 문제 발생
겁재 (劫財)	정재를 극(剋)한다.	손해, 이사, 다툼, 배신, 소송, 동업, 금전 손실, 투기 문제, 실수 발생, 갈등으로 인한 금전 지출과 처의 문제 발생
식신 (食神)	편관을 극(剋)한다.	식복, 의식주 확장, 결혼, 경제활동, 투기, 새로운 사업 시작, 가족 증가, 남자는 자녀, 여자는 남자 문제 발생
상관 (傷官)	정관을 극(剋)한다.	예술 활동, 상해, 조직 이탈, 지출, 유흥, 공포와 불안, 구설수, 놀이 문제 발생, 남자는 직장, 여자는 남편 문제 발생
편재 (偏財)	편인을 극(剋)한다.	이동, 투자, 재산 증식, 결혼, 금전 유통 문제 발생, 첩과의 문제 발생, 학문 방해 문제 발생
정재 (正財)	인수를 극(剋)한다.	부인과의 문제, 결혼, 재산 증식, 저축과 투자, 재물 안정, 사회 진출, 금전 회전 문제, 모친 문제, 학업 문제 발생
편관 (偏官)	비견을 극(剋)한다.	관재구설, 소송, 이사, 투쟁, 승진운, 건강 악화, 실속 없다, 형제, 친구 문제 발생
정관 (正官)	겁재를 극(剋)한다.	명예 상승, 승진과 당선, 시험, 결혼, 취업, 소식 통보, 건강, 지인 문제 발생
편인 (偏印)	식신을 극(剋)한다.	고독, 관재구설, 학업중단, 사업과 재산 위축, 문서 관련, 재산 활동 둔화, 남자는 부하직원, 여자는 자녀문제 발생
인수 (印綬)	상관을 극(剋)한다.	문서 문제, 명예, 결혼, 승진, 표창, 성공, 합격, 보증 주의, 남자는 활동, 여자는 자녀문제 발생

(5) 길흉성(吉凶星) 적용에 따른 대운(大運)과 세운(歲運) 판단

독자들은 지금까지 삶의 흐름을 판단하기 위하여 용신(用神)을 대운과 세운에 적용시키는 방법과 용신을 육친(六親)에 적용하여 삶의 흐름에서 발생되는 내용을 확인하였다. 사실 사주원국, 대운, 세운 모두에 길흉성을 적용하여 판단하기란 무한대(無限大)가 된다. 이러한 관계가 성립되기 때문에 사주학을 추명학(推命學)이라고 한다. 저자는 이러한 사실을 감안하여 합(合), 충(沖), 파(破), 형(刑), 해(害), 묘(墓), 공망(空亡) 및 3대 악살(惡殺)로 분류되는 백호대살(白狐大殺), 양인살(陽刃殺), 괴강살(魁罡殺), 원진살(怨嗔殺) 위주로 적용하여 풀이하였다.

이러한 내용은 저자의 <사주 간명지>에 표시되어 있으므로 독자들은 어렵겠지만 길흉성을 추가로 적용하여 판단해 보길 바란다.

이길동의 <사주 간명지>를 보고 예를 들어보자.

이길동은 좋은 운(運)으로 분류되는 용신(用神)은 수(水)이고 육친(六親) 용신은 편관(偏官)이다. 편관은 획일성을 좋아하고, 관록(官祿)과 재앙(災殃)의 양면성이 작용하게 된다. 반면에 나쁜 운(運)으로 분류된 기신(忌神)은 토(土)이고, 기신에 해당되는 육친 기신은 식신(食神)이 되므로 무술년(戊戌年)인 2018년의 경우 간지(干支) 무(戊)와 지지(地支) 술(戌)는 토(土)이므로 용신 수(水)를 극(剋)하고, 아울러 사주 원국의 일간(日干) 병(丙)을 기준으로 길흉성(吉凶星)을 확인해 보면 공망(空亡)과 丙-戌이 되므로 백호대살(白狐大殺)이 성립 된다.

또한 이길동은 신강 사주이므로 일간의 丙(화)의 힘을 빼주는 오행과 육친이 길성(吉星)이 된다. 따라서 수(水)와 토(土)가 이길동에게는 길성이 된다.

그러나 토(土)의 경우 이길동 사주 구성에서 갑기합(甲己合)을 이루어 식상의 토(土)기운으로 변화(化)되기 때문에 용신으로 합당하지 못할뿐 아니라, 토(土)기운은 무더운 조열사주에서 일간의 더위를 제압해 줄 수 있는 기능이 수(水)보다 약하고, 부족한 수(水)기운을 토극수(土剋水)의 작용으로 기능을 마비시키는 관계로 시지(時支)에 존재하는 편관 亥(수)가 더 좋은 용신(用神)이자 길성(吉星)이 된다.

따라서, 토(土)기운이 강(强)한 무술년(戊戌年)의 2018년은 토극수(土剋水)가 되어 수(水) 기운을 없애는 작용을 하므로 토(土) 기운은 이길동에게 나쁘게 작용된다.

이러한 결과로 2018년의 이길동이 운(運)을 판단해 보면 암(癌) 등의 중병(重病)이 들어오거나 혹은 교통사고, 이별, 싸움, 관재, 사고, 수술 등의 나쁜 운(運)이 발생되는 시기라고 볼 수 있다.

지금까지 위에서 풀이한 것 외 2018년 즉 무술년(戊戌年)에 발생되는 운세를 천간합, 육합, 삼합 그리고 방합을 통한 통변(通辯) 즉 해석(解析)을 판단해 보자.

무술년의 지지 戌(식신)과 사주 원국 寅과 午는 인오술(寅午戌) 합(合)을 이루고 이것은 비겁의 화(火)기운으로 변화(化)된다. 화(火)기운은 신강 사주인 이길동의 일간 丙(화)의 힘을 더욱 강(强)하게 만들어주는 역할을 하게 되므로 나쁜 오행이자 육친이 되는 것이다.

또한 화(火) 기운은 이길동 용신 수(水)와 상극(相剋) 작용은 물론 무술년 방합은 신유술(申酉戌)이 되고 이것은 재성의 금(金)이 되므로 화극금(火剋金)이되어 식신과 관련된 것들은 성사될 수 없다.

만약 이길동이가 2018년에 업종 선택을 한다면 방합이 신유술(申酉戌)이고 이것은 재성의 금(金)이기 때문에 금(金)과 관련된 업종 즉 철물점, 자동차, 금형, 귀금속 등이 맞고 성공 방향은 서쪽(금) 방향을 선택해야만 성공할 수 있다.

원래 이길동 사주는 비견과 겁재가 사주 구성에 공존하는 비겁혼잡(比劫混雜) 사주가 되어 형제, 동료 복(福)이 없고, 식신과 상관이 사주에 존재하기 때문에 식상혼잡(食傷混雜) 사주가 되어 관록(官祿)을 손상시키고 자식복이 약(弱)하다는 것을 알 수 있다. 따라서 대운(大運)과 세운(歲運)에서 비겁이나 식상이 들어오는 경우는 운(運) 자체가 나쁘게 작용된다.

특히, 독자들은 운세(運勢) 판단에서 변화(化)되는 오행과 길흉성(吉凶星)은 물론 지장간(支藏干)에 뿌리 즉 통근(通根)이 형성되어 있어야 되고, 본인에 해당되는 일간(日干) 역시 강(强)하게 뿌리가 형성되어야 한다. 아무리 좋은 권력(정관)과 재물(정재)이 사주에 들어오고 존재한다고 해도 일간이 탄탄하게 강하지 못하면 단명(短命)하고 권력(權力)과 재물(財物)을 지킬 수 없고 흩어지고 만다. 일간이 강(强)하면 나쁜 관살혼잡(官殺混雜) 등과 같은 흉성(凶星)의 사주의 경우도 크게 나쁜 영향을 받지 않게 된다. 이렇게 하여 독자들은 육친(六親)을 적용하여 삶의 운로(運路)를 확인해보는 방법을 배웠다. 특히 일간(日干)의 강약(强弱)에 따른 오행들의 변환에 따른 사항들은 8장 사주해석을 참고하고, 다음 장에서는 설명될 사주 공식(公式) 즉 격국(格局)을 통하여 어떤 성향의 사람인가?를 보다 쉽게 판단해 보자.

제7장, 격국(格局)으로 사주 틀을 알자

격국(格局)이란? 사주 해석의 틀로써 사주의 구조적인 특성을 적립시킨 것을 말하고, 사람으로 말하면 규격(規格)을 말한다. 즉, 사주를 구성하는 것들 중 가장 영향력이 큰 월지(月支)는 물론 어떤 육친(六親)의 구성 요소가 강(强)하게 작용하는가?

이것을 토대로 정립시킨 것이 격국(格局)이다.

격국이 발전된 동기는 지구상에 존재하는 모든 사주(四柱)의 정확한 용신(用神)을 찾고 적용하여 해석한다는 것은 무한대(無限大)이고, 어려운 것이기 때문에 이를 개선시켜 보고자 당나라때 대중 보급형으로 출발되었다.

특히 사주 원국과 대운(大運)을 제외한 년운, 월운, 일운 즉 세운(歲運)에서 사주를 해석하고 판단한다는 것은 수천만가지의 조합들의 영향을 받기 때문에 이들 모두를 판독하기란 인간의 힘으로는 한계가 있다. 이러한 한계를 극복하기 위하여 만들어 놓은 사주 공식(公式)이 격국(格局)이다.

즉, 격국은 수학(數學)에도 공식을 이용 하듯이, 사주 해석에도 사주 공식을 이용하면 금방 쉽게 이해되지 않겠는가?

따라서 격국을 알고 적용하면 용신(用神)찾기는 물론 사주 해석(解析)의 큰 물줄기를 금방 판단할 수 있다. 이것이 사주에서 차지하는 격국(格局)의 가장 큰 의미이기도 하다.

이렇게 사주 공식(公式)이 격국(格局)이므로 특히 초보자의 경우 격국 한 가지만으로 사주를 판단하고 해석(解析)해도 큰 무리는 없을 것이다.

통변에서 격국처럼 상대방의 성향을 빠른 시간에 판단할 수 있는 것이 십간 희기론(喜忌論)이다. 이것은 8장 사주해석에서 자세히 소개하였다.

격국을 좀 더 확대해보면, 사주 구성 중 4흉신(凶神)에 해당하는 살상겁인(殺傷劫刃) 즉 편관(칠살), 상관(傷官), 비견(比肩)/겁재(劫財), 편인(偏印), 양인(陽刃)의 나쁜 것들이라면 빼주고, 4길신(吉神)에 해당되는 재관인식(財官印食) 즉 정관(正官), 편재(偏財)/정재(正財), 정인(正印), 식신(食神)의 좋은 운(運)이라면 더 해주어 사주의 균형(均衡)을 맞추어서 사주를 해석(解析)하는 방법도 있다.

즉, 격국(格局)으로 사주를 판단한 결과 4길신(식신, 정재, 편재, 정관, 정인)에 해당되는 사주라면 일단은 좋은 사주라고 판단할 수 있다.

여기서는 독자들을 위하여 이러한 원리를 종합하여 격국 자체를 쉽게 접근하고 해석할 수 있도록 구체화시켰다.

특히 격국(格局)은 용신(用神) 찾기에서 앞장에서 언급한 '조후(調侯) 순환(循環)'과 상통하는 것으로 용신을 쉽게 찾고 판단할 수 있는 방법이 되기 때문에 독자들은 이미 앞 절에서 익힌 용신 찾는 방법과 상호 비교하여 폭 넓은 사주 공부에 매진해 주길 바란다.

격국(格局)의 종류는 연해자평에는 55개의 격국이 있고, 명리정종에는 47개, 명리신론에는 44개, 자평진전에는 9개의 격국이 있고, 그 외에도 고전 명리학에서는 더 많은 격국(格局)들이 존재한다.

격국(格局)은 앞으로 지속적인 연구(研究)와 시대 흐름에 따라서 더욱 발전된 사주 공식(公式)으로 거듭 탈바꿈되고 발전될 것이다.

그렇지만 현재에 와서 격국(格局)의 종류는 일간(日干)을 기준으로 월지(月支)에 따라 결정하는 내격(內格)과 사주 전체 작용되는 구성과 힘을 바탕으로 결정되는 외격(外格) 및 잡격(雜格)으로 나눌 수 있다.

내격(內格)에는 식신격(食神格), 상관격(傷官格), 편재격(偏財格), 정재격(正財格), 편관격(偏官格), 정관격(正官格), 편인격(偏印格), 정인격(正印格)=인수격(印綬格)의 8가지를 팔격(八格)이라고 한다. 여기서 격(格)을 판단할 때 월지와 투간(透干) 현상이 발생되지 않는 것으로 보는 건록격(建祿格)과 양인격(陽刃格)을 특수격으로 분류하는 경우도 있으나 여기서는 이들을 내격으로 분류하여 총 10격(十格)으로 하였다.

특히 건록격(建祿格)의 경우 비견격(比肩格) 격국이라고 하고, 양인격(陽刃格)은 겁재격(劫財格) 격국이라고 한다.

내격(內格) 격국 즉 10격(十格)은 격국틀에 맞는 조건을 갖추어야만 판단할 수 있다. 특히 독자들에게 격국(格局) 판단 방법을 보다 쉽게 소개하고자, 여기서는 내격(內格) 격국 판단법(1)과 (2)로 분리해서 판단하였다. 이렇게 한 이유는 격국 판단(1)과 (2)는 모두 동일하지만 격국 판단에서 선택의 폭을 제시하기 위함에 있다.

독자들은 격국 공부에 있어서 모든 사주는 약 70%가 내격(內格)을 적용하여 격국(格局)을 판단하고 해석할 수 있지만, 약 30% 사주에서는 사주 구성에서 내격이 아닌 외격(外格)과 잡격(雜格)에 해당되기 때문에 이때는 당연히 외격(外格)과 잡격(雜格)도 격국(格局)을 선택하고 해석(解析)해 주어야만 된다.

이제 내격부터 먼저 알아보고 이어서 외격과 잡격을 판단하고 해석하는데 있어서 보기를 들어 해당 번호를 부여하여 설명했기 때문에 독자들은 이를 이해하고 응용하는데 어려움이 없도록 하였다.

1. 내격(內格)

내격(內格) 격국 판단법(1)

내격 격국 판단법(1)은 빠르고 간단하게 격국(格局)을 판단할 수 있는 방법이다. 이것은

사주에서 가장 영향력이 강(强)한 일간(日干)과 월지(月支)와의 육친관계로 판단하는데, 이것보다 우선해서 판단하는 것은 월지(月支)의 지장간 중 천간에 투간(透干)된 오행이 있다면 이것의 육친관계를 적용시킨 것을 가장 먼저 격국으로 판단한다. 단 일간(日干)에 투간된 것은 제외시킨다. 이러한 격국 판단법을 소개하면 다음과 같다.

〈판단1〉

구분	천간	지지	지장간
年	庚	子	
月	甲	②午(인수)	丙, 己, 丁
日	①戊	戊	
時	乙	巳	

위 사주는 월지 ②午(인수)의 지장간(丙, 己, 丁) 중 천간에 같은 丙, 己, 丁의 오행이 없기 때문에 투간(透干)이 성립되지 않는다. 따라서 이러한 것들의 격국 판단법은 일간(日干)과 월지(月支) 와의 육친 관계로 격국을 판단하므로 일간 ①戊과 월지 ②午는 인수가 되므로 이것은 인수격 격국이 된다.

〈판단2〉

구분	천간	지지	지장간
年	庚	子	
月	④乙(정관)	②未	丁, ③乙(정관), 己
日	①戊	戊	
時	⑤乙(정관)	巳	

위 사주는 월지 ②未의 지장간 중 ③乙(정관)는 천간에 같은 ④乙(정관)와 ⑤乙(정관)에 각각 투간(透干)이 성립되었으므로(※乙이 천간에 1개만 존재해도 성립된다) 이때는 우선해서 일간①戊과 지장간 ③乙(정관)과의 육친(六親) 관계로 격국을 판단한다. 따라서 위 사주는 정관격 격국이 된다. 다른 격국들의 판단도 월지의 지장간이 천간과 투간 관계가 성립되는 오행이 존재한다면, 이것을 최우선적으로 적용해서 격국을 판단한다.

〈판단3〉

월지 지장간의 오행이 일간(日干)에 투간된 사주에서 격국을 판단해 보자.

구분	천간	지지	지장간
年	庚	子	
月	乙	②寅(편관)	③戊(비견), 丙, 甲
日	①戊(비견)	戊	
時	乙	巳	

위 사주는 월지 ②寅의 지장간 중 ③戊(비견)은 천간에 같은 오행에 해당되는 ①戊이 존재하므로 투간(透干)이 성립되어 비견격 격국으로 판단할 수 있다. 그러나 ③戊은 일

간(日干)에 투간이 성립되었으므로 이때는 격국을 판단하지 않고, 일간과 월지와의 관계로 격국을 판단한다. 따라서 위 사주는 일간 ①戊과 월지 ②寅(편관)의 육친 관계는 편관이므로 위 사주는 편관격 격국이 된다.

<판단4>

월지 지장간의 오행이 천간(天干)에 2개 이상이 투간(透干)된 경우의 격국 판단은 월지 지장간에 존재하는 것 중 힘에 가장 강한 주권신(主權神)을 선택해서 일간(日干)과 육친 관계로 격국 판단을 한다(※격국 판단법(2)에서 지장간(支藏干)과 천간(天干)에 같은 오행이 2개 이상이 존재할 때 격국 판단 참고).

내격(內格) 격국 판단법(2)

내격 격국 판단법(1)에서 격국을 판단하는 방법을 알았다. 여기서 소개하는 내격 격국 판단법(2)는 격국 판단법(1)과 동일하다. 단지 독자들에게 격국에 따른 특성을 종합적으로 확인해 주기 위하여 소개하였으니, 독자들은 이를 알고 내격 격국 판단법(1)과 (2) 중 쉬운 것을 선택해서 격국을 판단하고 응용해 주길 바란다.

(1)건록격(建祿格) 혹은 비견격(比肩格)

·성립 조건

일간(日干)	甲	乙	丙	丁	戊	己	庚	辛	壬	癸
월지(月支)	寅	卯	巳	午	巳	午	申	酉	亥	子

일간(日干)이 갑(甲)이고 월지(月支)가 인(寅)이기 때문에 건록격(建祿格) 격국이 성립된다. 이것은 길성(吉星)에 해당되는 건록(建祿)과 흐름은 동일하다. 나머지 乙, 丙, 丁… 등에 적용되는 건록격 격국 판단 조건도 동일하다.

아래 사주를 보자.

구분	천간	지지	육친		지장간
년주(年柱)	戊	寅	인수	정재	
월주(月柱)	癸	②酉	식신	비견	庚, 辛
일주(日柱)	①辛	亥	·	상관	
시주(時柱)	己	亥	편인	상관	

일간이 ①辛이고 월지가 ②酉가 되어 건록격(建祿格) 혹은 비견격(比肩格)이 된다.

다음은 양력으로 1986년 6월 11일 밤 22:50분에 태어난 남자 이길동의 격국을 판단해 보자.

구분	천간	지지	육친		지장간
년주(年柱)	⑤丙	寅	비견	편인	
월주(月柱)	甲	②午	편인	겁재	③丙, ④己, 丁
일주(日柱)	①丙	戌	·	식신	
시주(時柱)	⑥己	亥	상관	편관	

일간이 ①丙이고 월지 ②午가 겁재로 구성되어 있어 이것은 겁재격(양인격)이 아니다. 이것의 판단은 월지 지장간 ②午에 존재하는 지장간이 천간에 투간(透干)이 성립되므로 이것들 중 힘이 강(強)한 것을 선택해서 격국을 판단해야 한다.

즉, 월지 ②午의 지장간 중 ③丙과 ④己는 천간에 같은 ⑤丙와 ⑥己에 각각 투간이 성립된다. 이들 둘 중에 힘이 강(強)한 것을 선택해 보면 이길동이가 태어난 양력 1986년 6월 11일은 망종 절기에서 5일이므로 이것은 초기 지장간 ③丙에 해당되고 힘이 가장 강(強)한 주권신(主權神) 지장간이 된다. 따라서 일간의 ①丙과 ③丙과의 육친 관계는 비견이 되므로 이길동은 비견격(比肩格) 사주가 된다.

·특성, 직업운, 배우자운

□특성	조상의 유산을 계승하지 못한다. 설사 조상 유산이 있어도 탕진 후 다시 재물을 모은다. 강건하고, 거짓이 없으며, 공명정대하고, 봉사 정신이 강하고, 고집이 강대하다. 부모덕, 인덕, 형제덕이 없고, 자수성가한다. 고향을 일찍 떠나며, 형제간 쟁탈전이 발생되고, 건강은 좋으나, 재복이 없다. 장남역할을 하며, 배우자궁이 나쁘기 때문에 이혼이나 재가하는 경우가 발생되나, 자손은 귀하고 똑똑하다. 흉액이 따르고 노후가 고독하다. 동업(同業)은 못한다.
□직업운	행정직 계통의 공직자, 봉급사원, 기술직, 정비직, 운전, 납품업종
□배우자운	여자의 경우 남편이 첩(妾)을 두는 경우가 발생한다. 형제간 금전 쟁탈 발생 및 남편복이 없고, 남편이 일찍 사망하고 혼자 살게 된다.

·용신 선택법

□ 신약(身弱)에서 관살(편관)이 많으면 재성(편재, 정재)이 용신이다. □ 신강(身強)에서 관살(편관)이 많으면 식상(식신, 상관)이 용신이다. □ 신강(身強)에서 식상(식신, 상관)이 많으면 재성(편재, 정재)이 용신이다. □ 재다신약(財多身弱)은 비겁이 용신이다. □ 재다신강(財多身強)은 관살이 용신이고, 만약 관살(편관)이 없으면 식상(식신, 상관)이 용신이다. □ 비겁(비견, 겁재)이 많으면 관성(편관, 정관)이 용신이다. □ 인성(편인, 인수=정인)이 많으면 재성(편재, 정재)이 용신이다.

위의 건록격 용신 선택법에서 제시된 내용을 바탕으로 아래 사주에서 용신(用神)을 쉽게 찾아보자.

구분	천간	지지	육친(六親)	
年	甲	戌	인수	상관
月	丙	午	겁재	비견
日	丁	卯	·	편인
時	戊	子	상관	편관

독자들은 이미 앞 절에서 용신 찾는 방법을 완료했기 때문에 사주 구성에서 인성(인수=정인, 편인)과 비겁(비견, 겁재)의 힘이 강하게 작용되면 신강(身强) 사주라는 것을 알고 있다.

본인의 일간(日干) 정(丁)을 중심으로 작용되는 힘을 확인해 보면 인성(편인, 인수=정인)과 비겁(비견, 겁재)이 강하게 작용되는 신강(身强) 사주가 된다. 아울러 사주 구성 오행 중 단독으로 30%의 힘을 발휘하는 월지(月支)와 월간(月干)이 비견이고 보면 비겁 작용이 많음을 알 수 있다.

따라서 '건록격 용신 선택법'을 참조하면 '비겁(비견, 겁재)이 많은 경우 관성(편관, 정관)이 용신이다.'에서 용신은 관성의 편관이라는 사실과 사주 구성에서는 시지(時支)에 있는 子(水)임을 금방 알 수 있다. 독자들은 격국(格局)에서 제시된 용신 선택법을 바탕으로 용신(用神) 찾기의 의미를 알고 더욱 폭넓은 방법을 적용하여 사주 공부에 정진해 주길 바란다.

※<참고> 내격(內格) 중 건록격(建祿格)은 아래와 같이 전록격(專祿格), 귀록격(貴祿格)으로 세분화할 수 있다.

<전록격(專祿格)>

일간(日干) 기준 일지(日支)에 비견이 존재하면 전록격(專祿格)이다.
즉, 일간 ①乙은 월지와 상관없이 일지(日支)에 비견에 해당되는 ②卯가 존재하면 전록격이 된다.

구분	천간	지지	육친(六親)	
年	甲	寅	겁재	겁재
月	己	巳	편재	상관
日	①乙	②卯	·	②비견
時	丙	子	상관	편인

<귀록격(貴祿格)>

일간(日干) 기준 시지(時支)에 비견이 존재하면 귀록격(貴祿格)이다.
즉, 일간 ①乙은 월지와 상관없이 시지(時支)에 비견에 해당되는 ②卯가 존재하면 귀록격이 된다.

구분	천간	지지	육친(六親)	
年	癸	未	편인	편재
月	癸	亥	편인	인수
日	①乙	未	·	편재
時	己	②卯	편재	②비견

(2)양인격(陽刃格) 혹은 겁재격(劫財格)

·성립 조건

일간(日干)	甲	乙	丙	丁	戊	己	庚	辛	壬	癸
월지(月支)	卯	辰	午	未	午	未	酉	戌	子	丑

일간(日干)이 갑(甲)이고 월지(月支)가 묘(卯)일 때 양인격(陽刃格) 격국이 성립된다. 이 것은 흉성(凶星)에 해당되는 양인살(陽刃殺)과 흐름이 동일하기 때문에 양인격이라고 한다. 나머지 乙, 丙, 丁…등에 적용되는 양인격 격국 판단 조건도 동일하다.

또한 양인격(겁재격)은 정재를 겁탈하는 오행이 적용된다.

·특성, 직업운, 배우자운

□특성	부친 복(福)이 없고, 형제간 유산 쟁탈전이 발생하고, 친구 덕이 없다. 매사 자기 주장대로 처리하는 관계로 경쟁, 시비, 질투가 발생된다. 처(妻)를 극하고, 시기 질투가 강하며 수술, 질병, 중풍 등이 찾아온다. 동업(同業)은 못한다.	
□직업운	무관, 군, 검·경찰, 운동 선수, 이발사, 고기 장사, 미싱사, 유흥업종	
□배우자운	남자	처복이 없고, 부인을 무시하며 사이가 나쁘며 이별 수가 있다. 첩을 두거나 이롭지 못한 재혼(再婚)을 하게 된다.
	여자	남편과 사이가 나쁘고, 남편을 빼앗기며, 이별 수가 있다. 집안에 있기를 싫어하고 사회활동이 왕성하고 돈을 벌며, 가정에 주도권을 쥔다.

·용신 선택법

□ 관살(편관)이 많으면 재성(편재, 정재)이 용신이고, 식상재운(食傷財運)은 좋으나, 인비운(印比運)은 나쁘다.

□ 재성(편재, 정재)이 많으면 관살(편관)이 용신이고, 재관운(財官運)은 좋으나, 인비운(印比運)은 나쁘다.

□ 식상(식신, 상관)이 많으면 재성(편재, 정재)이 용신이고, 식상재운(食傷財運)은 좋으나, 인비운(印比運)은 나쁘다.

□ 비겁(비견, 겁재)이 많으면 관살(편관)이 용신이고, 재관운(財官運)은 좋으나, 인비식상운(印比食傷運)은 나쁘다.

□ 인성(편인, 인수=정인)이 많으면 재성(편재, 정재)이 용신이고, 식상재운(食傷財運)은 좋으나, 인비운(印比運)은 나쁘다.

□ 재관식상운(財官食傷運)이 많으면 인성(편인, 인수=정인)이 용신이고, 인비운(印比運)은 좋

지금까지 건록격(建祿格) 혹은 비견격(比肩格)과 양인격(陽刃格) 혹은 겁재격(劫財格)에 대해서 설명했는데 이어서 설명되는 식신격, 상관격, 편재격, 정재격, 편관격, 정관격, 편인격, 정인격=인수격의 격국 판단은 일간(日干), 월지(月支), 투간(透干) 및 천간(天干)의 '격국 틀' 3가지가 모두 성립되어야 한다.

(3)식신격(食神格)

·식신격(食神格) 격국을 틀로써 판단하는 방법

이것은 격국 판단 중 격국(格局) 틀을 통하여 일간(日干), 월지(月支), 투간(透干)=천간(天干)의 3가지가 모두 충족 여부를 보고 격국(格局)을 판단한다.

식신격 격국 판단뿐 아니라, 다른 격국 판단법도 동일하다.

즉, 월지(月支) 지장간(支藏干)의 선택 조건은 지장간의 '정기'에 해당되는 것을 선택하고, 이것은 천간(天干)에 투간(透干)이 성립되어야 한다.

아래는 식신격(食神格) 격국을 판단하는 기준 틀이다.

일간(日干)	甲	乙	丙	丁	戊	己	庚	辛	壬	癸
월지(月支)	巳	午(未, 戌)	辰 戌寅 申	未 丑	申	酉戌 丑	亥	子(辰 丑)	寅	卯辰 未
투간(透干)=천간(天干)	丙	丁	戊	己	庚	辛	壬	癸	甲	乙

식신격 격국 판단(다른 격국 판단법)은 위에서 제시된 식신격 기준 틀의 조건과 같이 일간(日干)이 갑(甲)일 때 월지(月支)가 사(巳)이고, 월지 사(巳)의 지장간(戊, 庚, 丙)중에서 '정기'에 해당되는 병(丙)이 사주 천간(天干)에 존재하는 경우(투간) 식신격(食神格)이 성립 된다.

나머지 乙, 丁, 戊…등에 적용되는 식신격(食神格) 격국 판단 조건도 동일하다.

독자들을 위해서 식신격(食神格) 격국을 예를 들어 보자.

구분	천간	지지
年	壬	戌
月	乙	②巳(戊, 庚, ③丙)
日	①甲	子
時	④丙	子

위 사주를 보면 일간(日干)은 ①甲이고, 월지(月支)는 ②巳이며, 월지에 해당되는 ②巳의 지장간(支藏干)은 戊庚丙이되고, 이 중에서 '정기'에 해당되는 것은 ③丙이다. 병(丙)은 사주 천간에도 같은 ④병(丙)이 존재하므로 투간(透干)이 성립되어 甲巳丙의 4가지가 모두 충족되므로 식신격 격국 틀의 성립 조건에 만족하므로 식신격(食神格) 격국(格

局)이 되는 것이다.

그렇지만, '식신 격국 판단 기준표'를 보면 일간(日干) 병(丙)의 경우 월지(月支)가 辰과 戌 및 寅과 申(괄호)의 4개 모두 성립되는 것으로 표시 되어 있다. 이것은 지장간이 천간에 투간(透干)되는 것 중 '정기'를 사용하여 격국을 판단하는 것이 원칙이나, 지장간의 '초기'나 '중기'의 경우도 '정기'의 지장간이 격국 판단 조건에 성립되지 않는 경우에는 '초기'나 '중기'로 격국을 판단할 수 있다는 뜻이다.

따라서, 이런 경우 때에 따라서는 1개 사주에서 2개의 격국(格局)이 성립(成立)되는 경우도 있을 수 있다.

독자들에게 이것을 좀 더 쉽게 설명하기 위하여 예를 들어보자.

먼저, 월지(月支) 중 辰과 戌을 판단해 보자.

이들 지장간은 辰(乙癸戊), 戌(辛丁戊)으로 구성되어 있기 때문에 정기에 해당되는 것을 바탕으로 격국을 판단하는 것이므로 당연히 戊와 戊가 해당되고, 이것은 천간(天干)에 같은 '戊'와 투간(透干)이 성립되므로 식신격(食神格) 격국이 성립된다.

다음은 괄호 속에 존재하는 월지(月支) 寅과 申을 판단해 보자

이들의 지장간을 보면 寅(戊丙甲), 申(戊壬庚)으로 구성되어 있고, 지장간의 정기에 해당되는 것은 甲과 庚이다. 甲과 庚은 천간 '戊'와 투간(透干)이 성립되지 못하므로 적용할 수 없다. 그렇지만 이들 지장간 중 초기에 해당되는 '戊'는 천간에 '戊'와 투간이 성립되므로 일간 병(丙)과 <천간 육친(六親) 조건표>에서 확인해 보면 丙-戊관계이므로 식신격(食神格) 격국이 된다.

따라서, 독자들은 비록 월지(月支)의 지장간(支藏干)이 천간과 투간되는 것 중 '정기'의 것을 격국으로 판단하고, 이것이 해당조건에 성립되지 않는 경우는 '초기'나 '중기'에 해당되는 것도 천간과 투간(透干)이 성립된다면 이것으로 격국(格局)을 판단 할 수 있다는 것을 알아야 한다. 본 책에서는 초기'나 '중기'에 해당되는 것들은 괄호로 표시해 두었다.

사실 이것들은 뒤에서 설명될 '지장간(支藏干)과 천간(天干)의 동일한 오행으로 격국 판단', '지장간(支藏干)의 주권신(主權神)으로 격국 판단' 그리고 '지장간(支藏干)과 천간(天干)에 같은 오행이 2개 이상이 존재할 때 격국 판단법'과 상통하는 것으로 독자들에게 혼돈을 피하게 하기 위하여 여기서 미리 설명한 것이다.

이어서 설명될 나머지 상관격(傷官格), 편재격(偏財格) 등의 격국 판단법도 식신격(食神格) 격국 판단법과 모두 똑 같다.

·특성, 직업운, 배우자운

□특성	의식주가 풍부하고 부귀영화를 누리며, 대인관계가 좋고 마음이 넓으며 봉사정신이 강하고, 부드러운 성품으로 식성이 좋고 비밀이 없다. 눈치가 빠르고, 서비스 정신이 좋고 상냥하다. 그러나 사주에 편인(偏印)이 강(强)하면 자식이 빈약하고 빈천(貧賤)하다.
□직업운	교육직, 문화, 서비스업종, 도매상, 은행원, 농업, 미술업종
□ 배우자운	여성의 경우 음식 솜씨가 좋고, 남의 일에 적극적이고, 심성은 착하나 남편복이 없다. 자녀들은 출세한다.

·용신 선택법

일주(日主)가 신약(身弱)일 때	□ 관살(편관)이 많으면 인성(편인, 인수=정인)이 용신이고, 인비운(印比運)은 좋으나, 재관칠살운(財官七殺運)은 나쁘다. □ 재성(편재, 정재)이 많으면 비겁(비견, 겁재)이 용신이고, 인비운(印比運)은 좋으나, 상재관살운(傷財官殺運)은 나쁘다. □ 식상(식신, 상관)이 많으면 인성(편인, 인수=정인)이 용신이고, 인비운(印比運)은 좋으나, 식상재운(食傷財運)은 나쁘다.
일주(日主)가 신강(身强)일 때	□ 인성(편인, 인수=정인)이 많으면 재성(편재, 정재)이 용신이고, 식상운(食傷運)은 좋으나, 인비운(印比運)은 나쁘다. □ 비겁(비견, 겁재)이 많으면 식재(食財, 식신과 상관 그리고 편재와 정재)가 용신이고, 식상운(食傷運)은 좋으나, 인비운(印比運)은 나쁘다. □ 재성(편재, 정재)이 많으면 관살(편관)이 용신이고, 식상운(食傷運)은 좋으나, 인비운(印比運)은 나쁘다.

이렇게 사주 구성에서 신식격(食神格) 격국(格局)이라고 판단되었다면, 이런 사람의 사주 해석은 위에서 제시된 내용처럼 특성, 직업운, 배우자운을 알 수 있고, 용신 (用神) 선택법을 적용하면 쉽게 용신을 찾을 수 있다.

이어서 설명될 다른 격국 적용도 동일하니 독자들은 적용하여 활용하길 바란다.

(4)상관격(傷官格)

·상관격(傷官格) 격국을 틀로써 판단하는 방법

일간(日干)	甲	乙	丙	丁	戊	己	庚	辛	壬	癸
월지(月支)	午 (未, 戌)	巳 (寅)	未, 丑(午)	辰, 戌(寅, 申, 巳)	酉 (戌, 丑)	申 (巳)	子 (辰, 丑)	亥 (申)	卯 (辰, 未)	寅 (亥)
투간(透干)	丁	丙	己	戊	辛	庚	癸	壬	乙	甲

상관격 격국 판단 방법은 제시된 상관격 격국 틀의 조건과 같이 일간(日干)이 갑(甲)일 때 월지(月支)가 오(午)이고 천간(天干)에 정(丁)의 3가지가 존재해야만 상관격(傷官格) 격국이 된다. 나머지 乙, 丙, 丁…등에 적용되는 상관격 격국 성립 조건도 동일하다.

·특성, 직업운, 배우자운

□특성	예술적인 기질이 좋고, 불만이 많고 속이 좁다. 잘난척하며 남을 업신여기며 허세를 부리고 자기 몫을 잘 챙긴다. 사리사욕으로 자기가 불리하면 일시에 안면을 바꾼다. 상대방을 이길려고 하고, 반항심이 강하기 때문에 번듯한 직업이 없고 여러번 바꾼다. 신약사주의 경우 재성(편재, 정재)이 없으면 가난하거나 단명 한다. 사주에 관성(편관, 정관)이 있고 재성(편재, 정재)이 없으면 남자는 자식이 없고, 여자는 남편을 잃는다. 상관(傷官) 운을 만나면 융액이 따르고, 묘(墓)를 만나면 파격된다. 동업(同業)은 못한다.
□직업운	연예인, 예능, 교육직, 기술직, 수리업종, 대변인, 골동품, 고물상
□배우자운	남편 덕이 없고, 이별 수가 있으며 놀고먹는 남편을 두는 경우가 많다. 남자의 경우 상관격 여성과 살면 사업은 파산되고, 되는 것이 없다.

·용신 선택법

일주(日主)가 신약(身弱)일 때	□ 재성(편재, 정재)이 많으면 비겁(비견, 겁재)이 용신이고, 인비운(印比運)은 좋으나, 재관운(財官運)은 나쁘다. □ 관살(편관)이 많으면 인성(편인, 인수=정인)이 용신이고, 인비운(印比運)은 좋으나, 재관운(財官運)은 나쁘다. □ 식상(식신, 상관)이 많으면 인성(편인, 인수=정인)이 용신이고, 인비운(印比運)은 좋으나, 식재운(食財運)은 나쁘다.
일주(日主)가 신강(身强)일 때	□ 인성(편인, 인수=정인)이 많으면 재성(편재, 정재)이 용신이고, 식재운(食財運)은 좋으나, 인비운(印比運)은 나쁘다. □ 비겁(비견, 겁재)이 많으면 칠살(편관)이 용신이고, 재관운(財官運)은 좋으나, 인비운(印比運)은 나쁘다.

(5)편재격(偏財格)

·편재격(偏財格) 격국을 틀로써 판단하는 방법

일간(日干)	甲	乙	丙	丁	戊	己	庚	辛	壬	癸
월지(月支)	辰, 戌(申, 巳)	未, 丑(午)	申	酉(戌, 丑)	亥(申)	子(辰, 丑)	寅(亥)	卯(辰, 未)	巳(寅)	午(未, 戌)
투간(透干)	戊	己	庚	辛	壬	癸	甲	乙	丙	丁

편재격 격국 판단 방법은 제시된 편재격 격국 틀의 조건과 같이 일간(日干)이 갑(甲)일 때 월지(月支)가 진(辰) 이거나 혹은 술(戌)이고 천간(天干)에 술(戌)의 3가지가 존재해야만 편재격(偏財格) 격국이 된다. 나머지 乙, 丙, 丁… 등에 적용되는 편재격 격국 성립 조건도 동일하다.

·특성, 직업운, 배우자운

▫특성	정이 많고, 베풀기를 좋아하며, 고향을 떠나 타향에서 성공하고, 성격이 활달하며 일을 시원시원하게 잘 처리하고 돈을 잘 쓴다. 신약(身弱) 사주의 경우는 부모와 연이 약(弱)하고, 돈을 낭비하고 여색으로 패가망신한다. 신강(身强) 사주는 절도와 통솔력이 있고 활동적이며 사람을 잘 다룬다.
▫직업운	사업가, 장사계통, 무역, 의약, 생산업종, 정치가, 역술인
▫ 배 우 자 운	융통성이 좋아 돈 잘 버는 여성들이 많고 남자처럼 활발하여 큰 사업을 즐긴다. 가정은 소홀하고, 사소한 일에는 관심이 없다. 큰 사업을 즐기며, 돈이 없어도 남편 뒷바라지를 잘한다.

·용신 선택법

일주(日主)가 신약(身弱)일 때	▫관살(편관)이 많으면 인성(편인, 인수=정인)이 용신이고, 인비운(印比運)은 좋으나, 재관칠운(財官七運)은 나쁘다. ▫재성(편재, 정재)이 많으면 비겁(비견, 겁재)이 용신이고, 인비운(印比運)은 좋으나, 식관운(食官運)은 나쁘다. ▫식상(식신, 상관)이 많으면 인성(편인, 인수=정인)이 용신이고, 인비운(印比運)은 좋으나, 상재운(傷財運)은 나쁘다.
일주(日主)가 신강(身强)일 때	▫비겁(비견, 겁재)이 많으면 식상(식신, 상관)이 용신이고, 식상(식신, 상관)과 관살운(官殺運)은 좋으나, 인비운(印比運)은 나쁘다. ▫인성(편인, 인수=정인)이 많으면 재성(편재, 정재)이 용신이고, 식재운(食財運)은 좋으나, 인비운(印比運)은 나쁘다.

(6)정재격(正財格)

·정재격(正財格) 격국을 틀로써 판단하는 방법

일간(日干)	甲	乙	丙	丁	戊	己	庚	辛	壬	癸
월지(月支)	未, 丑(午)	辰, 戌(寅, 申, 巳)	酉(戌, 丑)	申(巳)	子(辰, 丑)	亥(申)	卯(辰, 未)	寅(亥)	午(未, 戌)	巳(寅)
투간(透干)	己	戊	申	庚	癸	壬	乙	甲	丁	丙

정재격 격국 판단 방법은 제시된 정재격 격국 틀의 조건과 같이 일간(日干)이 갑(甲)일 때 월지(月支)가 미(未) 이거나 혹은 축(丑)이고 천간(天干)에 기(己)의 3가지가 존재해야만 정재격(正財格) 격국이 된다. 나머지 乙, 丙, 丁… 등에 적용되는 정재격 격국 성립 조건도 동일하다.

·특성, 직업운, 배우자운

□특성	금전관리를 잘하고, 성실하고 부지런하다. 경제적으로 부모의 도움을 받고 자랐으며 재산(財産) 관리를 잘하고 풍부하나 너무 소심하고 융통성이 없고 아끼는 수전노이다. 세심하고 실속 있는 행동만 골라하기 때문에 노력의 대가를 얻는 사람이며, 자기 직업을 천직으로 여기며 가정을 소중하게 생각하는 사람이다. 정재격 사주에서 신약이면 조실부모 하거나 처가 실권을 잡고, 재성(정재, 편재)이 많은 사람은 여색란과 금전손실을 겪는다.
□직업운	상업, 은행원, 도매상, 경리직업, 세무원, 회계사, 물품 창고 관리
□배우자운	남, 여가 신강 사주는 처복이 있으나, 신약에서는 다소 약하다. 여자는 남편복이 좋고, 경우 살림을 잘하며 수완이 좋다. 때로는 시집과 불화가 발생한다.

·용신 선택법

일주(日主)가 신약(身弱)일 때	□식상(식신, 상관)이 많으면 인성(편인, 인수=정인)이 용신이고, 인비운(印比運)은 좋으나, 상재운(傷財運)은 나쁘다. □재성(편재, 정재)이 많으면 비겁(비견, 겁재)이 용신이고, 인비운(印比運)은 좋으나, 식관운(食官運)은 나쁘다. □관살(편관)이 많으면 인성(편인, 인수=정인)이 용신이고, 인비운(印比運)은 좋으나, 재관칠살운(財官七殺運)은 나쁘다.
일주(日主)가 신강(身强)일 때	□비겁(비견, 겁재)이 많으면 식상(식신, 상관)이 용신이고, 식상(식신, 상관)과 관살운(官殺運)은 좋으나, 인비운(印比運)은 나쁘다. □인성(편인, 인수=정인)이 많으면 재성(편재, 정재)이고, 식재운(食財運)은 좋으나, 인비운(印比運)은 나쁘다.

(7)편관격(偏官格)

·편관격(偏官格) 격국을 틀로써 판단하는 방법

일간(日干)	甲	乙	丙	丁	戊	己	庚	辛	壬	癸
월지(月支)	申 (巳)	酉(戌, 丑)	亥 (申)	子 (辰, 丑)	寅 (亥)	卯 (辰, 未)	巳 (寅)	午 (未, 戌)	辰, 戌 (寅, 申, 巳)	未, 丑 (午)
투간(透干)	庚	辛	壬	癸	甲	乙	丙	丁	戊	己

편관격 격국 판단 방법은 제시된 편관격 격국 틀의 조건과 같이 일간(日干)이 갑(甲)일 때 월지(月支)가 신(申)이고 천간(天干)에 경(庚)의 3가지가 존재해야만 편관격(偏官格) 격국이 된다. 나머지 乙, 丙, 丁…등에 적용되는 편관격 격국 성립 조건도 동일하다.

·특성, 직업운, 배우자운

□특성	칠살격(七殺格)으로 신강사주에서 인성이 있으면 귀격이다. 조급한 성격으로 부모, 형제 복이 없고 고향을 일찍 떠나며 친척, 형제, 친구가 있어도 의지할

	곳은 없으며, 독신 혹은 고학으로 공부하고 재물 손상이 많으며, 자식을 많이 둔다. 반발심으로 구설수가 많고, 학업을 중도하차 하며 벌어도 지출이 많아 돈이 모이지 않고 잔병으로 고생한다. 동업(同業)은 못한다.
□직업운	군인, 검·경찰, 변호사, 건축업, 조선업종, 종교가
□배우자운	독신이거나 남편 복이 없고 운명의 굴곡이 많아 재가(再嫁)하는 경우가 많고, 소실(小室) 생활을 하거나 정부(情夫)를 두기도 한다. 신강(身强) 사주의 경우 권력가의 아내이거나 군인, 의사, 정치인으로 출세하는 경우도 있다.

·용신 선택법

일주(日主)가 신약(身弱)일 때	□재성(편재, 정재)이 많으면 비겁(비견, 겁재)이 용신이고, 인비운(印比運)은 좋으나, 상재운(傷財運)은 나쁘다. □식상(식신, 상관)이 많으면 인성(편인, 인수=정인)이 용신이고, 인성(편인, 인수=정인)운은 좋으나, 식상운(食傷運)은 나쁘다. □관살(편관)이 많으면 인성(편인, 인수=정인)이 용신이고, 인비운(印比運)은 좋으나, 재관운(財官運)은 나쁘다.
일주(日主)가 신강(身强)일 때	□비겁(비견, 겁재)이 많으면 관살(편관)이 용신이고, 재살운(財殺運)은 좋으나, 인비운(印比運)은 나쁘다. □인성(편인, 인수=정인)이 많으면 재성(편재, 정재)이 용신이고, 상재운(傷財運)은 좋고, 관인비운(官印比運)은 나쁘다. □관살(편관)이 많으면 식상(식신, 상관)이 용신이고, 식상운(食傷運)은 좋으나, 관인운(官印運)은 나쁘다.

(8)정관격(正官格)

·정관격(正官格) 격국을 틀로써 판단하는 방법

일간(日干)	甲	乙	丙	丁	戊	己	庚	辛	壬	癸
월지(月支)	酉 (戌, 丑)	申 (巳)	子 (辰, 丑)	亥 (辰, 丑)	卯 (申)	寅 (辰, 未)	午 (亥)	巳 (未, 戌)	未, 丑 (寅)	辰, 戌 (午) (寅, 申, 巳)
투간(透干)	辛	庚	癸	壬	乙	甲	丁	丙	己	戊

정관격 격국 판단 방법은 제시된 정관격 격국 틀의 조건과 같이 일간(日干)이 갑(甲)일 때 월지(月支)가 유(酉)이고 천간(天干)에 신(辛)의 3가지가 존재해야만 정관격(正官格) 격국이 된다. 나머지 乙, 丙, 丁…등에 적용되는 정관격 격국 성립 조건도 동일하다.

·특성, 직업운, 배우자운

□특성	대표적인 공직자(公職者)로서 인품이 준수하고 단정하며 부친이 공직자가 많으며 행정관 출신의 좋은 집안이 많다. 문장력이 좋으며 고위 공직자까지 오른다. 책임감이 강하고, 인내심이 있으며 처신을 신중하게 처리한다. 승진도 빠르다. 그러나 소극적이고 고지식한 것이 단점이다. 처와 지식복이 많으며 학업운도 좋다.

□직업운	공무원, 회사원, 군인, 법조계가 맞고 상업은 적성에 맞지 않는다.
□배우자운	남편복이 많으며 내조와 살림을 잘한다. 월지가 정관인 여성은 학식이 높은 가문으로 시집을 간다. 그러나 상업운(商業運)은 약(弱)하다.

·용신 선택법

일주(日主)가 신약(身弱)일 때	□관살(편관)이 많으면 인성(편인, 인수=정인)이 용신이고, 인비운(印比運)은 좋으나, 재관운(財官運)은 나쁘다. □식상(식신, 상관)이 많으면 인성(편인, 인수=정인)이 용신이고, 관인운(官印運)은 좋으나, 상재운(傷財運)은 나쁘다. □재성(편재, 정재)이 많으면 비겁(비견, 겁재)이 용신이고, 비겁이 없으면 인성(편인, 인수=정인)이 용신이며, 인비운(印比運)은 좋으나, 재관운(財官運)은 나쁘다.
일주(日主)가 신강(身强)일 때	□비겁(비견, 겁재)이 많으면 관성(편관, 정관)이 용신이고, 재관운(財官運)은 좋으나, 인비운(印比運)은 나쁘다. □인성(편인, 인수=정인)이 많으면 재성(편재, 정재)이 용신이고, 재식운(財食運)은 좋으나, 인비운(印比運)은 나쁘다. □식상(식신, 상관)이 많으면 재성(편재, 정재)이 용신이고, 관재운(官財運)은 좋으나, 비겁운(比劫運)은 나쁘다.

(9)편인격(偏印格)

·편인격(偏印格)격국을 틀로써 판단하는 방법

일간(日干)	甲	乙	丙	丁	戊	己	庚	辛	壬	癸
월지(月支)	亥 (申)	子 (辰, 丑)	寅 (亥)	卯 (辰, 未)	巳 (寅)	午 (未, 戌)	辰, 戌 (寅, 巳)	未 丑(午)	申 (巳)	酉 (戌, 丑)
투간(透干)	壬	癸	甲	乙	丙	丁	戊	己	庚	辛

편인격 격국 판단 방법은 제시된 편인격 격국 틀의 조건과 같이 일간(日干)이 갑(甲)일 때 월지(月支)가 해(亥)이고 천간(天干)에 임(壬)의 3가지가 존재해야만 편인격(偏印格) 격국이 된다. 나머지 乙, 丙, 丁…등에 적용되는 편인격 격국 성립 조건도 동일하다.

·특성, 직업운, 배우자운

□특성	식신을 극(剋)하기 때문에 임기응변은 능하고, 두뇌는 빠르나 허세를 부리며 외모는 씩씩하나 말뿐이고 실천력이 없기 때문에 시작은 잘하나 용두사미로 끝난다. 자신의 몸은 잘 챙기며, 기예와 재능이 많으나 요령에 능통하고 자존심이 강하기 때문에 자신을 높여주면 기분 좋아하고 자식복이 없고, 자살이나 음독자가 많다.
□직업운	의술, 기자, 법조, 교육, 요리, 여관업, 이발업종, 유흥업종, 역술가, 철학자
□배우자운	자식복이 없고 늦게 두거나 딸만 있는 경우가 많다. 싫은 일은 하지 않으며 시부모와 시동기간 사이가 나쁘다.

·용신 선택법

일주(日主)가 신약(身弱)일 때	□ 관살(편관)이 많으면 인성(편인, 인수=정인)이 용신이고, 인비운(印比運)은 좋으나, 재관운(財官運)은 나쁘다.
	□ 식상(식신, 상관)이 많으면 인성(편인, 인수=정인)이 용신이고, 인비운(印比運)은 좋으나, 식재운(食財運)은 나쁘다.
	□ 재성(편재, 정재)이 많으면 비겁(비견, 겁재)이 용신이고, 비겁운(比劫運)은 좋으나, 식재운(食財運)은 나쁘다.
일주(日主)가 신강(身强)일 때	□ 비겁(비견, 겁재)이 많으면 관살(편관)이 용신이고, 관살(편관)이 없으면 식상(식신, 상관)이 용신이다. 관살(편관)이나 식상운(食傷運)은 좋으나, 인비겁운(印比劫運)은 나쁘다.
	□ 인성(편인, 인수=정인)이 많으면 재성(편재, 정재)이 용신이고, 상재운(傷財運)은 좋으나, 관인비겁운(官印比劫運)은 나쁘다.
	□ 재성(편재, 정재)이 많으면 관살(편관)이 용신이고, 관인운(官印運)은 좋으나, 상재운(傷財運)은 나쁘다.

(10)정인격(正印格)=인수격(印綬格)

·정인격(正印格) 격국을 틀로써 판단하는 방법

일간(日干)	甲	乙	丙	丁	戊	己	庚	辛	壬	癸
월지(月支)	子 (辰, 丑)	亥 (申)	卯 (辰, 未)	寅 (亥)	午 (未, 戌)	巳 (寅)	未, 丑(午)	辰, 戌(巳, 寅, 申)	酉 (戌, 丑)	申 (巳)
투간(透干)	癸	壬	乙	甲	丁	丙	己	戊	辛	庚

정인격 격국 판단 방법은 제시된 정인격 격국 틀의 조건과 같이 일간(日干)이 갑(甲)일 때 월지(月支)가 자(子)이고 천간(天干)에 계(癸)의 3가지가 존재해야만 정인격(正印格)=인수격(印綬格) 격국이 된다. 나머지 乙, 丙, 丁… 등에 적용되는 정인격 격국 성립 조건도 동일하다.

·특성, 직업운, 배우자운

□특성	이론과 토론을 좋아하고, 조용하며 학술에 능통하다. 종교, 예체능에 소질이 있으며 관직에 오른다. 자존심이 강하고 부모덕이 있으나 재물에는 집착력이 적다. 부자로 살다가 갈수록 경제력이 떨어진다. 아버지를 먼저 여의며 결혼은 늦게하는 경우가 있고, 장남이나 장녀 출생자가 많다.
□직업운	교육자, 문화기획, 문학, 정치가, 의학, 언론, 학원, 예체능, 처술가, 정치가
□배우자운	남편 및 시부모와 사이에 불화가 발생되나, 친정 부모의 말을 잘 들어주기 때문에 사이가 좋으나, 남편과는 사이가 나쁘다. 이론과 토론을 좋아하기 때문에 남편이나 주위에 불화가 발생되기도 한다.

·용신 선택법

일주(日主)가 신약(身弱)일 때	□ 관살(편관)이 많으면 인성(편인, 인수=정인)이 용신이고, 인비운(印劫運)은 좋으나, 재관운(財官運)은 나쁘다. □ 식상(식신, 상관)이 많으면 인성(편인, 인수=정인)이 용신이고, 인비운(印比運)은 좋으나, 식재운(食財運)은 나쁘다. □ 재성(편재, 정재)이 많으면 비겁(비견, 겁재)이 용신이고, 비겁운(比劫運)은 좋으나, 식재운(食財運)은 나쁘다.
일주(日主)가 신강(身强)일 때	□ 비겁(비견, 겁재)이 많으면 관살(편관)이 용신이고, 관살(편관)이 없으면 식상(식신, 상관)이 용신이다. 관살(편관)이나 식상운(食傷運)은 좋으나, 인비겁운(印比劫運)은 나쁘다. □ 인성(편인, 인수=정인)이 많으면 재성(편재, 정재)이 용신이고, 상재운(傷財運)은 좋으나, 관인비겁운(官印比劫運)은 나쁘다. □ 재성(편재, 정재)이 많으면 관살(편관)이 용신이고, 관인운(官印運)은 좋으나, 상재운(傷財運)은 나쁘다.

지금까지 내격(內格) 격국(格局) 즉 10격(十格)을 해당되는 것을 격국 틀을 이용하여 판단해 보았다.

특히 내격 격국을 판단할 때 격국 틀에 없는 격국 판단 즉 월지(月支) 지장간의 '정기'에 해당되는 것 중 천간(天干)에 투간(透干) 되는 것을 선택해서 격국으로 판단해 주어야 하지만, 이것들로 모든 사주에 적용할 수 없다. 따라서 앞에서 설명된 지장간의 '초기'나 '중기'의 것들도 천간에 투간되는 것이 있으면 이것으로 격국으로 판단해 주어도 무방하다는 뜻이다.

본 책에서는 이것들을 <지장간(支藏干)과 천간(天干)의 동일한 오행으로 판단>, <지장간(支藏干)의 주권신(主權神)으로 판단>, <지장간(支藏干)과 천간(天干)에 같은 오행이 2개 이상이 존재할 때 판단>으로 구분하여 격국(格局)을 판단했다.

독자들은 이러한 사실을 알고 앞에서 설명된 지장간의 '초기'나 '중기'의 것들과 상통하는 것으로 혼돈을 피하기 위하여 보기를 들어 상세하게 설명했으니 격국 판단에서 참고하여 활용해 주길 바란다.

(11)지장간(支藏干)과 천간(天干)의 동일한 오행으로 격국 판단

내격 격국(格局)을 찾는 방법 중 격국 틀에 없는 격국 판단 즉 월지(月支) 지장간(支藏干)에 '정기'가 천간(天干)과 투간(透干)이 성립되지 않는 경우에는 '초기'나 '중기'로 격국을 판단하는 방법이다.

이것은 월지 지장간 속에 천간(天干)과 동일한 오행이 있으면 이것과 일간(日干)과의 육친(六親) 관계를 비교하여 격국(格局)을 찾는다.

구분	천간	지지	지장간
年	庚	子	
月	④乙	②未	丁, ③乙, 己
日	①戊	戌	
時	⑤乙	巳	

위 사주를 보면 일간(日干) ①무(戊)를 기준으로 월지(月支) ②미(未)에 해당되는 지장간(支藏干) 중 '정기'에 해당되는 '己'는 천간에 같은 '己'가 존재하지 않는 관계로 투간(透干)이 성립되지 않는다. 이런 경우 월지(月支) 미(未)의 지장간(支藏干) 丁, 乙, 己 중 '초기'나 '중기'에 해당되는 것들도 천간(天干)과 투간이 성립되면 격국으로 판단 한다. 즉 지장간 중 '중기'에 해당되는 ③乙(목)은 사주 천간(天干)의 ④乙(목)과 ⑤乙(목)의 2곳에서 음양(陰陽)이 동일한 乙(木) 오행(五行)이 존재하므로 투간(透干, ※아래 참고)이 성립되어 격국이 된다(※乙이 천간에 1개만 존재해도 성립된다). 이때 해당 격국 명칭을 판단하는 기준은 <천간 육친(六親) 조건표>에서 일간(日干) 戊와 지장간의 투간된 乙과의 관계로 확인하는데, 확인해 보면 戊와 乙과의 관계는 정관이므로 위의 사주는 정관격(正官格) 격국이 된다.

이러한 과정에서 격국을 판단하는 명칭은 <천간 육친(六親) 조건표>를 기준으로 판단한다. 예를 들면 일간(日干)이 戊일 때 음양(陰陽)이 같은 지장간에 투간된 오행이 甲이라면 <천간 육친(六親) 조건표>에서 戊-甲은 편관이 되므로 편관격(偏官格)이 되고, 癸라면 戊와 癸는 정재격(正財格)이 된다. 내격(內格)중 건록격(建祿格)과 양인격(陽刃格)을 제외한 다른 것들도 이와 같이 적용하고 판단하면 된다.

※<참고>

통근(通根), 득령(得令), 득지(得地), 득세(得勢) 및 투출(透出), 투간(透干)이란?
이들은 사주 구성에서 천간(天干)과 지지(地支) 그리고 지장간(支藏干)의 연결고리에 따른 오행(五行)들의 상호 작용을 말한다. 사주에서 이들의 작용을 알아야만 오행(五行)들의 강약(强弱)을 판단할 수 있고, 이것을 바탕으로 사주를 해석(解析)하는 것이며, 용신(用神)을 판단할 수 있다. 이러한 오행들의 작용을 무시한 사주 해석은 빈 쭉정이 오행(五行)을 판단하는 것과 같다. 사주 명리학(命理學)에서 이들의 개념을 아무리 강조해도 지나치지 않는다. 이러한 오행들의 작용관계를 실전에 적용하고 활용하는 사람일수록 사주대가(四柱大家)로서 자리매김하게 된다.
여기서는 사주 뿌리 즉 통근(通根)과 투출(透出), 투간(透干)을 설명하고, 나머지 득령(得令), 득지(得地), 득세(得勢)는 '8장 사주를 해석하자'에서 자세히 설명하였다.
통근(通根) 즉 사주 뿌리란? 일간(日干) 혹은 천간(天干)과 지지(地支) 그리고 지장간(支藏干)과의 관계에서 음양(陰陽)에 상관없이 동일한 오행(五行)들의 작용을 말한다. 판단 방법은 약식으로 본인에 해당되는 일간(日干)을 기준으로 간단하게 판단하는 방법이 있고, 4개 천간(天干) 모두를 바탕으로 지지(地支) 및 지장간(支藏干)과의 관계를 판단하는 방법이 있다.

일간(日干)으로 약식 통근 판단법은 '8장 사주를 해석하자'에서 설명하였고, 여기서는 4개 천간(天干) 모두와 지지 및 지장간과의 관계에서 통근 즉 사주 뿌리를 아래 사주에서 알아보자.

구분	천간	지지	지장간(支藏干)
年	①庚(금)	⑤子(수)	⑨壬(수), ⑩癸(수)
月	②辛(금)	⑥未(토)	⑪丁(화), ⑫乙(목), ⑬己(토)
日	③戊(토)	⑦戌(토)	⑭辛(금), ⑮丁(화), ⑯戊(토)
時	④乙(목)	⑧巳(화)	⑰戊(토), ⑱庚(금), ⑲丙(화)

천간(天干) ①庚과 ②辛은 지장간 ⑭辛(금)과 ⑱庚(금)과 사주 뿌리 즉 통근(通根) 관계이다. 그 이유는 천간 ①금(庚, 辛)은 지장간에 존재하는 오행 중 음양(陰陽)에 상관없이 동일한 금(⑭辛)이 존재하기 때문이다(※지지 ⑧巳는 사주에서 공망(空亡)이 성립되므로 ⑱庚은 통근이 성립되지 않는다). 이때 지장간을 안고 있는 지지 ⑦戌(토)은 본인에 해당되는 ③戊(토)와는 같은 토(土)의 통근이 성립되므로 ⑦戌(토)역시 힘을 갖는다.

천간 ③戊은 토(土)이므로 같은 토(土) 오행인 지지(地支)의 ⑥未(토)와 ⑦戌(토)는 물론 지장간(支藏干) ⑬己(토), ⑯戊(토), ⑰戊(토)와 통근 관계이다. 이때 지지 ⑥未(토), ⑦戌(토)는 본인에 해당되는 ③戊(토)와는 통근(通根)은 물론 득지(得地)와 득세(得勢)가 성립되므로 ⑥未(토), ⑦戌(토)역시 힘을 갖는다.

또한 천간 ④乙은 지장간 ⑫乙(목)와 동일한 목(木)임으로 통근 관계이다. 그렇지만 지지 ⑧巳이 공망이므로 천간 ④乙의 힘이 다소 약해지는 것은 사실이다.

이렇게 사주 구성에서 음양(陰陽)에 상관없이 천간과 지지 그리고 지장간을 비교하여 같은 오행(五行)들로 연결된 것을 통근(通根) 즉 뿌리라고 한다. 이때 천간에서 통근이 이루어지지 않는 것을 무근(無根)이라고 한다. 무근(無根)은 사주 구성에서 연결고리 작용이 약(弱)한 관계이므로 사주 해석에서 큰 의미를 두지 않는다.

위 사주를 보자. 천간 ①庚(금), ②辛(금), ③戊(토), ④乙(목)은 지지와 지장간과 통근이 이루어지기 때문에 실질적인 힘을 갖춘 오행이 되고, 아울러 통근의 연결 통로로서 지장간을 안고 있는 지지⑥未과 ⑦戌의 경우도 본인에 해당되는 일간 ③戊(토)과는 같은 오행간의 상호 작용이 이루어짐에 따라 이들도 실질적인 힘을 갖는다.

이때 구체적으로 힘의 구성력은 월지(月支)에 뿌리를 두고 있는 천간(天干)이 가장 힘이 강하다. 그 이유는 사주 구성에서 월지의 힘이 가장 강하게 작용되기 때문이다. 따라서, 위 사주에서 천간 ④乙(목)은 월지의 지장간 ⑫乙(목)과 통근되는 관계로 강한 뿌리를 가지고 있다.

천간이 사주 구성에서 작용되는 뿌리 힘의 순서는 月支>時支>日支>年支의 순이며, 이때 관련 오행이 충(沖)이나 공망(空亡) 그리고 합(合)작용으로 인하여 변화되거나, 혹은 나쁜 흉성(凶星) 등이 작용되면 힘이 없어지거나 약해진다(※위의 보기 사주에서 ⑧巳은 공망이므로 지장간 ⑰戊(토), ⑱庚(금), ⑲丙(화) 작용은 없다).

독자들은 이렇게 실질적으로 작용되는 오행(五行)들을 선별하여 판독하는 것이 사주 해석이 된다.

만약 위의 사주에서 천간 ④乙(정관)이 통근(通根) 즉 사주 뿌리 관계가 성립되지 않았다면, 정관은 딸이므로 딸의 영향력은 거의 없는 유명무실한 사람으로 판단하고 해석하면 된다.

다음은 투출(透出)을 알아보자.

투출(透出)이란? 지장간(支藏干)과 천간(天干)의 오행이 같은 것을 말한다.

이때 관계되는 오행(五行)은 반드시 음양(陰陽)이 서로 동일한 오행(五行)이어야 한다.

예를 들면, 지장간의 庚(금)은 음양(陰陽)이 같은 천간의 庚(금)이어야 투출이 성립되는 것이지 음양이 다른 辛(금)은 투출(透出) 작용에 성립되지 않는다.

위 사주에서는 지장간 ⑫乙(목), ⑭辛(금), ⑯戊(토), ⑰戊(토), ⑱庚(금)은 천간 ④乙(목), ②辛(금), ③戊(토), ③戊(토), ①庚(금)과 각각 음양(陰陽)이 서로 동일한 오행이므로 투출(透出) 관계이다. 즉, ⑫乙(목)과 ④乙(목), ⑭辛(금)과 ②辛(금), ⑯戊(토)과 ③戊(토), ⑱庚(금)과 ①庚(금)은 각각 투출(透出) 관계이다. 이때 ⑱庚(금)과 ①庚(금)은 지지 ⑧巳(화)가 공망(空亡)이므로 투출(透出) 관계가 성립되지 않는다.

독자들은 여기서 알아야 될 사항은 통근(通根)은 위에서(천간) 아래로(지장간) 보고 판단하는 것이고, 투출(透出)은 아래(지장간)에서 위(천간)를 보고 판단하는 것이므로 통근과 투출은 같은 개념으로 볼 수도 있지만, 통근(通根)은 같은 오행(五行)이면 성립되나, 투출(透出)은 같은 오행(五行) 중에서 음양(陰陽)이 서로 같은 오행이어야 성립된다는 점이 다르다.

지금까지 독자들은 사주 원국에서 작용되는 투출관계를 확인해 보았다.

투출은 세운(歲運) 판단 즉 운세(運勢) 판단에서 가장 많이 활용되며, 사주 원국의 지장간(支藏干)은 물론 사주 원국의 천간(天干)과의 관계에서도 이루어진다. 이러한 관계를 설명하기 위하여 아래 사주에서 투출(透出) 관계를 판단해 보자.

구분	천간	지지	지장간
		〈사주〉	
年柱	乙	○	戊, ②(甲), 壬
月柱	①甲	○	壬, 癸
日柱	丙	○	戊, 庚, 丙
時柱	丁	○	戊, 壬, 庚

〈년운〉
○○年
③甲
○

위 사주는 년운 천간 ③甲(목)은 사주 원국의 지장간과 음양(陰陽)이 동일한 甲(목) 즉 ②(甲)가 존재하므로 당연히 투출(透出)관계가 성립된다. 만약에 ②(甲)이 지장간에 없는 경우를 보자.

이 경우는 ③甲(목)은 음양(陰陽)이 동일한 甲(목) 오행이 지장간에 없기 때문에 투출(透出)관계가 성립되는 않는다. 하지만 사주 원국의 천간 ①甲(목)은 년운 천간 ③甲(목)과 음양(陰陽)이 동일한 오행(五行)이 존재하므로 투출(透出)관계가 성립된다. 즉, 년운 ③甲(목)은 사주 원국의 천간에 음양이 동일한 오행 즉 ①甲(목)이 존재하므로 사주 원국과 투출(透出)관계가 성립되는 것이다.

만약 이러한 연결통로 즉 투출 관계가 성립되지 않는 대운(大運)이나 년운(年運)은 중간 허리가 잘려 나갔다는 뜻이 되므로 이때는 불운(不運)이 찾아오기 마련이다. 즉 외부에서 들어오는 나쁜운을 방어할 수 있는 능력이 상실된 시기이기도 하다.

독자들은 자신의 사주를 보고 투출(透出)관계가 성립되지 않는 대운(大運), 년운(年運), 월운(月運)은 없는지 이것을 확인해 보고 2개 이상 투출(透出)관계가 성립되지 않는 운세(運勢)는 나쁜 운(運)이 작용된다는 사실을 알길 바란다.

이제 나머지 투간(透干)을 알아보자.

투간은 월지(月支)의 지장간(支藏干)에 존재하는 오행이 사주 원국의 천간(天干)에도 음양(陰陽)이 동일한 오행(五行)이 존재 하는 것을 투간이라고 한다.

위의 사주에서 월지(月支) 지장간 ⑫乙(목)은 시간(時干) ④乙와는 투간(透干)관계이다. 그 이유는 ⑫乙(목)은 시간(時干) ④乙와 乙(목)으로서 음양(陰陽)이 동일한 오행으로 구성되어 있기 때문이다.

사주에서 통근(通根), 투출(透出), 투간(透干)의 작용 관계는 상생(相生)과 상극(相剋)의 생극제화(生剋制化)관계가 아니라 같은 오행(五行)들이나 혹은 음양(陰陽)이 같은 오행(五行)들의 작용이다.

독자들은 사주에서 오행(五行)들의 상호 연결고리 즉 통근(通根), 투출(透出), 투간(透干)의 관계를 사주원국은 물론 지장간(支藏干)과의 상호 관계를 적용하고 판단할 수 있는 능력이 되어야만 된다. 나머지 오행(五行)들의 연결고리 즉 득령(得令), 득지(得地), 득세(得勢)는 '8장 사주를 해석하자'에서 구체적으로 설명하였으니 참고하고 활용해 주길 바란다.

(12)지장간(支藏干)의 주권신(主權神)으로 격국 판단

내격 격국(格局)을 찾는 방법 중 격국 틀에 없는 두 번째 격국을 찾는 방법으로, 지장간의 주권신으로 격국을 판단한다.

이 경우 월지(月支) 지장간(支藏干)의 초기, 중기, 정기가 모두 천간(天干)과 동일한 오행이 없는 경우가 해당된다. 이때는 지장간 오행에서 가장 힘이 강한 주권신(主權神)을 선택하여 격국(格局)을 판단해 준다. 아래 사주를 보자.

구분	천간	지지	지장간
年	丙	午	
月	丙	②申	戊, 壬, ③庚
日	①甲	寅	
時	乙	丑	

위 사주는 양력으로 1966년 8월 23일 축시(丑時) 생이다.

일간(日干) ①갑(甲)를 기준으로 월지(月支) ②申과의 관계를 내격(內格)해당 조건을 찾아보니 내격 격국 틀에 맞는 조건은 없을뿐 아니라, ②申의 지장간 戊, 壬, 庚은 천간과 동일한 오행이 없다. 즉, 투간(透干)이 성립되지 않는다. 이런 경우의 격국 판단은 월지(月支) 신(申)의 지장간(支藏干) 戊, 壬, 庚의 오행 중 가장 힘이 강한 주권신(主權神)을 선택하여 판단한다.

우선 주권신(※앞 절 지장간 주권신 참조)을 판단해 보자. 양력으로 1966년 8월 23일 축시(丑時) 생이고, 입절 입추(立秋)가 8월 8일이므로 이들의 날짜 차이는 15일 차이가 난다. 따라서 지장간의 정기 ③庚이 주권신이다.

따라서, 일간 ①甲과 주권신(主權神) ③庚과의 관계는 <천간 육친(六親) 조건표>에서 확인해 보면 편관이므로 편관격(偏官格) 격국이 된다.

여기서 판단된 편관격 격국은 특성, 직업운, 배우자운과 용신 선택법 모두 편관격 격국과 동일하다. 나머지 다른 격국도 이러한 조건으로 격국을 판단해 주면 된다.

(13)지장간(支藏干)과 천간(天干)에 같은 오행이 2개 이상이 존재할 때 격국 판단

내격 격국(格局)을 찾는 방법 중 격국 틀에 없는 세 번째 격국을 찾는 방법으로, 월지의 지장간(支藏干) 오행중 같은 오행이 천간(天干)에 2개 이상이 존재할 경우인데 이 경우는 가장 힘이 강한 주권신(主權神) 1개를 선택하여 판단해 준다. 아래 사주를 보자.

구분	천간	지지	지장간
年	⑤戊	辰	
月	⑥庚	②申	③戊, 壬, ④庚
日	①己	亥	
時	乙	卯	

위 사주는 양력으로 1988년 8월 22일 묘시(卯時) 생이다.

일간(日干) ①기(己)를 기준으로 월지(月支) ②申과의 관계를 내격(內格)에 해당 조건을 찾아보니 격국 틀에 맞는 조건이 없다.

이런 경우 월지 ②(申)의 지장간 중 戊, 壬, 庚으로 판단하는데 이들과 천간(天干) 오행을 비교해보니 음양(陰陽)이 같은 오행으로 ③戊와 ⑤戊 그리고 ④庚과 ⑥庚이 각각 2개가 존재하고, 이들은 투간(透干)이 성립된다. 따라서 ⑤戊와 ⑥庚중에서 선택해야 하는데 이것의 선택은 지장간의 주권신(主權神)으로 판단한다.

이들의 주권신을 판단하기 위하여 만세력에서 1988년도 8월 22일은 입추(立秋) 절기(節氣)와 가장 근접하므로 입추를 기준으로 출생일까지의 차이는 15일이다. 따라서 지장간의 주권신은 ④庚이 된다.

일간 ①己와 ④庚과의 관계를 육친(六親) 조건표에서 확인해 보면 상관이므로 상관격(傷官格) 격국이 된다.

이와 같이 내격(內格) 격국 판단에서 건록격(建祿格)과 양인격(陽刃格) 등의 10개와 나머지 격국 판단하는 방법 3가지 모두를 알아보았다.

이제 독자들은 내격(內格) 격국(格局) 판단 모두를 공부하였다.

거듭 말하지만 위의 3가지 격국 판단법은 지장간의 '정기'로 결정하는 것을 원칙이나, 정기로 격국을 판단 할 수 없는 경우에는 '초기'나 중기'로도 해당되는 조건만 맞으면 격국으로 판단할 수 있다는 것을 독자들은 알길 바란다.

독자들이 알아야 될 사항은 사주에서 격국을 판단할 때 지금까지 설명된 13가지의 내격(內格) 격국 찾는 방법을 적용하면 격국을 찾고 적용시킬 수 있다. 하지만 다음에 학습할 외격(外格)과 잡격(雜格)에 맞는 사주가 있다면 이것을 적용시키고 판단해야만 더욱 정확한 사주 해석이 된다.

격국은 수많은 사주를 해석하기 위하여 만들어 놓은 일종의 사주 공식(公式)으로서 격국을 활용하면 용신(用神)은 물론 사주를 빠르고 쉽게 해석할 수 있는 틀이 된다.

이제 본 책에서 적용되어온 양력 1986년 6월 11일 밤 22:50분에 태어난 남자 이길동의 사주에서 격국(格局)을 적용하여 용신(用神)을 찾고 해석(解析)해 보자.

구분	천간	지지	육친(六親)	
년주(年柱)	丙	寅	비견	편인
월주(月柱)	甲	②午	편인	겁재
일주(日柱)	①丙	戌	·	식신
시주(時柱)	己	亥	상관	편관

이길동은 일간(日干)이 ①丙이고 월지(月支)가 ②午이므로 양인격(陽刃格) 격국에 해당된다. 이제 용신(用神)을 판단해 보자. 양인격 격국에서 용신 선택법은 '비겁(비견, 겁재)이 많으면 관살(官殺) 즉 편관이 용신이다.'라고 되어 있다. 따라서 이길동 사주에는 비겁(비견, 겁재)이 주도권을 잡고 있는 관계로 용신은 편관(亥, 水)이 된다는 것은 금방 찾을 수 있다.

이번에는 이길동의 사주를 해석해 보자

이길동의 양인격 격국이므로 특성, 직업운, 배우자운을 양인격 격국에서 확인해 보면, 이길동은 '부친 복(福)이 없고 형제간 사이가 좋지 않아 쟁탈전이 발생되고 남들과 시비가 잦고, 타고난 부인 복(福)은 없다'란 것을 쉽게 알 수 있다. 이러한 사주 해석 내용은 다음장에서 배울 '제8장, 사주를 해석(解析)하자'의 육친(六親)의 상호 관계와 사주 뿌리 즉 통근(通根)을 통한 사주 해석과 이길동 사주를 비교해 보면 큰 물줄기는 서로 상통하다는 것을 쉽게 알 수 있다.

이렇게 되는 이유는 격국(格局)이라는 것은 일간(日干)을 중심으로 영향력을 가장 많이 미치는 월지(月支)와 사주 구성 요소 중 해당 육친(六親)의 구성 요소는 물론 강(强)하게 작용되는 것을 기준으로 판단하는 것이기 때문이다.

사주 해석(解析) 즉 통변술(通辯術)은 이러한 격국의 이치를 바탕으로 흉신(凶神)과 길신(吉神)을 구분하여 나쁜 흉신은 빼주고, 좋은 길신은 더하여 사주를 해석하는 경우도 있다. 하지만 독자들은 이러한 격국(格局)의 장점만을 고려하여 사주를 해석하고 판단해도 큰 문제는 없겠으나, 적어도 사주 명리학자(命理學者)라면 전체 사주 흐름을 보고 최종 판단하고 결정해야 한다.

이러한 사주 해석은 '제8장, 사주를 해석(解析)하자'에서 자세히 설명하였다.

이제 독자들은 조후(調侯) 순환(循環)작용, 용신(用神), 격국(格局)을 통하여 사주 순환 구조에 눈을 뜨기 시작했으며, 사주 공부에 자신감(自信感)이 생겼다는 것을 알 수 있다.

따라서 독자들은 지금까지 설명된 내격 격국(格局)을 찾는 방법을 확인하였다. 이어서 설명될 외격(外格)과 잡격(雜格) 격국 판단법을 공부하고 적용해 주어야 한다. 그 이유는 사주 구성에서 내격이 아닌 외격(外格)과 잡격(雜格)에 해당되는 사주라면 당연히 외격(外格)과 잡격(雜格)도 우선해서 격국(格局)을 선택하고 해석(解析)해 주어여만 정확한 사주 판단을 할 수 있다.

2. 외격(外格)

(1)곡직인수격(曲直印綬格)

·성립 조건

-甲, 乙日生인 경우 사주 지지(地支)에 寅卯辰(方合)이거나, 亥卯未(三合)이 있는 경우 아래 사주에서 곡직인수격(曲直印綬格)의 예를 들어보자.

구분	천간	지지	조건
年	○	②辰	지지의 구성이 寅卯辰의 방합(方合)으로 구성되어 있다.
月	○	③寅	
日	①乙	④卯	
時	○	○	

일간(日干)이 ①乙이고 지지(地支) 구성이 ②辰③寅④卯으로 寅卯辰의 방합(方合)이 성립되어 있기 때문에 곡직인수격(曲直印綬格)에 해당된다.

외격에서는 곡직인수격을 보기를 들어 설명했는데 독자들은 다른 모든 외격(外格)도 성립 조건을 참조하여 판단하면 된다.

·특성

-인품과 자비심이 있어 불쌍한 사람을 도와주고, 착실하고 입바른 소리를 잘하며 자존심이 강하여 남에게 지기를 싫어한다. 사회사업, 육영사업 등에 진출하면 대성할 수 있다.

·용신

용신(목), 희신(수), 기신(금)

(2)염상격(炎上格)

·성립 조건

-丙, 丁日生인 경우 사주 지지(地支)에 巳午未(方合)이거나, 寅午戌(三合)이 있는 경우

·특성

-성품이 급하고 화려한 것을 좋아하며, 마음의 변화가 심하나 형(刑)을 집행하는 경·검찰, 군인 등의 관직에 진출하면 대성할 수 있다.

·용신

용신(화) 희신(목), 기신(수)

(3)가색격(稼穡格)

·성립 조건

-戊, 己日生인 경우 사주 지지(地支)에 辰戌丑未가 최소 3개 이상 존재하고 특히 월지는 반드시 포함되어야 한다.

·특성

-믿음과 충효스러운 인품이며 장수하고 풍족한 부귀를 누린다. 침착하나 남에게 표현하기를 싫어하고 주기 주장이 강하다.

·용신

용신(토), 희신(화), 기신(목)

(4)종혁격(從革格)

·성립 조건

-庚, 辛日生인 경우 사주 지지(地支)에 申酉戌(方合)이거나, 巳酉丑(三合)이 있는 경우

·특성

-내는 것이 없는 성격으로 의리가 있고 정의파 성격으로 무관이나 검·경찰, 사법관 군인으로 진출하면 대성할 수 있다.

·용신

용신(금), 희신(토), 기신(화)

(5)윤하격(潤下格)

·성립 조건

-壬, 癸日生인 경우 사주 지지(地支)에 戌子丑(方合)이거나, 申子辰(三合)이 있는 경우

·특성

-지혜가 탁월하고 차분하고 온순하며 고귀한 성품이다. 의리심이 투철하고 용감하며 남을 비방도 한다. 농수산 관련 직종에 진출하면 대성할 수 있다.

·용신

용신(수), 희신(금), 기신(토)

(6)종재격(從財格)

·성립 조건

 -월지(月支)에 편재와 정재가 있고, 사주 지지(地支)에 재성으로 합국(合局)과 방합(方
 合)이 이루고 질 때이며, 비겁(비견, 겁재)과 인성(편인, 인수=정인)이 사주에 없어야
 한다.
·특성

 -의리를 중요시 여기는 정의파이다. 재물에는 인색하나 부인을 사랑하며 경제적으로
 크게 성공할 수 있다.
·용신

 용신; 재성(편재, 정재), 희신; 식상(식신, 상관), 기신 ; 비겁(비견, 겁재)과 인성(편인,
 인수=정인)

(7)종살격(從殺格)

·성립 조건

 -월지(月支)에 편관과 정관이 있고, 사주 지지(地支)에 관(官)이 합국(合局)이나 방합
 (方合)을 이루며 식상(식신, 상관)과 비겁(비견, 겁재)이 사주에 없어야 한다.
·특성

 -온화하고 유순하며 장수(長壽)와 복록(福祿)을 함께하는 운명이다. 관권(官權)을 좋아
 하고 자기 명령에 복종해 주길 바라는 성격으로 때로는 실패수가 많다.
·용신

 용신; 관성(편관, 정관), 희신; 재성(편재, 정재), 기신 ; 식상(식신, 상관)

(8)종아격(從兒格)

·성립 조건

 -월지(月支)에 식신과 상관이 있고, 식상(食傷)이 합국(合局)이거나 방합(方合)을 이루
 고 있을 때이며, 인성(편인, 인수=정인)과 관성(편관, 정관)이 사주에 없어야 한다.
·특성

 -예능과 사무 처리능력이 뛰어나고 신경이 예민하고 날카로우며 가족에게는 불평불만
 을 하나 특수한 소질을 갖고 있으면서 때로는 거만하고 남에게 지길 싫어한다. 많은
 재물을 만질 수 있으나, 남성은 자식복이 없고, 부인은 남편복이 없다.
·용신

용신; 식상(식신, 상관), 희신; 비겁(비견, 겁재), 기신 ; 인성(편인, 인수=정인)

(9)종왕격(從旺格)

·성립 조건

-사주지지(地支) 모두가 비겁(비견, 겁재)으로 구성되어 있는 경우이며, 이때 천간(天干)에 관살(편관)이 있으면 안된다. 그러나 인성(편인, 인수=정인)이 1~2개 있는 것은 상관없다.

·특성

-자존심이 강하여 누구에게나 지지 않으려고 하며 요행과 투기를 즐기고 공평정대함을 즐긴다.

·용신

용신; 비겁(비견, 겁재), 희신; 인성(편인, 인수=정인), 기신 ; 관성(편관, 정관)

(10)종강격(從强格)

·성립 조건

-일간(日干)이 인성(편인, 인수=정인)과 합국(合局) 또는 방합(方合)이 되거나, 비견(비견, 겁재)이 합국(合局) 또는 방합(方合)을 이룰 때이며 식상(식신, 상관)과 재성(편재, 정재)이 있으면 안된다.

·특성

-처음 시작은 잘하나 끝맺음이 못하고, 남에게 아부를 못하며 자존심이 강하고, 예능과 학술을 좋아하지만 게으른 편이지만 철두철미하다.

·용신

용신; 비겁(비견, 겁재), 희신; 인성(편인, 인수=정인), 기신 ; 관성(편관, 정관)

(11)갑기합화토격(甲己合化土格)

·성립 조건

-갑일(甲日)에 출생하고 기월(己月)이나 기시(己時)에 출생하든지, 갑월(甲月)이나 갑시(甲時)에 태어나서 월지(月支)가 辰戌丑未月일때 성립되며 사주에 甲乙寅卯가 없어야 한다.

·특성

-남들과 타협을 잘하고 책임완수를 잘하므로 존경을 받고, 부부간 서로 다정하게 살아 간다.

·용신

용신(화), 희신(토, 금)

(12)을경합화금격(乙庚合化金格)

·성립 조건

-경일(庚日)에 출생하고 을월(乙月)이나 을시(乙時)에 출생하든지, 경월(庚月)이나 경시(庚時)에 태어나서 월지(月支)가 申酉月일 때 성립되며 사주에 丙丁巳午가 없어야 한다.

·특성

-용감하고 옳고 그름을 분별하고, 매사에 철두철미하며 부부간 서로 존경하며 선행을 베풀어 나간다.

·용신

용신(토), 희신(금, 수)

(13)병신합화수격(丙辛合化水格)

·성립 조건

-병일(丙日)에 출생하고 신월(辛月)이나 신시(辛時)에 출생하든지, 병월(丙月)이나 병시(丙時)에 태어나서 월지(月支)가 申子辰亥月일 때 성립되며 사주에 戊己戌丑未가 없어야 한다.

·특성

-남에게 주는 것을 싫어하고 뇌물을 좋아하고 이기적이며 주색을 좋아한다.

·용신

용신(금), 희신(수, 목)

(14)정임합화목격(丁壬合化木格)

·성립 조건

-정일(丁日)에 출생하고 임월(壬月)이나 임시(壬時)에 출생하든지, 정월(丁月)이나 정시(丁時)에 태어나서 월지(月支)가 亥卯未 삼합(三合)이나 寅卯

辰 방합(方合) 월(月)에 성립될 때이며 사주에 庚辛申酉가 없어야 한다.

·특성

-자신을 높이 평가하고 남을 업신여기는 성격이나 총명하고 봉사 정신이 있어 성공하는 인물이 될 수 있다.

·용신

용신(수), 희신(목, 화)

(15)무계합화화격(戊癸合化火格)

·성립 조건

-무일(戊日)에 출생하고 계월(癸月)이나 계시(癸時)에 출생하든지, 무월(戊月)이나 무시(戊時)에 태어나서 월지(月支)가 寅午戌巳月 일 때 성립되며 사주에 壬癸亥子가 없어야 한다.

·특성

-냉정하고 애정이 결핍되기 때문에 결혼과 결혼 생활에 나쁜 영향을 준다.

·용신

용신(목), 희신(화, 토)

3. 잡격(雜格)

잡격(雜格)이란? 격(格)을 찾을 때 일간(日干)을 기준으로 찾지 않고, 일간은 물론 사주 전체를 보고 해당 격국을 찾는다. 이러한 잡격만의 특징으로 인하여 잡격의 종류는 다양하다. 독자들은 이것을 공부할 때 앞 절 '일주(日柱)에서의 길흉성(吉凶星)'과 같이 이해하고 활용해 주면 더욱 쉽게 사주 해석 즉 통변(通辯)을 잡을 수 있다.

즉, 육십갑자(六十甲子)에서 앞 절 일주(日柱)의 길흉성과 같이 정리(整理)하여 상대방의 사주(四柱)를 판독해 준다면 더욱 쉽게 사주를 판단할 수 있다.

여기서는 독자들이 일상 사주를 해석함에 있어서 꼭 필요한 잡격만을 선별하여 설명하고자 하니 독자들은 참조하여 사주를 판단하고 해석해 주길 바란다.

(1)현무당권격(玄武當權格)

·성립 조건

-壬日生과 癸日生이 지지(地支)에서 삼합(三合)의 寅午戌이 화국(火局)을 이룰 때 성립된다.

·특성

-마음씨가 온화하고, 위엄(威嚴)은 있지만 용감스럽지 못하다.

(2)육갑추건격(六甲趨乾格)

·성립 조건

-甲日生의 경우 사주 구성에서 해(亥)가 많거나, 지지(地支)에 亥子丑 방합(方合)이 있어면 성립된다. 이때 사주 구성에서 寅巳나 혹은 관살(官殺) 즉 편관 그리고 재성(財星)이 존재하면 큰 재앙(災殃)이 따른다.

·특성

-대흉(大凶)하게 된다.

(3)육임추간격(六壬趨艮格)

·성립 조건

-壬日生의 경우 사주 구성에서 인(寅)이 많고, 관성(편관, 정관)이 없으면 성립된다.

·특성

-평생 가난하게 살아간다.

(4)양간연주격(兩干連珠格)

·성립 조건

-사주에 양간(兩干)이 썩어 있으면서, 같은 간(干)일 경우에 해당된다.

·보기

A사주		B사주		C사주	
①丁	酉	①己	未	①乙	丑
②丙	寅	②戊	寅	②甲	辰
③丁	酉	③己	未	③乙	亥
④丙	寅	④戊	辰	④甲	戌

위 사주는 양간이 모두 A사주는 4개의 간지 중 丁과 丙으로 썩어 있으며 모두 화(火)로 구성되어 있고, B사주는 己와 戊로 썩어 있으며 모두 토(土)로 구성되어 있다. C사주는

乙과 甲으로 썩어 있으며 모두 목(木)으로 구성되어 있다.

·특성

 -복수양전 즉 행복하고 장수할 운명이나, 전체 사주를 보고 판단해야 한다.

(5)지지일기격(地支一氣格)

·성립 조건

 -지지(地支) 모두가 같은 오행(五行)으로 구성된 경우이다.

·보기

A사주		B사주		C사주	
甲	①戌	戊	①寅	丁	①卯
戊	②戌	庚	②寅	辛	②卯
丙	③戌	甲	③寅	己	③卯
庚	④戌	丙	④寅	辛	④卯

위 사주는 지지(地支) 오행 모두가 같은 것으로 되어 있어 지지일기격이다. 즉 A사주는 지지 4개 모두 戌로 이루어져 있고, B사주는 寅으로, C사주는 卯로 지지(地支)가 구성되어 있다.

·특성

 -큰 부자가 될 운명이나, 간지의 구성에 따라 달라진다.

(6)천원일기격(天元一氣格)

·성립 조건

 -천간(天干) 모두가 같은 오행(五行)으로 구성된 경우이다.

·보기

A사주		B사주		C사주	
①庚	午	①癸	酉	①乙	亥
②庚	辰	②癸	巳	②乙	未
③庚	戌	③癸	未	③乙	巳
④庚	申	④癸	丑	④乙	卯

위 사주는 천간(天干) 모두가 같은 오행(五行)으로 구성되어 있어 천원일기격이다. 즉 A사주는 천간 4개 모두 庚으로 이루어져 있고, B사주는 癸로, C사주는 乙로 천간(天干)이 구성되어 있다.

·특성

 -귀격이나 지지의 구성에 따라 운명이 다르나, 왕하면 부귀대발하고, 신약하면 빈하다. 그러나 대운(大運)의 영향을 많이 받으며 부귀영화가 짧다.

(7)간지동체격(干支同體格)

·성립 조건

 -천간이 같은 오행(五行)으로 구성되고, 지지 역시 같은 오행으로 구성된 사주이다.

·보기

A사주		B사주		C사주	
甲	戌	壬	寅	丁	未
甲	戌	壬	寅	丁	未
甲	戌	壬	寅	丁	未
甲	戌	壬	寅	丁	未

위 사주는 간지(干支) 모두가 같은 오행(五行)으로 구성되어 있어 간지동체격이다. 간지동체격은 甲戌, 乙酉, 丙申, 丁未, 戊午, 己巳, 庚辰, 辛卯, 壬寅, 癸亥의 10개이며 이 중 辛卯는 빈천하고 일찍 죽고, 甲戌는 집안이 파해서 빈천하며, 나머지 모두는 기격 으로 본다.

·특성

 -오행 상호간 상생하면 길하고 상극하면 빈천하고 패가망신한다. 이것 또한 전체 사주 를 보고 판단해 한다.

(8)천간연주격(干支連珠格)

·성립 조건

 -연간에서 시작하여 간지(干支)가 천간(天干) 순서대로 구성된 사주이다.

·보기

구분	천간	지지
年	甲	○
月	乙	○
日	丙	○
時	丁	○

천간 순서는 甲乙丙丁戊己庚辛壬癸으로 처음 甲의 순서가 아닌 경우도 동일하다.

·특성

-대체로 부모 복(福)이 많으나, 사주 구성이 좋은 경우는 출세(出世)하나, 사주 구성이 나쁜 경우 흉(凶)으로 작용 한다.

(9)지지연여격(干支連茹格)

·성립 조건

-연지(年支)에서 시작하여 지지(地支)가 십이지의 순서대로 구성되어 있거나 혹은 하나 건너서 순서대로 구성된 경우이다.

·보기

구분	천간	지지	
年	○	子	子
月	○	丑	寅
日	○	寅	辰
時	○	卯	午

십이지 순서는 子丑寅卯辰巳午未申酉戌亥으로 처음 子의 순서가 아닌 경우도 동일하다.

·특성

(10)자오쌍포격(子午雙包格)

·성립 조건

-충(沖)은 나쁜 것이지만 자오충(子午沖)에서 수화기제(水火旣濟) 즉 위는 물이고 아래는 불이며, 사주 구성에 목(木)이 있어 水生木과 木生火의 상생(相生) 관계를 유지하는 것으로 '이미 어려움을 벗어났다'는 뜻이 되므로 길성(吉星)으로 작용한다. 예를 들면 子와 午가 Ⓐ2:2, Ⓑ2:1, Ⓒ1:2로 구성되어 있고, 월지(月支)에 子가 있고 사주 구성에 목(木)이 있어 상생(相生) 관계가 유지되어야 길성(吉星)이다.

·보기

구분	천간	지지		
		Ⓐ	Ⓑ	Ⓒ
年	○	子	○	午
月	○	子	子	子
日	○	午	午	午
時	○	午	午	○

·특성

-다른 사람에게 존경을 받으며 부귀영화를 누리는 귀격이다.

(11)비천록마격(飛天祿馬格)

비천록마(飛天祿馬)는 연해자평에서 설명된 것으로 일명 생사여탈권을 가지고 있는 귀격사주로 법관(검사, 판사) 및 경찰, 군인 등에게 많다.

·성립 조건

-비천록마(飛天祿馬) 사주 : 일주가 庚子, 辛亥, 壬子, 癸亥이고, 사주에 정관, 정재가 없는 사주

-비천록마격(飛天祿馬格) 사주 : 일주가 庚子, 辛亥, 壬子, 癸亥이고, 사주에 정관, 정재가 없고 지지가 3개인 사주

※<참고1> 庚子, 壬子 일주는 지지(地支)에 寅/戌/未가 존재하면 허공의 午火를 육합/삼합하는 寅午合/午戌合/午未合으로 불러올 수 있어 더 좋다. 그러나 사주 내 子水와 합을 하거나 삼형/상충하는 오행을 만나면 허공의 午火를 불러올 수 없으며 비천록마격(飛天祿馬格)이 될 수 없다.

※<참고2> 辛亥, 癸亥 일주는 지지에 酉/丑/申이 존재하면 허공의 巳火를 육합/삼합하는 巳-申合/巳-酉合/巳-丑合으로 불러올 수 있어 더 좋다. 그러나 사주 내 亥水와 합을 하거나 삼형/상충하는 오행을 만나면 허공의 巳火를 불러올 수 없으며 비천록마격(飛天祿馬格)이 될 수 없다.

※<참고3> 일주가 丙午, 丁巳이고 사주에 정관, 정재가 없고, 지지(地支)가 3개인 경우를 가비천록마격(假飛天祿馬格) 또는 도충록마격(倒沖祿馬格)이라 하며, 이것 역시 귀격이며 비천록마격(飛天祿馬格)에 준한다.

·보기

구분	A사주		B사주				C사주			
년주	○	○	壬	戌	식신	식신	丙	午	편재	정재
월주	○	○	壬	子	식신	상관	壬	子	비견	겁재
일주	癸	亥	庚	子	·	상관	壬	子	·	겁재
시주	○	○	丙	子	편관	상관	壬	子	비견	겁재

A사주는 일주(日柱)가 癸亥이므로 비천록마(飛天祿馬) 사주이며, B사주는 庚子 일주에 동일 지지 자(子)가 3개 이상이고, 사주 구성에 정관과 정재가 없기 때문에 비천록마격 사주가 된다.

또한 수(水)가 많아 오(午)를 허공에서 도충해서 올 가 있는 조건으로 판단해도 비천록마격 사주가 성립된다.

그러나 C사주는 사주 구성에 정재가 존재하므로 비천록마격 사주가 아니라, 거지 사주가 된다.

(12)양신성상격(兩神成象格)
·성립 조건

양신성상격(兩神成象格)은 간지동체격(干支同體格)에서 파생된 것으로, 2가지 오행(五行)이 균등한 힘으로 이루어진 사주팔자를 말한다.

예를 들면 사주 원국 여덟 글자 가운데 오행이 4:4로 나뉘어져 있고, 천간(天干)과 지지(地支)는 상생오국(相生五局)의 상호 상생(相生) 및 상성오국(相成五局)의 상호 상극(相剋) 작용이 이루어진다.

·보기

상생관계	A. 水木相生格		B. 木火相生格		C. 火土相生格		D. 土金相生格		E. 金水相生格	
	壬(수)	子(수)	丙(화)	寅(목)	丙(화)	午(화)	己(토)	酉(금)	庚(금)	申(금)
	甲(목)	寅(목)	甲(목)	午(화)	丁(화)	巳(화)	辛(금)	未(토)	癸(수)	亥(수)
	癸(수)	亥(수)	丁(화)	卯(목)	己(토)	未(토)	己(토)	酉(금)	辛(금)	酉(금)
	乙(목)	卯(목)	甲(목)	午(화)	戊(토)	辰(토)	辛(금)	未(토)	癸(수)	亥(수)
	길운 : 수, 목, 화 흉운 : 토, 금		길운 : 목, 화, 토 흉운 : 금, 수		길운 : 화, 토, 금 흉운 : 수, 목		길운 : 토, 금, 수 흉운 : 목, 화		길운 : 금, 수, 목 흉운 : 화, 토	

상극관계	F. 木土相成格		G. 土水相成格		H. 水火相成格		I. 火金相成格		J. 金木相成格	
	甲(목)	戊(토)	戊(토)	戊(토)	癸(수)	亥(수)	辛(금)	巳(화)	辛(금)	卯(목)
	己(토)	卯(목)	癸(수)	亥(수)	丙(화)	午(화)	庚(금)	午(화)	庚(금)	寅(목)
	戊(토)	寅(목)	戊(토)	辰(토)	壬(수)	子(수)	丁(화)	酉(금)	甲(목)	申(금)
	乙(목)	丑(토)	壬(수)	子(수)	丁(화)	巳(화)	丙(화)	申(금)	乙(목)	酉(금)
	길운 : 화, 수, 토 흉운 : 금, 목		길운 : 화, 금, 수 흉운 : 목, 토		길운 : 목, 화, 금 흉운 : 토, 수		길운 : 목, 토, 금 흉운 : 수, 화		길운 : 목, 토, 수 흉운 : 화, 금	

·특성

상생오국(相生五局)의 상호 상생(相生)의 경우 비급(비견, 겁재), 식상(식신, 상관), 인성(편인, 인수=정인)으로 이루어진 것으로 비겁을 제외하고 식상과 인성은 길성으로 본다.

상성오국(相成五局)의 상호 상극(相剋)은 비겁(비견, 겁재)과 재성(편재, 정재), 관성(편관, 정관)으로 구성된 것이다.

이 경우도 재성과 관성은 길성으로 본다.

이것은 어디까지나 원론적인 해석이고 양신성상격(兩神成象格)이라고 해서 부귀를 누리는 것은 아니라 전체적인 사주를 보고 판단해야 하며, 때에 따라서는 상호 상생(相生) 작용이면 길하나, 상극(相剋) 작용이면 수술, 자살, 병고, 실직 등으로 흉(凶)하고 패가망신한다.

이제 독자들은 추명학(推命學)이자 무한대(無限大)인 사주 공부에서 사주 해석의 한계를 극복하기 위하여 만들어 놓은 사주 공식(公式) 즉 격국(格局)을 판단하고 응용할 수 있게 됨으로써 사주 순환 구조를 알기 시작했다는데 의미가 있다.

지금까지 독자들은 사주 공식(公式) 즉 격국(格局)에 대한 내용을 일상적으로 많이 적용되는 내격(內格)은 물론 외격(外格)과 잡격(雜格)에 대하여 학습하였다.

사실 이러한 격국들을 판단하고 해석(解析)한다는 것은 사주(四柱) 전체를 응용하는 것과 같다.

본 책에서는 사주 해석 부분에서 '십간 희기론(喜忌論) 판단 부분'과 '관성(정관, 편관 즉 관살)_해석 및 용어정리'에서 꼭 알아야 될 격국(格局)에 대해서 적용하고 응용하였 다. 그러나 격국의 적용 범위는 매우 광범위하기 때문에 독자들을 위해서 격국을 총정리 해보면 아래와 같다.

따라서 독자들은 사주(四柱)를 공부하는데 있어서 부단한 노력은 물론 이들을 추가로 적용시키고 응용할 수 있도록 더욱 정진(精進)해 주길 바란다.

내격 (內格)	식신격	식신생재격, 식신제살격, 전식록격, 삼합신신국
	상관격	상관생재격, 상관패인격, 상관파진격, 삼합상관국
	편재격	재관격, 재살격, 시상일위재격, 삼합편재국
	정재격	재관쌍미격, 재살격, 삼합정재국
	편관격	살인생화격, 재살격, 제살적, 시상일위귀격, 관살혼잡격, 삼합편관국
	정관격	관인화격, 재관쌍미격, 관살혼잡격, 삼합정관국
	편인격	관인화격, 살인화격, 삼합편인국
	인수격	관인화격, 살인화격, 삼합인수격
외격 (外格)	강왕격	종강격, 전왕격
	기명격	기명종아격
	별명	기명종재격
	종격	기명종살격, 기명종관격
	화격	화목격
	별명	화화격
	화기격	화토격, 화금격, 화수격, 곡직인수격, 염상격, 가색격, 종혁격, 윤하격
	간지지왕격	간지지왕격, 양간불잡격
	암신격	비천록마격, 도충록마격, 정난사치격, 임기용배격, 자오사록격, 축요사록격, 파관격, 파재격, 비재격, 형합득록격, 중합록마격, 호오분사격
	협공격	협록격, 협귀격, 지지협록격, 연주협공격, 용호공문격, 오성공화격, 사방협공격
	잡기격	잡기재격, 잡기정관격, 잡기인수격
	양신성상격	목화상생격, 화목상생격, 토금상생격, 금수상생격, 수목상생격, 목토상생격, 토수상생격, 화수상생격, 화금상생격, 금목상생격
잡격 (雜格)		지진일자격, 칠살전영격, 삼붕격, 삼재격, 삼기진귀격, 세덕부재격, 세덕정관격, 세덕부살격, 살인격, 호접싸입격, 오성연원격, 오행구족격, 귀인황추격, 협구격, 귀록격, 관귀인종격, 간지쌍운격, 간합지형격, 간지동체격, 괴강격, 을사서귀격, 일순포이격, 일기생성격, 일순삼위사위격, 형합격, 현무당권격, 월인격, 건록격, 구진득위격, 금신격, 합록격, 사묘격, 사맹격, 사방정위격, 시묘격, 시마격, 사진사고격, 사전사중격, 사전사유격, 사주암대격, 사시승왕격, 사시섭취격, 사위순전격, 사간순일격, 지지일가격, 충록격, 천지덕합격, 천지일기격, 자오쌍포격, 지란병수격, 진기왕래격, 토국윤하격, 살작화풍격, 청룡복형격, 생년정마격, 생시정마격, 생소취생격, 전재격, 전식합록격, 천원일기격, 천간연주격, 천간일자격, 천간순식격, 덕합쌍원격, 내양외음격, 칠일내득격, 일덕수기격, 연상편관격, 발모연여격, 팔위관성격, 팔전록왕격, 전왕합록격, 전인후종격, 체악연방격, 지지연여격, 묘미요사격, 봉인격, 양격저사격, 양인격, 육임이환격, 육임추간격, 육임추건격, 육음조양격, 백호시세격, 복덕수기격, 봉황지격, 포태격, 육을서귀격, 육위후선격, 용호포승격, 용봉삼태격, 녹원삼희격, 녹마교치격, 녹마인종격

하지만 독자들은 지금까지 배우고 학습된 신살(神殺)이나 격국(格局) 등의 사주 공식(公

式)들만으로 사주를 해석(解析)하고 통변(通辯) 한다면 부분적으로는 가능한 일이다.

그러므로, 다음장에 전개될 '사주를 해석(解析)하자'에서 설명될 일간(日干)의 강약(强弱) 및 육친(六親)의 상호 작용 그리고 합(合) 작용으로 인하여 변화(化)되는 오행(五行)의 기운(氣運)의 흐름을 적용하고 판단해야만 사주 해석(解析) 즉 통변(通辯)이 완성됨을 알길 바란다.

제8장, 사주를 해석(解析)하자

사주를 배우는 목적(目的)은 해석(解析) 즉 통변(通辯)을 하기 위함에 있고, 이것을 바탕으로 앞으로의 길흉(吉凶)의 운로(運路)를 확인함에 있다.

어떻게 하면 어렵게만 느껴진 사주 해석을 쉽게 해석(解析)할 수 있을까? 이것을 제시하고자 여기서는 통변관련 내용들을 따로 따로 분리해서 설명하지 않고 연속적으로 이어서 쉽게 설명하였다. 그 이유는 빠른 시간에 통변술을 체계적(體系的)으로 익히고자하기 때문이다. 특히 독자들은 사주를 해석(解析)함에 있어서 단순하게 신살(神殺)로만 판단하여 통변(通辯)하는 경우는 사주 해석이 될 수 없기 때문에 전체적인 기운(氣運)과 오행(五行)의 흐름을 적용하고 판단해야만 된다.

따라서 독자들은 저자의 의도대로만 적용하고 판단한다면 통변술(通辯術)을 이해는 물론 빠르게 응용할 수 있다고 확신한다.

독자들의 마음을 잘 알고 있는 저자는 이러한 목적을 달성시키기 위하여 양력으로 1986년 6월 11일 밤 22:50분에 태어난 남자 이길동의 사주를 바탕으로 통변술을 쉽고 누구나 활용할 수 있도록 설명하였다.

■ 사주 해석(解析)은 오행(五行)들을 중화 즉 오행들의 균형(均衡)을 찾아서 맞추는 것이다. 따라서 사주 공부는 균형(중화)을 이루기 위하여 가장 적합한 오행(五行)을 찾는 것이다. 예를 들면 지구(地球)에 존재하는 인구(人口)가 늘었거나 혹은 줄었을 경우 45억년 전의 지구 무게나 지금의 지구 무게는 동일하듯(질량보전의 법칙), 사주 공부 역시 사주 구성에서 균형(均衡)을 맞추기 위한 오행(五行)을 찾는 것이다. 따라서 가장 좋은 사주는 오행(五行)들이 골고루 편재되어 있고, 이들의 힘은 균형이 이루어진 중화된 사주가 된다.

■ 사주 균형(중화)을 맞추기 위하여 활용되는 대표적인 오행(五行)이 바로 용신(用神)이고, 이것들은 신강(身强) 및 신약(身弱) 사주는 물론 오행의 강약(强弱)으로 사주를 판단하는 것이다. 즉 한곳으로 편중된 오행들의 중화를 통한 통변이나 무더운 조열(燥熱)과 추운 한습(寒濕) 사주는 물론 합(合)작용으로 변화(化)된 오행(五行)의 흐름을 통하여 길흉성(吉凶星)을 찾아서 사주에 적용시켜 주어야 한다.

■ 사주 해석(解析) 즉 통변(通辯) 방법들은 많이 존재하지만, 그 중에서 독자들이 꼭 알고 활용되어야될 통변술(通辯術) 즉, 일간(日干)의 강약(强弱), 오행(五行)의 강약(强弱), 육친(六親)관계, 조열(燥熱)과 추운 한습(寒濕) 사주 그리고 궁(宮)을 통하여 해석(解析)은 물론 신살(神殺)과 사주 구성과 대운(大運)을 통한 통변(通辯) 적용 방법을 독자들에게 제시하도록 한다.

이들을 쉽고 체계적(體系的)으로 각각 분리해서 비교를 들어 꼭 알아야 될 핵심(核心)적인 내용을 토대로 사주 해석(解析) 즉 통변술(通辯術)을 제시하면 다음과 같다.

1. 일간(日干)의 강약(强弱)으로 해석(解析)하자(용신과 격국).

사주 해석 즉 통변(通辯)에서 기본적으로 적용되어야하는 것은 바로 본인에 해당되는 일간(日干)의 강약(强弱)에 따라 작용되는 기운(氣運)을 적용시켜 주어야 한다. 즉, 일간의 힘이 강(强)한 사주인지? 혹은 약(弱)한 사주인지?를 찾고, 이를 토대로 사주 원국은 물론 대운(大運)과 세운(歲運)에서 길흉성(吉凶星)을 찾아내고 판단하는 것이다.

우리들은 일간의 힘을 확인하게 위하여 앞 절에서 용신(用神)을 찾았고, 이에 따른 신강(身强)과 신약(身弱) 사주를 판단했으며, 가장 강(强)한 영향력을 주는 월지(月支)를 통해서 격국(格局)을 배웠다.

이들은 이미 '제6장, 용신(用神)으로 삶의 흐름을 알자'와 '제7장, 격국(格局)으로 사주틀을 알자'에서 공부했지만 여기서 다시 한번 확인해 보자.

용신(用神) 찾는 대표적인 방법으로 일간(日干)의 강약에 따른 억부법(抑扶法)으로 용신 찾기를 확인해보면, 일간(日干)을 중심으로 비겁과 인성의 힘이 강(强)한 사주는 신강(身强) 사주이고, 일간을 중심으로 재성, 관성, 식상이 강(强)한 사주는 신약(身弱) 사주이다. 또한 힘이 가장 강(强)한 월지(月支)가 비겁과 인성이면 신강(身强) 사주이고 나머지는 신약(身弱) 사주이다. 이렇게 신강 사주와 신약 사주를 찾았다면, 신강 사주에서의 용신 판단은 일간(日干)의 힘을 약(弱)하게 해주는 오행(五行)이 용신이 되고 아울러 이것이 길성(吉星)이 되며 이때 대운(大運)이나 세운(歲運)에서 발복(發福)하게 된다. 신약 사주에서의 용신은 일간(日干)의 힘을 강(强)하게 만들어주는 오행(五行)이 용신이 되고 이것이 길성(吉星)이며 이때 발복(發福) 하게 된다. 그러나 나쁘게 작용되는 흉성(凶星)은 신강 사주에서는 일간(日干)의 힘을 강(强)하게 만들어 주는 오행(五行)이며, 신약 사주에서 나쁜 흉성(凶星)은 일간(日干)의 힘을 약(弱)하게 만들어 주는 오행(五行)이 흉성이 된다.

또한 이것들을 다른 말로 표현하면, 신강 사주에서의 용신은 재성, 관성, 식상이 되고, 신약 사주에서 용신은 비겁과 인성이 된다.

따라서, 이렇게 판단된 용신(用神)은 물론 길성(吉星)과 흉성(凶星)을 사주 원국은 물론 대운(大運)과 세운(歲運)에 적용시켜서 판단하는 것이 사주 해석(解析) 즉 통변술(通辯術)이다.

이제 이길동의 사주에서 본인에 해당되는 일간(日干)의 강약(强弱)에 따른 용신과 격국은 물론 이들에게 작용되는 길성과 흉성을 적용하여 사주 해석(解析) 즉 통변(通辯)을 해보자.

양력 1986년 6월 11일 22:50 출생(亥時)에 출생한 이길동의 용신(用神)과 격국(格局) 판단은 앞 절 제6장, 제7장에서 상세히 설명하고 제시하였음으로 참고해 주길 바란다. 이제 이들을 통해서 이길동 사주를 간단하게 해석해 볼 것이니 독자들은 참고해서 활용해 주면 되겠고, 특히 이러한 과정 모두는 8장 '사주해석'의 본문을 참고하면 되겠다.

<이길동 사주>

구분	천간	지지	육친		지장간(支藏干)
년주(年柱)	丙	寅	비견	편인	戊, 丙, 甲
월주(月柱)	甲	午	편인	겁재	丙, 己, 丁
일주(日柱)	(丙)	戌	·	식신	辛, 丁, 戊
시주(時柱)	己	亥	상관	편관	戊, 甲, 壬

이길동은 사주 구성에서 자장 큰 힘을 발휘하는 월지(月支)가 겁재이므로 신강(身强) 사주이다. 신강 사주에서는 본인에 해당되는 일간(日干) 丙(火)의 힘을 약(弱)하게 만들어 주는 오행(五行)이나 육친(六親)이 길성(吉星)으로 작용되므로, 수극화(水剋火)의 수(水) 기운이나 혹은 화생토(火生土)의 토(土)기운이 이길동에게는 길성(吉星)이 되고 이에 해당되는 편관과 상관이 길성(吉星)이 된다. 하지만 이길동의 신강 사주에서 일간(日干) 丙(火)의 힘을 강(强)하게 만들어주는 화(火)기운이나 혹은 목(木)기운 그리고 금(金)기운은 이길동에게 나쁘게 작용되는 오행(五行)이자 육친(六親)이다.

그렇지만 이것들 역시 실질적인 길성(吉城)인지? 혹은 흉성(凶星)인지? 판단은 전체적인 사주 구성을 보고 최종 판단해야 한다.

이러한 것을 감안해서 판단해 보면, 이길동의 용신은 수(水)의 편관이다.

따라서, 이들 길성(吉星)과 흉성(凶星)으로 작용되는 오행(五行)과 육친(六親)을 사주 원국은 물론 대운(大運)과 세운(歲運)에 적용해서 비교 판단해 보면 이길동의 운로(運路)는 물론 길흉성(吉凶星) 전체를 판단 할 수 있다.

참고로 이길동에게 좋은 길성(吉星)에 해당되는 용신의 수(水) 기운과 희신의 금(金) 기운은 육친(六親)으로 판단해 보면 수(水) 기운은 아들의 편관이고, 금(金) 기운은 부인이며 정재가 된다. 따라서 이길동은 아들과 부인은 용신과 희신이므로 복(福)이 있는 사람으로 판단할 수 있다. 그러나 이들에게 최종 판단을 확인하려면 전체 사주에서의 운로(運路)와 이들에게 작용되는 신살(神殺)을 적용해 봐야 알 수 있다. 따라서 수(水)기운 즉 아들 편관은 천간과 통근 즉 뿌리가 형성되어 있지 못하고, 일주와 시주에서 궁(宮)으로 자식복을 판단해 보면 아들에게 오히려 도움을 주어야 되고, 또한 해인파(亥寅破)가 성립되어 마음이 맞지 않아 자주 싸운다는 것을 알 수 있다.

이번에는 희신에 해당되는 금(金) 기운에 해당되는 부인을 확인해 보자.

일주(日柱)로 본 부부의 궁합은 화(火)와 토(土)가되어 상생관계가 성립되어 마음은 맞으나 강한 화(火)기운은 부인의 금(金)기운을 녹여 주므로 부인은 명(命)이 짧다. 또한 부인을 품고 있는 지장간의 일지는 공망(空亡)과 백호대살(白狐大殺)이 성립되어 부인에게 복(福)을 주거나 받을 수 없는 관계가 성립된다.

이러한 작용은 대운(大運)은 물론 세운(歲運)에서도 동일하게 적용 된다.

특히, 사주 통변(通辯)에서 본인에 해당되는 일간(日干)은 신약(身弱)이든 신강(身强) 사주이든지 혹은 어떤 사주에 상관없이 뿌리 즉 통근(通根)이 강(强)하게 성립되어야 한다. 아무리 사주가 좋은 사람의 경우도 뿌리 즉 통근이 약(弱)하면 사상누각(沙上樓閣) 형태를 면치 못한다. 이길동의 통근 즉 뿌리를 판단해 보면 일간 丙(화)의 화(火) 기운과 같은 화(火)기운을 지장간에서 찾아보면 丙(화)와 丁(화)이 존재하여 강(强)하게 뿌리를 내린 것이 되지만, 지지 寅, 午, 戌, 亥는 공망(空亡)과 해인파(亥寅破)가 작용되어 강한 뿌리가 형성되었다고는 볼 수 없다. 이제 격국(格局)으로 이길동의 사주를 판단해 보자. 일간(日干)에 가장 큰힘을 미치는 월지(月支) 지장간의 주권신(主權神)은 병(丙)이므로 이길동은 비견격이다.

따라서 이길동은 조상유산은 물론 형제, 자식, 배우자의 복(福)이 없고, 남들과 동업(同業)을 할 수 없으며 남들에게도 도움을 받을 수 없다는 것을 알 수 있다.

※이러한 해석 내용은 8장 본문에 상세하게 설명되어 있으니 독자들은 참조해 주길 바란다.

2. 오행(五行)의 강약(强弱)으로 해석(解析)하자.

사주 해석 즉 통변(通辯)에서 일간(日干)의 강약(强弱)에 따라 작용되는 기운(氣運)을 적용시켜 주었다면, 이제는 사주 구성(構成)에 존재하는 전체 오행(五行)의 강약(强弱)을 판단해서 이를 사주 통변(通辯)에 적용시켜 주어야 한다. 이것들의 판단은 동일한 오행(五行)이 사주 구성에 3개 이상 존재하여 강(强)한 기운(氣運)으로 편중된 경우이거나 혹은 1개나 2개가 존재하는 사주의 경우 대운(大運)이나 세운(歲運)에서 다시 오행(五行)이 들어오거나 혹은 합(合)으로 변화(化)된 기운이 동일한 오행 기운으로 변화되어 강(强)한 기운(氣運)으로 작용되는 경우 편중된 사주가 된다. 이러한 편중된 사주의 경우, 반드시 세력을 약(弱)하게 해서 중화를 통하여 사주 균형을 맞추어 주어야 하는데 그 방법은 편중된 강(强)한 기운을 극(剋)하거나 혹은 강(强)한 기운이 생(生)하여 약(弱)하게 만들어 주면 길성(吉星)이 되는 것이다. 따라서 사주 해석(解析) 즉 통변(通辯)에서 이들이 작용에 따른 해석(解析)과 적용 방법은 아래와 같다.

구분	작용/해석
■비겁태왕(比劫太旺) 사주	• 사주 구성에서 비겁(비견, 겁재)이 강(强)하게 구성된 사주를 군겁쟁재(群劫爭財) 혹은 군비쟁재(群比爭財) 사주라고도 한다. • 사주 구성에서 비견과 겁재가 존재하면 비겁혼잡(比劫混雜)이 되어 형제, 동료 복(福)이 없다.

	• 비겁(비견, 겁재)은 재성(편재, 정재)를 극(剋)하므로 부친, 형제 덕이 없고 재물에 대한 형제간 쟁탈전이 발생되고, 남자의 경우 처(妻)와 이혼한다. • 재물은 형제, 남편, 다른 사람들에게 빼앗긴다(※보증, 돈 빌려주면 절대 안된다). • 형제, 동료, 인덕이 없고, 고집이 세다. • 돈이 생기면 곧 쓸 곳이 기다리고 있다. • 동업(同業)하면 백전백패(百戰百敗)한다. • 비겁태왕의 경우 이를 극(剋)하는 관성운이 들어오면 발복하지만, 대운(大運)이나 세운(歲運)에서 비겁(비견, 겁재)운이 들어오는 경우 비겁태왕은 더욱 강(强)하게 작용하므로 나쁜 흉성(凶星)이 된다. 또한 인성운 들어오는 경우 더욱 강(强)한 비겁이 되므로, 이것 역시 나쁜 불운(不運)이 발생되지만, 비견은 식상을 생(生)하기 때문에 식상운에서는 비겁의 힘이 약(弱)해저 설기(泄氣)되어 발복(發福)한다.
▪상식태왕(傷食太旺) 사주	• 사주 구성에서 식상(식신, 상관)이 강(强)하게 구성된 사주를 상식태왕(傷食太旺) 사주라고 하는데, 이 경우 관(官) 즉 관성(편관, 정관)을 극(剋)하므로 아랫사람과 윗사람의 싸움 즉 관식투전이 발생된다. • 식상은 밥그릇을 의미하며 의식주와 장수의 뜻하지만, 식상은 관성을 극(剋)한다. • 사주 구성에서 식상 즉 식신과 상관이 존재하면 식상혼잡(食傷混雜)이 되어 관록(官祿)을 손상시키고, 여자의 경우는 남편이 보기 싫거나 혹은 자식들은 남편을 해치게 된다. • 남자의 경우 식상이 강하면 아들(편관)과 정관(딸)은 물론 자신의 관(官)을 헤진다. • 여자의 경우 상식태왕이면 남편을 해친다. • 여자의 경우 득자하면 남편(정관)을 극(剋)하므로 이혼하는 경우가 발생된다. • 관성(편관, 정관)이 들어오는 대운(大運)이나 세운(歲運)에서는 패가망신한다. • 상식태왕(傷食太旺)은 이를 극(剋)하는 인성운에서는 발복한다. 그러나 대운(大運)이나 세운(歲運)에서 다시 식상(식신, 상관)운이 들오는 경우 더욱 강(强)한 상식태왕이 되어 나쁜 흉성(凶星)이 된다. 또한 비견운 역시 식상(식신, 상관)을 생(生)하여 힘을 실어주니 나쁘다. 그러나 재성운에서는 식상이 재성을 생(生)해 주어 힘이 약(弱)하게 설기(泄氣)되기 때문에 길성(吉星)으로 작용한다.
▪재성태왕(財星太旺) 사주 및 일간(日干)이	• 사주 구성에서 일간(日干)이 신약(身弱)하고, 재성(편재, 정재)이 강(强)하게 구성된 사주를 재성태왕(財星太旺) 혹은 재다신약(財多身弱) 사주라고 하며, 이는 재물(財物)과 여자에 목매인 사람을 말한다. 또한 사주 구성에서 재성 즉 편재와 정재가 공존하면 재성혼잡(財星混雜)즉 재다신약(財多身弱) 사주가 되어 재물을 자

약(弱)한 ▪재다신약(財多身弱) 사주	신의 것으로 만들지 못하고 처(妻)복이 없다. • 재물과 여자 욕심은 많지만 이것을 본인의 것으로 만들지는 못한다. 즉 부자집에 가난한 사람이라 재물을 쓸 수가 없다. • 미남이고, 잘 웃지만, 처(妻)에게 시달리며 돈 자랑을 하지만 실제 사용되는 돈은 없다. • 도처에 여자들이 많고, 여자들을 밝히고, 의처증이 있다. • 사업은 망하지만, 직장생활이 맞고, 회계, 경리, 증권이나 은행원 등으로 남의 돈을 관리해 주는 사람이 많고, 직장생활이 맞는 직업이다. • 재다신약(財多身弱) 사주의 경우 대운(大運)이나 세운(歲運)에서 다시 재성(편재, 정재)이 들오는 경우 더욱 강(强)한 재다신약이 성립되어 나쁜 흉성이 되지만, 재성을 극(剋)하는 비겁(비견, 겁재)운에서는 재물을 얻는다. 또한 재성을 생(生)해주는 식상(식신, 상관)운에서는 재성의 힘이 강(强)해지므로 재물을 잃거나 부인복이 없으며 부인과의 어떤 문제가 발생된다.
▪관성태왕(官星太旺) 사주	• 사주 구성에서 관성(편관, 정관)이 강(强)하게 구성된 사주를 관성태왕(官星太旺) 사주라고 한다. • 일하는 것은 여러 곳이나 옳은 직업은 없으며 여기저기 옮겨 다니나 그 역시 옳은 직업은 없으며, 재물이 없다. • 건강이 부실하고 질병이 많고, 좋은 일하고 욕을 먹는다. • 여자의 경우 홀로 사는 경우가 많고, 남편이 무능하고 남편 복이 없다. • 사업은 망하지만, 직장생활은 맞다. • 사주 구성에서 관성 즉 편관과 정관이 공존하면 관살혼잡(官殺混雜) 사주가 되어, 여자는 남편복이 없고, 남자는 자식복이 없다. • 관살태왕의 경우 대운(大運)이나 세운(歲運)에서 다시 관성(편관, 정관)이 들오는 경우 더욱 강(强)한 관살태왕이 되어 흉성이 된다. 재성 역시 관성을 생(生)하여 강(强)한 관성을 만들어주기 때문에 나쁘게 작용되어 직위나 혹은 자식들에게 문제가 발생되지만, 강(强)한 관성을 극(剋)하는 식상이 들어오거나 혹은 관성이 인성을 생(生)하면 관성의 힘이 약(弱)해지는 설기(泄氣)가 되어 길성이 된다.
▪인수태왕(印綬太旺) 사주	• 사주 구성에서 인수=정인이 강(强)하게 구성된 사주를 인수태왕(印綬太旺) 사주라고 한다. 이것은 다른 말로 인성과대(印星過大)라고 하며 모자멸자(母慈滅子) 즉, 어머니가 많으니 자식이 버리장머리가 없다는 뜻이다. 특히 인성과다는 토다매금(토다埋金), 화염토조(火炎土燥), 수다목부(水多木浮) 등이 되어 어떤 결과를 얻을 수 없고, 무자식(無子息) 팔자이기도 하다. • 인수가 많으니 양모, 서모 등이나 혹은 여럿 어머니가 있다. • 어머니가 많으니 마마보이 즉 어머니 곁을 못 벗어나고 판단력이 없다. • 주변머리가 없고, 직업이 변변하지 못하고, 가난을 면치 못하고,

	인덕이 없다. 그러나 착한 성품과 인정이 많고, 화려한 것을 좋아한다.
	• 사주 구성에서 편인(偏印)과 인수(印綬)=정인(正印)가 공존하면 인성혼잡(印星混雜) 사주가 되어 쓸데없는 혼자만의 고민, 산만, 변덕스럽고, 터무니없고 쓸데없는 자신만의 발상으로 고통을 겪는다.
	• 인수태왕은 이를 극(剋)하는 재성운에서는 발복하지만, 대운(大運)이나 세운(歲運)에서 다시 인수=정인이 들오는 경우 더욱 강한 인수태왕이 되기 때문에 고독, 이혼 혹은 문서상 나쁜 불운(不運)이 발생되며 흉성이 된다. 그러나 강(强)한 인성을 극(剋)하는 재성이 들어오거나 혹은 인성이 비겁을 생(生)하면 인성의 힘이 약(弱)하게 설기(泄氣)되어 길성이 된다.
▪재살태왕(財殺太旺) 사주	• 사주 구성에서 재성(편재, 정재)와 관성(편관, 정관)이 강(强)하게 구성된 사주를 말한다. • 재살태왕 사주의 특징은 비겁태왕, 인수태왕, 상식태왕, 재다신약, 관살태왕과 같이 나쁜 사주에 속한다. • 재물(財物)과 관(官)의 중복으로 일과 사업 등에서 평생 고생만 한다. • 월급자가 맞지만, 사업하면 백전백패한다. • 남자의 경우 처(재성)와 자식(관살)이 합세하여 나를 따돌리며, 자식이 크면서 집안에서 왕따 당한다. • 여자의 경우 시모(재성)과 남편(관성)이 합세해서 나를 따돌리고 시집살이 시킨다. 특히 시어머니(재성)와 남편이 모사꾼이며, 시어머니는 남편한테 속닥거려 일을 만들고, 나를 시집살이 시킨다. • 돈이 생기면 몸이 아프고 번 돈 다 들어간다. • 여자는 남편의 의처증으로 인하여 가출하며, 실제 바람도 피운다. • 남에게 이용당하고, 남 돈 벌어 주는 사주이며 죽도록 일해주고 일당도 못 받고 쫓겨난다. • 인정이 많고 인물은 훤하게 잘생겼으며, 여자는 예쁘장하여 주변에 남자가 많다. • 똑똑한 척 하지만 실제로는 상식태왕에게 사기를 당한다.

이러한 사주 구성에서 편중된 오행의 강약(强弱) 들은 특정 오행 한 가지만 존재하는 것이 아니라, 두 가지 이상도 사주 구성에 존재하는 경우도 있다.

예를 들면 사주 구성에서 비겁(비견, 겁재)과 관성(편관, 정관)의 힘이 강(强)하게 편중된 경우들도 존재하기 때문이다.

따라서 독자들은 이러한 사주가 구성된 기운(氣運)은 물론 작용되는 대운(大運)과 세운(歲運)의 기운을 보고 판단하고 해석(解析)해 주면 된다. 이길동의 사주에서 오행(五行)의 강약(强弱)에 따른 편중된 오행을 통하여 통변(通辯) 즉 해석(解析)해 보자.

이길동의 사주 구성을 확인해 보면 아래와 같다.

木 (인성)	火 (비겁)	土 (식상)	金 (재성)	水 (관성)
2	3	2	·	1

이길동은 오행(五行)들의 기운(氣運) 중 가장 강(强)한 기운은 화(火)기운이므로 화(火)기운으로 편중된 사주이기 때문에 강(强)한 화(火)기운을 중화시켜 주어야 한다. 이길동에게 화(火)기운은 비겁이며 비겁은 이길동의 형제를 나타낸다.

참고로 이길동에게 금(金)기운 즉 정재(부인)는 사주 원국 8개에는 없지만 지장간에 금(金)에 해당되는 辛(금)의 재성이 존재하므로 이길동에게는 부인이 존재하는 것이 된다.

이길동의 사주 구성은 강(强)한 힘을 발휘하는 월지(月支)가 화(火)기운의 겁재이고 또한 년주(年柱)에도 비견이 존재하는 것으로 보아 비겁(비견, 겁재)이 강(强)한 태왕 사주가 되고 아울러 형제간에 쟁탈전이 벌어지는 군겁쟁재(群比爭財) 사주이기도 하다.

따라서 이길동은 사주 원국은 물론 대운(大運)이나 세운(歲運)에서 비겁(火)이 들어오거나 혹은 인성(木)이 들어오는 경우 비겁이 더욱 강(强)해지므로 형제난이 발생되거나 혹은 나쁜 불운(不運)이 찾아오지만 비견을 극(剋)하는 관성(水)이 들어오거나 혹은 비견이 식상을 생(生)하면 강(强)한 비겁이 설기(泄氣)되어 발복(發福)한다.

이제 이들 관계가 맞는지 확인해 보자. 이길동에게 화(火) 기운은 비겁이고 이것은 형제 관계인데 이것은 공망(空亡)과 백호대살(白狐大殺)이 작용되고, 인오술(寅午戌)의 합(合)작용으로 화(火)기운은 더욱 강(强)한 화(火)기운이 되어 나쁜 운(運)으로 작용된다. 따라서 이길동은 형제 복은 없다. 다음의 목(木)기운의 인성을 판단해 보자. 이길동에게 편인은 조부(祖父)가 된다. 그러나 조부와의 관계는 인해합(寅亥合)이 되어 목(木)기운으로 변화(化)되고 이것은 다시 목생화(木生火)가 되어 더욱 무더운 사주로 만들기 때문에 조부 복(福)은 없다.

마지막으로 길성(吉星)으로 작용되는 관성(水)과 식상(土)을 판단해 보자. 관성은 시지(時支)에 존재하는 亥(수)로서 이것은 편중된 화(火) 기운을 수극화(水剋火)로 극(剋)하여 강(强)한 화(火)기운을 제압하니 길성(吉星)으로 작용된다. 그러나 아들 편관을 판단해 보면 뿌리가 형성되어 있지 못하고, 궁(宮)으로 보면 아들에게 오히려 도움을 주어야 되고, 또한 파(破)가 성립되어 아들과 마음이 맞지 않아 자주 싸운다는 것을 알 수 있기 때문에 아들에게 복(福)을 기대하기란 다소 어렵다.

식상은 일지(日支)의 戌(토)와 시간(時干)의 己(토)이다. 이들은 편중된 화(火) 기운을 화생토(火生土)로 생(生)해 주어 강(强)한 화(火)기운을 약(弱)하게 만드니 길성(吉星)으로 작용된다. 그러나 이들은 백호대살(白狐大殺)과 공망(空亡) 그리고 갑기합(甲己合)이 이루어져 금(金)기운으로 변화(化)되어 화극금(火剋金)으로 전환되기 때문에 강한 화(火)기운을 더욱 강(强)하게 만드는 역할을 하므로 강(强)한 화(火) 기운으로 편중된 이길동의 사주에서는 오히려 나쁜 관계가 성립된다. 따라서 戌(토)와 시간(時干)의 己(토)의 식상은 이길동에게 장모와 조모가 되므로 이들은 이길동에게는 복(福)을 주는 관계가 아니다. 이러한 작용은 대운(大運)은 물론

3. 육친(六親)관계로 해석(解析)하자.

사주를 해석(解析)함에 있어서 육친(六親)관계나 혹은 오행(五行)관계 모두 동일하다. 이것은 양력 1986년 6월 11일 22:50 출생(亥時)에 출생한 이길동 사주에서 이들을 확인해 보자.

이길동은 사주 구성에서 자장 큰 힘을 발휘하는 월지(月支)가 겁재이므로 신강(身强) 사주이다.

신강 사주에서는 본인에 해당되는 일간(日干) 丙(火)의 힘을 약(弱)하게 만들어 주는 오행(五行) 즉 수극화(水剋火)의 수(水) 기운이나 혹은 화생토(火生土)의 토(土)기운은 이길동에게는 일간의 화(火)기운을 약(弱)하게 만들어 주는 오행이 되므로 길성(吉星)으로 작용되는 오행(五行)이 된다.

하지만 이길동의 신강 사주에서 일간(日干) 丙(火)의 힘을 강(强)하게 만들어주는 화생화(火生火)의 화(火)기운이나 혹은 목생화(木生火)의 목(木)기운 그리고 화극금(火剋金)의 금(金)기운은 이길동에게 나쁘게 작용되는 흉성(凶星) 오행(五行)이다.

이것을 이길동 사주(四柱)에서 육친(六親)으로 전환시켜 보면, 길성(吉星)에 해당되는 수(水) 기운은 편관이 되고, 토(土)기운은 상관이 된다.

흉성(凶星)에 해당되는 화(火)기운은 겁재에 해당되고, 목(木)기운은 편인에 해당되며, 금(金)기운은 식신에 해당된다.

즉, 이길동에게 길성(吉星)으로 작용되는 육친(六親)은 수(水) 기운의 편관과 토(土)기운 상관이며, 흉성(凶星)으로 작용되는 육친(六親)은 화(火)기운의 겁재, 목(木)기운의 편인 그리고 금(金)기운은 식신이 된다.

이제 사주 해석(解析) 즉 통변(通辯)을 적용하기 위하여 이길동의 길성(吉星)과 흉성(凶星)을 정리하면 다음과 같다.

구분	오행	육친	천간	지지
이길동 길성	수(水)	편관, 정관	임(壬), 계(癸)	해(亥), 자(子)
	토(土)	상관, 식신	무(戊), 기(己)	진(辰), 술(戌), 축(丑), 미(未)

	화(火)	겁재, 비견	병(丙), 정(丁)	사(巳), 오(午)
(吉星) 이길동 흉성 (凶星)	목(木)	편인, 정인	갑(甲), 을(乙)	인(寅), 묘(卯)
	금(金)	편재, 정재	경(庚), 신(辛)	신(申), 유(酉)

위의 내용을 토대로 사주 원국은 물론 대운(大運)이나 세운(歲運)에서 이들을 적용하여 길성(吉星)과 흉성(凶星)을 판단하고 해석(解析)해 주면 된다.

따라서, 이길동의 경우 사주 원국은 물론 대운(大運)이나 세운(歲運)에서 수(水) 기운의 편관과 토(土)기운 상관이 들어오면 길성(吉星)이므로 발복(發福)하게 되고, 흉성(凶星)에 해당되는 화(火)기운의 겁재, 목(木)기운의 편인 그리고 금(金)기운은 식신이 들어오면 불운(不運)이 발생된다. 물론 최종 판단은 사주 구성은 물론 이들에게 적용되는 신살(神殺)을 보고 최종 판단해야 한다. 이러한 판단이 사주 해석(解析) 즉 통변(通辯)이다.

예를 들어보자.

만약 2021년 신축년(辛丑年)에서 이길동의 길흉(吉凶) 즉 신수를 판단해 보자.

2012년의 천간은 흉성(凶星)에 해당되는 재성의 금(辛)과 지지는 길성(吉星)에 해당되는 식상의 토(丑)이므로 상반기는 재물관련 나쁜 운이 발생되지만, 하반기 때는 얻는 것이 생긴다는 뜻으로 판단한다.

이러한 사주 해석은 래정법(來情法) 즉 다음 년도의 운세 및 신수(身數)를 판단할 때 많이 활용되고, 결혼, 이혼, 선거, 승진, 시험, 신규 사업, 투자, 입학, 자녀, 부부, 합격, 이사, 소송, 수술, 암, 질병, 사망 등에 따른 어떤 문제가 발생되는 것들을 판단하기에 용이하다.

독자들은 이러한 통변술(通辯術)을 바탕으로 정확하고 빠른 사주 해석(解析)을 적용해 주길 바란다.

특히, 독자들은 육친(六親)을 판단 할 때 반드시 알아야 될 사항이 있다.

육친(六親)을 판단 할 때 나쁜 흉신(凶神)에 해당되는 편관(칠살), 상관(傷官), 비겁(比肩), 겁재(劫財)이 들어오는 때는 모두 나쁜 운세(運勢)로 판단하고, 좋은 길신(吉神)에 해당되는 정관(正官), 편재(偏財), 정재(正財), 정인(正印), 식신(食神)이 들어오는 운세에서는 좋은 운(運)으로 판단하면 안된다.

이들의 판단은 반드시 사주 전체에서 작용되는 길성(吉星)과 흉성(凶星)에 가려내고 이를 바탕으로 판단해야 된다.

예를 들어보자.

나쁜 육친(六親)으로 분류된 비겁의 경우 사주 구성에서 용신(用神)이 되어 길성(吉星)으로 작용된 경우를 보자. 이때는 대운(大運)이나 세운(歲運)에서 비겁운의 판단은 '투쟁은 있겠지만 소원이 이루어 진다'라고 해석을 해야 한다.

특히 비겁운은 재다신약(財多身弱) 사주의 경우 재물(財物)을 얻게 된다.

다음 정관의 경우를 보자.

정관은 원래 좋은 육친(六親)으로 분류된다. 따라서 사주 구성에서 길성(吉星)으로 판단된 경우는 당연히 '승진이나 결혼운이 이루어진다'로 판단해야 한다. 그러나 좋은 정관일 경우라고 사주 구성에서 정관이 흉성(凶星)으로 판단된 경우 즉 대운(大運)이나 세운(歲運)에서 편관이 들어 올 때는 나쁜 관살혼잡(官殺混雜)이 성립되어 여성(女性)의 경우 이혼(離婚)을 하게된다.

독자들은 이러한 육친(六親) 관계를 알고 사주를 통변(通辯)을 완성해 주기 바란다.

4. 합(合) 작용으로 변화(化)되는 기운(氣運)을 해석(解析)하자.

사주에는 변화(化)되는 기운(氣運)이 존재한다. 이런 변화(化)되는 기운들은 반드시 사주 해석에서 적용하고 판단해 주어야 한다.

변화되는 기운들 대부분은 천간(天干)과 지지(地支)에서 작용되는 합(合)작용에 따른 기운(氣運)이다.

이에 따른 내용들은 이미 앞 절 길흉성(吉凶星)의 합(合)작용에서 배웠다.

여기서는 양력 1986년 6월 11일 22:50에 출생한 이길동의 사주(四柱)를 보고 변화(化)되는 기운(氣運)에 대한 핵심(核心) 내용만 자세히 설명(說明)하도록 한다.

구분	천간	지지	육친	
년주(年柱)	丙	寅	비견	편인
월주(月柱)	①甲	午	편인	겁재
일주(日柱)	(丙)	③戌	·	식신
시주(時柱)	②己	亥	상관	편관

이길동은 천간 ①甲과 ②己은 갑기합(甲己合)이 성립되고 이것은 식상의 토(土)기운으로 변화(化)된다.

①甲은 편인으로 이것은 이길동의 조부(祖父)이고, ②己은 상관으로 이것은 이길동에게는 조모(祖母)에 해당된다.

이들이 합(合)을 이루니 이길동의 조부와 조모는 서로 사이가 좋은 관계였음을 알 수 있다.

그러나 갑기합(甲己合)은 토(土)기운으로 변화 되니, 사주 해석에서는 조부와 조모는 토(土)기운을 따져 주어야 한다.

이길동에게 토(土)기운은 식상(식신, 상관)운이 된다.

또한 토(土)기운은 이길동의 신강(身强) 사주에서 일간 병(丙)의 기운을 화생토(火生土)

의 작용으로 약(弱)하게 만들어주는 오행(五行)이므로 길성(吉星)으로 작용되는 좋은 오행(五行)임에 틀림이 없다.

그러나, 이길동은 무더운 조열(燥熱)사주이다. 따라서 토(土)기운은 귀한 수(水)기운을 토극수(土剋水)작용으로 없애는 작용을 하므로 결국 좋지 못한 기운으로 작용된다.

따라서, 조부와 조모는 둘의 사이는 좋았지만, 이길동에게는 큰 도움을 주지 못했다는 것을 알 수 있다. 아울러 조부와 조모는 토(土)기운으로 변화(化)되고 이것은 이길동에게 ③戌(식신)의 장모에 해당된다.

이러한 취지로 식신에 해당되는 장모를 판단해 보면, 장모는 도움을 주는 유익한 사람이 된다.

그러나 장모에 해당되는 ③식신(戌)은 공망(空亡)과 丙-戌의 백호대살(白狐大殺)이 성립되므로 장모는 사고로 인하여 일찍 세상을 떠난 사람으로 판단할 수 있다.

지금까지 사주에는 변화(化)되는 기운(氣運)을 단지 이길동의 사주 하나를 가지고 변화되는 기운을 판단해 보았다.

이러한 내용 모두는 사주 해석(解析) 즉 통변(通辯)에서 다른 오행(五行)은 물론 전체 육친(六親)에 해당되는 것으로 합(合)작용에서 변화(化)되는 내용은 적용하고 판단해 주어야 한다.

5. 무더운 조열(燥熱)과 추운 한습(寒濕) 사주를 통하여 해석(解析)하자.

무더운 조열(燥熱) 사주의 판단은 태어난 월(月)이 무더운 4, 5, 6, 7, 8월이고 태어난 시간(時間)이 무더운 한낮이며, 사주 구성에서 불(fire)에 해당되는 병(丙), 정(丁), 사(巳), 오(午)의 화(火) 기운이 많은 사주를 말하고, 추운 한습(寒濕) 사주는 조열 사주와 반대로 태어난 월(月)이 추운 10, 11, 12, 1, 2월이고 태어난 시간(時間) 역시 추운 밤 시간에 태어났으며, 사주 구성에서 추운 임(壬), 계(癸), 자(子), 해(亥) 등의 추운 수(水) 기운이나 庚, 辛, 신(申), 유(酉) 등의 추운 금(金) 기운이 많은 사주를 말한다.

무더운 조열(燥熱) 사주는 반드시 더위를 식혀줄 수 있는 추운 수(水)기운이 존재해야 되고, 반대로 추운 한습(寒濕) 사주에서는 더운 화(火)기운이 존재해야만 중화기능이 성립되어 좋은 사주가 된다. 그렇지 않는 경우는 나쁜 사주가 된다.

물론 조열과 한습은 태어난 시간의 경우도 큰 영향을 미친다.

예를 들면, 무더운 6월 즉 미(未)월의 경우 태어난 시간 역시 무더운 시간에 해당되는 오(午)시에 출생된 사람이나 이와 반대로 추운 12월 축(丑)월에 추운 한밤중의 자(子)시에 태어난 경우의 사람이라면 이들 역시 조열(燥熱)과 한습(寒濕)사주가 된다. 이런 경우는 태어날 시기는 가세(家勢)가 기울거나 어렵고 가난(家難) 했다고 판단할 수 있고, 아울러 이러한 사람은 살아가는데 어렵고 나쁜 운로(運路)로 살아가게 된다. 물론 무더운 조열 사주에서 차가운 수(水)기운이 존재하거나 혹은 대운(大運)이나 세운(歲運)에서 차가운 수(水)기운이 들어오거나 혹은 합(合) 기운으로 변화(化)된 기운이 수(水)기운일 경우는 발복(發福)하게 되고, 차가운 한습사주의 경우는 위와 반대가 된다.

이제 이러한 조열(燥熱)과 한습(寒濕) 관계를 통하여 이길동 사주를 해석(解析)해 보자.

이길동은 무더운 5월(午)에 출생하였고, 아울러 사주 구성에 화(火) 기운이 많아 무더운 조열(燥熱) 사주이다. 따라서 이길동은 더위를 식혀줄 수 있는 추운 수(水)기운 즉 관성이 들어오면 발복(發福)하게 된다.

이제 이길동에게 길성(吉星)으로 작용되는 관성(水)은 아들인데 사주 구성에서 아들에 해당되는 편관과의 관계를 확인해본 결과 아들에게 큰 복(福)은 기대하기란 다소 어렵다(※ 사주해석 본문 참조).

이러한 작용은 대운(大運)은 물론 세운(歲運)에서도 동일하게 적용 된다.

6. 궁(宮)으로 해석(解析)하자.

궁(宮)으로 해석(解析)하는 방법은 사주 구성에서 년주(年柱), 월주(月柱), 일주(日柱), 시주(時柱)를 통하여 초년(年柱), 청년(月柱), 장년(日柱), 노년(時柱)으로 구분하여 판단하는 방법을 말한다. 특히 이것은 장점은 조상(祖上) 판단은 물론 조상의 묘지(墓地) 그리고 초년, 청년, 장년, 노년운의 흐름을 쉽게 판단 할 수 있다. 그 방법은 아래와 같다.

구분		궁(宮)으로 해석하는 방법
사주 궁 (宮) 으로 간명	초년 운 (年 柱)	초년운은 년주(年柱)로 판단하는데, 년주 즉 년간(年干)이나 년지(年支)에 식신, 정재, 정관, 인수 등의 길성(吉星)이 있고, 합(合)의 작용이 이루어진 경우는 조상이나, 조부모가 출세(出世)는 물론 부귀(富貴)했다는 뜻이다. 따라서, 초년기(1~20세)에는 조상(祖上)의 덕(德)으로 부귀영화(富貴榮華)를 누리면서 생활하게 된다. 특히 이 경우 조상(祖上)의 묘지(墓地)는 양지바르고 명당(明堂)에 위치해 있다.
		이와는 반대로 년주(年柱)에 비겁, 상관, 편관, 편인의 흉성(凶星)이 존재하거나, 형충해파(刑沖害破)가 작용되거나, 3대 악살(惡殺)에 해당되는 백호, 괴강, 양인살이나 공망(空亡) 등의 나쁜 흉살(凶殺)이 존재하는 경우 조상 즉 선대에서 몰락했거나, 학식도 없다는 뜻으로 판단하고, 이 경우 조상(祖上)의 묘지(墓地) 역시 깊은 골짜기나 험준한 흉지(凶地)에 자리 잡고 있다는 것을 알 수 있다. 이런 사주의 경우 초년기에는 빈천(貧賤)하게 살게 된다. 또한 년주와 월주에 형충해파(刑沖害破)가 작용되면 조부와 부모 사이는 서로 싸우고 나쁜 사이가 된다. 따라서, 초년기(1~20세)에는 학업이 중단되었고, 가

		난하게 살아간다.
	청년 운 (月柱)	월주(月柱)에 식신, 정재, 정관, 인수 등의 길성(吉星)이 있고, 합(合)의 작용이 이루어진 경우는 부모, 형제가 화목하고, 부귀(富貴)했다는 뜻이다. 따라서, 청년기(20~40세)에는 출세(出世)와 결혼(結婚)은 물론 행복을 누리면서 생활하게 된다.
		이와는 반대로 월주(月柱)에 비겁, 상관, 편관, 편인의 흉성(凶星)이 존재하고, 형충해파(刑沖害破)가 작용되거나, 3대 악살(惡殺)에 해당되는 백호, 괴강, 양인살이나 공망(空亡) 등의 나쁜 흉살(凶殺)이 존재하는 경우 청년기(20~40세)에는 부모, 형제복도 없고, 흉액(凶厄)은 물론 빈천(貧賤)하게 살아가게 된다.
	부부 운 (日柱)	일주(日柱)는 장년운이자 부부운이다. 이것 역시 초년, 청년궁과 동일하게 일주가 길성(吉星)으로 구성된 경우는 부부는 부귀영화를 누리게 된다. 그러나 일주와 월주(月柱)가 형충해파 및 나쁜 살이 작용되면 부모덕이 없고, 일주와 시주(時柱)가 형충해파, 공망, 나쁜 살 등이 작용되면 결혼이 늦고, 자식복이 없으며, 결혼생활이 평탄하지 못하며 부부간 불화한다.
	자식 운 (時柱)	시주(時柱)는 노년운이자 자식운이다. 이것 역시 초년, 청년궁과 동일하게 시주가 길성(吉星)으로 구성된 경우는 자식복이 좋다. 그러나 시주(時柱)와 일주(日柱)에 형충해파, 공망, 나쁜 살 등이 작용되면 자식복이 없고, 노년이 불행하다.
		※<참고1> : 다른 장년운(日柱, 부인운, 40~60세)과 노년운(時柱, 자식운, 60세 이후) 적용과 판단도 위의 청년운과 동일하게 적용시켜 주면 된다. ※<참고2> : 양력 1986년 6월 11일 밤 22:50분에 태어난 남자 이길동(李吉童)의 사주를 궁(宮)으로 판단해 보자. 이길동은 년주(年柱)가 비겁과 편인의 흉성(凶星)이고, 년지의 인(寅)은 시지와 해인파(亥寅破)가 존재하는 것으로 보아 초년 때는 조상덕을 받지 못했고, 조상 때 몰락했으며, 조상 묘지 역시 명당(明堂)이 아닌 험준한 산골짝에 존재하고 있고, 초년 때는 조상덕을 받지 못했다. 청년기(20~40세)에 해당되는 월주(月柱)는 흉성(凶星)의 편인과 겁재이고, 아울러 월지의 오(午)는 양인살(陽刃殺)과 공망(空亡)이 작용되어 부모덕이 없었으며, 장년기(40~60세)에 해당되는 일지의 술(戌)은 식신으로 이것은 길성(吉星)으로 작용되나, 이것 역시 백호대살(白狐大殺)과 공망(空亡)이 작용되어 부인복이 없으며, 노년기(60세 이후)는 시주(時柱)로서 상관과 편관으로 흉성(凶星)이며, 아울러 년지와 해인파(亥寅破)가 성립되어 자식복이 없다고 판단할 수 있다.

사주를 해석(解析)하고 통변하는 통변술(通辯術) 방법은 여러 가지가 존재하지만, 그 중에서 가장 많이 활용되는 것을 토대로 일간(日干)의 강약(强弱), 오행(五行)의 강약(强弱), 육친(六親)관계, 조열(燥熱)과 추운 한습(寒濕) 사주 그리고 궁(宮)을 통하여 해석(解析)하는 방법을 독자들에게 제시하였다.

그러나 이들 해석하는 방법 중 궁(宮)으로 해석하는 방법을 제외한 나머지 5가지 모두는 크게 보면 모두 동일한 사주 해석이자 통변술이 된다.

따라서 독자들은 쉽고 정확하게 판단할 수 있는 사주 통변법을 터득해 주길 바란다. 이렇게 해서 양력으로 1986년 6월 11일 밤 22:50분에 태어난 남자 이길동의 사주를 해석 (解析)을 확인해 보았는데 마지막으로 추가해야될 사항이 있다. 바로 충(沖), 공망(空亡) 등과 그리고 각종 신살(神殺) 적용이다. 물론 이들은 사주를 분석(分析)하면서 어떤 형 태로든지 적용하고 판단해야 됨은 당연한 것이다. 그래야만 최종적으로 운로(運路)를 판단할 수 있기 때문이다.

7. 신살(神殺)을 적용시키자.

사주 해석 즉 통변(通辯)에서 어떤 형태로든지 신살(神殺)을 적용시켜서 최종 판단해야 한다. 신살(神殺)의 종류는 많으나 대표적으로 충(沖)이나 나쁜 살(殺)이 작용되면 성공 이 실패하고, 이루어지는 것들도 이루어 질 수 없는 것이 된다. 또한 투쟁이나 나쁜 구 설수나 혹은 사건이 발생된다. 그러나 신살(神殺)도 길성(吉星)이 작용되면 나쁜 운에서 도 복(福)을 받고 성공하게 된다.

신살 작용을 예를 들어보면 충(沖)이나 공망(空亡)이 작용되면 일찍 사망했다는 뜻이고, 형(刑)이나 파(破)가 혹은 3대 악살(惡殺)로 분류되는 양인살(陽刃殺), 백호대살(白狐大 殺), 괴강살(魁罡殺)이 작용되면 싸움, 이별, 사망, 실직, 수술 등이 발생된 것이고, 또한 기운(氣運) 잃는 현상 즉 설기(泄氣)현상이 발생되면 손해(損害)를 보거나 단명(短命) 등 으로 판단한다.

이제 이길동 사주에서 일지(日支)에 존재하는 술(戌)에 대한 신살(神殺)을 판단해 보자. 이것은 식신이므로 이길동의 장모이다.

그러나 일지 戌은 공망(空亡)이 성립되므로 장모는 일찍 죽었다는 것을 알 수 있다. 따라서 이러한 길흉성(吉凶星)에 작용되는 것들은 어떤 형태로든지 사주 통변에서 최종 반영해 주고 판단해야만 실질적인 사주 통변 즉 해석이 완성되는 것이다.

특히 길성(吉星)으로 작용되는 것들은 반드시 통근(通根) 즉 뿌리가 강(强)해야만 그 만 큼 성공되고 빛을 보게 된다는 사실을 잊지 말길 바란다.

이러한 내용 모두는 이미 본 책의 앞장 '길흉성(吉凶星)'은 물론 8장 '사주해석'에서 상 세하게 설명되었기에 여기서는 생략하기로 한다.

8. 마지막으로 사주 구성과 대운(大運)을 상호 비교 판단한다.

사주를 통변(通辯)함에 있어 최종 마지막에는 사주 구성과 대운(大運)을 상호 비교해서 판단해 주어야 한다.

사주 해석(解析)은 사주 구성 운(運)과 절대적인 영향을 미치는 대운(大運)의 운(運)으로 판단할 수 있는데 이들을 종합해 보면 아래와 같은 4가지 유형이 된다.

사주 구성	내용
■사주 구성이 좋고, 대운(大運)도 좋은 사람	큰 업적을 이루는 사람
■사주 구성이 좋고, 대운(大運)이 나쁜 사람	눈높이는 높으나, 일이 풀리지 않아 만족하지 못하는 사람 (※풀리지 않는 사주로 불행지수가 높다)
■사주 구성이 나쁘고, 대운(大運)이 좋은 사람	눈높이는 낮지만, 만족하는 사람 (※고생은 하지만 술술 풀려나가는 사람으로 행복지수가 높다)
■사주 구성이 나쁘고, 대운(大運)이 나쁜 사람	눈높이가 낮고, 만족하지 못하는 사람 (※고생도 하지만, 일이 풀리지 않는 사람)

사주 구성이 좋다는 것은 사주를 구성하고 있는 8개의 천간(天干)과 지지(地支) 그리고 지장간(支藏干)이 모두 좋은 오행들이 구성되어 있고, 이들은 나쁜 충(沖), 형(刑), 공망(空亡) 그리고 나쁜 살(殺) 등이 없는 사주를 말한다. 대운(大運)이 좋다는 것은 용신(用神)과 희신(喜神)으로 대운(大運)을 비교해서 전체 운(運)을 판단하는 것이다.

특히, 사주 구성이 나쁘고, 대운이 좋은 사람은 자신의 주어진 운(運)은 약(弱)하여 고생은 하겠지만 일이 술술 풀려나가기 때문에 행운의 운로가 이어지는 사람으로 삶의 만족도가 가장 높은 사람이 된다.

따라서, 독자들은 사주 통변(通辯) 즉 해석 때 사주 구성이 나쁜 사람이라고 해서 사주 전체가 나쁜 사람이라고 판단해선 안되고, 반드시 대운(大運)도 같이 비교 판단 후 최종 통변(通辯)을 결정해 주어야 된다는 사실을 잊지 말길 바란다.

예를 들면 여자 사주 구성에서 남편에 해당되는 정관이 다른 육친과 합(合)을 이루어 다른 오행으로 변화(化)되는 경우, 백호대살(白狐大殺), 양인살(陽刃殺), 관살혼잡(官殺混雜) 등으로 구성된 경우는 대부분 팔자가 세고, 남편복이 없고 이혼(離婚)을 하게 되어 나쁜 사주이다. 그렇지만 이 경우 용신(用神)과 희신(喜神)으로 본 전체 대운(大運)의 운로가 양호하다면 설사 이혼을 했고 고생을 했더라도 이어지는 운로(運路)는 강건(剛健)하게 흘러가기 때문에 오히려 전화위복(轉禍爲福)이 된다는 사실이다.

이길동의 경우 사주 구성으로 본다면 격국(格局)은 비견격(比肩格)이기 때문에 조상의 유산을 계승하지 못하고 부모, 배우자, 형제 덕이 없고, 자수성가하며 노후가 고독하다란 것을 알 수 있고, 백호대살(白狐大殺), 양인살(陽刃殺), 공망(空亡)은 물론 십간 희기론(喜忌論)으로 이길동의 삶의 운로(運路)와 성향을 판단해 보면, 일간(日干)이 병(丙)이고 월간이 목(甲)으로 구성되어 있어 목화통명(木火通明) 사주와 관련된 丙-甲에 따른 비조부혈(飛鳥跌穴)의 귀격사주이나 무더운 시기 즉 오(午)월에 출생했고, 화(火)기운이 강(强)하기 때문에 조열사주(燥熱四柱)가 되어 이것들은 성립되지 않는 나쁜 사주이다. 그러나 시간(時干)이 토(己)로 구성되어 있어 시간과의 관계는 丙-己의 대지보조(大地普照) 사주가 성립되어 표현능력이 우수하여 종교계나 서비스업종에서는 다소 능력을 발휘할 수 있는 사람으로 판단할 수 있다. 이렇게 사주 구성으로 본 이길동 사주는 사실 좋은 사주는 아니다. 그러나 용신(用神)과 희신(喜神)을 통해서 전체 대운(大運)의 흐름을 판단해 보면, 24세부터 부분적으로 73세 까지는 운로가 연결된 사주가 된다.

따라서 이길동은 사주 구성과 대운(大運)으로 본 전체 사주 판단은 자신의 노력(努力)에 따라서 좋은 운(運)으로 변화시킬 수 있는 사주(四柱)라고 판단할 수 있다.

지금까지 독자들에게 양력으로 1986년 6월 11일 밤 22:50분에 태어난 남자 이길동의 사주를 해석(解析)함에 있어서 사주 통변술(通辯術)이 어떻게 이루어지는가? 이것을 일깨워 주고 빠른 이해를 심어주기 위하여 대표적으로 활용되는 8가지 통변 방법 모두 핵심적인 사항을 바탕으로 체계적(體系的)으로 쉽게 완성해 보았다.

이제 독자들은 사주를 배우는 최종 목적에 해당되는 해석(解析) 즉 통변술(通辯術)의 핵심 사항 모두를 배웠다.

특히, 본책에서는 합(合), 충(沖), 형(刑), 파(破), 해(害)의 변화(化)되는 힘이 성립되려면 형(刑)을 제외하고 나머지 모두는 오행간 상호 같이 붙어 있어야만 성립된다(명리학(命理學) 적천수(適天髓). 그러나 본 책에서는 합(合), 충(沖), 파(破), 해(害)의 오행간 떨어져 있어도 이들의 작용을 적용하여 해석(解析)하고 설명(說明)하였다는 것을 밝히는 바이다.

이제부터 이길동의 사주 전 과정 모두를 해석(解析) 함에 있어서 독자들에게 쉽게 접근시키기 위하여 적용 과제마다 보기와 번호는 물론 다른 것들과 비교하여 통변술(通辯術)을 쉽게 응용할 수 있도록 제시하였으니, 독자들은 사주 통변 즉 해석에 자신감(自信感)을 갖고 정진해주기 바란다.

(1) 방향(方向) 판단

방향(方向)이란? 자신에게 평생 행운(幸運)을 주는 방향을 말한다.

어떤 문제가 발생되어 궁금하게 생각하는 사람들에게는 행운 방향(方向)의 제시가 필요하기 때문이다. 자신에게 맞는 행운의 방향은 자신의 용신(用神)과 희신(喜神)으로 알 수 있다. 독자들은 상대방의 사주를 간명(看命)할 때 같은 값이면 행운 방향을 함께 조언해 주길 바란다.

용신(用神)과 희신(喜神)	행운 방향
수(水)	북(北)쪽이 행운(幸運) 방향이다.
목(木)	동(東)쪽이 행운(幸運) 방향이다.
화(火)	남(南)쪽이 행운(幸運) 방향이다.
토(土)	가급적 중심쪽이 행운(幸運) 방향이다.
금(金)	서(西)쪽이 행운(幸運) 방향이다.

이길동이의 경우 용신(用神)은 수(水)이고 희신(喜神) 목(木)이므로 북쪽과 동쪽이 행운(幸運) 방향이 된다. 독자들은 여기서 꼭 알아야 될 사항이 추가로 있다.

위에서 제시된 용신(用神)과 희신(喜神) 방향은 평생 동안 큰 문제없는 무탈한 방향을 말하는 것이고, 이사, 결혼(結婚), 사업, 부동산(不動産) 투자, 금고(金庫)위치, 출입문, 출세 성공 방향, 공부 잘하는 책상 방향, 득남(得男)과 득녀(得女) 등의 구체적인 행운 방향은 앞 절 길흉성(吉凶星)에서 제시된 12신살(十二神殺) 중 '행운(幸運)과 불운(不運) 방향' 중 장성살(將星殺), 반안살(攀鞍殺) 등의 방향 그리고 풍수지리(風水地理)의 대장군방(大將軍方) 등도 자신의 사주(四柱) 구성을 보고 정확하게 판단하고 실천하는 생활 자세가 필요로 하니 종합적으로 판단하여 실천해 주길 바란다.

(2) 성격(性格)과 체형(體型) 판단

사람이 내성격인가? 아니면 외성격 인가? 시작은 잘하는데 끝 마무리도 잘하는가? 홀쭉한 체형인가? 뚱뚱한 체형인가? 활동적인가? 아니면 자린고비인가? 저축을 잘하는가? 반항심이 존재하는가? 이러한 성격(性格)과 체형(體型)을 판단하는 방법은 여러 가지가 존재하지만 여기서는 우선 3가지를 소개하고자 한다.

이제 독자들을 위하여 구체적으로 알아보자.

첫째, 방법은 사주 원국의 오행과 오행들의 양(陽)과 음(陰)으로 판단한다.

오행 중 화(火), 목(木)은 양(陽)이기 때문에 활동적이고 마른 체형으로 본다.

금(金)과 수(水)는 음(陰)으로 비활동적이며 살이 찐 체형으로 본다. 토(土)는 중간형으로 본다.

양력 1986년 6월 11일 밤 22:50분에 태어난 남자 이길동의 경우를 확인해 보자.

구분	천간	지지	오행		육친		구성
년주(年柱)	丙	寅	화+	목+	비견	편인	양(陽) : 화(3개), 목(2개)
월주(月柱)	甲	午	목+	화-	편인	겁재	음(陰) : 수(1개)
일주(日柱)	丙	戌	화+	토+	·	식신	양간(+) : 6개
시주(時柱)	己	亥	토-	수+	상관	편관	음간(-) : 2개

이길동은 양(陽)의 기운으로 분류하는 화(火)가 3개, 목(木)이 2개이고, 음(陰)의 기운으

로 분류하는 수(水)가 1개가 되므로 외형적(外形的)인 성격이며 마른 체형이다.

또한, 양간(+)과 음간(-)의 개수로 보면, 양간(+)은 6개이고 음간(-)은 2개이므로 이렇게 판단해도 외형적(外形的)으로 분류된다.

따라서 이길동은 양(陽)이 많은 관계로 활동력이 좋고 홀쭉한 체형이다.

이제 두 번째 방법을 통하여 성격(性格)과 체형(體型)을 판단 해보자.

독자들에게는 오히려 두 번째 판단법이 더 쉽고 적용하기가 편하다. 저자는 이것을 권하고 싶다.

이것은 아래와 같이 오행(五行)들의 구성을 알면 상대방의 성격과 체형을 정확하게 판단할 수 있다.

		火(여름, 적색, 점심) -성격 : 활동력과 추진력이 좋다. -체형 : 날씬하다.				
		巳 (火, 뱀)	午 (火, 말)	未 (土, 양)		
木(봄, 청색, 아침) -성격 : 계획, 처음 시작은 잘 한다. -체형 : 날씬하다.	辰 (土, 용)	土(4계절 사이사이, 노랑색) (辰, 戌, 丑, 未) -성격 : 연결, 매매, 남들과 중화를 잘한다. -체형 : 보통형이다.			申 (金, 원숭이)	金(가을, 흰색, 저녁) -성격 : 결과, 결실, 마무리를 잘한다. -체형 : 뚱뚱하다.
	卯 (木, 토끼)				酉 (金, 닭)	
	寅 (木, 범)				戌 (土, 개)	
		丑 (土, 소)	子 (水, 쥐)	亥 (水, 돼지)		
		水(겨울, 흑색, 밤) -성격 : 저축, 수렴, 융통성이 좋다. -체형 : 뚱뚱하다.				

위의 성격 구성표는 목(木)은 봄을 뜻하며, 아침에 해당되는 것이기 때문에 계획이나 처음 시작은 적극적으로 잘하는 사람이고, 체형은 날씬한 사람으로 판단한다.

화(火)는 날씬하고, 활동성과 추진력이 좋은 사람이며, 이것이 약(弱)한 사람은 활동력이 약하다.

금(金)기운은 뚱뚱한 체형으로, 결실과 끝 마무리를 잘하는 사람이며, 이것이 약(弱)한 사람은 끝 마무리를 잘못하는 사람이다.

수(水)기운은 뚱뚱한 체형으로, 저축, 수렴력이 좋은 사람으로 분류되며, 수(水)기운이 약(弱)한 사람은 저축력이 약(弱)하고 자신의 것을 챙기지 못하는 사람이다.

그렇지만 사주 구성에서 수(水)기운이 강한 사람 즉 임(壬), 계(癸), 해(亥), 자(子)가 3개 이상인 사람은 수다목부(水多木浮) 사주가 되기 때문에 한곳에 정착하지 못하고 평생 부평초처럼 떠돌아다니게 된다.

토(土)기운은 남들과 중화를 잘하는 사람으로, 토(土)기운이 약(弱)한 사람은 장사나 혹은 대인관계(對人關係)가 약(弱)한 사람으로 분류한다.

그러나 사주 구성에서 토(土)기운이 강한 사람 즉 무(戊), 기(己), 신(辰), 술(戌), 축(丑), 미(未)가 3개 이상인 사람은 금(金)을 묻는 토다매금(土多埋金) 사주가 되어 우둔하고 두각을 나타내기 어렵다.

이제 1986년 6월 11일 밤 22:50분에 태어난 남자 이길동(李吉童)의 사주 구성에서 오행(五行)으로 본 성격(性格)과 체형(體型)을 판단해 보자.

오 행	木	火	土	金	水
	2	3	2	·	1

이길동은 화(火)와 목(木)은 많으나, 금(金)과 수(水)는 없거나 1개로 구성되어 있다.

따라서, 이길동의 성격은 처음 시작(木이 많다)과 활동력(火가 많다)은 좋으나, 마무리와 결실 보기가 어렵고(金이 부족하다), 저축 등의 수렴력이 약(弱)하다는 것(水가 부족하다)을 알 수 있다. 즉, 실속이 없는 성격이라는 것을 알 수 있다.

아울러, 체형은 마른 체형(木과 火가 많다)이라는 것을 금방 확인할 수 있다.

마지막 성격을 판단하는 방법으로 육친(六親)으로 성격을 판단해 보자.

사주 구성에서 겁재, 상관, 편관이 존재하는 사람의 경우 획일성을 좋아하고, 반항심과 투쟁심이 강한 사람들인 반면 식신, 정재, 정관, 정인 등은 투쟁보다는 다른 사람들과 친밀 관계를 중요시 하는 사람들이다.

이러한 육친(六親)을 바탕으로 이길동의 성격을 판단해 보자.

이길동은 비견, 겁재, 편인, 상관, 편관으로 구성된 사주이고, 또한 월지(月支)가 겁재로 보아, 이길동은 남들과 대인관계가 약(弱)하고, 사고적이지 못하고, 방항심과 의리가 있는 성격이라는 것을 알 수 있다.

이러한 성격(性格)과 체형(體型) 판단을 더욱 정확하게 판단해 보려면 본인에 해당되는 일간(日干)과 연결고리가 강한 오행만을 선택하고, 흉성(凶星)은 제외시키면 면 더욱 정확한 판단이 된다.

이제 독자들은 사주에 나타난 오행 구성만으로 성격(性格)과 체형(體型)을 판단 할 수 있는 능력 즉 통변술을 쉽게 알게된 동기가 되었다. 이런 사실을 바탕으로 본인은 물론 다른 사람들의 성격과 체형을 판단해 보길 바란다.

여기서 독자들은 추가로 알아야 될 사항이 있다.

사주 명리학을 배우는 목적은 다가오는 미래 시간을 행복하게 만들기 위함에 있는 것이다. 즉 다가올 나쁜 기운(氣運)은 좋은 기운(氣運)으로 변화시켜 삶의 희망을 주는 목적이기도 하다.

이길동을 보자, 사주 구성에서 금(金)기운이 없는 아주 약(弱)한 사주이므로 금(金)기운을 보충해 주어야만 오행의 균형(均衡)을 바로 잡을 수 있다. 이때는 우선 입는 옷 색상은 금(金)기운에 해당되는 흰색 종류나 혹은 금기운(申, 酉)의 동물에 해당되는 원숭이, 닭 그리고 실물 금(金)과 가까이 한다면 불운(不運)을 피하고 좋은 기운(氣運)을 얻게 되는 것이다.

아울러 뒷장에서 학습될 자신에게 가장 좋은 오행(五行) 즉 용신(用神)을 찾아서 활성화 시켜야 하며, 아울러 궁합, 이름 짓기, 택일, 부적(符籍) 그리고 방향(方向) 등을 통하여 오행(五行)의 균형(均衡)을 맞추어 주어야한다.

이길동은 부족한 오행은 금(金)이고, 용신(用神)은 수(水)이므로 수(水)를 기본적으로 활성화시켜 주고 아울러 부족한 금(金)을 보완해주어 오행(五行)들의 균형을 유지시켜주는 것이 행운(幸運)을 부르는 현명한 방법이다.

따라서, 이길동의 옷 색상은 흑색(水)과 흰색(金)을 주로 입으며, 궁합과 이름 짓기에서는 용신 수(水)를 극(剋)하는 토(土)는 생략되어야 하고, 결혼 궁합에서는 사주 구성에서 금(金) 기운이 강한 여자나 혹은 용신 수(水)와 상생(相生) 작용을 이루는 금(金)이나 목(木)기운의 여성을 선택 선택하여 오행(五行)들의 균형(均衡)을 유지시켜 주면 된다.

이러한 사항 실천은 다른 사람들의 적용법도 동일하며, 실천 방법은 앞장에 소개된 '오행(五行)의 기능'을 참조하여 적용해 주면 된다.

특히, 독자들이 알아야 될 사항으로 이길동이의 경우 음택(묘자리)이나 혹은 전원주택이나 apt 등의 양택(陽宅)을 설정할 경우 자신(주인)에게 주어진 조건이나 용신(用神) 등을 고려하여 전체적인 균형(均衡)을 잡아야만 명당(明堂)이 되는 것이다. 따라서 사주(四柱)나 풍수지리(風水地理)는 같은 자연과학(自然科學)의 완성(完成)이며 상호 보완(補完) 관계이다(※풍수지리 참조).

이렇게 사람에게 필요한 오행(五行)을 찾아서 길운(吉運) 조건을 갖추어주고 실천해 주는 것이 사주 명리학자(命理學者)의 도리(道理)이자 임무(任務)가 됨을 알길 바란다.

(3) 목소리 판단

상대방 목소리 판단은 사주 구성에서 아래와 같이 가장 영향력이 강한 월지(月支) 육친(六親)으로 판단한다.

월지(月支) 육친(六親)	목소리

비견	자신 있고, 강하며 쨍쨍하게 울린다.	
겁재	욕을 많이 하고, 무뚝뚝하며 힘차다.	
식신	부드럽고 상냥하며 조심스럽게 말한다.	
상관	말을 잘하며 약간의 고성이 있고 날카롭다.	
편재	목소리가 크고 함부로 말하는 타입이다.	
정재	목소리가 가늘고 냉정한 말투이다.	
편관	딱딱하고 신경질이며 때로는 높고 쉰목소리가 난다.	
정관	상냥스럽고, 쨍쨍하나 설득력이 있다.	
편인	고상한 말로 앞뒤가 안맞고, 끝말은 흐지부지 끝낸다.	
정인	부드럽고, 차근차근하며 생각이 많고 약간 느린말이다.	

지금까지 학습된 이길동(李吉童)의 경우 월지(月支)가 겁재이므로, 이길동의 목소리는 욕을 많이 하고, 무뚝뚝하며 힘찬 목소리의 소유자라는 것을 알 수 있다.

(4) 정(情) 판단

정(情)이 많은 사람인가? 아니면 매정한 사람인가?

이것은 육친의 구성이나 오행의 합(合)으로 판단할 수 있다.

사주 구성에서 정인, 식신이 존재하거나, 합(合) 작용이 다소 이루어지는 사람은 서로 다른 변화(化)되는 기운을 만들어 주지만, 내면적으로 보면 정(情)이 있고 협조를 잘하는 사람으로 볼 수 있다. 그러나 형(刑), 파(破), 해(害) 및 양인살(陽刃殺), 괴강살(魁罡殺), 백호대살(白狐大殺), 원진살(怨嗔殺) 등의 흉살(凶殺)이 많거나, 상관이나 편관이나 비겁이 많은 사람은 반항심이 강하고, 남들과 투쟁하거나 싸우는 것을 좋아하고, 자기중심적이며 과시욕이 강할뿐 아니라 획일적이고 정(情)이 없을뿐 아니라 정서가 메마른 사람이라고 볼 수 있다.

참고로 여자의 경우 합(合)이 너무 많으면 정(情)은 많으나 정조가 약(弱)하다.

(5) 정신력(精神力) 판단

정신력이란? 정신(精神)의 강도(强度)를 말한다. 의지력이 있는가 없는가? 정신력이 약 (弱)한 사람은 용두사미(龍頭蛇尾)격이고 설사 사주를 잘 타고 났다고 해도 자신의 목표 를 이루어 나갈 수 없다.

정신력의 강도는 신쇠(身衰), 신약(身弱), 신강(身强), 신왕(身旺)의 순서로 구분된다. 정 신력이 강한 사람은 어려운 고난도 쉽게 물리칠 수 있기 때문에 불면증도 없다. 사주에 서 정신력이 약(弱)한 사람은 신약(身弱) 사주라고 하고, 정신력이 강(强)한 사람을 신강 (身强) 사주라고 한다. 사주 판단에서 신약 사주라고 나쁘고, 신강 사주라고 다 좋은 것 은 아니다. 신약 사주의 경우도 오행(五行)의 기운(氣運)이 대운(大運)이나 세운(歲運)에서 들어오면 크게 발복(發福)하기 때문이다. 세계적으로 성공한 사람의 경우 신강 사주가 다소 많은 것 또한 사실이지만 절대적은 아니다.

이러한 신강과 신약 사주를 판단하는 방법은 앞 절의 6장 용신 찾기에서 이미 공부 했다. 본인에 해당되는 일간(日干)을 기준으로 일간과 비교하여 일간에게 힘을 생(生)해주거나 혹은 일간과 같은 오행이 많은 경우 신강 사주이고 이와 반대로 작용되면 신약 사주가 된다. 또한 인성(인수=정인, 편인)과 비겁(비견, 겁재)의 힘이 강(强)하게 작용되면 신강 사주가 되고, 신강 사주에서 길성(吉星)은 일간의 힘을 약(弱)하게 해주는 오행이 되며 식상, 재성, 관성에서 용신(用神)이 선택된다. 식상(식신, 상관), 재성(편재, 정재), 관성(편관, 정관)의 작용이 강(强)하면 신약 사주가 되고 신약 사주에서 길성(吉星)은 일간의 힘을 강(强)하게 만들어주는 오행이 되며, 비겁과 인성에서 용신이 선택된다. 이러한 것들을 비교해서 판단해 보면 이길동은 신강 사주가 된다.

(6) 오행(五行)과 운(運) 판단

사주란? 사람에게 적용되는 오행(五行)들의 작용을 알아보는 것이다.

즉, 수(水)기운, 목(木)기운, 화(火)기운, 토(土)기운, 금(金)기운의 기운이 얼마만큼 조화롭게 균형(均衡)이 이루어졌는가?를 알아보는 것이다.

통상적으로 이런 오행의 작용을 식물로 비교한다면 식물이 자라는데 필요한 기온, 거름, 물, 토양, 뿌리 등이 맞아야만 잘 자라고 장수(長壽)하 듯이 사주 역시 동일하다. 이렇게 오행(五行)들이 균형을 이루는 것은 중화된 사주가 된다.

예를 들면, 기본적인 사주에서 더운 화(火)기운에 속하는 화(火)나 목(木)이 많거나(과다 오행) 혹은 이들 오행이 없는 사주(과소 오행)일 경우 너무 덥거나 추워서 식물이 잘 자랄 수 없듯이 사람 역시 가난, 병고, 사고, 이별, 실직, 고난 등으로 살아가야될 사주가 된다.

또한 이러한 오행(五行)들의 불균형은 물론 뿌리 즉 통근(通根)이 약(弱)하거나 혹은 득령(得令), 득지(得地), 득세(得勢)가 약(弱)한 경우 나쁜 사주로 본다. 오행들의 구성은 비록 사주뿐 아니라, 건강(健康)에서 막대한 영향을 미치는데 사주 원국에 적용되는 8개의 오행 중 고립(孤立)된 오행이 존재하거나 혹은 어느 특정 오행이 많거나 없는 경우에 문제가 발생하게 된다.

따라서, 사주를 구성하는 오행들의 외형적인 사항만 봐도 사람의 운(運)을 짐작하게 된다. 이렇게 작용을 알아보는 것을 생극제화(生剋制化)라고 한다. 즉, 오행(五行)작용에서 생극(生剋)은 陰의 활동을, 제화(制化)는 陽의 활동을 표현한 말로서, 오행들의 상호작용에서 생(生)과 극(剋) 그리고 극(剋)과 생(生)의 작용을 말한다. 사주 구성에서 작용되는 생극제화는 아래와 같다.

오행 조건	생극제화(生剋制化) 내용
왕한 경우에 적당히 극(剋)을 받아야 좋다.	(1) 금(金)기운이 왕성하면 화(火)기운도 적당히 있어야 길(吉)하다.
	(2) 화(火)기운이 왕성하면 수(水)기운도 적당히 있어야 길(吉)하다.
	(3) 수(水)기운이 왕성하면 토(土)기운도 적당히 있어야 길(吉)하다.
	(4) 토(土)기운이 왕성하면 목(木)기운도 적당히 있어야 길(吉)하다.
	(5) 목(木)기운이 왕성하면 금(金)기운도 적당히 있어야 길(吉)하다.
생(生)이 너무 지나치면 해(害)롭다.	(1) 토(土)가 왕성하면 금(金)은 흙속에 묻혀 빛을 보지 못한다.
	(2) 화(火)가 왕성하면 토(土)는 말라 붙는다.
	(3) 목(木)이 왕성하면 화(火)는 꺼진다.
	(4) 수(水)가 왕성하면 목(木)은 물에 떠내려 간다.
	(5) 금(金)이 왕성하면 수(水)는 탁해진다.
너무 생(生)하면 해(害)롭다.	(1) 수(水)가 너무 많으면 금(金)은 물에 잠긴다.
	(2) 목(木)이 너무 많으면 수(水)는 줄어든다.
	(3) 화(火)가 너무 많으면 목(木)은 불에 타 없어진다.
	(4) 토(土)가 너무 많으면 화(火)는 오히려 꺼진다.
	(5) 금(金)이 너무 많으면 토(土)는 변색된다.
확실하게 극(剋)하지 않으면 오히려 당한다.	(1) 목(木)이 너무 왕성하면 오히려 금(金)이 부러진다.
	(2) 토(土)가 너무 왕성하면 오히려 목(木)이 부러진다.
	(3) 수(水)가 너무 왕성하면 오히려 토(土)가 물에 떠내려 간다.
	(4) 화(火)가 너무 왕성하면 오히려 수(水)가 끓는다.
	(5) 금(金)이 너무 왕성하면 오히려 화(火)가 꺼진다.
적당하게 생(生)해야 한다.	(1) 금신(金神)은 수(水)를 만나야 길(吉)하다.
	(2) 수신(水神)은 목(木)을 만나야 길(吉)하다.
	(3) 목신(木神)은 화(火)를 만나야 길(吉)하다.
	(4) 화신(火神)은 토(土)를 만나야 길(吉)하다.
	(5) 토신(土神)은 금(金)을 만나야 길(吉)하다.
강한 적(敵)을 만나면 소멸된다.	(1) 화(火)기운이 강할 때 약한 금(金)은 녹아 없어진다.
	(2) 토(土)기운이 강할 때 약한 수(水)는 끊겨져 없어진다.
	(3) 수(水)기운이 강할 때 약한 화(火)는 질식하여 없어진다.
	(4) 목(木)기운이 강할 때 약한 토(土)는 붕괴되어 없어진다.
	(5) 금(金)기운이 강할 때 약한 목(木)은 깎여 없어진다.

이러한 생극제화(生剋制化) 작용 중 본인에 해당되는 일간(日干)을 통하여, 외형적으로 들어난 여러 가지 사주 형태에 대하여 확인해 보자.

A		B		이길	

사주	구분	오행	
	年柱	토	토
	月柱	금	금
	日柱	①(수)	금
	時柱	②화	③수

사주	구분	오행	
	年柱	금	목
	月柱	토	화
	日柱	(목)	화
	時柱	화	금

동 사주	구분	오행	
	年柱	①화	②목
	月柱	③목	④화
	日柱	⑤(화)	⑥토
	時柱	⑦토	⑧수

<사주 해석>

※A사주 : 본인에 해당되는 일간(日干) 즉 수(水)를 바탕으로 월지 금(金)은 늦가을(辛, 酉월)이고 태어난 시간은 수(水)기운에 해당되는 한밤중(亥, 子시)에 태어난 경우이기 때문에 온통 주위에 춥고 냉습한 기운에 해당되는 수(水)와 났고, 또한 추운 수(水)와 금(金)으로 둘러싸여 있고 무더운 화(火)기운이 없기 때문에 한습사주(寒濕四柱)이다. 식물로 본다면 추워서 도저히 자랄 수 없게 된다. 따라서 이런 사람은 태어날 시기에 가정의 빈곤하거나 어려운 시기에 태어난 것이다. 또한 이러한 한습사주는 대운(大運)과 세운(歲運)에서 다시 추운 수(水)나 금(金)기운을 만나면 사망하거나 불행이 찾아온다. 이런 사람들의 인생 운로(運路)는 가난, 병고, 사고, 수술, 이별, 실직, 고난 등으로 시달리게 된다.

그렇지만 일간이 수(水)이고 월간이 금(金)으로 구성되어 있어 십간 희기론(喜忌論)으로 판단해 보면, 반음침백(反吟浸白)이 되어 부모나 윗사람의 덕이 없고 자수성가하는 사람으로 판단 할 수 있다.

물론 사주 해석의 최종 판단은 통근(通根) 즉 사주 뿌리로 최종 판단하지만, 목(木)기운이 없는 관계로 처음 계획이나 추진력은 약(弱)한 사람이다. 그 대신 금(金)기운이 강하므로 끝마무리는 깔끔하게 하는 성격이 된다.

또한 건강(健康)으로 본다면 고립(孤立)된 오행(五行), 과다한 오행(五行), 과소한 오행(五行)에서 문제를 발생시키는데, 이 중에서 가장 악(惡)영향을 주는 것이 고립(孤立)된 오행(五行)이거나, 고립을 시키는 오행(五行)에서 암(癌)이나 중병(重病)이 찾아온다.

위 사주에서 건강을 판단해 보면 시간(時干) ②화(火)의 경우 ①와 ③의 수(水)에 의하여 고립(孤立)되었다. 이 경우 고립된 오행에 해당되는 화(火)에 해당되는 장기(臟器)인 심장(心臟)에서 문제가 발생되기 때문에 심장질환을 각별히 조심해야 한다.

특히 독자들은 자신에 사주 구성에서 고립된 오행(五行)이 존재하는 경우 평소 건강관리는 물론 조기에 검진을 하여 건강(健康)한 생활하길 바란다.

사실 사주(四柱)를 배우는 목적은 건강(健剛) 실천이라고 해도 틀린 말은 아니다. 독자들은 이러한 건강 원리를 종합하여 자신의 건강을 판단해 보도록 한다. 건강론은 '제10장, 건강(健康)은 사주(四柱)에서 찾는다.'에서 자세히 설명하였으니 독자들은 꼭 참조해 주길 바란다.

여자 사주에서 수(水)기운이 강하거나 화(火)기운이 강한 경우는 임신(姙娠)이 어렵다. 또한 강한 금(金)기운은 수(水)를 혼탁하게 만드는 관계로 본인 역시 하는 일이 잘 풀리지 않는다. 특히 사주 구성에서 특정 오행이 과다하거나 반대로 없는 경우 지장간(支藏干)과 통근(通根)되지 못하고, 뿌리가 약(弱)한 경우 단명(短命)하거나 병고에 시달리게 된다. 사망 시점을 판단할 때나 혹은 죽은 사람을 판단할 때는 사주 뿌리 즉 통근(通根)이 완전 없어지는 시점으로 판단한다.

※B사주 : B사주 역시 이와는 반대로 본인에 해당되는 일간(日干) 즉 목(木)을 바탕으로 확인해 보면, 주위 더운 기운에 해당되는 화(火)로 둘러 쌓여 있는 조열사주(燥熱四柱)이다. 특히 일간이 목(木)이고 시간이 화(火)로 구성되어 있어 귀격사주에 해당되는 목화통명(木火通明)사주이지만 월지를 보면 무더운 오월에 출생된 사주이기 때문이 성립되지 않는다. 또한 더운 화(火) 기운이 많이 구성된 조열사주는 대운(大運)과 세운(歲運)에서 다시 더운 화(火)기운을 만나면 사망하거나 불행이 찾아온다. 따라서 식물로 본다면 더워서 도저히 자랄 수 없는 나쁜 사주이다.

※**이길동 사주** : 이길동은 ①화, ④화, ⑤화로 인하여 ③목이 고립(孤立)되어 있고, ②목, ③목은 ①화를 고립시키고, 아울러 ①화, ④화는 ②목을 고립시킨다. 또한 ⑥토와 ⑦토는 ⑧수를 고립시키고 있다.

따라서 이길동은 화(火)와 목(木) 그리고 수(水)가 고립(孤立)되는 관계로 화(火)에 해당되는 심장(心臟)과 목(木)에 해당되는 간장(肝臟) 그리고 수(水)에 해당되는 신장(腎臟)이 나쁘다는 것을 알 수 있다.

또한 이길동은 화(3개), 목(2개), 토(2개), 수(1개), 금(0개)로 구성되어 있는 관계로 금(金)이 없다. 이 경우 오행의 불균형으로 인하여 건강은 물론 하는 일 역시 잘 풀리 않는 경우가 많다. 우선 화(火)기운이 강한 무더운 조열사주(燥熱四柱)이자 형제간 투쟁심이 강한 군겁쟁재 사주인 여기서 꼭 필요한 수(水)기운을 극(剋)하는 토(土)기운이 사주 원국에 강하게 포진되어 있어 나쁘고, 금(金)이 없기 때문에 이길동은 결실보기가 어렵고 금(金)에 해당되는 폐(肺)가 나쁘고, 과다 오행에 해당되는 화(火)기운으로 인하여 심장(心臟)역시 나쁘다는 것을 알 수 있다. 물론 년주(年柱), 월주(月柱), 일주(日柱), 시주(時柱)에 오행(五行)의 상생관계(相生關係)가 성립되는 주류무체(周流無體) 혹은 생생불식(生生不息)의 귀격 사주도 아니다. 또한 이길동은 일간 병(丙)을 기준으로 월간(月干) 및 시간(時干)을 십간 희기론(喜忌論)을 적용해 보면, 丙-甲의 비조부혈(飛鳥跌穴)의 귀격이지만, 무더운 오월

(午月)에 출생되었기 때문에 성립되지 않으나, 시간과는 丙-己의 대지보조(大地普照)가 되어 표현 능력이 우수하고 학술, 종교, 서비스업에서 능력발휘하기도 하는 성향의 사람이라는 것을 알 수 있다. 뿐만 아니라, 이길동은 무더운 조열사주(燥熱四柱)이기 때문에 대운과 세운에서 수(水)기운이 들어오면 사주 구성에 존재하는 강한 화(火)기운을 극(剋)하여 중화시켜주니 길(吉)하다.

이상은 사주 구성에서 외형적(外形的)으로 들어난 오행(五行)들의 구성만으로 '사주가 좋다' 혹은 '나쁘다'라고 판단해보았지만 이렇게 외형적인 사항만으로 사주를 판단해서는 안된다. 사주 판단은 일간(日干)의 강약(强弱)은 물론 전체적으로 작용되는 힘의 흐름을 보고 판단하는 지혜가 필요하다.

아래 사주를 보자.

구분	사주						지장간(支藏干)		
	천간	지지	육친		오행				
年	①辛	⑤丑	식신	비견	금	토	⑨癸(편재),	⑩辛(식신),	⑪己(비견)
月	②庚	⑥子	상관	편재	금	수	⑫壬(정재),	⑬癸(편재)	
日	③己	⑦亥	·	정재	토	수	⑭戊(겁재),	⑮甲(정관),	⑯壬(정재)
時	④乙	⑧亥	편관	정재	목	수	⑰戊(겁재),	⑱甲(정관),	⑲壬(정재)

음력 1961년 11월 25일 해시(亥時)에 태어난 사주를 보자. 추운 11월(子月)에 늦은밤 10시경 아주 추울 때 태어난 사주인데 사주 원국에 보면 추운 수(水)기운과 금(金)기운으로 꽉차있고 실질적으로 필요한 화(火)기운 즉 화(丙, 丁)가 없는 사주이기 때문에 태어날 때의 가정 형편이 무척 어려운 상황이라는 것을 알 수 있다. 식물로 본다면 추워서 도저히 자랄 수 없는 사주이기도 하다. 즉, 월지(月支)가 추운 겨울에 해당되는 자(子)월이고 밤에 태어났으며, 수(水)기운이 강(强)하므로 추운 한습사주(寒濕四柱)이다. 그러나 천간의 금(金)에 해당되는 ①辛(금)과 ②庚(금)은 달빛에 해당되므로 가난에서 막 벗어나려는 집안에서 태어난 것을 알 수 있으며, 이 경우 열기(熱氣)가 돌을 수 있는 인시(寅時)에 해당되는 40이 넘어가야만 서서히 발복할 수 있다는 것을 알 수 있다.

이제 위 사주를 판단하기 위해서 앞 절 '조후(調侯) 순환(循環)'을 다시 한번 보자 일간(日干)의 기(己)를 바탕으로 월지(月支) 자(子)월 즉 11월에 필요한 오행(五行)은 '화(丙)을 토대로 목(甲), 토(戊)가 필요하다.'라고 사주 틀에 명시 되어 있다.

비록 사주에 화(火)는 없지만 추운 겨울에 추위와 바람을 피할 수 있는 1급 수단인 토(土)가 사주 원국에 2개 있다.

시간의 ④乙(편관)은 목(木)으로 이것은 일간(日干) ③己(토)와는 상극(相剋)이고 ④乙와 ③己는 을기충(乙己沖)이 성립되어 이것은 본인에게는 막대한 피해를 주지만, 천간에 편관이 강하게 존재하고 지장간에 정관이 존재하므로 관장살로(官藏殺露)사주가 성립되어 이것 역시 국가에 관록(官祿)을 먹는 사주가 성립된다. 또한 시간(時干)에 편관(④

乙)이 존재하므로 이것 역시 국가에 관록을 먹는 시상편관격(時上偏官格) 사주가 성립된다.

또한 본인에 해당되는 일주(日柱)와 자식에게 해당되는 시주(時柱)와의 관계에서 충(沖)과 형(刑)이 성립되므로 자식과 부인 복(福)은 없다. 또한 본인에 해당되는 일간(日干) ③己(토)와 부인에 해당되는 일지 수(水)는 토극수(土剋水)가 되어 상극(相剋)관계이기 때문에 부인과 마음이 맞지 않아 사이는 나쁘고, 부인에 해당되는 정재 ⑦亥와 ⑧亥는 해해형(亥亥刑)이 성립되어 이렇게 판단해도 부인과 싸우고 마음은 맞지 않는다. 그러나 정재 ⑦亥(수)와 ⑧亥(수)는 지장간에 ⑯壬(수)과 ⑲壬(수)에 각각 동일한 오행(五行)의 수(水)가 존재하므로 통근(通根) 즉 뿌리가 성립되므로 절대 부인과는 이혼(離婚)은 할 수 없다.

위 사주는 수(水) 기운이 강(强)한 수다목부(水多木浮) 사주 즉 부평초처럼 이리저리 자리 이동이 많은 사주이나 목(木)기운은 떠도는 수(水)기운을 막아주는 중년이후 부터는 한곳에 정착하게 된다.

⑤丑과 ⑥子는 자축(子丑)의 육합이 성립되어 토(土)기운으로 전환되나, ⑤, ⑥, ⑦의 해자축(亥子丑)의 방합(方合)이 성립되어 육합은 소멸되고, 최종 기운은 방합의 수(水)기운 즉 재성(편재, 정재)이므로 전환되기 때문에 재다신약(財多身弱) 사주를 더욱 가중하게 만든다.

재다신약 사주란? 신약하면서 재성(편재, 정재)가 많은 사주를 말한다.

이것은 재물(財物)과 여자에 목매인 사람이지만 그러나 이것을 본인의 것으로 만들지는 못한다. 즉 부자집에 가난한 사람이라 재물을 쓸 수가 없고, 결단력은 없고 마음은 약(弱)하고, 재산을 지킬 수 없고, 부인복이 없을뿐 아니라, 후처 자식이 똑똑하고, 특히 여색에 조심해야 한다.

그러나 재다신약 사주는 재물(財物)이 들어오는 시기 판단은 재성(편재, 정재)을 극(剋)하는 비겁(비견/겁재) 운(運)이 들어오는 시기가 되며, 식상(식신, 상관)운에서는 재물을 잃는다.

이제 위 사주를 추운 한습사주에서 천간과 지지에 따라 사주를 판단해 보자. 년지 축(丑), 월지(子), 일지(亥), 시지(亥) 중 월지. 일지, 시지는 모두 추운 수(水)가 되어 이를 지키는 천간의 辛(金, 식신), 庚(金, 상관), 己(土, 본인), 乙(木, 편관) 중 수(水)에 해당되는 상관(손녀, 조모)과 편관(아들)에 해당되는 사람들은 곤액이 따르나, 년지의 축(丑)은 토(土)로서 추운 수(水)를 물리치므로 천간 식신(辛) 즉 장모에게는 복(福)이 있고, 또한 12운성으로 판단해 보면 기(己)와 유(酉)가되어 이들 관계는 장생(長生)이 되기 때문에 좋은 관계이다.

특히, 위 사주는 ⑤丑(토)=>②庚(금)=>⑦亥(수)=>④乙(목), ⑱甲(목)의 상생작용(相生作用)이 연속적으로 성립되어 운로(運路)가 막힘없이 물 흐르듯 풀려나가는 주류무체(周流無體)의 귀격 사주이기도 하다.

이제 위 사주의 용신(用神)을 판단해서 운로(運路)를 확인해 보자.

위 사주는 신약 사주이므로 일간 ③己(토)의 힘을 강(强)하게 만들어주는 오행이 용신이 된다. 이를 판단하기 위해서 월지 ⑥子(수)를 일간과 비교해보면 ⑥子(수)의 힘을 작게 해주는 오행이 용신이 된다. 따라서 월지 ⑥子(수)의 힘을 빼는 목(木)은 수생목(水生木)이 되어 ⑥子(수)의 힘을 빼주니 이것은 용신이 될 수 있다. 아니면 토(土)의 경우 월지 ⑥子(수)를 극(剋)하여 ⑥子(수)의 힘을 빼주니 이것 역시 용신이 된다. 이제 목(木)과 토(土) 들 중에 어느 것이 합당한 용신인가? 판단해 보자.

<<용신 판단 첫째 방법>> 목(木) 오행으로 용신을 판단해 보자. 목(木)은 월지 ⑥子(수)의 힘을 수생목(水生木)으로 약(弱)하여 신약 사주에서 용신으로 적합하나, 문제는 일간 ③己(토)를 극(剋)하여 힘을 약(弱)하게 하므로 신약 사주에서 용신으로 합당하지 못하다. 이런 경우 용신 선택은 목(木) 다음 오행이 용신이 된다. 즉 화(火) 오행이 용신이 된다. 그러나 위 사주는 사주 구성에서 화(火) 오행은 없으므로, 이제는 화(火) 오행 다음의 토(土) 오행이 용신이 된다. 그러나 토(土) 오행이 있는 ⑤丑는 ⑤, ⑥, ⑦의 해자축(亥子丑)의 방합(方合)이 성립되어 이것은 변화(化)되는 수(水)기운으로 전환되므로 이것 역시 용신이 될 수 없다. 따라서 토(土) 다음 오행에 해당되는 금(金) 기운이 최종 용신이 된다. 따라서 위 사주에서 용신은 ①辛(금)이 된다(※②庚은 ④乙과 합(合)작용으로 변화되므로 ②庚은 혼탁 합). 희신은 토(土)이다. 위 사주는 용신 금(金)기운과 희신의 토(土)기운에서 발복하게 된다.

<<용신 판단 둘째 방법>> 토(土) 오행으로 용신을 판단해 보자. 토(土)는 신약 사주에서 일간 ③己(토)를 강(强)하게 하고, 월지 ⑥子(수)를 극(剋)하여 약(弱)하게 하므로 용신으로 합당하나, ⑤丑(토)는 ⑤, ⑥, ⑦의 해자축(亥子丑)의 방합(方合)이 성립되어 수(水)기운으로 전환되므로 용신이 될 수 없다. 극(剋)하는 것에 대한 오행 용신 판단은 역방향의 오행을 적용시켜서 용신을 선택하므로 토(土) 다음 역방향 오행은 화(火) 오행이 용신이 되는데, 위 사주에서는 화(火) 오행은 없으므로 화(火) 다음 역방향 오행에 해당되는 목(木)이 용신이 된다. 그러나 목(木) 오행의 ④乙(목)은 ③己와 을기충(乙己沖)이 성립되어 용신이 될 수 없으므로 목(木) 다음 역방향 오행에 해당되는 수(水)가 용신이 된다. 그러나 수(水)의 경우 ⑦亥, ⑧亥는 ⑤, ⑥, ⑦의 해자축(亥子丑)의 방합(方合)이 성립되고 이것은 변화(化)되는 수(水)기운으로 전환되므로 이것 역시 용신이 될 수 없다. 따라서 위 사주는 수(水) 다음 역방향 오행에 해당되는 금(金)이 최종 용신이 된다. 따라

서 용신 선택법은 순행 오행법을 사용하든지, 아니면 역행 용신법을 사용하든지 모두 동일하다. 독자들은 용신 선택법에서 6장을 참고하여 쉬운 방법을 선택해 주길 바란다. 특히 위 사주는 식상 즉 ①辛(식신), ②庚(상관)의 강한 작용으로 ④乙(편관)을 극(剋)하여 완전 무력화시키기 때문에 나쁜 제살태과(制殺太過)사주다 그러나 ④乙(편인) 목(木)은 ③己(토)을 충(沖)으로 없애는 대신 강(強)한 목(木)기운으로 살아나게 되므로 오히려 식신제살(食神制殺)의 길(吉)한 사주가 된다. 또한 위 사주는 구질구질한 것을 못보고 바른말을 잘하는 사람이기 때문에 남들 밑에서 일을 하거나 혹은 남들과 동업은 할 수 없고 연구직이나 교육직 혹은 검찰 등이 맞는 직업이다.

또한 일간 ③己와 시간의 ④乙는 십간 희기론(喜忌論)으로 己-乙의 야초난생(野草亂生)이 성립되어 사업이나 일에 야무진 데가 없어 행운이 따르지 않는 것 또한 사실이다. 어짜피 사주 해석에 대한 말이 나왔으니 위 사주에서 오행(五行)들의 과소, 과다 혹은 중화에 따른 사주 해석(解析) 즉 통변술을 판단해 보자.

오행 구성은 아래와 같다.

木	火	土	金	水
1	·	2	2	3

- 위 사주에서 과소한 화(火)기운에 대한 사주를 판단해 보자.
- 사주 구성에서 화(火)에 해당되는 丙, 丁 그리고 巳, 午가 없을뿐 아니라, 지장간(支藏干)에도 화(火)에 해당되는 丙, 丁은 없기 때문에 과소한 화(火)기운으로 인한 불균형 사주이다. 또한 수(水)기운의 재성이 강(強)한 편중된 사주 이므로 이를 극(剋)하여 수(水)기운을 약(弱)하게 만드는 토(土)기운의 비겁에서는 발복하지만, 재성의 수(水)기운을 강(強)하게 만들어 주는 식상에서는 필패한다. 그러나 위 사주이 전체 구성을 보면 식상은 강한 관성을 약(弱)하게 만들어 주는 관계로 식신제살(食神制殺)이 되어 오히려 길성으로 작용한다.
- 사주 구성에서 존재하지 않는 화(火)에 해당되는 丙, 丁 그리고 巳, 午은 丙(인수), 丁(편인) 그리고 巳(인수), 午(편인)이 된다. 이것들은 어머니와 장인이다. 따라서 위 사람은 어머니와 장인에 대한 복(福)은 없다.

독자들은 사주를 해석함에 있어서 생극제화(生剋制化) 작용은 물론 이에 따라 작용되는 구체적인 내용 모두를 포함해서 판단할 수 있는 직관적(直觀的)인 통찰(通察) 능력이 필요로 한다.

따라서, 이어서 소개될 내용은 오행(五行)들의 작용에 따른 생극제화(生剋制化)는 물론 조후(調侯) 작용외 구조적인 문제를 해결해 보고자 십간 희기론(喜忌論) 작용을 통한 통변술 즉 사주해석을 소개하고자 하니, 독자들은 실전에서 유용하게 활용해 주길 바란다.

(7) 십간 희기론(喜忌論) 판단

지금까지 사주 통변(通辯) 즉 해석(解析)은 용신(用神)은 물론 격국(格局) 등을 토대로 활용해 왔다. 이러한 것들은 상생(相生)과 상극(相剋) 작용의 준거의 틀을 말하는데, 사주 해석에서 이러한 작용의 범위를 넘어서는 어떤 특정한 것들이 분명 가로막고 있는 것이 사실이다.

예를 들면 큰 나무에 해당되는 갑(甲) 목(木)의 열매에 해당되는 밤이나 잣보다는 작은 화초 종류에 해당되는 을(乙) 목(木)의 열매에 해당되는 호박, 수박, 참외 등이 훨씬 더 크다. 이러한 것들은 명리학의 한계이기도 하다. 따라서 명나라와 청나라 때 나온 자평진전(子平眞詮)은 이러한 구조적인 문제들을 해결하고자 접근되었고, 적천수(滴天髓)와 난강망(欄江網) 역시 이런 구조적인 문제들을 상생과 상극 작용보다 상위개념으로 배치하는 모습을 보여 주고 있다.

따라서, 사주 해석의 최종 마무리는 상생과 상극 작용의 범위를 넘어서 기세(氣勢) 양면에 작용되는 격국(格局)의 성패(成敗)는 물론 길흉(吉凶)의 희기(喜忌)를 조율하고 종합적으로 판단해야 한다.

사주 간명이 어려운 이유는 바로 희기(喜忌)의 결정이 잘 되지 않기 때문이다. 즉, 육친이나 신살 등을 활용한 단식 통변만으로는 팔자 전체의 윤곽을 잡아내기가 어려운 실정이다. 따라서 사주 해석(解析) 즉 통변(通辯)에서는 십간 희기론(喜忌論)이야말로 중요한 테마라고 볼 수 있다.

십간 희기론(喜忌論)은 십간론 또는 십간조합의 희기(喜忌) 관계라고도 하는데, 이것의 의미는 사주 원국은 물론 대운(大運)까지 빠르고 손쉽게 통변(通辯)할 수 있다는데 큰 의미가 있다.

이것의 판단은 본인에 해당되는 일간(日干)을 중심으로 일간과 월간(月干) 또는 일간과 시간(時干)과의 관계를 판단하는 것이다.

이러한 십간 희기론의 결과는 나쁜 기신(기신)일 경우도 타격을 입지 않으며, 나쁜 십간 희기론 이라면 그것이 희신으로 작용되어도 권력이나 재물은 오래 가지 않는다. 특히 이것은 좋은 사주와 나쁜 사주를 곧바로 판단하는 잣대로 많이 활용되기 때문에 용신(用神)과 격국(格局) 그리고 십간 희기론(喜忌論)을 통하여 사주 해석을 손쉽게 판단하고 해석(解析)할 수 있음을 알길 바란다.

그러나 십간 희기론(喜忌論)의 작용이 항상 용신(用神)이나 격국(格局) 그리고 조후를 무시하게 작용되는 것은 아니다.

따라서, 독자들은 사주 명리해석의 최종 판단은 이러한 양면성에 작용되는 것들을 적용하고 판단해야만 최종 마무리가 됨을 알고 폭넓게 활용해 주길 바란다.

사주 명리학(命理學)에서 십간 희기론(喜忌論)이 적용되는 관점은 아래와 같다.

> ■ 십간 희기론(喜忌論)은 일간(日干)을 중심으로 일간과 월간(月干) 또는 일간과 시간(時干)과의 관계를 판단하며, 일간과 멀리 떨어진 경우는 퇴색되고 의미가 없다. 경우에 따라서는 일지(日支) 혹은 월지(月支)도 판단하는 경우도 있다.
> ■ 십간 희기론에 적용되는 오행(五行)은 통근(通根) 즉 사주 뿌리가 강(强)한 것들만 적용되며, 뿌리가 약(弱)한 오행은 성립되지 않는다.
> ■ 십간 희기론은 사주 원국과 대운(大運)까지만 적용 된다.

독자들에게 십간 희기론(喜忌論)으로 활용되는 것들 중 대표적으로 금백수청(金白水淸) 혹은 금수상관(金水傷官) 사주와 목화통명(木火通明) 사주만 설명해보면 다음과 같다.

■ 금백수청(金白水淸) 혹은 금수상관(金水傷官) 사주

금백수청은 십간 희기론에서 일간이 금(庚)으로 구성되어 있고, 월지나 일지가 상관(傷官)에 해당되는 수(壬)로 구성된 경우에 해당된다.

금(金)과 수(水)가 서로 상생하여 좋은 결과를 얻는 것으로 천재두뇌를 말하며 총명하고 결백하기 때문에 고위 공직자 사주이며 귀격사주이다. 금백수청 사주는 추운 겨울에는 화(丙, 丁)가 있어야 식물이 성장될 수 있는 최적의 조건이 되고, 무더운 여름엔 더위를 식혀줄 임(壬) 수(水)가 존재해야만 된다.

그러나 이것의 성립은 반대로 일간이 수(壬)이고, 월지나 일지가 금(庚)인 경우에도 성립되는데 이때는 경발수원(庚發水源)이 되어 이것 역시 좋은 귀격사주가 된다. 물론 이것들은 모두 통근 뿌리가 강(强)해야 된다.

이때 월지가 천간에 투출(透出)이 성립되면 금백수청(金白水淸) 혹은 금수상관(金水傷官) 격(格)이 되어 더욱 견고한 금백수청이 된다.

특히 이것이 성립되는 대운(大運)이나 세운(歲運) 시기에는 고시(考試)나 대학(大學) 혹은 취업(就業)에 합격하는 시기로 판단한다.

원래 금백수청(金白水淸)은 차가운 금(金)기운과 수(水)기운의 조화가 이루어지는 관계로 춥고 냉습(冷濕)하므로 용신은 관(官)이 되는 병(丙), 정(丁), 화(巳, 午)를 사용하는데, 겨울에 태어난 사람이 금백수청이 성립되려면 화(火)기운에 해당되는 병(丙)이나 최소 정(丁)이 반드시 존재해야만 성립된다. 특히 금백수청은 여름에는 수(水)기운이 존재해야만 성립되고 그리고 봄, 가을에는 조후(調侯)가 맞아야 성립된다.

금백수청(金白水淸) 사주를 예를 들어보자.

사주(四柱)		육친(六親)		지장간(支藏干)
壬	申	식신	비견	戊, ⓐ壬, ⓑ庚
②壬	④子(수)	식신	상관	ⓒ壬, ⓓ癸
①庚(금)	寅	·	편재	戊, 丙, 甲
③丙(화)	子	편재	상관	ⓔ壬, ⓕ癸

일간 ①庚이 금(金)이고, 일간과 붙어 있는 월간 ②壬이 수(水)이므로 금백수청(金白水淸) 사주이다. ①庚과 ②壬은 금과 수로서 지장간의 ⓐ, ⓑ, ⓒ, ⓓ, ⓔ, ⓕ와 통근 즉 뿌리를 형성하고, 추운 11월(子)에 출생했고, 아울러 더운 ③丙(화)가 존재하므로 금백수청의 필요충분 조건에 해당된다.

또한 월지 상관 ④子가 수(水)이므로 일간 ①庚(금)과는 금과 수가 되어 금백수청이 성립되기도 한다.

위 사주에는 월지 ④子의 지장간 ⓒ壬는 천간 ②壬에 투출(透出)되므로 이것 역시 금백수청 격(格) 사주이기도 하다. 위 사주에서는 여러 형태의 금백수청(金白水淸)의 성립 조건을 제시했지만 일반적 사주에서는 이 중 1개만 성립되면 된다.

▣ 목화통명(木火通明) 사주

목화통명은 십간 희기론에서 일간이 목(甲)이고, 월지나 일지가 화(丙)으로 구성된 경우에 해당된다.

목(木)과 화(火)의 조화는 식물로 본다면 추운 겨울에 성장하는데 최적의 상태이기도 하다. 이것은 학문이 높고 박식하며 손해가 있어도 명예나 자존심을 선택하는 귀격사주이다. 그러나 이것의 성립은 반대로 일간이 화(丙)이고, 월지나 일지가 목(甲)인 경우에도 성립되는데 이때는 비조부혈(飛鳥趺穴)이 되어 이것 역시 좋은 귀격사주가 된다. 물론 이것들은 모두 통근 뿌리가 강(强)해야 된다.

월지 지장간에서 천간에 투출(透出)이 성립되면 더 견고한 목화통명 격(格)이다.

특히, 목화통명(木火通明)의 성립은 목기운(甲, 乙, 寅, 卯) 옆에 화기운(丙, 丁, 巳, 午)이 붙어 있어야 성립되며, 무더운 여름에 태어난 경우는 성립되지 않는다. 목화통명 사주를 보자.

사주(四柱)		지장간(支藏干)
甲	辰	ⓐ乙, 癸, 戊
②丙	寅	戊, ⓑ丙, ⓒ甲
①甲(목)	③午(화)	ⓓ丙, 己, ⓔ丁
④丁(화)	卯	ⓕ甲, ⓖ乙

일간 ①甲이 목(木)이고, 월간 ②丙이 화(火)이며 추운 인(寅)월 즉 1월에 태어났기 때문

에 목화통명이 성립되며, 아울러 ①甲과 ②丙는 목(木)과 화(火)로 지장간의 ⓐ, ⓑ, ⓒ, ⓓ, ⓔ, ⓕ, ⓖ와 통근이 성립된다.

또한 일간 ①甲(목) 밑에 시간의 ④丁(화)와의 관계는 유신유화(有薪有火)가 성립되기 때문에 더욱 빛나는 귀격 사주가 된다.

아울러 위 사주는 월지 인(寅)의 지장간 ⓑ丙(화)가 천간 ②丙에 투출(透出)되므로 이것 역시 더욱 견고한 목화통명 격(格) 사주이기도 하다.

위 사주에서 여러 형태의 목화통명의 사주 성립 조건을 제시했지만, 일반적 사주에서는 이 중 1개만 성립되면 된다.

참고로 양력 1986년 6월 11일 밤 22:50분에 태어난 남자 이길동은 일간이 병(丙)이고 월간이 목(甲)으로 구성되어 있어 목화통명(木火通明)으로 판단해보면 丙-甲은 비조부혈(飛鳥跌穴)이 되어 귀격 사주이나 무더운 시기 즉 오(午)월에 출생했기 때문에 이들이 성립되지 않는다. 그러나 일간과 시간과는 丙-己의 대지보조(大地普照)가 성립 되어 표현 능력이 우수하고 학술, 종교, 서비스업에서 능력발휘하기도 하는 성향의 사람이라는 것을 알 수 있다.

다른 사주 구성에서 성립되는 십간 희기론(喜忌論)들을 아래와 같이 한꺼번에 제시하겠으니 독자들은 사주를 해석하는데 있어서 일간(日干)을 기준으로 일간(日干)-월간(月干) 및 일간(日干)-시간(時干)은 물론 일간(日干)과 대운(大運)의 천간(天干)을 각각 십간 희기론으로 비교 판단해서 사람의 성향은 물론 사주 통변(通辯) 즉 해석(解析)을 폭넓게 활용하고 적용해 주길 바란다.

십간 희기론(喜忌論)		
<범례> ◎-最吉, ○-吉, △-凶, ×-最凶		
<일간 : 甲木>		
甲-甲 : 雙木爲林(쌍목위림) ◎ 숲의 기상, 활동력이 왕성하고 모든 경쟁력에 강함.		
甲-乙 : 藤蘿繫甲(등라계갑) ◎ 담쟁이 넝쿨이 소나무를 휘감은 격으로 튼튼한 명.		
甲-丙 : 靑龍返首(청룡반수) ◎ 양기(陽氣)의 전면적 표출, 실력과 권위가 뚜렷해짐.		
甲-丁 : 有薪有火(유신유화) ◎ 장작에 불이 붙은 격. 학문이나 예술적 재능이 탁월.		
甲-戊 : 禿山孤木(독산고목) △ 민둥산의 고목 형상. 부의 산실을 겪고 안정감이 떨어짐.		
甲-己 : 壤土育木(양토육목) ○ 좋은 토양에서 잘 자라는 나무의 형상. 부명(富命)		
甲-庚 : 欣木爲財(흔목위재) ○ 좋은 재목의 상. 주군을 한결같이 모시는 지조가 있음.		
甲-辛 : 木棍碎片(목곤쇄편) × 잘게 부수어져 쓸모 없는 조각. 고위직에 오르지 못함.		
甲-壬 : 橫塘柳影(횡당유영) ○ 가로지른 연못에 수양버들 그림자가 늘어진 격. 인기인.		
甲-癸 : 樹根露水(수근로수) ○ 초목이 비를 맞아 싱싱한 격. 두루 호평을 받는 처세가.		
<일간 : 乙木>		
乙-甲 : 藤蘿繫甲(등라계갑) ◎ 담쟁이 넝쿨이 소나무를 휘감은 격. 귀인의 조력을 받음.		
乙-乙 : 伏吟雜草(복음잡초) △ 주변의 조력을 입지 못하는 격. 형제나 동료의 덕이 박함.		
乙-丙 : 艶陽麗花(염양려화) ○ 아름다운 꽃이 찬란한 빛을 받아 빛나는 격. 재물을 득함.		
乙-丁 : 火燒草原(화소초원) △ 초원이 불타는 격. 재능을 인정받지 못하는 불우함이 있음.		

乙-戊 : 鮮花名瓶(선화명병) ○ 청순한 꽃이 그려진 화병 형상. 수완으로 부(富)를 이룸.
乙-己 : 壤土培花(양토배화) ◎ 양토에 꽃이 잘 자라는 격. 예능계의 경영 수완을 발휘.
乙-庚 : 白虎猖狂(백호창광) × 백호가 난폭하게 날 뜀. 갑작스런 재앙을 예고함.
乙-辛 : 利剪 花(이전최화) × 날카로운 가위로 꽃을 자름. 일반 직장 근무가 맞지 않음.
乙-壬 : 出水芙蓉(출수부용) ○ 물 위에 떠 있는 연꽃의 형상. 순식간에 상류사회에 진입.
乙-癸 : 靑草朝露(청초조로) ○ 대인 관계가 좋으며 남의 힘을 이용하여 뻗어나감.

<일간 : 丙火>

丙-甲 : 飛鳥跌穴(비조부혈) ◎ 굴러 들어온 호박처럼 뜻하지 않은 행운이 일생을 따라 다님
丙-乙 : 艶陽麗花(염양려화) ◎ 주변의 조력을 입지 못하는 격. 형제나 동료의 덕이 박함.
丙-丙 : 伏吟洪光(복음홍광) △ 너무 밝아 오히려 혼탁해진 격. 실력을 다 발휘하지 못함.
丙-丁 : 三奇順遂(삼기순수) ◎ 호감이 가는 처신으로 친밀감이 많고 귀여움을 받음.
丙-戊 : 月奇得使(월기득사) ◎ 자신이 하고 싶은 일이 생업이 되는 등 복록이 두텁다.
丙-己 : 大地普照(대지보조) ○ 표현 능력이 우수하고 학술, 종교, 서비스업에서 능력발휘.
丙-庚 : 熒惑入白(형옥입백) × 종종 사나운 마음이 일어 인기가 없고 고위직이 어려움.
丙-辛 : 日月相會(일월상회) ○ 실력이나 재능 이상으로 인정받아 자기 것을 확고히 챙김.
丙-壬 : 江暉相暎(강휘상영) ○ 충성심과 복종심이 두터우므로 조직이나 직장 생활에 적합.
丙-癸 : 黑雲遮日(흑운차일) × 직장생활이 맞지 않으며 조직 내에서 두각이 어려움.

<일간 : 丁火>

丁-甲 : 有薪有火(유신유화) ◎ 사물에 대한 이해가 빠르고 두뇌가 명석하여 강한 경쟁력.
丁-乙 : 乾柴烈火(건시열화) × 마른 나무에 화염이 휩싸인 격으로 학문적 성취가 어려움.
丁-丙 : 奔娥奔月(항아분월) ○ 역경에 분투하는 기상이 높아 빠른 성과를 나타냄.
丁-丁 : 兩火爲炎(양화위염) ◎ 두 불길이 타오르는 격으로 빠른 기선을 제압하여 성공함.
丁-戊 : 有火有爐(유화유로) ○ 재능을 충분히 발휘하게 되어 큰 발전과 성공을 거둠.
丁-己 : 星墮勾陳(성타구진) △ 자신의 의지대로 진로가 잘 개척되지 않는 불운함이 있음.
丁-庚 : 火鍊眞金(화련진금) ○ 재능을 충분히 발휘하게 되어 큰 발전과 성공을 거둠.
丁-辛 : 燒毁珠玉(소훼주옥) × 주옥을 불에 태워 훼손한 격, 세상 모르는 무기력함이 있음.
丁-壬 : 星奇得使(성기득사) ○ 좋은 인연과 만나는 연이 작용 상사나 귀인의 조력이 있음.
丁-癸 : 朱雀投江(주작투강) △ 조직 생활에 잘 적응하지 못하고 순조로운 승진이 어려움.

<일간 : 戊土>

戊-甲 : 巨石壓木(거석압목) △ 줏대가 없어 본인 주장이라고는 없으니 출세하기 어려움.
戊-乙 : 靑龍合靈(청룡합령) ○ 상사나 윗사람의 복이 많아 청탁이 잘 통하는 길함이 있음.
戊-丙 : 日出東山(일출동산) ○ 처음에는 고생스럽더라도 나중에는 대성하는 길조가 있음.
戊-丁 : 有火有攄(유화유로) ○ 사물의 처리나 대책을 솜씨 있게 다루는 재능을 발휘.
戊-戊 : 伏吟峻山(복음준산) △ 꿈만 크고 실속이 없거나 지나친 고집으로 인기가 없음.
戊-己 : 物以類聚(물이류취) △ 내면의 유연성이 드러나지 않아 타인과의 융합이 어려움.
戊-庚 : 助紂爲虐(조주위학) × 참견이 심하여 그로 인한 손해를 보기 십상. 득이 없음.
戊-辛 : 反吟洩氣(반음설기) × 참견이 심하여 그로 인한 손해를 보기 십상. 득이 없음.
戊-壬 : 山明水秀(산명수수) ○ 지능에 의해 대성공을 거둘 수 있는 우수한 두뇌의 소유자.
戊-癸 : 岩石侵蝕(암석침식) × 인색하기 짝이 없으며 그릇이 작아 대성하기 어려움.

<일간 : 己土>

己-甲 : 木强土山(목강토산) × 역경을 헤쳐 나가는 힘이 미약하며 건강이 악화되기 쉬움.
己-乙 : 野草亂生(야초난생) × 사업이나 일에 야무진 데가 없어 행운이 따르지 않음.
己-丙 : 大地普照(대지보조) ○ 경쟁 구도에서 뜻하지 않은 원조자를 만나 영광을 거머쥠.
己-丁 : 朱雀入墓(주작입묘) ○ 겉으로 잘 드러나지는 않지만 시간이 지나면서 성과를 냄.
己-戊 : 硬軟相配(경련상배) ○ 사회적으로나 개인적으로나 대인 관계가 원만하여 대성함.
己-己 : 伏吟軟弱(복음연약) △ 일의 진행에 장애가 자주 발생하며 진척 속도가 느림.

己-庚 : 顚倒刑格(전도형격) × 참견이 심하여 그로 인한 손해를 보기 십상. 득이 없음.
己-辛 : 濕泥汚玉(습니오옥) × 참견이 심하여 그로 인한 손해를 보기 십상. 득이 없음.
己-壬 : 己土濁壬(기토탁임) × 재물 운이 나쁘며 이성의 덕이 박하고 색정 문제를 일으킴.
己-癸 : 玉土爲生(옥토위생) × 좋은 토양이 윤습하게 된 격으로 큰 부자를 기대해 볼만함.

<일간 : 庚金>
庚-甲 : 伏宮 殘(복궁최잔) × 재목을 깨뜨려 쓸모 없게 만든 격으로 내실이 부실한 경향.
庚-乙 : 白虎猖狂(백호창광) × 백호가 난폭하게 날 뜀. 갑작스런 재앙을 예고함.
庚-丙 : 太白入熒(태백입형) × 직장 근무에 적합하지 않으며 그 재능을 발휘하기가 어려움.
庚-丁 : 亭亭之格(정정지격) ○ 자기의 재능을 충분히 발휘하게 되어 큰 발전과 성공을 함.
庚-戊 : 土多金埋(토다금매) × 타인으로부터의 조력도 도움이 안되고 실제로는 해가 됨.
庚-己 : 官府刑格(관부형격) × 타인으로부터의 조력도 도움이 안되고 실제로는 해가 됨.
庚-庚 : 兩金相殺(양금상살) × 일생 가운데 크게 다치는 일이 한번은 발생함.
庚-辛 : 鐵鎚碎玉(철추쇄옥) × 어쩌다 무서운 성격을 드러내면 큰 사고를 일으킬 소지.
庚-壬 : 得水而淸(득수이청) ○ 지식의 흡수가 뛰어나고 재능을 다 발휘하여 성공을 거둠.
庚-癸 : 寶刀巳老(보도사로) × 칼에 녹이 스는 격으로 참견이 많아 실패하는 유형.

<일간 : 辛金>
辛-甲 : 月下松影(월하송영) △ 잘게 부수어져 쓸모 없는 조각. 재적인 성취를 보기 어려움.
辛-乙 : 利剪摧花(이전최화) × 날카로운 가위로 꽃을 자름. 재물이 신속하게 흩어짐.
辛-丙 : 干合佩師(간합패사) ○ 위엄을 발하며 그 권위가 실추되는 일이 좀체 없음.
辛-丁 : 火燒珠玉(화소주옥) × 주옥을 불에 태워 훼손한 격으로 세상을 모르는 무기력함.
辛-戊 : 反吟被傷(반음피상) △ 타인으로부터의 조력도 별 큰 도움이 안되며 인복이 없다.
辛-己 : 入獄自刑(입옥자형) △ 타인으로부터의 조력도 별 큰 도움이 안되며 인복이 없다.
辛-庚 : 白虎出力(백호출력) × 어쩌다 무서운 성격을 드러내면 큰 사고를 일으킬 소지.
辛-辛 : 伏吟相剋(복음상극) × 복수심을 강화하여 잔인한 성격을 드러낼 소지가 강함.
辛-壬 : 淘洗珠玉(도세주옥) ○ 지닌 재능을 충분히 발휘하고 총명하여 매사 순조로움.
辛-癸 : 天牢華蓋(천뢰화개) × 재능을 다 드러내기도 힘들고 타인에게 인정받기가 어렵다.

<일간 : 壬水>
壬-甲 : 水中柳影(수중유영) ○ 성실성이 풍부하고 재능을 충분히 발휘하는 행운이 따름.
壬-乙 : 出水紅蓮(출수홍련) ○ 자기 능력 이상으로 재능을 인정받아 남의 도움으로 성공.
壬-丙 : 江輝相映(강휘상영) ○ 운이 강하고 재운이 깃들어 일확천금의 복덕을 누린다.
壬-丁 : 干合星奇(간합성기) ○ 재물이 차곡차곡 잘 모이며 좋은 성격으로 인기가 높음.
壬-戊 : 山明水秀(산명수수) ○ 직장 근무로 성공하는 명. 조직에 잘 적응 리더십을 갖춤.
壬-己 : 己土濁壬(기토탁임) × 재물 운이 나쁘며 이성의 덕이 박하고 색정 문제를 일으킴.
壬-庚 : 庚發水源(경발수원) ◎ 많은 원조를 받아 대성하는 명. 창조력 기획력이 탁월함.
壬-辛 : 陶洗珠玉(도세주옥) ○ 총명하고 학업이 우수한 결과로 나타남.
壬-壬 : 汪洋大海(왕양대해) × 물결 이는 망망대해 격으로 무슨 일이든 지나쳐 실패함.
壬-癸 : 天津之洋(천진지양) ◎ 경쟁에 강하며 그 결과 매사 순조롭게 일을 진행시켜 나감.

<일간 : 癸水>
癸-甲 : 楊柳甘露(양류감로) ○ 표현능력이 탁월하고 지능이 높아 재능을 인정받게 됨.
癸-乙 : 梨花春雨(이화춘우) △ 실력이나 재능을 충분히 다 발휘 못하는 불운함이 있음.
癸-丙 : 華蓋 師(화개패사) △ 재물이 뜻대로 쉬 모이지 않고 손실을 보는 일이 잦음.
癸-丁 : 騰蛇妖嬌(등사요교) × 재운이 약하며 투자나 매매 행위의 성과를 내지 못함.
癸-戊 : 天乙會合(천을회합) ○ 직장 근무로 성공하는 명. 조직에 잘 적응 리더십을 갖춤.
癸-己 : 濕潤玉土(습윤옥토) ○ 직장 생활이 적성에 맞으며 관청이나 대기업이 적합한 명.
癸-庚 : 反吟浸白(반음침백) × 부모나 윗사람의 덕을 기대하기 어려운 명으로 자수성가함.
癸-辛 : 陽衰陰盛(양쇠음성) × 부모나 윗사람의 덕을 기대하기 어려운 명으로 자수성가함.

癸-壬 : 沖天奔地(충천분지) × 저돌 맹진하여 실패하는 기상으로 건강 재산에 타격을 입음.
癸-癸 : 伏吟天羅(복음천라) × 일의 진행에 장애가 자주 발생하며 진척 속도가 느림.

<기타 다자간 십간별(十干別)의 조합 관계>

·甲+甲+甲=>삼목위삼(三木爲森) : 활동력이 강하며 모든 경쟁에서 우수한 귀명이다.
·甲+癸+己+丙, 乙+癸+己+丙=>비조부혈(飛鳥趺穴) : 이재적인 능력이 강하고 뜻밖의 행운이
   일생을 따라 다니며 성공을 거둔다. 학술, 종교, 서비스 업종에 특히 강하다. 단 癸水가 丙火
   옆에 첩신(貼神)하면 '비조부혈'이 성립되지 않는다.
·甲+乙+戊=>등라반갑하고(藤蘿絆甲下固) : 귀인, 관청 등의 천거로 원조를 입어 매우 출세하며
   癸水가 더해지면 학문적으로도 명성을 날리고 물질적으로도 성공한다.
·甲+丁+戊=>유신유화유로(有薪有火有爐) : 지식의 습득 능력이나 발표력이 탁월한 구조로 학업
   이 극히 우수한 특성으로 나타난다.
·甲+丁+丁=>양화위염(兩火爲炎) : 속전속결형으로 어떤 문제라도 속도로 기선을 제압하여 성공
   한다.
·庚+甲+丁=>벽갑인정(劈甲引丁) : 지식의 흡수가 뛰어나고 명석한 두뇌로 특히 경쟁력에 강하다.
·庚+丁+戊=>화련진금(火煉眞金) : 자신의 재능을 충분히 발휘할 수 있게 되어 크게 출세, 성공
   한다.
·壬+庚+丁=>득수이청 득화이예(得水而淸 得火而銳) : 지식의 흡수가 뛰어나고 가진 재능을 모
   두 발휘하여 인정받는 귀한 구조이다.
·壬+甲+丙, 壬+乙+丙=>강휘상영부유영(江輝相映浮柳影) : 뛰어난 교제 능력으로 업계에서 출
   세한다. 특히 유통 관련 업종에서 출세한다고 전해진다.
·壬+戊+丙=>산명수수 강휘상영(山明水秀 江輝相映) : 조직 생활에 잘 적응하며 직장 근무로 성
   공하는 명식이다.

▣ 주류무체(周流無體)와 생생불식(生生不息) 사주

주류무체와 생생불식 사주는 인생 운로가 평범하게 물흐르듯 막힘없이 잘 풀려나가는
사주로 귀격사주이다.

이것의 성립은 년주(年柱), 월주(月柱), 일주(日柱), 시주(時柱) 및 천간(天干)과 지지(地
支) 그리고 지장간(支藏干)의 오행(五行)이 차례차례로 서로 서로 상생관계(相生關係)가
성립되는 것을 말한다. 아래 사주를 보자.

A. 주류무체 사주				B. 생생불식 사주		
구분	천간	지지	지장간	구분	천간	지지
년주(年柱)	①甲(목)	申		년주(年柱)	①壬(수)	寅
월주(月柱)	庚	②午(화)	Ⓐ丙(화), 己, Ⓑ丁(화)	월주(月柱)	②甲(목)	辰
일주(日柱)	③戊(토)	④申(금)		일주(日柱)	③丁(화)	亥
시주(時柱)	⑤癸(수)	丑		시주(時柱)	④己(토)	酉

A. 주류무체 사주는 년주(年柱)의 ①甲(목), 월주(月柱)의 ②午(화), 일주(日柱) ③戊(토)
와 ④申(금), 시주(時柱)의 ⑤癸(수)의 오행들은 목생화(木生火), 화생토(火生土), 토생금
(土生金), 금생수(金生水)의 상생관계(相生關係)가 성립되어 서로 서로 연결되었기 때문
에 주류무체 사주가 성립된다. 이때 해당 오행(五行)이 천간과 지지에 없는 경우 지장간

에 존재한다면 이것 역시 주류무체가 성립된다. 위 사주에서 예를 들면 ②午(화)가 월지에 존재하지 않고 지장간에 동일한 화기운에 해당되는 Ⓐ丙(화)와 Ⓑ丁(화)가 존재하므로 이것 역시 주류무체 사주가 성립된다. 물론 공망(空亡)이나 충(沖)을 받으면 성립되지 않으나, 합(合)이 성립되고 지장간의 장합(藏合)이 성립되면 충과 공망을 받아도 괜찮다. B. 생생불식 사주는 천간이 년(年), 월(月), 일(日), 시(時)에서 ①壬(수), ②甲(목), ③丁(화), ④己(토)의 상생(相生關係)가 성립되어 생생불식 사주이다. 생생불식 사주는 간지가 아닌 지지 오행도 성립된다.

주류무체(周流無體)와 생생불식(生生不息) 사주 모두는 년주(年柱), 월주(月柱), 일주(日柱), 시주(時柱)로 이어지면서 상생관계가 이루어져야만 성립되는 것이지, 이와 반대로 시주, 일주, 월주, 년주로 이어지는 상생작용은 주류무체나 생생불식 사주가 아니며, 이것은 나쁜 사주가 되어, 자식이 부모를 위해서 몸을 파는 화류계 등에서 볼 수 있는 흉(凶)한 사주이다.

▣ 간여지동(干與支同) 사주

년주, 월주, 일주, 시주의 구성이 천간(하늘)과 지지(땅)이 같은 오행으로 구성된 것을 말하는데, 예를 들면 갑인(甲寅, 목목), 을묘(乙卯, 목목), 병오(丙午, 화화), 정사(丁巳, 화화)…등을 말한다. 이 경우 음양(陰陽)의 조화가 맞지 않는 관계로 타인과 사이가 나쁘고, 고집과 성질이 더럽고 남을 생각하지 않는 자기주장이 강한 사람을 말하는데 년주에 간여지동(干與支同)이 있으면 조상복이 없고 조부와 조모는 사이가 나빴으며, 월주에 존재하면 부모들의 사이가 나쁘고, 일주에 존재하면 첩을 두거나 이혼 등이 있으며, 시주에 존재하면 자식과 사이가 나쁘다. 물론 합(合)을 이루어 변화(化)되거나 혹은 충(沖)이나 공망(空亡) 등이 작용되면 그 힘은 약(弱)해진다. 예를 들어보자.

구분	천간	지지
년주(年柱)	乙	巳
월주(月柱)	戊	子
일주(日柱)	①甲(목)	②寅(목)
시주(時柱)	癸	未

위 사주는 일주의 천간 ①甲(목)과 지지 ②寅(목)는 같은 목(木)으로 구성되어 있어 간여지동이 성립된다. 이 경우 일주(日柱)에 성립되어 있으므로 위 사람은 부부간 사이가 나쁘다고 판단한다.

(8) 인성과대(印星過大) 사주

인성(편인, 인수)은 본인에 해당되는 일간(日干)을 생(生)해주는 오행을 말하는데, 본인에게 힘을 실어주는 것이므로 큰 도움을 주게 되기 때문에 인성이 강한 사주는 신강(身强) 사주가 된다.

그러나 인성이 너무 과도하게 자신에게 도움을 많이 준다면 부작용이 발생된다.

이것을 인성과대(印星過大) 혹은 모왕자쇠(母旺子衰)라고 하여, 이것은 어머니는 강(强)하고 자식은 약(弱)하기 때문에 부작용이 발생된다. 즉 아들은 버리장머리가 없고, 자립(自立)하지 못하고 약(弱)하다. 때문에 아들을 극(剋)하고 단명하는 모자멸자(母慈滅子)한다. 사주 구성에서 인성 과다를 정리하면 아래와 같다.

일간 오행	인성 오행		내용	
수(水)	금(金)	금다수락(金多水濁)	금(金)이 많으면 물(水)이 탁해진다.	
금(金)	토(土)	토다매금(土多埋金)	흙(土)이 많으면 금(金)이 빛을 발휘하지 못하고 흙속에 묻힌다.	
		토다금매(土多金埋)		
		토후금매(土厚埋金)		
토(土)	화(火)	화염토조(火炎土燥)	화(火)가 강하면 흙(土)이 말라버린다.	
		화다토조(火多土燥)		
화(火)	목(木)	목다화식(木多火熄)	나무(木)가 너무 많으면 불(火)이 꺼진다.	
목(木)	수(水)	수다목부(水多木浮)	물(水)이 너무 많으면 나무(木)가 물에 뜬다.	
		수범목부(水泛木浮)		

특히 인성과대(印星過大) 사주는 자식(子息)을 두지 못하는 무자식(無子息) 사주(四柱)로도 판단한다. 그 외 무자식(無子息) 사주 판단은 남자의 경우 자식에 해당되는 관성(편관, 정관)을 극(剋)하거나, 여자는 식상(식신, 상관)을 극(剋)하는 경우도 무자식으로 판단하는데 사주 구성에서 무자식 사주를 정리하면 아래와 같다.

무자식(無子息) 사주	내용
인성과대(印星過大) 사주	인성과다 내용 참조
금한수냉(金寒水冷) 사주	사주에 차가운 금과 수가 많아도 자식이 없다.
관재태왕(官財太旺) 사주	사주에 관살(편관, 정관)과 재살(편재, 정재)이 너무 많아도 자식이 없다.
만국식상(滿局食傷) 사주	사주에 식신과 상관이 너무 많아도 자식이 없다.
식상태강(食傷太强) 사주	
식상심약(食傷甚弱) 사주	사주에 식신과 상관이 너무 약(弱)해도 자식이 없다.
인수첩첩(印綬疊疊) 사주	사주에 인수가 너무 많아도 자식이 없다.
토금습체(土金濕滯) 사주	사주에 흙이 너무 습하고 힘이 없는 사주도 자식이 없다.

이러한 인성과대(印星過大) 사주 중 수다목부(水多木浮)와 토다매금(土多埋金)을 예를 들면 아래와 같다.

■ 수다목부(水多木浮) 사주

사주 구성에서 수(水) 기운이 가한 사람 즉 임(壬), 계(癸), 해(亥), 자(子)가 3개 이상인 사람을 수다목부(水多木浮) 사주라고 하는데 이 경우 한곳에 정착하지 못하고 평생 부평초처럼 떠돌아다니게 된다. 용신(用神)은 수(水)를 극(剋)하는 토(土)를 사용한다. 그러나 수(水)기운이 아주 강(强)하여 토(土)가 감당이 안될 경우는 목(木)으로 용신으로 사용하는데, 이 경우 목(木)은 뿌리가 강(强)해야 되며 그렇지 못한 경우 목(木) 역시 수(水)의 힘에 쓸려 내려가기 때문에 토(土)와 목(木)에 해당되는 육친(六親)은 유명무실하게 된다.

■ 토다매금(土多埋金) 사주
사주 구성에서 토(土) 기운이 강한 사람 즉 무(戊), 기(己), 신(辰), 술(戌), 축(丑), 미(未)가 3개 이상인 사람을 토다매금(土多埋金) 사주라고 하는데 이 경우 빛나는 금(金)을 땅에 묻기 때문에 우둔하고 두각을 나타내기 어렵다.

(9) 양권(楊圈)과 음권(陰圈) 판단
양권과 음권은 음(陰)과 양(陽)과는 다른 것으로 천간(天干) 10간(干)과 지지(地支) 12지(支)를 절기로 구분해 놓은 것이다.
이것이 사주 명리학에서 의미는 일간(日干) 기준으로 양권은 양권끼리 만나면 좋고, 음권은 음권끼리 만나면 좋은 것으로 판단한다. 그 이유는 이들의 관계는 서로 충(沖)의 관계가 이루어지지 않고, 같은 것끼리 큰 힘을 발휘하기 때문이다. 따라서 이것으로 육친(六親), 대운(大運)과 세운(歲運) 그리고 궁(宮)의 해석은 물론 궁합(宮合)을 쉽게 판단하기도 한다.

양권(楊圈)	천간	乙, 丙, 戊, 癸, 庚
	지지	卯, 辰, 巳, 午, 未, 申
음권(陰圈)	천간	甲, 己, 丁, 壬, 辛
	지지	戌, 亥, 子, 丑, 寅, 酉

이제 양력으로 1986년 6월 11일 밤 22:50분에 태어난 남자 이길동의 사주에서 양권(楊圈)과 음권(陰圈)을 적용시켜 사주를 판단해 보자.

구분	천간	지지	육친		지장간
년주(年柱)	①丙	④寅	비견	편인	戊, 丙, 甲
월주(月柱)	②甲	⑤午	편인	겁재	丙, 己, 丁
일주(日柱)	기준 (丙)	⑥戌	·	식신	辛, 丁, 戊
시주(時柱)	③己	⑦亥	상관	편관	戊, 甲, 壬

이길동의 일간(日干)은 양권에 해당되는 병(丙)이다.

우선 궁으로 조상, 부모 그리고 자식에 대한 판단을 해보자. 조상에 해당되는 년간의 ①丙는 양권(楊圈)으로 일간의 병(丙)과는 같은 양권이므로 조상덕은 있다고 판단한다. 그러나 ①丙은 흉신(凶神)에 해당되는 비견이므로 이길동은 조상덕은 없다. 다음은 부모를 판단해보자. 부모는 월간의 ②甲이고 이것은 음권이다. 일간은 양권이므로 서로 다르기 때문에 부모덕 역시 없다. 자식은 시간의 ③己이므로 이것은 음권에 해당되므로 일간과는 반대가 되기 때문에 이길동은 자식복은 없다.

이제 양권과 음권을 적용시켜 지지(地支) 육친(六親)을 판단해 보자.

부부운을 판단해 보자. 부인에 해당되는 것은 일지 ⑥戌이고 이것은 음권이다. 일간 병(丙)은 양권이므로 이길동의 부부운은 나쁘다.

형제복을 판단해 보자. 형제에 해당되는 ⑤午(겁재)는 양권이고, 이것은 일간과 같은 양권이지만 ⑤午은 공망이 성립되어 이길동은 형제나 친구복은 없다.

다음은 양권과 음권으로 궁합(宮合)을 판단해보자.

본 책의 12장 궁합에서 적용시킨 음력 1986년 8월 12일 새벽 01:40 출생한 곤명(坤命) 김미녀와 이길동과 궁합을 판단해 보자.

구분	천간	지지
년주(年柱)	丙	寅
월주(月柱)	丁	酉
일주(日柱)	①壬	戌
시주(時柱)	辛	丑

이길동은 일간 병(丙)과 김미녀의 일간은 ①壬으로 각각 양권과 음권이므로 이들의 궁합이 좋지 않다.

그러나 남녀간의 궁합 판단은 양권(楊圈)과 음권(陰圈)의 판단만으로 결론짓는 것은 아직 이르고, 궁합을 더욱 심도있게 판단하는 용신(用神) 등 다른 것들도 포함해서 종합적으로 적용하여 최종 판단해야 한다(※12장 찰떡궁합 만나기 참조).

(10) 통근(通根) 그리고 득령(得令), 득지(得地), 득세(得勢)로 삶을 판단하자.

사주 구성에서 통근(通根) 즉 사주 뿌리를 알아보자.

통근이란? 사주 천간(천간)과 지지(地支) 그리고 지장간(支藏干)과의 관계를 말한다. 예를 들어보자, 천간에 기(己)가 있고, 지지 혹은 지장간에 기(己)가 존재하는 경우, 이들은 같은 오행에 해당되는 토(土)이기 때문에 이들 관계는 통근(通根) 즉 사주 뿌리가 성립 된다. 사주 해석에서는 이렇게 통근 즉 사주 뿌리가 성립되어야만 실질적인 영향력을 판단 할 수 있고, 이것이 성립되지 않는 것들은 영향력을 주지 못하는 것이므로 아무리 좋은 길신(吉神)일 경우라도 유명무실(有名無實)한 존재에 불과하다.

다음은 득령(得令), 득지(得地), 득세(得勢)를 알아보자.

이것은 사주 구성에서 본인에 해당되는 일간(日干)을 기준으로 천간(天干)과 지지(地支)에 어떻게 작용되고 있는가? 이것은 오행(五行)들의 상호간 연결고리 관계를 알아보는 것으로, 특히 이것들은 나(본인)의 강약(强弱)을 판단할 때 주로 활용된다.

예를 들면, 본인(나)이 수(水)이고 정재(부인)가 화(火)인 경우에는 수(水)와 화(火)는 서로 극(剋)하므로 득령, 득지, 득세가 성립되지 않기 때문에 나와 부인(婦人)과의 관계는 마음이 맞지 않는다. 즉 마음이 서로 통하지 않는다는 뜻이다.

따라서, 득령, 득지, 득세의 사주 해석은 서로의 관계 작용을 확인하는 것이고, 이것을 다른 말로 표현하면 통기(通氣)관계 라고 한다.

지금까지, 통근(通根)과 득령(得令), 득지(得地), 득세(得勢)의 관계를 판단해 보았는데, 사실 사주 해석(解析)은 이들 중에서 실질적인 영향을 주는 통근(通根) 즉 사주 뿌리에 비중을 많이 둔다.

예를 들면, 득령, 득지, 득세는 성립되지만, 사주 뿌리 즉 통근(通根)이 성립이 되지 않는 사람이라면, 둘의 사이는 좋지만, 실질적인 도움이 되지 못하는 사람들이라는 뜻이 된다. 따라서, 가장 좋은 사주 구성은 득령, 득지, 득세도 성립되고, 사주 뿌리 즉 통근(通根)도 같이 성립되는 사주 구성이라면 이들의 서로 사이도 좋고, 실질적인 도움과 영향력을 주고, 받는 사람이라고 판단한다.

이들의 관계는 아무리 강조해도 지나치지 않는다.

이제 독자들은 통근(通根) 즉 사주 뿌리는 물론, 득령, 득지, 득세의 의미를 알았으니, 이들의 관계를 보기를 들어 구체적으로 확인해 보자.

·통근(通根) 즉 사주 뿌리

통근(通根) 즉 사주 뿌리란?

천간(天干)과 지지(地支) 그리고 지장간(支藏干)과의 관계에서 같은 오행(五行)이 존재하는 것을 말한다. 이미 앞 절 격국(格局) 판단에서 전체적인 통근(通根) 작용 즉 4개 천간(天干) 모두와 지지 그리고 지장간과의 관계에서 통근(通根)을 알아보았다.

사주 해석에서 지장간과 통근이 이루어지지 않는 오행(五行)과 육친(六親)은 영향력이 없는 일종에 허수아비로 규정된다. 특히 아무리 좋은 사주일지라도 본인에 해당되는 일간(日干)이 통근(通根)이 되지 않아 뿌리가 약(弱)하면 단명(短命)하고 권력(權力)과 재물(財物)을 지킬 수 없고 유명무실(有名無實)한 사주가 되기 때문이다.

원래는 통근 작용은 사주 천간(天干) 모두와 지지 그리고 지장간과 같은 오행(五行)으로 판단하는 것인데, 여기서는 본인에 해당되는 일간(日干)을 기준으로 지지(地支) 그리고 지장간(支藏干)과 통근 관계를 약식으로 알아보겠다.

일간(日干)	일간(日干)을 기준으로 지장간(支藏干)과 같은 오행(五行)
甲·乙(목)	甲, 乙 및 寅, 卯
丙·丁(화)	丙, 丁 및 巳, 午
戊·己(토)	戊, 己 및 辰, 戌, 丑, 未
庚·辛(금)	庚, 辛 및 申, 酉
壬·癸(수)	壬, 癸 및 亥, 子

※<참고> 오행들의 상호 작용되는 구조상 아래의 경우도 통근(通根)으로 보는 경우도 있다.
-甲·乙(목) => 辰, 亥, 未   -庚·辛(금) => 戌, 巳, 丑
-丙·丁(화) => 未, 寅, 戌   -壬·癸(수) => 丑, 申, 辰
-戊·己(토) => 巳, 午, 寅, 申, 亥

독자들에게 **빠른** 이해를 도모하고자 지금까지 적용해온 양력 1986년 6월 11일 밤 22:50 출생한 이길동 사주에서 일간(日干) 기준으로 통근(通根) 즉 사주 뿌리를 약식으로 확인해 보자.

구분	천간	지지	지장간(支藏干)
년주(年柱)	丙	⑥寅	戊, ②丙, 甲
월주(月柱)	甲	⑦午	③丙, 己, ④丁
일주(日柱)	①丙	⑧戌	辛, ⑤丁, 戊
시주(時柱)	己	亥	戊, 甲, 壬

일간(日干) ①丙(화)을 기준으로 지장간에 동일한 오행(五行) 즉 화(火)가 존재하는지 확인해 보자.

지지의 ⑦午와 지장간의 ②丙, ③丙, ④丁, ⑤丁은 일간(日干) ①丙(화)와 모두 동일한 화(火) 오행 이므로 사주 뿌리 즉 통근(通根)이 성립되고, 아울러 이들 지장간을 안고 있는 ⑥寅, ⑦午, ⑧戌의 3개 지지(地支)는 ①丙(화)과 ⑥寅(득지), ⑦午(득령, 득지, 득세), ⑧戌(득지)가 성립되어 강한 오행의 연결고리를 형성하고 있다.

따라서 이길동은 강한 오행들의 작용이 이루어지는 것으로 볼 수 있겠으나, 최종 판단은 길흉성(吉凶星)을 적용시켜서 오행들의 연결고리를 최종 판단해야 한다.

바로 흉성(凶星) 적용이다.

충(沖)이나 공망(空亡) 그리고 합(合)작용으로 인하여 오행(五行)변화되거나 나쁜 흉성이 작용되면 힘이 없어지거나 약해진다.

따라서, 지지 ⑦午와 ⑧戌는 공망(空亡)과 양인살(陽刃殺), 백호대살(白狐大殺)이 작용되므로 기능을 상실하게 된다.

②寅과 시지(時支) 亥는 지지 육합(六合)으로 인해합(寅亥合)과 ⑥寅, ⑦午와 ⑧戌의 인오술(寅午戌)이 적용되나 인해파(寅亥破)도 아울러 성립되어 작용이 미미하다.

따라서, 이러한 관계를 통하여 이길동에게 적용되는 통근(通根) 즉 사주 뿌리를 최종 확인해 보면 지장간 ②丙 정도만 통근 작용이 유지하고 있다.

지금까지 이길동의 사주를 판단하면서 본인에 해당되는 일간(日干) ①丙 1개만을 기준으로 약식으로 이루어지는 통근(通根) 작용을 확인해 보았으나, 독자들은 丙, 甲, 丙, 己의 천간(天干) 4개 모두를 적용하여 이들과 지장간(支藏干)과의 통근 관계를 확인해 보고 판단해 주면 더욱 정확한 사주 해석(解析)이 된다.

·득령(得令)

득령(得令)이란? 득령(得令), 득지(得地), 득세(得勢) 중에서 가장 힘을 강하게 발휘하는 것으로, 일간(日干)과 월지(月支)가 동일한 오행(五行) 이거나 월지(月支)가 일간(日干)을 생조(生助) 해주는 오행(五行)을 말한다.

이들 관계는 <육친(六親) 조건표>를 확인해 보면 인수, 비견, 겁재에 해당되는 인성과 비겁이 된다. 사주에서 신강(身强)과 신약(身弱)사주를 판단할 때 일간(日干)을 중심으로 인성과 비겁이 많은 경우 신강 사주로 보는 이유가 여기에 있다.

통상적으로 월지에 충(沖), 공망(空亡) 등이 작용되어 오행의 기능이 없어지거나 힘이 약하게 작용되지 않는 조건에서는 득령 1개만 사주에서 적용되면 신강 사주로 판단 할 수 있다. 그 이유는 사주 구성에서 월지의 힘이 가장 강하기 때문이다.

득령(得令)의 판단 기준은 월별에 따른 일간(日干)과 천간(天干) 오행(五行) 기세(氣勢)의 흐름을 판단할 수 있는 왕상휴수사(旺相休囚死)에서 적용된 것이다.

따라서, 독자들에게 이것을 적용하여 득령(得令)을 판단하면 다소 어렵게 느껴지는 경우가 발생되기 때문에 여기서는 곧바로 득령을 판단할 수 있는 득령(得令) 성립 기준표를 제시하면 아래와 같다.

일간(日干)	일간(日干)과 월지(月支)가 동일한 오행(五行) 이거나 월지(月支)가 일간(日干)을 생조(生助) 해주는 오행(五行)
甲·乙(목)	寅, 卯 및 亥, 子
丙·丁(화)	巳, 午 및 寅, 卯
戊·己(토)	辰, 戌, 丑, 未 및 巳, 午
庚·辛(금)	申, 酉 및 辰, 戌, 丑, 未
壬·癸(수)	亥, 子 및 申, 酉

이제 양력 1986년 6월 11일 밤 22:50 출생한 이길동 사주에서 득령(得令)을 판단해 보자.

구분	천간	지지	육친(六親)	
년주(年柱)	丙	寅	비견	편인
월주(月柱)	甲	②午	편인	겁재

일주(日柱)	①丙	戌	·	식신
시주(時柱)	己	亥	상관	편관

이길동 사주에서 일간(日干)과 월지(月支)가 동일한 오행(五行) 이거나 월지(月支)가 일간(日干)을 생조(生助) 해주는 오행(五行)이 존재하는지를 확인해 보자.

일간(日干) ①丙은 월지(月支) ②午와 상호 교감을 이루는 오행(五行)이므로 득령(得令)이 성립된다.

하지만, ②午는 이길동의 사주에서 공망(空亡)이므로 득령이 성립되지 않는다.

여기서 사주 해석을 간단하게 설명하면 이길동은 ②午가 겁재의 형제가 되는데, 이것이 공망이 되었다는 것은 이길동은 형제복은 없고, 형제가 일찍 죽었다는 것을 알 수 있다. 이렇게 해당되는 조건을 하나하나 확인해 보는 것이 사주 해석이 된다. 특히 득령 작용은 본인에 해당되는 일간(日干)과 월지(月支)가 서로 상생(相生) 작용과 상비(相比) 작용 (水生木, 木生火, 火生土, 土生金 및 水水, 木木, 土土, 金金)을 이룰 때 가장 큰 힘이 작용된다.

·득지(得地)

득지(得地)란? 일간(日干)과 지지(地支)가 같은 오행(五行)이거나 상호 교감(交感)을 이루는 오행(五行)으로 판단한다. 득지(得地)의 성립 기준은 아래와 같다.

일간(日干)	일간(日干)과 지지(地支)가 같은 오행(五行)이거나 상호 교감(交感)을 이루는 오행(五行)
甲·乙(목)	寅, 卯 및 辰, 亥, 未
丙·丁(화)	巳, 午 및 未, 寅, 戌
戊·己(토)	辰, 未, 戌, 丑 및 巳
庚·辛(금)	申, 酉 및 戌, 巳, 丑
壬·癸(수)	亥, 子 및 丑, 申, 辰

양력 1986년 6월 11일 밤 22:50 출생한 이길동의 사주에서 득지(得地)를 판단해 보자.

구분	干	支	육친(六親)	
년주(年柱)	丙	寅	비견	편인
월주(月柱)	甲	②午	편인	겁재
일주(日柱)	①丙	③戌	·	식신
시주(時柱)	己	亥	상관	편관

일간(日干) ①丙은 지지 ②午와 ③戌와 득지(得地)가 성립된다.

하지만 ①丙과 ②午와 ③戌는 공망(空亡)이 성립 되므로 이들은 공망으로 인하여 득지가 성립되지 않는다.

여기서 득지가 성립되는 ③戌는 식신에 해당되므로 식신은 이길동의 장모(丈母)가 된다.

장모와의 관계를 확인해 보면 火生土의 관계이므로 이길동은 장모에게 도움을 주어야 될 팔자이고, 또한 일간 丙과 戌는 공망과 3대 악살(惡殺)인 백호대살(白狐大殺)이 성립되므로 장모는 일찍 죽었거나 혹은 장모와의 관계는 순탄한 관계가 아니라고 판단할 수 있다.

사주에서 천간(天干)과 지장간(支藏干)과의 관계에서 같은 오행(五行)이 없는 경우를 무근(無根)이라고 한다. 무근에 대한 예를 들어보자.

구분	천간	지지	지장간(支藏干)
년주(年柱)	②戊	子	⑤壬, ⑥癸
월주(月柱)	③戊	辰	⑦乙, ⑧癸, ⑨戊
일주(日柱)	①丙	辰	⑩乙, ⑪癸, ⑫戊
시주(時柱)	④辛	卯	⑬甲, ⑭乙

위 사주에서 약식으로 본인에 해당되는 일간(日干) ①丙을 기준으로 지장간과의 관계를 확인해보자.

①丙은 화(火)로서 지장간(⑤~⑭)에서 오행이 동일한 것을 찾아보니 같은 화(火)가 없기 때문에 통근(通根) 즉 뿌리가 성립되지 않기 때문에 근(根)이 없다. 따라서 일간 ①丙으로 판단할 경우 무근(無根)이 된다.

이제, 사주 전체에서 통근 즉 사주 뿌리를 확인해 보자.

이때는 천간(天干) 모두와 지장간(⑤~⑭)과의 관계에서 동일한 오행을 찾는다.

천간 ②戊과 ③戊는 토(土)이기 때문에 지장간 ⑨戊와 ⑫戊와 통근이 성립된다.

나머지 천간 ④辛은 금(金)이므로 이는 지장간에 금(金)이 없기 때문에 무근이 된다.

이렇게 본인에 해당되는 약식으로 간단하게 통근을 판단하여 사주를 해석하는 것 보다는 가급적 전체 천간 모두를 지징간과의 관계에서 통근 즉 사주 뿌리를 찾고 해석함이 더욱 정확한 판단이 된다.

사주 구성에서 통근 등이 약하거나 무근인 경우 성공, 돈, 권력, 출세, 승진, 남편, 처, 자식복이 없거나 아주 약(弱)하다.

특히, 자살자나 혹은 단명자의 경우 판단하는 중요한 잣대가 지장간까지 뿌리를 확인해 보면 쉽게 알 수 있는데, 이 경우 충(沖)이나 공망(空亡) 등으로 소멸된 시점이 된다. 간혹 사망자(死亡者) 즉, 죽은 사람의 사주를 들고 와서 판단해 달라고 하는 경우가 있는데 이 경우도 동일하게 판단하면 된다.

·득세(得勢)

득세(得勢)란? 일간(日干)이 득령(得令)과 득지(得地)는 못했지만, 일간(日干)이 천간(天干)과 같은 오행(五行) 이거나, 일간(日干)을 생조(生助)해주는 오행일 때 혹은 일간(日

干)이 지지(地支)와 같은 오행이거나, 일간(日干)을 생조해주는 오행일 경우를 말한다 (※생조(生助)란? 水生木의 경우 水는 생(生)이되고 木은 조(助)가 된다).

신강과 신약사주 판단에서 득령과 득지가 성립되지 않고, 득세만 성립되면 신약(身弱) 사주로 판단한다. 득세(得勢) 판단의 아래 기준표와 같다.

일간 (日干)	일간(日干)이 천간(天干)과 같은 오행 (五行) 이거나 일간(日干)을 생조(生 助)해주는 오행(五行)	일간(日干)이 지지(地支)와 같은 오행 (五行)이거나 일간(日干)을 생조(生助) 해주는 오행(五行)
甲·乙(목)	甲, 乙 및 壬, 癸,	寅, 卯 및 亥, 子
丙·丁(화)	丙, 丁 및 甲, 乙	巳, 午 및 寅, 卯
戊·己(토)	戊, 己 및 丙, 丁	辰, 戌, 丑, 未 및 巳, 午
庚·辛(금)	庚, 辛 및 戊, 己	申, 酉 및 辰, 戌, 丑, 未
壬·癸(수)	壬, 癸 및 庚, 辛	亥, 子 및 申, 酉

아래 사주에서 득세(得勢)를 판단해 보자.

구분	천간	지지
년주(年柱)	④丁	未
월주(月柱)	②甲	辰
일주(日柱)	①丁	⑤巳
시주(時柱)	③甲	辰

위 사주를 보면 본인에 해당되는 일간(日干) ①丁은 월지(月支) 辰과 득령(得令)이 성립 되지 않고, 또한 未, 辰의 지지(地支)와 득지(得地)가 성립 되지 않는 사주이다.

하지만, 일간(日干) ①丁은 火이므로 火를 생조(生助)해주는 오행은 木이다. 이것은 木生火가 되어 火는 木으로 생조(生助)가 이루어진다. 따라서 일간(日干) ①丁(화)은 천간(天干) ④丁(화)과 같은 오행이고, ②甲, ③甲은 목(木)으로 ①丁(화)를 생조(生助)해주고, 지지(地支) ⑤巳(화)는 일간과 같은 오행이므로 ②甲, ③甲, ④丁. ⑤巳과는 득세(得勢)가 성립이 된다.

이러한 조건을 바탕으로 양력 1986년 6월 11일 밤 22:50 출생한 이길동의 사주에서 신강(身强)인가? 아니면 신약(身弱)인가?를 판단해 보자.

이길동의 경우 득령(得令)은 공망(空亡)으로 사라졌고, 득지(得地)는 1개가 성립되고, 득세(得勢)는 천간에 2개(丙과 甲)와 지지에 2개(寅과 午)가 작용되고 있고, 시지(時支)의 수(水)의 지원을 받는 사주가 되므로 신강(身强)사주가 된다.

신강(身强) 사주는 득령, 득지, 득세의 연결고리의 강도가 많이 작용되는 사주이고, 신약(身弱) 사주는 득령과 득지가 없고 이러한 연결고리 작용이 약(弱)하게 작용되는 사주이다.

이것을 다른 말로 표현하면 <육친(六親) 조건표>로 이들의 관계를 확인해 보면 인성(편인, 인수=정인)과 비겁(비견, 겁재)이 강하게 작용되는 사주는 신강(身强)사주가 되고, 식상(식신, 상관), 재성(편재, 정재), 관성(편관, 정관)의 힘이 강하게 작용되면 신약(身弱) 사주가 되는 것이다.

독자들은 이러한 득령, 득지, 득세의 작용으로 신강(身强)과 신약(身弱)사주 판단 방법을 쉽게 골라낼 수 있는 구비 능력이 되었다고 본다.

이것은 앞 절 용신(用神) 판단의 '억부법(抑扶法) 용신 찾기 <1>'에서 학습된 것과 동일하기 때문에 독자들은 상호 비교하여 더욱 정확한 용신 찾기에 활용해 주길 바란다. 여기서 독자들은 꼭 알아야 될 사항이 있다.

득령, 득지, 득세가 많이 작용되고 있는 신강(身强)사주가 좋고, 작용이 약한 신약(身弱) 사주는 나쁘다고 판단하면 절대 안 된다.

그 이유는 사주의 연결고리의 강약(强弱)만으로 사주 본래 기능을 움직일 수가 없을뿐 아니라, 신약 사주의 경우 사주 구성에서의 작용은 다소 미비하지만 대운(大運)이나 세운(歲運)에서 생조(生助)되는 강한 기운(氣運)을 만나면 크게 발복(發福)하기 때문이다. 따라서 독자들은 사주 해석과 판단은 전체적인 상황을 가지고 판단하는 것임을 잊지 말자.

(11) 좋은 사주와 나쁜 사주 판단법

독자들은 실전 사주 간명(看命)에서 상대방의 사주를 보고, 주어진 시간 내에 가장 먼저 판단해야될 사항은 다름 아닌 좋은 사주인가? 아니면 나쁜 사주인가?를 정확(正確)하게 판단 후에 세밀한 사주 간명을 해야 한다.

그 이유는 상대방의 큰 물줄기만 판단하면, 이후부터는 어려움 없기 술술 풀려나갈 수 있기 때문이다.

특히, 자신의 진로(進路)와 앞날이 궁금해서 찾아온 상대방을 앞에 두고 헤맨다면 명리학자(命理學者)로서 도리(道理)가 아니다.

일단 상대방은 사주를 보고, 좋은 사주와 나쁜 사주를 판단했다면, 좋은 사주는 흉성(凶星)을 작게 판단해 주고, 탁하거나 나쁜 사주에서의 흉성(凶星)은 더욱 크고 나쁘게 판단해 주면 되는 것이다.

이러한 내용들은 이미 앞 절에서 반복해서 설명했지만, 중요한 사항이므로 다시 '좋은 사주 판단법'만 요약 소개하니, 독자들은 사주 판단시 활용해 주길 바란다.

<좋은 사주 판단법>
1. 본인에 해당되는 일간(日干)이 강(强)하고, 용신(用神)을 판단한 결과 용신 주위에 흉성(凶星)이 없고, 4길신(식신, 정재, 편재, 정관, 인성)이어야 하고, 이것은 천간(天干)에 존재하면서, 지장간(支藏干)에 통근 즉 뿌리를 내려야 한다. 이때, 뿌리를 내린 오행을 판단해 주는

것이 사주 해석(解析)이다(※참고, 4흉신 : 비겁, 상관, 편관, 편인, 양인).

만약, 용신이 지지(地支)에 존재한다면, 지지와 천간은 통근이 성립되거나, 상호 보완 작용의 통기(通氣)작용이 성립되어야 한다.

2. 또한, 조후용신표(調侯用神表)에서 판단된 오행(五行)이 일간(본인)과 천간(天干)에 존재하면서, 통근(通根) 즉 사주 뿌리가 지장간(支藏干)에 성립되어야 하고, 이것 오행 역시 4길신(식신, 정재, 편재, 정관, 인성)이어야 한다.

만약, 용신 오행이 지지(地支)에 존재한다면, 지지와 천간은 통근이 성립되거나, 상호 보완 작용의 통기(通氣)작용이 성립되어야 한다.

3. 일간(日干)은 물론 월지(月支)와 태어난 시간(時干)으로 비교해본 결과 추운 한습이나 혹은 무더운 조열이 되지 말아야 되고, 이러한 한습과 조열 사주의 경우 이를 중화시켜줄 수 있는 오행(五行)이 사주에 존재하면 좋은 사주로 판단한다.

4. 초년운의 년주(年柱), 청년운의 월주(月柱), 장년운의 일주(日柱), 노년운의 시주(時柱) 구성이 식신, 정재, 정관, 인수 등으로 구성되어 있으면 조상, 부모, 배우자, 자식복이 있지만, 이와 반대로 비겁, 상관, 편관, 편인인 경우 빈천(貧賤)하고 조상, 부모, 배우자, 자식복이 없는 나쁜 사주이다.

5. 격국(格局)으로 사주를 판단한 결과 4길신(식신, 정재, 편재, 정관, 인성)의 격국이고, 방합 등의 변화(化)되는 오행의 흐름과 대운은 상호 균형이 맞고, 상생작용의 주류무체(周流無體) 등이 성립되면 귀격 사주이다.

6. 사주 구성에서 관살혼잡(官殺混雜格) 종류나 충(沖)이나 공망(空亡)이 적용되면 이루어지지 않고, 형(刑), 파(破) 혹은 3대 악살(양인, 백호, 괴강살)이거나 나쁜 흉성(凶星)이 작용되면, 많은 풍파(風波)를 겪은 후 이루어지거나 혹은 이루지 못하는 경우가 된다. 이때, 좋은 사주에서는 나쁜 흉성은 스무스하게 지나가는데 반해, 탁하거나 나쁜 사주에서는 더욱 나쁜 결과가 나타난다.

7. 일간(日干) 중심으로 일간과 월간(月干) 또는 일간과 시간(時干)과의 관계를 판단하는 십간 희기론(喜忌論)을 적용시켜서 대운(大運)의 운로와 성향을 토대로 좋은 사주와 나쁜 사주를 판단 할 수 있다.

※<참고> : 양력 1986년 6월 11일 밤 22:50분에 태어난 남자 이길동(李吉童)의 사주를 판단해 보자.

■ 이길동의 용신(用神)은 편관(偏官)으로 이는 관록(官祿)과 재앙(災殃)의 양면성이 작용되므로, 좋은 사주가 아니며, 아울러 이것은 시지(時支)에 존재하는 亥(수)인데 이것을 확인해 보면, 천간(天干)과 통근(通根) 즉 뿌리가 성립되지 못할뿐 아니라 본인에 해당되는 일간 병(丙)과도 상극관계이며 용신 주위에 극(剋)하는 오행으로 구성되어 있어 상통되지 못하고, 방합 등의 변화(化)되는 오행의 흐름과 대운(大運)은 상호 불균형이기 때문에 나쁜 사주이다.

■ 조후용신표(調侯用神表)로 일간(日干) 병(丙)과 월지(月支) 오(午)로 확인해 보면, 필요한 것은 임(壬)과 경(庚) 즉 시원한 수(水)와 금(金)으로 '수(壬)를 토대로 금(庚)이 필요하다.'라고 되어 있다. 그렇지만, 이길동 사주에는 庚(금)은 없고, 수(水)는 시지(時支)에 존재하지만, 이것을 판단해 보면 수(水)로서의 기능을 기대할 수 없고 약(弱)하기 짝이 없기 때문에 나쁜 사주이다.

- ■이길동은 월지가 오(午)이니 무더운 5월에 태어났고, 아울러 사주 구성에 무더운 화(火)기운이 강(强)하지만 이를 중화시켜 줄 수 있는 수(水)기운이 약(弱)하므로 나쁜 사주로 판단 한다.
- ■이길동의 사주 구성은 비견, 편인, 겁재, 상관, 편관 등으로 구성되어 있어 조상, 부모, 자식 복(福)이 없는 나쁜 사주이다. 특히 이길동은 비견이 강(强)한 사주가 되어 군겁쟁재 사주가 성립되어 형제난의 발생되므로 이것역시 나쁜 사주가 된다.
- ■이길동의 격국(格局)은 비견격(比肩格)이므로 나쁜 사주가 된다.
- ■이길동은 지지에 인오술(寅午戌) 합(合)이 화(火)기운으로 전환되어 신강 사주에서 일간의 힘을 더욱 강하게 하고, 가득이나 무더운 조열사주에서 더욱 덥게 하므로 나쁜 사주이고, 또한 해인합(亥寅合)은 목(木)기운으로 전환되고 이것 역시 목생화(木生火)로 되어 더욱 무더운 사주로 만들뿐 아니라, 양인살과 백호대살 그리고 공망(空亡) 및 해인파(亥寅破)가 존재하므로 더욱 나쁜 영향을 미친다. 따라서 전체적인 이길동의 사주는 나쁜 사주가 된다.
- ■이길동은 일간 병(丙)을 기준으로 월간(月干) 및 시간(時干)을 십간 희기론(喜忌論)을 적용해 보면, 丙-甲의 비조부혈(飛鳥跌穴)의 귀격 사주이지만, 무더운 오월(午月)에 출생되었기 때문에 성립되지 않으나, 시간과의 관계는 丙-己의 대지보조(大地普照)가 성립되어 표현 능력이 우수하고 학술, 종교, 서비스업에서 능력을 발휘하기도 하는 성향의 사람이라는 것을 알 수 있다.

(12) 나는 어떤 사람인가?

여기서부터는 지금까지 학습된 내용을 통하여 1986년 6월 11일 밤 22:50분에 태어난 남자 이길동(李吉童)의 사주 해석(解析) 즉 통변술(通辯術)를 구체적으로 판단해 보도록 한다. 앞 부분에서 언급한 용신(用神) 및 해당 육친과의 관계로 판단하거나 사주 구성에서 오행의 강약(强弱) 그리고 조열(燥熱)과 추운 한습(寒濕) 사주를 통한 통변술(通辯術)은 모두는 길성(吉星)과 흉성(凶星)을 찾아서 판단하는 것들이기 때문에 크게 보면 모두 동일한 방법이다. 또한 궁(宮)으로 해석하는 방법도 있다.

특히 오행과 육친과의 상호 작용에 따른 사주 통변법은 그 범위가 무척이나 넓고 포괄적이라 이를 극복하기 위한 방법으로 격국(格局)이나 혹은 십간 희기론(喜忌論)을 적용시켜 통변(通辯)하기도 한다.

이제 이러한 방법을 통하여 이길동이에 대한 사주 해석 즉 통변을 해보도록 하자.

우선 사주의 구성을 판단해야 하므로 일간(日干)을 기준으로 오행(五行)은 물론 육친(六親)과의 작용으로 해석하는 방법은 우선 월지(月支)와 시지(時支)를 통하여 태어난 월(月)과 태어난 시간(時間)을 비교 판단해서 무더운 조열(燥熱) 사주인가? 혹은 반대로 추운 한습(寒濕) 사주인가? 혹은 기온과 조건들이 적당한 사주인가? 이것을 먼저 확인해야 하고, 이어서 신강(身强) 사주인가? 혹은 신약(身弱) 사주인가?를 확인해야 한다. 그 이유는 이러한 판단 기준을 통하여 길성(吉星)과 흉성(凶星)으로 작용되는 오행들을 선별함은 물론 이것을 바탕으로 사주 원국은 물론 대운(大運)과 세운(歲運)에서의 운로

(運路)를 판단할 수 있기 때문이다.

예를 들면 무더운 조열사주에서는 무더위를 식혀줄 수 있는 차가운 수(水)기운이나 금(金)기운 혹은 이에 따른 육친(六親)이 작용되면 발복(發福)하게 되고, 차가운 한습사주에서는 무더운 기운에 해당되는 목(木)이나 화(火)기운 혹은 이에 해당되는 육친(六親)운(運)에서 발복하게 된다. 또한 신강 사주에서는 일간(日干)의 힘이 강(强)하므로 일간의 힘을 설기 즉 빼주는 오행이나 육친에서 발복하게 되고, 신약 사주에서는 일간에 힘을 더해주는 오행이나 육친에서 발복하게 된다.

이제 이러한 논리를 이용해서 1986년 6월 11일 밤 22:50분에 태어난 남자 이길동(李吉童)의 사주를 판단해 보자.

이길동은 월지가 오(午)이므로 무더운 5월에 출생되었지만, 출생 시간은 해시(亥時)이므로 덥지만 서늘한 한밤중의 저녁 10시경에 태어났다. 따라서 이길동은 무더운 시기이지만 더위를 식혀줄 수 있는 저녁때 태어났고, 또한 저녁에 밝은 불빛을 제공해 줄 수 있는 병(丙) 화(火)가 존재하기 때문에 이길동이가 태어날 당시 이길동의 가정 형편은 먹고 살아가는데 큰 어려움이 없었다는 알 수 있을 뿐 아니라 살아가는데 노력 여부에 따라서 큰 어려움은 없다고 판단할 수 있다. 그러나 전체 사주를 보면 화(火)기운이 매우 강한 무더운 조열(燥熱) 사주이고, 이를 식혀줄 수 있는 수(水)기운이 약(弱)하기 때문에 평생 삶의 운로(運路)는 그리 평탄하다고는 볼 수 없다.

이러한 조건은 추운 한습(寒濕) 사주에서도 동일하게 적용되며, 태어날 당시 조후(調侯)의 상태는 가정형편은 물론 건강 그리고 살아가는 전체 운로(運路)의 잣대가 된다.

만약 이길동은 해시(亥時) 즉 밤에 태어났는데 사주 구성에서 불빛에 해당되는 화(火)기운의 병(丙)이 존재하지 않는다면 태어날 당시의 가정 형편은 어렵고 가난을 면치 못한 상태라는 판단 할 수 있다.

이러한 조건으로 보아 이길동은 일간의 힘이 강(强)한 신강 사주이므로 일간의 힘을 빼주는 오행이나 육친일 때 좋은 운로(運路)가 성립되며 이것을 적용시켜서 풀어보는 것이 사주 해석 즉 통변(通辯)이 된다.

이제 이러한 조건을 바탕으로 이길동 사주에 적용해 보자. 이길동은 천간에서 월간(月干)의 갑(甲)과 시간(時干)의 기(己)가 존재하므로 甲己의 천간합이 존재하고, 이것은 토(土)기운으로 변화(化)되기 때문에 이길동으로 보면 토(土)기운은 식신과 상관 기운에 해당된다. 이것은 본인의 일간과 화생토(火生土)의 기능이 성립되므로 강한 일간 화(火)기운의 힘을 빼주는 역할을 하는 것이므로 이에 해당되는 육친(六親) 즉 식신(장모, 사위, 손자)과 상관(손녀, 조모)의 기운은 이길동에게 유익한 운로가 작용 된다.

이제 이들의 유익한 기운(氣運)이 어떻게 변화되는지 구체적으로 판단해 보자.

식신에 해당되는 장모는 일지의 술(戌)에 해당되고 이것은 토(土)가 되므로 이길동의 일간 병(丙)과는 화생토(火生土)가 작용 되어 이길동의 강한 화(火)기운을 설기 즉 힘을 빼주니 장모는 도움을 주는 유익한 사람이 된다.

그러나 장모에 대한 최종 판단은 형충회합을 적용시켜서 판단해야 한다.

戌(식신)은 공망(空亡)과 丙-戌의 백호대살(白狐大殺)이 성립되므로 장모는 사고로 인하여 일찍 세상을 떠난 사람으로 판단할 수 있다.

다음은 상관에 해당되는 조모를 판단해 보자.

조모(할머니)는 시간의 기(己)이므로 이것은 뿌리를 두고 있는 지지의 인오술(寅午戌)은 합(合)이 되어 화(火)기운으로 변화되어 비겁으로 전환되므로 이길동에게 도움이 못되고, 해인파(亥寅破), 공망(空亡), 양인살(陽刃殺) 그리고 백호대살(白狐大殺)이 성립되어 할머니에게 큰 도움을 받지 못했다는 것을 알 수 있다.

또한 토(土)에 해당되는 식상운은 이길동 사주에서 수(水)가 귀한 상태에서 토극수(土剋水)가 되어 수(水)를 극(剋)하기 때문에 수(水)에 해당되는 편관을 약(弱)하게 만들기 때문에 이길동은 관운(官運)이 약(弱)한 사람으로 판단 할 수 있다.

지금까지 합(合)의 작용으로 변화(化)되는 오행들의 작용에 대해서 확인해 보았으나 이러한 판단 방법은 사주 원국에 존재하는 육친(六親)들은 물론 대운(大運)과 세운(歲運)의 운로(運路)도 위와 같이 적용해주고 판단해 주면 사주 통변(通辯) 즉 해석(解析)이 되는 것이다.

예를 들면 사주 원국은 물론 대운(大運)과 세운(歲運)에서의 운세 판단은 이길동은 신강 사주이므로 일간(日干) 丙(화)의 힘을 약(弱)하게 만들어 주는 화생토(火生土)의 토(土)나 수극화(水剋火)의 수(水)기운이나 또는 이에 해당되는 육친(六親) 즉 식상(土)이나 혹은 관성(水) 운이 들어오면 발복(發福)하게 된다. 그렇지만 이들도 전체적인 사주 구성 dp 따른 작용을 보고 최종 판단해야 된다.

본 책에서는 독자들을 위하여 <사주 간명지>에서 제시된 통변 순서에 의하여 해석은 물론 실전에 강한 사주 능력을 키워 나갈 수 있도록 체계적(體系的)으로 편집하였다. 이에 따라 독자들에게 사주 해석(解析)을 보다 쉽고 빠른 이해력을 도모하고자 양력으로 1986년 6월 11일 밤 22:50분에 태어난 남자 이길동(李吉童)을 바탕으로 보기와 비교를 들어 세밀하게 나열하고 설명하였다. 아울러 혼돈을 피하기 위하여 사주 원국은 물론 지장간 모두 해당 번호를 부여하여 설명하였으니 독자들은 그저 한 두 번 읽음으로써 난해(難解)한 사주 해석을 모두 마스터할 수 있게 하였다.

따라서, 이길동 사주 구성을 통하여 빠른 통변 기술(技術)을 익히기 위하여 지금까지 배우고 적용된 내용을 통하여 사주 명조, 지장간(支藏干)과 육친(六親) 그리고 관련된 길흉성(吉凶星)을 적용하고 구성시켜 판단해 보았다. 이제 저자는 독자들에게 이길동의 사주 구성을 바탕으로 실무(實務) 사주 해석법에 부흥된 보다 세밀한 간명법(看命法)을 제시하고자 한다.

<양력, 1986년 6월 11일 밤 22:50분에 태어난 이길동(李吉童) 사주 구성>

구분	사주				지장간		육친		
	干	支	오행		주권신 및 지장간		사주		지장간
年	①丙	②寅	화+	목+	戊(土)	㉠戊, ㉡丙, ㉢甲 (土, 火, 木)	①비견(형제)	②편인(조부)	㉠식신(장모), ㉡비견(형제), ㉢편인(조부)
月	③甲	④午	목+	화+	丙(火)	㉣丙, ㉤己, ㉥丁 (火, 土, 火)	③편인(조부)	④겁재(형제)	㉣비견(형제), ㉤상관(조모), ㉥겁재(형제)
日	⑤丙	⑥戌	화+	토+	辛(金)	㉦辛, ㉧丁, ㉨戊 (金, 火, 土)	.	⑥식신(장모)	㉦정재(부인), ㉧겁재(형제),㉨식신(장모)
時	⑦己	⑧亥	토-	수-	戊(土)	㉩戊, ㉪甲, ㉫壬 (土, 木, 水)	⑦상관(조모)	⑧편관(아들)	㉩식신(장모), ㉪편인(조부), ㉫편관(아들)

합	충	파	형	해	묘	백호 양인 괴강	공망
寅		寅/亥					
午/甲						午/양인	午/戌
戌				戌/火	戌/火	戌/백호	
己/亥							

위의 이길동 사주를 통하여, 이길동은 어떻게 성장하였고, 어떻게 출세하고, 권력과 재물복(財物福)은 있는지? 어떤 사람의 도움을 받고 자랐으며, 장수할 것인지? 아니면 단명(短命)할 것인지? 직업은 무엇인지? 혹은 조부, 부모, 부인과 남편 그리고 자식복은 있는지? 혹은 출세(出世)는 물론 승진(昇進)할 수 있는가? 등을 구체적으로 판단해 보자.

독자들은 이제 저자와 함께 모범 답안을 풀어나가듯 '이길동' 사주를 한두 번 읽는 것만으로 사주 해석에 자신감(自信感)이 앞설 것이다.

우선 사주 풀이에서 오행들의 구성을 보고 가장 먼저 확인해야 될 것은 앞 절에서 배운 '물상론(物象論)'은 물론 '조후(調侯) 순환(循環)을 알자'와 '용신' 그리고 '격국(格局)'으로 이어지는 이길동의 기본적인 사주 해석부터 확인해 보자.

이길동은 무더운 5월에 출생되었지만, 출생 시간은 해시(亥時)이므로 서늘한 한밤중의 저녁 10시경에 태어났다. 따라서 이길동에게는 무더운 열기(熱氣)를 식혀줄 수 있는 차가운 기운이 필요하며, 아울러 신강(身强) 사주이기 때문에 사주 전체는 물론 특히 일간(日干)의 힘을 설기 즉 빼주는 오행이나 육친이 필요하며 이것이 이길동에게는 길성(吉星)이 되는 것이다.

이것은 앞 절에서 배운 일간(日干)과 월지(月支)에서 작용되는 일간(日干) 丙(화)과 월지가 오(午)와의 관계를 '조후 순환표'에서 확인해 보면 '수(壬)을 토대로 금(庚)이 필요하다.'로 되어 있다. 이것은 천간에 더위를 식혀주는 수(壬)와 금(庚)이 있으면 좋은 사주라는 뜻이다. 하지만, 이길동의 경우 천간에 수(壬)와 금(庚)이 없다. 이것을 찾기 위하여 지지(地支)와 지장간(支藏干)에 보면 ⑧亥(水)와 ㉠辛(金) 그리고 ㉤壬(水)가 존재하나 약(弱)하기 짝이 없기 때문에 이길동의 사주는 좋은 사주가 아니라는 뜻이다. 사주 내에 조후용신표(調侯用神表)에 해당되는 용신(用神) 오행(五行)들이 사주 주성에 2개 이상 존재한다면 좋은 사주라고 보면 맞고, 그렇지 않고 존재하지 않거나 혹은 해당 용신이 공망(空亡)이나 충(沖) 등의 작용으로 존재감이 미미한 경우에는 나쁜 사주라고 판단해도 된다.

또한 이길동은 신강 사주이기 때문에 일간 ⑤丙(화)의 힘을 빼주는 오행에 해당되는 토(土)기운과 수(水)기운은 길성(吉星)으로 작용되며, 이와 반대에 해당되는 오행 즉 목(木)이나 화(火)기운과 이들의 육친(六親)에 해당되는 비겁이나 인성의 육친들은 흉성(凶星)으로 작용된다. 따라서 이길동은 토(土)기운에 해당되는 식상(식신, 상관)이나 수(水)기운 재성(편재, 정재)에 해당되는 육친들은 나쁜 흉살(凶殺)에 영향을 받지 않는다면 길성(吉星)으로 작용된다. 신강 사주에서의 좋은 사주는 형충회합(刑沖會合)의 작용으로 사주 원국은 물론 대운이나 세운에서 설기(泄氣) 작용이 이루어지는 경우이고, 신약 사주에서의 좋은 사주는 힘이 더해지는 작용이 이루어질 때 좋은 사주가 된다는 것을 잊지 말자.

이제 용신(用神)으로 삶의 흐름을 판단해 보자. 이미 앞 절에서 학습된 것이지만 이길동의 용신은 수(水)이고 편관(偏官)이라는 사실을 알았다.

따라서, 앞 절에서 이미 판단된 용신 수(水)와 대운(大運)과 세운(歲運)의 오행(五行)을 비교해 보면 이길동의 삶의 흐름이 쉽게 판단할 수 있으며, 용신 내용은 편관(偏官)이므로 이길동의 삶은 편관(偏官) 인생으로 살아가게 되는 것이다.

즉, 편관은 칠살로 분류된 것으로 편관은 나쁜 재앙의 양면성도 있지만 관운(官運)이 있고, 획일성을 좋아하며 조폭과 같은 의협심과 배짱이 있고, 성질이 겁하고, 형제, 부인과 인연이 없으며, 인덕이 없을 뿐 아니라 독신으로 살아가는 경우가 많고, 남을 이기려는 성격이 강하다는 것을 알 수 있다.

다음은 이길동의 사주를 격국(格局)으로 판단하고 해석해 보자.

일간(日干)이 丙이고 월지(月支)가 午이므로 이길동은 양인격(陽刃格) 즉 겁재격(劫財格) 격국(格局)에 해당된다.

이것은 부친 복(福)이 없고 형제간 사이가 좋지 않아 쟁탈전이 발생되고 남들과 시비가 자주 발생되며, 타고난 부인 복(福)은 없다란 것을 쉽게 알 수 있다.

이제 이길동의 자신에 해당되는 일간(日干) 오행(五行)을 바탕으로 상생(相生), 상극(相剋), 상비(相比)관계로 판단해 보자.

본인에 해당되는 일간 ⑤丙은 火이므로 木生火의 상생작용이 되므로 사주 구성에 木기운은 ②寅(목)과 ③甲(목)의 2개가 존재하기 때문에 편인(조부)으로부터 도움을 받게 된 경우가 되어 이길동은 할아버지 덕은 있어 보이나, 그러나 이길동은 신강 사주가 되므로 목(木)기운은 일간의 힘을 더욱 강(强)하게 만들어주므로 이길동은 할아버지 덕은 없다는 사실을 알 수 있다.

이길동과 장모와의 관계를 보자. 장모는 식신이므로 ⑥戌(토)이다. 토(土)는 이길동과의 관계는 화생토(火生土)의 관계이기 때문에 설기(힘을 빼줌) 시키므로 좋은 관계이자 도움을 주는 사이가 된다. 그러나 ⑥戌은 공망(空亡)과 백호대살(白狐大殺)이 성립되어 장모는 일찍 죽었다는 것을 알 수 있다.

(※참고, ②寅, ④午, ⑥戌은 인오술(寅午戌)의 삼합(三合)이 성립되지만, 이미 공망이 적용된 것들을 100% 해공은 못한다).

아들(편관) 판단은 편관인데 이것은 ⑧亥(水)가 된다. 이제 아들을 판단해 보자.

⑧亥(水)가 품고 있는 지장간 ㉺壬는 같은 수(水)로서 서로 통(通)하는 통기(通氣)관계가 성립되므로 이길동으로 보면 아들과는 떨어질 수 없는 관계가 된다.

또한 수(水)기운은 이길동의 기운을 설기시키는 작용을 하게 되므로 아들이 도움을 주는 형국이지만 ⑧亥와 ②寅는 해인파(亥寅破)가 성립되어 아들과는 자주 싸운다는 것을 알 수 있다.

형제(비견) 판단은 ①丙(火)이 형제에 해당되는 비견이므로 이길동의 ⑤丙(火)와는 비교해 보면 火와 火의 서로 상비(相比)관계가 성립되어 신강사주에서 일간의 힘을 더욱 강(强)하게 만들기 때문에 형제와 사이는 나쁘다.

(※참고, 火와 火의 상비관계가 서로 만나면 둘다 타고 없어지므로 나쁜 관계로 본다. 그 외 木, 金, 土, 水의 상비관계는 모두 좋다).

그렇지만, 지장간에서 형제(비견)에 해당되는 ㉡丙, ㉣丙, ㉲丁, ㉴丁는 모두 화(火)로서 천간 ①丙, ⑤丙에 통근 즉 사주 뿌리가 성립되어 형제는 도움을 서로 주고 받으며, 헤어질 수 없는 굳건하게 생활하고 있다.

이것을 좀더 자세히 판단해 보자, 지장간 ㉣丙, ㉫丁, ◎丁를 품고 있는 지지 ④午와 ⑥戌는 둘다 공망(空亡)과 양인살(陽刃殺) 그리고 백호대살(白狐大殺)이 성립되어 이들의 기능을 상실되었고, 최종 형제운을 발휘하는 것은 ㉡丙(화) 1개이기 때문에 이것은 통근 즉 사주 뿌리가 성립된다. 그러나 지장간 ㉡丙을 품고 있는 지지 ⑧亥는 ②寅과 해인파(亥寅破)가 성립되어 이들 형제들은 자주 싸운다는 것을 알 수 있다. 따라서, 이길동의 형제운은 한 마디로 표현하면, 형제간 사이는 좋지 않으나, 형제들과는 가끔은 도움을 주고 받으면서 생활하고 있다고 본다.

또한 사주 구성에서 비겁(비견, 겁재)이 없으면 추진력과 패기가 약하고, 식상(식신, 상관)이 없으면 식복과 패기가 없다. 재성(편재, 정재)이 없으면 재물이 없고, 관성(편관, 정관)이 없으면 권력을 얻지 못하고, 인성(편인, 정인=인수)이 없으면 학문으로 출세하기 어렵다. 따라서 이길동 사주는 재성이 없기 때문에 큰 재물을 얻을 수 없다는 것을 알 수 있다.

지금까지 확인한 이길동의 편인(조부), 식신(장모), 아들(편관), 형제(비견) 판단은 이길동의 신강 사주에서 적용되는 오행(五行)들의 작용과 육친(六親)의 상호 작용으로 판단해 보았다.

사주명리학에서 자식복은 출세나 금의환향(錦衣還鄕)이 아니라, 오직 부모에게 효도(孝道)하고 자식된 도리(道理)를 다하는 것을 말한다.

따라서, 자식(子息) 판단은 시주(時柱)의 궁(宮)과 사주 구성에서 자식에 해당되는 육친(편관, 정관, 상관, 식신) 및 이들의 길흉성(吉凶星) 작용을 통하여 한 두 가지만으로 판단하는 것이 아니라, 여러 가지를 종합적으로 판단 후 최종 결정해야 된다. 자식 판단 기준은 아래와 같다.

1. 용신(用神)과 자식에 해당되는 육친(六親)을 비교해서 용신과 동일한 오행이거나 상생(相生) 작용이 성립되면 자식은 출세하고 자식복은 있으나, 이와 반대로 용신을 극(剋)하면 자식복은 없다. 또한 용신과 자식에 해당되는 시주(時柱) 궁(宮)과 오행과의 관계를 비교 판단해도 된다.
2. 자식에 해당되는 육친(편관, 정관, 상관, 식신)이 용신과 희신이면 자식복이 있다. 그러나 이들이 기신과 구신이면 자식복은 없다.
3. 자식에 해당되는 시주(時柱)에 천덕귀인(天德貴人) 등의 길성(吉星)이 작용되거나 혹은 자식에 해당되는 육친(六親)에 길성이 작용되면 자식복은 있다. 그러나 시주(時柱)가 공망(空亡), 백호대살(白狐大殺), 양인살(陽刃殺), 괴강살(魁罡殺) 등의 흉살(凶殺)이 작용되면 자식복이 없고, 도화살이나 홍염이 작용되면 자식은 색을 밝힌다.
4. 관성(편관, 정관)이 혼잡해도 자식과 연이 박하다.
5. 자식에 해당되는 시주(時柱)의 시지와 부모에 해당되는 일주(日柱)의 일지 혹은 시간과

일간이 상호 생(生)하면 자식복은 있으나, 극(剋)하면 불효자식을 둔다.

6. 자식에 해당되는 시주(時柱)가 식신, 정인, 정관, 재성이라면 자식복이 있고, 이와 반대로 편관, 상관, 비겁, 편인이면 자식복은 없다.

7. 자식에 해당되는 육친이 충(沖), 형(刑) 등의 흉성(凶星) 작용되면 자식은 거칠고 사망(死亡), 불구, 병고(病苦) 등의 나쁜 액운(厄運)이 작용되므로 자식복은 없다.

8. 자식에 해당되는 육친(편관, 정관, 상관, 식신)이 년주(年柱)나 월주(月柱)에 존재하면 자식을 일찍 둔 경우가 되고, 시주(時柱)에 존재하면 자식을 늦게 둔 경우가 된다.

9. 자식에 해당되는 육친 오행은 길성(吉星)이며 지장간과 통근(通根) 즉 뿌리가 단단해야 훌륭한 자식이 되나, 뿌리가 없으면 단명하거나 별 볼일 없는 약(弱)한 자식이다.

10. 시주가 용신과 희신이면 자식복이 좋고, 시간(時干)이 희신이고 시지(時支)가 기신이면 총명하나 속썩일 일이 많고, 반대로 시간이 기신이고 시지가 희신이면 영리하지는 못해도 효자를 둔다.

11. 자식에 해당되는 육친(편관, 정관, 상관, 식신)이 천간과 지지에는 없고, 지장간(支藏干)에 존재하면 평범한 자식으로 판단하고, 자식에 해당되는 육친이 천간과 지지는 물론 지장간에도 없다면 무자식으로 판단한다. 그러나 대운(大運)과 세운(歲運)에서 자식운이 들어오면 자녀 출산이 가능하다.

12. 자식에 해당되는 육친(편관, 정관, 상관, 식신)이 합(合)을 이루어 다른 오행으로 변화(化)되면 자식과의 인연이 박하다고 판단한다. 또한 자식에 해당되는 시주(時柱)가 합(合)을 이루어 다른 오행으로 변화(化)되는 경우도 자식과의 인연은 박하다. 또한 합으로 변화(化)된 오행이 기신이나 구신인 경우도 자식과의 인연이 박하다고 판단한다.

13. 이러한 육친(六親) 판단은 자식 판단 외 년주의 조상(할아버지), 월주의 부모, 일주의 부부 판단법도 동일하다. 특히 부부 판단은 일주(日柱)의 일간(日干)과 일지(日支)와의 관계에서 일지가 일간을 생(生)해주는 상생(相生) 혹은 동일한 오행(五行)이면 좋은 관계이나, 반대로 상극(相剋)이거나 혹은 일간이 일지를 생(生)해주면 나쁜 관계로 판단한다.

독자들은 이길동 사주를 정교하게 판독하기전 반드시 확인해야될 사항이 있다. 바로 본인에 해당되는 일간(日干)의 강약(强弱)이다. 앞에서도 언급했지만 설사 사주가 나쁘고 흉살(凶殺)이 작용하는 나쁜 경우도 일간이 강(强)하게 통근(通根) 즉 뿌리가 박혀 있으면 나쁜 것들을 물리칠 수 있어 큰 흔들림이 없다. 그러나 일간이 약(弱)하면 사주 구성이 아무리 좋아도 단명(短命)하고 재물(財物)과 권력(權力)을 잡을 수 없다. 따라서 현대(現代)를 살아가는 우리들에게는 더욱 정교한 사주 해석과 판단이 필요하므로 이어서 이어지는 '조부(祖父)와 조모(祖母) 판단'부터 이길동에게 작용되는 이들 관계를 구체적으로 판단해 보자.

(13) 조부(祖父)와 조모(祖母) 판단

사주에서 자신의 조부(祖父)와 조모(祖母) 판단은 사주 및 지장간(支藏干)까지 확인하여 적용된 육친(六親) 즉 편인(조부)과 상관(조모)으로 판단한다.

이길동의 사주를 보면 조부에 해당되는 편인이 사주 원국은 물론 지장간에도 존재하고, 조모에 해당되는 상관 역시 사주와 지장간에 존재하기 때문에 이길동은 틀림 없이 조부와 조모가 존재했다는 사실을 알 수 있다.

사주 원국에 육친에 없는 사람은 지장간(支藏干)에서 찾아서 적용해 주면 되는데, 만약 원국은 물론 지장간에도 해당되는 사람이 없는 경우는 그 만큼 인연이 희박하고 영향력이 미미하다고 판단한다.

이제 이길동의 조부(편인)와 조모(상관)을 판단해 보자.

이길동 사주에서 조부에 해당되는 편인은 ②寅과 ③甲이며 지장간에서는 ⓒ甲과 ㉣甲이다. 지장간 ⓒ甲과 ㉣甲은 목(木)으로 이것은 천간 ③甲과 같은 오행이기 때문에 통근(通根)즉 사주 뿌리가 성립되므로 분명 할아버지의 영향력은 굳센 것을 알 수 있다.

이제 둘과의 관계를 확인해 보자. 이것은 본인에 해당되는 일간(日干) ⑤丙과 ③甲의 관계는 화(火)와 목(木)으로 이것은 목생화(木生火)의 상생작용은 물론 득지(得地)와 득세(得勢)가 성립된다.

그러나 이길동은 신강 사주이므로 목(木)기운은 일간(日干)의 화(火)의 힘을 목생화(木生火)로 만들기 때문에 더욱 강(强)하게 하므로 이길동은 할아버지 복은 없다.

또한 조부(祖父)에 해당되는 ②寅의 편인은 ⑧亥과 인해합(寅亥合)이 되어 목(木)기운으로 변화(化)되어 자식과의 인연이 박하고, 조부(조상)에 해당되는 년주는 비견과 편인으로 구성되어 있어 조부 복은 썩 좋은 것은 아니다.

다시 한번 이길동 사주를 보자. 조부에 해당되는 편인이 목(木)인데, 사주 구성에서 화(火)가 3개가 존재하기 때문에 목생화(木生火)의 흐름으로 말미암아 이길동 조부는 화(火)에 해당되는 사람 즉 ①丙(비견, 형제)과 ④午(겁재, 형제)에 때문에 설기(泄氣, 상생작용으로 힘이 빠지는 것)되어 이길동 조부(祖父)는 일찍 사망했다는 것을 알 수 있다.

이제 할아버지와 할머니의 관계를 판단해 보자.

사주 원국에서 편인(조부)에 해당되는 ③甲과 할머니에 해당되는 ⑦己(상관)과의 관계는 서로 갑기합(甲己合)을 이루는 관계로 조부와 조모는 서로 사이가 좋은 관계였음을 알 수 있다.

이번에는 같은 방법으로 이길동의 조모(祖母) 즉 할머니에 대하여 알아보자.

조모(할머니)는 시간의 기(己)이므로 이것은 뿌리를 두고 있지만 인오술(寅午戌)이 합(合)이 되어 화(火)기운으로 변화되어 비겁으로 전환되므로 이길동에게 도움이 못되고, 뿌리에 작용되고 있는 지지는 해인파(亥寅破), 공망(空亡), 양인살(陽刃殺) 그리고 백호대살(白狐大殺)이 성립되어 할머니에게 큰 도움을 받지 못했다는 것을 알 수 있다.

또한 토(土) 기운은 토극수(土剋水)가 되므로 무더운 이길동 사주에서 수(水)가 약(弱)한 상태로 만들어주게 되므로 이길동의 관운(官運)을 약(弱)하게 만들어 주고, 또한 수(水) 기운은 이길동에게는 관성 즉 자식(子息)에 해당되므로 자식에게 해롭게 된다.

조모(祖母)에 해당되는 ⑦己(토)의 상관은 이길동의 용신 수(水)와 극(剋)을 이루니 당연 할머니 복은 없다. 또한 ⑦己(상관)는 ③甲과 갑기합(甲己合)을 이루어 토(土)로 변화(化)된다. 변화된 토(土) 기운은 이길동에게는 ⑥戌(식신)의 장모이다. 이것은 이길동의 신강(身强) 사주에서 일간 병(丙) 기운을 화생토(火生土)의 작용으로 약(弱)하게 만들어 주는 오행(五行)이므로 길성(吉星)으로 작용되는 좋은 오행(五行)임에 틀림이 없으나, 문제는 무더운 조열(燥熱)사주에서 귀(貴)한 수(水)기운을 토극수(土剋水) 작용으로 없애는 작용을 하므로 썩 좋은 기운은 아니다.

따라서, 이길동은 조모와 장모와의 인연은 박하다는 것을 알 수 있고, 일간과 ⑦己를 12운으로 판단해 보아도 양(養)이 되므로 조모(祖母) 복(福)은 없다.

따라서, 이길동의 조부(祖父)와 조모(祖母)는 이길동이가 어릴쩍 모두 사망했거나 이들에 대한 깊은 복(福)을 주지 못했다는 것을 알 수 있다.

독자들은 사주를 판단할 때 사주내에 존재하는 길흉성(吉凶星)은 길흉성 내용대로 판단해 주면 된다. 예를 들면 이길동의 경우 조모(祖母)에 해당되는 상관에 화개살(華蓋殺)이 작용되었다면 이길동의 할머니는 종교와 관련이된 수녀, 승녀 혹은 토속 신앙과 관련이 많은 사람이라고 해석하면 되고, 형(刑)이 작용되었다면 둘 관계는 싸움을 많이 했으며, 문창귀인(文昌貴人)이 작용되었다면, 할머니는 글재주가 뛰어난 사람이라고 판단해 주면 된다.

다음은 년주(年柱) 궁(宮)을 통하여 이길동의 조상(祖上)을 확인해 보자.

이것은 년주(年柱)의 육친(六親)과 작용되는 길흉성(吉凶星)으로 판단한다.

년주가 정재, 편재, 식신, 정관, 인수의 길신(吉神)들이 존재하면 조상(祖上)은 부유했고, 뼈대 있는 집안으로 부귀영화(富貴榮華)를 누렸으며, 조상들의 묘지(墓地)는 양지바르고 명당(明堂)에 위치해 있게 된다. 이와 반대로 년주에 흉성(凶星) 육친이 존재하고, 위와 반대로 나쁜 흉성(凶星)이면 가난을 면치 못했고, 조상 묘지 역시 나쁜 곳에 위치해 있다. 그리고, 년주와 월주와의 관계에서 흉신(凶神)이 존재하면 조상과 부모 사이는 서로 싸우거나 나쁜 것이다. 이를 토대로 이길동의 조상(祖上)을 판단해 보자.

년주에 존재하는 육친(六親)은 비견과 편인으로 구성되어 있으므로, 이길동의 조상들은 가난했고, 이들 묘지(墓地) 역시 좋지 못한 험준한 산골짜기 등에 위치해 있는 것이다. 그리고, 월주와 일주에 공망(空亡)과 양인살(陽刃殺) 그리고 백호대살(白狐大殺)이 존재하는 것으로 보아, 이길동의 부모까지는 큰 재물(財物)이나 관운(官運)을 찾아볼 수 없고, 이길동과 부모 사이는 서로 싸우고, 투쟁 관계 였음을 알 수 있다.

그리고, 이길동 사주에서 년주에 비겁(비견, 겁재) 존재하는 것으로 보아, 부모 재산을 물려받을 수 없고, 또한 장남 역할을 해야 되는 팔자이다. 월주에 비겁(비견, 겁재)이 존재하는 것은 보면 이길동은 틀림없이 장남으로 판단 한다.

이러한 방법 외 가운(家運)의 흥망성쇠(興亡盛衰) 판단법으로, 사주(천간과 지지)에서 가장 강(强)한 오행(五行)을 기준으로, 년주(年柱), 월주(月柱), 일주(日柱), 시주(時柱)로 부터 천간(天干)과 지지(地支)로 이어지면서 상생작용(相生作用) 즉 생생불식(生生不息) 작용이 단절된 지지(地支)에 해당되는 대(代)에서 가운이 몰락했다.

이때 강한 오행 판단은 천간, 지지 그리고 지장간(支藏干)에서 가장 근실한 오행으로 결정하는데, 이것은 풍수(風水)에서 가장 큰 영향을 미치는 조상(祖上)을 판단하는 것과 동일하다. 아래 남자 사주를 보자.

구분	천간	지지	오행		육친(六親)		지장간(支藏干)
년주(年柱)	辛	丑	금	토	식신	비견	④癸, 辛, 己
월주(月柱)	庚	②子	금	수	상관	편재	⑤壬, 癸
일주(日柱)	己	③亥	토	수	·	정재	戊, 甲, ⑥壬
시주(時柱)	①壬	申	수	금	정재	상관	戊, ⑦壬, 庚

위 사주에서 가장 강(强)한 오행은 천간(①), 지지(②, ③) 그리고 지장간(④, ⑤, ⑥, ⑦)에 구성되어 있는 수(水)이다. 따라서, 수(水)를 기준으로 년주(年柱), 월주(月柱), 일주(日柱), 시주(時柱)로 목(木)-화(火)-토(土)-금(金)의 상생작용을 따져 보면, 년주, 월주에는 목(木)과 화(火)가 없기 때문에 지지(地支) 육친 즉 비견과 편재는 조상 즉 아버지나 혹은 형제에 해당되기 때문에 이들에 의해서 가운(家運)이 망했음을 알 수 있다.

그러나 본인에 해당되는 일주(日柱)와 자녀에 해당되는 시주(時柱)는 토(土)와 금(金)이 존재하여 상생작용이 이루어지므로 정재와 상관은 부인과 손녀에 해당되므로 결혼 후부터 후손(後孫)때부터 틀림없이 가세(家勢)가 일어났음을 알 수 있다.

이러한 조건으로 이길동의 조상과 후손의 길흉(吉凶)을 판단해 보자.

이길동 사주에서 가장 강(强)한 오행은 화(火)이다.

화를 바탕으로 년주(年柱), 월주(月柱), 일주(日柱), 시주(時柱)로 상생관계를 확인해 보면, 토(土)-금(金)-수(水)-목(木)-화(火)의 기운의 흐름은 사주 구성에서 찾을 수 없다. 따라서, 위에서 조상(祖上)과 후손(後孫)의 길흉(吉凶)에 대한 구체적으로 보기를 들어서 설명된 것과 동일하다.

(14) 부모(父母) 판단

부모(父母)가 어떤 사람인가?를 판단할 경우 조부, 조모 판단법과 동일하게 적용하면 된다. 단지 이길동이가 남자이므로 아버지는 편재(偏財)이고 어머니는 정인(인수)가 된다. 이길동의 사주 구성을 다시 보자. 아버지에 해당되는 편재를 찾아보니, 사주 원국에는 편재가 없다. 또한 어머니에 해당되는 정인(인수) 역시 사주 원국 및 지장간에도 없다.

이 처럼 사주 구성에서 해당 육친이 없는 경우 대신해서 사용되는 육친(六親)을 적용시켜서 판단해야 한다(※육친 관계 참조).

즉, 아버지에 해당되는 편재가 사주 구성에 없으면 정재로 대신해서 아버지를 판단하고, 어머니에 해당되는 정인(인수)이 없으면 편인으로 어머니를 대신해서 판단한다.

이러한 조건을 바탕으로 지장간까지 해당 육친을 확인해보면, 아버지는 지장간에 존재하는 ⓐ辛의 정재로 대신 판단하면 되고, 어머니는 천간에 존재하는 ②인(寅)의 편인으로 대신 판단하면 된다. 이들의 판단 결과는 이길동의 부인(정재)과 할아버지(편인) 해석을 참조해 주면 된다.

즉, 어머니에 해당되는 인성 즉 ②寅(편인)이 존재하는데 이것은 ⑧亥은 해인파(亥寅破)가 작용되어 서로 싸우는 경향이 있고, 또한 인해합(寅亥合)이 되어 목(木)기운으로 변화(化)되기 때문에 목(木)기운은 이길동의 무더운 신강 사주에서 목생화(木生火)가 이루어지므로 일간(日干)의 힘을 더욱 강(强)하게 작용되므로 자식과의 인연이 박하다고 판단 할 수 있다.

또한 궁(宮)으로 본 부모 판단은 월주(月柱)로 판단하므로, 월주 육친(六親)은 편인과 겁재이다. 이들 육친은 길성에 해당되는 재성(편재, 정재), 정관, 식신, 인수가 되지 못하므로 부모 복은 나쁘다.

이 처럼 자신에게 해당되는 육친(六親)이 사주 구성은 물론 지장간에도 없거나 미미하게 존재하는 경우 이들과 인연이 박하다는 뜻이기도 하다. 따라서 이런 사람을 판단할 때는 부모가 일찍 죽었거나 부모가 존재한다고 해도 부모 복(福)이 약한 경우가 많다.

이러한 조건을 바탕으로 확인해 보면 이길동의 경우 어릴쩍부터 부모(父母)가 이혼, 병고, 사망 등으로 부모 도움 없이 할아버지와 할머니 밑에서 상장했다는 것을 알 수 있고, 아울러 할아버지와 할머니도 오래 살지 못하고 일찍 죽었다는 것이 판단되었다. 독자들은 여기서 알아야 될 사항이 있다.

이제 판단하고자 하는 육친(六親)이 사주 원국에는 없는데, 지장간(支藏干)에 존재하는 경우에 사주 해석(解析)을 보기를 들어 판단해 보자.

이럴 경우 사주 원국에는 해당 육친(六親)이 없다고 하여, 생략하면 절대 안되고, 지장간(支藏干)까지 확인해서 지장간에 해당 육친이 존재하면 사주 원국과 똑 같은 내용으로 적용하고 해석(解析)해 주면 된다. 아래 사주에서 예를 들어보자.

구분	사주(남자)						지장간(支藏干)
	천간	지지	육친		오행		
年	①辛	⑤丑	식신	비견	금	토	⑨癸(편재), ⑩辛(식신), ⑪己(비견)
月	②庚	⑥子	상관	편재	금	수	⑫壬(정재), ⑬癸(편재)
日	③己	⑦亥	·	정재	토	수	⑭戊(겁재), ⑮甲(정관), ⑯壬(정재)
時	④乙	⑧卯	편관	편관	목	목	⑰甲(정관), ⑱乙(편관)

위 남자 사주를 보면 사주 원국에는 딸 즉 정관(正官)이 없다.

그렇지만, 지장간(支藏干)에 보면, 딸에 해당되는 정관이 ⑮甲(정관)과 ⑰甲(정관)에 각각 2개나 존재기기 때문에 당연이 딸이 있으며, 이런 경우 판단법은 사주 원국과 동일하게 따져주고 해석해주면 된다.

즉, 위 사주는 시주(時柱)에 편관이 존재하고 지장간에 정관이 숨어 있는 국가에 관록을 먹는 시상편관격(時上偏官格) 사주이고, 아울러 ⑮甲(정관)과 ⑰甲(정관)은 천간 ④乙과 같은 목(木)이므로 통근(通根) 즉 사주 뿌리가 성립되는 것으로 보아도 틀림없이 딸은 국가에 관록(官祿)을 먹는 직업(職業)에 종사하는 사람이지만 위 사주는 신약사주이므로 일간(日干)의 힘을 강(强)하게 만들어 주어야만 발복할 수 있고지지(地支)에는 해자축(亥子丑)과 해묘(亥卯)가 합(合)으로 각각 수(水)와 목(木)기운으로 전환되고, 정관에 해당되는 목(木)기운은 일간의 토(土)기운을 목극토(木剋土)하여 힘을 약(弱)하게 빼주는 역할을 하는 오행이 되므로 따지고 보면 딸은 아주 큰 국가 고위직 관록(官祿)에 종사하는 사람은 아니다. 이런 내용들은 비록 가족관계는 물론 승진(昇進), 출세(出世), 재물운(財物運) 등을 판단할 경우도 동일하게 작용됨을 알 길 바란다.

추가로 초년기에 용신이나 희신이 작용된다거나 혹은 길성(吉星)중에서 문학(文學)과 관련된 천덕귀인(天德貴人), 천덕합(天德合), 월덕함(月德合), 천을귀인(天乙貴人), 태극귀인(太極貴人), 천관귀인(天官貴人), 문창귀인(文昌貴人) 등이 많은 사람의 경우 어릴 쩍 부모 복(福)이 많았을 뿐 아니라 공부 꾀나 잘했던 사람으로 판단하면 된다.

다시 이길동의 사주 구성을 보자.

년주(年柱)에 비겁(비견, 겁재) 즉 ①丙(비견)이 존재하므로 부모로부터 물려 받은 재물이 없거나 물려받을 수 있는 조건이 아니라는 사실이다.

통상적으로 사주 구성에서 년주(年柱)에 비겁(비견, 겁재)이 존재하는 경우는 부모덕이 없고 부모 유산을 물려 받을 수 있다. 비견이 월주(月柱)에 있는 경우는 본인이 장남이거나 차남의 경우 장남 역할을 하게 된다.

만약, 남자나 여자의 경우 아버지에 해당되는 편재나 어머니에 해당되는 정인이 용신(用神)이거나 희신이면 부모덕이 많았다는 뜻이고, 반대로 기신이나 구신이면 부모덕이 없었다는 뜻이다. 또한 편재나 정인이 충(沖)이나 공망(空亡)을 받게 되면 어릴쩍 사별했다는 뜻이다. 이것을 형제, 친구 등의 다른 육친 관계도 동일하다.

참고로 남자 혹은 여자 사주에서 아버지에 해당되는 편재가 2개 이상 존재하는 경우 아버지와 인연이 없거나 아버지 덕이 없고, 일찍 돌아간 경우 혹은 이혼, 알콜 중독 혹은 아버지가 두 집 살림을 했다는 것으로 판단한다.

부친의 직업을 판단하는 방법은 관성(편관, 정관)인데, 관성은 아들에게는 비겁(비견, 겁재) 이므로, 부친의 직업을 알고자 하면 사주 구성에서 비겁(비견, 겁재)으로 판단하는데 이때 비견이 수(水)면 아버지의 직업은 수와 관련된 직업이고, 목(木)이면 목, 화(火)이면 화, 토(土)이면 토, 금(金)이면 금(쇠) 관련 직업에 종사한 사람이라고 판단하면 맞다.

(15) 부모선망(父母先亡) 판단

자신의 아버지(父)와 어머니(母) 중 누가 먼저 선망(先亡) 했는가?

첫 번째 방법으로 부모에 해당되는 편재(부)와 정인(모)가 충(沖)이나 공망(空亡)을 받았다면 사망으로 보며, 사망은 아니더라도 파(破), 형(刑), 해(害), 양인살(陽刃殺), 괴강살(魁罡殺), 백호대살(白狐大殺)이 작용된 경우라면 이혼, 질병, 싸움, 교통사고, 수술 등이 발생된 것으로 본다.

두 번째 방법으로 육친(六親) 관계에서 비겁이 많으면 비겁은 재성(夫)를 극(剋)하므로 부(夫)가 먼저 사망하고, 재성이 많으면 재성은 인성(母)을 극(剋)하므로 모선망(母先亡)으로 판단한다. 아래 사주를 보자.

A사주			B사주		
천간	지지	해설	천간	지지	해설
① 乙	未	월간 ②辛은 편재로서 아버지에 해당되나 ①乙과는 乙辛沖이므로 부선망(父先亡)이다.	壬	戌	월지 ①酉는 정인으로서 어머니에 해당되지만 ②卯와 卯酉沖되어 모선망(母先亡)이다.
② 辛 (편재)	酉		癸	① 酉 (정인)	
丁	丑		丁	② 卯	
丙	午		己	③ 巳	

(16) 결혼운(結婚運)과 처(妻)와 남편(男便) 판단

상대방의 결혼운(結婚運)과 처(妻) 그리고 남편에 대한 판단을 알아보자.

이들을 판단하는 방법은 궁(宮)으로 판단하는 방법, 일간(日干)과 육친(六親)과의 오행(五行) 관계로 판단하는 방법, 12운성(十二運星)으로 판단하는 방법 등이 있다. 특히 사람과 사람을 판단할 경우 이 중 1가지 이상이 좋은 경우가 되면 이것은 서로 서로 이해하면서 살아갈 수 있는 사이로 판단한다.

또한 부인과 남편에 해당되는 재성(편재, 정재) 혹은 관성(편관, 정관)이 용신이거나 희신 그리고 길신에 해당되면 처복과 남편복은 있고, 이것이 조상, 부모, 자식에 해당되면 이들에게 복(福)은 있다.

그렇지만 남자나 여자 모두 일지(日支)를 배우자로 판단하기 때문에 일지가 비겁(비견, 겁재)이거나 혹은 상관이면 배우자 복(福)은 없다.

부인 판단은 이길동이가 남자이므로 정재(배우자)로 판단 한다.

사주 구성에서 정재가 없으면 편재로 배우자를 판단하고, 이들이 없다면 결혼운은 나쁘다는 뜻이다.

물론 이들에게는 충(沖)과 공망(空亡) 그리고 나쁜 살(殺)이 작용되지 않아야 한다.

이제 이길동의 사주 구성에서 부인에 해당되는 정재를 찾아보자. 사주 원국에는 없지만 지장간에 보니 ㊂辛이 정제(부인)가 있다.

우선 궁(宮)으로 부인을 판단해 보자. 부인은 일지(日支)이므로, 일간(日干)과 일지(日支)와의 오행 관계로 판단해 보면, 일간 ⑤丙(화)과 일지 ⑥戌(토)의 관계는 화생토(火生土)의 상생관계가 성립되지만 설기(泄氣)된다. 그렇지만 이길동은 부인에게 도움을 주는 것이기 때문에 부인 복(福)은 괜찮은 관계이다.

그러나 부인을 품고 있는 일지 ⑥戌(토)는 공망(空亡)과 3대 악살에 해당되는 백호대살(白狐大殺)이 작용되고, 인오술(寅午戌)의 합(合) 작용으로 화(火)기운으로 전환되기 때문에 무더운 조열 사주에서 흉성(凶星)이 되므로 부인 복은 좋은 관계가 아니며 부부는 이혼을 했거나 혹은 부인이 일찍 사망했다는 것을 알 수 있다.

또한 12운성(十二運星)으로 부인을 판단해 보면, 부인에 해당되는 재성은 지장간(支藏干)에 존재하는 ㊂辛(금)이고 이것을 지지(地支) 오행으로 전환하면 유(酉)가 되기 때문에 12운성은 사(死)가 되어 부인 복(福)은 좋지 못하고 나쁘다.

만약 이길동이가 여자라면 배우자는 정관이므로 정관으로 배우자 운(運)을 판단하면 되고, 정관이 없으면 편관(애인, 정부)을 배우자로 판단하면 된다.

부부 운세 판단에서 용신이 서로 극(剋)하거나, 사주 월지(月支)에 형(刑), 충(沖), 파(破), 해(害), 원진살 등이 작용 되면 부부간 갈등으로 많이 싸우게 되지만, 지장간에 통근 즉 뿌리가 강하게 작용되고 있으면 싸움은 하지만 이혼(離婚) 등으로 헤어지지 않는다.

부인이 미인(美人)인가? 이것의 판단은 배우자에 해당되는 일지(日支)나 혹은 정재에 홍염살(紅艷殺)이 있으면 미인으로 본다. 또한 사주 구성에서 화초 즉 꽃나무에 해당되는 乙(목)이 일간이나 혹은 사주 구성에서 다소 존재한다면 이것 역시 미인(美人)으로 본다.

여자의 경우 남편복 판단은 남편에 해당되는 정관이 용신이거나 혹은 희신이고, 천을귀인(天乙貴人)이 작용된다든지 혹은 충(沖)이나 공망(空亡) 그리고 살(殺)이 없고, 월주나 일주가 서로 상충되지 않는 사주인 경우 남편복이 있다. 아울러 재가(再嫁)하지 않는 홀어머니 사주를 확인해 보자.

사주 구성에서 자신의 형제에 해당되는 비겁(비견, 겁재)이 왕생하고 지장간에 뿌리가 강하게 연결되었을 경우는 자식들이 많다는 뜻이며, 이런 경우 어머니는 자식을 위해 홀로 많은 노력을 했고, 자식들 때문에 재가(再嫁)하지 못하고 홀로 살아온 사주로 판단한다.

이번에는 결혼운에 대한 판단법을 육친 오행의 작용으로 판단해 보자.

이것은 사주 구성에서 본인에 해당되는 일간(日干) 오행의 상호 작용으로 판단할 수 있다. 즉, 남자의 경우 자신이 극(剋)하는 오행이 사주에 있어야 하고, 여자의 경우는 자신을 극(剋)하는 오행이 사주에 있으면 결혼 운(運)은 타고난 사람으로 판단 한다.

양력으로 1986년 6월 11일 밤 22:50분에 태어난 남자 이길동 사주를 보자. 본인에 해당되는 일주 일간(日干)은 丙이 되고, 丙은 오행에서 화(火)가 된다.

구분	천간	지지	오행		지장간(支藏干)
년주(年柱)	丙	寅	화+	목+	戊(토+), 丙(화+), 甲(목+)
월주(月柱)	甲	午	목+	화-	丙(화+), 己(토-), 丁(화-)
일주(日柱)	(丙)	戌	(화+)	토+	辛(금-), 丁(화-), 戊(토+)
시주(時柱)	己	亥	토-	수+	戊(토+), 甲(목+), 壬(수+)

화(火)를 기준으로 화(火)가 극(剋)하는 것은 금(金)인데 사주에 금(金)은 존재한다. 유감스럽게도 이길동의 사주 원국 구성에는 금(金)이 없다.

여기서 눈여겨 볼 사항은, 본인에 해당되는 일간의 화(火)는 양간(+)이라, 진정한 배필을 만나려면 음간(-)의 金을 만나야 진정한 배필이 되는 것이다. 즉 (+)와 (-)가 성립되어야 한다.

만약 음간(-)의 金 대신 양간(+)의 金과 만나게 되면 (+)와 (+)가 되면, 격이 다소 떨어지는 배필로 본다.

이길동 사주에는 金(-)이 없다. 이 경우 결혼운(結婚運)은 다소 떨어진다고 판단한다. 만약, 위의 사주가 여자일 경우라면, 일간 오행을 기준으로 자신을 극(剋)하는 오행을 찾아보면 水(수-)가 존재하기 때문에 결혼운은 있다.

결혼운이 다소 떨어지는 사람이 결혼을 한다면, 약간 늦은 나이에 결혼을 하든지 아니면 재혼(再婚) 등을 선택해야 되는 경우가 발생되기도 한다.

하지만 이길동의 경우 사주 구성에 나타난 8개의 오행 중 결혼운에 해당되는 금(-)이 없다고 해서 결혼운을 판단하기란 아직 이르다. 땅속에 숨어 있는 지장간(支藏干)에서 확인해야 한다.

지장간에서 확인해 보면 금(辛, -) 즉 화(火)를 극(剋)하는 금(金)이 있다. 그것도 우리들이 찾는 음(-)의 金이자, 일지(日支)에서 힘이 강한 주권신의 금(-)이다.

이렇게 결혼운을 확인해 보아도 이길동의 결혼운(結婚運)은 존재한다.

그렇지만, 일지(日支) 술(戌)이 공망인 관계로 결혼운은 나쁘다는 것을 알 수 있다. 이렇게 결혼운을 육친 오행의 작용으로 확인해 보는 것 역시 남자의 경우 부인에 해당되는 정재를 찾기 위함에 있고, 여자는 배우자에 해당되는 정관을 찾기 위함이다.

(17) 결혼(結婚), 이혼(離婚), 불륜(不倫)과 첩(妾) 판단

남, 녀의 결혼 시기 판단은 공히 대운(大運)이나 세운(歲運)에서 충(沖), 극(剋), 공망(空亡)이 되지 않고, 용신과 희신이 들어올 때 혹은 남자의 경우 부인에 해당되는 정재(正財)가 들어오거나 혹은 같은 재성에 해당되는 편재가 들어오는 시기, 여자의 경우는 남편에 해당되는 정관(正官)이 들어오는 시기, 남녀 공히 식신(食神)과 정인(正印) 등의 길신(吉神)이 들어오는 시기 혹은 사주 명조와 대운 그리고 세운(년운)에서 천간(天干)과 지지(地支)가 합(合)이 되어 정재와 정관으로 변화(化)되는 시기에 결혼한다. 여기서 확인되어야 될 사항은 지장간(支藏干)과 통근(通根) 즉 사주 뿌리가 형성되어야 한다.

남자의 경우 정재가 들어오는 시기가 결혼시기가 되는데 정재가 용신이나 희신이 아니라, 기신(忌神)이라면 이때는 결혼을 하더라도 어렵게 혼사가 성립되거나 혹은 결혼이 성립되지 못할 수도 있다.

이제 이길동을 보자 이길동의 경우 일간(日干)은 병(火)이고 신강(身强) 사주이며, 용신(用神)이 수(水)이고 수(水)에 해당되는 육친(六親)은 편관(偏官)이다.

따라서 이길동은 강한 일간(日干)의 병(火)을 약(弱)하게 만들어 주는 수(水) 혹은 토(土) 기운이나 이에 따른 육친(六親)이 길성(吉星)으로 작용된다.

또한 용신은 편관(偏官)의 수(水)이므로 이들 기운이 들어오는 대운(大運)이나 세운(歲運)은 물론 오행들이 합(合)을 이루어 수(水)기운으로 변화(化)되는 경우는 길성(吉星)으로 작용되기 때문에 결혼, 승진, 합격 운(運)이 찾아오는 것이다. 이러한 조건을 감안하여 이길동의 대운(大運)과 세운(歲運)에서 결혼 시기를 판단해 보면 32세가 된다.

참고로 여자 사주에 인성(편인, 인수=정인), 재성(정재, 편재), 관성(편관, 정관)이 많은 경우에도 결혼 운(運)이 나쁘다. 특히 관성이 많으면 남자관계가 복잡하고 밀부(密夫)를 둔다.

남녀가 삶을 살아가는데 있어서 결혼 시기는 누구나 중요하고 궁금하게 생각한다.

이제 1990년 경오년에 태어난 남성이 2018年에 29세가 되는 시기에 결혼할 수 있는지 판단해 보자.

이를 확인하기 위하여 아래와 같이 사주(四柱), 대운(大運), 년운(年運)을 세워서 결혼 시기를 구체적으로 판단해 보자.

사주(四柱)				
	천간	지지	육친	지장간
年	①庚	⑤午	상관 / 편인	⑨丙, ⑩己, ⑪丁
月	②戊	⑥寅	겁재 / 정관	⑫戊, ⑬丙, ⑭甲
日	③己	⑦丑	· / 비견	⑮癸, ⑯辛, ⑰己
時	④庚	⑧辰	상관 / 겁재	⑱乙, ⑲癸, ⑳戊

대운(大運)			
	35	25	15
천간	甲	㉑癸(편재)	壬
지지	戊	㉒酉(식신)	申
지장간	○	㉓庚(상관), ㉔辛(식신)	○
방합		申酉戌=>Ⓐ金	

년운(年運)				
	2020년	2019년	2018年(29세)	2017년
천간	庚	己	㉞戊(겁재)	丁
지지	子	亥	㉟戌(겁재)	酉
지장간	○	○	㊱辛(식신), ㊲丁(편인), ㊳戊(겁재)	○
방합	亥子丑=>水		申酉戌=>Ⓑ金	

용신 ; 화(火),　　희신 ; 목(木),　　　기신 ; 수(水),　　구신 ; 금(金),　　　한신 ; 토(土)

결혼 시기를 판단하기 위하여 사주, 대운, 년운 그리고 지장간에 작용되는 길흉성(吉凶星)을 확인해 보자.

우선 대운(大運)의 육친(六親)을 먼저 확인해 보자.

㉑癸(편재)와 ㉒酉(식신)으로 구성 되어 있고, ㉑癸(수)는 신약(身弱) 사주에서 일간 ③己(토)를 토극수(土剋水)가되어 강(强)하게 만들어 주는 것이 되므로 길성(吉星)이다. ㉑癸(편재)는 재성이기 때문에 결혼과 관련된 것으로 사주 원국의 지장간 ⑮癸와 ⑲癸에 투출이 성립된 것으로 보아, 25~34세 대운에는 결혼과 밀접한 시기란 것을 알 수 있다. 아울러 이 시기에는 '결혼 문제로 인한 이동'이 성립된 시기라고 판단할 수 있다. 이제 2018년에 결혼 운세(運勢)를 구체적으로 판단해보자.

2018년에 해당되는 대운 ㉑癸은 사주 원국의 천간 ②戊와 무계(戊癸)의 천간합이 되어 화(火) 기운의 인성운으로 변화(化)된다. 위 사주는 신약(身弱) 사주이므로 일간 ③己(토)에게 화생토(火生土)가 되어 힘을 강(强)하게 만들어 주는 오행(五行) 및 육친(六親)이 길성(吉星)으로 작용되는 것이므로 위 사람은 대운(大運)으로 본다면 25세에서 34세에 결혼 즉 부인과 관련된 재성(편재, 정재) 운은 아니지만 문서와 관련된 인성운이 되어 결혼도 할 수 있는 것으로 판단할 수 있겠다.

이제 2018년의 결혼운을 구체적으로 판단해 보자.

2018년 상반기는 년운의 천간 ㉞戊(겁재)와 사주원국 ⑤午, ⑥寅는 인오술(寅午戌)의 방합이 성립되고 이것은 인성의 화(火)기운으로 변화(化)된다. 위 사주는 신약(身弱) 사주이기 때문에 일간 ③己(토)기운을 강(强)하게 만들어주는 것이 길성(吉星)이 다 또한 화(火)기운은 화생토(火生土)로 작용되어 일간을 강(强)하게 만들기 때문에 이 시기가 좋은 결혼 시기란 것을 알 수 있다. 그러나 사주 원국을 보면 비겁의 토(土)기운이 강(强)하게 편중된 사주이기 때문에 2018년에 다시 토(土) 기운의 ㉞戊 겁재가 들어오게 되면 결혼과 관련된 쟁탈전이나 불미스러운 사건은 발생되는 것을 알 수 있다.
이번에는 2018년 하반기를 판단해 보자. 대운 ㉒酉과 2018년의 지지(地支) ㉟戌는 방합의 유술(酉戌)이 성립되고 이것은 식상의 금(金) 기운으로 변화(化)된다. 또한 신약(身弱) 사주에서 일간 ③己(토)를 토생금(土生金)으로 작용되기 때문에 약(弱)하게 만드는 결과가 되는 것이므로 2018년 하반기 결훈운은 완전한 배필을 만나기 보다는 손해 보는 결혼운으로 판단된다. 또한 강한 비겁운은 식상운을 생(生)하여 약(弱)하게하기 때문에 나쁘지만은 않지만 부인과 관련된 재성운은 아니다.
그러나 ⑧辰(겁재)와 ㉟戌(겁재)는 진술충(辰戌沖)이 성립되어 하반기의 결혼은 성립될 수 없음을 알 수 있다. 따라서, 위 사람은 2018년 상반기와 하반기 모두 결혼운은 나쁘다.
특히 승진, 진학, 합격 등을 판단할 경우 사주 원국은 물론 대운(大運)과 세운(歲運)에서 합(合)을 이루어 변화(化)된 기운이 길성(吉星)이 되거나 혹은 천덕귀인(天德貴人), 천을귀인(天乙貴人), 천관귀인(天官貴人) 등의 길성(吉星)이 작용된다면 이 경우 승진되고 합격 된다.
요즘은 중매보다 연애결혼을 많이 하는 추세이다. 연애 결혼의 경우 사주 구성에서 각종 합(合)이 많거나 혹은 도화살, 홍염살 등이 있는 경우, 비겁(비견, 겁재)이 다소 많은 경우, 재성(편재, 정재)이 왕성하거나 월주나 일주에 있고 비겁(비견, 겁재)이 사주에 많은 경우, 사주 구성에서 수(水)기운이 완성한 사람, 남자의 경우 재성(정재, 편재)가 많은 경우, 그리고 사주 전체 혹은 천간과 지지가 모두 양(+)간지 혹은 음(-)간지로 구성된 경우면 연애결혼을 하게 된다.
반대로 이혼(離婚) 하는 시점은 남자는 재성(편재, 정재), 여자는 관성(편관, 정관)이 충(沖)을 받거나 재성과 관성이 기신(忌神)으로 바뀔 때, 남자는 비겁이 정재(부인)을 극(剋)할 때 그리고 부인은 상관이 정관(남편)을 극(剋)할 때 이혼하게 된다.
특히, 남녀 배우자(정재, 정관)가 합(合)이 되어 다른 기운으로 변화(化)되는 경우이거나 혹은 천간합, 육함, 삼합, 방합의 조건에서 합(合)이 성립되고, 합으로 변화(化)된 오행(五行)이 기신(忌神)이거나 구신(仇神)이며, 기신과 구신이 대운(大運)과 세운(歲運)에서 이혼하게 된다.
또한 사주 구성에서 비견이나 겁재가 많은 군비쟁재(群比爭財) 사주의 경우 비견이나 겁재가 세운에서 들어올 때 또는 삼재(三災)에서 고장살(庫葬殺)이 들어올 때도 이혼하게 된다. 그외 오귀살(五鬼殺), 병부살(病符殺), 고신살(孤神殺), 과숙살(寡宿殺), 원진살

(怨嗔殺), 백호대살(白狐大殺), 양인살(陽刃殺) 등이 존재하거나 들어올 때이다.

불륜(不倫)시기 즉 바람을 필 때는 남자의 경우 재성이 들어올 때 여자는 관성이 들어올 때 혹은 일지나 일간이 합(合)이 되어 기신(忌神)으로 바뀌는 시점 또는 도화살(挑花殺)이나 홍염살(紅艶殺)이 들어오는 시기가 해당된다.

신약 사주에서 사주 구성이 정재와 편재가 상, 하 혹은 좌, 우로 나란하게 구성된 경우 첩(妾)을 두거나 본처와 이혼 후 재혼(再婚)하는 경우가 많다.

독자들은 남녀의 이혼(離婚)에 대하여 한 가지 더 알아야 될 사항이 있다.

그것은 통근(通根) 즉 뿌리 작용이다.

남자 사주 구성에서 부인에 해당되는 정재가 형(刑), 파(破), 해(害) 등과 나쁜 흉성(凶星)이 작용된다면 보통 이혼(離婚)이 발생되지만, 정재가 지장간과 통근(通根) 즉 뿌리가 박혀 있다면 이때는 부부간 정이 없고 잦은 싸움은 발생되지만 이혼(離婚)은 쉽게 성립되지 않는다. 아래 사주를 보자.

천간	지지	지장간
①戊(정재)	○	
○	③申(정관)	⑤乙(비견), ⑥(편인), ⑦戊(정재)
②乙(본인)	○	
○	④巳(상관)	

위 사주는 부인에 해당되는 정재 즉 ⑦戊(정재)를 품고 있는 지지 ③申(금)과 본인의 ②乙(목)과는 서로 상극(相剋) 관계가 성립되기 때문에 부부는 마음이 맞지 않는다는 것을 알 수 있다.

아울러, 이들 부부운(夫婦運)을 12운성으로 하나 더 판단해 보자. ①戊(정재)를 지지(地支)로 변환하면 진(辰)이 되고 이것은 일간 ①戊와의 관계는 관대(冠帶)가 되어 괜찮은 관계이기도 하다. 그러나 부인에 해당되는 지장간 ⑦戊(정재)을 품고 있는 지지 ③申은 ④巳과 申巳破가 성립되어 부부간 잦은 다툼과 관재구설이 발생된다는 사실을 확인할 수 있다. 그렇지만, 부인에 해당되는 지장간 ⑦戊(정재)은 천간 ①戊(정재)와 같은 토(土)로서 통근 즉 사주 뿌리를 내리고 있기 때문에 이들 부부는 절대 헤어질 수 없다.

독자들을 위하여 부부간에 발생되는 이와 비슷한 경우를 비교를 들어 다시 한번 설명해 보겠다. 아래 사주는 여자 사주이다.

구분	천간	지지	육친		지장간
년주(年柱)	辛	③丑	정재	상관	⑤癸(정관), 辛, 己
월주(月柱)	辛	④丑	정재	상관	⑥癸(정관), 辛, 己
일주(日柱)	①丙	⑤午	·	겁재	丙, 己, 丁
시주(時柱)	②癸	巳	정관	비견	戊, 庚, 丙

위 사주는 사주 원국에 남편에 해당되는 정관이 ②癸(정관)이 존재하니 분명 남편이 존

재하는 사주이다. 이제 남편과의 관계를 판단해 보자.

사주 원국에서 본인에 해당되는 일간(日干) ①丙(화)을 기준으로 남편에 해당되는 일지(日支) ⑤午와는 같은 화(火)로 강한 불기운은 오히려 부부간을 나쁘게 한다. 또한 위 사주는 신약(身弱) 사주이므로 남편에 해당되는 육친 정관 ②癸(수)는 일간(日干) ①丙(화)이 기운을 수극화(水剋火)로 약(弱)하게 만드는 관계로 남편과는 좋은 관계가 못된다.

또한 정관 ②癸(子)와 일간 ①丙과는 태(胎)가 되기 때문에 12운성으로 본 부부운(夫婦運) 역시 나쁘다.

그렇지만, 천간 ②癸(정관)은 지장간 ⑤癸(정관)과 ⑥癸(정관)과 통근(通根) 즉 사주 뿌리가 성립되므로 이들 부부는 떨어질 수 없는 사이가 된다.

즉, 부부간 사이는 나쁘지만 절대 이혼이 성립되지 않는다는 뜻이다.

이제 길흉성을 확인해 보자. 사주 구성에서 축(丑)과 오(午)는 원진살(怨嗔殺)이 성립되어 남편이 싫지만 어떤 이유가 있어 헤어지지 못하고 같이 살아야 될 운명이라는 것을 알 수 있다.

이상을 종합해 보면, 이들 부부는 남편은 분명히 존재하지만 부인에게 절대적으로 도움이 될 수 없는 허수아비 남편이라는 것을 알 수 있고, 그렇지만 절대 이혼은 허락하지 않는 사람이라는 것을 알 수 있다.

위 사주에서 또 한 가지 부연한다면 본인에 해단되는 ①丙(화)는 년간(年干)과 월간(月干)에 존재하는 辛(정재, 다듬어진 보석)과의 관계에서 다듬어진 보석(辛)을 불(丙화)로 녹이게 하므로 辛(정재) 즉 고모와 사이가 나쁘다는 것을 알 수 있다.

이렇게 사주를 해석하고 판단하는 과정에서, 합(合) 등의 작용으로 필요한 오행 변화(化)가 길성(吉星)으로 작용되면 복(福)을 주고받는 좋은 관계이며, 공망(空亡)이나 충(沖) 등이 성립되면 사망, 실직, 수술, 이혼, 등이 발생되고, 형(刑), 파(破), 해(害), 양인살(陽刃殺), 괴강살(魁罡殺), 백호대살(白狐大殺), 원진살(怨嗔殺) 등이 성립되면 이별, 소송, 싸움, 별거, 투쟁, 불륜 등으로 만신창이(滿身瘡痍) 신세가 된다.

이제 첩(妾)과 조혼(早婚) 등에 대하여 알아보자.

처(妻)와 첩(妾)의 관계는 첩이 처를 이기는 경우는 편재가 강한 사주이거나 천간에 편재가 있고 정재가 지지에 있는 경우이며, 이와는 반대로 정재가 강한 사주에서는 처(妻)가 첩(妾)을 용납하지 않는다. 편재가 사주에 상하좌우로 중첩되면 첩(妾)을 사랑하고 처(妻)를 미워하게 된다.

조혼(早婚)을 하는 남자 사주는 재성(편재, 정재)가 많은 경우이고 여자는 관성(편관, 정관)이 왕성하면 결혼을 아주 빨리 하게 된다. 만혼(晩婚)은 남자의 경우 비겁(비견, 겁재)이 많거나 재성이 지나치게 많은 경우이거나 혹은 용신이 일주(日柱)나 시주(時柱)에 있는 경우이며, 여자는 관살(편관, 정관)이 사주에 혼잡하게 놓여있거나 인성(편인, 인수=정인)이 강한 경우 혹은 일지(日支)와 시지(時支)가 서로 충(沖)되는 경우 만혼하게 된다.

참고로 자식이 없는 무자식 사주는 남자는 모두 양간(+)이거나 인수가 상하좌우로 중첩되어 있는 경우이고, 여자는 모두 음간(-)으로 사주 구성이 되어 있으면 자식이 없는 무자식 팔자로 본다.

(18) 부부(夫婦) 나이(연상, 연하) 판단

남자 사주에서 부인(婦人) 즉 처(妻)는 자신보다 나이가 많은 연상인가? 아니면 나이가 적은 연하인가? 를 판단하는 방법은 사주 원국의 육친(六親) 지지(地支) 중 부인에 해당되는 정재(正財)의 오행(五行)으로 판단 한다. 그 방법은 아래와 같다.

남자 : 정재(正財)에 해당되는 지지	子	丑	寅	卯	辰	巳
	午	未	申	酉	戌	亥
여자 : 정관(正官)에 해당되는 지지	처 혹은 남편이 연상이다.			처 혹은 남편이 연하이다.		

예를 들면, 사주 오행 중 정재에 해당되는 지지(地支)가 子, 丑, 寅, 午, 未, 申이면 처가 연상이고, 卯, 辰, 巳, 酉, 戌, 亥이면 처가 연하이다.

만약, 남자 사주에서 지지에 정제가 자(子)라고 하면, 이는 처가 자신보다 나이가 많은 연상이란 뜻이다. 여자의 경우는 남편에 해당되는 정관의 오행으로 판단한다.

정관에 해당되는 지지(地支)가 子, 丑, 寅, 午, 未, 申이면 남편이 연상이고, 卯, 辰, 巳, 酉, 戌, 亥이면 남편이 연하이다.

(19) 상부(喪夫) 및 상처(喪妻) 판단

사주에서 상부(喪夫) 및 상처(喪妻) 판단법은 앞의 길흉성에서 소개된 묘(墓)의 작용으로 판단할 수 있다. 물론 묘(墓)는 부부(夫婦)는 물론 아버지, 아들, 딸, 형제 등 육친(六親)과 관련된 모든 사람들에게 적용되고 발생된다.

부부(夫婦) 사주에 묘가 있으면, 부성입묘(夫星入墓)와 처성입묘(妻星入墓) 즉, 상부(喪夫)와 상처(喪妻)를 말하는 것으로 이것의 범위는 사별, 이혼, 재혼, 불화, 중병 혹은 유명무실한 상태 등 다양하게 나타난다.

묘의 성립 조건은 지지의 辰(土)은 수(水), 戌(土)은 화(火), 丑(土)은 금(金), 未(土)은 목(木)을 만날 때 묘(墓)가 되며 대운(大運)과 세운(歲運)에서도 적용법은 동일하다.

이제 양력 1986년 6월 11일 밤 22:50분에 태어난 남자 이길동의 사주에서 부부(夫婦)에 작용되는 묘(墓)를 확인해 보자.

이길동은 지지(地支)에서 묘에 해당되는 ⑥술(戌)이 있고, 이것은 화(火)에서 묘(墓)가 성립되지만, 부인에 해당되는 정재의 화(火) 오행은 존재하지 않고, 비견과 겁재에 해당되는 것이므로 이길동은 형제에게 묘(墓)가 성립되는 사주이므로 형제를 잃게 된다. 그렇지만 이길동은 인오술(寅午戌)의 지지 삼합이 존재하므로 형제에게 묘(墓)가 성립되지 않고 오히려 중년 이후 재물이 들어오는 창고(倉庫) 즉 길성(吉星)으로 작용한다. 원래 이길동의 사주는 일지(日支)가 공망(空亡)이 되므로 ⑥戌은 묘(墓)가 성립되지 않는다. 여기서는 독자들을 위하여 묘(墓)와 동일하게 작용되는 상부(喪夫)와 상처(喪妻)가 될 팔자를 육친(六親)관계를 통하여 확인해 보도록 하자.

예1) 아래 여자 사주는 상부(喪夫)할 팔자다.

	육친	
년주(年柱)	○	○
월주(月柱)	○	○
일주(日柱)	○	(상관)
시주(時柱)	○	○

그 이유는, 일주의 일지(日支) 자리는 남편이 있어야될 자리에 아들을 상징하는 상관(傷官)이 존재하기 때문에 상부(喪夫)할 팔자가 되는 것이고, 또한 육친(六親)의 상호 작용에서 상관(아들)은 정관(배우자, 남편)을 극(剋)하므로 결국 상부할 팔자가 되는 것이다.
위의 여자 사주에서 상부(喪夫) 팔자가 아닌 경우가 있다.
이 경우는 일지(日支)에 있는 상관이 충(沖)하거나 혹은 공망(空亡)이 작용하여 상관의 기능이 없어지는 경우 이거나 혹은 상관을 극(剋)하는 정인(인수)이 사주에 있으면 상부할 팔자가 아니다. 그 이유는 정인(인수)은 상관을 극하여 세력을 약화시켰기 때문이다. 이러한 방법 외에도 정인은 수(水)이므로 수(水)기운을 강하게 적용시켜 주면 된다. 즉 자신의 이름에 발음과 자원오행에서 수(水)기운을 강하게 개명(改名)하든지(※ 이름 짓기에서 상부(喪夫)와 상처(喪妻)의 묘(墓)관계 참고)
아니면, 水에 해당하는 북쪽 방향(方向)을 선택하든지, 아니면 水기운에 해당되는 검정색을 가까이 하여 수(水)기운을 활성화시켜 주면 된다.
또한 여자 사주에 정관이 많은 경우도 남편과 사별하거나 남편을 바꾸게 된다.
예2) 아래 남자 사주는 상처(喪妻)할 팔자다.

	육친	
년주(年柱)	○	○
월주(月柱)	○	○
일주(日柱)	○	(겁재)
시주(時柱)	○	○

그 이유는, 일주의 일지(日支) 즉, 배우자 자리에 겁재(劫財)가 있는 경우는 상처(喪妻)

할 팔자가 되는데, 그 이유는 겁재는 정재(배우자)를 극(剋)하기 때문이다.

하지만, 이 경우에도 정관(正官)이 사주에 있으면 상처할 팔자가 아니다.

그 이유는 정관은 겁재를 극(剋)하므로 겁재 세력이 약해졌기 때문이다.

독자들은 이러한 상부(喪夫)와 상처(喪妻) 팔자를 적용함에 있어서 앞에서 설명된 묘(墓)로서 상부와 상처의 기능과 서로 변행하여 더욱 정교한 사주 해석을 해주길 바란다.

(20) 상부(喪夫), 상처(喪妻) 피하는 법

위에서 설명한 상부(喪夫)와 상처(喪妻) 즉, 처성입묘(妻星入墓)와 부성입묘(夫星入墓)에 해당되는 사주에서 이를 피하는 방법은, 결혼 상대자의 사주에 상부와 상처를 주도하는 오행을 극(剋)하는 것을 많이 가진 상대방과 결혼하거나 혹은 자신의 이름에서 묘(墓)에 해당되는 오행을 발음 오행이나 자원 오행으로 하나 더 추가해 줌으로써 묘의 기능을 없애주면 된다.

즉, 辰(土)은 수(水), 戌(土)은 화(火), 丑(土)은 금(金), 未(土)는 목(木)에서 묘가 성립되는데 성립되는 오행 하나를 이름에서 추가시켜 주면 묘(墓)의 불운(不運)을 피할 수 있다(※참고, 13장, 자녀 이름 짓기에서 '상부(喪夫)와 상처(喪妻)의 묘(墓)관계를 확인한다).

또한 해당 오행의 방향(方向)은 물론 관련 색상, 숫자, 그리고 발음 등을 활성화시켜 주면 상부와 상처를 피할 수 있다.

또한 육친(六親)에서 상부(喪夫)와 상처(喪妻) 팔자를 피하는 방법은 여자의 경우 남편 자리에 즉 일지(日支)에 상관이 있는 경우 상관을 극(剋)하는 정인(인수)이 강한 상대방 남자 사주를 만난다면 상부(喪夫)할 팔자를 피할 수 있다. 남자의 경우 상처(喪妻)를 피하는 방법은 일지(日支)에 존재하는 비겁을 극(剋)하는 정관(正官)의 힘이 강한 여자 배우자를 만나면 된다. 이 외의 경우 상부와 상처에 해당되는 오행을 극(剋)하는 방향(方向)이나 혹은 오행의 기능 등을 적용시켜 주면 된다.

(21) 자녀(子女) 판단

자녀(子女)는 남자의 경우 아들은 편관으로 딸은 정관으로 판단하고, 여자는 상관(아들)과 식신(딸)로 판단한다.

우선 이길동의 사주에서 아들(편관)을 확인해 보자. 아들에 해당되는 편관은 지지 ⑧亥(수)이고 지장간에는 ⓔ壬이다.

이길동은 신강 사주이자 무더운 조열사주이기 때문에 일간 丙(화)의 기운을 약(弱)하게 할 수 있는 편관의 수(水)기운은 길성(吉星)으로 작용되기 때문에 이길동은 아들 복(福)은 존재한다는 것을 알 수 있다.

이제 이들 관계를 좀더 구체적으로 확인해 보자.

지장간의 ㊉壬(수)의 경우는 천간 ①丙, ③甲, ⑤丙, ⑦己 모두와 통근(通根) 즉 사주 뿌리가 성립되지 않는다. 이런 결과를 보아도 이길동은 아들 복(福)은 없다.

그렇지만, 지장간 ㊉壬을 품고 ⑧亥는 같은 수(水)로서 통기(通氣)가 성립되어, 이들 관계는 떨어질 수 없는 관계임을 알 수 있다.

하지만, ⑧亥(수)는 ②寅과 인해합(寅亥合)을 이루어 목(木)기운으로 변화(化)되어 자식과 인연은 박하고, ②寅과 ⑧亥는 해인파(亥寅破)가 성립되어 아들과 자주 싸우는 관계가 된다. 아울러 이길동의 용신은 아들에 해당되는 편관의 ⑧亥(수)이나 이것은 사주 뿌리가 약(弱)하기 때문에 이들은 서로가 도움을 줄 수 없는 유명무실(有名無實)한 관계로 판단 할 수 있기 때문에 아들에게 작용되는 복(福)은 크게 작용되지 못한다.

이제 다른 방법 즉 궁(宮)으로 자식(子息)을 판단해 보자. 자식은 시주(時柱)에 해당된다. 이길동의 시주 육친(六親)은 상관과 편관이다. 이들 육친은 길성에 해당되는 재성(편재, 정재)와 정관 및 식신 그리고 인성이 되지 못하므로 자식 복을 기대하기란 어렵다.

또한 시지 ⑧亥(수)과 부모에 해당되는 일지 ⑥戌(토)는 상극으로 자식복은 좋지 않다. 12운성(十二運星)으로 판단해 보면 일간 ⑤丙을 기준으로 ⑧亥과의 관계는 절(絶)이 되기 때문에 아들 복은 나쁘다. 따라서, 자녀(아들) 복을 판단할 경우는 여러 가지를 종합해서 최종 판단하는데 이길동의 경우 전반적으로 아들과의 관계는 좋은 것만은 아니다. 이번에는 이길동의 딸에 대하여 알아보자.

딸은 정관이므로 정관을 찾아보면 사주 원국은 물론 지장간에도 정관은 없다. 이런 경우는 아들인 편관으로 딸을 판단한다.

사주에서 육친(六親)을 판단할 때는 조모가 없으면 조부로 조모를 대신하여 판단하고, 아버지가 없는 경우 어머니로 아버지를 대신 판단한다.

만약 이길동이가 여자라면 아들과 딸의 관계는 상관(아들)과 식신(딸)으로 판단하는데 이것들의 판단은 다른 자녀 판단법과 동일하기 때문에 독자들에게 맡긴다.

특히, 자녀가 없는 무자식(無子息) 판단은, 인성과대(印星過大) 사주 즉 본인에 해당되는 일간(日干)을 생(生)해주는 힘이 너무 강한 사주로 판단하는데, 화(火)가 강하면 흙(土)이 말라버리는 화염토조(火炎土燥) 사주, 물(水)이 너무 많으면 나무(木)가 물에 뜨는 수다목부(水多木浮) 사주, 차가운 금(金)과 수(水)가 많아도 자식이 없는 금한수냉(金寒水冷)의 인성과대 사주는 물론 사주 구성에서 관살(편관, 정관)과 재살(편재, 정재)이 너무 많아도 혹은 너무 적어도 자식이 없고, 토금습체(土金濕滯)처럼 사주에 흙이 너무 습하고 힘이 없는 경우도 자식이 없다.

(22) 형제(兄弟) 판단

사주에서 형제(兄弟) 관계 판단은 비견(형제)과 겁재(이복형제)로 판단한다.

이길동의 사주 구성에서 이들을 찾아보자. 비견과 겁재가 많은 관계로 이길동은 형제가 많다는 것과 이길동의 성격은 지도력(指導力)은 있지만 남들과 동업(同業)은 할 수 없고 형제들 간 재산 싸움이 발생될 소지가 다분히 존재하다는 것을 알 수 있다.

이제 이길동 사주 구성에서 구체적인 형제 관계를 알아보자.

물론 비견과 겁재는 형제와 이복형제로 구분되나 여기서는 다 같이 묶어서 하나의 형제로 통일하여 판단해 본다.

우선 본인에 해당되는 일간 ⑤丙과 월지 ④午(겁재)는 같은 화(火)로서 가장 큰 힘을 발휘하는 득령(得令)이 성립되고, 이는 비겁이 강(强)하게 편중된 군겁쟁재(群比爭財)사주이기 때문에 형제가 싸우고 쟁탈전이 발생된다. 또한 일간이 화(火)인 신강 사주에서는 더욱 강한 힘을 실어주는 것이 되어 형제 관계는 나쁘다. 또한 火와 火의 상비(相比)관계가 성립되어 이렇게 판단해도 형제와 사이는 나쁘다.

이제 궁(宮)으로 형제를 판단해 보자. 형제는 궁으로 월주(月柱) 육친(六親)이므로 편인과 겁재이다. 이들 육친은 길성에 해당되는 재성(편재, 정재)과 정관이 되지 못하므로 형제 복은 나쁘다.

또한 형제운을 12운성(十二運星)으로 판단해 보면, ⑤丙을 기준으로 ④午(겁재)는 제왕(帝旺)이기 때문에 형제는 복이 존재하나, ④午가 공망(空亡)이기 때문에 형제복은 없다.

다음은 통근 즉 사주 뿌리 관계를 통하여 확인해 보자. 지장간에서 형제(비견)에 해당되는 ⓒ丙, ⓔ丙, ⓗ丁, ◎丁는 천간과 통근이 성립되어 형제는 도움을 서로 주고 받으며, 굳건하게 생활하고 있다.

그렇지만, 이것들을 품고 있는 지지 ④午와 ⑥戌는 인오술(寅午戌)의 삼합(三合)이 성립되어 목(木)기운으로 변화되고 이것은 목생화(木生火)가 되어 이길동의 신강 사주의 일간 丙(화)의 힘을 더욱 강(强)하게 만들어주는 것이 되기 때문에 나쁜 관계가 된다. 또한 이것들은 공망(空亡)과 양인살(陽刃殺) 그리고 백호대살(白狐大殺)이 성립되어, 겨우 ⓒ丙(화) 1개만 통근 즉 사주 뿌리가 성립된다. 그리고 이것은 ⑧亥와 ②寅는 해인파(亥寅破)가 성립되어 서로 싸우게 된다.

이러한 조건으로 본 이길동은 형제는 많지만, 형제 중 1명은 사망했고, 가끔은 싸우지만 서로 도움을 주고 받으며 지낸다는 것을 알 수 있다.

이렇게 이길동의 형제 관계를 세밀하게 검토하여 판단 할 수도 있지만, 간략하게 판단하는 방법도 있다.

이길동 형제운을 간단하게 판단하는 방법은 곧바로 ④午는 겁재이므로 형제에 해당 된다. 또한 ④午는 삼합(三合)이 성립되지만 ④午는 공망(空亡)과 양인살(陽刃殺)이 성립되므로 모든 기능이 상실되어 사망한 형제가 있고, 서로 싸우면서 생활한다는 것을 알 수 있다.

독자들은 사주를 판단할 때 귀찮고 어렵더라도 가급적 지장간까지 포함하여 세밀하게 검토하는 습관은 좋겠다.

사주를 보고 형제 수(數)를 판단하는 방법은 육친(六親)에서 형제에 해당되는 비겁(비견, 겁재)으로 판단하는데 사주 오행 중 비견이 수(水)이면 형제가 1~6명, 목(木)이면 3~8명, 화(火)이면 2~7명, 토(土)이면 5~10명, 금(金)이면 4~9명으로 판단하나 이것은 예전에 적용된 것이다. 그렇지만, 요즘은 시대적으로 핵가족이나 자녀를 기피하는 현상에 따른 산아제한(産兒制限)이 많은 관계로 형제 수(數)를 사주(四柱)로서 판단하는 것은 맞지 않고, 단지 사주 구성을 보고 형제가 있다 혹은 없다란 것만 판단해 주길 바란다. 참고로 년주(年柱)에 비겁이 있으면 형이 존재하고 차남인 경우 부모 유산을 받을 수 없고, 월주(月柱)에 비겁이 있는 사주라면 본인이 장남이거나 차남의 경우 장남 역할을 하게 된다. 또한 월지(月支)와 일지(日支)가 형(刑) 혹은 충(沖)이 있거나 사주에 병부살(病符殺)이 있으면 죽은 형제가 있다.

아울러 천간(天干)에 일간(日干)과 같은 오행(五行)이 존재하면 죽은 형제, 자매가 있다. 따라서 이길동의 경우 일간 화(丙)와 년간에 화(丙)는 동일한 병(丙)이 존재하므로 죽은 형제가 있다.

(23) 장모(丈母), 장인(丈人) 판단

장모(丈母)와 장인(丈人) 판단은 이길동이 남자이므로 식신(장모)과 편인(장인)이다. 우선 장모인 식신부터 확인해 보자.

식신에 해당되는 장모는 일지의 ⑥(戌)에 해당되고 이것은 토(土)가 되므로 이길동의 일간 丙(화)과는 화생토(火生土)가 작용 되어 이길동의 신강(身强) 사주에서 강(强)한 화(火)기운을 화생토(火生土)의 작용으로 설기 즉 힘을 빼주니 장모는 도움을 주는 유익한 사람이 된다.

그러나 장모에 해당되는 술(戌)은 공망(空亡)과 丙-戌의 백호대살(白狐大殺)이 성립되므로 장모는 사고로 인하여 일찍 세상을 떠난 사람으로 판단할 수 있다. 이길동의 장인 판단은 편인이므로 이는 이길동 장모와 같은 방법으로 풀이하고 해석해 주면 된다.

(24) 재물운(財物運) 판단

사주에서 재물운(財物運)은 돈과 관련된 재성(편재, 정재) 그리고 식신(食神) 등으로 판단하는데, 재물운도 앞에서 판단한 조부, 부모, 형제 판단과 모두 동일하다.

즉, 이들 재성은 지장간과 통근(通根) 즉 사주 뿌리가 성립되어야하고 신강, 신약 사주에서 일간의 힘은 신강 사주에서는 약(弱)하게 되어야 하고, 신약 사주에서는 강(强)하게 작용되어야만 재물(財物)로서 빛을 보게 된다. 그리고 타고난 재물(財物)이 존재하는 사주를 식신생재(食神生財)사주라고 하고, 이와는 반대로 남편은 부인에게, 부인은 남편은 물론 형제나 주위 친구들로부터 재물(財物)과 배우자(남편, 부인)을 모두 빼앗기는 사주를 군겁쟁재(群劫爭財) 혹은 군비쟁재(群比爭財)사주라고 한다.

이들은 격국(格局)으로 분류 된다. 우선 여기서는 이길동이에 대한 재물운을 먼저 판단한 후 타고난 재물복에 해당되는 식신생재 사주는 물론 식신과 관련된 식신제살(食神制殺), 제살태과(制殺太過), 편인도식(偏印倒食) 그리고 육친(六親)의 기능과 재물을 잃는 군겁쟁재 혹은 군비쟁재 사주에 대하여 알아보자.

이길동의 재물운(財物運)을 확인해 보자.

사주 구성에서 이길동의 재물운(財物運)을 찾아보니 사주 원국에는 ⑥戌(식신)이 있고, 지장간에는 ⑧辛(정재)과 ㉠戊(식신), ㉂戊(식신), ㉃戊(식신)이 존재한다.

이제 이들을 통하여 재물을 구체적으로 판단해 보자.

첫 번째로, 지장간에 존재하는 ⑧辛(정재)를 우선 판단해 보자.

이것은 금(金)으로 사주 원국의 천간에 금(金)의 오행이 없는 관계이므로 통근(通根) 즉 뿌리가 성립되지 않고, 이를 품고 있는 지지 ⑥戌은 공망(空亡) 작용과 丙-戌의 백호대살이 성립되기 때문에 이길동은 타고난 재물복도 없으면 재물(財物)과 상관없이 평범하게 살아가는 사람이다.

둘째는 지장간 ㉠戊(식신), ㉂戊(식신), ㉃戊(식신)을 확인해 보자.

이 중 ㉂戊(식신), ㉃戊(식신)은 이것들을 품고 있는 지지 즉 ④午와 ⑥戌은 각각 공망(空亡)이 작용되어 식신 기능은 상실했다.

이제 ㉠戊(식신)을 보자. 이것은 천간 ⑦己와 같은 토(土)이기 때문에 통근(通根) 즉 사주 뿌리가 성립되어 식신으로서 기능을 발휘 수 있다.

그렇지만, ㉠戊(식신)을 품고 있는 ②寅과 ⑧亥와는 인오술(寅午戌)의 삼합(三合)으로 재물과 관련이 없는 비겁의 화(火) 기운으로 변화(化)되고, 또한 해인파(亥寅破)가 성립되어 재물(財物)을 모으는데 투쟁과 풍파(風波)가 발생됨을 알 수 있다.

다른 방법으로 이길동의 재물운을 확인해 보면, 재물과 관련된 편재와 정재가 없고, 용신(用神) 수(水)에 해당되는 육친(六親)은 재물과 거리가 먼 편관(偏官)이고, 용신 다음으로 좋은 희신(喜神)에 해당되는 목(木)은 편인(偏印)이 된다. 편인 역시 재물과 관련이 없는 것들이기 때문에 설사 노력과 비례하여 재물이 모이는 것이 아니라 오히려 재물이 빠져 나가는 경우가 많다.

또한, 비겁(비견과 겁재) 세력이 강하게 작용되어 비겁운이 강(强)하게 편중된 사주이므로 군겁쟁재(群劫爭財)사주로 이는 형제간에 싸우고 쟁탈전이 발생하게 된다. 또한 약간의 부모 재물은 물려 받았지만 형제간 재산 싸움이 발생했기 때문에 재산을 기대할 수 없다. 또한 사주 구성에서 상업적(商業的)으로 진출할 수 있는 길성(吉星)이 없는 관계로 이길동은 타고난 재운(財運)은 약(弱)하다.

또한 이길동은 ③甲(편인)은 ⑥戌(식신)을 목극토(木剋土)로 극(剋)하기 때문에 가난을 면치 못하는 편인도식(偏印倒食)이 되는 사주이나 식신의 ⑥戌은 공망(空亡)이 성립되어 편인도식 사주는 제외되어 가난은 면할 수 있으나, 추진하는 일이 단절되는 결과가 나타나고 주위 사람들과 인덕(人德)도 없다.

그렇지만, 용신(用神)으로 이길동의 대운(大運)의 흐름을 확인해 보면, 초, 중년에는 경제적으로 어려움을 겪었지만 50이후부터 재운(財運)이 점차적으로 들어오는 시기이고, 55세 이후부터 사회 활동과 더불어 재물의 기운도 함께 조금씩 발복(發福)하게 된다.

재물운이 좋은 사람은 오행(五行)의 구성 요소가 사주에 균형을 이루고, 재성과 관련된 용신(用神)이 지장간까지 통근 즉 사주 뿌리가 내리고 있으며, 육친(六親) 중 돈과 관련된 편재와 정재 그리고 식신이 용신(用神)으로 구성되어 있고, 아울러 충(沖)이나 공망(空亡) 등을 받지 않고, 재성에 해당되는 오행이 다른 오행에게 힘을 주는 설기(泄氣) 현상이 없고, 재물에 악(惡) 영향을 주는 나쁜 살(殺) 작용이 없는 사주이다.

특히 큰 부자는 재성(편재, 정재)과 더불어 사주 구성에서 정관이 존재해야 한다.

이제 타고난 재물(財物) 사주에 해당되는 식신생재(食神生財) 사주를 확인해 보자.

식신생재 사주는 큰 돈을 벌 수 있는 사주(四柱)를 말하는 것으로, 식신이 재성(편재, 정재)을 생(生)할 때 성립된다.

사주 구성에서 식신생재(격) 사주가 성립되는 조건과 특징은 다음과 같다.

식신생재사주성립조건	• 식신은 위치에 상관없이 재성(편재, 정재)을 생(生)하면 성립 된다(식신생재 사주). • 월지(月支) 식신의 지장간은 천간 재성(편재, 정재)에 투출되면 성립 된다(식신생재격 사주). • 월지(月支) 재성(편재, 정재)의 지장간은 천간 식신에 투출되면 성립 된다(식신생재격 사주). • 서로 생(生)하는 작용은 간지(干支)나 혹은 지지(地支) 모두 상관이 없다. • 작용되는 상호간 거리가 너무 멀리 떨어진 경우는 약(弱)하다. • 충(沖), 공망(空亡)이 작용되면 성립이 안 된다. • 일간(日干)은 강(强)해야 한다. • 대운(大運)과 세운(歲運)에도 성립된다. • 재다신약 사주에서는 성립되지 않는다.

특장	• 창조력이 탁월하다. • 정열적이다. • 대인관계가 좋고, 색을 탐한다.

식신생재 사주의 성립 조건을 바탕으로 보기를 들어 식신생재(격) 사주를 판단해 보자.

■ 식신생재(食神生財) 사주

아래 사주는 양력 1915년 11월 25일 축시(丑時)로 한국 대표 재벌에 해당되는 고 정주영 현대그룹회장의 A사주와 B사주를 보자.

A사주(정주영 사주)			B사주			
사주(四柱)		육친(六親)	사주(四柱)		육친(六親)	지장간
乙	卯	③정재(木)	정재	己	未	겁재	겁재	
丁	亥	④정관(火)	②식신(水)	③壬	①申	편재	식신	戊, ②壬, 庚
庚	申	①(金)	비겁	戊	子	·	정재	
丁	丑	정관	정인	庚	申	식신	식신	

우선 A사주(정주영 사주)는 ②식신(水)이 ③정재(木)를 생(生)해주고 있으므로 식신생재 사주이다. 또한 이것들은 일간(日干) 본인을 기점으로 金-水-木-火으로 생(生)하는 조건이 성립되어, 식신에서 정재 그리고 큰 부자의 필수조건의 정관 그리고 본인으로 이어지는 작용이 형성되어 더욱 탄탄한 식신생재 사주를 형성하고 있다.

특히 A사주(정주영 사주)는 정관이 존재하므로 식신생재 사주에서 큰 부자의 필수조건을 갖추게 되었다.

위 사주를 다시 대운(大運)에서 판단해 보면 45세에서 54세에 해당되는 임오(壬午) 대운에 식신이 추가로 들어오는 운(運)이 되므로 45세 이후부터 현대그룹은 본격적인 부(富)가 발복(發福)되었음을 알 수 있다.

B사주는 월지 ①申(금)이 식신이고 이것의 지장간 ②壬는 천간 재성(편재) 즉 ③壬에 투간되니 식신생재격 사주이다. 특히, 독자들은 100% 식신생재(食神生財) 사주는 아니더라도 충(沖), 공망(空亡) 등의 나쁜 흉성(凶星)이 작용되지 않는 이와 비슷한 사주 구성인 경우 재복(財福)으로 나쁘지 않다는 사실을 알아야 한다.

지금까지 식신(食神)의 작용 중 재물(財物)에 해당되는 식신생재(食神生財) 사주에 대하여 알아보았다. 특히 식상(식신, 상관)은 나쁜 칠살(편관)을 중화시켜 길성(吉星)으로 전환시켜 사주 해석에서 많이 활용되는데 이러한 것들은 무수히 많이 존재한다. 우선 여기서는 살인상생(殺印相生), 식신제살(食神制殺), 상관제살(傷官制殺)은 물론 제살태과(制殺太過), 편인도식(偏印倒食) 및 육친(六親)의 기능에 대하여 소개하니 독자들은 식신(食神)과 관련된 사주 해석(解析) 즉 통변술(通辯術)에서 꼭 활용해 주길 바란다.

■ 식신제살(食神制殺) 사주

식상(식신, 상관)이 관성(편관, 정관)을 극(剋)하는 것을 식신제살(격) 사주이다. 특히 식신이 나쁜 칠살(편관)을 극(極)하는 경우가 많다.

이 경우 신약사주에서 질병과 채무 그리고 규제로부터 해방되는 것으로 길(吉)한 사주가 된다. 이런 사람은 구질구질한 것을 싫어하고, 확실한 성격으로 잘못된 것을 바로잡아주어야 적성이 풀리는 사람으로 윗사람에게 대들고 바른말을 잘하는 깐깐한 사람이다. 식신제살이 있는 사람들은 상업(商業)이나 서비스 혹은 남 밑에서 근무하는 직업엔 적성에 맞지 않고, 교육직이나 연구직 혹은 공무원, 군인, 검찰 등의 직업이 맞다. 특히 여성의 경우 식신제살이라면, 남편 길들이기를 하면서 살아가는 사람이다. 예를 들어보자.

사주(四柱)		육친(六親)	
辛	酉	②편관	③편관
丁	酉	①식신	④편관
乙	卯	·	비견
乙	酉	비견	⑤편관

위 사주는 ①식신은 나쁜 관살에 해당되는 ②편관, ③편관, ④편관, ⑤편관을 화(火)를 금(金)으로 화극금(火剋金)하여 극(剋)하게 됨으로 나쁜 칠살(편관)을 제압하기 때문에 식신제살(食神制殺) 사주이다. 식신제살격은 월지에서 투간작용으로 성립된다.

이와 비슷한 상관제살(傷官制殺)은 상관이 관성(편관, 정관)을 극(剋)하는 것을 말하는데 이것 역시 길(吉)한 사주로 식신제살(食神制殺)과 비슷한 결과를 초래하지만 이 경우는 관성이 약할 때 적용한다. 특히 식신제살 사주는 나쁜 관살혼잡(官殺混雜)이 된 사주에서 편관을 제압하여 유용하게 적용시킬 수 있는 구세주이기도 하다.

식신제살 사주의 용신(用神)은 식상(식신, 상관)이며 대운(大運)과 세운(歲運)에서 식상운이 들어오면 발복(發福)하게 된다. 그러나 인성운에서는 식상운이 손상되기 때문에 파료상관(破了傷官)이 되어 나쁜 대난(大難)이 찾아온다. 또한 재성(편재, 정재)운에서는 관성의 힘이 강해지므로 식신제살 사주에서는 재성운 역시 흉운(凶運)으로 나쁘다. 따라서, 식신제살 사주는 돈과 여자에 대한 욕심을 부리면 부릴수록 편관의 힘이 강해지므로 버리는 것이 좋다. 특히, 여성의 경우 편관은 남편으로 볼 수 있기 때문에 남편과의 사이도 때에 따라서는 위태로울 수도 있다.

문제는 식상(식신, 상관)이 관성(편관, 정관)의 세력보다 강(强)하면 안된다. 그러면 관성이 완전 무력화되기 때문에 이런 사주를 제살태과(制殺太過) 사주이다. 제살태과 사주는 아주 나쁜 사주가 된다. 그 이유는 관살 즉 나쁜 편관도 사주 구성에서 적절히 균형(均衡)있게 써먹어야 길(吉)하기 때문이다. 아래 제살태과 사주를 보자.

▣ 제살태과(制殺太過) 사주

제살태과 사주는 식상(식신, 상관)이 관성(편관, 정관)의 세력보다 강(强)하여 관성이 완전 무력화된 사주를 말하는 것으로 아주 나쁜 사주가 된다. 예를 들어 보자.

사주(四柱)		육친(六親)	
辛	卯	정재	인수
戊	戌	①식신	②식신
丙	辰	·	③식신
己	亥	상관	④편관

위 사주는 ①식신, ②식신, ③식신 3개의 강(强)한 토(土)가 약(弱)한 ④편관 1개의 수(水)를 극(剋)하여 완전 무력화시켰기 때문에 식신제살(食神制殺)이 아니라 나쁜 제살태과(制殺太過)사주가 된다. 편관은 중화시켜야 되지만 너무 과도한 중화는 나쁜 결과를 초래하기 때문이다.

제살태과 사주는 용신(用神)은 인수(정인)이고, 인성운에서 발복(發福)하게 된다. 그러나 식상(식신, 상관)운을 만나면 진법무민(盡法無民)이 되어 자손이 대흉(大凶)하고 불구, 극자, 사망하게 된다. 원래 제살태과 사주는 남자에게는 지병이 있고, 부부운이 나쁘며 소실 자손이 길(吉)하다. 여자는 남편복이 없고 여러번 재혼은 물론 이혼(離婚) 등으로 과부 운이다.

위 사주에서 아래 대운(大運)을 보자.

97	87	77	67	57	47	37
戊	己(상관)	庚	辛	壬	癸	甲(편인)
子	丑(상관)	寅	卯	辰	巳	午(겁재)

대운 37세 때는 천간이 편인(甲)으로 목(木)기운은 강한 식신의 토(土)기운을 극(剋)하여 발복운을 맞이했으나, 사주 원국과 갑기합(甲己合)이 성립되어 이것은 토(土)기운으로 전환되기 때문에 오히려 식신의 토(土)기운이 더 강하게 작용됨으로 불운(不運)의 진법무민(盡法無民)이 되었고, 87세 때 역시 상관(己)의 토(土)기운이 다시 들어옴으로써 편관을 완전 무력화되어 진법무민을 맞아 사망하게 되었다.

그러나 나쁜 제살태과(制殺太過) 사주일 경우라도 지장간에 관성(편관, 정관)의 뿌리(통근)가 강(强)한 신강 사주이거나 혹은 신약 사주일 경우라도 지장간에 관성(편관, 정관)이 뿌리가 강(强)한 경우 제살태과 성립되지 않고 오히려 국가에 관(官)을 먹는 살장관로(殺藏官露) 혹은 관장살로(官藏殺露) 사주(사주 원국에 정관이나 편관이 하나가 존재하고, 지장간에 다른 관성이 존재하는 경우) 사주가 성립된다. 아래 사주를 보자.

사주(四柱)	육친(六親)	지장간

Ⓐ乙	丑	편관	비견	癸, 辛, 己
①庚	辰	상관	겁재	㉮乙, 癸, 戊
己	Ⓑ卯	·	편관	㉯甲, ㉰乙
壬	②申	정재	상관	戊, 壬, 庚

위 사주는 신강 사주로 상관에 해당되는 ①庚(금)과 ②申(금)은 편관에 해당되는 Ⓐ乙
(목)과 Ⓑ卯(목)을 금극목(金剋木)으로 편관을 모두 없애므로 나쁜 제살태과 사주이다.
그러나 Ⓐ, Ⓑ의 편관은 지장관에 같은 목(木)에 해당되는 ㉮乙, ㉯甲, ㉰乙의 강(强)한
통근 즉 뿌리가 형성되므로 편관이 완전 소멸되지 않고 살아남게되어 위 사주는 제살태
과 사주가 아니라, 살장관로(殺藏官露) 사주가 되어 국가에 관(官)을 먹는 사주가 된다.

▣ 편인도식(偏印倒食) 사주

편인도식은 편인이 식신을 극(剋)하는 것을 말하는데 이것은 밥그릇을 도식(盜食) 즉 엎
기 때문에 식신의 본래의 기능은 없어지고 가난을 면치 못하는 것을 말한다.
이 경우 가난뿐 아니라 목표의식이 없어지고 자식에 대한 애정도 없어진다. 편인도식이
성립되는 사주에서 재성(정제, 편재)이 없는 경우 가난의 정도는 더 심해진다. 편인도식
사주는 아래와 같다.

사주(四柱)		육친(六親)	
①丙	○	식신	○
②壬	○	편인	○
甲	○	·	○
○	○	○	○

위 사주는 ①丙은 식신으로 화(火)이며, ②壬는 편인으로 수(水)이다. 이때 편인은 식신
을 수극화(水剋火)로 극(剋)하므로 편인도식이 성립된다.

▣ 비겁(비견, 겁재)이 식상(식신, 상관)을 생(生)해 줄 때

사주 구성에서 비겁(비견, 겁재)이 식상(식신, 상관)을 생(生)해 주는 경우 이거나 혹은
이들이 대운(大運)이나 세운(歲運)에서 들어올 경우는 남들로부터 인기를 얻고, 후원자
가 생기며, 아울러 주위에 이름을 날리게 되는 운(運)이 된다. 이 경우 군겁쟁재(群劫爭
財)와 군비쟁재(群比爭財) 사주가 아니라면 남들과 동업해도 좋고, 상업적으로 성공하
게 된다.
다음으로, 재물(財物)에서 필패(必敗)하는 군겁쟁재와 군비쟁재 사주(四柱)를 알아보자.

▣ 군겁쟁재(群劫爭財)와 군비쟁재(群比爭財) 사주

군겁쟁재와 군비쟁재 사주란? 사주 구성에서 남편은 부인에게, 부인은 남편은 물론 형제나 주위 친구들로 부터 재물(財物)은 물론 배우자(남편, 부인)를 모두 빼앗기는 사주를 말하는 데, 이것들의 사주 구성은 겁재(劫財)와 비견(比肩)이 강(强)하게 구성된 신강(身强) 사주를 말하는데, 이것의 성립은 재성(편재, 정재)이 약(弱)하고 겁재가 강한 사주를 군겁쟁재라고 하고, 비견이 강한 사주를 군비쟁재라고 하지만 둘 다 동일하게 본다.

이들은 육친(六親) 작용 중 형제 혹은 동업자 그리고 부인과 남편에 해당되는 것들로 통근(通根)과 득령(得令) 등이 강(强)하게 작용되는 관계이기 때문에 처음에는 무리를 지어 강한 단결심을 나타나지만 결국 재물(財物)과 배우자(남편, 부인) 그리고 권력 문 제로 인하여 서로 싸우고 파멸(破滅)하게 된다.

이 경우 동업자 혹은 남자는 여자에게, 여자는 남자에게 재산을 빼앗긴다는 뜻이므로 결국 부부는 이혼(離婚)하게 되고 헤어지게 된다. 따라서 군겁쟁재나 혹은 군비쟁재의 사주는 양인살이 존재하거나 혹은 양인격과 건록격과 비교되는 것으로 이런 사주의 경 우 사업이나 남들과 동업해선 필패(必敗)하게 되며, 권력(權力) 역시 사라지게 된다.

우리 주위에서 돈과 권력 그리고 명예를 얻고난 후 배우자(남편, 부인), 동업자, 형제들 에게 필패(必敗)하는 경우가 많은데 이런 사람들의 사주를 분석해 보면 군겁쟁재와 군 비쟁재에 해당되는 사람들이다. 그렇지만 비견(比肩)과 겁재(劫財) 세력을 관성(편관, 정관)으로 극(剋)하든지 아니면 충(沖), 공망(空亡) 등으로 세력을 약(弱)하게 하는 경우 오히려 잘 풀려 나가는 경우도 가끔은 있다.

아래 A와 B사주를 보자.

A사주			B사주		
사주(四柱)		육친(六親)	사주(四柱)		육친(六親)
庚	辰	상관	②겁재	丙	午	①비견	③겁재
丁	亥	편인	정재	甲	午	편인	④겁재
己	未	·	③비견	丙	戌	·	식신
戊	辰	①겁재	④겁재	丁	酉	②겁재	정재

위의 A와 B사주 모두는 사주 구성에서 비견과 겁재가 절대적으로 강(强)하기 때문에 재 산이나 배우자(남편, 부인)에 해당되는 정재를 목표로 삼아 서로 싸움으로써 필망하게 되는 군겁쟁재(群劫爭財) 및 군비쟁재(群比爭財)의 사주이다.

이들이 들어오는 시기는 대운(大運)이나 세운(歲運)에서 다시 비견과 겁재가 추가로 들 어올 때 조심해야 된다. 특히 B사주의 경우 화(火)기운이 강(强)한 군겁쟁재(群劫爭財) 사주이므로 화려한 것을 좋아하고, 남들 앞에 나서거나 자랑하려는 습관이 매우 강한 성격의 소유자이기도 하다.

본래 군겁쟁재과 군비쟁재(群比爭財)는 육친(六親) 관계에서 비견과 겁재에 해당되는 형제가 사주 구성에 많다는 뜻으로 이는 재물(財物) 즉 재성(편재와 정재)을 파멸시키며 (극하고), 돈이 많으면 인성(편인, 인수) 즉 어머니를 버리는 것(극한다)과 동일하게 작용되는 것이다.

참고로 재다신약(財多身弱) 사주라는 것은 사주 구성에서 재성(편재, 정재)이 많고, 본인에 해당되는 일간(日干)이 이들 오행들과 사주 뿌리 통근(通根)은 물론 득령(得令), 득지(得地), 득세(得勢)를 얻지 못하는 신약(身弱)한 사주를 재다신약 사주 혹은 재성태왕(財星太旺) 사주라고 한다. 이러한 재다신약 사주는 마음이 소심하고, 자린고비가 많으며, 부인에게 꼼짝을 못하고, 남들과의 경쟁력은 약(弱)하고 돈과 여자를 추구하는 성격이 강(强)하나 이것들을 자신의 것으로 만들지는 못한다. 건강(健康) 또한 나쁘다. 문제는 재다신약의 경우 본인에 해당되는 일간(日干)이 강(强)하게 통근(通根)되지 않는 경우 재성(정재, 편재)이 사주에 존재한다고 해서 재물(財物)이 들어오는 것이 아니라 재물이 흩어지므로 부자집에 가난한 사람이 된다. 또한 고향(故鄕)을 떠나서 살며, 부부 사이가 나쁘며 부인(婦人)이 사회활동을 해야만 좋다. 재다신약 사주에서 용신(用神) 판단은 재성 즉 편재, 정재를 극(剋)하는 비겁(비견/겁재)을 용신으로 사용하고, 비겁운이 들어오면 재물(財物)을 얻게 된다. 그러나 식상(식신, 상관)운에서는 재물을 잃는다.

(25) 관운(官運), 출세운(出世運), 승진운(昇進運) 판단

사주에서 관운(官運)과 출세운(出世運), 승진운(昇進運)을 판단할 때는 관성 즉 편관(偏官)과 정관(正官)으로 판단한다. 그 이유는 정관은 국가의 녹을 먹는 높은 공직자(공무원)를 뜻하기 때문이고, 편관은 아들에 해당되기 때문에 과거 남아선호사상(男兒選好思想) 시절에는 이것으로 관운과 출세운을 판단했다.

사주 구성에서 시간(時干)에 편관이나 정관이 존재하면 시상편관격(時上偏官格)과 시상정관격(時上正官格)이 되어 이것 역시 국가에 관(官)을 먹는 사주로 판단한다.

또한 반안살(攀鞍殺)과 장성살(將星殺)이 들어오는 대운(大運)이나 년(年)이나 월(月)에 이들이 들어오면 승진운(昇進運)이 이루어진다.

독자들은 장성살과 방안살은 일종에 살(凶殺)인데 어떻게 승진운에 적용시키는가? 이에 대한 궁금증은 이들 두 살(殺)은 승진운은 타고 났지만 승진이 이루어진 후 남들에게 욕을 다소 먹는 살(殺)이지만, 반안살의 경우 길신(吉神)으로 보기 때문이다.

그리고 반안살과 장성살은 괴강살과 드불어 사주 구성이 좋은 경우 출세(出世)는 물론 대권(大權)까지 잡을 수 있는 살(殺)이기도 하다.

이길동은 년지(年支)의 인(寅)과 일지(日支)의 술(戌)은 각각 오(午)와 장성살(將星殺)이 성립된다. 그렇지만 午가 공망인 관계로 이길동에게 장성살(將星殺)은 없다.

또한 반안살(攀鞍殺)도 없다.

이러한 승진과 출세운들이 성립되려면 나쁜 흉성이 없고, 용신(用神)에 부합되어 지장 간과 통근(通根) 즉 뿌리를 내리고 있으며 사주 구성에서 부하직원이 있고 국가 관록을 먹는 육친(六親) 즉 식신, 정재, 정인 등이 사주 구성에서 합류되어야 한다.

요즘 현대 시대는 남녀평등을 바탕으로 자신과 가정을 지키고 자신의 재능을 발전시킬 수 있는 끼를 발전시킴은 물론, 과거 나쁘게 평가 받았던 겁재(남의 돈을 잘 받아 챙긴 다), 상관(언변력과 연구심이 좋다), 편관(배짱이 좋다) 등과 같이 시대에 맞게 자신의 소질과 적성을 발전시킬 수 있는 육친(六親)이 부가되어야만 출세운의 기회를 잡을 수 있는 동기로 본다.

아울러 사주 구성이 좋은 경우 괴강살(魁罡殺)이나 丑戌未의 삼형(三刑)은 오히려 출세 에서 길성(吉星)으로 작용되는 경우가 있다.

그리고 타고난 출세(出世) 운(運)에 해당되는 사주로 높은 벼슬이나 혹은 관(官)을 먹는 사주가 있는데 이것들은 격국(格局)으로 분류되는 관인상생(官印相生)과 살인상생(殺印 相生) 사주이다.

여기서는 우선 이길동이에 대한 관운(官運)을 먼저 판단한 후에 타고난 관운에 해당되 는 관인상생과 살인상생 사주를 알아보자.

이길동의 관운과 출세운 그리고 승진운은 사주에 존재하는 편관(偏官)과 정관(正官)으 로 구체적으로 확인해 보면 다음과 같다.

이길동 사주에는 편관은 있지만 정관은 없다.

따라서 이길동의 출세운은 편관으로 판단해야 한다. 편관은 사주 원국의 시지(時支) ⑧ 亥과 지장간의 ㉫壬이다.

이것은 같은 수(水)로서 지장간의 ㉫壬(편관)과 같은 수(水)로서 통기(通氣)관계를 이루 므로 밀접한 관계가 있다.

그렇지만, 지장간의 ㉫壬(편관)은 수(水)로서 사주 원국의 천간과 동일한 오행(五行)이 없는 관계로 통근 즉 사주 뿌리가 성립되지 않기 때문에 이길동은 타고난 관운(官運)과 출세(出世)운 그리고 승진운(昇進運)은 희박하다는 것을 알 수 있다.

이런 경우는 대운(大運)이나 세운(勢運) 혹은 이들의 지장간에 관운과 출세운 그리고 승 진운에 해당되는 편관(偏官)과 정관(正官)이 존재하여, 관살혼잡(官殺混雜) 등에 해당되 지 않는다면 관운이나 승진운이 찾아오면 이때는 출세운이 되는 것이다.

이러한 관계로 본다면 독자들은 자신은 물론 상대방의 출세운을 충분히 판단하리라고 본다.

이제 타고난 관운(官運) 사주에 해당되는 관인상생(官印相生)과 살인상생(殺印相生) 사주에 대하여 알아보자.

관인상생(官印相生)과 살인상생(殺印相生)은 국가에 관(官)을 먹는 사주로 높은 벼슬은 물론 고위 공직자에 오를 수 있는 사주다. 사주 구성에서 이들의 성립 조건은 정관이나 편관이 정인이나 혹은 편인은 물론 본인에 해당되는 일간(日干)과 서로 서로 상생(相生) 작용이 이루어져야 하고, 이것들의 지장간(支藏干)은 천간(天干)에 존재하는 편관 등에 투출(透出)작용이 성립되어야 한다.

이러한 작용이 이루어지는 근본 이유는 관성(편관, 정관)은 나를 극(剋)하는 오행이므로 일간(日干)이 튼튼하지 못하면 질병이나 명예손상이 찾아오게 된다. 그러나 인성(편인, 인수=정인)이 존재하면 관성은 더 이상 본인을 괴롭히지 않고, 인성을 생(生)하고자 하기 때문에 사주 균형(均衡)이 유지될 뿐 아니라 국가에 관록(官祿)을 먹고사는 귀격사주가 된다. 이런 작용에는 관인상생(官印相生)과 살인상생(殺印相生)이 있다. 이제 이들의 성립되는 조건은 다음과 같다.

구분	성립조건
□관인상생 (官印相生) 사주	•정관은 정인(인수)과 일간(日干)을 생(生)하는 작용이 이루어지면 성립된다(관인상생 사주). •월지(月支) 정관의 지장간은 천간 정인(인수)과 투출(透出)이 이루어지면 성립된다(관인상생격 사주). •이들의 성립조건은 일간(日干)을 중심으로 정관, 인성이 반드시 붙어 있어야 한다.
□살인상생 (殺印相生) 사주	•편관은 편인과 일간(日干)을 생(生)하는 작용이 이루어지면 성립된다(살인상생 사주). •월지(月支) 편관의 지장간은 천간 편인과 투출(透出)이 이루어지면 성립된다(살인상생격 사주). •이들의 성립조건은 일간(日干)을 중심으로 편관, 인성이 반드시 붙어 있어야 한다.
<공통 사항>	•일간(日干)이 강(强)해야 한다. • 3개가 상호 작용되는 거리가 멀리 떨어진 경우는 성립되지 않는다. • 충(沖)이나 공망(空亡)이 작용되면 성립이 안 된다.

이제 이들의 성립조건은 물론 성립되지 않는 조건을 보기를 들어 관인상생과 살인상생 사주를 확인해 보자.

▣ 관인상생(官印相生) 사주

관인상생 사주는 정관이 정인(인수)과 일간(日干)을 생(生)하는 작용이 이루어지거나 (관인상생 사주) 또는 월지(月支) 정관의 지장간은 천간 정인(인수)과 투출(透出)이 이루어지면 성립된다. (관인상생격 사주) 아래 A사주와 B사주를 보자.

A사주				B사주			
사주 (四柱)		육친(六親)		사주 (四柱)		육친(六親)	지장간(支藏干)
○	○	○	○	甲	子	정관	편재	
壬	申	②정인 (水)	①정관 (金)	丙	寅	②인수 (火)	①정관 (木)	④丙(인수), 己, 丁
乙	巳	③(木)	상관	己	丑	③(土)	비견	
○	○	○	○	甲	子	정관	편재	

A사주는 ①정관(金)은 ②정인(水) 그리고 일간의 ③(木)과 금생수생목(金生水生木)의 상생관계가 성립될뿐 아니라, 일간, 정인, 정관이 상호 붙어있으므로 관인상생 사주이다. B사주는 월지(月支) 정관의 지장간 ④丙(인수)는 천간 丙(인수)와 투출(透出)이 이루어지면서 일간과 목생화생토(木生火生土)의 상생관계가 성립되기 때문에 관인상생과 동일한 관인상생격 사주가 된다.

따라서 관인상생이나 관인상생격이나 이들은 모두 고위 공직자 사주이다.

◼ 살인상생(殺印相生) 사주

살인상생 사주는 편관이 편인과 일간(日干)을 생(生)하는 작용이 이루어지거나(살인상생 사주) 또는 월지(月支) 편관의 지장간은 천간 편인과 투출(透出)이 이루어지면 성립된다(살인상생격 사주). 이것은 나쁜 칠살(편관)을 중화시키기 위한 것으로 아래 사주를 보자.

사주(四柱)		육친(六親)	
己	未	①편관(土)	편관
癸	酉	비견	②편인(金)
癸	未	③(水)	편관
丙	辰	정재	정관

위 사주는 ①편관(土)은 ②편인(金) 그리고 일간의 ③(水)와 토생금생수(土生金生水)의 상생관계가 성립되고, 상호 붙어 있으므로 살인상생 사주가 된다. 또한 살인상생격 사주는 월지(月支)가 편관이고 지장간의 편인은 천간과 투출이 이루어지면 성립된다. 이것 역시 국가에 관록(官祿)을 먹는 사주이다.

◼ 살인상생(殺印相生)이 성립되지 않는 사주

사주(四柱)		육친(六親)	
癸	丑	①편관(水)	식신
己	未	식신	식신
丁	未	③(火)	신신

乙	巳	②편인(木)	겁재

위 사주는 년간의 ①편관(水)은 시간의 ②편인(木)과 본인에 해당되는 ③일간(火)까지 수생목생화(水生木生火)의 상생 작용이 성립되어 살인상생(殺印相生) 사주이나, 문제는 ①편관(水)과 ②편인(木)의 둘 사이는 거리가 너무 멀리 떨어져 있기 때문에 살인상생 사주가 성립되지 않는다.

이러한 조건은 관인상생(官印相生) 사주에서도 동일하게 작용된다.

이제 이길동의 사주를 보자.

시지(時支)의 ⑧亥(편관)은 수(水)로서 월간 ③甲(목)과 본인에 해당되는 일간 ⑤丙(화)과는 수생목생화(水生木生火)의 작용이 성립되기 때문에 살인상생(殺印相生) 사주이다. 그러나 월지 ④午가 공망(空亡)으로 월간 ③甲(목)의 기능은 상실됨으로 살인상생 사주가 성립되지 않는다. 또한 시지(時支) ⑧亥(편관)과 편인의 년지 寅(목)은 거리가 너무 멀리 떨어져 있기 때문에 이것 역시 살인상생이 성립되지 않는다.

가끔 주위에 사주를 판단해 보면, 큰 돈을 벌 수 있는 식신생재(食神生財) 사주이거나 혹은 국가(國家)에 큰 관직(官職)을 할 수 있는 관인상생(官印相生)과 살인상생(殺印相生) 사주를 접할 수 있는데 이들의 이러한 출세운에 준하는 조건을 갖춘 사람들이 대부분이다. 이제 법관(판사, 검사) 사주를 확인해 보자.

▣ 법관(판사, 검사) 사주

통상적으로 법관(판사, 검사) 사주는 정의, 공명정대, 생사여탈권등과 밀접한 관계가 있다. 그러나 법관 사주일 경우 운세(運勢)에서 이를 부합시키지 못하면 법관 사주는 오히려 범죄자 즉 범법자 사주가 된다. 법관으로 출세될 사주를 9가지로 요약하면 아래와 같다.

■ 신왕관왕자(身旺官旺者) 사주
 -일간(日干)이 강(强)하여 관(官)을 충분히 소화시킬 수 있는 사주
■ 정기일(丁己日) 재관격자(財官格者) 사주
 -정기일(丁己日)에 태어나 재(財)와 관(官)이 있는 사주로 공명정대(公明正大)를 생활화시키는 사주
■ 병경성(丙庚星) 사주
-庚(금) 일주에 丙(화)를 만나거나 혹은 丙(화) 일주에 庚(금)을 만나는 사주로 정의감(正義感)과 강(强)자는 억제하고 약자(弱子)를 보호하는 사주(검찰, 경찰, 군인)
■ 일주가 수목(水木)이고, 지지(地支)가 戌, 亥 및 卯, 酉, 戌이 존재하는 사주
■ 일지봉형(日支逢刑)사주 => 형(刑)이 많은 사주

■ 천라지망살(天羅地網殺)이 존재하는 경우 => 포위 법망이 존재하는 사주

 -이것의 성립은 지지(地支) 중 일지(日支)에 戌, 亥(천라)와 辰, 巳(지망)의 4글짜 중 1개
 가 존재하고, 다른 것들은 시지(時支)나 월지(月支)에 존재하거나 혹은 대운(大運)이나
 세운(歲運)에서 이들이 들어올 때 성립된다(※일지, 시지, 월지는 붙어 있어야 한다).

■ 양인살(羊刃殺)이 존재하는 사주 => 생살권

■ 수옥살(囚獄殺)이 존재하는 사주 => 범인을 수감

■ 비천록마(飛天祿馬) 및 비천록마격(飛天祿馬格) 사주 => 생사여탈권 사주

 <비천록마(飛天祿馬)> 사주

 -일주가 庚子, 辛亥, 壬子, 癸亥이고, 사주에 정관, 정재가 없는 사주

 <비천록마격(飛天祿馬格) 사주>

 -일주가 庚子, 辛亥, 壬子, 癸亥이고, 사주에 정관, 정재가 없고 지지가 3개인 사주

※<참고1> 庚子, 壬子 일주는 지지(地支)에 寅/戌/未가 존재하면 허공의 午火를 육합/삼합하는 寅午合/午
       戌合/午未合으로 불러올 수 있어 더 좋다. 그러나 사주 내 子水와 합을 하거나 삼형/상충하는
       오행을 만나면 허공의 午火를 불러올 수 없으며 비천록마격(飛天祿馬格)이 될 수 없다.
※<참고2> 辛亥, 癸亥 일주는 지지에 酉/丑/申이 존재하면 허공의 巳火를 육합/삼합하는 巳-申合/巳-酉
       合/巳-丑合으로 불러올 수 있어 더 좋다. 그러나 사주 내 亥水와 합을 하거나 삼형/상충하는
       오행을 만나면 허공의 巳火를 불러올 수 없으며 비천록마격(飛天祿馬格)이 될 수 없다.

예)

구분	A사주		B사주				C사주			
년주	○	○	壬	戌	식신	식신	丙	午	편재	정재
월주	○	○	壬	子	식신	상관	壬	子	비견	겁재
일주	癸	亥	庚	子	·	상관	壬	子	·	겁재
시주	○	○	丙	子	편관	상관	壬	子	비견	겁재

A사주는 일주(日柱)가 癸亥이므로 비천록마(飛天祿馬) 사주이며, B사주는 庚子 일주에
동일 지지 자(子)가 3개 이상이고, 사주 구성에 정관과 정재가 없기 때문에 비천록마격
사주가 된다. 또한 수(水)가 많아 오(午)를 허공에서 도충해서 올수가 있는 조건으로 판
단해도 미천록마격이 성립된다. 그러나 C사주는 사주 구성에 정재가 존재하므로 비천
록마격 사주가 아니라, 거지 사주가 된다.

※<참고> 일주가 丙午, 丁巳이고 사주에 정관, 정재 없고, 지지(地支)가 3개인 경우를 가비천록마격(假
       飛天祿馬格) 또는 도충록마격(倒沖祿馬格)이라 하며, 이것 역시 귀격이며 비천록마격(飛天祿
       馬格)에 준한다.

그러나 출세 사주인 경우, 직업(職業)의 방향(方向)을 잘못 판단하고 선택하여 다른 길
로 접어들어 낭떠러지로 고생하는 경우를 종종 본다.
적어도 사주 명리학자(命理學者)라면 바른 직업 제시는 물론 이들에게 불운(不運)을 피
하는 방법을 제시하여 관직(官職)에 오르게 함이 마땅한 방법이라고 본다(제9장, 불운
(不運)을 피하고 행운(幸運)을 찾자 참고할 것).

지금까지 독자들은 사주 해석(解析)에서 꼭 필요한 재물(財物)과 출세(出世)관련 조건들에 대하여 확인해 보았다.

이어서 이어질 '관성(정관, 편관 즉 관살)_해석 및 용어정리'에서 역시 꼭 알아야 될 사항으로 재물(財物)과 출세(出世)는 물론 관살(官殺) 즉 편관(偏官) 등에서 파생된 혼잡된 사주를 소개하오니 독자들은 이것들을 실전에서 응용하고 활용해 주어야만 사주 해석(解析) 즉 통변(通辯)이 완성(完成)된다.

관성(정관, 편관 즉 관살)_해석 및 용어정리

독자들은 앞장 즉 '재물운(財物運) 판단'에서 식신생재(食神生財), 군겁쟁재(群劫爭財) 및 군비쟁재(群比爭財)사주 그리고 '관운(官運), 출세운(出世運), 승진운(昇進運) 판단'에서 관인상생(官印相生)과 살인상생(殺印相生)사주에 대하여 알아보았다. 사주 해석에서 이들과 비슷하지는 않지만 비슷비슷하게 존재하는 것들이 있는데 이것은 관성 즉 정관(正官)과 관살(官殺)에 해당되는 편관(偏官)에서 가장 많이 나타나고, 아울러 이들이 혼잡(混雜)하면 어떤 형태든지 사주(四柱)에 미치는 악(惡) 영향은 매우 크다. 이러한 이유 때문에 편관(偏官)을 관살(官殺)이라고 한다. 그렇지만 편관(관살)이 1개만 존재하면 길성(吉星)으로 작용되는 이점이 있다.

사주에서 이들 작용을 관살혼잡(官殺混雜)이라고 한다. 이것은 격국(格局)을 형성하는 경우도 많다.

독자들은 관살혼잡(官殺混雜) 사주에서 중점적으로 알아야 될 사항은 편관을 중화시키는 작용이다.

예를 들면 사주 구성에서 인성(인수, 편인)이 가까이 존재하는 경우 관성(편관, 정관)은 일간(日干)과 상생작용(相生作用)이 성립되므로 이 경우는 국가에 큰 관록(官祿)을 먹는 고위공직자 즉 관인상생(官印相生)과 살인상생(殺印相生) 사주가 성립된다. 또한 충(沖)의 경우 길신(吉神)과 흉신(凶神)은 길신과 흉신이 서로 바뀌는 결과가 나타나며, 합(合)의 경우도 변화(化)되는 여러 가지 형태들이 존재한다.

사주 구성에서 정관이나 편관이 존재하는 경우 대운(大運)이나 세운(歲運)에서 이들이 다시 들어오게 되면 관살혼잡 사주가 성립되므로 승진운(昇進運)은 파멸이 찾아오거나 혹은 이루어 질 경우 많은 고난(소송, 투쟁)이 찾아오게 된다.

따지고 보면, 살인상정(殺刃相停), 살인상생(殺印相生), 식신제살(食神制殺), 관살병용(官殺竝用), 거관유살(去官留殺)과 거살유관(去殺留官) 그리고 거류서배(去留舒配) 등은 이러한 것들 모두 편관을 중화시켜서 길성(吉星)을 유지하는데 목적이 있는 것이다.

따라서, 이러한 조건으로 말미암아 관살혼잡(官殺混雜)으로 파생되고 중화된 여러 가지 형태의 사주들이 존재하기 때문에 독자들은 명충(明沖) 관계를 살펴서 판단해야 한다. 지금부터 소개되는 것들은 대부분 관살혼잡을 중화시켜서 적용되는 것들로 이것들을 명확하게 적용하고 판단해 주어야만 정확한 운세(運勢)는 물론 훌륭한 사주 명리학자(命理學者)가 되는 것이다.

▣ 관살혼잡(官殺混雜) 사주

관살혼잡(官殺混雜)이란? 사주 구성에서 정관과 편관이 각각 1개씩 존재하면서 이들의 힘이 비등(比等)할 경우에 성립된다. 또한 월지(月支)가 정관(정관)이거나 혹은 편관(편관)이고, 이들의 지장간은 천간(天干)에 이들(정관, 편관)이 투간(透干)이 성립된 경우는 관살혼잡격(官殺混雜格) 사주가 된다.

그렇지만, 관살혼잡 사주는 사주 구성에 정관과 편관이 존재한다고 해서 성립되는 것이 아니라, 인성(인수, 편인)과 비겁(비견, 겁재)의 힘이 적어야만 편관과 정관의 힘이 비등하므로 성립 된다. 그러나 이들의 힘이 강하거나 상생(相生) 및 설기(泄氣)작용으로 인하여 힘의 균형(均衡)이 깨지거나 합(合)작용으로 변화(化)되는 경우 혹은 극(剋)이나 충(沖)을 받게 되면 관살혼잡이 성립되지 않는다. 그러나 나쁜 관살혼잡이라도 뿌리가 강(强)하고 일간(日干)이 강한 사주에서는 큰 영향을 미치지 못한다. 이러한 것들은 비록 관살혼잡 뿐 아니라 편관이 적용되어 나쁘게 작용되는 것들 모두에게 적용된다.

사주 구성에서 편관과 정관이 존재하는 관살혼잡(官殺混雜) 사주는 삶이 있어서 아주 나쁜 악(惡)영향을 미치는 것으로 남자에게 관살혼잡은 편관과 정관이기 때문에 자식(子息)에 해당되어 자식 복이 없으며 거처와 직업이 안정되지 못하고, 이동이 많고, 주변 사람들과 갈등으로 명예를 훼손하며 파멸이 찾아오고, 여자의 경우는 관살혼잡 즉 정관과 편관은 남편에 해당되므로 남편복이 없으며, 남편의 행동에 제약(制約)을 가하고, 숨겨 놓은 정부와 내연 남자를 두고 이별(離別)과 이혼(離婚)을 하게 된다. 따라서 여자가 관살혼잡인 경우 결혼(結婚)을 아주 늦게 하는 것이 좋다.

지금까지 설명된 관살혼잡(官殺混雜) 사주를 다시 정리하면 아래와 같다.

- 사주 구성에서 편관과 정관이 존재하는 경우에 관살혼잡(官殺混雜)이 성립되며, 편관과 정관의 위치와 존재 개수에 상관없이 편관과 정관이 사주 구성에 존재하면 성립된다.
- 여자가 관살혼잡이면 남편복이 없고 부부 이혼(이별)을 하거나 부정을 하는 경우가 많으며, 남자에게는 자식복(정관, 편관)이 없다.
- 지장간(支藏干) 속에 편관과 정관이 존재하는 경우는 관살혼잡으로 보지 않는다.
- 년주(年柱), 월주(月柱), 시주(時柱)에 정관과 편관 혹은 편관과 정관이 동주(同柱)해 있는

관살혼잡은 성립되지 않는다(※아래 설명 참조).

- 관살혼잡에서 충(沖), 공망(空亡) 등이 작용되거나 혹은 합(合)이 되어 다른 오행(五行)의 기운으로 변화(化)되거나 혹은 같은 관성(편관, 정관) 오행(五行) 기운으로 변화(化)되는 경우 관살혼잡은 성립되지 않고 제거되나 그러나 100% 해소는 되지 않는다.
- 관살혼잡에서 편중된 오행(五行)에서 대운(大運)이나 세운(歲運)에서 다시 관성이 들어오는 경우는 아주 위험하며, 편관과 정관이 1개가 존재하는 경우 대운(大運)이나 세운(歲運)에서 다른 관성이 들어오는 경우 관살혼잡이 성립된다.
- 사주 구성에서 관살을 극(剋)하여 관살혼잡을 제거하기 위한 오행(五行) 조건은 뿌리가 강(强)하고 힘이 있는 오행이어야 한다. 그러나 제거하기 위한 오행이 힘이 없는 오행의 경우에는 관살 즉 살(殺)을 제거할 수 없다. 이렇게 관살 즉 편관을 제거하면 어떤 형태로든지 크게 발복(發福)하는 사주가 된다.
- 일간(日干)이 강(强)하고 통근(通根) 즉 뿌리가 강(强)하거나 혹은 신강(身强) 사주에서의 관살혼잡은 다소 약(弱)하게 작용되나, 뿌리가 약(弱)하거나 혹은 신약(身弱) 사주에서의 관살혼잡은 나쁜 영향이 강(强)하게 미친다.

관살혼잡을 아래 사주에서 예를 들어보자.

사주(四柱)		육친(六親)		지장간(支藏干)
③庚	○	편관	○	
○	①酉	○	정관	②庚, 辛
甲	○	·	○	
○	○	○	○	

위 사주는 월지(月支) ①酉는 정관이고, 년간 ③庚이 편관으로 이들의 힘이 비등하게 정관과 편관이 서로 혼잡되어 있으므로 관살혼잡(官殺混雜) 사주이다. 또한 월지 ①酉의 지장간 ②庚(편관)은 천간 ③庚(편관)에 투간이 성립되므로 이것은 관살혼잡격(官殺混雜格) 사주가 된다. 관살혼잡이나 관살혼잡격 사주나 모두 나쁜 사주이다.

또한 사주 구성에서 정관과 편관 혹은 편관과 정관이 존재하는 경우는 관살혼잡(官殺混雜)이지만, 그러나 년주(年柱), 월주(月柱), 시주(時柱)에 정관과 편관 혹은 편관과 정관이 동주(同柱)해 있는 모든 관살혼잡은 성립되지 않는다.

아래 (A)사주와 (B)사주를 통해서 월주(月柱)에 동주한 관살혼잡 사주를 예를 들어보자.

(A)사주					(B)사주				
사주(四柱)		육친(六親)		지장간	사주		육친		지장간
○	○	○	○		○	○	○	○	
①壬	②子	편관	정관	Ⓐ壬(편관), 癸(정관)	①辛	②酉	정관	정관	庚(편관), Ⓐ辛(정관)
丙	○	·			甲	○	·		
○	○	○	○		○	○	○	○	

(A)사주는 월주(月柱)에 ①壬(편관)과 ②子(정관)이 동주한 관살혼잡이다. 그러나 지장간 Ⓐ壬(편관)은 천간 ①壬과 같은 임(壬)이므로 투출되어 지지 ②子는 정관 힘이 더 강(强)해졌다. 따라서 ①壬의 편관은 정관과 균형이 성립되지 않으므로 관살혼잡이 성립되지 않는다.

만약, 지지(地支) 중 편관이 정관보다 더 강(强)하게 작용되었다면 이것 역시 편관과 정관의 상호 균형이 깨지므로 관살혼잡이 성립되지 않는다. 이러한 원리를 일기(一氣)가 승왕(乘旺) 한다고 하여 일기승왕(一氣乘旺)이라고 한다. 이러한 것들은 년주(年柱), 월주(月柱), 시주(時柱)에 정관, 편관 혹은 편관, 정관이 동주(同柱)한 관살혼잡 모두가 적용되며 이때는 관살혼잡이 성립되지 않는다.

(B)사주는 월주(月柱)에 ①辛(정관)과 ②酉(정관)이 있지만, 월지(月支) ②酉의 지장간에 Ⓐ辛(정관)이 존재하여 월간 ①辛(정관)에 투출되어 지지는 힘이 센 편관만 남게 되어 월주(月柱)는 편관 힘이 더 강(强)해지므로 정관과 편관의 상호 균형이 깨지게 되므로 이것 역시 관살혼잡이 성립되지 않는다.

또 다른 관살혼잡 사주가 성립되는 아래 사주를 보자.

사주(四柱)		육친(六親)	
①乙	○	편관	○
②辛	○	정관	○
甲	○	·	○
○	○	○	○

위 사주는 천간(天干)에 ①乙(편관)과 ②辛(정관)이 존재하기 때문에 관살혼잡 사주가 성립된다.

만약 위 사주에서 ①乙의 편관 목(木)을 제압하는 금(金)기운 즉 식신이 사주에 존재하거나 혹은 관살(편관)이 비겁을 극(剋)하는 경우에는 편관이나 정관이 1개만 남게되어 관살혼잡이 성립되지 않고, 오히려 길성(吉星)으로 작용된다. 이런 경우를 관살병용(官殺竝用) 사주이다. 또한 관성(편관, 정관)이 지지에 암장되어 있으면 길성(吉星)의 살장관로(殺藏官露) 사주가 된다.

이어서 설명(說明)되는 거관유살(去官留殺), 거살유관(去殺留官), 살장관로(殺藏官露), 시상편관격(時上偏官格)과 시상정관격(時上正官格) 등도 관살혼잡(官殺混雜)에서 파생된 것이 된다.

■ 살인상정(殺刃相停) 사주와 양인가살(羊刃駕殺) 사주

살인상정 사주란?

서로 서로 공존할 수 없는 사람과 호랑이가 공존하면서 안락함과 균형(均衡)을 이루는 사주(四柱)를 말한다.

즉, 편관(칠살)과 나쁜 양인살(陽刃殺)이 존재하면서 편관이 양인을 극(剋)하여 무력화 즉 중화되어 상호 균형(均衡)을 이루는 귀격 사주를 말하는데, 이때 양인살의 지지(地支) 즉 겁재는 다른 지지와 지지합(地支合)이 이루어져야한다. 살인상정(殺刃相停) 사주의 성립 조건은 다음과 같다.

- 갑일(甲日)에 지지 묘(卯)가 존재하여 양인살(陽刃殺)이 성립되면서 지지합을 이루고, 사주 구성에서 편관의 경(庚)이나 혹은 신(申)이 존재할 때
- 병일(丙日)에 지지 오(午)가 존재하여 양인살(陽刃殺)이 성립되면서 지지합을 이루고, 사주 구성에서 편관의 임(壬)이나 혹은 해(亥)가 존재할 때
- 무일(戊日)에 지지 오(午)가 존재하여 양인살(陽刃殺)이 성립되면서 지지합을 이루고, 사주 구성에서 편관의 갑(甲)이나 혹은 인(寅)이 존재할 때
- 경일(庚日)에 지지 유(酉)가 존재하여 양인살(陽刃殺)이 성립되면서 지지합을 이루고, 사주 구성에서 편관의 병(丙)이나 혹은 사(巳)가 존재할 때
- 임일(壬日)에 지지 자(子)가 존재하여 양인살(陽刃殺)이 성립되면서 지지합을 이루고, 사주 구성에서 편관의 무(戊)나 혹은 진(辰)이나 혹은 술(戌)이 존재할 때

살인상정격(殺刃相停格)은 위의 조건에서 월지 지장간의 편관이 천간에 투출이 성립된다. 살인상정(殺刃相停) 사주인 사람은 카리스마가 있고 사람을 아주 잘 다루기 때문에 사업에서 성공하고, 생살지권(生殺之權)은 물론 권력계통의 형권(刑權)이나 병권(兵權)을 잡을 수 있는 귀격사주이다. 이런 사주는 군인, 경찰, 법관으로 출세하게 된다. 그러나 양인살(陽刃殺)과 칠살(편관)이나 지지합이 충(沖)이나 공망(空亡) 혹은 합(合)으로 중화에 균형(均衡)이 깨지면 매우 불길하고 사망(死亡)은 물론 생명(生命)에 위협을 받을 수 있는 재앙(災殃)이 따르는 아주 나쁜 사주다. 살인상정 사주에서 신약(身弱)이면 용신(用神)은 양인을 사용하고, 신강(身强)이면 편관(칠살)을 용신으로 사용한다. 살인상정(殺刃相停) 사주를 알아보자.

A사주				B사주				
사주(四柱)		육친(六親)		사주(四柱)		육친(六親)		지장간
壬	寅	식신	편재	ⓕ壬	申	편관	편재	
己	②酉	인수	겁재	辛	ⓓ亥	정재	편관	戊, 甲, ⓔ壬(편관)
①庚	午	·	정관	ⓐ丙	ⓑ午	·	겁재	
④丙	③戌	편관	편인	庚	ⓒ寅	편재	편인	

위의 A 및 B사주는 모두 살인상정 사주로서 A사주는 ①庚와 ②酉가 양인살이 성립되고 이것은 지지 ②酉-③戌는 합(合)을 이루고 있고, 사주 구성에서 편관에 해당되는 ④丙(화)이 존재하여 양인의 ②酉(금)을 화극금(火剋金)으로 극(剋)하여 중화시켜 주니 A사주는 살인상정 사주이다. 따라서, 나쁜 양인살이 성립되는 사주에서 편관은 구세주 역할

을 하는 것이기도 하다. B사주는 ⓐ丙과 ⓑ午가 양인살이 성립되고 ⓑ午-ⓒ寅는 합(合)을 이루고 있고, 사주 구성에서 편관 월지 ⓓ亥의 지장간 중 ⓔ壬(편관)은 천간의 ⓕ壬(편관)와 같은 壬이므로 투간이 성립되어 살인상정격(殺刃相停格) 사주가 된다. 물론 양인살이 성립되는 ⓑ午(화)를 편관 ⓓ亥(수)가 수극화(水剋火)로 극(剋)하여 중화시켜 주니 살인상정 사주가 된다.

따라서 나쁜 양인살이 존재하는 사주에서 칠살 즉 편관이 존재하면 양인을 극(剋)하여 무력화시켜 주므로, 양인이 있는 사주에서의 칠살(편관)은 길성(吉星) 작용의 지름길 역할을 해주는 구세주가 된다.

살인상정(격) 사주의 경우 대운(大運)이나 세운(歲運)에서 편관, 양인(陽刃), 겁재의 균형(均衡)이 합(合)이나 충(沖)으로 깨지는 경우에는 큰 재앙(災殃)이 찾아오지만, 이와 반대로 없었던 균형이 이루어지면 오히려 승진(昇進)이나 관운(官運) 등으로 발복(發福)하게 된다.

위 살인상정의 A사주는 양력, 여자 1962년 9월 29일 술시생(戌時生)으로 아래 대운(大運)에서 발생되는 변화를 보자.

67	57	47	37	27	17	7
壬	癸	甲	乙	丙	丁	戊
寅	㉠卯	辰	巳	午	未	申

대운 57세에서 66세에 해당되는 지지 ㉠卯는 사주 원국 ②酉와 묘유충(卯酉沖)이 성립되어 ②酉의 기능을 상실함으로써, 살인상정(殺刃相停)이 성립되지 않고 깨진 경우이다. 따라서, 이 여성의 경우 대운 ㉠卯에 해당되는 시기 즉 62세에서 67세에는 사망(死亡)이나 혹은 생명이 위태로울 수 있는 큰 변화가 발생될 수 있다.

참고로 살인상정(殺刃相停) 사주는 양인살에 칠살을 적용시켜서 사주 균형이 맞추어진 것을 말하고, 양인가살(羊刃駕殺) 사주는 양인살이 존재하는 사주에서 대운(大運)이나 세운(歲運)에서 칠살(편관)이 들어오는 경우 사주 균형이 맞추어지기 때문에 이때의 사주를 양인가살이라고 한다.

따라서, 양인살이 존재하는 사주에서 칠살 즉 편관이 있으면 길(吉)하고, 없으면 흉(凶)하게 된다. 참고로 양인살(陽刃殺)은 병권(兵權)을 잡은 장군(將軍)이며 편관은 칼로 보기 때문이다. 장군은 칼이 없으면 아무 쓸모가 없다.

이길동의 사주를 보자. 이길동은 병일(丙日)에 지지 오(午)가 존재하기 때문에 양인살(陽刃殺)이 성립되고 午-寅합을 이루며 사주 구성에서 해(亥) 즉 편관이 존재하기 때문에 살인상정(殺刃相停) 사주이나 양인살을 구성하는 월지 오(午)가 공망(空亡)이 성립됨으로써 살인상정 사주가 아니다.

▣ 관살병용(官殺竝用) 사주

관살병용 사주란? 사주 구성에서 편관(관살)과 정관이 혼잡되어 비등하게 존재하면 관살혼잡(官殺混雜格) 사주로 나쁜 사주가 된다.

그러나 이 경우 편관(관살)이 비견/겁재를 극(剋)하거나 혹은 식상이 편관을 극(剋)하여 제압하거나 인성의 힘의 강(强)해서 설기(泄氣)작용으로 편관(관살)의 힘이 약(弱)하게 되면, 오히려 길성(吉星)으로 작용되는 것을 관살병용(官殺竝用) 사주이다.

아래 사주를 보자.

사주(四柱)		육친(六親)		지장간(支藏干)
①丙(화)	④子(수)	편관	상관	㉮壬(수), ㉯癸(수)
②丁	⑤酉	정관	겁재	庚, 辛
庚	⑥子(수)	·	상관	㉰壬(수), ㉱癸(수)
③丙(화)	○	편관	○	○

위 사주의 경우 편관(관살)과 정관이 혼잡된 관살혼잡된 사주이다.

그렇지만, 편관에 해당되는 ①丙, ③丙의 화(火)는 상관 ④子, ⑥子의 수(水)에 제압당하고, ⑤酉(금)의 겁재는 화(火) 즉 ②丁(정관)에 제압당하게 되므로 흉신(凶神)은 사라지게 되어 ②丁의 정관 1개만 남게 되어 길신(吉神)으로 작용되어 길(吉)하게 된다. 따라서 위 사주는 길(吉)한 관살병용(官殺竝用) 사주이다.

이런 경우 모두 제압을 하는 오행은 뿌리가 강(强)하고 힘이 있어야만 된다.

위 사주에서 관살병용(官殺竝用)이 성립되는 이유를 더 구체적으로 확인해보자.

나쁜 편관에 해당되는 ①丙(화), ③丙(화)는 상관에 해당되는 ④子(수), ⑥子(수)로 인해서 수극화(水剋火) 원리로 편관 ①丙(화)과 ③丙(화)이 제거되었다. 이런 이유는 제거하는 상관의 ④子(수)와 ⑥子(수)는 지장간에 같은 수(水)로서 ㉮壬(수), ㉯癸(수) 그리고 ㉰壬(수), ㉱癸(수)에 강(强)한 뿌리를 내리고 있어 수(水)기운이 강(强)하므로 편관의 화(火)기운을 제거할 수 있는 힘이 존재하였기에 가능한 것이다.

만약 상관의 ④子(수), ⑥子(수)가 뿌리가 없는 약(弱)한 수(水)기운이라면 화(火)기운의 편관을 제거할 수 없어 관살병용이 성립되지 않는다. 이러한 작용 모두는 관살혼잡(官殺混雜格) 사주에서 파생되어 나쁜 살(殺) 즉 편관을 제거하여 길성(吉星)으로 변화되는 모든 것들에게 적용된다. 또한 식상(식신, 상관)은 관성(편관, 정관)을 알맞게 극(剋)하므로 위 시주는 길(吉)한 식신제살(食神制殺) 사주이기도 하다.

▣ 거관유살(去官留殺)과 거살유관(去殺留官) 사주

편관(칠살)과 정관이 1 : 1이 혹은 각각 여러 개수로 존재하는 경우 관살혼잡(官殺混雜

格)되어 나쁜 사주이지만, 정관을 충(沖)이나 극(剋) 등으로 제압되거나 혹은 합거시켜 없애고, 편관(칠살) 1개만 사주 구성에서 보존 시키는 것을 거관유살(去官留殺)이라고 하고, 이와는 반대로 편관(칠살)을 충(沖)이나 극(剋) 등으로 제압되거나 혹은 합거시켜 없애고, 정관 1개만 사주 구성에서 보존시키는 것을 거살유관(去殺留官)이라고 한다. 이들 사주(四柱) 모두는 높은 관직까지 오를 수 있는 귀격 사주로서 성립조건은 천간과 지지 모두에서 작용되며, 특히 제압을 하는 오행은 뿌리와 힘이 강(强)한 오행이어야 하고, 본인에 해당되는 일간(日干)은 통근(通根) 즉 사주 뿌리가 강(强)해야 성립된다.

거관유살(去官留殺) 사주를 예를 들어보자.

사주(四柱)		육친(六親)	
①辛	○	정관	○
②丁	○	상관	○
甲	○	·	○
③庚	○	편관	○

②丁(상관)은 화(火)로서 ①辛(정관)의 보석 즉 금(金)을 화극금(火剋金)으로 극(剋)하여 정관을 제거하고, ③庚의 편관 1개만 보존시킨 사주가 되므로 거관유살(去官留殺)의 귀격 사주이다.

▣ 거류서배(去留舒配) 사주

사주 구성에서 편관(칠살)과 정관이 1 : 1이 아닌 편관과 정관이 2개 이상일 때 혹은 정관과 편관이 1개이거나 혹은 여러 개 혼잡되어 존재하는 경우, 이들에게 나쁜 것은 극(剋)하거나 제거하여 힘을 빼주고(제거), 합하여 짝짓기(서배) 해주고, 유하게(존립) 만들 수 있는 3가지 조건을 갖춘 사주(四柱)를 거류서배(去留舒配) 사주이다. 이때 사주 구성에서 최종 존재하는 것은 관성(편관, 정관) 1개가 남아야 한다.

거관유살(去官留殺)과 거관유관(去官留官) 사주는 거류(去留)의 2종류가 작용되지만 거류서배는 서배(舒配)가 더 추가된 것이다.

거류서배 사주는 귀격 사주로 부귀(富貴)하고 복록(福祿)을 누린다. 거류서배(去留舒配) 사주를 예를 들어보자.

사주(四柱)		육친(六親)	
①辛	亥	정관	편인
②丙	③申	식신	편관
甲	④寅	·	비견
癸	⑤酉	인수	정관

위 사주는 정관이 2개 관살(편관)이 1개가 구성된 거류서배 사주이다. 천간 ①辛(정관)

과 ②丙(식신)은 신병합(辛丙合)으로 합(合)이 되어 짝짓기가 성립 되고(서배), ③申(편관)과 ④寅(비견)은 인신충(寅申沖)으로 나쁜 것을 제거하고, 관성 ⑤酉(정관) 1개만 존립되어 거류서배의 귀격 사주이다.

또한 합(合)이 성립(서배)되고, 충(沖)으로 나쁜 것을 제거되어 관성 중 편관(칠살) 1개가 사주에 최종 남는 경우도 같은 거류서배 사주이다.

독자들은 이러한 거류서배 사주를 인식하지 못하고, 사주 구성에서 관살(편관)과 정관이 혼잡된 사주는 모두 나쁜 것으로 판단한다든지, 아니면 관살(편관)이 셋이나 있다하여 팔자 센 여성으로 판단해서는 안된다.

특히, 독자들은 관운(官運)에 해당되는 관성(편관, 정관)이 사주 원국은 물론 대운(大運)과 세운(歲運)에 들어온다고 해서 단순하게 승진운(昇進運)으로 판단할 것이 아니라, 이들과 관계되는 관살(官殺)의 작용을 면밀히 살피고 최종 판단해 주어야만 정확(正確)한 사주 통변(通辯)이 됨을 잊지 말자.

◼ 명관과마(明官跨馬) 사주

천간(天干)에 관성이 있고, 지지(地支)에 재성이 존재하고 있어 이들의 생조가 잘 이루어지는 것을 말한다. 이 경우 귀한 자식을 두며, 남편의 명예는 높이 올라가고, 재복을 얻는다.

◼ 살장관로(殺藏官露)와 관장살로(官藏殺露) 사주

정관은 천간(天干)에 노출되어 있고, 살(殺) 즉 편관(칠살)은 보이지 않는 지장간(支藏干)에 암장된 것을 살장관로(殺藏官露) 사주이다.

살장관로 사주는 신강(身强) 사주에서는 대길(大吉)하고, 높은 관직(官職)에 오른다. 그러나 신강(身强) 사주든 신약(身弱) 사주이든 통근(通根) 즉 뿌리가 강(强)해야 하며, 일간(日干)이 힘이 약(弱)하거나 뿌리가 약(弱)한 신약(身弱) 사주에서의 살장관로 사주는 오히려 나쁘다.

그러나 편관(칠살)은 지지에 암장되지 않고, 밖으로 노출되어 있다면 이것은 관살혼잡(官殺混雜) 사주가 되어 나쁘다. 아래 사주를 보자.

사주(四柱)		육친(六親)		지장간
丁	卯	식신	⑤비견	
庚	戌	①정관	②정재	③辛(편관), 丁(식신), 戌(정재)
乙	亥	·	④인수	
丁	丑	식신	편재	

위 사주는 신약(身弱) 사주이나 ①庚(정관)이 천간(天干)에 존재하고, 월지(月支) ②戌(정재)의 지장간 속에 편관 ③辛이 암장되어 있으니 대길(大吉)한 살장관로(殺藏官露)사주이다. 특히 위 사주는 ④亥와 ⑤卯는 해묘합(亥卯合)이 성립되고 이것은 목(木) 기운으로 변화(化)되기 때문에, 일간(日干) 乙(목)을 더욱 강(强)하게 만들어 주므로 뿌리 즉 통근이 강(强)하게 작용되어 더욱 견고한 살장관로 사주가 성립된다.

이렇게 신약사주에서 인성과 합(合)을 이루어 길성(吉星)인 살장관로 사주가 성립되는 것을 화살생신(化殺生身)이라고 하는데 이것은 적(敵)이 화(化)하여 내 몸을 돕는 것을 말한다.

살장관로 사주와 반대로 편관이 천간(天干)에 들어나 있고, 정관이 지지(地支)의 지장간에 암장(숨어있음)되어 있는 것을 관장살로(官藏殺露)라고 하여 이것 역시 살장관로(殺藏官露) 사주와 동일하며 대길한 귀격사주이다.

■ 시상편관격(時上偏官格)과 시상정관격(時上正官格) 사주

사주 구성에서 시간(時干)에 편관이 존재하는 사주(편관이 나란히 존재해도 무방하다)를 시상편간격이라고 하고, 시간에 정관이 존재하면 시상정관격이라고 하는데 둘다 국가에 관(官)을 먹는 사주가 된다. 물론 이때 사주 구성에서 정관과 편관이 상호 존재하는 관살혼잡(官殺混雜)은 없어야 하고, 천간에 존재하는 편관이나 정관은 충(沖) 등이 없어야 하고, 통근(通根) 즉 지장간에 뿌리가 존재해야 하며, 만약 지장간에 뿌리가 존재하지 않는다면 지장간끼리의 변화(化)되는 오행으로 뿌리가 성립되어야 한다.

시상편관격 사주			시상정관격 사주		
구분	천간	지지	구분	천간	지지
년주(年柱)	○	○	년주(年柱)	○	○
월주(月柱)	○	○	월주(月柱)	○	○
일주(日柱)	·	○	일주(日柱)	·	○
시주(時柱)	편관	○ 혹은 편관	시주(時柱)	정관	○ 혹은 정관

저자의 경험으로 제한된 기간에 출산 택일을 결정할 때, 국가에 관록(官祿)을 먹을 수 있는 시상편관격(時上偏官格), 시상정관격(時上正官格), 살장관로(殺藏官露), 관장살로(官藏殺露) 사주를 선택의 기준으로 삼아 출산 택일을 결정해 준다면 쉽게 판단하고 결정할 수 있는 이점이 있다.

■ 기타 혼잡(混雜) 사주

지금까지 주로 관성 즉 편관과 정관이 사주 구성에서 공존하는 관살혼잡(官殺混雜) 사

주를 바탕으로 여기서 파생된 사주를 학습하였다. 그러나 관성혼잡 즉 관살혼잡외 비겁, 식상, 재성, 인성도 사주 구성에서 혼잡(混雜)되면 나쁜 영양을 미친다.

즉, 비겁 즉 비견과 겁재가 사주 구성에 공존하면 비겁혼잡(比劫混雜) 혹은 군겁쟁재(群劫爭財) 또는 군비쟁재(群比爭財) 사주가 되어 형제, 동료 복(福)이 없게 되고, 식상 즉 식신과 상관이 사주 구성에서 존재하면 식상혼잡(食傷混雜)이 되어 관록(官祿)을 손상시키고, 여자의 경우는 남편이 보기 싫거나 혹은 자식들은 남편을 해치게 된다.

재성 즉 편재와 정재가 사주 구성에서 공존하면 재성혼잡(財星混雜)즉 재다신약(財多身弱) 사주가 되어 재물을 자신의 것으로 만들지 못하고 처(妻)복이 없으며, 특히 인성 혼잡 즉 편인(偏印)과 인수(印綬)=정인(正印)가 사주 구성에서 공존하면 인성혼잡(印星混雜) 사주가 되어 쓸데없는 혼자만의 고민, 산만, 변덕스럽고, 터무니없고 쓸데없는 자신만의 발상으로 고통을 겪는다.

물론 이들이 대운(大運)이나 세운(歲運)에서 들어올 경우도 마찬가지로 적용된다. 특히 독자들은 이러한 혼잡된 사항을 사주 해석(解析)에서 적용하고 활용해서 난해(難解)한 사주 통변(通辯)에 임해주길 바란다.

▣ 신왕적살(身旺敵殺) 사주

일간(日干)이 강(强)하게 작용되면, 나쁜 살(殺)의 영향이 없다는 뜻이다.

(26) 직업자(職業者), 실업자(失業者) 판단

상대방 사주를 보고, 현재 직업자(職業者)인가? 실업자(失業者)인가? 이것을 판단하는 방법은 육친(六親) 구성을 보고 판단하는데, 이때 해당 육친은 반드시 사주 뿌리 즉 통근(通根) 작용이 지장간(支藏干)까지 성립된 경우라면 해당 육친으로 직업(職業)을 가지고 직종(職種)에 종사하게 된다.

이것들은 대운(大運)과 세운(歲運)에서 작용되는 육친(六親) 작용도 동일하며 직업을 구(求)하는 시기를 판단하거나 혹은 승진(昇進), 진급(進級) 그리고 재물(財物)은 물론 수술, 파혼 등의 길흉(吉凶) 모두를 판단할 경우도 동일하게 적용한다.

이제 독자들은 이러한 사실을 알고 양력으로 1986년 6월 11일 밤 22:50분에 태어난 건명(乾命) 이길동(李吉童)의 사주를 보고 이길동의 삶에서 어떤 직업자(職業者)로서 종사하는지 판단해 보자.

구분	천간	지지	지장간
年	①丙(비견)	②寅(편인)	㉠戊(식신), ㉡丙(비견), ㉢甲(편인)
月	③甲(편인)	④午(겁재)	㉣丙(비견), ㉤己(상관), ㉥丁(겁재)

日	⑤丙	⑥戌(식신)	㉧辛(정재), ㉨丁(겁재), ㉩戌(식신)
時	⑦己(상관)	⑧亥(편관)	㉪戌(식신), ㉯甲(편인), ㉰壬(편관)

이길동의 사주 구성을 보면, 초년과 청년기에 해당되는 년주(年柱)와 월주(月柱)는 비겁(비견과 겁재)과 편인으로 구성되어 있기 때문에 자유업종, 계약직종 혹은 특별한 직업이 없는 사람에 가깝고, 안정된 직종이 아니라는 것을 알 수 있다.

일주(日柱)와 시주(時柱)에 존재하는 식신은 사업 업종으로 판단할 수 있고, 상관은 예술직이나 연구가와 관련이 많다고 볼 수 있다.

그리고 시지(時支)의 편관은 정관과 더불어 합격(合格)이나 승진(昇進)을 판단하거나 국가 공무원(公務員)에 해당되는 관(官)을 먹고 사는 사람이 많고, 직업(職業)을 갖는 자체가 일종의 직급(職級) 활동이기 때문에 실업자인가? 혹은 직업자인가? 이것을 판단할 때 유용하게 사용된다.

이길동 사주 중에서 시지(時支) 존재하는 편관 즉 ⑧亥에 대하여 구체적인 직업 활동을 판단해 보자.

⑧亥는 수(水)로서 지장간의 ㉰壬(편관)과 같은 수(水)이기 때문에 통기(通氣)관계가 성립된다. 그렇지만, 편관 ㉰壬은 수(水)로서 천간(天干)에 수(水)가 없는 관계로 통근(通根)이 성립되지 않기 때문에 국가에 관(官)을 먹는 사람은 아니다. 하지만, 통기 작용으로 본다면 통, 반장 정도의 작은 활동은 가능하다고 판단할 수 있기 때문에 마냥 놀고먹는 사람도 아니며, 근근이 돈 벌이를 하고 있는 사람이라는 것을 알 수 있다.

만약 여기서 시지(時支) ⑧亥(편관)에 충(沖)이나 공망(空亡)이 작용되면 직업(職業)을 상실했다는 뜻이며, 백호, 양인, 괴강살 등의 나쁜 흉살(凶殺)을 받게 된다면, 직업 활동에 많은 풍파(風波)를 안고 어렵게 직업을 유지하는 사람으로 판단한다. 그러나 ②寅와 ⑧亥의 해인파(亥寅破)와 해인합(亥寅合)가 동시에 성립되어 약(弱)한 영향은 준다고 판단 할 수 있다.

이렇게 이길동이의 삶에서 직업 업종을 판단했다면, 이제부터는 이길동이가 45세에 해당되는 2029년 기유년(己酉年)에는 어떤 직종(職種)으로 활동하고 있는가?
이것을 판단해 보자.

2029년 45세 기유년(己酉年)	지장간
ⓐ己(상관), ⓑ酉(정재)	ⓒ庚(편재), ⓓ辛(정재)

2029년 기유년(己酉年)의 천간 ⓐ己는 상관으로 이것은 사주원국 지장간 ㉫己과 음양(陰陽)이 같은 오행(五行)이므로 투출(透出)이 성립되기 때문에 2029년과는 아주 밀접한 관계가 있음을 알 수 있다.

또한 신강 사주에서 ⓐ己(토)는 일간 丙(화)의 기운을 화생토(火生土)로 만들기 때문에 무더운 화(火)기운을 약(弱)하게 하므로 2029년의 운세(運勢)는 나쁘지 않지만, 토(土)기운은 약(弱)한 수(水)기운을 극(剋)하여 없애는 작용을 하게 되므로 좋게는 작용되지 못한다.

이제 실질적으로 작용되는 기유년(己酉年)의 직종 활동에 대하여 구체적으로 판단해 보자. 지장간 ⓒ庚는 금(金)으로서 사주 원국의 천간(天干)과 같은 오행이 없고, 또한 ⓓ辛역시 금(金)으로 사주 원국의 천간(天干)과 같은 오행은 없다. 때문에 이들 관계는 통근(通根) 즉 사주 뿌리가 성립되지 않는다는 것을 알 수 있다.

이러한 결과는 년지의 ⓑ酉가 정재이기 때문에 재물운(財物運)은 왔지만, 지장간 ⓒ庚(편재)과 ⓓ辛(정)는 통근이 성립되지 않는 관계로 재물운으로 빛을 보기는 어렵다. 따라서, ⓒ庚는 편재로서 투기와 투자를 뜻하는 것이고, ⓓ辛는 정재로서 고정된 수입을 뜻하는 것이므로 2029년 기유년(己酉年)의 이길동은 부동산이나 혹은 임대업종으로 투자를 했고, 이에 대한 임대료를 받아서 활동하지만, 지장간에 뿌리가 성립되지 않는 관계로 큰 재미는 볼 수 없고 겨우 임대 수입을 유지하면서 2029년 기유년(己酉年)을 살아가고 있는 것을 알 수 있다.

또 다른 방법 판단은 45세에 해당되는 2029년 기유년(己酉年)은 천간 ⓐ己(토, 상관)과 지지 ⓑ酉(금, 정재)는 토(土)와 금(金)이다. 이길동의 사주는 무더운 화(火)기운이 강한 사주이기 때문에 더위를 식혀줄 수(水)가 절대적으로 필요한 사주에서는 수(水)를 극(剋)하는 토(土)기운은 좋지 못한 기운에 해당되고, 금(金) 기운 역시 무더운 화(火)기운에 녹아 없어지기 때문에 신강 사주에서 일간 ⑤丙(火)기운은 화극금(火剋金)이 성립되므로 일간을 더욱 강(强)하게 만들어 주기 때문에 2029년의 경우 이길동에게는 상관과 정재운은 성립되기가 어렵다는 것을 알 수 있다.

이러한 결과를 사주 이론적(理論的)으로 다시 설명하면 이길동은 일지(日支) 술(戌)과 시간(時干)의 기(己)는 식상으로 시지(時支)의 편관 해(亥)를 극(剋)하기 때문에 식신 혹은 상관제살(傷官制殺)의 길(吉)한 사주이다. 그러나 2029년에는 강한 己(상관)운이 들어옴으로써 편관을 다시 극(剋)하기 때문에 나쁜 제살태과(制殺太過)사주가 성립된다. 따라서 2029년에는 대흉(大凶)으로 작용하게 된다.

독자들은 비록 이길동의 2029년의 직업의 흐름을 판단해 보았지만, 다른 해당 육친(六親)을 통하여 출세(出世), 승진(昇進), 결혼(結婚)과 이혼(離婚), 투자(投資), 실직(失職), 병고(病苦) 등을 판단할 경우도 같은 방법으로 판단하고 해석한다.

이렇게 상대방 사주를 보고 현재 직업이 무엇인가? 아니면 실업자 인가? 혹은 삶에서 해당 년도에 어떤 직종으로 활동하고 있는가? 이것을 판단 했다면, 이어서 설명될 '상업(장사)에서 업종(業種) 판단'과 '자신의 직업(職業) 판단'을 통하여 자신이나 상대방의 운로(運路)에 맞는 구체적인 직업은 무엇인가? 이러한 것들을 판단해 보자.

(27) 상업(장사)에서 업종(業種) 판단

이길동이가 장사(상업)를 할 경우 업종(業種) 판단 방법은 앞 절 '제6장'에서 배운 '대운 (大運)과 세운(歲運)의 계절별 길흉(吉凶) 판단'으로 결정하면 현명한 판단법이 된다. 이에 대한 상세한 적용과 설명은 앞 절을 참조하면 되겠다.

이것은 대운(大運)이나 세운(歲運)의 지지(地支)는 주기적으로 변화기 때문에 방합(方 合)을 적용하여 계절(季節)에 맞는 업종(業種)을 선택하면 된다.

즉, 亥子丑은 水(겨울)이고, 巳午未는 火(여름)이며, 寅卯辰은 木(봄)이고, 申酉戌는 金 (가을)이다.

따라서, 亥子丑에 해당되는 대운과 세운 시기에는 겨울(水)과 관련된 업종(業種)을 선택 해야만 대성할 수 있는 소지가 많고, 巳午未의 시기에는 여름(火)과 관련된 업종을, 寅 卯辰 시기에는 봄(木)과 관련된 업종을 선택해야하며, 申酉戌 시기에는 가을(金)과 관련 된 업종을 선택해야 된다.

그렇지만 巳午未 시기에 여름(화)을 극하는 水(겨울)와 관련된 업종을 선택한다든지 북 쪽 방향(方向)을 선택한다면 그만큼 실패할 확률이 높다는 뜻이다.

또한 방합(方合)에서 제시된 오행과 용신(用神)과 비교하여 운로(運路)의 길흉(吉凶)을 확인하고 판단해야 한다.

독자들은 본인은 물론 상대방에게 성공 업종(業種)을 카운셀러를 해 줄 때 용신(用神)과 더불어 이를 적용하고 판단해서 성공할 수 있는 동기를 만들어 주길 바란다. 비록 이것 은 업종 선택뿐 아니라 자신의 운로(運路)와도 밀접한 관계가 있음을 독자들은 알길 바 란다.

특히, 남들과 동업(同業)이나 상업적으로 적성이 맞지 않는 것은 비겁이나 편인 등이 사 주 구성에서 많은 경우도 해당되지만, 사주 구성에서 식신이 관성(편관, 정관)을 극(剋) 하는 식신제살(食神制殺) 사주인 경우 채무, 규제에서 해방되어 길(吉)하지만, 원래 성 격 자체가 구질구질한 것을 싫어하고, 바른말을 잘하는 사람으로 상업(商業)이나 서비 스 업종에는 맞지 않는 사람이다.

그렇지만, 사주 구성에서 비겁(비견, 겁재)이 식상(식신, 상관)을 생(生)해 주는 경우에는 다른 사람들에게 인기를 얻는 운(運)이 들어오기 때문에 군겁쟁재 사주가 아니라면 남 들과 동업해도 좋고, 상업적으로 성공하게 된다. 또한 반안살(攀鞍殺)이나 교록(交錄)이 존재하거나 들어오는 경우도 상업적으로 좋은 조건이다.

하지만, 요즘 시대의 관운(官運), 출세운(出世運), 승진운(昇進運)들은 타고난 운(運)은 물론 자신의 소질과 끼를 발전시킬 수 있는 육친(六親)을 겸비해야만 출세할 수 있는 시대로 전환되고 있기도 하다. 때문에 독자들은 이어서 학습될 '육친(六親)으로 본 직업 판단법'을 통하여 성공할 수 있는 자신의 직업을 구체적으로 찾아보길 바란다.

(28) 자신의 직업(職業) 판단

요즘처럼 경쟁 시기에는 자신의 타고난 소질과 잠재역량을 바탕으로 직업을 선택하고 발전시켜야될 시기임에 틀림없다.

아무리 주어진 지식이 많아도 자신의 적성에 맞지 않는다면 경쟁력을 기대할 수도 없거니와 오래 종사할 수도 없다.

사주에서 자신의 적성을 찾아서 맞는 직업을 선택하는 방법은 여러 종류가 존재하고 직종 역시 여러 가지 주어진 운(運)에 의하여 결정되는 것인 만큼 광범위하게 작용되는 것이지만 여기서는 가장 많이 활용되는 육친(六親)에서 직업 판단법과 용신(用神)에서 본 직업을 판단법 그리고 오행(五行) 구성으로 본 직업 판단법의 3가지 모두를 소개 하고자 한다.

사실 독자들은 3가지의 직업 판단법만 알면 상대방의 직업(職業) 선택은 물론, 성격(性格), 체형(體型) 등을 손쉽게 알 수 있는 동기가 되며, 아울러 사랑스런 자녀들의 진로(進路) 판단에 큰 도움을 주게 된다.

·육친(六親)으로 본 직업 판단법

육친을 통하여 직업을 판단하는 방법은 지금까지 학습된 강한 사주 뿌리 즉 통근(通根)되는 오행을 선택하여 적용하는데 이들은 합, 충, 파, 해, 형, 공망 등의 길흉성(吉凶星)을 적용하여 가장 영향력이 있는 육친 오행을 찾아서 직업을 선택하는 방법이다.

지금 까지 적용된 양력 1986년 6월 11일 밤 22:50분에 태어난 남자 이길동의 경우 육친 작용에 따른 직업을 판단해 보자.

우선 합(合)으로 변화(化)되는 육친이거나 혹은 공망, 충(沖) 등으로 육친(六親)의 기능이 상실되는 것들은 제외시킨다.

즉, ③甲과 ⑦己은 갑기합(甲己合), ④午와 ⑥戌은 오술합(午戌合), ②寅과 ⑧亥는 인해합(寅亥合)은 각각 토(土), 화(火), 목(木)으로 변화(化)되므로 육친은 선택에서 제외시키고, 또한 공망이 성립되는 ④午와 ⑥戌를 육친 선택에서 제외시킨다.

따라서 이길동 사주에서 이러한 것들은 제외한 가장 강한 영향력을 미치는 육친을 선택해 보면, ⑤丙(비견), ②寅(편인), ⑧亥(편관)으로 볼 수 있다.

이들은 사주 뿌리 즉 통근을 유지하고 있으므로 이길동은 비견, 편인 그리고 편관과 관련된 직업이라고 볼 수 있다.

비견에 맞는 직업은 남에게 구속을 받지 않는 자유업종이 좋으며, 편인은 남에게 구속과 소속감을 싫어하고, 자유 업종을 좋아하는 사람으로 주어진 재능을 순간순간 발휘하는 사람(임시직)이므로 이에 맞는 직업 선택이 좋고, 편관은 획일성을 좋아하고, 국가 관록(官祿) 및 무관(武官)에 재능이 있고, 의협심과 배짱이 있기 때문에 이에 관련된 직업 선택이 좋다.

특히, 직업 판단에서 사업가나 혹은 정치가로 성공할 수 있는 사주 구성은 정재(돈), 식신(부하 직원), 정관(공무원, 관직)인데 이러한 사주 구성을 가졌다고 하여 장차 성공하는 사람이라고 판단해선 안되고, 반드시 이들이 사주 구성에서 통근(通根) 즉 힘을 발휘하고 있는 오행을 선택하고 이것을 바탕으로 직업과 적성을 판단해주어야 한다.

독자들을 위하여 육친(六親)으로 본 직업 판단법을 제시하면 아래와 같다.

육친(六親)		성격(性格)	직업(職業)
비겁	비견	고집과 의리와 정이 있고, 남에게 나누어 주는 사람 (※남과 동업은 어려우나, 상대방과 지지 합(合)이 많거나 용신이 서로 상생관계이면 동업해도 무방하다)	자유업종이 맞으나, 비견은 남들에게 나누어 주는 습관이 강한 사람이므로, 요즘 시대에 특별하게 맞는 직업은 없다. 따라서 사주 구성에서 비견이 강하게 작용되는 사람은 뚜렷한 직업이 없는 사람이다.
	겁재	투쟁과 경쟁심이 강하고, 독수리가 물고기를 길목에서 낚아채듯, 남의 재물을 겁탈하고 현금을 챙기는 사람 (※남과 동업은 어려우나, 상대방과 지지 합(合)이 많거나 용신이 상생관계이면 동업해도 무방하다)	강한 성격과 비생산적인 활동에 능통한 사람이기 때문에 남의 돈을 챙기는 점원이나 알바, 운명상담자, 카운슬러, 유흥 및 유통업 직업, 독립사업, 특수기술에 종사자가 맞다.
식상	식신	직위와 부하직원이 있고, 어딜가나 식복이 있으며 언변력과 체력이 좋고 활발한 사람이다. 투쟁심은 약하고, 남의 부탁을 거절하지 못하고, 낙천적인 성격이다. 식신과 재성(편재, 정재)은 사업가로도 성공한다.	연구직, 교사, 교수, 직위가 있는 공직자, 식당, 제조업, 사업가, 체육인, 교육계, 사업에 종사자가 맞다.
	상관	예술에 소질이 있고 조사 관찰 등의 연구심이 좋다. 폭력성이 강하고, 바른 소리 및 언변력이 좋아 말하고 투쟁하거나 남들과 싸우는 것을 좋아하는 사람이다. 반항심으로 직장생활은 맞지 않으나, 상관과 재성(편재, 정재)이 존재하면 상업으로 성공한다.	연예인, 미술, 음악, 작가, 건축업, 유통업, 교육계, 연구소, 재야단체인, 조폭, 변호사, 상급자 및 동료간 경쟁력과 투쟁이 있는 직업에 종사자가 맞다.
재성	편재	이동(移動)이 잦고 큰 투기와 투자에 활발한 사람, 남의 돈을 많이 만지는 사람이다.	부동산, 금융, 보험, 증권투자가, 은행원, 상업, 무역업종에 종사자가 맞다.
	정재	정착된 곳에서 생활하며 검소, 소심, 인색하며 안정된 자산을 추구하는 사람으	봉급생활, 기업경영, 공무원, 사업, 공업, 세무, 경리직업에 종사자가 맞다.

		로 남의 부탁을 거절 못하고 투기는 적성에 맞지 않는다.	
관성	편관	자신에게 주어진 특출한 재능이 있고, 획일성을 좋아하여 국가 관록(官祿) 및 무관(武官)에 재능이 있고, 의협심과 배짱이 있다. 자기 중심적이며 과시욕이 강하고 아랫사람을 잘 챙기는 사람이다.	국가 권력 기관으로 경찰, 검찰, 군인, 조폭, 개혁 업무, 기술인, 예술가, 건축분야, 현장 감독, 보험 업종, 복잡한 업무 처리 분야에 종사자가 맞다.
	정관	원칙을 중시하며 정직하며 통솔력이 있고, 국가에 관록을 먹고 승진(昇進), 출세(出世)하는 사람(공무원)이다. 정관과 정인은 정치가로 명성을 얻고 정재와는 재무계통에 활발하다.	국가 행정기관으로 모든 공직자(공무원), 교수, 교사, 정치가에 종사자가 맞다.
인성	편인	소속감을 싫어하고, 재치와 눈치가 빠르고, 주어진 재능을 순간순간 활용하여 생계를 유지하는 사람이며, 다른 사람을 치료(治療)하는 사람이다.	의사, 간호사, 한의사 등의 다른 사람을 치료하는 사람으로 언론인, 종교가, 기자, 승려, 여관, 언론, 기자, 역술인, 운명상담가 등의 비생산자 및 자신의 특기를 순간순간 활용하는 임시직, 알바, 계약직 직원, 자유업종에 종사하는 사람이다.
	인수=정인	문서에 도장을 찍고(세무, 행정가), 학문에 열성적이며, 아름답게 잘 꾸미는 사람이다.	교육자, 학자, 학원, 법조인, 도서관, 세무, 회계 공무원, 종교, 문화인, 미용업종에 종사자이다.

※〈참고〉
1. 비견과 겁재는 남들과의 동업(同業)은 적성에 맞지 않는다. 특히 비견의 경우 남에게 나누어 주는 성격이 강하므로 요즘 시대에 자신의 끼를 발휘하고 경쟁심이 강한 직업으로서는 합당한 사람이 아니라 특별한 직업이 없는 사람이거나 자선사업(慈善事業) 쪽이 맞고, 겁재는 비생산적으로 남의 돈을 받고, 잘 챙기는 일종의 알바나 계약직 점원 등에 소질이 맞다.
2. 사주에서 편재는 투기와 투자이며 남의 돈을 많이 만지는 사람이다. 다른 곳으로 거처를 자주 옮기는 사람이다. 사주에 편재가 많은 사람은 직장을 자주 옮기는 사람이며, 사주에 편재가 2개 이상 존재하면 부친(父親) 덕이 없다.
3. 사주에 식신이나 상관이 존재하면 언변력이 뛰어난 사람이다.
4. 정규직과 비정규직의 판단은 정규직은 자리를 움직이지 않고 안정된 곳에서 생활하기 때문에 사주 구성에서 정재나 정관이 있고, 비정규직(임시직, 알바)은 수시로 이동을 해야 하므로 편재가 존재하며 아울러 재치와 눈치가 빠르고 소속감이 없이 순간순간 자신의 재능을 발휘해야 하므로 편인이 사주 구성에 있어야 한다.
5. 사람을 치료(治療)하는 의술(醫術)은 재치와 눈치 및 처세술이 좋아야 하므로 사주 구성에서 편인이 있어야 하고, 의술 자체는 불(火)과 물(水)은 밀접한 관계가 있으므로, 의사(醫師), 한의사(韓醫師), 약사(藥師), 간호사의 경우 사주 구성에서 편인이 존재하고, 불에 해당되는 丁(火)이나 차선책으로 丙(火) 또는 물에 해당되는 癸(水)이나 壬(水)이 사주에 구성되어 있어야 한다.
6. 과거에는 식신, 정재, 정관, 정인(인수)이 직업 선호 대상이었지만, 현재 시대는 자신과 가정을 지키고 재능과 끼를 발휘하는 경쟁 시대이므로, 과거 나쁘게 평가 받았던 겁재(투쟁, 경쟁 및 남의 돈을 잘 받아 챙긴다), 상관(바른 소리, 반항심, 언변력과 연구심이 좋다), 편관(의협심, 아랫사람 챙기기, 획일적이고 배짱이 좋다) 등과 같이 시대 쓰임에 맞고 자신의 재능을 발휘할 수 있는 육친(六親)을 우선적으로 보는 경향도 있다.

독자들을 위하여 사주 구성에서 육친으로 본 직업 판단법을 몇 가지 예로 다시 한번 들어보겠다.

육친 직업을 판단하기 앞서 육친 성격으로 본 직업 특성 중 몇 가지 해당 사항을 정리해보면 정규직에 근무하는 사람(정재), 비정규직에 근무하는 사람(편재, 편인), 공무원에 종사하는 사람(정관과 편관), 알바 처럼 남의 돈을 받고 챙기는 직종에 근무하는 사람(겁재), 약, 의술 및 간호사처럼 치료하는 직종에 근무하는 사람(편인), 식신과 상관은 둘다 언변력이 좋은 사람이며, 특히 남들과 싸움을 좋아하고 투쟁심이 강하고 연구심이 좋은 사람(상관), 의협심과 배짱이 좋고 획일성을 좋아하는 사람(편관), 서류를 바탕으로 도장을 찍는 행정적인 업종을 하는 사람(인수=정인), 부하 직원이 있고, 어딜 가나 식복이 있는 직종에 근무하는 사람(식신) 등으로 판단 한다. 특히 비견의 경우 의리는 있지만 남에게 나누어 주는 성격이 강한 관계로 현대를 살아가는 경쟁 시대에서는 자선 사업이 아닌 이상 직업(職業)을 구하고 유지하기가 쉽지 않다. 이러한 기존 적인 조건을 바탕으로 사주 구성에서 육친(六親)으로 본 직업(職業)을 판단해 보자

<정규직과 비정규직의 사주 판단>

구분	사주			설명
정규직	천간	지지	지장간	<조건> 정규직은 한곳에 정착된 생활을 하며 고정된 월급을 받는 사람이므로, 사주 구성에서 정재가 존재해야 하며, 이때 이것들은 지장간과 통근(通根) 즉, 사주 뿌리가 성립되어야 한다. 그 외 식신이나 정관이 존재해도 좋으며, 사주 구성에서 정재는 돈을 쓸 줄 모르는 사람으로 정재가 많은 사람은 자린고비가 많다.
	○	○	해당 육친이 지장간에 뿌리(통근)를 내리고 있다.	
	정재 (본인)	정재		
	○	○		
비정규직	천간	지지	지장간	<조건> 비정규직은 한곳에 정착된 곳이 아니라 여러 곳을 떠돌아다니며 월급을 받아야 하므로 사주 구성에서 편재가 있어야 하고, 순간순간 월급을 챙기는 편인이나 겁재가 있어도 좋다. 하지만 편재가 사주에 2개 이상이 존재하면 부친 덕이 없는 사람이다.
	○	○	해당 육친이 지장간에 뿌리(통근)를 내리고 있다.	
	편재 (본인)	편인 편재		
	○			

<정규직과 비정규직의 공무원 사주 판단>

정규직과 비정규직을 바탕으로 이번에는 공무원 사주를 판단해 보자. 공무원은 국가에 록을 먹는 사람이므로 사주 구성에 정관이나 편관이 존재해야 한다.

구분	사주			설명
정규직 공무원	천간	지지	지장간	<조건1> 정규직이므로 한곳에 정착하는 정재가 있다.

	사주			설명
	○ 식신 (본 인) 인수	정재 상관 정관 편관	해당 육친이 지장간에 뿌리(통근)를 내리고 있다.	<조건2> 공무원이므로 정관이나 편관이 있다. <조건3> 국가 공무원이므로 아래 사람(부하 직원)이 존재하므로 식신이 있다. <조건4> 공무원은 정신적인 업무가 많고, 문서나 서류에 도장을 찍고 결재를 하는 직업이므로 인수(정인)가 있다. <조건5> 만약 통계, 조사, 관찰 등의 연구원이나 형사, 검사 등의 공무원이라면 연구심이 강한 상관이 존재 한다. <조건6> 특히 공무원에 해당되는 정관이나 편관은 지장간과 통근(通根) 즉, 사주 뿌리가 성립되어야 한다.

구분	사주			설명
비정규 직 공무원	천간 ○ 편재 (본 인) 식신	지지 ○ ○ 편 인 인 수	지장간 해당 육친이 지장간에 뿌리(통근)를 내리고 있다.	<조건1> 비정규직 이므로 여러 곳을 떠돌아 다님으로 편재가 있다. <조건2> 비정규직종은 눈치가 빠르고 근무기간동안 계약서를 쓰고, 자신의 재능을 순간순간 발휘하는 사람이므로 편인이 있다. <조건3> 기타 정규직 공무원에 준하는 인수(정인)와 식신이 있다. <조건4> 특히 편인은 지장간과 통근(通根) 즉, 사주 뿌리가 성립되는 경우가 많다.

<판매, 유통원, 점원, 아르바이트 직종의 사주 판단>

구분	사주			설명
	천간	지지	지장간	
판매, 유통 업, 점원, 아르 바이 트	겁재 ○ (본 인) ○	○ ○ 겁 재 ○	해당 육친이 지장간에 뿌리(통근)를 내리고 있다.	<조건> 판매, 유통업, 점원, 통신 판매, 아르바이트 등의 직종은 비생산 직종으로 독수리가 물고기를 길목에서 낚아채듯, 남의 돈을 순간적으로 받고 챙겨야 하는 소질이 있어야 하므로 사주 구성에서 겁재(劫財)가 자리 잡고 있고, 이것은 지장간에 뿌리를 내리고 있다. 나머지 조건도 해당 육친이 존재한다.

<군인, 경찰, 검찰 사주 판단>

구분	사주			설명
	천간	지지	지장간	
군인, 경찰, 검찰	편관 상관 (본인) 식신	편재 정관 편관 정재	해당 육친이 지장간에 뿌리(통근)를 내리고 있다.	<조건1> 획일성을 좋아하고, 의협심과 배짱이 있어야 하므로 편관이 있다. <조건2> 국가의 록은 먹는 공무원이므로 정관이나 편관이 존재하며 이것은 지장간에 뿌리가 있다. <조건3> 안정된 수입과 이동이 있는 직업이므로 정재나 편재가 있다.

		<조건4> 부하직원이 있으니 식신이 있다.
		<조건5> 투쟁력과 언변력 그리고 연구심을 바탕으로 조사 활동에 임하는 업무에 해당되는 것이므로 상관도 나쁘지 않다.
	※<군인, 경찰, 검찰사주의 특징> 금(金)기운이 강하거나 일간(日干)이 경(庚)일 경우, 일주가 과강살(魁罡殺)인 경우, 편관 운명인 경우, 천라지망살(天羅地網殺), 삼형살(三刑殺), 수옥살(囚獄殺), 양인살(陽刃殺)이 존재하는 사주 조건에서 뿌리가 강(强)하고 태어난 시기(월지와 시지비교)에 조후(調侯)의 형태가 맞는 신강(身强)사주인 경우 군인, 경찰, 검찰 사주로 본다. 그러나 뿌리가 약(弱)하고 조후의 조건이 나쁜 경우는 범죄자(범법자) 사주로 본다.	

<의사, 약사, 한의사, 간호사 사주 판단>

구분	사주				설명
		천간	지지	지장간	<조건1> 눈치가 빨라야하고, 다른 사람을 치료(治療)하고 돌보는 사람이므로 편인이 있다.
의사, 약사, 한의사, 간호사		겁재 편재 (본인) 정관	식신 편인 정재 丁 丙	해당 육친이 존재하고 丁(火), 丙(火) 및 癸(水)와 壬(水)가 지장간에 뿌리(통근)를 내리고 있다.	<조건2> 돈을 만지고 수입이 들어오는 직업이므로 정재와 편재가 있다. <조건3> 부하 직원이 있고 어딜 가나 식복이 있으니 식신이 있다. <조건4> 출세 직업이니 정관이 있다. <조건5> 의학은 본래 불(火)과 물(수)로서 제조하고 사람을 치료를 하는 것이므로 사주 구성에서 불에 해당되는 丁(火)이나 혹은 차선책으로 丙(火) 그리고 癸(水)나 壬(水)가 존재한다. <조건6> 치료 후 다른 사람의 돈을 챙겨야 하는 직종이니 겁재가 있으면 더 좋다.

<사업가 사주 판단>

구분	사주				설명
		천간	지지	지장간	<조건1> 사업가이니 당연 정재와 편재가 있다.
사업가		○ 편재 (본인) 정관	○ 식신 ○ 정재	해당 육친이 뿌리(통근)를 내리고 있다.	<조건2> 많은 사람과 상호 교류를 하고 부하직원과 식복이 있으니 식신이 있다. <조건3> 사업으로 성공하고 명성을 떨치고 출세하니 정관이 있다. <조건4> 그 외 자신의 직종에 해당되는 육친이 존재한다.

<손재주 즉 손기술이 뛰어난 사주 판단>

손기술	사주 지지에 진술축미(辰戌丑未)가 2개 이상 존재하는 사람은 틀림없이 손재주(손

| 기술)이 뛰어난 사람이다. |

<무속인(巫俗人), 도사(道士), 퇴마사(退魔師), 주술사(呪術師) 사주 판단>

무속인(巫俗人), 도사(道士), 퇴마사(退魔師), 주술사(呪術師)의 명확한 구분은 어렵다. 그 이유는 도사와 무속인의 중간 역할자도 존재하고, 퇴마사, 주술사 역시 도사와 무속인과 중간 역할도 존재하기 때문이다. 그러나 이들의 구분은 사주(四柱) 구성으로 확인해 보면 차이를 판단할 수 있다.

■무속인(巫俗人)

- 무속인은 도(道)를 배우거나 수행하지 않고 초인적인 능력을 발휘하는 사람이다.
- 무속인이 사용하는 부적(符籍)은 귀신을 내쫓는 부적이 아니라, 귀신을 다스리는 부적을 사용한다.
- 대부분 결혼하지 않거나 실패한다.
- 무속인, 퇴마사, 주술사등의 구별은 쉽지 않으나, 사주 구성에서 무속인들의 사주 특징은 다음과 같다.

| • 사주 구성에서 상관이 강(强)하다. |
| • 정관과 비겁이 없거나 약(弱)할수록, 좋은 무당이고 오래한다. |
| • 보통 인성운에서 신병을 앓고, 겁재운에서 개업을 한다. |

■도사(道士)

- 도사(道士)는 도(道)를 배우고 수행하여 초인적인 능력을 발휘하는 사람이다.
- 도사는 귀신(무속인)과 싸우는 사람으로 악귀를 내쫓는 부적(符籍)이나 주문(呪文)을 통하여 귀신과 싸운다. 따라서 도사는 무속인과 반대에 있는 사람이다.
- 속세를 떠나 생활하며, 대부분 결혼하지 않거나, 결혼해도 실패한다.
- 도사는 도사와 무속인의 중간 역할자도 존재하기 때문에 이들의 구별은 명확하지

| • 사주 구성에서 도사들은 보통 식신과 편관이 강(强)하게 구성되어 있다. |

않으나, 보통 사주 구성으로 확인해 보면 다음과 같다.

■퇴마사(退魔師)

- 사주 구성에서 식신이 강(强)한 무속인 출신이 많으며, 악마나 귀신을 쫓아내거나 물리쳐서 없애는 사람

■주술사(呪術師)

- 신의 힘이나 신통력을 통하여 길흉을 점치거나 재액을 물리치는 사람

※참고 : 역술인(易術人)과 종교인(宗敎人)

-역술인(易術人) : 사주(四柱)나 도(道) 등을 후천적으로 배워서 직업이나 카운슬링하는 일반 사람이다.

-종교인(宗敎人) : 특정 종교를 후천적으로 배워서 이를 통하여 직업이나 카운슬링하는 일반 사람이다.

이들은 화개살(華蓋殺)이 존재하고, 특히 역술인(易術人)은 일주가 갑술(甲戌)-임술(壬戌)-경술(庚戌)-병술(丙戌)-무술(戊戌)이고, 월지나 시지가 인(寅), 축(丑), 술(戌), 해(亥)가 존재하는 경우 혹은 일주가 계해(癸亥)-을해(乙亥)-정해(丁亥)-기해(己亥)-신해(辛亥)이고, 월지나 시지에 축(丑)이 존재하는 경우가 많다.

<기타 직종에 종사하는 사주 판단>

지금까지 확인된 육친(六親)으로 본 직업(職業) 판단 외 다른 직업군에 종사하는 경우 육친(六親)의 특성을 고려하여 독자들이 판단해 보길 바란다.

·용신(用神)으로 본 직업 판단법

이번에는 용신(用神)으로 직업을 판단해 보자. 용신으로 직업을 찾는 방법은 용신 오행의 뜻과 관련된 직업을 찾으면 된다. 예를 들면 용신이 목(木)이면 木과 관련된 업종이 맞고, 처음 시작과 추진력이 좋은 사람이므로 이에 맞는 직업 선택이 좋다. 화(火)이면 火와 관련된 업종이 맞고 활동력이 좋은 사람이므로 이에 맞는 직업 선택이 좋다. 토(土)이면 土와 관련된 업종이 맞고 사람과 사람들 사이에 중재를 잘하는 직업 선택이 좋다. 금(金)이라면 金과 관련된 업종이 좋고 끝마무리를 알차게 잘하는 사람이므로 이에 해당되는 직업 선택이 좋다. 수(水)라면 水와 관련된 직업이 좋고 수렴활동력과 저축성이 좋으므로 이에 맞는 직업 선택이 좋다.

참고로 이길동의 용신(用神)은 수(水)다. 따라서 이길동은 물 즉 수(水)와 관련된 직업이 맞는 직업이다.

이 중에서도 특히 수렴활동과 관련된 직업군 선택이 좋다.

용신 오행	직업	문과, 이과
목(木)	의류, 디자이너, 교육, 미용, 음악가, 가구점, 청과물, 당구장, 환경직, 시설직, 목공예, 과수원, 원예업, 제지업, 농장, 곡물판매업, 제지 및 종이, 섬유, 교사, 교수, 출판, 간호원, 종교, 생물학, 실험실, 보건 위생	·갑(甲) : 문과 ·을(乙) : 이과
화(火)	전자업, 정보 통신, 광고업, 전력 에너지, 가스, 발전소, 전기, 소방, 주유소, 전열기구업, 언론인, 군인, 연예인,	·병(丙) : 문과 ·정(丁) : 문과와

	의사, 법관, 광고업, 조명기구, 교육, 학원, 정치, 문인, 언론, 사법부, 경찰, 군인, 미술, 미용, 공예, 연극, 화장품, 정치인, 그림, 악기	이과
토(土)	분식업, 정육점, 외교관, 인류학자, 천체 물리학자, 토목기술자, 극장업종, 농업, 부동산 업종, 임업, 원예, 요업, 운수업, 창고업, 석재, 도자기, 양조업, 골동품, 고고학, 사원, 성당, 의사, 의복	·무(戊) : 문과 ·기(己) : 문과
금(金)	기계업, 금속업, 광공업, 자동자 업종, 반도체 업종, 금형설계업종, 귀금속, 조각, 재봉사, 선반가공업종, 금속기술자, 인쇄업, 보일러, 침구업, 금융업, 경리, 스포츠, 조사, 정육점, 감정사, 증권, 은행, 의사	·경(庚) : 문과 ·신(辛) : 이과
수(水)	카페, 무역, 의사, 약사, 주류업종, 유통업, 수산, 어업, 냉방, 음식점, 식품 제조업, 횟집, 수도설비업, 서비스업, 수상요원, 오락실, 카바레, 접객업, 소방대, 술, 운동가, 여행사, 중개업종, 목욕탕, 해산물	·임(壬) : 이과 ·계(癸) : 문과

· 오행(五行) 구성으로 본 직업 판단법

양력 1986년 6월 11일 밤 22:50분에 태어난 남자 이길동의 경우 오행 구성으로 본 직업을 알아보자.

이길동 사주에서 오행 구성을 확인해 보면 木(2개), 火(3개), 土(2개), 水(1개)로 되어 있어, 金은 없고 水는 적다.

이것으로 본 이길동의 성격은 처음 시작과 활동력은 좋으나 금(金)기운과 수(水)기운이 약(弱)한 것으로 보아 끝마무리가 약하다는 것을 알 수 있다.

따라서, 이길동은 金과 水를 적용하여 사주 균형을 맞추어 주어야만 자신의 부족한 적성을 채울 수 있기 때문에 金이나, 水에 해당되는 직업을 선택한다면 좋은 직업이 될 것이다. 오행에 나타난 직업을 알아보자.

사주구성 오행	성격	내용	
목(木)	추진력과 적극성이 좋다	추진력과 적극성이 부족하여 처음 시작이 어렵다.	연구직, 서점, 화원, 제조업, 조경
화(火)	열정과 애정이 아주 좋다.	끈기와 열정이 부족하여 쉽게 식어버린다.	분장사, 요리사, 정치, 스포츠
토(土)	중재력과, 포용력과 믿음이 좋다.	정착이 어렵고, 자신의 일에 만족하지 못한다.	부동산, 상담, 금융, 토목, 무역
금(金)	끝마무리, 절제력과 결단력이 좋다.	마무리가 약하기 때문에 먼 안목이 필요하다.	보석, 전자, 컴퓨터, 액세서리, 철물, 기계, 의약, 법률
수(水)	수렴력과 유연함과 처세술이 좋다.	인내심은 좋지만, 마음의 여유가 없다.	유흥업, 마케팅, 관광업, 요식업

오행으로 본 이길동의 직업 판반은 보석, 전자, 컴퓨터, 액세서리, 철물, 기계, 의약, 법률이나 혹은 유흥업, 마케팅, 관광업, 요식업 등의 업종을 선택하면 되겠다.

또한 이길동의 성향을 알기 위해서 사주에서 일간 병(丙)을 기준으로 월간(月干)과 시간(時干)을 각각 십간 희기론(喜忌論)을 적용해 보면, 丙-甲의 비조부혈(飛鳥跌穴)의 귀격이지만, 무더운 오월(午月)에 출생되었기 때문에 이것은 성립되지 않는다. 그러나 시간과는 관계 즉 丙-己는 대지보조(大地普照)가 되어 표현 능력이 우수하고 학술, 종교, 서비스업에서 능력을 발휘하기도 하는 성향의 사람이라는 것을 알 수 있기 때문에 이길동은 오행 직업 판단을 바탕으로 이런 성향이 가미된 직업을 선택하고 판단하면 되겠다.

참고로 평생 봉급생활자의 경우는 신약 사주가 좋고, 자립을 통한 개인 사업에는 신강 사주가 적성에 맞는다.

독자들은 지금까지 육친(六親), 용신(用神), 오행(五行)구성과 작용으로 본 직업 판단법을 알아보았다.

비록 이것은 직업 판단뿐 아니라, 사주 판단에도 유용하게 적용하고 사용되는 것이다. 이제 독자들은 자신은 물론 다른 사람들의 적성을 발굴하고 이에 따른 직업을 선택해 주면 더욱 아름다운 삶으로 살아갈 것이다.

이제부터는 세운(歲運)의 운세(運勢)를 통하여 년운(年運)과 월운(月運)에 발생되는 구체적인 사건에 대하여 알아보자.

사실 사주 명리학을 찾는 사람들 대부분은 앞으로 발생될 사건에 대하여 궁금하게 생각한다. 독자들을 위하여 여러 해석 방법을 쉽게 전개하고 해석해 놓았으니 이어서 학습될 운세(運勢) 즉 래정법(來情法)을 공부하는데 어려움이 없도록 하였다.

(29) 어떤 문제가 발생되어 찾아왔는가? (운세와 래정법)

해가 바뀌는 년초나 혹은 자신에게 닥친 상황이 궁금하여 찾아오는 사람들 대부분은 결혼, 이혼, 선거, 승진, 시험, 신규 사업, 투자, 입학, 자녀, 부부, 합격, 이사, 소송, 선거, 고부간, 수술, 암, 질병, 사망 등에 따른 어떤 문제가 발생된 경우이다. 이 때 상대방의 궁금한 내용이 무엇인지? 어떤 문제가 발생되어 찾아왔는지? 이것을 판단하는 것을 사주에서는 운세(運勢) 혹은 래정법(來情法)이라고 한다.

이것은 다음 년도의 운세를 확인해 보는 신수(身數)라고도 한다.

신수나 운세(運勢)를 판단하는 것은 압축된 실질적인 사주 해석(解析)이며 통변술(通辯術)이다. 어쩌면 사람들에게 가장 궁금하게 여기는 것도 앞날의 운세(運勢)이며 이것이 사주에서 가장 많이 활용되는 것이기도 하다.

방문자 대부분은 처음부터 사주에 의지하지 않았다. 그렇지만 살아가는 과정에서 나름

열심히 노력도 해보았지만 액운(厄運)과 실패(失敗)를 거듭된 사람들이다.

방문자는 자신이 처한 문제를 결정하고자 온 것이 아니라, 어려움을 같이 해결해보고자 찾아온 것이다.

우리가 사주 명리학(命理學)을 배우는 목적(目的)은 지나간 과거가 아니라, 다가오는 미래(未來)를 예측하고 삶에 희망을 심어주고, 현재 나쁜 기운(氣運)을 좋은 기운으로 변화시켜 줄 의무가 있다.

이것은 사주 명리학자(命理學者)의 의무(義務)이자 도리(道理)인 것이다.

따라서, 방문자에게 실패, 이별, 불합격, 사고, 충고, 죽음 등의 불가능이라는 말보다는 '할 수 있다', '좋아 진다', '함께 노력해 보자', '조금만 참고 같이 모색해보자', '미래가 밝다' 등으로 할 수 있다는 자신감을 통하여 어려움을 스스로 극복(克服)할 수 있는 힘을 심어주어야 한다.

즉, 자신이 타고난 운명(運命)은 노력과 의지력으로 얼마든지 바꿀 수 있기 때문이다.

그러기 위해서는 명리학자(命理學者)로서 명확한 사주 지식을 갖추어야 한다.

불운(不運)을 함께 모색하고 해결해보고자 찾아온 사람에게 불필요하게 긴 시간으로 헤맨다든지 아니면 상대방의 고민을 전혀 모르고 헛소리만 한다면 이것 역시 사주 명리학자(命理學者)의 도리(道理)가 아니다.

그렇지만, 방문자의 고민을 정확하게 알면 알수록 짧은 시간에 만족한 상당을 할 수가 있다. 이것은 환자가 아픈 부위의 설명을 의사에게 정확하게 표현해 주어야만 의사는 더욱 정확한 병명을 알고 쉽게 치료할 수 있는 것과 같다.

이러한 방문자와의 신뢰를 구축하기 위해서 책 서두에 소개된 <사주 간명지>를 토대로 적용시켜 고민 사항을 알고 일반적인 해결책은 물론 구체적인 해결책을 제시 해주면 되겠다(※제9장, 불운(不運)을 피하고 행운(幸運)을 찾자).

또한 <사주 간명지>를 작성해서 방문자에게 제공해 주는 방법도 있다.

하지만, 앞날의 운세(運世) 즉 래정법를 정확하게 판단하고, 상대방에가 만족스럽게 조치하는 사람일수록 자리매김하게 한다는 사실을 잊지 말자.

래정법(來情法) 판단은 사건 내용을 구체적이고 정확하게 판단하기 위하여 일간(日干)의 강약(强弱), 오행(五行)의 강약(强弱), 용신(用神), 육친(六親)관계, 통근(通根), 조열(燥熱)과 추운 한습(寒濕)에서 작용되는 길성(吉星)과 흉성(凶星)은 물론 구체적인 육친 작용을 통하여 확인해 보겠는데, 여기서 독자들이 추가로 알아야 될 사항은 난해(難解)한 명리학(命理學)을 짧은 시간에 다른 사람의 운세를 판단하기란 쉬운 것은 아니기 때문에 격국(格局)이나 혹은 십간 희기론(喜忌論)을 적용하여 어떤 성향의 사람인지를 쉽게 판단해 보는 지혜도 때론 필요로 한다.

저자는 이러한 과정 모두를 보기를 들어서 쉽게 설명하였으니 독자들은 이것들을 학습하는데 애로사항이 없도록 하였다.

이제 이러한 운세(運勢) 즉 래정법(來情法)을 적용시켜 실질적으로 발생되는 사건을 판단하기 위하여 양력 1986년 6월 11일 밤 22:50분에 태어난 이길동에 대한 운세를 2018년(戊戌)과 2020년(庚子) 그리고 2021년(辛丑) 3월에 각각 어떤 사건이 발생되어 찾아왔는가?

이것을 구체적으로 판단해 보자.

래정법을 판단하기 위하여 이길동의 사주(四柱) 원국과 대운(大運) 그리고 2018년과 2020년 및 2021년 3월의 세운(歲運)을 아래와 같이 세워 보자.

이길동(李吉童) 남자 양력 1986년 6월 11일 22:50 출생(亥時)								
＜사주＞						**＜대운＞**		
구분	천간	지지	육친		지장간			
年柱	①丙	⑤寅	비견	편인	⑨戊, ⑩丙, ⑪甲	구분	39	29	19

구분	천간	지지	육친		지장간
年柱	①丙	⑤寅	비견	편인	⑨戊, ⑩丙, ⑪甲
月柱	②甲	⑥午	편인	겁재	⑫丙, ⑬己, ⑭丁
日柱	③丙	⑦戌	·	식신	⑮辛, ⑯丁, ⑰戊
時柱	④己	⑧亥	상관	편관	⑱戊, ⑲甲, ⑳壬

구분	39	29	19
천간	戊	㉑丁(겁재)	丙
지지	戌	㉒酉(정재)	申
방합	申酉戌=>Ⓐ金(서쪽)		

＜2018년과 2020년 운＞			**＜2021년 3월 운＞**	
구분	2020年(庚子)	2018年(戊戌)	구분	신축(辛丑)년 3월
천간	㉓庚(편재)	㉗戊(식신)	천간	㉜辛(정재)
지지	㉔子(정관)	㉘戌(식신)	지지	㉝卯(인수)
지장간	㉕壬(편관), ㉖癸(정관)	㉙辛(정재), ㉚丁(겁재), ㉛戊(식신)	지장간	㉞甲(편인), ㉟乙(인수)
방합	亥子丑=>Ⓑ水(북쪽)	申酉戌=>Ⓒ金(서쪽)	방합	寅卯辰=>Ⓓ木(동쪽)

용신 ; 수(水),	희신 ; 금(金),	기신 ; 토(土),	구신 ; 화(火),	한신 ; 목(木)

이러한 래정법(來情法)을 판단할 때 이상적인 판단 방법을 소개하면 다음과 같다.

- 신강(身強) 사주와 신약(身弱) 사주 그리고 무더운 조열(燥熱) 사주와 추운 한습(寒濕) 사주를 판단해서 신강 사주이면 일간(日干)의 힘을 설기 즉 빼주는 오행이나 육친에서 길성(吉星)이 되므로 추진하는 일이 이루어지고, 신약 사주라면 일간의 힘을 강(強)하게 만들어주는 오행이나 육친이 길성(吉星)이 되므로 추진하는 일이 이루어진다. 또한 조열 사주에서는 더운 열기를 식혀줄 수 있는 수(水)나 금(金)기운에서 이루어지며, 추운 한습사주는 추위를 녹여 줄 수 있는 화(火) 혹은 목(木)기운에서 일이 이루어 진다.
- 사주 구성에서 관살혼잡(정관, 편관), 식상혼잡(식신, 상관), 재성혼잡(정재, 편재), 인성혼잡(인수, 편인), 비겁혼잡(비견, 겁재)이 성립되면 나쁜 영향을 미치며, 이들이 대운(大運)이나 세운(歲運)에서 다시 들어올 때 역시 불운(不運)이 나타난다.
- 합(合)이 작용되면 하는 일이 성사되고 새로운 것을 얻는다. 그러나 합(合) 작용으로 변화

> (化)되는 기운(氣運)은 사주(四柱)는 물론 대운(大運), 세운(歲運)에 적용되어 길흉(吉凶)으로 작용 된다.
> - 충(沖)이나 공망이 작용되면 하는 일이 중단되고 잃게 된다.
> - 형(刑), 파(破), 해(害) 및 양인살(陽刃殺), 괴강살(魁罡殺), 백호대살(白狐大殺) 등의 악살(惡殺)이 작용되면 하는 일이 성사 되더라도 싸움 등이 발생되거나 운(運)이 나쁘면 파국 된다.
> - 원진살(怨嗔殺)이 작용되면 하는 일이 원망스럽다는 것을 알면서도 승복하고 받아들인다.
> - 사주 원국과 판단하고자하는 당해 년도 오행(五行)간의 상호 작용을 적용시킨다.
> - 그 외 길성(吉星)과 흉성(凶星)들은 관련 내용을 적용시킨다.

이제 이길동에게 적용되는 운세(運勢) 즉 래정법(來情法)을 판단하기 위하여 구체적으로 확인해 보자.

이길동은 사주 구성에서 자장 큰 힘을 발휘하는 월지(月支)가 겁재이므로 신강(身强) 사주이다. 신강 사주에서는 본인에 해당되는 일간(日干) 丙(火)의 힘을 약(弱)하게 만들어 주는 오행(五行) 즉 수극화(水剋火)의 수(水) 기운이나 혹은 화생토(火生土)의 토(土)기운은 이길동에게는 일간의 화(火)기운을 약(弱)하게 만들어 주는 오행이 길성(吉星)으로 작용되는 오행(五行)이 된다.

하지만 이길동의 신강 사주에서 일간(日干) 丙(火)의 힘을 강(强)하게 만들어주는 화생화(火生火)의 화(火)기운이나 혹은 목생화(木生火)의 목(木)기운 그리고 화극금(火剋金)의 금(金)기운은 이길동에게 나쁘게 작용되는 흉성(凶星) 오행(五行)이다.

이를 토대로 당 해년도 신수(身數)에 따른 래정법(來情法)을 판단하기 위하여 이길동의 길성(吉星)과 흉성(凶星)을 정리해보면 다음과 같다.

구분	오행	육친	천간	지지
이길동	수(水)	편관, 정관	임(壬), 계(癸)	해(亥), 자(子)
길성(吉星)	토(土)	상관, 식신	무(戊), 기(己)	진(辰), 술(戌), 축(丑), 미(未)
이길동	화(火)	겁재, 비견	병(丙), 정(丁)	사(巳), 오(午)
	목(木)	편인, 정인	갑(甲), 을(乙)	인(寅), 묘(卯)
흉성(凶星)	금(金)	편재, 정재	경(庚), 신(辛)	신(申), 유(酉)

위의 내용을 토대로 사주 원국은 물론 대운(大運)이나 세운(歲運)에서 이들을 적용하여 길성(吉星)과 흉성(凶星)을 판단하고 해석(解析)해 주면 된다.

예를 들면, 이길동의 경우 사주 원국은 물론 대운(大運)이나 세운(歲運)에서 수(水) 기운의 편관과 정관의 임(壬), 계(癸)와 해(亥), 자(子) 그리고 토(土)기운 상관과 식신의 무(戊), 기(己) 그리고 진(辰), 술(戌), 축(丑), 미(未) 운(運)이 들어오면 길성(吉星)이므로 발복(發福)하게 되고, 흉성(凶星)에 해당되는 화(火)기운의 겁재, 목(木)기운의 편인 그리고 금(金)기운은 식신이 들어오면 불운(不運)이 발생된다. 물론 최종 판단은 사주 구성은 물론 이들에게 적용되는 신살(神殺)을 보고 최종 판단해 주어야 신수는 물론 래정법(來情法)이 완성된다.

저자는 이러한 래정법(來情法)을 판단하기 위하여 몇 가지 방법을 제시 할 것이다. 독자들은 이러한 풀이 과정을 이해(理解)하고 응용(應用)할 수 있는 조건을 갖기 바란다.

2018년 무술년(戊戌年) 이길동에게 발생된 사건과 운세(運勢)를 판단해 보자.

당 해 년도 발생된 구체적인 사건 내용은 천간(天干)과 지지(地支)의 길흉성(吉凶星)과 지장간(支藏干)과의 통근(通根) 등의 관계로 확인한다.

이때 천간은 발생되는 사건의 주체이고, 지지는 발생되는 사건의 운(運)의 흐름을 나타낸다.

이제 2018년도 무술년(戊戌年)에 이길동에게 발생된 사건 내용을 알아보자.

천간 ㉗戊은 식신이므로 식신은 결혼과 사회 활동을 뜻하는 것이며, 지지 ㉘戌 역시 식신이므로 결혼과 사회 활동으로 문제가 발생되었기 때문이 이것이 궁금하여 찾아온 것이다. 그리고 지장간(支藏干)을 확인해 보면 ㉙辛(정재), ㉚丁(겁재), ㉛戊(식신)으로 구성되어 있어 이것들과 연간지어 판단해 보면 '부인과의 결혼 문제로 인한 사회 진출이 동료들과 문제가 발생되어 찾아왔다'란 것을 알 수 있다. 이러한 사건은 운(運)이 나쁠 경우 구설수가 발생될 소지가 다분히 존재하는 판세이기도 하다.

이제 사건 내용의 흐름을 하나하나 판단해 보자.

가장 먼저 확인해야 될 사항은, 2018년도 천간과 지지에 해당되는 ㉗戊(식신)과 ㉘戌(식신)이 사주 원국이나 대운(大運)과 합(合)을 이루어 변화(化)된 기운이 길성(吉星)으로 작용되면 추진하고자 하는 일이 성사되는 것이므로 부인과의 결혼 문제로 인한 사회 진출은 무난히 이루어진다는 뜻이고, 충(沖)이 성립되면 이러한 상황은 이루어질 수 없다는 뜻이고, 원진살(怨嗔殺)이 성립되면 결혼 문제가 원망스럽다는 것을 알면서도 승복하고 받아들인다는 뜻이다. 또한 형(刑), 파(破), 해(害) 및 양인살(陽刃殺), 괴강살(魁罡殺), 백호대살(白狐大殺)이 성립되면 일이 성사 되더라도 싸움 등이 발생되거나 운(運)이 나쁘면 파국이 된다는 뜻이다.

이제 천간 ㉗戊(식신)을 통하여 사주 원국은 물론 지장간과 투출(透出) 및 통근(通根) 작용을 통하여 유정(有情)과 무정(無情)을 확인해서 판단해보자.

2018년 천간 ㉗戊(토)는 사주 원국 지장간 ⑨戊, ⑰戊, ⑱戊과 음양(陰陽)이 같은 오행(五行)으로서 투출(透出)작용이 성립된다.

이렇게 투출관계가 성립된다는 것은 2018년과 밀접한 관계가 존재한다는 뜻이기도 하다.

그리고, 2018年의 천간과 지지는 ㉗戊(식신)과 ㉘戌(식신)의 식신운이므로 이것으로 판단해 보면, 결혼(結婚)이나, 일종의 재물운이 와 있다는 뜻이 된다.

이제, 사주 원국과 지장간 ㉙辛(정재), ㉚丁(겁재), ㉛戊(식신)의 통근 관계를 알아보고 이들 사건을 구체적으로 판단해 보자.

지장간 ㉙辛(정재)은 금(金)으로 천간에 금(金)이 없으므로 통근이 성립되지 않고, ㉚丁(겁재), ㉛戊(식신)은 화(火)와 토(土)로서 이것은 ①丙, ③丙 그리고 ④己는 각각 오행이 같은 화(火)와 토(土)이므로 이들은 통근 즉 사주 뿌리가 성립된다.

따라서, 2018年엔는 실질적으로 작용되는 것은 ㉚丁(겁재)와 ㉛戊(식신)이 된다.

즉, 겁재는 동료들과 투쟁의 뜻이고, 식신은 새로운 사회 진출의 뜻이 되므로 이것을 종합해 보면 '부인과의 결혼 문제로 인한 사회 진출이 동료들과 문제가 발생되지만, 어렵게 성사 될 것이다'라고 조심스럽게 판단 할 수 있다.

그렇지만, 사주 원국의 ③丙과 2018년의 지지 ㉘戌는 丙-戌의 공망(空亡)과 백호대살(白狐大殺)이 성립되어 이길동은 '결혼과 사회 진출 문제'는 투쟁 등이 발생되기 때문에 이루어질 수 없다는 것을 알 수 있다.

이러한 것들을 한 번에 판단하는 방법도 있다.

이길동은 신강(身强) 사주이기 때문에 일간 ③丙(화)의 기운을 설기 즉 빼주는 오행이나 육친이 길성(吉星)이며 이것은 추진하고자 하는 일이 성사될 수 있는 조건이 된다. 따라서 2018년 무술년(戊戌年)은 토(土) 기운이므로 이는 일간 ③丙(화)와 비교해보면 화생토(火生土)가 성립되어 일간의 힘을 빼주는 역할을 하기 때문에 식신과 관련된 일들이 성사될 수 있다. 그렇지만 문제는 사주에 작용되는 토(土)는 무더운 조열사주(燥熱四柱)에서 토극수(土剋水)가 작용되기 때문에 이길동 사주에서 가장 필요한 수(水)기운을 더욱 없애주는 역할을 하게 되므로 2018년 무술년은 식신과 관련된 일들은 설사 이루어진다고 해도 만신창이가 될 수 밖에 없다는 사실을 알아야 한다.

이번에는 사주 작용으로 판단해 보자.

이길동의 사주 원국을 보면 ④己와 ⑦戌는 식상으로 이것은 나쁜 편관 ⑧亥을 너무 강하게 극(剋)하여 무력화시킴으로써 제살태과(制殺太過) 사주에 가깝지만 ⑦戌은 공망(空亡)이 되어 식신의 세력이 약(弱)한 관계로 귀격 사주인 상관제살(傷官制殺) 운으로 볼 수 있다. 이러한 상황에서 2018년 무술년(戊戌年)은 ㉗戊(식신)과 ㉘戌(식신)으로 다시 식신 기운이 들어옴으로 ⑧亥의 편관은 완전 무력화되어 나쁜 제살태과(制殺太過) 운으로 전환된다. 따라서 2018년은 진법무민(盡法無民)이 되기 때문에 아무것도 이루어질 수 없는 대흉(大凶)한 년도이기도 하다(※식상의 토(土)운은 나쁨).

다른 방법으로는 이러한 과정 대신 용신(用神)으로 2018년 무술년(戊戌年) 운세(運勢)

를 판단해 보자. 용신을 적용하여 판단하면 금방 당 해 년도 운세(運勢)를 알 수 있다. 앞 절 6장 용신에서 이길동의 용신(用神)은 수(水)이고 희신은 금(金)이며, 나쁜 기신은 토(土)이며 구신은 화(火)라는 것을 알았다.

2018년의 천간 ㉗戊(土, 식신)과 지지 ㉘戌(土, 식신)는 모두 토(土)로서 이길동의 용신 수(水)를 극(剋)하기 때문에 2018년도는 식신 관련 내용 즉 결혼과 사회진출 문제는 이루어지기 어렵다는 것을 알 수 있다.

이제 독자들을 위하여 2018년 즉 무술년(戊戌年)에 발생되는 운세를 천간합, 육합, 삼합 그리고 방합을 통하여 변화(化)된 기운을 통하여 다시 한번 사주 해석 즉 통변을 판단해 보자.

무술년은 천간과 지지가 모두 식신이니, 틀림없이 식신과 관련된 결혼, 사회활동, 의식주 등과 관련된 일이 발생 된다.

년지 ㉘戌(식신)은 사주 원국 ⑤寅, ⑥午과 인오술(寅午戌) 합(合)을 이루고 이것은 화(火)기운으로 변화(化)되고, 이때(2018년) 방합은 신유술(申酉戌)이고 이것은 재성의 ⓒ 金 기운이 된다. 아울러 대운 신유술(申酉戌) 역시 재성의 ⒜金이기 때문에 이들의 관계는 화극금(火剋金)이 되어 극(剋)하므로 식신과 관련된 것들은 성립될 수 없다. 또한 식신의 화(火) 기운은 이길동의 신강 사주에서 일간 ③丙(화)의 기운을 더 강(强)하게 작용시키게 되므로 추진하고자 하는 일이 성사되기 어렵다는 것을 알 수 있다. 뿐만 아니라 화(火) 기운은 용신(用神) 수(水)와 수극화(水剋火)로 극(剋)이 되기 때문에 식신과 관련된 것들은 성사될 수 없다. 또한, 사주 원국 년지 ⑤寅과 대운 ㉒酉(정재)는 원진살(怨嗔殺)이 성립되어 결혼에 대한 고초가 따르게 되어 있다.

만약 이길동이가 2018년에 장사를 한다면 어떤 업종(業種)이 맞고, 성공 방향(方向)이 어느 방향인지를 판단해 보자. 이것은 대운(大運)과 해당 년의 방합의 변화(化)된 오행으로 판단한다. 즉, 2018년과 대운의 방합은 신유술(申酉戌)이고 이것은 재성의 금(金) 기운이다. 따라서, 이길동은 금(金)에 해당되는 업종 즉 철물점, 자동자 업종, 반도체 업종, 금형 설계업종, 귀금속, 조각, 재봉사, 인쇄업, 보일러 업종이 맞고, 성공 방향은 서쪽(금) 방향을 선택해야만 성공할 수 있다.

그러나 금(金)을 극(剋)하는 화(火)와 관련된 업종 즉 정보 통신, 전력 에너지, 발전소, 전기, 소방, 주유소, 전열기구업, 광고업, 조명기구 등을 선택하거나 혹은 남쪽(火) 방향을 선택한다면 필패(必敗)의 원인이 된다. 독자들은 이런 것 모두를 통하여 자신에게 닥친 상황이 궁금해서 찾아오는 사람들에게 짧은 시간에 명쾌한 사주 해석(解析) 즉 통변(通辯)을 제공해 주길 바란다.

특히 독자들은 승진, 진학, 합격, 결혼시기 등을 판단할 때 불행(不幸)한 운세일 경우 대운(大運)과 세운(歲運)에서 합(合)을 이루에 변화(化)된 오행이 길성(吉星)으로 작용하거나 혹은 천덕귀인(天德貴人), 천을귀인(天乙貴人), 천관귀인(天官貴人) 등의 길성(吉星)이 작용된다면 이 경우 어렵게나마 승진, 합격 그리고 결혼도 이루어진다. 물론 충(沖)과 공망(空亡)이면 성립되기 어렵다.

따라서 독자들은 사주를 판단할 때 천간합, 육합, 삼합 그리고 방합 등의 합(合) 작용에 따른 변화된 오행을 통한 사주 해석(解析) 즉 통변(通辯) 방법을 적극 활용해 주면 된다. 이렇게 독자들은 사주(四柱) 해석(解析)은 물론 당해 년도 운세(運勢)를 판단하는 경우 여러 가지 형태로 판단하여 최종 결정을 내리는 습관이 중요하다.

참고로 사주 원국, 대운(大運) 그리고 세운(歲運)의 지지(地支)에 존재하는 지장간(支臟干)도 이들에게 상호간 작용되는 충(沖) 등의 길흉성(吉凶星)은 물론 지장간에 작용되는 암합(暗合)으로 인한 변화(化)되는 기운(氣運)을 확인하고 판단해 주어야 정확한 사주 통변술이 된다. 그 방법을 이길동 사주 원국에 작용되는 지장간으로 판단해 보자.

구분	천간	지지	지장간		
年柱	丙	寅	①戊, ↕	②丙, ↕	③甲 ↕
月柱	甲	午	④丙 ↕	⑤己 ↕	⑥丁 ↕
日柱	丙	戌	⑦辛, ↕	⑧丁, ↕	⑨戊 ↕
時柱	己	亥	⑩戊,	⑪甲,	⑫壬

이길동 사주 원국에 작용되는 지장간들 중 ⑨戊과 ⑫壬은 무임충(戊壬沖)이 작용됨을 알 수 있다. 그러나 지장간 중 이러한 흉성들이 2개 이상이 작용된다면 지장간(支臟干)이 지탱하고 있는 지지(地支)와 천간(天干)의 힘을 그만큼 약(弱)하기 때문에 유명무실하게 된다. 그러나 지장간끼리 강(强)한 합(合) 즉 장합(藏合)이 성립되면 지지(地支)에 충(沖)을 받아도 괜찮다.

2020년 경자년(庚子年) 이길동에게 발생된 사건과 운세(運勢)를 판단해 보자.

2020년 경자년(庚子年)은 천간 庚(편재)과 지지 子(정관)으로 보아 편재와 정재운이므로 이길동은 사업이나 직장 이동 문제로 인한 고민이 발생되어 찾아왔다는 것을 알 수 있다. 이를 좀더 구체적으로 알아보기 위하여 지장간을 보면 壬(편관)과 癸(정관)으로 구성되어 있어 '승진에 따른 자리 이동 문제' 때문에 고민이 있어 찾아 왔다는 것을 알 수 있다.

이제 이를 바탕으로 2020년 경자년(庚子年)의 운세(運勢)를 판단해 보자.

먼저 2020년도 천간 ㉓庚은 사주 원국의 지장간에 오행이 같은 庚이 존재하지도 않고, 또한 천간에도 동일한 庚이 존재하지 않기 때문에 투출(透出)이 성립되지 않는다. 이것은 2020년과 이길동은 관련이 없다는 뜻이기도 한다.

즉, 그 만큼 운세(運勢)가 성립될 수 없다는 뜻이 된다.

사실 이러한 운세가 맞는지 확인해 보자.

지장간 ㉕壬(편관)과 ㉖癸(정관)은 수(水)와 금(金)으로 이것은 천간과 같은 오행(五行)이 없는 관계로 통근이 성립되지 않는다.

이것은 2020년도의 ㉓庚(편재)와 ㉔子(정관)운을 기대할 수 없다는 뜻이고, 2020년 운세(運勢)는 사주 원국과 연결고리가 상실된다는 것을 알 수 있기 때문에 성공여부가 그 만큼 희박하다는 것을 알 수 있다. 아울러 외부에서 들어오는 흉운(凶運)을 막을 수 있는 힘이 상실되어 나쁜 기운을 방어할 수 있는 능력을 기대하기란 어렵다는 것을 알 수 있다.

이렇게 운(運)의 연결 통로가 힘이 없거나 혹은 끊어졌을 경우 불운(不運)은 가중될 수밖에 없다. 이런 시기에는 새로운 사업은 물론 결혼(結婚), 승진(昇進)이나 출세(出世) 그리고 재물(財物)을 기대할 수 없는 운세(運勢)이기도 하다.

따라서, 2020년 경자년(庚子年)의 이길동은 '승진에 따른 자리 이동 문제' 때문에 고민이 있어 찾아 왔지만, 승진은 커녕 오히려 좌천되는 경우라고 보면 맞다.

또 다른 방법으로 판단해 보자.

이길동의 사주 구성을 보면 일간(日干)의 힘이 강(姜)한 신강 사주이고, 무더운 화(火)기운이 강한 조열사주(燥熱四柱)인데, 2020년의 경자년(庚子年)의 경우 우선 천간 ㉓庚(金, 편재)은 금(庚)이기 때문에 이길동의 일간 丙(화)와의 관계는 화극금(火剋金)이 되어 신강 사주에서 오히려 일간 화(火)기운을 더욱 강(强)하게 만들어 주는 것이 되므로 금(金)기운의 편재는 나쁜 흉성(凶星)이 된다. 그러나 지지 정관 ㉔子는 수(水)이기 때문에 이길동의 일간 丙(화)과의 관계는 수극화(水剋火)가 되어 일간의 힘을 빼주는 역할을 하기 때문에 이길동의 신강 사주에서 길성(吉星)으로 작용된다.

또한 ⑧亥와 경자년 ㉔子(정관)은 해자합(亥子合)이 성립되고 이것은 수(水)기운으로 변화(化)되므로 이길동의 신강 사주에서 일간 丙(화)과는 기운을 약(弱)하게 만드는 구실을 하므로 길성(吉星)으로 작용된다.

그렇지만 2020년 지지 ㉔子는 사주 원국 월지 ⑥午과 자오충(子午沖)이 성립되고, 아울러 ⑥午는 공망(空亡)이므로 2020년에는 이루어 질 수 없는 운세(運勢)란 것을 알 수 있다.

또한, 사주 원국 ⑤寅과 ㉔子(정관)은 수옥살(囚獄殺)이 성립되고, ③丙과는 비인살(飛刀殺)이 성립되어 재물과 직위에 따른 이동 운세는 시비와 투쟁이 발생될 수 밖에 없다는 것을 알 수 있다.

이길동의 용신(用神)으로 2020년 경자년(庚子年)에 발생되는 사건과 운세(運勢)을 판단해 보면 2020년은 천간 ㉓庚(金, 편재)과 지지 ㉔子(水, 정관)은 금(金)과 수(水)로서 이길동의 용신 수(水)와 희신 금(金)으로 좋은 운(運)에 해당되지만, 그렇지만 용신이 아무리 좋게 작용된다고 해도 2020년 지장간 ㉕壬(편관), ㉖癸(정관)은 사주 원국의 천간(天干)과 통근(通根) 즉 뿌리가 성립되지 않기 때문에 큰 영향을 줄 수 있는 조건은 성립되지 못할 뿐 아니라, 의미가 없는 유명무실(有名無實)한 존재가 된다.

2021년 신축년(辛丑年)년 3월 이길동에게 발생된 사건과 운세(運勢)를 판단해 보자.

이번에는 마지막으로 2021년 신축년(辛丑年) 3월에 발생되는 이길동의 운세(運勢) 판단법으로 확인해 보자.

천간 ⑪辛은 정재이고, ⑫卯는 인수로서 이때는 '금전과 관련된 문서 문제'가 발생되었다는 것을 알 수 있다.

2021년 신축년 3월의 천간 ㉜辛은 사주 원국의 지장간 ⑮辛와 음양(陰陽)이 같은 오행(五行)이기 때문에 투출(透出)이 성립 된다.

정재 ㉜辛는 사주원국과 통근(通根) 즉 사주 뿌리가 성립되지 않고, 이것을 품고 있는 지지(地支) ⑦戌는 토(土)로써 본인에 해당되는 일간 ③丙(화)과는 화생토(火生土)로 설기(泄氣)시켜 도움을 줄 수 있지만, 공망(空亡)이 성립되어 없어지고 부족한 수(水)기운을 소멸시키므로 이길동에게는 도움을 주기 못한다. 그러나 사주 원국의 ②甲은 목(木)으로 지장간 ㉞甲(편인)과 ㉟乙(인수)와 통근 즉 사주 뿌리가 성립된다.

하지만, 여기서 몇 가지 더 확인해 보고 최종 판단해야 한다.

2021년 3월의 천간 ㉜辛(금)은 잘 다듬어진 보석인데 이것은 불덩어리(fire)에 해당되는 丁(화)나 혹은 병(火)의 기운은 만나면 보석으로서 형체는 물론 광채가 모두 없어지는 꼴이 되니 유명무실(有名無實)하게 된다.

따라서, 대운의 ㉑丁(火)과 사주 원국에서 ①병(火), ③丙(火)은 각각 화(火)로서 강력한 불덩어리에 해당될 뿐 아니라, 이길동의 사주 원국 역시 무더운 화기운이 강한 사주이기 때문에 화극금(火剋金)이 성립되어 '금전과 관련된 문서 문제'는 이루어 질 수도 없거나와 설사 성립이 된 경우에는 속빈 강정으로 허실이 너무 많아 실속이 전혀 없다는 뜻이다.

2021년의 이길동은 36세에 해당되므로 ㉝卯는 대운(大運) 지지 ㉒酉와는 묘유충(卯酉

沖)이 작용되어 실패할 뿐 아니라, 사주 원국의 ⑦戌과도 해(害)가 성립되므로 싸움, 소송 등이 발생되기 때문에 '금전 문제로 인한 문서와 관련된 문제'는 절대 순조롭게 풀리지 않는다는 것을 알 수 있다.

이제 독자들을 위하여 2021년 신축년(辛丑年) 3월에 발생되는 운세(運勢)를 천간합, 육합, 삼합 그리고 방합을 통하여 판단해 보자.

2021년 3월은 천간과 지지가 신묘(辛卯)이므로 정재와 인수이다. 따라서 3월은 이것은 정재의 재물과 인수의 문서와 관련된 일들이 발생된다.

사주 원국의 ①丙과 ㉜辛는 병신(丙辛) 천간합으로 이것은 관성의 수(水)로 변화(化)되기 때문에 이길동의 신강 사주에서 일간 丙(화)를 수극화(水剋火)로 약(弱)하게 만들어 주기 때문에 길성(吉星)으로 작용된다.

또한 2021년 3월의 방합 즉 인묘진(寅卯辰)의 목(木) 기운과 수생목(水生木)은 상생관계가 이루어지고 아울러 이것은 용신 수(水)와 같은 오행이므로 재물과 문서와 관련된 일들은 잘 이루어진다.

사주 원국 ⑦戌와 ㉝卯(인수)는 술묘(戌卯)는 화(火) 기운으로 전환되므로, 신강 사주에서 일간 丙(화)를 더욱 강(强)하게 만들어 주기 때문에 흉성(凶星)으로 작용된다. 또한 이것은 용신 수(水)와는 상극관계가 되므로 문서관련 업무가 원활하게 이루어질 수 없다.

그러나, 사주 원국 ⑧亥과 ㉝卯(인수)는 해묘합(亥卯合)이 되고 이것은 인성의 목(木)기운으로 전환되고, 이길동의 신강 사주에서 일간 丙(화)과의 관계는 목생화(木生火)가 성립되기 때문에 일간을 더욱 강(强)하게 만들어 주는 관계로 흉성(凶星)이 된다.

또한 ⑤寅과 ㉝卯는 도화살(挑花殺)이 성립되어 음란함이 작용되고, ㉝卯(인수)는 대운 ㉒酉와 묘유충(卯酉沖)이 성립되어 인수관련 서류문제는 이루어질 수 없다는 것을 알 수 있다.

사주를 해석하고 판단하는 방법은 지금까지 설명된 방법 등 여러 종류가 있겠으나, 오행(五行)들이 작용하는 운세(運勢)의 흐름을 색상으로 표시하여 판단하는 경우도 있다. 이렇게 오행 색상으로 표시하는 이유는 사주 원국에서 지장간까지의 통근(通根) 즉 사주 뿌리를 눈으로 금방 확인하기 위함에 있다.

독자들을 위하여 위에서 판단한 2021년 신축년(辛丑年)년 3월 이길동에게 발생된 사건과 운세(運勢)를 '오행 색상 판단법'을 적용시켜 확인해 보자.

2021년 신축년(辛丑年)년 3월 이길동에게 발생된 사건과 운세(運勢)를 판단해 보자. <오행 색상 판단법>

사주 해석을 오행(五行)의 색상으로 판단하는 경우가 종종 있어 이를 처음 접하는 독자

들은 의아하게 생각할 소지가 있기 때문에 여기서 이것을 소개하고자 한다.

오행의 색상으로 판단법은 수(水, 검정색), 목(木, 청색), 화(火, 적색), 토(土, 노랑색), 금(金, 흰색)색을 같은 오행끼리 혹은 무더운 조열사주(燥熱四柱)에서는 추운 검정색의 수(水) 기운을, 반대로 추운 한습사주(寒濕四柱)에서는 무더운 붉은(적색) 화(火) 기운을 찾고 표시해서 사주 해석(解析) 즉 통변(通辯)을 하는 것이다.

이렇게 색상으로 구분하는 이유는 사주 원국, 대운(大運) 그리고 세운(歲運)에 작용되는 오행(五行)의 흐름을 눈으로 쉽게 판단할 수 있기 때문이다

이때 같은 색상으로 상호 연결되어 있다면 투간(透干)과 투출(透出)은 물론 운(運)의 흐름이 잘 전달되는 것이며, 아울러 사주 뿌리 즉 통근이 성립되는 것이다.

이제 양력 1986년 6월 11일 밤 22:50분에 태어난 이길동 사주를 통하여 '오행 색상 판단법'을 적용시켜 2021년 3월의 운세(運勢)를 판단해 보자

이길동은 신강 사주이고, 무더운 조열사주(燥熱四柱)이며, 비겁이 강(强)한 군겁쟁재 사주이므로 강한 일간(日干) 丙(화) 기운을 약(弱)하게 만들어주는 오행(五行)이 길성(吉星) 된다.

즉, 일간이 화(火)의 붉은색이므로 이것의 힘을 약(弱)하게 하는 오행은 수극화(水剋火)의 수(水)이기 때문에 검정색이 길성(吉星)으로 작용한다.

따라서, 오행의 색상 판단법의 장점은 같은 색상으로 연결고리의 강도를 쉽게 찾을 수 있기 때문에 누구나 운세(運勢)를 금방 판단할 수 있는 이점이 있다.

즉, 운세 판단에서 판단하고자 하는 대운(大運)이나 세운(歲運)은 물론 사주 원국과의 관계에서 조건에 맞는 동일한 색상이 많이 존재하면 할수록 길운(吉運)이 되는 것이다.

<오행 색상 판단법>의 판단 순서는 아래와 같다.

---

1. 사주 원국, 지장간(支藏干), 대운(大運) 및 판단하고자 하는 운세(運勢)에 해당되는 오행(五行)에서 수(水, 검정색), 목(木, 청색), 화(火, 적색,), 토(土, 노랑색), 금(金, 흰색)의 색상을 각각 표시한다.
2. 만약 판단하고자 하는 운세(運勢)까지 동일한 오행들의 색깔이 없거나 혹은 약(弱)하면, 그 만큼 오행(五行)들의 상호 작용이 이루어지지 않는다는 뜻이 되므로 이때는 통근 즉 사주 뿌리가 성립되지 않는다.
3. 전체적인 운세(運勢) 흐름은 사주 구성과 성격에 따라 형충회합(刑沖會合) 즉 길흉성(吉凶星)을 적용하여 최종 판단한다.

이제 이러한 오행들의 색상 판단법을 통하여 이길동이가 36세에 해당되는 2021년 신축년(辛丑年)년 3월에 발생되는 운세(運勢)를 판단해 보자.

<사주 원국>

구분	년주		월주		일주		시주	
천간	①丙(화)	비견	③甲(목)	편인	⑤병(화)		⑦己(토)	상관
			甲-己(合)					
지지	②寅(목)	편인	④午(화)	겁재	⑥戌(토)	식신	⑧亥(수)	편관
	寅-亥(合)		공망, 양인살				寅-亥(破)	
지장간	ⓐ戊(토)	식신	ⓓ丙(화)	비견	ⓖ辛(금)	정재	ⓙ戊(토)	식신
	ⓑ丙(화)	비견	ⓔ己(토)	상관	ⓗ丁(화)	겁재	ⓚ甲(목)	편인
	ⓒ甲(목)	편인	ⓕ丁(화)	겁재	ⓘ戊(토)	식신	ⓛ壬(수)	편관

※사주 해석 참조

36세 대운(大運) 운세(運勢)

구분	대운(29~38세)	
천간	⑨丁(화)	겁재
지지	⑩酉(금)	정재
지장간	ⓜ庚(금)	편재
	ⓝ辛(금)	정재

1. 사주 원국과 대운의 지장간 ⓜ庚과 ⓝ辛은 서로 같은 오행이 없으므로 통근(通根) 즉 뿌리가 내리지 못했다. 그렇지만 본인에 해당되는 일간 ⑤丙은 천간(⑨丁)과 서로 같은 화(火) 오행으로 교감을 이루고 있고, 대운의 천간(⑨丁)은 사주 원국의 지장간 ⓗ丁, ⓕ丁와 음양이 동일한 오행으로서 투출되었고, 천간 ③甲(본인)은 대운 천간과 득지(得地)와 득세(得勢)가 작용되고 있다.

2. 그러나 29~38세의 대운(大運) 판단은 이길동은 화(火) 기운이 강(强)한 신강(身强) 사주이자, 비겁이 강(强)한 군겁쟁재(群比爭財)사주이기 때문에 일간 丙(화)의 기운을 약(弱)하게 하는 것이 길성(吉星)이 된다. 그러나 29~38세 대운은 화(火)와 금(金) 기운으로 이들은 일간 화(火)기운을 오히려 강(强)하게 만들어 주는 기능을 하기 때문에 불운(不運)으로 작용된다.

3. 따라서 29~38세 대운은 이길동의 강한 일간 화(火)기운의 붉은 색상을 잠재울 수 있는 검정색의 수(水)기운이 없기 때문에 불운(不運)의 시기로 판단 한다.

2012년 36세 운세(運勢)

구분	2021년	
천간	⑪辛(금)	정재
지지	⑫丑(토)	상관
	丑-戌(刑)	
지장간	ⓞ癸(수)	정관
	ⓟ辛(금)	정재
	ⓠ己(토)	상관

1. 사주 원국의 천간 ⑦己와 2021년의 지장간 ⓠ己은 서로 같은 토(土) 오행으로 통근 즉 뿌리가 내리고 있다. 또한 천간 ⑪辛과 사주 원국 지장간 ⑨辛은 오행의 음양(陰陽)이 같은 금(金) 오행으로 투출이 성립되므로 오행의 상호 작용이 이루어지고 있다. ⑫丑과 사주 원국 ⑥戌은 丑-戌의 형(刑)이 성립된다.

2. 그러나 2012년 운세는 ⑪辛(금)과 ⑫丑(토) 기운이 되어 이들은 이길동의 일간 丙(화)의 기운을 약(弱)하게 만들어 주는 길성(吉星)으로 작용되나 이들은 각각 금(金) 기운과 토(土) 기운이 되어 화극금(火剋金)과 화생토(火生土)로 작용되므로 천간 금(金)은 화(火)기운을 강(强)하게 만들어주어 나쁘나, 지지 토(土)는 화(火)기운을 약(弱)하게 만들어 주는 관계로 길성(吉星)이 된다. 그러나 토(土)기운은 이길동 사주에서 약(弱)한 수(水)기운을 토극수(土剋水)가되어 더욱 약(弱)하게 만들어 주는 관계로 길성(吉星)으로 판단 할 수 없다.

3. 따라서 2021년 운세는 천간 ⑪辛(금)의 색상은 금(金)기운의 흰색이고, 지지 ⑫丑(토)는 토(土)기운의 노랑색이 되어 붉은 화(火) 기운의 이길동 일간 색상을 잠재울 수 있는 조건이 다소 부족하기 때문에 작용되는 운(運) 역시 큰 기대를 할 수 없다.

2021년(36세) 3월 운세(運勢)

1. 사주 원국 ③甲은 지장간 ⑤甲과 ⓣ乙과 각각 통근 즉 뿌리를 내리

구분	2021년 3월	
천간	⑬辛(금)	정재
지지	⑭卯(목)	인수
	卯-酉(沖)	
지장간	⑤甲(목)	편인
	⑥乙(목)	인수

고 있다. 천간 ⑬辛과 사주 원국의 지장간 ⑨辛은 음양이 금(金) 오행으로 투출이 성립된다. 오행들이 작용되는 것과 본인에 해당되는 일간 ⑤丙과는 득지(得地)와 득세(得勢) 작용이 이루어지고 있으나 ⑭卯과 대운 지지 ⑩酉와 卯-酉沖이 성립된다.

2. 2021년 3월은 천간 ⑬辛(금)이고 지지 ⑭卯(목)이다. 이들은 이길동의 일간 화(火)기운 과의 관계는 화극금(火剋金)과 목생화(木生火)가 성립되어 강한 화(火) 기운을 더욱 강(强)하게 만들어 주는 오행이므로 2012년 3월 운세(運勢)는 불운(不運)으로 판단 한다.

3. 또한 3월은 ⑬辛(금) ⑭卯(목)로써 금(金)기운의 흰색과 목(木)기운의 청색이 되므로 이길동의 강한 일간 화(火)기운을 잠재울 수 있는 조건이 되지 못하고, 아울러 충(沖)이 작용되므로 불운(不運)으로 판단 한다.

이제 독자들은 앞으로 발생될 운세(運勢) 즉 래정법(來情法)을 판단함에 있어서 여러 가지 형태를 보기를 들어 풀이하였으므로 사주 해석(解析) 즉 통변술(通辯術)에 자신감(自信感)이 생겼을 것이다.

독자들은 이러한 앞날의 운세(運世) 즉 래정법을 실전에 적용함에 앞서 앞에서 배운 '사주 해석'을 모두 이해하고 활용할 수 있는 능력을 갖춘 후 적용하면 더욱 훌륭한 나침판 역할을 제공받을 수 있다.

어쩌면 사주를 배운다는 것은 앞날을 예지할 수 있는 능력을 키우는 것이므로 운세(運勢) 판단을 잘하는 사람일수록 자리매김이 된다는 사실을 잊지 말고 더욱 정진(精進)해 주길 바란다.

(30) 무속인(巫俗人), 도사(道士), 퇴마사(退魔師), 주술사(呪術師), 승려(僧侶), 신부(神父), 수녀(修女), 역술인(易術人), 종교인(宗敎人)판단

무속인(巫俗人), 도사(道士), 퇴마사(退魔師), 주술사(呪術師), 역술인(易術人), 종교인(宗敎人) 등의 사주 구성과 특징은 앞 절 '육친(六親)으로 본 직업 판단'에서 소개했기 때문에 여기서는 이들을 바탕으로 좀 더 구체적으로 판단해 보자.

우선 승려(僧侶), 신부(神父), 수녀(修女), 역술인(易術人), 종교인(宗敎人)을 먼저 판단해보면 여러 학설과 종류도 다양하게 적용되고 있지만, 여기서는 사주학에서 가장 보편적인 판단법을 통하여 알아보자.

승려(僧侶), 신부(神父), 수녀(修女), 역술인(易術人), 종교인(宗敎人)으로 대성할 수 있는 사주는 이들의 제왕격인 화개살(華蓋殺)이 있거나 혹은 화개살이 공망(空亡)되는 경우로 본다. 이 경우 승녀, 수녀, 신부, 수녀, 역술인, 종교가 되는 경우가 많고, 정신적(精神的)인 사항과 관련된 귀문관살(鬼門關殺), 천도살(天屠殺) 오귀살(五鬼殺) 및 평두살(平頭殺)과 관련이 있는 경우가 많다.

또한 여자 사주에 상관이 강(强)하기 때문에 남편(정관)과 인연이 없기 때문에 관성(편관, 정관)이 없는 경우가 많고 또한 인수와 상관 그리고 양인이 동주하면 재물과 인연이 없고 여승이 된다.

특히, 역술인(易術人)과 종교인(宗敎人)은 사주(四柱)나 도(道) 혹은 특정 종교를 후천적으로 배워서 직업이나 카운슬링하는 일반 사람이다.

이제 무속인(巫俗人)을 판단해 보자.

무속인은 도(道)를 배우거나 수행하지 않고 초인적인 능력을 발휘하는 사람으로, 무속인이 사용하는 부적(符籍)은 귀신을 내쫓는 부적이 아니라, 귀신을 다스리는 부적을 사용한다. 이들은 대부분 결혼하지 않거나 실패한다.

무속인의 사주 구성은 상관이 강(强)하고, 정관과 비겁이 없거나 약(弱)할수록, 좋은 무당이고 오래하며, 보통 인성운에서 신병을 앓고, 겁재운에서 개업을 하는 경우가 많다.

무속인(巫俗人)의 경우도 여러 가지 복잡한 과정을 거치면서 무속의 길로 접어들게 되는데 이것 역시 사주 구성을 통하여 확인해 보자.

사주(四柱) 구성에서 천간(天干)은 결혼을 하고 자식(子息)을 둔 조상(祖上)을 나타내고, 지지(地支)는 결혼을 하지 못한 경우이거나 또는 자식 없이 죽은 형제 조상을 나타낸다.

무속인(巫俗人)과 관련된 신병(神病)이나 무병(巫病) 그리고 빙의(憑依)란? 자신의 영혼이 아닌 다른 제 3의 영혼들이 자신의 몸속에 들어와 이들의 영향을 받거나 지배를 받는 상태를 말하는 것으로 이 경우 정상적인 생활이 불가능해 진다.

이러한 영혼(靈魂)들로 인하여 악몽, 가위눌림, 예지몽, 불면증, 무기력증, 가위눌림, 귀접현상, 공항장애, 선몽, 영매, 우울증, 조울증, 무기력증, 환청, 자살충동 등이 발생하게 된다.

이러한 이유는 영혼(靈魂)은 자연과학(自然科學) 측면에서 질량, 크기, 수치 등은 얼마든지 확인할 수 있고, 측정할 수 있지만, 공(空)의 세계 즉 영혼의 세계는 이것을 측정할 수 없고, 물리적인 힘은 존재하지 않지만 인간(人間)의 뇌파(腦波)를 흔들고 조정하는 힘을 가지고 있기 때문이다.

이러한 이유로 미국정신의학협회(APA)에서 빙의(憑依)는 해리성 몽환장애(dissociative trance disorder) 혹은 염체간섭현상 즉 포제션(possession)이라 규정하고 있으며, 세계보건기구(WHO)에서는 질병분류 및 진단지침(ICD-10)으로 몽한 및 빙의장애(trance and possession disorders) 즉 영적치료라고 명시함으로써 빙의는 현대의학에서 한계를 인정한 셈이다. 그렇지만, 아직까지도 대부분 사람들은 이러한 사실을 모르고 있는 경우가 많다.

또한 조상(祖上)의 **뼈**속에 존재하는 동기감응(同氣感應)은 DNA가 같은 후손(後孫)들에게 탄소원소의 동조 현상을 미친다는 사실을 과학적(科學的)으로 증명한 사람은 미국에서는 1960년 노벨화학상을 받은 윌라드 리비(Willard Frank Libby) 박사와 1996년 부산 동의대 이상명 교수이다.

따라서, 빙의(憑依), 신병(神病)과 무병(巫病)은 천간에 존재하는 조상신(祖上神)으로 보며, 나쁜 충(沖)은 물론 신기(神氣)와 관련이 있는 원진살(怨嗔殺), 귀문관살(鬼門關殺), 상문살(喪門殺), 조객살(弔客殺), 천도살(天屠殺) 오귀살(五鬼殺), 평두살(平頭殺) 등은 지지(地支)의 작용으로 본다.

학문적(學問的)으로 본 무속인(巫俗人)은 천간(天干)에 달라붙은 조상신(祖上神)을 내림굿으로 받는 것이다.

여기서 알아야 될 사항이 있다. 바로 신기(神氣)이다.

신기(神氣)는 사주 구성에서 지지(地支)에서 발생되는 것으로 영혼과 민감하게 반응하는 기운을 말하는 것으로 귀문관살(鬼門關殺), 상문살(喪門殺), 조객살(弔客殺), 평두살(平頭殺), 오귀살(五鬼殺) 등과 지지(日支)와 시지(時支)의 관계가 丑亥, 寅戌, 卯酉, 申辰, 巳未이 존재하거나 혹은 亥丑, 戌寅, 酉卯, 辰申, 未巳이 존재할 때 성립되는 천도살(天屠殺)을 말하는데 특히 천도살은 특이한 질환을 말하는데 이것은 의학적으로 병명(病名)을 찾을 수 없다.

때문에 사주에 신기(神氣)에 해당되는 귀문관살, 평두살, 천도살 등이 존재한다고 해서 무속인(巫俗人)이 되는 것은 절대 아니다. 신기는 무속인(巫俗人)의 전조증에 해당되는 빙의(憑依), 신병(神病), 무병(巫病)과는 전혀 다르다.

따라서, 신기(神氣)가 강한 사람과 빙의, 신병, 무병을 잘못 판단하여 굿을 권하거나 내림굿을 받게 만들어 무속인(巫俗人)의 길을 걷게 한다면 이것은 패가망신(敗家亡身)의 지름길이다.

이러한 빙의(憑依), 신병(神病), 무병(巫病)을 치료하기 위해서는 사주(四柱)에서 자신에게 방해를 주는 구천에 떠도는 조상신(祖上神)을 사주 구성에서 찾아서 황천 세계 즉 중앙부주(블랙홀)로 영원히 보내는 천도제(薦度祭)를 실행하거나 혹은 물상처리 퇴마법(Exorcism)으로 간단하게 치유(治癒)할 수 있다(※천도제 실천법과 물상처리 퇴마법으로 무속인 등을 판단하고 치유하는 방법은 '제9장, 불운(不運)을 피하고 행운(幸運)을 찾자'를 참고하고 활용할 것).

무속인이 되는 시점은 다소 복잡한 경로를 거치게 되는데 특히 고조(高祖)나 증조(曾祖)의 조상(祖上) 중 무속과 관련된 경우로서 이런 영향들의 간섭현상이 발생되거나 혹은 천간(天干)에 칠살(편관)이 존재하고 이것이 다시 대운(大運), 년운(年運), 월운(月運)에서 중첩된 경우 혹은 무속관련 살(殺)이 들어올 때 또는 나쁜 흉살(凶殺)이 동시에 적용되는 시기에 무병(巫病)이나 신병(神病)이 발생되어 무속인(巫俗人)이 되는 경우가 많다. 특히 무속인 사주를 분석해 보면, 신경에 해당되는 목(木)기운과 정신에 해당되는 화(火)기운이 약(弱)해졌거나 필요이상으로 강(强)해져 있을 경우 이들의 상호 불균형이 이루어진 시점으로 판단한다.

참고로 무속인(巫俗人)은 자손에게 전이(轉移)되는 경우가 많고, 퇴마사(退魔師)는 식신이 강(强)한 무속인들이 많다.

도사(道士)는 도(道)를 배우고 수행하여 초인적인 능력을 발휘하는 사람으로 귀신(무속인)과 싸우는 사람으로 부적(符籍)이나 주문(呪文)을 통하여 악귀를 내쫓고 귀신 즉 무당과 싸우는 사람이다. 즉, 무속인(巫俗人)과 반대에 서 있는 사람이 도사(道士)이다. 대부분 도사는 속세를 떠나 생활하며, 결혼하지 않거나 혹은 결혼해도 실패한다. 특히, 도사의 사주 구성은 식신과 편관이 강(强)하게 구성되어 있다.

퇴마사(退魔師)는 악마나 귀신을 쫓아내거나 물리쳐서 없애는 사람이며, 주술사(呪術師)는 신(神)의 힘이나 신통력을 통하여 길흉(吉凶)을 점치거나 재액(災厄)을 물리치는 사람이다.

그러나 무속인(巫俗人), 도사(道士), 퇴마사(退魔師), 주술사(呪術師)들의 명확한 구분은 어렵다. 그 이유는 도사와 무속인의 중간 역할자도 존재하고, 퇴마사, 주술사 역시 도사와 무속인과 중간 역할도 존재하기 때문이다. 그래서 이들의 구분은 사주(四柱) 구성으로 확인해 보면 차이를 판단할 수 있다(※앞 절 육친(六親)으로 본 직업 판단 참조).

(31) 자살(自殺), 단명(短命), 극빈(極貧), 승진(昇進)탈락자 판단

추명학(推命學)에서 자살자, 사고자, 단명자, 극빈자, 병 발생자, 승진 탈락자 등의 사주 모두를 분석해 보면 큰 물줄기는 아래와 같으니 독자들은 이것을 판단할 때 활용해 보길 바란다.

- 본인에 해당되는 일간(日干) 오행(五行)을 신강 사주와 신약 사주에 따라 판단해 보면, 사주 구성의 성격과 상반되어 받는 힘이 약하거나 없고, 오히려 주는 힘 즉 설기(泄氣) 작용이 강하게 작용되어 힘이 빠져 있다. 특히 일간(日干)의 중화 기능이 약(弱)하고 뿌리가 약(弱)한 경우 단명(短命)은 물론 재물과 권력이 흩어진다.
- 사주 구성에서 통근(通根), 득령(得令), 득지(得地), 득세(得勢)가 아주 약하거나 없고, 지장간과의 뿌리 역시 약하거나 없으며, 용신(用神)보다 기신(忌神)의 뿌리가 강하게 박혀있다.
- 일간(日干)을 중심으로 용신(用神)이나 희신(喜神)으로 쌓여져 있는 사주라면 틀림없이 좋은 사주이고, 이와 반대로 나쁜 기신(忌神)이나 구신(仇神)으로 구성된 경우라면 나쁜 사주

가 된다.
- 용신으로 대운(大運)을 삶의 흐름을 분석해 보면 기신(忌神)이나 구신(仇神)으로 구성되어 있어 사주 흐름이 탁하고 나쁘다.
- 사주 원국-대운-연운과 용신(用神)이 충(沖)이 성립되거나 혹은 재(再) 충(沖)이 발생되어 지장간과의 뿌리가 소멸되어 있다.
- 천간합, 육합, 삼합 등의 합(合)작용으로 변화(化)되는 기운(氣運)을 사주(四柱)는 물론 대운(大運), 세운(歲運)에 적용해 보면 용신은 물론 서로 극(剋)하여 기능을 상실하는 경우가 많다.
- 사주가 나쁜 관살혼잡(官殺混雜格) 등으로 구성되어 있고 충(沖), 형(刑), 해(害), 파(破), 묘(墓) 등은 물론, 괴강살(魁罡殺), 백호대살(白狐大殺), 양인살(陽刃殺), 원진살(怨嗔殺), 병부살(病符殺) 등의 나쁜 흉성(凶星)으로 구성되어 있고, 사주 오행이 조잡스럽게 편성되어 있을 뿐 아니라 깨끗하지 못하고 혼탁하다. 그리고 혼잡된 사주는 대운(大運)과 세운(歲運)에서 혼잡 운로가 다시 들어올 경우 더욱 나쁜 운(運)이 성립 된다.
- 오행들의 구성은 조열(燥熱)과 한습사주(寒濕四柱)로 되어 있고, 오행(五行) 작용과 육친(六親) 작용을 비교해보면 본인에 해당되는 일간(日干) 오행이나 육친(六親)이 충(沖) 등의 흉성(凶星)으로 인하여 누구에게 도움을 받을 수 없고 오히려 힘이 빠지는 설기(泄氣) 작용이 강하게 발생된다.
- 특히 승진(昇進)이나 출세(出世)운이 없는 사주는 사주 원국에 정관 그리고 정재, 편재, 식신, 정인의 길신(吉神)이 없거나 약하고 이들은 지장간과의 뿌리 즉 통근(通根)이 형성되어 있지 않다.

위의 내용들은 자살자는 물론 사업 실패, 승진 탈락자, 극빈자, 사고자 등에게도 적용된다.

아래 사주는 양력 여자 1982년 8월 21일 진시생(辰時生)으로 29세 때 남편과의 갈등으로 투신하여 자살한 경우이다. 왜 이러한 자살 사고가 발생되었는지 사주를 통하여 분석해 보자.

사주(四柱)								
구분	천간	지지	오행		육친(六親)		지장간
년주(年柱)	①壬	②戌	ⓐ수	ⓑ토	㉠편관	㉡식신	辛丁戊
월주(月柱)	③戊	④申	ⓒ토	ⓓ금	㉢식신	㉣편재	戊壬庚
일주(日柱)	⑤丙	⑥子	ⓔ화	ⓕ수	·	㉤정관	壬癸
시주(時柱)	⑦壬	⑧辰	ⓖ수	ⓗ토	㉥편관	㉦식신	乙癸戊

대운(大運)		
구분	34	24
천간	甲	⑪乙
지지	辰	⑫巳
방합	寅卯辰=>金	巳午未=>㉮火

년운(年運)			
구분	2012年 (29세)	2011年 (28세)	2010年 (27세)
천간	⑨壬(편관)	辛	庚
지지	⑩辰(식신)	卯	寅
길흉	壬丙沖		

		辰戌沖	
	방합	寅卯辰=>④金	

용신 ; 화(火),　　희신 ; 목(木),　　　　기신 ; 수(水),　　구신 ; 금(金),　　　　한신 ; 토(土)

위 사주는 출생은 여름 즉 신(申)월이고, 시원한 진시(辰時)에 태어났기 때문에 외형상으로 본다면 큰 문제없이 풀려 나갈 수 있는 사주라고 판단 할 수 있다.

그녀는 2008년 25세에 어렵게 결혼하고, 식신을 극(剋)하는 2010년 남편과 이혼하였다. 일찍 고향을 떠나 살았으며, 고학으로 학업을 마쳤고, 부모덕이 없고, 결혼 운이 나쁘며, 돈을 벌어도 지출이 많은 관계로 돈을 모을 수 없는 사주란 것을 알 수 있다. 그리고 남편과의 갈등으로 이혼 후 애인 즉 정부(情夫)를 두고 생활할 팔자다. 사주에 화개살(華蓋殺)과 평두살(平頭殺) 등이 존재하는 것으로 보아 무속에 해당되는 신기(神氣)가 존재한다.

우선 자살한 2012년(壬辰年)의 운세를 판단해 보자. 위 사주는 신약(身弱) 사주이므로 일간 ⑤丙(화) 기운을 더해주는 것이 길성(吉星)이 된다. 따라서 화(火)나 목(木)기운은 일간과의 관계에서 화생화(火生火) 및 목생화(木生火)가 되어 길성이 된다.

또한 위 사주는 식신의 토(土)기운이 강하게 편중 된 사주이므로 2012년 상반기 임(壬)는 수(水)기운이 되고 이는 토극수(土剋水)가 되어 더욱 강(强)한 식신운으로 편중되고 하반기의 진(辰)은 토(土)기운으로 이것 역시 토(土)기운을 더욱 강(强)하게 편중된 결과를 초래하기 때문에 나쁜 운이 된다.

그러나 2012년 임진년(壬辰年)은 천간은 壬(수)이고 지지는 辰(토)가 되므로 이것들은 신약 사주에서 일간 ⑤丙(화)의 기운을 수극화(水剋火) 및 화생토(火生土)가 성립되어 일간을 약(弱)하게 만드는 것들이 되므로 2012년 임진년에는 큰 불행(不幸)이 찾아온다는 것을 알 수 있다. 이제 이런 불행들을 구체적으로 확인해 보자.

사주 구성을 보면 본인에 해당되는 일간 ⑤丙을 기준으로 통근(通根), 득령(得令), 득지(得地), 득세(得勢) 관계를 확인해 보면 ⑤丙과 ②戌(식신) 그리고 ⑧辰과는 득지(得地)가 존재하지만 이것 역시 辰戌沖이 성립되어 통근(通根) 즉 사주 뿌리가 완전 소멸되었다.

또한 ②戌, ③戌, ⑧辰은 식신(土)으로 ①壬(편관)과 ⑦壬의 편관(水)을 극(剋)하므로 귀격인 식신제살(食神制殺)이나, 너무 식신 세력이 강(强)하여 편관을 완전 무력화시켰기 때문에 오히려 나쁜 제살태과(制殺太過)사주가 되어 대흉(大凶)에 따른 진법무민(盡法無民)으로 작용되기 때문에 결혼운이 나쁘고 과부가 될 팔자이며, 편관과 정관이 혼잡되어 액운(厄運)과 풍파(風波)가 많은 관살혼잡(官殺混雜格) 사주인데 2012년 임신년(壬辰年)엔 다시 천간에 편관(壬)이 들어오므로 더욱 나쁜 관살혼잡이 작용될 뿐이다. 이제 2012년 29세의 운세(運勢)를 구체적으로 판단해 보자.

본인에 해당되는 일간 ⑤丙은 2012年 천간(⑨壬)과 지지(⑩辰)와는 통근(通根)은 물론 득지(得地), 득세(得勢)가 성립되지 않아 그 만큼 불운(不運)에 취약한 것을 알 수 있다. 천간 ⑨壬(편관)은 사주 원국의 지장간(支藏干)에 음양(陰陽)이 같은 壬는 월지와 일지 지장간에 존재하고 있어 투출(透出) 관계가 성립된다.

아울러 지장간에 존재하는 壬은 사주 원국의 천간과 음양이 동일한 壬 오행이 존재하므로 다시 투출 관계가 성립된다. 지장간 壬을 안고 있는 지지 ④申(편재)과 ⑥子(정관)는 본인에 해당되는 일간(日干) ⑤丙과는 통근(通根) 즉 사주 뿌리가 성립되지 않는다. 또한 ③과 ⑨는 壬戌沖이 작용되어 투출 관계는 물론 통근(通根)이 모두 끊어져 모두 허사가 되었다.

따라서, 사주 원국에서 이러한 길흉성(吉凶星)을 적용해 보면 8개의 오행(五行) 중에서 제대로 영향력을 행사하는 오행(五行)은 없다.

즉, ㉠편관(정부), ㉡식신(딸), ㉢식신(딸), ㉣편재(아버지), ㉤정관(배우자), ㉥편관(정부), ㉦식신(딸)의 가족 기능이 모두 상실되어 이들과 도움을 받거나 상호 교류할 수 있는 기능이 없는 사주다.

특히, 아버지인 편재(申)가 공망(空亡)되었고, 년지 ②戌은 식신(딸)이라 어린 딸이 한 명 있지만 이마저 辰戌沖이 성립되어 기능이 모두 상실되었으며 일간 丙-戌은 백호대살(白狐大殺)이 작용되어 아버지와 어린 딸은 사이가 나쁜 관계이며 일찍 사망하였다. 본인의 일간(日干)이 丙(화)인데 木生火원리로 보면 목(木)기운이 사주 원국에 없는 관계로 누구의 도움을 받을 수 없고, 다른 사람의 인덕(人德)도 없다. 火生土 원리로 확인해 보면 본인의 화(火)는 토(土)기운이 3개가 존재하므로 강하게 설기(泄氣)되어 남에게 도움을 받을 수는 없고, 오히려 남에게 자신의 것을 주어야될 사주가 되므로 무엇이든지 이루어지는 것은 없다.

또 다른 단명(短命) 이유로는 천간(天干) ⓐ水와 ⓒ土, ⓔ火와 ⑧水 그리고 지지(地支)의 ①水와 ⓗ土가 서로 상극(相剋)이 되는 오행(五行)들로 구성되어 있어 장수(長壽)할 수 없는 사주이다.

원래 이 사주는 온통 수기(水氣)로 덮혀진 사주이고, 본인 화(火)의 고립으로 인하여 정신적인 히스테리가 강하기 때문에 우울증이 동반될 수 밖에 없고, 남편에 해당되는 정관과는 상극(相剋) 관계로 조화가 이룰 수 없는 사주이다.

또한 丙, 壬, 子, 辰의 평두살(平頭殺)이 존재하고, 戌-辰의 오귀살(五鬼殺) 그리고 화개살(華蓋殺)이 사주에 존재하는 것으로 보아 신기(神氣)가 강하고, 2012년의 임진년(壬辰年)에는 정신과 관련된 화(火)와 목(木)기운을 상호 극(剋)하는 수(水)와 토(土)기운으로 인하여 오행의 불균형이 형성되어 무속인(巫俗人)팔자 이며, 특히 25세 이후 일간 병(丙)과 지지 진(辰)은 절로(截路) 공망이 성립되어 무슨일을 하든지 장애물로 인하여 진퇴양난(進退兩難)에서 헤어날 수 없고, 은둔(隱遁)하는 팔자이다.

또한 2012년(壬辰年)에는 사주 원국과 壬丙沖 및 辰戌沖이 재(再) 충(沖)을 하여 통근 즉 뿌리가 완전 소멸되었고, 임진년(壬辰年)은 간지 壬(수)과 지지 辰(土)는 土剋水가 성립되어 지지가 간지를 극(剋)하기 때문에 절각(截脚)에 해당되고, 사주 원국에서 부족한 화(火)기운을 억제함으로써 더욱 나쁘게 작용하는 동기가 되었다.

또한 이때 편관운이 들어옴으로써 나쁜 제살태과(制殺太過) 운을 벗어나는 듯했으나 다시 지지에 식신운이 함께 들어옴으로써 제살태과를 벗어날 수가 없다.

이때 병(丙)과 진(辰)은 절로 공망이 성립되어 가득이나 남편과 사이가 좋지 못한 상태에서 누구에게도 도움을 받을 수 없는 처지가 되었기에 투신 자살하게 된 것이다.

뿐만 아니라, 사주 원국의 ④申과 ⑥子는 ⑩辰(식신)과 신자진(申子辰)의 합(合)이 성립되고 이것은 수(水)기운으로 전환 된다. 위 사주는 신약(身弱) 사주이므로 수(水)기운은 일간 ⑤丙(화) 기운을 수극화(水剋火)가 되어 일간 ⑤丙(화)를 더욱 약(弱)하게 만드는 꼴이 되어 흉살(凶殺)로 작용된다.

아울러 2012년의 방합은 ⑭金(금)이되므로 이것 역시 용신 목(木)과는 상극작용이 되므로 식신과 관련된 결혼, 사회활동, 의식주 등이 성립될 수 없다. 또한, 사주 원국 ⑤丙과 ⑨壬은 칠살(七殺)로 상호 충(沖)이 되어 비명, 횡사와 관련이 있고, 월지 ④申과 ⑩辰은 혈지(血支)가 성립되어 피를 흘리는 악운이 발생된다. 월래 위 사주는 본인에 해당되는 일간(日干)이 아주 약(弱)하다. 즉 일간 ⑤丙(화)는 년지 ②戌(土)의 지장간 丁(화)에 통근(通根)이 성립되나 년지와는 화생토(火生土)로 설기(泄氣)시키고 충(沖)이 성립되어 약하기 때문에 단명(短命)할 수 밖에 없고, 또한 외부의 충격을 견딜 수 없는 사주다. 아울러 임병충(壬丙沖)과 진술충(辰戌沖)이 성립되기 때문에 이 시기는 재앙(災殃)이 발생될 수 밖에 없다.

2012년 임신년(壬辰年)의 불운(不運)을 용신과 희신으로 판단해도 무방하다. 임신년(壬辰年)은 수(水)와 토(土)이므로 이것은 용신 화(火)와 희신 목(木)을 각각 극(剋)하기 때문에 불운이라는 사실을 알 수 있다.

이렇게 투신 자살하는 사주에서 불운(不運)을 피하는 방법은 불운을 강화시키는 해당 살(殺)이나 혹은 기운(氣運)을 찾아서 이를 극(剋)하는 오행(五行)에 힘을 강(強)하게 만들어 주어 이를 무력화(無力化)시키는 방법이 있다.

이렇게 불운(不運)을 피하는 방법 제시는 '제9장, 불운(不運)을 피하고 행운(幸運)을 찾자'를 참조해 주길 바란다.

위 사주에서 하나 추가적인 사항은 여자 사주에서 천간(天干)과 지지(地支) 모두 양간(+)으로 구성된 사주인데 이런 경우는 연애결혼을 했다는 뜻이고, 남자아이를 낳을 수 없는 사주이다. 만약 이와는 반대로 여자 사주에서 모두 음간(-)이면 연애결혼을 하고, 여자 아이를 낳을 수 없다는 뜻이 된다.

(32) 중풍(中風)과 암(癌) 판단

뇌졸중(腦卒中) 즉 중풍(中風)이 발생되어 고생하는 사주의 특징은 수족마비에 해당되는 단교관살(斷橋關殺)이나 급각살(急脚殺) 그리고 유하(流霞)가 있고, 사주(四柱) 혹은 대운(大運)이나 년운(年運)에서 寅巳申, 丑戌未, 寅巳, 巳申, 寅申, 丑戌, 戌未, 丑未, 辰辰, 午午, 酉酉, 亥亥의 형살(刑殺)이 들어오는 해에 중풍이 찾아온다.

이러한 조건을 바탕으로 중풍 사주의 특징이 있다.

사주에서 목(木)은 혈관과 신경으로 보고, 금(金)과 토(土)는 혈관을 방해하는 찌꺼기로 본다. 이러한 이치로 본 중풍 사주는 金과 水가 많아서 응결되어 있거나 냉한 사주인 경우, 金과 木이 많거나 상극(相剋)인 경우, 土기운이 강하고 木기운이 약한 경우, 혹은 木과 土가 상극(相剋)인 경우, 土가 많아서 水를 극(剋)하는 사주는 중풍에 특히 조심해야 한다.

이때 나이가 어린 10세 이하에서는 중풍이 아닌 선천적인 수족마비(소아마비)로 보며, 20~30대 때는 산후풍 그리고 40대 이상은 중풍(中風)과 골절상으로 본다.

예를 들어 양력으로 1963년 11월 18일 사시생(巳時生)의 사주를 보자.

사주(四柱)						
구분	천간	지지	오행		육친(六親)	
년주(年柱)	癸	酉	ⓐ수	ⓑ금	편인	편관
월주(月柱)	癸	亥	ⓒ수	ⓓ수	편인	인수
일주(日柱)	乙	丑	목	토	·	편재
시주(時柱)	辛	巳	금	화	편관	상관

대운(大運)			
구분	53	43	33
천간	丁	戊	己
지지	巳	①午	未
방합	巳午未=>火		

년운(年運)			
구분	2015年 (53세)	2014年 (52세)	2013年 (51세)
천간	乙	甲	癸
지지	未	②午	巳
방합	巳午未=>火		

용신 ; 화(火), 희신 ; 토(土), 기신 ; 수(水), 구신 ; 목(木), 한신 ; 금(金)

위 사주는 金과 水가 많아서 응결되어 있고, 냉한 사주로 중풍 발생 요인이 있는 사주이며, 본인의 일간(日干)을 중심으로 통근, 득령, 득지, 득세를 통하여 건강 척도를 확인해보면 득령과 득세는 乙와 亥이다. 이 경우 간충 乙辛沖과 지충인 亥巳沖이 성립되어 오행들의 모든 연결고리가 소멸되었기 때문에 원래 건강이 좋지 못하고 냉한 사주가 되며 중풍(中風)을 극복할 수 있는 조건도 없다.

또한, 위 사주를 보면, ⓐ수, ⓒ수, ⓓ수의 수(水) 기운에 ⓑ금 기운이 고립(孤立)되어 있기 때문에 금(金)에 해당되는 폐(肺) 질환이 약(弱)하다는 것을 알 수 있고, 수(水) 기운이 많은 관계로 수(水) 기운에 해당되는 신장(腎臟) 역시 약(弱)하다는 것을 알 수 있다. 이 경우 대운과 세운에서 강한 수(水)기운이나 금(金)기운을 만나게 되면 건강(健剛)에 치명타가 된다.

이러한 조건에서 월지 亥와 일지 丑은 급각살(急脚殺)이 성립되었고, 43~52세에 해당되는 대운(大運) 지지 ①午와 52세의 2014年(甲午年)은 년지 ②午와는 午午 형살(刑殺)이 되어 화(火)기운이 강하게 들어오니 화(火)기운은 약(弱)한 금(金)기운의 불균형을 초래하기 때문에 중풍을 맞아 수족마비가 찾아왔다.

2014년 갑오년(甲午年) 운세를 지금까지 판단된 것 외 천간합, 육합, 삼합 그리고 방합을 통하여 판단해 보자.

52세에 해당되는 2014년은 사주 원국 시지 巳와 ②午는 사오합(巳午合)을 이루기 때문에 식상의 화(火) 기운으로 전환되고, 방합 사오미(巳午未) 역시 화(火)기운으로 전환된다. 대운(大運) 방합 역시 화(火)기운이며, 또한 대운 천간 戊은 사주 원국 癸와 무계합(戊癸合)이 되어 이것 역시 화(火)기운으로 전환되기 때문에 그야 말로 강(强)한 불덩어리의 운로(運路)로 전환되기 때문에 화(火) 기운과 관련된 심장 및 혈관 질환의 중풍이 발생될 수 밖에 없다.

물론 위 사주는 신강(身强) 사주가 되므로 일간 乙(목)의 힘을 빼주는 오행이 길성(吉星)이 된다. 2014년 갑오년(甲午年)의 상반기 운은 목(木) 기운이므로 일간 乙(木)의 힘을 더해주는 역할을 하게되어 2014년 상반기 운로는 나쁘다는 것을 알 수 있다.

그리고 암(癌) 등의 중병(重病)과 불치병(不治病) 등이 들어오는 시기 판단은 3대 악살(惡殺)에 해당되는 괴강(魁罡), 백호(白狐), 양인살(陽刃殺)이 사주 원국에 존재하고 이것들이 다시 대운(大運)이나 혹은 세운(歲運)에 들어오는 시기에 이러한 중병(重病)이 찾아오는 시기로 판단하기 때문에 독자들은 자신의 년운 등을 다시 한번 확인해 보길 바란다.

참고로 독자들에게 건강론을 추가하여 설명하면 사주 구성에서 고립(孤立)된 오행(五行)이 존재하거나 혹은 과다한 오행 그리고 약(弱)하게 구성된 오행이 있는 경우 오행 상호간 불균형으로 인하여 암(癌)이나 혹은 나쁜 질환이 발생된다. 발생되는 시기는 대운(大運)이나 세운(歲運)에서 해당 오행의 힘을 더욱 강(强)하게 만들거나 혹은 약(弱)하게 만드는 시기이며 이때 충(沖) 등의 나쁜 액운(厄運)이 들어오는 시기에서 틀림없이 나쁜 질환이 발생된다.

독자들은 선천적(先天的)인 건강은 물론 구체적인 건강론에 다한 내용은 '제10장, 건강

(健康)은 사주(四柱)에서 찾는다.'를 참고하고, 불운(不運)을 피할 수 있는 방법 제시는 '제9장, 불운(不運)을 피하고 행운(幸運)을 찾자'를 참조해 주길 바란다.

(33) 우울증(憂鬱症), 치매(癡呆) 정신질환(精神疾患) 판단

우울증(憂鬱症), 치매(癡呆), 공항장애, 조울증, 불면증 등의 정신질환(精神疾患) 사주의 특징은 신약 사주에서 많이 발생되고 목(木)기운과 화(火)기운의 불균형 현상으로 많이 온다. 그 이유는 사주에서 木기운은 혈관과 신경으로 보며, 火기운은 정신으로 보기 때문이다. 수(水)기운이 많은 경우도 정신질환자가 많은데 이 경우는 水는 火를 극(剋)하는 관계로 화(火)기운의 불균형 현상이 발생하기 때문이다.

또한 사주에 음(陰)기운이 강한 사람은 한곳에 집착력이 강하고 쓸데없는 생각을 많이 하는 사람으로 이 경우도 정신질환에 잘 걸린다. 육친(六親)으로 보면 편인이 사주에 많은 경우 인데 편인은 불필요한 공상이나 상상을 많이 하기 때문이다.

이러한 조건을 바탕으로 원진살(怨嗔殺), 귀문관살(鬼門關殺), 상문살(喪門殺), 조객살(弔客殺), 천도살(天屠殺) 오귀살(五鬼殺), 평두살(平頭殺) 등이 사주에 존재하면 우울증 등의 정신질환에 아주 취약하거나 혹은 정신질환으로 이미 고생을 하고 있는 경우가 많고 비관 자살(自殺)을 하기도 한다.

우울증이 심하여 직장을 그만두고 자살까지 생각한 사주를 확인해 보자.

사주(四柱)							
구분	천간	지지	__五行		육친(六親)		지장간
년주(年柱)	①庚	②戌	금	토	ⓐ상관	ⓑ겁재	辛丁戊
월주(月柱)	③辛	④巳	금	화	ⓒ식신	ⓓ인수	戊庚丙
일주(日柱)	⑤己	⑥丑	토	토	·	ⓔ비견	癸辛己
시주(時柱)	⑦乙	⑧亥	목	수	ⓕ편관	ⓖ정재	戊甲壬

대운(大運)					
구분	69	59	49	39	29
천간	戊	⑪丁	⑨丙	乙	甲
지지	子	⑫亥	⑩戌	酉	申
방합	亥子丑=>水		申酉戌=>金		

용신 ; 금(金),　희신 ; 수(水),　　기신 ; 화(火),　구신 ; 토(土),　　한신 ; 목(木)

우선 위의 사주는 음(陰)기운이 강하여 우울증에 취약하다.

토(土)기운이 강한 사주이기 때문에 土生金의 상생(相生) 작용에 의하여 金기운이 강하게 작용되는 관계로 金은 金剋木이 되어 목(木)기운이 약한 사주가 된다. 이는 정신질환의 시발점으로 목(木)기운과 화(火)기운의 불균형이 초래되고 있기 때문에 우울증에 취약할 수 밖에 없다.

또한 위 사주는 식상 즉 ⓐ상관과 ⓒ식신의 강한 세력들은 칠살 즉 ⓕ편관을 너무 강(强)

하게 극(剋)하여 무력화시켰기 때문에 나쁜 제살태과(制殺太過)사주가 되어 진법무민(盡法無民)으로 결혼운이 나쁘고 극자, 불구의 팔자이기도 하다.

이제 통근(通根), 득령, 득지, 득세를 통하여 오행들의 상호 연결고리를 통하여 건강 상태를 확인해 보자

본인에 해당되는 일간(日干) ⑤己과 지장간과는 통근(通根)이 성립되고, ②戌와는 통근 관계, ④巳는 득령 관계, ⑥丑는 득지와 득세가 성립되지만, 巳亥沖과 己乙沖이 성립되어 최종 존재하는 오행은 ②戌(토, 겁재)와 ⑥丑(토, 비견)만 남게 된다. 하지만 이들은 겁재와 비견으로서 상대방에게 투쟁으로 얼룩지게 만든다.

또한 49~68세의 대운(大運) 운세(運勢)를 확인해 보면, 천간 ⑨丙(인수)과 ⑪丁(편인)은 사주 원국의 지장간(支藏干)과 음양(陰陽)이 같은 동일한 오행(五行) 즉 丙과 丁이 존재하므로 투출(透出)은 성립되나 ⑨丙(인수)은 丙庚沖이 성립됨에 따라 소멸되고 ⑪丁(편인)은 투출 후 천간과 연결고리가 끊어졌기 때문에 세력이 약해졌다.

따라서 편인운과 겁재운의 힘으로 난국을 타계하기란 역부족이며 오히려 위축된다.

사주 구성으로 보면 토(土)의 작용이 강한 사주에 해당되므로 토(土)는 수(水)를 극(剋)하기 때문에 수(水)의 불균형이 초래되어 선천적으로 건강한 사람이 아님을 우선적으로 알 수 있고, 정신질환과 우울증에 취약하다는 것을 알 수 있다.

이러한 조건에서 년지의 술(戌)과 지지의 사(巳)는 원진살(怨嗔殺), 귀문관살(鬼門關殺)이 동시에 적용되고 있어 하루하루 보내는 시간은 본인의 의사와 전혀 상관없이 이루어지는 형국이다.

따라서, 위의 사주는 대표적인 우울증 즉 정신질환 사주가 된다.

여기서 위 사주 사람에게 우울증이 들어 닥치는 시기 판단은 대운(大運) 그리고 년운(年運)에서 판단해 보면, 정신질환의 대표적인 오행인 목(木)기운과 화(火)기운의 불균형으로 상생(相生)과 상극(相剋) 작용이 심하게 들어오는 대운이나 년운에서 발생된다. 또한 나쁜 액운(厄運)이 다시 충(沖)관계가 성립되는 시기에도 발생된다. 이러한 관점을 고려해서 위 사주에서 건강을 판단해 보면 대운(大運)이 49~58에 들어오는 시기에는 ⑨丙(화)과 ⑪丁(화)가 해당되어 이 때는 화(火)기운이 왕성하게 들어오게 되니 용신 금(金)을 극(剋)하여 불운(不運)은 물론 건강이 악화되고 또한 ⑨丙(화)과 ⑪丁(화)의 불덩어리 화(火)기운이 왕성하므로 사주 원국의 ③辛(금, 구슬)을 녹이고 구슬의 광채를 못쓰게 만드니 나쁜 악운(惡運)이 형성되는 시기이기도 하다. 따라서 이러한 시기에 또 다시 년(年)과 월(月)의 세운(歲運)에서 화(火)기운이 왕성하게 들어오는 시기이거나 혹은 나쁜 충(沖) 기운을 받거나 혹은 나쁜 살(殺)이 들어오면 정신질환이 발생되는 시기가 되므로 건강에 각별히 조심해야 되겠다.

또한 대운 49~58세의 운세(運勢) 판단을 대운(大運)에 적용되는 방합 신유술(申酉戌)로 판단해 보자. 이것은 금(金)기운으로 전환되므로 대운 ⑨丙과 상극(相剋)이고, ①庚과 대운 ⑨丙은 병경충(丙庚沖)이 성립되기 때문에 불운이 형성될 수밖에 없다.

아울러 이러한 불운을 피할 수 있는 방법은 해당 사주 구성에 존재하는 해당 살(殺)을 찾아서 이를 극(剋)하는 오행(五行)의 기운을 향상시켜 무력화시켜 주는 방법 등이 있다. 이러한 것들은 '제9장, 불운(不運)을 피하고 행운(幸運)을 찾자'를 참조해 주길 바란다.

(34) 취업(就業), 승진(昇進), 소송(訴訟), 사기(詐欺), 이사(移徙), 매매(賣買), 가난(家難), 금전손실(金錢損失), 암(癌), 질병(疾病), 수술(手術), 장수(長壽), 사망(死亡), 직장(職場) 이동(移動), 고부(姑婦) 갈등, 합격(合格) 운(運) 판단

원래 사주풀이는 추명학이라 무한대(無限大)이다.

사주를 배우는 최종 목적은 앞날을 예지하는데 있다. 따라서 신강(身强)과 신약(身弱)에 따른 일간(日干)의 강약(强弱) 그리고 무더운 조열(燥熱)과 추운 한습(寒濕) 사주에서의 오행(五行)들의 상호 작용에 따른 운로(運路)를 판단할 수 능력(能力)을 갖추어야만 된다.

지금까지 본 책에서는 누구나 쉽게 사주 판단은 물론 사주 해석(解析) 즉 통병술(通辯術)을 쉽게 응용하고 활용할 수 있게 집필하였다.

이와 같이 사주를 판단하는 방법은 무수히 많지만, 분명한 것은 다가오는 미래에서 발생되는 길흉성(吉凶星) 판단 방법은 지금까지 본 책에서 소개되고 적용된 내용만으로 손색이 없다고 본다.

독자들은 사주 명리학(命理學)에서 적용되는 모든 부분에 대하여 조건만 주어진다면 자신감(自信感)이 앞설 것이다.

이제 독자들은 사주를 해석(解析)하고, 길흉성(吉凶星)을 판단하는 방법 모두 알게 되었다. 아울러 9장에서 소개한 '불운(不運)을 피하고 행운(幸運)을 찾자'를 활용하면 삶의 과정에서 흉(凶)하면 피하고 길(吉)하면 선택하는 능력(能力)을 키워 더욱 행복한 운로(運路)를 찾아갈 수 있는 피흉추길(避凶趨吉)을 하는 것이다.

앞으로 꾸준히 학습(學習)하고 연구(研究)하여 추명학(推命學)인 사주 공부에 더욱 정진(精進)해 주길 바란다.

특히, 독자들은 사주상으로 발생되는 길흉(吉凶) 사건 외 일상생활(日常生活)에서 많이 활용되는 궁합, 이름 짓기, 상호, 결혼(結婚), 이사(移徙), 안장(安葬), 이장(移葬), 개업(開業), 건물 기초공사, 혼인주당(婚姻周堂), 이사주당(移徙周堂), 창업과 개업 등에 따른 길일(吉日) 선택법은 물론 풍수지리(風水地理)를 판단하고 이를 활용해 준다면 훌륭한 명리학자(命理學者)로서 아무런 손색이 없겠다. 이것들은 다음장에서 자세히 비교를 들어 소개하였다.

참고로 사주 판단에서 남편복, 자식복, 정부, 만혼, 결혼 시기, 이혼 시기, 자녀 양육, 돈, 가난, 장수, 합격, 승진, 이사, 매매, 취업 시기, 소송, 직장 이동, 고부간의 갈등, 동업운 등은 이미 사주 해석에서 제시된 방법으로 판단하는데, 여기서는 이들과 관련된 일상적(日常的)인 내용을 통하여 간편하게 활용할 수 있는 방법을 소개하면 다음과 같으니 독자들은 참고하고, 활용하길 바란다.

구분	내용
조상, 부모 복(福)이 있는 사주	• 년주(조상)와 월주(부모)가 길성에 해당되는 재성(편재, 정재), 정관, 인수, 식신이 존재하거나, 이들이 용신과 희신 또는 천을귀인, 천덕귀인, 월덕귀인 등이 작용되면 조상 덕이 있고 부유했으며 뼈대 있는 집안이다.
조상, 부모 복(福)이 없는 사주	• 년주(조상)와 월주(부모)가 흉성에 해당되는 편관, 비겁(비견, 겁재), 편인, 상관이 존재하거나, 이들이 기신과 구신 또는 이들에게 형충해파(刑沖害破), 공망(空亡), 그리고 백호대살, 양인살, 괴강살 등의 나쁜 살(殺)이 작용되면 조상 복이 없고, 조상은 빈천(貧賤)하고 단명했음을 알 수 있다. • 비겁이 강(强)하고, 재성이 약(弱)하면 부친이 일찍 죽고, 재성이 강(强)하고 인성이 약(弱)하면 모친이 일찍 죽는다. • 남자는 2개 이상의 고신살이 있는 경우, 여자는 2개 이상의 과숙살이 존재하면 부친이나 모친을 5세 이전에 잃고, 사주 구성에 고신살과 과숙살이 있으면 자식이 불효한다.
남편 복(福)이 있는 사주	• 남편에 해당되는 관성(정관, 편관)이 용신과 희신이거나 이들에게 천을귀인, 천덕귀인, 월덕귀인 등의 길성이 작용되면 남편복이 있다. • 용신(用神)이 일지(日支)와 같은 오행이거나 생(生)해주는 오행일 경우 • 일주가 강하고(전체 사주로 보아 차지하는 비중이 클 때), 관성(편관, 정관)이 강할 때 • 일주가 강하고(전체 사주로 보아 차지하는 비중이 클 때), 재성(편재, 정재)이 강할 때 • 정관이 용신이거나 희신이고, 충, 형, 파, 해, 원진살이 없으면 남편복이 있다. • 상관과 편인이 동주 할 때 • 관성(편관, 정관)이 길신(용신이나 희신)일 때 • 일지(日支)가 길신(용신이나 희신)일 때 • 년과 월에 공망(空亡)이 있는 경우 조상과 부모덕이 없다. • 사주의 일간(日干)을 기준으로 년주 및 월주가 오행을 생(生)하는 경우
남편 복(福)이 없는 사주	• 남편에 해당되는 관성(정관, 편관)이 기신과 구신이거나 이들에게 형충해파(刑沖害破), 공망(空亡), 그리고 백호대살, 양인살, 괴강살 등의 나쁜 흉성이 작용되면 남편복이 없다. • 용신(用神)이 일지(日支)를 극(剋)하는 경우 • 남자나 여자의 경우 배우자에 해당되는 일지(日支)가 비겁(비견, 겁재)

	이거나 상관일 경우 배우자 복은 없다.
	• 남편에 해당되는 정관이 없거나, 관성(편관, 정관)이 기신(忌神)일 때
	• 정관이 공망(空亡)일 경우
	• 비겁(비견, 겁재)과 인성(편인, 인수=정인)은 많은데 관성(편관, 정관)이 없을 때
	• 식상(식신, 상관)이 많고, 식상이 관성(편관, 정관)을 극할 때
	• 일지에 진(辰)-술(戌) 충(沖)이 성립되면 남편은 소실을 두고, 공망이 되면 소실은 두지 않으나 각방을 쓴다.
	• 일지(日支)가 충(沖)이 되거나 기신(용신을 충하는 것)일 때
	• 사주에서 일간과 일지의 오행이 상호 극하는 경우
	• 비견이 많으면, 남편 복이 없고, 이혼하거나 독신으로 지내는 경우가 많다.
부인 복(福)이 있는 사주	• 부인에 해당되는 재성(편재, 정재)이 용신이거나 혹은 희신일 경우
	• 재성(편재, 정재)이 천을귀인, 천덕귀인, 월덕귀인 등의 길성이 작용되는 경우
	• 일간이 신약하고, 일지가 인성일 경우
부인 복(福)이 없는 사주	• 부인에 해당되는 재성(편재, 정재)이 기신과 구신이거나, 재성이 형충해파(刑沖害破), 공망(空亡), 그리고 백호대살, 양인살, 괴강살 등의 나쁜 흉성이 작용되면 부인복이 없다.
	• 비겁(비견, 겁재)이 강한 신강사주에서 재성(편재, 정재)이 약(弱)하면 처덕이 없고 이별과 사별한다.
	• 비겁이 강(强)하고 재성(편재, 정재)이 약(弱)한 경우 관살 즉 편관이 없는 경우 처와 사별한다.
	• 인성이 존재하면서 재성(편재, 정재)이 약(弱)하고 비겁이 강(强)하면 처가 흉사한다.
	• 비겁이 약한 신약사주에서 재성(편재, 정재)이 강(强)하면 처덕이 없고 이별과 사별한다.
	• 일지에 비겁이나 양인살이 있거나 혹은 이들이 많이 존재하면 처와 사별하거나, 처로 인하여 손재나 구설이 따라 다닌다.
	• 일지에 양인살이나 편인이 있으면 처에게 산액이 있다.
	• 사주에 간합(干合)이나 지합(地合)이 많으면 배우자를 바꾸는 경향이 있다.
	• 재다신약 사주는 처덕이 없고, 여색으로 재물이 사라진다.
	• 남자 사주에서 비견과 정재가 합(合)이 되면 처가 간통한다.
	• 재성(편재, 정재)이 역마살과 형충해파가 적용되면 처가 가출한다.
	• 일지에 화개살이 있고, 형충을 받게되면 처가 부정한다.
	• 일지에 화개살과 양인살이 같이 존재하면 이혼한다.
	• 사주 오행이 모두가 양(+)이면 처덕이 없다.
형제 복(福)이 있는 사주	• 형제에 해당되는 비겁(비견, 겁재)이 용신이나 희신이면 형제복이 있고, 기신이나 구신이면 형제복이 없다.
	• 비겁에 천을귀인, 천덕귀인, 월덕귀인 등의 길성이 작용되면 형제복 있다.
	• 비겁이 강(强)해도 관성이 비겁을 극(剋)하거나 충(沖)하면 형제복은 있다.
형제 복(福)이 없는 사주	• 형제에 해당되는 비겁(비견, 겁재)이 기신과 구신이거나, 비겁에 형충해파(刑沖害破), 공망(空亡), 백호대살, 양인살, 괴강살 등의 나쁜 흉성이

	작용되면 형제 복이 없다. • 월주의 간지에 비겁이 가로와 세로로 동주하면 이복형제가 있다. • 비겁이 강한 사주에서 식상(식신, 상관)이 없거나 미약하면 형제가 불화하고, 형제로 인하여 손재를 입는다. • 용신에 의해 비겁이 극(剋)이나 충(沖)을 당하면 자신은 흥하지만 형제는 망한다. 이와 반대로 비겁이 용신을 극하거나 충하면 형제는 흥하고 자신은 망한다.
자식(子息) 복(福)이 있는 사주	• 남자의 경우 자식에 해당되는 관성(편관, 정관)과 여자의 경우 식상(상관, 식신)이 용신과 희신이거나, 이들에게 천을귀인, 천덕귀인, 월덕귀인 등의 길성이 작용되면 자식 복이 있다. • 일주가 강(强)할 때 시주에 관살(편관)이 있고, 월주에 재성(편재, 정재)이 있으면 자식이 효도한다. • 시주에 식신이 있고, 편인을 만나지 않으면 튼튼한 자식을 둔다. • 용신(用神)이 시주와 같은 오행이거나 생(生)해주는 오행일 경우 • 식신이 강하고 재성(편재, 정재)이 있는 경우 • 식신이 하나이면서 강하면 건강한 자식을 놓는다.
자식(子息) 복(福)이 없는 사주	• 남자의 경우 자식에 해당되는 관성(편관, 정관)과 여자의 경우 식상(상관, 식신)이 사주 구성(지장간 포함)에 없거나 혹은 이들이 구신과 기신이거나 혹은 이들이 형충해파(刑沖害破), 공망(空亡), 백호대살, 양인살, 괴강살 등의 나쁜 흉성이 작용되면 자식이 없거나 또는 자식복이 없다. • 사주 구성이 식신과 상관으로 구성되어 있으면 자식 두기가 어렵다. • 일주 궁(宮)과 시주 궁이 합(合)을 이루거나 극(剋)하는 경우 • 용신(用神)이 시지를 극(剋)하는 경우 • 식신이 약하고, 편인이 강하면 짐되는 자식이 있다. • 식신이 강하고, 관성(편관, 정관)이 없거나 약하면 자식 두기가 어렵다. • 식상(식신, 상관)의 기운을 약하게하는 재성(편재, 정재)이 많은 경우 • 시주에서 간지, 지지에 공망(空亡)이 있는 경우 자식복이 없고 외롭다. • 사주에서 일지와 시지가 충(沖)하면 자녀가 죽거나 이별하고, 파(破)가 있는 경우와 효신살이 있는 경우는 불효자식을 둔다. • 사주에 고신살과 과숙살이 있으면 자식이 불효한다. • 사주 일간 기준으로 시주의 간지, 지지의 오행과 극하는 경우
자식(子息)이 없는 사주	• 사주에 화(火), 수(水), 금(金)의 기운이 강한 경우 • 사주 구성(지장간 포함)에서 남자의 경우 자식에 해당되는 관성(편관, 정관)과 여자의 경우 식상(상관, 식신)이 없는 경우 • 사주 구성에서 관살(편관, 정관)과 재살(편재, 정재)이 너무 많아도 혹은 너무 적어도 자식이 없다. • 인성과대 사주 즉 본인에 해당되는 일간(日干)을 생(生)해주는 힘이 너무 강한 사주로, 에를 들면, 화(火)가 강하면 흙(土)이 말라버리는 화염토조(火炎土燥) 사주, 물(水)이 너무 많으면 나무(木)가 물에 뜨는 수다목부(水多木浮) 사주, 차가운 금(金)과 수(水)가 많아도 자식이 없는 금한수냉(金寒水冷) 등으로 대부분 인성과대 사주는 자식두기가 어렵다. • 남자 사주 구성이 모두 양간(+)이거나 여자 사주에는 모두 음간(-)인 경우

	• 인성(편인, 인수=정인)이 지나치게 많은 경우 • 신약 사주에서 식상(식신, 상관)이 많은 경우 • 식상이 충(沖)이나 극(剋)하는 경우 • 신약 사주에서 비겁(비견, 겁재)이 없고, 식상이 약하면서 인성이 중첩된 경우 • 신약 사주에서 비겁이 있고, 식상이 없는 경우 • 신약 사주에서 비겁이 없고 식상이 많은 경우와 인성과 재성이 없는 경우 • 신강 사주에서 인성이 중첩되고 식상과 재성(편재, 정재)이 없는 경우
정부(情夫)를 두거나 혼자 살 사주	• 남자의 경우 정재는 처(妻), 편재는 첩(妾)으로 보기 때문에 편재가 강(强)하면 처(妻)보다 첩(妾)을 좋아하고, 소실이 본처를 누른다. 또한 편재가 천간에 있고 정재가 지지에 있는 경우도 소실이 본처를 누른다. 그렇지만 정재가 강(强)하면 본처는 소실을 용납하지 않는다. • 재성(편재, 정재)이 사주에 수평 혹은 수직으로 나란히 있을 때, 이때 신강사주면 헤쳐 나가지만 신약사주는 여색으로 패가 망신한다. • 식상(식신, 상관)은 많은데, 관성(편관, 정관)이 없거나 약할 때 • 비겁(비견, 겁재)과 인성(편인, 인수=정인)이 많은 경우 • 관성(편관, 정관)은 많은데, 인성(편인, 인수=정인)이나 식상(식신, 상관)이 없는 경우 • 사주에 주로 편관과 정관이 섞여 있는 경우 • 일지 혹은 시지에 도화살이 있거나 정관과 편관이 있거나 혹은 정관과 상관이 있는 경우 호색(好色)의 기질이 있다. • 지지에 자오(子午) 혹은 묘유(卯酉) 충(沖)이 있으면 주색(酒色)으로 패가망신한다. • 남자 사주에서 정재와 비견이 합(合)이 되면 처가 간통을 하고, 여자 사주에서 정관과 비겁이 합(合)이 되면 남편이 소실을 두거나 외도를 한다.
결혼의 빠름과 늦음 판단	• 월지와 일지가 형충되거나, 일지와 시지가 형충되면 결혼이 늦거나 결혼 생활에 파란이 많다. • 남자 사주에서 일지에 재성이 있으면 결혼을 빨리하고, 여자 사주에서 월지에 정관이 있으면 결혼을 빨리한다. • 남자 사주에 부인에 해당되는 재성(편재, 정재)이 용신이나 희신이며 결혼이 빠르고 기신이면 늦다. • 여자 사주에 남편에 해당되는 관성(정관, 평관)이 용신이나 희신이면 결혼이 빠르고 기신이면 늦다. • 남녀 모두 비겁이 과다하여 기신이 되면 혼인이 늦다. • 여자의 경우 남편에 해당되는 관성이 많은 경우, 남자는 부인에 해당되는 재성이 많은 경우는 결혼이 늦다. 또한 좋은 배우자를 얻지 못한다.
만혼(晩婚)할 사주	• 남자의 경우 사주에서 재성(편재, 정재)이 없는 사주이거나, 여자의 경우 관성(편관, 정관)이 없는 사주 • 남자는 재성(편재, 정재), 여자는 관성(관살, 편관과 정관)이 묘(墓)가 될 경우 • 여자는 재성(편재, 정재)과 인성(편인, 인수=정인) 그리고 관살(편관)이 많은 경우

	• 사주에 비견과 겁재가 동주할 경우 • 남, 여 모두 일지가 형(刑) 또는 충(沖)이 되는 경우 • 남, 여 모두 (비견, 겁재)과 인성(편인, 인수=정인)이 많은 경우 • 여자의 경우 천간에 편인이 상, 하 혹은 좌, 우로 있는 경우 독신이나 만혼 한다. • 남자의 경우 인성(편인, 인수=정인)이 많고, 재성(편재, 정재)이 천간에 없으면 결혼전 애인이 없다.
결혼(結婚)하는 시기	• 남자는 대운과 세운에서 부인에 해당되는 재성(편재, 정재)이 들어오고, 여자는 남편에 해당되는 관성(편관, 정관)이 들어오거나 혹은 변화(化)되는 합(合)의 기운이 정재나 정관이 될 때 결혼을 한다. • 남자는 관성(편관, 정관)과 재성(정재, 편재)이 일주와 합(合)이 될 때 • 남자는 재성(정재, 편재)이 약(弱)할 경우, 재성운이나 식상(식신, 상관)운이 들어올 때 • 남자의 경우 재성, 관성, 식신이 충(沖)이 되면 결혼 성립이 어렵다. • 여자는 대운과 세운에서 남편에 해당되는 관성(편관, 정관)이 들어오는 해에 결혼 한다. • 재성(편재, 정재), 식신, 인성(편인, 인수=정인)이 들어오거나, 길신(용신이나 희신)이 년운이나 월운을 만날 때 • 일지가 지합이거나 혹은 삼합되는 년운이나 월운을 만날 때 • 여자는 식신이나 상관운이 들어오고, 일지와 월지가 합이 되는 해에 결혼을 한다. • 여자는 관성(편관, 정관)이 약(弱)할 경우, 재성(정재, 편재)이 되는 년 • 남, 여 모두 용신(用神)운이나 희신(喜神)운이 들어 올 때 • 간합, 지지합, 삼합운이 들어 올 때 • 여자의 경우 식상(식신, 상관)이 합하는 운이 들어 올 때 • 도화살(挑花殺)이나 홍염살(紅艷殺)이 들어 올 때 연애 및 배필감이 생긴다. • 일지가 충(沖)이 거나 혹은 합(合)이 성립되는 시기
부부(夫婦)간 갈등 판단	• 용신이 상극(相剋)이거나 충(沖)일 때 • 일간(日干)이나 일지(日支)가 서로 상극(相剋)일 때 • 일지와 시지가 각각 형(刑), 충(沖)이 작용할 때 • 월지(月支)가 충(沖), 형(刑), 파(破), 해(害), 원진살(怨嗔殺)일 경우
이혼(離婚)하는 시기	• 남자는 대운이나 세운에서 부인에 해당되는 재성(편재, 정재)이 충(沖)하는 시기 • 여자는 대운이나 세운에서 남편에 해당되는 관성(편관, 정관)이 충(沖)하는 시기 • 남녀 모두 기신(忌神)으로 바뀌는 시기 일 때 • 남녀 모두 일간(日干)과 합(合)을 이룬 후, 이것이 기신(忌神)으로 바뀌는 시기 일 때 • 남자와 여자의 일간(日干)이 서로 합(合)이 성립되고, 합으로 변화(化)된 오행(五行)은 기신(忌神) 이며, 기신이 대운(大運)과 세운(歲運)에 존재할 때

	• 남자는 부인에 해당되는 재성(편재, 정재)이 여자는 남편에 해당되는 관성(편관, 정관)이 대운이나 세운에서 합(合)으로 변화(化)된 오행(五行)이 기신으로 바뀌는 시기 • 남, 여 모두 재성과 관성이 충(沖)이 되거나 기신(忌神)이 들어오는 시기 혹은 병부살, 오귀살, 고신살, 과숙살 등의 나쁜 살(殺)이 들어오는 시기 • 남, 여 모두 일지(日支)나 일간(日干)이 합(合)이 되어 변화(化)된 오행(五行)이 기신(忌神)으로 바뀌는 시기 • 사주에서 지지가 묘유충(卯酉沖)일 때 • 남녀 모두 양인년(陽刃年)이 들어오는 해에 이혼한다. • 사주에서 월지와 일지 그리고 일지와 시지가 충(沖)할 때 • 사주에서 일지가 파(破)할 때 • 사주에서 일지에 공망(空亡)이 있는 경우 배우자와 인연이 없다. • 남자의 경우 편재가 많은 경우 이혼, 사별한다.
재혼(再婚) 사주	• 재성(편재, 정재)이 많고 혼잡된 경우 • 백호, 괴강, 양인살이 중첩된 경우 • 역마살과 도화살이 있고, 대운과 세운에 이것들이 다시 중첩된 경우 • 사주 구성이 식신과 상관이 많은 경우
재혼(再婚)하는 여자 사주	• 여자 사주에서 남편에 해당되는 정관이 2개인 경우 1개가 공망되면 이혼이나 재혼한다. • 천간에 2개 이상의 관성(편관, 정관)이 있거나, 지지에 관성이 3개 이상이면 두세 번 결혼한다. • 관살혼잡 사주에서 재성이 많으면 재혼한다. • 상관은 있지만 인성과 재성이 없는 경우 재혼한다.
연애결혼 판단	• 여자의 경우 관살혼잡(官殺混雜格) 사주인 경우 • 도화살과 홍염상이 동주하는 경우 • 남자의 경우 재성(편재, 정재)이 많은 경우 • 지지에 충, 형, 해, 파, 원진살이 많은 경우 • 남녀 공히 천간과 지지에 합(合)이 많이 존재하는 경우 • 남녀 공히 사주 구성에 수(水)기운이 많은 경우
결혼운이 나쁜 여자 판단	• 남편에 해당되는 관성(정관)이 기신과 구신이며 이들에게 형충해파(刑沖害破), 공망(空亡), 그리고 백호대살, 양인살, 괴강살 등이 작용되면 결혼 운이 없다. • 사주에 재성(편재, 정재), 인성(편인, 인수), 관살(편관), 상관이 많이 존재하는 경우 • 월지와 일지가 충(沖)이 성립되는 경우 • 사주 구성에 관성(편관, 정관)이 없는 경우 • 관살혼잡(官殺混雜格) 사주에서 도화살(挑花殺)이 되는 년 • 재성(편재, 정재)이 기신(忌神)이 되는 년 • 인성(편인, 인수)과 재성(편재, 정재)이 많은 사주
임신운 판단	• 관성(편간, 정관)이 합(合)이 되는 년 • 식상(식신, 상관)이 되는 년이나 또는 식상(식신, 상관)이 충(沖)이나 형(刑)이 되는 년

	• 인수년이거나 또는 인수가 충(沖)이나 형(刑)이 되는 년 • 사주 원국과 대운 그리고 세운이 서로 연결되어 합(合)을 이룰 경우
늦은 결혼이 좋은 사람 판단	• 병부살, 격각살, 도화살, 과숙살, 고신살, 상문조객살, 귀문관살, 오귀살 이 존재하는 경우 • 남자 사주에 비겁(비견, 겁재)이 많은 경우 • 여자 사주에 재성(편재, 정재), 인성(편인, 인수), 관살(편관)이 많은 사주 • 남녀모두 충, 형, 해, 파, 원진살이 많은 경우
결혼 후 부모와 한집에서 살 수 있는 운 판단	• 자식의 월지와 부모의 월지가 상생관계(相生關係)이거나 혹은 합(合)이 성립될 경우 • 며느리의 월지와 시부모의 월지가 상생관계(相生關係)이거나 혹은 합 (合)이 성립될 경우 • 자식, 부모, 며느리, 시부모의 용신이 같거나 상생관계(相生關係)일 경우
고부(姑婦)간 갈등 판단	• 여자의 경우 인성이 사주에 많거나 혹은 일지(日支)가 인성일 때 • 남자의 경우 일지에 인성이 존재할 경우 • 여자는 사주에 인성이나 재성이 많거나, 혹은 이들이 기신일 경우
자녀 양육	• 남자, 여자 모두 용신이 시주(時柱)에 존재하면 자녀를 양육하려고 한다. • 남자는 용신이나 희신이 관성(편관, 정관)일 경우, 여자는 용신과 희신 이 식신, 상관이면 자녀를 양육하려 한다. • 자녀의 월지(月支)와 부모 월지(月支)가 상생(相生)이거나 합(合)을 이 루면 양육한다.
돈이 들어오는 시기	• 재성(편재, 정재)과 정관, 식신운이 들어오는 년, 월, 일 • 용신(用神)이나 희신(喜神)이 재성(편재, 정재)일 경우 • 재성(편재, 정재)이 없어도 삼합(三合)으로 재성이 될 경우 • 용신과 희신이 대운과 세운에서 동시에 만나는 시기 • 재성(편재, 정재)이 약(弱)한 사주에서 재성이 들어올 경우 • 재성(편재, 정재)이 강하고, 식상(식신, 상관)이 약(弱)하게 작용하는 시기 • 재다신약의 경우 비겁(비견/겁재) 운(運)이 들어오면 재물을 얻고, 식상 (식신, 상관)운에는 재물을 잃는다.
가난(家難)한 사주	• 기신(忌神)이 재성(편재, 정재)일 경우 • 비겁(비견, 겁재)가 왕생하고 재성(편재, 정재)이 없거나 약할 경우 • 신약사주에서 재성(편재, 정재)과 식상(식신, 상관)이 너무 왕성할 경우 • 사주에서 용신 찾기가 매우 어려운 경우 • 인성이 많은 사주에서 재성(편재, 정재)과 관성(편관, 정관)이 있는 경우
장수(長壽)할 사주	• 대운과 세운이 용신과 극(剋)하지 않는 사주 • 사주의 오행(五行)이 고른 분포일 때 • 용신의 뿌리가 강할 때 • 상호 오행간 충(沖)이나 극(剋) 등의 작용이 없을 때
단명(短命)할 사주	• 용신이 약하고 기신이 강할 때 • 월지와 시지가 충(沖)하거나, 사주 원국과 지장간의 통근(通根) 즉 뿌리 가 소멸될 때 • 대운과 세운 그리고 용신이 극(剋)할 때 • 대운(大運)이나 세운(歲運)에서 천간과 지지 모두 구신과 기신이면 사망 사망시기로 본다.

합격, 승진, 시험, 발령 시기	• 길성(용신이나 희신)이 들어오는 년, 월, 일 • 재성(편재, 정재), 정관, 식신, 인수(정인)운이 들어오는 년, 월 • 세운에 용신이나 인수가 들어올 때 • 편관, 정관이 들어오는 년, 월(합격, 승진) • 사주 원국, 대운, 세운이 합(合)을 이루어 길성 육친으로 변화될 때 • 식신이 역마살(驛馬殺)이 되는 운에서 승진한다. • 일간과 월지 혹은 일지에 목(甲, 乙)과 화(丙, 丁, 巳, 午)의 목화통명(木火通明)이 성립되는 세운때 국가고시에 합격되고 승진된다. • 일간과 월지 혹은 일지에 금(庚, 辛)과 수(壬, 癸, 子, 亥)의 금백수청(金白水淸)이 성립될 때 국가고시에 합격되고 승진된다. • 년주, 월주, 일주, 시주 혹은 이와 반대로 시주, 일주, 월주, 년주의 오행(五行)이 차례차례로 서로 서로 상생관계(相生關係)가 성립될 수 있는 주류무체(周流無體)의 세운 시기에 국가고시에 합격되고 승진된다.
취업하는 시기	• 식신이 들어오는 년, 월 • 용신이나 희신이 들어오는 년, 월 • 정관(正官)이 들어오는 년, 월 • 재성(정재, 편재)가 들어오는 년, 월 • 편관, 정관이 들어오는 년, 월 *이들 모두 대운, 세운에서 합(合)을 이루어 길성으로 변화(化)되는 경우
이사하는 시기	• 인성(편인, 인수)운이 들어오는 년, 월 • 월지(月支), 일간(日干) 혹은 일지(日支)가 충(沖)이나 형(刑)이 되는 년, 월 • 년월일이 편재이거나, 정관(正官)이 충(沖)이 되는 년, 월, 일 • 대운(大運)과 세운(歲運)이 역마살(驛馬殺) 혹은 지살(地殺)이거나 해당 운이 합. 충이 되는 년 월이다. • 재성(정재, 편재)이 강하여 인성(편인, 정인)을 극(剋)하면 평생 거주지 없이 이사를 많이 다닌다. • 연월일시의 지지(地支)와 세운과의 육합(六合)이나 삼합(三合) 및 충(沖)이 될 때 변동이 생긴다. • 편관운에는 이사 후 근심과 우환이 따르고 만족스럽지 못하며, 비겁운에는 이사가 이루어지나 문제가 발생한다.
직장 이동 시기	• 년월일이 편재이거나 편재가 용신 혹은 희신일 경우 • 대운과 세운이 용신이나 희신일 경우 • 대운과 세운에서 정관이 충(沖)이 되는 시기 • 대운과 세운의 지지가 충(沖)이 되는 시기 • 역마살(驛馬殺)이 월지를 충(沖)을 하든지 혹은 세운과 월운에서 역마가 발생되면 이동이나 변동이 발생한다. • 자오묘유(子午卯酉)가 충(沖)하면 생활 환경은 변동되지만, 직위는 변동되지 않는다. • 인신사해(寅申巳亥)가 충(沖)하면 해외 출국, 출장, 여행이 발생되고, 직장 변동은 없다. • 일지가 세운을 충(沖)하는 시기에 변동이 발생된다. • 진술축미(辰戌丑未)가 충(沖)하면 주거지 변동이 있다.

외국(外國)에 나가는 시기	• 역마살이 년지에 존재하면 초년에, 월지에 존재하면 중년에 외국에 나간다. • 일간(日干)이 세운(歲運)과 상충되면서, 일지(日支)와 세운(歲運)이 합(合)이 되는 시기에 외국에 나간다. • 일은 합(合)이 되고, 월은 충(沖)이 되는 년 • 재성, 관성 그리고 역마살(驛馬殺)이 일주와 합이 되는 시기 • 일지나 시지에 역마(驛馬) 또는 지살(地殺)이 있으면서 충(沖)이 되는 년 • 인수가 일주와 합(合)이 되는 시기 • 월주에 역마나 지살이 있으면서 합(合)이 되는 년 • 인신사해가 충(沖)하는 시기에 외국에 나간다.
신규 사업 및 매매가 되는 시기	• 인성(편인, 인수=정인)운 이거나, 재성과 정관운이 들어오는 년, 월 또는 이들이 역마살이거나 지살일 경우이다. 이때 인수나 역마에 충(沖)과 형(刑)이 성립되면 매매와 신규 사업은 구설과 시비 그리고 서류상 문제가 발생된다. • 용신, 희신운이 들어올 때 • 상관운은 매매에 따른 송사가 발생하며, 비겁(비견, 겁재)운에서는 금전 부족, 시비, 구설 등으로 매매 지연이 발생된다. • 재성(편재, 정재)은 매도로 판단하고, 인성(편인, 인수=정인)은 매수로 판단한다. • 독립과 창업에 따른 신규 사업은 비겁(비견, 겁재)년에 발생되며, 이때 비겁이 기신이거나 혹은 충(沖)이 작용되면 불리하다. • 괴강, 양인, 백호대살이 작용되면 신규사업은 불리하다.
땅, 아파트(apt), 방, 점포 매매가 이루어지는 시기	• 지지(地支)에 충(沖)이 성립되는 시기에 매매운이 된다. -년지(年支)에 대운(大運)이나 세운(歲運)에서 충(沖)이 성립되면 토지(땅)가 매매되며, 월지(月支)에 충이 성립되면 건물(apt)이 매매되며, 일지(日支)와 시지(時支)에 충이 성립되면 각각 방, 점포 매매가 이루어진다.

땅, 아파트(apt), 방, 점포 매매가 이루어지는 시기 (표)

구분	시주	일주	월주	년주
천간	○	○	○	○
지지	辰	卯	丑	子
들어오는 운(運)	戌	酉	未	午
	辰戌충	卯酉충	丑未충	子午충
내용	점포 매매	방 매매, 부서이동	건물(apt) 매매	토지(땅) 매매

예1) 년지(年支) 자(子)의 경우 대운(大運)과 세운(歲運)에서 충(沖)이 성립되는 오(午)가 들어오는 시기에 토지(땅)가 매매 된다.

예2) 시지(時支) 진(辰)의 경우 대운(大運)과 세운(歲運)에서 충(沖)이 성립되는 술(戌)이 들어오는 시기에 점포가 매매 된다.

소송, 법률, 관재가 발생되는 시기	• 상관이 정관을 극(剋)하는 시기(대운, 세운) • 태왕한데 비겁이 되는 시기(대운, 세운) • 관살혼잡(官殺混雜)이 되는 시기(대운, 세운) • 기신(忌神)이나 구신(仇神)이 되는 시기(대운, 세운) • 일주가 충(沖)이 되는 년이나 혹은 일지가 형(刑)이 되는 시기(대운, 세운)

	• 괴강, 양인, 백호대살, 자형살이 사주 구성에 존재하고, 이들이 대운이나 세운에서 다시 들어오는 시기 • 용신에 형, 충이 발생되거나, 기신(忌神)이 관성운이 될 때 • 인성(편인, 인수=정인)이 일지에서 형, 충 혹은 형살이 발생될 때 • 식상(식신, 상관)이 관성(편관, 정관)을 형, 충하거나, 식상운이 강한 사주에서 다시 식상운이 들어올 때 • 관성(편관, 정관)이 삼형살이거나, 수옥살, 관살, 재살, 형살이 들어올 때 • 겁살(劫殺)이나 겁재가 들어오는 시기 • 재성(편재, 정재)가 망신살(亡身殺)이 되거나, 혹은 편관이 들어오는 시기 • 비겁이 강한 사주에서 재성(편재, 정재)이 들어오는 시기
시어머니(姑婦) 갈등이 많은 사람	• 사주에 인성(편인, 인수=정인)과 재성(편재, 정재)가 많은 여자 • 비견, 겁재가 기신(忌神)인 여자 • 일지(日支)에 형(刑), 충(沖), 해(害), 파(破) 및 원진살이 작용되는 여자 • 남자 사주에 일지(日支)가 인성(편인, 인수)인 경우
죽은 형제, 자매 판단	• 시지에 병부살, 격각살이 존재하는 경우 • 월지와 일지가 충(沖)이나 형(刑)이 작용되는 경우
죽은 자식 판단	• 시지에 병부살, 격각살이 존재하는 경우 • 일지와 시지에 충(沖)이나 형(刑)이 작용되는 경우
조상들의 사망원인 판단	• 기신(忌神)이 수(水)이면 물에 빠져 죽은 조상이 존재한다. • 기신(忌神)이 목(木)이면 목매달아 죽은 조상이 존재한다. • 기신(忌神)이 화(火)이면 화상, 농약, 총상으로 죽은 조상이 존재한다. • 기신(忌神)이 토(土)이면 객사나 교통사고로 죽은 조상이 존재한다. • 기신(忌神)이 금(金)이면 칼로 죽은 조상이 존재한다.
재물이 모아질수록 건강이 나쁜 사주 판단	• 재성(편재, 정재)이 병부살, 오귀살, 귀문관살, 고신살, 과숙살이 존재하는 경우 • 재성(편재, 정재)이 지장간에 존재하고, 비견이 투출(透出)되는 경우
도박을 즐기는 사주 판단	• 재성(편재, 정재)이 약하고, 비겁(비견, 겁재)이 강한 사주에서 식상(식신, 상관)이 없는 사주 • 관살(편관)이 강하나, 식상(식신, 상관)이나, 인성(편인, 인수)이 없는 경우
술을 좋아하는 사람	• 용신이나 희신이 화(火)인 사람 • 지지에 자(子), 오(午), 묘(卯), 유(酉)가 갖추면 주색으로 패가망신한다.
동업을 해도 좋은 사주 판단	• 두 사람의 일간이나 일지가 합(合)이 성립 되는 경우 • 두 사람의 월지가 합이되거나 상생관계일 경우 • 두 사람의 용신이나 희신이 서로 같거나 상생관계인 경우 • 용신이나 희신이 비견이나 겁재인 경우
역술인(易術人) 사주	• 화개살(華蓋殺)이 사주에 존재하는 경우인데, 이 경우 월지나 일지에 편인이 존재하거나 혹은 해(亥)가 존재하는 경우 • 사주에 술(戌), 묘(卯), 유(酉)가 많은 경우 • 사주 구성에서 일주가 갑술(甲戌)-임술(壬戌)-경술(庚戌)-병술(丙戌)-무술(戊戌)이고, 월지나 시지에 인(寅), 축(丑), 술(戌), 해(亥)가 존재하는 경우 • 사주 구성에서 일주가 계해(癸亥)-을해(乙亥)-정해(丁亥)-기해(己亥)-신해(辛亥)이고, 월지나 시지에 축(丑)이 존재하는 경우

교통사고 판단	• 일지가 희신인데 충(沖)이 성립되는 경우 • 관살혼잡(官殺混雜)이 되는 년 • 관살(편관)이 강(强)한 사주에서 관살이 들어오는 년 • 일주가 지살(地殺)이나 역마살(驛馬殺)이 동주하고, 다시 충(沖)이나 형(刑)이 되는 년
년지, 월지, 일지, 시지가 세운과 충(沖)이 되는 경우 운세(運勢) 판단	• 년지가 충(沖)이 되는 년 -조상과 관련된 족보, 이장, 비석 등의 일이 발생된다. • 월지가 충(沖)이 되는 년 -부모, 형제, 친구들과 불화 발생 -주위 환경(직장, 주거, 인간관계)에 대한 불미스런 사건 발생 -가정적으로 불만스러운 사건 발생 -직장인은 직장에서 불미스러운 사건 발생되나, 이때 변동하면 후회한다. -여자의 경우 결혼(結婚) 한다. • 일지가 충(沖)이 되는 년 -노력에 비해 결과가 만족스럽지 못하다. -정신적으로 불안하고, 계획처럼 이루어지지 않는다. -배우자의 신상(직위, 건강)에 문제가 발생한다. -일지가 관성(식신, 상관)이거나, 양인살인 경우 관재구설이 발생된다. • 시지가 충(沖)이 되는 년 -자녀 문제가 발생한다. -부부간 불화한다. -아랫사람과 다툼이 발생된다.

(35) 종합(綜合) 간명(看命)

사주학에 의거 사주를 판독한다는 것은 개인이 우주(宇宙)에서 부여 받은 운명(運命)이므로 이것은 최신 컴퓨터로 소숫점 몇 억자리까지 확인하는 것보다 수천만 배 더 소중하고 광범위하다. 사주학은 수리학(水理學)으로 해석할 수가 없는 학문이고, 또한 사주를 알기 위해서는 개인의 사주, 사주의 주체, 사주를 판단하는 사람의 심상(心相)의 삼위일체(三位一體)가 이루어져야 한다. 또한 개인 사주에 존재하는 우주(宇宙)의 기운을 확인하는 것은 고정된 실체가 아니기 때문에 사주를 감정(鑑定)하는 것이 아니라, 사람이 어떤 사실에 대하여 마음속에 깊이 새겨서 상대방의 사주를 조심스럽게 확인하는 것이므로 간명(看命)이 맞는 것이다.

이러한 조건을 바탕으로 본 책에서 진행되어온 양력으로 1986년 6월 11일 밤 22:50분에 태어난 남자 이길동이의 우주에서 부여 받은 사주를 저자의 심상(心相)으로 간명해 보자.

□ 을미대운(乙未大運) 9~18세까지

이 시기는 부모로부터 도움을 받았던 시기이고 또 학문적인 재능이 있는 결과로 보아 공부도 잘했던 시기이다. 성격으로 보면 지혜(知慧)롭고 총명하며 학문 활동에 적극적이다. 하지만 인내심이 부족하여 자신의 목표점에 도달되려면 시간이 필요로 한다. 학교 생활에서 반장 아니면 학교에서 주관하는 학습활동에 중추적인 역할로 표창장을 수여받았고 유년기를 활동적으로 보냈다. 15세 이후는 가세(家勢)가 기울기 시작하였고, 16세 때는 어린 나이에 이성문제로 인하여 고초를 겪게 된다.

□ 병신대운(丙申大運) 19～28세까지

이 시기는 성취욕구가 너무 강하게 작용하여 직장이나 혹은 주위 사람들로부터 미움을 받고, 가세가 기울었던 시기이다. 주위 사람들로부터 도움을 받을 수 없었고, 또한 추진하고자 하는 의욕은 강하게 나타났으나 결과는 늘 용두사미(龍頭蛇尾)형태가 되어 한때 좌절을 겪었던 시기이기도 하다. 남에게 지기 싫어하는 성격을 바탕으로 때로는 교만 불손하고 투기심이 강하다. 금전거래에서 손해를 본다.
특히, 22세에는 다른 사람으로 인한 금전 지출이 생기게 되는 시기이므로 조심해야 하고, 26세에는 이성 문제로 다툼이 발생하게 된다.

□ 정유대운(丁酉大運) 29～38세까지

이 시기도 노력한 것과 결과는 항상 반비례 형태로 나타나는 시기 이므로 불행의 연속이라고 볼 수 있다. 또한 동료들로부터도 갈등이 증폭되고, 부친과 이별하는 시기이기도 하다. 조급한 마음에 쓸데없는 일을 저지르게 된다. 초반 시기에는 애인이나 여성을 무시하기 때문에 주위 이성은 없고, 흥분으로 인하여 구설수를 겪는 시기이기도 하다. 32세에는 결혼운(結婚運)은 다소 약하지만 결혼 하게 되며, 33세에는 투기로 인한 금전 손실이 발생하게 되고, 교통사고로 인한 상해를 당하게 된다. 하지만 36세부터는 잃었던 명예와 재산을 찾게 된다.

□ 무술대운(戊戌大運) 39～48세까지

이 시기 역시 무엇하나 되는 일이 하나도 없을 정도로 고달픈 시기이기도 하다. 40세에 부부간의 큰 시련이 오는 시기이며, 44세 때는 이동에 따른 추락사 등으로 인하여 일을 성시시키지 못하고, 부부간 임신이 잘되지 않고 유산이 찾아오기도 한다. 특히 40대 중반에는 심장 질환이 발작되어 생명의 위험에 직면할 수 있다. 또한 이 시기에는 재물 손실이 발생하나 40세 중반부터 독립적인 사업이 점차적으로 발복(發福)하게 되어 재물을 얻는 시기가 된다. 그렇지만 아직 갈 길은 멀다. 투기성 사업은 안 된다.

□ 기해대운(己亥大運) 49~58세까지

이 시기는 초반 5년간은 매우 어려운 시기이다. 특히 50세에는 사고로 인한 재해가 발생될 소지가 농후하고, 자녀들의 교통사고가 발생되는 시기이기도 하다. 하지만 53세 이후부터는 점차적으로 운(運)이 들어오는 시기이므로 금전적으로 궁색함이 없어졌고 성취 결과도 만족하게 된다. 비록 약하게 불어오는 봄바람이지만, 55세 이후부터는 재복(財福)이 서서히 나타나게 된다.

□ 경자대운(庚子大運) 59~68세까지

이 시기도 자신이 원하는 만큼 이득을 챙길 수 있는 좋은 시기이기도 하다. 하지만 이득이 모이지 않고 들어오는 량만큼 나가게 되므로 실속이 없다. 63세부터 여자와 이성 문제가 발생 되어 부부 이별이 발생하는 시기이기도 하다. 68세 이후에는 지역사회 등에서 실시하는 선거에 출마하여 당선될 확률이 높아 명예가 더욱 높아진다. 형제들이나 혹은 주위에서 도움을 받는 경우는 없고, 자립(自立)하여 금전적인 여유가 있는 시기이기도 하다. 또한 사회적으로 참여 활동에 관심을 갖고 활발하게 참여 하기도 하는 시기이다. 문제는 기관지 폐질환으로 고생하게 된다.

□ 신축대운(辛丑大運) 69~78세까지

70세에 운(運)이 다시 한 번 발복하는 시기가 되지만, 주위 사람들로부터 환영 받지 못하고 구설수에 시달리게 된다. 73세에는 여성과의 이성 문제가 발생되어 재산을 강탈당하게 되고, 75세 이후부터 다시 사회 활동이 활발해지는 시기이다. 하지만 바쁜 활동에 따른 구설수가 생기고 여자 문제로 망신을 당하게 되니 조심해야 하겠다.

제9장, 불운(不運)을 피하고 행운(幸運)을 찾자

지금까지 배운 사주 명리학(命理學)의 적용 범위는 인간(人間)이 죽은 후가 아닌 살아있는 동안 발생되는 길흉(吉凶)에 대한 것들을 예지하고 판단하는 것이다.

독자들은 이러한 것을 알기 위하여 물상(物象), 용신(用神), 격국(格局) 그리고 육친(六親)의 상호 작용에 따른 길흉성(吉凶星) 등을 확인하였다.

사주 명리학은 오행(五行)의 기(氣)에 바탕을 둔 자연과학(自然科學)이다.

이런 자연과학을 바탕으로 사주(四柱)는 물론 궁합(宮合), 이름, 상호(商號), 택일(擇日) 그리고 풍수지리(風水地理)가 성립된 것이고 이를 통하여 불운(不運)을 피하고 행운(幸運)을 얻기 위한 방법이 적용되고 판단되어 왔다.

즉, 삶의 과정을 예측하여 흉(凶)하면 피하고 길(吉)하면 선택하는 능력(能力)을 키워 성공인(成功人)으로서 운로(運路)를 찾아가는 것이다. 즉 피흉추길(避凶趨吉)을 말한다.

이러한 자연과학(自然科學)의 정신(精神)과 관련된 것들 중 조상(祖上)은 물론 빙의(憑依)와 관련된 대표적인 것으로 천도제(薦度祭), 삼재(三災)풀이, 물상처리 퇴마법(Exorcism) 그리고 불치병(정신질환) 및 무속인(巫俗人)치유법 등이 있다. 그러나 이들과 관련된 것들은 세계보건기구(WHO)와 미국정신의학협회(APA)에서 이미 정신질환(精神疾患)으로 규정하고 있다. 아울러, 풍수지리(風水地理)의 동기감응(同氣感應)도 조상(祖上)의 방사선 탄소원소가 동조되는 현상으로 형질 즉 DNA가 같은 후손(後孫)에게 나쁜 영향을 주는 것을 말하는데 이를 증명한 사람은 미국에서는 1960년 노벨화학상을 받은 윌라드 리비(Willard Frank Libby) 박사와 1996년 부산 동의대 이상명 교수이다.

저자는 현대교육(現代敎育)은 물론 학문(學問)을 연구(硏究)하여 후학(後學)을 가르치는 교사(敎師)이지만 이러한 것들을 믿느냐? 혹은 믿지 않느냐? 이것이 중요한 것이 아니라, 자신의 사주(四柱) 구성에서 해(害)를 주는 조상(祖上)을 천도(薦度)한 후 불치병에서 벗어남은 물론 마음의 안정을 찾고, 가정의 행복과 사업을 성공적으로 이룬 사람들이 많다는데 있다.

따라서, 결혼, 이름, 번호 및 숫자, 직업, 택일, 개업, 건강 등에서 행운(幸運)을 얻기 위한 방법을 먼저 알아보고, 이어서 일상생활(日常生活)에 많이 활용되고 있는 무자녀 득자법, 관재소송 해결법, 천도제(薦度祭) 실행법, 물상처리 퇴마법, 우울증(憂鬱症), 불치병(不治病) 및 무속인(巫俗人) 치유법, 삼재(三災)풀이 법 및 정부 불륜(내연관계) 퇴치법, 건강, 시험, 승진, 사업, 재물, 결혼 운(運)을 잡는 방법 그리고 사주(행운) 도장을 통하여 행운(幸運)을 얻는 방법을 제시하도록 하겠다.

아울러, 앞 절 길흉성(吉凶星)에서는 12신살(十二神殺)을 통하여 결혼(結婚), 사업, 부동산(不動産) 투자, 금고(金庫) 위치, 출입문 위치, 우등생 책상 위치, 득남(得男)과 득녀

(得女)를 얻기 위한 행운 방향(方向)을 제시하였다.

이제 불운(不運)을 피하고 행운(幸運)을 잡는 방법 역시 1986년 6월 11일 밤 22:50분에 태어난 남자 이길동의 사주(四柱)를 바탕으로 비교를 들어 설명하였으니, 독자들은 쉽게 이해하고, 활용하여 행운(幸運)을 얻기 바란다.

1. 결혼, 이름, 번호 및 숫자, 직업, 택일, 개업, 건강에서 행운(幸運)을 잡는 방법

일상 생활에서 적용되는 결혼, 이름, 번호 및 숫자, 직업, 택일, 개업, 건강에 대한 불운(不運)을 행운(幸運)으로 바꾸는 방법은 자신의 용신(用神)을 찾는 것이며, 이것으로 흉(凶)하면 피하고 길(吉)하면 선택하는 능력(能力)을 키워 자신만의 행복한 운로(運路)를 찾아가는 것이다.

따라서, 지금까지 학습해온 양력으로 1986년 6월 11일 밤 22:50분에 태어난 이길동(李吉童)의 용신(用神)은 수(水)이며, 희신(喜神)은 금(金)라는 것을 알았으니, 이를 활성화시켜 이길동의 방향, 장신구, 색상, 결혼, 이름, 번호 및 숫자, 직업, 택일, 개업, 건강 등에서 불운(不運)을 피하고, 행운(幸運)을 잡기 위한 실천법(實踐法)을 제언하면 다음과 같다.

□이길동의 용신 수(水)와 희신 금(金)을 활성화 시키는 방법
1. 행운 방향(方向)은 북쪽(용신, 水)이다. 차선책 방향은 서쪽(희신, 金)이다.
2. 옷 색상 및 사용하는 장신구(차량 포함)는 흑색(水, 검정색)계통이 좋고, 차선책으로 백색(金, 흰색) 계통이다. 이때 기신(土)과 구신(火)에 해당되는 노랑색, 분홍색, 붉은색은 좋지 않은 색상이다.
3. 결혼 상대 여성 선택은 용신이 같은 수(水)이거나, 희신에 해당되는 금(金)이 좋고, 이들과 상생(相生) 작용이 성립되는 여성을 선택한다.
4. 자신의 한자 이름에서는 용신과 희신에 해당되는 수(水)와 금(金)이 포함되는 자원오행(字源五行)으로 이름을 짓고, 한글 이름은 발음오행(發音五行)에 맞게 이름을 지으며 아울러 일상에서는 ㅁ, ㅂ, ㅍ, ㅅ, ㅈ, ㅊ의 음(音)이 좋다. 그러나 용신과 희신을 극(剋)하는 기신(忌神)과 구신(仇神)에 해당되는 토(土)와 화(火) 오행은 나쁘다.
5. 전화 핸드폰 등에 사용하는 행운 숫자는 1, 4, 6, 9 및 7, 8, 9, 0 그리고 이들의 조합이 좋다.
6. 동물은 쥐, 돼지, 햄스터, 물고기 종류, 닭, 원숭이, 고슴도치, 조류 종류가 좋다. 특히 이들

의 장신구를 가까이하면 더 좋다.

7. 직업(職業), 소질(素質)과 적성(適性), 좋은날 택일, 개업일, 사업 관련 회사 상호(商號), 로고 등도 용신과 희신에 해당되는 수(水)와 금(金) 관련 오행으로 결정하고, 이와 관계되는 모든 것들을 활용하면 된다.

8. 건강(健康) 판단은 사주 구성에서 고립(孤立)된 오행이 가장 나쁘다. 이길동 사주 구성을 보면 화(火)와 목(木) 그리고 수(水)가 고립되어 있다. 따라서 화(火)의 심장(心臟), 목(木)의 간장(肝臟) 그리고 수(水)의 신장(腎臟)이 약(弱)하다는 것을 알 수 있다. 이에 대한 방책으로 쓴맛과 떫은맛에 해당되는 삶은 토마토(환), 씀바귀, 수수 등으로 심장을 보하고, 신맛의 비타민c로 간장을 그리고 짠맛에 해당되는 새우, 구기자, 산수유로 신장의 기운을 향상시켜 주면 되겠다.

※<참고> 위에서 제시된 행운(幸運) 방법 판단은 앞 절에 소개된 이길동의 용신(用神)과 희신(喜神)에서 판단된 것이며, 건강 판단법은 10장 건강론(健康論)을 참고할 것

2. 무자녀 득자 하는법

자녀가 없어서 자녀를 얻으려고 할 때는 사주 구성에서 본인에 해당되는 일간(日干)을 기준으로 합방을 행하면 된다.

남자의 경우 아들을 희망한다면 아들에 해당되는 편관일(偏印日)을 선택하여 합방하고, 딸을 희망하면 정관일(正官日)을 선택하여 합방하면 된다.

양력 1986년 6월 11일 밤 22:50분에 태어난 남자 이길동이가 딸(정관)을 얻기 위한 방법을 제시해 보자.

구분	천간	지지
년주(年柱)	丙	寅
월주(月柱)	甲	午
일주(日柱)	(丙)	戌
시주(時柱)	己	亥

이길동의 일간은 병(丙)이므로 丙을 기준으로 '육친(六親) 조건표'를 보면 정관일(正官日)에 해당되는 것은 甲子, 壬子, 庚子 등이므로 ○子일을 선택하여 합방하면 딸을 얻는다. 이때 합방하는 시간은 지지(地支)가 합(合)을 이루는 시간을 선택해야 한다.

• 子와 丑	• 寅과 亥
• 卯와 戌	• 辰과 酉
• 巳와 申	• 午와 未

예를 들면 합방 일이 ○子일이면 子와 丑은 지지합을 이루므로 축시(丑時)가 된다. 따라서, 이길동은 ○子일 축시(丑時) 즉 01시 30분 ~ 03시 29분 사이에 합방 하면 딸(정관)

을 얻을 수 있다.

만약, 이길동이가 아들(편관)을 얻는다면, 일간 병(丙)을 기준으로 아들에 해당되는 것은 편관이므로 해(亥)일 즉 편관일에 지지(地支)가 합(合)을 이루는 시간에 합방하면 된다.

이러한 방법 외에도 12신살에 의한 남아(男兒) 득자법은 반안살(攀鞍殺)로 결정하고, 여아(女兒) 득자법은 천살(天殺) 방향으로 판단할 수 있다.

이길동 사주로 보기를 들어보면, 이길동이가 남자 아이를 원한다면 미(未)가 반안살에 해당되므로 방향은 7시 방향이고 시간은 01시~05시 사이 합방 하면 된다. 여자 아이를 원한다면 천살 방향은 축(丑)이므로 초저녁에 1시 방향에서 합방하면 된다.

이때 남자 아이를 원할 경우 합방 20분전 소다수(음료수)로 뒷물을 하고, 여자 아이를 원한다면 식초 1방울로 뒷물을 한다(※앞 절 길흉성 부분, 12신살 참조).

참고로 이길동의 경우 반안살 방향(方向) 판단은 년지(年支)가 인(寅)이므로 미(未)가 반안살이 되고, 未는 7시 방향이다. 천살 방향(方向)은 년지(年支) 인(寅)과 축(丑)이 천살이므로 1시 방향이 된다.

이러한 방법 외 양간과 음간을 구분하여 장생, 왕지, 고지를 적용하여 남아(男兒) 혹은 여아(女兒) 출산에 따라 합방하는 경우도 있다.

3. 관재소송 해결법, 천도제(薦度祭) 실행법, 물상 처리 퇴마법, 우울증(憂鬱症), 불치병(정신질환) 및 무속인(巫俗人) 치유법, 삼재(三災)풀이 법

사주(四柱) 구성을 판단하여, 불운(不運)을 피하는 방법에는 관재소송 해결법과 조상(祖上) 천도제(薦度祭) 실행법, 물상처리 퇴마법, 우울증(憂鬱症)과 치매(癡呆) 등의 정신질환(精神疾患)에 따른 불치병 및 무속인(巫俗人) 치유법, 삼재(三災)풀이법 등이 있다. 여기서는 이들 치유법(治癒法)에 대한 구체적인 방법을 제시 한다.

■ 첫째, 관재소송 해결법을 알아보자.

사주(四柱) 구성에서 관재소송과 관련된 살(殺)은 칠살(七殺)이며, 이것은 편관(偏印, 金)이다.

따라서, 편관을 극(剋)하는 것은 식신(火)이므로, 식신의 힘을 향상시켜 주면 편관(金)의 힘이 무력화되기 때문에 관재소송을 피할 수 있다.

따라서, 식신에 해당되는 조상(祖上) 즉 증조부(曾祖父)에 대한 천도제(薦度祭)를 실천해 주거나 혹은 화극금(火剋金)으로 화(火)기운을 향상시켜서 편관의 금(金)기운을 무력화시키면 된다.

이것은 앞 절에서 소개된 '오행(五行)의 기능'을 바탕으로 식신에 해당되는 화(火) 기운을 향상시켜 주면 되는데, 이때 방향(方向)은 남쪽 방향이 길하고, 적색 옷이나 장신구를 착용하며, 핸드폰 등의 사용하는 행운 숫자는 2, 7 등이 좋다. 아울러 이름이나 일상에 사용되는 명칭은 화(火)기운에 해당되는 ㄴ, ㄷ, ㄹ, ㅌ 등을 사용하면 된다. 식신(食神)의 기운은 사주 구성마다 다르기 때문에 독자들은 사주 구성을 보고 적용하고 활용해주어야 한다.

그러나, 편관 즉 칠살은 관재소송은 물론 나쁘다고 해서 무조건 극(剋)하든지 아니면 세력을 약(弱)하게 해서는 절대 안된다.

그 이유는 편관을 중화시켜서 길성(吉星)으로 만들기 위함에 있는 것이다.

따지고 보면, 살인상정(殺刃相停), 살인상생(殺印相生), 식신제살(食神制殺), 관살병용(官殺竝用), 거관유살(去官留殺)과 거살유관(去殺留官) 및 거류서배(去留舒配) 등 이러한 것들 모두 편관을 중화시켜서 길성(吉星)을 유지하는데 목적이 있는 것이다.

식신제살(食神制殺)을 예를 들어보자. 식상(식신, 상관)이 관성(편관, 정관)을 극(剋)하여 줌으로써 귀격사주가 성립되지만, 문제는 이때 식상(식신, 상관)의 힘은 관성(편관, 정관)보다 강(强)해서는 안된다. 식상(식신, 상관)의 힘이 강하여 관성(편관, 정관)의 기운을 완전 무력화시키면 제살태과(制殺太過)가 성립되어 진법무민(盡法無民)이 되기 때문에 큰 흉운(凶運)으로 작용됨은 물론 극자, 불구, 사망하게 된다.

이러한 이유는 나쁜 관살 즉 편관이지만 사주 구성에서 중화시켜서 균형(均衡)을 맞추고 적절히 써먹어야 되기 때문이다.

따라서, 독자들은 칠살 즉 편관을 무력화시키는 데는 반드시 자신의 사주(四柱) 구성은 물론 대운(大運)과 세운(歲運)의 운(運)을 보고 판단해 주어야 된다. 앞 절 제살태과(制殺太過) 사주에서 소개된 아래 사주를 다시 한 번 보자.

사주(四柱)		육친(六親)	
辛	卯	정재	인수
戊	戌	①식신	②식신
丙	辰	·	③식신
己	亥	상관	④편관

위 사주는 ①식신, ②식신, ③식신 3개의 강한 토(土)가 ④편관 1개의 약한 수(水)를 극(剋)하여 편관 기운을 무력화된 사주이기 때문에 나쁜 제살태과(制殺太過)사주이다. 이 경우 무턱대고 편관이 나쁘다고 해서 편관을 극(剋)해주든가 아니면 이에 관련된 조상을 천도(薦度)시키게 되면 패망의 지름길이 된다(※8장 사주해석 제살태과 참조).

사주 구성에서 편관과 식신이 상호 균형(均衡)을 이룰 때 혹은 제살태과(制殺太過)가 성립되지 않을 경우에 한하여 편관을 극(剋)하는 것은 식신(火)이므로, 식신의 힘을 향상시켜 주면 편관(金)의 힘이 무력화되기 때문에 관재소송을 피할 수 있다.

다른 편관을 중화시켜서 길성으로 작용되는 것들 모두 동일하다.

따라서, 사주 구성에서 천도 조상 판단법은 함부로 적용하는 것이 아니라, 신약사주에서는 식상, 재성, 관성에 해당되는 조상을 천도(薦度)하는 것이고, 신강사주는 인성, 비겁에 해당되는 조상을 천도해 주면 무난한 방법이다. 이것은 이어서 학습될 천도에 대한 고찰에서 학습 한다.

여기서는 관재소송에 해당되는 칠살(七煞)에 대해서만 확인해 보았는데, 비록 칠살 뿐 아니라, 관살혼잡(官殺混雜)이나 나쁜 흉(凶)을 발생시키는 충(沖)고 형(刑)은 물론 이들과 관련된 수옥살(囚獄殺), 양인살(陽刃殺), 백호대살(白狐大殺), 괴강살(魁罡殺) 등을 피하는 방법 역시 위와 동일하게 적용하면 된다.

■ 둘째, 천도제(薦度祭) 실행을 알아보자.

□ 조상(祖上) 천도(薦度)에 대한 고찰(考察) □

세상 사람 모두는 영원한 삶이 없다.

누구나 죽음을 맞이하는데, 죽음은 사람에게 존재하는 기(氣)가 없어지고 자신의 혼(魂)과 더불어 육체를 떠나는 것이다.

이때 이승에서의 성명, 직위, 직업 등 전생(前生)의 모든 것은 사라지고 영혼(靈魂)의 기(氣)로서 현실세계(지구) 즉 사바세계(娑婆世界)를 떠나 천계(天界) 즉 하늘의 세계 혹은 우주의 마지막 단계인 중앙부주(블랙홀)로 가게 된다.

영혼(靈魂)은 육체와 분리되면 곧바로 저승으로 가지 않고, 만나보고 싶은 사람이나 가보고 싶은 곳 등에서 이승에 머무는 시간이 49일이다. 그래서 사람이 죽은 날로부터 49일이 되는 날 저승으로 영원히 보내기 위하여 행(行)하는 의식이 49제(49祭)이다.

영혼은 자연과학(自然科學) 측면에서 형체(形體), 크기, 수치 등을 측정하고 확인할 수 없고, 육체(肉體)가 없기 때문에 안락함과 괴로움을 느끼지 못할뿐 아니라 질량(質量)이 없는 무아(無我)의 공(空)으로 사물을 움직일 수 있는 힘은 존재하지 않지만, 인간(人間)의 뇌파(腦波)를 움직일 수 있는 힘이 존재하기 때문에 영혼의 영향을 받게 되면 꿈자리가 사나워지고, 악몽에 시달리며, 가위눌림, 예지몽, 빙의(憑依), 신병(神病)과 무병(巫病)은 물론 불면증, 우울증, 조울증, 무기력증, 환청, 자살충동, 원인을 알 수 없는 사건과 사고가 발생되고 사업이나 장사에서 될듯하면서 일이 자꾸 꼬이는 경우 혹은 취직, 승진, 합격, 학업, 자손(임신), 건강, 재물 등이 이루어 지지 않고, 구설, 시비, 소송 등의 액운(厄運)이 발생되며, 몸이 아프고 우환이 끊이지 않는다. 또한 남녀간 혹은 부부간 애정이 이유 없이 쉽게 금이 가는 경우 등이 발생된다.

이러한 영혼(靈魂) 작용은 미국정신의학협회(APA)와 세계보건기구(WHO)에서 인간에게 작용되는 정신질병으로 규정하고 있다.

영혼(靈魂)의 종류는 4가지로 구분하는데 천계(天界) 혹은 중앙부주(블랙홀)에서 생로병사(生老病死)가 없는 영생의 영혼과 살아생전 자식(子息)을 두고 선행(善行)을 하였으나 다시 인간이나 동물로 태어난 환생의 영혼 그리고 신병(神病)과 무병(巫病)을 발생시키는 빙의(憑依)된 영혼 마지막으로 특정한 곳에 머물고 있는 가축신과 낙태신 등에 해당되는 지박령(地縛靈)으로 나눈다.

이들 영혼 중 문제가 되는 것은 천계(天界)에 가지 못하고, 사바세계(지구) 즉 구천에 떠도는 빙의된 영혼과 한 곳에 머물고 있는 지박령이다.

이들 영혼들 대부분은 자식(子息)이 없이 죽은 원한귀(怨恨鬼)로서 자신과 동일한 DNA를 가진 후손(後孫)들이나 문중에서 자손이 태어날 때 달라붙어 지속적으로 나쁜 영향력을 행사하게 되어 빙의(憑依)나 질병(疾病) 혹은 사고(事故) 등을 발생시킨다. 이들을 인간으로 비유하면, 노숙자, 불량배, 거지, 깡패에 해당된다.

사람이 태어나면 머리에 있는 숨구멍 즉 신혈(身穴)을 통하여 형질이 같은 동기감응(同氣感應) 즉 DNA 영혼과 육체는 서로 교감이 이루어진다.

이러한 동기감응은 조상(祖上)의 뼈속에 존재하는 14종의 방사성 탄소원소인데 이것은 사후(死後)에도 오랫동안 남아 후손(後孫)들에게 나쁜 악(惡) 영향을 미친다는 것이 확인되었다.

즉, 동기감응(同氣感應)은 탄소원소의 동조 현상으로 DNA가 같은 후손들에게 나쁜 영향을 주는 것을 과학적(科學的)으로 증명한 사람은 미국에서는 1960년 노벨화학상을 받은 윌라드 리비(Willard Frank Libby) 박사와 1996년 부산 동의대 이상명 교수이다.

이러한 동기감응은 주로 조상묘에 해당되는 음택(陰宅)에서 많이 발생되기 때문에 명당(明堂)이 필요하고, 우리들이 살고 있는 집 즉 양택(陽宅) 역시 좋은 집터를 필요로 한다. 화장(火葬)을 하게 되면, 고온(高溫)의 열(熱)로 인하여 동기감응이 없어지게 되므로 조상묘가 좋지 않은 경우에는 화장이 좋고, 명당(明堂)이 있는 경우에는 매장(埋葬)을 함으로써 좋은 기(氣) 즉 동기감응을 받아 발복(發福)을 성취하는 것이 좋다.

비록 천계(天界)에 존재하면서 생로병사(生老病死)가 없는 영생의 영혼은 못 되더라도, 사바세계(현실세계)에서 자식(子息)을 두고 다시 육체(肉體)를 얻는 다는 것은 큰 행복(幸福)이 아닐 수 없다. 그 이유는 우주 공간은 인간(人間)이 존재해야만 이러한 것들이 유지되고 성립되기 때문이다.

이것을 확인하는 방법은 자신의 사주(四柱) 구성에서 천간(天干)과 지지(地支)에 존재하는 천도제(薦度祭) 조상을 판단해 보면 알 수 있다.

즉, 지지에 나쁜 흉(凶)으로 작용되는 살(殺)이 많은 경우는 원한귀(怨恨鬼) 조상들이 많다는 것을 뜻한다.

독자들은 천도제 조상 판단법에서 사주(四柱) 구성을 통하여 자신에게 실질적으로 악(惡) 영향을 주는 조상(祖上)들을 정확하게 찾고 판단하여 천도제를 실행해 주어야만 되는 것이지, 그렇지 않고 이익(利益)을 주는 조상을 천도시켜 준다면 오히려 복(福)을 내쫓는 꼴이 된다. 따라서, 자신의 사주 분석(分析)을 정확하게 판단할 수 있는 능력(能力)을 갖추는 것이 우선이다.

영혼(靈魂)은 무아의 공(空)으로 천도제 의식은 물론 제사 때 후손들이 부르면 순식간에 이동을 하게 된다.

따라서, 서울에서 천도제를 행(行)하거나, 영국에서 천도제를 행(行)하거나 조상(祖上)의 영혼(靈魂)은 즉시 입신하게 된다.

천도제 날짜를 잡거나 위패를 쓰는 순간 영혼은 현장에 입신하게 된다.

따라서 이때는 말조심 입조심 등의 흉(凶)한 행동은 삼가야 하고, 천도제 날짜를 받고서 천도제를 파기시키면 도리어 화(禍)를 입게 된다.

그리고 영혼들은 1년에 1끼의 식사를 하므로(조상 제사는 1년에 1번 올림) 100년 전에 죽은 영혼은 100끼의 식사를 하게 된다. 이 경우 사람으로 따지면 약 33일에 해당되는 것이다. 만약 100년 전에 원한으로 죽은 영혼(영가)을 천도제나 혹은 제사를 지내지 않고, 그대로 방치했을 경우 100끼 약 33일 굶은 경우에 해당되므로 이들 영혼은 구천에서 배고픔으로 인하여 후손(後孫)들에게 사고(事故)는 물론 질병(疾病)을 발생시키거나 온갖 피해를 주게 된다.

따라서, 이러한 구천에 떠돌면서 나쁜 영혼(靈魂)들을 사주(四柱) 구성에서 선별해서 황천세계 즉 천계 혹은 중앙부주(블랙홀)로 영원히 보내는 것이 천도제(薦度祭)와 퇴마법이다.

특히, 이들은 자식(子息)을 두지 못하고 죽은 어린 원한귀(怨恨鬼)이기 때문에 천도제를 행(行)하면 천계(天界)에 무사히 가게 되어 거기에 존재하는 기존 조상(祖上)들로부터 귀여움을 독차지하기 때문에 다시 구천(지구)으로 내려오는 일은 없을 뿐 아니라, 형질이 같은 동기감응(同氣感應) 즉 DNA가 같은 후손(後孫)들이나 문중 사람들에게 해(害)를 주는 일은 없다.

이 중 퇴마법은 일순간 효과를 나타내기 때문에 퇴마법보다 천도제가 훨씬 효과적이다.

이제 천도제(薦度祭)와 물상처리 퇴마법(Exorcism)을 확인해 보자.

천도제(薦度祭)는 이를 전문적으로 실행해 주는 사찰이나 기타 방법으로 행하는 경우가 많으나, 이 경우 고비용(300만원~1,000만원)이므로 비용 역시 만만치 않다.

따라서, 여기서는 효과가 동일한 약식 천도제(薦度祭)를 독자들에게 제시하고자 한다. 사주 구성에 자신에게 나쁜 살(殺)이나 흉(凶)에 해당되는 조상(祖上)을 찾아서 이에 따른 물상을 간단하게 준비하고 행(行)하면 된다.

사주 구성에서 천도제 조상(祖上)을 판단하는 방법은 천간(天干)의 경우 자신의 직계혈족이며, 지지(地支)는 자신의 직계혈족의 형제로 이는 결혼을 하지 못했거나 혹은 후손(後孫)이 없이 일찍 죽은 경우를 말한다.

따라서, 사주의 길흉(吉凶) 판단에 따른 충(沖), 형(刑) 등은 물론 수옥살(囚獄殺), 양인살(陽刃殺), 백호대살(白狐大殺), 괴강살(魁罡殺) 등의 나쁜 흉살(凶殺)은 모두 지지(地支)에서 판단되는 것이므로 지지가 복잡하고 나쁘게 작용되는 것이 많은 사람일수록 후손(後孫) 없이 죽은 조상들이 많다는 증거이기도 하다.

따라서, 천도제 조상 판단은 천간(天干)보다는 지지(地支) 조상의 천도제가 우선적이다. 천도제 조상 판단 기준은 아래와 같다.

육친		천도제 조상	육친		천도제 조상
비겁	비견	5대 조부, 형제	관성	편관	고조부
	겁재	고조모, 형제		정관	증조모
식상	식신	증조부	인성	편인	조부
	상관	조모		정인	6대 조모
재성	편재	6대 조부			
	정재	5대 조모			

※<참고> 아버지(1대)-조부(2대)-증조부(3대)-고조부(4대)-현조부(5대)-6대

그러나, 남녀 간의 구체적인 조상 판단 기준은 다음과 같다.

천간 (天干)	양간(陽干)	甲, 丙, 戊, 庚, 壬	남자 직계 조상으로 결혼은 했으나 자식을 두지 못한 조상(아버지, 조부, 증조부…등)
	음간(陰干)	乙, 丁, 己, 辛, 癸	남자 직계 조상에게 시집온 모계 조상으로 결혼은 했으나 자식을 두지 못한 경우로 성씨가 다른 여자 조상(어머니, 조모, 증조모…등)
지지 (地支)	양간(陽干)	子, 寅, 辰, 午, 申, 戌	일간과 성씨가 같은 남자 조상으로, 태아령이거나, 어릴 때(결혼 전) 사망한 남자 직계 형제(오빠, 형, 남동생) 및 고모
	음간(陰干)	丑, 卯, 巳, 未, 酉, 亥	일간과 성씨가 같은 여자 조상으로, 태아령이거나, 어릴 때(결혼 전) 사망한 여자 직계 형제(누나, 언니, 여동생) 및 이모

예) 천간(天干)에서 편관이고 병(丙)일 경우의 조상 선택은 고조부가 된다.

그러나, 천간(天干)이 식신이고 정(丁)일 경우의 조상 선택은 증조부 이다. 이 경우 구체적인 조상을 판단해보면 정(丁)은 음간(-)이기 때문에 남자 직계 조상에게 시집

온 모계 조상으로 결혼은 했으나 자식을 두지 못한 경우로 성씨가 다른 여자 조상(어머니, 조모, 증조모…등)이 되나, 원래 식신은 결혼하지 못한 남자 조상이므로 남자 직계 조상에 해당되는 증조부가 된다.

이번에는 지지(地支)가 비견이고 축(丑)일 경우 조상 선택을 해보자. 이는 비견은 5대 조부 혹은 형제인데 지지에서 축(丑)은 음간(-)이므로 성씨가 같은 5대 조부의 누나 또는 여동생이거나 혹은 현재 누나 혹은 여동생이 되고, 여자 사주라면 5대 조부의 언니 또는 여동생 이거나 혹은 현재 언니 또는 여동생이 된다.

특히, 지지(地支)에서 천도 대상 조상을 판단할 경우, 가급적 최근 혹은 가까운 사람을 확인하고 판단하는데 이때 원한(怨恨)으로 사망한 조상(祖上)이 존재하거나 혹은 자식(子息)을 두지 못하고 죽은 조상을 천조제 조상으로 판단해 주어야 한다. 이때 조상 판단 기준은 아래와 같이 <육친 조견표>에 준한다.

육친		내용	육친		내용
비견	남	남녀형제, 처조카, 자매의 시아버지, 친구, 동창생, 남편의 첩	정재	남	처, 백부, 고모, 아들의 장인, 자매의 시어머니
	여	남녀형제, 시아버지형제, 친구, 동창생		여	외손자, 백부, 고모, 시어머니 형제간, 시할아버지
겁재	남	남녀형제, 이복형제, 며느리, 동서간, 딸의 시어머니	편관	남	아들, 조카딸, 외할머니, 매부, 딸의 시아버지
	여	남녀형제, 이복형제, 시아버지, 동서간, 아들의 장인		여	애인, 정부, 시형제간(시숙, 시동생, 시누이), 며느리 형제간, 외할머니
식신	남	손자, 장모, 사위, 생질녀, 증조부	정관	남	딸, 조카, 증조모
	여	딸, 딸의 시아버지, 증조부		여	`
상관	남	할머니, 손녀, 생질, 외할아버지, 외숙모	편인	남	계모, 서모, 이모, 외삼촌, 할아버지, 외손녀, 아들의 장모
	여	아들, 할머니, 시누이, 남편		여	계모, 서모, 이모, 외삼촌, 할아버지, 손자, 사위, 시할머니
편재	남	아버지, 첩, 애인, 형수, 제수, 처형제간	정인	남	어머니, 외손자, 처남의 처, 장인
	여	아버지, 시어머니, 외손녀, 아들의 장모		여	어머니, 손녀

예) 남자의 경우 지지(地支)가 자(子)이고 정재일 경우의 천도 조상 판단은 성씨가 같은 처, 백부, 고모, 아들의 장인, 자매의 시어머니 중에서 자식(子息)이 없었거나 혹은 원한(怨恨)으로 죽은 사람이 존재한다면 이를 선택하여 천도 조상(祖上)으로 판단해야 한다. 만약 자신의 고모가 원한으로 최근 죽었다면 천도 조상은 고모가 된다.

지금까지 자신의 사주 구성에서 천도제(薦度祭) 대상 조상(祖上)을 판단하였다.

그러나 천도제 실천에서는 자신에게 해(害)를 주는 조상을 선택하고 결정해야 한다. 그 이유는 이익(利益)을 주는 조상을 천도시켜 준다면 오히려 복(福)을 내쫓는 꼴이 되기 때문이다.

따라서, 사주 구성을 보고 자신에게 해(害)를 주는 천도제 대상 조상(祖上) 선택하는 방법을 제시하면 아래와 같다.

> 1. 신약사주 즉, 식상(식신, 상관), 재성(편재, 정재), 관성(편관, 정관)의 힘이 강한 사주에서는 식상, 재성, 관성에 해당되는 조상을 천도한다.
>
> 2. 신강사주 즉, 인성(인수=정인, 편인)과 비겁(비견, 겁재)의 힘이 강한 사주에서는 인성, 비겁에 해당되는 조상을 천도한다.
>
> 3. 사주 구성에서 단명, 자살, 질병사망, 자식(子息)이 없는 조상은 물론 천간(天干)보다, 지지(地支)에 작용되는 흉살(凶殺) 즉, 충(沖), 형(刑), 파(破), 해(害), 원진(怨嗔), 백호대살(白狐大殺), 양인살(陽刃), 괴강살(魁罡殺), 공망(空亡), 과숙살(寡宿殺), 수옥살(囚獄殺)은 물론 부성입묘(夫星入墓) 혹은 처성입묘(妻星入墓) 그리고 군겁쟁재(群劫爭財)와 군비쟁재(群比爭財), 관살혼잡(官殺混雜格), 살인상정(殺刃相停), 관살병용(官殺竝用)과 4흉신(凶神)에 해당하는 살상겁인(殺傷劫刃) 즉 편관(칠살), 상관(傷官), 비견(比肩)/겁재(劫財), 편인(偏印), 양인(陽刃) 등으로 자신에게 나쁘게 작용하는 것들은 천도제(薦度祭) 대상 조상(祖上)이 된다.
>
> 특히, 빙의(憑依), 무속(巫俗), 무병(巫病)과 직접적인 관련이 있는 경우 무병과 관련된 조상신(祖上神)이나, 이들과 관련이 있는 신기(神氣) 즉 원진살(怨嗔殺), 귀문관살(鬼門關殺), 병부살(病符殺), 상문살(喪門殺), 조객살(弔客殺), 천도살(天屠殺) 오귀살(五鬼殺), 평두살(平頭殺)에 작용되는 조상(祖上)이 천도 대상이 된다.

이제, 양력 1986년 6월 11일 밤 22:50분에 태어난 남자 이길동의 사주(四柱) 구성을 보고 천도제(薦度祭) 실천 조상을 선택해 보자.

이길동 사주 구성에서 천도제 조상 판단 기준을 바탕으로 천간(天干)과 지지(地支)에 나타난 조상을 확인해 보면 아래와 같다.

구분	천간	지지	육친		이길동 조상(祖上)		지장간
년주(年柱)	丙	寅	① 비견	④ 편인	①5대 조부 또는 형제	④조부의 형, 남동생	戊丙甲
월주(月柱)	甲	午	② 편인	⑤ 겁재	②조부	⑤고조모의 오빠, 남동생	丙己丁
일주(日柱)	(丙)	戌	·	⑥ 식신	·	⑥증조부의 형, 남동생	辛丁戊
시주(時柱)	己	亥	③ 상관	⑦ 편관	③조모	⑦고조부의 누나, 여동생	戊甲壬

이제 이길동의 천도제(薦度祭) 실천에 따른 조상(祖上)을 선택해 보자.

첫째, 신강과 신약 사주로 구분하여 천도제 조상을 선택해보자.

이길동은 비견, 겁재, 편인이 강한 신강 사주가 되므로 인성(인수=정인, 편인)과 비겁(비견, 겁재)에 해당되는 조상이 천도 대상이 된다. 그리고 가급적 천간(天干) 조상보다는 자식이 없이 죽은 지지(地支) 조상이 우선이다.

따라서, 년간 ①비견(丙)에 해당되는 5대 조부 또는 형제와, ④편인(寅)의 조부로서 이들의 형, 남동생이며, 월간 ②편인(甲)은 조부이다. 그리고 ⑤겁재(午)는 고조모의 오빠, 남동생이 천도제 실천 조상(祖上)이 된다.

둘째, 사주 구성에서 악(惡) 영향을 주는 살(殺)을 찾아 천도 조상을 선택해보자.

월지(月支) 오(午)는 공망(空亡)과 양인살(丙-午)에 해당되고, 일지(日支) 술(戌)역시 공망(空亡)과 백호대살(丙-戌)에 해당된다. 특히 시지(時支)의 ⑦亥(편관)과 편인의 월간 ②甲(목) 그리고 일간 丙(화)는 수생목생화(水生木生火)의 작용이 성립되므로 국가에 관록(官祿)을 먹을 수 있는 살인상생(殺印相生) 사주나 월지 오(午)가 공망이 성립되고, 년지(年支) 편인 ④인(寅)과는 거리가 멀리 떨어진 관계로 단절되고 말았다. 형권(刑權)이나 병권(兵權)을 잡을 수 있는 살인상정(殺刃相停) 역시 오(午)의 공망으로 성립되지 않는다.

이러한 결과로 보면 월지 오(午)에 해당되는 ⑤고조모의 오빠, 남동생과 일지 술(戌)에 해당되는 ⑥증조부의 형, 남동생이 천도 대상 조상(祖上)이다.

따라서, 첫째와 둘째 조상 판단에서 이길동에게 해(害)를 주는 조상(祖上)은 ①비견(丙)의 5대 조부 또는 형제, ②편인(甲)의 조부, ④편인(寅)의 조부의 형, 남동생, ⑤겁재(午)의 고조모의 오빠, 남동생 그리고 ⑥술(戌)에 해당되는 증조부의 형과 남동생이 천도제(薦度祭) 실천 조상(祖上)으로 최종 선택되었다.

여기서는 이들 5개 천도제 실천 조상 중 대표적인 악(惡)영향을 주는 월지(月支) ⑤오(午)에 해당되는 고조모의 오빠, 남동생 즉 고조모의 남자형제에 대한 천도제(薦度祭)를 실천해 보기로 한다.

우선 아래 <천도제 구성표>를 통하여 천조제 실천에 따른 '장소, 일정, 시간'을 판단해야 한다.

※<참고> 천도제 구성표, 천도제 물상표, 천도제 위패, 천도제(薦度祭) 제문   출처 : 부자되는 현공풍수, 사주학 그리고 조상천도(김교현)

조상	甲癸	丙戊乙	庚丁己	壬辛	비고
	亥卯未	寅午戌	巳酉丑	申子辰	
장소	산지락	산	개울	논	기타 ; 산소 및 사찰
양간	장생, 왕지, 고지	장생, 왕지, 고지	장생, 왕지, 고지	장생, 왕지, 고지	
음간	왕지, 장생, 고지	왕지, 장생, 고지	왕지, 장생, 고지	왕지, 장생, 고지	

■ 이길동 사주 구성에서 월지(月支) ⑤겁재(고조모의 오빠, 남동생)에 해당되는 조상 천도제 이므로 이에 대한 '장소, 일정, 시간'을 판단해보자.

■ 천도제의 날짜, 시간, 장소를 결정하기 위해서는 겁재 오(午)의 지장간 丙己丁을 참조

해야 하는데 이 중 본기(정기)에 해당되는 것을 선택하여 제반 사항을 판단한다. 따라서 丙己丁의 본기(정기)는 맨 끝부분에 존재하는 정(丁)이 된다.

■ 지장간 정(丁)은 <천도제 구성표>의 조상부분에서 庚丁己에 해당되고 이것은 巳酉丑이다.

■ 지장간 정(丁)은 음간(-)이기 때문에 음간에 해당되는 것은 왕지, 장생, 고지가 된다. 이때 장소는 개울가이다.

따라서, 巳酉丑을 왕지, 장생, 고지의 순서로 작성하면 아래와 같다.

- 장생(酉)=>천도제 실시 월(月)판단=>천도제 실시는 酉월(8月)
- 왕지(巳)=>천도제 실시 시간(時間) 판단=>천도제 실시 시간은 사시(巳時)
- 고지(丑)=>천도제 실시 날짜 판단=>천도제 실시 날짜 축일(丑日)
- 장소=> 천도제 행하는 곳은 개울가

만약, 지장간 본기(정기)가 갑(甲), 병(丙), 무(戊) 등의 양간(+)이라면, 巳酉丑은 巳(장생), 酉(왕지), 丑(고지)가 되어, 이것은 巳월(4월), 유시(酉時), 축일(丑日)이 된다.

따라서, ⑤오(午)에 해당되는 고조모의 오빠, 남동생에 대한 천도제(薦度祭) 실천에 따른 날짜와 장소 그리고 시간은 酉월(8月), 축(丑)일, 사(巳)시 즉 09시 30분~11시 29분에 실천하면되고 장소는 개울가이다.

또한 사주 구성에서 천간(天干)에 해당되는 조상을 천도 한다면, 천간(天干)을 지지(地支)로 변환시켜서 지장간(支藏干)을 적용해야 된다. 이때는 천간 갑(甲)은 지지의 인(寅)에 해당되는 것이기 때문에 인(寅)의 지장간은 戊丙甲을 적용시켜 주면 된다. 나머지 천간에 해당되는 지장간은 乙-卯(甲乙), 丙-巳(戊庚丙), 丁-午(丙己丁), 戊-辰(乙癸戊), 戊-戌(辛丁戊), 己-丑(癸辛己), 己-未(丁乙己), 庚-申(戊壬庚), 辛-酉(庚辛) 壬-亥(戊甲壬), 癸-子(壬癸)으로 아래와 같이 전환하여 지장간을 판단해 주면 된다.

천간	甲(갑)	乙(을)	丙(병)	丁(정)	戊(무)		己(기)		庚(경)	辛(신)	壬(임)	癸(계)
지지	寅(인)	卯(묘)	巳(사)	午(오)	辰(진)	戌(술)	丑(축)	未(미)	申(신)	酉(유)	亥(해)	子(자)
지장간	戊丙甲	甲乙	戊庚丙	丙己丁	乙癸戊	辛丁戊	癸辛己	丁乙己	戊壬庚	庚辛	戊甲壬	壬癸

천도제를 행(行)할 때는 서울에서 천도제를 행(行)하거나, 영국에서 천도제를 행(行)하거나 조상(祖上)의 영혼(靈魂)은 즉시 입신하게 된다. 따라서 거리나 지역 등은 상관없다. 또한 천도제 날짜를 잡거나 위패를 쓰는 순간 영혼(靈魂)은 현장에 입신하게 된다. 때문에 천도제 날짜가 결정되면 이때는 말조심 입조심 등의 흉(凶)한 행동은 삼가야 하고, 천도제 날짜를 받고서 파기시키면 도리어 화(禍)를 입게 된다.

이렇게 천도제 실행에 따른 조상과 날짜와 장소가 결정되었다면 이제 약식 천도제 실천에 따른 준비해야 될 물상을 판단해 보자.

■ 약식 천도제(薦度祭) 실천에 따른 물상(준비)표는 아래와 같다.

천간	물상		천간	물상		천간	물상	
木 甲(3) / 乙(8)	향	제사용 향, 혹은 누린내	火 丙(7) / 丁(2)	향	제사용 향, 혹은, 타는내	土 戊(5) / 己(10)	향	제사용 향, 혹은, 단내
	곡	보리, 땅콩		곡	옥수수, 수수		곡	조, 기장
	채	깻잎, 부추		채	도라지, 더덕		채	당근, 고구마
	육	닭, 계란		육	염소, 칠면조		육	소, 가오리
	과	자두, 매실		과	살구, 은행		과	대추, 참외
	차	매실차, 유자차		차	커피, 쑥차		차	인삼차, 식혜
金 庚(9) / 辛(4)	향	제사용 향, 혹은, 비린내	水 壬(1) / 癸(6)	향	제사용 향, 혹은, 썩은내	※<참고> 괄호안의 숫자는 물상 준비 개수임		
	곡	쌀, 율무		곡	콩			
	채	양파, 마늘		채	김, 미역			
	육	조개, 생선류		육	돼지, 젓갈류			
	과	배, 복숭아		과	수박, 밤			
	차	생강차, 율무차		차	두유			

양력 1986년 6월 11일 밤 22:50분에 태어난 남자 이길동의 천도제 중 월지(月支) ⑤오 (午)에 해당되는 고조모의 오빠, 남동생에 대한 약식 천도제(薦度祭) 실행에 따른 물상을 판단해 보자.

물상 판단은 아래와 같이 오(午)의 지장간 丙己丁 중 맨 끝의 본기(정기)에 해당되는 정 (丁)과 천간합을 이루는 것으로 결정한다.

- 甲과 己   · 乙과 庚
- 丙과 辛   · 丁과 壬
- 戊과 癸

丁은 壬과 천간합이 되므로 천도제 실천 물상(준비)표에 의거 壬(1)에 해당되는 것을 결정하며, 준비 개수는 1개씩이다.

따라서 천도제 물상(준비)표에서 壬(1)은 향, 곡, 채, 육, 과, 차와 관련된 콩 1개, 김이나 미역 1개, 돼지고기 혹은 젓갈류 1개, 수박이나 혹은 밤 1개, 두유차 1잔, 노잣돈 1장(개인 형편에 맞게 준비)으로 각각 1개씩 준비하면 된다. 만약, 지장간의 합(合)이 癸라면 癸(6)이므로 이 경우는 해당되는 것들을 각각 6개씩 준비하면 된다. 다른 약식 천도제 물상 판단도 동일하다.

지금까지 확인한 천도제 실천에 따른 날짜, 시간, 장소 그리고 물상 판단은 해당 조상의 활동시기에 따른 좋아하는 물상을 준비하기 위한 것이다.

■ 약식 천도제(薦度祭) 실천에 따른 기타 제반 사항을 알아보자.

천도제 실천은 실제 날짜로 판명된 날이나, 혹은 큰 행사 등을 앞두고 수시로 실행해도 무방하다.

그러나 보통 천도제 실천은 입춘(立春)이 지난 후 정월 대보름 사이 즉 년초에 좋은 날을 잡아서 행(行)하는 경우가 제일 많다. 이 경우 실제 판명된 해당 월(月)을 제외하고 나머지 날짜와 시간은 천도제 실천 날짜와 시간을 맞추어야 한다.

천도제 실천 장소 역시 甲癸(산지), 丙戊乙(산) 庚丁己(개울), 壬辛(논), 그리고 묘지(墓地) 등으로 정해진 장소이면 좋겠지만, 꼭 그렇지 않고 편리한 장소에서 실천해도 무방하다. 그 외 준비 사항으로는 천도제 실천 조상 위패 또는 지방, 양초, 향, 술 등이 필요로 한다.

특히, 천도제 위패는 보통 제사때 사용되는 향나무나 혹은 밤나무로 만든 위패 틀 혹은 지방 틀을 이용하며, 작성된 망자(영가)의 인적 사항을 붙여서 사용하면 된다.

이때 작성되는 내용은 한자(漢字)나 한글 모두 무방하여 행효자는 천도제(薦度祭)를 올리는 사람이다.

여기서는 독자들을 위하여 천도제 실천에 다른 위패 내용을 쉽게 만들어 사용할 수 있도록 한자와 한글 모두 첨부하니 작성하여 사용하길 바란다.

한자 위패(견본)		한글 위패(견본)	
上來所請 己降香檀 趙州 6代祖父 靈駕既受虔請 願往生願往生極樂見彌陀 願往生願在彌陀會中座獲夢摩頂授記莂 願往生願生華藏蓮華界自他一時成佛道	행 효 자 亡 전주이씨 6대조부 靈駕 전주이씨성명이길동제위 양 1986년 6월 11일생 주소서울시강남구삼성동	상래소청 기항향단 조주청다기포만 6대조부 안험소이왕극락 영가기수건청 원왕생원왕생원왕생원재미타회중좌수집향화상공양 원왕생원왕생원왕생극락견미타획몽마정수기별 원왕생원왕생화장연화계자타일시성불도	행 효 자 망 전주이씨 6대조부 영가 전주이씨성명이길동제위 양 1986년 6월 11일생 주소서울시강남구삼성동

■ 천도제(薦度祭) 제문

천도제 제문은 죽은 망자(영가)의 상황과 환경에 따라서 행(行)하면 되는데 아래 내용을 적절히 변경하거나 추가시키면 된다.

> 예) 신령스러운 마음을 헤아리기 어려우나 생을 다하여 황천객이 되었으니, 부족하고 원망스러운 일들은 모두 잊으시고, 이제 향과 등불로 삼가 청하오니 이 자리에 편히 앉아서 그리고 ○○영

가시여 오늘 정성으로 차린 재단에서 좋은 가르침을 내리시고 음식을 받길 바랍니다.

■ 천도제(薦度祭) 실천 순서

천도제(薦度祭)를 실천하는 순서는 일반 제사와 비슷하게 하면 된다. 그러나 영혼(영가)들이 행(行)하는 사람에게 한 바퀴 도는 시간이 29분 이므로, 제사와는 달리 29분 동안 제문을 통하여 축원하면 된다.

- 준비
- 실행
- 제문을 올리고, 29분 동안 영혼(영가)에게 축원 한다.
- 위패 쓴 제문 종이, 종이옷 등은 태운다.
- 끝내기

이제 독자들은 본인과 다른 사람 모두 사주(四柱) 구성을 보고 천도제(薦度祭) 실천에 따른 조상(祖上) 판단은 물론 이에 따른 제반 사항 모두를 실행할 수 있는 능력을 구비하였다.

■ 셋째, 물상처리 퇴마법(Exorcism)을 알아보자.

퇴마는 원한(怨恨)을 품고 죽은 잡신들이 후손들의 몸에 달라붙어 있는 경우 영혼(영가)들을 저승으로 보내기 위한 것이다. 이것은 지박령(地縛靈) 즉 특정지역에 머무는 혼(魂)이나, 낙태에 의한 태아령도 포함된다.

물상처리 퇴마법은 일순간 효과가 나타나는 반변, 영혼(영가)들을 영원히 저승 즉 천계(天界)로 보내려면 천도제(薦度祭)를 행(行)해야 한다.

이제, 양력 1986년 6월 11일 밤 22:50분에 태어난 남자 이길동에게 악(惡) 영향을 주는 월지(月支)의 겁재 오(午) 즉 고조모의 오빠, 남동생에 대한 잡신(雜神)을 물상처리 퇴마법으로 떨쳐버려 보자.

구분	天干	地支	六親	
년주(年柱)	丙	寅	비견	편인
월주(月柱)	甲	午	편인	겁재
일주(日柱)	(丙)	戌	·	식신
시주(時柱)	己	亥	상관	편관

물상처리 퇴마법에 따른 물상표는 아래와 같다.

※<참고> 퇴마법 물상표 출처 : 부자되는 현공풍수, 사주학 그리고 조상천도(김교현)

지지		인체부위	물상	지지		인체부위	물상
木	寅(3)	팔	솔잎	土	丑(10)	뒤허리	두더지
	卯(8)	손가락	숯		未(10)	앞허리	개미
火	巳(7)	코	팥	金	申(9)	다리	엄나무가시

	午(2)	눈	성냥		酉(4)	발가락	반지, 가위
土	辰(5)	갈비뼈	지렁이	水	亥(1)	입/항문	하수오
	戌(5)	늑막	땅강아지		子(6)	성기/귀	소금

이제 이길동의 월지(月支)의 오(午) 즉 고조모의 오빠, 남동생에 대한 물상처리 퇴마법을 판단해 보자. 이것은 아래와 같이 지지합을 이루는 것으로 판단한다.

• 子과 丑	• 寅과 亥
• 卯과 戌	• 辰과 酉
• 巳와 申	• 午와 未

따라서 오(午)는 미(未)와 午未의 지지합이 되므로 퇴마법 물상표에서 확인해 보면, 未의 경우 개미(10)가 되는데, 이것은 '개미' 10마리가 물상이 된다.

따라서, 월지(月支)의 오(午)에 작용되는 잡신을 물상처리 퇴마법으로 떨쳐버릴 경우 머리(베개속), 몸통(요밑), 다리(휴대)의 3부분에 개미 10마리를 3등분(약3마리) 하거나 혹은 각각 10마리를 적용한다. 이때 개미는 실물 사용을 원칙으로 하나, 구하기가 어려울 때는 카드 혹은 개미 그림이나 개미 사진을 사용해도 무방하다. 다른 물상처리 퇴마법도 동일하다.

■ 넷째, 우울증, 불치병(정신질환) 및 무속인(巫俗人) 치유법을 알아보자.

우울증(憂鬱症), 치매(癡呆) 및 정신질환(精神疾患), 중풍(中風), 암(癌), 자살(自殺), 무속인(巫俗人) 등의 불치병(不治病)을 치유하는 방법을 알아보자.

이들의 불치병들은 우선 사주 구성을 보고 판단해 보면 그 원인을 쉽게 찾을 수 있다. 일반적으로 보면 우울증, 치매 및 정신질환, 중풍, 암, 자살 등은 자신의 사주 구성에서 해당되는 나쁜 충(沖)이나 살(殺)이 존재하거나 혹은 이들이 대운(大運)이나 세운(歲運)에서 다시 들어오는 시기로 판단한다. 그리고 악(惡) 영향을 미치는 조상(祖上)들은 천도제(薦度祭) 대상이 된다.

특히, 무속인(巫俗人) 사주의 경우(※앞장, 육친으로 본 직업 판단 참조) 천간(天干)에 작용되는 조상신(祖上神)의 간섭현상이 발생되고, 지지(地支)에 작용되는 잡신(雜神)들의 원한귀(怨恨鬼)가 대운(大運)이나 년운(年運)에서 서로 맞물리게 되면 빙의(憑依)에 따른 신병(神病)증상은 더욱 강하게 나타나게 된다. 이때 신병(神病)을 치료하는 방법은 신내림으로 조상신을 받게 되면 무속인(巫俗人)이 되는 것이다. 그렇지만 사주 구성에서 천간(天干)에 존재하는 해당 조상신(祖上神)을 찾아서 합당한 대우 즉 천도제(薦度祭)를 실천해 준다면 이들 영혼(靈魂)은 최종 목적지인 황천세계 즉 중앙부주(블랙홀)로 영원히 가게 되므로 신병(神病)이 치유됨은 물론 무당(巫堂)이 되지 않고 평범하게 살아갈 수 있다.

독자들이 알아야 될 사항은 지지(地支)에서 작용되는 귀문관살(鬼門關殺), 상문살(喪門殺), 조객살(弔客殺), 평두살(平頭殺), 오귀살(五鬼殺), 천도살(天屠殺) 등은 영혼(靈魂)과 민감하게 반응하는 기운(氣運)을 말하는 것으로 이것을 신기(神氣)라고 한다. 신기는 일반 사람들에게도 얼마든지 존재하기 때문에 신기가 많다고 해서 무속인(巫俗人)이 되는 것은 아니다.

따라서 무속인(巫俗人)의 전조증에 해당되는 빙의(憑依), 신병(神病), 무병(巫病)과 신기(神氣)에 해당되는 천도살(天屠殺), 평두살(平頭殺) 등은 전혀 다른 것이다.

그러나 무속인들의 사주 구성을 판단해 보면 상관이 강(强)하고, 정관과 비겁이 다소 약(弱)하게 구성된 경우도 있다. 또한 무속관련 조상신(祖上神)을 바탕으로 신기(神氣)에 해당되는 귀문관살, 평두살, 천도살 등이 강한 사람들이다.

이런 것을 잘못 판단하여 신기가 강한 사람에게 굿을 권하거나 내림굿을 받게 만들어 무속인(巫俗人)의 길을 걷게 한다면 이것은 패가망신(敗家亡身)의 지름길이다.

이제 사주 구성을 보고 무속인(巫俗人)이 되는 시기와 무속과 관련된 조상(祖上)을 찾고 이에 대한 천도제(薦度祭) 실천법을 알아보자.

무속인 사주의 특징은 사주 구성에서 木(신경)과 火(정신)의 기운이 약(弱)하거나 혹은 강(强)하게 작용되어 서로 균형(均衡)이 깨진 경우이다. 즉, 조상들의 간섭현상이 강하게 작용되는 경우이다. 이들 기운이 대운(大運)이나 세운(歲運)에서 다시 들어오거나, 혹은 충(沖) 등으로 약(弱)하게 될 때 신병(神病)이나 무병(巫病)이 주로 발생 된다. 무속인이 되는 과정은 다소 복잡한 과정을 거치게 되는데, 특히 자신의 조상(祖上)이 무속인(巫俗人)인 경우 조상신(祖上神)으로 자리 잡게 되어, 자손(子孫)에게 전이(轉移)되는 경우가 대부분이다. 양력으로 1948년 3월 8일 인시(寅時) 여자 사주를 보자.

구분	천간	지지	오행		육친	
년주(年柱)	①戊	③子	토	수	편관	겁재
월주(月柱)	乙	卯	목	목	상관	상관
일주(日柱)	②壬	④辰	수	토	·	편관
시주(時柱)	壬	⑤寅	수	목	비견	식신

<대운>

71	61	51	41
丁	⑦戊(편관)	己(정관)	庚
未	⑧申(편인)	⑥酉(인수)	戌

위 사주는 추운 2월(卯月) 새벽(寅時)에 태어난 추운 한습사주이다. 따라서 추위를 녹여줄 화(火)기운이나 달빛에 해당되는 금(金)이 없기 때문에 가난한 집안에서 출생되었고, 평탄하게 살아가기 어려운 사주이다.

천간(天干) ①戊은 편관 즉 칠살(七殺)로 무속(巫俗)과 밀접하게 작용되는 육친(六親)이다. 또한 식상(식신, 상관)이 매우 강하여 편관을 과도하게 극(剋)하기 때문에 흉운(凶運)으로 작용되는 나쁜 제살태과(制殺太過) 사주이고, 강한 상관은 남편에 해당되는 정관을 극(剋)하므로 결혼운과 남편복이 없고, 극자 혹은 불구 등이 발생되어 되는 일이 없고 고달픈 삶이란 사실이다.

이제 지지(地支)에서 신기(神氣)가 작용되는 살(殺)을 확인해 보자.

③子와 ④辰은 화개살(華蓋殺)이고, 일주 ②壬와 ④辰는 평두살(平頭殺)이며, ③子과 ④辰은 오귀살(五鬼殺), ④辰과 ⑤寅은 상문조객살(喪門弔客殺)이 존재하는 것으로 보아, 위 여자는 원래 신기가 강(强)하고, 조상신(祖上神)의 영향은 물론 신병(神病)이나 무병(巫病)에 해당되는 것들이 강(强)한 사람이라는 것을 알 수 있다.

이러한 상황에서 61세에 해당되는 대운(大運)을 보자.

대운 ⑦戊의 시기 즉(61~70세)는 무속(巫俗)과 관련된 칠살(七殺) 즉 편관이 다시 들어오는 시점이 되어 관재구설(官災口舌)이 더욱 가중되고 지지에서는 인신충(寅申沖)이 성립된 시기이다.

또한 대운 지지(地支) ⑧申은 신기(神氣)와 관련된 천도살(天屠殺)이며, ⑥酉는 금(金)기운으로 사주 원국의 목(木)기운을 극(剋)하게 되어, 신경과 관련된 木(신경) 기운은 더욱 약(弱)해지기 때문에 오행(五行)의 불균형이 되고, 이로 인하여 무병(巫病)은 더욱 강(强)하게 작용될 수 밖에 없다. 또한 위 사주는 신약사주가 되므로 일간(日干) ②壬(수)이 힘을 강(强)하게 작용시켜 주어야 발복할 수가 있지만, 대운 ⑦戊(편관)은 토(土)기운이 되므로 일간 수(水)를 토극수(土剋水)로 극(剋)하게 되어 일간을 더욱 약(弱)하게 만들어주므로 이것 역시 불행(不幸)이 찾아 올 수 밖에 없다.

따라서 위 여자의 경우 61세에 무속인(巫俗人)이 된 경우다.

그렇지만, 위 여자의 경우 무속인(巫俗人)이 되지 않는 방법은 무속(巫俗)과 관련된 조상신(祖上神)은 물론 나쁜 관살혼잡(官殺混雜)을 더욱 나쁘게 작용하는 것들에 대한 천도제(薦度祭)를 실천해주면 된다.

따라서 우선 위의 여성은 천간(天干)에 작용되는 조상신(祖上神)에 해당되는 ①戊(편관)은 '고조부(高祖父)'가 되므로 고조부의 천도제를 실천하고, 또한 신기(神氣)를 더욱 강하게 작용하는 상문조객살에 해당되는 ⑤寅(식신)의 조상도 천도 대상이다. 이 경우 할머니의 남자 형제(오빠, 남동생)이거나 혹은 아들, 시누이 그리고 남편을 추적하여 이들 중 자식(子息)을 두지 못하고 죽은 사람이 존재하거나 혹은 일찍 죽은 사람이 있는 경우 식신에 해당되는 천도제 대상 조상이 된다.

추가적인 위 사주는 신약사주가 되므로 천도제 실천 조상을 판단해 보면 편관, 상관,

식신에 해당되는 조상 모두가 천도제 대상이 된다.

이러한 무속인(巫俗人)을 치유하는 방법은 천도제(薦度祭) 실천이 가장 좋은 방법이지만, 이것 외 사주 구성에서 무속인(巫俗人)에 해당되는 나쁜 살(殺)을 극(剋)하는 오행을 강(强)하게 만들어 주는 방법 그리고 방향(方向), 개명(改名) 등을 통하여 무속관련 기운(氣運)을 무력화(無力化) 시키는 방법 등도 있다.

이러한 것들은 앞 절에서 소개된 '오행(五行)의 기능'을 적용하고 실천하면 된다.

독자들은 이러한 것들은 본 책에서 제시된 '사주 해석'과 '자녀 이름 짓기' 그리고 '풍수지리(風水地理)'에서 음택(조상묘)과 양택(집)의 제반 여건 실천으로 충분히 가능한 것들이다. 특히, 암(癌) 등의 중병(重病)은 3대 악살(惡殺)에 해당되는 괴강(魁罡), 백호(白狐), 양인살(陽刃殺)이 사주 원국에 존재하고, 이것들이 다시 대운(大運)이나 혹은 세운(歲運)에 들어오는 시기가 중병이나 수술 등이 발생되는 시점이므로 독자들은 이를 사전에 알고 천도제 등으로 방지(防止)하여 행복(幸福)한 삶을 찾길 바란다.

■ 다섯째, 삼재(三災) 풀이법을 알아보자.

삼재는 지구가 공전과 자전을 하면서 계절의 방위합과 삼합과의 결과 차이를 말하는 것으로서 12년마다 한 번씩 들어와서 3년간 머물다 나가는 것이다. 이는 물, 불, 바람(水. 火. 風)에 의하여 발생되는 것으로 여러 가지 재난이나 혹은 인재(人災)를 말한다. 이를 통틀어 삼재팔난(三災八難)이라고 한다.

삼재(三災)는 삼재가 들어오는 들삼재(입삼재)와 다음해의 눌삼재(쉬는 삼재) 그리고 나가는 날삼재가 있다. 특히 날삼재는 나가면서 피해를 크게 남기기 때문에 들어오는 들삼재보다 흉(凶)의 정도가 더 크게 작용 한다.

특히, 삼재풀이는 예전 우리나라 전통 행사에 속하는 것이기도 하다.

삼재 조건표는 앞 절 길흉성(吉凶星)에서 소개 되었지만, 여기서는 다시 소개 하고자 한다. 독자들은 삼재 조견표를 보면 자신의 삼재시기를 판단할 수 있다.

생년지(자신의 띠)	입삼재	쉬는 삼재	날삼재
申子辰생(잔나비, 쥐, 용띠생)	寅(범해)	卯(토끼해)	辰(용해)
巳酉丑생(뱀, 닭, 소띠생)	亥(돼지해)	子(쥐해)	丑(소해)
寅午戌생(범, 말, 개띠생)	申(원숭이해)	酉(닭해)	戌(개해)
亥卯未생(돼지, 토끼, 양띠생)	巳(뱀해)	午(말해)	未(양해)

예를 들면 1961년 신축년(辛丑年) 소띠의 경우 돼지해(亥)가 되는 2019년 기해년(己亥年)이 삼재가 들어오는 입삼재이며, 2020년 쥐해(子) 경자년(庚子年)은 쉬는 삼재이며, 소해(丑)의 2021년 신축년(辛丑年)은 삼재가 나가는 날삼재가 된다.

특히, 사맹생, 사정생, 사고생에 해당되는 악삼재는 흉(凶)의 작용이 크게 된다.

-사맹생(四孟生) : 범(寅), 원숭이(申), 뱀(巳), 돼지(亥)띠생이 寅, 申, 巳, 亥년에 삼재를

만나는 경우

-사정생(四正生) : 쥐(子), 말(午), 토끼(卯), 닭(酉)띠생이 子, 午, 卯, 酉년에 삼재를 만나는 경우

-사고생(四庫生) : 용(辰), 개(戌), 소(丑), 양(未)띠생이 辰, 戌, 丑, 未년에 삼재를 만나는 경우

■ 삼재풀이 시기

삼재풀이 시기는 입삼재, 쉬는 삼재, 그리고 나가는 날삼재 때 입춘(立春)이 지난 후 정월 대보름사이 즉 년초에 길일(吉日)을 선택하여 삼재 풀이 의식을 행(行)하거나 혹은 정월의 첫 호랑이날(寅日)이나 말날(午日) 또는 보름날에 행하는 경우도 있다.

■ 삼재풀이 제물(祭物)

①백미 한말, ②밥3그릇 및 정화수3, ③떡, ③삼색나물(고사리나물, 시금치나물, 무나물, 도라지나물, 숙주나물, 고비나물 등), ④과일(밤, 대추, 배, 사과 등), ⑤막걸리나 청주, ⑥북어 1마리, ⑦삼재 부적 2개, ⑧한지(韓紙)로 만든 삼재풀이 버선본은 8개, ⑨기타(소지 종이 1인당 3장, 한지 종이 1인당 8개, 양초, 향)

※삼재든 사람이 입었던 속옷(내복) 1벌이나 혹은 신었던 양말 1족에 생년월일과 이름을 기재하고, 속옷(양말)에 삼재부적을 넣은 후 북어를 감아 싼 후 제상(祭床) 위에 올려 놓는다.

※삼재 부적(符籍)은 '삼재소멸부', '옥추부' 등의 부적 2개를 준비하고, 부적 1개는 삼재든 사람의 속옷에 넣은 후 삼재 행사가 끝난 후 같이 태워버리고, 부적 1개는 몸에 지니고 다니도록 한다.

※소지(燒紙) 종이는 삼재든 사람에게 축원을 하면서 불에 태우는 것으로 1인당 3장을 준비한다. 2인이면 6장을 준비하여 삼재 축원을 하면서 태우는 것이다.

※한지(韓紙)로 만든 삼재풀이 버선본은 8개(※8개는 삼재팔난이므로 8개를 사용하며, 버선본 대신 그냥 한지에 해당 글을 써서 사용해도 무방하다)는 대나무에 붙이거나, 혹은 재물에 사용하는 쌀에 꽂아 세워둔다. 한지 삼재풀이 버선본에 쓴 8개의 글 내용은 아래와 같다.

○○생 성명 ○○○의 천관조신 삼재소멸 (天官曹神 三災消滅)
○○생 성명 ○○○의 지관조신 삼재소멸 (地官曹神 三災消滅)
○○생 성명 ○○○의 수관조신 삼재소멸 (水官曹神 三災消滅)
○○생 성명 ○○○의 화관조신 삼재소멸 (火官曹神 三災消滅)
○○생 성명 ○○○의 년관조신 삼재소멸 (年官曹神 三災消滅)
○○생 성명 ○○○의 월관조신 삼재소멸 (月官曹神 三災消滅)
○○생 성명 ○○○의 일관조신 삼재소멸 (日官曹神 三災消滅)

○○생 성명 ○○○의 시관조신 삼재소멸 (時官曺神 三災消滅)

■ 삼재 풀이 순서와 마무리

1. 정결(貞潔)한 자세로 제상(祭床)을 차린 뒤 고사(告祀)의 순서를 참고하여 경건한 마음으로 진행한다.

2. 제상(祭床)의 향로 앞에 북향(北向)해 읍(揖)을 하고 꿇어앉아 향촉(香燭)을 사른 후에 삼배(三拜)한다. 제관(祭官) 즉 주제자가 있으면 제관과 제주(祭主)가 같이 3배를 하고, 제주만 있으면 제주 혼자만 분향 3배 한다.

3. 술잔에 술을 따라 상위에 올려놓았다가 내린 뒤에 잔을 들어 땅바닥에 3번으로 나누어 비운 뒤에 주제자(主祭者)와 제주(祭主)는 삼배를 한다.

4. 참신(參神) : 참신이란 참여한 인원이 다같이 신(神)을 뵙는 절차로서 모두 삼배를 한다.

5. 술을 따르고 절을 하기 전에 먼저 꿇어앉아 삼재경(三災經)을 3번 내지 5번 또는 7번을 낭송한 후 삼배한다.

■ 삼재경 ■
삼재가 들면 삼재가 소멸되는 삼재경을 조석으로 독송하여, 삼재의 공포에서 안정을 찾고 항상 좋은날 되고 행복하소서…
입삼재 출삼재 태양삼재 태음삼재 태세삼재 태을삼재
천해삼재 지해삼재 고진과숙 작희삼재 세파삼재 조객삼재
용덕삼재 관부삼재 천화삼재 생기복덕 절명삼재 절체삼재
천의삼재 화해귀혼 본궁삼재 초상상례 상문삼재 거리노중
낙성삼재 고개고개 서낭삼재 화택끝에 넝마삼재
수체밑에 흘림삼재 수해삼재 화해삼재
나무동방 청제해삼재 나무남방 적제해삼재
나무서방 백제해삼재 나무북방 흑제해삼재
나무중앙 황제해삼재
춘하추동 절기삼재 연월일시 사시삼재
나무 천관조신 ○○생 성명 ○○○ 일시소멸
나무 지관조신 ○○생 성명 ○○○ 일시소멸
나무 수관조신 ○○생 성명 ○○○ 일시소멸
나무 화관조신 ○○생 성명 ○○○ 일시소멸
나무 연관조신 ○○생 성명 ○○○ 일시소멸
나무 월관조신 ○○생 성명 ○○○ 일시소멸
나무 일관조신 ○○생 성명 ○○○ 일시소멸
나무 시관조신 ○○생 성명 ○○○ 일시소멸
나무 천지수화 년월일시 관조신 ○○생 성명 ○○○ 삼재 일시소멸
옴 급급 여율령 사바하

6. 소지(燒紙)를 태운 후 삼재가 든 사람을 세워놓고 오곡을 뿌리면서 잡귀(雜鬼)를 쫓아

낸다.

7. 속옷(내복)이나 혹은 양말에 감은 북어를 머리가 문밖으로 향하도록 던진다(※명태를 밖으로 던져 명태머리가 밖으로 향하면 된다).

8. 삼재풀이 축원이나 살풀이 축원을 한 후, 북어를 감았던 버선본, 속옷(내복) 혹은 양말, 부적을 태우고 북어 머리는 잘라서 버린다.

9. 부적(符籍)을 몸에 지니게 한다.

10. 제상(祭床)위에 올렸던 쌀이나 현금은 자신이 모르는 불우한 이웃에 보시(布施)함으로써 적선(積善)한다.

■ 그 밖의 간단한 삼재풀이 방법

* 어린 아이나 청소년의 경우, 달걀 3개에 삼재 든 사람의 생년월일시와 이름을 적은 후에, 집에서 가장 가까운 삼거리 길에서 동네밖을 향하여 던져 깨트린다.

   이때 던지면서 '삼재팔난(三災八難) 다 물러가라!'고 3번 외친다. 이 방법은 성인(成人)에게 행(行)해도 된다.

* 삼재든 사람이 장년(50세 이상)에 해당하면, 동짓날 까치집을 떼어 화장실에 두었다가 입춘날 아침에 마당 가운데서 불로 태운다. 날짜는 길일(吉日)로 택일해서 해도 된다.

   이때는 삼재경(三災經)을 외우며, 불타고 남은 재를 집 사방에 뿌리거나, 집 주위에 뿌리기 어려운 경우에는 집안의 화분 등에 물로 타서 뿌려도 된다.

   또한 삼재부적(三災符籍)으로 삼재팔난을 풀이하는 경우도 있다.

4. 이성 및 정부 불륜(내연관계) 퇴치법

필요하지 않은 이성이나 정부 및 불륜(내연관계)을 퇴치하는 방법은 사주 구성에서 이들을 극(剋)해주면 된다.

남자의 경우는 첩과 애인에 해당되는 것은 재성(정재, 편재)이고, 여자의 경우는 관성(정관, 편관)이므로 이들을 극(剋)하거나 무력화시켜 주면 된다.

예를 들면, 남자의 경우 애인이나 내연관계에 해당되는 편재(土)를 극(剋)하는 비견 기운을 향상시켜 주거나, 비견에 해당되는 조상(祖上) 즉 고조모(高祖母) 혹은 5대 조부(祖父)에 대한 천도제(薦度祭)나 물상처리 퇴마법(Exorcism)를 실행해 주면 된다.

여자의 경우 편관(金)을 극(剋)하는 식신 즉 화(火) 기운을 향상시켜 주거나, 식상에 해당되는 증조부(曾祖父) 혹은 조모(祖母)에 대한 천도제나 물상처리 퇴마법을 실행해 주면 된다. 또한, 방향(方向), 색상, 이름(개명)은 물론 '오행(五行)의 기능'에서의 조건 제공과 그리고 자신의 용신(用神)과 희신(喜神) 등을 적용해 주면 된다.

이러한 방법 외에도 남편이 외도하는 경우 천살(天殺) 방향으로 잠을 자면 남편의 사업이 실패하므로 집으로 돌아오게 된다(※길흉성 부분, 12신살 참조).

5. 건강, 시험, 승진, 사업, 재물, 결혼 운(運)을 잡는 법

우선 건강(健康)하려면, 사주를 구성하고 있는 8개 오행(五行)에서 상호 균형(均衡)이 유지되어야 한다. 건강하지 못한 사람들 대부분은 오행(五行)들의 균형이 깨진 경우이거나, 부족한 오행이 존재하거나 혹은 과다한 오행 또는 고립(孤立)된 오행으로 구성되어 있다. 따라서, 이것들을 찾아서 이들을 보완(補完)해 주거나 혹은 나쁜 영향을 주는 오행을 극(剋)하여 무력화(無力化)시켜 주면 된다.

또한 앞 절에 소개된 '오행(五行)의 기능'을 참조하거나, '이름 짓기'에서 이를 중화시킬 수 있는 오행(五行) 작용 등을 적용해 주면 된다.

사주(四柱)에서 건강, 시험, 승진, 출세, 사업, 재물, 결혼과 관련된 것들은 정재, 편재, 식신, 정관, 정인 등의 길신(吉神)과 같은 관련이 있다.

예를 들면 남자의 결혼은 부인에 해당되는 정재이며, 여자는 남편에 해당되는 정관이며, 승진과 권력은 정관과 편관 그리고 식신이며, 재물은 편재 및 정재와 깊은 관계가 있다. 따라서 이들에 문제가 발생된 경우 정재, 편재, 식신, 정관을 극(剋)하는 오행을 찾아서 무력화(無力化)시켜 주거나 '천도제(薦度祭)' 혹은 '오행의 기능'이나 '이름 짓기' 혹은 '방향(方向)'을 통하여 오행(五行)의 균형(均衡)을 맞추어 주면 된다.

6. 12신살(十二神殺)로 본 부동산(不動産), 거래처, 신생아(新生兒), 결혼(結婚), 외도 방지, 금고(金庫), 천재(天才), 출세(出世), 재수생(再修生) 합격, 점포(店鋪), 상가(商家), 병(病)치료, 가족묘(家族墓), 득남(得男)과 득녀(得女), 재물(財物) 성공 방향(方向)

앞 절 길흉성(吉凶星)에서 제시된 12신살(十二神殺)은 '행운(幸運)과 불운(不運) 방향'

판단을 하였다. 즉, 결혼(結婚), 사업, 부동산(不動産) 투자, 금고(金庫), 출입문, 득남(得男)과 득녀(得女) 등에서 아래와 같이 행운(幸運)을 얻기 위한 방향(方向)들이다.

• 부동산 투자 성공 방향	• 남편 출세시키는 방향
• 거래처 흑자 방향	• 창문, 출입문 성공 방향
• 신생아 천재 출생 방향	• 재수생 합격 방향
• 남자, 여자 결혼 방향	• 점포, 상가 투자 성공 방향
• 금고, 경리책상 성공 방향	• 병(病) 치료 방향
• 출세 성공 방향	• 가족묘 및 조상묘 방향
• 공부 잘하는 책상 방향	• 남아(男兒) 및 여아(女兒) 출생 방향
• 남편 외도 방지 방향	

독자들은 앞 절 길흉성(吉凶星)의 12신살(十二神殺)에서 제시된 '행운(幸運)과 불운(不運) 방향(方向)'을 참조하고, 실천한다면 자신이 원하는 행운(幸運)을 얻고, 불운(不運)을 피할 수 있다.

천살(天殺)은 닫는 방향(close)이며, 반안살(攀鞍殺)은 열린 방향(open)을 나타낸다. 예를 들면, 천살(天殺) 방향으로 이사하고, 천살 방위로 잠을 자면 반드시 실패 한다. 그리고 남자는 천살 방향으로 잠을 자면 결혼하지 못한다. 또한 금고(金庫), 계산대, 경리책상이 천살 방향이면 대흉(大凶)하게 된다.

또한, 이사, 점포, 상가, 사무실이 반안살(攀鞍殺) 방향이면 대길(大吉)하고 흑자가 발생되며 금고, 계산대 역시 반안살 방향이면 대길(大吉)한다. 그 외 출세(出世)와 성공 방향은 반안살 방향이다.

그렇지만 가족묘, 조상묘가 반안살(攀鞍殺) 방향이면 패망한다. 뿐만 아니라 남자나 여자 모두 결혼을 빨리하고자 하면 남자는 반안살, 여자는 천살 방향으로 잠을 자면 된다. 아울러 남자의 경우 이상형 신부의 만남은 반안살 방향이 되고, 여자의 경우 이상형 남자의 만남 방향은 천살 방향이 된다. 결혼 후에는 부부가 반안살(攀鞍殺) 방향으로 자면 사업이 번창한다.

이것뿐 아니라 길흉성(吉凶星)에서 제시된 12신살(十二神殺)은 공부 잘하는 우등생 만드는 법, 흑자 거래처, 사업 성공 방향, 신생아 천재 출생법, 남편 외도 막는 법, 재수생 학교 선택법, 남아(男兒) 혹은 여아(女兒) 출생법, 부동산 투자 성공법 등에 대한 길흉(吉凶) 방향(方向) 선택법이 자세히 설명되어 있으니 독자들은 자신이 필요한 것들을 찾아서 실천하고 행운(幸運)을 얻기 바란다.

특히 독자들은 방향(方向) 판단에서 알아야 될 사항이 있다.

우리들이 살고 있는 풍수지리(風水地理) 즉 전원주택(田園住宅), apt 등의 양택(陽宅)이나 조상 묘지(墓地) 등의 음택(陰宅) 방향(方向) 설정은 반드시 자신의 조건(條件)에 맞아야 한다.

특히 가택구성법(家宅九星法)으로 판단하는 출입문, 안방, 공부방은 물론 묘지(墓地) 방향 그리고 잠을 자는 자신의 침대 방향은 물론 합장(合葬)과 쌍분(雙墳)을 결정짓는 회두극좌(回頭剋坐) 방향 판단법은 뒷장 풍수지리(風水地理)에 자세히 설명해 놓았으니 독자들은 참고하고 활용해 주길 바란다.

즉, 자신의 사주(주인) 조건을 보고 일상생활에서의 머리 방향, 전원주택(田園住宅)과 묘지(墓地) 방향(方向)을 결정해 주어야만 되는 것이다. 이러 이유 때문에 풍수(風水)에서 명당(明堂)을 완성시키려면 사주 명리학(命理學)이 절대적으로 필요로 한다.

7. 사주(행운) 도장

사주(행운) 도장이란?

사주와 성명의 운(運)을 분석하여 사주와 이름의 음양(陰陽)을 일치시키고, 인장팔괘방위도에 맞게 만든 도장이나 회사 직인 등을 말한다. 요즘은 행운(幸運) 도장으로 탯줄 도장을 제작하기도 한다.

(1) 제작법

- 사주(四柱)와 이름에 맞는 오행(五行)을 넣고, 불필요한 오행은 제외하며 발음오행과 자원 오행의 조건에 맞춘다.
- 자신에게 필요한 오행(五行) 혹은 용신(用神)에 맞는 글씨체로 제작한다.
- 사주와 이름을 분석하여 좋은 오행과 횟수로 만들기 위하여 印(6획, 발음土, 자원木), 信(9획, 발음金, 자원火), 章(11획, 발음金, 자원金) 그리고 점(·)등을 추가로 넣어서 만든다(※ 특히 사주 도장은 나쁜 이름을 개명하지 않고 활용할 수 있는 방법이 될 수 있으며, 이때는 도장에 1자, 2자, 3자가 더 추가되고, 발음 및 자원 오행 역시 추가된다).

(2) 용신(用神)별 도장 재료 및 글씨체

용신	재료	글씨체
木	나무 종류	해서체
火	플라스틱 종류	초서체
土	옥, 쇠뿔종류	행서체, 고인체
金	돌, 상아종류	예서체
水	물소뿔 종류	전서체

(3) 인장팔괘방위도

방위(方位)	운(運)
동(東)	희망운과 진로운
	부동산운과 가족운
서(西)	재산운과 애정운
	사교운과 승부운
남(南)	사업운과 재능운
	성공운과 평화운
북(北)	장수운과 권위운
	주거운과 신용운

(4) 사주(행운) 도장이 필요한 경우

• 취업, 승진, 합격, 진학, 입학 선물 • 추진하고자 하는 일이 안되고, 실패가 많고, 걱정이 많은 분 • 신생아의 행운과 백일(돌) 선물	• 복을 받고, 만사형통 하려는 분 • 건강이 좋지 않은 분 • 처음 사업을 시작하는 분 • 성공적인 사업을 추진하는 분

지금까지 사주 명리학(命理學)을 통하여 불운(不運)을 피하고 좋은 운(運)으로 전환시키기 위한 실천 방법을 확인하였다. 어쩌면 이것들은 개운법(開運法)으로 사주 명리학(命理學)을 배우는 최종 목적(目的)이기도 하다. 따라서 독자들은 이러한 것들 실천하여 성공인(成功人)으로서 복(福)되고 행복(幸福)한 나날을 당부드린다.

제10장, 건강(健康)은 사주(四柱)에서 찾는다.

'세상사 천하를 얻어도 건강을 잃으면 아무 소용이 없다.'

인간은 누구나 잉태(孕胎)에서 세상에 태어나면 성장하고 병들어 죽게 된다.

누구도 생로병사(生老病死; 사람은 <u>태어나서</u> 성장하고, <u>병들어서</u> 죽는다)의 틀을 피할 수 있는 사람은 단 한 사람도 없다.

이러한 삶의 과정 속에서 생명을 다 할 때까지 가장 중요한 것이 건강(健康)인데, 이러한 중요성을 인식하지 못하고, 세포가 살아 있는 한 오욕칠정(五慾七情)으로 인하여 돈, 명예, 사랑, 권력 욕심(慾心)으로 구속되어 고달프게 살아갈 수 밖에 없는 것이 우리들의 인생이고 삶이다.

저자의 경우 주위 사람들 중 가장 가슴 아픈 것은 젊을 때 고생하다가 자식 성공시킨 후 이제 편안한 시간을 보내려고 하니 암(癌) 등의 불치병(不治病)이 찾아와 세상과 등지는 경우이다.

어쩌면 사주를 배우는 최종 목적은 살아있는 동안 생로병사(生老病死)의 이치(理致)를 알고 실천함으로써 건강한 삶을 살아가는 것이다.

사주학에서 건강을 논(論)하는 이유는 우주(宇宙)의 순환과 인간의 신체 작용은 모두 동일하기 때문이다. 이러한 이유로 한의학(韓醫學)의 기초는 사주학(四柱學)에서 출발하였다. 즉 사주(四柱), 풍수(風水) 그리고 한의학(韓醫學)은 서로 떼어 놓을 수 없는 동일체(同一體)이다. 이들은 현대사회(現代社會)에서 중요성에 힘입어 세계적(世界的)인 학문으로 자리매김함은 물론 박사(博士) 학위 취득 대학(大學)이 급속히 증가하고 있다.

자신의 건강(健康)을 판단하려면 오행(五行)의 구성(構成)으로 고립(孤立), 과다, 과소 오행(五行)으로 판단하는 방법과 사상의학(四象醫學)에 의거한 태양인, 태음인, 소양인, 소음인의 체질(體質)로 판단하는 방법이 있고, 인간이 첫 울음 터트리고 이 세상에 태어나기 전 부모의 정자와 난자가 결합되었던 년, 월, 일, 시로 판단하는 태원사주(胎元四柱)를 통하여 선천적(先天的)인 질병은 물론 불구자, 우울증, 신기(神氣) 등을 구체적으로 판단하는 방법이 있다.

특히 태원사주는 잉태(孕胎)부터 출산(出産)까지의 기간 즉 복중일수(腹中日數)로 수명(壽命)과 건강(健康)을 판단하는 것으로 사람의 체질을 24체질로 아주 세분화하여 판단함은 물론 한의학(韓醫學)에서 병(病)을 치유하는 방법으로 활용되는 오운육기(五運六氣)를 적용하여 신체 장기의 건강 상태를 알아보는 열쇠이기도 하다.

오운육기(五運六氣)란? 인간의 정신(精神)과 육신(六身)의 구성은 하늘의 천기(天氣)와 땅의 지기(地氣)를 바탕으로 지구 오대양(五大洋)에 해당되는 오장(간장, 심장, 폐장, 신장, 비장)과 육대주(六大洲)에 해당되는 육부(대장, 소장, 위, 쓸개, 방광, 삼초)를 오운 육기라고 한다.

여기서는 독자들에게 자신의 건강을 판단하는 방법을 보다 쉽게 이해시키고 적용하고 실천시키기 위하여 지금까지 활용된 양력으로 1986년 6월 11일 22:50 출생된 이길동의 사주를 바탕으로 이들의 판단 방법을 보기를 들어 쉽게 설명했으므로 이해하고 활용하는데 어려움이 없도록 하였다.

건강을 지키려면 이러한 자신에게 주어진 신체(身體) 구조(構造)에서 강약(强弱)을 사전에 알고 이에 맞는 오행(五行)의 기(氣) 순환과 음식(飮食) 섭취가 제일 중요하다.

이제부터 독자들은 사주(四柱), 신체조건 그리고 태원사주(胎元四柱)를 통하여 자신에게 주어진 건강과 선천적(先天的) 질병은 물론 질병명(疾病名)과 질병이 들어오는 시기를 구체적으로 판단해 보고 아울러 '제8장, 사주를 해석(解析)하자'에서 제시된 중풍(中風), 암(癌), 우울증(憂鬱症), 치매(癡呆), 정신질환(精神疾患) 판단법을 참조하여 건강한 삶을 누려보기 바란다.

1. 오행(五行) 구성으로 본 건강(健康) 판단

사람의 건강을 확인하는 방법 중 오행(五行)의 구성을 통하여 건강을 판단해 보자. 건강을 판단할 할 때는 사주 구성에서 고립(孤立)된 오행, 과소 및 과다 오행으로 건강을 판단한다.

물론 오행의 고른 분포된 사주 즉 중화된 사주이면 가장 건강하다. 이제 사주 구성에서 고립(孤立)된 오행과 과소 및 과다 혹은 중화에 따른 건강법을 알아보자. 우선 오행(五行)이 인체(人體)에 미치는 영향과 질병은 아래와 같다.

오행(五行)	목(木)	화(火)	토(土)	금(金)	수(水)
오장(五臟)	간	심장	비장	폐	신장
육부(六腑)	담(쓸개)	소장	위장	대장	방관
인체에 발생되는 질병(疾病)	• 간과 담 (쓸개) • 관절과 뼈 • 골다공증 • 소아마비	• 심장과 소장 • 중풍 (뇌출혈, 뇌경색) • 화병 • 혈관 질환 • 안과 질환	• 위 장 과 비장 • 비뇨, 산부인과	• 폐와 대장 • 우울증 • 무기력증 • 자폐증	• 신장과 방광 • 자궁, 난소 • 불면증 • 우울증

사주 구성(構成)에서 건강을 판단하기 위한 오행(五行)의 기준은 아래와 같다.

- 고립(孤立)된 오행(五行)에서 가장 많은 질병(疾病)이 발생된다.
- 고립시키는 오행(五行)에서도 질병이 발생된다.
- 과다한 오행(五行)에서 질병이 발생된다.
- 과소한 오행(五行)에서 발생한다.
- 오행들의 작용에 대한 최종 판단은 충(沖), 공망(空亡) 등과 천간합과 지지합 등으로 변화되는(化) 오행(五行)들의 최종 작용으로 판단한다.

이러한 오행들의 판단 기준을 바탕으로 사주 구성에서 고립(孤立)된 오행(五行)과 과소 및 과다 오행에 따른 건강법을 판단해 보자.

먼저 고립된 오행에 따른 건강 판단법을 보기를 들어 설명하면 다음과 같다.

예1) 수(水)기운이 고립되어 금(金)기운으로 둘려 쌓여있는 경우

구분	干	支	오행	
년주(年柱)	癸	酉	수	금
월주(月柱)	丁	未	화	토
일주(日柱)	庚	申	①금	③금
시주(時柱)	辛	亥	②금	④수

위 사주는 시지(時支)에 있는 ④수(水)는 고립(孤立)되어 ①, ②, ③의 금(金)기운에 둘러싸여 있는 경우이다. 이런 경우 수(水)기능이 마비되므로 이 사람은 가장 타격을 입는 장기는 고립된 수(水)에 해당되는 신장(腎臟)과 방광(膀胱)이 제일 나쁘다.

또한 고립(孤立)을 시키는 금(金)기운의 경우 4개가 존재하므로 금(金)이 강한 사주 이므로 금(金)기운에 해당되는 폐(肺)와 대장(大腸)도 다소 나쁘다.

특히 위 사주의 경우 고립된 수(水)는 둘러싸여진 금(金)기운에 의거 金生水가 되어 수(水)기운은 금(金)기운으로부터 공급(供給)을 받는 상생관계(相生關係)에 해당되므로, 서로 상극관계(相剋關係)보다는 다소 좋은 편이다. 이들 장기가 상극관계인 경우 신체 장기는 더욱 타격을 받게 된다.

독자들이 또 한 가지 알아야 될 것은 위의 조건에서 ④수(水)는 ②의 금(金)과 ③의 금(金) 2개만으로도 ④수(水)는 고립(孤立)으로 판단하기 때문에 이런 경우도 수(水)에 해당되는 신장(腎臟) 건강이 나쁘다.

위 사주에서 대운(大運)이나 년운(年運) 등의 세운(歲運)에서 금(金)기운이 들어오게 되면 금기운은 더욱 강하게 되어 수(水)에 해당되는 신장은 더욱 나빠지게 된다. 그러나 만약 위 사주에서 일지(日支)에 존재하는 ③금(申)이 충(沖)이나 공망(空亡)을 받아서 없어지거나 혹은 합(合) 작용으로 다른 오행으로 변화(化)된다면 일지(日支)의 ④수(水) 즉 해(亥)는 금(金)으로 부터 고립(孤立)된 것으로 보지 않는다.

예2) 수(水)기운이 고립되어 목(木)기운으로 둘러싸여 있는 경우

구분	干	支	오행	
년주(年柱)	甲	午	①목	화
월주(月柱)	癸	卯	④수	②목
일주(日柱)	乙	巳	③목	화
시주(時柱)	辛	未	금	토

위 사주는 월간(月干) ④수(水)가 ①, ②, ③의 목(木)기운으로 고립(孤立)되어 있는 경우이다. 이 경우 수(水)에 해당되는 신체 장기인 신장(腎臟)과 방광(膀胱)이 제일 나쁘다. 특히 고립된 수(水)는 水生木작용으로 인하여 수(水)가 설기(힘이 빠지는 현상)되므로 수(水)에 해당되는 신장은 더욱 나쁜 악(惡) 영향을 미치게 된다.

예3) 금(金)기운이 삼합(三合)으로 변화(化)하여 목(木)기운으로 둘러싸여 있는 경우

구분	천간	지지	오행		
년주(年柱)	甲	子	①목	수	
월주(月柱)	辛	㉮亥	②금	수	
일주(日柱)	乙	㉯卯	③목	목	④목
시주(時柱)	丁	㉰未	화	토	

위 사주에서 ②금(金)은 ①, ③의 목(木)기운과 지지 삼합에 해당되는 해묘미(亥卯未) 즉 ㉮亥(수), ㉯卯(목), ㉰未(토)는 ④목(木)기운으로 변화(化)되어 고립(孤立)된 상태이다. 따라서 위 사주는 ②금은 목(木)으로 고립되어 금(金)기운에 해당되는 폐(肺)와 대장(大腸)이 나쁘다.

사주에서 이러한 오행이 변화되는 관계는 천간합과 지지합에서 작용되는 모든 오행들과 충(沖)이나 공망(空亡) 등으로 인한 경우 혹은 그 기능이 없어지거나 약화되는 경우 모두 적용된다. 따라서, 독자들은 고립(孤立) 오행 판단 시 이러한 충, 공망 그리고 합(合)작용으로 인한 변화되는 화(化) 오행 관계를 적용하여 최종 판단하기 바란다.

예4) 금(金)기운이 고립되어 화(火)기운으로 둘러싸여 있는 경우

구분	천간	지지	오행	
년주(年柱)	庚	辰	금	토
월주(月柱)	丁	亥	①화	수
일주(日柱)	庚	午	④금	②화
시주(時柱)	壬	午	수	③화

위 사주는 우리나라 모 코미디황제로서 2002년 폐암(肺癌)으로 사망한 사주이다. 우선 ④금(金)은 ①, ②, ③의 화(火)기운에 의해 고립(孤立)된 경우로서, 금(金)은 폐(肺)인데 火剋金으로 인한 폐 장기가 손상된 경우이다. 특이 이 경우는 대운(大運)은 물론 사망한 2002년 임오년(壬午年)은 지지(地支)에서 오(午)의 화(火)기운이 추가로 들어옴에 따라 금(金)기운을 더욱 악화시키게 됨으로써 결국 사망하였다.

또한 사주(四柱)로 분석해 봐도 대운(55~64세)의 지지(地支)에 해당되는 사(巳)는 사해충(巳亥沖)이 작용되고, 2002년의 임오년(壬午年)은 공망이 작용되어 사주 뿌리가 소멸되었다는 것을 알 수 있다.

다음은 사주 구성에서 과소 및 과다에 따른 오행(五行) 건강법을 알아보자. 사주 구성에서 과다, 과소 오행(五行)에 따른 건강 판단은 아래와 같다.

<오행 개수에 따른 건강 판단법>

오행	음,양	천간	지지	건강 상태 및 치료 방법
목(木)이 많을 때 (2~3개) 와 적을 때	양	甲	寅	담(쓸개)가 나쁘다.	1. 목(木)이 많을 때는 간장과 담이 나쁘고, 木(간장)은 土(비장, 위)을 극하므로(이기므로) 비장도 나쁘다. 2. 金기운을 강화시켜 木기운을 약하게 한다(흰옷을 입는다). 3. 목(木)이 적을 때는 청색옷을 입고, 음식은 신맛이 좋으며, 동쪽 방향이 좋다.
	음	乙	卯	간이 나쁘다	
화(火)가 많을 때 (2~3개) 와 적을 때	양	丙	巳	소장(작은 창자)과 삼초가 나쁘다.	1. 화(火)가 많을 때는 심장과 소장이 나쁘고, 火(심장)은 金(폐)을 극하므로(이기므로) 폐도 나쁘다. 2. 水기운을 강화시켜 火기운을 약하게 한다(검정옷을 입는다). 3. 화(火)기운이 적을 때는 붉은색의 옷을 입고, 음식은 쓴맛을 먹으며, 방향은 남쪽이 좋다.
	음	丁	午	심장이 나쁘다.	
토(土)가 많을 때 (2~3개) 와 적을 때	양	戊	辰, 戌	위장이 나쁘다.	1. 토(土)가 많을 때는 위장과 비장이 나쁘고, 특히 土(비장)은 水(신장)을 극하므로(이기므로) 신장도 나쁘다. 2. 木기운을 강화시켜 土기운을 약하게 한다(청색 옷을 입는다). 3. 토(土)기운이 적을 때는 노랑색의 옷을 입고, 음식은 단맛을 먹으며, 방향은 사방이나 중앙이 좋다.
	음	己	丑, 未	비장(지라)가 나쁘다.	
금(金)이 많을 때 (2~3개) 와 적을때	양	庚	申	대장이 나쁘다.	1. 금(金)이 많을 때는 폐와 대장이 나쁘고, 金(폐, 대장)은 木(간장)을 극하므로(이기므로) 간장도 나쁘다. 2. 火기운을 강화시켜 金기운을 약하게 한다(붉은 옷을 입는다). 3. 금(金)기운이 적을 때는 흰색 옷을 입고, 음식은 매운맛을 먹으며, 방향은 서쪽이 좋다.
	음	辛	酉	폐가 나쁘다.	
수(水)가 많을 때 (2~3개) 와 적을 때	양	壬	亥	방광이 나쁘다.	1. 수(水)가 많을 때는 신장과 방광이 나쁘고, 水(신장)은 火(심장)을 극하므로(이기므로) 심장도 나쁘다. 2. 土기운을 강화시켜 水기운을 약하게 한다(노랑색 옷을 입는다). 3. 수(水)기운이 적을 때는 검정색 옷을 입고, 음식은 약간 짠 음식을 먹으며, 방향은 북쪽이 좋다.
	음	癸	子	신장이 나쁘다.	

건강(健康)한 사람과 장수(長壽)하는 사람들의 사주 구성을 보면 오행(五行)이 골고루 분포되어 있고(중화), 통근(通根) 즉 뿌리가 강하며, 충(沖)과 파(破)가 없는 경우다. 양력 1986년 6월 11일 밤 22:50분에 태어난 남자 이길동 사주 구성에서 고립(孤立)은 물론 과다 혹은 과소 오행(五行) 구성을 보고 건강을 판단해 보자.

이길동 사주				
구분	천간	지지	五行	
년주(年柱)	丙	寅	①화	②목
월주(月柱)	甲	午	③목	④화
일주(日柱)	(丙)	戌	⑤화	⑥토
시주(時柱)	己	亥	⑦토	⑧수

이길동 오행 구성				
木	火	土	金	水
2	3	2	·	1

이길동은 더운 기운에 해당되는 火기운(3개)와 木기운(2개)과 추운 기운에 해당되는 水기운(1개)로 구성되어 있고, 덥지도 춥지도 않은 土기운은 2개이다. 그러나 金기운(열매)은 없다. 金기운이 없다는 것은 식물에서는 거름이 없는 경우에 해당되므로 결실보기가 어렵고, 전체적으로 보면 火기운이 많아 무척 더운 사주가 되므로 음(陰), 양(陽)의 부조화로 인하여 건강이 좋지 않다. 지장간을 확인해 봐도 화(火)기운이 많다. 차후 뒤 장에서 구체적으로 설명하겠지만, 이길동의 경우 결혼 배필자로서 부인을 찾는다면 사주 구성에 없는 金과 水가 다소 많은 사람을 찾아서 결혼한다면 좋은 배필감이라 볼 수 있고, 아울러 이름을 지을 경우 金과 水의 기운이 다소 많은 오행으로 이름을 지어야 한다(※13장 자녀 이름 짓기 참조).

이길동의 건강과 신체적인 체형을 알아보자.

□ 이길동은 ①화, ④화, ⑤화는 ③목을 고립(孤立)시키고, ②목, ③목은 ①화를 고립시키며, ①화, ④화는 ②목을 고립시킨다. 또한 ⑥토와 ⑦토는 ⑧수를 고립시키고 있다. 따라서 이길동은 화(火)와 목(木) 그리고 수(水)가 고립(孤立)되는 관계로 화(火)에 해당되는 심장(心臟)과 목(木)에 해당되는 간장(肝臟) 그리고 수(水)에 해당되는 신장(腎臟)이 나쁘다는 것을 알 수 있다.

또한 이길동은 화(3개), 목(2개), 토(2개), 수(1개), 금(0개)로 구성되어 있는 관계로 금(金)이 없다. 이 경우 오행의 불균형으로 인하여 건강은 물론 하는 일 역시 잘 풀리지 않는 경우가 많다. 우선 금(金)이 없기 때문에 이길동은 결실보기가 어렵고 과소 오행인 금(金)은 폐(肺)를 나쁘게 하고, 과다 오행에 해당되는 화(火)는 심장(心臟)을 나쁘게 한다. 또한 강한 화(火)기운은 火生土가 되어 토(土) 기운을 강하게 만들기 때문에 土剋水가 되어 수(水)를 극(剋)하므로 수(水)에 해당되는 장기는 신장(腎臟)이므로 신장이 약하다.

□ 이길동은 화(火) 기운이 강하므로(3개) 살이 찔 수 없는 마른 형태의 신체이다. 이와

같이 사주 구성에서 양(陽)의 기운에 해당되는 火, 木이 많은 경우의 신체 구조는 마른 체형이고, 하체 보다 상체가 발달한 사람이며, 활동적인 사람이다. 만약 음(陰)의 기운에 해당되는 水, 金이 많은 사람의 신체 구조는 뚱뚱하고 살이 찐 체질이며 하체와 엉덩이가 굵은 사람이고 은행원과 같이 한곳에서 앉아서 돈을 만지는 직업이 합당하다. 토(土)는 양과 음의 중간으로 마르지도 혹은 살이찐 체질도 아니다.

요즘 공포의 질환으로 분류되는 암(癌)환자의 경우 이러한 오행들의 균형이 깨진 경우에서 발생하게 된다.

또한 사주 오행(五行) 중 목(木)은 혈관과 신경으로 보며, 금(金)과 토(土)는 혈관의 찌꺼기로 보며, 화(火)는 정신(精神)으로 본다.

참고로 중풍의 경우 사주 구성에서 목(木)과 금(金)의 불균형으로 보며, 우울증은 목(木)과 화(火)의 불균형으로 본다. 이러한 원리는 사주 해석에서 설명된 중풍과 우울증 질환을 참고해 주길 바란다.

지금까지 독자들은 자신의 사주(四柱) 구성을 통하여 건강을 판단하는 방법 모두를 알게 되었다. 특히 가장 악(惡)영향을 주는 것은 고립(孤立) 오행이고, 그 다음은 과다 혹은 과소 오행(五行)인데 이 경우 자신의 사주(四柱)를 보고 해당 장기(臟器)를 판단하는 습관이 중요하다.

자신의 사주에서 문제가 존재하는 장기(臟器)의 경우 평소 관리는 물론 병원(病院) 진로 활동을 통하여 건강한 삶을 당부하는 바이다.

그리고 자신의 사주 구성을 보고 치유(治癒)하는 방법은 고립(孤立)을 시키고 있는 오행(五行)이거나 과다 혹은 과소 오행을 찾아서 작명(作名), 방향(方向), 색상 등에서 이를 극(剋)하거나 혹은 생(生)하여 힘의 균형을 유지시켜 주어야 한다.

2. 신체 조건과 기(氣)로 본 건강 판단

자신의 신체적인 조건 즉 체형(體型)으로 건강을 판단하는 방법과 이에 따른 기(氣)의 흐름으로 건강을 판단하는 방법은 일찍이 한의학(韓醫學)은 물론 더 나아가서 사상의학(四象醫學)에 이러는 것으로 활용 배경이 광범위하다.

여기서는 이러한 배경을 바탕으로 자신의 체형 판단은 물론 차후 결혼에서의 부부 체형에서 본 자녀들의 건강을 판단해 보고, 체형에 따른 기(氣)의 흐름에서 본 건강을 판단해 보자. 가령 우리 주위에 보면, 대대손손 어떤 특정한 장기(臟器)가 나쁜 집안은 별도로 있게 마련이며, 암 등의 악성 종양 역시 가족력을 매우 중요시 여기는 경우가 여기에 있다. 이러한 궁금증은 사주에서 양(陽)에 너무 지나친 경우 이거나 혹은 음(陰)에 너무 지나친 경우에 많이 발생한다.

통상적으로 신체적 체형은 사상의학(四象醫學)에 의거해 보면, 태양인, 태음인, 소양인, 소음인으로 구분 된다. 이것을 정확하게 분류할 수 있는 방법은 체형(體型)의 형태로 확인할 수 있고, 음식 먹는 형태 그리고 오링 테스터 즉, 한손으로는 색깔있는 물체를 잡게 하고, 다른 손의 손가락 힘을 당겨서 확인 할 수 있다.

여기서 가장 많이 사용하는 오링 테스터의 경우 청색에서 가장 강한 힘을 발휘하면 간소 폐대의 태양인(간은 약하나, 폐기능은 좋다)이고, 백색에서 가장 강한 힘을 발휘하면 간대 폐소의 태음인(간은 강하나, 폐기능이 약하다)이고, 검정색에서 가장 강한 힘을 발휘하면 비대 신소의 소양인(비장은 강하나, 신장이 약하다)이고, 노랑색이나 붉은색에서 가장 강한 힘을 발휘하면 비소 신대의 소음인(비장은 약하나, 신장이 강하다)으로 판단한다. 이러한 기(氣)의 흐름으로 인하여 태양인은 청색계통의 옷이 가장 좋고, 태음인은 흰색, 소음인은 붉은색이나 노랑색 계통 그리고 소양인은 검정색에서 기의 흐름이 가장 활발하고 건강에 좋다. 독자들은 건강한 삶을 위하여 자신의 체질을 감별하고 옷을 선택할 때 자신에게 기(氣)가 활발하는 색상을 입어주면 더욱 건강한 생활을 할 수 있다. 독자들은 이러한 오링 테스터를 통하여 자신의 체질을 판단해보길 바란다.

남녀가 처음 만나서 이렇게 음, 양의 체질을 감별하기가 쉽지 않다.

부부의 건강은 자녀들에게 큰 영향을 미치게 된다. 이러한 이유로 가정의 행복은 물론 사랑스러운 자녀들에게 건강한 신체와 정신을 물려줄 필요가 있다. 남녀가 처음 만나서 가장 먼저 확인할 수 있는 것은 신체적인 외모인 것이다. 왜, 신체적인 외모가 중요 한가? 이것은 신체도 남녀간의 양(陽)과 음(陰)에 따른 조화가 잘 이루어 질 때 행복한 결혼생활이 되고 자녀들 역시 건강하기 때문이다.

하지만 상대방의 신체 외형만으로 쉽게 체질을 판단 할 수 있다. 그 방법은 아래와 같다.

구분	태양인(봄)	태음인(가을)	소음인(여름)	소양인(겨울)
	陽, 陽	陰, 陰	陽, 陰	陰, 陽
강한 장기	폐	간, 쓸개	신장, 방광	위, 비장
약한 장기	간, 쓸개	폐, 대장	위, 비장	신장, 방광
색상	청색	흰색	노랑색	검정색
특징	• 키가 크다. • 마른 체형이다. • 어깨가 넓다. • 식사량이 적다 • 엉덩이가 작다.	• 크고 뚱뚱한 체형이다. • 어깨가 좁다. • 엉덩이가 크다. • 땀을 많이 흘린다. • 식사량이 많다.	• 키가 다소 작다. • 마른 체형이다. • 엉덩이가 작다. • 식사량이 적다. • 배탈이 잘난다.	• 키가 다소 작다. • 살이 찐 체형이다. • 어깨가 좁다. • 엉덩이가 크다. • 식사량이 많다.

• 채식을 좋아한다. • 담력이 좋다. • 땀을 흘리면 피곤하다.	• 목소리가 크다. • 육식을 좋아한다. • 땀을 흘리면 가뿐하다. • 코가 크고 넓으며 코에 땀구멍이 크다.	• 균형 잡힌 몸매다. • 땀을 흘리면 피곤하다. • 추위를 싫어하고, 여름에도 더운물로 샤워를 한다	• 상체가 길고 하체가 짧다. • 아침에 일찍 일어난다. • 땀을 흘리면 가뿐하다.

태양인의 경우는 키가 크고 마른 체형이며 어깨가 넓고 채식을 좋아하며, 태음인은 식사량이 많고 땀을 많이 흘리며 코가 크고 코에 땀구멍이 크게 존재하고 살이 찐 체질이다. 아울러 육식을 좋아하고 어깨가 좁다. 코가 크고 뚱뚱한 체질이며 땀을 많이 흘린다면 틀림없이 태음인이다. 소음인은 마른 체형이며 식사량이 적고 땀을 흘리지 않으며 여름에도 더운물로 사위를 해야 한다. 마지막으로 소양인은 머리가 크며, 식사량이 많고 특히 어깨가 좁고 상체가 길고 하체가 짧은 사람이면 틀림없는 소양인이다. 이러한 외모에 따른 체형을 바탕으로 남녀간 결혼에 있어서 양(陽)체질과 음(陰)체질이 서로 만나야만 건강한 자녀들이 되지만, 동일 체질끼리 혹은 양(陽) 체질끼리 혹은 음(陰) 체질끼리 만나서 결혼을 하게 되면, 오행(五行)의 쏠림현상이 되어 건강은 그다지 좋지 않다.

예를 들면, 양체질인 태양인은 음체질의 태음인과 소양인이 좋고, 태음인은 태양인과 소음인이 좋으며, 소음인는 태음인과 소양인이 좋고, 소양인은 태양인과 소음인이 좋다. 그렇지 않고, 태음인이 태음인이나 혹은 같은 음체질인 소양인을 만나게 되면, 간장과 비장은 매우 강한 반면, 폐와 신장이 매우 약한 자손이 태어나므로 건강에 좋지 않다. 따라서, 독자들은 자신의 신체 조건에 맞는 상대방을 선택하는 것이 현명한 방법이다. 참고로 이들 사상체질(四象體質)에 맞는 음식이 있다.

아래 사항은 사상체질(四象體質)에서 주위에서 쉽게 구할 수 있는 것들을 고려하여 자신의 체질에 맞는 음식들을 소개하면 다음과 같다.

구분	체질에 맞는 음식
태양인	비타민C, 오가피, 부추 및 모든 줄기나 잎 채소류(미나리, 상추, 양배추, 오이, 열무, 배추 등), 바다 생선의 경우 머리가 작은 것(고등어, 꽁치, 복어 등), 새우, 낙지, 문어, 조개류, 민물고기는 잉어, 식초
태음인	비타민A, 오미자, 맥문동, 고구마, 녹용 및 모든 뿌리 채소류(우엉, 연근, 토란, 도라지 등), 바다 생선의 경우 머리가 큰 것(아귀, 명태 등), 소고기, 은행, 잣, 미역, 다시마, 민물고기는 장어
소음인	비타민B, 인삼, 참옻, 유근피, 생강, 당귀, 오렌지, 옥수수 및 모든 줄기나 잎 채소류(미나리, 상추, 양배추, 오이, 열무, 배추 등), 바다 생선의 경우 머리가 작은 것(고등어, 꽁치, 복어 등), 닭고기, 계란, 민물고기는 미꾸라지, 식초
소양인	비타민E, 산수유, 구기자, 팥, 밤 및 모든 뿌리 채소류(우엉, 연근, 토란, 도라지 등), 바다 생선의 경우 머리가 큰 것(아귀, 명태), 돼지고기, 민물고기는 붕어

또한 신체 장기 중 1~3월에는 간장(肝臟), 4~6월에는 심장(心臟), 7월에서 9월에는 폐

(肺), 10~12월에는 신장(腎臟), 3월, 6월, 9월, 12월에는 비장(脾臟)에서 기(氣)의 순환 운동이 가장 활발하게 작용되는 시기이므로 이때는 이들 장기를 보(補)하는 음식 섭취가 중요하다.

이때, 양(陽)체질에 해당되는 태양인이나 소음인의 경우 상체의 강한 기(氣)를 하체로 내려 주어야 하므로 줄기나 잎채소(※식물은 줄기나 잎채소 종류는 기를 내려주고, 뿌리 채소 종류는 기를 올려준다) 종류가 좋으며, 생선의 경우 머리가 작은 생선으로 분류되는 복어, 고등어, 꽁치 등이 좋다.(※생선은 아귀나 명태 등 머리가 큰 생선은 기를 올려주고, 꽁치, 고등어 등 머리가 작은 것은 기를 내려준다) 또한 태양인이나 소음인은 발산 기능이 강하기 때문에 살이 찔 수 없는 체질이다. 이때는 신맛과 단맛의 경우 끌어당기는 힘이 강하기 때문에 이들 체질은 신맛(식초, 키위 등)이나 단맛 종류의 음식을 먹게 되면 살을 찌게 하는 보약이 된다.

음(陰) 체질로 분류되는 태음인과 소양인의 경우 위와 반대로 하체에 강한 기(氣)를 상체로 올려 주어야 건강하므로 뿌리채소 종류가 좋고, 생선의 경우 머리가 큰 아귀나 명태 등을 먹게되면 기(氣)를 위로 올려주니 체질에 맞는 생선이 된다. 태음인과 소양인은 발산 기능이 약한 관계로 살이 찌고 뚱뚱한 체질로 형성되기 때문에 체중 조절에는 발산 능력이 좋은 매운 종류의 음식을 먹음으로써 살을 빼주는 역할을 하게 되기 때문에 체중 조절에 도움을 준다. 이러한 원리는 사주에 작용되는 기(氣)의 순환에서 기인한 것으로 양(陽) 체질인 태양인과 소음인은 상부에 강한 기(氣)의 작용이 강하게 작용되므로 봄이 되면 전리층의 기(氣)가 강하게 발산되어 봄을 심하게 타게 된다. 이와는 반대로 음(陰)체질로 분류되는 태음인과 소양인은 평소 하체에 강한 기(氣)가 작용되어 뚱뚱한 체질이므로 가을이면 전리층의 기(氣)가 내려오게 되어 하체에 기(氣)가 더욱 쏠리게 되므로 그리움과 외로움 그리고 쓸쓸함을 느끼게 되는 것이다.

이러한 우주(宇宙)와 신체(身體)의 순환(循環) 구조는 동일하며, 이것은 앞 절에서 조후(調侯) 순환(循環)에서 이미 소개된 것이다.

인체의 순환 기능은 낮의 길이가 길어지는 동지(冬至)에서 하지(夏至)까지는 따스한 양(陽)기운에 해당되는 목(木, 간장)과 화(火, 심장)기운이 왕성하고, 밤의 길이가 길어지는 하지(夏至)부터 동지(冬至)까지는 서늘하거나 추운 음(陰)의 기운에 해당되는 금(金, 폐)과 수(水, 신장)기운이 왕성하게 된다.

이들을 구체적으로 알아보면, 수(水, 腎臟, 10~12월)=>목(木, 肝臟, 1~3월)=>화(火, 心臟, 4~6월)=>토(土, 脾臟, 3월, 6월, 9월, 12월)=>금(金, 肺, 7~9월)=>수(水, 腎臟 10~12월)가 된다.

이것들과 신체(身體) 장기(臟器)를 보자. 목(木)은 간장(肝臟)으로 1, 2, 3월에 왕성하고,

화(火)는 심장(心臟)으로 4, 5, 6월에 왕성하며, 금(金)은 폐(肺)로 7, 8, 9월에 그리고 수(水)는 신장(申檣)으로 10, 11, 12월에 왕성하게 된다.

이들을 좀더 쉽게 설명하면, 1월의 날씨는 매서운 영하 날씨이지만, 목(木)기운의 왕생으로 인하여 고로쇠 수액은 절정에 이르고, 태양의 화(火)기운은 6월 하지(夏至)이면 성장이 끝난 것이며, 6월 하순부터는 金剋木이 되어, 금(金)기운은 목(木)기운을 더 이상 키우지 않고, 열매를 맺게 한다. 이후 가을부터는 수(水)기운이 화(火)기운을 水剋火로 극(剋)하여 서늘함을 느끼며 다음 연도에 목(木)기운을 태동시킬 때 필요한 수(水)를 확보해 놓는다.

개절의 변화에 따른 신체 장기(臟器)를 알아보자.

봄이 시작되는 입춘(立春)은 태양의 각도가 315°이며 2월 3일~2월 4일이지만 이미 1달 전인 1월부터 봄은 이미와 있기 때문에 우리 몸은 목(木)기운에 해당되는 간장(肝臟)이 가장 활발한 운동을 하므로 간장에 필요한 에너지를 보충해 주어야 한다. 실례로 고로쇠 나무 수액 체취는 1월 말부터 2월 초에 수액이 가장 많이 배출된다. 그 이유는 1월부터는 이미 신장(腎臟)의 수(水) 기능에서 나무 싹에 해당되는 목(木)기운으로 이동하는 시기 이므로 이때는 간장(肝臟)기능이 가장 왕성하게 작용되는 것이다.

다음은 4~6월을 보자, 이때는 태양 화(火)의 계절이다.

인체로 보면 심장(心臟)이 가장 활발한 작용이 이루어 진다. 특히 이 시기의 산나물 대부분은 약간 쓴맛이 있는데 이것은 심장을 강화시키기 위한 것이다.

1~3월의 새싹과 줄기는 4~6월의 태양 화(火)기운으로 더욱 성장하게 된다.

이러한 섭리를 모르는 사람은 4~6월에 새싹이 가장 많이 싹이 트고 솟아 나오니 이때가 목(木)기운이 왕성한 시기로 판단하나, 이때는 목(木)기운이 아니라 심장(心腸)의 화(火) 기운이 가장 왕성한 시기이다.

식물의 성장이 절정에 이르는 6월의 하지(夏至) 부터는 이미 서늘한 기운이 태동되므로 금(金, 폐)기운과 수(水, 신장)기운이 왕성하게 된다.

즉, 하지(夏至) 이후에는 금(金)기운에 해당되는 폐(肺)의 계절로 폐기능이 활발해지며, 나무는 금극목(金剋木)이 작용되어 금(金)은 나무 목(木)을 극(剋) 하는(이기므로)는 더 이상 성장은 멈추고 열매를 맺는 것이다.

이후 9월과 10월부터는 신장(腎臟)에 해당되는 수(水)의 계절로 수극화(水剋火)가 되어 태양의 화(火)기운을 몰아내고, 물(水)을 저장하여 다음해의 목(木)기운을 태동시키게 된다.

이제, 계절의 순환 작용에 따른 신체 장기에 필요한 대표적인 음식들을 소개하면 다음과 같다. 1~3월에는 간장(肝臟) 기능이 가장 활발하므로 간장을 보하는 신맛에 해당되는 비타민C(고용량), 엉겅퀴, 노니, 부추, 오가피, 미나리 등이 좋고, 4~6월에는 화(火)기운이 왕성하므로 쓴맛과 떫은맛으로 심장(心臟)을 보하는 씀바귀와 민들레, 카카오닙스, 삶은 토마토(환), 수수가 좋고, 6월 하지(夏至)이후 부터 9월까지는 폐(肺)기능을 보하는 금(金)기운을 먹어야 하는데 이때는 도라지, 더덕, 배, 미꾸라지탕, 은행식초가 좋은데, 이때 태음인과 소양인은 양(+)을 보해주는 도라지가 좋고, 태양인과 소음인은 음(-)을 보하는 더덕이나 배가 좋다. 10~12월에는 수(水)기능 즉 신장(腎臟)을 보하는 짠맛 종류나 혹은 구기자, 새우, 산수유가 좋다. 그리고 3월, 6월, 9월, 12월에는 위, 비장의 계절로 이때는 단맛이나, 창출(蒼朮), 유근피, 인삼, 옻, 생강 등이 좋다. 특히 무더운 여름에는 팥도 좋다.

비타민C(아스코르빈산)는 원숭이 종류에 속하는 오랑우탄과 인간(人間)은 반드시 외부로부터 공급해 주어야 되는 대표적인 영양소이다. 이는 서울대 의대 이왕재 교수의 건강론으로 입증된 것이며 그는 1일 6,000mg의 고용량 비타민c 요법 즉 메가도스법을 30년 이상 시행해온 비타민C의 실천가이기도 하다.

또한 비타민C는 2017년 미국 과학전문지 '사이언스 데일리(science daily)'는 영국 마이클 리산티 박사 연구팀의 연구 결과 비타민C가 암 재발과 암 전이의 원인인 줄기세포를 죽일 수 있는 물질이라고 발표하였다

아울러, 무더운 여름엔 땀으로 인한 젖산 생성이 왕성하므로 이때는 젖산으로 인한 피로를 없애주는 구연산이 좋다.

특히, 독자들이 알아야 될 사항으로 대자연의 순환과 신체 장기의 흐름은 동일하나, 이들은 약 3개월 이상 앞서 이미 환경 적응을 준비하고 있다는 사실이다.

예를 들어보자, 원래 심장(心臟)에 해당되는 화(火)기운은 4, 5, 6월인데 4월 초가 되면 7, 8, 9월에 해당되는 폐(肺)의 금(金)기운의 앵두 열매가 맺기 시작하기 때문에 이미 금(金)기운이 태동하기 시작하고, 6월말이면 앵두나 보리수 열매는 익어 떨어지게 되므로 금(金)기운 다음의 수(水)기운이 태동을 하고, 또한 8월말이면 30도의 열대야가 지속되지만 다음해에 필 목(木)기운의 목련 새싹은 이미 큰 모양새를 하고 있다. 따라서, 대자연의 순환과 신체 장기는 원래 봄(1, 2, 3월)이면 목(木)기운, 여름(4, 5, 6월)의 화(火)기운, 가을(7, 8, 9월)의 금(金)기운, 겨울(10, 11, 12월)의 수(水)기운으로 진행되나, 대자연과 신체 장기는 약 3개월 전부터 이미 태동을 시작하고 있기 때문에, 해당 장기를 보하는 오행 건강법 역시 3개월전부터 적용해 주어야만 된다.

예를 들면 4월 초부터는 원래 화(火)기운의 씀바귀, 삶은 토마토(환), 민들레인데 3개월 후에 적용되는 금(金)기운의 도라지 혹은 더덕으로 건강을 챙겨 주어야 한다.

따라서, 계절별 신체 장기 변화에 따른 맞춤식 오행(五行) 건강법을 제시하면 아래와 같

다(※참고, 여기 소개된 건강 식품들은 오행(五行)과 사상체질에서 이미 구분된 것들이다).

구분		가장 왕성한 신체 장기	장기(臟器)에 필요한 4계절 건강 챙기기
봄 (木)	1월	간장(肝腸)	비타민B-C, D, 엉겅퀴(木), 카카오닙스, 삶은 토마토(火)
	2월	간장(肝腸)	비타민B-C, D(木), 씀바귀, 민들레, 카카오닙스, 삶은 토마토(환)
	3월	간장(肝腸), 비장(脾臟)	비타민B-C, D(木), 씀바귀, 민들레, 삶은 토마토(환), 카카오닙스(火), 유근피(土)
여름 (火)	4월	심장(心臟)	씀바귀, 민들레(火), 도라지, 더덕(金)
	5월	심장(心臟)	씀바귀, 민들레(火), 도라지, 더덕, 미꾸라지탕(金)
	6월	심장(心臟),비장(脾臟)	도라지, 더덕, 미꾸라지탕(金), 유근피(土), 구연산
가을 (金)	7월	폐(肺)	도라지, 더덕, 미꾸라지탕(金), 새우(水), 구연산
	8월	폐(肺)	도라지, 더덕(金), 새우, 구기자(水), 엉겅퀴, 비타민B-C(木)
	9월	폐(肺), 비장(脾臟)	새우, 구기자(水), 엉겅퀴, 비타민B-C(木) 유근피(土)
겨울 (水)	10월	신장(腎臟)	새우, 구기자(水), 엉겅퀴, 비타민B-C(木), D(木),
	11월	신장(腎臟)	구기자(水), 노니, 엉겅퀴, 비타민B-C(木), D(木),
	12월	신장(腎臟), 비장(脾臟)	구기자(水), 노니, 엉겅퀴, 비타민B-C(木), D(木),

(※비타민D는 지용성이라 1일 권장량 400IU 정도를 초과하지 말 것, 고칼슘혈증으로 설사, 식욕부진 발생)

독자들은 이러한 계절 변화에 따른 신체 장기에 필요한 오행 건강법을 실천하고, 무병장수(無病長壽)하길 바란다. 이러한 인체(人體)의 순환해석은 오로지 사주 명리학(命理學)으로 해법을 찾을 수 있고, 사주 명리학을 공부하지 않는 사람은 이러한 건강 이치(理致)를 알 수 없다. 이것은 앞 절 조후(調侯) 순환(循環)에서 증명된 것이다.

이제 마지막으로 반지 착용에 따른 손가락에 작용되는 기(氣)의 흐름을 알아보자.

하나 분명한 것은 값비싼 반지라고 해서 무조건 자신의 몸에 맞는다는 것은 크게 잘못된 것이며, 아울러 값 싼 반지라고 해서 나쁜 반지라는 인식 역시 버려야 한다.

반지 착용은 반드시 자신의 체질에 맞는 색상을 착용해야만 건강을 지킬 수 있는 것이지 그렇지 않는 반지 착용은 자신의 기운(氣運)을 빠지게(설기) 함으로 결국 중병(重病)을 유발시키는 원흉이기도 하다. 우리 주위에 보면 자신의 체질과 무관하여 반지 착용하는 경우를 종종 발견할 수 있는데 이것은 건강(健康)을 크게 해치는 지름길이다.

독자들은 아래에 제시된 손가락에 작용되는 기(氣)의 흐름에 맞게 반지 착용법을 알고 실천함으로써 자신의 건강은 물론 장수의 첫걸음을 실천하기 바란다.

구분	기(氣) 작용	반지 착용법
태양인 (청색, 간)	엄지 손가락(肝臟)	금반지는 엄지 손가락에 착용하고, 은반지 혹은 흰색 반지는 반지 손가락에 착용한다.
소음인 (적색, 비장)	가운데 손가락(胃)	금반지는 가운데 손가락에 착용하고, 은반지 혹은 흰색 반지는 새끼 손가락에 착용한다.
태음인 (흰식, 폐)	반지 손가락(肺)	금반지는 반지 손가락에 착용하고, 은반지 혹은 흰색 반지는 엄지 손가락에 착용한다.
소양인	새끼	금반지는 새끼 손가락에 착용하고, 은반지 혹은 흰색

| (검정색, 신장) | 손가락(腎臟) | 반지는 가운데 손가락에 착용한다. |

위의 내용을 설명해 보자.

자신의 체질이 태음인이라면 폐기능이 약(弱)하다. 따라서 이때는 금반지로 폐기능을 향상시켜 주어야 한다. 폐기능은 반지 손가락이므로 태음인은 반지 손가락에 금반지를 착용해야만 건강할 수 있다. 하지만 반지 손가락(肺)에 폐기능을 약하게 만드는 흰색 종류에 해당되는 은반지나 값이 비싼 사파이어 반지를 착용하게 되면 폐기능이 약하게 되어 몸에 기(氣)의 순환이 차단되기 때문에 중병(重病)이 찾아온다. 만약 소음인이라면 위, 비장 기능은 약(弱)하고, 신장(腎臟)기능은 강(强)하다. 이때는 약한 위, 비장 기능을 강하게 만들어 주는 금반지를 가운데손가락에 착용하거나 혹은 강한 신장의 기운을 약하게 만들어 주는 은반지나 혹은 사파이어 반지를 새끼손가락에 착용하여 기(氣)의 흐름을 균형있게 맞추어 주면 된다.

이렇게 자신의 체질을 알고 금반지(기를 보한다)든지 아니면 은반지 혹은 사파이어 반지(기를 사한다)든지 자신의 체질에 맞는 것을 선택하고 착용해야만 기(氣)의 작용을 원활하게 유지시킬 수가 있기 때문에 건강(健康)은 물론 장수(長壽)할 수 있다. 다른 태양인과 소양인의 체질도 위에서 제시된 금반지와 기타 흰색 종류의 반지 착용법은 동일하다. 이러한 기(氣)의 흐름은 오링 테스트를 통해서도 금방 알 수 있다.

즉, 태음인의 경우 반지 손가락(肺)에 기(氣)를 보(補)하는 금반지를 착용하면 손가락 힘이 더욱 강해지고 활력이 넘치게 되며, 반대로 흰색 종류인 은반지나 값이 비싼 사파이어 종류를 반지 손가락에 착용하게 되면 기(氣)의 흐름이 차단되어 힘이 소멸되어 건강에 나쁘다. 또한 태음인과 소양인의 경우 위장 기능이 너무 강(强)하게 왕성하므로 위장 기능에 흐르는 기(氣)의 흐름을 차단시켜 주어야 하므로 이때는 위(胃)를 주관하는 가운데 손가락에 은반지나 사파이어 종류 반지를 착용하여 왕성한 기(氣)의 흐름을 차단시켜 주거나 혹은 약한 폐(肺)기능과 신장(腎臟) 기능을 향상시켜 줄 수 있는 금반지를 반지 손가락이나 새끼손가락에 착용해야만 활력은 물론 과도한 식사량을 줄일 수 있게 되어 장수(長壽)의 기본이 된다. 그 외 태양인과 소양인 등 다른 체질은 위에서 제시된 체질별 인체(人體) 손가락에 작용되는 기(氣)의 흐름 내용을 토대로 반지 착용을 실천하면 된다.

독자들은 오행(五行)의 순환 작용에 따른 인체 기(氣)의 흐름을 알고 실천한다면 더욱 건강(健康)하고 장수(長壽)할 수 있는 발판이 된다.

3. 태원사주(胎元四柱)로 본 건강(健康) 판단

태원사주(胎元四柱)란? 인간이 첫 울음 터트리고 이 세상에 태어나기 전 부모의 정자와 난자가 결합되었던 년, 월, 일, 시의 사주를 말하는데, 태원사주의 핵심 의미는 일반 사주풀이에서 알 수 없는 자신의 수명(壽命)은 물론 선천적(先天的)인 질병으로 분류되는 선천적 불구자, 우울증, 신기(神氣) 등을 구체적으로 알 수 있는 방법이기 때문이다. 앞에서 소개된 사상의학(四象醫學)에서는 보통 사람의 체질을 태양인, 소음인, 태음인, 소양인의 4개 체질로 분류되나, 태원사주에서는 더욱 세분화하여 24체질로 구분할 수 있다.

이러한 이유 때문에 역학(易學)에서 태원사주는 중요한 의미가 있다. 이것은 한의학(韓醫學)에서 병(病)을 치유하는 방법으로 오운육기(五運六氣)를 적용하여 신체 장기의 건강 상태를 알아보는 열쇠이기도 하다. 오운육기(五運六氣)란? 인간의 정신(精神)과 육신(六身)의 구성은 하늘의 천기(天氣)와 땅의 지기(地氣)를 바탕으로 오대양(五大洋)에 해당되는 오장(간장, 심장, 폐장, 신장, 비장)과 육대주(六大洲)에 해당되는 육부(대장, 소장, 위, 쓸개, 방광, 삼초)를 오운육기라고 한다.

여기서는 독자들에게 태원사주를 쉽게 적용하고 이해시키기 위하여 지금까지 활용되어 온 양력으로 1986년 6월 11일 22:50 출생된 이길동의 사주를 바탕으로 잉태(孕胎)부터 출산(出産)까지의 기간 즉 복중일수(腹中日數)로 수명(壽命)과 건강(健康)을 판단해 보고, 이어서 오장(五臟)과 육부(六腑) 그리고 사상체질(四象體質)에 대하여 보기를 들어 쉽게 설명했으므로 이해하고 활용하는데 어려움이 없도록 하였다.

독자들은 이러한 태원사주를 활용하여 자신은 물론 상대방의 선천적(先天的)인 질환을 찾아서 보완해 준다면 더욱 건강한 삶을 누려보는데 의미가 있다.

(1) 태원사주(胎元四柱)를 찾자.

태원사주(胎元四柱)를 찾고, 구성하기 위해서는 우선 실제 출생된 사주를 알아야 한다. 양력으로 1986년 6월 11일 22:50 출생된 이길동의 사주를 보자.

구분	천간	지지
년주(年柱)	丙	寅
월주(月柱)	甲	午
일주(日柱)	丙	戌
시주(時柱)	己	亥

출생 사주를 바탕으로 부모의 최초 잉태(孕胎)의 합(合)이 되었던 날을 알기 위해서 사주의 일주(日柱)의 일간(日干)은 천간합으로, 일지(日支)는 지지합으로 구성시켜서 확인한다. 천간과 지지합이 바로 최초 정자와 난자가 만난 이길동의 잉태 날이 된다. 즉, 이길동 사주의 일주(日柱)는 丙과 戌이다. 일간 병(丙)을 천간합으로 구성시키면 丙辛합이

되고, 일지 술(戌)을 지지합으로 구성시키면 卯戌合이 된다.

丙辛과 卯戌을 60갑자로 짝을 지으면 병술(丙戌)일과 신묘(辛卯)일이 된다.

丙戌일과 辛卯일 둘 중에 하나를 선택해야 하는데, 이때는 사람의 입태(入胎)일은 280일을 기준으로 찾아낸다.

그 방법은 사람은 최초 잉태후 약 280일을 전 후하여 출생되므로 이날을 기준으로 역(逆)으로 계산하여 추적한다.

이길동을 보자, 이길동이가 실질적으로 태어난 시기는 양력으로 1986년 6월 11일 이므로 역(逆)으로 280일을 만세력(萬歲曆)을 이용하여 찾아보면, 양력 1985년(乙丑年) 9월(甲申月) 5일 즉 정미일(丁未日)이 된다.

그러나 년월일이 결정되었지만 태원사주에서는 일(日)과 시(時)는 다시 세분화시켜야만 완성된다. 즉 9월 5일의 정미(丁未)일을 기준으로 전, 후해서 본래 천간합에서 찾아낸 병술(丙戌)과 신묘(辛卯) 일 중 가장 가까운 날을 찾는다. 찾아보면 10월 14일에 존재하는 병술(丙戌)일은 18일 차이이고, 8월 20일에 존재하는 신묘(辛卯)일은 16일 차이가 난다. 기준일 보다 가깝게 존재하는 것이 일주(日柱)가 되므로, 신묘(辛卯)일은 병술(丙戌)일 보다 2일 더 가깝게 존재하기 때문에 일주(日柱)는 신묘일(辛卯日)이 된다. 따라서 이날이 바로 이길동이가 부모로부터 최초 정자와 난자가 만나서 잉태(孕胎) 되었던 날이기도 하다. 이제 마지막으로 태원사주(胎元四柱)의 시주(時柱) 즉 부모부터 잉태(孕胎)되었던 시간을 알아보자.

이것을 알기 위해서는 이길동의 태어난 사주의 시지(時支)가 해시(亥時)이므로 해(亥)와 구성되는 지지합으로 판단한다. 해(亥)는 寅亥合이 되므로 인시(寅時)가 된다. 이는 이길동 부모로부터 잉태(孕胎)된 시간은 寅時(03시 30분~05시 29분)에 이루어졌다는 것을 알 수 있다.

이제 사주 세우기의 <시간조건표>를 이용하여 시주(時柱)를 확인하면 된다.

태원사주에서 일간(日干) 병(丙)이고, 태어난 시간이 인시(寅時)이므로 이길동의 시주(時柱)는 경인(庚寅)이 된다.

따라서, 이길동의 태원사주(胎元四柱) 사주를 최종 구성하면 아래와 같다.

구분	천간	지지	오행	
년주(年柱)	乙	丑	목	토
월주(月柱)	甲	申	목	①금
일주(日柱)	辛	卯	②금	ⓐ목
시주(時柱)	庚	寅	③금	ⓑ목

이것을 추적해서 태원사주(胎元四柱)의 생년월일시를 확인해 보면 이길동은 양력 1985년 8월 20일 인시(寅時)에 부모(父母)로부터 최초 잉태(孕胎)된 시간임을 알 수 있다.

이렇게하여 양력으로 1986년 6월 11일 22:50 출생된 이길동의 태원사주(胎元四柱)를 완료하였다. 우선 이길동의 태원사주(胎元四柱)에서 건강을 판단해 보면, 목(木)과 금(金)이 강(強)하게 구성되어 있고, 수(水)와 화(火)는 없다. 건강 척도 판단은 고립(孤立)된 것이나 혹은 강(強)하거나 혹은 없는 오행(五行)에서 문제가 발생된다. 따라서 ⓐ, ⓑ 목(木)은 ①, ②, ③의 금(金)에 의해 고립(孤立)되어 있기 때문에 목(木) 기운의 간장(肝腸)이 약(弱)하고, 강(強)한 목(木)과 금(金)은 간장(肝臟)과 폐(肺)에 해당되므로 이들 장기가 약(弱)하고, 없는 오행은 수(水)와 화(火) 이므로 수(水)에 해당되는 신장(腎臟)과 화(火)에 해당되는 심장(心臟) 기능 역시 나쁘다는 것을 알 수 있다. 더 상세한 내용들은 전체 사주를 통변(通辯) 즉 해석해 보면 알 수 있는데, 독자들은 지금까지 학습된 사주 통변 즉 해석(解析) 능력으로 이길동의 태원 사주를 충분히 판독할 수 있는 능력이 있으므로 일단 여기서는 생략한다. 그러나 자신은 물론 다른 사람들의 태원사주를 바탕으로 지금까지 배우고 학습된 오행(五行)들의 작용과 용신(用神), 격국(格局), 통근(通根), 육친(六親)의 상호 작용 등을 바탕으로 길흉성(吉凶星)을 확인해 보면 세상에 태어나기전 소아마비, 불구자, 신기(神氣) 등의 선천적(先天的)인 질병(疾病)은 물론 사주(四柱)에서 알 수 없었던 자신의 길흉(吉凶)과 수명(壽命) 등을 예측 할 수 있어 사주학의 신비스러운 결과를 모두 알 수 있다.

(2) 수명(壽命)을 판단하자.

수명(壽命)을 판단하는 방법으로 복중일수(腹中日數) 즉 최초 잉태에서 출산까지의 기간으로 판단하는데 이것은 건강을 판단하는 척도가 된다.

- 장수자(長壽子) : 복중일수가 286일 이상
- 중간 장수자(長壽子) : 복중일수가 266일, 276일
- 단명자(短命子) : 256일, 246일

이길동의 복중일수(腹中日數)을 계산해 보자.

실질적으로 태어난 1986년 6월 11일(丙戌)과 부모의 최초 잉태일 1985년 8월 20일(申卯)과의 기간을 만세력(萬歲曆)에서 확인해 보면 296일이 된다. 따라서 이길동은 장수자(長壽子)에 해당된다. 하지만 이것으로 판단하기란 아직 이르다. 이어서 설명될 오운육기(五運六氣)를 통하여 오장(五臟)과 육부(六腑)의 관계를 확인하고 적용해야만 구체적으로 알 수 있다.

이제 오운육기(五運六氣)에 따른 오장(간장, 심장, 폐장, 신장, 비장)과 육부(대장, 소장, 위, 쓸개, 방광, 삼초)의 관계를 통하여 신체 구조와 질병을 알아보자.

(3)오장(五臟) 건강(健康)을 확인하자.

오장(五臟)의 건강(健康)을 확인하는 방법은 태원사주(胎元四柱)의 일주(日柱)가 속해있는 해당 절기(節氣)로 판정하는데 판단 기준은 아래와 같이 천기오운 정수(天氣五運 定數)로 결정한다.

> • 일운(一運) : 대한(大寒)부터 丁壬化木가 시작되어 ~ 청명(淸明)전 4일까지
> • 이운(二運) : 청명(淸明)전 3일부터 戊癸化火가 시작되어 ~ 망종(亡種) 후 2일까지
> • 삼운(三運) : 망종(亡種) 후 3일부터 甲己化土가 시작되어 ~ 입추(立秋) 후 5일까지
> • 사운(四運) : 입추(立秋) 후 6일부터 乙庚化金가 시작되어 ~ 입동(立冬) 후 8일까지
> • 오운(五運) : 입동(立冬) 후 9일부터 丙辛化水가 시작되어 ~ 대한(大寒) 전일까지

이길동의 태원사주(胎元四柱)의 일주(日柱)는 양력으로 1985년 8월 20일 즉 신묘(辛卯)일 이므로 만세력(萬歲曆)에서 확인해 보면 신묘(辛卯) 일은 '입추(立秋) 후 6일부터 乙庚化金가 시작되어 ~ 입동(立冬) 후 8일까지'에 해당되므로 사운(四運)이다.

이렇게 이길동은 천기오운 정수(天氣五運 定數)가 사운(四運)이 됨을 알았으면 이제 이길동의 오장(五臟)을 확인해 보자.

이것은 태원사주의 년간(年干)을 바탕으로 천기오운 정수(天氣五運 定數) 만큼 4회 상생(相生) 작용으로 결정한다.

즉, 이길동은 년간(年干)이 을(乙)이고 乙은 목(木)이므로 최초 목(木)을 기준으로 4회 상생(相生)하면, 木(1회), 木生火(2회), 火生土(3회), 土生金(4회) 따라서 마지막 4회가 되는 오행은 金이므로 이길동의 오장(五臟)은 금(金)이 된다.

(4) 육부(六腑) 건강(健康)을 확인하자.

육부(六腑)의 건강(健康)을 알기 위해서는 태원사주(胎元四柱) 일주(日柱)가 속해 있는 절기(節氣)와 년지(年支)를 통하여 오운육기(五運六氣) 기준표(**※출처 : 김갑진, 실전 사주비결, 보고사**)를 참고하여 24체질을 판단한다.

태원사주 년지(年支)	오운육기(五運六氣) 기준표		
丑/未年	·일기(一氣) : 대한(大寒)부터 =>	궐음풍목(厥陰風木)/궐음풍목(厥陰風木) =>	소양인(少陽人)
	·이기(二氣) : 춘분(春分)부터 =>	소음군화(小陰君火)/소음군화(小陰君火) =>	소음인(少陰人)
	·삼기(三氣) : 소만(小滿)부터 =>	태음습토(太陰濕土)/소양상화(小陽相火) =>	태음인(太陰人)
	·사기(四氣) : 대서(大暑)부터 =>	소양상화(小陽相火)/태음습토(太陰濕土) =>	소양인(少陽人)
	·오기(五氣) : 추분(秋分)부터 =>	양명조금(陽明燥金)/양명조금(陽明燥金) =>	소양인(少陽人)
	·육기(六氣) : 소설(小雪)부터 =>	태양한수(太陽寒水)/태양한수(太陽寒水) =>	태양인(太陽人)
亥/巳年	·일기(一氣) : 대한(大寒)부터 =>	양명조금(陽明燥金)/궐음풍목(厥陰風木) =>	소양인(少陽人)
	·이기(二氣) : 춘분(春分)부터 =>	태양한수(太陽寒水)/소음군화(小陰君火) =>	태양인(太陽人)
	·삼기(三氣) : 소만(小滿)부터 =>	궐음풍목(厥陰風木)/소양상화(小陽相火) =>	소양인(少陽人)
	·사기(四氣) : 대서(大暑)부터 =>	소음군화(小陰君火)/태음습토(太陰濕土) =>	소음인(少陰人)

	·오기(五氣) : 추분(秋分)부터 => 태음습토(太陰濕土)/양명조금(陽明燥金) => 태음인(太陰人)	
	·육기(六氣) : 소설(小雪)부터 => 소양상화(小陽相火)/태양한수(太陽寒水) => 소양인(少陽人)	
甲/寅年	·일기(一氣) : 대한(大寒)부터 => 소음군화(小陰君火)/궐음풍목(厥陰風木) => 소양인(少陽人)	
	·이기(二氣) : 춘분(春分)부터 => 태음습토(太陰濕土)/소음군화(小陰君火) => 태음인(太陰人)	
	·삼기(三氣) : 소만(小滿)부터 => 소양상화(小陽相火)/소양상화(小陽相火) => 소양인(少陽人)	
	·사기(四氣) : 대서(大暑)부터 => 양명조금(陽明燥金)/태음습토(太陰濕土) => 소양인(少陽人)	
	·오기(五氣) : 추분(秋分)부터 => 태양한수(太陽寒水)/양명조금(陽明燥金) => 태양인(太陽人)	
	·육기(六氣) : 소설(小雪)부터 => 궐음풍목(厥陰風木)/태양한수(太陽寒水) => 소음인(少陰人)	
戊/辰年	·일기(一氣) : 대한(大寒)부터 => 소양상화(小陽相火)/궐음풍목(厥陰風木) => 소양인(少陽人)	
	·이기(二氣) : 춘분(春分)부터 => 양명조금(陽明燥金)/소음군화(小陰君火) => 소음인(少陰人)	
	·삼기(三氣) : 소만(小滿)부터 => 태양한수(太陽寒水)/소양상화(小陽相火) => 태양인(太陽人)	
	·사기(四氣) : 대서(大暑)부터 => 궐음풍목(厥陰風木)/태음습토(太陰濕土) => 소음인(少陰人)	
	·오기(五氣) : 추분(秋分)부터 => 소음군화(小陰君火)/양명조금(陽明燥金) => 소음인(少陰人)	
	·육기(六氣) : 소설(小雪)부터 => 태음습토(太陰濕土)/태양한수(太陽寒水) => 태음인(太陰人)	
子/午年	·일기(一氣) : 대한(大寒)부터 => 태양한수(太陽寒水)/궐음풍목(厥陰風木) => 태양인(太陽人)	
	·이기(二氣) : 춘분(春分)부터 => 궐음풍목(厥陰風木)/소음군화(小陰君火) => 소음인(少陰人)	
	·삼기(三氣) : 소만(小滿)부터 => 소음군화(小陰君火)/소양상화(小陽相火) => 소음인(少陰人)	
	·사기(四氣) : 대서(大暑)부터 => 태음습토(太陰濕土)/태음습토(太陰濕土) => 태음인(太陰人)	
	·오기(五氣) : 추분(秋分)부터 => 소양상화(小陽相火)/양명조금(陽明燥金) => 소양인(少陽人)	
	·육기(六氣) : 소설(小雪)부터 => 양명조금(陽明燥金)/태양한수(太陽寒水) => 소양인(少陽人)	
酉/卯年	·일기(一氣) : 대한(大寒)부터 => 태음습토(太陰濕土)/궐음풍목(厥陰風木) => 태음인(太陰人)	
	·이기(二氣) : 춘분(春分)부터 => 소양상화(小陽相火)/소음군화(小陰君火) => 소양인(少陽人)	
	·삼기(三氣) : 소만(小滿)부터 => 양명조금(陽明燥金)/소양상화(小陽相火) => 소양인(少陽人)	
	·사기(四氣) : 대서(大暑)부터 => 태양한수(太陽寒水)/태음습토(太陰濕土) => 태양인(太陽人)	
	·오기(五氣) : 추분(秋分)부터 => 궐음풍목(厥陰風木)/양명조금(陽明燥金) => 소음인(少陰人)	
	·육기(六氣) : 소설(小雪)부터 => 소음군화(小陰君火)/태양한수(太陽寒水) => 소음인(少陰人)	

이제, 이길동의 육부(六腑)를 오운육기(五運六氣) 기준표를 보고 판단해 보자.

태원사주 년지(年支)는 축(丑)이므로 위의 오운육기(五運六氣) 기준표에서 축미년(丑未年)에 해당되고 이어서 일주(日柱)를 기준으로 해당 절기(節氣)를 활용하면 된다.

이길동의 해당 절기(節氣)를 찾아보자. 태원사주의 잉태날은 1985년 8월 20일 즉 신묘(辛卯)일 이므로 만세력(萬歲曆)에서 확인해 보면 신묘(辛卯) 일은 丑/未年의 '대서(大暑) 절기'에 해당되므로 축미년(丑未年)의 '사기(四氣)' 즉 '대서(大暑)부터 => 소양상화(小陽相火)/태음습토(太陰濕土) => 소양인(少陽人)'에 해당된다.

따라서, 이길동의 육부(六腑) 판단은 첫 번째 오운육기의 오행을 적용하므로 소양상화(小陽相火)에서 화(火)를 선택 적용하므로, 이길동의 육부(六腑)는 화(火)라는 뜻이며 체질은 소양인(少陽人)이다.

즉 이길동은 위(胃)를 포함한 비장은 강(强)하지만, 배뇨 생식을 담당하는 신장(腎臟)과 방광(膀胱)기능은 선천적으로 약(弱)하다는 것을 알 수 있다.

통상적인 사상의학(四象醫學)에서 사람의 체질 판단은 태양인, 소음인, 태음인, 소양인의 총 4개 체질로 분류되나, 오운육기(五運六氣)의 기준표를 활용하면 태양인, 소음인, 태음인, 소양인을 다시 음(陰)과 양(陽)으로 세분화되고, 이는 다시 6개 체질로 분류해 보면 총 24개 체질로 판단할 수 할 수 있다.

예를 들면 태음인(太陰人)의 경우 일상적인 방법으로는 열태음과 한태음의 2가지로 구분하나 여기서는 6가지의 태음인으로 분류되어 자신에 해당되는 장기(臟器)의 기능을 구체적으로 알 수 있기 때문에 같은 태음인이라도 더욱 정확한 신체 기능의 강약(強弱)을 판단할 수 있다. 따라서 독자들은 자신의 체질에서 강(強)하고 약(弱)한 신체 장기를 구체적으로 확인하고 이에 따른 건강을 보완하고 유지한다면 틀림없이 장수(長壽)를 누릴 것이다.

이제 오장(五臟)과 육부(六腑) 즉 오운육기(五運六氣)에 오행(五行)을 적용하여 건강(健康)을 판단해보자.

오운육기의 오행(五行) 적용법은 일반 사주 오행(五行) 방법과 다르다.

이때는 오운육기(五運六氣)의 천간(天干) 오행과 지지(地支) 오행을 적용한다.

<<오운육기(五運六氣)의 천간(天干) 오행>>

천간(天干)	오행	水	木	火	土	金
오행	천간	丙·辛	丁·壬	戊·癸	甲·己	乙·庚

<<오운육기(五運六氣)의 지지(地支) 오행>>

지지(地支)	오행	小陽君火	陽明燥金	太陰濕土	太陽寒水	小陽相火	厥陰風木
오행	지지	子·午	卯·酉	丑·未	辰·戌	寅·申	巳·亥

이러한 오운육기 천간과 지지에 해당되는 오행(五行)을 바탕으로 이길동의 태원사주에서 오운육기 오행(五行)을 적용해 보면 아래와 같다.

구분	천간	지지	오운육기 오행	
년주(年柱)	乙	丑	ⓐ金(금)	②土(토)
월주(月柱)	甲	申	①土(토)	火(화)
일주(日柱)	辛	卯	水(수)	④金(금)
시주(時柱)	庚	寅	③金(금)	ⓑ火(화)

출생전 이길동의 오장(五臟)과 육부(六腑)의 오행(五行) 구성으로 건강(健康)을 판단해 보면 금(金)기운이 3개로 되어 있어 금(金) 기운이 강(強)하다는 것을 알 수 있고, ⓐ의 금(金)은 ①과 ②의 토(土)에 의해 고립(孤立)되어 있고, ⓑ화(火)는 ③과 ④의 금(金)기운에 의해 고립(孤立)되어 있으며 목(木) 기운은 없다. 따라서 고립된 금(金)과 화(火)기운은 폐(肺)와 심장(心臟) 이므로 이들 장기가 나쁘고, 아울러 강(強)한 금(金)은 폐(肺)이고, 없는 오행에 해당되는 목(木)은 간장이므로 폐(肺)와 간장(肝臟) 역시 나쁘다는 것을 알 수 있다.

이제 양력으로 1986년 6월 11일 22:50 출생된 이길동의 최초 잉태(孕胎)에 따른 태원사주(胎元四柱)를 바탕으로 복중일수(腹中日數), 오장(五臟), 육부(六腑), 사상체질(四象體

質)을 최종 확인해 보면 아래와 같다.

이길동	복중일수 (腹中日數)	오장(五臟)	육부(六腑)	사상체질 (四象體質)
	296일	금(金)	화(火)	소양인(少陽人)

이길동의 태원사주(胎元四柱)로 건강 척도를 분석해 보면, 복중일수(腹中日數)는 296일이라 장수자(長壽子)에 해당 되지만, 간장, 심장, 폐장, 신장, 비장에 해당되는 오장(五臟)은 금(金)기운에 해당되고, 대장, 소장, 위, 쓸개, 방광, 삼초에 해당되는 육부(六腑)는 화(火)기운에 해당되어 이들은 금(金)과 화(火)로서 서로서로 상극(相剋)하기 때문에 화극금(火剋金)이 성립되어 건강상 문제의 소지가 있고(상생관계가 제일 좋고, 상비관계도 관찮음) 또한 소양인(少陽人)이라 화(火) 기운이 강(强)하기 때문에 오장과 육부의 건강을 더욱 나쁘게 부추긴다는 사실을 발견할 수 있다.

(5) 선천적 질병(疾病)을 알고, 건강(健康)을 찾자

지금까지 확인된 이길동의 태원사주(胎元四柱)와 오장(五臟)과 육부(六腑) 오행(五行) 구성에서 확인된 내용을 바탕으로 건강 상태를 판단해 보자.

사주 구성에서 건강에 가장 악(惡)영향을 미치는 것은 고립(孤立)에서 불균형이고 그리고 제일 많이 존재하는 강(强) 오행(五行)으로 인한 불균형이고, 그 다음은 이것의 상생(相生)과 상극(相剋)작용으로 발생되는 불균형 그리고 사주 구성에서 약(弱)하거나 없는 오행으로 인한 불균형이다.

따라서, 이길동의 태원사주(胎元四柱)에서는 간장(肝腸), 폐(肺), 신장(腎臟), 심장(心臟) 기능이 약(弱)하고, 오운육기(五運六氣) 오행 구성에서는 폐(肺), 심장(心臟), 간장(肝臟)이 나쁘다는 것을 알 수 있다.

또한 육부(六腑)는 화(火)기운이 강한 소양인(少陽人)이다.

특히, 오장(五臟)과 육부(六腑)는 금(金)과 화(火)로서 화극금(火剋金)이 되어 상생(相生) 관계가 되지 못하고 상극(相剋) 관계가 되기 때문에 소양인(少陽人)의 육부(六腑)의 화(火) 기운과 다시 상극(相剋)이 이루어져 나쁜 기운을 더욱 가중시킨다.

따라서, 이길동은 복중일수(腹中日數)가 296일이라 장수자(長壽子)에 해당 되지만, 다른 오행들의 기능이 나쁘게 작용되므로 장수(長壽)할 수 없는 사주이다.

4. 질병(疾病)이 들어오는 시기와 병명(病名)에

따른 치유법(治癒法)

자신에게 발생되는 질병명(疾病名)과 질병(疾病) 시기를 알 수 있는 방법은 십이신살(十二神殺)의 천살(天殺)과 반안살(攀鞍殺)로 판단한다. 이때 천살은 고치기 어려운 중병(重病)을 판단하고, 반안살은 가벼운 질병(疾病)을 판단한다. 그리고 납음오행(納音五行)의 선천수를 통하여 발병 시기를 구체적으로 알 수 있다.

태어난 시기(띠)를 통하여 천살(天殺)과 반안살(攀鞍殺)은 아래와 같다.

년·일지 ＼ 신살	천살(天殺)	반안살(攀鞍殺)
신자진(申子辰)	미(未)	축(丑)
인오술(寅午戌)	축(丑)	미(未)
사유축(巳酉丑)	진(辰)	술(戌)
해묘미(亥卯未)	술(戌)	진(辰)

이제, 태어난 해가 사유축(巳酉丑)년생에 해당되는 뱀띠, 원숭이때, 소때의 사람에 대한 질병(疾病)과 들어오는 시기를 월(月)까지 판단해 보자.

우선 축(丑) 즉 소띠에 대하여 알아보자.

소띠는 년지가 '丑'이므로 천살(天殺)은 '辰'이 되고, 반안살(攀鞍殺)은 '戌'이 된다. 이들은 지장간(支藏干)의 '중기'로 판단하며, 천살과 반안살은 서로 충(沖)의 관계가 성립된다.

먼저 천살(天殺)에 해당되는 중병(重病)을 알아보자.

소띠에게 천살(天殺)은 '辰'이고, 辰'의 지장간은 乙癸戊가 되며, 이 중 '중기'에 해당되는 것으로 병명(病名)을 판단하므로 乙癸戊의 중기는 '癸'가 된다.

따라서, 병명은 癸(수)이고, 수(水)는 신장(腎臟)이나 방광(膀胱)에 발생되는 병(病)이라는 것을 알 수 있고, 이것은 고치기 어려운 중병(重病)이 된다. 이 때, 중병이 들어오는 시기 판단은 아래와 같이 납음오행(納音五行) 선천수로 판단한다.

<납음오행(納音五行) 선천수>

천간	甲/己	乙/庚	丙/辛	丁/壬	戊/癸	·
지지	子/午	丑/未	寅/申	卯/酉	辰/戌	巳/亥
선천수	9	8	7	6	5	4

납음오행 선천수는 천살 '辰'의 지장간에 존재하는 '중기'로 판단한다. 즉 '중기'는 '癸'이므로, 천간 癸는 선천수 5가 된다. 따라서, 소띠(丑)에게 중병이 들어오는 시기는 5세, 15세, 25세, 35세…등 에서 병(病)이 찾아온다.

이제 반안살(攀鞍殺)에 해당되는 가벼운 병(病)을 알아보자.

소띠 즉 축(丑)의 반안살은 '戌'이므로 술의 지장간은 辛丁戊가 되고, 이 중 '중기'는 '丁'이 된다. 따라서, '丁'의 납음오행 선천수는 6이므로 6살, 16살, 26살, 36살…에 병(病)이 찾아오는데, 병명(病名)은 丁이므로 화(火)에 해당되고 이는 심장병(心臟病)이며, 이것은 치료될 수 있는 가벼운 병(病)이 된다.

이렇게 하여 중병(重病)과 치료될 수 있는 간단한 병명 그리고 시기를 확인해 보았다. 이제 이들 병(病)이 들어오는 해당 월(月)까지 구체적으로 판단해 보자.

이것의 판단 기준은 아래와 같이 지장간(支藏干)의 삼합(三合)으로 판단한다.

독자들은 본 책 앞부분 즉, 지장간 부분에서 삼합(三合)을 참조하면 되겠다.

즉, 자(子), 오(午), 묘(卯), 유(酉)는 삼합 작용이 발생하지 않고 단지 오행만 변화되고, 인(寅), 신(申), 사(巳), 해(亥)는 寅午戌 등으로 변화 된다. 진(辰), 술(戌), 축(丑), 미(未)는 삼합(三合)과 방합(方合)으로 변화되고 다시 초기와 중기로 변화되기 때문에 위에서 제시된 사유축(巳酉丑)생 중 소띠에 해당되는 축년(丑年)의 경우는 중병에 해당되는 천살은 '辰'이 되고, 이것은 '중기' 삼합(三合)에 해당되는 것이 되므로 '癸(水)'가 된다. 따라서 이에 작용되는 삼합은 '申子辰'이다(※지장간 삼합 참조).

따라서, '申子辰'에 대한 월(月)을 적용해 보면 申월(7월), 子월(11월), 辰월(3월)에 해당되므로 이때 신장(腎臟)이나 방광(膀胱)에서 중병(重病)이 찾아오게 된다.

이런 방법으로 출생년도(띠)를 통하여 다른 사람들의 병명(病名)은 물론 찾아오는 시기를 구체적으로 판단 할 수 있다.

참고로 암(癌)이나 중풍(中風) 등의 불치병(不治病) 등이 들어오는 시기 판단은 사주 구성에서 3대 악살(惡殺)로 분류되는 양인살, 백호대살, 괴강살이 존재하고, 이들이 대운(大運)이나 세운(歲運)에 다시 들어오는 시기로 판단하기도 한다.

독자들은 지금까지 제시된 사주(四柱) 구성과 신체(身體) 조건 그리고 태원사주(胎元四柱)에서 본 선천적(先天的) 건강 판단은 물론 질병명(疾病名)과 질병이 들어오는 시기(時氣)에 대하여 구체적으로 확인해 보았다.

이제 자신에게 찾아온 불치병(不治病)을 치유(治癒)하는 방법을 알아보자.

독자들은 지금까지 학습된 사주는 물론, 불운을 피하는 방법, 그리고 건강론을 통하여 본인은 물론 상대방의 사주 구성에서 불치병과 관련된 오행(五行)을 찾는 것은 어려운 일이 아니다. 즉, 오행의 불균형 혹은 고립(孤立)에서 병이 찾아왔는지? 아니면 나쁜 살(殺)로 인하여 찾아왔는지? 아니면 기타 나쁜 기운(氣運)으로 찾아왔는지? 아니면 현재 살고 있는 집이나 apt 그리고 조상(祖上)들의 묘(墓)에서 동기감응(同氣感應)의 나쁜 기운(氣運)에서 찾아왔는지?(※뒷장 풍수지리 참조) 어렵지 않게 찾을 수 있다.

따라서, 이들을 치유하는 방법은 나쁜 기운을 찾아서 이를 극(剋)하는 오행(五行)의 힘을 강(强)하게 만들어 주어 무력화(無力化)시키는 방법 등이 있다.

이러한 불운(不運)을 피하는 방법은 앞 절 '제9장, 불운(不運)을 피하고 행운(幸運)을 찾자'에서 자세히 설명하였으니 참조해 주길 바란다.

독자들은 자신의 사주는 물론 상담자의 사주 구성에서 이러한 것들을 찾아서 건강(健康)한 생활은 물론 성공인(成功人)으로서 무병장수(無病長壽)하길 바란다.

제11장, 사주 프로그램이란?

요즘은 스마트시대다.

사주(四柱)도 시대에 부합됨에 따라, 사주에 관한 대중들의 인식과 사주를 간명(看命)할 수 있는 방법이 다양해졌다. 대표적인 것으로 사주 프로그램은 물론 궁합, 작명, 택일 프로그램 그리고 풍수지리(風水地理) 프로그램까지 개발 및 보급되어 있다. 그만큼 우리들은 편리하게 간명하는 시대에 살고 있는 것이다.

즉, 이러한 프로그램 사용은 이들을 신속하게 확인할 수 있다.

사주학(四柱學)을 포함한 이들 학문 모두는 일반 학문과 달리 난해(難解)하고, 무한대(無限大)이기 때문에 추명학(推命學)이라고 한다.

따라서, 이들 프로그램이라면 이러한 조건 모두를 만족시켜 줄 수 있는 것이 되어야 함은 당연하다.

하지만, 이들 프로그램은 지지(地支) 12개로 해석하고 판단하는 경우도 있고, 아직 기초(基礎) 수준을 벗어나질 못하는 경우가 대부분이며, 그냥 재미로 보는 것에 가까운 것들도 있다.

그러나 지금은 스마트시대이다. 스마트시대에 살아가는 우리들은 이것들을 간명(看命)하고 판단하는 방법 역시 달라져야 한다. 앞으로 시대가 요구하는 만큼 사주관련이들 프로그램들은 더욱 발전되어 우리 모두의 애로 사항을 해결해 줄 것 이라는 것에는 동의한다.

하지만, 사주(四柱), 풍수(風水) 등은 이러한 기초적인 지식만으로 활용될 수 없는 난해(難解)한 학문이기 때문에 이에 맞는 정확한 해석(解析)과 응용(應用)할 수 있는 능력(能力)을 구비해야만 자신은 물론 상대방의 불운(不運)을 피할 수 있는 방법을 제시할 수 있다. 그렇지 않는 경우는 수박 겉핥기식의 학습일 뿐이다.

사주는 물론 궁합, 작명, 택일 그리고 양택(陽宅)과 음택(陰宅)에 해당되는 풍수지리(風水地理)는 우주(宇宙)에서 부여 받은 깊고 넓은 뜻을 확인하는 것임으로 본인은 물론 다른 사람 모두에게 충족시켜 주어야함은 당연한 것이다. 그러나 그렇지 못한다면 그만큼 흥미도 떨어지게 된다.

이러한 행위는 미래(未來)에 대하여 궁금하게 생각하는 사람들에게 오히려 무거운 짐을 부여해주는 것이기도 하다.

따라서, 독자들은 사주 프로그램보다 사주 관련 명리학(命理學)은 물론 풍수지리(風水地理)까지 모두를 응용할 수 있는 능력을 갖추는 것이 최우선 방법이 된다.

제12장, 찰떡궁합 만나기

남녀 결혼(結婚)에서 가장 중요한 것은 좋은 사람을 만나는 것이고, 이것은 곧 좋은 사주를 갖춘 사람을 만나는 것이다.

월래 결혼 생활은 남자의 사주가 50점이고 여자의 사주가 80점이라면 130점의 평균값 65점의 인생살이가 된다.

결혼이란? 남 여간 서로 만나서 미래를 아름답게 꿈꾸면서 같이 있어도 실증 나지 않고, 서로 존중하며, 항상 신선한 감이 유지되어야 한다.

우리 주위에 보면 경제력과 학벌 그리고 외모가 아무리 좋아도 부부간에 성격이 맞지 않아 싸움이 잦고, 같이 다니지 않는 경우가 허다하고, 결국 헤어지는 경우가 많다. 이렇게 서로는 문제가 많아 헤어지지만, 다른 사람과는 천하제일 배필감이 되는 경우가 많다.

예를 들면, 어떤 경우는 인물과 외모는 아름다운데 그 사람과 결혼 후 오히려 실직을 한다든지 아니면 몸이 아프다든지 아니면 관재소송에 휩싸인다든지, 아니면 재산을 탕진한다든지, 아니면 싸움이 발생하여 서로간 망신창이가 되고, 성격이 맞지 않아 결혼생활에서 파탄을 맞고 만다.

반대로 어떤 사람은 가난했고, 직위도 없었는데도 불구하고 오히려 결혼 후 가정과 사업이 번창하고 효자 자녀를 두어 하는 일이 잘 풀리고, 돈이 술술 들어오게 된다. 이러한 이유는 상대방의 사주와 궁합을 알지 못하는 상태에서 결혼을 하는 경우 나타나는 현상이다.

이 책에서는 독자들에게 겉궁합과 속궁합 모두를 자세히 설명하고, 제시하였다.

특히, 남녀 궁합에서 주의해야 될 사항은 사주 자체가 탁하여 나쁜 경우, 충(沖), 파(破), 형(刑), 해(害), 살(殺) 등이 많은 경우, 건강(健康)에 문제가 있거나, 성격(性格)이 맞지 않는 경우, 혹은 상대방의 정신력(精神力)이 너무 강하다든지, 혹은 애정(愛情)이 없다든지, 묘(墓) 등이 작용되어 상부(喪夫)와 상처(喪妻) 팔자이거나, 원진살(怨嗔殺), 귀문관살(鬼門關殺), 고신살(孤神殺), 과숙살(寡宿殺), 양인살(陽刃殺), 백호대살(白狐大殺), 괴강살(魁罡殺), 평두살(平頭殺), 천도살(天屠殺) 등은 결혼 생활에 악(惡) 영향을 주는 흉성(凶星)이 많은 경우이다. 또한 건강이 나쁜 경우(※건강판단 10장 참고), 재물(財物)과 직업운(職業運)이 본래 사주 구성에서 약(弱)하거나 없는 경우라면 주의해야 되겠다.

궁합에서 또 하나 더 참고해야 될 사항은 학력, 재력, 가문, 가치관, 성격 등도 많은 차이가 날 때에는 결혼하지 않는 것이 좋다.

특히 여자 사주의 경우 이혼(離婚)으로 이어질 수 있는 사주 즉 관살혼잡(官殺混雜), 정관 합(合), 비견이 많은 사주 등은 이미 본 책에서 소개 하였음으로 독자들은 이를 판단하는데 어려움은 없을 것이다.

따라서, 본 책에서 적용한 양력으로 1996년 6월 11일 낮 13:50분에 태어난 건명(乾命) 즉 남자 이길동이와 음력 1986년 8월 12일 01:40분에 태어난 동갑내기 곤명(坤命) 즉 애인 김미녀의 궁합을 겉궁합과 속궁합 모두를 비교 분석하여 체계적(體系的)으로 제시하였기 때문에 독자들은 자신이나 상대방의 궁합을 쉽게 판단할 수있을 것이다.

결혼 궁합은 겉궁합 보다는 속궁합이 더 중요하다. 하지만 이 세상 사람 모두는 부부 궁합이 100% 맞는 사람은 없기 때문에 가정을 소중히 여기며 서로서로 믿음으로써 살아가는 자세가 필요로 한다.

1. 겉궁합

(1) 띠로 보는 궁합

남녀 궁합은 서로 맞는 띠가 있고, 맞지 않는 띠가 있다.

이러한 조건을 바탕으로 남 여간 궁합을 판단하는 기준은 아래와 같다.

자신의 띠	자신과 궁합이 맞는 띠	자신의 띠	궁합이 맞는 띠
子(쥐띠)	申(원숭이띠), 子(쥐띠), 辰(용띠)	午(말띠)	寅(범띠), 午(말띠), 戌(개띠)
丑(소띠)	酉(닭띠), 丑(소띠), 寅(범띠)	未(양띠)	卯(토끼띠), 未(양띠), 亥(돼지띠)
寅(범띠)	戌(개띠), 寅(범띠), 午(말띠)	申(원숭이띠)	辰(용띠), 申(원숭이띠), 子(쥐띠)
卯(토끼띠)	亥(돼지띠), 卯(토끼띠), 未(양띠)	酉(닭띠)	巳(뱀띠), 酉(닭띠), 丑(소띠)
辰(용띠)	子(쥐띠), 辰(용띠), 申(원숭이띠)	戌(개띠)	午(말띠), 戌(개띠), 寅(범띠)
巳(뱀띠)	丑(소띠), 巳(뱀띠), 酉(닭띠)	亥(돼지띠)	未(양띠), 亥(돼지띠), 卯(토끼띠)

예를 들면, 남자 이길동과, 동갑인 애인 김미녀의 띠로 보는 궁합은 둘 다 1986년 병인년(丙寅年)에 출생했으므로 범띠가 된다.

범띠는 개때, 범띠, 말띠가 맞는 궁합이므로 띠로 보는 궁합은 일단 맞다.

하지만, 띠로 보는 궁합은 가장 기초적인 궁합임을 명심하기 바란다.

(2) 맞는 계절(季節)로 보는 궁합

남녀 궁합은 태어난 계절에도 상호 보완관계가 되어야 한다.

여름에 출생한 경우는 상대방이 겨울에 출생한 사람과 궁합이 맞는 것이다.

남자 이길동의 경우 午월 즉 5월에 출생했고, 동갑내기 애인 김미녀는 酉월 즉 8월에 출생했으므로 둘 다 약간 덥거나 혹은 더운 여름에 태어난 경우이다. 따라서 계절(季節)로 본 궁합은 맞지 않는다.

(3) 신체적 조건으로 보는 궁합

남녀의 결혼에서 가장 중요한 것은 당연 건강(健康)이다.

부모가 건강하면 자식들 역시 건강하다는 것은 어쩌면 당연한 것이기도 하다. 이러한 이치(理致)는 일찍이 사주학(四柱學)에서 양(陽)체질과 음(陰)체질로 구분하였고, 이들의 상호 조화를 이룰 때 건강한 자손이 탄생되기도 한다.

예를 들면 남녀의 결혼에서 양(陽)체질은 음(陰)체질과 만나야 좋고, 양(陽)체질과 양(陽)체질 혹은 음(陰)체질과 음(陰)체질이 만나게 되면 오행(五行)의 부조화(不調和)로 인하여 약(弱)골 자손이 탄생되기도 한다.

이러한 남녀간의 체질로 본 건강론은 '제10장, 건강(健康)은 사주(四柱)에서 찾는다.'에서 사주(四柱) 및 사상의학(四象醫學)에 의거한 태양인, 태음인, 소양인, 소음인의 판단법은 물론 기(氣)의 흐름은 물론 세상에 태어나기 전 부모의 정자와 난자가 결합되었던 태원사주(胎元四柱)를 통하여 선천적인 질환 판단은 물론 질병 치유법(治癒法)과 이에 따른 보완책을 보기를 들어 쉽게 설명되었으니, 독자들은 10장을 참조하여 건강하고 행복한 결혼 생활을 누리길 바란다.

2. 속궁합

(1)결혼운(結婚運)으로 보는 궁합

사주에서 결혼운을 판단하는 방법은 여러 가지가 있고, 이와 관련된 내용은 이미 앞 절 '사주(四柱)를 해석하자'의 결혼운(結婚運)에서 소개되어 있다.

사람에게 주어진 결혼운을 판단하는 방법은 사주 구성은 물론 지장간까지 포함하여 남자는 부인에 해당되는 정재(正財)를 찾는 것이고, 여자는 남편에 해당되는 정관(正官)을 찾는 것이다. 이것의 존재여부를 판단해보는 이유는 사주 구성(지장간 포함)에서 이것이 없는 경우는 팔자에 배우자가 없는 것이 되므로 이런 사람은 배우자를 만날 수 없다. 그러나 사주에서 이들 육친(六親)이 없는 경우 남자는 정재 대신 편재로 배우자를 대신 판단하고, 여자는 배우자에 해당되는 정관이 없을 때는 정관 대신 편관으로 남편을 찾는다. 물론 이들에게는 충(沖)이나 공망(空亡) 혹은 나쁜 살(殺)이 작용되지 않아야 한다.

이제 양력 1986년 6월 11일 밤 22:50분에 태어난 남자 이길동과 음력 1986년 8월 12일 새벽 01:40분에 태어난 동갑내기 애인 김미녀는 과연 결혼(結婚)할 수 잇는 배우자가 존재하는 사람인가? 이에 대하여 확인해보자.

아래와 같이 이들의 사주를 세워 보자.

〈남자〉	구분	천간	지지	육친		지장간(支藏干)
건명(乾命)	년주(年柱)	丙	寅	비견	편인	戊, 丙, 甲
이길동	월주(月柱)	甲	午	편인	겁재	丙, 己, 丁
양력 1986년	일주(日柱)	(丙)	戌	·	식신	①辛(정재), 丁, 戊
6월 11일 밤 22:50 출생	시주(時柱)	己	亥	상관	편관	戊, 甲, 壬

〈여자〉	구분	천간	지지	육친		지장간(支藏干)
곤명(坤命)	년주(年柱)	丙	寅	편재	식신	戊, 丙, 甲
김미녀	월주(月柱)	丁	酉	정재	인수	庚, 辛
음력 1986년	일주(日柱)	(壬)	戌	·	편관	辛, 丁, 戊
8월 12일 새벽 01:40 출생	시주(時柱)	辛	②丑(정관)	인수	정관	癸, 辛, 己

이길동은 남자이므로 부인에 해당되는 정재는 사주 원국에는 없지만 지장간에 부인에 해당되는 ①정재(辛)가 존재하므로 이길동은 결혼 할 수 있는 사람이고, 여자 김미녀의 경우 사주 구성에 남편에 해당되는 ②정관(丑)이 존재하므로 김미녀 역시 결혼을 할 수 있는 배우자가 존재하는 사람이다. 그렇지만, 둘 다 배우자에 해당되는 술(戌)과 시지(時支) 축(丑)은 공망(空亡)이 성립되므로 이들은 배우자 운(運)이 나쁘다.

참고로 배우자 복(福)을 판단하는 방법으로, 남자나 여자 모두 배우자에 해당되는 일지(日支)가 비겁(비견, 겁재)이나 상관이 존재하는 경우는 배우자 복은 나쁘다.

또한 배우자 궁(宮)에 해당되는 일간과 일지가 같은 오행(五行)이거나 혹은 서로 상생(相生)하는 관계이면 좋은 궁합으로 판단하지만 서로 극(剋)하는 경우는 배우자 복(福)이 없는 것으로 판단한다. 특히 배우자에 해당되는 정재와 정관은 통근(通根) 즉 뿌리가 형성되어야 한다. 만약 이들에게 나쁜 살(殺)이 작용되거나 혹은 합(合)의 작용으로 변화되는 오행이 기신이거나 혹은 극(剋)하는 경우는 이혼(離婚)이나 파멸을 면치 못한다.

(2) 양권(楊圈), 음권(陰圈) 및 일주(日柱)로 보는 궁합

양권과 음권은 음(陰)과 양(陽)과는 다른 것으로 천간(天干) 10간(干)과 지지(地支) 12지(支)를 절기로 구분해 놓은 것을 말한다. 남녀 궁합에서는 일간(日干)을 서로 비교하여 양권은 양권끼리 만나면 좋고, 음권은 음권끼리 만나면 좋은 궁합으로 판단한다.

그 이유는 이들의 관계는 서로 충(沖)의 관계가 이루어지지 않고, 같은 것끼리 만나면 큰 힘을 발휘하기 때문이다.

양권(楊圈)	천간	乙, 丙, 戊, 癸, 庚
	지지	卯, 辰, 巳, 午, 未, 申
음권(陰圈)	천간	甲, 己, 丁, 壬, 辛
	지지	戌, 亥, 子, 丑, 寅, 酉

이길동의 일간은 양권의 병(丙)이고, 김미녀의 일간은 음권의 임(壬)이 되므로 양권과 음권으로 본 이들의 궁합은 나쁘다.

또한 자신의 일주(日柱) 즉 일간(日干)과 일지(日支)로 보는 궁합도 있는데 자신의 사주 구성에서 일주가 상생(相生) 관계 즉 수목(水木), 목화(木火), 화토(火土), 토금(土金), 금수(金水)인 경우는 부부간 궁합이 가장 좋고, 일주가 상극(相剋) 관계 즉 수토(水土), 토목(土木), 목금(木金), 금화(金火), 화수(火水)일 경우에는 부부 궁합이 나쁜 것으로 판단한다. 그러나 일주가 상비(相比) 관계의 수수(水水), 목목(木木), 화화(火火), 토토(土土), 금금(金金)인 경우에는 일지(日支)가 비견이 되므로 이때는 전체 사주를 보고 부부 궁합을 판단한다. 특히 일주가 화화(火火)인 경우는 둘다 불타 없어지므로 나쁜 궁합으로 판단한다. 그러나 월지(月支)가 일간과 동일한 비견일 경우에는 결혼복은 없다고 판단한다. 특히 남자 사주에 일지(日支)가 비견이거나 혹은 여자 사주에서 일지(日支)가 상관인 경우 이들 모두 상처(喪妻) 혹은 상부(喪夫) 팔자가 된다.

(3) 용신(用神)으로 보는 궁합

부부궁합에서 가장 큰 영향을 미치는 것은 바로 용신(用神)이다.

부부는 용신(用神)이 같을수록 혹은 상생(相生)하는 용신일수록 찰떡궁합에 근접한다. 그 이유는 개인 운(運)의 흐름은 용신 작용으로 판단하기 때문이다.

이와는 반대로 부부가 서로 상극(相剋)하는 용신을 가지고 있다면 운(運)의 흐름이 방해하므로 협동적이지 못하고 의사충동과 싸움이 잦아 부부간 사랑과 우정을 쌓아나갈 수 없다.

어쩌면 부부궁합에서 같은 용신을 갖는다는 것은 최대 행복이라고 볼 수 있다.

앞 절 '6장 용신 찾기'에서 남자 이길동의 용신은 수(水)라는 사실을 알았다.

이번에는 동갑내기 애인 김미녀의 용신은 무엇일까?

독자들은 이미 앞 절에서 용신 찾는 방법을 충분히 학습했기 때문에 어렵지 않고 김미녀의 용신(用神)을 찾을 수 있을 것이다.

억부법(抑扶法) 용신 찾기를 적용하여 음력 1986년 8월 12일 새벽 01:40에 출생한 김미녀의 사주에서 용신을 찾아보자.

구분	천간	지지	육친	
년주(年柱)	丙	④寅	편재	식신
월주(月柱)	丁	①酉(금)	정재	인수
일주(日柱)	㉮壬(수)	②戌(토)	·	편관
시주(時柱)	辛(금)	③丑(토)	인수	정관

용신을 찾기 위해서 우선 신강과 신약 사주를 판단해 보자. 가장 강(强)한 힘을 가지고

있는 월지(月支)가 인수이므로 김미녀는 신강(身强) 사주이다.

또한 일간(日干) ㉠壬(수)와 월지 ①酉(금)은 금생수(金生水)가 되어 생(生)해주니 내편이 되고, 일지 ②戌(토)와 시지 ③丑(토)는 토(土)로써 일간과의 관계는 토극수(土剋水)가 되어 극(剋)해 주니 내편이 아니다. 이렇게 작용되는 힘을 일간 ㉠壬(수)와 관계를 판단해 봐도 김미녀는 신강(身强) 사주가 된다.

따라서, 김미녀의 용신 판단은 신강 사주이므로 가장 강한 힘을 실어주는 월지(月支) ①酉(금)의 힘을 빼주는 금생수(金生水)의 수(水)이거나 혹은 금극화(金剋火)의 화(火)가 용신이 된다. 이들 둘 중 최종 용신 판단은 월지(月支) ①酉(금)은 물론 일간 ㉠壬(수)의 힘을 동시에 약(弱)하게 하는 오행이 최종 용신이 되는 것이다. 이제 이들을 판단해 보자.

수(水)의 경우 월지 ①酉(금)을 금생수(金生水)로 월지의 힘을 약(弱)하게 하여 합당하지만, 일간 ㉠壬(수)와의 관계는 수생수(水生水)의 작용이 되어 힘을 강(强)하게 하니 신강 사주에서의 용신으로는 합당하지 못하다.

이렇게 신강 사주에서 합당한 오행이 없는 경우 다음 오행의 순환 작용에 의거 수(水) 다음 오행에 해당되는 목(木)이 용신이 된다.

이번에는 화(火)를 판단해 보자. 월지 ①酉(금)은 금극화(金剋火)로 금(金)기운을 약(弱)하게 만들기 때문에 용신으로 합당하나, 일간 ㉠壬(수)와의 관계는 수극화(水剋火)가 되어 일간의 힘을 오히려 강(强)하게 만들고 있으니 화(火)는 용신으로 합당하지 못하다. 이때는 즉 극(剋)하는 오행을 사용했으므로 오행의 역(逆) 작용에 의거 화(火) 다음 오행이 용신이 된다. 따라서 화=>목=>수=>금=>토의 기능에 의거 용신은 목(木)이 된다. 때문에 김미녀의 용신은 목(木) 즉 ④寅의 식신이 된다.

따라서 이길동의 용신은 수(水)이고 김미녀의 용신은 목(木)이므로 이들 관계는 수생목(水生木)의 상생관계가 되어 용신으로 본 이들의 궁합은 좋은 궁합이 된다.

(4) 월지(月支)와 일간(日干) 통변성으로 보는 궁합

사주 구성에서 본인에 해당되는 것은 일간(日干)이며, 가장 강력한 영향력을 미치는 것은 월지(月支)이다. 따라서 이들의 관계를 서로서로 비교하여 남녀 간의 궁합을 판단한다. 이때 상생(相生) 관계(본인에게 생해주면 더 좋음) 이거나 혹은 나쁜 흉신을 무력화시키는 작용이면 좋은 궁합으로 판단하고, 서로 극(剋)하든지 아니면 충(沖) 등의 나쁜 살(殺)이 작용되면 나쁜 궁합으로 판단한다.

특히, 오행의 작용이 같은 상비(相比) 관계인 경우 즉 土土, 水水의 경우 좋은 관계이고, 金金, 木木는 서로 만나면 부딪히는 소리가 발생할 경우도 있겠으나 여기서는 무난한 관계로 본다. 그러나 火와火는 서로 만나면 둘 다 모두 타 없어지므로 상비관계 중 유일하게 나쁜 관계로 본다. 육친(六親) 관계로 본 좋은 궁합과 나쁜 궁합 판단은 아래와 같다.

좋은 궁합		나쁜 궁합	
남(월지 육친)	여(월지 육친)	남(월지 육친)	여(월지 육친)
비견	인수	비견	편재/편관
편재	정관	식신	편인/편관
편관	정재	편재	편인/비견
겁재	식신	정재	인수/겁재
식신	정재	편관	비견/상관
상관	식신	겁재	정재/정관/인수
편관	인수	상관	정관/인수
정관	인수	정관	상관/겁재
인수	편관		

이제 월지(月支) 육친(六親)을 이용하여 이길동과 김미녀의 궁합을 육친으로 판단해 보자. 남자 이길동의 월지는 午(화)이며 이것은 겁재이다. 여자 김미녀의 월지는 酉(금)이며 이것은 인수이다. 남자 겁재와 여자 인수는 위의 월지 육친 궁합 판정표에서 확인해 보면 나쁜 궁합이다. 이렇게 육친끼리 판단하는 방법 외 곧바로 월지(月支)끼리 상호 관계로 판단해도 동일하다.

즉 이들의 월지는 午(화)와 酉(금)이므로 화극금(火剋金)이 되어 상호 극(剋)하므로 나쁜 궁합이다.

다음은 본인에 해당되는 일간(日干)으로 이들의 궁합을 판단해 보자.

남자 이길동의 일간은 丙(화)이며, 여자 김미녀의 일간은 壬(수)이다. 이들은 수극화(水剋火)가 되어 서로 극(剋)하므로 일간(日干) 궁합 역시 나쁘다.

따라서, 이길동과 김미녀의 월지(月支)와 일간(일간) 오행의 통변성으로 보는 궁합은 모두 나쁘다.

(5) 납음오행(納音五行) 통변성으로 보는 궁합

남녀의 사주에서 작용되는 년월일시에 납음오행(納音五行)을 적용하면 이들의 구체적인 상호 작용을 알 수 있기 때문에 결혼 생활에서 실질적인 마음이 맞는가? 아니면 누가 주도권(主導權)을 쥐는가? 이것을 판단할 때 유용하다.

즉, 서로 마음이 맞지 않거나 혹은 어느 한쪽이 일방적인 주도권 행위는 결혼 파탄의 원흉이 되기 때문이다.

이길동과 김미녀의 사주에서 년월일시에 각각 납음오행을 적용하면 아래와 같다.

이것은 뒤장에서 소개된 풍수지리(風水地理)의 나경사용에서 소개된 '납음오행표'를 참조해 주길 바란다.

이길동 사주			
구분	干	支	납음오행(納音五行)
년주(年柱)	丙	寅	①노중화(爐中火)
월주(月柱)	甲	午	②사중금(砂中金)
일주(日柱)	丙	戌	③옥상토(屋上土)
시주(時柱)	己	亥	④평지목(平地木)

김미녀 사주			
구분	干	支	납음오행(納音五行)
년주(年柱)	丙	寅	Ⓐ노중화(爐中火)
월주(月柱)	丁	酉	Ⓑ산하화(山下火)
일주(日柱)	壬	戌	Ⓒ대해수(大海水)
시주(時柱)	辛	丑	Ⓓ벽상토(壁上土)

확인 방법은 이길동의 경우 년주(年柱)가 병인(丙寅)이니 납음오행(納音五行)으로는 노중화(爐中火)가 되고, 월주(月柱)는 갑오(甲午)이니 사중금(砂中金)이 된다. 일주(日柱)와 시주(時柱)는 옥상토(屋上土)과 평지목(平地木)이다.

김미녀의 경우는 년주, 월주, 일주, 시주는 납음오행으로 노중화(爐中火), 산하화(山下火), 대해수(大海水), 벽상토(壁上土)가 된다.

이들 납음오행의 오행을 년월일시에 서로 서로 비교하여 극(剋)하면 나쁜 궁합이고, 합(合)을 이루거나 혹은 상생(相生) 혹은 상비(相比) 관계(火는 제외)라면 좋은 궁합으로 본다. 이러한 판단 조건을 바탕으로 이길동과 김미녀의 납음오행으로 판단된 궁합을 확인해 보자.

첫째, 이길동의 년주(年柱)와 김미녀의 년주(年柱)는 ①노중화(爐中火)와 Ⓐ노중화(爐中火)로써 큰 화로불이 되어 서로 서로 같은 화(火)이기 때문에 상비관계가 성립된다. 상비관계 판단은 水, 木, 土, 金은 서로서로 만나면 좋으나, 화(火)와 화(火)는 서로 만남은 강한 화(火)기운으로 말미암아 흔적 없이 모두 타고 없어지므로 나쁜 관계로 판단한다.

둘째, 월주(月柱)는 ②사중금(砂中金)과 Ⓑ산하화(山下火)로서 이들은 화극금(火剋金)이 되어 나쁘다. 그러나 사중금은 모래속에 존재하는 작은 금(金)이므로 이것은 화(火)로서 녹여주어야만 비싼 금(金)의 형체가 형성되기 때문에 사중금은 산하화를 만나면 오히려 좋은 관계가 성립된다. 그렇지만 이길동 사주에서 월지 오(午)는 공망(空亡)이 성립되므로 이것은 없어진다.

셋째, 일주(日柱)는 ③옥상토(屋上土)와 Ⓒ대해수(大海水)로서 토극수(土剋水)가 되어 분명히 나쁘다. 그러나 이들 관계를 구체적으로 알아보자. 대해수는 큰 바닷물이고 옥상토(屋上土)는 지붕의 작은 흙이므로 이들 관계는 오히려 수(水)가 토(土)를 극(剋)하기 때문에 수극토(水剋土)가 된다. 따라서 대해수(大海水)는 토(土)를 만나면 형통하다(※풍수지리 '납음오행표' 참조).

그렇지만, 이길동 사주에서 일지 술(戌)은 공망(空亡)이 성립되므로 이것 역시 없어진다.

넷째, 시주(時柱)는 ④평지목(平地木)과 Ⓓ벽상토(壁上土)이다. 이는 목극토(木剋土)가 되어 서로 상극(相剋) 관계가 성립되나, 평지목은 들판에 서 있는 나무이고, 벽상토는 벽에 붙어 있는 흙이기 때문에 이들의 만남은 오히려 길(吉)하다. 따라서 이들 궁합은 좋은 궁합이다.

만약, 김미녀가 벽상토(壁上土)가 아니고, 모래속에 작은 흙에 해당되는 사중토(沙中土)라면 이들 관계는 서로 상극(相克)이기 때문에 나쁜 궁합이 되고, 이 경우는 남자에 해당되는 이길동이가 주도권을 쥔다는 뜻이다.

이러한 상극(相剋) 작용이 성립되는 경우 지지합(육합), 삼합(地支 三合), 반합 그리고 방합(方合)이나 충(沖) 그리고 공망이 성립되면 없어지며, 이것은 사주 통변술에 적용하여 결과를 얻으면 된다.

이제 납음오행에서 본 이길동과 김미녀의 궁합을 확인해 보면 상호 극(剋)하는 것들은 없고, 火와 火의 나쁜 상비관계가 성립되고, 좋은 관계는 2개가 성립되나 이것들은 공망으로 없어지거나 혹은 좋은 여건이 다소 약(弱)해 졌으므로 이들 궁합은 좋은 궁합이된다.

여기서 부부는 결혼 후 누가 주도권을 쥐는가? 여기에 대한 판단은 납음오행(納音五行)을 년주, 월주, 일주, 시주끼리 이들의 작용을 비교해서 판단하면 된다.

이길동과 김미녀는 노중화=노중화, 사중금<상하화, 옥상토<대해수, 평지목>벽상토가되어 이들이 결혼을 하였을 경우 주도권은 김미녀가 쥔다.

(6) 오행(五行) 균형으로 보는 궁합

부부는 오행의 균형이 유지되어야 한다.

사람이 만나서 한평생을 같은 배를 타고 긴긴 항해를 하는 과정이 결혼생활인데, 부부는 이러한 오행(五行)의 균형(均衡)이 맞아야만 건강하고, 아무 탈 없는 행복한 결혼 생활이 된다. 즉, 남자와 여자의 서로 부족한 오행을 채워주거나 혹은 강한 오행은 극(剋)하여 균형을 유지해 주어야만 좋은 궁합이다. 사주 세우기에서 적용해 온 남자 이길동과 동갑내기 여자 김미녀의 오행 균형은 맞는가? 조사해 보자.

구분	천간	지지	五行	
년주(年柱)	丙	寅	화+	목+
월주(月柱)	甲	午	목+	화-
일주(日柱)	(丙)	戌	화+	토+
시주(時柱)	己	亥	토-	수+

<남자> 이길동

양(陽, +) : (6)개,
음(陰, -) : (2)개

<오행 구성>

木	火	土	金	水

구분	천간	지지	五行	
년주(年柱)	丙	寅	화+	목+
월주(月柱)	丁	酉	화-	금-
일주(日柱)	(壬)	戌	수+	토+
시주(時柱)	辛	丑	금-	토-

<여자> 김미녀

양(陽, +) : (4)개,
음(陰, -) : (4)개

<오행 구성>

木	火	土	金	水

2	3	2	·	1

1	2	2	2	1

양간(陽干, +)의 합 : (10)개   음간(陰干, -)의 합 : (6)개

<오행의 합>

木	火	土	金	水
3	5	4	2	2

우선 이길동과 김미녀가 서로 부족한 오행의 균형을 채워주는 궁합인가?

이것을 확인하기 위하여 둘이 작용되는 오행의 합은 木(3), 火(5), 土(4), 金(2), 水(2)로 되어 균형을 유지하는 궁합이 된다. 또한 오행들의 양간(陽干, +)과 음간(陰干, -)의 합을 보면 각각 10:6으로 이것도 균형적으로 보면 나쁜 것은 아니다.

이제 강한 오행은 극(剋)하여 균형을 유지하는가?

이것은 사주에 수(水)기운이 강한 사람은 水를 극(剋)하는 토(土)기운이 필요로 하고, 목(木)기운이 강한 사람은 금(金)기운이 필요로 하고, 금(金)기운이 강한 사람은 화(火)기운이 필요하며, 토(土)기운이 강한 사람은 목(木)기운이 필요하고, 화(火)기운이 강한 사람은 수(水)기운이 필요로 한다.

따라서, 이길동의 사주 구성을 보면 화(火)기운이 3개가 존재하고, 월지(月支)가 오(午)월 이기 때문에 무더운 조열사주(燥熱四柱)이다. 이때 구세주는 추운 수(水)기운과 금(金)기운의 여성을 만나면 된다.

이제 김미녀를 보자. 월지 유(酉)월이고 밤에 태어났을 뿐 아니라, 수(水)와 금(金)기운이 다소 존재하므로 추운 한습사주(寒濕四柱)이다. 이때의 구세주는 더운 화(火)기운이 많은 남자를 만나면 좋은 궁합이다.

따라서, 김미녀는 추운 기운에 해당되는 수(水)기운이 1개이고, 금(金)기운은 2개 이므로 이길동의 더운 화(火)기운을 식혀줄 수 있는 조건을 갖추었기 때문에 오행(五行) 균형으로 본 이들의 궁합은 좋은 궁합이다.

(7) 성격(性格)으로 보는 궁합

사주에서 성격의 강약을 판단할 수 있다. 부부(夫婦)는 성격의 균형이 맞아야 한다.

예전 여성의 경우 현모양처 상으로 성격의 강도가 약간 떨어지는 여성을 알아주었든 시절이 있었으나, 현대(現代)를 살아가는 지금은 남성이든 여성이든 성격의 강도는 성별을 떠나서 자신의 개성대로 살아가는 시기로 정착되었다.

하지만, 부부는 자신에게 알맞은 성격의 소유자를 선택하는 것이 현명하다.

예를 들면 둘 다 성격이 아주 약(弱)한 경우라든지 아니면 둘 모두 성격이 너무 강(强)한 경우는 결혼 상대자로서 맞지 않는다고 본다.

사주에서의 남녀간 성격(性格)을 판단하는 것은 앞 절 '사주해석'에서 자세히 제시하였다. 이를 토대로 여기서는 남자 이길동과 동갑내기 애인 김미녀의 성격으로 본 부부 궁합이 맞는가? 조사해 보자.

<남자 이길동의 정신력>

양력 1986년 6월 11일 밤 22:50분에 태어난 남자 이길동의 사주 구성으로본 성격(性格)을 알아보자.

이길동은 화(火)와 목(木)은 많으나, 금(金)과 수(水)는 없거나 1개로 구성되어 있다. 따라서, 처음 시작(木이 많다)과 활동력(火가 많다)은 좋으나, 마무리와 결실 보기가 어렵고(金이 부족하다), 수렴력이 약(弱)하다는 것(水가 부족하다)을 알 수 있다. 즉, 실속이 없는 성격이고, 체형은 마른 체형(木과 火가 많다)이라는 것을 금방 확인할 수 있다. 이제 육친(六親) 구성으로 본 이길동의 성격(性格)을 판단해보자.

육친 구성으로 본 성격은 겁재, 상관, 편관이 존재하는 사람은 획일성과 의리를 좋아하고, 반항심과 투쟁심이 강한 사람들인 반면 식신, 정재, 정관, 정인 등이 존재하는 사람들은 친밀 관계를 중요시 하는 사람들이다.

이길동의 육친은 주로 겁재, 상관, 편관으로 구성된 사주이므로 획일성과 반항 그리고 투쟁심이 강한 사람이라는 것을 알 수 있다.

또한 이길동의 경우 일간(일간)을 중심으로 비겁이나 인성 등이 구성되어 있고, 특히 사주 구성에서 가장 강(强)한 힘을 가지고 있는 월지(月支)가 겁재이므로 신강(身强) 사주이고, 격국(格局)은 비견격(比肩格)이므로 성격이 급하고 활동적이며 다른 사람과 투쟁과 쟁탈을 잘하는 사람으로 판단 할 수 있다.

<여자 김미녀의 정신력>

음력 1986년 8월 12일 새벽 01:40분에 태어난 여자 김미녀의 사주 구성으로 본 성격(性格)을 확인해 보자.

김미녀의 사주 구성은 오행이 모두 골고루 분포되어 있다.

즉, 목(1), 화(2), 토(2), 금(2), 수(1)가 되기 때문에 계획, 활동력, 남들과 교류, 끝마무리, 수렴이 골고루 갖춘 여성임에 틀림이 없다.

이제 육친(六親) 구성으로 본 김미녀의 성격(性格)을 판단해보자.

김미녀는 정재와 인수가 강하게 구성된 사주이므로 정적이고 소심하며 조용하게 다른 사람과 친밀관계 중요시 하는 성격이다.

또한 김미녀는 일간(일간)을 중심으로 사주 구성에서 가장 강(强)한 힘을 가지고 있는 월지(月支)가 인수이므로 신강(身强) 사주이고, 격국(格局)은 월지 지장간 辛은 시간(時干)의 辛(금)으로 투간(透干)되었기 때문에 인수격(印綬格)=정인격(正印格)이다. 따라서 김미녀는 활동적이면서 때로는 강직하고 차분하고 이론과 토론을 좋아하는 성격이다. 따라서, 이들 둘의 성격(性格)을 구체적으로 확인해 보자.

이길동의 성격은 강직하나 마무리와 결실보기가 어렵고 획일성과 반항 그리고 투쟁심이 강한 반면, 김미녀는 김미녀는 활동적이면서 때로는 강직하고 차분하며 이론과 토론을 좋아하고, 끝 마무리와 수렴력이 좋아 다른 사람과 나름대로 친밀관계를 중요시 하는 성격이다.

남녀간 결혼 배필로는 신약 사주와 신강 사주가 서로 만나는 것이 좋다.

이길동과 김미녀는 모두 강직한 신강(身强) 사주이므로 의사 충동은 발생할 수 있겠으나 이길동은 비견격이고 김미녀는 인수격이기 때문에 김미녀가 양보할 수 있고 다소 참을 수 있는 성격으로 판단되므로 결혼 생활에서 둘의 성격은 나쁘지 않다.

(8) 삼합(三合)으로 보는 궁합

사주에서 삼합이란? 서로 서로 협력으로 인하여 더욱 큰 효과가 창출되는 것을 말한다. 따라서 삼합이 있다면 결혼 생활에서 서로 서로 정(情)을 쌓아가면서 살아갈 수 있는 제반 조건이 되는 것은 물론 변화(化)되는 육친(六親)이 길성(吉星)이면 효과가 배가 된다. 이것을 확인하는 방법은 남녀 상호간 지지에 적용하는 오행(五行) 관계로 판단한다.

삼합		
	남, 여의 지지 중 亥卯未이 만날 때(있을 때)	亥卯, 卯未, 亥未
	남, 여의 지지 중 寅午戌이 만날 때(있을 때)	寅午, 午戌, 寅戌
	남, 여의 지지 중 巳酉丑이 만날 때(있을 때)	巳酉, 酉丑, 巳丑
	남, 여의 지지 중 申子辰이 만날 때(있을 때)	申子, 子辰, 申辰

예를 들어보자.

사주 세우기에서 적용된 남자 이길동과 동갑내기 애인 김미녀의 경우 이들에게 삼합 궁합은 있는가?

<남자, 이길동>

구분	천간	지지
년주(年柱)	丙	①寅
월주(月柱)	甲	午
일주(日柱)	丙	戌
시주(時柱)	己	亥

<여자, 김미녀>

구분	천간	지지
년주(年柱)	丙	寅
월주(月柱)	丁	酉
일주(日柱)	壬	②戌
시주(時柱)	辛	丑

이길동과 김미녀의 사주에서 상호간 작용하는 지지를 비교하여 삼합을 확인해보면, 남자의 寅(①)과 여자의 戌(②)는 인오술(寅午戌) 중 인술(寅戌)의 반합(半合)이 성립되어

이것은 화(火) 기운으로 변화되기 때문에 이길동과 김미녀는 육친(六親)으로 판단해 보면 각각 비겁(丙-火)과 재성(壬-火)이 성립되어 서로 싸울 수도 있겠으나 재물(財物) 얻기가 용이 하다. 만약 남녀 궁합에서 합(合)이 되어 변화(化)되는 육친(六親)이 관성(편관, 정관)이라면 결혼 후 높은 관직(官職)에 오르게 된다. 2개 이상의 삼합이면 좋은 궁합으로 볼 수 있고, 1개 삼합의 경우도 서로가 좋은 궁합을 위하여 노력한다면 맞는 궁합이라고 볼 수 있다. 여기서는 삼합만 확인해 보았지만 앞 절에서 배운 천간, 지지합(육합), 방합(方合) 등도 합(合)으로 인하여 변화(化)되는 기운이 용신 등에 상반되지 않는다면 좋은 궁합으로 본다.

(9) 원진살(怨嗔殺)과 귀문관살(鬼門關殺)로 보는 궁합

원진살이란? 결혼생활에서 부부 상호간 싸움, 권태, 증오, 이별, 고독, 의처증, 의부증 등으로 미워하거나 원망하지만 결국 알면서도 승복하고 받아들여야 하는 것이므로 남녀 궁합에서 대표적인 나쁜 흉살(凶殺)이다.

귀문관살 역시 두뇌가 빠르고, 명석하나, 정신쇠약에 아주 취약하기 때문에 무속인 등의 신병 및 우울증, 노이로제, 의부증, 의처증, 히스테리, 불면증, 공항장애 등의 정신 쇠약증과 성적도착증을 발생시키기 때문에 원진살(怨嗔殺)과 더불어 나쁜 흉살이다.

<원진살(怨嗔殺)과 귀문관살(鬼門關殺)>

지지		子	丑	寅	卯	辰	巳	午	未	申	酉	戌	亥
원진살	비교 지지	未	午	酉	申	亥	戌	丑	子	卯	寅	巳	辰
귀문관살	비교 지지	酉	午	未	申	亥	戌	丑	寅	卯	子	巳	辰

이길동과 김미녀에게 작용되는 원진살과 귀문관살을 알아보자

<남자, 이길동>

구분	천간	지지
년주(年柱)	丙	①寅
월주(月柱)	甲	午
일주(日柱)	丙	戌
시주(時柱)	己	亥

<여자, 김미녀>

구분	천간	지지
년주(年柱)	丙	寅
월주(月柱)	丁	②酉
일주(日柱)	壬	戌
시주(時柱)	辛	丑

이들의 지지(地支)에서 서로 비교하여 판단해 보면, 남자(이길동)의 寅(①)과 여자(김미녀)의 酉(②)는 원진살이 성립된다.

여기서는 원진살과 귀문관살만 소개했는데 이 밖에도 부부 사이에 나쁘게 작용하는 고신살(孤神殺), 과숙살(寡宿殺), 관살혼잡(官殺混雜), 양인살(陽刃殺), 백호대살(白狐大殺), 괴강살(魁罡殺), 평두살(平頭殺), 상문조객살(喪門弔客殺), 천도살(天屠殺), 묘(墓)

에 적용되는 상부(喪夫)와 상처(喪妻) 등도 이별, 사별, 고독, 불화 등의 나쁘게 작용하는 살(殺)이다. 이것에 대한 자세한 사항은 앞 절의 길흉성(吉凶星)을 참조하길 바란다. 특히, 부부의 상부(喪夫)와 상처(喪妻) 즉 이별의 대표적으로 작용되는 묘(墓)에 대하여 알아보자(※앞의 길흉성에서 묘 참조).

이길동의 지지 戌(土)은 화(火)에서 묘(墓)가 성립되나, 이것은 부인 즉 정재에 적용되는 묘(墓)가 아니며, 또한 지지에 인오술(寅午戌)의 삼합이 작용되기 때문에 묘의 기능을 상실하게 되고, 김미녀 역시 지지 戌(土)는 화(火)에서, 丑(土)은 금(金)에서 각각 묘(墓)가 성립되나 이들 역시 정임합(丁壬合), 병신합(丙辛合) 그리고 축유(丑酉)의 반합(半合)이 각각 성립되어 창고(倉庫) 기능으로 작용되기 때문에 상부(喪夫)할 팔자가 아니라 중년 이후 재산을 모을 수 있게 된다.

따라서, 이들 둘 모두 상부(喪夫)와 상처(喪妻)는 성립되지 않는다. 그러나 대운(大運)이나 세운(歲運)에서 묘(墓)가 들어오는 시기에는 한번쯤 생각해볼 필요성이 있다. 독자들은 이러한 관계를 판단은 앞 절 길흉성을 참조하면 쉽게 판단 할 수 있다.

(10) 간충(沖)과 지지충(沖)으로 보는 궁합

부부 사주에서 충(沖)이 되면 부부간의 싸움, 이별, 병고, 실직 등으로 나쁘게 작용한다. 참고로 사주에서 간충(沖)과 지지 충(沖)이 용신(用神)과 서로 극(剋)하는 경우 더욱 나쁜 운(運)으로 작용된다. 특히 일간(日干)끼리 충(沖)이 성립되면 더욱 나쁘다. 간충은 乙·辛, 丙·壬, 丁·癸, 甲·庚, 己·乙이고, 지충은 아래와 같다.

지지	子	丑	寅	卯	辰	巳	午	未	申	酉	戌	亥
상충되는 지지	午	未	申	酉	戌	亥	子	丑	寅	卯	辰	巳

남자 이길동과 동갑인 애인 김미녀에게 작용하는 간충과 지지충을 조사해 보자.

<남자, 이길동>

구분	천간	지지
년주(年柱)	①丙	寅
월주(月柱)	甲	午
일주(日柱)	丙	戌
시주(時柱)	己	亥

<여자, 김미녀>

구분	천간	지지
년주(年柱)	丙	寅
월주(月柱)	丁	酉
일주(日柱)	②壬	戌
시주(時柱)	辛	丑

이들의 간지와 지지를 서로 비교해 보면, 간충으로 1개 즉 병임충(丙壬沖)이 존재하고, 지충은 없다. 간충은 지충보다 다소 약(弱)한 존재이다.

이러한, 남녀간에 작용되는 충(沖), 형(刑), 파(破), 해(害) 등의 판단은 앞 절 길흉성(吉凶星)에 소개된 <합(合), 충(沖), 형(刑), 파(破), 해(害)표>를 활용하면 이들을 금방 판단할 수 있다. 예를 들면 자(子) 쥐띠는 미(未) 양띠와는 원진살(怨嗔殺)과 해(害)과 성립되고, 오(午) 말띠와는 충(沖)이 성립되며, 유(酉) 닭띠와는 파(破)가 성립 된다.

(11) 관살혼잡(官殺混雜), 정관 합(合) 등으로 보는 궁합

남녀의 결혼(結婚)에서 궁합(宮合)도 중요하지만, 남녀 사주(四柱)에서 결혼 생활에 악(惡)영향을 주는 것들은 찾아서 확인해보는 것도 중요한 요소이다. 그 이유는 사주(四柱) 역시 결혼 생활에 직접적인 영향을 주는 지침서이기 때문이다. 대표적으로 여자 사주에서 정관과 편관이 공존하는 관살혼잡(官殺混雜) 사주의 경우 남편복이 없기 때문에 대부분 이혼(離婚) 등으로 이어진다. 남자 사주에서 관살혼잡은 자식(子息) 복이 없다. 특히 여자 사주에서 남편에 해당 되는 정관이 합(合)이 되어 다른 오행으로 변환되면 이것 역시 이혼 사주이다. 남자 사주에서 부인에 해당되는 정재가 합(合)을 이루면 남편은 소실을 두거나 혹은 외도하고 부인은 간통하게 된다. 그 외 사주 구성 조건으로 보면 결혼 생활에 악(惡)조건을 주는 요인들은 많다.

결혼 생활에 나쁜 영향을 주는 사주로 사주 자체가 탁한 사주는 물론 진법무민(盡法無民), 편인도식(偏印倒食), 군겁쟁재(群劫爭財), 인성과대(印星過大) 사주 등이 많다.

이와 반대로 국가(國家)에 큰 관록(官祿)이나 재물(財物)을 먹을 수 있는 좋은 사주 즉 식신생재(食神生財), 시상편관격(時上偏官格), 살장관로(殺藏官露), 관인상생(官印相生), 주류무체(周流無體), 목화통명(木火通明), 금백수청(金白水淸) 사주 등의 좋은 사주도 많다. 따라서, 독자들은 지금까지 학습된 사주 통변(通辯) 즉 해석(解析)으로 좋은 인연 찾기에 매진해 주길 바란다. 이러한 사주 구성 모두는 본 책에서 이미 설명하고 해석하였기에 여기서는 생략한다.

양력 1986년 6월 11일 밤 22:50분에 태어난 남자 이길동과 음력 1986년 8월 12일 새벽 01:40분에 태어난 여자 김미녀는 결혼 생활에 악(惡)영향을 주는 관살혼잡 등을 판단해 보면, 여자 김미녀에게는 일지(日支)와 시지(時支)에 편관과 정관이 각각 존재하므로 관살혼잡(官殺混雜)사주이며 또한 일간 임(壬)과 일지(日支)의 술(戌)은 백호대살(白狐大殺)이 성립된다. 따라서 김미녀의 경우 이혼(離婚)으로 이어질 수 있는 소지가 있기 때문에 결혼생활에서 조심해야될 사항이기도 하다.

지금까지, 이길동과 김미녀의 경우 결혼과 관련된 겉궁합과 속궁합 모두를 판단하여 정리해 보면 아래와 같다.

구분		결과
겉궁합	띠로 보는 궁합	○
	출생 계절(季節)로 보는 궁합	×

	신체적 조건으로 보는 궁합	○
속궁합	결혼운(結婚運)으로 보는 궁합	×
	양권(楊圈), 음권(陰圈) 및 일주(日柱)로 보는 궁합	×
	용신(用神)으로 보는 궁합	○
	월지(月支)와 일간(日干) 통변성으로 보는 궁합	×
	납음오행(納音五行) 통변성으로 보는 궁합	○
	오행(五行) 균형으로 보는 궁합	○
	성격(性格)으로 보는 궁합	○
	삼합(三合)으로 보는 궁합	○
	원진살(怨嗔殺)과 귀문관살(鬼門關殺)로 보는 궁합	×
	간충(沖)과 지지충(沖)으로 보는 궁합	△
	관살혼잡(官殺混雜), 정관 합(合) 등으로 보는 궁합	×
판정	서로 애정을 가지고 살아간다면 무난한 궁합으로 판단된다.	

이들은 겉궁합에 해당되는 출생 계절(季節)로 보는 궁합 그리고 속궁합에 해당되는 결혼운(結婚運)으로 보는 궁합, 양권(楊圈)과 음권(陰圈)으로 보는 궁합, 월지(月支)와 일간(일간) 통변성으로 보는 궁합 그리고 원진살(怨嗔殺)과 귀문관살(鬼門關殺)로 보는 궁합, 관살혼잡(官殺混雜), 정관 합(合) 등으로 보는 궁합은 나쁘지만, 그 외의 궁합 판단은 좋은 궁합으로 분류할 수 있다.

이러한 결과로 본다면 부부의 궁합이 누구나 100% 모두 맞는 사람은 세상에 없다. 몇 개 정도 궁합이 맞지 않는다고 해서 결혼 생활에 문제될 것은 없다. 단지, 전체적인 사주(四柱)에 큰 문제가 없고, 나쁜 살(殺) 등이 작용되지 않고, 가치관 등이 비슷한 경우는 가정을 지키고, 서로서로 애정을 가지고 살아가는 자세가 중요하다.

저자에게 이길동과 김미녀의 결혼 궁합을 솔직하게 판단해 보라고 한다면, 궁합 역시 부부(夫婦)가 살아가는데 각자 사주(四柱) 구성에 따라 많은 변수가 발생되고, 또 좋은 길운(吉運)과 나쁜 흉운(凶運)은 살아가는 조건에 따라서 생성과 소멸을 반복하기 때문에 이들의 궁합은 서로서로 조금씩만 양보한다면 얼마든지 행복(幸福)해지고 멋진 삶이란 것을 믿어 의심하지 않는다. 그러나 여자 김미녀에게는 이혼(離婚)으로 이어질 수 있는 관살혼잡(官殺混雜) 사주와 백호대살(白狐大殺)이 성립되기 때문에 몹시 아쉬운 부분이기도 하다. 따라서 김미녀의 결혼은 적어도 30세 이전보다는 35세 이후 늦은 결혼을 권하고 싶다.

제13장. 자녀 이름 짓기

우리들이 살아가는 우주 공간은 오행(五行)들의 균형으로 이루어져 있다.

이러한 오행의 균형은 우주 공간에서 상호간 보완적 관계를 유지하며 오늘에 와 있는 것이다. 사주(四柱)는 물론 이름 역시 이런 오행들의 집합체 이다.

이렇게 개인 이름이 중요한 이유는 사주(四柱)에서 작용되는 오행(五行)들의 부족하거나 혹은 과잉된 기(氣)의 순환을 원활하게 작용시켜 주기 때문이다. 즉 이름은 소리의 울림 파장(波長) 작용에 의하여 길성(吉星)으로 작용되기 때문에 개인에게 맞는 이름은 중요한 요소가 되는 것이다. 이것은 비단 이름뿐 아니라 방향(方向), 풍수(風水) 그리고 만나는 사람들과의 관계도 동일하다. 이러한 작용으로 인하여 같은 날짜에 태어난 사람일 경우라도 출세는 물론 살아가는 방법이 각각 틀리는 것이다.

이름은 흔히 우리 주변에 보면 그냥 가문에 내려오는 항렬(行列)로 짓거나 혹은 오행의 순서(水, 氵 => 木 => 火 => 土 => 金) 아니면 부르게 편한 이름 혹은 좀 특이한 이름으로 다른 사람들에게 인식을 심어주기 위한 이름으로 짓거나 혹은 부모가 좋아하는 이름으로 짓는 경우가 종종 있다.

하지만, 이름은 일생을 마칠 때까지 같이 가야하는 동반자이기 때문에 상호간 서로 보완 관계를 유지되어야만 한다.

여기서 보완 관계란?

좋은 사주와 나쁜 사주를 구분하여 서로 보완 하듯이, 이름도 사주에 맞게 상호 균형을 유지시켜 주거나 단점을 보완해 주어야 한다. 즉, 사주에 나타난 적성과 장래를 고려하여 이름 사주도 이에 맞게 상호 균형을 유지시켜 주어야 된다.

이러한 이유 때문에 이름이 중요한 것이다. 저자 역시 수많은 사람들의 이름을 간명(看命)해 보았지만, 주위 훌륭한 사람들 대부분은 사주와 이름의 상호 보완 관계가 잘 유지된 사실임을 확인할 수 있었다.

사실 이름을 짓는 다는 것은 사주를 판단하는 것보다 더 어렵다.

그 이유는 사주 해석 없이 이름을 지을 수 없기 때문이다.

아무리 좋은 이름이라도 본인의 사주에 부합되지 못하면 절대적으로 나쁜 이름에 해당된다.

독자들은 이미 앞 절에서 사주를 세우고 해석(解析)은 물론 용신(用神)을 찾고 판독하는 실력을 쌓았기 때문에 이름을 짓는 것은 어렵지 않을 것이다.

여기서는 이러한 이름의 중요성을 감안하여, 수리(數理)의 양(陽)과 음(陰)의 조화, 획수의 조화, 자원 오행의 조화 그리고 용신(用神)과 지충(支沖), 상부(喪夫)와 상처(喪妻)의 묘(墓)를 통하여 불행(不幸)을 막고 행운(幸運) 이름 짓는 방법은 물론 이름 사주 풀이를 통하여 사주(四柱)와 이름의 상호 균형(均衡)을 알아보고, 최종적으로 저자가 이름 짓기에 사용했던 '이름 간명지'를 통하여 확인해 보고자 한다. 독자들은 이제부터는 귀여운 자녀들에게 부르기 쉽고, 아름답고, 훌륭한 이름을 선물하도록 하자.

1. 이름 짓기 조건이 있다

(1) 원획법으로 획수를 확인한다.

이름 짓기에서 가장 먼저 알아야 될 사항은 한자 획수(劃數)를 판단하는 것이다.
획수를 판단하는 방법은 한자 본래 획수를 적용하는 원획법과, 한자에 나타난 횟수만을 적용하는 필획법 그리고 붓의 구부러짐을 기준으로 확인하는 곡획법이 있다. 이 중 이름 짓기에서는 한자 본래의 원획을 적용하여 획수를 적용한다.

필획		원획		필획		원획	
부수명	획수	부수명	획수	부수명	획수	부수명	획수
忄(심방변)	3획	心(마음심)	4획	衤(옷의변)	5획	衣(옷의)	6획
氵(삼수변)	3획	水(물수)	4획	++(초두머리)	4획	艸(풀초)	6획
扌(재방변)	3획	手(손수)	4획	罒(그물망머리)	5획	网(그물망)	6획
犭(개사슴록변)	3획	犬(개견)	4획	月(육달월)	4획	肉(고기육)	6획
王(구슬옥변)	4획	玉(구슬옥)	5획	辶(책받침)	4획	辵(달릴착)	7획
礻(보일시변)	4획	示(보일시)	5획	阝(우부방)	3획	邑(고을읍)	7획
耂(늙을로)	4획	老(늙을로)	6획	阝(좌부방)	3획	阜(언덕부)	8획

예를 들면, 수(洙)의 경우 원획수를 적용해야 되므로 氵(삼수변)의 3획이 아니라, 원획수의 水(물수)의 4획을 적용한다. 따라서 이름 짓기에서의 수(洙)는 9획이 아니라 10획이다. 원획에 해당되는 다른 한자들도 독자들은 알고 적용해 주길 바란다.
간혹 이름 짓기에서 이러한 사실을 알지 못하고 획수(劃數)가 틀렸다고 하는 경우가 있으니 독자들은 이에 대한 내용을 잘 알길 바란다.

(2) 약자(略字), 속자(俗子) 등을 확인한다.

이름 짓기에서 사용되는 한자는 변화하지 않은 본디 원래 모양의 정자(正子)를 사용하고, 정자의 획수를 토대로 이름을 판단한다.
복잡한 한자를 간단하게 만든 한자 혹은 새롭게 만든 한자 즉 약자(略字)나 속자(俗子), 간체자(簡體字), 번체자(繁體字) 등의 한자는 이름에서는 사용하지 않고, 원래 변경되기

전의 본래 한자의 획수를 사용한다.

예를 들면, 만(萬)=>만(万), 학(學)=>학(学), 호(號)=>호(号) 등처럼 이름에서는 만(萬), 학(學), 호(號) 등과 같이 본디 원래 변경되지 않는 한자를 적용하여 사용하는 것이지, 약자나 혹은 속자에 해당되는 만(万), 학(学), 호(号)의 한자는 사용하지 않는다. 현재 시중에 판매되는 작명(作名) 책들은 이러한 것들을 모두 감안해서 적용된 것이기 때문에 독자들은 이를 이용하면 쉽게 이름 짓기를 할 수 있다.

(3) 이름 짓는 조건은?

요즘 스마트 시대를 맞이하여 이름 짓는 조건도 당연히 변화되어야 한다.

장남과 장녀란 개념이 없어지고, 남녀의 성(姓)차별이 없어졌을 뿐 아니라, 개인의 능력이 지배하는 시대가 왔기 때문이다. 따라서, 독자들에게 좋은 이름의 조건을 제시하면 다음과 같다.

> • 사주 조건에 맞는 이름이다(※용신(用神)에 부합된 이름).
> • 품격과 품위가 있고, 긍정적인 이름이다.
> • 부르기 좋고 현대적 감각에 세련된 이름이다.
> • 이름 짓기 작명법에 맞는 이름이다.
> • 한번 들으면 기억하기 쉬운 이름이다.
> • 독특한 개성이면 좋다.
> ※<참고> 우리나라의 경우 성씨를 제외한 이름은 다섯 글자를 넘지 않도록 규제하고 있다(※대법원 1993. 2. 25).

(4) 항렬(行列)과 돌림자 적용은?

예전 우리나라의 경우 이름을 지을 때 씨족 사회에서 서열이나 혹은 한데 묶어 놓기 위한 수단으로 항렬(行列)과 돌림자 형태로 이름을 지었다.

예를 들면, 수(水)-목(木)-화(火)-토(土)-금(金)의 오행(五行)의 흐름으로 이름 짓기를 하든지 아니면 가문(家門)에 이어오는 이름 순서에 의하여 지었다.

요즘은 이러한 항렬을 따지는 시대적 필요성이 다소 약(弱)해졌다.

그 이유는, 자신에게 필요하지 않는 오행(五行)을 적용할 하등의 이유가 없어졌고, 사회 활동에서 남녀의 구분 역시 없어졌기 때문이다.

또한 항렬을 적용하여 이름을 지을 경우 좋은 이름 짓기에 제한을 받는 경우도 있다.

그러나, 항렬(行列)을 적용하면 조상의 뿌리 찾기는 물론 소속감을 강화시키는 장점은 있다. 특히 우리나라 성씨별 항렬 순서는 인터넷 등을 이용하면 쉽게 찾을 수 있다.

따라서, 독자들은 이러한 것들을 감안해서 항렬과 돌림자를 이용해서 이름을 지을 수도 있고, 아니면 이런 것을 묵인하고 이름을 지을 수도 있겠다.

(5) 예명(藝名), 호(號), 쌍둥이 이름은?

예명은 자신의 성과 함께 사용하는 것이고, 호는 자신의 이름 앞에 사용한다.

예명은 이름 짓기와 동일하다. 보통 예명은 종사 업무에 맞는 내용으로 만드는데 예를 들면 문학인들은 자신의 마음속에 무엇인가를 나타내는 것을 예명으로 사용하고, 종교인들은 수행과 깨달음이 담겨 있는 것을 사용하며, 연예인들은 자신의 이미지가 타인에게 잊혀지지 않는 것을 예명으로 사용한다.

호(號)는 문인(文人)이나 예술가(藝術家)들이 주로 사용하는 아호(雅號), 집주인들의 거처를 나타내는 당호(堂號) 등이 있다. 호(號) 역시 이름 짓기와 동일하다. 보통 호는 4가지의 짓는 원칙을 제시하고 있는데 이것은 다음과 같다.

첫째, 소처이호(所處以號)의 원칙으로 마을, 산, 골짝, 풍경, 강산, 물 이름 등을 토대로 호(號)로 삼은 것으로 도곡 김태정 선생처럼 도곡이란 지명을 사용한 것을 들 수 있다.

둘째, 소지이호(所志以號)로 자신의 뜻을 이루어진 것이나 혹은 이루고자 하는 내용을 호로 삼는 것인데 예컨대 여초 김응현 선생처럼 처음과 같은 자세로 공부에 임하겠노라고 하여 여초(如初)라고 하였다.

셋째, 소우이호(所遇以號)로서 늙고, 괴롭고, 가난하고, 고독, 허무한 환경이나 여건을 호로 삼은 것으로 퇴계 이황 선생의 경우 고향으로 물러나 시내(산골짜기나 평지에서 흐르는 자그마한 내)를 벗하면서 공부에 전념하겠다는 뜻으로 퇴계(退溪)라고 하였다.

넷째, 소축이호(所蓄以號)의 원칙으로 자신이 간직하고 있는 것 가운데 좋아하는 것이나 취미활동을 호로 삼은 것을 말한다. 그 외 다른 것들의 주제나 뜻도 얼마든지 자신의 호(號)로 사용할 수 있다.

역사적인 인물들의 호(號)를 확인해 보면, 포은(圃隱)-정몽주, 매월당(梅月堂)-김시습, 우암(尤庵)-송시열, 다산(茶山)-정약용, 만해(萬海)-한용운, 백범(白凡)-김구, 도산(島山)-안창호, 해공(海公)-신익희, 고당(古堂)-조만식, 송제(松濟)-서재필 등이 있고, 현대 정치인들의 경우 중수(中樹)-박정희, 우당(尤堂)-박찬종, 후농(後農)-김상현, 허주(虛舟)-김윤환 등이 있다.

요즘 들어 보통 사용되는 몇 가지 호(號)를 예를 들어보면 아래와 같다.

해엄(解嚴),	해암(海岩),	송재(淞齋),	호암(晧岩),	청운(青雲),	석촌(夕村),
정암(頂岩),	백암(白岩),	성두(星斗),	일봉(一峯),	정암(頂岩),	무문(無門),
만경(晚耕)					

따라서, 독자들은 보통 호를 짓는 4가지의 원칙 등을 활용해서 자신에게 맞는 호(號)를

지어보길 바란다.

특히 쌍둥이의 경우는 먼저 태어난 형이나, 언니 이름은 동생보다 앞선 가나다 순서에 의거 작명해 주면 좋겠다.

쌍둥이 이름 짓기를 예를 들어보자.

구분	성씨	이름(1)	이름(2)
형, 언니	김	미	지
동생	김	서	람
※형과 언니 이름의 '미'는 동생 '서'보다 가나다 순서가 앞선다.			

참고로 독자들은 시장, 마트, 회사나 개인적으로 사용하는 상호(商號)들은 작명하는 방법이 다소 상이하니 '제9장, 좋은 상호, 로고, 숫자는 따로 있다'를 참조하길 바란다.

2. 양(陽)과 음(陰)의 조화가 있다

우선 이름 짓기에 있어서 처음 확인해야 될 사항은 수리적(數理的)으로 양(陽)과 음(陰)의 조화를 맞추는 것이다.

양과 음의 수리 조화는 이름에 사용되는 한자의 획수를 홀수와 짝수로 따져서 양과 음의 조화를 확인하면 된다.

이때 이름이 일자성(一子姓) 이자명(二子名)명이거나 혹은 이자성(二子姓) 이자명(二子名)이든 양(陽)과 음(陰)의 조화가 이루어 져야 한다.

구분		한자 총 획수
양 (陽)	홀수	1, 3, 5, 7, 9, 11, 13, 15, 17, 19, 21, 23, 25, 27, 29, 31…
음 (陰)	짝수	2, 4, 6, 8, 10, 12, 14, 16, 18, 20, 22, 24, 26, 28, 30, 32…

예를 들어보자.

지금까지 본 책에서 적용된 일자성(一子姓) 이자명(二子名)에 해당되는 양력 1986년 6월 11일 낮 13:50분에 태어난 이길동(李吉童)이의 이름에 대한 양(陽)과 음(陰)의 조화를 알아보자.

이름	이(李)	길(吉)	동(童)	※ (양) - (음) - (음)으로
한자 획수	7획	6획	12획	구성되었기 때문에 좋은
구분	홀수 (양)	짝수 (음)	짝수 (음)	이름이다.

이길동은 (양) - (음) - (음)으로 구성되어 있어 음, 양의 조화가 이루어진 이름이다.

여기서 알아야 될 사항은 이길동이 처럼 일자성(一子姓) 이자명(二子名)인 경우나 , 일자성(一子姓) 일자명(一子名), 이자성(二子姓) 일자명(一子名), 이자성(二子姓) 이자명(二子名) 모두 어느 한쪽으로 양(陽)과 음(陰)이 쏠리는 경우만 없으면 좋은 이름이다.

즉, (양) - (음), (음) - (양), (양) - (음) - (음), (음) - (양) - (양), (양) - (음) - (양), (음) - (양) - (음) 등은 좋은 이름이지만,

(양) - (양), (음) - (음), (양) - (양) - (양), (양) - (양) - (양), (음) - (음) - (음) 등과 같이 양(陽)과 음(陰)이 한쪽으로 쏠린 이름으로 구성된 경우는 나쁜 이름이다.

독자들을 위하여 다시 예를 들어 설명하면 아래와 같다.

(1) 일자성(一子姓) - 일자명(一子名)

이름	김(金)	규(圭)	○	※ (음) - (음)으로 구성되었기 때문에 나쁜 이름이다.
한자 획수	8획	6획	○	
구분	짝수	짝수	○	
	(음)	(음)	○	

(2) 이자성(二子姓) - 일자명(一子名)

이름	선우(鮮于)	민(敏)	○	※ (음) - (양)으로 구성되었기 때문에 좋은 이름이다.
한자 획수	17획 + 3획 =20획	11획	○	
구분	짝수	홀수	○	
	(음)	(양)	○	

(3) 이자성(二子姓) - 이자명(二子名)

이름	남궁(南宮)	윤(允)	철(哲)	※ (양) - (음) - (음)으로 구성되었기 때문에 좋은 이름이다.
한자 획수	9획 + 10획 =19획	4획	10획	
구분	홀수	짝수	짝수	
	(양)	(음)	(음)	

3. 둘로 갈라지는 이름인가

성(姓)과 이름 모두가 가로나 혹은 세로로 갈라지는 이름은 운(運)이 두 사람으로 나누어지는 현상이므로 나쁜 이름이다. 하지만 성(姓)과 이름이 가로와 세로로 섞여진 이름은 좋은 이름이다. 이에 따른 이름을 확인해 보면 아래와 같다.

A 이름	李(이)	木 + 子(가로)	
	吉(길)	士 + 口(가로)	
	童(동)	立 + 里(가로)	
	해석) 李吉童의 경우 모두 가로로 갈라지는 이름이므로 좋지 않다.		

B 이름	朴(박)	木 + 卜(세로)	
	好(호)	女 + 子(세로)	
	鉉(현)	金 + 玄(세로)	
	해석) 朴好鉉의 경우 모두 세로로 갈라지는 이름이므로 좋지 않다.		

C 이름	張(장)	弓 + 長(세로)	
	志(지)	士 + 心(가로)	
	玩(원)	王 + 元(세로)	
	해석) 張志玩의 경우 세로와 가로가 섞여있어 좋은 이름이다.		

D 이름	朴(박)	木 + 卜(세로)	
	圭(규)	土 + 土(가로)	
	炎(염)	火 + 火(가로)	
	해석) 朴圭炎의 경우 세로와 가로가 섞여있어 좋은 이름이다.		

4. 획수(劃數)의 조화가 있다

이름은 수리적(數理的) 획수의 조화가 맞아야 하는데, 그 방법은 초년 운세에 해당되는 원격(元格), 청년기의 형격(亨格), 중년기의 이격(利格), 말년의 정격(貞格)으로 구분하여 해석한다. 이때 원격, 형격, 이격, 정격의 4격 모두 길수(吉數)가 되어야 한다. 하나라도 흉수(凶手)가 있으면 나쁜 이름이다.

이름 4격 구성을 알아보자.

형격(亨格)	성과 이름 첫 글자의 획수를 합한 것이다.
원격(元格)	성을 제외한 이름 두 글자의 획수를 합한 것이다.
이격(利格)	성과 이름 끝 글자의 획수를 합한 것이다.
정격(貞格)	성과 이름 두 글자의 획수를 모두 합한 것이다.

여기서 길수(吉數)란?

이름에 적용되는 81수를 말하는 것으로 본 책에서는 부록에 첨부되었으니 독자들은 참고하길 바란다.

(1) 일자성(一子姓) - 이자명(二子名)

사주 세우기에 적용된 일자성(一子姓) 이자명(二子名) 이름의 이길동(李吉童)의 이름에 대하여 획수 조화를 확인해 보자.

①형격(13획)	②원격(18획)

①형격(亨格, 13획) : <길수>, 총명격, 지모운(智謀運)
②원격(元格, 18획) : <보통>, 융창격, 발전운(發展運)
③이격(利格, 19획) : <흉수>, 고난격, 허약운(虛弱運)

이(李)	길(吉)	동(童)
7획	6획	12획

③이격(19획)
④정격(25획)

④정격(貞格, 25획) : <보통>, 안강격, 건창운(健暢運)

※<이길동(李吉童) 이름 판정>
이길동은 형격, 원격, 정격은 보통과 길수이지만, 이격(利格)은 19획으로서 고난격, 허약운(虛弱運)에 해당되는 흉수(凶數)다. 형격, 원격, 이격, 정격 모두 길수(吉數)가 되어야 좋은 이름이나, 이길동은 이격(19획)이 흉수이므로 획수 조화로 본 이길동의 이름은 나쁜 이름에 해당된다.

(2) 일자성(一子姓) - 일자명(一子名)

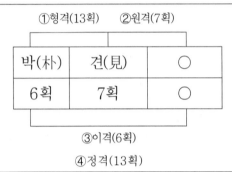

①형격(13획) ②원격(7획)

박(朴)	견(見)	○
6획	7획	○

③이격(6획)
④정격(13획)

①형격(亨格, 13획) : <길수>, 총명격, 지모운(智謀運)
②원격(元格, 7획) : <길수>, 독립격, 발달운(發達運)
③이격(利格, 6획) : <길수>, 계성격, 풍부운(豊富運)
④정격(貞格, 13획) : <길수>, 총명격, 지모운(智謀運)

※<박견(朴見) 이름 판정>
형격(亨格, 13획), 원격(元格, 7획), 이격(利格, 6획), 정격(貞格, 13획) 모두 길수(吉數)이므로 좋은 이름이다.
여기서 독자들이 알아야 될 사항으로, 일자성(一子姓)-일자명(一子名)의 경우 시주(時柱)가 없는 관계로 자식이나 부하 운이 없고, 일자성(一子姓)-삼자명(三子名)이나, 이자성(二子姓)-일자명(一子名)의 경우 운이 좋을 때는 2배의 운이 되지만 반대로 나쁜 운일 때는 2배가 되므로 권장하지 않는 이름이다.

(3) 이자성(二子姓) - 일자명(一子名)

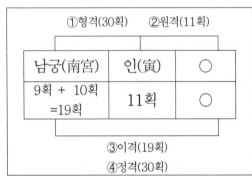

①형격(30획) ②원격(11획)

남궁(南宮)	인(寅)	○
9획 + 10획 =19획	11획	○

③이격(19획)
④정격(30획)

①형격(亨格, 30획) : <흉수>, 부몽격, 춘몽운(春夢運)
②원격(元格, 11획) : <길수>, 신성격, 부가운(富家運)
③이격(利格, 19획) : <흉수>, 고난격, 허약운(虛弱運)
④정격(貞格, 30획) : <흉수>, 부몽격, 춘몽운(春夢運)

(4) 이자성(二子姓) - 이자명(二子名)

①형격(31획)		②원격(17획)
독고(獨孤)	지(志)	수(洙)
16획 + 8획 =24획	7획	10획
③이격(34획)		
④정격(82획)		

①형격(亨格, 31획) : <길수>, 융창격, 개척운(開拓運)

②원격(元格, 17획) : <보통>, 용진격, 강건운(剛健運)

③이격(利格, 34획) : <흉수>, 반란격, 파괴운(破壞運)

④정격(貞格, 82획) : <흉수>, 분리격, 분산운(分散運)

※<참고> 수(洙)는 원획수를 적용해야 되므로 氵(삼수변)의 3획이 아니라, 水(물수)의 4획이다. 따라서 이름 짓기에서의 수(洙)는 9획이 아니라 10획이다

※<독고지수(獨孤志洙) 이름 판정>
이격(利格, 34획)과 정격(貞格, 82획)이 흉수(凶數)이므로 나쁜 이름이다. 좋은 이름이
되려면 이격과 정격 모두 길수(吉數)가 되어야 한다.

독자들은 좋은 수리 획수를 찾기 위해서는 부록에 첨부된 '한자 이름 획수 풀이표'를
바탕으로 1수~81수에 대한 '한자 이름 81 수리 획수(劃數) 풀이'를 활용하면 원격(元
格), 형격(亨格), 이격(利格), 정격(貞格) 모두가 길수(吉數)가 되는 이름을 쉽게 찾을 수
있어 매우 편리하다.

또한, 총 획수가 81획수 이상인 경우 80획수를 뺀 값을 적용하면 된다.

즉, 총 획수가 85획수라면 85획수 빼기 80획수는 5가 되므로 5획수가 된다.

참고로 1수에서 81수까지 길수와 흉수를 구분하면 제시하면 다음과 같다.

구분	내용
길수 (吉數)	1, 3, 5, 6, 7, 8, 11, 13, 15, 16, 17, 18, 21, 23, 24, 25, 29, 31, 32, 33, 35, 37, 38, 39, 41, 45, 47, 48, 51, 52, 57, 58, 61, 63, 65, 67, 68, 71, 73, 75, 78, 81
흉수 (凶數)	2, 4, 9, 10, 12, 14, 19, 20, 22, 26, 27, 28, 30, 34, 36, 40, 42, 43, 44, 46, 49, 50, 51, 53, 54, 55, 56, 59, 60, 62, 64, 66, 69, 70, 72, 74, 76, 77, 78, 79, 80

5. 발음 오행으로 조화를 맞춘다

발음의 음(音)을 통하여 이름에 적용하는 방법을 발음 오행(五行)이라고 하는데 우리나

라에 적용되는 종류로는 3가지가 있다. 다수설에 해당되는 전통적인 발음 오행 방식과 지역 및 시대적으로 변화된 발음을 적용하는 방법 그리고 소수설에 해당되는 한글 오행(훈민정음)을 적용하는 방법이 있다.

3가지의 발음 오행 적용은 어느 것이 좋다 혹은 나쁘다고 말할 수는 없다.

발음 오행은 한글에서 자음(子音)의 소리로 오행을 판단하는데 이 때 중성은 제외하고 초성과 종성으로 판단한다.

발음 오행이 우리나라에 도입된 시점은 1960년대 일본에서 들어왔다. (81획수, 수리성 명학도 동일) 따라서 발음 오행의 적용 역사는 길지 않다.

우리나라의 3대 역리학자인 자강 이석영, 도계 박재완 등의 명리 학자들은 발음 오행과 81수리 획수를 성명학에 적용시키는 것은 처다 보지도 않는다고 하였다.

이러한 이유는 일자명(一子名)과 이자성(二子姓)의 경우 초성, 중성 그리고 종성에 대한 발음 기준은 어디에 맞추어야 하는가?

또는 다수설에 해당되는 전통방식과 지역이나 시대적인 발음 방식 그리고 소수설의 한글 오행(훈민정음) 적용 방식은 아직까지도 여러 가지 애매모호한 학설(學說)이 존재하고 있다. 하지만 발음 오행에 맞는 이름 짓는 방법이 존재 한다는 사실은 분명하다.

따라서, 독자들은 발음 오행으로 이름 짓기에서 水火火, 木土土, 火金金, 土水水, 金木木 등의 상극(相剋)은 제외하고, 자신의 용신(用神)을 극(剋)하지 않고, 사주 구성에서 오행(五行)들의 상호 균형(均衡)을 유지해주는 발음 오행 이름이면 무난한 이름으로 판단하면 되겠다.

발음 오행에 따른 오행 기준은 아래와 같이 '자음 발음오행 구성표'와 영문(英文)의 경우 '영문 오행 구성표'를 기틀로 적용한다.

본 책에서의 발음오행 적용 방식은 다수설에 해당되는 전통방식과 지역이나 시대적 발음 오행을 적용하여 판단하였다. 독자들은 이름 판단시 다수설과 소수설 모두 각각 적용하여 둘 다 모두 좋은 이름으로 판단된 경우에만 작명해 주길 바란다.

<자음 발음오행 구성표>

자음		ㄱ, ㅋ, ㄲ	ㄴ, ㄷ, ㄹ, ㅌ	ㅇ, ㅎ	ㅅ, ㅈ, ㅊ	ㅁ, ㅂ, ㅍ
다수설	발음 오행 (전통방식)	목(木)	화(火)	토(土)	금(金)	수(水)
	지역이나 시대적 발음	목(木)	화(火)	토(土)	금(金)	수(水)
소수설	한글 오행 (훈민정음)	목(木)	화(火)	수(水)	금(金)	토(土)

오행	목(木)	화(火)	토(土)	금(金)	수(水)
영문 발음	C, G, K, Q	D, L, N, R, T	A, E, H, F, I, O, U, W, X, Y	C, G, J, S, X, Z, CH	B, F, M, P, V

<적용 방법>

자음 발음 오행을 적용하여 이름의 좋고 나쁨에 대한 판단은 초성과 종성으로 구분하여 오행간의 상생(相生)과 상극(相剋)작용으로 판단한다.

이 때 3자중 2개 이상이 木 => 火 => 土 => 金 => 水의 상생 관계에 따른 목생화(木生火), 화생토(火生土), 토생금(土生金), 금생수(金生水), 수생목(水生木)이면 좋은 이름으로 판단하고, 반대로 3자중 2개 이상이 木 => 土 => 水 => 火 => 金에 따른 목극토(木剋土), 토극수(土剋水), 수극화(水剋火), 화극금(火剋金), 금극목(金剋木)의 상극 관계이면 나쁜 이름으로 판단한다.

또한 같은 오행으로 구성된 상비(相比)관계에 해당되는 土와土, 水와水는 서로 만나면 조화를 이루니 좋은 관계로 보며, 金과金, 木과木은 서로 만나면 부딪히는 소리가 발생된다(※이 경우 학자마다 다른 주장도 있겠으나 여기서는 무난한 관계로 본다). 그리고 火와火는 서로 만나면 둘 다 모두 타 없어지므로 나쁜 관계로 본다.

따라서, 상비 관계의 이름은 土土土(좋음), 水水水(좋음), 金金金(보통), 木木木(보통), 火火火(나쁨) 이름으로 본다.

영문(英文)의 경우 '영문 오행 구성표'를 바탕으로 해당되는 오행을 결정하면 된다.

발음 오행으로 이름에 적용했을 때 같은 값이면 좋은 것이 좋겠다. 이러한 조건을 감안하여 발음 오행을 이름에 적용시켜 줄 때 사주 오행 구성 비율, 용신(用神)을 극(剋)하지 않는 오행 그리고 자원오행 등을 참조하여 水剋火, 金剋木, 土剋水, 火剋金, 木剋土 등과 같이 상호 극(剋)하는 작용이 성립되지 않는 오행(五行)으로 결정해 주면 된다.

예를 들면, 리수중, 이수중 및 이지선이란 이름을 다수설에 해당되는 전통방식법과 지역이나 시대적 발음법 그리고 소수설에 해당되는 한글오행 발음을 적용해 보자.

- ■전통방식 적용(다수설) ; 리수중(火金金)
- ■지역이나 시대적 발음 적용(다수설) ; 이수중(土金金)
- ■한글오행(훈민적음) 발음 적용(소수설) ; 이지선(水金金)

이 중에서 지역이나 시대적 발음에 적용시킨 이수중(土金金)이나, 한글오행(훈민적음)에 적용시킨 이지선(水金金)은 土金金과 水金金으로 구성 되어 金과 土, 金과 水가 서로 상생(相生)관계가 성립됨으로 무난한 이름이지만, 전통방식 적용시킨 리수중(火金金)의 경우 火金金은 火剋金의 상극(相剋) 작용이 성립되므로 나쁜 이름에 해당된다. 따라서 전통방식에 적용시킨 리수중은 다른 이름으로 변경시켜 주어야 한다.

따라서, 독자들은 이름을 지을 때 다수설에 해당되는 전통방식과 지역이나 시대적 발음방식 그리고 소수설에 해당되는 한글오행(훈민적음)을 적용시켜서 이름 짓기를하고 이때 서로 상극(相剋)되는 水火火, 木土土, 火金金, 土水水, 金木木 등이 아닌 이름이거나 또한 자신의 용신(用神)을 극(剋)하지 않고 부르기 편하고 예쁜 이름으로 결정해 주길 바란다.

지역적인 발음으로 이(李)의 경우 발음 오행으로 토(土)가 되지만, 북한에서는 리(李)로 발음하므로 화(火)가 된다.

또한 영문의 경우 같은 S의 경우 SONY(소니)는 금(金)이지만, SK telecom(에스케이 텔레콤)는 토(土)가 된다.

참고로 노무현과 이명박 전임 대통령의 이름을 발음 오행으로 판단해 보자.

다수설에서 본 노무현(火, 水, 土)은 水剋火 및 土剋水으로서 상호 극(剋)하는 나쁜 이름이며, 소수설로 판단해 보면 노무현(火, 土, 水)은 水剋火 및 土剋水이 성립되어 이것 역시 나쁜 이름이다. 또한 종성을 포함하여 판단해 보면 노무현(火, 水, 土, 火)은 土剋水剋火를 벗어날 수 없는 나쁜 이름이다.

이명박의 경우 다수설의 이명박(土, 水, 水)과 소수설의 이명박(水, 土, 土)은 모두 土剋水가 되어 나쁜 이름이며, 종성을 포함한 이명박(土, 水, 土, 水, 木) 역시 木剋土剋水가 성립되어 이것 역시 나쁜 이름이다.

따라서, 독자들은 3가지 발음 오행의 적용 관점을 알고 상호 극(剋)하지 않는 이름 짓기를 활용해 주길 바란다.

이제 이러한 이름 짓기 적용 원칙에 따라 실전에서 활용될 이길동과 김선옥 이름에 대하여 발음 오행을 적용하여 판단해 보자.

▯이길동 이름에 대하여 초성 발음 오행을 적용해 보자.

이길동의 이름을 다수설의 <자음 발음오행 구성표>의 초성에 적용해 보면 아래와 같다.

이름	이	길	동
초성	ㅇ	ㄱ	ㄷ
발음 오행	土	木	火

해석) 이길동의 초성 오행 작용을 보면 木 => 火 => 土으로 이루어져 있어 상생(相生) 작용이 된다. 따라서 초성 발음 오행으로 본 이길동의 이름은 좋은 이름이다. 다른 이름 판명도 위와 같이 적용하면 된다.

□김선옥 이름에 대하여 초성과 종성 발음 오행을 적용해 보자.

이름	김 선 옥					
초성/종성	ㄱ	ㅅ	ㅇ	ㅁ	ㄴ	ㄱ
발음 오행	①木	②金	③土	④水	⑤火	⑥木

해석) 김선옥이의 초성과 종성 오행 작용을 다수설로 확인해 보면 초성에서 ①木剋③土 및 ②金剋①木이 성립 되어 나쁜 이름이다. 하지만 초성과 종성의 오행 모두를 적용하여 판단해 보면, ④水 => ①⑥木 => ⑤火 => ③土 => ②金으로 이루어져 서로 상생(相生)관계가 성립되므로 초성과 종성의 발음 오행으로 본 김선옥은 좋은 이름이다. 따라서, 김선옥 이름은 좋은 이름이다.

특히 독자들은 초성과 초성 및 종성의 오행 선택에 따른 이름 짓기는 물론 다수설과 소수설 모두 각각 적용해서 좋은 이름으로 판단된 경우에만 작명해 주길 바란다.

6. 자원 오행과 조화를 맞춘다

자원(字源) 오행 이란?

우리들의 이름에 사용되는 한자에 내포된 오행(五行)을 말한다.

이름 짓기에서 가장 중요한 핵심(核心) 요체가 바로 자원(字源) 오행 적용이다.

그 이유는 함부로 이름을 작명하는 것이 아니라, 반드시 사주(四柱)에 구성된 오행(五行)의 균형은 물론 용신(用神)과 희신(喜神)을 바탕으로 자원(字源) 오행과 조화를 맞추어야 하기 때문이다.

그리고 자원 오행은 한자의 부수나 원래 뜻에서 찾을 수 있다. 하지만, 어느 특정 한자를 보고 자원 오행을 찾는다는 것은 쉬운 일이 아니다.

따라서, 독자들은 사주 용신은 물론 부록에 첨부된 '자원 오행'표를 바탕으로 적용시켜 판단하는데, 이때 중요한 사항은 첫째, 사주에서 부족한 오행(五行)을 적용하여 균형을 맞추어 주어야 하고 둘째, 사주의 용신(用神)이나 희신(喜神)을 극(剋)하지 말아야 하며, 셋째, 성씨(姓氏)를 제외한 자원 오행의 구성은 서로 상생(相生) 관계가 되어야 하지, 상극(相剋) 관계는 아니어야 한다. 예를 들어 이길동의 이름에서 자원 오행을 적용시켜 보자.

이름	李 吉 童
자원 오행	木 水 金

이길동의 자원 오행은 木, 水, 金으로 구성되어 있어 성(姓)을 제외한 이름에서는 수(水)

와 금(金)의 상생(相生) 관계로 구성되어 있고, 성까지 포함해서 판단해 보면 금생수생목(金生水生木)이 성립되어 이것 역시 상생 관계가 되어 좋은 이름이며, 이길동의 사주 원국을 보면 화(火)가 3개로 구성되어 있어 무더운 불덩어리 사주가 되기 때문에 자원 오행의 수(水) 1개와 금(金) 1개는 불덩어리 사주를 시원하게 식혀주고 완화시켜 주므로 이것 역시 좋은 오행이 된다. 특히, 이길동 사주의 용신(用神)은 수(水)이고, 희신(喜神)은 금(金)이기 때문에 자원 오행으로 본 이길동 이름은 수(水)와 금(金)으로 구성되어 있어 좋은 이름이 된다.

그러나 어떤 이름이든지 자원 오행과 발음 오행이 자신의 용신(用神)과 희신(喜神)을 극(剋)하는 이름은 나쁜 이름이 된다.

사실 앞에서 설명된 것처럼 이름 짓기에서 발음 오행보다 더 중요한 것이 자원(字源) 오행 적용이다. 따라서 이름을 함부로 짓는 것이 아니라, 반드시 사주(四柱) 해석(解析)은 물론 용신과 희신을 선택할 수 있는 능력을 갖추어야만 된다. 그래야만 명품(名品) 이름이 완성되는 것이다. 그래서 이름 짓는 것이 사주 해석(解析)보다 어렵다는 것이다. 우리 주위에 보면, 아직도 가장 중요한 용신(用神)과 희신(喜神)을 무시하고, 서너개의 엉터리 이름을 81수리 획수만으로 순식간에 지어 주는 것을 볼 수 있는데, 이는 명리학자(命理學者)로서 심히 유감스러운 일이고, 오히려 상대방 인생을 망쳐 놓는 지름길이기도 하다.

따라서, 독자들은 이름 짓기에 앞서 반드시 사주(四柱)의 용신과 희신을 먼저 선택할 수 있는 능력(能力)을 갖추는 것이 중요하다(※제6장, 용신(用神) 찾기 참조).

7. 한글, 종교, 영문, 애완동물, 마스코트 이름은

한글 이름이란? 순수한 한글은 물론 넓은 의미에서는 한글로 표기된 한자까지 포함된다. 한자 이름은 표의문자(表意文字)를 사용하나, 한글 이름은 표음문자(表音文字)를 사용하는 관계로 한자 이름에 비해 한글 이름은 가벼워 보인다는 인식도 있겠지만, 요즘 시대적 요구는 물론 사물과의 친근 관계 등의 접근으로 본다면 한글 이름을 고집하는 사람도 있다.

보통 한글 이름 판단은 용신(用神)과 희신(喜神)은 물론 발음(發音) 오행 법과 한글 이름 자에 나타난 오행(五行)의 뜻으로 판단하면 된다.

한글 이름 판단의 예를 들어보자

구분	발음 오행으로 판단	한글 이름의 오행 뜻으로 판단

이름	김 누 리	김 버 들
	김(木, 水), 누(火), 리(火)	김(木, 水) 버들(木)
판단	수생목생화(水生木生火)의 상생(相生) 작용이 성립되어 좋은 이름이다. 단, 용신과 희신을 극(剋)하지 말아야 한다.	버들이란? 버드나무를 말하므로 나무 목(木)이 된다. 따라서 수생목(水生木)의 상생(相生) 작용이 성립되어 좋은 이름이다. 단, 용신과 희신을 극(剋)하지 말아야 한다.

보통 부르기 좋고 예쁜 한글 이름을 몇 가지 제시해 보면 다음과 같다.

여울, (강)버들, 초롬(롱), 보라, 애띠, 달래, 들레, 하나, 우리, 나라, 물결, 나래, 송이, 피어남, 사랑, 사랑누리, 해내리, 오름, 맑음, 하늘, 한솔, 마음, 세움, 슬아, 다올, 지슬, 다래, 고은, 느루, 고루, 예니, 다솜, 조아, 바세, 두루미, 기둥, 그레, 우리, 슬아, 새미, 사랑, 누리, 다슬, 하얀, 한별, 사롬, 아름, 하나름, 열매, 꽃비, 새미, 한들, 금나, 빛나, 시레, 어진, 여울, 슬예, 마음, 내음, 미루, 새움, 가람, 봄매, 봄내, 새봄, 소리, 한비, 달래, 이나, 나람, 나랑, 미롱, 음이, 영글, 새라, 시내, 고을, 샘터, 슬기, 한비, 새롬, 이랑, 지니, 진디, 들래, 마루, 미랑, 여울, 귀염, (조)약돌, (전)나무, (한)겨레, 새잎, 이른, 예슬, 가득, 대솔, 서림, 새로미, 은솔 등

종교적(宗敎的)인 이름은 특정 종교에 나오는 인물이나 내용 등을 토대로 이름을 짓는 경우를 말하는데, 예를 들면 요한(성경), 시온(성경), 예찬(예수님 찬양), 여은(여호와의 은혜), 선재(불교) 등이 있다.

영문과 애완동물 이름 역시 예쁘고, 발음오행 등의 규칙에 맞는 이름으로 짓는다.

<영문 이름>

Denny, Elvis, Jake, Marvin, Abel, Ace, Alan, Angel, Ben, Calvin, Neo, Xara, Toni, Ted 등

<애완동물 이름>

샘, 샌디, 데이시, 몰리, 탸샤, 할리, 버디, 코코, 애니, 루시, 레이디, 록키, 맥스 등

특히 사업 등의 마스코트, 상호(商號)를 짓는 경우, 자신의 용신(用神)에 맞는 오행(五行)을 바탕으로 동물이나 식물들의 색상 등을 고려해서 결정해 주면 좋다. 오행(五行)별 동물은 子(쥐, 水, 검정색), 丑(소, 土, 노란색), 寅(범, 木, 청색), 卯(토끼, 木, 청색), 辰(용, 土, 노란색), 巳(뱀, 火, 붉은색), 午(말, 火, 붉은색), 未(양, 土, 노란색), 申(원숭이, 金, 흰색), 酉(닭, 金, 흰색), 戌(개, 土, 노란색), 亥(돼지, 水, 검정색)이며, 이들을 묶어서 오행(五行)을 표시해 보면 木(청색, 토끼, 고양이, 식물 종류), 火(붉은색, 앵무새, 파충류 종류), 土(노란색, 개, 이구아나), 金(흰색, 고슴도치, 조류 종류), 水(검정색, 물고기 종류)로 나타낼 수도 있다. 따라서 자신의 용신(用神)이 토(土)인 사람이 마스코트 혹은 상호(商號)를 짓는 경우 색상은 노란색이며 해당 동물은 소, 용, 양, 개 등은 물론

이구아나 등이므로 마스코트는 이구아나를 사용하는 경우도 있고, 혹은 오행(五行)에 맞는 이들의 이름을 상호와 함께 사용하면 더욱 좋다.

8. 사주와 오행의 균형을 맞춘다

이길동이의 사주를 비교하여 확인해 보자.

구분	干	支	五行	
년주(年柱)	丙	寅	화	목
월주(月柱)	甲	午	목	화
일주(日柱)	丙	戌	화	토
시주(時柱)	己	亥	토	수

이길동의 사주 특징은 무더운 화(火) 기운이 3개나 있어 온통 불덩어리 사주이다.
이 경우 이름 사주는 화(火)기운을 극(剋)하여 잠재워 줄 수 있는 수(水)나 혹은 화(火)기운이 설기(泄氣, 오행에서 상대방을 생하여 줌으로 힘이 빠지는 것)하여 화(火)의 기운을 빼줄 수 있는 토(土)기운을 가진 오행을 적용해 주어야 한다.
따라서, 이길동의 이름 자체에서 구성된 木火土는 상생(相生) 관계로 되어 있어 좋은 이름이지만, 사주와 비교해 보면 木火土 중 木火는 더운 기운이고, 화(火)기운을 잠재워 줄 수 있는 수(水)기운이 아니므로 좋은 이름이라고 볼 수 없다.
따라서, 이길동은 발음 오행의 수(水)기운에 해당되는 보, 배, 묵, 문, 무, 목, 민, 명, 맹, 만 등의 이름이나 혹은 토(土)기운에 속하는 용, 영, 효, 행, 오 등의 이름이 필요로 한다.

9. 삼원(三元) 오행(五行)은

이름 짓기에서 삼원 오행이란?
성(姓)의 획수, 성(姓)과 첫 번째 이름의 획수, 이름 모두의 획수를 각각 천(天), 인(人), 지(地)라고 하여 초년, 중년, 말년운으로 판단하는 것을 말하는데, 이 때 오행간 상생(相生) 관계가 되어야 좋은 이름이다. 삼원 오행의 경우 학자마다 적용 여부가 불투명하고, 성명학에서 차지하는 중요성도 미미하기 때문에 독자들은 참고만 하길 바란다.

오행	삼원 오행 적용 획수	비고
木	1~2획	10획이상이면 끝 수로 판단한다.
火	3~4획	
土	5~6획	예를 들면, 15획이라면 5획으로 토
金	7~8획	(土)가 된다.
水	9획~0획	

이길동(李吉童)이의 이름을 삼원 오행으로 판단해 보자.

李(7) 吉(6) 童(12)

□ 천(天)격 : 성의 획수(7획) = 7획 = 金

□ 인(人)격 : 성의 획수(7획) + 이름 첫자 획수(6획) = 13획 =3획 = 火

□ 지(地)격 : 이름 첫자 획수(6획) + 이름 끝자 획수(12획) = 18획 = 8획 = 金

따라서, 이길동의 삼원 오행은 金火金로서 火와 金은 서로 상극(相剋)관계가 되므로 삼원 오행으로 본 이길동의 이름은 나쁜 이름에 해당 된다.

10. 지충(支沖)과 피해야 될 한자를 확인한다

이름을 짓는 조건으로 본인 사주에 100% 해(害)가 없고, 상호 보완되는 이름을 짓는다는 것은 쉬운 일이 아니다.

특히, 발음(發音) 오행이나 자원(字原) 오행에서 자신의 용신(用神)이나 희신(喜神)을 극(剋)하는 오행(五行)으로 이름을 짓는다면 이것은 행운(幸運)을 받기 위한 이름 짓기를 하는 것이 아니라, 오히려 상대방에게 악운(惡運)을 선물해 주는 꼴이 된다.

특히, 이름 짓기, 예명(藝名), 호(號), 회사 상호 등을 지을 때 사용되지 말아야될 한자들이 존재한다. 이것은 자기가 태어나 선천적 명(命)과 성명은 서로 조화를 이루어야 하기 때문에 태어난 날 즉 일진(日辰)과 태어난 해 즉 태세(太歲)에는 충(沖)이 균형을 깨트리면 안된다.

따라서, 자신에게 피해야 될 한자를 열거하면 아래와 같다.

·子日生(쥐띠생) : 午, 旿, 五, 吾, 晤, 奧	·巳日生(뱀띠생) : 海, 亥, 解, 諧
·丑日生(소띠생) : 美, 米, 味, 未, 眉	·午日生(말띠생) : 子, 慈, 字, 滋
·寅日生(범띠생) : 信, 新, 伸, 辛, 晨, 臣, 愼, 申	·未日生(양띠생) : 祝, 丑, 子, 慈, 者
	·申日生(원숭이띠생) : 寅, 印, 仁, 引, 麟
·卯日生(토끼띠생) : 有, 裕, 柔, 由, 侑, 幼, 辰, 振	·酉日生(닭띠생) : 妙, 卯, 苗
	·戌日生(개띠생) : 珍, 眞, 鎭, 辰, 進, 海
·辰日生(용띠생) : 述, 術, 戌, 茂, 琵	·亥日生(돼지띠생) : 土, 斯, 司, 師, 舍

예를 들어보자. 2020년의 출생년이 경자년(庚子年) 쥐띠의 경우 자오충(子午沖)이 성립되는 오(午)를 포함해서 오자에 해당되는 午, 旿, 五, 吾, 晤, 奧 등의 한자가 들어가면 안되고, 태어난 일(日)의 경우도 따져 주어야 하는데, 예를 들면 태어난 일(日)이 신축일(辛丑日)이라면 축미충(丑未沖)이 성립되는 미(未)를 포함해서 미자에 해당되는 美, 米, 味, 未, 眉 등의 한자가 들어가면 사주와 이름의 부조화로 인해서, 부상, 수술, 조실부모, 애정 불길, 횡액 등의 흉운 등의 장애가 많다. 따라서, 출생년과 출생일을 감안해서 사용될 수 없는 한자를 확인 후 작명(作名)에 임해주길 바란다.

11. 상부(喪夫)와 상처(喪妻)의 묘(墓)관계를 확인한다

사주(四柱)에서 아들, 딸, 형제는 물론 부부(夫婦)에게 작용되는 상부(喪夫) 및 상처(喪妻) 즉 부성입묘(夫星入墓)와 처성입묘(妻星入墓)를 가진 사람인 경우는 부부간 사별, 이혼, 재혼, 불화, 중병 혹은 유명무실한 상태 등의 나쁜 현상이 다양하게 발생하게 되므로, 이 경우 최초 이름 짓기나 혹은 개명(改名)할 때 반드시 묘(墓)의 기능을 없애주어야 한다. 그래야만 다가올 불행(不幸)을 막을 수 있다.

물론 묘(墓)가 아들, 딸, 형제 등에게 작용되는 사주(四柱)인 경우도 나쁜 불행(不幸)이 찾아오는 것이므로 이 경우에도 이름 짓기에서 묘(墓)의 기능을 없애주는 것은 당연하다.

이름 짓기에서 묘(墓)의 기능을 없애주는 방법은 다음과 같다.

> ·이름 짓기에서 사주(四柱) 묘(墓)가 작용되는 경우 오행(五行)의 힘을 강(强)하게 하여 기존의 묘(墓) 작용을 차단시켜 준다.
> ·지지(地支)나 간지(干支)의 합(合) 작용을 적용하여, 다른 오행(五行)의 기능으로 변화(化)시켜 묘(墓)의 기능을 없애 준다.

묘(墓)는 앞장에서 이미 보기를 들어 상세희 설명하였기 때문에 여기서는 이름 짓기에서 묘를 없애주는 방법을 제시하고자 한다.

묘의 조건은 지지에 존재하는 辰(土)은 수(水), 戌(土)은 화(火), 丑(土)은 금(金), 未(土)은 목(木)을 만날 때 묘(墓)가 성립 된다.

이제 묘(墓)가 적용되는 사주(四柱)에서 보기를 들어 이름 짓는 방법을 제시 해 보자. 아래 사주는 여성의 사주이다.

구분	천간	지지	육친(六親)	
년주(年柱)	丙	午	상관	식신
월주(月柱)	②庚	寅	정관	겁재
일주(日柱)	乙	①丑	·	편재
시주(時柱)	己	卯	편재	비견

위 사주를 보면, 지지에 ①축(丑)은 금(金)에서 묘(墓)가 된다. 따라서 월간 ②庚는 금(金)이고, 남편에 해당되는 정관이므로 틀림없이 묘(墓)가 성립된다.

이런 사주를 가진 사람의 경우 묘를 없애기 위한 가장 쉬운 방법은 묘(墓)가 적용되는 오행(五行)의 힘을 강하게 하여, 묘(墓) 작용을 차단시켜 주면 된다.

즉, 남편 정관에 해당되는 ②庚(금)의 기운이 묘(墓)가 작용되는 것이므로, 이름 짓기에서 금(金)을 하나더 추가하여 금+금의 2개의 금(金)기운을 만들어줌으로써 더욱 강한 금(金)기운이 작용되기 때문에 부부간에 작용된 묘(墓)는 없어지게 된다.

이때는 발음 오행에서 금(金)기운에 해당되는 ㅅ, ㅈ, ㅊ의 발음을 가진 이름이나, 특히 자원 오행에서 금(金)기운 이름에 해당되는 監(볼감), 剛(굳셀 강), 乾(하늘 건), 謙(겸손할 겸), 共(함께 공), 敎(가르칠 교), 貴(귀할 귀), 敦(성씨, 도타울 돈), 謨(꾀할 모), 珉(옥돌 민), 錫(주석 석), 硏(연구할 연), 玉(성씨, 구슬 옥), 殷(성씨, 은나라 은), 貞(곧을 정) 등의 금(金)기운에 해당되는 자원오행을 선택하여 작명해주어야 한다.

특히, 독자들은 이름 짓기나 혹은 개명(改名)에서 묘(墓)뿐 아니라, 공망(空亡) 및 무속인(巫俗人) 등의 나쁜 살(殺)이 작용되는 사주일 경우 해당 오행을 극(剋)하거나 혹은 힘을 향상시켜 이를 무력화(無力化)시켜 줄 수 있는 이름 짓기나 개명을 통하여 사전 불행(不幸)을 피할 수 있는 사주 명리학(命理學)의 지혜가 필요로 한다.

12. 불용 한자를 확인한다

이름을 지을 때 사용해선 안되는 한자를 불용 한자라고 한다.

이것은 글자의 발음이 나쁜 경우, 동물에 해당되는 것, 태어난 년과 일자에 따라 사용해선 안되는 것, 불길한 의미, 너무 복잡한 것 그리고 첫째와 둘째 아이에게 사용해선 안되는 것, 숫자, 광물, 자연, 방위, 색깔, 계절, 천체, 너무 찬란한 뜻, 경지가 너무 높은 것 등으로 구분해 놓은 것인데 이것들은 요즘 핵가족 및 다원화 시대를 맞이하여 장남(장녀)과 차남(차녀) 그리고 남녀의 역할 구분이 없어진 상황에서 불용 한자의 적용범위는 예전과 다르다. 따라서 독자들은 이러한 불용 한자를 이름 짓기에서 배제하는 것도 중요하지만 무엇보다도 아름답고, 부르기 편하고, 예쁜 이름을 지어주길 바란다.

예를 들면, 장(長)의 경우 '허영 욕심 과욕 불운 허세 불행하다'라는 뜻인데 이 경우 불용 한자를 능히 극복할 수 있는 사주라면 스마트시대를 살아가는 요즘은 불용한자는 문제될 것은 없다. 불용 한자를 정리하면 아래와 같다.

<일반적으로 이름에 사용하지 않는 불용 한자>

光, 鑛, 庚, 龜, 九, 國, 貴, 極, 錦, 吉, 琴, 菊, 甲, 南, 男, 冬, 女, 大, 德, 桃, 乭, 東, 冬, 童, 良, 了, 龍, 留, 蘭, 馬, 滿, 末, 梅, 命, 文, 美, 敏, 法, 福, 富, 分, 粉, 四, 絲, 山, 殺, 上, 霜, 石, 雪, 星, 笑, 松, 壽, 順, 勝, 新, 伸, 實, 神, 仙, 淑, 愛, 心, 女, 禮, 玉, 完, 隅, 雲, 元, 榮, 月, 銀, 伊, 仁, 寅, 日, 一, 子, 長, 柱, 竹, 地, 眞, 點, 貞, 晶, 珍, 進, 地, 重, 枝, 川, 天, 千, 鐵, 初, 春, 草, 秋, 治, 翠, 七, 出, 泰, 平, 豊, 風, 夏, 鶴, 韓, 海, 虎, 好, 紅, 花, 香, 喜, 孝, 輝, 杏, 幸, 姬 등

<음이 부적절 한 것, 자연의 이름, 획수가 어울리지 않는 것>

惡, 凶, 死, 哭, 骨, 怪, 橘, 惱, 天, 地, 日, 月, 星, 春, 夏, 秋, 冬, 金, 銀, 石, 山, 江 등

<장남이나 장녀에게 사용하지 않는 불용 한자>

계(季), 이(二), 삼(三), 소(小), 중(中), 말(末), 중(仲), 지(地), 재(再), 곤(坤), 후(後), 종(終), 손(孫), 차(次), 하(下) 등

<장남과 장녀에게 사용되는 한자>

갑(甲), 거(巨), 고(高), 건(乾), 국(國), 전(全), 기(起), 두(斗), 령(領), 선(先), 석(碩), 신(新), 인(仁), 일(一), 일(日), 윤(允), 홍(弘), 장(長), 천(天), 태(泰), 대(大), 시(始), 초(初), 맹(孟), 종(宗), 상(上), 수(首), 원(元), 동(東), 춘(春), 청(靑) 등

13. 이름 사주 풀이로 확인한다

앞 절에서 자녀들의 이름을 짓는 방법으로 양과 음, 획수, 오행, 용신(用神)과 지충(支沖)의 조화를 알아보았다면, 이제부터는 자음과 모음을 통하여 이름 사주(四柱)를 구성

하고 이름을 통하여 길흉(吉凶)을 최종 판단하고자 한다.

이름 사주 풀이의 중요성은 사주 구성에 맞게, 이름 역시 상호 보완 관계를 유지 하도록 이름을 지어야 한다는 것이다.

즉, 사주상 평범하게 살아야될 사람일 경우, 이름 짓기의 경우 나쁜 것 없이 평범하게 살아갈 수 있는 이름을 지어야만 되는 것이지, 사주와 관련이 없는 큰 관직(官職)에 해당되는 이름의 경우 이것 역시 나쁜 이름이 된다.

이러한 상황을 알고, 이름 사주 풀이를 확인해 보자.

독자들은 본 책에서 제시한 사주를 세우고 판독하는 것은 이미 자신감이 갖추어진 상황이기 때문에 이름 사주를 세우고 해석한다는 것은 어렵지 않을 것이다.

이름 사주 구성은 사주 구성과 약간 다르나, 적용 방법은 동일하다.

즉, 년주(年柱), 월주(月柱), 일주(日柱), 시주(時柱) 중 년주(年柱)의 경우만 실제 태어난 년도의 간지를 적용하고, 나머지 월주, 일주, 시주는 성씨와 이름의 자음과 모음의 오행을 찾아서 적용한다.

구분	사주(四柱)	이름 사주 구성하는 법
년(年)	년주(年柱)	출생년도 적용
월(月)	월주(月柱)	성씨로 자음과 모음 오행 구성
일(日)	일주(日柱)	이름 첫 글자로 자음과 모음 오행 구성
시(時)	시주(時柱)	이름 두 번째 글자로 자음과 모음 오행 구성

따라서, 이름 사주를 알기 위해서는 태어난 사람의 출생 년도만 알면 이름 사주를 구성할 수 있다. 저자는 독자들을 위하여 부록의 '자원, 발음, 성, 이름 오행(五行)표'를 첨부하였으니, 독자들은 쉽게 이름 사주를 구성할 수 있을 것이다.

여기서는 독자들을 위하여 이름 사주 오행 구성이 어떻게 이루어지는 것인지, 양력으로 1986년 6월 11일 낮 13:50분에 태어난 남자 이길동(李吉童)이에 대하여 알아보기로 하자.

(1) 년주(年柱) 정하는 법

이름의 년주는 만세력이나 혹은 60갑자(甲子)의 출생년으로 한다.

예를 들어, 양력 1986년 6월 11일 태어난 남자 이길동의 경우 1986년은 병인년(丙寅年) 년도에 출생하였음으로 년주는 병인(丙寅)이다.

	천간	지지
年	丙	寅
月	○	○
日	○	○
時	○	○

(2) 월주(月柱) 정하는 법

이름 사주에서 월주(月柱)를 정하는 방법은 성(姓)씨의 발음을 자음과 모음을 통하여 오행(五行)을 적용시킨다.

독자들은 <이름 사주 오행 조견표>를 적용해도 되지만, 굳이 일일이 확인하는 것보다 책 뒤에 첨부된 부록의 '자원, 발음, 성, 이름 오행(五行)표'에서 '성, 이름 사주 오행'을 활용하길 바란다.

여기서는 이러한 과정을 알아야 하므로 <이름 사주 오행 조견표>를 통하여 이길동(李吉童)의 이름에서 자음과 모음으로 오행을 구성시켜 보자.

<이름 사주 오행(五行) 조견표>

천간(天干)	자음(子音)	모음(母音)	지지(地支)	대운수(大運數)
甲	ㄱ	ㅏ ㅑ	寅卯	3
乙	ㅋ ㄲ			8
丙	ㄴ ㄷ	ㅓ ㅕ	巳午	2
丁	ㄹ ㄸ ㅌ			7
戊	ㅇ	ㅗ ㅛ	辰戌丑未	5
己	ㅎ			10
庚	ㅅ	ㅜ ㅠ	申酉	4
辛	ㅈ ㅊ ㅆ ㅉ			9
壬	ㅁ	ㅡ ㅣ ㅐ ㅔ ㅖ	亥子	1
癸	ㅂ ㅃ ㅍ			6

이길동(李吉童) 이름 사주에서 월주에 해당되는 성(姓)씨 즉 이(李)를 자음과 모음의 오행으로 적용해 보자. 적용 방법은 다음과 같다.

▢ 이(李)을 풀어쓰면 => (ㅇ) + (ㅣ)의 2개가 된다.

▢ <오행(五行) 조견표>를 보면, (ㅇ)의 천간은 戊가 되고, (ㅣ)의 지지(地支)는 亥子가 된다. 이때, 지지가 2개 인데 이 경우는 천간과 지지는 서로 같은 양(陽)과 음(陰)으로 결합시켜 준다. 즉, 여기서는 천간 戊는 양(+) 이므로 지지도 같은 양(+) 이어야 하므로 子(+)를 선택해야 한다. 따라서 이길동의 월주(月柱)는 戊子이다.

	천간	지지
年	丙	寅
月	戊	子
日	○	○
時	○	○

이때, 성씨가 자음과 모음의 수가 2, 3, 4개라면 아래의 준칙으로 한다.

-2개의 자음과 모음이라면 2개를 모두 사용 한다.
예) 수; (ㅅ) + (ㅜ) => 庚申
-3개의 자음과 모음이라면 중간 1개는 버리고 첫째와 마지막 것만 사용 한다.
예) 김; (ㄱ) + (ㅁ) => 甲子
-4개의 자음과 모음이라면 중간 2개는 버리고 첫째와 마지막 것만 사용한다.
예) 황; (ㅎ) + (ㅇ) => 己未 (※辰戌丑未 적용 방법 참조)

(3) 일주(日柱) 정하는 법

일주(日柱)를 정하는 방법은 월주 정하는 방법과 동일하다. 단지 이름 길동(吉童)중에서 길(吉)만 적용한다. (吉)은 (ㄱ) + (ㄹ)이다.

자음 (ㄱ)은 천간 甲이고, 자음 (ㄹ)은 지지의 巳午 인데, 천간 甲은 양(+)이므로, 양(+)의 午가 된다. 따라서, 이름의 일주(日柱)는 甲午이다.

	천간	지지
年	丙	寅
月	戊	子
日	**甲**	**午**
時	○	○

(4) 시주(時柱) 정하는 법

시주(時柱) 정하는 방법은 일주(日柱) 정하는 방법과 동일하다. 단지 이름 길동(吉童)중에서 동(童)만 적용한다. (童)은 (ㄷ) + (ㅇ)이다.

자음 (ㄷ)은 천간 丙이고, 자음 (ㅇ)은 지지의 辰戌丑未가 된다. (※辰戌丑未 적용 방법 참조) 천간 丙은 양(+)이라는 사실과 양의 이름에 해당되는 것은 丙戌이다.

이때, 성은 丙이고, 이름은 戌이다. 따라서, 지지는 戌이 된다.

시주 이름에 해당되는 시주(時柱)는 丙戌이다.

	천간	지지
年	丙	寅
月	戊	子
日	甲	午
時	**丙**	**戌**

이렇게 하여 이길동(李吉童) 이름 자음과 모음을 통하여 이름 사주 오행을 완료하였다. 다른 이름도 이와 같이 <이름 사주 오행(五行) 조견표>를 보고 동일한 방법으로 적용하면 된다.

문제는 <이름 사주 오행(五行) 조견표>를 보면, 지지의 해당되는 수가 4개인 진술축미 (辰戌丑未)일 때 문제가 생기게 되는데 이때 적용하는 방법을 알아보자.

(5) 진술축미(辰戌丑未) 적용하는 법

아래처럼 <이름 사주 오행(五行) 조견표>를 보면 지지에 해당되는 수가 4개일 때의 적 용 방법을 알아보자.

천간(天干)	자음(子音)	모음(母音)	지지(地支)	대운수(大運數)
戊	ㅇ	ㅗ ㅛ	辰戌丑未	5
己	ㅎ			10

이 경우, 천간의 戊는 양(+)이므로 지지에 양(+)에 해당되는 辰戌를 적용하고, 천간의 己는 음(-)이므로 지지에 음(-)에 해당되는 丑未를 적용 한다.
이때, 辰戌 적용은 성(姓)에서는 辰을 선택하고, 이름에서는 戌를 선택한다.
丑未 적용은 성(姓)에서는 未을 선택하고, 이름에서는 丑를 선택한다.
이러한 조건으로 말미암아, 성씨(姓氏)와 이름의 사주 이름 오행(五行) 조견표는 각각 다르게 적용된다. 독자들은 이런 내용을 알길 바란다.

> 예를 들어 하나 더 해보자,
> 2015년에 출생한 양현수(梁賢洙)의 이름 사주를 세우자.

▫년주(年柱)를 정하자

2016년은 병신년(丙申年) 이므로 년주는 병신(丙申)이다.

▫월주(月柱)를 정하자.

이름에서 월주를 정하는 방법은 성(性)씨인 양(梁)을 모음과 자음으로 풀어쓰면, 양(梁) 은 (ㅇ) + (ㅑ)+ (ㅇ)의 3개가 된다.
이 중 자음인 처음과 끝부분만 사용하면 (ㅇ) + (ㅇ)이 된다.
<이름 사주 오행(五行) 조견표>에서, (ㅇ)의 천간은 戊이 되고, (ㅇ)의 지지(地支)는, 진 술축미(辰戌丑未)가 된다. 천간 戊가 양(+)이므로, 辰戌에 해당 된다.
辰戌(※辰戌 적용은 성(性)에서는 辰을 선택하고, 이름에서는 戌를 선택한다.
양(梁)은 성(性)이므로 辰을 선택한다. 따라서 월주의 간지는 戊辰이다.

□일주(日柱)를 정하자.

이름에서 일주를 정하는 방법은 양현수(梁賢洙)에서 이름의 첫 번째 글자인 현(賢)에서 정하는데 현을 풀어쓰면 현(賢)은 (ㅎ) + (ㅕ) + (ㄴ)의 3개가 된다.

이 중 자음인 처음과 끝부분만 사용하면 (ㅎ) + (ㄴ)이 된다.

<이름 사주 오행(五行) 조견표>에서, (ㅎ)의 천간은 己사 되고, (ㄴ)의 지지(地支)는 巳午이다. 천간 己가 음간(-)이므로, 같은 음간(-)인 巳가 된다.

따라서 일주는 己巳이다.

□시주(時柱)를 정하자.

이름에서 시주를 정하는 방법은 양현수(梁賢洙) 이름에서 이름의 두 번째 글자인 수(洙)에서 정하는데 수을 풀어쓰면, 수(洙)는 (ㅅ) + (ㅜ)의 2개가 된다.

<이름 사주 오행(五行) 조견표>에서, (ㅅ)의 천간은 庚이 되고, (ㅜ)의 지지(地支)는 申酉이다.

천간 庚이 양간(+)이므로, 같은 양간(+)인 申이 된다. 따라서 시주는 庚申이 된다.

	천간	지지
年	丙	申
月	戊	辰
日	己	巳
時	庚	申

(6) 이자성(二子姓) - 이자명(二子名)

성(姓)이 2개의 글자면 성에 해당되는 월주(月柱)가 2개가 된다.

나마지 적용은 성씨 1개와 모두 동일하다.

예를 들어보자.

양력 1986년 6월 11일 밤 22:50분에 태어난 남자의 성이 2자인 남궁(南宮)인 경우 남궁길동(南宮吉童)의 경우를 알아보자.

<이름 사주 오행(五行) 조견표>에서 남(丙子), 궁(甲辰)이다.

	천간	지지
年	丙	寅
月	丙	子
	甲	辰
日	甲	午
時	丙	戌

통상적으로 월주(月柱)가 2개 이면 이에 작용하는 힘도 2배가 되지만, 작용하는 오행이 나쁜 이름의 경우는 오히려 2배가 나쁘게 된다.

(7) 일자성(一子姓) - 일자명(一子名)

이름이 1자(외자)의 경우라면 이름에 해당되는 일주(月柱)에 포함하고 시주(時柱)는 생략한다. 나마지 적용은 모두 동일하다.

예를 들어보자.

양력 1986년 6월 11일 밤 22:50분에 태어난 남자의 이름이 외자인 이 동(李 童)이라 하자. <이름 사주 오행(五行) 조견표>를 적용해 보면 아래와 같다.

	천간	지지
年	丙	寅
月	戊	子
日	丙	戌
時		

이 경우 시주(時柱)가 없으므로 기운이 약하고 말년 운 그리고 자식 및 부하 운이 없기 때문에 이름을 짓는 성명학에서는 권장하지 않는다.

(8) 일자성(一子姓) - 삼자명(三子名)

이름이 3자의 경우 이름에 해당되는 시주(時柱)가 두 개가 된다.

나마지 적용은 모두 동일하다.

예를 들어보자.

양력 1986년 6월 11일 밤 22:50분에 태어난 남자의 경우 이름이 3자의 경우, 즉 이길동성(李吉童成)이라 하자.

<이름 사주 오행(五行) 조견표>를 적용해 보면 아래와 같다.

	천간	지지
年	丙	寅
月	戊	子
日	甲	午
時	丙	戌
	庚	戌

이 경우 시주(時柱)가 두 개이므로 작용하는 힘도 2배가 되지만, 작용하는 오행이 나쁜 이름의 경우는 오히려 2배가 나쁘게 된다.

(9) 이름에서 대운(大運) 적용 법

이름에서 대운(大運) 세우는 방법은, 사주에서 대운 세우기와 동일하게 년주에서 갑(甲), 병(丙), 무(戊), 경(庚), 임(壬)으로 태어난 남자의 경우 60갑자(甲子)를 순행하며 적용하고, 을(乙), 정(丁), 기(己), 신(辛), 계(癸)는 역행하면서 적용한다. 여자의 경우는 반대가 된다. 적용 기준은 사주에서는 월주(月柱)를 기준으로 하나, 이름에서는 성(姓)의 오행을 기준으로 한다.

또한 이름에서 대운수는 아래와 같이 일간(日干)의 수(數)를 적용시킨다.

<이름에서 대운수(大運數)표>

일간 (日干)	甲	乙	丙	丁	戊	己	庚	辛	壬	癸
대운수 (大運數)	3	8	2	7	5	10	4	9	1	6

예를 들어 양력 1986년 6월 11일 밤 22:50분에 태어난 남자 이길동(李吉童)의 대운(大運)을 세워보자.

- 1986년 병인년(丙寅年)에 태어난 남자 이므로 병(丙)년의 진행 방향은 순행이다.
- 이길동의 이름 사주에서 월주 성(姓, 이씨)의 오행은 무자(戊子)이다.
- 60갑자의 무자(戊子)를 기준으로 순행하며 대운을 결정한다.
- 이길동의 이름 사주의 일간은 갑(甲)이므로 대운수는 3이다.

이러한 조건을 바탕으로 이길동의 이름 대운은 아래와 같다.

83	73	63	53	43	33	23	13	3
丁	丙	乙	甲	癸	壬	辛	庚	己
亥	申	未	午	巳	辰	卯	寅	丑

독자들은 지금까지 사주 공부를 했기 때문에 대운(大運)을 해석하고 판독하는 능력은 충분하다고 본다.

(10) 사주와 이름 관계

이름을 짓는다는 것 중 중요한 것은 사주와 이름은 상호 보완관계가 되어야 한다.

이 말을 쉽게 풀이 해보면 다음과 같다.

사주에서 오행(五行) 불균형이면 이름에서는 오행을 균형 있게 맞춰야 한다.

예를 들면, 사주 세우기에 적용하였던 양력 1986년 6월 11일 밤 22:50분에 태어난 남자 이길동의 오행을 보자.

오행(五行)				
木	火	土	金	水
2	3	2	·	1

위의 경우를 보면 木과 火는 많지만, 金은 없고, 水는 1개 뿐이다.

따라서, 이러한 사주의 사람에게는 이름에서는 金과 水이 다소 많은 오행 이름으로 해야 한다(※오행과의 조화 참조).

사주에서 없는 金과 水를 넣음으로써 상호 균형과 보완 관계가 되는 것이다.

(11) 이름의 길흉성(吉凶星)

길흉성이란? 합(合), 충(沖), 파(破), 형(刑), 해(害), 공망(空亡), 살(殺), 관록(官祿) 등을 말하는 것으로, 흉성(凶星)에 해당되는 충(沖), 파(破), 형(刑), 해(害), 원진(怨嗔), 백호살(白狐殺), 괴강살(魁罡殺), 양인살(陽刃殺), 묘(墓) 등은 없애고, 건록(建祿), 암록(暗祿), 천을귀인(天乙貴人), 관귀학관(官貴學官) 재고귀인(財庫貴人), 장수성(長壽星) 등의 길성(吉星)으로 이름을 지어야 하는데, 이때 사주상 큰 정치가(政治家) 혹은 관직(官職)이나 재물(財物)로 성공할 사람의 경우 이름도 이에 맞게 큰 정치가, 관직, 재물로 성공할 수 있는 이름을 지어야 한다.

특히 자신의 사주가 나쁜 관살혼잡(官殺混雜), 묘(墓) 등의 나쁜 사주라면 이를 중화시켜 줄 수 있는 사주는 물론, 주류무체(周流無體)나 생생불식(生生不息)의 이름 사주가 필요하다.

1986년 6월 11일에 태어난 이길동의 경우 공망(空亡)과 양인살(陽刃殺) 및 백호대살(白狐大殺) 등이 있고, 또한 무더운 조열사주(燥熱四柱)라 되는 일이 없고, 건강에 다소 문제가 있으며, 각종 사고의 발생 소지가 높고, 인덕(人德)과 재물운(財物運)이 약하고, 문학쪽 소질은 있지만, 아들 복이 없으며, 타고난 관운(官運)이나 출세운(出世運)도 희박한 사주이다.

따라서, 이름 짓기에서 무더운 열기를 식혀줄 수 있는 수(水)기운이나 금(金)기운을 보강하여 건강을 지키고, 다른 사람들과 인덕을 높여주며, 문학쪽은 물론 관운(官運)을 높여 주고, 자신의 소질(素質)을 바탕으로 꼭 필요한 것들을 보완해 주어야만 된다. 이것을 더 쉽게 말하면, 사주상 평범하게 살아야될 사람일 경우, 이름 짓기 사주에서 큰 관직(官職)에 해당되는 이름의 경우 이것 역시 나쁜 이름이 된다.

따라서, 사주에 나타난 적성과 장래를 고려하여 이름 사주도 이에 맞게 상호 균형을 유지시켜 주어야 하며, 형격(亨格), 정격(貞格), 개척운(開拓運) 등을 그럴듯하게 미사여구(美辭麗句)로 표현만 할 것이 아니라, 이름 사주 풀이의 중요성을 통하여 사주와 이름의 상호 균형과 보완 관계를 유지 할 수 있는 운로(運路)를 적용시켜 줄 수 있는 명리학자(命理學者)의 지혜가 필요로 한다.

이름 사주를 세우고, 이를 판단하고 해석(解析)하는 것은 앞장 8장의 사주해석에서 모두 완료했기 때문에 여기서는 생략한다.

지금까지 이름 짓기에서 알아본 수리(數理)의 양과 음의 조화, 획수의 조화, 오행의 조화, 이름 사주풀이 등을 통하여 확인하였다. 이것을 바탕으로 양력으로 1986년 6월 11일 낮 13:50분에 태어난 남자 이길동(李吉童)의 '이름 간명지'를 통하여 최종 판정해 보자.

이길동(李吉童) 이름 간명지									
출생일 : 1986년 6월 11일 낮 13:50분(양력, 남자)									

이길동(李吉童) 이름 간명지

출생일 : 1986년 6월 11일 낮 13:50분(양력, 남자)

사주 원국		천간	지지	오행		이름	이	길	동
	年	丙	寅	화	목	한자	李	吉	童
	月	甲	午	목	화	획수	7	6	12
	日	丙	戌	화	토	음, 양	양	음	음
	時	己	亥	토	수	발음 오행	土	木	火
	용신		수(水)			자원 오행	木	水	金

획수 음양	(양) - (음) - (음)으로 구성되어 있어 음, 양의 조화가 맞아 좋은 이름이다.	
이름 구조	李(木 + 子), 吉(士 + 口), 童(立 + 里)은 모두 가로로 갈라지는 이름이므로 나쁜 이름이다.	
81수리	형격(13획)	<대길>, 총명격, 지모운(智謀運)
	원격(18획)	<보통>, 융창격, 발전운(發展運)
	이격(19획)	<흉수>, 고난격, 허약운(虛弱運)
	정격(25획)	<보통>, 안강격, 건창운(健暢運)
	형격, 원격, 정격은 보통과 길수이지만, 이격(利格)은 19획으로서 고난, 허약운(虛弱運)에 해당되는 흉수(凶數)가 있으므로 획수의 조화로 본 이길동의 이름은 나쁜 이름이다.	
발음 오행	木 => 火 => 土로 상생(相生) 작용이 되므로 좋은 이름이지만, 화(火)와 목(木)은 용신(水)을 극(剋)하니 나쁜 이름이다.	
자원 오행	木, 水, 金으로 이름에서는 수(水)와 금(金)의 상생 관계로 구성되어 있다. 이길동의 사주 원국을 보면 화(火)가 3개 이므로 수(水) 1개와 금(金) 1개는 불덩어리 사주를 완화시키는데 좋고, 특히 용신(用神) 수(水)를 극(剋)하는 토(土)는 없다.	
전체 오행	이길동의 사주 원국에는 금(金)이 없고, 아주 더운 사주인데, 발음 오행에서 더운 목(木)과 화(火)가 존재하므로 나쁘다. 하지만 자원 오행에서는 이를 보완할 수 있는 금(金)과 수(水)가 있다.	
불용 한자	이길동이의 이름에 대한 불용 한자는 없다.	
용신과 지충 그리고 묘(墓)	이길동의 사주에서 용신은 수(水)이고, 희신은 금(金)이며, 기신은 토(土)다. 발음오행에서 성씨 이(土)와 이름 동(火)에서 용신 수(水)를 극(剋)하거나 혹은 극(剋)을 당하여 나쁜 이름이지만, 특히 자원 오행에서는 용신 수(水)를 극(剋)하는 관계에 해당되는 토(土)와 화(火)는 없고, 아울러 희신 금(金)이 존재하고, 금(金)과 수(水)는 서로 상생(相生)관계이다.	

	1986년은 병인년(丙寅年)이고 출생일은 병술일(丙戌日)이다. 따라서, 寅申沖이나 辰戌沖에 해당되는 이름은 아니며 천간(天干)과 지지(地支)의 충(沖)은 없다. 이길동의 사주에서 상처(喪妻)에 해당되는 묘(墓)를 확인해 보면 형제에게 작용되는 묘가 존재하나, 이것은 지지(地支)의 인오술(寅午戌) 삼합이 성립되고 또한 나쁜 비겁의 화(火) 기운으로 변화(化)되지만, 일지 술(戌)과 월지 오(午)가 공망(空亡)이 되어 묘(墓)가 성립되지 않기 때문에 이름 짓기에서 이를 적용시켜줄 필요는 없다.
부모 성명	이길동의 부모 성명을 알 수 없지만 같은 글자나 혹은 부모의 용신을 극(剋)하거나 충(沖)하는 오행은 사용하지 않는다.

사주와 이름 사주 비교	(이름 사주)	(이름 사주의 대운수)

(이름 사주)

	천간	지지	오행	
年	丙	寅	화	목
月	戊	子	토	수
日	甲	子	금	수
時	丙	戌	화	토

(이름 사주의 대운수)

83	73	63	53	43	33	23	13
丁	丙	乙	甲	癸	壬	辛	庚
亥	申	未	午	巳	辰	卯	寅

사주와 이름 사주 비교	이름 사주는 인성이 강한 신약 사주이므로 용신은 목(木)이고, 희신은 수(水)이며, 기신은 금(金)이다. 초년에는 고생을 하나, 50이후는 발복(發福)이 돌아오는 시기가 되고, 수(水)와 금(金)이 강하게 작용하고 있는 관계로 사주와 비교해 보면 오행의 균형은 맞는다. 또한, 시지의 술(戌)은 병(丙)과 묘(墓)작용되어 부부간에 나쁜 작용을 하지만 공망이 되는 관계로 묘(墓)의 기능이 상실된다. 하지만, 일주와 시주의 금(金)과 화(火) 그리고 수(水)와 토(土)가 상극(相剋)관계이고, 사주 원국의 용신과 이름 용신은 서로 상생(相生)하고 있다. 특히 고신살(孤神殺), 과숙살(寡宿殺), 고란살(孤鸞殺), 효신살(梟神殺), 수옥살(囚獄殺) 등의 흉신(凶神)이 있어 부부간 발생되는 문제와 급작스러운 사고에 주의가 필요로 한다.
간명 결과	이길동(李吉童) 이름은 음과 양, 발음과 자원, 전체 오행은 상호 균형은 맞지만, 발음오행에서 용신(水)과 희신(金)을 극(剋)하는 목(木)과 화(火)가 존재하므로 나쁜 이름이다. 또한 이격(19획)에서 흉수가 되고, 사주의 지지에서 금(金)과 화(火) 그리고 수(水)와 토(土)는 상극(相剋)관계가 성립된다. 아울러 부부간 문제 발생 및 급작스러운 사고와 관련된 나쁜 고신살(孤神殺) 등의 흉신(凶神)이 존재하고 이길동이가 보완되어야될 인덕(人德)과 재물운(財物運)이 없어 겉으로 보기엔 좋은 이름처럼 보이지만 속 내용을 보면 사주에 부합하지 못하는 나쁜 이름이라고 볼 수 있다. 따라서, 이름 사주에서 이들을 보안해줄 수 있는 이름이 필요하다.

14. 개명 절차는 이렇게 한다

개명은 아래 절차대로 진행하면 간단하게 할 수 있다.

<개명전 해야될 일>

(1) 동사무소에서 발급 받아야 될 서류
- 본인 기본증명서 1부
- 본인 가족관계 증명서 1부
- 본인 부모 가족관계 증명서 1부
- 주민등록등본 1부

(2) 관할 경찰서에서 발급 받아야 될 서류
- 범죄기록조회서 1부 (※이것은 개명으로 범죄 사실을 숨기거나 혹은 다른 이름으로 나쁜 쪽으로 사용하는 것을 방지하기 위함)

(3) 관할 법원에서 해야될 사항
- 동서무소 및 경찰서에서 발급 받은 서류 제출
- 개명허가신청서 작성
- 개명사유서 작성(5~6줄 정도로 작성)

(4) 결과 통보는 약 1~3개월 정도 되고 '휴대폰 문자' 및 '개명 허가서'가 집으로 배달 된다.

※부득이하게 본인이 준비하기 어려운 경우 법무사를 통하여 대행할 수 있다.

<개명 후 해야될 일>

법원에서 온 개명 허가서를 가지고 관할 구청이나 시청에 가서 '개명신고서'를 작성한다 (※구청과 시청에서의 등록은 1개월 이내로 해야 한다. 1개월이 지나면 과태료 나옴). 이렇게 하여 모든 개명 작업이 완료 되었다.

이후에는 개명된 이름으로 새로운 주민등록증, 운전면허증, 은행 통장, 핸드폰 이름, 보험, 증권, 각종 문서 및 각종 제반 서류에 대한 전체적인 등록을 하여 개명 이름을 사용한다.

제14장, 좋은 상호, 로고, 숫자는 따로 있다.

이 장에서는 개인(個人)이든, 대기업(大企業)이든 아니면 작은 사업장(社業場)이든 좋은 상호(商號)와 로고 그리고 색상과 좋은 숫자에 대하여 알아보도록 한다.

좋은 상호, 로고, 숫자, 색상 결정은 모두 본인(주인)의 사주(四柱) 조건 즉 용신(用神), 발음오행, 자원오행(字源五行)은 상생(相生) 관계가 성립되어야 하고, 부족한 오행(五行)을 보충해주는 것을 선택해야 한다.

그래야만 사업이 번창(繁昌)되고 행운(幸運)을 가져다주기 때문이다. 이러한 사항을 알고 활용하면 발전된 모습으로 변화됨을 체험하게 될 것이다.

독자들은 일상생활이나 혹은 개인 사업을 하든지 아니면 그룹 회장으로서 기업을 성공시키려고 한다면 그냥 주먹구구식 상호나 로그 그리고 숫자, 색상은 안되고 자신에게 맞는 좋은 것을 선택해서 활용해 주길 바란다.

1. 일반적인 상호 짓기

기업, 상가, 상품 등에 사용하는 일반적인 상호(商號)는 앞 절 이름 짓기에서 사용된 자음 발음 오행을 적용하여 알아본다.

발음 오행	자음	영문
목(木)	ㄱ, ㅋ, ㄲ	C, G, K, Q
화(火)	ㄴ, ㄷ, ㄹ, ㅌ	D, L, N, R, T
토(土)	ㅇ, ㅎ	A, E, H, F, I, O, U, W, X, Y
금(金)	ㅅ, ㅈ, ㅊ	C, G, J, S, X, Z, CH
수(水)	ㅁ, ㅂ, ㅍ	B. F. M. P. V

상호에 작용하는 발음 오행은 서로 상생(相生) 관계이면 좋은 상호(商號)이고, 이와 반대로 상극(相剋) 관계이면 나쁜 상호로 본다. 이때 적용 방법은, 한글은 물론 영문 혹은 기타 외국계 상호의 경우도 한글 발음 오행, 한자 자원 오행(※본 책 부록 참조)을 적용하면 된다. 이때, 중요한 사항은 주인(主人)의 용신(用神)을 극(剋)하는 오행은 제외시켜서 선택해야 한다.

예를 들어보자, '대기(大起)'란 사업체 상호는 좋은 것인지 아니면 나쁜 상호인지 알아보자.

상호		대기(大起)	
발음 오행	자음	ㄷ	ㄱ
	오행	火	木
	관계	火 (상생) 木	

자원 오행	오행 관계	大(木)	起(水)
		木 (상생) 水	
상호 해석		'대기'란 상호는 발음 오행을 적용시켜 보면, 화(火)와 목(木)에 해당되며 이들은 서로 화생목(火生木)의 상생(相生)관계 이므로 좋은 상호가 된다. 또한 한자 자원 오행으로 본다면 수(水)와 목(木)은 수생목(水生木)의 상생 관계가 성립되므로 좋은 상호가 된다. 따라서 대기(大起)란 조건에서 좋은 상호는 발음과 자원오행에 존재하는 火, 木, 土, 水 오행(五行)은 주인(主人)의 용신(用神)을 극(剋)하는 오행이 되지 않아야 한다. 예를 들면, 주인(主人)의 용신이 금(金)이라면 발음 오행에서 금(金)을 극(剋)하는 화(火)와 관련된 상호 글자를 사용하면 안된다. '대기'라는 상호는 발음 오행에서 화(火)가 존재하므로 다른 상호를 사용해야 한다. 즉, 용신 금(金)을 극(剋)하지 않는 오행이거나 혹은 용신 금(金)을 상생(相生)해 주는 토(土)의 발음에 해당되는 우, 호, 환, 일, 형 등을 사용해야 된다.	

여기서 독자들이 알아야 될 사항은 오행 상호 작용에서 오행 관계가 2개보다는 3개가 더 좋고, 3개 보다는 4개가 더 좋다.

그 이유는 이름 짓기에서와 같이 일자성 일자명의 이름인 경우 시주(時柱)의 기운이 약(弱)한 관계로 자식이나 부하 운(運)이 없다고 보는 것과 동일하다.

상호 역시 이런 오행의 조건을 부합시켜 주어야 한다.

이러한 맥락에서 '대기'란 상호 대신 '대관'이란 상호는 어떨까?

상호		대관		
발음 오행	자음	ㄷ	ㄱ	ㄴ
	오행	火	木	火
	관계	火 (상생) 木 (상생) 火		
자원 오행	오행 관계	대관이라는 상호에 한자를 사용하는 경우 자원오행도 상생관계가 성립되어야 하고, 주인(主人)의 용신(用神)을 극(剋)하지 않아야 된다.		
상호 해석		발음오행으로 보면 화(火)와 목(木) 그리고 목(木)과 화(火)는 서로 상생(相生) 관계 이고, '대관'이란 상호는 '대기'란 상호 보다 상생 관계가 하나 더 많은 관계가 성립되어 훨씬 더 안정적인 상호가 된다. 또한 대관이라는 상호에 한자를 사용한다면 자원오행은 상생관계가 되어야 하고, 발음 오행이나 자원 오행 모두 주인(主人)의 용신(用神)을 극(剋)하지 않아야 된다.		

하나 더 확인해 보자. '대기파크'란 상호는 어떤가?

상호		대기파크			
발음 오행	자음	ㄷ	ㄱ	ㅍ	ㅋ
	오행	火	木	水	木
	관계	火 (상생) 木 (상생) 水 (상생) 木			
자원	오행	대기파크의 상호에 한자를 사용하는 경우, 자원오행도 상생관계가 성립되어			

오행	관계	야 하고, 주인(主人)의 용신(用神)을 극(剋)하지 않아야 된다.
상호 해석		화(火)와 목(木), 목(木)과 수(水) 그리고 수(水)와 목(木)의 관계는 모두 상생(相生) 관계이므로 '대기파크'란 상호는 '대기'란 상호 보다 상생 관계가 2개 더 많은 관계로 훨씬 더 안정적이므로 더 크게 뻗어나갈 상호가 된다.

여기서 독자들은 큰 기업으로 성장될 수 있는 상호를 원한다면 오행이 상생하는 개수가 많을수록 안정적이며 크게 성장될 상호가 된다.

우리나라를 대표하는 '삼성'이나 '미쓰비시' 등의 세계적인 굴지 기업의 상호(商號)를 분석해 보면 오행 작용이 서로 상극(相剋) 관계가 아니라 상생(相生) 관계란 것을 쉽게 알 수 있다.

대표적으로 외국 자동차의 대명사 아우디(Audi)자동차의 상호를 분석해 보자.

상호	아우디(Audi)		
자음	ㅇ	ㅇ	ㄷ
발음 오행	土	土	火
오행 관계	土 (동일) 土 (상생) 火		
상호 해석	토(土)와 토(土)는 동일한 오행이라 더 강한 토(土)의 힘을 실어주고, 토(土)와 화(火)는 서로 상생(相生) 관계가 성립되어 '아우디'는 좋은 상호가 된다.		

2. 시장이나 마트 상호 짓기

기업, 일반 상가, 상품 등과는 달리 시장(市場)이나 마트(슈퍼마켓)의 상호는 일반적인 상호(商號)와 다르게 상생(相生) 관계가 아닌 상극(相剋) 관계가 되어야 한다.

그 이유는 적은 돈에서부터 큰돈이 유통되고 수요(需要)와 공급(供給)이 가장 활발하게 이루어지는 장소이기 때문이다.

또한 파는 사람과 사는 사람은 서로 상생(相生) 관계가 아니라, 상극(相剋) 관계이다. 즉, 물건이 조금이라도 비싼 경우 고객들은 즉시 다른 장소에서 구매 활동이 이루어지기 때문이다.

특히 독자들은 이러한 관계를 잘못 판단하여 식당이나 정육점, 옷가게 등은 시장(市場)이나 마트와 동일하게 상극(相剋)관계를 적용해서는 안되고, 상생(相生)관계가 되어야 한다. 그 이유는 이러한 곳도 고객들과 상대하여 물건을 파는 곳이지만, 작은 10원부터 거래가 활발하게 이루어지는 장소가 아니기 때문이다.

따라서, 상극(相剋) 관계가 되어야 하는 곳은 시장이나 마트에 한정한다.

독자들은 이러한 관계를 잘 알고 적용하길 바란다.

'신세계' 백화점을 예를 들어보자.

상호		신세계(新世界)			
발음 오행	자음	ㅅ	ㄴ	ㅅ	ㄱ
	오행	金	火	金	木
	관계	金 (상극) 火 (상극) 金 (상극) 木			
자원 오행	오행	新(金), 世(火), 界(土)			
	관계	화생토생금(火生土生金)			
상호 해석		신세계의 발음오행은 금(金)과 화(火), 화(火)와 금(金) 그리고 금(金)과 목(木)은 모두 상극(相剋) 관계이다. 따라서 신세계는 시장이나 마트에 해당되므로 상극작용(相剋作用)이 성립되어 좋은 상호가 된다. 또한 한자 신세계(新世界)의 자원오행은 金, 火, 土로서 이들은 화생토생금(火生土生金)의 상상관계가 성립되어 좋은 상호이다. 따라서, 주인(主人)이나 창업주의 용신(用神)은 신세계(新世界)의 발음오행이나 자원오행에 존재하는 金, 火, 木, 土와 상호 극(剋)하는 오행이 되지 않아야 한다.			

이번에는 우리나라를 대표하는 '남대문' 시장을 확인해 보자.

상호		남대문(南大門)			
발 음 오 행	자음	ㄴ	ㅁ	ㄷ	ㅁ	ㄴ
	오행	火	水	火	水	火
	관계	火 (상극) 水 (상극) 火 (상극) 水 (상극) 火				
자 원 오 행	오행	南(火), 大(木), 門(木)				
	관계	목생화(木生火)				
상호 해석		남대문의 발음오행은 화(火)와 수(水), 수(水)와 화(火), 화(火)와 수(水), 수(水)와 화(火) 모두 상극(相剋) 관계이다. 따라서 남대문시장은 시장이나 마트에 해당되어 상극작용(相剋作用)이 성립되므로 좋은 상호가 된다. 또한 한자 남대문(南大門)의 자원오행은 火, 木, 木으로 이들은 목생화(木生火)의 상상관계가 성립되어 좋은 상호이다. 따라서, 주인(主人)이나 창업주가 존재한다면 주인의 용신(用神)은 발음오행이나 자원오행에 존재하는 火, 水, 木 오행과 상호 극(剋)하는 오행이 되지 않아야 한다.				

따라서, 독자들은 개인 사업의 일환으로 마트를 운영한다면 마트의 이름은 상극(相剋) 관계로 이름을 지어야 되고, 한자를 넣은 경우 자원오행은 상생관계가 성립되어야 된다는 사실을 알길 바란다.

3. 로고와 마스코트는 이렇게 만듭니다

로고는 개인 사업체, 기업이나 혹은 학교 등에 사용하는 것들은 모두 모양이 곡선이든 직선이든 상관없이 좌, 우 및 상, 하 모두 균형이 맞고 안정적인 것이 되어야 한다. 대칭되지 못하고, 어느 한곳으로 치운친 로고이거나 혹은 날리는듯한 로고는 안정적(安定的)이지 못하기 때문에 나쁜 로고로 본다. 따라서 로고는 반드시 상하, 좌우 대칭적이고 안정적이어야 한다. 또한 로고 색상, 글자, 동물 마스코트는 창업주의 용신(用神)으로 결정한다.

용신	목(木)	화(火)	토(土)	금(金)	수(水)
색상	청색	적색	노란색	백색	흑색
동물	토끼, 호랑이, 고양이, 식물 종류	뱀, 말, 앵무새, 파충류 종류	개, 소, 용, 양, 이구아나	닭, 원숭이, 고슴도치, 조류 종류	돼지, 쥐, 햄스터, 물고기 종류

앞 절 사주에서 확인한 양력으로 1986년 6월 11일 밤 22:50분에 태어난 남자 이길동의 용신은 수(水)였다. 용신을 도와주는 희신(喜神)은 금(金)이다.

반대로 용신을 극(剋)하여 무력화 시키는 기신(忌神)은 토(土)이며 구신(仇神)은 기신을 생해주는 화(火)이고, 한신(閑神)은 목(木)이다.

이길동이가 사용하는 로고의 색상은 가장 좋은 것은 용신 수(水)에 해당되는 흑색 계통이고 그 다음은 희신(喜神) 금(金)에 해당되는 흰색이다.

따라서, 이길동이가 사용하려는 최상의 좋은 로고 색상과 글씨는 흑색과 흰색이며 동물 마스코트는 물고기 종류, 고슴도치, 조류 종류가 된다.

이와 반대로 나쁜 기신(忌神)인 토(土)의 색상은 노랑색 계통이고, 구신(仇神)은 화(火)이므로 붉은색이 된다. 따라서 노랑색과 붉은색은 이길동에게는 절대 맞지 않는 색상이다. 이것은 건강(健康)과 행운(幸運)은 물론 사용하는 용품 색상을 선택할 때도 모두 동일하다.

이러한 조건을 바탕으로 이길동이가 사용하면 좋은 로고를 알아보자.

이길동	양력, 1986년 6월 11일 밤 22:50분에 태어난 남자	
용신	수(水), 희신 금(金), 기신 토(土), 구신 화(火)	
로고 색상과 글자	흑색과 흰색이 제일 좋고 노랑색이나 붉은색은 나쁜색이다.	
로고 모양	A	**대기 파크**

	B	대기파크
	C	대 기 파 크
	D	대기파크
로고 해석		로고는 안정적인 느낌이 있거나 혹은 좌우 대칭이 되어야 하는데 A, B, C의 경우 '대기파크'란 상호가 안정적이지 못하고 불안정하고 좌우 대칭도 되지 못하기 때문에 나쁜 로고다. D의 경우 '대기파크'란 상호가 전, 후 그리고 좌, 우 모두 안정적인 로고로서 가장 좋은 로고가 된다. 참고로 세계적 커피 전문점 스타벅스 로고의 경우 곡선과 원으로 된 경우이지만 상, 하 혹은 좌, 우로 대칭되기 때문에 좋은 로고가 된다. 아울러, 로고의 색상은 청색, 검정, 흰색으로 되어 있는데 아마도 스타벅스 창업자의 용신(用神)과 희신(喜神)은 청색의 목(木), 검정색의 수(水), 흰색의 금(金)과 밀접한 경우라고 판단할 수 있다. 이길동의 경우 용신이 수(水)이고 희신이 금(金)이 되므로 로고의 색상이나 글자 색상은 흑색 종류와 흰색 종류(글씨 포함)를 표시한다면 사업 번창은 물론 복(福)을 부르는 색상이 된다. 만약 이길동이가 대기(大起) 파크(park) 로고를 사용할 경우를 판단해 보자. 대기(大起)의 한자 자원오행은 목(木)과 수(水)이고, 대기파크의 발음 오행은 화(火), 목(木), 수(水), 목(木)가 되어 이것은 이길동이의 용신 수(水)를 극(剋)하는 토(土) 오행은 없고, 수생목생화(水生木生火)의 상생(相生) 관계가 성립되므로 이길동으로 본다면 대기파크는 좋은 상호와 로고가 된다.

마스코트 역시 용신(用神)이나 혹은 꼭 필요한 오행(五行)으로 판단하는데, 이에 합당한 동물이나 식물을 결정해 주면 된다.

예를 들면 용신(用神)이 금(金)인 사람의 마스코트는 고슴도치 혹은 조류 종류가 된다. 따라서, 독자들은 개인 혹은 사업(社業)에서 필요한 상호(商號)와 로고 그리고 마스코트를 만들어 사용할 때는 지금까지 설명된 내용대로 만들고 활용하면 나날이 발전(發展)하고 번창(繁昌)한 사업이 될 것이다.

4. 자신의 행운 숫자가 있다

자신에게 맞는 행운 숫자는 용신(用神)으로 판단하여 결정한다.

용신 오행	목(木)	화(火)	토(土)	금(金)	수(水)
행운수	3, 8 및 1, 2 그리고 이들의 조합수	7, 2 및 3, 4 그리고 이들의 조합수	0, 5 및 5, 6 그리고 이들의 조합수	9, 4 및 7, 8 그리고 이들의 조합수	1, 6 및 9, 10 그리고 이들의 조합수

예를 들면, 용신이 수(水)인 이길동의 경우 행운 숫자는 1, 6, 9, 10 및 이들의 조합수이다. 특히 용신과 관련된 수 중에서 양(+)의 오행이 더 좋다. 또한 용신을 도와주는 희신(喜神)은 금(金)이므로 4, 9, 7, 8 및 이들의 조합수도 좋은 행운 수(數)가 된다.

이러한 것을 바탕으로 일상생활에서 개인에게 적용되는 전화번호, 차 번호, 핸드폰 번호, 거주지 동 아파트 호수 등이나 시험 응시 및 접수 시간도 행운수를 활용하면 좋다. 이것은 '오행의 기능'에서 모두 찾을 수 있다.

아울러, 수험생들의 대학(大學) 진학과 직장(職場)을 선택할 경우도 마찬가지인데, 만약 이길동이가 대학과 직장을 선택한다면 용신(用神) 수(水)에 해당되는 것으로 방향은 북(北) 방향을 선택하고 명칭은 ㅁ, ㅂ, ㅍ의 발음 오행이거나, 희신(喜神) 금(金)에 해당되는 ㅅ, ㅈ, ㅊ의 대학과 직장을 선택한다면 좋은 결과가 나타날 것이다.

독자들은 일상생활은 물론, 기업(企業)이나 사업(社業)에도 이러한 앞 절 '사주 공부에 앞서 알아야 할 내용'에 소개된 '오행의 기능'을 활용하면 된다.

참고로 자신에게 맞는 apt 층수 결정 역시 자신의 용신으로 판단하는데 이는 '풍수지리'에 소개했으니 참조해주길 바란다.

제15장, 좋은 날(택일) 잡기

일상생활은 물론 자신에게 주어진 큰일을 하려고 하면 좋은 날은 필수다.

여기서 좋은 날이라고 하면, 아무런 사고 없이 목적한 일들이 잘 추진되고, 앞으로도 행운이 들어오는 날을 말한다. 좋은 날을 결정하는 것을 택일이라고 하고, 택일의 적용 범위는 매우 넓고 여러 가지 복합적으로 작용한다.

예전에는 작은 일을 추진함에도 좋은날을 선택하여 추진하였지만, 요즘 같이 스마트시대에는 다소 간소하게 적용하는 경우도 많으나, 자신에게 중요한 행사에 속하는 결혼(結婚), 이사(移徙), 안장(安葬) 등 큰일을 추진할 때는 좋은 날을 선택함이 현명한 방법이 된다.

특히, 택일 잡기에서 독자들이 알아야 될 사항은 비슷비슷한 날짜들이 많다고 해서 함부로 날짜를 선택해선 안 되고, 이때는 자신의 용신(用神)이나 희신(喜神)으로 선택하고 판단하는 것이 가장 좋은 방법이 된다.

예를 들면, 양력 1986년 6월 11일 밤 22:50분에 태어난 남자 이길동의 경우 혼사와 결혼날로 보통 많이 사용되는 丙午일과 壬寅일을 놓고 어떤 것을 선택해야 되는가? 이것을 판단해 보자.

이길동의 용신은 수(水)이므로 丙午는 모두 화(火)가되어 용신 수(水)를 모두 극(剋)하는 날이기 때문에 丙午 반드시 제외 되어야 하며, 壬寅의 경우 수(水)와 목(木)이기 때문에 용신 수(水)와 같은 수(水)이거나 혹은 목(木)이 되어 서로 생(生)해주는 작용을 하기 때문에 壬寅일을 결혼날로 사용해야 한다.

그렇지 않고 이러한 것들을 판단할 때 그냥 좋은날로 지정된 날짜 중 그냥 대충 봐서 판단하거나 혹은 나쁜 기신(忌神)이나 구신(仇神)을 선택한다면 명리학자(命理學者)의 도리(道理)가 아니며 엉터리 택일이 된다.

특히 좋은 날 즉 길일(吉日)이란? 비, 눈 그리고 흐린날 하고는 상관이 없는 것이다.

1. 좋은 날을 알자

좋은 날을 결정하는데 잘못 인식된 부분이 있어 독자들이 우선 알아야 될 몇 가지 사항을 소개하면 다음과 같다.

(1) 손 없는 날

손 없는 날이란?

1, 2, 3, 4, 5, 6일 등은 동서남북에 각각 악귀(惡鬼)가 있으나, 음력(陰曆)으로 9일, 19일, 29일과 10일, 20일, 30일은 악귀가 없는 길일(吉日)이라고 하여 흔히들 손 없는 날이라고 한다. 이것은 태백살(太白殺)에서 파생된 것으로 이 날은 결혼이나 이사에서 가장 많이 결정하는 날로 인식이 되어 있어, 예식장이나 이사 업체에 과도한 비용을 추가로 지불하는 경우가 허다하다. 비록 손 없는 날이라도 결혼이나 이사를 해서는 안 될 흉일(凶日)이거나, 개인적인 운(運)의 흐름을 방해하는 날이거나, 용신(用神)을 극(剋)하는 날 등에서의 손 없는 날은 길일(吉日)이 아니라 흉일(凶日)이 됨을 독자들은 알길 바란다.

참고로 2~3년에 찾아오는 윤월(閏月)의 경우도 손 없는 달이라고 하여 집수리, 이사(移徙), 조상(祖上)의 묘지(墓地) 단장 혹은 이장(移葬)하거나 혹은 수의(壽衣)를 만들어 사용하기도 한다. 그러나 결혼식(結婚式)에서의 윤달(월)은 12지신의 보살핌을 받지 못한다는 의미에서 꺼리는 경향이 있다

(2) 좋은날

요즘은 결혼이나 이사 등은 대부분 주말이나 휴일에 정한다.

또한 좋은 날을 결정하는데 복합적으로 작용하는 나쁜 흉일(凶日)을 제외하면 좋은 날은 1년 중 며칠밖에 되지 않는다.

따라서, 독자들은 길일(吉日)이라고 하여 무리하게 날짜를 맞추기보다는 양가(兩家) 의 상황에 맞게 혹은 개인적인 운(運)의 흐름에 큰 결점이 없다면 적당한 날을 선택하는 것도 바람직하다.

(3) 아홉수

아홉수에 해당되는 경우는 결혼이나 혹은 이사를 하지 않는 흉년(凶年)으로 본다.

보통 아홉수라고 하는 것은 9세, 19세, 29세, 39세…등과 같이 9에 해당되는 나이를 말하는 것이 아니라, 사주(四柱)에서 적용된 대운수(大運數)를 보고 판단하는데, 대운수보다 한 자리 적은수를 아홉수라고 한다. 따라서 아홉수는 사람마다 다르다.

지금까지 학습한 양력 1986년 6월 11일 밤 22:50분에 태어난 남자 이길동의 아홉수를 확인해 보자. 이길동의 대운수는 아래와 같다.

89	79	69	59	49	39	29	19	9
癸	壬	辛	庚	己	戊	丁	丙	乙
卯	寅	丑	子	亥	戌	酉	申	未

따라서, 이길동은 사주 대운수가 9세, 19세, 29세, 39세, 49세, 59세…이므로 이것들보

다 1자리 적은 8이 아홉수가 된다. 따라서 이길동은 8세, 18세, 28세, 38세, 48세, 58세, 68세…가 이길동의 아홉수이다.

만약, 사주에서 대운수가 3세, 13세, 23세, 33세, 43세, 53세…이라면 이 사람의 아홉수는 2세, 12세, 22세, 32세, 42세, 52세…가 아홉수가 된다.

따라서, 독자들은 자신은 물론 상대방의 아홉수란 개념을 알고 적용하기 바란다.

2. 결혼(結婚) 날 잡기

결혼 날을 결정하는 순서는 보통 신부측에서 신랑의 사주를 받아서 결혼날을 결정하는 것이 이상적이다. 이러한 이유는 신부의 생리 일정, 부친이나 모친상 시기엔 제외하고 또한 회갑이 있는 시기에 결혼을 한다면 좋은날이 겹치므로 운(運)이 둘로 쪼개지는 경우가 있으므로 이러한 시기는 제외 한다.

거듭 강조하지만, 나쁜 흉일(凶日)을 제외하면 좋은날은 1년 중 몇 일 밖에 되지 않기 때문에 독자들은 개인적인 운(運)의 흐름에 큰 결점이 없다면 적당한 날을 결혼날로 결정하길 바란다. 남녀가 만나서 혼인을 맺는 결혼 날을 잡는 방법에 대하여 알아보자.

(1) 결혼할 년(年) 선택법

남녀가 결혼을 해서는 안 되는 흉년(凶年)은 아래 표와 같다.

생년 \ 구분	子 (자) 쥐띠	丑 (축) 소띠	寅 (인) 범띠	卯 (묘) 토끼띠	辰 (진) 용띠	巳 (사) 뱀띠	午 (오) 말띠	未 (미) 양띠	申 (신) 원숭이띠	酉 (유) 닭띠	戌 (술) 개띠	亥 (해) 돼지띠
남 흉(凶)년	미 (未)	신 (申)	유 (酉)	술 (戌)	해 (亥)	자 (子)	축 (丑)	인 (寅)	묘 (卯)	진 (辰)	사 (巳)	오 (午)
여 흉(凶)년	묘 (卯)	인 (寅)	축 (丑)	자 (子)	해 (亥)	술 (戌)	유 (酉)	신 (申)	미 (未)	오 (午)	사 (巳)	진 (辰)

예를 들면, 남자의 경우 소띠생 이라면 신년(申年)는 즉, 임신년(壬申年), 갑신년(甲申年), 병신년(丙申年), 무신년(戊申年), 경신년(庚申年)에 결혼은 피하는게 좋다.

(2) 결혼할 월(月) 선택법

결혼 월의 선택은 여자의 출생년을 보고 판단한다.

구분 \ 여자 생년	子, 午年 (쥐, 말띠)	丑, 未年 (소, 양띠)	寅, 申年 (범, 원숭이띠)	卯, 酉年 (토끼, 닭띠)	辰, 戌年 (용, 개띠)	巳, 亥年 (뱀, 돼지띠)
대길한 달	6월, 12월	5월, 11월	2월, 8월	1월, 7월	4월, 10월	3월, 9월
대체로 무난한 달	1월, 7월	4월, 10월	3월, 9월	6월, 12월	5월, 11월	2월, 8월
시부모가 없으면 무난한 달	2월, 8월	3월, 9월	4월, 10월	5월, 11월	6월, 12월	1월, 7월
친정부모가 없으면 무난한 달	3월, 9월	2월, 8월	5월, 11월	4월, 10월	1월, 7월	6월, 12월

예를 들면, 쥐띠, 말띠 여자의 경우 6월과 12월이 좋고, 1월과 7월에 결혼해도 좋다. 또 시부모가 없는 경우 2월과 8월에 그리고 친정 부모가 없으면 3월과 9월에도 무난하다.

(3) 결혼할 일(日) 선택법

결혼하는 년(年)과 월(月)이 결정되었으면, 결혼하면 좋은 일(日)의 선택은 음양부장길일(陰陽不將吉日)과 납징정친일(納徵定親日) 그리고 황도정국(黃道定局)에 해당되는 날을 선택하여 결정하면 된다.

□음양부장길일(陰陽不將吉日)을 선택할 경우

결혼하기 좋은 날에 속하는 월별 음양부장길일은 아래와 같다.

월	결혼 일
1월	丙寅, 丁卯, 丙子, 丁丑, 己卯, 己丑, 庚寅, 辛卯, 庚子, 辛丑
2월	乙丑, 丙寅, 丙子, 丁丑, 丙戌, 戊子, 己丑, 庚寅, 戊戌, 庚子, 庚戌
3월	甲子, 乙丑, 甲戌, 丙子, 丁丑, 乙酉, 丙戌, 戊子, 己丑, 丁酉, 戊戌, 己酉
4월	甲子, 甲戌, 丙子, 甲申, 乙酉, 丙戌, 戊子, 丙申, 丁酉, 戊戌, 戊申
5월	癸酉, 甲戌, 癸未, 甲申, 乙酉, 丙戌, 乙未, 丙申, 戊戌, 戊申, 癸亥
6월	壬申, 癸酉, 壬午, 癸未, 甲申, 乙酉, 甲午, 乙未, 戊戌, 戊申, 戊午, 壬午
7월	壬申, 癸酉, 壬午, 癸未, 甲申, 乙酉, 癸巳, 甲午, 乙未, 乙巳, 戊申, 戊午
8월	戊辰, 辛未, 壬申, 辛巳, 壬午, 癸未, 甲申, 壬辰, 癸巳, 甲午, 甲辰, 戊辰, 戊午
9월	戊辰, 庚午, 辛未, 庚辰, 辛巳, 壬午, 癸未, 辛卯, 壬辰, 癸巳, 癸卯, 戊午
10월	己巳, 庚午, 己卯, 庚辰, 辛巳, 壬午, 庚寅, 辛卯, 壬辰, 癸巳, 壬寅, 癸卯
11월	丁卯, 己巳, 丁丑, 己卯, 庚辰, 辛巳, 己丑, 庚寅, 辛巳, 壬辰, 辛丑, 壬寅, 丁巳
12월	丙寅, 丁卯, 丙子, 丁丑, 己卯, 庚辰, 己丑, 庚寅, 辛卯, 庚子, 辛丑, 丙辰

□납징정친일(納徵定親日)을 선택할 경우

납징정친일은 60갑자와 길신 중에서 혼사(婚事)에 합당한 일진(日辰)을 모은 것으로 월과는 상관없이 해당 일을 선택하면 된다.

乙丑, 丙寅, 丁卯, 辛未, 壬寅, 己卯, 庚辰, 丙戌, 戊子, 己丑, 壬辰, 癸巳, 乙未, 戊戌, 辛丑, 壬寅, 癸卯, 甲辰, 丙午, 丁未, 庚戌, 壬子, 癸丑, 甲寅, 乙卯, 丙辰, 丁巳, 戊午, 己未

□황도정국일(黃道定局日)을 선택할 경우

황도정국일은 나쁜 영향을 주는 천강(天罡), 하괴(河魁) 등의 액운을 없애주는 길일(吉日)이기 때문에, 결혼은 물론 약혼, 개업, 여행, 입사 지원서 제출, 이사, 건물 기초공사, 개업(開業), 공직부임일, 안장(安葬), 이장(移葬) 등에 다양하게 적용 된다.

독자들은 개인적인 운(運)에 큰 문제가 없다면, 황도정국일을 선택하면 무난하다.

이때, 적용하는 시간을 황도시라고 하는데, 황도시(黃道時)는 황도정국일에 표시된 오행의 시간을 말한다.

예를 들면, 1월과 7월에는 자시(子時), 축시(丑時), 진시(辰時), 사시(巳時), 미시(未時), 술시(戌時)가 좋은 결혼 시간이다.

월	황도정국일
1월과 7월	자(子), 축(丑), 진(辰), 사(巳), 미(未), 술(戌)
2월과 8월	자(子), 인(寅), 묘(卯), 오(午), 미(未), 유(酉)
3월과 9월	인(寅), 진(辰), 사(巳), 신(申), 유(酉), 해(亥)
4월과 10월	축(丑), 진(辰), 오(午), 미(未), 술(戌), 해(亥)
5월과 11월	자(子), 축(丑), 묘(卯), 오(午), 신(申), 유(酉)
6월과 12월	인(寅), 묘(卯), 사(巳), 신(申), 술(戌), 해(亥)

독자들은, 음양부장길일(陰陽不將吉日), 납징정친일(納徵定親日), 황도정국일(黃道定局日)을 선택해서 결혼 날과 결혼 시간을 결정해 주면 무난하다.

설사 위의 결혼 날이 아니더라도 남자, 여자에게 적용되는 개인적인 운(運)에 큰 문제가 없으면 무난하다.

(4) 결혼과 좋은 시간

□황도정국일(黃道定局日)에 따른 시간

황도정국일(黃道定局日)과 동일한 오행으로 적용된 시간 즉 황도시(黃道時)를 말한다.

□일록시(日祿時)

일진	甲	乙	丙	丁	戊	己	庚	辛	壬	癸
일록	寅時	卯時	巳時	午時	巳時	午時	申時	酉時	亥時	子時

압록시는 결혼뿐 아니라, 양택이나 음택에서 많이 이용되는 길시(吉時)이다.

▫천을귀인시(天乙貴人時)

년, 일	甲, 戊, 庚	乙, 己	丙, 丁	辛	壬, 癸
천을귀인시	축, 未時	子, 申時	亥, 酉時	午, 寅時	巳, 卯時

위의 내용 외 결혼에 좋은 시간이 없다면, 개인적인 운(運)의 흐름에 방해를 주지 않는 적당한 시간을 선택하면 된다. 예를 들면 신랑이나 신부의 용신(用神) 오행을 극(剋)하지 않는 시간이면 된다.

(5) 결혼을 꺼리는 날

▫가취대흉일(嫁娶大凶日)

가취대흉일은 뭐든지 이루어지는 일이 없는 흉일(凶日)로 본다.

봄	여름	가을	겨울
갑자(甲子) 을축(乙丑)일	병자(丙子), 정축(丁丑)일	경자(庚子), 신축(辛丑)일	임자(壬子), 계축(癸丑)일
1, 5, 9월	2, 6, 10월	3, 7, 11월	4, 8, 12월
경(庚)일	을(乙)일	병(丙)일	계(癸)일

예를 들면, 봄에는 갑자(甲子)일과 을축(乙丑)일을 1월, 5월, 9월에는 경(庚)일 꺼린다.

▫상부상처일(喪夫喪妻日)

상부상처일은 상부, 상처하기 쉬운 흉신일로 본다.

춘삼월(春三月)	상처살(喪妻殺)	병오(丙午), 정미(丁未)일
동삼월(冬三月)	상부살(喪夫殺)	임자(壬子), 계해(癸亥)일

▫십악일(十惡日)

甲0年과 己0年	3월의 무술(戊戌)일, 7월의 계해(癸亥)일, 10월의 병신(丙申)일, 11월의 정해(丁亥)일
乙0年과 庚0年	4월의 임신(壬申)일, 9월의 을사(乙巳)일
丙0年과 辛0年	3월의 신사(辛巳)일, 9월의 경진(庚辰)일
戊0年과 癸0年	6월의 축(丑)일
丁0年과 壬0年	해당 없음

십악일은 나쁜 흉일에 해당된다. 예를 들면, 갑오년(甲午年)의 경우 3월의 무술(戊戌)일, 7월의 계해(癸亥)일, 10월의 병신(丙申)일, 11월의 정해(丁亥)일은 나쁜 흉신날이기 때

문에 결혼일에서 제외한다.

□월기일(月忌日)

흉신(凶神)이 작용하는 날로 음력으로 매월 5일, 14일, 23일이다.

□혼인총기일(婚姻總忌日)

입춘(立春), 춘분(春分), 동지(冬至), 단오(端午), 4월8일, 남녀본명일(男女本命日)

혼인총기일에 결혼을 하면 이별, 병고, 무자식 등이 발생하기 때문에 모든날에서 나쁘게 작용한다.

남녀본명일(男女本命日)이란? 택일 당사자의 생년과 일주가 동일한 것을 말한다. 예를 들면 갑자년(甲子年)에 출생한 사람이라면 갑자일(甲子日)이 남녀본명일이다.

□복단일(伏斷日)

복단일(伏斷日)은 엎어지고 끊어진다는 뜻으로 모든 일에 나쁘게 작용한다. 따라서, 결혼, 약혼, 이사, 개업, 계약, 입사지원서 제출, 여행, 공직부임일, 공사 착공 등에는 사용하지 않는 흉일(凶日)이다. 그러나 화장실 수리, 누군가와 인연을 끊는 일, 구멍이나 둑을 막는 일, 시신을 집으로 들이는 날에는 사용되는 날로서 이때는 오히려 길일(吉日)로 사용된다.

복단일을 판단하는 방법은 음력과 양력에 상관없이 달력을 보고 판단하는데 아래와 같은 요일을 기준으로 해당 요일의 지지(地支)로 판단한다.

요일	월	화	수	목	금	토	일
지지(地支)	未	寅, 酉	辰, 亥	丑, 午	申	卯, 戌	子, 巳

예를 들면 월요일에 복단일이 성립되는 경우는 己未, 丁未, 辛未, 癸未, 乙未일이 해당되며, 화요일은 ○寅일 및 ○酉일이 모두 복단일에 해당된다. 예를 들면 양력으로 2020년(庚子年) 9월 15일(음, 7월 28일)은 화요일이자 신유일(辛酉日)이 되므로 복단일이다.

□멸망일(滅亡日)

결혼, 사업, 개업, 건축 등 매사에 안 좋은 날이라고 하여 금기한다.(음력)

1월, 5월, 9월의 축(丑)일	3월, 7월, 11월의 미(未)일
2월, 6월, 10월의 진(辰)일	4월, 8월, 12월의 술(戌)일

(6) 개인 운(運)흐름

결혼 날을 정하는데 있어서 최종적으로 확인해야 될 사항이 있다.
개인적인 운(運)의 흐름이다.

앞 절의 길흉성(吉凶星)작용에서 길일(吉日)은 결혼에서 권장사항이고, 흉일(凶日)과 지충일(支沖日) 그리고 용신(用神)을 극(剋)하는 날은 개인 운의 흐름을 방해되는 날이기 때문에 결혼 일에서 제외되어야 한다.

▫길일(吉日)

개인에게 적용되는 길일은 많지만 결혼에서의 길일은 월덕합(月德合)과 천덕합(天德合)일을 대표적인 길일로 본다. 월덕압과 천덕합 적용 방법은 앞 절 길성(吉星) 내용을 참조하기 바란다. 월덕합과 천덕합 외의 길성날을 선택해도 무방하다.

▫흉일(凶日)

결혼과 관련되어 적용되는 흉일은 고신살(孤神殺), 과숙살(寡宿殺), 원진살(怨嗔殺), 양인살(陽刃殺), 백호대살(白狐大殺), 괴강살(魁罡殺), 도화살(挑花殺) 등과 지충일(支沖日)과 용신(用神)을 극(剋)하는 날을 들 수 있다.

이들의 적용은 이미 앞 절에서 소개되었기 때문에 독자들은 결혼에서의 흉일(凶日)을 선별하는 것은 어렵지 않을 것이다.

이 중 1986년 6월 11일 밤 22:50분에 태어난 남자 이길동이에 대하여 용신(用神)을 극(剋)하는 결혼 날을 알아보자. 이길동의 용신은 수(水)였다.

이길동이가 결혼을 하다면, 용신 수(水)를 극(剋)하는 것은 토(土)이므로, 년, 월, 일의 천간(天干)과 지지(地支)에 토(土) 일에 해당되는 무(戊), 기(己), 戊, 己, 丑, 辰, 未, 戌일은 제외되어야 한다.

또한 음양부장길일에서는 己巳, 庚午, 己卯, 庚辰, 辛巳, 壬午, 庚寅, 辛卯, 壬辰, 癸巳, 壬寅, 癸卯일 중 己巳, 己卯, 庚辰 일은 제외 되어야 하고, 납징정친일에는 乙丑, 辛未, 己卯, 庚辰, 戊子, 己丑, 乙未, 辛丑, 甲辰, 丁未, 庚戌, 癸丑, 丙辰, 戊午, 己未날은 제외 시켜야 한다.

따라서, 다소 어렵겠지만 이와 같이 신부의 경우도 신부에게 적용되는 개인적인 운(運)의 흐름을 구분하여 결혼 날을 결정해야 한다.

(7) 혼인주당(婚姻周堂), 신행주단(新行周堂), 신부좌향길방(新婦坐向吉方)

주당(周堂)이란? 죽은 혼신(魂神)이 배가 고프고 괴로운데, 인간은 좋은 음식과 좋은 집에서 결혼도 하고 행복 한 것에 대한 복수할 목적으로 침투하여 해(害)를 입히는 일종의 살(殺)로서 조심해야 한다.

주당의 종류로는 결혼 날에 발생하는 혼인주당(婚姻周堂), 신혼여행후 최초 시댁(신랑집)에 들어갈 때 발생되는 신행주당(新行周堂)이 있고, 이사(移徙)에서는 이사주당(移徙周堂)이 있다. 그리고 시신 안장(安葬)에서 발생되는 것으로 안장주당(安葬主堂)과 상문주당(喪門周堂)이 있다.

신부좌향길방(新婦坐向吉方)이란?

신부가 신혼여행 후 시댁(신랑집)에 왔을 때 최초 앉는 방위를 말한다.

여기서는 결혼이므로 혼인주당과 신행주단 그리고 신부좌향길방에 대하여 알아보자.

▫혼인주당(婚姻周堂) 보는 방법

8	1	2
주(廚)	부(夫)	고(姑)
8	7	6
7		3
부(婦)		당(當)
1		5
6	5	4
조(竈)	제(弟)	옹(翁)
2	3	4

결혼하는 달이 음력으로 대월(30일)일 때는 부(夫)에서 최초 1일을 출발하여 시계 방향으로 고(2,姑)-당(3,當)-옹(4,翁)-제(5,弟)-조(6,竈)-부(7,婦)-주(8,廚)-부(1,夫)…순으로 혼인 당일 날짜만큼 순행으로 확인한다.

결혼하는 달이 음력으로 소월(29일, 28일)일 때는 부(婦)에서 최초 1일을 출발하여 시계 반대 방향으로 조(2,竈)-제(3,弟)-옹(4,翁)-당(5,當)-고(6,姑)-부(7,夫)-주(8,廚)-부(1,婦)-조(2,竈)…순으로 혼인 당일 날짜만큼 역행으로 확인한다.

▫혼인주당(婚姻周堂) 판단 방법

구분	내용

1. 주(廚), 당(當), 제(弟), 조(竈), 주(廚)에 해당 되는 날	길일(吉日)이다.	
2. 부(夫)와 부(婦)에 해당되는 날	혼인해서는 안 될 흉일(凶日)이다.	
3. 옹(翁)에 해당되는 날	시아버지가 없으면 무방하다.	※예전에는 시부모 대신 다른 사람이 부, 모 역할을 했지만, 요즘에는 신랑과 신부가 먼저 입장(入場)한 후 시부모가 입장하면 된다.
4. 고(姑)에 해당되는 날	시어머니가 없으면 무방하다.	

예를 들어 보자, 음력으로 2017년 3월 15일 결혼 날짜를 잡았을 때 혼인주당(婚姻周堂)을 알아보자. 음력 2017년 3월은 29일까지 있는 달이므로 최초 부(婦)에서 반시계방향으로 15번째를 확인해보면 부(夫)가 된다. 따라서 흉일(凶日)이다. 하루 늦춘 3월 16일은 주(廚)이 되므로 길일(吉日)이다.

따라서 독자들은 음력으로 3월 16일 날이 개인에게 작용하는 흉(凶)한 날이 아니거나 혹은 개인의 운(運)에 작용하는 지충일(支沖日)이나 용신(用神)을 극(剋)하는 오행 날이 아니라면 결혼 날을 잡아도 무방하다.

독자들은 결혼주당 일을 먼저 정한 후 결혼날을 결정하면 쉽게 좋은날을 찾을 수 있다. 다음은 신부가 신혼여행을 다녀온 후 최초 시댁(신랑집)에 들어갈 때 발생되는 신행주당 (新行周堂)을 알아보자.

□신행주당(新行周堂) 보는 방법

2	3	4
당(堂)	상(狀)	사(死)
7	6	5
1		5
조(竈)		수(睡)
8		4
8	7	6
주(廚)	로(路)	문(門)
1	2	3

음력으로 대월(30일)일 때는 조(竈)에서 최초 1일을 출발하여 시계 방향으로 당(2,堂)-상(3,狀)-사(4,死)-수(5,睡)-문(6,門)-로(7,路)-주(8,廚)-조(1,竈)-당(2,堂)…순으로 신혼여행후 시댁(신랑집)에 최초 들어가는 날짜만큼 순행하여 확인한다.

음력으로 소월(29일, 28일)일 때는 주(廚)에서 최초 1일을 출발하여 시계 반대 방향으로

(2,路)-문(3,門)-수(4,睡)-사(5,死)-상(6,狀)-당(7,堂)-조(8,竈)-주(1,廚)-로(2,路)…순으로 신혼 여행후 시댁(신랑집)에 최초 들어가는 날짜만큼 역행으로 회전하여 확인한다.

▫ 신행주당(新行周堂) 판단 방법

-사(死), 수(睡), 주(廚), 조(竈)에 해당되면 길일(吉日)이다.

-문(門), 로(路), 당(堂), 상(狀)에 해당되면 흉일(凶日)이다

예를 들어보자, 신부가 음력으로 2018년 5월 16일 결혼식을 올리고 5월 25일 신혼여행을 다녀온 후 시댁(신랑집)에 최초 들어갈 경우 신행주당을 알아보자. 음력 2018년 5월은 29일까지 있는 달이므로 최초 주(廚)에서 출발하여 반시계방향으로 25번째를 확인해보면 주(廚)가 된다. 따라서, 5월 25일은 신부가 최초 시집(신랑집)으로 들어가는 길일(吉日)이 된다.

만약 흉일(凶日)일 경우에는 신혼여행 일정을 조정하거나 혹은 신혼여행 후 신부집에 먼저 들어간 후 길일에 시댁(신랑집)으로 들어가면 된다.

다음은 신행주당(新行周堂)을 통하여 신부가 시댁(신랑집)에 왔다면 처음 앉는 자리의 방향을 알아보자.

▫ 신부좌향길방(新婦坐向吉方)

시댁에 들어가는 날의 간지	甲, 己日	乙, 庚日	丙, 辛日	丁, 壬日	戊, 癸日
앉는 방향	동북향 (東北向)	서북향 (西北向)	서남향 (西南向)	정남향 (正南向)	동남향 (東南向)

신부가 최초 시댁에서 앉아야 될 방향은 그날의 간지를 기준으로 앉는 방향을 결정한다. 예를 들어보자, 음력으로 2020년 10월 5일 결혼식을 올리고 10월 15일 최초 시댁(신랑집)에 들어가서 앉아야될 신부의 방향을 알아보자.

음력으로 2020년 10월 5일은 병인일(丙寅日)이다. 丙, 辛日에 해당되므로 신부가 시댁(신랑)집에서 최초 앉는 방향은 서남향(西南向)이다.

3. 이사(移徙) 날 잡기

이사 날을 잡는 경우도 결혼 날을 결정하는 것과 비슷하다. 이 경우 나쁜 흉일(凶日)을 제외하면 좋은 이사 날은 1년 중 몇 일 밖에 되지 않기 때문에 독자들은 개인적인 운(運)의 흐름에 큰 결점이 없다면 적당한 날을 이사 날로 결정하길 바란다. 좋은 이사 날을

잡는 방법에 대하여 알아보자.

(1) 이사 방위 선택법

부부간 나이에 따른 좋은 이사 방향은 다음과 같다.

천록(天祿)방향은 재물과 관록이 따르며, 합식(合食) 방향은 곡식이 늘어나며, 관인
(官印)방향은 승진을 하고 실업자에게는 직장이 생기는 좋은 방향이다.

연령 \ 구분		천록(天祿)방향	합식(合食) 방향	관인(官印)방향
남	1, 10, 19, 28, 37, 46, 55, 64, 73	동(東)	동북(東北)	북(北)
여	2, 11, 20, 29, 38, 47, 56, 65, 74			
남	2, 11, 20, 29, 38, 47, 56, 65, 74	서남(西南)	서(西)	남(南)
여	3, 12, 21, 30, 39, 48, 57, 66, 75			
남	3, 12, 21, 30, 39, 48, 57, 66, 75	북(北)	서북(西北)	동북(東北)
여	4, 13, 22, 31, 40, 48, 58, 67, 76			
남	4, 13, 22, 31, 40, 48, 58, 67, 76	남(南)	사방(四方)	서(西)
여	5, 14, 23, 32, 41, 50, 59, 68, 77			
남	5, 14, 23, 32, 41, 50, 59, 68, 77	동북(東北)	동남(東南)	서북(西北)
여	6, 15, 24, 33, 42, 51, 60, 69, 78			
남	6, 15, 24, 33, 42, 51, 60, 69, 78	서(西)	동(東)	사방(四方)
여	7, 16, 25, 34, 43, 52, 61, 70, 79			
남	7, 16, 25, 34, 43, 52, 61, 70, 79	서북(西北)	서남(西南)	동남(東南)
여	8, 17, 26, 35, 44, 53, 62, 71, 80			
남	8, 17, 26, 35, 44, 53, 62, 71, 80	사방(四方)	북(北)	동(東)
여	9, 18, 27, 36, 45, 54, 63, 72, 81			
남	9, 18, 27, 36, 45, 54, 63, 72, 81	동남(東南)	남(南)	동(東)
여	10, 19, 28, 37, 46, 55, 64, 73, 82			

(2) 좋은 이사 날 선택법

이사(移徙)는 종류가 많기 때문에 종류별 좋은 날을 알아보자.

□입택귀화일(入宅歸火日) => 일반적인 이사

丙午, 甲子, 乙丑, 丙寅, 丁卯, 己巳, 庚午, 辛未, 甲戌, 乙亥, 丁丑, 癸未,
甲申, 庚寅, 壬辰, 乙未, 庚子, 壬寅, 癸卯, 丁未, 庚戌, 癸丑, 甲寅, 乙卯,
己未, 庚申, 辛酉

□이거길일(移居吉日) => 일반적인 이사

己未, 甲子, 乙丑, 丙寅, 庚午, 丁丑, 乙酉, 庚寅, 壬辰, 癸巳, 乙未, 壬寅,
癸卯, 丙午, 庚戌, 癸丑, 乙卯, 丙辰, 丁巳, 庚申

□분가산길일(分家産吉日) => 분가에 따른 이사

월	분가일
1월	己卯, 壬午, 癸卯, 丙午
2월	己酉, 辛未, 癸未, 乙未, 己亥, 己未
3월	辛卯, 庚子, 癸卯
4월	분가에 좋은날이 없음
5월	辛未, 庚辰, 己未, 甲辰, 戊辰
6월	乙亥, 己卯, 辛卯, 己亥, 癸卯
7월	丙辰, 庚辰, 戊辰, 壬辰
8월	乙丑, 乙巳, 甲戌, 乙亥, 己亥, 庚申
9월	庚午, 壬午, 戊子, 庚子
10월	甲子, 丙子, 戊子, 庚子
11월	乙丑, 乙亥, 丁丑, 己丑, 癸丑
12월	辛卯, 癸卯, 庚申, 乙卯, 壬申

□신가입택길일(新家入宅吉日) => 새로 지은 집으로 이사

甲子, 乙丑, 庚子, 癸丑, 庚寅, 戊辰, 癸巳, 庚午, 癸酉

□구옥입택길일(舊屋入宅吉日) => 옛집으로 이사

봄일 경우	여름일 경우	가을일 경우	겨울일 경우
甲寅	丙寅	庚寅	壬寅

□황도정국일(黃道定局日)

황도정국일은 이사뿐 아니라 결혼에도 좋은 길일(吉日)이다.

앞 절 결혼날에 소개된 황도정국일을 참고하면 된다.

따라서 독자들은 개인적으로 편리한 시기에 종류별 좋은 이사 날을 선택하면 된다.

설사 합당한 이사날과 시간을 찾지 못한 경우 개인적인 운(運)의 흐름에 방해를 주지 않는 날이면 무방하다.

(3) 개인 운(運) 흐름

이사 날을 결정정할 때 최종적으로 확인해야될 사항은 개인적인 길일(吉日)과 운(運)의 흐름이다.

앞 절의 길흉성(吉凶星) 내용 중 이사와 관련된 길일(吉日)은 역마일(驛馬日)이고, 흉일(凶日)과 지충일(支沖日)과 용신(用神)을 극(剋)하는 날은 제외 되어야 한다.

□ 길일(吉日)

이사와 관련된 것 중 개인에게 적용되는 길일은 역마일(驛馬日)이다.

이사에서 역마일은 오히려 좋은 길성(吉星)으로 작용한다. 적용 방법은 앞 절 길흉성(吉凶星)의 역마일 조건을 참조하여 역마일을 찾으면 된다.

□ 흉일(凶日)

이사도 지충일(支沖日)과 용신(用神)을 극(剋)하는 날은 흉일(凶日)로 본다.

이들의 적용은 이미 앞 절에서 소개되었기 때문에 독자들은 어렵지 않게 적용할 수 있다고 본다.

이 중 양력으로 1986년 6월 11일 밤 22:50분에 태어난 남자 이길동이의 이삿날 용신을 극(剋)하는 오행을 알아보자.

이길동이의 용신은 수(水)이다. 용신 수(水)를 극(剋)하는 것은 토(土)이므로, 토(土)에 해당되는 戊, 己, 丑, 辰, 未, 戌일은 이삿날에서 제외되어야 한다.

(4) 이사주당(移徙周堂)

이삿날의 경우 이사주당을 확인한다.

□ 이사주당(移徙周堂) 보는 방법

1	2	3
안(安)	이(利)	천(天)
3	2	1
8		4
재(災)		해(害)
4		8
7	6	5
사(師)	부(富)	살(殺)
5	6	7

음력으로 대월(30일)일 때는 안(安)에서 최초 1일을 출발하여 시계 방향으로 이(2,利)-천(3,天)-해(4,害)-살(5,殺)-부(6,富)-사(7,師)-재(8,災)-안(1,安)-이(2,利)…순으로 이사 당일 날짜 만큼 순행하여 확인한다.

음력으로 소월(29일, 28일)일 때는 천(天)에서 최초 1일을 출발하여 시계 반대 방향으로 이(2,利)-안(3,安)-재(4,災)-사(5,師)-부(6,富)-살(7,殺)-해(8,害)-천(1,天)-이(2,利)…순으로 이사 당일 날짜 만큼 반대 방향으로 회전하여 확인한다.

▫이사주당(移徙周堂) 판단 방법

-안(安), 이(利), 천(天), 부(富), 사(師)에 해당되는 날 : 이사에 좋은 길일(吉日)이다.

-재(災), 해(害), 살(殺)에 해당되는 날 : 이사에 나쁜 흉일(凶日)이다.

예를 들어보자, 음력으로 2020년 9월 5일의 이사주당을 알아보자. 음력 2020년 9월은 29일까지 있는 달이므로 최초 천(天)에서 출발하여 반시계방향으로 5번째를 확인해 보면 사(師)에 해당되므로 이사에 좋은 길일(吉日)이다. 따라서 음력으로 9월 5일은 개인의 운(運)에 작용하는 지충일(支沖日)이거나 혹은 용신(用神)을 극(剋)하는 오행날이 아니라면 이사 날을 잡아도 무방하다.

4. 주택 신축, 대들보 공사, 천정(우물)일 잡기

▫성조전길일(成造全吉日)=집을 신축하거나 혹은 증축, 수리하는 길일

甲子,	乙丑,	丙寅,	己巳,	庚午,	辛未,	癸酉,	甲戌,	乙亥,	丙子,	丁丑,	癸未,
甲申,	丙戌,	庚寅,	壬寅,	乙未,	丁酉,	庚子,	癸卯,	丙午,	丁未,	癸丑,	甲寅,
丙辰,	己未										

▫기지길일(基地吉日)=집을 신축때 집터를 닦을 때 길일

甲子,	乙丑,	丁卯,	戊辰,	庚午,	辛未,	辛巳,	甲申,	乙未,	丁酉,	己亥,	丙午,
丁未,	壬子,	癸丑,	甲寅,	乙卯,	庚申,	辛酉					

▫상량길일(上樑吉日)=주택 신축때 건축 대들보 공사 길일

甲子,	乙丑,	丁卯,	戊辰,	己巳,	庚午,	辛未,	壬申,	甲戌,	丙子,	戊寅,	庚辰,
壬午,	甲申,	丙戌,	戊子,	庚寅,	甲午,	丙申,	丁酉,	戊戌,	己亥,	庚子,	辛丑,
壬寅,	癸卯,	乙巳,	丁未,	己酉,	辛亥,	癸丑,	乙卯,	丁巳,	己未,	辛酉,	癸亥,
黃道,	天德,	月德,	開								

▫천정일(穿井日)=우물을 파거나 수도를 고치는 길일

甲子,	乙丑,	癸酉,	壬午,	癸未,	甲申,	乙酉,	丁亥,	戊子,	癸巳,	甲午, 乙未,
戊戌,	庚子,	辛丑,	壬寅,	乙巳,	己酉,	辛亥,	癸丑,	丁巳,	戊午,	己未, 庚申,
辛酉,	癸亥,	黃道,	天德合,	月德合,	開					

5. 조장(장담기), 파종(播種), 벌목일(伐木日) 잡기

▫조장일(造醬日) 길일(장 담그는 길일)

丁卯,	丙寅,	丙午,	天月德合,	午日,	開日

▫파종일(播種日)

甲子,	乙丑,	丁卯,	己巳,	庚午,	辛未,	癸酉,	乙亥,	丙子,	丁丑,	戊寅,	己卯,
辛巳,	壬午,	癸未,	甲申,	乙酉,	丙戌,	己丑,	辛卯,	壬辰,	癸巳,	甲午,	乙未,
丙申,	戊戌,	己亥,	庚子,	辛丑,	壬寅,	癸卯,	甲辰,	丙午,	戊申,	己酉,	癸丑,
甲寅,	乙卯,	戊午,	己未,	癸亥							

▫벌목일(伐木日)

己巳,	庚午,	辛未,	壬申,	甲戌,	乙亥,	己卯,	壬午,	甲申,	乙酉,	戊子,	甲午,
乙未,	丙申,	壬寅,	丙午,	丁未,	戊申,	己酉,	甲寅,	乙卯,	己未,	庚申,	辛酉,
天月德											

6. 화장실(化粧室), 가축 축사 신축, 수리날 잡기

▫작측일(作厠日)=화장실(변소) 신축 길일

庚辰,	丙戌,	癸巳,	壬子,	己未,	복단일(伏斷日)

▫작축사일(作畜舍日)=가축 축사 신축 및 수리 길일

| 甲子, 丁卯, 辛未, 乙亥, 己卯, 甲申, 戊子, 己丑, 辛卯, 壬辰, 庚子, 壬寅, |
| 甲辰, 乙巳, 壬子, 天德, 月德, 開 |

7. 제사(祭祀), 불공(佛供), 산신제(山神祭), 수신제(水神祭), 신사기도(神祀祺禱), 신상안치일(神像安置日)일 잡기

▫제사(祭祀) 길일

| 甲子, 乙丑, 丁卯, 戊辰, 辛未, 壬申, 癸酉, 甲戌, 丁丑, 己卯, 庚辰, 壬午, |
| 甲申, 乙酉, 丙戌, 丁亥, 己丑, 辛卯, 甲午, 乙未, 丙申, 丁酉, 乙巳, 丙午, |
| 丁未, 戊申, 己酉, 庚戌, 乙卯, 丙辰, 丁巳, 戊午, 기미, 辛酉, 癸亥, 生氣, |
| 天宜, 福德日 |

▫불공(佛供) 길일

| 甲子, 乙丑, 丙寅, 庚午, 甲戌, 戊寅, 乙酉, 戊子, 己丑, 辛卯, 甲午, 丙申, |
| 癸卯, 丁未, 癸丑, 甲寅, 丙辰, 辛酉 |

▫산신제(山神祭) 길일

| 甲子, 壬申, 乙亥, 丙子, 甲申, 乙酉, 丙戌, 辛卯, 庚戌, 乙卯, 甲戌, 甲午, |
| 甲寅, 乙丑, 乙未, 丁卯, 戊辰, 己巳, 己酉, 庚辰, 辛亥, 壬寅, 癸卯, 己卯, |
| 丁亥, 丁未 |

▫수신제(水神祭) 길일(바다, 하천, 우물에서의 용왕신 올리는 길일)

| 庚午, 辛未, 壬申, 癸酉, 甲戌, 庚子, 辛酉, 開日 |

▫신사기도일(神祀祺禱日) 길일(신당이나 사당에 제사 및 기도 올리는 길일)

甲子, 乙丑, 戊辰, 己巳, 乙亥, 丙子, 丁丑, 壬午, 甲申, 丁亥, 辛卯, 壬辰, 甲午, 乙未, 丁酉, 壬寅, 乙巳, 丙午, 乙酉, 丁未, 戊申, 庚戌, 丁巳, 壬戌

◻신상안치일(神像安置日) 길일(신상, 불상 안치 길일)

癸未, 乙酉, 丁酉, 甲辰, 庚戌, 辛亥, 丙辰, 戊午

제16장, 부적(符籍)

부적(符籍) 이란? 재앙을 막고 악귀나 잡귀를 쫓기 위하여 행해지는 물건이나 글자, 부호나 도장 등을 말한다.

동, 서양을 막론하고 부적의 사용 기원은 정확하지는 않지만, 문명(文明)의 발달과 함께 사용된 것은 분명하다.

고대 중국에서는 만법귀종(萬法歸宗)에 소개된 내용으로 보면, 황제(黃帝)시대에 이미 상당한 정도로 부적이 성행되었음을 알 수 있고, 서양에서 로마시대 때 사용된 메두사의 눈이 부적(符籍)의 시초라고 볼 수 있다.

우리 주위에서 쉽게 찾아볼 수 있는 부적으로 새해 입춘 때마다 가정이나 사업장에 붙이는 입춘대길(立春大吉)과 건양다경(建陽多慶)문구이다.

또한, 자신에게 흉성(凶星)이 작용되는 경우나, 어떤 목표를 달성해야될 시기이거나, 삼재(三災)때는 부적으로 액운을 막아보려는 것들에서 흔히 볼 수 있다.

부적(符籍)을 사용하는 이유로는 재운, 소원성취, 사업 번창, 시험 합격, 득남과 득녀, 혼인 성사, 남녀 애정, 관재 소멸, 부부 바람, 승진, 저주, 장수, 신수, 매매, 행운, 취업, 이별, 결혼, 질병, 유산, 자동차 사고, 삼재, 손재 등이며 사용되는 곳은 가정은 물론 축사, 사무실, 요, 베개 등에 사용되어 왔다.

부적의 재료는 종이 외에도 나무, 돌, 보석, 가구, 동물의 뼈, 생활용품 등이 있다. 동의보감에 보면 진사(辰砂) 또는 단사(丹砂)라고 하여, 맛이 단 것은 사기(邪氣)와 악질(惡疾)을 다스리는 효험이 있다.

이러한 것들이 유래되어 부적 글씨에 사용되는 경면주사(鏡面朱砂)나 영사(靈砂) 혹은 한약제료인 용뇌(龍腦)나 참기름 등을 사용하는 경우가 있는데 경면주사의 경우 인체로 유입되면 수은 중독을 발생시키는 경우도 있다.

부적을 만드는 시간으로는 양(陽)과 음(陰)이 교체 되고, 신명(神明)에게 상달(上達)이 잘되며 귀매(鬼魅)에게 하달(下達)이 잘되는 자시(11:30~01:29)나 혹은 사용자의 우주 리듬이 잘 맞는 자신의 용신(用神) 오행(五行)시간을 이용하는 경우도 있다.

부적(符籍)은 오랜 예전부터 사용된 것으로 우리 주위에 보면 부적을 통하여 불운(不運)을 행운(幸運)으로 전환시켜 행복(幸福)을 찾는 사람들이 많이 존재하는 것은 사실이다. 하지만 부적(符籍)을 사용하기 위하여 자연을 훼손한다든지, 동물을 죽이는 행위는 근절되어야 한다. 보통 부적의 사용 기간은 6개월이며 삼재 경우는 1년이다. 독자들은 부적(符籍)을 사용할 경우 직접 제작할 수도 있고, 요즘 인터넷 사이트 등에서 자신이 필요한 부적을 싸게 구입할 수도 있다.

[풍수지리(風水地理)]

[풍수지리(風水地理)]

여기서 배울 풍수지리(風水地理)는 사주(四柱)와 함께 자연과학(自然科學)의 완성(完成)이며, 사주와 풍수는 상호 보완(補完) 관계이다. 따라서 독자들은 전원주택이나 APT에 해당되는 양택(집)을 짓거나 혹은 음택(조상묘)을 설정함에 있어서, 자신(주인)에게 악(惡)영향을 주는 부족한 오행(五行)을 채워 줄 수 있는 조건을 고려하여 방향(方向)과 환경(環境)을 제공해 주어야만 비로소 성공인(成功人)으로 완성(完成) 된다는 사실을 알고 학습(學習)에 임해 주길 바란다.

제1장, 수맥(水脈)

수맥은 땅속에 흐르는 물줄기이며 여기서 발생되는 유해 파장은 사람은 물론 동물 그리고 식물에게 아주 나쁜 영향을 미친다. 따라서 외형상 아무리 좋은 양택(집)이나 음택(조상묘) 자리가 명당(明堂)일지라도 수맥이 흐르면 절대적으로 나쁜 집터이자 묘(墓)자리가 된다. 따라서 풍수지리(風水地理)에서 가장 먼저 확인될 사항은 수맥이다.

1. 외부에 나타난 수맥 판단법

□ 수맥이 흐르는 집은 담벼락이나 벽에 균열이 갈라져 있다.

□ 수맥이 있은 곳엔 잔디나 나무가 잘 자라지 못한다.

□ 특히 양택(집)이나 음택(조상묘)에 수맥이 존재하면 암(癌), 우환(憂患), 스트레스, 심장마비, 편두통, 중풍, 불면증, 꿈, 신장, 우울증, 학력저하, 유산, 난산, 불임, 정박아 출산, 정신질환, 만성질환, 관절염, 신경통, 가위눌림, 정신질환, 정신쇠약, 신장질환, 갱년기장애, 병고, 성인병 들이 발생한다.

□ 1층에 수맥이 있으면 수맥파는 반사되고 휘어져서 촛불처럼 콘크리트와 철근을 통과하고 침범하기 때문에 그 피해는 저층은 물론, 고층에 거주하는 경우도 저층과 거의 동일하게 작용되므로 수맥의 피해를 절대 벗어날 수는 없다.

□ 아무리 좋은 양택(집)이나 음택(조상 묘)의 경우 수맥이 흐르면 아주 나쁜 흉터가 된다.

□ 동물중 고양이, 개미, 벌, 바퀴벌레는 수맥을 좋아하기 때문에 이들 동물이 살거나 머무는 곳엔 수맥이 있다. 특히 고양이가 자주 눕는 곳에는 수맥이 있다고 판단한다.

□ 수맥은 지각 변동으로 인하여 사라지기도 하고, 수맥대가 새로 생기기도 하기 때문에 2,3년에 한 번씩 검사해보아야 한다.

□ 수맥이 흐르는 조상묘는 잔디가 자라지 못하고 이끼 등이 있으며 봉축에 구멍이 나있고 무너져 있다.

□ 수맥이 음택(조상 묘)에 존재하면 육탈(살이 썩어 자연으로 돌아가는 것)로 인하여 황골(누런 뼈)되지 못하고, 수염(水炎, 시신이 검게 뒤집혀져 있는 것, 정신질환 발생), 목염(木炎, 시신이 나무뿌리에 휘감겨져 있는 것, 신경계통 질환 발생), 충염(蟲炎, 시신이 곤충 등에 의해 부패된 것, 우환 발생 및 재물이 흩어짐), 풍염(風炎, 음습한 환경에 따른 곰팡이로 시신이 시커멓게 변한 경우, 음란 및 나쁜 손재주 발생)으로 변해져 있다.

□ 조성묘에 수맥이 존재하면 이곳에서 발생되는 동기감응(同氣感應)의 영향으로 후손들에게 막대한 악(惡) 영향을 미친다. 예를 들면, 수맥으로 인하여 검게 썩은 부분이 유골 머리 부분이라면 나쁜 동기감응으로 인하여 후손들은 두뇌와 관련된 질환 즉 중풍, 치매, 신경 정신질환 환자가 발생되고, 유골 다리부분에 수맥이 흐른다면 관절에 악(惡) 영향을 미치게 된다.

※동기감응(同氣感應)이란?

조상의 뼈에서 흐르는 방사선 탄소원소가 동조현상을 일으켜 후손에게 직접적인 영향을 주는 것을 말하는데 이를 증명한 사람은 1996년 부산 동의대 이상명 교수이다. 그는 미세전류 흐름을 통하여 성인 남자 정액으로 동기감응 현상을 확인하였고, 1960년 노벨화학상을 받은 미국의 윌라드 리비(Willard Frank Libby) 박사는 뼈 속에 존재하는 14종의 방사성 탄소원소가 사후에도 오랫동안 남아 후손들에게 동기감응을 준다는 것을 확인했다. 따라서 동기감응(同氣感應)은 조상과 후손은 같은 DNA로서 동일한 유전 인자를 가지고 있기 때문에 서로 감응 반응을 일으키는 것이다. 물론 수맥이 없고 명당(明堂)인 경우 후손들에게 전달되는 좋은 동기감응(同氣感應)은 건강한 생활은 물론 출세(出世)와 승승장구(乘勝長驅)하게 된다.

화장(火葬)을 하게 되면 고온으로 인하여 나쁜 동기감응(同氣感應)은 없어지기 때문에 명당(明堂)에서 발생되는 좋은 기운(氣運)은 받을 수 없는 단점은 있다. 그렇지만 풍수상 좋은 곳(명당)에 매장을 하면 후손들은 좋은 동기감음을 받아 발복(發福)하게 된다. 따라서 좋은 명당(明堂)이라면 매장을 하고, 명당이 아니라면 화장(火葬)을 선택하는 것이 좋겠다.

---

2. 수맥 측정법

구분	수맥 측정 모양	구입 방법
수맥봉		수맥봉(추)를 취급하는 곳이나 혹은 인터넷 쇼핑몰 등에서 쉽게 구입할 수 있다. 가격은 30,000원에서부터 다양하다.
수맥추		

※<참고> 수맥봉과 수맥추는 같은 수맥을 측정하는 것이지만, 초보자의 경우는 수맥봉이 더 좋다. 그 이유는 수맥추의 경우 수맥과 사람과의 동조 주파수가 매칭 될 수 있는 연습이 필

요로 한다.

따라서, 수맥추는 측정자와 동조가 되어야만(마음속으로 주문) 수맥추가 움직이게 된다. 즉, 수맥이 있으면 '왼쪽으로 회전하라', 수맥의 깊이를 알고자 하면 '1m에 1바퀴씩 돌아라', 수맥량을 알고자 할 때는 '1ton에 1바퀴씩 돌아라' 등으로 읊게 되면 수맥추도 동조가 이루어져 이에 맞게 움직이게 된다. 이렇게 하여 수맥의 깊이, 수맥량 등을 알 수 있다. 수맥추는 사람이 잡은 손에서 6㎝~10㎝에서 잡고 측정한다.

이제 수맥을 측정해 보자

①정신을 가다듬는다.

②수맥봉을 잡고 수평과 평형을 유지한 후 양 팔꿈치는 겨드랑에 붙인다.

　(※수맥추는 추방향을 땅으로 향하도록 한다)

③보폭은 평시의 반으로 하며, 진행 속도는 행사장 입장하듯 천천히 걸어간다.

④사람의 주파수와 수맥의 주파수가 동조 기운에 의하여 수맥봉과 수맥추가 움직이게 된다.

⑤수맥봉과 수맥추의 움직이는 반응

-수맥봉과 수맥추가 반응이 없다.=>이 경우는 수맥이 존재하지 않거나 혹은 걷는 방향과 수맥의 방향이 동일한 방향이다.

-수맥봉이 움직이거나 혹은 수맥추의 경우는 회전을 하거나 좌, 우로 흔들림을 한다.=>수맥이 존재한다.

-수맥봉의 경우 X자로 모여 지고, 수맥추는 회전을 하거나 좌, 우로 흔들린다=>수맥이 존재하고 수맥방향은 진행 방향과 직각방향이다.

　　　<수맥봉은 경우 X자로 모여 지고, 수맥추는 회전할 때 수맥 방향 찾는법>

1. 수맥폭은 수맥봉이 X자로 계속 모여 지는 곳이거나, 수맥추의 경우는 회전하거나 좌, 우로 흔들림이 계속되고 있는 곳의 거리가 수맥의 폭이다. 수맥 폭을 알았으면 이제는 수맥 방향을 알아보자

2. 수맥 폭 위치에서 좌향좌를 해본다. 이때 수맥봉이 X자를 계속 유지하면(수맥추는 회전을 하면) 수맥이 흐르는 방향은 좌향좌로 서있는 앞에서 뒤 방향으로 수맥이 흐르고 있다.

3. 이번에는 수맥봉이 X자로 모여 있는 상태에서 우향우를 해본다. 이때 수맥봉이 X자를 계속 유지하면(수맥추는 회전을 하면) 수맥이 흐르는 방향은 서있는 등에서 앞쪽으로 수맥이 흐르고 있다.

4. 수맥봉이 X자로 모여지는 힘이 다소 약하다(수맥추는 회전이 약하다).=>수맥은 존재하고 수맥 방향은 직각 방향(90도)보다 적은 예각이다. 이때도 수맥 방향 측정은 좌향좌와 우향우의 판단법과 동일하다.

5. 이렇게 하여 수맥의 폭과 수맥이 흐르는 방향을 바탕으로 수맥도(水脈圖)를 작성해서 전체 수맥 흐름을 판단한다.

3. 수맥 차단법

수맥(水脈)이 발생하면 음택(조상묘)은 이장(移葬)이나 화장(火葬)을 고려해 보고, 양택(집)은 다른 곳으로 이사(移徙)를 하거나 혹은 수맥을 차단해야 한다. 수맥을 차단하는 방법은 수맥 차단 동판을 설치하거나, 수맥의 방향(方向)을 다른 방향으로 돌려 놓는 방법, 황토매트, 수맥차단 매트, 참숯, 호일 설치 등이 있다. 대표적인 것이 수맥 차단 동판인데 이것은 순도 99.5% 이상이어야 하며, 수맥 방향(方向)을 바꾸는 방법은 수맥의 방향을 변경시켜 주는 장치를 설치해 주면 된다. 나머지 수맥 매트 등은 인터넷 쇼핑몰 등에서 쉽게 구입할 수 있다.

독자들은 최초 양택(집) 즉 집을 짓거나 혹은 구입할 때 그리고 음택(조상묘)에서는 묘(墓)자리 설정에서 가장 먼저 수맥의 흐름을 확인하는 것이 현명한 방법이다.

또한 수맥이 발견된 곳에서는 이사, 이장, 화장을 하거나 혹은 적절한 방법으로 수맥을 차단시킴으로써 건강(健康)하고 복(福)된 생활하길 바란다.

제2장, 양택(집)

풍수지리(風水地理)는 좋은 기(氣)를 통한 장수(長壽)와 건강(健康)을 심어주는 핵심요소로서 세계적으로 풍수의 중요성이 강조되고 있다.

특히 요즘은 전원주택(田園住宅)은 물론 apt 혹은 연립주택에 적용되는 인테리어 풍수가 선풍적인 인기를 얻고 있는 것은 사실이다.

특히 독자들은 사주(四柱)에서 본인에게 악(惡)영향을 주는 것이나 혹은 부족한 오행(五行)은 풍수(風水)에서 채워 주어야만 성공인(成功人)으로서 완성(完成) 된다.

전원주택의 경우 집주인과 오행(五行)의 구조가 맞아야만 무병장수(無病長壽)할 수 있다. 이러한 것들은 이어서 배울 나경(패철) 사용법에 따른 3층(삼합오행 확인), 6층(인반중침 확인) 그리고 8층(천반봉침 확인)에서 구체적으로 설명하였다.

풍수(風水)에는 크게 2가지로 나눌 수 있다.

주변에 존재하는 산세, 물세, 건물, 도로 등의 지형을 토대로 판단하는 '형기풍수'와 나경(패철)로 용, 혈, 사 등을 측정하여 판단하는 '이기풍수'가 있다. 본 책에서는 형기풍수와 이기풍수의 중요성을 감안해서 둘 모두 적용하고 활용하는 복합형태로 구성하였다. 또한 공간과 시간 즉 시공(時空)을 바탕으로 판단하는 '현공풍수' 등이 있다.

풍수(風水)의 중요성은 우리 주위에서도 쉽게 확인 할 수 있다.

즉, 이사 혹은 묘지(墓地) 선정에 따라 가세가 기울거나, 흥망(興亡)되는 현상들은 모두 풍수에 기인한 것들이다.

흔히 양택풍수와 음택풍수는 다른 것으로 착각하기 쉽다. 그러나 둘 다 모두 똑 같다. 터에 집을 짓고 사람이 살면 양택풍수(陽宅風水)이고, 땅을 파고 죽은 사람을 묻으면 묘지(墓地) 즉 음택풍수(陰宅風水)이다.

단지, 양택은 음택보다 대체로 보국(保局) 즉 주산, 청룡, 백호, 안산 등의 전체 터의 크기가 다소 크다.

이러한 양택과 음택은 용맥을 통하여 산천생기를 받는 용세론(龍勢論), 생기를 융결하는 혈세론(穴勢論), 생기를 보호하는 사세론(砂勢論)과 수세론(水勢論), 그리고 좌향(坐向) 즉 방향(方向)을 결정하는 향법론(向法論)이 있다.

또한 풍수지리(風水地理)의 5대 요소로는 용(龍), 혈(穴), 사(砂), 수(水), 향(向)이 있다. 이들 모두는 양(陽)과 음(陰)의 기운(氣運)을 서로 균형(均衡)있게 맞추어 주는 작업을 하는 것이다.

명당(明堂)의 첫째 조건은 배산임수(背山臨水)형으로 뒤로는 높지 않는 산이나 언덕이 있고, 앞에는 하천이 흐르며 전저후고(前低後高)형을 말한다.

이러한 조건이라야만 산(山)에서 내려오는 지기(地氣)를 받을 수 있고, 앞에 하천(河川)이 존재해야만 산에서 내려온 지기(地氣)가 더 이상 새어나가지 않고, 좋은 기운(氣運)을 얻게 된다. 이러한 역할은 도로나 농지 등도 같은 역할을 한다. 특히 도로와 하천은 직선으로 내려오는 것이 아니라, 감싸는 도는 형이 되어야 한다.

명당(明堂)은 햇볕을 받지 못하는 곳은 명당이 될 수 없다.

그렇지만 꼭 햇볕이 잘 드는 남향만 명당이 아니라, 북향(北向)의 경우에도 뒷산이 낮고 길게 뻗은 경우는 남방 못지않게 햇볕을 받을 수 있는 조건이라면 얼마든지 명당이 될 수 있다. 대표적으로 전북 고창의 인촌 김성수 고택이 북향집이다.

음택(陰宅)은 나쁜 기운이나 좋은 기운의 발복하는 속도가 다소 느려, 황골(黃骨)이 없어질 때까지 여러 자손들에게 오랜 세월동안 영향을 주지만, 양택(陽宅)은 집의 장소에 따라 잉태하거나 혹은 태어나거나 혹은 거주하는 사람에게 장소에 따라 다르게 나타나고, 길흉(吉凶)의 영향은 빠르게 나타난다(**※발복 시기 판단은 패철 사용 참조**).

풍수(風水)에서 양(陽)은 도로, 차량, 하천, 바람 등 움직이는 것을 말하고, 음(陰)은 산, 땅, 건물, apt 등으로 움직이지 아니하는 것들을 말한다.

이때 음(陰)의 기운에 해당되는 지기(地氣)는 위로 상승하고, 천기(天氣)에 해당되는 양(陽)의 기운은 아래로 하강하는 특징이 있다.

풍수지리학의 출발은 음택 풍수보다는 양택 풍수가 먼저다. 그 이유는 인간(人間)은 생존과 생활의 편리를 찾기 위해서 생활할 터전을 먼저 찾아왔기 때문이며, 후에 동기감응론(同氣感應論) 등이 등장하고 증명됨으로써 음택(陰宅) 풍수가 증명되었고, 정착되었다. 양택(陽宅)은 양택가상학(陽宅家相學)이라고 한다.

즉, 양택은 좋은 터에 집을 지으며, 가상학(家相學)적으로는 집의 구조, 형태, 방위 등은 구조에 맞게 공간을 배치하는 것을 말한다.

또한 양택의 적용 범위는 자신이 살고 있는 집은 물론, apt, 빌딩, 건물, 상가, 공장 등을 모두 포함된다.

양택(陽宅)과 음택(陰宅)의 5대 길지(吉地)와 흉지(凶地)는 다음과 같다.

구분	내용
길지 (吉地)	• 배산임수(背山臨水)의 지형으로 뒤에는 완만한 산이 있고, 앞에는 하천(河川)이 쭉쭉 뻗은 곳이 아니라, 감싸고도는 곳 • 전저후고(前低後高)로 뒤는 높고 앞은 낮은 곳으로, 이때 앞은 평탄한 곳이라야 한다(※재물이 모이는 터는 반드시 앞이 평탄한 곳이어야 한다. 그 이유는 물이 모이지 않는 곳은 지기가 모이지 않기 때문에 재물이 흩어진다). 도로는 택지보다 같거나 낮아야 한다. • 전착후관(前窄後寬)으로 앞이 좁고 마당과 정원 등의 뒤가 넓어야 한다, 대문이나 출입구가 집에 비하여 지나치게 크면 가난해지고, 이와 반대로 대문이 집에 비해 작은 경우도 동일하다. 따라서 대문과 집의 크기가 균형이 맞아야 재물이 들어온다. 이것은 상가도 동일하다. 집터는 남북이 길고, 동서가 좁아야 길(吉)하다. • 햇볕과 통풍이 잘 받는 곳 • 땅이 밝고 단단하며 색이 좋은 오색토이고, 배수가 잘되는 곳(※땅이 썩어 있거나, 자갈이나 굵은 모래가 섞인 것은 음기(陰氣)를 발생시키고, 지기(地氣)가 흩어지므로 나쁜 곳이다)
흉지 (凶地)	• 하천이나 산이 감싸고돌지 않고, 일직선으로 쭉쭉 뻗은 곳 • 골짜기 골바람이 불거나 험준한 산이나 바위가 주변이 있는 곳 • 뒤가 낮거나 혹은 경사가 급한 곳 혹은 홀로 높은 곳에 존재하는 곳 • 주변에 폭포 소리가 들리는 곳(※사망사고 발생) • 택지 밑에 유골이 존재하거나, 자갈이나 모래 혹은 개천, 연못, 호수 연못 매립지의 경우(※자갈은 지기를 흩어지게 하고, 매립지는 나쁜 음기(陰氣)를 발생시킴) • 공동묘지, 화장터, 군부대, 사당, 성황당, 신전, 교도소, 사찰, 법원, 교회, 큰 공장 자리, 화장실 자리, 축사, 큰 나무, 고압 전류 등의 터는 기(氣)가 쎈 곳이라 사고가 발생되는 흉지(凶地)이다. • 산을 절개한 곳, 점토가 질퍽거리는 곳, 먼지 발생지역

지금까지, 양택풍수와 음택풍수가 모두 같다는 사실에 입각하여 이들에게 적용되는 기본적인 사항은 알아보았다. 이제부터는 양택풍수에 대하여 먼저 알아보도록 하자. 따라서 독자들은 뒤에서 설명될 음택풍수를 공부할 때 이미 먼저 학습된 양택풍수에 적용된 사항을 참고하여 이어서 학습해 주면 되겠다.

중국에서 가장 오래되고 권위 있는 황제택경(黃帝宅經)에 소개된 5실과 5허의 양택풍수는 다음과 같다.

5실	5허
• 집의 크기가 아담하고, 식구가 다소 많은 집	• 집의 크기에 비해 가족수가 적은 집
• 집의 크기에 비해 대문이 다소 작은 집	• 집은 작은데 대문이 지나치게 큰 집
• 화초가 잘 자라는 집	• 집은 작은데 마당과 뜰이 너무 큰 집
• 담장과 울타리가 바르게 세워진 집	• 부엌과 침실이 너무 가까운 집
• 고층 건물이 주위에 없는 집	• 담장이나 울타리가 없는 집

이제 이러한 기본적인 조건을 바탕으로 실제 양택에서 적용되는 본명궁(本命宮), 동사택(東四宅), 서사택(西四宅), 가택구성법(家宅九星法) 그리고 인테리어풍수를 구체적으로 알아보자.

1. 본명궁 판단(자신에게 맞는 동사택과 서사택 선택법)

본명궁(本命宮)이란?

사람이 태어난 해 즉 출생년도에 따라 자신에게 맞는 풍수기운(風水氣運)을 말한다. 이것은 주택이나 apt에서 가장 먼저 고려되어야 될 사항이기 때문에 길흉(吉凶)의 첫걸음이다. 집주인이 자신에게 맞는 동, 서사택과 일치하면 건강은 물론 화목하고 장수하지만, 그렇지 않는다면 재난(災難)과 근심이 많게 된다. 따라서 자신에게 맞는 동사택 혹은 서사택을 선택해야 한다.

본명국은 양택에서 가장 먼저 선택되고 적용되어야될 사항이다.

이것은 성별로 구분되고, 상원(上元), 중원(中元), 하원갑자(下元甲子)로 다시 구분이 되기 때문에 구궁도(九宮圖)를 바탕으로 자신에게 맞는 동, 서사택 판단은 계산으로 판단할 수 있다.

그러나 여기서는 계산법은 생략하고, 독자들에게 쉽게 접목시키기 위하여 곧바로 출생년도별 <본병궁(本命宮) 표>를 통하여 자신에게 맞는 동사택(東四宅) 혹은 서사택(西四宅)을 선택하도록 하였다.

예를 들면, 1961년 신축년(辛丑年)생 남자의 경우 <본명궁(本命宮) 표>을 바탕으로 전원주택이나 apt를 선택할 때는 동사택(東四宅)을 선택하면 된다.

다른 출생년도의 해당되는 사람들 모두는 성, 별에 따라 각각 아래 본명궁(本命宮)을 바탕으로 결정하고 판단해 주면 된다.

<본명궁(本命宮) 표>

출생년도		남자	여자	출생년도		남자	여자	출생년도		남자	여자
1940	庚辰	서	동	1977	丁巳	서	동	2014	甲午	동	서

1941	辛巳	서	동	1978	戊午	동	서	2015	乙未	동	동
1942	壬午	동	서	1979	己未	동	동	2016	丙申	서	동
1943	癸未	동	동	1980	庚申	서	동	2017	丁酉	동	서
1944	甲申	서	동	1981	辛酉	동	서	2018	戊戌	동	서
1945	乙酉	동	서	1982	壬戌	동	서	2019	己亥	서	서
1946	丙戌	동	서	1983	癸亥	서	서	2020	庚子	서	서
1947	丁亥	서	서	1984	甲子	서	서	2021	辛丑	서	동
1948	戊子	서	서	1985	乙丑	서	동	2022	壬寅	서	동
1949	己丑	서	동	1986	丙寅	서	동	2023	癸卯	동	서
1950	庚寅	서	동	1987	丁卯	동	서	2024	甲辰	동	동
1951	辛卯	동	서	1988	戊辰	동	동	2025	乙巳	서	동
1952	壬辰	동	동	1989	己巳	서	동	2026	丙午	동	서
1953	癸巳	서	동	1990	庚午	동	서	2027	丁未	동	서
1954	甲午	동	서	1991	辛未	동	서	2028	戊申	서	서
1955	乙未	동	서	1992	壬申	서	서	2029	己酉	서	서
1956	丙申	서	서	1993	癸酉	서	서	2030	庚戌	서	동
1957	丁酉	서	서	1994	甲戌	서	동	2031	辛亥	서	동
1958	戊戌	서	동	1995	乙亥	서	동	2032	壬子	동	서
1959	己亥	서	동	1996	丙子	동	서	2033	癸丑	동	동
1960	庚子	동	서	1997	丁丑	동	동	2034	甲寅	서	동
1961	辛丑	동	동	1998	戊寅	서	동	2035	乙卯	동	서
1962	壬寅	서	동	1999	己卯	동	서	2036	丙辰	동	서
1963	癸卯	동	서	2000	庚辰	동	서	2037	丁巳	서	서
1964	甲辰	동	서	2001	辛巳	서	서	2038	戊午	서	서
1965	乙巳	동	서	2002	壬午	서	서	2039	己未	서	동
1966	丙午	서	서	2003	癸未	서	동	2040	庚申	서	동
1967	丁未	서	동	2004	甲申	서	동	2041	辛酉	동	서
1968	戊申	서	동	2005	乙酉	동	서	2042	壬戌	동	동
1969	己酉	동	서	2006	丙戌	동	동	2043	癸亥	서	동
1970	庚戌	동	동	2007	丁亥	서	동	2044	甲子	동	서
1971	辛亥	서	동	2008	戊子	동	서	2045	乙丑	동	서
1972	壬子	동	서	2009	己丑	동	서	2046	丙寅	서	서
1973	癸丑	동	서	2010	庚寅	서	서	2047	丁卯	서	서
1974	甲寅	서	서	2011	辛卯	서	서	2048	戊辰	서	동
1975	乙卯	서	서	2012	壬辰	서	동	2049	己巳	서	동
1976	丙辰	서	동	2013	癸巳	서	동	2050	庚午	동	서

2. 동사택(東四宅)과 서사택(西四宅)이란

동사택과 서사택은 주택이나 apt에서 양택3요(陽宅三要)에 해당되는 대문(현관), 안방, 부엌(주방) 그리고 자녀방, 공부방, 거실, 수도, 우물 및 사무실에서는 사장실, 임원실, 금고, 회의실, 경리실, 직원실 등의 배치 방향을 말한다.

이들의 배치 방향이 북쪽(水), 동쪽(木), 동남쪽(木, 火), 남쪽(火)에 배치되어 있다면 동사택(東四宅)이 되고, 서북쪽(金, 水), 남서쪽(火, 金), 북동쪽(水, 木), 서쪽(金)에 배치되어 있다면 서사택(西四宅)이 된다.

예를 들면, 대문(현관), 안방, 부엌(주방)이 북쪽, 동쪽, 동남쪽, 남쪽에 배치된 집이라면 동사택이 된다.

따라서 양택풍수에서는 이러한 동사택과 서사택의 조건에 맞게 배치시켜야만 길(吉)하지 그렇지 않는 방향이든지 아니면, 동사택과 서사택이 상호 섞여진 집이라면 흉(凶)으로 작용한다.

그렇지만, 이들 중 지저분한 곳에 해당되는 화장실, 헛간, 창고, 쓰레기장, 하수구, 다용도실, 주차장 등은 동사택에서는 서사택 방향에 배치해야하고, 서사택이라면 이들의 방향은 동사택 방향에 배치해야 길(吉)하다.

예를 들면, 동사택에서의 화장실 배치는 서사택에 해당되는 서북쪽, 남서쪽, 북동쪽, 서쪽 중에 배치시켜야 한다.

또한 대문(현관), 안방, 부엌(주방), 거실 등은 서로 상생관계(相生關係)라면 더욱 훌륭한 양택풍수가 된다.

즉, 동사택에서 대문이 동쪽(木)이고, 거실이 남쪽(火)이라면 목생화(木生火)가 되어 길(吉)하지만, 안방이 북쪽(水)인데 자녀방이 남쪽(火)이라면 수극화(水剋火)되어 나쁜 방향이다.

하지만 요즘처럼 apt문화 등으로 인하여 자신의 집을 짓지 않는 이상 이러한 상생관계를 고려하여 배치한다는 것은 어려운 것이 사실이다.

따라서, 최초 전원주택 등의 경우 신축시에는 대문(현관), 안방, 부엌(주방), 자녀방 등을 자신에게 맞는 풍수(風水)를 적용하기란 쉽지만, 이미 완공된 경우에는 구조 변경을 100%하지 않는 이상 불가능하다. 이러한 경우 그대로 방치하여 사용하는 것 보다는 각각 인테리어 풍수(風水)에 맞게 물품을 재(再) 배치하거나 혹은 방향(方向) 변경이 어려운 것들은 커튼, 화분, 병풍 등을 이용하여 가림막 역할을 해줌으로써 나쁜 기운(氣運)은 막고, 좋은 기운은 유지할 수 있기 때문에 차선택이 된다는 사실을 잊지 말자.

통상적으로 동사택은 양(陽)의 기운이 강하고, 서사택은 음(陰)의 기운이 강하다.

독자들은 동사택과 서사택 구분하는 방법은 지금까지 제시된 방향(方向)으로 판별하는 방법이 있지만, 이것보다는 뒤 장에서 배울 나경(羅經) 즉 패철(佩鐵)을 활용하면 더욱 쉽게 구분할 수 있으니 참고하기 바란다.

3. 가택구성법(家宅九星法)

가택구성법이란?

동사택과 서사택에 따라서, 대문(현관), 안방, 부엌(주방), 자녀방, 공부방, 거실, 수도, 우물 및 사무실에서는 사장실, 임원실, 금고, 회의실, 경리실, 직원실의 배치 방향에 따른 길흉(吉凶) 내용을 구체적으로 판단하는 것을 말한다.

이것은 중앙에서 기두(起頭)의 방향을 바탕으로 판단한다.

기두란? 단층 평면 주택에서는 중심부에서 대문이나 현관(출입문)의 위치를 말하고, 고층 건물, 빌딩에서는 중심부에서 힘을 가장 많이 받는 부분을 말한다. 독자들은 다음에 배울 나경 즉 패철로 확인하면 금방 판단할 수 있는 것이므로 다음 장에서 설명될 가택구성법(家宅九星法)을 참조해 주길 바란다.

4. 좋은 apt 층수와 사무실 층수는

이사에 따른 apt층수나, 사무실 층수 선택은 자신(주인)의 용신(用神)과 희신(喜神) 으로 결정하는데 이것의 판단은 '오행의 기능'과 동일하다.

- 수(水) ; 1층과 6층(1층, 11층, 21층… 및 6층, 16층, 26층… 등)
- 화(火) ; 2층과 7층(2층, 12층, 22층… 및 7층, 17층, 27층… 등)
- 목(木) ; 3층과 8층(3층, 13층, 23층… 및 8층, 18층, 28층… 등)
- 금(金) ; 4층과 9층(4층, 14층, 24층… 및 9층, 19층, 29층… 등)
- 토(土) ; 5층과 10층(5층, 15층, 25층… 및 10층, 20층, 30층… 등)

예를 들어보자.

만약 자신(주인)의 용신이 금(金)일 경우 좋은 층을 판단해 보자.

금(金)에 해당되는 4층과 9층 즉, 4층, 14층, 24층… 및 9층, 19층, 29층… 등이 좋고, 아울러 금(金)의 희신 토(土)에 해당되는 5층과 10층 즉, 5층, 15층, 25층… 및 10층, 20층, 30층… 등도 발복(發福)할 수 있는 좋은 층이 된다.

그러나, 용신(用神) 금(金)이나 희신(喜神) 토(土)를 극(剋)하는 기신(忌神)의 화(火)나 구신(仇神)의 목(木)에 해당되는 2층이나 7층 그리고 3층과 8층 등은 상극(相剋)이므로 쇠퇴, 병고, 관재구설이 발생될 수 있다.

따라서, 독자들은 이미 본 책의 앞장 사주(四柱) 부분에서 용신(用神)을 배웠기 때문에 자신의 용신은 알고 있다고 판단된다.

또 다른 층 수 선택 방법은 자신의 사주 구성에서 부족한 오행(五行)을 채워 줄 수 있는 층수가 좋다. 예를 들면 자신의 사주 구성에서 화(火)기운이 부족한 경우 화(火)에 해당되는 2층과 7층 종류를 선택하면 좋다. 이러한 경우 화(火)를 극(剋)하는 수(水)기운이 강한 사주라면 수극화(水剋火)가 되어 오히려 수(水)기운만 배가 시켜 주는 경우가 되므로 이때는 수(水)를 극(剋)하는 토(土)기운에 해당되는 5층과 10층 종류의 apt층수를 선택함이 현명한 방법이다.

이러한 관계를 잘 알지 못하는 경우라면 사주(四柱)를 판단할 수 있는 사람에게 자신(주인)의 용신(用神)과 사주 구성을 물어서 활용해 주는 방법도 현명한 생활 지혜가 된다.

5. 귀문방(鬼門方)이란

귀문방은 귀신이 드나드는 문이란 뜻으로, 흔히 북동쪽인 간방(艮方)을 귀문방(鬼門方)이라고 하고, 남서쪽인 곤방(坤方)을 이귀문(裏鬼門)이라고 하는데, 이들 두 방향을 통틀어 귀문방(鬼門方)이라고 한다.

따라서, 귀문방의 방향은 북동쪽과 남서쪽 방향을 말한다.

특히 냄새나는 화장실, 욕실, 부엌, 쓰레기장의 경우 귀문방에 해당되는 북동쪽과 남서쪽 방향(方向)에 위치시키면 흉(凶)하다.

6. 대장군방(大將軍方)이란

대장군 방위는 3년마다 바뀌는 방위인데 건물 및 건물수리, 변소, 축사, 헛간 등을 대장군 방위에 지으면 좋지 않다. 이사의 경우 대장군 방위쪽 선택도 다소 꺼린다.

대장군 년	대장군 방위
亥, 子, 丑년	서쪽
申, 酉, 戌년	남쪽
巳, 午, 未년	동쪽
寅, 卯, 辰년	북쪽

예를 들면, 2025년 을사년(乙巳年)년의 경우 대장군 방위는 동쪽이 된다.

7. 도로(道路)와 하천(河川)과의 관계

도로와 차량과 화천은 움직이는 것이므로 양(陽)기운이다. 따라서 이들과 직접적인 일직선상에 존재하거나 혹은 등을 돌리는 형태 또는 마주치는 곳은 양택이나 음택이 존재한다면 너무 센 양기운으로 인하여 나쁜 흉터가 된다. 그러나 도로나 하천이 감싸고 돌아가는 형태일 때는 명당(明堂) 터가 되는 것이다.

- 도로나 하천이 감싸는 형태이거나 혹은 평행을 이루면 좋은 터이다.
- 택지보다 도로나 하천이 낮아야 한다.
- 도로와 접한 집보다는 안쪽에 지은 집이 더 좋다.
- 도로나 하천이 등을 돌리는 형태는 흉지이다.
- 경사진 도로나 하천은 흉지이다.
- 하천에 물소리가 들리면 사망사고가 발생된다.
- 택지 뒤에 도로나 하천이 존재하면 지기(地氣)가 끊어지게 되므로 흉지이다.
- 도로나 하천이 택지 전체를 둘러 싸여 있는 경우는 흉지이다.
- 사거리의 경우 사거리의 크기에 맞게 건물(상가)이 조성되어야 한다. 즉 큰 사거리는 차량 이동이 많은 관계로 양(陽)의 기운이 너무 강하기 때문에 건물이나 상가가 작다면 흉지가 된다. 따라서, 큰 사거리에는 이에 맞는 큰 건물(상가)은 길지(吉地)가 되지만, 작은 건물(상가)은 흉지가 된다. 이와 반대로 작은 사거리에는 작은 건물(상가)이 길지(吉地)가 된다.

도로(道路)와 하천(河川)은 풍수에서 중요한 의미가 있다. 양택(집)과 음택(묘지)에 해당되는 집, apt, 상가, 묘지는 모두 동일(同一)한 풍수(風水)가 적용되므로 도로와 하천 작용에 따른 길흉(吉凶)관계를 그림으로 나타내면 아래와 같다.

대표적인 지형으로 서울 강남, 용산 등의 부촌(富村)은 모두 한강의 물줄기가 감싸 안는 형이라는 사실이다. ※<참고> 그림 출처 : 신풍수지리(조중근 외1)

길지(吉地)		
집, apt, 상가, 묘지	집, apt, 상가, 묘지	집, apt, 상가, 묘지

흉지(凶地)			
집, apt, 상가, 묘지	집, apt, 상가, 묘지	집, apt, 상가, 묘지	집, apt, 상가, 묘지

8. 택지

- 건물과 택지 크기는 약 1(건물) : 1.6(대지)이 적당하다.
- 택지가 원형, 정사각형, 직사각형으로 반듯하거나, 좌우 대칭형이면 길지(吉地)이다.
- 택지가 삼각형, 역삼각형, 돌출형, 좌우 비대칭형 등은 나쁜 흉지이다.
- 택지가 마름모꼴인 경우 들어오는 입구가 좁아야 한다. 반대로 입구가 넓은 경우 흉지이다. 특히 장사(상업)하는 집의 형태는 반드시 들어오는 입구가 좁아야 한다.
- 좁은 집터에 큰 집을 지으면 흉하고, 반대로 넓은 집터에 작은집도 흉하다.
- 집주위에 폭포 혹은 날카로운 산과 건물 그리고 큰 바위 등은 흉하다.
- 절 터, 묘지 터, 사당 터, 전쟁이 치열했던 곳 등은 집터로서 나쁘다.
- 남쪽에 넓은 정원이나 빈터가 있으면 좋다.
- 도로면 보다 약간 높은 곳은 좋지만, 보통 이상 높거나 낮으면 흉지다.

9. 건물

- 명당(明堂)이 되려면, 명당터와 명당터에 세워진 건물 즉 가상의 건물 구조가 맞아야만 명당이 된다.
- 주택 밑에 주차장 공간을 만드는 경우(필로티 구조)는 1층이 공간이 형성되므로 지기(地氣)가 흩어지기 때문에 재물이 사라지고 건강(健康)을 잃는 나쁜 흉지다.
- 건물 모양은 반듯하고 안정감이 있어야 한다. 그렇지 않는 건물은 기(氣)의 변형으로 흉한 건물이다. 특히 안전감이 없는 건물에 입주하여 파산된 기업들도 많다.
- 2개의 건물인 경우 서로 마주보는 형이어야 한다(※마주보는 형이 아닌 경우는 흉하지만, 이때는 건물과 건물 사이에 중간 통로를 만들면 괜찮다).

- 아들집과 부모집이 한울타리 안에 있으면 흉하다.
- 'ㄷ'자 집이나, 'ㅁ'자 집은 기(氣)의 순환을 나쁘게 하므로 흉하다.
- 큰 건물 모서리(뽀족한 부분)에 작은 집의 모서리가 바로 밑에 존재하는 경우, 큰 건물에서 흐르는 나쁜 사기가 작은 건물에 유입되어 흉하고 건강이 나쁘다.
- 집주위에 고층 건물이 있거나, 고층 건물 사이에는 흉하다.
- 임신 중에 집을 개조하거나 증축하지 말아야 한다.
- 한 공간에 여러 건물이 존재하는 경우 우두머리 건물이 중앙에 존재해야 한다. 그렇지 않는 경우 다툼이 잦고 싸움이 발생된다.
- 2개의 집을 완전 개조하거나 혹은 새로 짓지 않고, 한 채로 합치거나 혹은 증축시키는 경우에는 기(氣)가 분산되므로 흉하다.

10. 대문(현관문)

주택이나 apt에서 양택3요(陽宅三要)에 해당되는 첫 번째가 대문(현관)이며, 대문은 모든 양택에서 기두(起頭) 즉 기준 방향(方向)을 결정하는 중요한 요소이다.

따라서, 대문(현관)은 사람의 신체로 보면 얼굴이나 다름없다. 사람도 얼굴 즉 관상으로 모든 것을 판단할 수 있듯이, 양택에서도 대문(현관)의 위치나 구성의 중요성도 바로 여기에 있다.

- 집의 크기에 따라 대문도 적당한 크기가 되어야 한다. 집은 작은데 대문이 너무 크면 실속 없어 망하게 된다. 이와 반대로 큰 집인데 대문이 작은 경우도 동일하다.
- 대문이 없으면 외부의 기(氣)와 집안의 기(氣)가 서로 균형이 깨지므로 흉하다.
- 한집에 대문이 2개이면 서로 다른 기(氣)가 존재하므로 흉하다. 특히 장사(상업)하는 곳 역시 출입문이 2개이면 재물(財物)이 모이지 않는 흉지이다.
- 대문은 도로보다 약간 높아야 한다.
- 대문 옆에 큰 나무가 있으면 흉하다.
- 대문이 옆집과 서로 마주보고 있으면 서로 싸움이 잦고 흉하다.
- 대문을 열고 닫을 때 소리가 나면 흉하다.
- 대문은 허리를 펴고 출입할 수 있어야 길하다.
- 대문입구에 화장실이나 쓰레기장은 흉하다.
- 대문은 집 안쪽으로 열리는 구조가 되어야만 밖의 기(氣)를 집안으로 모을 수 있어 좋다.
- 대문과 현관, 대문과 안방 그리고 대문과 부엌은 절대 일직선상에 놓아 마주보면 흉하다.

특히, 대문(출입문)의 방향 판단은 동사택(東四宅)과 서사택(西四宅) 그리고 가택구성법(家宅九星法) 등을 보고 판단하는 것이 원칙이다.

참고로 양택에서 대문(출입문)을 세워서는 안되는 방향은 천겁문(千劫門) 방향으로 이
것은 아래와 같다. 이러한 방향 판단 역시 이어서 배울 패철(나경)을 이용하면 금방 확인
할 수 있다.

집의 방향	子	癸	丑	艮	寅	甲	卯	乙	辰	巽	巳	午	丁	未	坤	辛	庚	酉	辛	戌	乾	亥	壬
천겁문 방향	巳	巳	辰	丁	午	丙	丁	辛	未	癸	酉	辛	寅	癸	乙	癸	午	寅	丑	丑	卯	乙	申

11. 오행(五行) 건물, 지붕, 산(山)모양

여기서는 오행에 따른 건물, 산 그리고 지붕 모양을 통한 길흉(吉凶)을 알아보도록 한다.
특히 이에 맞는 이상적인 풍수(風水)는 자신(주인)의 사주(四柱) 구성을 바탕으로 결정
해 주는 것이 현명한 방법이다. 예를 들면 자신의 사주에 목(木)기운이 없거나 약(弱)한
경우라면 목(木)형에 해당되는 건물이나 산 그리고 지붕 모양이 좋다. 또한 자신(주인)의
용신이 화(火)라면 화(火)형에 해당되는 산이나 지붕 등이 좋다. 이런 경우는 이에서 학
습될 음택(묘지) 풍수(風水)를 결정할 때 나경 사용법 중 3층 삼합오행(三合午行)과 6층
인반중침(人盤中針) 그리고 8층 천반봉침(天盤縫針)과 비견 된다.

따라서, 제대로된 풍수(風水)를 알고 적용하려면 풍수(風水) 역시 사주학(四柱學)이 기
초(基礎)가 되어야 된다는 사실을 독자들은 알길 바란다. 이에 대한 구체적인 사항은 나
경 사용법에서 배우고, 이제 오행(五行)에 따른 건물, 산, 지붕에서의 기운(氣運)의 장,
단점을 알아보자.

※<참고> 산, 지붕모양 그림 출처 : 한국의 풍수지리와 건축(박시익)

□ 목(木)형 ; 수직선(垂直線)이 강조된 건물=> 현대건설, 대우본사 및 한옥의 경우 삼각
　　　 형 지붕, 산(山)의 경우는 높으면서 뾰족하고, 균형이 잡히고 우뚝선 형태

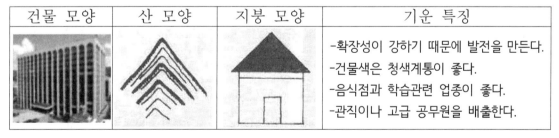

건물 모양	산 모양	지붕 모양	기운 특징
			-확장성이 강하기 때문에 발전을 만든다. -건물색은 청색계통이 좋다. -음식점과 학습관련 업종이 좋다. -관직이나 고급 공무원을 배출한다.

□ 화(火)형 ; 지붕과 건축물이 하늘을 향하여 뾰족한 형태=>명동성당 및 교회건물 등이
　　　 있고, 산(山)의 경우는 높으면서 삐쭉 삐쭉한 형태 즉 서울 관악산의 경우 무

학대사가 한양(漢陽)으로 도읍을 정할 때 관악산의 화(火)기운이 너무 강하기 때문에 이에 대한 방책으로 경복궁 앞에 해태상을 세웠다. 이러한 원리는 양택(陽宅)이나 음택(陰宅)에서 화형 산이 배산임수(背山臨水)형으로 뒤에 존재하거나 혹은 앞에 존재하는 경우도 마찬가지로 강한 화(火)기운을 받는다. 특히 높은 철탑이나 교회철탑의 경우 자신의 위치에서 정면에서 보이면 이것 역시 강한 화기(火氣)로 인하여 흉(凶)하다.

건물 모양	산 모양	지붕 모양	기운 특징
			-위쪽과 옆으로 펴지는 습성이 강하다. 공격적이므로 평화로운 분위기를 만들지 못한다. -건물색은 적색계통이 좋다. -조명가계, 예식장, 숙박업종이 좋다. -폭압, 강직, 반역자, 종교인이나 예술가를 배출한다.

□ 토(土)형 ; 수평선(水平線)이 강조된 건물=>조선일보 사옥, 한옥의 경우 용마루가 수평으로 된 형태, 산(山)의 경우는 정상이 평평한 일자의 형태

건물 모양	산 모양	지붕 모양	기운 특징
			-변화나 개혁보다는 보수와 안정성이 강하다. -건물색은 노랑색이나 분홍색이 좋다. -부동산, 정육점, 과일 업종이 좋다. -위인(偉人), 재물, 장수(長壽)를 배출한다.

□ 금(金)형 ; 사각형의 창문이 많은 건물=> 옛 삼성본사, 옛 과청청사 및 우리나라의 초가지붕이나 이슬람 사원 형태이거나 산(山)의 경우는 곡식을 쌓아둔 것 처럼 둥근 모양 형태

건물 모양	산 모양	지붕 모양	기운 특징
			-성장(목형)과 관리(토형)의 조화가 강하다.

			-건물색은 흰색계통이 좋다. -귀금속, 전자대리점 업종이 좋다. -대부(大富), 무인(武人)을 배출한다.

□ 수(水)형 ; 굴곡(屈曲)과 변화가 많은 건물=> 서울중앙우체국 및 한옥의 경우 지붕
　용마루 선이 아래로 처져 강한 물결처럼 곡선으로 된 형태, 산(山)의 경우 여
　러 개의 산이 물결 모양의 삼각형 봉우리를 이루는 형태

건물 모양	산 모양	지붕 모양	기운 특징
			-기운이 밖으로 나가는 힘이 강하기 때 　문에 통제하기 어렵다. -검정색 계통이 좋다. -커피전문점, 오락실, 노래방업종이 좋 　다. -문인(文人), 학자를 많이 배출한다.

12. 지붕

※건물은 지기(地氣)인 음기(陰氣)를 받아들인다면, 지붕은 천기(天氣)의 양기(陽氣)를
　받고, 저장하는 곳으로 중요한 의미가 있다.
• 지붕과 용마루는 수평이 되어야 한다.
• 높낮이가 계단처럼 여러 개가 존재하는 지붕은 기(氣)를 흩어지게 하므로 나쁘다.
• 가운데가 높고 양 옆의 지붕은 낮은 형이 좋다.
• 지붕의 일반적인 형태 즉 'ㅅ'형태가 천기를 받아들이는데 가장 좋고, 지붕이 없는
　슬래브 지붕은 천기를 받아들이는데 완충역할을 하지 못하므로 나쁘다.
• 용마루는 'ㅅ'형태의 지붕이 가장 이상적이다.

13. APT

※ apt 풍수는 일반 주택과 동일하다. 다른 점이 있다면 규모가 큰 apt는 이것을 산(山)으로
　간주하여 배산임수(背山臨水)를 판단한다.
• apt 풍수 역시 뒤는 산(山)을 등지고 있어야 하고, 배산임수(背山臨水)의 지형이어야 한다.
• 도로나 하천은 감싸고도는 곳이 좋으며, apt 단지 앞에는 평지가 되어야 재물(財物)이 모
　인다.

- apt가 경사진 곳이거나, 복개천, 매립지, 쓰레기장은 음기(陰氣)가 강하기 때문에 흉지이며, 고가도로 밑이거나 혹은 고가도로가 지나는 apt는 양기(陽氣)가 강하기 때문에 흉지다.
- 산을 인공적으로 절개한 곳은 지기(地氣)가 끊어진 곳이므로 흉지다.
- 주차장 확보용으로 1층이 비어있는 필로티 구조는 1층이 공간이므로 지기(地氣)를 받을 수 없기 때문에 흉지다. 이런곳 위에서 생활하면 재물(財物)과 건강(健康)을 잃고 해롭다.
- 가분수 건물 혹은 경사진 곳은 재물이 급속히 빠져나가며 흉한 건물이다.
- 햇볕이 잘 드는 곳으로 남 방향이 좋으며, 만약 북방향이라면 뒤에 낮은 산이나 낮은 언덕이어야하고, 남방향에 베란다를 둔다.
- apt단지 배열은 균형 잡힌 것이 좋으며, 불규칙하게 배치된 것은 지기(地氣)가 흩어지므로 흉(凶)하다.
- 지기(地氣)의 영향으로 살기가 가장 좋은 apt 층은 7~8층 이내이다.
- 주변 산(山)보다 낮아야 한다.
- 경매로 나온 apt의 경우 풍수에도 문제가 있다고 판단하기 때문에 가급적 피한다.

14. 마당

- 마당은 반드시 평탄한 곳이어야 재물이 모이고, 경사진 마당이나 집보다 마당이 높으면 흉지가 된다.
- 마당의 흙은 깨끗하면서 힘이 있는 흙이라야 좋고, 반대로 어두운 색깔이나 냄새나는 흙은 흉하다.
- 마당에 돌이나 자갈을 깔거나 혹은 콘크리트 포장을 하면, 땅과 온도 차이로 인하여 결로(結露) 현상 즉 음(陰)기운이 증가하므로 흉지다.
- 마당에 석등, 수석, 괴석 등을 세우면 과부(寡婦)가 되는 상부석(孀婦石)이라고 하여, 이것 역시 음(陰)기운을 크게 증가시키는 것이므로 흉지다.
- 마당이 2개이거나 혹은 앞뒤로 양분된 경우는 재물이 두 개로 갈라지므로 흉지다.

※<참고> 수(水)의 생성 원리는 지하에 존재하는 금석(金石)이 차갑게 되어 이것들의 기온차에 의해서 결로(結露) 현상이 발생되고 이것들이 모여서 물 즉 수(水)가 되는 것이다. 따라서 정원에 함부로 대리석 혹은 돌을 놓거나 우물을 함부로 파는 것은 이러한 결로 현상이 발생되어 오행(五行)의 순환고리에 나쁜 악(惡) 영향을 미치기 때문에 해(害)로운 것이다.

15. 우물과 연못

- 우물은 집을 기준으로 동쪽이나 북쪽이 좋고, 집 앞이나 집 옆에 있는 것도 좋다.
- 우물은 집 뒤에, 마당 한가운데 혹은 집 중앙에 설치하거나 혹은 귀문방에 속하는 남서쪽과 북동쪽은 흉하다. 그러나 우물은 함부로 파면 우물이 나오지 않으므로 집의 구조에 맞게 우물을 배치 시켜야 한다.

- 사용하지 않는 우물은 원래 대로 단단하게 매우든지 아니면, 수시로 우울을 퍼주어 깨끗함을 유지해 주어야 한다.
- 마당에 연못을 조성하는 것을 혈분조경(血盆照鏡)이라고 하는데 이것은 집안의 기(氣)의 흐름이 연못으로 이동하여 소진시키는 역할을 하므로 아주 흉(凶)하다. 따라서 정원에 인공 연못 조성은 부인이 먼저 병(病)을 얻고 재물(財物)을 잃는다.

16. 담장

- 담장이 너무 높거나 낮아도 흉하다(**※담장은 키보다 약간 높은게 좋다**).
- 담장은 보국 역할을 하는 것이므로 건물과 너무 가까이 있어도 흉하다.
- 담장은 수평을 유지해야 하며, 철조망, 유리조각, 쇠창살 설치는 흉하다.
- 집과 담장(담)이 너무 가까우면 흉하다.

17. 화장실

- 화장실은 음기(陰氣)를 발생시키므로 항상 깨끗하고, 밝고, 건조해야 길(吉)하다.
- 화장실이 집 중앙에 있거나 혹은 대문(출입문) 옆에 있거나 혹은 대문이나 주방과 마주 보면 흉하다.
- 화장실의 변기와 세면대 색상은 흰색이 좋다. 그 이유는 흰색은 금(金)기운으로 금생수(金生水)의 원리로 인하여 물(水)을 정화시켜 주기 때문이다.
- 화장실은 동사택과 서사택으로 구분하여 위치를 정하고, 귀문방(鬼門方)에 해당되는 남서쪽이나 북동쪽은 피한다.
- 화장실 뚜껑은 꼭 닫아 음(陰)기운을 차단시킨다.

참고로 화장실 방향으로 피해야될 곳은 북동쪽과 남서쪽의 귀문방(鬼門方)과 더불어 하나 더 추가하면, 나경 4층을 기준으로 아래와 같은 황천살 방향 역시 화장실 방향으로 나쁜 흉(凶)으로 작용하게 되므로 피해야 될 방향이다.

집의 방향	壬子癸	丑艮寅	甲卯乙	辰巽巳	丙午丁	未坤申	寅酉辛	戌乾亥
화장실 방향	乙辰	艮寅	坤辛	寅酉	乾亥	甲卯	巽巳	丙午

18. 정원수

- 정원수의 높이는 집 높이의 반 이상을 넘지 말아야 한다. 만약 집 높이보다 큰 나무인 경우 음기(陰氣)를 발생시켜, 중병(重病)에 걸리게 되고, 나무 뿌리 길이는 나무 높이의 절반 정도가 되므로 뿌리로 인하여 지기(地氣)가 흩어지게 되므로 집 주위에 큰 나무는 흉지가 된다. 이는 묘지(墓地)의 경우도 동일하다.
- 정원은 잔디가 좋으며, 정원수는 작고 아름다운 것이 좋다. 정원수로는 집 높이의 1/2 이하가 되는 것으로 소나무, 매화나무, 사철나무, 감나무, 살구나무 등은 무난하다.
- 고목나무, 큰나무 등은 독기를 발생시키므로 해롭고, 잎이 무성한 오동나무 등의 나무 역시 기(氣)를 차단시키므로 나쁘다.
- 잔디와 나무가 잘 자라지 않는 집터는 흉터이다.

19. 인테리어 풍수

(1) 현관

- 현관에 거울을 두면 기(氣)가 반사되어 재물이 나간다.
- 현관은 외부 기를 흡수하는 곳이므로 깨끗함이 원칙이다. 신발장이나 쓰레기통 등을 두면 재물(財物)이 나가고 흉(凶)하다.
- 현관에 신발장이 있는 경우 화분을 놓거나 혹은 가림막을 설치함이 원칙이다.
- 현관(대문)과 침실, 욕실이 마주보거나 일직선상에 있으면 흉하다.
※그외 모두는 앞의 대문(현관)과 동일하니 참조하길 바란다.

(2) 거실 소파 그리고 안방과 침실(침대), 머리 방향

- 거실 소파 위치는 현관에서 사람이 들어오는 모습이 보이거나, 현관과 마주 보는 곳에 위치해야 한다. 그러나 현관을 등지는 방향의 소파 위치는 나쁘다.

- 거실에서 밖을 보았을 때 양기(陽氣)가 강한 교회 십자가, 피뢰침, 역(驛), 고가도로 혹은 음기(陰氣)가 강한 공동묘지, 쓰레기 분리장, 하수구 등이 보이면 화분이나 병풍 등을 놓아 나쁜 기운을 막아 주어야 한다.
- 안방은 집의 중심부에 있어야 하고, 반드시 안방에 부모가 거주해야 위기질서가 선다.
- 침실(침대) 위치는 출입문에서 대각선에 위치시키고, 머리 방향은 출입문을 볼 수 있어야 한다. 이때 동사택이면 동사택 방향에 침대를 놓고, 서사택이면 서사택 방향에 침대를 놓는다.
- 침대는 벽과 20㎝ 정도 떨어져 있어야 한다. 그렇지 않으면 벽과 침대의 온도차로 인하여 기(氣)가 흩어지므로 해롭다.
- 침대에서 자신의 모습이 보이는 거울은 흉하다.
- 집안에서는 가급적 애견 등 동물을 키우지 않는다.
- 물침대는 강한 수기운(水氣運)을 받게 되어 아주 해롭다.
- 안방은 비워 놓지 말아야 한다.
- 잠잘 때 머리 방향은 회두극좌(回頭剋坐) 방향이 아닐 경우 특별한 방향 지정은 없지만 자신의 본명궁(本命宮)에 따라 결정되는 것이 이상적인 방향이다. 즉 배산임수(背山臨水) 쪽 즉 산쪽으로 하고, 출입문을 바라볼 수 있는 머리 방향이어야 한다. 제일 무난한 머리 방향은 동쪽, 동남쪽, 남쪽과 자신의 방안살(攀鞍殺) 방향인데 이는 생기와 건강을 가져다주는 방향이다. 부엌쪽과 화장실쪽의 머리 방향은 지저분하고 열(熱)을 받기 때문에 피하고, 북쪽의 머리 방향은 자기장(磁氣場)으로 인하여 북침단명 방향 또는 죽은 사람의 머리 방향이라고 하여 피하는 경우도 있다.

  특히, 신장(콩팥, 水)이 나쁘거나 인체 수(水)기운이 약(弱)한 사람은 잠잘 때 머리 방향은 북(北) 쪽이 좋고, 심장(火)이 나쁘거나 화(火)기운이 약한 사람은 남쪽, 폐(金)가 나쁘거나 금(金) 기운이 약한 사람은 서(西)쪽, 위장(土)이 나쁘거나 토(土)기운이 약한 사람의 머리 방향은 서남쪽이나 동북쪽이 좋다.

(※참고, 회두극좌(回頭剋坐) 방향이란? 24방위 중 흉(凶)한 머리 방향을 말하는데 이것은 <풍수 5장>을 참조해주길 바라며, 다른 것들은 길흉성(吉凶星)에서 제시된 12신살(十二神殺)의 '행운(幸運)과 불운(不運) 방향'을 참조할 것)

참고로 안방은 집안에 중추적인 역할을 하는 것이므로 나경 4층으로 향(向)의 방향 즉 집 앞 방향을 기준으로 좋은 귀인방(貴人方)의 배치 방향을 알아보면 다음과 같다.

집의 방향	癸	丑	艮	寅	乙	辰	巽	巳	丁	未	坤	申	辛	戌	乾	亥
귀인방 방향	巽巳	甲卯	丁未	癸丑	坤申	壬子	庚酉	乾亥	乾亥	庚酉	癸丑	丁未	艮寅	丙午	甲卯	巽巳

(3) 주방

- 주방의 위치는 중앙은 흉하고, 통풍이 잘되는 창문 옆에 배치시킨다.
- 주방이 화장실 옆이나 현관 옆에는 흉하다.
- 냉장고와 전자레인지는 냉기(冷氣)와 온기(溫氣)를 발생시키는 대표적인 수극화(水剋火) 의 상극(相剋) 작용이 발생되므로 반드시 분리시킨다. 가스레인지 옆에 냉장고와 정수 기도 분리시켜야 한다.
- 주방의 위치는 동사택과 서사택 방향으로 배치시키면 무난하다.
- 어항과 부엌은 일직선상에 놓으면 흉하다.
- 현관과 주방, 식탁은 일직선상에 놓으면 흉하다.
- 가스레인지와 화장실은 일직선상에 놓으면, 더러운 기(氣)가 발생되기 때문에 흉하다.
- 주방이나 부엌은 남서쪽이나 북동쪽의 경우는 귀문방이라 흉하고, 북서쪽, 북쪽, 동쪽 은 길하다.

(4) 창문

- 집 크기와 창문수는 적당해야 한다. 그렇지 않고, 창문이 너무 없으면 혼탁한 기운이 쌓이 고, 반대로 창문이 집안에 너무 많으면 기운(氣運)이 빠져 나가게 된다.
- 일조량으로 보면 창문은 동남쪽이나 남쪽이 좋고, 북쪽 창문은 바람막이가 되기 때문에 가 급적 작은 창문이 좋다.

(5) 계단

2층 이상 집에서 계단은 1층에서 2층으로 올라가는 역할을 하므로 집 중앙에 설치하면 온도 차이에 의해 집 기운(氣運)이 둘로 쪼개는 역할을 하게 되므로 흉하다. 만약 집 중앙에 계 단을 설치했을 경우 계단을 막아주는 바람막이를 설치하면 좋다. 따라서 계단은 집 중앙부 분이 아닌 별도의 통로를 만들거나 혹은 양쪽 바깥쪽이 좋다.

(6) 공부방

- 출입문과 책상은 마주보는 일직선상이면 흉하다.
- 북쪽에 책상을 두면 길하다.
- 책상 위치는 창문 바로 앞은 흉하지만, 창문이 약간 보이는 창문 옆에 있으면 좋다.
- 창문은 동쪽 방향이 좋다. 그 이유는 아침 햇살을 받을 수 있기 때문이다.
- 책상 앞에 벽만 보이는 곳은 흉하다.
- 창문을 직접적으로 보는 위치이거나 혹은 창문을 등지는 위치는 흉하다.
- ※ 공부 잘하는 우등생이 되려면 책상 방향(方向)은 천살방향이며, 잠은 반안살 방향이다. (※사 주 부분 길흉성의 십이신살(十二神殺) 참고할 것)

(7) 집(apt), 액자, 벽지, 소파, 장식품, 차량 색상 선택법

액자 선택은 과일이나 해바라기 등의 열매 그림의 경우는 재물을 상징하며, 잉어 그림은 부부 금술, 풍경화는 마음의 안정 연꽃은 행운 등을 나타내며, 진달래나 장미꽃 등의 붉은 색은 동적인 화(火) 기운을 나타낸다.

액자나 그림의 크기는 집이나 방, 현관 등의 규모를 보고 크기가 서로 균형(均衡)이 맞아야 한다. 예를 들면 거실은 넓은데 액자는 작다면 균형이 맞지 않는 것이다.

또한 집(apt), 벽지, 장식품, 차량 색상(色相) 선택은 함부로 하는 것이 아니라, 주인의 사주(四柱)를 보고 판단해야 한다. 그래야만 건강(健康)은 물론 행복(幸福)이 찾아오고 발복(發福)하게 된다.

색상 선택은 보통 2가지를 판단하고 적용해 주면 된다.

첫째는 자신의 사주(四柱)에서 가장 적은 오행(五行)에 해당되는 색상을 선택하여 사주와 균형(均衡)을 맞추어 주어야 한다.

예를 들면 자신의 사주에서 금(金)기운이 약(弱)한 경우라면 금기운에 해당되는 흰색 종류의 집(apt), 벽지, 소파, 장식품, 차량이 좋다. 그렇지만 금(金)기운을 극(剋)하는 火剋金의 화(火)기운에 해당되는 붉은색 계통은 나쁘다.

※ <참고> 오행과 색상

오 행	색상	극(剋)하는 색상
목(木)	청색	흰색
화(火)	붉은색	검정색
토(土)	분홍색	청색
금(金)	흰색	붉은색
수(水)	검정색	분홍색

둘째는 자신의 사주에서 용신(用神)이나 희신(喜神)에 해당되는 색상을 선택하거나 혹은 이들을 생(生)해주는 오행 색상을 선택하면 된다.

예를 들면, 자신의 용신이 목(木)이라면 청색을 선택하고, 용신 목(木)을 생(生)해주는 것은 水生木에서 희신이 수(水)이므로 검정색을 선택해도 좋은 색상에 해당된다. 재물(財物)을 상징하는 과일이나 열매 색상의 경우도 자신이나 주인의 용신과 희신을 기준으로 색상을 선택하면 된다.

또한, 화장실의 액자의 선택은 자신의 용신을 극(剋)하지 않는다면 노랑 해바라기 그림이 좋다. 그 이유는 노랑색은 토(土)기운으로 토극수(土剋水)의 기능이 성립되기 때문에 화장실 건조용으로 적합한 것이 된다.

따라서, 독자들은 자신의 사주 구성이나 혹은 용신이나 희신을 알지 못하는 경우는 사주 명리학(命理學)을 담당하는 사람에게 물어서 자신의 색상을 선택하는 생활의 지혜가 필요하다.

(8) 구조가 맞지 않는 집(apt)의 인테리어 방법

동사택이든 혹은 서사택이든 새로 신축되는 전원주택 등의 건물들은 자신에게 맞는 풍수(風水)의 조건이나 방향(方向)을 맞추어 설계할 수 있지만, 이미 완공된 건물은 대문(현관), 안방, 부엌(주방), 자녀방, 공부방, 거실, 수도, 우물 및 사무실 등은 자신의 풍수와 맞지 않는 경우가 많다. 이런 경우에는 이들에게 어울리는 커튼, 화분, 병풍 등을 이용하여 보이지 않게 가림막 역할을 해 주면 좋은 기운(氣運)을 유지할 수 있는 차선택 방법이 된다. 또한 가택구성법(家宅九星法)으로 판단해서 해당 오행(五行) 기운이 약(弱)한 것들을 보충해 주고, 강(强) 한 것은 설기 즉 빼주어 상호 균형(均衡)을 맞추어 주는 방법도 있다(※4장, 나경 사용법의 가택구성법<家宅九星法> 참조).

20. 상가, 사무실, 공장 풍수

상가, 사무실, 공장의 경우 첫 번째 길지(吉地)는 풍수적 조건보다는 주변의 환경을 우선적으로 고려해야 한다.

즉, 상가가 성공하려면 우선 해당 지역에 상권이 형성된 곳이어야 한다. 아무리 좋은 풍수를 갖춘 상가라도 해당 상권(商圈)이 갖추어지지 않는 곳이면 흉지이기 때문이다. 따라서 상가, 사무실, 공장의 풍수지리(風水地理)는 지금까지 학습된 양택(陽宅) 풍수와 뒤에서 학습될 음택(陰宅) 풍수 모두 기본적인 사항을 적용해주면 된다. 독자들은 이런 사항을 염두에 두고 판단해 주면 된다.

(1) 상가

- 출입 쪽은 짧고, 안쪽으로 긴 상가가 좋다.
- 가게 한 개에 2개 이상의 출입문은 나쁘다.
- 상가 앞에는 평탄해야 재물(財物)이 모인다.
- 상가 출입문이 상대방 상가와 마주보면 재물(財物)이 나가고 불화가 발생한다.
- 상가 출입문의 크기는 상가 크기와 비례해야 한다. 상가는 작은데 출입문이 큰 경우와 상가는 큰데 출입문이 작은 경우는 재물(財物)이 모이지 않는다.
- 상가의 계산대 및 물품 배치는 동사택과 서사택의 위치에 따라서 배치해야 한다(※사주 부분 12신살(十二神殺)의 '행운(幸運)과 불운(不運) 방향' 참조할 것).
- 출입문, 화장실, 주방, 쓰레기장은 북동쪽과 남서쪽에 해당되는 귀문방향으로 두지 않는다.
- 고가도로 밑은 양기(陽氣)가 강하므로 흉지이다.
- 상가는 도로나 혹은 하천이 감싸 안는 형태이어야 하며, 반대인 경우는 흉하다.
- 도로 특히 사거리와 삼거리는 이들의 규모에 따라 상가 크기도 균형을 맞추어야 한다. 큰

사거리 같은 차량 이동이 많은 곳에 작은 상가일 경우 흉지다. 그 이유는 도로와 차량은 양기운(陽氣運)이므로, 강한 양기운은 작은 상가와는 서로 균형을 이룰 수 없기 때문이다 (※차, 도로, 물줄기는 양의 기운이다).

- 상가가 높은 곳이면 흉하다.
- 고층건물 사이에 상가가 존재하거나, 상가 옆에 고층 건물이 있으면 흉하다.
- 상업지는 홍수로 인하여 물이 유입되지 않는 범위에서 약간 낮고 평탄해야 재물(財物)이 모인다.

※<참고> 상가나 사무실 그리고 출입문, 금고(金庫), 계산대, 환기창, 창문 등의 방향 판단은 동, 서사택은 물론 주인(사장)의 사주(四柱) 구성을 보고 방향(方向)을 판단해야 대길(大吉) 하다. 이때는 천살(天殺)과 반안살(攀鞍殺) 그리고 장성살을 기준으로 판단한다. 천살(天殺) 은 닫는 방향(close)을 말하고, 반안살(攀鞍殺)은 열린 방향(open)을 말한다. 이에 대한 구체적인 방향 판단은 사주(四柱) 부분 12신살(十二神殺)의 '행운(幸運)과 불운(不運) 방향' 참조할 것.

(2) 사무실

- 최고 경영자의 사무실은 지맥을 받는 2층~3층이 좋다.
- 최고 경영자는 물론 일반 사무실 책상 위치는 출입문에서 일직선으로 보이는 곳은 나쁜 위치이다. 이 경우는 출입문에서 곧 바로 자신의 위치가 보이지 않게 화분이나 병풍 등을 놓아야 한다.
- 사무실 배치는 동사택(東四宅)과 서사택(西四宅)의 규칙에 제시된 방향으로 한다.
- 아래층보다 위층에 최고 경영자 사무실이 있어야 권위가 선다.
- 최고 경영자를 보좌하는 비서실이나 중요 부서 그리고 금고(金庫)는 동사택(東四宅)과 서사택(西四宅)에서 제시된 배치 방향으로 한다. 이것 역시 상생관계(相生關係)가 이루어지는 곳에 배치시켜야 한다. 예를 들면 최고경영자의 자리가 동쪽(木)이라면 비서실의 방위는 북쪽(水)에 위치시켜야 한다. 그 이유는 비서실과 최고경영자와는 수생목(水生木)의 상생 관계(相生關係)가 성립되어 최고 경영자에게 힘을 주기 때문에 회사가 더욱 발전할 수 있는 위치가 된다.

※<참고> 동쪽(東)=>木, 서쪽(西)=>金, 남쪽(南)=>火, 북쪽(北)=>水, 사방 방향=>土

- 창문을 등지거나 창문이 바로 보이는 방향은 나쁘다.
- 출입문과 마주 보는 곳의 책상 배치는 흉하다.
- 돈과 관련된 경리부서는 음(陰) 방향으로 배치하는데, 동사택 사무실인 경우 동남쪽이나 남쪽에 두고, 서사택 사무실인 경우 남서쪽이나 서쪽에 둔다.
- 출입문을 등지고 앉으면 흉하다.
- 앞 사람의 등이 보이면 흉하다.

• 귀문방의 방향에 해당되는 북동쪽과 남서쪽은 출입문을 내지 않는다.

(3) 공장

• 공장 위치와 조건들은 지금까지 학습된 양택(陽宅) 풍수와 동일하다.
• 공장의 중요한 부서이거나 혹은 중요 시설 그리고 생산라인 등은 동사택(東四宅)이나 서사택(西四宅)의 배치 규칙에 의거 적용하면 된다.
• 기타 나머지 모두는 상가, 사무실 등의 양택 풍수와 동일하다.

(4) 12신살(十二神殺)로 본 성공(成功)과 실패(失敗) 방향(方向)

앞 절 사주(四柱)부분에 있는 길흉성(吉凶星)에서 제시된 12신살(十二神殺)은 '행운(幸運)과 불운(不運) 방향'을 판단하였다.

즉, 부동산 투자 성공 방향, 거래처 흑자 방향, 신생아 천재 출생 방향, 남자, 여자 결혼 방향, 금고, 경리책상 성공 방향, 공부 잘하는 책상 방향, 남편 외도 방지 방향, 남편 출세시키는 방향, 창문, 출입문 성공 방향, 재수생 합격 방향, 점포, 상가 투자 성공 방향, 병(病) 치료 방향, 가족묘 및 조상묘 방향, 남아(男兒) 및 여아(女兒) 출생 방향(方向) 등을 말한다.

예를 들면, 반안살(攀鞍殺) 방향의 경우 이사, 점포, 상가, 사무실이 반안살 방향이면 대길(大吉)하고 흑자가 발생되며 또한 금고, 계산대 역시 반안살 방향이면 대길(大吉)한다. 그렇지만 가족묘, 조상묘의 방향은 반안살 방향이면 패망한다.

따라서, 독자들은 이러한 것들이 일상에서 적용될 수 있는 행운(幸運)과 불운(不運) 방향 모두는 앞 절 사주(四柱)부분의 길흉성(吉凶星)에서 제시된 12신살(十二神殺)의 '행운(幸運)과 불운(不運) 방향'을 참조하고 실천하여 소원성취하길 바란다.

21. 택일(擇日)

양택(陽宅)에서 이사할 때 좋은날을 선택하는 것은 우주(宇宙)의 주기에 따라 길흉(吉凶)을 판단하는 것이다.

따라서, 이사는 물론, 결혼, 혼인, 취임, 개업, 안장일 등에는 반드시 좋은날을 선택하는 것은 당연한 것이다.

본 책에서는 독자들을 위하여 본 책 '제15장, 좋은날(택일) 잡기'에서 이미 자세히 설명하였으니 참고해 주길 바란다.

특히, 이들 길일(吉日)을 선택하고 판단 할 때는 자신의 용신(用神)이나 희신(喜神)을 적용하여 최종 판단하고 결정해 주길 바란다.

제3장, 음택(조상묘)

음택(陰宅)과 양택(陽宅)의 풍수지리(風水地理)는 차이가 없으므로, 독자들은 앞 절의 양택(집) 풍수에서 적용된 내용을 상기하면서 음택(조상 묘) 풍수에 임하면 된다.

특히, 요즘은 음택(墓地)에서 명당(明堂)을 찾기란 쉬운 것만은 아니다.

여기서는 이미 양택에서 설명했기 때문에 음택은 꼭 알고 적용되어야될 핵심 사항을 설명하겠다.

그 이유는 앞전 양택(집)에서 기본적인 사항들은 이미 설명하였고, 이어서 설명될 나경(패철) 사용법에서 또 다시 명당(明堂)을 찾기 위한 방법 모두를 구체적으로 설명하기 때문이다.

명당에 매장(埋葬)을 하게되면 육탈(肉脫) 후 황골(黃骨)되기 때문에 후손들은 좋은 동기감응(同氣感應)을 받아 발복(發福)하게 된다. 그렇지만 나쁜 곳에 매장을 하게 되면 나쁜 동기감응으로 인하여 큰 피해를 입게 되므로, 좋은 명당자리가 존재하는 경우는 매장을 하고, 명당이 없는 경우는 동기감응의 피해를 주지 않는 화장(火葬)을 권하는 것이 좋겠다.

한국의 대표적인 음택 명당(明堂)으로 꼽히는 이석형 선생 묘, 황희 정성 조부 묘, 김반 선생 묘, 강회백 선생 묘, 김성우 장군 묘, 김호 선생 묘는 풍수지리(風水地理)의 5대 요건 즉 용(龍), 혈(穴), 사(砂), 수(水), 향(向) 모두를 갖춘 지형이다. 이들을 설명하면 다음과 같다.

※<참고> 사진 출처 : 현대풍수지리(류지홍)

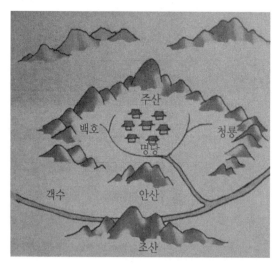

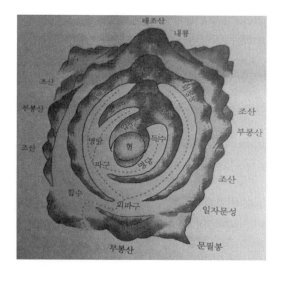

1. 용(龍)

'용(龍)'이란 혈(穴)이 흐르는 산 혹은 산맥 즉 산줄기를 말하는데 풍수지리에서는 상하 좌우로 굴곡이 많고 밑으로 곡선을 그리면서 구불구불하게 내려와야 좋다. 원래 산(용)은 지기(地氣)가 흐르는 통로이다. 보통 산줄기는 휘면서 내려오는데 이러한 이유는 물과 바람처럼 움직이는 양기(陽氣)와 움직이지 않는 음기(陰氣)의 용(산)의 작용 때문이다.

2. 혈(穴)

풍수지리(風水地理)를 배우는 최종 목적은 '혈(穴)'을 찾는 것이다.

'혈(穴)'이란 한의학적으로 본다면 인체에서 꼭 필요한 부위 즉 특정부위에 침(針)을 놓는 자리와 마찬가지로 지기(地氣)가 뭉쳐있는 자리를 말한다. 즉 산줄기를 타고 내려오다가 흐름이 응결된 곳을 말한다. 혈의 지점에 집을 짓거나 묘(墓)를 쓰면 자손들이 지기(地氣)를 통하여 복(福)은 물론 형통(亨通)하게 된다.

이어서 배울 나경(패철) 역시 혈(穴)을 찾기 위한 것이다. 따라서 독자들은 혈을 찾기 위한 노력에 매진해 주길 바란다.

혈(穴)을 찾는 방법은 무수히 많다. 본 책에서는 형기풍수와 이기풍수의 중요성을 감안해서 둘 모두 적용하고 활용하는 복합 형태로 혈(穴)을 찾는 방식을 제시하였다. 요즘은 장례문화(葬禮文化) 변화는 물론 혈(穴)을 찾는 방법으로 나경(패철) 대신 천기룡 등이 활용되고 있다. 그러나 본 책에서는 독자들에게 쉽게 혈을 찾는 방법을 알리기 위해서 나경 사용법 8층(천반봉침) 설명 때 파구(破口)를 통한 <88향법>으로 방향(方向)을 먼저 터득하고 이어서 정혈법(正穴法)을 통한 혈(穴) 찾는 방법을 쉽게 설명해 놓았으니 독자들은 이를 활용해 주길 바란다.

3. 사(砂)

'사(砂)'는 혈을 중심으로 좌우에 있는 산봉우리를 말한다. 혈의 주변에서 호위(護衛)하는 환경을 말한다. 이러한 산들이 사방에서 에워싸준 안쪽 공간을 보국(保國)이라고 하고, 흔히 '사'를 좌, 우측에 감싸 안는 산맥이라고도 한다. 즉, 좌청룡, 우백호, 북현무, 남주작이라고도 한다.

특히, 왼쪽 좌청룡은 남자를 나타내고, 오른쪽 우백호는 여자를 나타내는데 좌청룡과 우백호에 문제가 생기면 이들에게 나쁜 영향을 준다. 또한 좌청룡과 우백호는 혈

(穴)을 잡는데 중요한 역할을 하는데 백호의 위세가 청룡보다 높으면 혈은 위세가 강(强)한 백호쪽에 혈(穴)을 잡고, 반대로 청룡이 백호보다 더 높으면 혈은 청룡쪽에 혈(穴)을 잡는다. 또한 백호와 청룡의 높이가 똑 같다면 혈(穴)은 중앙에서 잡는다. 이때 좌청룡과 우백호의 높이는 혈(穴) 지점에서 보면 어깨 높이어야 한다. 이때 좌청룡과 우백호의 모양은 감싸고 돌아야 되는 것이지 일직선으로 뻗어진 것이라면 재물이 흩어지고 재앙이 따르는 흉(凶)한 것이다.

또한 묘지(墓地) 앞에 있는 조산 즉 안산(安山)은 묘지와 일직선을 맞추는 것은 최적의 양기운과 음기운을 맞추려는 목적이 있다. 그러나 묘지 뒤에 존재하는 주산의 역할과의 일반화시키기에는 다소 무리가 있다. 원래 안산 높이는 묘지에서 봤을때 심장에서 눈썹 사이가 길(吉)하며, 너무 높아도 너무 낮아도 나쁘다. 안산의 역할은 살풍(殺風)을 막아주는데, 안산이 너무 높으면 압혈(壓穴)되어 나쁘고, 안산이 너무 낮거나 없으면 기(氣)가 모이지 않아 빈곤하고 패절 한다.

4. 수(水)

'수(水)'는 물을 말하는 것으로, 물도 사와 마찬가지로 혈(穴)을 중심으로 직선으로 뻗어서 내려오는 것은 재물이 흩어지고 재앙이 따르는 나쁜 흉지(凶地)에 속하지만, 좌, 우 곡선으로 감싸고 돌아서 지기(地氣)가 밖으로 설기(洩氣 : 地氣가 새어 나감)되지 않도록 막아주는 역할을 해야 명당이 되는 것이다. 특히 혈(穴) 앞에는 반드시 수(水)가 존재해야만 된다. 그 이유는 혈을 통해서 내려온 지기(地氣)가 더 이상 다른 곳으로 새어나지 못하는 기능을 해야 하기 때문이다. 이렇게 하여 물(陽)과 산(陰)은 교배(交配)를 해야만 명당(明堂)이 되는 것이다. 따라서, 음택이나 양택에서 뒤에는 산이 있고, 앞에는 물이 존재하는 배산임수(背山臨水)가 되어야만 명당(明堂)의 조건이 되는 것이다. 배산임수 조건은 산(山) 대신 도시에서는 건물도 동일하게 산과 같은 역할을 한다.

이렇게 지기(地氣)를 끊어지게 하여 교배(交配)하는 기능은 하천 등의 물은 물론 길과 들판 역시 같은 기능을 한다.

따라서 양택이든 음택이든 지기(地氣)를 끊어지게 하는 것들이 뒤에 존재하는 경우 나쁜 흉지에 해당 된다. 그 이유는 밑으로 내려오는 지기를 모두 단절시키기 때문이다. 물이 들어오는 것을 득수(得水)라고 말하고, 물이 나가는 것을 파구(破口)라고 하는데 이들 작용은 나경(패철)에서 구체적으로 다룬다. 앞 절 양택(陽宅)에서 소개된 도로와 하천에서의 물의 길흉(吉凶) 방향은 음택 즉 묘지에서도 길흉이 동일하게 적용된다.

5. 향(向)

'향(向)'은 묘의 방향 즉 좌향(坐向)을 말한다. 좌(坐)는 등을 지고 있는 방위이고, 향(向)은 정면을 뜻한다. 음택(陰宅)에서는 시신의 머리 부분이 좌(坐)이고 다리쪽이 향(向)이 된다. 건물에서는 건물 뒤가 좌(坐)이고, 건물 앞이 향(向)이다. 이것을 표기할 때는 ○坐○向으로 표기한다. 향(向)은 능선과 비탈진곳 이 아닌 평지를 선택하고, 평지라도 근처에 심한 경사가 있는 곳은 피한다.

특히, 향(向) 즉 방향(方向)은 파구(破口)와 더불어 혈(穴)을 결정 짓는 중요한 요소가 되는데 향(向)으로 놓을 수 없는 방향은 회두극좌(回頭剋坐)와 팔요황천살(八曜黃泉殺)이며 88향법으로도 흉(凶) 방향으로는 방향을 잡을 수 없다. 그리고 묘(墓)와 집이 서로 정면으로 바라보는 방향일 때는 향(向)을 놓을 수 없다(※풍수지리 설명 참조).

이제 독자들은 나경(패철) 사용법을 통하여 양택(집)과 음택(조상 묘)에서 명당(明堂)을 찾기 위한 방법으로 1층에서 9층까지 적용방법을 제시하겠으니, 명품 혈(穴)은 물론 가장 좋은 명당(明堂)을 찾을 수 있는 능력을 키워 보길 바란다.

특히 독자들이 알아야 될 사항은 풍수(風水)에서 자신(주인)의 사주(四柱)에서 악(惡) 영향을 주는 조건은 피하고, 부족한 오행(五行)을 채워 주어야만 성공인(成功人)으로서 완성(完成) 된다는 사실을 알길 바란다.

이런 것들은 이어서 배울 나경(패철)에서 3층(삼합오행 확인), 6층(인반중침 확인) 그리고 8층(천반봉침 확인)에서 구체적으로 확인한다.

4장, 나경(패철)사용법

풍수(風水)는 형기론(形氣論)과 이기론(理氣論)이 있다.

산과 물 등 자연의 외적 지형의 모양을 보고 길지(吉地)를 찾는 것이 형기론이다. 즉 형기론은 용(龍), 혈(穴), 사(砂), 수(水) 등 풍수지리 지형의 변화 현상을 보아 길흉(吉凶)을 판단하는 것이다. 반면에 이기론은 나경(패철) 등으로 방위와 보이지 않는 가상학(家相學)은 물론 음양오행 작용을 판단해서 길흉화복(吉凶禍福)을 결정하는 이론이다. 즉 이기론은 용, 혈, 사, 수의 방위(方位)를 측정하여 음양오행법(陰陽五行法)으로 적법한지 여부를 판단하는 것이다.

형기론과 이기론 모두 풍수(風水)에서 중요한 핵심 요체이다. 참고로 현공풍수(玄空風水)는 공간과 시간의 흐름을 판단하는 풍수 즉 시간과 공간을 활용하여 길흉(吉凶)을 판단하는 것이다.

본 책에서는 형기풍수와 이기풍수의 중요성을 감안해서 둘 모두 적용하고 활용하는 복합 형태로 구성하였다.

이제부터 이기론(理氣論) 풍수에서 많이 활용되는 '나경(羅經)' 즉 '패철(佩鐵)'에 대해서 설명하고자 한다.

나경(羅經)은 '우주의 삼라만상을 포함한다'의 포라만상(包羅萬象)과 '하늘과 땅을 다스린다'의 경륜천지(經倫天地)에서 그물 나(羅)와 지나갈 경(經)자를 따서 나경(羅經)이라고 한다.

나경은 '허리에 차고 다닌다'라고 하여 '패철(佩鐵)'이라고 하고 일명 '뜬쇠' 혹은 '윤도'라고도 한다.

나경의 역사는 기원전 약 1100년 중국 주나라 성왕때부터 시작되었으며, 주역(周易)의 후천팔괘를 기본으로 적용 하였다.

우리나라에서는 서기 1세기경 낙랑고분에서 나경이 출토되어 유래를 찾아볼 수 있으나, 본격적으로 사용된 시기는 조선시대로 본다.

나경은 우주의 순환 위치를 모두 담고 있는 것이기 때문에 큰 의미가 있는 것이다.

따라서 나경은 손안에 존재하는 작은 우주이다.

이러한 작용으로 인하여 나경은 풍수지리(風水地理)에서 용(龍), 혈(穴), 사(砂), 수(水), 향(向)의 정확한 위치와 방향(方向)을 판별할 수 있는 유일한 도구이다.

나경을 제대로 해석하고 판단할 수 있어야만 양택(집)과 음택(조상 묘)의 명당(明堂)을 찾을 수 있기 때문에 풍수지리(風水地理)에서 반드시 필요하다.

따라서 독자들은 우선 풍수지리를 제대로 공부하려면 나경(패철) 구입이 우선이다.

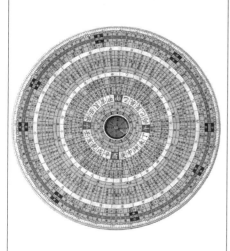

〈나경(羅經) 구입 방법〉

나경을 취급하는 곳이나, 인터넷 쇼핑몰 등에서 쉽게 구입할 수 있다.

가격은 보통 20,000원에서부터 몇 십만원 까지 다양하다. 특히 나경의 종류는 건식, 유압식, 핀란드산 유압식이 있는데 이 중 핀란드 유압식은 온도 변화에 강(强)하고 정확하며 수명이 다소 길다.

요즘은 혈(穴)을 찾는 방법으로 천기룡 등이 많이 활용되고 있다.

따라서, 독자들은 나경을 구입 후 본 책에서 저자의 편집 의도대로 한두 번 읽고 활용해 보면 누구나 쉽게 터득될 수 있도록 집필하였다.

나경의 종류는 2층에서 9층, 36층 그리고 54층까지 다양하나, 대계 9층 나경을 기본적으로 많이 사용한다. 따라서 여기서는 9층 나경을 기본적으로 다루기로 한다.

이러한 나경의 쓰임을 감안하여 여기서는 먼저 동사택(東四宅)과 서사택(西四宅) 그리고 가택구성법(家宅九星法)을 판단하고, 이어서 풍수지리(風水地理)에서 적용되는 나경 사용법을 체계적(體系的)으로 알아보기로 한다.

1. 처음 접하는 독자들에게

나경(패철)을 처음으로 접하는 독자들은 외관 자체가 너무 복잡하게 보이고, 어렵게만 느껴지기 때문에, 왠만한 숙달자가 아닌 이상 실전은 물론 이론적인 학습의 경우에도 쓸데없는 시간 낭비는 물론 당황하고 헤매게 된다.

이러한 독자들의 마음을 잘 알고 있는 저자는 실전위주로 예제를 들어 기초부터 응용과정 하나하나 모두를 쉽게 설명하였기 때문에 누구나 차근차근 읽고, 실제 나경으로 연습을 한두 번 해보면 틀림없이 이해는 물론 실전에서 활용할 수 있도록 체계적(體系的)으로 편집하였다. 따라서 독자들은 조금도 걱정할 필요 없이 학습에 임해 주면 되겠다.

그리고, 앞 절에서 설명했지만, 나경에서 가장 많이 사용되는 용어는 방향(方向) 즉 좌향(坐向)이다. 좌(坐)는 뒤의 방향이란 뜻이고, 향(向)은 앞 방향이란 뜻이다. 묘지(墓地)에서는 뒤에 존재하는 머리 부분의 방향을 좌(坐) 방향이라고 말하고, 묘지 앞에 존재하는 다리 부분 즉 앞 방향을 향(向)이라고 한다.

양택(집) 즉 집은 집의 뒤 방향이 좌(坐)가 되고, 집의 앞 방향이 향(向)이 된다.

이들의 표기법은 ○坐○向으로 쓴다.

예를 들면 묘지(墓地)의 경우 4층 나경에서 머리 부분이 '寅'방향이고, 다리 부분이 '申'방향인 경우 표기법은 인좌신향(寅坐申向)이라고 한다.

2. 동사택(東四宅)과 서사택(西四宅) 판단법

양택(陽宅)에서 양택3요(陽宅三要)에 해당되는 대문(현관), 안방, 부엌(주방) 그리고 자녀방, 공부방, 거실, 수도, 우물 및 사무실에서는 사장실, 임원실, 금고, 회의실, 경리실, 직원실의 배치 방향을 북쪽(水), 동쪽(木), 동남쪽(木, 火), 남쪽(火)에 배치시키면 동사택(東四宅)이고, 이들을 서북쪽(金, 水), 남서쪽(火, 金), 북동쪽(水, 木), 서쪽(金)에 배치시키면 서사택(西四宅)인데, 이러한 판단을 실상에서는 적용하기란 쉽지만은 않다. 그러나 이것을 나경(羅經)으로 확인하면 금방 판단할 수 있다.

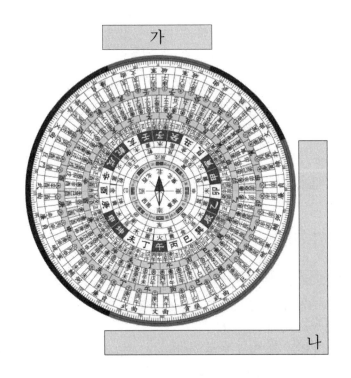

<판단 순서>

(1) 판단하고자하는 주택, apt, 방, 사무실의 중심 부분에 위치한다.

　-주택 ; 주택의 중심부분에 위치한다.

　-apt ; 거실 중심부분에 위치한다.

　-방 ; 방 중심부분에 위치한다.

　-사무실 ; 사무실 중심부분에 위치한다.

(2) 중심부분 위치에서 나침판을 수평으로 유지한 상태에서 남(南)과 북(北)을 맞춘다. 이 때 나경(패철)은 4층을 기준으로 하고, 나침판 방향은 4층의 24방위 중 남과 북의 방향 즉 자(子)와 오(午)선을 맞춘다.

※측정하고자 하는 위치에서 수평을 유지하고 나침판을 남(南)과 북(北)으로 맞추고, 나경 4층을 기준으로 24방위를 확인하는 것을 정반정침(正盤正針)이라고 한다. 모든 나경을 측정할 때 정반정침 위치 즉 수평이 된 상태에서 나침판을 남(南)과 북(北)으로 맞춘 후 측정한다는 것을 잊지 말자. 즉 나경은 정반정침(正盤正針) 상태에서 측정이 이루어진다.

(3) 나침판의 위치가 정확하게 남(南)과 북(北)을 맞춘 상태에서 아래와 같이 '기준 지형 지물'를 기준으로 동, 서사택을 판단한다.

구분	기준 지형 지물
주택	주택 마당 중심부에서 '대문(현관)'의 위치가 나경 끝부분의 붉은 부분 즉, '가'부분 혹은 '나'부분 방향에 위치하고 있으면 동사택(東四宅)이고, 그 외 방향(나경 끝부분이 검정색 방향)에 위치하면 서사택(西四宅)이다.
apt	apt거실 중심부분에서 '출입문(현관)'이 '가'부분 혹은 '나'부분(나경 끝부분이 붉은 부분) 방향에 위치하고 있으면 동사택(東四宅)이고, 그 외 방향(나경 끝부분이 검정색 방향)에 위치하면 서사택(西四宅)이다.
방	방 중심부분에서 '출입문'이 '가'부분 혹은 '나'부분(나경 끝부분이 붉은 부분) 방향에 위치하고 있으면 동사택(東四宅) 방이고, 그 외 방향(나경 끝부분이 검정색 방향)에 위치하면 서사택(西四宅) 방이다.
상가	상가 중심부분에서 '출입문'이 '가'부분 혹은 '나'부분(나경 끝부분이 붉은 부분) 방향에 위치하고 있으면 동사택(東四宅) 상가이고, 그 외 방향(나경 끝부분이 검정색 방향)에 위치하면 서사택(西四宅) 상가이다.
사무실	사무실 중심부분에서 '출입문'이 '가'부분 혹은 '나'부분(나경 끝부분이 붉은 부분) 방향에 위치하고 있으면 동사택(東四宅) 사무실이고, 그 외 방향(나경 끝부분이 검정색 방향)에 위치하면 서사택(西四宅) 사무실이다.

(4) 이렇게 동, 서사택을 판단했다면 아래 구조가 맞아야 길(吉)하다.

- 주택이나 apt라면 대문(현관), 안방, 부엌(주방), 거실, 자녀방 등이 나경 4층의 방향이 壬, 子, 癸, 甲, 卯, 乙, 辰, 巽, 巳, 丙, 午, 丁에 존재하면 동사택이고, 나경 4층의 방향이 丑, 艮, 寅, 甲, 未, 坤, 申, 庚, 酉, 辛, 戌, 乾에 존재하면 서사택이다.

  따라서, 대문(현관), 안방, 부엌 등이 동사택이라면 이들의 위치는 동사택 위치에 있어야하고, 서사택이라면 서사택 방향에 있어야만 길(吉)하다.

  특히, 중요 물건(침대, 금고, 서재 등) 위치가 동사택이라면, 동사택 방향에 존재해야 하고, 서사택이라면 서사택 위치에 존재해야 길(吉)하다.

- 사무실이라면 중요 위치(사장자리, 금고 등)가 동사택이라면, 동사택 방향에 존재해야 하고, 서사택이라면 서사택 위치에 존재해야 길(吉)하다.

(5) 그러나, 냄새나고 더러운 화장실, 헛간, 창고, 쓰레기장, 하수구, 다용도실, 주차장 등은 반드시 동사택인 경우는 서사택 위치에 위치되어야 하고, 서사택인 경우는 반대로 동사택 위치에 배치되어야 길(吉)하다.

요즘 apt 등의 건립으로 동, 서사택에 정확하게 맞는 구조는 다소 어려운 것이 사실이다. 동, 서사택 외 이들과 혼합된 구조도 많이 존재한다.

이러한 경우는 방, 거실 등으로 각각 분리하여 동사택과 서사택에 맞게 가구 등을 배치하거나, 동사택과 서사택에 맞지 않는 것들은 커튼 혹은 화분 등으로 가림막 역할을 해주면 된다.

3. 가택구성법(家宅九星法) 판단법

가택구성법은 나경의 4층(지반정침)을 바탕으로 주택의 배치 방향에 따른 길흉(吉凶)을 판단하는 것으로 판단 기준은 아래 '가택구성법(家宅九星法) 조견표'에 기초를 둔다. 가택구성법은 양택 풍수(風水)에서 일상적으로 적용되는 주택 혹은 건물의 출입문, 안방, 공부방, 연구방, 침실, 금고 등의 중요 시설물의 편재나 위치 등을 적용시키는 척도로서 가장 많이 활용되는 대표적인 것이기도 하다. 가택구성법(家宅九星法)의 조견표는 다음과 같다.

〈가택구성법(家宅九星法) 조견표〉

기두 \ 배치	감(坎) 壬子癸 수(水)	간(艮) 丑艮寅 토(土)	진(震) 甲卯乙 목(木)	손(巽) 辰巽巳 목(木)	이(離) 丙午丁 화(火)	곤(坤) 未坤申 토(土)	태(兌) 庚酉申 금(金)	건(乾) 戌乾亥 금(金)
감(坎) 壬子癸 수(水)	보필 輔弼	오귀 五鬼	천을 天乙	생기 生氣	연년 延年	절명 絶命	화해 禍害	육살 六殺
간(艮) 丑艮寅 토(土)	오귀 五鬼	보필 輔弼	육살 六殺	절명 絶命	화해 禍害	생기 生氣	연년 延年	천을 天乙
진(震) 甲卯乙 목(木)	천을 天乙	육살 六殺	보필 輔弼	연년 延年	생기 生氣	화해 禍害	절명 絶命	오귀 五鬼
손(巽) 辰巽巳 목(木)	생기 生氣	절명 絶命	연년 延年	보필 輔弼	천을 天乙	오귀 五鬼	육살 六殺	화해 禍害
이(離) 丙午丁 화(火)	연년 延年	화해 禍害	생기 生氣	천을 天乙	보필 輔弼	육살 六殺	오귀 五鬼	절명 絶命
곤(坤) 未坤申 토(土)	절명 絶命	생기 生氣	화해 禍害	오귀 五鬼	육살 六殺	보필 輔弼	천을 天乙	연년 延年
태(兌) 庚酉申 금(金)	화해 禍害	연년 延年	절명 絶命	육살 六殺	오귀 五鬼	천을 天乙	보필 輔弼	생기 生氣
건(乾) 戌乾亥 금(金)	육살 六殺	천을 天乙	오귀 五鬼	화해 禍害	절명 絶命	연년 延年	생기 生氣	보필 輔弼

가택구성법(家宅九星法) 조견표를 토대로 판단 내용은 아래과 같다.

> - 생기(生氣) : 탐랑(貪狼)으로 가운(家運)이 번창하고, 속발부귀(速發富貴)한다.
> - 오귀(五鬼) : 염정(廉貞)으로 다병(多病) 단명(短命)하고, 흉사(凶事)가 끊임이 없다.
> - 연년(延年) : 무곡(武曲)으로 승진(昇進) 득재(得財)하고, 자손이 번창하고 건강 장수한다.
> - 육살(六殺) : 문곡(文曲)으로 패가(敗家) 상정(傷丁)하고, 관재(官災)가 많아 형옥을 당한다.
> - 화해(禍害) : 녹존(祿存)으로 다재(多災)하여 재앙이 많고 손재(損財)한다.
> - 천을(天乙) : 거문(巨門)으로 부귀다복(富貴多福)하고 건강 장수한다.
> - 절명(絶命) : 파군(破軍)으로 다병(多病) 단명(短命)하고, 온갖 재앙이 끊임이 없다.
> - 보필(絶命) : 보필(輔弼)으로 경사중중(慶事重重)하며, 모든 일이 순탄하다.

가택구성법(家宅九星法)을 판단하려면 기두(起頭)를 알아야 한다.

기두(起頭)란?

기준(基準)이 될 수 있는 중심적인 위치란 뜻으로 건물의 형태를 보고 판단하는 것인데 단층 평면 주택의 경우는 방, 사무실, 상가는 동, 서사택을 측정할 수 있는 '중심부'에서 '대문'이나 '출입문'의 방향이 기두(起頭)가 되지만, 구성되어 있는 전체 단층 건물, 고층 건물, 빌딩, 고층 apt 등의 기두(起頭) 판단은 건물의 힘을 가장 많이 받는 곳, 가장 높게 치솟은 부분, 가장 넓은 곳이 기두가 된다. 독자들을 위해서 건물의 주(主) 즉 기두(起頭)를 판단하기 위하여 정리하면 아래와 같다.

구분	기두(起頭) 위치
1. 단층 평면 주택(일반 apt 포함)에서 기두(起頭) 판단	• 중심부(패철을 놓는 위치)에서 '대문'이나 '출입문' 방향이 기두(起頭)가 된다.
2. 고층 건물, 빌딩, 고층 apt에서 기두(起頭) 판단	• 고층 건물에서는 제일 높은 부분이거나 혹은 뾰족하게 튀어나온 부분이 기두가 된다. • 일반 건물에서는 건물 면적이 제일 많은 곳이 기두가 된다. • ㄱ자형 집과 ㄴ자형의 집은 꺾인 모서리 깊숙한 부분이 기두가 되며, ㄷ자형의 집의 경우는 중심 깊숙한 부분이 기두가 된다. • 좌우가 동일하게 붙어 있는 쌍둥이 건물의 기두는 좌, 우 2개이다. 기두가 2개 즉 쌍 기두는 기운이 분산되고, 서로 대립 관계로 판단하기 때문에 흉(凶)으로 본다. 이것은 비록 연립 주택의 경우도 마찬가지인데 좌, 우 크기가 같은 동일한 건물은 모두 기두가 2개가 된다. 풍수지리에서 기두가 2개의 건물은 꺼리는 형상이다. 따라서 이러한 쌍둥이 건물들의 나쁜 기운(氣運)을 방지(防止)

	하기 위해서는 2개의 건물을 연결하는 다리나 혹은 연결 통로를 둔다.

이제 기두 찾는 법을 알았으니, 가택구성법(家宅九星法) 조견표를 보고 안방, 주방, 공부방, 출입문 등의 방향은 물론 길흉(吉凶)을 판단해 보자.

예를 들면, 단층 평면 주택이거나 일반 apt의 경우 거실 중앙부분에서 4층 나경을 이용하여 측정해 본 결과(※이때 나경은 수평을 유지하고, 나침판 방향은 남과 북을 유지한 상태 즉 좌우 정침 혹은 정반 정침 상태) 기두(起頭)에 해당되는 현관(출입문)의 방향이 감(坎) 방향 즉 壬子癸(水)이고, 안방의 방향은 간(艮)방향 즉 丑艮寅(土)일 경우일 때 간(艮)방향에 있는 안방의 길흉(吉凶)을 판단해 보자.

4층 나경으로 확인해 보면 기두(起頭)에 해당되는 감(坎) 방향은 壬子癸(水)이고, 판단하고자 하는 안방은 간(艮)방향의 丑艮寅(土)이므로 이들의 관계를 가택구성법(家宅九星法) 조견표로 확인해보면 나쁜 오귀(五鬼)에 해당되고 오기의 작용은 '염정(廉貞)으로 다병(多病) 단명(短命)하고, 흉사(凶事)가 끊임이 없다'란 뜻이 되므로 안방의 위치는 흉(凶)하다.

독자들은 최초 설계시 가택구성법에 맞게 고려하든지 아니면 이미 지어진 건물의 경우 안방 등의 위치가 나쁜 경우, 색상, 커튼, 화분, 병풍 등을 이용하여 가림막 역할을 해주는 생활의 지혜가 필요하다.

따라서, 간(艮)방향에 존재하는 안방의 경우 기두가 壬子癸(水)와는 나쁜 방향이지만 기두 수(水) 방향과 수생목(水生木)의 상생 관계가 성립될 수 있도록 안방의 색상을 목(木)의 청색 위주로 조성해 주어 수생목(水生木)의 기운(氣運)으로 만들어 주든지, 아니면 안방을 커튼, 화분, 병풍 등을 이용하여 가림막 역할을 해주는 방법도 있다. 특히 목(木) 기운에 해당되는 난초, 식물, 화분, 목조 제품 등으로 안방을 가림막으로 안보이게 조치을 해주면 더욱 좋겠다.

그러나 안방의 위치가 진(震)의 甲卯乙(木) 방향이라면 기두는 감(坎) 방향 즉 壬子癸(水)이므로 이들의 관계는 수생목(水生木)의 상생관계는 물론 천을(天乙)이 성립되어 안방의 위치는 아주 좋은 방향이 된다.

또한 기두 방향이 감(坎) 방향 즉 壬子癸(4층)일 때 공부방의 방향은 손(巽)의 辰巽巳(木)방향 이라면 이는 '생기(生氣)'에 해당되므로 '탐랑(貪狼)으로 가운(家運)이 번창하고, 속발부귀(速發富貴)한다.'라는 기운(氣運)이 작용하는 곳이므로 공부방으로서 매우 좋은 위치가 된다. 다른 것들도 위와 같이 판단하고 조치해 주면 된다.

참고로 오행(五行)별 인테리어는 아래와 같다.

• 목(木) 기운	청색, 난초, 식물, 화분, 목조 제품 종류
• 화(火) 기운	적색, 대나무, 온열기 종류
• 토(土) 기운	노랑색, 산수화, 도자기 종류
• 금(金) 기운	흰색, 국화, 가전 제품, 조명기구 종류
• 수(水) 기운	매화, 검정색, 정수기, 어항 종류

이렇게 양택(陽宅)에서 '가택구성법(家宅九星法) 조견표'를 통하여 양택의 길흉(吉凶)을 판단하는 방법도 좋은 양택 풍수 중 하나가 된다.

이제 독자들은 가택구성법(家宅九星法)을 통하여 출입문, 대문, 방, 주방, 공부방 등의 길흉을 판단하는 방법을 알았다.

그럼 지금부터는 가택구성법으로 판단한 방, 주방 등의 구체적인 길흉(吉凶)이 발생되는 시간을 판단해 보자. 시간이 발생되는 길흉(吉凶) 판단은 아래와 같이 나경 즉 패철 3층에서 제시된 삼합 오행(※나경 3층에서 구체적으로 학습함)으로 확인한다.

목(木)	화(火)	토(土)	금(金)	수(水)
3, 8년	2, 7년	5, 10년	4, 9년	1, 6년

예를 들어 기두(起頭)는 감(坎) 방향 즉 壬子癸(水)이고, 안방의 방향은 간(艮)방향 즉 丑艮寅(土)일 경우일 때 안방의 길흉이 발생되는 시간을 판단해 보자. 이들을 가택구성 조건표로 판단해 보면 나쁜 오귀(五鬼)에 해당되고, 특히 기두에 해당되는 출입문은 수(水)방항이므로 나쁜 흉(凶)이 나타나는 시간은 기두(起頭)의 수(水) 방향으로 판단하기 때문에 1년 아니면 6년 후에 나쁜 기운이 나타나게 된다. 물론 좋은 위치의 경우 발복(發福)하는 시간 역시 위의 삼합 오행에 나타난 숫자에 준해서 판단한다.

가택구성법(家宅九星法)에서 독자들이 알아야 될 사항은 같은 오행(五行)끼리의 상생(相生) 작용 즉 수수(水水), 목목(木木), 화화(火火), 토토(土土), 금금(金金)들은 가택구성법에서 판단은 보필(輔弼)에 해당되어 좋은 것이나, 양택 풍수에서는 너무 강(强)하게 지속적으로 작용되는 관계로 부작용도 발생하게 된다. 예를 들면 토토(土土)의 경우 비장의 힘이 너무 강(强)하게 작용되어 5년이나 10년 후 당뇨 등이 발생되기도 한다. 따라서 가택구성법에서 같은 오행이 작용 되는 경우 주기별로 다른 곳으로 적절히 이동을 하거나 혹은 강(强)한 토(土) 기운을 금(金)기운이나 혹은 목(木)기운으로 극(剋)하여 설기 즉 빼주는 것이 필요하겠다.

이와 비슷한 것으로 가택구성법을 판단할 때 기두(起頭)와 가장 영향을 많이 미치는 출입문(出入門)이 상호 같은 오행(五行)일 경우에는 너무 힘이 강(强)한 오행이 되므로 이것 역시 강(强)한 오행의 힘을 설기(힘을 빼주는 것) 시키는 것이 필요로 한다.

예를 들면 기두의 방향이 화(火)이고, 출입문 방향이 화(火)일 경우는 강한 화(火) 기운이 되므로 토(土) 기운으로 화(火) 기운의 힘을 빼주거나 혹은 수(水) 기운으로 화(火)

기운을 극(剋)하여 약(弱)하게 해주는 생활의 지혜가 필요로 한다. 비록 이것은 건물의 출입문이나 다른 안방 등에도 마찬가지이다.

또하나 가택구성법(家宅九星法) 조건표에서 독자들이 알아야 될 사항은 조건표의 판단 기준은 오행(五行)의 상생(相生) 혹은 상극(相剋) 관계로 생기(生氣), 오귀(五鬼), 육살(六殺) 등을 판단하나, 이들 중 화(火)와 수(水) 혹은 수(水)와 화(火)는 서로 상극(相剋) 관계이지만 가택구성법에서 작용은 정북(子)과 정남향(午)을 나타내는 것이 되어 상극(相剋) 관계이지만 만물(萬物)을 나타내는 음양(陰陽)의 근원으로 보기 때문에 이들 화(火)와 수(水)의 관계는 연년(延年)으로 아주 좋은 길(吉) 방향으로 판단하여 귀격(貴格)의 좋은 방향이라는 사실을 알길 바란다.

4. 양택(陽宅)과 음택(陰宅)에서 나경 사용법

독자들은 지금까지 나경(패철)으로 동사택(東四宅)과 서사택(西四宅) 판단법과 가택구성법(家宅九星法)을 알았으니, 나경(패철) 사용법은 어느 정도 흥미가 붙었을 것이라고 믿는다.

그렇지만, 이제부터 설명되는 양택(陽宅)과 음택(陰宅)에서 사용되는 나경 사용법을 알아야만 실질적으로 풍수(風水)를 응용할 수 있는 능력을 갖출 수 있다.

여기서는 독자들을 위하여 보기와 예제를 들어 하나 하나 쉽게 체계적으로 접근하고 설명하였으니, 한두 번 읽어봄으로써 이해하고 활용할 수 있게 하였다.

특히 독자들이 알아야 될 사항은 양택(집)과 음택(묘지)에서 88향법(向法)으로 기준방향(基準方向)을 먼저 결정하고 그리고 다른 조건들의 방향을 판단해야만 그 만큼 실수도 없을뿐더러 쉽게 작업을 마무리 할 수 있다.

따라서, 나경 1층에서 9층까지 방향 판단 작업 중, 기준 방향에 해당되는 8층 천반봉침(天盤縫針)을 가장 먼저 작업 후 여기서 도출된 기준 방향을 바탕으로 하나하나 설정해 주어야만 작업 자체가 쉽고, 이상적인 방향 판단이 된다는 사실을 알길 바란다.

이제 나경(패철)의 각 층별 위치는 중앙원을 기준으로 밖으로 나가면서 순서대로 1층부터 시작하여 9층까지 층별 활용 방법을 저자와 함께 체계적(體系的)으로 쉽게 알아보자.

(1) 1층(팔요황천살 확인)

1층은 팔요황천살(八曜黃泉殺)로서 황천수(황천 물)와 황천풍(황천 바람)을 확인하는 것이다. 외부에 나타난 황천수와 황천풍의 판단 방법은 고여 있는 물(호수, 저수지)이 있거나, 혹은 산이나 언덕이 함몰된 곳이 있으면 물과 바람의 통로가 된 곳을 말한다. 이러한 방향으로 음택과 양택을 설정하면 아주 나쁜 흉살(凶殺)이 작용되어 후손들은 물(水)과 관련된 질환 즉 암, 당뇨, 신장질환 발생되는 흉(凶)한 방향이 된다.

이제부터 나경 1층에서 황천수와 황천풍의 방향 판단을 예제를 통하여 쉽게 확인해 보자.

<<기본 조건>> 양택(陽宅)과 음택(陰宅)의 명당(明堂) 터를 판단하기 위하여, 주택의 경우는 주택의 중심부에서, 기존 묘지(墓地)의 경우는 묘 앞에서 혹은 상석 중앙 부분에서, 그리고 새로운 묘지의 경우는 묘지가 들어설 중앙 혈(穴)부분에서 나경의 나침판을 남(南)과 북(北)으로 맞추는 정반정침(正盤正針)을 완료하였다.

이때, 아래 <<예제 문제>>의 조건이 작용할 때 찾고자 하는 명당(明堂) 조건이 맞는지 확인해 보자.

<<예제 문제>> 정반정침(正盤正針) 즉 나경을 수평으로 유지하고, 나침판의 위치를 남(南)과 북(北)에 맞춘 후 4층에서 子와 午방향으로 유지하였다. 그리고 묘지나 주택의 중심 지점에서 앞 방향 즉 향(向)의 방향을 나경 1층에서 확인해 보니 '寅' 방향이었다.

이 때 나쁜 물이 서며드는 황천수 방향과, 나쁜 바람이 불어오는 황천풍의 방향은 어디인가?

<풀이1, 황천수 방향 판단법>

나경(패철) 1층은 辰戌, 午, 巳, 卯, 亥, 酉, 申, 寅으로 8개의 방위(方位)로 구성되어 있다. 측정결과 1층 나경이 '寅'방향이라면, 24방위를 나타내는 4층 나경에서는 丑, 艮, 寅의 방향이 된다.

최초 황천수의 방향은 나경 1층의 방향으로 선택하지만, 황천수를 판단하는 최종 방향 결정은 나경 8층에서 결정한다.

따라서, 황천수의 방향은 8층의 寅(木)방향과 수평을 이루는 것을 찾아보면 申(金)방향이다. 이것의 표기법은 신좌인향(申坐寅向) 방향이라고 하고, 묘지에서는 뒤에 있는 머리 부분이 좌(坐)의 '申'방향이고, 다리 부분에 해당되는 앞의 향(向)은 '寅'방향이 된다. 양택(집)의 경우에는 집 뒷부분이 좌(坐)의 '申'방향이고, 집 앞부분이 향(向)의 '寅'방향이 된다. 위에서 적용된 신좌인향(申坐寅向) 방향과 혹은 인좌신향(寅坐申向) 방향 모두는 황천수가 서며드는 방향이 된다(※寅(木)과 申(金)은 서로 상극관계이다).

이때, 이들 방향 주위를 살펴보면 땅 밑에 흐르는 물줄기는 보이지 않지만(황천 음수), 물이 고여 있는 호수나 저수지를 발견할 수 있는 곳이라면 이곳이 황천수가 서며드는 방향으로 판단한다. 따라서, 8층의 인좌신향(寅坐申向)방향이나 혹은 신좌인향(申坐寅向) 방향에서는 묘지나 주택의 방향을 설정할 수 없다.

그렇지만, 이들 방향이라도 좌향(坐向) 즉 방향(方向)을 변경하여, 황천수가 흐르는 방향을 피할 수 있는 조건이라면 가능하다.

<풀이2, 황천풍 방향 판단법>

이제 황천풍 방향을 측정해보자.

최초 1층 나경의 방향이 '寅'방향이라면, 4층 나경에서는 丑, 艮, 寅의 방향이 된다.

이때 황천수(물) 방향은 나경 8층에서 결정했지만, 황천풍(바람) 판단은 나경 6층에서 결정한다.

따라서, 나경 6층에서 寅(木) 방향과 수평이 되는 것은 申(금)이기 때문에, 이는 신좌인향(申坐寅向) 방향이나 혹은 인좌신향(寅坐申向)이 된다.

이러한 결과로 인하여 1층 '寅'방향에서 황천풍의 나쁜 바람이 불어오는 방향은 6층의 신좌인향(申坐寅向)방향이나 혹은 인좌신향(寅坐申向)이므로 이 방향에서는 묘지나 주택을 설정할 수 없다.

아울러 나경 6층에서 이들 방향에 주위 산이나 언덕에 골이 파여진 부분이 존재한다면 틀림없는 황천풍이 불어오는 확실한 방향이라는 것이 입증되는 것이다. 그렇지만 이 경우에도 좌향(앞, 뒤 방향)의 방향을 바꾸어 황천풍을 피할 수 있는 방향(方向)이라면 가능하다.

<※참고 1> 위 사항에서 알아야 될 사항

나경 1층을 보면 다른 곳은 午, 巳 등으로 1개씩 구성되었는데 '辰戌'은 2개로 구성되어 있다. 이것은 '辰'과 '戌'의 2개의 방향이란 뜻이 되므로, 이 경우는 辰방향과 戌방향의 2가지 방향 모두 적용된다는 뜻이다.

<※참고 2> 위 사항에서 알아야 될 사항

황천수를 판단할 때 황천수 방향에 존재하는 호수나 저수지 물처럼 고여 있는 물이 문제를 발생시키는 나쁜 물이 되는 것이지, 고여 있지 않고 물이 빠져 나가는 파구(破口)는 황천수와는 무관하다. 따라서 황천수 방향에 물이 빠져 나가는 파구가 존재한다면 이것은 황천수와는 무관한 것이다.

<※참고 3> 위 사항에서 알아야 될 사항 => '황천일'

'황천일'은 황천수, 황천풍과 같이 아주 나쁜 날을 말한다.

위의 조건에서 예를 들어보자. 위의 조건 즉 나경의 1층에서 확인해 보니 '寅' 방향일 경우 일지(日支)가 ○寅일에 해당되는 甲寅, 丙寅, 戊寅, 庚寅, 壬寅 일은 황천일이 된다. 따라서, 황천일에 장사를 지내는 경우는 아주 나쁜 흉일(凶日)이다. 만약 음택과 양택 방향을 황천수 방향에 설정하고, 황천일까지 가세를 한다면 아주 나쁜 대 흉살(凶殺)이므로 피해야 될 사항이다.

(2) 2층(팔요풍 확인)

2층은 팔요풍(八曜風)의 방위를 측정하는 곳이다.

양택과 음택에 적용되는 바람은 산골짜기에서 발생되어 냉기와 차가운 바람이므로 이를 음풍(陰風)이라고 하고, 그 외 땅위의 바람을 양풍(陽風)이라고 한다.

차갑고 냉기가 강한 바람이 침입하게 되면 유골이 급속히 산화되기 때문에 후손들은 중풍, 중병(重病), 재산 손해 등으로 몰락하는 등 화(禍)를 당하거나 혹은 자손이 끊어지거나 가문이 서서히 쇠퇴해지면서 패망하게 된다.

따라서 양택과 음택에서는 팔요풍을 측정하여 사전에 불운(不運)을 막아야 하겠다.

이제 팔요풍 방향 판단을 알아보자.

팔요풍 판단은 나경 2층에 관계되는 방위 즉 乾, 艮, 甲癸, 艮, 巽, 丙乙, 巽, 坤, 庚丁, 坤, 乾, 辛壬의 방위와 관계되는 내용을 6층에서 판단하는데 방위 범위는 오른쪽으로 첫 번째 방위까지 하나 더 포함시킨다.

이러한 내용을 바탕으로 나경 2층에서 측정되는 팔요풍(八曜風) 방위를 예를 들어 확인해 보자.

> 예) 음택(陰宅)과 양택(陽宅)의 중심부분에서 앞 방향(입수룡)의 방향을 나경 2층으로 측정해보니 '乾' 방향이었다. 이 경우 팔요풍(八曜風)의 방향은 어디인지 판단해 보자.

풀이) 음택(陰宅)과 양택(陽宅)의 중심부분에서 앞방향이 나경 2층의 '乾' 방향이라면, 나경 6층에서 '乾'방향을 찾고, 이어서 오른쪽으로 한 칸 더 이동된 방향 '亥' 즉 '乾亥' 방향이 팔요풍(八曜風) 방향이 된다.

따라서 위의 조건에서는 6층의 '乾亥'방향은 건해풍(乾亥風) 바람이 불어오므로 양택(집)이나 음택의 묘지(墓地)에서는 시신을 놓을 수 없는 방향이 된다.

따라서 팔요풍 방향을 방지(防止)하기 위해서는 바람이 불어오는 건해(乾亥) 쪽에 곡장(曲墻) 즉 묘지 주위에 반달 모양처럼 둥글게 만들어 놓은 봉축을 설치하거나 혹은 나무를 심어 방풍(防風)해야 한다.

다른 방향 측정도 위와 같은 방법을 적용하여 판단하고 조치하면 되는데 2층 팔요풍 모두를 제시하면 아래와 같다.

나경 2층에 표기된 팔요풍 방위	실제 팔요풍 방위(나경 6층)	나경 2층에 표기된 팔요풍 방위	실제 팔요풍 방위(나경 6층)
乾(건)	乾亥風(건해풍)	坤(곤)	坤申風(곤신풍)
艮(간)	艮寅風(간인풍)	乾(건)	乾亥風(건해풍)
艮(간)	艮寅風(간인풍)	癸甲(계갑)	癸丑風(계축풍), 甲卯風(갑묘풍)
巽(손)	巽巳風(손사풍)	乙丙(을병)	乙辰風(을진풍), 丙午風(병오풍)
巽(손)	巽巳風(손사풍)	丁庚(정경)	丁未風(정미풍), 庚酉風(경유풍)
坤(곤)	坤申風(곤신충)	辛壬(신임)	辛戌風(신술풍), 壬子風(임자풍)

(3) 3층(삼합오행 확인)

3층은 삼합오행(三合五行)을 측정하여 길흉(吉凶)을 판단하는 것이다.

3층을 확인해 보면, 24칸으로 5행 중 水, 木, 火, 金으로 구성되어 있고, 土는 우주의 중심에 해당되므로 생략되어 있다. 즉, 나경 3층은 이러한 삼합 오행을 통하여 후손들에게 나타나는 길흉(吉凶)을 구체적으로 알 수 있고, 오행(五行)을 조정할 수 있어 후손들에게 발복(發福)의 기회를 제공해 주기도 한다.

이론적으로 보면 이것은 인간은 태어나고 죽고 다시 태어나는 과정을 반복하는 생로병사(生老病死)의 순환과정을 나타낸다. 이러한 과정은 12포태법(一二胞胎法)이다. 즉 인간이 잉태하여 출생하고 성장하고 병들어 죽는 과정 즉 태(胎, 새로운 인연으로 태기가 생김), 양(養, 모체에서 태기가 성장), 장생(長生, 신생아가 태어남), 목욕(沐浴, 신생아 목욕시켜 모체와 분리), 관대(冠帶, 성장하고 결혼하는 단계), 건록(建祿, 벼슬을 하고 재물을 모음), 제왕(帝旺, 최고 절정기 단계), 쇠(衰, 내리막길 단계), 병(病, 병이 들고 쇠약 단계), 사(死, 죽음 단계), 묘(墓, 무덤에 묻힘 단계), 절(絶, 세상과 인연이 끊고 무덤형태가 없어진 상태)의 순환과정을 말한다.

오행과 12포태법(一二胞胎法)을 구성시켜 삼합(三合)을 맞추면 아래와 같다.

12 포태법	절 (絶)	태 (胎)	양 (養)	장생 (長生)	목욕 (沐浴)	관대 (冠帶)	건록 (建祿)	제왕 (帝旺)	쇠 (衰)	병 (病)	사 (死)	묘 (墓)
목국 (木局)	신 (申)	유 (酉)	술 (戌)	해 (亥)	자 (子)	축 (丑)	인 (寅)	묘 (卯)	진 (辰)	사 (巳)	오 (午)	미 (未)
화국 (火局)	해 (亥)	자 (子)	축 (丑)	인(寅)	묘(卯)	진(辰)	사(巳)	오(午)	미 (未)	신 (申)	유 (酉)	술 (戌)
금국 (金局)	인 (寅)	묘 (卯)	진 (辰)	사(巳)	오(午)	미(未)	신(申)	유(酉)	술 (戌)	해 (亥)	자 (子)	축 (丑)
수국 (水局)	사 (巳)	오 (午)	미 (未)	신(申)	유(酉)	술(戌)	해(亥)	자(子)	축 (丑)	인 (寅)	묘 (卯)	진 (辰)

위 표에서 장생(長生), 제왕(帝旺), 묘(墓)의 합(合)이 삼합(三合)이 된다.

일반 사주(四柱)에서처럼 이들 삼합(三合)과 나경 4층의 쌍산 즉 24방위를 2개씩 묶은 방위와 삼합오행을 확인해 보면 아래와 같다.

구분	삼합(三合)	쌍산 오행(삼합 오행)
목국(木局)	亥卯未	乾亥, 甲卯, 丁未
화국(火局)	寅午戌	艮寅, 丙午, 辛戌
금국(金局)	巳酉丑	巽巳, 庚酉, 癸丑
수국(水局)	申子辰	坤申, 壬子, 乙辰

이제 양택(陽宅)과 음택(陰宅)에서 이들을 활용하여 길흉(吉凶) 판단을 예를 들어 보자.

예) 음택(陰宅)과 양택(陽宅)의 중심 부분에서 좌향(坐向)의 방향이 측정해 본 결과 4층의 축미(丑未)방향 즉 축좌미향(丑坐未向)이었다.
이 경우 후손들에게 발생되는 길흉(吉凶)의 내용을 판단해 보자.

풀이) 좌향의 방향이 나경의 4층 축미(丑未) 방향 즉 축좌미향(丑坐未向)이므로, 향(向) 즉 앞의 방향은 미(未)방향이 된다. 따라서 4층 '未'을 나경 3층에서 확인해 보면 '木'기운에 해당되기 때문에 이것은 목(木局) 즉 亥卯未(해묘미)가 된다.

이 경우 후손들은 목(木) 기운에 해당되는 직업, 체질, 발복(發福) 시기 등의 길흉(吉凶)이 나타나게 된다. 이러한 판단은 본 책 앞 부분 사주(四柱)에서 제시된 '오행(五行)의 기능'을 참조하면 된다.

오행	신체	수(數)	방향	체질	직업
목(木)	담(쓸개) / 간	3, 8	동	태양인 (간소폐대)	의류, 다지이너, 교육, 미용, 음악가, 가구점, 청과물, 당구장, 환경직, 시설직, 목공예, 과수원, 원예업, 제지업, 농장, 곡물판매업, 제지 및 종이, 섬유, 교사, 교수, 출판, 간호원, 종교, 생물학, 실험실, 보건 위생
화(火)	소장, 삼초 / 심장	2, 7	남	.	전자업, 정보 통신, 광고업, 전력 에너지, 가스, 발전소, 전기, 소방, 주유소, 전열기구업, 언론인, 군인, 연예인, 의사, 법관, 광고업, 조명기구, 교육, 학원, 정치, 문인, 언론, 사법부, 경찰, 군인, 미술, 미용, 공예, 연극, 화장품, 정치인, 그림, 악기
금(金)	대장 / 폐	4, 9	서	태음인 (간대폐소)	기계업, 금속업, 광공업, 자동자 업종, 반도체 업종, 금형 설계업종, 귀금속, 조각, 재봉사, 선반가공업종, 금속기술자, 인쇄업, 보일러, 침구업, 금융업, 경리, 스포츠, 조사, 정육점, 감정사, 증권, 은행, 의사
수(水)	방광 / 신장	1, 6	북	소양인 (비대신소)	카페, 무역, 의사, 약사, 주류업종, 유통업, 수산, 어업, 냉방, 음식점, 식품 제조업, 횟집, 수도설비업, 서비스업, 수상요원, 오락실, 카바레, 접객업, 소방대, 술, 운동가, 여행사, 중개업종, 목욕탕, 해산물

위의 표를 토대로 판단하고자 하는 것이 목(木)의 오행일 경우라면, 후손들의 길흉(吉凶) 조건이 나타나게 되는데, 만약 길(吉)하다면 발복(發福)하는 시기는 3년이나 8년 후 혹은 3대 혹은 8대 후에 나타나게 되며, 체질은 간소폐대에 해당되는 태양인(太陽人)들이 많고, 직업은 목(木)과 관계되는 의류, 미용, 음악가, 가구점, 청과물, 환경직, 시설직, 목공예, 과수원, 원예업, 제지업, 농장, 종이, 섬유, 교사, 교수, 출판, 간호원, 종교, 보건 위생 등에 종사하면 적성에 맞고 성공한다.

그러나 음택(陰宅)이나 양택(陽宅)에서 황천수나 황천풍은 물론 수맥(水脈) 등으로 나쁜 조건에 해당되는 경우라면 위의 조건들은 모두 나쁜 흉(凶)으로 나타나게 된다.

즉, 목(木)의 경우 흉(凶)하다면, 망하는 시기는 3년이나 8년 후가 되며, 간이나 쓸개에서 병이 발생되고, 직업 역시 목(木)과 관련된 것들로 인하여 망하게 된다.

따라서, 다른 오행들 역시 위와 같은 길흉(吉凶) 조건에서 적용해 주면 된다.

지금까지 3층에서 삼합오행(三合五行)을 바탕으로 길흉(吉凶)을 판단해 보았다.

특히, 나경 3층에서는 삼합오행(三合午行)의 원리를 이용하여 방향(方向)을 결정하는데 이 경우 목국(木局)은 亥卯未, 화국(火局)은 寅午戌, 금국(金局)은 巳酉丑, 수국(水局)은 申子辰가 된다. 이는 음택(陰宅)에서 비석이나 상석을 세울 때 사용하고, 양택에서는 중요 지물을 세울 때 적용하는데 나경 6층과 더불어 사용된다.

이러한 방향(方向) 결정은 본인(주인)의 사주(四柱) 구성을 참조하여 용신(用神)이나 혹은 나쁜 악(惡)영향을 주는 조건들 혹은 부족한 오행(五行)을 채울 수 있는 것이다. 이것은 지기(地氣)를 통하여 오행의 쏠림현상을 없애기 때문에 출세(出世)와 재물(財物) 그리고 건강(健康) 등을 대대손손 유지시키기 위한 조건으로 만들 수 있는 것이다.

이것을 더 쉽게 설명하면 자신의 사주(四柱) 구성에서 화(火)기운이 없거나 혹은 약(弱)한 사람의 경우 3층의 삼합 방향을 결정할 때 화국(火局)방향으로 설정하면 오행(五行)의 균형을 유지할 수가 있기 때문에 발복(發福)할 수 있는 조건이 된다. 다른 오행(五行)이나 용신(用神)의 방향 판단도 동일하다.

본 책 사주(四柱) 부분에서 적용해온 양력 1986년 6월 11일 밤 22:50분에 태어난 남자 이길동의 경우 무더운 화(火)기운이 너무 강한 사주이기 때문에, 3층(삼합오행 확인)으로 음택(陰宅)이나 양택(陽宅)의 방향을 결정할 때 다른 조건에 큰 문제를 주지 않는 다면 화국(火局)이나 목국(木局) 방향 보다는 더운 열기를 식혀 줄 수 있고, 용신의 방향에 해당되는 수국(水局)방향이나 혹은 금국(金局) 방향으로 결정해 주면 된다.

이제 양력 1986년 6월 11일 밤 22:50분에 태어난 남자 이길동의 사주(주인)를 보고, 전원주택(田園住宅)의 양택(陽宅)이나 묘지(墓地)에 적용되는 풍수지리(風水地理) 조건을 제시해 보자.

구분	천간	지지
년주(年柱)	丙	①寅
월주(月柱)	甲	②午
일주(日柱)	丙	③戌
시주(時柱)	己	④亥

이길동 사주를 보면, 년지(年支) ①인(寅)과 시지(時支) ④해(亥)는 해인파(亥寅破)가 성립되고, 월지(月支) ②오(午)는 양인살(陽刃殺)과 공망(空亡)이 성립된다. 그리고 일지(日支) ③술(戌) 역시 묘(墓)는 물론 공망(空亡)과 백호대살(白狐大殺)이 성립된다. 그리고, 이길동은 아주 무더운 사주(四柱)로 무더위를 식혀줄 수 있는 시원한 수(水)나 혹은 금(金)이 필요로 하는 사주이다.

그렇지만, 지지 삼합(三合) ①寅②午③戌 즉 인오술(寅午戌)이 성립되어, 공망(空亡), 양인살(陽刃殺), 백호대살, 해인파(亥寅破)는 다소 완충작용을 통하여 해소시켜 주는 것만은 틀림없겠지만, 100% 해소를 기대하기란 어려운 실정이다.

이러한 이길동의 사주(주인) 조건에서 전원주택(田園住宅)의 양택(陽宅)이나 조상의 묘지(墓地)에 적용되는 풍수지리(風水地理) 조건에서 필요한 것들을 확인해 보자.

우선 유(酉)방향으로 양택이나 음택의 방향을 설정하여 ③戌와 유술(酉戌) 방합(方合)을 적용해 보려고 하니, 유술(酉戌) 방합 작용은 금(金)으로 변화되어, 이길동의 더운 사주를 시원한 금(金)기운을 보충해 준다는 조건에는 좋은 것만은 사실이다. 그러나 방합은 공망을 해소시켜주는 영향은 약(弱)하다.

또한 인(寅) 방향을 적용하여 시지 ④亥와 해인합(亥寅合)를 적용해 보려고 하니, 이것은 역시 무더운 화(火) 기운으로 변화되어 더욱 무더운 기운(氣運)으로 만들고, 인오술(寅午戌) 삼합역시 무더운 화(火)로 변화되는 사주이므로 더욱 불덩어리 사주로 만들어 주는 조건이 되므로 좋은 조건은 아니다.

따라서, 다소 앙칼스러운 점은 있겠으나, 진(辰)방향을 적용하여 ③戌과 진술충(辰戌沖)을 만들어 공망(空亡)을 없애는 경우도 있겠으나, 이 방법 보다는 차라리 해(亥) 방향으로 결정해 주면, 월지 ②午와 해(亥)는 최고의 길신(吉神)에 해당되는 천덕귀인(天德貴人)이 성립되고, 아울러 일간 병(丙)과 해(亥) 역시 천을귀인(天乙貴人) 각각 성립되어 이것은 장성살(將星殺)과 동시에 존재하면 높은 관직(官職)은 물론 충(沖), 파(破), 해(害), 공망(空亡)을 방어해주는 역할을 담당하기 때문이다.

따라서, 이길동의 경우 무더운 사주 이므로 나경(패철)으로서 양택(陽宅)과 음택(陰宅)의 조건(條件)과 방향(方向)을 최종 결정할때는 팔요황천살(八曜黃泉殺)이나 혹은 팔요풍(八曜風), 불배합룡(不配合龍) 등의 나쁜 조건에 해당되지 않는 다면, 무더운 더위를 식혀 줄 수 있는 서늘한 기운(氣運)에 해당되는 子(수), 亥(수), 申(금), 酉(금), 壬(수),

辛(금), 庚(금), 癸(수) 등의 방향을 선택하고 결정해 준다면 훌륭한 풍수 조건이 된다. 특히 독자들은 우리들이 살고 있는 풍수지리(風水地理) 즉 전원주택(田園住宅)이나 apt 등의 양택(陽宅) 혹은 조상 묘지(墓地) 등의 음택(陰宅)에서 조건과 방향 결정은 반드시 자신(주인)의 사주(四柱)를 보고 판단해야 된다. 즉, 자신의 사주(주인) 구성에서 부족한 오행(五行)이 존재하거나 혹은 자신에게 흉신(凶神)이 되는 조건들을 참고하여 결정해야만 명당(明堂)이 되는 것이지, 그렇지 않고 이것들을 무시한다면 오행(五行)의 쏠림현상으로 인하여 대대손손 흉운(凶運)으로 작용하게 된다.

따라서, 나경(패철)에서 이들의 조건과 방향을 결정하는 것들은 3층 삼합오행(三合五行), 6층 인반중침(人盤中針) 그리고 8층 천반봉침(天盤縫針)에 따른 '88향법(向法)' 등인데 이들을 통하여 방향 결정은 물론 중요 지물은 물론 비석(碑石) 그리고 상석(床石) 등을 세울 경우도 자신(주인)의 사주(四柱) 구성 조건에 맞아야 된다.

적어도 사주(四柱)는 물론 풍수지리(風水地理) 학자(學者)라면 가장 먼저 자신(주인)의 사주(四柱)를 정확하게 판단하고 이를 기초(基礎)로 하여 풍수지리(風水地理)의 조건을 만들어 주어야될 임무(任務)가 있다.

(4) 4층(지반정침 확인)

4층은 지반정침(地盤正針)으로 나경(패철)에 사용되는 모든 방위의 기준선이 된다. 따라서, 글자가 제일 크고 굵으며 24방위가 표시되어 있다.

4층은 나경 전체 방위선이며 기준으로 작용되는 것이기 때문에 풍수지리(風水地理)에서 의미가 있는 것이다.

- 1층에서 9층에서 작용되는 24방위를 관장한다.
- 풍수지리에서 용(龍)과 혈(穴) 그리고 입수룡(入首龍)을 잡는데 사용한다.
- 혈(穴)의 좌향(坐向)을 잡는다.
- 기타 방위를 측정하는데 사용한다.

특히, 4층 24방위는 절기(節氣)를 관장하는 기준이 된다.

지구의 공전 주기는 1년에 365일이기 때문에 이것을 24절기로 나누면 1절기는 약 15.218이다. 이것을 비유하여 나경(패철)의 원은 360도 이므로 이것을 15.218로 나누면 약 24절기가 된다.

따라서, 나경의 최초 0도의 기준은 정북(正北)방향 즉 자(子) 방향이고 절기는 동지(冬至)이다. 이것은 양기운(陽氣運)의 시발점으로 子, 癸, 丑, 艮, 寅, 甲, 卯, 乙, 辰, 巽, 巳, 丙까지 12방위가 이어진다. 그렇지만 午부터는 정남(正南)방향이며 180도의 하지(夏至)가 되고, 하지부터는 음기운(陰氣運)이 시작된다. 즉, 丙, 未, 坤…壬의 12방위가 된다. 따라서 이미 6월의 하지부터는 밖엔 무더운 날들이 시작되는 시기이지만 서늘한 음(陰)기운이 시작된다는 뜻이다. 이것이 24절기이다. 따라서, 양택(陽宅)과 음택(陰宅)에서 양(陽)과 음(陰)을 판단하고 적용하여 사용하면 된다.

이 말은 가족을 책임지는 가장(家長)이나 혹은 후손(後孫)들의 사주(四柱) 구성에서 양(陽)의 기운으로 분류되는 화(火)나 혹은 목(木)기운이 부족한 경우 주택이나 묘지의 방향을 양기운(陽氣運) 방향에 놓고, 이와 반대인 경우에는 음기운(陰氣運) 방향에 놓아야만 우선 발복(發福)할 수 있는 조건을 맞추는 것이다.

즉, 24절기의 방향을 바탕으로 양택에서 집주인이나 음택에서는 망자의 후손들에게 자신들에게 부족한 음양(陰陽)의 균형(均衡)을 맞추어주는 것이기도 하다.

이제 4층으로 룡(龍)과 혈(穴)을 확인하기 위한 방법으로 입수룡(入首龍)을 결정해야 하는데 측정방법을 알아보자.

입수룡은 지기(地氣)가 내려오는 방향이므로 4층으로 결정할 때는 지기가 내려오는 산맥의 중심에서 정반정침(正盤正針) 즉 나경을 수평으로 맞추고, 나침판의 위치 역시 남(南)과 북(北)에 맞춘다. 그리고 자(子)와 오(午) 방향으로 놓은 후 배합룡(配合龍)을 측정해야 한다.

배합룡(配合龍)이란? 나경 4층의 24방위를 2개 혹은 3개씩 묶은 것을 말하는데 일명 쌍산(雙山)이라고 한다.

종류로는 2자 정배합룡과 불배합룡 그리고 3자 정배합룡과 불배합룡이 있다.

2자 정배합룡은 임자(壬子), 계축(癸丑), 간인(艮寅)…등으로 묶은 것을 말하고, 2자 불배합룡은 자계(子癸), 축간(丑艮), 인갑(寅甲)… 등으로 2개씩 묶은 것을 말한다.

3자 배합룡은 혈의 중심선에 지지를 가운데 두고 양쪽에 천간을 더하는 배합법을 말하는데 이것은 임자계(壬子癸), 계축간(癸丑艮), 간인갑(艮寅甲)…등을 말하고, 3자 불배합룡은 자계축(子癸丑), 축간인(丑艮寅), 인갑묘(寅甲卯)… 등을 말한다.

풍수지리(風水地理)에서는 2자 불배합룡(不配合龍)과 3자 불배합룡(不配合龍)는 나쁜 흉(凶)으로 작용하므로 사용하지 않고, 2자 배합룡(配合龍)과 3자 배합룡(配合龍)만 사용한다.

아래 그림은 풍수에서 사용되는 2자 정배합룡의 임자(壬子), 계축(癸丑)과 사용하지 않는 자계(子癸), 축간(丑艮)의 2자 불배합룡을 나타낸 것이다.

따라서, 배합룡을 적용하여 입수룡을 측정할 때 壬子라면 아래 그림과 같이 壬과 子와의 사이 중앙부분에 배합룡을 결정해 주어야 한다.

※<참고> 그림 출처 : 명당과 생활풍수(성필국)

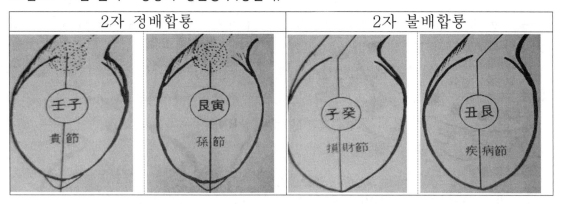

2자 정배합룡		2자 불배합룡	
壬子 貴節	艮寅 孫節	子癸 損財節	丑艮 疾病節

배합룡(配合龍)과 불배합룡(不配合龍)의 적용에 따른 길흉(吉凶)은 아래와 같다.

<배합룡(配合龍) 길(吉) 4방위(四方位)>

- 귀룡 4방위(貴龍 四方位) : 壬子, 丙午, 甲卯, 庚酉 방위(관운과 명성)
- 부룡 4방위(富龍 四方位) : 乙辰, 辛戌, 癸丑, 丁未 방위(복록과 부축척)
- 손룡 4방위(巽龍 四方位) : 艮寅, 坤申, 巽巳, 乾亥 방위(번창과 무병장수)

<불배합룡(不配合龍) 흉(凶) 4방위(四方位)>

- 인패룡 4방위(人敗龍 四方位) : 亥壬, 寅甲, 巳丙, 申庚 방위(참사, 몰사)
- 병패룡 4방위(丙敗龍 四方位) : 丑艮, 辰巽, 未坤, 戌乾 방위(암, 만성질환)
- 재패룡 4방위(財敗龍 四方位) : 子癸, 卯乙, 午丁, 酉辛 방위(가난, 풍비박산)

실전 풍수(風水)에서 배합룡(配合龍)과 불배합룡(不配合龍)이 적용되는 곳에서 혈(穴)의 확인은 물론 가로나 세로 방향으로 놓인 여러 개의 음택이나 양택이 존재하는 곳에서 이들 각각의 혈(穴)의 방향에 따른 길흉(吉凶)을 판단할 때 사용하면 명당(明堂)을 쉽게 찾을 수 있다.

(5) 5층(천산72룡 확인)

5층은 천산72룡(穿山七十二龍)으로 주산에서 내려오는 용맥(방향)의 길흉(吉凶)을 판단한다. 72룡은 72칸으로 구성되어 있으며 이것은 60갑자(甲子)와 공란 12칸으로 구성되어 있다.

따라서, 나경 4층과 5층을 서로 비교해 보면 4층의 24방위 1개당 5층에서는 3개의 룡이 구성되어 있다. 예를 들어보자 4층의 자(子)에는 3개의 병자(丙子), 무자(戊子), 경자(庚子)가 5층에 구성되어 있다. 또 어떤 방향은 공란도 있는데 이것들은 방향에 따라서 각각에 작용되는 길흉(吉凶)을 나타낸다.

5층에서 존재하는 3개의 길흉(吉凶) 판단은 아래 <72룡 길흉화복>표와 같다.

\<72룡 길흉화복\>

오자순	지지	子	丑	寅	卯	辰	巳	午	未	申	酉	戌	亥	길, 흉
甲子旬	냉기맥	甲子	乙丑	丙寅	丁卯	戊辰	己巳	庚午	辛未	壬申	癸酉	甲戌	乙亥	소길다흉
丙子旬	왕기맥	丙子	丁丑	戊寅	己卯	庚辰	辛巳	壬午	癸未	甲申	乙酉	丙戌	丁亥	길격
戊子旬	패기맥	戊子	己丑	庚寅	辛卯	壬辰	癸巳	甲午	乙未	丙申	丁酉	戊戌	己亥	대흉
庚子旬	상기맥	庚子	辛丑	壬寅	癸卯	甲辰	乙巳	丙午	丁未	戊申	己酉	庚戌	辛亥	길격
壬子旬	퇴기맥	壬子	癸丑	甲寅	乙卯	丙辰	丁巳	戊午	己未	庚申	辛酉	壬戌	癸亥	소길다흉
空亡	공망맥													대흉

이것을 판단하는 방법은 丙子旬(왕기맥)과 庚子旬(상기맥)에 해당되는 것들은 대길(大吉)로서 가장 좋은 것 들이고, 甲子旬(냉기맥), 壬子旬(퇴기맥)의 경우 소길다흉으로 보통 흉으로 판단한다. 戊子旬(패기맥)과 공망(空亡)에 해당되는 것들은 가장 나쁜 대흉(大凶)이므로 이런 방향은 사용할 수 없다.

이제 5층 천상72룡의 판단 방법을 예를 들어보자.

> **예)** 음택(陰宅)과 양택(陽宅)에서 4층 나경을 측정해보니 측정하고자 하는 좌향의 방향은 丁癸방향 즉 정좌계향(丁坐癸向)이었다. 앞 방향이 癸방향일 때 작용되는 길흉(吉凶)을 판단해 보자.

풀이) 4층 癸방향과 관계되는 것을 나경 5층에서 확인해 보니 壬子, 공란, 乙丑이다. 따라서, 이것들을 길흉(吉凶) 내용은 \<72룡 길흉화복\> 표에서 판단해 보면 아래와 같다.

-壬子 : 壬子방향은 壬子旬(퇴기맥)으로, 소길다흉이기 때문에 흉(凶)으로 본다.
-공란 : 공란은 아주 나쁜 대흉(大凶)으로 본다.
-乙丑 : 乙丑방향은 甲子旬(냉기맥)으로, 소길다흉이기 때문에 흉(凶)으로 본다

따라서, 4층 癸방향과 관계되는 나경 5층 중 '공란' 방향은 대흉(大凶)이기 때문에 사용할 수가 없고, 壬子과 乙丑 방향은 다소 나쁜 방향이지만 차선책으로 사용할 수 있다. 그렇지 않으면 대길에 해당될 수 있도록 전체 방향을 변경시켜 주면 된다.

(6) 6층(인반중침 확인)

6층 인반중침(人盤中針)은 하늘에 존재하는 모든 행성들과 혈(穴)의 기운(氣運)과의 관계를 조정하는 것이다. 6층은 4층의 24방위 보다 시계방향으로 7.5도 뒤쪽으로 구성되어 있으며 총 24방위가 표시되어 있다.

6층의 측정법은 하늘의 모든 행성들에게 작용되는 성수오행(星宿五行)과 혈(穴) 주위에 존재하는 산(山)이나 비석 혹은 건물의 방위에 따라서 길흉(吉凶)을 판단한다.

즉, 주위 여건들로 인하여 혈(穴)이 도움을 받을 수 있는 것들을 판단하는 것이다.
이때 사격 방위로 측정하는데 '사격(砂格) 방위'란? 혈(穴)에서 주위에 존재하는 산(山)이나 비석 혹은 건물의 방향을 말하는데, 측정 방법은 나경 4층의 좌방위(坐方位) 즉 뒤쪽 방위를 기준으로 측정한다. 그리고 4층의 좌방위와 6층의 성수오행(星宿五行)과 24방위를 비교하여 판단한다.

이러한 것들에 대한 보충 설명을 하면, 하늘에는 수 천억 개의 별들이 존재하고 있다. 그 중에서 인간이 살고 있는 지상에 비추는 것은 해(日)와 달(月)을 비롯하여 금성(金星), 수성(水星), 목성(木星), 토성(土星), 화성(火星) 등과 자미원(紫微垣, 亥方), 천시원(天市垣, 艮方), 태미원(太微垣, 巽方), 소미원(小微垣, 兌方) 그리고 각(角), 항(亢), 방(房), 심(心), 미(尾), 기(箕) 등의 28개 성수(星宿)가 있는데 이들 역시 지상에 빛을 주는 것이 목적이므로 이것이 산(山)의 형태를 만들고, 혈(穴)에 비추어 인간의 길흉화복과 관계한다. 이러한 작용으로 지상에 존재하는 산(山) 등에 비추는 방위를 측정하는 것이 6층 인반중침(人盤中針)이며, 이것을 특수오행에 해당되는 성수오행(星宿五行)이다.

<성수오행(星宿五行)과 24방위 관계>

성수 오행	목(木)				화(火)							토(土)				금(金)				수(水)			
24방위 (4층)	건 乾	곤 坤	간 艮	손 巽	갑 甲	경 庚	병 丙	임 壬	자 子	오 午	묘 卯	유 酉	을 乙	신 辛	정 丁	계 癸	진 辰	술 戌	축 丑	미 未	인 寅	신 申	사 巳	해 亥

6층에서 이러한 길흉(吉凶) 판단은 음택(陰宅)이나 양택(陽宅)에서 성수오행(星宿五行)과 사격(砂格)의 방위로 상생(相生), 상극(相克), 상비(相比)관계를 비교하여 구체적인 길흉(吉凶) 내용은 육친(六親) 내용으로 판단한다.

참고로 본인(주인)이나 시신이 성수오행(星宿五行)을 극(剋)하여 이기든지(재성으로 후손들은 부자가 된다) 혹은 성수오행이 본인(주인)이나 시신에서 생(生)해 주든지(인성으로서 후손들은 효자가 된다), 아니면 土土, 水水, 金金, 木木와 같이 상비(相比) 관계(형제들이 서로 돕고 살아간다)가 되어야만 길(吉)하지, 이와 반대로 성수오행이 본인(주인)과 시신을 극(剋)하거나(관살이 되어 후손들은 형을 당한다), 혹은 본인(주인)이나 시신이 성수오행을 생(生)하여 설기(힘이 빠지는 현상)되는 경우에는(식상이 되어 후손들은 출세하지 못한다) 나쁜 흉(凶)으로 판단한다.

예를 들어보자.

> **예)** 음택(陰宅)과 양택(陽宅)에서 4층 나경을 측정해보니 측정하고자 하는 좌향(坐向)의 방향이 子午방향 즉 자좌오향(子坐午向)이였다. 즉, 뒤 방향(坐)은 子방향이고, 앞 방향은 午방향이다. 이때 중요 산이나, 비석 등의 방향은 나경 6층으로 측정한 결과 '辰'방향일 경우 길흉(吉凶)을 판단해 보자.

풀이) 성수오행(星宿五行)으로 길흉(吉凶) 방향을 측정하기 위해서는 앞 방향(向)이 아니라 뒤 방향(坐)을 기준으로 하기 때문에 위 의 문제에서 子午방향 즉 자좌오향(子坐午向)의 경우는 뒤 방향(坐)은 '子'방향이 된다. 따라서, 성수 오행에서 '子'는 화(火)가 된다. 다음으로 산이나, 비석 등의 방향은 나경 6층으로 측정한 결과 '辰' 방향이므로 이것은 성수오행으로 금(金)이 된다.

따라서, 이들 관계를 확인해 보자.

火(집, 묘지, 비석, 시신)와 金(성수오행)의 관계는 火剋金이 되어 양택에서는 본인(주인) 음택에서는 묘지의 비석이나 시신이 성수오행을 극(剋)하여 이기므로 길(吉)하다. 이러한 적용은 묘지(墓地)는 물론 apt나 혹은 전원주택의 중요 방향(方向)을 결정할 경우도 동일하게 적용된다.

6층 인반중침(人盤中針)은 이러한 사격(砂格) 방위 즉 집이나 묘지의 혈(穴)주변에 있는 중요 산(山)이나 비석 혹은 건물의 방위에 따른 길흉(吉凶)을 측정하는 것이므로, 나경 3층의 삼합오행(三合五行)과 더불어 묘지(墓地)의 비석이나 상석을 세울 때 방향(方向)을 활용되고, 양택(집)의 경우 중요 지물을 세울 경우도 본인(주인)의 사주(四柱)를 보고 최종 방향(方向)을 결정해 주어야 한다.

독자들을 위하여 묘지(墓地)에 세워지는 것들을 소개하면 아래와 같다.

신도비(神道碑)	종2품 이상 벼슬아치의 무덤 앞이나 혹은 무덤으로 가는 길목에 세우는 것으로 내용은 망자의 생애(生涯) 관련 내용이며, 보통 무덤의 남동쪽에서 남쪽을 향하여 세운다.
묘갈(墓碣)	정3품 이하의 벼슬을 지낸 무덤 앞에 세우는 것으로 윗 부분이 동거란 모양의 비석을 말한다. 내용은 신도비와 비슷하나 대체적으로 신도비보다 규묘가 작다.
혼유석(魂遊石)	상석 뒤에 무덤 앞에 놓는 직사각형 돌로 영혼이 나와서 놀도록 설치한 것을 말한다.
비석(碑石)	망자의 벼슬명 등을 기록한 것으로 상석의 뒤쪽에 세우며 묘의 좌(시신의 다리 부분)의 앞 방향에서 좌측에 세운다. 비석 뒷면에 새기는 글을 비음기(碑陰記)라고 하는데 이것은 비석 앞면에 다 새기지 못한 내용의 글을 말한다.
상석(床石)	직사각형 돌로 제상 크기로 다듬어 무덤 앞에 놓은 것

(7) 7층(투지60룡 확인)

투지60룡(透地六十二龍)은 땅속에 들어가는 맥(脈)을 확인하는 것으로, 60갑자가 표시되어 있으며, 1개의 투지룡은 6도가 된다.

투지 60룡의 구성은 4층의 24방위 중 2개 방위마다 5개의 투지룡으로 구성되어 있다. 예를 들에 4층 壬子방위에서 7층 투지룡의 구성은 甲子, 丙子, 戊子, 庚子, 壬子의 5개의 투지로 구성되어 있다. 다른 것들에 해당되는 癸丑, 艮寅, 甲卯 등도 위와 같이 5개의 투지로 구성되어 있다.

쌍산(雙山)이란? 나경 4층에서 壬子, 癸丑, 艮寅… 등의 2개의 방위로 배합된 것을 말한다. 이것을 배합룡(配合龍) 이라고 하는데 그러나 같은 2개의 방위일 경우라도 子癸, 艮丑, 甲寅… 등의 불배합룡(不配合龍)은 풍수지리(風水地理)에서 사용하지 않는다.

7층 투지룡의 구성에 따른 길흉(吉凶) 판단은 아래 '투지60룡 길흉화복표'에 의거 판단한다.

<투지60룡 길흉화복>

쌍산 / 오자순		壬子	癸丑	艮寅	甲卯	乙辰	巽巳	丙午	丁未	坤申	庚酉	辛戌	乾亥	길, 흉
甲子旬	냉기맥	甲子	乙丑	丙寅	丁卯	戊辰	己巳	庚午	辛未	壬申	癸酉	甲戌	乙亥	매사불성
丙子旬	왕기맥	丙子	丁丑	戊寅	己卯	庚辰	辛巳	壬午	癸未	甲申	乙酉	丙戌	丁亥	부귀발복
戊子旬	패기맥	戊子	己丑	庚寅	辛卯	壬辰	癸巳	甲午	乙未	丙申	丁酉	戊戌	己亥	손재극자
庚子旬	상기맥	庚子	辛丑	壬寅	癸卯	甲辰	乙巳	丙午	丁未	戊申	己酉	庚戌	辛亥	부귀발복
壬子旬	퇴기맥	壬子	癸丑	甲寅	乙卯	丙辰	丁巳	戊午	己未	庚申	辛酉	壬戌	癸亥	매사불성

양택과 음택에서 적용 방법은 앞 즉 향(向) 방향이 丙子旬(왕기맥)과 庚子旬(상기맥)에 해당되는 것은 길(吉)하기 때문에 사용하지만, 그 외의 것이 해당되는 甲子旬(냉기맥), 戊子旬(패기맥), 壬子旬(퇴기맥)은 흉(凶)하기 때문에 사용하지 않는 것이 좋다. 위에서 제시된 4층 壬子방위에서 7층 투지룡을 판단해 보면, 甲子, 丙子, 戊子, 庚子, 壬子의 5개 중 왕기맥과 상기맥에 해당되는 丙子와 庚子 방향은 부귀발복에 해당되므로 가장 좋은 방위가 된다.

만약 7층 투지룡의 방향이 흉(凶) 방향이라면 방향(方向)을 조정하여 사용하면 된다.

(8) 8층(천반봉침 확인)

8층은 천반봉침(天盤縫針)이라고 하며 24방위로 구성되어 있고, 4층보다 7.5도 순행 방향으로 앞서 있다.

'88향법(向法)'은 나경 8층 천반봉침(天盤縫針)에서 실시하는 것이다.

88향법(向法)이란? 양택과 음택에서 가장 앞에 존재하는 물 방향 즉 좌, 우에서 흐르는 물이 서로 만나서 나가는 파구(破口)를 보고 방향(方向) 즉 좌향(방향)을 결정하는 것으로 이것은 기준방향(基準方向)이 된다. 또한 나경 8층은 1층의 팔요황천살(八曜黃泉殺)을 확인하는 곳이다.

특히, 8층은 양택(陽宅)이나 음택(陰宅)에서 가장 먼저 결정하고 판단해야될 조건이다.

그 이유는 기준방향(基準方向)을 먼저 정한 후 다른 조건들을 설정하고 판단한다면 그만큼 실수도 없을뿐더러 작업을 쉽고 빠르게 마무리 할 수 있기 때문이다. 그래서 8층 천반봉침은 큰 의미가 있는 것이기도 하다.

특히 독자들은 음택이나 양택에서 기준 방향(方向) 결정은 반드시 자신(주인)의 사주(四柱)를 보고 최종 향(向)을 판단해야 된다. 즉, 자신(주인)의 사주 구성에서 악(惡)영향을 주는 조건이거나 혹은 부족한 오행(五行)이 존재하거나 혹은 용신(用神)을 참조하여 오행(五行)의 쏠림현상이 없는 방향(方向)쪽을 선택해 주어야만 건강(健康)은 물론 대대손손 발복(發福)하게 된다는 사실을 잊지 말길 바란다.

따라서, 여기서는 나경 8층은 최초 기준점을 잡는다는 의미에서 풍수(風水)의 최종 목적인 혈(穴)을 찾는 방법과 동시에 설명하고자 한다.

이렇게 전개시키는 이유는 8층에서 판단하는 방향(方向)은 혈(穴)과 서로서로 절대적인 관련이 있기 때문이다.

양택(陽宅)이나 음택(陰宅)에서 명당(明堂)이 될 수 있는 조건은 배산임수(背山臨水) 즉 뒤에는 산(山)이 있어야 되겠지만 앞에는 반드시 물(水)이 있어야만, 산(山)에서 내려오는 혈(穴)이 더 이상 빠져 나가지 못하고 음양(陰陽)이 상호 교배(交配)되기 때문에 좋은 기운(氣運)을 받는 명당(明堂)이 되는 것이다.

특히, 좌선룡(左旋龍)에 우선수(右旋水) 혹은 우선수(右旋水)에 좌선룡(左旋龍) 원칙을 지켜야 한다. 즉, 물이 우측에서 흘러 좌측 파구쪽으로 빠져 나간다면(우선수) 양택이나 음택에서 좌향(坐向) 즉 앞 방향(方向)은 우측이 되어야 하고, 물이 좌측에서 우측 파구쪽으로 흘러 나간다면(좌선수) 좌향(坐向) 즉 앞 방향은 좌측으로 놓아야 되는 원칙이다.

혹자(或者)는 파구(破口)에 따른 방향(方向) 설정에 있어서 이미 양(陽)에 해당되는 물(水)과 음(陰)에 해당되는 산(山)과는 상호 교배(交配)가 이루어 졌다는 원리를 주장하는 사람이 있어나, 이러한 좌선룡(左旋龍)과 우선수(右旋水)원칙을 어긴다는 것은 명당(明堂)으로서 기능을 상실할 뿐이다.

이제 풍수(風水)에서 가장 중요한 혈(穴) 찾기를 설명하고자 한다.

형기풍수(形氣風水)와 이기풍수(理氣風水)를 배우는 목적은 모두 혈(穴)을 찾자는데 있는 것이다. 따라서 혈(穴)은 형기(形氣)나 이기풍수(理氣風水)에서 무수히 많이 정의되고 있다. 그 중에서 정혈법(正穴法)으로 임관봉, 임관수는 물론 괴혈론(怪穴論)과 짐승들의 배설지역, 알을 낳는 장소, 노리수(오래된 큰 나무)가 존재하는 장소 등으로 구분할 수 있다.

'용을 찾는데 3년 걸리고, 용에서 혈(穴)을 찾는데 10년 걸린다'라는 풍수 격언이 있다. 좋은 땅에서는 혈(穴)이 존재하지만, 나쁜땅에서는 아무리 좋은 이론을 접목시킨다고해서 절대 혈을 찾을 수 없는 것이다. 그래서 혈을 찾는다는 것은 이론도 중요하지만 마음의 문이 열려야 혈을 찾을 수 있는 것이다.

여기서는 풍수(風水)에 혈(穴)을 찾기에 앞서, 혈(穴)과 절대적인 관련이 있는 방향 즉 향(向)을 파구(破口)를 통하여 찾는 88향법(向法)을 먼저 확인 후 이를 통하여 혈(穴)을 찾아보도록 한다.

즉, 양택 풍수에서 기두(起頭)를 바탕으로 출입문, 안방, 공부방, 연구방, 침실, 금고 등의 중요 시설물을 가택구성법(家宅九星法)으로 방향을 결정짓듯이 음택 역시 혈(穴) 찾기에 앞서 향(向) 즉 방향을 먼저 찾는게 우선이다. 그래야만 다른 조건들 역시 쉽게 결정지을 수 있기 때문이다.

따라서 여기서는 혈(穴)을 찾기 전 양택과 음택에서 누구나 쉽게 방향(方向)을 찾을 수 있는 88향법(向法)을 먼저 적용시켜 최적의 방향을 찾은 후 이어서 혈(穴)을 찾도록 한다.

1. 88향법(向法)으로 방향(方向) 즉 향(向)을 먼저 판단하자

88향법이란? 양택과 음택에서의 방향 즉 향(向)을 찾는 것으로서 혈(穴)이 내려오는 용(龍)과 물이 빠져나가는 파구(破口)와의 방위각을 통하여 길흉(吉凶)을 판단하는 것이다.

여기서 물의 방향은 묘지(墓地)나 집 앞에 흐르는 최초 물길을 말하는 것으로 좌측에서 우측으로 흘러 우측 파구쪽으로 흘러가는 좌선수(左旋水)와 우측으로 흘러 좌측에 있는 파구쪽으로 흘러가는 우선수(右旋水)가 있다.

또한 좌선수 혹은 우선수들의 물길이 만나서 빠져나가는 파구(破口)는 눈으로 보이는 파구가 있고, 눈에 보이지 않는 파구의 2가지 형태가 존재한다.

파구의 종류로는 정생향(좌측), 정왕향(우측), 정양왕(좌측), 정묘향(우측), 태향태류(좌측), 절향절류(좌측), 쇠양태류(우측), 자생향(좌측), 자왕향(우측), 문고소수(우측), 목욕소수(좌측)의 등이 존재한다.

파구(破口)의 개수는 나경 4층에서 배합(配合)되는 쌍산(雙山)은 2개이고, 11개의 파구 모양이 존재하므로 총 22개의 방향이 성립된다. 이때 2개의 쌍산을 1개로 본다면 44개의 파구가 성립되고, 또한 삼합(三合)의 4가지(목, 화, 금, 수국) 종류가 되므로 이들과 비교해 보면 총 88개의 파구가 성립된다.

특히, 이들 파구 형태를 강조하는 이유는 음, 양택 앞에 흐르는 최초 물길에서 파구 모양이 좌측으로 물이 빠져 나가면, 음택이나 양택의 정면 방향은 우측으로 결정해야 되고, 우측으로 물이 빠져 나가면 정면 방향을 좌측으로 결정해야 한다.

이때 방향을 판단하는 위치는 묘지(墓地)나 양택(陽宅)의 뒤에서 앞 방향 즉 좌향(坐向)에서 앞으로 보면서 물흐름과 파구(破口)를 판단한다.

이러한 파구의 길흉(吉凶) 판단은 '88향법 조견표'를 바탕으로 결정해 주면 된다.

예를 들면, 양택(陽宅)이나 음택(陰宅)에서 좌향 즉 향(向)이 갑묘(甲卯) 방향이고 앞에 있는 최초 물길은 우측에서 좌측으로(우선수) 흐를 때 파구(破口) 방향이 임자(壬子)일 경우 길흉(吉凶)을 판단해 보자.

이 경우 갑묘(甲卯)와 임자(壬子)이므로 <88향법 조견표>를 보고 판단해 보면 '대길(大吉) 壬破 : 沐浴小水(右水致左)'가 되어 아주 좋은 방향이라는 뜻이다. 이때 패철의 최종 방향 결정시 자(子)에 침입하지 않도록 해야 한다. 그러나 갑묘(甲卯) 방향에서 파구가 계축(癸丑)일 경우는 흉(凶)이 되어 아주 나쁜 방향이란 뜻이다.

다른 것들도 위와 같이 양택과 음택에서의 향(向) 즉 방향은 물이 빠져나가는 파구(破口)와 용(龍)에서의 방향과 방위각으로 길흉(吉凶)을 판단해 주면 되는 것이다.

원래 '88향법 조견표'는 120개의 길흉(吉凶) 방향으로 구성되어 있는 것이나, 여기서는 독자들에게 쉽게 활용시키기 위하여 길(吉) 방향은 대길(大吉)로 표시하였고, 흉(凶) 방향 모두는 흉에 대한 구체적인 내용은 기재하지 않고, 그냥 흉(凶)으로 표시만 하였다.

<88향법 조견표>

向 破口	壬子	癸丑	艮寅	甲卯	乙辰	巽巳
壬子	대길(大吉) 壬破 : 胎向胎流 (右水致左) ※子자에 침입하면 패절한다.	흉(凶)	흉(凶)	대길(大吉) 壬破 : 沐浴小水 (右水致左) ※子자에 침입하면 패절한다.	흉(凶)	흉(凶)
癸丑	대길(大吉) 自旺向 (左水致右)	흉(凶)	대길(大吉) 自生向 (右水致左)	흉(凶)	흉(凶)	대길(大吉) 正生向 (右水致左)
艮寅	흉(凶)	대길(大吉) 正墓向 (左水致右) 細小右水	대길(大吉) 艮破 : 絶向絶流 (右水致左) ※寅자에 침입하면 패절한다.	흉(凶)	대길(大吉) 正養向 (右水致左)	흉(凶)
甲卯	흉(凶)	흉(凶)	대길(大吉) 文庫消水 (左水致右) ※卯자에 침입하면 패절한다.	대길(大吉) 甲破 : 胎向胎流 (右水致左) ※卯자에 침입하면 패절한다.	흉(凶)	흉(凶)
乙辰	대길(大吉) 正旺向	흉(凶)	흉(凶)	대길(大吉) 自旺向	흉(凶)	대길(大吉) 自生向

	(左水致右)			(左水致右)		(右水致左)
巽巳	흉(凶)	흉(凶)	흉(凶)	흉(凶)	대길(大吉) 正墓向 (左水致右) 細小右水	대길(大吉) 巽破: 絶向絶流 (右水致左) ※巳자에 침입하면 패절한다.
丙午	흉(凶)	대길(大吉) 丙破: 衰向胎流 朝來左水穴 後破 ※평지에는 발복하나, 산에서는 패절한다.	흉(凶)	흉(凶)	흉(凶)	대길(大吉) 文庫消水 (左水致右) ※午자에 침입하면 패절한다.
丁未	흉(凶)	흉(凶)	흉(凶)	대길(大吉) 正旺向 (左水致右)	흉(凶)	흉(凶)
坤申	흉(凶)	흉(凶)	흉(凶)	흉(凶)	흉(凶)	흉(凶)
庚酉	대길(大吉) 庚破: 沐浴消水 (右水致左) ※酉자에 침입하면 패절한다.	흉(凶)	흉(凶)	흉(凶)	대길(大吉) 庚破: 衰向胎流 朝來左水穴 後破 ※평지에는 발복하나, 산에서는 패절한다.	흉(凶)
辛戌	흉(凶)	흉(凶)	대길(大吉) 正生向 (右水致左)	흉(凶)	흉(凶)	흉(凶)
乾亥	흉(凶)	대길(大吉) 正養向 (右水致左)	흉(凶)	흉(凶)	흉(凶)	흉(凶)

向＼破口	丙午	丁未	坤申	庚酉	辛戌	乾亥
壬子	흉(凶)	대길(大吉) 壬破: 衰向胎流 朝來左水穴 後破 ※평지에는 발복하나, 산에서는 패절한다.	흉(凶)	흉(凶)	흉(凶)	대길(大吉) 文庫消水 (左水致右) ※子에 침입하면 패절한다.
癸丑	흉(凶)	흉(凶)	흉(凶)	대길(大吉) 正旺向	흉(凶)	흉(凶)

				(左水致右)		
艮寅	흉(凶)	흉(凶)	흉(凶)	흉(凶)	흉(凶)	흉(凶)
甲卯	대길(大吉) 甲破： 沐浴消水 (右水致左) ※卯자에 침입하면 패절한다.	흉(凶)	흉(凶)	흉(凶)	대길(大吉) 甲破：衰向 胎流 朝來左 水穴後破 ※평지에는 발복하나, 산 에서는 패절 한다.	흉(凶)
乙辰	흉(凶)	흉(凶)	대길(大吉) 正生向 (右水致左)	흉(凶)	흉(凶)	흉(凶)
巽巳	흉(凶)	대길(大吉) 正養向 (右水致左)	흉(凶)	흉(凶)	흉(凶)	흉(凶)
丙午	대길(大吉) 甲破： 胎向胎流 (右水致左) ※午자에 침 입하면 패절 한다.	흉(凶)	흉(凶)	대길(大吉) 庚破： 沐浴消水 (右水致左) ※午자에 침 입하면 패절 한다.	흉(凶)	흉(凶)
丁未	대길(大吉) 自旺向 (左水致右)	흉(凶)	대길(大吉) 自生向 (右水致左)	흉(凶)	흉(凶)	대길(大吉) 正生向 (右水致左)
坤申	흉(凶)	대길(大吉) 正墓向 (左水致右) 細小右水	대길(大吉) 坤破： 絶向絶流 (右水致左) ※申자에 침 입하면 패절 한다.	흉(凶)	正養向 (右水致左)	흉(凶)
庚酉	흉(凶)	흉(凶)	대길(大吉) 文庫消水 (左水致右)	대길(大吉) 庚破： 胎向胎流 (右水致左) ※酉자에 침 입하면 패절 한다.	흉(凶)	흉(凶)
辛戌	대길(大吉) 正旺向 (左水致右)	흉(凶)	흉(凶)	대길(大吉) 自旺向 (左水致右)	흉(凶)	대길(大吉) 自生向 (右水致左)
乾亥	흉(凶)	흉(凶)	흉(凶)	흉(凶)	대길(大吉) 正墓向 (左水致右) 細小右水	대길(大吉) 乾破： 絶向絶流 (右水致左) ※亥자에 침 입하면 패절 한다.

<용어 설명>
1. 右水致(倒)左(우수도좌 혹은 우선수) : 묘지(墓地)나 양택(陽宅)에서 좌(뒤)에서 향(앞) 방향 즉 뒤에서 앞으로 보았을 때, 앞에 흐르는 최초 물길이 우측에서 좌측으로 빠져나가는 것을 우수도좌 혹은 우선수라고 말한다. 이때 좌, 우측 물이 만나서 빠져 나가는 파구(破口)는 좌측도 될 수 있고, 우측도 될 수 있지만, 음택과 양택에서 방향(方向) 즉 향(向)은 최초 흐르는 물길 방향으로 결정하므로 우측이다.

2. 左水致(倒)右(좌수도우 혹은 좌선수) : 묘지(墓地)나 양택(陽宅)에서 좌(뒤)에서 향(앞) 방향 즉 뒤에서 앞으로 보았을 때, 앞에 흐르는 최초 물길이 좌측에서 우측으로 빠져나가는 것을 좌수도우 혹은 좌선수라고 말한다. 이때 좌, 우측 물이 만나서 빠져 나가는 파구(破口)는 좌측도 될 수 있고, 우측도 될 수 있지만, 음택과 양택에서 방향(方向) 즉 향(向)은 최초 흐르는 물의 방향으로 결정하므로 좌측이다.

※<참고> 향(向)과 파구(破口)의 방향은 <88향법 조견표>에 표시 되어 있는 우수도좌(右水致左)와 좌수도우(左水致右)의 위치를 바꿀 수는 없다. 즉, 우수도좌(右水致左)는 우수도좌(右水致左) 방향에 놓고 판단해야 되고, 좌수도우(左水致右)는 좌수도우(左水致右) 방향에 놓고 판단해야 된다. 예를 들면 향(向)이 임자(壬子)이고 파구(破口)가 을진(乙辰) 방향이면 정왕향(正旺向)의 대길(大吉)인데 이것은 앞에 흐르는 최초 물길이 좌측으로 돌아서 우측으로 빠져나가는 좌수도우(左水致右)일 경우에만 성립되는 것이지, 물길이 반대로 우수도좌(右水致左) 즉 우측으로 돌아서 좌측으로 빠져 갈 때는 흉(凶)으로 작용된다.

이제 <88향법 조견표>의 적용을 알았으니 '88향법 조견표'를 이용하여 파구(破口)에서 좌향(坐向) 즉 방향(方向)을 이용하여 음택과 양택에서 기준방향(基準方向)을 결정해 보자. 아래와 같이 예를 들어 알아보자.

예) 음택(陰宅)과 양택(陽宅)의 중심 부분에서 최초 좌향(坐向)의 방향을 결정하기 위해서 4층 나경으로 확인해본 결과 손사(巽巳)방향이었다.
이때 최초 산맥에 감싸고도는 물의 흐름을 확인해 본 결과 물은 좌에서 돌아서 우측으로 빠져 나가고 있었다. 즉 좌수도우(左水到右)이고 파구는 우측에 있다.
이러한 조건에서 음택이나 양택에서 선택되어야될 방향(方向) 즉 기준방향(基準方向)은 어느 방향인가?

풀이) 음택(陰宅)과 양택(陽宅)의 중심 부분 즉 혈(穴)부분에서 최초 산맥에 감싸고도는 최초 물의 방향은 좌에서 우측으로(좌선수) 흐르기 때문에 양택과 음택의 방향 즉 좌향(坐向)은 '좌측' 방향으로 결정해야 한다.

이제 향(向) 즉 방향을 알았으니 룡(龍)과 혈(穴)이 존재하는 손사(巽巳) 방향과 파구(破口) 방향을 <88향법 조견표>를 통해서 확인해 보면 된다.

따라서 파구(破口)는 좌선수(左水致(倒)右) 이면서 대길 방향(方向)은 향(向)은 손사(巽巳)이면서 파구가 병오(丙午) 방향일 때만 성립되므로 4층 나경으로 손사(巽巳)와 병오(丙午)를 <88향법 조견표>에서 확인해 보면 '대길(大吉) 文庫消水(左水致右)'가 되어 대길(大吉) 방향이 된다. 이때 병오(丙午) 방향에서 오(午)자는 침입하지 말아야 한다.

지금까지는 음택(陰宅)과 양택(陽宅)에서 최초 물(水)이 만나서 빠져나가는 파구(破口)가 눈으로 보일 때, 좌향(坐向) 즉 방향(方向) 결정법을 <88향법 조견표>를 통해서 확인해 보았다.

그렇지만, 도시(都市) 혹은 기타 지형에서는 이러한 물이 빠져나가는 파구(破口)가 보이지 않거나 혹은 파구가 없기 때문에 찾을 수 없는 경우가 대부분이다.

이러한 경우에는 삼합(三合)을 측정하여, 3층과 4층 방위로 파구(破口)의 위치를 찾아서 방향 즉 향(向)을 결정해 주어야 한다.

즉, 나경 3층에서 결정된 삼합(三合)과 4가지의 木, 火, 金, 水局을 통하여 파국의 방향을 결정해 주면 된다.

삼합(三合)과 4층 방위에서 파구(물이 빠져 나가는 방위)는 아래와 같다.

삼합(4층 방위)			파구(물이 빠져 나가는 방위)
수국(水局)	申子辰	坤申(帝旺龍, 長生向)	물이 乙辰, 巽巳, 丙午 방위로 빠져 나간다.
		壬子(帝旺向, 長生龍)	
		乙辰(墓破)	
목국(木局)	亥卯未	乾亥(帝旺龍, 長生向)	물은 丁未, 坤申, 庚酉 방위로 빠져 나간다
		甲卯(帝旺向, 長生龍)	
		丁未(墓破)	
화국(火局)	寅午戌	艮寅(帝旺龍, 長生向)	물은 辛戌, 乾亥, 壬子 방위로 빠져 나간다.
		丙午(帝旺向, 長生龍)	
		辛戌(墓破)	
금국(金局)	巳酉丑	巽巳(帝旺龍, 長生向)	물은 癸丑, 艮寅, 甲卯 방위로 빠져 나간다.
		庚酉(帝旺向, 長生龍)	
		癸丑(墓破)	

예를 들면, 음택이나 양택에서 나경 3층을 측정해 보니 '木'국으로 판단되었다면, 파구(破口)의 방향은 丁未, 坤申, 庚酉의 방향이 되는 것이다.

이렇게 파구의 방향을 알았으면, 좌선룡(左旋龍)에 우선수(右旋水) 혹은 우선수(右旋水)에 좌선룡(左旋龍) 원칙을 토대로, 최초 물이 흐르는 방향이 좌측에서 우측으로 흐른다면 향(向)은 좌측 방향이 되고, 반대로 우측에서 좌측으로 흐른다면 향(向)은 우측이 되어야 한다.

따라서, '木'국으로 판명되었다면 丁未, 坤申, 庚酉 중 1개의 파구를 선택해서 <88향법 조견표>에 의거 룡(龍)의 혈(穴)이 존재하는 지점에서의 향(向)과 파구(破口)와의 관계를 길흉(吉凶)으로 판단해 주면 된다.

특히, 혈(穴)의 위치는 최초 물이 흐르는 방향(좌선수, 우선수), 향(向), 파구(破口)의 방위각으로 인해서 만들어진 것이기도 하다.

아래 그림은 삼합(三合) 방향 중 수국(水局), 목국(木局), 화국(火局), 금국(金局) 중 가장 좋은 정생향(正生向), 정왕향(正旺向)의 조건을 표시한 것이며, 특히 이들의 판단 조건의 기준이 될 수 있는 파구(破口)의 정확한 위치를 나타낸 것이다.

※<참고> 사진 출처 : 정통 풍수지리 교과서(고제희)

수국(水局)	목국(木局)	화국(火局)	금국(金局)
<88향법 방향> 우선수 : 乙辰(破口)-坤申(向) 좌선수 : 乙辰(破口)-壬子(向)	<88향법 방향> 우선수 : 丁未(破口)-乾亥(向) 좌선수 : 丁未(破口)-甲卯(向)	<88향법 방향> 우선수 : 辛戌(破口)-艮寅(向) 좌선수 : 辛戌(破口)-丙午(向)	<88향법 방향> 우선수 : 癸丑(破口)-巽巳(向) 좌선수 : 癸丑(破口)-庚酉(向)

혈(穴)의 자리를 판단하기 위한 파구(破口)의 정확한 위치

정상적으로 청룡의 끝지점을 水口로 판단

청룡 끝이 낮게 함몰되어 집, 도로, 냇물이 넘겨다보이면 그들이 보이지 않는 지점을 水口로 판단

월수 너머로 집, 도로, 냇물이 넘겨다보이면 그들이 보이지 않는 지점을 水口로 판단

나무가 청룡 너머의 집, 도로, 냇물을 차폐한다면, 나무의 1/2지점을 水口로 판단(나무는 바람을 60% 정도 막음)

도로로 청룡이 절단되어 바람의 흐름이 바뀌면 도로와 청룡이 만나 지점으로 水口를 판단

저수지로 청룡 끝이 물에 잠기면 수면 위의 지점을 水口로 판단

※위의 사진은 삼합(三合) 즉 수국(水局), 목국(木局), 화국(火局), 금국(金局) 중 가장 좋은 정생향(正生向), 정왕향(正旺向)의 기준이 되는 방향 즉 향(向)과 혈(穴)을 잡을 때 기준이 되는 파구(破口)의 정확한 위치를 설명한 것으로 이것들은 모두 <88향법 조견표>의 일부분이다.

이렇게 해서 독자들은 양택이나 음택에서 좌선수와 우선수에서 파구(破口)는 물론 방향 즉 향(向)의 위치를 알았다.

참고로 양택(陽宅)이나 음택(陰宅)은 물론 합장(合葬)과 쌍분(雙墳)에서 놓을 수 없는 방향(方向)은 아래와 같은데 이것들을 참고해서 명당 혈(穴)을 찾을 때 꼭 활용해 주길 바란다.

음택(陰宅)이나 양택(陽宅)에서 놓을 수 없는 풍수 방향(方向)
• 방향(方向)이 맞지 않는 경우 => 88향법으로 흉(凶) 방향인 경우 <※나경 8층 88향법 참조>
• 회두극좌(回頭剋坐) 방향일 경우 => 머리를 둘 수 없는 방향 <※5장 회두극좌 참조>
• 팔요황천살(八曜黃泉殺)에 해당되는 경우 => 황천수, 황천풍 방향 <※4장 1층 나경 사용법 참조>
• 집과 묘(墓)가 정면으로 바라보는 경우 => 묘(墓)와 집은 서로 정면 방향이면 안됨 <※5장 묘(墓)와 집방향 참조>

이렇게 해서 독자들은 양택이나 음택에서 방향 즉 향(向)의 위치를 알았다.

이제 향(向)을 알았으니 혈(穴)의 위치를 찾아보자.

2. 방향 즉 향(向)을 알았으니 혈(穴)을 찾자.

혈(穴)을 찾는 방법은 형기풍수와 이기풍수에서 적용되는 양택(陽宅)과 음택(陰宅)에서 제일 중요한 사항으로 찾는 방법 역시 무수히 많이 존재하기 때문에 현장에서 모두를 적용하기는 불가능한 것이기도 하다. 지금까지 혈(穴)을 찾기 위해서 지형은 물론 나경(패철) 등을 배워왔다. 요즘은 장례문화(葬禮文化) 변화는 물론 혈(穴)을 찾는 방법으로 나경(패철) 대신 천기룡 등이 활용되고 있는 것 또한 사실이다. 혈(穴)이 존재하지 않는 곳에서는 아무리 방위각이나 가상적인 조건을 따져봐도 헛수고에 불과한 것이다.

그러나 여기서는 혈(穴)을 찾기 위한 방법으로 많이 활용되는 좌, 우선수에 의한 정혈법과 좌청룡, 우백호에 존재하는 임관봉을 기준으로 판단해 보도록 한다. 우선 혈(穴)을 찾기 위한 관련 내용 들을 종합하면 아래와 같다.

• 산에서 내려오는 혈(穴)의 방향은 바람이 불어오지 않는 방향으로 치우쳐져 있기 때문에 나무의 나이테를 보면 나이테가 좁아져 있는 쪽이 혈(穴)이 존재하는 방향이다.
• 좌청룡과 우백호 중 백호의 위세가 청룡보다 높으면 혈은 위세가 강(強)한 백호쪽에 혈(穴)

을 잡고, 반대로 청룡이 백호보다 더 높으면 혈은 청룡쪽에 혈(穴)을 잡는다. 또한 백호와 청룡의 높이가 똑 같다면 혈(穴)은 중앙에서 잡는다.

- 패철의 천간(天干)에서 혈(穴)을 정했으면 방향 즉 향(向) 역시 천간(天干) 향(向)으로 결정 하고. 지지(地支)에서 혈(穴)을 정했으면 향 역시 지지(地支) 향(向)으로 결정한다. 그러나 천간과 지지가 함께 공존하면, 천간의 힘이 지지파보다 더 강(强)하므로 예상 혈(穴) 자리에 서 보았을 때 나경에 표시된 천간의 1개 총 길이의 50% 되는 지점 즉 5분금이 되는 곳을 혈(穴) 자리로 결정 한다.

- 파구(破口)나 높은 임관봉에서의 혈(穴) 판단은 용(龍)에서 파구나 임관봉을 보았을 때 나 경에 표시된 24방위 중 예상 혈(穴) 자리에서 선택된 해당 1개의 방향 길이의 50% 되는 지점 즉 5분금이 되는 곳이 혈(穴) 자리가 된다. 특히 파구(破口)의 기준점은 청룡이나 백호 의 끝 지점, 물에 침몰 된 경우 집이나 도로 등이 보이면 이들이 보이지 않는 지점, 저수지 혹은 호수로 침몰 된 경우는 수면 위에 보이는 지점을 파구의 기준점으로 결정 한다.

- 혈(穴)을 찾고자 하는 산에서 오르락내리락하면서 앞에 있는 조산(안산)을 보았을 안산의 높이가 사람의 눈썹 높이에 위치하면 그곳이 혈(穴)의 지점이다.

- 혈(穴)을 찾고자 하는 산에서 오르락내리락하면서 좌, 우측에 존재하는 청룡과 백호의 높이 가 어깨 높이가 되는 곳이 혈(穴)의 지점이다.

- 청룡과 백호의 높이와 위세가 서로 같이 않는 경우 낮은 곳을 선택해서 그곳의 높이가 어 깨 위치가 되는 곳이 혈(穴)의 지점이다.

- 좌, 우측에 존재하는 청룡과 백호에서 물(水)이 보이면, 물이 보이지 않는 곳의 위치가 혈 (穴)의 지점이다.

- 광중(묘지 깊이)에 따른 혈(穴) 찾기 즉 묘지(墓地)의 깊이는 혈(血)이 땅속으로 지나가는 자리에야만 한다. 아무리 좋은 명당이라도 혈이 지나가지 않는 곳에 시신을 안치한다면 사 상누각이다. 일반적으로 묘지의 깊이는 1m~1m 80cm 정도가 맞다. 혈(穴)이 지나가는 곳 은 흙의 색이 오색(五色)이다. 또한 산이 높은 곳은 혈(穴)이 낮게 움직이므로 묘지 깊이는 가급적 낮게 파고, 산이 낮은 곳에서의 혈(穴)은 깊게 움직이므로 묘지의 깊이를 다소 깊게 파는 것이 정상이다.

이제 룡(龍)에서 내려오는 혈(穴) 자리를 찾기위해 좌, 우선수 물길은 물론 파구(破口)를 통하여 혈(穴) 자리를 찾는 정혈법(正穴法)과 좌, 우백호에 존재하는 큰 산 즉 임관봉을 기준으로 혈(穴) 자리를 찾기를 보기를 통해서 확인해 보면 아래와 같다.

※<참고> 사진 출처 : 정통 풍수지리 교과서(고제희)

좌, 우선수에 의한 정혈법(正穴法)으로 혈(穴)을 판단	좌, 우청룡에 존재하는 큰 산(임관봉)으로 혈(穴)을 판단
<조건> 임자룡(壬子龍)에서 파구(破口)쪽을 바라보니 파구는 경유(庚酉) 중 경(庚)의 위치에 존재하고 있다.	<조건> 임자룡(壬子龍)에서 백호쪽으로 보 니 높은 건해봉(乾亥峰)이 존재하고 있다.

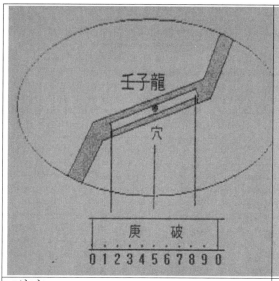

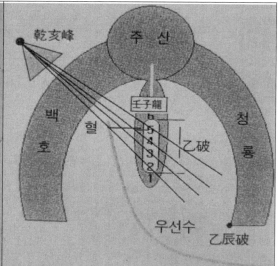

<설명>

임자룡(壬子龍)에서 본 파구(破口)의 위치를 나경으로 확인해보니 경유(庚酉) 방향이었다. 따라서 임자룡에서 혈(穴) 자리는 경(庚) 아니면 유(酉)의 위치로 방위각으로 선택해야 한다.

혈(穴)은 지지(地支)보다 천간(天干)의 것이 힘이 더 강(强)한 관계로 경(庚)과 유(酉) 중 힘이 강한 천간의 경(庚)을 선택한다.

이때 혈(穴)을 찾기 위한 조건은 임자룡(壬子龍)에 위치한 예상 혈(穴) 자리에서 나경으로 파구가 있는 경(庚) 자리를 보았을 때 나경 경(庚)의 총 길이 중 50%가 되는 지점 즉 5분금이 되는 지점을 혈(穴) 자리로 결정한다. 물론 임자룡(壬子龍)과 파구(破口)의 방위각 판단은 <88향법 조건표>에 만족해야 된다.

참고로 임자룡(壬子龍)에서 결정된 혈(穴)의 위치에서 바라본 좌청룡과 우백호의 높이는 어깨 높이가 되어야 하고, 앞에 존재하는 안산의 높이는 눈썹 높이가 되어야 한다.

<설명>

수국(水局)에서 임자룡(壬子龍)에서 백호쪽으로 보니 높은 건해봉(乾亥峰)이 존재하는 경우, 임자룡에서 왔다 갔다 하면서 나경의 위치를 건해봉에 판단해 보면 천간 건(乾)과 지지의 해(亥)가 존재하는데 이때는 힘이 강(强)한 천간(天干) 건(乾)을 선택해 주고, 나경에 표시된 건(乾)의 총길이 중 50%되는 지점 즉 중앙의 5분금 지점을 임자룡(壬子龍)에 존재하는 혈(穴) 자리로 결정한다.

※<참고> 좌청룡, 우백호의 좌, 우측에 존재하는 큰 봉우리(임관봉)의 위치 기준은 아래와 같은데, 도시(都市) 등 현지 지형에서는 임관봉이 있을 수도 있고, 없을 수도 있다. 만약 임관봉이 없는 경우에는 아래 각국에 제시된 가상 임관봉 방향을 기준으로 혈(穴)을 찾는다.

-수국(水局) : 건해(乾亥)방향에 임관봉이 있다.

-목국(木局) : 간인(艮寅)방향에 임관봉이 있다.

-화국(火局) : 손사(巽巳)방향에 임관봉이 있다.

-금국(金局) : 곤신(坤申)방향에 임관봉이 있다.

또한 룡(龍)과 임관봉의 방향은 <88향법 조견표>와는 무관하며, 좌향(坐向) 즉 방향(方向)은 단지 좌선수와 우선수의 물 흐름으로 결정한다.

(9) 9층(120분금 확인)

9층 120분금은 양택(陽宅)이나 음택(陰宅)에서 최종 마무리 작업을 하는 것이다.

이것은 집주인과 영혼의 명복은 물론 자손들 역시 대대손손(代代孫孫) 부귀왕정(富貴王丁)함을 성취하기 위한 최종 방향(方向) 작업이 납음오행(納音五行)이다.

납음오행은 사람의 출생 년월일시를 나타내는 60갑자 중 2개씩을 짝지어 하나의 오행으로 나타내는 것을 말하는 것으로 30개(60÷2)의 오행이 된다.

이것은 자연(自然)과 인간(人間)이 서로 반응하여 얻어지는 오행(五行)의 기운(氣運)을 판단하는 것이기 때문에 사주의 남녀간 궁합 등과 음택(陰宅)과 양택(陽宅)의 풍수지리(風水地理)에서 최종 방향(方向)을 설정할 때 사용된다.

나경 9층의 구조는 4층(24방위)에서 각각 5개의 분금이 추가되어 120개(24×5) 칸으로 구성되어 있는데, 이들 5개의 분금 중 3개 분금은 공란으로 구성되어 있고, 이 중 2개 분금만 60갑자 중 丙, 丁, 庚, 辛으로 구성되어 있기 때문에 총 분금은 60분금이다. 이때 공란으로된 3개의 분금은 나쁜 흉(凶) 방향이므로 사용할 수 없다.

분금을 사용할 때, 양택과 음택에서 자신(주인)이나 시신의 방향(方向) 판단은 아래 '납음오행(納音五行) 표'에 의한다.

<납음오행(納音五行) 표>

甲子乙丑	▪해중금(海中金) -바다 속에 감추어진 금으로 이름만 있고 형체가 없기 때문에 시작을 의미함	丙寅丁卯	▪노중화(爐中火) -큰 화로 불	戊辰己巳	▪대림목(大林木) -울창한 숲을 이룬 큰 나무(※金을 만나면 길)	庚午辛未	▪노방토(路傍土) -길기에 넓게 퍼진 흙(※木을 만나면 길)	壬申癸酉	▪검봉금(劍鋒金) -칼과 창의 금(※火를 만나면 길)
甲戌乙亥	▪산두화(山頭火) -산 꼭대기에 타오르는 불(※水를 만나면 길)	丙子丁丑	▪간하수(澗下水) -산 골짝이 좁은 틈사이로 흐르는 물	戊寅己卯	▪성두토(城頭土) -성(城) 꼭대기 흙(※평지목을 만나면 길)	庚辰辛巳	▪백납금(白蠟金) -땜 납 하는 금(※火를 만나면 길)	壬午癸未	▪양류목(楊柳木) -강가의 작은 버드나무(※사중토를 만나면 길)
甲申乙酉	▪천중수(泉中水) -샘 가운데 솟아나는 물	丙戌丁亥	▪옥상토(屋上土) -지붕의 흙(※평지목과 대림목을 만나면 길)	戊子己丑	▪벽력화(霹靂火) -벼락의 큰 불(※水를 만나면 길)	庚寅辛卯	▪송백목(松柏木) -산에 홀로 서있는 소나무와 잣나무	壬辰癸巳	▪장류수(長流水) -넓은 대지를 가로지르며 흐르는 큰 강물
甲午乙未	▪사중금(砂中金) -모래속에 작은 금(※火를 만나면 길)	丙申丁酉	▪산하화(山下火) -산 아래서 타오르는 작은 불	戊戌己亥	▪평지목(平地木) -들판에 서있는 큰 나무(※金을 만나면 길)	庚子辛丑	▪벽상토(壁上土) -벽에 붙어있는 흙(※평지 목을 만나면 길)	壬午癸卯	▪금박금(金箔金) -표면에 붙은 작은 금(※金 기운이 미약하여 木이 있어야하며, 火를 만나면 길 하지만, 노중화는 크게 꺼린다)
甲	▪복등화	丙	▪천하수	戊	▪대역토	庚	▪채천금	壬	▪상자목

辰乙巳	(覆燈火) -호롱불, 촛불(※ 대해수, 천하수를 만나면 흉)	午丁未	(天河水) -하늘 위에 존재 하는 모든 이슬과 비(※土를 만나면 길)	申己酉	(大驛土) -큰길에 존재하는 단단한 흙(※木을 만나면 길)	戌辛亥	(釵釧金) -비녀 속에 존재 하는 작은 금(※火를 만나면 길)	子癸丑	(桑柘木) -산뽕나무처럼 작은 잡목(※ 사중토, 노방토, 대역토를 만나면 길)
甲寅乙卯	▪대계수 (大溪水) -큰 계곡에 흐르는 물	丙辰丁巳	▪사중토 (沙中土) -모래 속의 작은 흙(※木을 만나면 길)	戊午己未	▪천상화 (天上火) -태양 같은 큰 불(※水를 만나면 길)	庚申辛酉	▪석류목 (石榴木) -작고 질기고 매운 나무(※성두토와 옥상토를 만나면 길)	壬戌癸亥	▪대해수 (大海水) -바다의 큰 물(※土를 만나면 길)

납음오행 방향 판단은, 자신(주인)이나 시신이 납음오행(納音五行)을 극(剋)하여 이기든지, 납음오행이 자신(주인)이나 시신을 생(生)해 주든지 아니면, 土土, 水水, 金金, 木木와 같이 상비(相比) 관계가 되어야만 길(吉)하고(※참고, 火火의 상비관계는 나쁨), 이와 반대로 납음오행이 자신(주인)과 시신을 극(剋)하거나 혹은 자신(주인)이나 시신이 납음오행을 생(生)하여 설기(힘이 빠지는 현상)되는 방향은 나쁜 흉(凶)으로 판단한다.

이제 납음오행을 통하여, 자신(주인)이나 음택에서 시신과 어떤 방향에서 작용을 하는지 판단해 보자.

우선 납음오행을 찾는 방법을 알아야 하는데 이것은 2가지가 있다. 이것은 년주의 고유수, 천간(天干)과 지지(地支)의 합(合)에 의하여 결정되는 것으로 이것을 계산으로 찾는 방법이 있고, 납음오행표를 보고 찾는 방법이 있다.

계산으로 납음오행을 찾는 방법은 아래와 같다.

> **<※참고> 납음오행(納音五行) 계산법**
>
> 이는 년주(年柱)의 고유수로 결정하는데 년간이 甲乙=>1, 丙丁=>2, 戊己=>3, 庚辛=>4, 壬癸=>5가 되고, 년지는 子丑午未=>1, 寅卯申酉=>2, 辰巳戌亥=>3이 고유수가 된다.
>
> 이때 천간과 지지를 합(合)하여 1(木), 2(金), 3(水), 4(火), 5(土)로 결정되고, 합(合)하여 5가 넘는 경우는 5를 뺀 나머지 수가 납음오행(納音五行)의 선천수가 된다.
>
> 예를 들면, 1986년 6월 11일 밤 22:50분에 태어난 남자 이길동의 납음오행(納音五行) 선천수를 판단해 보자.
>
> 이길동의 년간은 병인년(丙寅年)이므로, 년간 병(丙)의 고유수는 2이고, 년지 인(寅)은 2이다. 따라서 둘을 합해보면 4가 되므로 이길동의 납음오행의 선천수는 4가 되고, 이는 화(火)이다. 이를 구체적으로 확인해 보면 노중화(爐中火)가 된다.

지금까지 납음오행(納音五行) 찾는 방법 중 계산법에 의하여 확인해 보았으나, 지금부터는 위에서 제시한 납음오행표를 보고 곧바로 판단해 보기로 하자.

이것은 아래와 같이 예제를 통하여 판단하고 활용하는 방법을 알아보자.

예) 1989년 기사생(己巳生)의 양택(집)이나 혹은 음택(묘지)에서 방향을 측정해보니 4층에서 壬丙방향이었다. 즉 임좌병향(壬坐丙向) 이것은 묘지(墓地)의 경우 시신의 머리 방향이 壬방향이고(양택의 경우 집 뒤쪽 방향), 다리 방향이 丙방향 이다(양택의 경우 집 앞쪽 방향). 이 경우 음택과 양택에서 최종 방위를 판단하고자 할 때, 나경 9층의 분금은 어떻게 놓아야 하는가?

풀이) 1989년생은 기사생(己巳生)이므로 '납음오행(納音五行) 표'에서 확인해 보면, 대림목(大林木)으로 木중에서도 큰 나무에 해당된다.

이제 임좌병향(壬坐丙向)을 확인해 보자. 나경 4층 壬丙방향은 9층에서 확인해 보면 각각 丁亥와 辛亥 방향이 된다. 최종 방향은 시신의 머리 방향이 壬방향이고, 다리 방향이 丙방향이다.

이것을 토대로 9층에서 확인해 보면, 시신의 머리 방향에 해당되는 壬은 辛亥와 丁亥이고, 다리 방향에 해당되는 丙는 丁巳와 辛巳가 된다.

이들을 각각 '납음오행(納音五行) 표'에서 확인해 보자.

시신의 머리 방향에 해당되는 辛亥와 丁亥 중 辛亥는 채천금(釵釧金)의 금(金)이 되고, 丁亥는 옥상토(屋上土)의 토(土)가 된다.

다리 방향에 해당되는 丁巳와 辛巳 중 丁巳는 사중토(沙中土)로서 토(土)가 되고, 辛巳는 백납금(白蠟金)으로 금(金)이 된다.

1989년 기사생(己巳生)은 대림목(大林木)의 '木'이므로, '木'과 이들 관계를 정리하면 아래와 같다.

1989년생 기사생(己巳生)	시신의 머리 방향 (양택은 집 뒤쪽 방향)		시신의 다리 방향 (양택은 집 앞쪽 방향)	
	작용	판정	작용	판정
木(기준)	辛亥 ; 金(金剋木)	흉(凶)	丁巳 ; 土(木剋土)	길(吉)
	丁亥 ; 土(木剋土)	길(吉)	辛巳 ; 金(金剋木)	흉(凶)

이들 관계는 양택에서는 자신(주인)이나, 음택에서는 시신이 납음오행(納音五行)을 극(剋)하여 이기든지, 납음오행이 자신(주인)이나 시신을 생(生)해 주든지 아니면, 土土, 水水, 金金, 木木와 같이 상비(相比) 관계가 되어야만 길(吉)하고, 이와 반대는 흉(凶)하다(**※참고, 火火의 상비관계는 나쁨**).

따라서, 위의 조건을 판단해 보면 1989년 기사생(己巳生)의 경우 '木'이고, 시신의 머리 방향(양택은 집 뒤쪽 방향)에서 丁亥방향은 납음오행에서 옥상토의 '土'가 되기 때문에 木剋土가 되어 길(吉)하고, 시신의 다리 방향(양택은 집 앞쪽 방향)에서 丁巳은 사중토(沙中土)의 '土'가 되기 때문에 木剋土가 되어 길(吉) 방향이 된다.

따라서, 시신의 머리 방향은 丁亥방향에 맞추고, 시신의 다리 방향은 아래와 같이 丁巳

방향에 맞추어야만 된다.

만약 1989년 기사생(己巳生)이 양택(陽宅) 즉 전원주택을 짓는 경우 최종 방향은 집 뒤쪽 방향은 丁亥방향으로, 집의 앞 방향은 丁巳방향에 맞추어야만 명당(明堂) 주택이 완성(完成) 되는 것이다.

따라서, 양택(陽宅)은 물론 음택(陰宅)에서 9층 120분금을 판단할 때는 납음오행(納音五行)에서 제시된 오행들의 실질적인 작용 내용으로 관계를 판단해 주어야 한다.

※<참고> 패철 사진 출처 : 풍수지리수첩(풍문당)

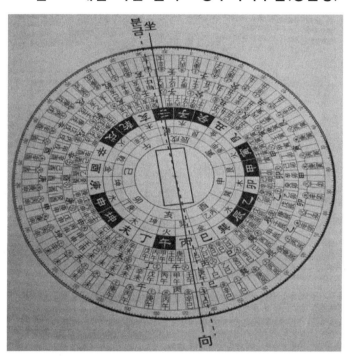

즉, 납음오행(納音五行)은 납음오행표에서 제시된 실질적으로 작용되는 오행(五行)들의 상생(相生)과 상극(相剋) 그리고 상비(相比)관계를 판단하여 양택에서는 자신(주인)이나, 음택에서는 시신에게 왕생할 수 있는 조건을 만들어 주어야 한다.

이제 납음오행(納音五行)원리에 입각하여 오행들이 실질적으로 작용되는 이치를 확인하고 판단해 보자.

우선 토(土)는 토극수(土剋水)가 되어 수(水)를 극(剋)하여 이기는 것이다. 그렇지만 토(土)중에서도 화분의 작은 토에 해당되는 己(토)는 큰 강물 즉 壬(수)를 이길 수 없고, 오히려 壬(수)에게 수극토(水剋土)가 작용되어 극(剋)을 당한다.

이번에는 이러한 의미에서 같은 불(fire) 기운에 해당되는 태양열의 丙(火)과 모닥불의 丁(火)를 보자.

추운 겨울에는 태양열의 丙(火)의 불은 불로서의 기능을 상실되어 따뜻함을 느끼지 못하지만, 모닥불의 丁(火)은 따뜻함을 느끼게 된다. 그렇지만 여름이면 이들의 관계는 반대가 된다.

수(水)에 해당되는 대해수(大海水)와 천하수(天河水)는 큰 바닷물과 하늘에 존재하는 이슬과 빗물이므로 모래속에 묻어있는 작은 흙에 해당되는 사중토(沙中土)의 경우 토극수(土剋水)의 원리가 적용되는 것이 아니라, 수극토(水剋土)가 되어 오히려 대해수와 천하수가 사중토를 극(剋)하게 되므로 토극수(土剋水)의 관계는 의미가 없어지는 것이다.

또한 이들의 강한 물은 석류목(石榴木)와 같은 작은 질긴 나무와는 수생목(水生木)으로 생(生)해주면 오히려 석류나무가 살지 못하고 말라 죽고 만다. 따라서 이들 관계는 큰 오행(五行)이 작은 오행(五行)을 생(生)해주는 경우 이므로 상생관계가 성립되지 않는다. 이러한 원리로 강한 물에 해당되는 대해수(大海水)와 천하수(天河水)는 수(水)를 극(剋)하는 토(土)를 만나야 형통하다.

금(金)은 나무 즉 목(木)을 극(剋)하므로 금극목(金剋木)이 된다.

그렇지만 금박금(金箔金)은 금박지 종이에 붙어 있는 아주 작은 금(金)이기 때문에 대림목(大林木)이나 평지목(平地木)과 같은 큰 나무를 자를 수도 없을 뿐 아니라, 오히려 부러지기 때문에 금극목(金剋木)으로 쇠가 나무를 이기는 것이 아니라, 목극금(木剋金)이 되어 오히려 나무(木)에게 금(金)이 극(剋)을 당하게 된다. 따라서 대림목과 평지목은 금(金)을 만나야만 나무를 다듬기 때문에 길(吉)하다.

사중금(砂中金)과 백납금(白蠟金)은 금(金)으로서 화(火)를 만나면 화극금(火剋金)이 되어 나쁜 극(剋)작용이 되지만, 그러나 이들은 화(火)를 만나면 오히려 길(吉)하다.

그 이유는 사중금은 모래속에 존재하는 작은 금(金)이라, 이것은 화(火)로서 녹여 주어야만 금(金)의 형체가 형성되기 때문이며, 백납금은 땜납하는 금(金)이기 때문에 이것 역시 화(火)로 녹여주어야만 땜납을 할 수 있기 때문이다.

검봉금(劍鋒金)은 칼과 창으로 이것을 만들려면 쇠를 녹이는 화(火)를 만나야만 칼의 형체를 이룰 수 있기 때문에 이것 역시 화(火)를 만나야 길(吉)하다.

벽력화(霹靂火)와 천상화(天上火)는 벼락 종류의 큰 불과 태양 같은 큰불이기 때문에 이것은 오히려 수(水)를 만나야만 길(吉)하다.

이러한 원리로 산뽕나무처럼 약한 나무에 해당되는 상자목(桑柘木)은 사중토(沙中土), 노방토(路傍土), 대역토(大驛土)를 만나서 목극토(木剋土)로 극(剋)하여 힘을 얻어야 되기 때문에 이들의 만남은 길(吉)하다.

납음오행은 자연(自然)과 인간(人間)이 서로 반응하여 얻어지는 오행(五行)의 기운(氣運)을 판단하는 것이기 때문에 어쩌면 자연과학(自然科學)으로서 현대(現代)를 살아가는 우리들에게 던져주는 의미는 신비스러움 자체이기도 하다.

독자들을 위하여 이러한 납음오행 관계를 쉽게 판단하기 위하여 몇 가지 한자(漢字)를 제시하였으니 상생(相生), 상극(相剋), 상비(相比) 관계 판단시 활용해 주길 바란다.

蠟(땜납 납)	釵(비녀 채)	鋒(깔끝 봉)
爐(화로 로)	釧(팔지 천)	榴(석류 류)
覆(덥을 복)	箔(발 박)	柏(잣나무 백)
靂(벼락 력)	柘(산뽕나무 자)	澗(산골물 간)

지금까지 독자들은 나경(패철) 서용법을 통하여 양택(집)과 음택(묘지)에서 적용되는 풍수지리(風水地理)를 모두 배웠다.

독자들은 여기서 알아야 될 사항은 천지(天地)의 작은 우주(宇宙)로서 정교하게 판단하고 활용할 수 있게 만들어진 나경(패철)을 이용함에 있어서 풍수(風水)의 기본 틀은 반드시 나경을 바탕으로 적용되어야만 되는 것이지, 추론(推論)이나 직감(直感)으로 행한다면 우주 공간에 존재하는 자연과학(自然科學)을 무시하는 행위임을 잊지 말자.

이제 독자들은 풍수지리(風水地理)에서 판단되고, 확인해야 될 수맥(水脈)은 물론 조상 묘지(墓地)에 해당되는 음택(陰宅)과 양택(陽宅) 즉 전원주택과 apt 등에 해당되는 길흉(吉凶) 판단은 아래와 같은 '풍수-감정서'를 통하여 최종 감정해 보면 된다.

<풍수-감정서>

▫의뢰인 성명 (   )   ▫감정일 ; 20   년,   월   일

주소	tel ;		
생년월일시	(음, 양) 년 ( )월 ( )일 ( )시생 사주 참고 사항 ;		사주
구분	▫양택 신규( ), 보수( ), 증설( ) ▫음택( ) ▫기타( )		
위치			

위치 좌표(좌, 향), 수맥, 가택구성법, 본명궁, 귀문방, 천겹문방향, 침실, 사무실, 대문(현관), 화장실, 연못, 금고위치, 황천살, 팔요풍, 삼합오행, 지반정침, 천산72룡, 인반중침, 투지60룡, 천반봉침(88향법) 및 파구, 120분금 및 도로와 하천, 납음오행, 좌, 우선수, 성수오행, 회두극좌, 동총운

※<요도>   북, 남

서   동

동

서

※<참고> 위성 지도와 좌표(좌, 향) 및 사진 그리고 평면도를 포함한 양,
음택 감정 상세도는 별도 제공함.

남, 북

주위 환경	
판 정	
제 안	

제5장, 안장, 이장, 합장, 파묘(산신제, 제사, 제문)

여기서는 망자(亡者)에 대한 장례(葬禮) 안장일(安葬日) 잡기를 시작으로 입, 하관시 피해야될 사람, 그리고 취토(取土)는 물론 요즘은 묘지(墓地) 관리가 어려워 이장(移葬)과 합장(合葬) 그리고 화장(火葬)후 가족묘(家族墓), 납골당(納骨堂), 납골 평장 석관묘, 석물(石物), 자연장(自然葬)은 물론 묘지의 방향(方向)을 결정짓는 회두극좌(回頭剋坐)에 대한 내용 들을 모두 쉽게 구체적으로 설명하였다. 그 이유는 이러한 내용 들은 현대(現代)를 살아가는 우리들이 알아야 될 시대적 배경에 와 있기 때문이다. 따라서 기존의 매장된 묘지를 파묘(破墓) 후 화장(火葬)하거나 혹은 다른 곳으로 이장(移葬)=개장(改葬)에 따른 산신제(山神祭), 제사(祭祀) 그리고 이들과 관련된 제문(祭文)은 물론 준비 절차를 구체적으로 알아보도록 하자.

1. 변화되는 장례문화

- 예전엔 매장문화였으나, 요즘은 묘지를 안치할 명당(明堂) 찾기가 어려울뿐 아니라, 간편성과 묘지 관리의 어려움 등으로 2019년 우리나라의 경우 화장(火葬) 비율은 82.6%가 되었다(일본 화장 비율 99.9%).
- 화장 후 납골당, 가족 납골묘 안치는 물론 '인간은 자연에서 태어나 자연으로 돌아간다'란 의미로 친환경 장례문화 즉 수목장, 잔디장, 정원장, 화초장, 바이오장, 그린(green)장, 디지털장례(QR코드 묘비) 등이 증가 추세에 있다.
- 유골함 선택은 화장 후 납골당(納骨堂)에 골분(骨粉)을 안치하는 경우에는 도자기 혹은 사기 유골함이 좋으나, 자연장(自然葬) 즉 수목장, 잔디장, 정원장, 화초장, 가족 평장 석관묘 등은 땅에 유골함을 묻는 관계로 '도자기' 혹은 '사기 유골함'을 선택하는 경우 차후 유골함에 물고임 현상(水炎), 목염(木炎), 화염(火炎), 풍염(風炎), 충염(蟲炎), 사염(巳炎) 등이 발생되어 오히려 나쁘다. 따라서 자연장에서는 일정 시간후면 자연으로 되돌아가는 '한지 유골함', '전분 유골함', '나무 유골함'을 사용하는 것이 바람직하며, 유골함을 사용하지 않고 골분만 묻는 경우에는 흙과 섞어서 골분을 묻어야 한다.

2. 입관, 하관, 안장일(安葬日) 잡기

망자(亡子)에 대한 안장일(安葬日)은 사망 후 일반적으로 3일 혹은 5일장으로 치러지는 경우가 많으나 제반 여건, 문화 등으로 인해서 안장 택일을 결정하고 선택 한다는 것은 단순한 것이 아니다. 그 이유는 일정상 장례를 치를 수 없는 경우도 있기 때문이다. 안장일의 선택은 이장(移葬), 화장(火葬) 매장(埋葬) 모두 동일하다. 보통 입관(入棺), 하관(下棺)에 따른 안장일(安葬日), 이장(移葬)일은 결혼, 이사, 개업 등에 많이 적용되는 황도정국일(黃道定局日)이 무난하고 또한 입관(入棺), 하관(下棺) 시간으로는 황도시(黃道時)와 귀인시(貴人時)를 선택하면 좋다. 그러나 요즘은 장례(葬禮) 문화(文化) 간소화(簡素化) 그리고 화장장(火葬場) 등의 사용 시간 등으로 인해서 다소 제한적이기도 한다. 이제 안장(安葬)에 따른 제반 사항들을 알아보자.

▫황도정국일(黃道定局日) => 안장, 입, 하관일, 이장일이 좋은날 (※ 제15장, 좋은날(택일) 잡기 참조)

▫황도시(黃道時) => 입관, 하관 좋은 시간

일지	子, 午	丑, 未	寅, 申	辰, 戌	巳, 亥	卯, 酉
시간	午, 申時	巳, 申時	辰, 巳, 未時	辰, 巳, 申時	辰, 午, 未時	午, 未, 時

▫귀인시(貴人時) => 입관, 하관 좋은 시간

일간	甲戊庚	乙己	丙丁	辛	壬癸
시간	未時	申時	酉時	午時	巳時

▫이장(移葬)=개장(改葬)이 좋은날

모든 황도정국일(黃道定局日), 청명(清明), 한식(寒食)날,
경오(庚午), 신미(辛未), 임신(壬申), 계유(癸酉), 무인(戊寅), 기묘(己卯), 임오(壬午), 계미(癸未), 갑신(甲申), 을유(乙酉), 갑오(甲午), 을미(乙未), 병신(丙申), 정유(丁酉), 임인(壬寅), 계묘(癸卯), 병오(丙午), 정미(丁未), 무신(戊申), 기묘(己卯), 경신(庚申), 신유(辛酉)
※<복단일(伏斷日)>은 이장(移葬)을 꺼리는 날이다(※제15장, 좋은날(택일) 잡기 참조).

▫안장주당(安葬主堂) 보는 방법

8	1	2
객(客)	부(父)	남(男)
7	6	5
7		3
부(婦)		손(孫)
8		4
6	5	4
모(母)	여(女)	사(死)
1	2	3

안장주당은 음력으로 판단하는데 입관, 하관일이 적용되는 달이 음력으로 대월(30일)일 때는 부(1,父)에서 최초 1일을 출발하여 시계 방향으로 남(2,男)-손(3,孫)-사(4,死)-여(5,女)-모(6,母)-부(7,婦)-객(8,客)-부(1,父)-남(2,男)…순으로 입관과 하관 당일 날짜만큼 순행하여 확인한다.

만약 입관, 하관일이 음력으로 소월(29일, 28일)일 때는 모(1,母)에서 최초 1일을 출발해서 반시계 방향으로 여(2,女)-사(3,死)-손(4,孫)-남(5,男)-부(6,父)…순으로 입관과 하관 당일 날짜만큼 반대 방향으로 회전하여 확인한다.

□ **안장주당(安葬主堂)으로 본 입관, 하관 때 피해야될 사람**

-안장주당 판단에서 사(死)에 해당되면 : 길(吉)하다.

-안장주당에서 사(死)를 제외한 사람은 입관(入棺)과 하관(下官)때 보지 않고 잠시 피하면 된다. 예를 들면 부(父)는 아버지, 남(男)은 아들, 손(孫)은 손자, 여(女)는 딸, 모(母)는 어머니, 부(婦)는 며느리, 객(客)는 조문객이 된다.

예를 들어보자, 음력으로 2022년 10월 11일 입관, 하관을 한다면 2022년의 10월은 30일까지 있는 달이므로 대월(30일)이다. 따라서 부(1,父)에서 출발하여 남(2,男)-손(3,孫)-사(4,死)…의 시계 방향으로 11번째를 적용해 보면 손(孫)에 해당되므로 망자(亡子)의 손자들은 망자의 입관이나 하관 때 보지 않으면 된다.

3. 입, 하관시 피해야될 사람(회도살 판단법)

회도살(回到殺)이란?

초상 후 입관이나 하관하는 것을 바라보면 충살(沖殺)을 맞는다고 해서 호충(呼沖)이라고 한다. 따라서 희도살에 해당되면 관이나 유골을 땅에 닿는 순간 3분 전 후만 잠시 보지 않으면 충살 즉 회도살(回到殺)을 피할 수 있다. 그래서 하관이나 입관시 지관들이 00띠는 보지 말라고 하는 것인데 회도살은 장일(葬日)이나 입관일(入棺日)의 날짜에 따라서 4가지 띠만 해당되는 것으로 이것의 판단은 아래와 같다.

장일(葬日), 입관일(入棺日)	회도살(回到殺) 띠
자일(子日)	寅(호랑이), 申(원숭이), 巳(뱀), 亥(돼지)
축일(丑日)	子(쥐), 午(말), 卯(토끼), 酉(닭)
인일(寅日)	辰(용), 戌(개), 丑(소), 未(양)
묘일(卯日)	寅(호랑이), 申(원숭이), 巳(뱀), 亥(돼지)
진일(辰日)	子(쥐), 午(말), 卯(토끼), 酉(닭)
사일(巳日)	辰(용), 戌(개), 丑(소), 未(양)

오일(午日)	寅(호랑이), 申(원숭이), 巳(뱀), 亥(돼지)
미일(未日)	子(쥐), 午(말), 卯(토끼), 酉(닭
신일(申日)	辰(용), 戌(개), 丑(소), 未(양)
유일(酉日)	寅(호랑이), 申(원숭이), 巳(뱀), 亥(돼지)
술일(戌日)	子(쥐), 午(말), 卯(토끼), 酉(닭)
해일(亥日)	辰(용), 戌(개), 丑(소), 未(양)

예를 들어보자, 장일(葬日)이 갑오일(甲午日)일 경우 오일(午日)에 해당되므로 寅(호랑이), 申(원숭이), 巳(뱀), 亥(돼지)의 4가지 띠는 하관을 보지 말아야 된다. 입관도 동일하다. 원래 입관(入棺)이나 하관(下棺)때 피해야될 사람들은 안장주당(安葬主堂)으로도 판단해서 적용하는데, 요즘은 친인척 및 상주 감소, 장례문화 간소화 등으로 독자들은 적절하게 활용해 주길 바란다. 이렇게 안장에 따른 기초 작업이 끝났으면 상주(喪主)들에 의한 취토(取土) 작업이 이루어 진다.

4. 취토(取土)

취토(取土)란 하관 후 시신을 덮기 전에 후손들에 의하여 흙을 덮거나 뿌리는 것을 말한다. 원래 취토는 하관시 최초 구덩이속 즉 광중(壙中) 때 맏상주가 상복 자락에 최초 흙을 세 번 받아 하관의 맨 위, 중앙, 그리고 아래쪽에 차례로 흙을 덮을 때 사용되는 흙을 생토방(生土方)이라고 하고, 이후 친척들이나 장례 참가자들에 의하여 흙을 덮고 묘지(墓地)를 만들 때 사용되는 흙을 사토방(死土方)이라고 한다. 생토방(生土方) 흙과 사토방(死土方) 흙은 하관월에 따라 측정된 방위가 다른데, 요즘은 간략하게 이루어지는 경우가 많다. 참고로 월별 하관에 따른 생토와 사토 때 사용되는 흙의 채취 방위는 아래와 같다.

하관월	1월	2월	3월	4월	5월	6월	7월	8월	9월	10월	11월	12월
생토방 (生土方) 방위	子 (북)	巳 (남)	卯辰 (동, 사방)	午 (남)	申 (서)	戌 (사방)	午 (남)	未 (사방)	酉 (서)	午 (남)	申 (서)	戌 (사방)
사토방 (死土方) 방위	午 (남)	亥 (북)	戌亥 (사방, 북)	午 (남)	寅 (동)	辰 (사방)	子 (북)	丑 (사방)	卯 (동)	子 (북)	寅 (동)	辰 (사방)

예를 들어보자.

음력으로 2022년 11월 11일 안장에 따라 사용되는 흙의 방위를 알아보자.

안장 즉 하관일은 11월이므로 최초 맏상주가 안장때 맨 위, 중앙, 그리고 아래쪽에 흙을 덮을 때 사용되는 생토방(生土方) 흙은 서쪽 즉 신(申) 방향의 흙을 사용하고, 이후에 묘지(墓地)를 만들 때 사용되는 사토방(死土方) 흙은 동쪽의 인(寅) 방향 흙을 사용하면 된다. 따라서 이곳에 있는 깨끗한 흙을 취토와 묘지 봉분(封墳)에 사용하면 된다.

5. 이장(移葬)시 주의점

- 묘지를 이장(移葬) 즉 개장(改葬)하는 날짜 즉 묘지 이장 택일은 매우 중요하기 때문에 복단일(伏斷日), 중상일(重喪日) 등의 나쁜 날짜에 옮기면 안되고, 윤달이나 손없는 날은 무조건 다 좋은게 아니라, 나쁜 날도 있기 때문에 반드시 종합적으로 판단해서 전문가와 상의해서 결정해야 된다. 그 이유는 나쁜 날의 경우 파산과 질병을 얻는 경우가 있기 때문이다.
- 이장(移葬)이나 화장(火葬) 처리해야 되는 흉지 묘지 판단은 무덤 풀이 말라 죽고, 무덤이 이유 없이 가라 앉는 경우, 뱀, 쥐, 벌레 구멍이 묘지에 많은 경우, 집안에 음행(淫行)이 발생되고, 자손이 끊기거나, 어린 소년들이 죽거나, 고아, 과부, 불구자, 죄인, 패륜, 변사자, 가산 몰락, 사업실패, 소송 발생, 자손들이 화합하지 못할 때 등이 발생 되는 경우이다. 또는 집안에 재물(財物)은 풍족하나 인물이 없는 경우에는 장풍(藏風)이 잘되는 따뜻한 곳을 찾고, 인물은 많으나 재물이 빈한 경우에는 수세(水勢)가 길한 곳을 찾는 것이다.
- 묘지를 썼는데 6년 안에 큰 재앙이 있으면 이장(移葬)해야 한다(※집은 이사 가서 3년 안에 큰 재앙이 생기면 이사해야 한다).
- 이장(移葬) 등으로 묘지(墓地)를 파묘(破墓) 했을 때 다음 사항일 경우에는 명당(明堂)이기 때문에 파묘를 중지하고 묘지를 다시 원래대로 덮어놓아야 한다. 즉 땅속에 흙이 밝고 건조하며 운기가 살아있는 경우, 유골이 황골(黃骨)되어 있는 경우, 나무뿌리가 관을 감고 있으나, 관속에는 하나도 침입되지 않는 경우, 자손들이 번성한 경우이다.
- 묘지 조성 때 목관(木棺)은 탈관하지 않고 매장하므로 나무뿌리, 개미, 쥐 등이 침범하여 목염(木炎)이나, 충염(蟲炎) 등의 침입을 받기는 쉽지만 명당(明堂)일수록 목관을 사용해야만 탈골 후 땅의 지기(地氣)를 제대로 받을 수 있다. 그러나 석관(石棺)은 관이 썩지 않으므로 나무뿌리, 개미, 쥐 등의 목염이나 충염의 침입은 막을 수 있으나 돌의 차가운 성질로 인해서 결로(結露) 현상으로 물방울이 석관 속에 맺히고 수분이 서리는 단점이 있다. 따라서 묘지 조성 전 풍수 지형을 보고 목관(木棺)과 석관(石棺) 사용을 판단함이 올바른 것이다. 즉, 땅 토질이 양호하고 주위에 나무뿌리 등이 없는 경우의 명당(明堂) 일수록 목관(木棺)이 좋고, 땅 토질이 푸석푸석하여 충(蟲) 즉 벌레들이 있고, 주위에 나무뿌리 등이 있는 경우에는 석관(石棺)이 좋겠다.
- 묘지를 파다가(광중) 물이 나오는 경우에는 반드시 다른 장소를 물색해야 한다.
- 묘지 설정에 따른 좋은 흙은 흙도 아니고 돌도 아닌 비석비토(非石非土)로 만지면 고운 입자로 잘게 부서지는 흙이 좋고, 오방색 즉 황색, 적색, 청색, 흑색, 흰색의 흙이 좋다.
- 이장되는 곳은 정확한 감정에 의거 진행되어야 하며, 좋지 못한 곳에 옮기거나 또는 지형이나 조건에 맞지 않는 석물(石物) 혹은 묘지 치장에 문제가 발생된다면 화(禍)를 자초하게 되는 것이니 이장(移葬)은 세심한 주의가 필요하다.
- 파묘 후에는 완전 100% 유골을 수거해야 되고, 유골은 탈지면과 향수(香水, 향나무 삶은 물), 소독수, 알코올로 깨끗이 닦아서 이물질을 제거해야 한다.

- 새로 이장되는 장소에서의 유골은 원래 구묘의 시신 위치 순서에 맞게 정확하게 배열해서 안장해야 된다(유골 배열이 잘못되거나 혹은 치아 등 일부 뼈 조각이 구묘 장소에 남아 있는 경우 그 부위의 잘못된 기(氣) 즉 동기감응이 발생되므로 후손에게 나쁜 영향을 미친다).
- 이장시 묘지 석물(石物)도 같이 옮기나, 이 경우도 아무렇게 설치하는 것이 아니라, 반드시 이장된 묘지에서 석물 방향 즉 좌향(坐向)이 맞아야 한다(※4장, 나경사용법 참조).
- 파묘 후 묘지를 없애는 경우의 석물(石物)은 가급적 묘지 주인의 이름을 지우고 폐기 처리해야 한다.
- 파묘(破墓)된 곳이 아무리 좋은 명당터일 경우라도 새로운 묘지를 파묘된 곳에 조성하지 않으며, 또한 파묘된 흙으로 새로운 묘지를 조성하지 않는다.
- 이장(移葬)이나 합장(合葬)은 반드시 회두극좌(回頭剋坐) 방향은 아니어야 하고, 명당(明堂)이어야 한다.

6. 부부 합장(合葬), 쌍분(雙墳) 판단

합장(合葬)과 쌍분(雙墳)의 장단점은 합장(合葬)의 경우 같은 조건에서 좋은 혈(穴)에 놓을 수 있고 묘지 관리가 편리한 반면, 쌍분의 경우는 혈(穴)이 비켜 나갈 수 있는 단점이 있고, 묘지 관리가 다소 어렵다. 통상적으로 합장(合葬)의 경우 부부 금술이 좋으면 합장하고, 그렇지 못한 경우는 쌍분으로 한다란 것은 모두 근거 없는 학설이며, 합장과 쌍분의 판단은 묘지 방향(方向)을 잡을 수 없는 회두극좌(回頭剋坐) 방향을 바탕으로 묘지(墓地)를 판단한다. 이와 관련된 부부 합장과 쌍분 판단 방법은 아래와 같다.

<<부부 합장과 쌍분 판단법>>
-부부 중에 먼저 운명한 분의 묘지(墓地)가 있는데, 후에 운명한 분이 먼저 간 묘지 방향(方向)과 회두극좌(回頭剋坐)에 걸리지 않으면, 먼저 모신 분의 묘지는 그대로 두고 20cm ~ 50cm 간격으로 여자의 오른쪽에 남자를 두고, 먼저 운명한 분의 묘지와 같은 좌향(坐向)으로 부부 합장(合葬)을 한다.
-부부 중에 먼저 운명한 분의 묘지(墓地)가 있는데, 후에 운명한 분이 먼저 간 묘지 방향(方向)과 회두극좌(回頭剋坐) 방향에 걸리면, 먼저 모신 분의 묘지는 그대로 두고 옆에 새로운 좌향(坐向)을 잡아 먼저 운명한 분과 쌍분(雙墳)으로 한다.
-부부 중에 먼저 운명한 분의 묘지가 흉(凶)하고 나중에 운명한 분이 회두극좌(回頭剋坐) 방향에 걸리는 경우 혹은 나중에 운명한 분의 묘지 위치를 먼저 운명한 분의 위치 주변에 놓을 수 없는 경우에는 다른 이장(移葬) 장지를 찾아 합장(合葬)과 쌍분(雙墳)을 선택한다.

<<부부 합장(合葬) 방법>>
-누운 상태에서 여자의 오른쪽이 남자를 두며, 합장 묘지의 지형을 보고 회두극좌(回頭剋坐) 방향을 판단해서 합장을 결정한다.

-부인이 2명일 경우 3명의 합장 방법은 중앙이 남자이고, 남자의 왼쪽을 정실부인이며 남자의 오른쪽을 부실부인을 합장한다.

-부인이 3명일 경우 4명의 합장 방법은 중앙이 남자이고, 남자의 왼쪽을 첫째 부인을 남자의 오른쪽을 2째 부인을 안장하고, 남자의 머리 위쪽으로 3째 부인을 안장한다.

<<부부 쌍분(雙墳) 방법>>

-누운 상태에서 여자의 오른쪽이 남자의 묘지(墓地)를 두며, 쌍분 묘지의 지형을 보고 회두극좌(回頭剋坐) 방향을 판단해서 쌍분을 결정한다.

-지형 등으로 인해서 부득이하게 부부(夫婦)의 묘지를 수평(水平)으로 쌍분(雙墳)을 조성하지 못하고(누운 상태에서 여자의 오른쪽이 남자), 부부의 묘를 상하(上下) 혹은 부부의 위치가 좌, 우로 바뀌는 경우 즉 여자의 왼쪽이 남자인 경우에 쌍분 위치는 부인(夫人)의 묘(墓)가 남자의 묘보다 다소 산 위쪽에 둔다. 풍수(風水)적으로 본다면 부부(夫婦) 무덤은 좌, 우 혹은 우, 좌 남녀 위치가 바뀌었다고 해도 무해(無害) 하다.

-부인이 2명일 경우의 쌍분은 2명의 부인 중 회두극좌(回頭剋坐) 방향을 살펴 회두극자가 아니 경우 정실 혹은 부실에 상관없이 1명은 남자와 합장으로 하고, 다른 한명은 합장된 남편 묘의 왼쪽에 하나의 쌍분으로 한다.

-부인이 2명일 경우의 3명이 모두 회두극좌(回頭剋坐) 방향일 경우에는 3개의 쌍분으로 하는데 이때 중앙은 남자, 남자 왼쪽은 정실부인 그리고 남자 오른쪽은 부실부인의 묘를 쌍분으로 조성한다.

특히 이장(移葬)이나 합장(合葬)은 시행전 나쁜 중상일(重喪日), 중일(重日), 복일(復日) 등에 해당되는지 확인 후 진행하고, 시행전 산신제(山神祭), 제사(祭祀) 등의 절차에 의거 진행한다. 합장(合葬)시 흉(凶)한 시간은 다음과 같다.

-갑일일(甲乙일)=>신유시(申酉時)	-무계일(壬癸일)=>축묘사시(丑卯巳時)
-병정일(丙丁일)=>축오신술시(丑午申戌時)	-경오일(庚午일)=>축진사시(丑辰巳時)
-무기일(戊己일)=>진술유시(辰戌酉時)	

7. 역장(逆葬) 및 묘지와 집의 방향

역장(逆葬)이란? 후손의 묘(墓)가 조상의 묘 위쪽에 위치하는 것을 말하는 것으로 지방에 따라서는 금기시한다.

그러나 율곡 이이(栗谷 李珥) 선생 등이나 다른 유명인사들의 경우 조상의 묘지(墓地)보다 오히려 위쪽에 위치해 있다. 따라서 역사적으로 보면 역장(逆葬)의 경우도 자연스러운 장례문화란 사실이다.

그러나 묘(墓)와 집이 서로서로 정면으로 바라보고 있을 경우에만, 집과 묘는 먼저 조성된 것이 해롭다. 즉 먼저 집이 있는데 이후에 집의 정면으로 바라보는 묘를 쓰면 묘는 흥하고 집은 패절 한다. 또한 먼저 집이 있는데 이후에 정면으로 바라보는 묘를 쓰면 묘는 흥하고 집은 패절 한다.

그러나 묘와 집은 서로서로 정면으로 바라보지 않는 경우에는 상관이 없다. 예를 들면 묘(墓)가 집의 뒷면을 바라보는 경우는 묘와 집이 서로서로 정면으로 마주 바라보지 않기 때문에 무방하다.

8. 장례(葬禮), 이장(移葬), 합장(合葬), 가족묘(家族墓), 납골당(納骨堂) 택일시 주의점

장례(葬禮) 행사 즉, 일상적 장례(葬禮), 이장(移葬), 합장(合葬), 가족묘(家族墓), 납골당(納骨堂) 조성에 따른 택일은 중상일(重喪日), 중일(重日), 복일(復日)을 제외하고 행(行)해야 한다. 그 이유는 이들 날짜의 경우 상(喪)에 따른 장례가 계속 이어진다고해서 나쁜 일정으로 보기 때문에 중상일, 중일, 복일은 장례행사를 할 수 없다. 그러나 중상일, 중일, 복일이지만 부득이한 사정으로 3일장 혹은 5일장을 치르는 경우에는 이를 없애주는 중상일진압제살법(重喪日鎭壓制殺法)을 적용해서 장례행사(일상 장례, 이장 등)를 치르면 된다(※참고로 중상일(重喪日), 중일(重日), 복일(復日)의 경우 불교(佛敎)는 불교 방식되로 행하고, 개신교는 무시함).

▫중상일(重喪日), 중일(重日), 복일(復日)

월(음)	1월	2월	3월	4월	5월	6월	7월	8월	9월	10월	11월	12월
중상일 (重喪日)	갑(甲)	을(乙)	기(己)	병(丙)	정(丁)	기(己)	경(庚)	신(辛)	기(己)	임(壬)	계(癸)	기(己)
중일 (重日)	사해 (巳亥)	사해 (巳亥)	사해 (巳亥)	사해 (巳亥)	사해 (巳亥)	사해 (巳亥)	사해 (巳亥)	사해 (巳亥)	사해 (巳亥)	사해 (巳亥)	사해 (巳亥)	사해 (巳亥)
복일 (復日)	경(庚)	신(辛)	무(戊)	임(壬)	계(癸)	무(戊)	갑(甲)	을(乙)	무(戊)	병(丙)	정(丁)	무(戊)

예를 들면, 장례날이 음력 2025년(乙巳年) 1월 14일(辛亥日)일 경우를 판단해 보자. 14일은 신해일(辛亥日)이기 때문에 1월의 해(亥)에 해당되어 중일(重日)에 해당되기 때문에 장례는 물론 이장, 합장, 가족묘 조성 등의 행사를 치를 수 없는 날이다. 이 경우는 중상일진압제살법(重喪日鎭壓制殺法)을 적용시키면 된다.

▫중상일진압제살법(重喪日鎭壓制殺法)

일상 장례(葬禮), 이장(移葬) 등을 치르는 날이 장례를 치를 수 없는 중상일(重喪日), 중일(重日), 복일(復日)일 경우 중상일진압제살법(重喪日鎭壓制殺法)을 적용시켜서 장례를 치르면 된다. 이것은 월별로 쓰여진 중상일진압제살법의 내용을 경명주사(붉은 글씨)로 두 장을 써서, 한 장은 시신(屍身) 우측 부위에 놓고, 나머지 한 장은 하관하기전 시신 밑바닥 좌측 가슴 부위 쪽에 놓으면 나쁜 중상일, 중일, 복일이 제거된다. 월별로 적용시키는 중상일진압제살법은 아래와 같다.

구분	중상일진압제살법
1, 2, 6, 9, 12월에 중상일, 중일, 복일일 경우	육(六) 경(庚) 천(天) 형(刑)
3월에 중상일, 중일, 복일일 경우	육(六) 신(辛) 천(天) 정(廷)
4월에 중상일, 중일, 복일일 경우	육(六) 임(壬) 천(天) 뢰(牢)
5월에 중상일, 중일, 복일일 경우	육(六) 계(癸) 천(天) 옥(獄)
7월에 중상일, 중일, 복일일 경우	육(六) 갑(甲) 천(天) 복(福)
8월에 중상일, 중일, 복일일 경우	육(六) 을(乙) 천(天) 덕(德)
10월에 중상일, 중일, 복일일 경우	육(六) 병(丙) 천(天) 양(陽)
11월에 중상일, 중일, 복일일 경우	육(六) 정(丁) 천(天) 음(陰)

9. 회두극좌(回頭剋坐) 방향 판단

회두극좌란?

사람이 우주에 태어나면서 24방위 중 머리를 둘 수 없는 흉(凶)한 방향(方向)을 회두극좌라고 한다. 회두극좌 방향 판단은 남녀의 구분이 없으며 살아서는 양택(陽宅) 즉 집의 방향은 물론 잠잘 때 침대 방향과 사업장 및 책상 방향도 회두극좌 방향으로 머리를 둘 수 없고, 죽어서 땅에 묻힐 때도 머리를 두어서는 안 되는 방향을 말한다. 즉 천하의 명당(明堂)을 잡고서도 그 사람의 회두극좌(回頭剋坐) 방향에 해당 되면 그 자리에 묘를 쓰지 못하는 것이다. 만약 조상의 묘지(墓地)가 회두극좌 방향이라면 산 사람에게는 흉(凶)하고 장자와 장손은 살충(殺沖)을 받아 패절 한다.

특히 회두극좌(回頭剋坐)는 부부의 묘를 쌍분(雙墳), 합장(合葬) 혹은 몇 개의 묘(墓)로 결정 할것인가?를 판단하는 절대적인 기준으로 활용되고 있다. 회두극좌의 판단은 아래와 같이 태어난 년(年)과 양력(陽曆)을 기준으로 한다.

출생년(양력)	머리를 둘 수 없는 회두극좌(回頭剋坐) 방향	
■기사(己巳), 무인(戊寅), 정해(丁亥), 병신(丙申), 을사(乙巳), 갑인(甲寅), 계해(癸亥)년에 태어난 사람	• 임향(壬向), 자향(子向), 계향(癸向) 방향	북쪽
■경오(庚午), 기묘(己卯), 무자(戊子), 정유(丁酉), 병오(丙午), 을묘(乙卯)년에 태어난 사람	• 미향(未向), 곤향(坤向), 신향(申向) 방향	남서쪽
■신미(辛未), 경진(庚辰), 기축(己丑), 무술(戊戌), 정미(丁未), 병진(丙辰)년에 태어난 사람	• 갑향(甲向), 묘향(卯向), 을향(乙向) 방향	동쪽

■임신(壬申), 신사(辛巳), 경인(庚寅), 기해(己亥), 무신(戊申), 정사(丁巳)년에 태어난 사람	•진향(辰向), 손향(巽向), 사향(巳向) 방향	동남쪽
■계유(癸酉), 임오(壬午), 신묘(辛卯), 경자(庚子), 기유(己酉), 무오(戊午), 갑자(甲子)년에 태어난 사람	•중궁(中宮)으로 흉(凶)한 방위가 없다(※나쁜 방향이 없다).	중(中) ※나쁜 방향이 없다.
■을축(乙丑), 갑술(甲戌), 계미(癸未), 임진(壬辰), 신축(辛丑), 경술(庚戌), 기미(己未)년에 태어난 사람	•술향(戌向), 건향(乾向), 해향(亥向) 방향	서북쪽
■병인(丙寅), 을해(乙亥), 갑신(甲申), 계사(癸巳), 임인(壬寅), 신해(辛亥), 경신(庚申)년에 태어난 사람	•경향(庚向), 유향(酉向), 신향(辛向) 방향	서쪽
■정묘(丁卯), 병자(丙子), 을유(乙酉), 갑오(甲午), 계묘(癸卯), 임자(壬子), 신유(辛酉)년에 태어난 사람	•축향(丑向), 간향(艮向), 인향(寅向) 방향	동북쪽
■무진(戊辰), 정축(丁丑), 병술(丙戌), 을미(乙未), 갑진(甲辰), 계축(癸丑), 임술(壬戌)년에 태어난 사람	•병향(丙向), 오향(午向), 정향(丁向) 방향	남쪽
※<참고> 회두극좌(回頭剋坐)는 머리 방향만을 판단해서 24방위를 적용시키는 것이지 일직선 상에 놓여 있는 다리 방향은 머리 방향이 아니기 때문에 회두극좌 방향에 포함시키지 않는다. 예를 들면 무진(戊辰) 생의 경우 회두극좌의 머리 방향은 병향(丙向) 즉 남쪽이지만, 다리 방향에 해당되는 북쪽은 기사(己巳), 무인(戊寅) 생들에게 회두극좌가 해당되는 방향이 된다.		

예를 들면 기사(己巳)생은 임(壬), 자(子), 계(癸) 방향 즉 북쪽은 머리를 둘 수 없는 회두극좌(回頭剋坐) 방향이 되어 자신의 집 방향과 묘지(墓地) 방향은 물론 부부 합장(合葬), 침대, 사무실, 사업장, 책상 등의 머리 방향을 둘 수 없다.

10. 묘지(墓地) 이장, 사초(莎草), 비석, 합장 작업 판단법(동총운 판단법)

묘지(墓地)를 이장(移葬)하거나 혹은 사초(莎草, 잔디 및 봉분 작업) 즉 묘지가 허물어져 새로운 봉분과 잔디 작업을 해야되는 경우 혹은 새로운 비석(碑石)이나 석물(石物)을 묘지에 조성하는 경우 또는 이장(移葬) 혹은 합장(合葬)을 해야되는 경우가 발생되는데, 이때의 결정은 반드시 동총운(動塚運)으로 판단하고 그 결과를 보고 결정해야만 화(禍)를 막을 수 있다.

동총운 판단은 반드시 묘지(墓地) 현장에서 패철(나경)으로 4층 자오정침 즉 지반정침(地盤正針)으로 남북(南北)을 맞춘 후 정확한 묘지 좌향(坐向) 즉 방향(方向)을 판단해서 결정해야 된다(※풍수지리 나경 사용법 참조).

동총운(動塚運) 판단은 아래와 같다.

묘지의 방향 (패철로 판단)	壬子坐->丙午向 癸丑坐->丁未向 丙午坐->壬子向	乙辰坐->辛戌向 巽巳坐->乾亥向 辛戌坐->乙辰向	艮寅坐->坤申向 甲卯坐->庚酉向 坤申坐->艮寅向

	丁未坐->癸丑向	乾亥坐->巽巳向	庚酉坐->甲卯向
대리운(大利運) (길함)	辰, 戌, 丑, 未 年	②寅, 申, 巳, 亥 年	子, 午, 卯, 酉 年
소리운(小利運) (평함)	子, 午, 卯, 酉 年	辰, 戌, 丑, 未 年	③寅, 申, 巳, 亥 年
중상운(重喪運) (흉함)	①寅, 申, 巳, 亥 年	子, 午, 卯, 酉 年	辰, 戌, 丑, 未 年

동총운(動塚運) 판단 결과 흉(凶)한 년도에 해당되는 중상운(重喪運)이면 당해 년도는 이장, 사초, 비석, 합장 작업은 할 수 없고, 대리운(大利運)이나 혹은 소리운(小利運)이면 이장, 사초, 비석, 합장 작업을 할 수 있다.

이제 동충운 판단법을 예를 들어보자,

2022년은 임인년(壬寅年)이다. 이때 이장(移葬)할 수 있는가?

풀이) 임인년(壬寅年)은 지지(地支)가 ①寅(인)이므로 이장될 묘지의 방향(좌향)이 壬子->丙午, 癸丑->丁未, 丙午->壬子, 丁未->癸丑 방향의 경우 흉한 중상운(重喪運)에 해당되고, 乙辰->辛戌, 巽巳->乾亥, 辛戌->乙辰, 乾亥->巽巳인 경우는 ②寅(인)은 길한 대리운(大利運)에 해당되며, 艮寅->坤申, 甲卯->庚酉, 坤申->艮寅, 庚酉->甲卯인 경우에는 ③寅(인)은 평한 소리운(小利運)에 해당 된다.

따라서, 2022년은 임인년(壬寅年)에서는 묘지의 방향이 壬子->丙午, 癸丑->丁未, 丙午->壬子, 丁未->癸丑 방향인 경우 흉한 중상운(重喪運)에 해당되므로 묘지 이장(移葬)은 물론 사초, 비석, 합장 작업을 할 수 없다.

그러나 2023년 계묘년(癸卯年)에서는 묘지 방향이 壬子->丙午, 癸丑->丁未, 丙午->壬子, 丁未->癸丑인 경우에는 지지 묘(卯)가 소리운(小利運)에 해당되므로 이장(移葬)할 수 있다.

독자들은 이장이나, 사초, 비석, 합장을 할 경우 반드시 동총운(動塚運)을 판단후 실시해 주고, 비록 동총운이 맞다고 하더라도 이장(移葬)이나 합장(合葬)을 할 경우는 자손들 간에 서로 의견이 일치해야 하고, 윗대조 묘를 이장할 경우는 문중의 합의를 얻어야 한다는 사실을 잊지 말자.

11. 이장(移葬), 가족묘(家族墓), 납골당(納骨堂), 자연장(自然葬) 준비 절차

요즘은 묘지(墓地) 관리가 어려워 처음부터 화장(火葬)을 하거나 혹은 개인적 구성원으로 만든 가족묘(家族墓), 납골당(納骨堂), 납골 평장의 석물(石物)은 물론 자연장(自然葬)으로 조성하는 경우가 많다. 따라서 기존의 매장된 묘지를 파묘(破墓) 후 화장(火葬)하거나 혹은 다른 곳으로 이장(移葬)하여 경우가 많다.

이제 이러한 준비 절차를 알아보자.

기존의 묘지(墓地)를 파묘(破墓)하여 화장하거나 혹은 다른 장소로 이장(移葬)하는 경우에는 관할 동, 면사무소 혹은 시청, 공원묘지관리소 등에서 발급하는 '개장신고서'를 먼저 접수하여 허가를 받아야 된다. 이때 필요한 준비 서류는 다음과 같다.

- 직계가족 신청자의 도장, 주민등록증
- 망자의 제적등본 혹은 가족관계 증명서
- 묘지 현장 사진(비석이 있는 경우 쓰여진 글자가 보일 수 있게 촬영한다)
- 묘지의 지번과 주소
※<참고> 원래 최초 묘지(墓地) 조성 후 30일 이내 관할 동, 면사무소 혹은 시청에 신고(장사 등에 관한 법 8조1항)해야 되는 것이 원칙이다. 이 경우 차후 행정처리 발생시 쉽게 업무를 볼 수 있다. 그러나 이것이 잘 이루어지지 않고 있는 실정이다.

설사 자신의 산이나 땅으로 이장(移葬)을 진행하는 경우에도 개장신고서로 허가를 받아야만 차후 어떤 행정 사항(발전지구 등)으로 변경될 경우 합법적인 조건을 성립시킬 수 있다. 특히 파묘(破墓) 후 유골을 화장장(火葬場)에서 화장처리 할 경우에는 반드시 관할 동사무소에서 허가받은 개장신고서가 있어야만 화장 처리할 수 있다.

12. 파묘(破墓)에서 이장(移葬) 진행 절차(산신제, 제사, 제문)

최초 파묘(破墓)에서 화장, 가족묘, 납골당, 납골 평장, 자연장에 따른 산신제(山神祭)는 물론 이장(移葬)=개장(改葬)의 진행 절차는 다음과 같다.

(1) 파묘전 가장 먼저 구묘(舊墓)의 묘지 앞에서 묘지를 보았을 때 묘지 오른쪽 위의 위치에서 산신제(山神祭)를 올린다.

　-산신제 올리는 음식은 보통 3색 과일 대추(조, 棗), 밤(율, 栗), 곶감 혹은 감(시, 柿)을 기본으로 여기서 배(이, 梨)를 추가하면 되고, 북어, 막걸리, 식혜, 돗자리, 양초 등이다.

　-산신제 제문을 읽은 후 대표 가족과 풍수 지관만 산신제 제사를 지낸다(※3배 반절을 한다. 즉 1

번은 야간 구부려 예의를 갖추고, 실질적인 절은 3번 하는 것).

-산신제 제문(사토지)은 아래와 같다.

(사토지 제문)
維(유) 歲次庚子五月辛巳朔十五日己酉(세차경자오월신사삭십오일기유)
幼學(槿洙)(敢昭告于)(유학근수감소고우)
土地之神(토지지신) 玆有(자유) 顯考(郡守)綾城具公(현고군수능성구공) 卜宅玆地(복택자지)
恐有他患(공유타환) 將啓窆遷于(장계폄천우) 謹以(근이) 淸酌脯醢(청작포혜)
祗薦于神(지천우신) 神其佑之(신기우지) 尙(상) 饗(향)
(해석) 경자년 5월 15일에 (근수)는 감히 토지 신께 고하나이다. 아버지(군수)능성구공의 묘를 이 땅에 썼더니 다른 근심이 두려워서 장차 관을 열어서 다른 곳으로 옮기려고 하와 삼가 맑은 술과 포혜를 신께 천신하오니 신께서는 도와 주시옵소서 라는 뜻이다.
※ <참고>
■ 庚子年(경자년), 辛巳月(5월), 己酉日(15일) => 파묘전 산신제 지내는 날
■ 槿洙(근수) => 산신제 지내는 제사자 이름(대표 직계가족 이름)
■ 敢昭告于(감소고우) => 삼가 고한다의 뜻으로 산신제 올리는 제주보다 고인이 항렬이 높으면 敢昭告于(감소고우), 낮으면 敢(감)자를 버리고 昭告于(소고우)만 쓴다(※아내는 昭告于(소고우)만 쓰며, 아우 이하는 告于(고우)만 쓴다).
■ 郡守(군수) => 조상(祖上)의 관직이나 직함에 맞게 기재하는데, 직함이 없는 남자 조상은 학생(學生)으로, 여자 조상은 유인(孺人)으로 기재한다. 직함이 있으면 이들(학생, 유인) 대신 직함을 기재한다. 직함이 군수(郡守)였던 아버지는 현고군수능성구공(顯考郡守綾城具公)으로, 직함이 없는 조부(祖父)는 현조고학생부군지묘(顯祖考學生府君之墓)로, 직함이 없었던 어머니는 현비유인○○김씨지묘(顯妣孺人○○金氏之墓)로 한다. 이때 앞부분은 제사 지방과 동일하게 기재 한다.
■ (謹以)(근이) => 산신제 제주보다 고인이 항렬이 높으면 근이(謹以), 항렬이 낮으면 자이(玆以)로 기재한다(※참고 부인은 자이로 기재한다).
※제문은 한글로 써서 사용해도 무방하며, 아울러 자신이 사용할 경우는 산신제 지내는 날, 산신제 지내는 제사자, 고인의 관직(제사 지방), 감소고우, 근이 등을 변경하면 된다.

(2) 산신제 후 파묘될 묘지(墓地)에서 제사를 지낸다.

-파묘될 묘지에서 올리는 제사 음식은 보통 3색 과일 대추(조, 棗), 밤(율, 栗), 곶감 혹은 감(시, 柿)을 기본으로 여기서 배(이, 梨)를 추가하면 되고, 나물 종류는 3색 나물(고사리, 도라지, 시금치)를 기본으로 조기, 명태포 종류 및 약주, 양초 등을 준비하면 된다.

-파묘될 묘지에서 제사 제문을 읽고 제사를 지낸다(※2배 반절을 한다. 즉 1번은 약간 구부려 예의를 갖추고, 실질적인 절은 2번 하는 것).

-제사 제문(당위고사)은 아래와 같다.

(당위고사 제문)
維(유)
歲次庚子五月辛巳朔十五日己酉(세차경자오월신사삭십오일기유)
寬容親郡守綾城具公(관용친군수능성구공) 幼學槿洙(유학근수) 敢昭告于(감소고우)
顯考郡守綾城具公(현고군수능성구공)
體魄托菲(체백탁비) 其地恐有(기지공유) 意外之患驚(의외지환경) 動先靈不勝(동선령불승)

憂懼將卜以是五月十五日改葬于鐵岩山所(우구장복이시오월십오일개장철암산소)
謹以(근이) 酒果用伸虔告謹告(주과용신건고근고)
(해석) 경자년 5월 9일에 관용 아버님께 유학 근수는 감히 고하나이다. 체백을 위탁하실 땅이 아니므로 뜻밖에 근심이 있어서 신령이 경동하실까 두려워서 근심이 되고 황공(惶恐, 황홀하고 두렵다)함을 이기지 못하여 장차 5월15일에 날짜를 가리어서 철암산으로 개장을 하겠사옵기에 주과(酒果, 술과 과일)로서 그 사유를 고하나이다. 라는 뜻이다.

※ <참고>

■ 庚子年(경자년), 辛巳月(5월), 己酉日(15일) => 파묘될 묘지에 제사 지내는 날

■ 寬容(관용) => 고인의 자손(子孫)

■ 槿洙(근수) => 파묘 제사자 이름(대표 직계가족 이름)

■ 郡守(군수) => 조상(祖上)의 관직이나 직함에 맞게 기재하는데, 직함이 없는 남자 조상은 학생(學生)으로, 여자 조상은 유인(孺人)으로 기재한다. 직함이 있으면 이들(학생, 유인) 대신 직함을 기재한다. 직함이 군수(郡守)였던 아버지는 현고군수능성구공(顯考郡守綾城具公)으로, 직함이 없는 조부(祖父)는 현조고학생부군지묘(顯祖考學生府君之墓)로, 직함이 없었던 어머니는 현비유인○○김씨지묘(顯妣孺人○○金氏之墓)로 한다. 이때 앞부분은 제사 지방과 동일하게 기재 한다.

■ 鐵岩山(철암산) => 파묘 후 이장될 산 이름

※ 제문은 한글로 써서 사용해도 무방하며, 아울러 자신이 사용할 경우는 제사 올리는 날, 고인의 이름, 제사자 이름, 고인 관직, 이장될 산 이름 등을 변경하면 된다.

(3) 파묘될 묘지(墓地)에서 제사 후 아래와 같이 파묘 제문을 읽는다.

(파묘 제문)
維(유) 歲次庚子五月辛巳朔十五日己酉(세차경자오월신사삭십오일기유)
寬容親(郡守)綾城具公(관용친군수능성구공) 幼學(槿洙)(敢昭告于)(유학근수감소고우)
顯考(郡守)綾城具公(현고군수성구공)
葬于茲地(장우자지) 歲月滋久(세월자구) 體魄不寧(체백불녕) 今將改葬(영장개장)
伏惟尊靈(복유존영) 不震不驚(불진불경)
(해석) 경자년 5월 15일 관용 부친께 유학 박근수는 감히 고하나이다. 장지를 이 곳에 만든지 오랜 세월이 흘러 혼백과 시신이 편안하지 못하여 새로운 산소를 만들어 드리고자 이 산소를 파게 되오니 천둥 같은 소리가 들리더라도 놀라지 마시옵소서 라는 뜻이다.

※ <참고>

■ 庚子年(경자년), 辛巳月(5월), 己酉日(15일) => 파묘 시작되기 전

■ 寬容(관용) => 고인의 자손(子孫)

■ 朴槿洙(박근수) => 파묘 제사자 이름(대표 직계가족 이름)

■ 郡守(군수) => 조상(祖上)의 관직이나 직함에 맞게 기재한다. 직함이 군수(郡守)였던 아버지는 현고군수능성구공(顯考郡守綾城具公), 직함이 없는 조부(祖父)는 현조고학생부군지묘(顯祖考學生府君之墓), 직함이 없었던 어머니는 현비유인○○김씨지묘(顯妣孺人○○金氏之墓)로 기재 한다(※앞부분은 제사 지방과 동일).

※ 제문은 한글로 써서 사용해도 무방하며, 아울러 자신이 사용할 경우는 제사 올리는 날, 고인의 이름, 제사자 이름, 고인의 관직 등을 변경하면 된다.

(4) 파묘 제문을 읽은 후 파묘될 묘지의 맨 위에 삽으로 한번 찍으면서 '파묘'라고 외치고, 다음 묘지의 양옆을 각각 삽을 찍으면서 '파묘'라고 외친 후 산소를 파 들어가기 시작한다 (포크레인).

(5) 관이 나오기 시작하면 유골이 훼손되지 않도록 조심하면서 사람이 파 들어간다.

(6) 관을 열고 유골을 두상부터 시작하여 수습하는데, 유골 모두를 칠성판(널판지 혹은 일반판)에 올려놓은 후 탈지면과 소독수, 알콜 혹은 향수(香水, 향나무를 삶은 물)로 깨끗이 닦아서 이물질을 제거하고, 창호지(창호지나 한지는 20여장 준비)로 1차 염습을 하고(닦은 유골을 창호지로 싼다), 그리고 최종적으로 삼배(20자 1필)로 유골 전체를 싼후 개장관(유골모시는 관)에 넣는다. 유골이 흔들리지 않게 꽃이나 화장지 등으로 가득 채운다.

(7) 특히 유골은 신체 구조에 의거 머리, 가슴, 왼쪽 팔, 오른쪽 팔, 왼쪽 다리, 오른쪽 다리 등은 혼동되지 않도록 각각 백지에 싼 후 반드시 매직이나 싸인펜으로 적어서 섞이지 않아야 되며, 유골은 100% 수습이되어야 한다. 그 이유는 파묘(破墓)시 유골 일부가 남아 있거나 혹은 이장(移葬)하는 경우 유골의 위치가 바뀐 상태에서 이장(移葬)하는 경우 동기감응(同氣感應)으로 후손들에게 큰 해(害)를 미치기 때문에 원래 시신 위치 대로 유골은 모두 수습되어야 하고, 이장되어야 한다.

(8) 척추뼈는 미리 준비해간 노끈으로 흐트러지지 않게 아래로부터 꿰어놓는다.

(9) 일반적으로 육탈 기간은 토양이 중성이나 알카리성 그리고 매장의 깊이에 따라서 다르나 3~5년 혹은 길게는 약 15년으로 보고 있다. 그러나 수맥이 있거나 시신이 물에 떠 있는 경우는 수십년이 되어도 육탈되지 않는다. 따라서 육탈되지 않는 시신은 일반관(큰관)을 준비해서 화장장(火葬場) 등에서 처리하는 경우도 있다.

(10) 만약 이장(移葬)이나 화장(火葬)을 하기 위하여 파묘를 하였는데 아직 일부분 육탈이 되지 않은 상태라면 대나무 칼로 시신의 살을 발라내고 유골만 수습한다.

(11) 유골이 수습되고 나면 아직 썩지 않은 파묘된 관과 수의 등은 태워버린다.

(12) 유골 수습이 끝나면, 파묘(破墓)된 곳은 땅을 다시 평평하게 만들거나 혹은 나무 등을 심어 놓는다.

(13) 파묘(破墓) 후 이장(移葬)에 따른 새로운 묘지로 이동하거나 혹은 화장장(火葬場)으로

이동할 경우에는 영구차를 이용하는 것이 조상에 대한 예의이다.

(14) 이장(移葬)할 묘지 앞에서 묘지를 보았을 때 묘지 오른쪽 위에 가서 먼저 산신제(山神祭)를 올린다.

- 산신제 올리는 음식은 보통 3색 과일 대추(조, 棗), 밤(율, 栗), 곶감 혹은 감(시, 枾)을 기본으로 여기서 배(이, 梨)를 추가하면 되고, 북어, 막걸리, 식혜, 돗자리, 양초 등이다.
- 산신제 제문을 읽은 후 대표 가족과 풍수 지관만 산신제 제사를 지낸다(※3배 반절을 한다. 즉 1번은 야간 구부려 예의를 갖추고, 실질적인 절은 3번 하는 것).
- 이장될 묘지 산에서 산신제 제문은 아래와 같다.

(이장될 묘지 산에서 산신제 제문)
維(유) 歲次庚子五月辛巳朔十五日己酉(세차경자오월신사삭십오일기유)
幼學(槿洙)(유학근수) (敢昭告于)(감소고우)
土地神(토지신) 今爲(금위) 顯考(郡守)綾城具公(현고군수능성구공)
宅兆不利택(조불리) 將改葬于此(장개장우차) 神其保佑(신기보우비) 碑無後艱(비무후간)
謹以(근이) 淸酌脯果(청작포과) 祗薦于神(지천우신) 尙(상) 饗(향)
(해석) 경자년 5월 15일 근수는 감히 토지신께 고하나이다. 아버지(군수) 능성구공의 무덤이 불리하여 여기에 새로이 묘를 만들겠사오니 신께서 보호하시고 후환이 없게 하여 주시길 바라와 주과를 올리오니 흠향하시옵소서 라는 뜻이다.

※ <참고>
- 庚子年(경자년), 辛巳月(5월), 己酉日(15일) => 새롭게 이장될 묘지 산신제 지내는 날
- 朴槿洙(박근수) => 산신제 지내는 제사자 이름(대표 직계가족 이름)
- 郡守(군수) => 조상(祖上)의 관직이나 직함에 맞게 기재한다. 직함이 군수(郡守)였던 아버지는 현고군수능성구공(顯考郡守綾城具公), 직함이 없는 조부(祖父)는 현조고학생부군지묘(顯祖考學生府君之墓), 직함이 없었던 어머니는 현비유인○○김씨지묘(顯妣孺人○○金氏之墓)로 기재 한다(※앞부분은 제사 지방과 동일).
- ※ 제문은 한글로 써서 사용해도 무방하며, 아울러 자신이 사용할 경우는 제사 올리는 날, 제사자 이름, 고인의 관직 등을 변경하면 된다.

(15) 이장될 곳에 약 1.5m 땅을 파고 새로운 묘지를 만든다.

(16) 묘지 맨 밑바닥에 잘게 부순 참숯(땅바닥의 악기와 습기 제거)을 넣은 후 황토로 덥고 다시 벌레 곤충들이 침범하지 못하게 유황을 엷게 깐 후 다시 황토흙으로 덥는다.

(17) 하관 후 혈토를 덮어주면서 묘지의 봉분과 바닥은 잔디를 심어 완성한다.

(18) 상석을 놓지 않는 경우는 묘지 앞에 토석을 만드는데, 이때는 패철 등으로 방위(方位)를 맞추어 놓는다(※풍수지리 패철 사용법 참조).

(19) 이렇게 이장(移葬)한 묘지의 봉분 만들기와 주변 정리가 다 마무리되면 새로 만든 이장된 묘지에서 제사를 지낸다.

-이장된 묘지에서 올리는 제사 음식은 보통 3색 과일 대추(조, 棗), 밤(율, 棗), 곶감 혹은 감(시, 柿)을 기본으로 여기서 배(이, 梨)를 추가하면 되고, 나물 종류는 3색 나물(고사리, 도라지, 시금치)를 기본으로 조기, 명태포 종류 및 약주, 양초 등을 준비하면 된다.

-제문을 읽은 후 이장한 묘지에 제사를 지낸다(※2배 반절을 한다. 즉 1번은 약간 구부려 예의를 갖추고, 실질적인 절은 2번 하는 것).

-이장한 묘지에서 제사 제문(이장한 묘지를 다 만든 후 제사 제문)은 아래와 같다.

(이장된 묘지에서 제사 제문)
維(유) 歲次庚子五月辛巳朔十五日己酉(세차경자오월신사삭십오일기유)
孝子(槿洙) (敢昭告于)(효자근수감소고우)
顯考(郡守)綾城具公(현고군수능성구공)
之墓(지묘) 新改幽宅(신개유택) 事畢封塋(사필봉영)
伏惟尊靈(복유존영) 永安體魄(영안체백)
(해석) 경자년 5월 15일에 효자 근수는 아버님께 감히 고하나이다. 지금 산소를 이 곳의 새로운 유택을 마련하여 일이 끝나 존령에 엎드려 바라옵건데 영원히 평안 하옵소서 라는 뜻이다.
※<참고>
■ 庚子年(경자년), 辛巳月(5월), 己酉日(15일) => 이장된 현장 묘지가 완성된 날
■ 槿洙(근수) => 제사자 이름(대표 직계가족 이름)
■ 郡守(군수) => 조상(祖上)의 관직이나 직함에 맞게 기재하는데, 직함이 없는 남자 조상은 학생(學生)으로, 여자 조상은 유인(孺人)으로 기재한다. 직함이 있으면 이들(학생, 유인) 대신 직함을 기재한다. 직함이 군수(郡守)였던 아버지는 현고군수능성구공(顯考郡守綾城具公)으로, 직함이 없는 조부(祖父)는 현조고학생부군지묘(顯祖考學生府君之墓)로, 직함이 없었던 어머니는 현비유인○○김씨지묘(顯妣孺人○○金氏之墓)로 한다. 이때 앞부분은 제사 지방과 동일하게 기재 한다.
※ 제문은 한글로 써서 사용해도 무방하며, 아울러 자신이 사용할 경우는 제사 올리는 날, 제사자 이름, 고인의 관직 등을 변경하면 된다.

(20) 이장(납골당, 가족묘지, 자연장 등)이나 묘지(墓地) 조성을 마무리하고 지내는 제사 즉 우제(虞祭)에는 3번의 제사를 말하는데, 장례를 마치고 돌아온 첫날 저녁에 집에서 지내는 초우 제사가 있고, 초우제를 지낸 다음날 아침에 지내는 재우 제사 그리고 재우 제사를 지낸 다음날 현장 묘지(墓地)에서 지내는 삼우 제사가 있다. 그러나 요즘은 장례 간소화로 우제(초우, 재우, 삼우제) 중 초우, 재우 제사를 생략하고 삼우제만 지내는 경우와 초우, 재우, 삼우제를 구분하지 않고, 묘지 안장 완료 후 혹은 이장이 완료된 후 현지 묘지(墓地)에서 지내는 1번의 탈상(脫喪) 제사로 모두 끝내는 경우도 있다.

-일반 집에서 제사 지내는 것처럼 우제(虞祭) 제사 음식은 보통 3색 과일 대추(조, 棗), 밤(율, 棗), 곶감 혹은 감(시, 柿)을 기본으로 여기서 배(이, 梨)를 추가하면 되고, 나물 종류는 3색 나물(고사리, 도라지, 시금치)를 기본으로 조기, 명태포 종류 및 약주, 양초 등을 준비하면 된다.

-우제 제문을 읽은 후 제사를 지낸다.

-우제 제사의 제문은 아래와 같다.

(우제 제문)
維(유) 歲次庚子五月辛巳朔十五日己酉(세차경자오월신사삭십오일기유)
孝子(효자) (槿洙)(근수) (敢昭告于)(감소고우)
顯考(郡守)綾城具公(현고군수능성구공)
親改幽宅(친개유택) 펌禮己畢(폄례기필) 夙夜摩寧(숙야마녕) 啼號罔極(제호망극)
謹以淸酌(근이청작) 庶羞祗薦(서수지천) 虞事(우사) 尙(상) 饗(향)
(해석) 경자년 5월 15일에 효자 근수는 감히 아버님께 고하나이다. 이번에 아버님의 유택을 새로이 마련하고 목놓아 울어보아도 애틋한 마음 금할 길 없사옵니다. 편안하시길 바라와 맑은 술을 올리오니 흠향 하시옵소서 라는 뜻이다.
※<참고>
■ 庚子年(경자년), 辛巳月(5월), 己酉日(15일) => 이장 후 최초 집에서 우제(虞祭) 지내는 날
■ 槿洙(근수) => 제사자 이름(직계가족 이름)
■ 郡守(군수) => 조상(祖上)의 관직이나 직함에 맞게 기재한다. 직함이 군수(郡守)였던 아버지는 현고군수능성구공(顯考郡守綾城具公), 직함이 없는 조부(祖父)는 현조고학생부군지묘(顯祖考學生府君之墓), 직함이 없었던 어머니는 현비유인○○김씨지묘(顯妣孺人○○金氏之墓)로 기재 한다(※앞부분은 제사 지방과 동일).
※ 제문은 한글로 써서 사용해도 무방하며, 아울러 자신이 사용할 경우는 제사 올리는 날, 제사자 이름, 고인의 관직 등을 변경하면 된다.

(21) 만약 묘지 그 자리 혹은 다른 장소에서 화장(火葬) 후 가족묘, 납골당 등의 가족 석물(石物)을 만들어 전 가족의 유골을 모시거나 혹은 석물(石物)을 세울 때는 먼저 묘지 앞에서 묘지를 보았을 때 묘지의 오른쪽 위쪽에서 산신제(山神祭)를 올린 후 해당 묘지 앞에서 제사를 올리면 된다.

- 산신제 올리는 음식은 보통 3색 과일 대추(조, 棗), 밤(율, 栗), 곶감 혹은 감(시, 柿)을 기본으로 여기서 배(이, 梨)를 추가하면 되고, 북어, 막걸리, 식혜, 돗자리, 양초 등이다.
- 산신제 제문을 읽은 후 대표 가족과 풍수 지관만 산신제 제사를 지낸다(※3배 반절을 한다. 즉 1번은 야간 구부려 예의를 갖추고, 실질적인 절은 3번 하는 것).
- 석물 세울 때 산신제 제문은 아래와 같다.

(석물 세울 때 산신제 제문)
維(유) 歲次庚子五月辛巳朔十五日己酉(세차경자오월신사삭십오일기유)
幼學(槿洙)(유학근수) (敢昭告于)(감소고우)
土地之神(토지지신) 今爲(금위) 顯考(郡守)綾城具公(현고군수능성구공)
謹具石物用表墓道(근구석물용표묘도) 神其保佑(신기보우) 碑無後艱(비무후간)
(謹以)酒果(근이주과) 祗薦于神(지천우신) 尙(상) 饗(향)
(해석) 경자년 5월 15일에 근수는 감히 산신께 고하나이다. 아버지 군수 능성구공의 묘소에 삼가 석물을 갖추어 세우고자 하오니 신께서 도와주셔서 아무 후환이 없도록 하여 주시옵길 바라와 주과를 올리오니 흠향하시옵소서 라는 뜻이다.
※<참고>

- 庚子年(경자년), 辛巳月(5월), 己酉日(15일) => 묘지에 석물을 세우는 날
- 槿洙(근수) => 제사자 이름(대표 직계가족 이름)
- 郡守(군수) => 조상(祖上)의 관직이나 직함에 맞게 기재하는데, 직함이 없는 남자 조상은 학생(學生) 으로, 여자 조상은 유인(孺人)으로 기재한다. 직함이 있으면 이들(학생, 유인) 대신 직함을 기재한다. 직함이 군수(郡守)였던 아버지는 현고군수능성구공(顯考郡守綾城具公)으로, 직함이 없는 조부(祖父) 는 현조고학생부군지묘(顯祖考學生府君之墓)로, 직함이 없었던 어머니는 현비유인○○김씨지묘(顯 妣孺人○○金氏之墓)로 한다. 이때 앞부분은 제사 지방과 동일하게 기재 한다.

※ 제문은 한글로 써서 사용해도 무방하며, 아울러 자신이 사용할 경우는 제사 올리는 날, 제사자 이름, 고인의 관직 등을 변경하면 된다.

(22) 석물(石物) 세울 때 제문

(석물 세울 때 제문)
維(유) 歲次庚子五月辛巳朔十五日己酉(세차경자오월신사삭십오일기유)
孝子(槿洙)(효자근수) (敢昭告于)(감소고우)
顯考(郡守)綾城具公(현고군수능성구공)
伏惟尊靈是照是安(복유존영시조시안)
(해석) 경자년 5월 15일에 효자 근수는 아버님께 감히 고 하나이다. 석물을 세웠사오니 존영께서는 편안히 계시옵소서 라는 뜻이다. ※<참고> - 庚子年(경자년), 辛巳月(5월), 己酉日(15일) => 묘지에 석물을 세우는 날 - 槿洙(박근수) => 제사자 이름(대표 직계가족 이름) - 郡守(군수) => 조상(祖上)의 관직이나 직함에 맞게 기재하는데, 직함이 없는 남자 조상은 학생(學生) 으로, 여자 조상은 유인(孺人)으로 기재한다. 직함이 있으면 이들(학생, 유인) 대신 직함을 기재한다. 직함이 군수(郡守)였던 아버지는 현고군수능성구공(顯考郡守綾城具公)으로, 직함이 없는 조부(祖父) 는 현조고학생부군지묘(顯祖考學生府君之墓)로, 직함이 없었던 어머니는 현비유인○○김씨지묘(顯 妣孺人○○金氏之墓)로 한다. 이때 앞부분은 제사 지방과 동일하게 기재 한다. ※ 제문은 한글로 써서 사용해도 무방하며, 아울러 자신이 사용할 경우는 제사 올리는 날, 제사자 이름, 고인의 관직 등을 변경하면 된다.

(23) 묘지 사초(莎草, 잔디 및 봉분작업) 작업 때 제문

(사초 시작하기 전 산신제(山神祭) 제문)
維歲次 (干支) (某)月 (干支)朔 (某)日 (干支)
유세차 (간지) (모)월 (간지)삭 (모)일 (간지)
(奉仕者 이름) (敢昭告于) 土地之神 今爲 (某貫某公) 塚宅崩頹 將加修治
(봉사자 이름) (감소고우) 토지지신 금위 (모관모공) 총택붕퇴 장가수치
神其保佑 碑無後艱 (謹以)酒果 祇薦于神 尙饗
신기보우 비무후간 (근이)주과 지천우신 상향
(해석) 모년 모월 모일 (아무개)는 감히 토지지신에게 고하나이다. 이제 (모관모공)의 무덤이 허물 어져 장차 수리하겠습니다. 신께서 보우하사 후환이 없게 하옵소서. 삼가 주과를 차려 공경하오

니 흠향하옵소서 라는 뜻이다.

※<참고> 모관모공(某貫某公) : 본관과 성씨, 관직을 기재(※직함이나 관직이 없는 남자 조상은 학생(學生)으로, 여자 조상은 유인(孺人)으로 기재한다).

(사초 시작하기 전 묘지에서 지내는 제문)
維歲次 (干支) (某)月 (干支)朔 (某)日 (干支)
유세차 (간지) (모)월 (간지)삭 (모)일 (간지)
孝子(奉仕者 이름) 敢昭告于 顯考(某貫)府君之墓 歲月滋久 草衰土碑
효자(봉사자 이름) 감소고우 현고(모관)부군지묘 세월자구 초쇠토비
今以吉辰 益封改莎 伏惟尊靈 不震不驚 謹以酒果 用伸虔告 謹告
금이길신 익봉개사 복유존령 불진불경 근이주과 용신건고 근고
(해석) 모년 모월 모일 효자(아무개)는 감히 아버님의 묘에 고하나이다. 세월이 오래되어서 묘에 풀도 없어지고 흙도 무너졌습니다. 오늘이 길한 날이라 봉분을 더하고 떼를 다시 입히려 하옵니다. 엎드려 바라오니 존령께서는 진동하거나 놀라지 마소서. 삼가 주과를 공경하게 펴놓고 고하나이다 라는 뜻이다.
※<참고> 모관(某貫) : 관직 기재(※관직이 없으면 남자 조상(祖上)은 학생(學生)으로, 여자 조상(祖上)은 유인(孺人)으로 함). 예를 들어 부(父)가 군수(郡守)인 경우 현고군수능성구공(顯考郡守綾城具公)으로, 관직이 없었던 아버지는 현고학생부군지묘(顯考學生府君之墓)로, 관직이 없었던 모(母)는 현비유인○○김씨지묘(顯妣孺人○○金氏之墓)로 한다(※앞부분은 제사 지방과 동일).

(사초를 끝낸 후 묘지에서 지내는 제문)
維歲次 (干支) (某)月 (干支)朔 (某)日 (干支)
유세차 (간지) (모)월 (간지)삭 (모)일 (간지)
孝子(奉仕者 이름) 敢昭告于 顯考(某貫)府君之墓 旣封旣莎 舊宅維新
효자(봉사자 이름) 감소고우 현고(모관)부군지묘 기봉기사 구택유신
伏惟尊靈 永世是寧
복유존령 영세시녕
(해석) 모년 모월 모일 효자 (아무개)는 감히 아버님의 묘에 고하나이다. 이미 봉분을 보수하고 새로 잔디를 입혔으니 옛집이 새로워졌습니다. 엎드려 바라오니 존령께서는 영세토록 편안하소서 라는 뜻이다.

(사초를 끝낸 후 산신제 지내는 제문)
維歲次 (干支) (某)月 (干支)朔 (某)日 (干支)
유세차 (간지) (모)월 (간지)삭 (모)일 (간지)
(奉仕者 이름) (敢昭告于) 土地之神 今爲 (某貫某公) 旣封旣莎 舊宅維新
(봉사자 이름) (감소고우) 토지지신 금위 (모관모공) 기봉기사 구택유신
神其保佑 碑無後艱 謹以酒果 祗薦于神 尙饗
신기보우 비무후간 근이주과 지천우신 상향
(해석) 모년 모월 모일 (아무개)는 감히 토지지신에게 고하나이다. 이미 봉분을 보수하고 새로 잔디를

입혔으니 옛집이 새로워졌습니다. 신께서 보호하시어 후한이 없게 하옵소서. 삼가 주과를 차려 공경
하오니 흠향하옵소서 라는 뜻이다.
※<참고> 모관모공(某貫某公) : 본관과 성씨, 관직을 기재(※직함이나 관직이 없는 남자 조상은 학
생(學生)으로, 여자 조상은 유인(孺人)으로 기재한다).

※<참고> 파묘(破墓), 이장(移葬)에 따른 가족묘, 납골당, 납골 평장 등으로 묘지(墓地)를 조성하는 것에
　　따른 순서와 산신제(山神祭), 제사(祭祀) 등의 적용은 위에서 열거된 내용 들을 응용해서 행(行)하면
　　된다.

지금까지 변화되는 시대적 장례문화에 따라, 이장(移葬), 화장(火葬) 그리고 이에 따
른 제반 처리 사항들을 알아보았다.

장례를 지내고 좋은 일은 없고, 나쁜 일과 우환(憂患)이 겹치며 자손이 끊기거나, 불
구자, 가산 몰락, 사업실패, 원인 규명을 알 수 없는 병(病), 암(癌), 소송 발생, 자손
들이 화합하지 못할 경우에는 조상 묘지(墓地) 상태를 살핀 후 수맥(水脈) 등에 의한
흉지에 해당 되어 묘지(墓地)를 이장(移葬)하거나 혹은 화장(火葬)처리 후부터는 신
기하리만큼 씻은 듯 완치됨은 물론 사업이 번창함을 체험한 사람들은 주위에도 절대
적으로 많이 있다.

이것은 현대 과학(科學)에서 입증되고 증명된 동기감응(同氣感應)현상에 따른 것이
다. 따라서 독자들은 자신의 조상(祖上) 묘지 관리에 다시 한번 확인해 주길 바란다.

13. 제사지방(祭祀紙榜)과 제사제문(祭祀祭文)

제사지방은 제사의 조상(祖上)을 표시하는 것으로 제사 때 혹은 차례(추석, 명절)때 사
용하며, 제사제문(祭祀祭文)은 제사때 조상에 대한 추모(追慕)의 뜻을 표현하는 것을 말
한다. 제사(祭祀)는 보통 3대(증조부)까지 지내는 경우도 있고, 4대(고조부)부터는 묘제
(墓祭)로 올리는 경우도 있다.

묘제는 봄이나 가을에 현장 묘지에서 지내나 요즘은 집에서 올리는 경우도 있다. 제사
지방과 제문에 대해서 알아보자.

(1) 제사지방

제사지방의 크기는 가로*세로(6*22센치)로 지방 틀 크기에 맞게 깨끗한 한지나 백지로
검정 붓 종류로 작성하는데, 요즘은 문방구에서 작성된 지방을 구입하여 사용하면 편리
하다. 지방을 쓰지 않는 경우에는 영정 사진으로 대신하며, 한글이나 한자 지방 모두
상관이 없다.

일반적으로 조상 한 분 제사 때는 단설 지방(1개 지방)을 사용하나, 명절 때는 합설 지방(조상 부부의 경우 2개 지방을 하나로)을 사용하며 또한 종교적으로 개신교식 지방을 사용하기도 한다.

그리고 묘제(墓祭)는 묘지 현장에서 지내는 관계로 지방을 사용하지 않는다. 지방은 지방을 놓는 지방틀이 있어야 한다.

지방 쓰는 방법은 아래와 같다.

고조부모(합설)	증조부모(합설)	조부모(합설)	부모(합설)	남편(단설)	처(단설)
顯高祖考學生府君神位　顯高祖妣孺人安東金氏神位	顯曾祖考學生府君神位　顯曾祖妣孺人全州李氏神位	顯祖考學生府君神位　顯祖妣孺人光山金氏神位	顯考學生府君神位　顯妣孺人密陽朴氏神位	顯辟學生府君神位	亡室孺人慶州金氏神位

※<참고>
1. 명절 때 사용되는 합설 지방의 경우 제사상 앞에서 보았을 때 남자는 왼쪽 여자는 오른쪽에 위치한다.
2. 아버지 부(父)는 현고학생부군신위(顯考學生府君神位), 어머니 모(母)는 현비유인○○김씨신위(顯妣孺人○○金氏神位)으로 하고, 여자 조상(祖上)은 본관 성씨 즉 ○○김씨 등이 들어간다. 그리고 앞 부분의 경우 조부(祖父)는 현조고(懸祖考), 조모(祖母)는 현조비유인(顯祖妣孺人) 남편은 현벽(顯辟), 아내는 망실(亡室)로 기재한다.
2. 남자 경우 학생(學生)이라고 쓰고, 부인의 경우는 유인(孺人)을 쓴다. 생전에 관직이나 직함이 있는 남자는 학생(學生) 대신 직함을 쓰고(예, 도지사, 군수 등), 부인의 경우는 유인(孺人)대신 직함을 쓴다.
3. 제사가 끝난 후에는 지방을 소지(燒紙) 즉 소원을 빌면서 불에 태워 없앤다.

(2) 제사제문

제사제문은 가로 24cm, 세로 36cm 정도의 깨끗한 종이에 검정 붓 종류로 성한다. 특히 제사제문은 조상의 일상적인 제사 때 사용하고, 명절(추석, 설날)에 지내는 차례 제사 때는 제사제문을 사용하지 않는다.

제사 축문 역시 아래와 같이 한글이나 한자 모두 무방하다.

구분		제사제문(祭祀祭文)
부모 (父母)	한글 제사	○○년 ○월 ○일 효자 ○○○는 감히 고하나이다. (아버님), (어머님) 해가 바뀌어서 (아버님), (어머님) 돌아가신 날이 다시 오니 영원토

	제문	록 사모하는 마음과 하늘같이 크고 넓은 은혜를 잊지 못하여 삼가 맑은 술과 여러 가지 음식으로 공손히 전을 드리오니 흠향하시옵소서.
조부모 (祖父 母)	한글 제사 제문	○○년 ○월 ○일 효자 ○○○는 감히 고하나이다. (할아버지), (할머니) 해가 바뀌어 (할아버지), (할머니) 돌아가신 날이 다시 돌아오니, 영원토록 사모하는 마음을 이기지 못하여 삼가 맑은 술과 여러 가지 음식으로 공손히 전을 드리오니 흠향하시옵소서.
부 (父)	한자 제사 제문	(제사제문 서식)

한자 제사제문 서식 내용:

饗 향

謹以(11) 근이
淸酌庶羞 청작서수
恭伸奠獻(12) 공신전헌
尚 상

諱日復臨(9) 휘일부림
追遠感時 추원감시
昊天罔極(10) 호천망극

顯考學生父君(8) 현고학생부군
歲序遷易 세서천역

維歲次 유세차
丙申(1) 병신
三月(2) 삼월
己未(3) 기미삭
一十日(4) 일십일
戊辰(5) 무진

◎
父(0)
忌祭祝文(부 기제축문)(0)

孝子(이름)(6) 효자(이름) 감소고우
敢昭告于(7) 감소고우

※**<한자 제사제문 참고>**

1. ①~⑤ 제사 지내는 날의 년, 월, 일을 기재한다. 병신(丙申), 기미(己未), 무진(戊辰)은 제사 지내는 날의 년(年), 월(月), 일(日)의 60갑자이다(※달력이나 만세력 참고).

2. ⑥ 제사 올리는 사람의 이름을 기재한다. 조부모는 효손(孝孫) ○○, 부모는 효자(孝子) ○○, 남편은 주부(主婦) ○○, 아내는 부(夫) ○○로 기재한다.

3. ⑦敢昭告于(감소고우): 삼가 밝게 고한다는 뜻으로, 제주보다 고인이 항렬이 낮으면 敢(감)자를 버리고 昭告于(소고우)만 쓴다(※아내 즉 처상(妻喪)에는 敢(감)자를 버리고 昭告于(소고우)만 쓰며, 아우 이하는 告于(고우)만 쓴다).

4. ⑧현고학생부군(顯考學生府君)=>신위(神位)를 제외한 제사 지방과 동일하게 쓴다. 예를 들면 조부(祖父)는 현조고학생부군(顯祖考學生府君), 조모(祖母)는 현조비유인○○김씨(顯祖妣孺人○○金氏), 아버지는 현고학생부군(顯考學生府君)으로 한다. 생전에 관직이나 직함이 있는 경우 남자 조상(祖上)은 학생(學生) 대신 직함을 쓰고(예, 도지사, 군수 등), 여자 조상(祖上)은 유인(孺人) 대신 직함을 쓴다.

5. ⑨부인의 경우만 망일부지(亡日復至)라고 기재하고, 나머지 고증조부, 할머니, 부모, 남편, 형님 등은 휘일부림(諱日復臨)으로 기재한다.

6. ⑩부모는 호천망극(昊天罔極), 조부모는 불승영모(不勝永慕), 남편은 불승감창(不勝感愴), 아내는 불승비념(不勝悲念)으로 기재한다.

7. ⑪ 고인이 제사 올리는 사람보다 항렬이 높으면 근이(謹以), 항렬이 낮으면 자이(玆以)로 기재한다(※참고 : 부인은 자이로 기재한다).

8. ⑫부인의 경우만 진차전의(陳此奠儀)라고 기재하고, 나머지는 고조, 고조모, 증조, 증조모, 부모, 남편, 형님 등 모두는 공신전헌(恭伸奠獻)으로 기재한다.

[개운 실천은 성공인을 만든다]

[개운 실천은 성공인을 만든다]

인간(人間)은 타고난 운명(運命)을 얼마든지 바꿀 수 있다. 이러한 근간에는 사주(四柱)와 풍수지리(風水地理)가 있다.

여기에 소개하는 개운법(開運法)은 사주와 풍수의 총론이다.

과거, 현재, 미래는 일치한다. 근묘화실(根苗花實) 즉, 뿌리(根, 초년기)가 있어야 싹(苗, 청년기)이 트고, 싹이 있어야만 꽃(花, 장년기)이 피며, 꽃이 피어야만 열매(實, 노년기)를 맺는 법이다. 따라서 현재는 과거의 결과물이며 미래는 현재의 결과물이다.

부디 독자들은 개운법(開運法) 실천으로 사랑스러운 후손(後孫)은 물론 자신에게 맞는 기운(氣運)을 채워 성공인(成功人)으로서 당당한 인생길을 걷기 바란다.

■ 개운(開運) 실천법

개운(開運)이란? 자신에게 주어지 나쁜 운(運)은 물론 후손(後孫)들에게 행복(幸福)하고 복(福)된 인생(人生) 길을 제공해 주기 위하여 타고난 운명(運命)을 개선시키는 것을 말한다.

즉, 자신의 타고난 사주(四柱)를 바꾸거나 혹은 후손들에게 행복한 인생길을 걸어갈 수 있게 개선시켜보고자 제시된 방법은 동서고금(東西古今)을 막론하고 예전부터 지금까지 이어지고 있다.

따라서, 본 책에서는 지금까지 설명된 내용만으로 개운법을 풀이하고 해석(解析)하여 누구나 실천할 수 있는 방법을 제시하였다.

저자는 현대교육(現代敎育)은 물론 학문(學問)을 연구(研究)하여 후학(後學)을 가르치는 교사(敎師)이지만 지금까지 성공인(成功人)들의 사주(四柱)와 풍수(風水) 그리고 그들의 생활환경(生活環境)을 확인해 본 결과 모두 성공할 수 있는 조건(條件)을 갖추고 있었다는 사실을 확인할 수 있었다.

왜, 나는 직업이 없고, 출세(出世)하지 못하는가?

왜, 나는 사업에 성공하지 못하고 돈과 거리가 먼가?

왜, 나는 노력(努力)은 열심히 하는데 되는 일은 없는가?

왜, 나는 자녀는 물론 부부(夫婦)간 행복이 찾아오지 않는가?

왜, 나는 건강(健康)하지 못한가?

독자들은 이러한 의문을 찾는 것은 우리주면에서도 어렵지 않게 발견할 수 있고 찾을 수 있다.

인간(人間)은 자신의 타고난 운명(運命) 대로 살아가는 것이다.

그러나 자신에게 주어진 나쁜 운명을 마냥 방치할 수는 없는 것이다.

이제 독자들은 사주(四柱)와 풍수(風水)에세 제시된 개운(開運) 실천을 통하여 돈, 사랑, 명예(名譽), 건강(健康)을 찾음은 물론 성공인(成功人)으로서 당당하고 행복한 인생길을 걸어가길 바란다.

첫째, 자녀 출산시 사주(四柱) 출산 택일을 정한다.

인간의 운명(運命)은 우주 순환 작용에 의한 목기(木氣), 화기(火氣), 토기(土氣), 금기(金氣), 수기(水氣)에 의하여 길흉(吉凶)이 결정되기 때문에 세상에 태어나면서 첫 호흡할 때 이러한 기상학(氣象學)에 의하여 운명이 결정된다. 이것을 해석(解析)하는 것이 사주(四柱)이다.

따라서, 자연 출산이나 혹은 제왕절개 수술이나 태어난 시간이 동일한 경우라면 같은 사주(四柱)로 판단한다.

훌륭한 부모가 되기 위한 첫 번째 조건은 자녀 출산은 반드시 사주 출산 택일에 의거하여 결정해야 한다. 그러기 위해서는 사주를 정확하게 판독하고 해석(解析)할 수 있는 능력을 갖추어야 하지만, 부모로서 이러한 능력을 갖춘다는 것은 어렵다.

사실 출산 택일은 한정된 시간에 년(年)과 월(月)이 이미 결정되어 있고, 날짜와 시간(時間)을 결정하는 것이기 때문에 1일 기준으로 보면 지지(地支)에 해당되는 12개의 시간을 고려하고, 남아(男兒) 혹은 여아(女兒)에 대한 조건이 맞아야 됨은 물론 산부인과 의사들의 활동 시간과 나쁜 사주(四柱), 혹은 나쁜 살(殺) 그리고 용신(用神)을 바탕으로 대운(大運)의 운로(運路)가 특히 중요한 것인데 이러한 것들을 모두 만족할 수 있는 출산 택일을 결정한다는 것은 쉬운 것만은 아니다. 그러나 저자의 경험으로 출산 택일을 결정할 때, 국가에 관록(官祿)을 먹을 수 있는 시상편관격(時上偏官格), 시상정관격(時上正官格), 살장관로(殺藏官露), 관장살로(官藏殺露) 사주를 기준으로 삼아 선택해 주면, 출산 택일을 쉽게 판단하고 결정할 수 있는 이점이 있다(※8장 사주해석 참조).

따라서, 출산 택일은 능력 있고 믿을 수 있는 사주 명리학자(命理學者)에게 도움을 받는 방법이 가장 현명한 판단법이다.

가끔 우리 주위에 보면 겉치레만 그럴듯하게 미사여구(美辭麗句)로 표현된 엉터리 사주 출산 택일을 결정하는 경우를 종종 볼 수 있는데 이러한 행위는 명리학자(命理學者)로서 도리(道理)가 아니다.

따라서, 개운(開運) 중에서 부모로서 가장 확실하고, 실천해야될 사항이 바로 자녀 출산 택일인데 이것은 반드시 좋은 사주를 선택하여 자녀들에게 결정해 주어야 됨을 잊지 말자.

둘째, 양택(집)과 음택(조상묘)은 풍수(風水)를 실천한다.

집이나 apt 혹은 전원주택 등의 양택(陽宅)이나 혹은 음택(陰宅) 즉 조상묘(祖上墓)는 방향(方向)은 물론 조건(條件)들은 자신(주인)의 사주(四柱)에 맞게 결정되어야 한다.

자신의 사주에서 대운(大運)과 세운(歲運)에서 이상이 없는 경우 운세(運勢)가 막힐 때는 풍수(風水) 즉 음택(陰宅)과 양택(陽宅)에서 해답을 찾는다.

이러한 이유는 양택이나 음택의 경우 주변 환경은 물론 자신의 사주와 상호 균형(均衡) 그리고 방향 등이 맞아야 하고, 수맥(水脈)이 없는 명당(明堂)이어야 발복(發福)할 수 있다. 특히 조상묘에 해당되는 음택의 경우 이곳에서 발생되는 동기감응(同氣感應)의 영향은 후손들에게 막대한 악(惡) 영향을 미치게 된다.

동기감응은 화장(火葬)을 하게 되면 없어지므로 나쁜 기운은 더 이상 후손(後孫)들에게 해를 미치지 못한다. 따라서 명당(明堂) 터가 아니라면 화장(火葬)이 원칙이다. 요즘은 수목장, 풍장, 납골당 등 다양하게 장례문화가 이루어지나 기존의 묘지의 경우도 명당이 아니라면 화장이나 이장(移葬)을 통하여 나쁜 동기감응을 없애 주는 것이 현명한 판단이다. 특히 현재 거주하는 apt는 물론 전원주택(田園住宅)을 신축하는 경우 함부로 결정하고 짓는 것이 아니라, 주변 환경은 물론 위치와 방향 그리고 전원, 대문, 가구배치 및 실내인테리어 등이 자신(주인)의 사주 조건과 풍수(風水)가 맞아야 한다(※본 책의 풍수지리 참조).

셋째, 결혼(궁합)과 이름(상호)은 사주(四柱)로 결정한다.

부부간 서로 노력하고, 양보하며 훌륭한 가정을 이끌어야될 시기에 가정파탄, 이혼, 질병, 우환, 싸움, 송무, 사건 등이 발생된다면 불행한 삶이 된다.

행복한 결혼 생활은 상대방의 외모나 권력(權力) 그리고 재물(財物)이 아니라, 상대방과 궁합(宮合)으로 결정 된다.

사람은 누구나 자신에게 맞는 인연과 배필이 존재한다. 세상사 남에게 조금 양보하고, 조금의 노력만으로 불행(不幸)을 막고 부부간 행복을 찾을 수 있다면 얼마나 좋겠는가? 그렇지만 세상사 어디 그게 쉽게 이루어질 수 있는 문제가 아니다.

남녀 간 서로에게 맞는 인연을 찾는 것은 사주(四柱) 공부를 조금이라도 해본 사람이라면 어렵지 않게 찾을 수 있다.

또한 자신과 자녀들의 이름은 물론 사업의 경우 발복(發福)할 수 있는 상호와 숫자, 로고가 따로 존재하기 때문에 이들 역시 자신(주인)의 사주(四柱) 조건에 맞아야만 한다. 그래야만 사업이 번창(繁昌)되고 행운(幸運)을 가져다주기 때문이다.

혹자는 그까짓 이름이나 상호가 무슨 삶에 영향을 주는가? 라고 반문할지 몰라도 이것 역시 절대 그렇지 않다. 만약 잘못된 이름이나 상호의 경우 개명(改名)을 통하여 고치는 것이 현명한 방법이다.

(※본 책의 제12장, 찰떡궁합 만나기, 제13장, 자녀 이름 짓기, 제14장, 좋은 상호, 로고, 숫자는 따로 있다. 참조)

넷째, 조상(祖上)을 천도(薦度)한다.

자신의 사주(四柱) 구성에서 조상을 천도한다는 것은 자신에게 해(害)로운 조상을 선별해서 천도해 주는 것을 말한다.

사실 이것을 믿느냐? 혹은 믿지 않느냐? 이것이 중요한 것이 아니라, 자신에게 해를 주는 조상을 천도한 후 불치병에서 벗어남은 물론 마음의 안전을 찾고, 가정의 행복과 사업을 성공적으로 이룬 사람들이 많다는데 있다.

따라서, 자신의 사주 구성에서 천도할 조상을 정확하게 찾고 판단할 수 있는 능력을 우선적으로 갖추고 이를 실천하길 바란다(※본 책의 제9장, 불운(不運)을 피하고 행운(幸運)을 찾자. 참조).

다섯째, 생활(生活)과 관련된 것들은 사주(四柱)에 맞게 실천한다.

삶에 있어서 가장 중요한 성공(成功)과 출세(出世), 재물(財物) 그리고 건강(健康)은 본인의 사주(四柱)에 작용되는 기운(氣運)의 흐름과 일치한다. 이것은 풍수(風水) 원리와도 같은 것이다.

따라서, 자신의 사주 구성에 맞는 방향(方向), 위치, 옷 색상, 사주(행운) 도장 등은 물론 집안의 인테리어 역시 풍수조건에 맞아야 한다. 특히, 개인 사업의 경우 금고(金庫), 계산대, 경리책상은 물론 간판, 창문, 출입문, 보조문, 환기창 등의 방향(方向)은 자신(주인)에게 맞는 조건(條件)으로 설정해 주길 바란다.

(※본 책의 제5장, 길흉성(吉凶星) 적용, 제8장, 사주를 해석(解析)하자, 제9장, 불운(不運)을 피하고 행운(幸運)을 찾자, 제10장, 건강(健康)은 사주(四柱)에서 찾는다, 제14장, 좋은 상호, 로고, 숫자는 따로 있다. 제15장, 좋은날(택일) 잡기 및 풍수지리(風水地理) 참조)

여섯째, 덕(德)을 베풀고, 선행(善行) 하자.

과거, 현재, 미래에 발생되는 일이나, 사주(四柱) 명리학에서의 초년, 청년, 장년. 노년기의 삶의 흐름과는 일치한다.

이것은 근묘화실(根苗花實)이다. 즉, 뿌리(根, 초년기)가 있어야 싹(苗, 청년기)이 트고, 싹이 있어야만 꽃(花, 장년기)이 피며, 꽃이 피어야만 열매(實, 노년기)를 맺는 이치가 된다. 현재는 과거의 결과물이며 미래는 현재의 결과물이다.

저자의 경우 수 천명의 사주(四柱)를 분석해 보았지만, 사주가 나쁜 사람 모두는 과거 즉 조상때 이미 몰락되었다는 사실을 확인 할 수 있었다.

즉, 뿌리가 없기 때문에 싹이 틀수가 없고, 열매를 맺을 수 없다.

이러한 사실은 지금 상태가 좋아야만 후손(後孫)은 물론 대대손손(代代孫孫) 미래를 보장 받을 수 있는 이치(理致)이기도 하다.

그러기 위해서는 남들에게 선행(善行)을 하고 음덕양보(陰德陽報) 즉 남이 모르게 덕행을 쌓아야만 복(福)을 받는다. 이처럼 덕(德)을 베풀어야만 후손(後孫)은 물론 밝은 미래가 보장된다는 사실이다.

또한 지성감천(至誠感天)처럼 몸과 마음을 온전히 바쳐 선행(善行)을 실천하고 정성(精誠)을 다하면 하늘이 감동하여 뜻을 이룰 수 있다는 사실을 잊지 말자.

[부록]

■ <한자 이름 81수리 획수(劃數) 풀이> 및 <자원, 발음, 성, 이름 오행(五行)표> 그리고 <한자 이름 획수 수리표>를 활용하자.

이름 짓기에서 획수의 조화를 확인하는 1수~81수는 물론 자원(字源) 오행과 발음(發音) 오행 그리고 한자 이름 획수 수리표를 첨부하였다.

독자들은 이름 짓기에서 이들을 활용해 주면, 쉽고 빠르게 작명(作名)할 수 있다.

특히, 이름 짓기에서 한자 본래 획수를 적용하는 관계로 원획법 획수를 사용하였으며, 한자나 한글의 발음 오행은 지역이나 시대적 발음 오행을 적용하였고, 자음과 모음, 성씨(姓氏)와 이름 오행(五行)은 같은 글자라도 진술축미(辰戌丑未) 적용 방법이 다르다는 것을 독자들은 참고하길 바란다.

[부록]

■ 한자 이름 81수리 획수(劃數) 풀이 ■

□1수 <대길>, 기본격, 두령운(頭領運) : 명예와 고귀함이 있다.

□2수 <흉>, 분리격, 분산운(分散運) : 원기가 쇠약하고, 역경에 빠져 고생한다.

□3수 <대길>, 명예격, 수복운(壽福運) : 젊은 나이에 성공하고, 만인의 존경을 받는다.

□4수 <흉>, 부정격, 파멸운(破滅運) : 시련이 있고, 재물을 탕진하며 뜻을 이룰 수 없다.

□5수 <대길>, 정성격, 성공운(成功運) : 재물이 충만하고, 지덕이 좋아 명성을 떨친다.

□6수 <대길>, 계성격, 풍부운(豊富運) : 끈기가 있고, 확고한 신념으로 뜻을 이룬다.

□7수 <대길>, 독립격, 발달운(發達運) : 독립심이 강하고, 어려움을 극복하여 성공한다.

□8수 <보통>, 발달격, 건강운(健康運) : 굳은 의지로 뜻을 이루나, 자신의 고집이 장애가 된다.

□9수 <흉>, 궁박격, 궁핍운(窮乏運) : 지혜가 좋고, 큰 뜻을 이루나 중도에 포기하는 경우도 있다.

□10수 <흉>, 공허격, 단명운(短命運) : 두뇌는 명석하나 용두사미 격이 되어 때를 잡지 못한다.

□11수 <대길>, 신성격, 부가운(富家運) : 유순하고 지성적이며, 진취적인 기상으로 지위를 얻는다.

□12수 <흉>, 유약격, 박약운(薄弱運) : 좋은 계획은 세우나, 중도에 포기고 성공하기 어렵다.

□13수 <대길>, 총명격, 지모운(智謀運) : 두뇌가 명석하고, 임기응변이 좋아 상하의 신임을 얻어서 성공한다.

□14수 <흉>, 이산격, 방랑운(放浪運) : 천하를 감당할만한 저력은 있으나, 뜻밖의 가정재화로 파탄한다.

□15수 <대길>, 수복격, 통솔운(統率運) : 재물을 얻고, 고귀한 성품으로 자수성가한다.

□16수 <대길>, 재부격, 덕망운(德望運) : 신임을 얻어 성공하고, 여자의 경우 남편

을 섬기고 가정을 잘 이룬다.

□ 17수 <보통>, 용진격, 강건운(剛健運) : 강직한 성격으로 장애를 극복하지만 고집 때문에 화를 자초한다.

□ 18수 <보통>, 융창격, 발전운(發展運) : 의지가 투철하고 성공하지만, 강직한 성격 으로 불화가 발생한다.

□ 19수 <흉>, 고난격, 허약운(虛弱運) : 어렵게 성공하나, 중도에 포기하는 경우도 있다.

□ 20수 <흉>, 허망격, 공허운(空虛運) : 지혜는 있으나 허약하고, 부모덕이 없고, 단 명하거나 조실부모한다.

□ 21수 <대길>, 자립격, 수령운(首領運) : 투쟁을 하고 용맹하며, 사방을 다스려 이 름을 떨친다.

□ 22수 <흉>, 박약격, 중절운(中折運) : 용맹하며, 천성은 의기충전하여 천하를 다스 리나 되는 일이 없다.

□ 23수 <대길>, 공명격, 창성운(昌盛運) : 지덕을 겸비한 지도자격이며, 부귀영화를 누린다.

□ 24수 <대길>, 축재격, 입신운(立身運) : 고생 끝에 낙이 오며, 불굴의 기상으로 큰 부자가 된다.

□ 25수 <보통>, 안강격, 건창운(健暢運) : 만인의 지도자가 되지만, 재물 분쟁과 불 화가 많이 발생한다.

□ 26수 <흉>, 영웅격, 괴걸운(怪傑運) : 타고난 영웅심과 칠전팔기로 대성하지만, 때 로는 파란이 많다.

□ 27수 <흉>, 대인격, 좌절운(挫折運) : 하는 일이 중도 실패하고, 건강하면 단명하 고, 장수하면 질병이 생긴다. 여자에게는 길수로 작용하기도 한다.

□ 28수 <흉>, 조난격, 파란운(波亂運) : 일신이 영귀하면 가정파탄이 있고, 가정이 무고하면 재화가 속출한다.

□ 29수 <대길>, 항복격, 성공운(成功運) : 입신출세하고 부귀영화와 장수를 누린다.

□ 30수 <흉>, 부몽격, 춘몽운(春夢運) : 매사가 용두사미 격이고 객지에서 허송세월 한다.

□ 31수 <대길>, 융창격, 개척운(開拓運) : 지혜가 뛰어나고 자수성가한다. 자손이 번 창 한다.

□32수 <대길>, 순풍격, 요행운(僥倖運) : 명예를 얻고, 뜻밖에 재물을 얻으며, 만사 형통 한다.

□33수 <대길>, 융성격, 승천운(昇天運) : 어릴쩍부터 큰 포부를 품고 성공한다. 여자는 여장부이지만 남편복이 없다.

□34수 <흉>, 반란격, 파괴운(破壞運) : 뜻하지 않는 불행이 닥쳐오며, 단명하며 말년에 비참하다.

□35수 <대길>, 태평격, 평화운(平和運) : 예술에는 소질이 있다. 여자에게는 길 수이다.

□36수 <흉>, 파란격, 고난운(苦難運) : 성공과 실패가 반복되며, 치밀한 계획은 세우지만 중도에 머문다.

□37수 <보통>, 인덕격, 정치운(政治運) : 대업을 성취하여 부귀영화를 누리며 장수하지만 고독을 면하기 어렵다.

□38수 <보통>, 학사격, 문장운(文章運) : 통솔력은 없지만 대기만성 한다. 학문이나 예술로 성공한다.

□39수 <대길>, 대성격, 장성운(將星運) : 총명한 지혜로 뜻을 이루며, 사방에 명성을 떨친다.

□40수 <흉>, 허무격, 무상운(無常運) : 공든탑이 무너지는 형상이며, 조상덕이 없고 가정 불화가 많다.

□41수 <대길>, 명예격, 대길운(大吉運) : 인품이 준수하여 존경을 받고, 큰 부귀를 누리며 이름을 남긴다.

□42수 <흉>, 고행격, 실의운(失意運) : 편협된 성격으로 고난과 가정파탄, 질병, 관재 등이 따른다.

□43수 <흉>, 성쇠격, 재해운(災害運) : 성품은 강인하나, 과대망상으로 백전백패하는 경우가 많다.

□44수 <흉>, 난파격, 비애운(悲哀運) : 성사되는 일이 없고, 가정 불행과 병마가 있다. 하지만 예지적인 성격으로 성공하기도 한다.

□45수 <대길>, 지혜격, 성사운(成事運) : 덕망이 있고 뜻을 이루어 부귀영화를 누린다.

□46수 <흉>, 춘몽격, 고행운(苦行運) : 능력은 있으나 알아주지 않으며, 일시적이나마 성공하기 어렵다.

▫ 47수 <대길>, 전개격, 출세운(出世運) : 지략이 뛰어나고, 만사가 무난하게 해결되어 부귀영화를 누린다.

▫ 48수 <대길>, 영달격, 존경운(尊敬運) : 성품이 고귀하고 만인의 존경을 받는 지도자가 된다.

▫ 49수 <흉>, 변화격, 은퇴운(隱退運) : 뛰어난 지략으로 성공하지만, 대길과 대흉이 겹쳐 부귀영화와 실패가 반복 된다.

▫ 50수 <흉>, 길흉격, 성패운(成敗運) : 용두사미격으로 시작은 있으나 끝이 없고, 가장불화와 신병이 있다.

▫ 51수 <보통>, 성패격, 만성운(晩成運) : 흥망이 무상하고 음덕을 베풀어야 재앙이 사라진다.

▫ 52수 <대길>, 총명격, 통달운(通達運) : 무에서 유를 창조하며 비약적으로 성공한다.

▫ 53수 <흉>, 내허격, 상심운(傷心運) : 의지가 약하여 실패를 하고, 건강하지 않고, 성공하지도 못한다.

▫ 54수 <흉>, 패가격, 고생운(苦生運) : 초년과 중년에는 행복하나, 말년에 지병과 패가망신한다.

▫ 55수 <흉>, 불안격, 우수운(憂愁運) : 의지가 강하면 천상의 용격이고, 의지가 약하면 지하의 지렁이 격이지만, 분수를 알고 수양하면 길하다.

▫ 56수 <흉>, 부족격, 패망운(敗亡運) : 진취성과 인내심이 없고, 재앙이 겹쳐 크게 망한다.

▫ 57수 <대길>, 노력격, 분발운(奮發運) : 선천적인 복이 있어 만사형통하고, 직업도 비약적으로 발전한다.

▫ 58수 <보통>, 후복격, 만성운(晩成運) : 초년에는 고생하나, 중년과 말년에 크게 성공한다.

▫ 59수 <흉>, 불성격, 실망운(失望運) : 머리가 우둔하고, 고난과 역경이 따른다.

▫ 60수 <흉>, 한탄격, 동요운(動搖運) : 매사에 용두사미 격이라 실패와 고난이 있다.

▫ 61수 <보통>, 영화격, 명리운(名利運) : 자신의 목적은 달성되지만, 부부불화로 풍파가 많다.

▫ 62수 <흉>, 고독격, 무력운(無力運) : 초년과 청년기에는 좋지만, 실천력이 부족하

고 말년에는 재앙이 따른다.

▢63수 <대길>, 성공격, 부귀운(富貴運) : 은혜를 입어 크게 발전하고, 부귀영화를 누린다.

▢64수 <흉>, 쇠멸격, 재화운(災禍運) : 불운 때문에 재능 발휘를 못하고, 가정불화 및 질병을 얻는다.

▢65수 <대길>, 흥가격, 형통운(亨通運) : 하는 일이 만사형통하고, 부귀영화를 누리며 장수한다.

▢66수 <흉>, 쇠망격, 파가운(破家運) : 우유부단한 성격으로 대인관계에서 불화와 재앙, 고독이 온다.

▢67수 <대길>, 천복격, 번영운(繁榮運) : 천지에 행운을 받아 만사에 장애가 없다.

▢68수 <대길>, 발달격, 흥가운(興家運) : 백절불굴의 정신과 노력으로 신망을 얻어 대성한다.

▢69수 <흉>, 정지격, 불안운(不安運) : 궁핍가 병약이 함께 찾아오고, 불안과 근심이 끊이지 않는다.

▢70수 <흉>, 적막격, 쇠퇴운(衰退運) : 근심, 허송세월, 절망, 자살, 단명 등이 따른다.

▢71수 <보통>, 발달격, 만달(晩達運) : 장차 부귀와 명예를 누리나 실천력이 다소 부족하다.

▢72수 <흉>, 상반격, 길흉운(吉凶運) : 전반은 행복하나, 후반부터 불행이 찾아와 고전한다.

▢73수 <보통>, 평복격, 소성운(小成運) : 길흉이 상반되어 초년에는 고생하나, 중년 이후 행복이 찾아온다.

▢74수 <흉>, 불우격, 수액운(水厄運) : 무기력하여 재앙이 찾아오고, 심신이 고달프다.

▢75수 <대길>, 평화격, 旺盛格(왕성격) : 평생 발복하고, 모든일이 잘 풀린다.

▢76수 <흉>, 선곡격, 병약운(病弱運) : 심신이 병약하고, 사고가 발생되어 연속된 실패가 발생된다.

▢77수 <흉>, 길흉격, 비탄운(悲嘆運) : 꽃은 피었으나 열매는 맺기 어려운 현상으로 끝맺음이 흐지부지하다.

□ 78수 <흉> 비애격, 용두사미운(龍頭蛇尾運) : 재능은 있으나 공든탑이 무너진다. 성공하지만 말년에 고독하다.

□ 79수 <흉>, 부정격, 불신격(不信格) : 정신력이 약하여 무절제한 생활을 한다. 신용을 잃는다.

□ 80수 <흉>, 종격격, 은거운(隱居運) : 고난과 병마에 시달리지만, 스스로 자중하고 진취적으로 해결한다.

□ 81수 <대길>, 환희격, 환희운(環喜運) : 다시 1로 환원되는 수로 사업을 재기(再起)하거나 잃었던 명예와 지위를 되찾는다.

■ 자원, 발음, 성, 이름 오행(五行)표 ■

한글	한자	원획획수	자원오행	발음오행	성, 이름 오행 성씨	성, 이름 오행 이름
가	賈(성씨, 값가)	13	金	木	甲寅	甲寅
	哥(성씨, 노래가)	10	水	木	甲寅	甲寅
	可(옳을가)	5	水	木	·	甲寅
	佳(아름다울가)	8	火	木		甲寅
	家(집가)	10	木	木		甲寅
	嘉(아름다울가)	14	水	木		甲寅
	稼(심을가)	15	木	木		甲寅
각	刻(새길각)	8	金	木		甲寅
	閣(누각각)	14	木	木	·	甲寅
	覺(깨달을각)	20	火	木		甲寅
간	簡(성씨, 대쪽간)	18	木	木	甲午	甲午
	干(방패간)	3	木	木	·	甲午
	幹(줄기간)	13	木	木	·	甲午
갈	葛(성씨, 칡갈)	15	木	木	甲午	甲午
감	甘(성씨, 달감)	5	土	木	甲子	甲子
	監(볼감)	14	金	木		甲子
	鑑(거울감)	22	金	木		甲子
갑	甲(첫째갑)	5	木	木		甲子
	鉀(갑옷갑)	13	金	木		甲子
강	姜(성씨, 굳셀강)	9	土	木	甲辰	甲戌
	江(강강)	7	水	木		甲戌
	岡(뫼강)	8	土	木		甲戌
	剛(굳셀강)	10	金	木		甲戌
	崗(뫼강)	11	土	木		甲戌
	康(편안할강)	11	木	木		甲戌
	降(내릴강)	14	土	木		甲戌
	綱(벼리강)	14	木	木		甲戌
	鋼(강철강)	16	金	木		甲戌
	講(익힐강)	17	金	木		甲戌

개	介(성씨, 낱개)	4	火	木	甲子	甲子
	開(열개)	12	火	木	·	甲子
	蓋(덮을개)	16	木	木	·	甲子
객	客(손객)	9	木	木	·	甲寅
거	巨(클거)	5	火	木	·	甲午
	車(수레거)	7	火	木	·	甲午
	居(살거)	8	木	木	·	甲午
	距(막을거)	12	土	木	·	甲午
건	建(세울건)	9	木	木	·	甲午
	乾(하늘건)	11	金	木	·	甲午
	健(튼튼할건)	11	火	木	·	甲午
걸	杰(뛰어날걸)	8	木	木	·	甲午
	傑(뛰어날걸)	12	火	木	·	甲午
검	儉(검소할검)	15	火	木	·	甲子
격	格(바로잡을격)	10	木	木	·	甲寅
견	堅(성씨, 굳을견)	11	土	木	甲午	甲午
	見(볼견)	7	火	木	·	甲午
	牽(끌견)	11	土	木	·	甲午
	絹(명주견)	13	木	木	·	甲午
결	結(맺을결)	12	木	木	·	甲午
	潔(맑을결)	16	水	木	·	甲午
겸	兼(겸할겸)	10	金	木	·	甲子
	謙(겸손할겸)	17	金	木	·	甲子
경	慶(성씨, 경사경)	15	火	木	甲辰	甲戌
	庚(천간경)	8	金	木	·	甲戌
	京(서울경)	8	土	木	·	甲戌
	炅(빛날경)	8	火	木	·	甲戌
	耕(밭갈경)	10	土	木	·	甲戌
	徑(지름길경)	10	火	木	·	甲戌
	卿(벼슬경)	12	木	木	·	甲戌
	景(경치경)	12	火	木	·	甲戌
	經(경서경)	13	木	木	·	甲戌
	敬(공경할경)	13	金	木	·	甲戌
	境(지경경)	14	土	木	·	甲戌
	憬(깨달을경)	16	火	木	·	甲戌
	暻(맑을경)	16	火	木	·	甲戌
	璟(별경)	17	金	木	·	甲戌
	鏡(거울경)	19	金	木	·	甲戌
	瓊(구슬경)	20	金	木	·	甲戌
계	桂(성씨, 계수나무계)	10	木	木	甲子	甲子
	季(계절계)	8	水	木	·	甲子
	癸(열째 천간계)	9	水	木	·	甲子
	啓(열계)	11	水	木	·	甲子
	溪(시내계)	14	水	木	·	甲子

고	高(성씨, 높을고)	10	火	木	甲辰	甲戌
	古(옛고)	5	水	木	·	甲戌
	庫(곳집고)	10	木	木	·	甲戌
곡	谷(골곡)	7	水	木	·	甲寅
곤	坤(땅곤)	8	土	木	·	甲午
	昆(형곤)	8	火	木	·	甲午
	崑(산이름곤)	11	土	木	·	甲午
공	孔(성씨, 구멍공)	4	水	木	甲辰	甲戌
	工(장인공)	3	火	木	·	甲戌
	公(관청공)	4	金	木	·	甲戌
	功(공공)	5	木	木	·	甲戌
	共(함께공)	6	金	木	·	甲戌
	空(빌공)	8	水	木	·	甲戌
	恭(공손할공)	10	火	木	·	甲戌
과	菓(과실과)	8	木	木	·	甲寅
	科(과목과)	9	木	木	·	甲寅
	課(매길과)	15	金	木	·	甲寅
곽	郭(성씨, 성곽곽)	15	土	木	甲寅	甲寅
관	官(벼슬관)	8	木	木	·	甲午
	冠(갓관)	9	木	木	·	甲午
	寬(너그러울관)	15	木	木	·	甲午
	關(빗장관)	19	木	木	·	甲午
	觀(볼관)	25	火	木	·	甲午
광	光(빛광)	6	火	木	·	甲戌
	侊(클광)	8	火	木	·	甲戌
	洸(물솟을광)	10	水	木	·	甲戌
	廣(넓을광)	15	木	木	·	甲戌
	鑛(쇳돌철광)	23	金	木	·	甲戌
교	校(학교교)	10	木	木	·	甲戌
	敎(가르칠교)	11	金	木	·	甲戌
	橋(다리교)	16	木	木	·	甲戌
구	具(성씨, 갖출구)	8	金	木	甲申	甲申
	久(오랠구)	3	水	木	·	甲申
	丘(언덕구)	5	土	木	·	甲申
	究(궁리할구)	7	水	木	·	甲申
	求(구할구)	7	水	木	·	甲申
	球(공구)	12	金	木	·	甲申
국	國(성씨, 나라국)	11	水	木	甲寅	甲寅
	菊(성시, 국화국)	14	木	木	甲寅	甲寅
	局(판국)	7	木	木	·	甲寅
군	軍(군사군)	9	火	木	·	甲午
	群(무리군)	13	土	木	·	甲午
	郡(고을군)	14	土	木	·	甲午
궁	弓(성씨, 활궁)	3	火	木	甲辰	甲戌

	宮(집궁)	10	木	木	·	甲戌
권	權(성씨, 권세권)	22	木	木	甲午	甲午
	卷(책권권)	8	木	木	·	甲午
	券(문서권)	8	土	木	·	甲午
귀	貴(귀할귀)	12	金	木	·	甲子
규	圭(홀규)	6	土	木	·	甲申
	奎(별규)	9	土	木	·	甲申
	珪(서옥규)	11	金	木	·	甲申
	規(법규)	11	火	木	·	甲申
균	均(고를균)	7	土	木	·	甲午
극	克(이길극)	7	木	木	·	甲寅
	剋(이길극)	9	金	木	·	甲寅
	極(다할극)	13	木	木	·	甲寅
근	根(뿌리근)	10	木	木	·	甲午
	近(가까울근)	11	土	木	·	甲午
	勤(부지런할근)	13	土	木	·	甲午
	槿(무궁화근)	15	木	木	·	甲午
금	琴(성씨, 거문고금)	13	金	木	甲子	甲子
	今(이제금)	4	火	木	·	甲子
	錦(비단금)	16	金	木	·	甲子
급	及(미칠급)	4	水	木	·	甲子
기	奇(기이힐기)	8	土	木	甲子	甲子
	己(몸기)	3	土	木	·	甲子
	其(그기)	8	金	木	·	甲子
	紀(벼리기)	9	木	木	·	甲子
	記(기록할기)	10	金	木	·	甲子
	起(일어날기)	10	火	木	·	甲子
	氣(기운기)	10	水	木	·	甲子
	基(터기)	11	土	木	·	甲子
길	吉(성씨, 길할길)	6	水	木	甲午	甲午
	姞(성씨, 삼갈길)	9	土	木	甲午	甲午
	桔(도라지길)	10	木	木	·	甲午
김	金(성씨, 성김)	8	金	木	甲子	甲子
나(라)	羅(성씨, 그물라)	20	木	木	丙寅	丙寅
	娜(아름다울나)	10	土	木	·	丙寅
낙(락)	洛(물이름락)	10	水	火	·	丙寅
	樂(즐길락)	15	木	火	·	丙寅
난(란)	暖(따뜻할난)	13	火	火	·	丙午
	煖(더울난)	13	火	火	·	丙午
	欄(난간난)	21	木	火	·	丙午
	爛(빛날난)	21	火	火	·	丙午
	蘭(난초난)	23	木	火	·	丙午
남	南(성씨, 남녘남)	9	火	火	丙子	丙子
	男(사내남)	7	土	火	·	丙子

	漢字	劃數	五行	발음오행		
	楠(녹나무남)	13	木	火	·	丙子
납	納(들일납)	10	木	火	·	丙子
낭(랑)	浪(물결랑)	11	水	火	·	丙戌
	朗(밝을랑)	11	水	火	·	丙戌
내	內(안내)	4	木	火	·	丙子
	奈(능금나무내)	9	木	火	·	丙子
녀	女(계집년)	3	土	火	·	丙午
년	年(해년)	6	木	火	·	丙午
념	念(생각념)	8	火	火	·	丙子
녕	寧(편안할녕)	14	木	火	·	丙戌
노(로)	盧(성씨, 그릇노)	16	水	火	丙辰	丙戌
	魯(성씨, 노둔할노)	15	水	火	丙辰	丙戌
	老(늙을노)	6	土	火	·	丙戌
녹(록)	鹿(사슴록)	11	土	火	·	丙寅
	祿(복록)	13	木	火	·	丙寅
	綠(푸를록)	14	木	火	·	丙寅
논	論(논할논)	15	金	火	·	丙午
누	樓(다락누)	15	木	火	·	丙申
능(릉)	能(능할능)	12	水	火	·	丙戌
	陵(언득능)	16	土	火	·	丙戌
다	多(많을다)	6	水	火	·	丙寅
	茶(차다)	12	木	火	·	丙寅
단	段(성씨, 구분단)	9	金	火	丙午	丙午
	丹(붉을단)	4	火	火	·	丙午
	旦(아침단)	5	火	火	·	丙午
	端(끝단)	14	金	火	·	丙午
	壇(제단단)	16	土	火	·	丙午
	檀(박달나무단)	17	木	火	·	丙午
달	達(통달할달)	16	土	火	·	丙午
담	淡(맑을담)	12	水	火	·	丙子
	談(말씀담)	15	金	火	·	丙子
	潭(못담)	16	水	火	·	丙子
당	唐(성씨, 당나라당)	10	水	火	丙辰	丙戌
	堂(집당)	11	土	火	·	丙戌
대	大(큰대)	3	木	火	丙子	丙子
	代(대신할대)	5	火	火	·	丙子
	待(기다릴대)	9	火	火	·	丙子
덕	悳(큰덕)	12	火	火	·	丙寅
	德(큰덕)	15	火	火	·	丙寅
도	陶(성씨, 질그릇도)	16	土	火	丙辰	丙戌
	道(성씨, 길도)	16	土	火	丙辰	丙戌
	都(성씨, 도읍도)	16	土	火	丙辰	丙戌
	度(법도도)	9	木	火	·	丙戌
	島(섬도)	10	土	火		丙戌

	挑(복숭아도)	10	木	火	·	丙戌
	淘(일도)	12	水	火	·	丙戌
	棹(노도)	12	木	火	·	丙戌
	渡(건널도)	13	水	火	·	丙戌
	圖(그림도)	14	水	火	·	丙戌
	導(인도할도)	16	木	火	·	丙戌
독	獨(홀로독)	17	土	火	·	丙寅
	篤(두터울독)	16	木	火	·	丙寅
돈	敦(성씨, 도타울돈)	12	金	火	丙午	丙午
	頓(성씨, 조아릴돈)	13	火	火	·	丙午
돌	乭(이름돌)	6	金	火	·	丙午
	突(우뚝할돌)	9	水	火	·	丙午
동	東(성씨, 동녘동)	8	木	火	丙辰	丙戌
	董(성씨, 동독할동)	15	木	火	丙辰	丙戌
	同(같을동)	6	水	火	·	丙戌
	桐(오동나무동)	10	木	火	·	丙戌
	棟(용마루동)	12	木	火	·	丙戌
	童(아이동)	12	金	火	·	丙戌
	銅(구리동)	14	金	火	·	丙戌
두	杜(성씨, 막을두)	7	木	火	丙申	丙申
	豆(콩두)	7	木	火	·	丙申
	斗(말두)	4	火	火	·	丙申
득	得(얻을득)	11	火	火	·	丙寅
등	登(오를등)	12	火	火	·	丙戌
	鄧(나라이름등)	19	土	火	·	丙戌
	藤(등나무등)	21	木	火	·	丙戌
락	洛(물이름락)	10	水	火	·	丁卯
	樂(즐길락)	15	木	火	·	丁卯
란	欄(난간란)	21	木	火	·	丁巳
	爛(빛날란)	21	火	火	·	丁巳
	蘭(난초란)	23	木	火	·	丁巳
람	藍(쪽람)	20	木	火	·	丁亥
	覽(볼람)	21	火	火	·	丁亥
랑	浪(성씨, 물결랑)	11	水	火	丁未	丁丑
	朗(밝을랑)	11	水	火	·	丁丑
로	路(성씨, 길로)	13	土	火	丁丑	丁未
래	來(올래)	8	火	火	·	丁亥
략	略(간략할략)	11	土	火	·	丁卯
량	良(어질량)	7	土	火	·	丁丑
	兩(두량)	8	土	火	·	丁丑
	亮(밝을량)	9	火	火	·	丁丑
	樑(들보양 량)	15	木	火	·	丁丑
려	呂(성려)	7	水	火	·	丁巳
	侶(음률려)	9	火	火	·	丁巳

	慮(생각할려)	15	火	火	·	丁巳
	麗(고울려)	19	土	火	·	丁巳
력	力(힘력)	2	土	火	·	丁卯
	曆(책력)	16	火	火	·	丁卯
련	連(연할련)	14	土	火	·	丁巳
	練(익힐련)	15	木	火	·	丁巳
	蓮(연련)	17	木	火	·	丁巳
	鍊(단련할련)	17	金	火	·	丁巳
	戀(사모할련)	23	火	火	·	丁巳
렬	烈(매울렬)	10	火	火	·	丁巳
	洌(밝을렬)	10	水	火	·	丁巳
렴	廉(청렴할렴)	13	木	火	·	丁巳
령	令(다스릴령)	5	火	火	·	丁丑
	怜(영리할령)	9	火	火	·	丁丑
	玲(옥소리령)	10	金	火	·	丁丑
	鈴(방울령)	13	金	火	·	丁丑
	領(다스릴령)	14	火	火	·	丁丑
례	禮(에도례)	18	木	火	·	丁亥
로	路(길로)	13	土	火	·	丁丑
	魯(노둔할로)	15	水	火	·	丁丑
	露(이슬로)	20	水	火	·	丁丑
록	鹿(사슴록)	11	土	火	·	丁卯
	祿(복록)	13	木	火	·	丁卯
	綠(푸를록)	14	木	火	·	丁卯
뢰	雷(성씨, 우레뢰)	13	水	火	丁亥	丁亥
료	了(마칠료)	2	金	火	·	丁丑
루	累(묶을루)	11	木	火	·	丁酉
	樓(다락루)	15	木	火	·	丁酉
륜	倫(인륜륜)	10	火	火	·	丁巳
	崙(뫼륜)	11	土	火	·	丁巳
	輪(바퀴륜)	15	火	火	·	丁巳
률	律(법률)	9	火	火	·	丁巳
	栗(밤률)	10	木	火	·	丁巳
륭	隆(성할륭)	17	土	火	·	丁丑
릉	綾(비단릉)	14	木	火	·	丁丑
리	里(마을리)	7	土	火	·	丁丑
	利(이로울리)	7	金	火	·	丁亥
	理(다스릴리)	12	金	火	·	丁亥
린	潾(맑을린)	16	水	火	·	丁巳
	璘(옥무늬린)	17	金	火	·	丁巳
	隣(이웃린)	20	土	火	·	丁巳
림	林(수풀림)	8	木	火	·	丁亥
	琳(옥돌림)	13	金	火	·	丁亥
	臨(임힐림)	17	火	火	·	丁亥

립	立(설립)	5	金	火	·	丁亥
마	馬(성씨, 말마)	10	火	水	壬寅	壬寅
	麻(성씨, 삼마)	11	木	水	壬寅	壬寅
만	萬(성씨, 일만만)	15	木	水	壬午	壬午
	晚(늦을만)	11	火	水	·	壬午
	滿(찰만)	15	水	水	·	壬午
말	末(끝말)	5	木	水	·	壬午
망	網(그물망)	14	木	水	·	壬戌
매	梅(성씨, 매화나무매)	11	木	水	壬子	壬子
	每(매양매)	7	土	水	·	壬子
	妹(아래누이매)	8	土	水	·	壬子
맹	孟(성씨, 맏맹)	8	水	水	壬辰	壬戌
	萌(싹맹)	14	木	水	·	壬戌
면	勉(힘쓸면)	9	金	水	·	壬午
명	明(성씨, 밝을명)	8	火	水	壬辰	壬戌
	名(이름명)	6	水	水	·	壬戌
	命(목숨명)	8	水	水	·	壬戌
	鳴(울명)	14	火	水	·	壬戌
	銘(새길명)	14	金	水	·	壬戌
모	毛(성씨, 털모)	4	火	水	壬辰	壬戌
	牟(성씨,소우는소리모)	6	土	水	壬辰	壬戌
	模(법모)	15	木	水	·	壬戌
	謀(꾀할모)	16	金	水	·	壬戌
	謨(꾀모)	18	金	水	·	壬戌
목	睦(성씨, 화목할목)	13	木	水	壬寅	壬寅
	木(나무목)	4	木	水	·	壬寅
	牧(다스릴목)	8	土	水	·	壬寅
	穆(아름다울목)	16	木	水	·	壬寅
몽	夢(꿈몽)	14	木	水	·	壬戌
묘	妙(묘할묘)	7	土	水	·	壬戌
	苗(싹묘)	11	木	水	·	壬戌
무	戊(천간무)	5	土	水	·	壬申
	武(호반무)	8	土	水	·	壬申
	茂(무성할무)	11	木	水	·	壬申
	無(없을무)	12	火	水	·	壬申
묵	墨(성씨, 먹묵)	15	土	水	壬寅	壬寅
	默(잠잠할묵)	16	水	水	·	壬寅
문	文(성씨, 글문)	4	木	水	壬午	壬午
	門(성씨, 문문)	8	木	水	壬午	壬午
	汶(물이름문)	8	水	水	·	壬午
	紋(무늬문)	10	木	水	·	壬午
미	米(성씨, 쌀미)	6	木	水	壬子	壬子
	味(맛미)	8	水	水	·	壬子
	美(아름다울미)	9	土	水	·	壬子

민	閔(성씨, 위문할민)	12	木	水	壬午	壬午
	民(백성민)	5	火	水	·	壬午
	旻(하늘민)	8	火	水	·	壬午
	玟(아름다울돌민)	9	金	水	·	壬午
	珉(옥돌민)	10	金	水	·	壬午
	敏(민첩민)	11	金	水	·	壬午
박	朴(성씨, 박나무박)	6	木	水	癸卯	癸卯
	博(넓을박)	12	水	水	·	癸卯
반	潘(성씨, 성반)	15	水	水	癸巳	癸巳
방	方(성씨, 모방)	4	土	水	癸未	癸丑
	房(성씨, 방방)	8	木	水	癸未	癸丑
	邦(성씨, 나라방)	11	土	水	癸未	癸丑
	龐(성씨, 클방)	19	土	水	癸未	癸丑
	芳(꽃다울방)	10	木	水	·	癸丑
	訪(찾을방)	11	金	水	·	癸丑
	防(막을방)	12	土	水	·	癸丑
배	裵(성씨, 성배)	14	木	水	癸亥	癸亥
	裴(성씨, 성배)	15	木	水	癸亥	癸亥
	拜(절배)	9	木	水	·	癸亥
	倍(곱배)	10	火	水	·	癸亥
	培(북돋울배)	11	土	水	·	癸亥
백	白(성씨, 흰백)	5	金	水	癸卯	癸卯
	百(일백백)	6	水	水	·	癸卯
	伯(맏백)	7	火	水	·	癸卯
	柏(잣나무백)	9	木	水	·	癸卯
번	番(차례번)	12	土	水	·	癸巳
	繁(성할번)	17	木	水	·	癸巳
범	凡(성씨, 무릇범)	3	水	水	癸亥	癸亥
	范(성씨, 법범)	11	木	水	癸亥	癸亥
	範(법범)	15	木	水	·	癸亥
법	法(법법)	9	水	水	·	癸亥
벽	碧(푸를벽)	14	金	水	·	癸卯
	璧(둥글옥벽)	18	金	水	·	癸卯
변	卞(성씨, 조급변)	4	土	水	癸巳	癸巳
	邊(성씨, 가변)	22	土	水	癸巳	癸巳
	變(변할변)	23	金	水	·	癸巳
별	別(나눌별)	7	金	水	·	癸巳
병	丙(천간변)	5	火	水	·	癸丑
	秉(잡을병)	8	木	水	·	癸丑
	柄(자루병)	9	木	水	·	癸丑
	炳(밝을병)	9	火	水	·	癸丑
	竝(아우를병)	10	金	水	·	癸丑
	棅(자루병)	12	木	水	·	癸丑
보	甫(클보)	7	水	水	·	癸丑

	保(보호할보)	9	火	水	·	癸丑
	報(갚을보)	12	土	水	·	癸丑
	普(넓을보)	12	火	水	·	癸丑
	補(도울보)	13	木	水	·	癸丑
	輔(도울보)	14	火	水	·	癸丑
	寶(보배보)	20	木	水	·	癸丑
복	卜(성씨, 점복)	2	火	水	癸卯	癸卯
	復(돌아올복)	12	火	水	·	癸卯
	福(복복)	14	木	水	·	癸卯
	馥(향기복)	18	木	水	·	癸卯
본	本(근본본)	5	木	水	·	癸巳
봉	奉(성씨, 받들봉)	8	木	水	癸未	癸丑
	鳳(성씨, 봉황봉)	14	火	水	癸未	癸未
	峰(산봉우리봉)	10	土	水	·	癸未
	蓬(쑥봉)	17	木	水	·	癸未
부	夫(성씨, 지아비부)	4	木	水	癸酉	癸酉
	扶(도울부)	8	木	水	·	癸酉
	富(넉넉할부)	12	木	水	·	癸酉
북	北(북녘북)	5	水	水	·	癸卯
분	分(나눌분)	4	金	水	·	癸巳
	汾(클분)	8	水	水	·	癸巳
	芬(향기분)	10	木	水	·	癸巳
불	不(아닐불)	4	水	水	·	癸巳
붕	朋(벗붕)	8	木	水	·	癸丑
비	丕(성씨, 으뜸비)	5	水	水	癸亥	癸亥
	妃(왕비비)	6	土	水	·	癸亥
	飛(날비)	9	火	水	·	癸亥
빈	彬(성씨, 빛날빈)	11	火	水	癸巳	癸巳
	賓(성씨, 손빈)	14	金	水	癸巳	癸巳
빙	氷(성씨, 얼음빙)	5	水	水	癸未	癸丑
사	史(성씨, 역사사)	5	水	金	庚寅	庚寅
	似(같을사)	7	火	金	·	庚寅
	舍(집사)	8	火	金	·	庚寅
	事(일사)	8	木	金	·	庚寅
	社(토지의신사)	8	木	金	·	庚寅
	思(생각사)	9	火	金	·	庚寅
산	山(뫼산)	3	土	金	·	庚午
삼	三(석삼)	3	火	金	·	庚子
	杉(삼나무삼)	7	木	金	·	庚子
	森(수풀삼)	12	木	金	·	庚子
상	尙(성씨, 오히려상)	8	金	金	庚辰	庚戌
	上(윗상)	3	木	金	·	庚戌
	相(서로상)	9	木	金	·	庚戌
	桑(뽕나무상)	10	木	金	·	庚戌

	常(떳떳상)	11	木	金	·	庚戌
	祥(상서로울상)	11	金	金	·	庚戌
	商(장사상)	11	水	金	·	庚戌
	想(생각상)	13	火	金	·	庚戌
	詳(자세할상)	13	金	金	·	庚戌
쌍	雙(쌍쌍)	18	火	金	·	辛丑
새	塞(변방새)	13	土	金	·	庚子
색	色(빛색)	6	土	金	·	庚寅
생	生(날생)	5	木	金	·	庚戌
서	西(성씨, 서녘서)	6	金	金	庚午	庚午
	徐(성씨, 천천히서)	10	火	金	庚午	庚午
	序(차례서)	7	木	金	·	庚午
	書(글서)	10	火	金	·	庚午
	棲(깃들서)	12	木	金	·	庚午
	瑞(이로울서)	14	金	金	·	庚午
석	石(성씨, 돌석)	5	金	金	庚寅	庚寅
	昔(성씨, 옛석)	8	火	金	庚寅	庚寅
	碩(성씨, 클석)	14	金	金	庚寅	庚寅
	夕(저녁석)	3	水	金	·	庚寅
	錫(주석석)	16	金	金	·	庚寅
선	先(성씨, 먼저선)	6	木	金	庚午	庚午
	宣(성씨, 베풀선)	9	木	金	庚午	庚午
	仙(신선선)	5	火	金	·	庚午
	善(착할선)	12	水	金	·	庚午
	鮮(고울선)	17	水	金	·	庚午
설	薛(성씨, 대쑥설)	19	木	金	庚午	庚午
	雪(눈설)	11	水	金	·	庚午
	卨(높을설)	11	土	金	·	庚午
섭	涉(건널섭)	11	水	金	·	庚子
	葉(땅이름섭)	15	木	金	·	庚子
	燮(빛날섭)	17	火	金	·	庚子
	攝(당길섭)	22	木	金	·	庚子
성	成(성씨, 이룰성)	7	火	金	庚辰	庚戌
	星(성씨, 별성)	9	火	金	庚辰	庚戌
	姓(성씨성)	8	土	金	·	庚戌
	性(성품성)	9	火	金	·	庚戌
	省(살필성)	9	木	金	·	庚戌
	城(재성)	10	土	金	·	庚戌
	晟(밝을성)	11	火	金	·	庚戌
	盛(성할성)	12	火	金	·	庚戌
	聖(성인성)	13	火	金	·	庚戌
	誠(정성성)	14	金	金	·	庚戌
세	世(인간세)	5	火	金	·	庚子
	洗(씻을세)	10	水	金	·	庚子

소	蘇(성씨, 소생할소)	22	木	金	庚辰	庚戌
	小(작을소)	3	水	金	·	庚戌
	少(적을소)	4	水	金	·	庚戌
	所(처소소)	8	木	金	·	庚戌
	沼(늪소)	9	水	金	·	庚戌
	昭(맑을소)	9	火	金	·	庚戌
	炤(비칠소)	9	火	金	·	庚戌
	素(흴소)	10	木	金	·	庚戌
	笑(웃음소)	10	木	金	·	庚戌
	邵(고을이름소)	12	土	金	·	庚戌
손	孫(성씨, 손자손)	10	水	金	庚午	庚午
솔	率(거느릴솔)	11	火	金	·	庚午
송	宋(성씨, 송나라송)	7	木	金	庚辰	庚戌
	松(성씨, 소나무송)	8	木	金	庚辰	庚戌
	頌(칭송할칭)	13	火	金	·	庚戌
수	水(물수)	4	水	金	·	庚申
	手(손수)	4	木	金	·	庚申
	守(지킬수)	6	木	金	·	庚申
	秀(빼어날 수)	7	木	金	·	庚申
	受(받을수)	8	水	金	·	庚申
	洙(강이름수)	10	水	金	·	庚申
	修(닦을수)	10	火	金	·	庚申
	樹(나무수)	16	木	金	·	庚申
숙	叔(아재비숙)	8	水	金	·	庚寅
	淑(맑을숙)	12	水	金	·	庚寅
	肅(엄숙할숙)	13	火	金	·	庚寅
순	純(순수할순)	10	木	金	·	庚午
	筍(풀이름순)	12	木	金	·	庚午
	淳(순박할순)	12	水	金	·	庚午
	舜(순임금순)	12	木	金	·	庚午
	順(순할순)	12	火	金	·	庚午
술	戌(개술)	6	土	金	·	庚午
	術(재주술)	11	火	金	·	庚午
숭	崇(높을숭)	11	土	金	·	庚戌
슬	瑟(거문고슬)	14	金	金	·	庚午
	璱(푸른진주슬)	17	金	金	·	庚午
습	習(익힐습)	11	火	金	·	庚子
승	升(되승)	4	木	金	·	庚戌
	丞(정승승)	6	木	金	·	庚戌
	昇(오를승)	8	火	金	·	庚戌
	承(이을승)	8	木	金	·	庚戌
	勝(이길승)	12	土	金	·	庚戌
	陞(오를승)	15	土	金	·	庚戌
시	市(저자시)	5	木	金	·	庚子

	始(처음시)	8	土	金	·	庚子
	是(이시)	9	火	金	·	庚子
	施(베풀시)	9	土	金	·	庚子
	時(때시)	10	火	金	·	庚子
	視(볼시)	12	火	金	·	庚子
씨	氏(성씨)	4	火	金	·	辛亥
식	式(법식)	6	金	金	·	庚寅
	植(심을식)	12	木	金	·	庚寅
	湜(물맑을식)	13	水	金	·	庚寅
신	申(성씨, 납신)	5	金	金	庚午	庚午
	辛(성씨, 매울신)	7	金	金	庚午	庚午
	愼(성씨, 삼갈신)	14	火	金	·	庚午
	臣(신하신)	6	火	金	·	庚午
	伸(펼신)	7	火	金	·	庚午
	信(믿을신)	9	火	金	·	庚午
	晨(새벽신)	11	火	金	·	庚午
	新(새로울신)	13	金	金	·	庚午
실	室(집실)	9	木	金	·	庚午
	悉(다실)	11	火	金	·	庚午
	實(열매실)	14	木	金	·	庚午
심	沈(성씨, 잠길심)	8	火	金	庚子	庚子
	心(마음심)	4	火	金	·	庚子
	深(깊을심)	12	水	金	·	庚子
	尋(찾을심)	12	金	金	·	庚子
아	我(나아)	7	金	土	·	戊寅
	芽(싹아)	10	木	土	·	戊寅
	娥(예쁠아)	10	土	土	·	戊寅
	雅(아담할아)	12	火	土	·	戊寅
악	樂(풍류악)	15	木	土	·	戊寅
안	安(성씨, 편안할안)	6	木	土	戊午	戊午
암	庵(암자암)	11	木	土	·	戊子
	巖(바위암)	23	土	土	·	戊子
	岩(바위암) 巖의 속자	8	土	土	·	戊子
앙	央(가운데앙)	5	土	土	·	戊戌
	仰(우러를 앙)	6	火	土	·	戊戌
애	厓(언덕애)	8	土	土	·	戊子
	涯(물가애)	12	水	土	·	戊子
	愛(사랑애)	13	火	土	·	戊子
야	夜(성씨, 밤야)	8	水	土	戊寅	戊寅
	也(이끼야)	3	水	土	·	戊寅
	野(들야)	11	土	土	·	戊寅
약	若(만약약)	11	木	土	·	戊寅
	藥(약약)	21	木	土	·	戊寅
	躍(뛸약)	21	土	土	·	戊寅

양	梁(성씨, 들보양)	11	木	土	戊辰	戊戌
	楊(성씨, 버들양)	13	木	土	戊辰	戊戌
	羊(양양)	6	土	土	·	戊戌
	洋(바다양)	10	水	土	·	戊戌
	養(기를양)	15	水	土	·	戊戌
어	魚(성씨, 고기어)	11	水	土	戊午	戊午
	御(이거할어)	11	火	土	·	戊午
억	億(억억)	15	火	土	·	戊寅
	憶(생각할억)	17	火	土	·	戊寅
언	彦(선비언)	9	火	土	·	戊午
엄	嚴(성씨, 엄할엄)	20	火	土	戊子	戊子
업	業(업업)	13	木	土	·	戊子
여	呂(성씨, 음률여)	7	水	土	戊午	戊午
	如(같을여)	6	土	土	·	戊午
	汝(너여)	7	水	土	·	戊午
	與(줄여)	14	土	土	·	戊午
	餘(남을여)	16	水	土	·	戊午
역	易(바꿀역)	8	火	土	·	戊寅
	譯(번역할역)	20	金	土	·	戊寅
연	延(성씨, 끌연)	7	土	土	戊午	戊午
	連(성씨, 이을연)	14	土	土	戊午	戊午
	燕(성씨, 제비연)	16	火	土	戊午	戊午
	妍(고울연)	9	土	土	·	戊午
	娟(아름다울연)	10	土	土	·	戊午
	硏(연구할연)	11	金	土	·	戊午
	然(그러할연)	12	火	土	·	戊午
	硯(벼루연)	12	金	土	·	戊午
	淵(못연)	13	水	土	·	戊午
	演(넓힐연)	15	水	土	·	戊午
	緣(인연연)	15	木	土	·	戊午
열	烈(매울열)	10	火	土	·	戊午
	悅(기쁠열)	11	火	土	·	戊午
	說(즐거울열)	14	金	土	·	戊午
염	廉(성씨, 청념할염)	13	木	土	戊子	戊子
	炎(불꽃염)	8	火	土	·	戊子
엽	葉(잎엽)	15	木	土	·	戊子
	燁(빛날엽)	16	火	土	·	戊子
	曄(성할엽)	16	火	土	·	戊子
영	永(길영)	5	水	土	·	戊戌
	泳(헤엄칠영)	9	水	土	·	戊戌
	英(꽃부리영)	11	木	土	·	戊戌
	煐(빛날영)	13	火	土	·	戊戌
	暎(비칠영)	13	火	土	·	戊戌
	榮(꽃영)	14	木	土	·	戊戌

	瑛(옥광채영)	14	金	土	·	戊戌
	影(그림자영)	15	火	土	·	戊戌
	營(경영할영)	17	火	土	·	戊戌
예	芮(성씨, 나라이름예)	10	木	土	戊子	戊子
	乂(어질예)	2	金	土	·	戊子
	豫(미리예)	16	水	土	·	戊子
	藝(재주예)	21	木	土	·	戊子
	譽(명예예)	21	金	土	·	戊子
오	吳(성씨, 나라오)	7	水	土	戊辰	戊戌
	午(낮오)	4	火	土	·	戊戌
	五(다섯오)	5	土	土	·	戊戌
	伍(대오오)	6	火	土	·	戊戌
	吾(나오)	7	水	土	·	戊戌
	梧(오동나무오)	11	木	土	·	戊戌
	晤(만날오)	11	火	土	·	戊戌
옥	玉(성씨, 구슬옥)	5	金	土	戊寅	戊寅
	沃(기름질옥)	8	水	土	·	戊寅
	屋(집옥)	9	木	土	·	戊寅
	鈺(보배옥)	13	金	土	·	戊寅
온	溫(따뜻할온)	14	水	土	戊午	戊午
	瑥(사람이름온)	15	金	土	·	戊午
	穩(편안할온)	19	木	土	·	戊午
옹	邕(성씨, 화할옹)	10	土	土	戊辰	戊戌
	雍(화할옹)	13	火	土	·	戊戌
완	完(안전할완)	7	木	土	·	戊午
	玩(즐길완)	9	金	土	·	戊午
	浣(씻을완)	11	水	土	·	戊午
	琓(서옥완)	12	金	土	·	戊午
왕	王(성씨, 임금왕)	5	金	土	戊辰	戊戌
	汪(못왕)	8	水	土	·	戊戌
	旺(왕성할왕)	8	火	土	·	戊戌
외	外(바깥외)	5	火	土	·	戊子
요	堯(요임금요)	12	土	土	·	戊戌
	樂(좋아할요)	15	木	土	·	戊戌
	曜(빛날요)	18	火	土	·	戊戌
	饒(넉넉할요)	21	水	土	·	戊戌
용	龍(성씨, 용용)	16	土	土	戊辰	戊戌
	用(쓸용)	5	水	土	·	戊戌
	勇(날랠용)	9	土	土	·	戊戌
	容(얼굴용)	10	木	土	·	戊戌
	庸(떳떳할용)	11	木	土	·	戊戌
	溶(녹을용)	14	水	土	·	戊戌
	墉(담용)	14	土	土	·	戊戌
우	于(성씨, 어조사우)	3	水	土	戊申	戊申

	禹(성씨, 하우씨우)	9	土	土	戊申	戊申
	牛(소우)	4	土	土	·	戊申
	友(벗우)	4	水	土	·	戊申
	右(오른우)	5	水	土	·	戊申
	宇(집우)	6	木	土	·	戊申
	佑(도울우)	7	火	土	·	戊申
	雨(비우)	8	水	土	·	戊申
	祐(도울우)	10	金	土	·	戊申
	優(뛰어날우)	17	火	土	·	戊申
욱	旭(빛날욱)	6	火	土	·	戊寅
	昱(밝을욱)	9	火	土	·	戊寅
	郁(성할욱)	13	土	土	·	戊寅
	煜(빛날욱)	13	火	土	·	戊寅
운	云(이름운)	4	水	土	·	戊午
	雲(구름운)	12	水	土	·	戊午
	運(운전할운)	16	土	土	·	戊午
웅	雄(수컷웅)	12	火	土	·	戊戌
	熊(곰운)	14	火	土	·	戊戌
원	元(성씨, 으뜸원)	4	木	土	戊午	戊午
	袁(성씨, 옷길원)	10	木	土	戊午	戊午
	沅(강이름원)	8	水	土	·	戊午
	垣(담원)	9	土	土	·	戊午
	原(근본원)	10	土	土	·	戊午
	苑(동산원)	11	木	土	·	戊午
	媛(예쁠원)	12	土	土	·	戊午
	園(동산원)	13	水	土	·	戊午
	源(근원원)	14	水	土	·	戊午
	院(집원)	15	土	土	·	戊午
	遠(멀원)	17	土	土	·	戊午
월	月(달월)	4	水	土	·	戊午
위	韋(성씨, 가죽위)	9	金	土	戊子	戊子
	位(방위위)	7	火	土	·	戊子
	偉(위대할위)	11	火	土	·	戊子
유	柳(성씨, 버들유)	9	木	土	戊申	戊申
	俞(성씨, 점점유)	9	火	土	戊申	戊申
	劉(성씨, 죽일유)	15	金	土	戊申	戊申
	由(말미암을유)	5	木	土	·	戊申
	有(있을유)	6	水	土	·	戊申
	攸(다스릴유)	7	金	土	·	戊申
	酉(닭유)	7	金	土	·	戊申
	柚(유자유)	9	木	土	·	戊申
	柔(부드러울유)	9	木	土	·	戊申
	裕(넉넉할유)	13	木	土	·	戊申
	維(바유)	14	木	土	·	戊申

육	陸(성씨, 육지육)	16	土	土	戊寅	戊寅
	育(기를육)	10	水	土	·	戊寅
윤	尹(성씨, 다스릴윤)	4	水	土	戊午	戊午
	允(진실로윤)	4	土	土	·	戊午
	閏(윤달윤)	12	火	土	·	戊午
	潤(윤택할윤)	16	水	土	·	戊午
율	律(법율)	9	火	土		戊午
	栗(밤율)	10	木	土		戊午
융	融(화할융)	16	水	土		戊戌
	隆(성할융)	17	土	土		戊戌
은	恩(성씨, 은혜은)	10	火	土	戊午	戊午
	殷(성씨, 은나라은)	10	金	土	戊午	戊午
	垠(언덕은)	9	土	土	·	戊午
	銀(은은)	14	金	土	·	戊午
	隱(숨길은)	22	土	土	·	戊午
을	乙(새을)	1	木	土		戊午
음	陰(성씨, 그늘음)	16	土	土	戊子	戊子
	音(소리음)	9	金	土	·	戊子
응	應(응할응)	17	火	土		戊戌
의	宜(마땅할의)	8	木	土		戊子
	義(옳을의)	13	土	土		戊子
	儀(거동의)	15	火	土		戊子
이	伊(성씨, 저이)	6	火	土	戊子	戊子
	李(성씨, 오얏이)	7	木	土	戊子	戊子
	異(성씨, 다를이)	11	火	土	戊子	戊子
	以(써이)	5	火	土	·	戊子
	里(마을이)	7	土	土	·	戊子
	利(이로울이)	7	金	土	·	戊子
	梨(배이)	11	木	土	·	戊子
	理(다스릴이)	12	金	土	·	戊子
익	益(더할익)	10	水	土	·	戊寅
	翊(도울익)	11	火	土	·	戊寅
	翼(날개익)	17	火	土	·	戊寅
인	印(성씨, 도장인)	11	木	土	戊午	戊午
	仁(어질인)	4	火	土	·	戊午
	因(인할인)	6	水	土	·	戊午
	寅(범인)	11	木	土	·	戊午
일	一(한일)	1	木	土	·	戊午
	日(날일)	4	火	土	·	戊午
	壹(갖은한일)	12	木	土	·	戊午
	逸(편안한일)	15	土	土	·	戊午
임	任(성씨, 맡길임)	6	火	土	戊子	戊子
	林(성시, 수풀임)	8	木	土	戊子	戊子
	壬(천간임)	4	水	土	·	戊子

입	入(들입)	2	木	土	·	戊子
	立(설입)	5	金	土	·	戊子
잉	剩(남을잉)	12	金	土	·	戊戌
자	慈(성씨, 사랑할자)	14	水	金	辛卯	辛卯
	子(아들자)	3	水	金	·	辛卯
	自(스스로자)	6	木	金	·	辛卯
	者(놈자)	10	土	金	·	辛卯
	滋(붙을자)	13	水	金	·	辛卯
작	作(지을작)	7	水	金	·	辛卯
장	張(성씨, 베풀장)	11	金	金	辛未	辛丑
	章(성씨, 글장)	11	金	金	辛未	辛丑
	莊(성씨, 씩씩할장)	13	木	金	辛未	辛丑
	蔣(성씨, 줄장)	17	木	金	辛未	辛丑
	壯(장할장)	7	木	金	·	辛丑
	長(긴장)	8	木	金	·	辛丑
	將(장수장)	11	土	金	·	辛丑
재	才(재주재)	4	木	金	·	辛亥
	在(있을재)	6	土	金	·	辛亥
	再(다시재)	6	木	金	·	辛亥
	材(재목재)	7	木	金	·	辛亥
	哉(비롯할재)	9	水	金	·	辛亥
	栽(심을재)	10	木	金	·	辛亥
	宰(재상재)	10	木	金	·	辛亥
	裁(마를재)	12	木	金	·	辛亥
	載(실을재)	13	火	金	·	辛亥
전	田(성씨, 밭전)	5	木	金	辛巳	辛巳
	全(성씨, 온전전)	6	土	金	辛巳	辛巳
	錢(성씨, 돈전)	16	金	金	辛巳	辛巳
	典(법전)	8	金	金	·	辛巳
	前(앞전)	9	金	金	·	辛巳
	傳(전할전)	13	火	金	·	辛巳
	轉(구름전)	18	火	金	·	辛巳
절	哲(밝을절)	11	火	金	·	辛巳
점	占(성씨, 점령할점)	5	火	金	辛亥	辛亥
	点(점점)	9	火	金	·	辛亥
	點(점점)	17	水	金	·	辛亥
정	丁(성씨, 고무래정)	2	火	金	辛未	辛丑
	程(성씨, 단위정)	12	木	金	辛未	辛丑
	鄭(성씨, 나라정)	19	土	金	辛未	辛丑
	井(우물정)	4	水	金	·	辛丑
	正(바를정)	5	土	金	·	辛丑
	汀(물가정)	6	水	金	·	辛丑
	廷(조정정)	7	木	金	·	辛丑
	政(정사정)	8	金	金	·	辛丑

	定(정할정)	8	木	金	·	辛丑
	姃(단정할정)	8	土	金	·	辛丑
	征(칠정)	8	火	金	·	辛丑
	貞(곧을정)	9	金	金	·	辛丑
	亭(정자정)	9	火	金	·	辛丑
	庭(뜰정)	10	木	金	·	辛丑
	頂(정수리정)	11	火	金	·	辛丑
	淨(맑을정)	12	水	金	·	辛丑
	情(뜻정)	12	火	金	·	辛丑
	晶(수정정)	12	火	金	·	辛丑
	鼎(솥정)	13	火	金	·	辛丑
	精(깨끗할정)	14	木	金	·	辛丑
	整(가지런할정)	16	金	金	·	辛丑
	靜(고요할정)	16	木	金	·	辛丑
제	諸(성씨, 모든제)	16	金	金	辛亥	辛亥
	帝(성씨, 임금제)	9	木	金	·	辛亥
	堤(방축제)	12	土	金	·	辛亥
	提(들제)	13	木	金	·	辛亥
	濟(건널제)	18	水	金	·	辛亥
조	曺(성씨, 성조)	10	火	金	辛未	辛丑
	趙(성씨, 나라조)	14	火	金	辛未	辛丑
	助(도울조)	7	土	金	·	辛丑
	祚(복조)	10	金	金	·	辛丑
	朝(아침조)	12	火	金	·	辛丑
	照(비칠조)	13	火	金	·	辛丑
족	族(겨레족)	11	木	金	·	辛卯
존	存(있을존)	6	水	金	·	辛巳
종	宗(성씨, 마루종)	8	木	金	辛未	辛丑
	鐘(성씨, 쇠북종)	20	金	金	辛未	辛丑
	種(씨종)	14	木	金	·	辛丑
	鍾(술병종)	17	金	金	·	辛丑
좌	左(성씨, 왼자)	5	火	金	辛卯	辛卯
	佐(도울자)	7	火	金	·	辛卯
주	朱(성씨, 붉을주)	6	木	金	辛酉	辛酉
	周(성씨, 두루주)	8	水	金	辛酉	辛酉
	主(주인주)	5	木	金	·	辛酉
	舟(배주)	6	木	金	·	辛酉
	州(고을주)	6	水	金	·	辛酉
	住(살주)	7	火	金	·	辛酉
	宙(하늘주)	8	木	金	·	辛酉
	注(물댈주)	9	水	金	·	辛酉
	柱(기둥주)	9	木	金	·	辛酉
	洲(물가주)	10	水	金	·	辛酉
	株(그루주)	10	木	金	·	辛酉

	珠(구슬주)	11	金	金	·	辛酉
죽	竹(대죽)	6	木	金	·	辛卯
준	俊(준걸준)	9	火	金	·	辛巳
	峻(높을준)	10	土	金	·	辛巳
	埈(가파를준)	10	土	金	·	辛巳
	浚(깊을준)	11	水	金	·	辛巳
	準(법도준)	14	水	金	·	辛巳
중	中(가운데중)	4	土	金	·	辛丑
	仲(버금중)	6	火	金	·	辛丑
	重(무거울중)	9	土	金	·	辛丑
	衆(무리중)	12	水	金	·	辛丑
증	曾(일찍증)	12	火	金	·	辛丑
	增(더할증)	15	土	金	·	辛丑
	甑(시루증)	17	土	金	·	辛丑
지	池(성씨, 못지)	7	水	金	辛亥	辛亥
	智(성씨, 지혜지)	12	火	金	辛亥	辛亥
	之(갈지)	4	土	金	·	辛亥
	只(다만지)	5	水	金	·	辛亥
	地(땅지)	6	土	金	·	辛亥
	至(이를지)	6	土	金	·	辛亥
	志(뜻지)	7	火	金	·	辛亥
	枝(가지지)	8	木	金	·	辛亥
	芝(지초지)	10	木	金	·	辛亥
직	直(곧을직)	8	木	金	·	辛卯
	稷(기장직)	15	木	金	·	辛卯
진	晋(성씨, 진나라진)	10	火	金	辛巳	辛巳
	眞(성씨, 참진)	10	木	金	辛巳	辛巳
	秦(성씨, 나라진)	10	木	金	辛巳	辛巳
	陳(성씨, 베풀진)	16	土	金	辛巳	辛巳
	辰(별진)	7	土	金	·	辛巳
	珍(보배진)	10	金	金	·	辛巳
	津(나루진)	10	水	金	·	辛巳
	振(떨칠진)	11	木	金	·	辛巳
	軫(수레진)	12	火	金	·	辛巳
	進(나아갈진)	15	土	金	·	辛巳
	震(천둥진)	15	水	金	·	辛巳
	瑱(옥돌진)	15	金	金	·	辛巳
	鎭(진압할진)	18	金	金	·	辛巳
집	集(모을집)	12	火	金	·	辛亥
	輯(모을집)	16	火	金	·	辛亥
차	車(성씨, 수레차)	7	火	金	辛卯	辛卯
	次(버금차)	6	水	金	·	辛卯
찬	燦(빛날찬)	17	火	金	·	辛巳
	贊(도울찬)	19	金	金	·	辛巳

	讚(기릴찬)	26	金	金	·	辛巳
창	昌(성씨, 창성창)	8	火	金	辛未	辛丑
	倉(성씨, 창고창)	10	火	金	辛未	辛丑
	昶(밝을창)	9	火	金	·	辛丑
	創(비롯할창)	12	金	金	·	辛丑
	彰(밝을창)	14	火	金	·	辛丑
	暢(펼창)	14	火	金	·	辛丑
	蒼(푸를창)	16	木	金	·	辛丑
채	蔡(성씨, 거북채)	17	木	金	辛亥	辛亥
	采(캘채)	8	木	金	·	辛亥
	彩(빛낼채)	11	火	金	·	辛亥
	菜(나물채)	14	木	金	·	辛亥
	綵(비단채)	14	木	金	·	辛亥
책	策(채직책)	12	木	金	·	辛卯
처	處(곳처)	11	土	金	·	辛巳
척	尺(자척)	4	木	金	·	辛卯
천	千(성씨, 일천천)	3	水	金	辛巳	辛巳
	天(성씨, 하늘천)	4	火	金	辛巳	辛巳
	泉(샘천)	9	水	金	·	辛巳
철	哲(밝을철)	10	水	金	·	辛巳
	喆(밝을철)	12	水	金	·	辛巳
	徹(뚫을철)	15	火	金	·	辛巳
	澈(물맑을철)	16	水	金	·	辛巳
	鐵(쇠철)	21	金	金	·	辛巳
청	靑(푸를청)	8	木	金	·	辛丑
	淸(맑을청)	12	水	金	·	辛丑
초	肖(성씨, 닮을초)	9	水	金	辛未	辛丑
	楚(성씨, 모형초)	13	木	金	辛未	辛丑
	初(처음초)	7	金	金	·	辛丑
	草(풀초)	12	木	金	·	辛丑
	樵(나무할초)	16	木	金	·	辛丑
촌	寸(마디촌)	3	土	金	·	辛巳
	村(마을촌)	7	木	金	·	辛巳
최	崔(성씨, 높을최)	11	土	金	辛亥	辛亥
추	秋(성씨, 가을추)	9	木	金	辛酉	辛酉
	樞(지도리추)	15	木	金	·	辛酉
축	丑(소축)	4	土	金	·	辛卯
춘	春(봄춘)	9	火	金	·	辛巳
	椿(참나무춘)	13	木	金	·	辛巳
출	出(날출)	5	土	金	·	辛巳
충	充(채울충)	5	木	金	·	辛丑
	忠(충성충)	8	火	金	·	辛丑
치	治(다스릴치)	9	水	金	·	辛亥
	致(이를치)	9	土	金	·	辛亥

친	親(친할친)	16	火	金	·	辛巳
칠	七(일곱칠)	7	金	金	·	辛巳
탁	卓(성씨, 높을탁)	8	木	火	丁卯	丁卯
	托(받칠탁)	7	木	火	·	丁卯
	倬(클탁)	10	火	火	·	丁卯
	琢(쪼을탁)	13	金	火	·	丁卯
	琸(이름탁)	13	金	火	·	丁卯
	鐸(방울탁)	21	金	火	·	丁卯
탄	彈(성씨, 탄알탄)	15	金	火	丁巳	丁巳
	呑(삼킬탄)	7	水	火	·	丁巳
	坦(평탄할탄)	8	土	火	·	丁巳
태	太(성씨, 클태)	4	木	火	丁亥	丁亥
	台(별태)	5	水	火	·	丁亥
	兌(기쁠태)	7	金	火	·	丁亥
	汰(씻을태)	8	水	火	·	丁亥
	泰(클태)	9	水	火	·	丁亥
택	宅(집택)	6	木	火	·	丁卯
	澤(못택)	17	水	火	·	丁卯
토	土(흙토)	3	土	火	·	丁丑
통	桶(통통)	11	木	火	·	丁丑
	統(거느릴통)	12	木	火	·	丁丑
	通(통할통)	14	土	火	·	丁丑
파	巴(땅이름파)	4	土	水	·	癸卯
	坡(언덕파)	8	土	水	·	癸卯
	芭(파초파)	10	木	水	·	癸卯
판	判(성씨, 판가름판)	7	金	水	癸巳	癸巳
팔	八(여덟팔)	8	金	水	·	癸巳
팽	彭(성씨, 나라이름팽)	12	火	水	癸未	癸丑
	澎(물소리팽)	16	水	水	·	癸丑
편	片(성씨, 조각편)	4	木	水	癸巳	癸巳
	扁(성씨, 작을편)	9	木	水	癸巳	癸巳
평	平(성씨, 평평할평)	5	木	水	癸未	癸丑
	坪(평평할평)	8	土	水	·	癸丑
	評(평론할평)	12	金	水	·	癸丑
포	包(성씨, 쌀포)	5	金	水	癸未	癸丑
	飽(성씨, 배부를포)	14	水	水	癸未	癸丑
	布(베포)	5	木	水	·	癸丑
	浦(물가포)	11	水	水	·	癸丑
	捕(잡을포)	11	木	水	·	癸丑
표	表(성씨, 겉표)	9	木	水	癸未	癸丑
	票(표표)	11	火	水	·	癸丑
	標(표시표)	15	木	水	·	癸丑
풍	馮(성씨, 성풍)	12	火	水	癸未	癸丑
	風(바람풍)	9	木	水	·	癸丑

	豊(풍성할풍)	13	木	水	·	癸丑
피	皮(성씨, 가죽피)	5	金	水	癸亥	癸亥
필	弼(성씨, 도울필)	12	金	水	癸巳	癸巳
	必(반드시필)	5	火	水	·	癸巳
	畢(마칠필)	11	土	水	·	癸巳
	筆(붓필)	12	木	水	·	癸巳
하	河(성씨, 물하)	9	水	土	己卯	己卯
	夏(성씨, 여름하)	10	火	土	己卯	己卯
	下(아래하)	3	火	土	·	己卯
	何(어찌하)	7	火	土	·	己卯
	昰(여름하)	9	火	土	·	己卯
학	學(배울학)	16	水	土	·	己卯
	鶴(학학)	21	火	土	·	己卯
한	漢(성씨, 한나라한)	15	水	土	己巳	己巳
	韓(성씨, 나라한)	17	金	土	·	己巳
	翰(날개한)	16	火	土	·	己巳
	瀚(넓고클한)	20	水	土	·	己巳
함	咸(성씨, 다함)	9	水	土	己亥	己亥
	含(머금할함)	7	水	土	·	己亥
합	合(합할합)	6	水	土	·	己亥
항	沆(넓을항)	8	水	土	·	己丑
	姮(이름항)	9	土	土	·	己丑
	恒(항상항)	10	火	土	·	己丑
	項(목항)	12	水	土	·	己丑
해	海(성씨, 바다해)	11	水	土	己亥	己亥
	亥(돼지해)	6	水	土	·	己亥
행	行(다닐행)	6	火	土	·	己丑
	杏(살구나무행)	7	木	土	·	己丑
	幸(다행행)	8	木	土	·	己丑
향	享(누릴향)	8	土	土	·	己丑
	香(향기향)	9	木	土	·	己丑
	鄕(고향향)	17	土	土	·	己丑
	響(울릴향)	22	金	土	·	己丑
허	許(성씨, 허락할허)	11	金	土	己巳	己巳
헌	軒(추녀헌)	10	火	土	·	己巳
	憲(법헌)	16	火	土	·	己巳
혁	革(가죽혁)	9	金	土	·	己卯
	赫(빛날혁)	14	火	土	·	己卯
	爀(불빛혁)	18	火	土	·	己卯
현	玄(성씨, 검을현)	5	火	土	己巳	己巳
	弦(활시위현)	8	木	土	·	己巳
	炫(밝을현)	9	火	土	·	己巳
	玹(옥돌현)	10	金	土	·	己巳
	峴(재현)	10	土	土	·	己巳

	絃(악기줄현)	11	木	土	·	己巳
	現(나타날현)	12	金	土	·	己巳
	鉉(솥귀현)	13	金	土	·	己巳
	賢(어질현)	15	金	土	·	己巳
	縣(고을현)	16	木	土	·	己巳
	顯(나타날현)	23	火	土	·	己巳
협	協(화할협)	8	水	土		己亥
형	邢(성씨, 나라이름형)	11	土	土	己未	己丑
	亨(형통할형)	7	土	土	·	己丑
	炯(빛날형)	9	火	土	·	己丑
	熒(등불형)	14	火	土	·	己丑
	瑩(옥빛형)	15	金	土	·	己丑
	衡(저울대형)	16	火	土	·	己丑
	螢(반딧불형)	16	水	土	·	己丑
	馨(향기형)	20	木	土	·	己丑
혜	惠(은혜혜)	12	火	土	·	己亥
	慧(지혜혜)	15	火	土	·	己亥
	蕙(난초혜)	18	木	土	·	己亥
호	胡(성씨, 턱밑살호)	11	水	土	己未	己丑
	扈(성씨, 파랑새호)	11	木	土	己未	己丑
	戶(집호)	4	木	土	·	己丑
	好(좋을호)	6	土	土	·	己丑
	虎(범호)	8	木	土	·	己丑
	昊(하늘호)	8	火	土	·	己丑
	浩(클호)	11	水	土	·	己丑
	晧(해돋이호)	11	火	土	·	己丑
	皓(빛날호)	12	金	土	·	己丑
	湖(호수호)	13	水	土	·	己丑
	豪(호걸호)	14	水	土	·	己丑
흔	欣(기쁠흔)	8	火	土	·	己巳
	昕(새벽흔)	8	火	土	·	己巳
홍	洪(성씨, 큰물홍)	9	水	土	己未	己丑
	紅(붉을홍)	9	木	土	·	己丑
	鴻(기러기홍)	17	火	土	·	己丑
화	化(성씨, 될화)	4	火	土	己卯	己卯
	和(화목할화)	8	水	土	·	己卯
	花(꽃화)	10	木	土	·	己卯
	畵(그림화)	12	土	土	·	己卯
	華(빛날화)	14	木	土	·	己卯
환	煥(불꽃환)	13	火	土	·	己巳
	環(고리환)	18	金	土	·	己巳
	歡(기뻐할환)	22	金	土	·	己巳
황	黃(성씨, 누를황)	12	土	土	己未	己丑
	晃(밝을황)	10	火	土		己丑

	凰(봉황새황)	11	木	土	·	己丑
	滉(물깊을황)	14	水	土	·	己丑
회	會(모을회)	13	木	土	己亥	己亥
효	孝(효도효)	7	水	土	·	己丑
	效(본받을효)	10	金	土	·	己丑
	曉(새벽효)	16	火	土	·	己丑
후	厚(두터울후)	9	土	土	·	己酉
훈	訓(가르칠훈)	10	金	土	·	己巳
	勳(공훈)	16	火	土	·	己巳
	薰(향기날훈)	20	木	土	·	己巳
휘	煇(빛날휘)	13	火	土	·	己亥
	暉(빛날휘)	13	火	土	·	己亥
	輝(빛날휘)	15	火	土	·	己亥
흘	屹(높을흘)	6	土	土	·	己巳
흠	欽(공경할흠)	12	金	土	·	己亥
흡	洽(젖을흡)	10	水	土	·	己亥
흥	興(일어날흥)	15	土	土	·	己丑
희	希(바랄희)	7	木	土	·	己亥
	姬(계집희)	9	土	土	·	己亥
	稀(드물희)	12	木	土	·	己亥
	喜(기쁠희)	12	水	土	·	己亥
	熙(빛날희)	13	火	土	·	己亥
	熹(밝을희)	16	火	土	·	己亥
	熺(빛날희)	16	火	土	·	己亥
	憙(기쁠희)	16	火	土	·	己亥
	禧(복희)	17	木	土	·	己亥
남궁	南	9	火	火	丙子	·
	宮	10	木	木	甲辰	·
독고	獨	17	土	火	丙寅	·
	孤	8	水	木	甲辰	·
동방	東	8	木	火	丙辰	·
	方	4	土	水	癸未	·
사공	司	5	水	金	庚寅	·
	空	8	水	木	甲辰	·
서문	西	6	金	金	庚午	·
	門	8	木	水	壬午	·
선우	鮮	17	水	金	庚午	·
	于	3	水	土	戊申	·
제갈	諸	16	金	金	辛亥	·
	葛	15	木	木	甲午	·
황보	皇	9	金	土	己未	·
	甫	7	水	水	癸未	·

■ 한자 이름 획수 수리표 ■

<<설명>> 성씨(姓氏) 획수에 따른 한자 이름 작명 때 원격(元格), 형격(亨格), 이격(利格), 정격(貞格)은 물론 음(陰), 양(陽)을 쉽게 맞추기 위해서는 <한자 이름 획수 수리표>를 활용하면 된다.

예를 들어보자, 김가분(金可汾)의 경우 <한자 이름 획수 수리표>와 <한자 이름 81수리 획수(劃數) 풀이>를 활용해서 획수를 찾아보면 성씨 金(8획, 음), 한자 이름 획수(1) 可(5획, 양), 한자 이름 획수(2) 汾(8획, 음)은 8, 5, 8이 되어 총 21획으로서 양(陽), 음(陰)의 조화는 물론 원격(13획, 총명격, 지모운), 형격(13획, 총명격, 지모운), 이격(16획, 수복격, 통솔운), 정격(21획, 자립격, 수령운)이 되어 좋은 이름이 된다.

또한 김가분(金可汾)의 발음 오행은 김(木, 水), 가(木), 분(水, 火)으로 수생목생화(水生木生火)의 상생(相生) 작용이 되어 좋은 이름이다.

특히 김가분의 자원 오행은 金(金), 可(水), 汾(水)으로 금생수(金生水)의 상생(相生) 작용이 되어 좋은 이름이다. 만약, 김가분(金可汾) 사주(四柱)에서 용신(用神)과 희신(喜神)이 토(土)와 화(火)일 경우, 자원 오행의 금, 수(金, 水)를 극(剋)하고, 아울러 발음 오행의 水, 木, 火 역시 용신과 희신을 극(剋)하는 수(水)와 목(木)으로 구성되어 있어 나쁜 이름이 된다. 그래서 이름 판단은 반드시 사주(四柱)의 용신(用神)과 희신(喜神)이 필요로 한다.

독자들은 <한자 이름 획수 수리표>를 바탕으로 원격, 형격, 이격, 정격이 맞는 한자 획수를 선택해서 명품 이름 짓기에 활용해 보기 바란다.

■ 2획 성씨(姓氏) : 내(乃), 정(丁), 복(卜)

한자 이름 획수(1)	한자 이름 획수(2)	한자 이름 획수(1)	한자 이름 획수(2)	한자 이름 획수(1)	한자 이름 획수(2)	한자 이름 획수(1)	한자 이름 획수(2)
1	4	1	5	1	14	1	15
1	22	3	3	3	12	3	13
4	1	4	9	4	11	4	19
5	1	5	6	5	11	5	16
6	3	6	5	6	9	6	15
9	4	9	6	9	14	9	22
11	4	11	5	11	22	13	3
13	16	13	22	14	1	14	9
14	15	14	19	14	21	15	1
15	6	15	14	15	16	16	5
16	13	16	15	16	19	19	4
19	14	19	16	21	14	22	1
22	9	22	11	22	13	23	6

■ 3획 성씨(姓氏) : 간(干), 궁(弓), 대(大), 범(凡), 산(山), 우(于), 천(千)

한자 이름 획수(1)	한자 이름 획수(2)	한자 이름 획수(1)	한자 이름 획수(2)	한자 이름 획수(1)	한자 이름 획수(2)	한자 이름 획수(1)	한자 이름 획수(2)

2	3	2	13	3	2	3	10
3	12	3	15	3	18	4	4
4	14	5	8	5	10	8	5
8	10	8	13	8	21	10	3
10	5	10	8	10	22	12	3
12	20	13	2	13	8	14	4
14	15	14	18	14	21	15	3
15	14	15	20	18	2	18	3
18	14	20	12	20	15	20	18
21	8	21	14	22	13		

■ 4획 성씨(姓氏) : 개(介), 공(孔), 공(公), 모(毛), 목(木), 문(文), 방(方), 변(卞), 부(夫), 원(元), 윤(尹), 인(仁), 천(天), 태(太), 편(片)

한자 이름 획수(1)	한자 이름 획수(2)	한자 이름 획수(1)	한자 이름 획수(2)	한자 이름 획수(1)	한자 이름 획수(2)	한자 이름 획수(1)	한자 이름 획수(2)
1	2	1	12	2	1	2	11
3	4	3	14	4	3	4	7
4	9	4	13	4	17	4	21
7	4	7	14	9	2	9	4
9	12	9	20	9	22	11	2
11	14	11	20	12	1	12	9
12	13	12	17	12	19	12	21
13	4	13	12	13	20	14	3
14	7	14	11	14	17	14	19
14	21	17	4	17	12	17	14
17	20	19	2	19	12	19	14
20	1	20	9	20	11	20	13
20	17	20	21	21	4	21	12
21	14	22	9				

■ 5획 성씨(姓氏) : 감(甘), 공(功), 구(丘), 백(白), 사(史), 석(石), 소(召), 신(申), 옥(玉), 왕(王), 을지(乙支), 전(田), 점(占), 좌(左), 평(平), 피(皮), 현(玄)

한자 이름 획수(1)	한자 이름 획수(2)	한자 이름 획수(1)	한자 이름 획수(2)	한자 이름 획수(1)	한자 이름 획수(2)	한자 이름 획수(1)	한자 이름 획수(2)
1	2	1	10	1	12	2	6
2	11	2	16	3	3	3	8
3	10	3	13	6	10	6	12
6	18	8	3	8	8	8	10
8	16	8	24	10	1	10	3
10	6	10	8	10	11	11	2
11	10	11	13	12	1	12	6
12	12	12	20	13	3	13	11
13	11	13	19	13	20	16	2
16	8	16	18	16	16	18	6
19	13	20	6	20	12	20	13
24	8						

■ 6획 성씨(姓氏) : 길(吉), 노(老), 모(牟), 미(米), 박(朴), 백(百), 서(西), 안(安), 이(伊), 인(印), 임(任), 전(全), 주(朱)

한자이름 획수(1)	한자이름 획수(2)	한자이름 획수(1)	한자이름 획수(2)	한자이름 획수(1)	한자이름 획수(2)	한자이름 획수(1)	한자이름 획수(2)
1	7	1	10	1	17	1	24
2	5	2	9	2	15	2	23
5	2	5	10	5	12	5	18
5	26	7	1	7	10	7	11
7	18	7	25	9	2	9	9
9	23	9	26	10	1	10	5
10	7	10	15	10	19	10	23
10	25	11	7	11	12	11	14
11	18	12	5	12	11	12	17
12	19	12	23	15	2	15	10
15	17	15	18	17	12	17	15
17	18	18	5	18	7	18	11
18	15	18	17	19	10	19	12
19	16	23	2	23	9	23	10
23	12	24	9	25	10	25	7
26	5						

■ 7획 성씨(姓氏) : 강(江), 두(杜), 성(成), 송(宋), 신(辛), 여(呂), 여(汝), 연(延), 오(吳), 이(李), 정(廷), 지(池), 차(車), 하(何)

한자이름 획수(1)	한자이름 획수(2)	한자이름 획수(1)	한자이름 획수(2)	한자이름 획수(1)	한자이름 획수(2)	한자이름 획수(1)	한자이름 획수(2)
1	10	1	16	1	24	4	4
4	14	6	10	6	11	6	18
8	8	8	9	8	10	8	16
8	17	8	24	9	8	9	9
9	16	9	22	10	1	10	6
10	8	10	14	10	22	11	6
11	14	14	4	14	10	14	11
14	17	14	18	16	1	16	8
16	9	16	16	16	22	17	8
17	14	17	24	18	6	18	14
22	9	22	10	22	16	24	8
24	17						

■ 8획 성씨(姓氏) : 경(京), 경(庚), 계(季), 공(空), 구(具), 기(奇), 김(金), 맹(孟), 명(明), 방(房), 봉(奉), 사(舍), 상(尙), 석(昔), 송(松), 승(承), 심(沈), 악(岳), 임(林), 종(宗), 주(周), 창(昌), 채(采), 탁(卓), 화(和)

한자이름 획수(1)	한자이름 획수(2)	한자이름 획수(1)	한자이름 획수(2)	한자이름 획수(1)	한자이름 획수(2)	한자이름 획수(1)	한자이름 획수(2)
3	5	3	10	3	13	3	21
5	3	5	8	5	10	5	16

5	24	7	8	7	9	7	10
7	16	7	17	7	24	8	5
8	7	8	9	8	13	8	15
8	16	8	17	8	21	9	7
9	8	9	15	9	16	10	3
10	5	10	7	10	13	10	15
10	15	10	21	10	23	13	3
13	8	13	10	13	16	15	8
15	9	15	10	15	16	16	5
16	8	16	9	16	13	16	15
16	17	16	21	17	7	17	8
17	16	21	3	21	8	21	10
21	16	23	10	24	5	24	7
27	10						

■ 9획 성씨(姓氏) : 강(姜), 남(南), 단(段), 류(柳), 선(宣), 성(星), 언(彦), 우(禹), 위(韋), 유(兪), 추(秋), 표(表), 하(河), 함(咸)

한자이름 획수(1)	한자이름 획수(2)	한자이름 획수(1)	한자이름 획수(2)	한자이름 획수(1)	한자이름 획수(2)	한자이름 획수(1)	한자이름 획수(2)
2	4	2	6	2	14	4	2
4	14	4	12	4	20	6	2
6	9	6	23	7	8	7	9
7	16	7	22	8	7	8	8
8	15	8	16	9	6	9	7
9	14	9	15	9	20	9	23
12	4	12	12	12	20	14	2
14	9	14	15	15	8	15	9
15	14	15	23	15	24	16	8
16	16	16	22	20	4	20	9
20	12	22	2	22	7	22	16
23	6	23	9	23	15	24	15

■ 10획 성씨(姓氏) : 계(桂), 고(高), 골(骨), 구(俱), 궁(宮), 당(唐), 마(馬), 방(芳), 서(徐), 손(孫), 예(芮), 원(袁), 은(殷), 조(曺), 진(晉), 진(秦), 창(倉), 하(夏), 홍(洪)

한자이름 획수(1)	한자이름 획수(2)	한자이름 획수(1)	한자이름 획수(2)	한자이름 획수(1)	한자이름 획수(2)	한자이름 획수(1)	한자이름 획수(2)
1	5	1	6	1	7	1	14
1	22	3	3	3	5	3	8
3	22	5	1	5	3	5	6
5	8	6	1	6	5	6	7
6	15	6	19	6	23	7	1
7	6	7	8	7	14	7	22
8	3	8	5	8	7	8	13
8	15	8	21	8	23	11	14
13	8	13	22	14	1	14	7
14	11	14	15	14	21	15	8

15	14	15	22	19	6	21	8
21	14	22	1	22	3	22	7
22	13	23	6	23	8		

■ 11획 성씨(姓氏) : 강(康), 마(麻), 매(梅), 반(班), 방(邦), 상(常), 설(卨), 양(梁), 어(魚), 위(尉), 이(異), 장(將), 장(張), 장(章), 최(崔), 허(許), 호(扈)

한자이름 획수(1)	한자이름 획수(2)	한자이름 획수(1)	한자이름 획수(2)	한자이름 획수(1)	한자이름 획수(2)	한자이름 획수(1)	한자이름 획수(2)
2	4	2	5	2	13	2	22
4	2	4	14	4	20	5	2
5	10	5	13	6	7	6	12
6	18	7	6	7	14	10	5
10	14	12	3	12	12	13	2
13	5	13	24	14	4	14	7
14	10	18	6	20	4	20	21
20	27	21	20	22	2	24	13
27	20						

■ 12획 성씨(姓氏) : 경(景), 구(邱), 동(童), 동방(東方), 민(閔), 삼(森), 소(邵), 순(淳), 순(舜), 승(勝), 요(堯), 유(庾), 정(程), 증(曾), 팽(彭), 풍(馮), 하(賀), 황(黃)

한자이름 획수(1)	한자이름 획수(2)	한자이름 획수(1)	한자이름 획수(2)	한자이름 획수(1)	한자이름 획수(2)	한자이름 획수(1)	한자이름 획수(2)
1	4	1	5	1	12	1	20
3	3	3	20	4	1	4	9
4	13	4	17	4	19	4	21
5	1	5	6	5	12	5	20
6	5	6	11	6	17	6	19
6	23	9	4	9	12	9	20
9	26	11	6	11	12	12	1
12	5	12	9	12	11	12	13
12	17	12	21	12	23	13	4
13	12	13	20	17	4	17	6
17	12	19	4	19	6	19	20
20	1	20	3	20	5	20	9
20	13	20	19	21	4	21	12
23	6	23	12	26	9		

■ 13획 성씨(姓氏) : 가(賈), 금(琴), 노(路), 목(睦), 사공(司空), 신(新), 양(梁), 염(廉), 옹(雍), 장(莊), 초(楚)

한자이름 획수(1)	한자이름 획수(2)	한자이름 획수(1)	한자이름 획수(2)	한자이름 획수(1)	한자이름 획수(2)	한자이름 획수(1)	한자이름 획수(2)
2	3	2	16	2	22	3	2
3	8	3	22	4	4	4	12
4	20	8	3	8	8	8	10

8	16	10	8	10	22	12	4
12	12	12	20	16	8	16	16
16	19	16	22	18	20	19	16
19	20	20	4	20	5	20	12
20	18	22	2	22	3	22	10
22	16	22	26	26	22		

■ 14획 성씨(姓氏) : 견(甄), 공손(公孫), 국(菊), 기(箕), 단(端), 배(裴), 봉(鳳), 서문(西門), 신(愼), 온(溫), 제(齊), 조(趙), 채(菜), 화(華)

한자 이름 획수(1)	한자 이름 획수(2)	한자 이름 획수(1)	한자 이름 획수(2)	한자 이름 획수(1)	한자 이름 획수(2)	한자 이름 획수(1)	한자 이름 획수(2)
1	2	1	10	1	17	1	23
2	1	2	9	2	15	2	19
2	21	2	23	3	4	3	15
3	18	3	21	4	3	4	7
4	11	4	17	4	19	4	21
7	4	7	10	7	11	7	17
7	18	7	24	9	2	9	9
9	15	9	24	10	1	10	7
10	21	10	23	11	4	11	7
15	2	15	3	15	9	15	18
17	1	17	4	17	7	18	3
17	7	18	15	18	19	19	2
19	18	21	2	21	3	21	4
21	10	21	17	23	1	23	2
24	7	24	9	23	10		

■ 15획 성씨(姓氏) : 가(價), 갈(葛), 경(慶), 곽(郭), 구(歐), 노(魯), 동(董), 묵(墨), 사마(司馬), 유(劉), 한(漢)

한자 이름 획수(1)	한자 이름 획수(2)	한자 이름 획수(1)	한자 이름 획수(2)	한자 이름 획수(1)	한자 이름 획수(2)	한자 이름 획수(1)	한자 이름 획수(2)
1	2	1	16	1	17	1	22
2	1	2	6	2	14	2	16
2	22	3	3	3	14	3	20
6	2	6	10	6	17	6	18
8	8	8	9	8	10	8	16
8	24	9	8	9	9	9	14
9	23	10	6	10	8	10	14
10	22	14	2	14	3	14	9
14	10	14	10	14	18	14	23
16	1	16	2	16	8	16	16
16	17	17	6	17	16	17	20
18	6	18	14	20	3	20	17
22	1	22	2	22	10	23	9
23	10	23	14	24	8		

■ 16획 성씨(姓氏) : 노(盧), 도(道), 도(都), 도(陶), 반(潘), 연(燕), 용(龍),

| 육(陸), 음(陰), 전(錢), 제(諸), 진(陳), 황보(皇甫) | | | | | | | |

한자 이름 획수(1)	한자 이름 획수(2)	한자 이름 획수(1)	한자 이름 획수(2)	한자 이름 획수(1)	한자 이름 획수(2)	한자 이름 획수(1)	한자 이름 획수(2)
1	7	1	15	1	16	1	22
2	5	2	13	2	15	2	19
2	21	2	23	5	2	5	8
5	16	7	1	7	8	7	9
7	16	7	22	8	5	8	7
8	9	8	13	8	15	8	17
8	21	8	23	9	7	9	8
9	16	9	22	9	23	13	2
13	8	13	16	13	19	13	22
15	1	15	2	15	8	15	16
15	17	16	1	16	5	16	7
16	9	16	13	16	15	17	8
17	15	19	2	19	13	19	22
21	2	22	1	22	7	22	9
22	13	22	19	23	2	23	9

■ 17획 성씨(姓氏) : 국(鞠), 사(謝), 상(嘗), 선(鮮), 손(遜), 양(襄), 양(陽), 연(蓮), 장(蔣), 종(鍾), 채(蔡), 추(鄒), 한(韓)

한자 이름 획수(1)	한자 이름 획수(2)	한자 이름 획수(1)	한자 이름 획수(2)	한자 이름 획수(1)	한자 이름 획수(2)	한자 이름 획수(1)	한자 이름 획수(2)
1	4	1	6	1	14	1	15
1	16	1	20	4	1	4	4
4	12	4	14	4	20	6	1
6	12	6	15	6	18	7	8
7	14	7	18	7	24	8	7
8	8	8	16	9	9	10	11
10	15	10	23	11	10	12	4
12	6	12	12	14	1	14	4
14	7	14	21	15	1	15	6
15	10	15	16	15	20	16	1
16	8	16	15	18	6	18	7
20	1	20	4	20	15	21	14
23	10	24	7				

■ 18획 성씨(姓氏) : 간(簡), 안(顔), 위(魏)

한자 이름 획수(1)	한자 이름 획수(2)	한자 이름 획수(1)	한자 이름 획수(2)	한자 이름 획수(1)	한자 이름 획수(2)	한자 이름 획수(1)	한자 이름 획수(2)
3	3	3	14	3	20	5	6
6	5	6	7	6	11	6	15
6	17	7	6	7	14	11	6
13	20	14	3	14	7	14	15
14	19	15	6	15	14	17	6
19	14	20	3	20	13		

■ 19획 성씨(姓氏) : 관(關), 남궁(南宮), 방(龐), 설(薛), 정(鄭)

한자 이름 획수(1)	한자 이름 획수(2)	한자 이름 획수(1)	한자 이름 획수(2)	한자 이름 획수(1)	한자 이름 획수(2)	한자 이름 획수(1)	한자 이름 획수(2)
2	4	2	14	2	16	4	2
4	12	4	14	6	10	6	12
10	6	10	19	12	4	12	6
12	20	13	5	13	16	13	20
14	2	14	4	14	18	14	19
16	2	16	13	16	16	16	22
18	14	18	20	19	10	19	14
19	20	20	12	20	13	20	18
20	1922	16					

■ 20획 성씨(姓氏) : 나(羅), 석(釋), 선우(鮮于), 엄(嚴)

한자 이름 획수(1)	한자 이름 획수(2)	한자 이름 획수(1)	한자 이름 획수(2)	한자 이름 획수(1)	한자 이름 획수(2)	한자 이름 획수(1)	한자 이름 획수(2)
4	5	12	13	17	18	12	15
15	18	18	21	1	5	9	13
11	15	13	17	17	21	21	25
12	17	13	18	4	13	9	18
12	21	4	15	21	32	1	13
3	15	5	17	9	21	13	25
19	31	4	17	5	18	12	25
13	18	13	19	15	3	15	17
17	1	17	4	17	15	17	21
18	3	18	13	19	12	19	13
19	19	21	4	21	11	21	17

■ 21획 성씨(姓氏) : 고(顧), 등(藤), 학(鶴)

한자 이름 획수(1)	한자 이름 획수(2)	한자 이름 획수(1)	한자 이름 획수(2)	한자 이름 획수(1)	한자 이름 획수(2)	한자 이름 획수(1)	한자 이름 획수(2)
2	4	2	6	2	9	2	14
3	8	3	14	3	24	4	2
4	4	4	12	4	14	4	20
6	2	6	10	6	11	6	12
6	16	6	16	6	18	8	3
8	8	8	9	8	10	8	16
9	2	9	8	9	18	10	8
10	14	10	17	11	6	11	16
11	20	12	4	12	6	12	12
14	2	14	3	14	4	14	10
14	17	16	2	16	8	16	11
17	10	17	14	18	6	18	9
20	4	20	11	20	17	24	3

■ 22획 성씨(姓氏) : 권(權), 변(邊), 소(蘇), 은(隱)

한자	한자	한자	한자	한자	한자	한자	한자

이름 획수(1)	이름 획수(2)	이름 획수(1)	이름 획수(2)	이름 획수(1)	이름 획수(2)	이름 획수(1)	이름 획수(2)
1	2	1	10	1	15	1	16
2	1	2	9	2	11	2	13
2	15	3	10	3	13	5	10
6	7	7	9	7	10	9	2
9	7	9	16	10	1	10	3
10	5	10	7	10	13	11	2
13	2	13	3	13	10	13	16
15	1	15	2	16	1	16	9
16	13	16	19	19	16		

■ 25획 성씨(姓氏) : 독고(獨孤)

한자 이름 획수(1)	한자 이름 획수(2)	한자 이름 획수(1)	한자 이름 획수(2)	한자 이름 획수(1)	한자 이름 획수(2)	한자 이름 획수(1)	한자 이름 획수(2)
4	4	4	12	6	7	6	10
7	6	7	16	10	6	10	22
12	4	12	20	13	20	16	7
16	16	20	12	20	13	22	10

■ 31획 성씨(姓氏) : 제갈(諸葛)

한자 이름 획수(1)	한자 이름 획수(2)	한자 이름 획수(1)	한자 이름 획수(2)	한자 이름 획수(1)	한자 이름 획수(2)	한자 이름 획수(1)	한자 이름 획수(2)
1	6	1	16	1	20	2	4
2	6	2	14	4	2	4	4
4	17	4	20	6	1	6	2
6	10	7	10	7	14	8	8
10	6	10	7	14	2	14	7
16	1	16	16	16	21	17	4
17	20	20	1	20	4	20	17
21	16